민사실무의
주요 쟁점

민사실무의 주요 쟁점

오창수 지음

한국학술정보㈜

머리말

2009년 우리나라 법학교육 현장에 법학전문대학원(로스쿨) 체제가 도입된 후 그 1기생들이 2012년 제1회 변호사시험을 치르고 변호사로서의 출발을 앞두고 있다. 앞으로 로스쿨제도가 안착할 수 있을지는 이들 로스쿨 졸업생들의 실무역량에 달려 있다고 해도 과언이 아니다.

뭐니 뭐니 해도 변호사로서의 기본적인 실무능력은 민사에 있다. 민법이 만법의 기초인 것처럼 민사실무는 법률실무의 기초를 이룬다. 한 해 동안 전국법원에서 접수한 사건 중 민사사건이 70% 가까이 될 정도로 전체 소송사건 중 민사사건이 차지하는 비율이 압도적으로 높다. 따라서 로스쿨 졸업 후 연수와 함께 변호사 현업에 종사하게 될 로스쿨 학생들이 민사실무를 제대로 익혀야 한다는 것은 필수불가결한 전제조건이 된다.

그러나 민법과 상법 등 민사실체법과 민사소송법과 민사집행법 등 민사절차법을 아우르는 민사실무는 그 범위와 양이 실로 방대하다. 로스쿨 3년 안에 이를 다 커버할 수 없음은 자명한 일이고, 제한된 시간의 범위 내에서 민사실무상의 쟁점 위주로 기본적인 내용을 익힐 수밖에 없는 실정이다. 그리고 법학은 완성이 있을 수 없고 현업에 종사하면서도 꾸준한 공부와 연찬이 필요하다.

이 책은 민사집행법, 민사소송법에 이어 저자가 기획하고 있는 민사절차법 시리즈의 하나로 구성되었다. 이 책은 변호사 진출을 앞둔 로스쿨생들이 익혀야 할 민사실무의 주요 쟁점 중 일반적인 주제와 내용을 중심으로 정리한 것이다.

총론에서 변호사와 민사실무의 기초를 개관하고, 민사소송절차의 개요를 살펴본 후 민사소송제기를 위한 일반론과 소장의 작성, 기본적인 소장작성 사례연습을 들어 두었다. 이어서 민사소송절차의 주요 쟁점으로 당사자의 사망과 소송절차, 일부청구 및 각종 항변의 소송상 취급, 채권자대위소송 및 채권자취소소송의 쟁점을 다루었다. 소송유형별 쟁점으로는 대여금청구소송, 부동산등기 관련 소송, 건물철거·토지인도소송, 임대차 및 매매계약 관련 소송을 중심으로 민사법상의 주요 쟁점을 검토하였다. 각 소송유형별로 요건사실 및 청구원인, 항변과 실체법상의 쟁점 등을 살펴봄으로써 민사법을 전체적으로 익힐 수 있도록 배려하였다.

교통, 산재, 의료 등 손해배상청구소송, 부당이득금반환청구소송, 구상금청구소송, 채무부존재확인소송, 어음·수표소송, 보험금청구소송, 전부금, 추심금, 청구이의, 제3자이의, 배당이의 등 집행 관련 소송, 건설 관련 소송, 언론 관련 소송, 재개발·재건축 관련 소송, 가사소송, 노동민사소송 등에 관해서는 별책으로 다룰 예정으로 있다.

이 책이 민사실무와 재판에서 제기될 수 있는 기본적인 쟁점들을 망라할 수 있도록 노력하였고, 변호사시험 민사법의 사례형 및 기록형 문제를 푸는 데도 도움이 될 수 있도록 배려하였다. 미진한 부분은 보완하면서 이 책이 민사실무를 위한 기본서가 될 수 있도록 노력하겠다.

앞으로 로스쿨 졸업생들이 변호사로서의 역량을 발휘하고 법조실무가로서 우리나라 법률문화의 발전에 크게 기여할 수 있기를 바란다.

이 책의 초교 교정에는 제주대학교 법학전문대학원 고민정 양이 수고하여 주었다. 이 자리를 빌려 감사의 뜻을 전한다. 『로스쿨 민사집행법-이론과 실무-』, 『로스쿨 민사소송법-사례와 판례-』에 이어 이 책을 펴내는 데 수고하여 준 한국학술정보(주)에도 감사한다.

2012. 3.

아라캠퍼스 연구실에서

오 창 수

CONTENTS

CONTENTS

CONTENTS

제1편 총 론

제1장 변호사와 민사실무

Ⅰ. 변호사의 실태

1. 변호사 현황

2012년 1월 31일 현재 전국에 등록된 변호사는 **10,976명**이고, 이 중 72%인 7,934명이 서울에서 개업하고 있다. 서울에서도 서울중앙지방법원 관내인 서초구에서 개업한 변호사가 서울 등록 변호사의 90%를 차지한다. 반면 경북 경산시, 경남 남해군, 충남 보령시 등 전국 83개 시·군·구는 변호사가 한 명도 없는 '무변촌'이고, 강원 속초(7명), 충북 영동(3명), 대전·공주(6명), 경남 마산(2명), 경남 진해(1명) 등에서는 10명 미만의 변호사가 활동하고 있다.

2012년에는 사법연수원 출신 및 로스쿨 출신 변호사가 2,500명이 배출될 예정으로 있고, 2020년에는 개업 변호사 수가 2만 명을 돌파할 것으로 예상된다. 앞으로 로클럭(law clerk, 재판연구원)[1]을 선발하는 법원 또는 로펌이나 내기업에서는 법학사 출신보다 회계사, 변리사, 의사, 약사 등 다양한 전문경력을 소유한 비법학사 출신을 선호할 것으로 예상된다.

그러나 변호사의 증가속도에 비해 변호사들이 다루어야 할 사건 수는 늘지 않고 있다. 2009년의 변호사 1인당 사건 수임 건수가 월 1.9건이었다. 사건유치를 위한 치열한 경쟁 속에서 변호사들은 먹고살기 위해 무리하게 사건을 만들고 사건 브로커의 유혹에 빠지기 쉽다. 이제 법률시장 개방을 앞두고 대형로펌과 중소형로펌 내지 개업 변호사 사이의 법률시장의 양극화는 한층 더 뚜렷해지고 있다.

법률전문직으로서 고소득을 보장받으며 세인들의 존경을 받는 변호사상은 이제 환상으로 바뀌고 있다. 대형로펌에서 국제거래, 자문 등을 담당하는 변호사들이 아닌 보통 변호사들은 '免飢難富'의 직업에 종사하고 있다. 변호사는, 기아는 면할 수 있지만 부자가 되기는 어려운 직업이라는 뜻이다. 그러나 어렵지 않은 세상은 없었다. 사건이 없다 없다 하지만 아직도 변호사들의 손길을 기다리는 구석은 많다.

---

[1] 2011년 7월 18일 법원조직법 개정으로 법학전문대학원 1기 졸업생이 배출되는 2012년부터 각급 법원에 재판연구원을 둘 수 있다. 대법원은 합계 100명 이내의 재판연구원을 전국 5개 고등법원 권역 단위로 임용하여 2012년 각급 법원에 배치할 계획이다. 재판연구원의 임용권자는 대법원장이나, 고등법원장에게 최종 선발권한을 위임하였다. 재판연구원 임용 희망자는 출신 법학전문대학원 소재지에 상관없이 전국 5개 고등법원 권역에 지원할 수 있다.

이러한 법률시장의 환경에서 과연 변호사들은 어떠한 방식으로 변호사업무를 수행해 가야 할 것인가? 변호사로서의 직업성과 윤리성을 모두 충족하면서 변호사로의 직무를 성실히 수행할 수 있는 방법은 무엇인가?

2. 변호사를 보는 눈

사람들은 필요할 때 변호사를 써 놓고는 사건이 끝나면 변호사를 '칼만 들지 않았지 도둑놈'이라고 혹평한다. 변호사에게 사건을 위임하면서 물건처럼 '변호사를 산다'고 거리낌 없이 말한다. 고분고분한 의뢰인이 언젠가는 하이에나와 같은 변호사의 적으로 바뀐다. 사건 상대방으로부터 노골적으로 얻어맞고 모욕을 당하는 변호사도 생기고 있다. 변호사에 대한 언론의 적의(敵意)는 끝이 없을 정도이다. 일부 변호사의 비리를 전체 변호사의 비리로 매도하는 데 주저하지 않는다. 변호사를 '고용된 양심'이라고 혹평한다. 과연 변호사는 '고용된 총잡이(Hired Gunman)'[2]인가?

그러나 세상은 변호사를 욕하지만 알고 보면 변호사를 찾아온 탐욕스러운 인간들이 더 욕을 먹어야 하는 것이 아닐까? 원고 중에는 그냥 참고 넘어가도 될 것을 굳이 소송을 제기하는 샤일록 같은 인간들도 많고, 피고 중에도 돈 떼먹고 버티는 사람이 대부분이다. 알고 보면 형사피고인들은 거의 대부분 마땅히 벌을 받아야 할 사람들이 아닌가? 법정은 그야말로 인간세상의 하수종말처리장이다. 무식하고 돈만 많은 재벌회장들은 변호사를 머슴 부리듯 하고 안 되는 걸 되게 하라고 윽박지른다. 그런 재벌회장에게 쩔쩔매는 법원 고위직 출신의 변호사를 보고 변호사직업에 환멸을 느꼈다는 변호사도 있다. 그런 사람들에게 법은 거추장스러운 것일 뿐이다. 참으로 변호사는 고달픈 직업이다.

그러나 오늘의 변호사들은 이러한 비난을 감수하면서 법치주의가 강물같이 흐르는 사회를 만들기 위해 오늘도 분주히 법정을 오가고 있다.

II. 3W 직업의 애환

흔히들 변호사를 '3W 직업'이라고 한다. Walking, Writing, Waiting, 즉 걷고, 쓰고, 기다리는 직업이라는 이야기이다.

---

2) 1820년 영국의 George 4세가 Caroline 왕비를 부정행위로 기소하였을 때 브로엄경(Lord Brougham)이 의회에서 왕비를 변론하면서 제기한 말: "변호사는 자신의 책무를 이행할 때 세상에서 단 한 사람만 알면 된다. 그 사람은 바로 의뢰인이다. 모든 수단과 방법을 동원하여, 다른 사람에게 어떠한 위험과 손실을 끼치더라도, 심지어는 자신이 그러한 위해를 입을지라도, 의뢰인을 지키는 것은 변호사의 가장 우선되고 유일한 책무이다. 그러한 책무를 수행할 때 다른 사람에게 가져다줄지도 모를 불안, 고통, 파괴를 고려해서는 안 된다. 비록 그것이 자기 나라를 혼란에 빠뜨리는 불행한 일이라 할지라도 애국심을 변호사의 책무와 결과에 상관없이 계속해 나가야 한다."

1. Walking

변호사는 이 법정 저 법정으로 부지런히 발걸음을 옮기며 부지런히 걸어야 하는 직업이다. 고급 외제 승용차에 기사를 거느리고 느긋하게 법정을 오가는 변호사가 없는 것은 아니지만 대부분의 젊은 송무 변호사들은 기록 가방을 들고 법정과 사무실을 분주히 오가는 사람들이다. 요새같이 주차난이 심각한 상황에서는 법원 주차장에 차를 세울 공간을 찾기가 어렵고 어쩔 수 없이 변호사는 지하철역을 분주히 오가며 걸어야만 한다. 걷는 것이 몸에 좋다고는 하지만 운동으로 걷는 것과 노동으로 걷는 것은 다르다.

2. Writing

변호사는 시간이 나는 대로, 틈이 나는 대로 소장과 준비서면, 항소이유서, 변론요지서, 증인신문사항, 증거신청서 등 소송서류 작성에 몰두해야 하는 직업이다. 변호사는 법원에 제출할 문서를 정신없이 써대야 하는 직업이다. 변호사는 항시 무엇을 써야 할지를 고민하며 사는 직업이다. 아무리 전자소송시대가 열린다고 하지만 변호사는 쓰고 또 써야 하는 숙명에서 벗어날 수는 없다. 컴퓨터 자판을 두드리는 것도 결국은 쓰는 것이다. 변호사가 자신의 사무실에 있는 시간은 의뢰인이나 증인 면담이 아니면 컴퓨터 자판을 두드려야 하는 시간이다. 쓰지 않으면 도태되고 마는 것이 변호사직업이다.

3. Waiting

변호사는 사무실에서 고객과 사건을 기다리고 법정에서 변론순서를 기다리는 직업이다. 구치소에서도 피의자나 피고인 접견순서를 기다려야 한다. 자기가 맡은 사건의 결과도 전전긍긍하면서 기다려야 한다. 기다림은 지루하다. 그 지루함을 떨쳐내기 위하여 책을 읽고 공부를 해야 한다. 그 기다림이야말로 장래에 대한 환상을 가져다주기도 하지만 그 환상이라는 것도 쉽게 깨질 때가 많다. 변호사만큼 기다리기를 밥 먹듯이 하는 직업도 드물 것이다. 그야말로 변호사는 기다리는 직업이다. 특히 요새 젊은 변호사들은 사건을 기다리다 못해 사건을 찾아 나서느라 심신이 지칠 지경이다.

Ⅲ. 변호사의 10계명[3]

1. 제1계명: 전문능력을 유지하라

(1) 전문가능력
(2) 직업적 지식과 기술
(3) 적절한 준비: 성실하라
(3) 게으름·근면의 결여
(4) 의사소통의 실패
(5) 변호과오의 기초

2. 제2계명: 법의 범위 안에서 의뢰인의 이익을 열심히 보호하라

(1) 당사자대립주의와 변호
(2) 열심히 변호할 의무
(3) 법의 범위

3. 제3계명: 의뢰인의 신뢰와 비밀을 지키고 이익의 충돌을 회피하라

(1) 비밀과 이익의 충돌
(2) 정보의 비밀성
(3) 이익충돌의 회피

4. 제4계명: 모든 의뢰자를 공정하고 합리적으로 대하라

(1) 빈곤자

---

3) 吳錫洛 변호사는 Ten Commandment For The New Judge(The State Trial Judge's Book 수록)를 '법조인의 10계명'으로 바꾸어 1. 친절하라(Be Kind). 2. 인내심을 가져라(Be Patient). 3. 위엄을 갖추어라(Be Dignified). 4. 傲慢해지지 말라(Don't Take Yourself Too Seriously). 5. 게으른 법관은 무능한 법관임을 명심하라(Remember That A Lazy Judge Is A Poor One). 6. 판결이 상급심에서 번복되는 것에 실망하지 말라(Don't Be Dismayed When Reserved). 7. 중요하지 않은 사건은 하나도 없다는 사실을 명심하라(Remember There Are No Unimportant Cases). 8. 중형을 과하지 말라(Don't Impose Long Sentences). 9. 상식을 잃지 말라(Don't Forget Your Commonsense). 10. 거룩한 지침을 希求하라(Prey For Divine Guidance)를 들고 있다(「미니스커트와 법정」, pp.135~139). 아래와 같은 '변호사의 10계명'은 저자의 '법조윤리' 노트에 적혀 있는 것으로 출전을 밝히지 못한 채 인용한다.

    (2) 합리적인 보수

    (3) 의뢰자와의 거래

5. 제5계명: 법조의 공적인 존경을 해할 어떠한 행동도 하여서는 안 된다

    (1) 사법제도에 대한 관계

    (2) 변호사는 직업적 행위규칙을 직간접으로 회피해서는 안 됨

    (3) 법률실무에 부적절한 어떠한 행동도 해서는 안 됨

    (4) 사법운영에 편견을 가지게 해서는 안 됨

    (5) 부적절한 영향을 암시해서는 안 됨

    (6) 판사나 법원직원이 비윤리적 행동을 하도록 도와서는 안 됨

6. 제6계명: 법조의 적격과 염결성을 보호하여야 한다

    (1) 징계

    (2) 변호사회의 징계절차에 있어서 자료적 사실의 허위증명 금지

    (3) 법적인 정보요구에 대한 응답

    (4) 잘못된 행동이 보장되지 아니하는 지식의 보고

    (5) 변호사회의 존경을 해하는 거짓보고 금지

7. 제7계명: 무자격 법률서비스를 방지하여야 한다

    (1) 독점

    (2) 무자격 법률실무의 예방

    (3) 독립된 판단의 행사에 영향을 주어서는 안 됨

8. 제8계명: 의뢰인을 유치하기 위하여 오도하거나, 무리한 방법을 써서는 안 된다

    (1) 광고·유치

    (2) 편지지, 법률사무소 명칭

    (3) 광고, 선전

(4) 전문화 증명

9. 제9계명: 법률서비스를 누구에게나 넓게 이용하게 하라

(1) 법률서비스
(2) 혜택받지 못한 계층
(3) 인기 없는 의뢰인
(4) 개인적 신념에 반대되더라도 맡아라

10. 제10계명: 형사 혹은 부정한 행위로부터 법원과 제3자를 보호하라

(1) 법원, 제3자와의 관계
(2) 의뢰인의 신뢰를 유지하기 위한 제3자와 법원을 보호할 의무
(3) 공정과 공평의 의무와 동의어인 법원과 제3자를 보호할 의무

IV. 변호사의 7德目

Edward Abbot Parry가 쓴 『*Seven Lamps of Advocacy*』라는 책에는 변호사가 지켜야 할 7가지 덕목이 제시되어 있다. Sincerity(성실), Effort(노력), Courage(용기), Wit(기지), Judgement(판단), Friendship(우정), A Sense of Justice(정의감)이 변호사의 7가지 등불 내지 행동준칙이다. 이 덕목들은 비단 변호사뿐만 아니라 일반 匹夫나 張三李四들에게도 해당되는 말이지만 변호사들에게 특별히 이 덕목들이 강조되는 이유가 있을 것이다. 미국의 변호사윤리규범이나 우리의 변호사윤리장전에도 이와 비슷한 구절들이 있다.[4]

변호사의 7덕목에 관하여 나름대로 다음과 같이 풀어 본다.

---

[4] 태평양의 나천수, 광장의 김병재, 화우의 윤호일, 율촌의 우창록, 지평지성의 이공현, 충정의 김진환 대표 등 국내 주요 6개 로펌의 대표변호사들은 보다 현실적으로 새 변호사들이 반드시 갖춰야 할 덕목과 능력 10계명으로 다음과 같은 것을 들었다(법률신문 2011. 7. 22. 자). 1. 특성화된 전문성을 강화해라. 2. 외국어 능력을 키워라. 3. 자신을 적극적으로 어필하라. 4. 법률가로서 사명감은 기본. 5. 진취적인 개척자 정신을 가져라. 6. 조직 친화적인 협동정신을 갖춰라. 7. 고객에게 최선을 다하는 서비스 정신을 함양하라. 8. 변화에 순응하는 열린 자세를 가져라. 9. 경제적 이익만을 좇지 마라. 10. 기본적인 법학지식을 쌓는 데 게을리하지 마라.

1. Sincerity(성실)

변호사는 성실하여야 한다. 의뢰인에 대하여 성실한 자세로 임하지 못하면 의뢰인의 신뢰를 얻을 수 없다. 덤벙거리거나 대충 일을 처리하는 성격으로는 변호사 일을 제대로 할 수 없다. 변호사는 사건처리 과정에서뿐만 아니라 사건의 뒷마무리 등에서도 매사에 꼼꼼하지 않으면 안 된다. 사건처리의 결과가 의도한 대로 되지 못한 경우에도 성실하게 업무를 수행했다면 의뢰인과 좋은 관계를 유지할 수 있다. 한번 고객을 영원한 고객으로 만들기 위해서는 성실이야말로 최고의 덕목이다.[5]

2. Effort(노력)

변호사는 전심전력으로 노력하지 않으면 안 된다. 민주주의가 완성이 아니고 과정인 것처럼 법조직역에서도 완성이란 있을 수 없다. 변호사의 길은 끊임없는 연찬과 노력의 과정이다. 변호사는 인간과 사회에 대한 깊은 성찰로 꾸준히 실력을 연마해야 한다. 주어진 사건에 대한 철저한 분석과 함께 학설·판례를 꿰뚫고 사건을 장악하기 위해서는 노력밖에 달리 길이 있을 수 없다. 법정에서 사건 내용도 제대로 파악하지 못하고 헤매는 변호사를 종종 볼 수 있는데 이런 변호사가 법관에게 믿음을 줄 수 없음은 자명한 일이다.[6]

3. Courage(용기)

변호사는 불굴의 용기가 있어야 한다. 변호사는 법원, 검찰이라는 철옹성에 대항하여 피의자나 피고인의 인권을 지키고 법치주의를 수호하기 위해서는 외롭지만 양심과 용기가 충만해야 하고 적당히 현실과 타협해서는 안 된다. 우리 선배 법조인 중에는 고 이병린 변호사 등과 같은 지사형 내지는 선비형 변호사들이 이 나라 민주주의를 수호하고 법치주의를 고수하는 데 일익을 다해 왔음을 잊어서는 안 된다. 변호사는 권력에 머리를 숙이는 비굴한 존재가 아니라, 맞서고 싸우는 현실적인 힘을 가진 직업이다.[7]

---

5) ※ 변호사법 제1조 제2항: 변호사는 그 사명에 따라 성실히 직무를 수행하고 사회질서 유지와 법률제도 개선에 노력하여야 한다.
　　※ 변호사윤리강령 2: 변호사는 성실·공정하게 직무를 수행하고 명예와 품위를 보전한다.
　　※ 변호사윤리규칙 제16조 제1항: 변호사는 의뢰인에게 항상 친절하고 성실하여야 한다.
6) ※ 변호사윤리규칙 제2조 제2항: 변호사는 명예를 존중하고 신의를 지키며 인격을 도야하고 지식의 연마에 힘써야 한다.
7) ※ 변호사윤리강령 4: 변호사는 용기와 예지와 창의를 바탕으로 법률문화향상에 공헌한다.
　　※ 변호사윤리규칙 제1조 제2항: 변호사는 인권사상에 투철하고 양심과 용기로써 그 사명완수에 진력하여야 한다.

4. Wit(기지)

변호사는 위트와 유머가 있어야 한다. 법정이라는 삭막한 현장에서도 위트로 훈훈한 온정을 불어넣을 수 있어야 한다. 위트와 유머야말로 생활의 청량제이다. 요새 변호사들이 많다 보니 '대리인의 당사자화'가 심각한 문제가 되고 있다. 변호사는 단지 대리인일 뿐 당사자가 아니다. 대리인인 변호사가 본인 당사자보다 더 악을 쓰고 살벌한 풍경을 연출하는 모습을 자주 볼 수 있다. 그러나 변호사는 당사자로부터 사건을 수임하는 것이지 고통을 수임하는 것이 아니다. 변호사는 분통 터지는 당사자를 위무해 주고 사법질서 속으로 편입해 오도록 만들 수 있어야 한다. 그게 변호사제도를 만든 이유이다.

5. Judgement(판단)

변호사의 판단은 정확해야 한다. 변호사는 의뢰인을 위해 정확한 판단을 제공할 수 있어야 한다. 변호사나 판사, 검사의 직역은 판단의 연속이다. 이런 주장을 해야 할 것인지, 이런 증거를 언제 제출해야 할 것인지, 항소할 것인지, 상고할 것인지 그때그때 적시에 판단하지 못하면 실기하게 된다. 자신의 판단이 잘못되었음을 알았을 때에는 바로 교정하는 것도 잊지 말아야 한다.

6. Friendship(우정)

변호사는 동료 변호사들에 대한 우정이 있어야 한다. 이는 단지 저급한 동료의식을 말하는 것이 아니라 법치주의를 지켜 가는 동반자로서의 우정을 말한다. 변호사 간의 경쟁이 치열해지고 있는 상황에서 우정을 이야기하는 것이 어폐가 있을지 모르나, 1인성주로 만족할 수는 없다.[8]

7. A Sense of Justice(정의감)

변호사는 정의감으로 무장해야 한다. 정의라고 하는 것은 추상적인 것이 아니다. '정의(正義)'를 정의(定義)하는 것이 쉽지 않지만, '正義'를 세네카가 이야기한 대로 "Summ Cuique(각자에게 그의 몫을!)"로 본다면 이 세상 모두에게 그 자신의 몫을 찾아 주는 것이 바로 정의일 것이다. 변호사가 사회의 의사로 기능할 수 있으려면 그에 걸맞은 정의감을 가져야 함은 불문가지이다.[9]

---

8) ※ 변호사윤리강령 6: 변호사는 우애와 신의를 존중하며 상호 부조·협동정신을 발휘한다.
9) ※ 변호사법 제1조 제1항: 변호사는 기본적 인권을 옹호하고 사회정의를 실현함을 사명으로 한다.
　　※ 변호사윤리규칙 제1조 제1항: 변호사는 정의와 자유를 사랑하며, 진리를 추구하고 민주적 기본질서의 확립에 정진하여야 한다.

V. 변호사의 직무

1. 변호사의 직무

(1) 소송에 관한 행위: 민사, 형사, 행정, 가사사건 등의 모든 소송에 있어서의 소송행위뿐만 아니라 소송에 관한 일체의 행위를 말한다.

(2) 일반 법률사무: 법률상담, 의견서 작성 및 감정, 자문, 중재, 조정, 화해, 대리, 법률문서 작성 등을 말한다.

☞ **변호사법 제3조(변호사의 직무)**

변호사는 당사자와 그 밖의 관계인의 위임이나 국가·지방자치단체와 그 밖의 공공기관(이하 '공공기관'이라 한다)의 위촉 등에 의하여 소송에 관한 행위 및 행정처분의 청구에 관한 대리행위와 일반 법률 사무를 하는 것을 그 직무로 한다.

☞ **변호사법 제109조(벌칙)**

다음 각 호의 어느 하나에 해당하는 자는 7년 이하의 징역 또는 5천만 원 이하의 벌금에 처한다. 이 경우 벌금과 징역은 병과할 수 있다.

1. 변호사가 아니면서 금품·향응 또는 그 밖의 이익을 받거나 받을 것을 약속하고 또는 제3자에게 이를 공여하게 하거나 공여하게 할 것을 약속하고 다음 각 목의 사건에 관하여 감정·대리·중재·화해·청탁·법률상담 또는 법률관계 문서 작성, 그 밖의 법률사무를 취급하거나 이러한 행위를 알선한 자
   가. 수송 사건, 비송 사건, 가사 조정 또는 심판 사건
   나. 행정심판 또는 심사의 청구나 이의신청, 그 밖에 행정기관에 대한 불복신청 사건
   다. 수사기관에서 취급 중인 수사 사건
   라. 법령에 따라 설치된 조사기관에서 취급 중인 조사 사건
   마. 그 밖에 일반의 법률사건

사례 1

1. 변호사의 직무 중에 부동산중개행위가 포함되는가?[10]
2. 변호사는 변리사회에 가입하지 않고 변리사업무를 할 수 있는가?[11]
3. 변호사는 제한 없이 세무사업무를 할 수 있는가?[12]

---

10) 대법원 2006. 5. 11. 선고 2003두14888 판결 참조.
11) 헌재 2008. 7. 31. 선고 2006헌마666 결정 참조.
12) 헌재 2008. 5. 29. 선고 2007헌마248 결정 참조.

2. 소송대리

가. 종래 변호사의 직무는 소송대리를 주로 하는 송무업무에 한정되었으나, 국제거래, 특허, 조세 등 전문영역을 확장하는 추세에 있고, 변리사, 법무사, 세무사 등 유사 법조직역과의 마찰을 겪고 있다. 그러나 대부분의 변호사가 송무업무를 주로 수행하고 있음을 부인할 수 없다.

나. 따라서 변호사의 영역이 확대되는 경우에도 기본적으로 변호사업무의 기초인 송무업무를 무시하고 변호사가 존재할 수는 없다.

3. 법률시장개방과 변호사의 업무

가. 2009. 9. 26.부터 외국법자문사법(법률 제9524호)에 따라 외국 로펌이 국내에 분사무소를 설치하고 외국법 자문과 원자격국의 법령이 적용되는 국제중재사건의 대리업무를 할 수 있다.

나. 한·유럽연합(EU) 자유무역협정(FTA) 비준 동의안 통과로 2011. 7.부터 국내 법률시장이 본격 개방되었다. 법률시장 개방은 3단계로 진행된다.

(1) 발효 직후(2011년)부터 적용되는 <u>1단계 개방</u>은 외국 변호사의 자문과 외국 로펌의 국내 사무소 개설 허용이다. 1단계에서 외국 변호사의 업무는 외국법 관련에 한정된다. 외국 로펌은 한국 변호사를 고용할 수 없고 국내 로펌과 업무 제휴 또한 불가능하다.

(2) 발효 후 2년(2013년)이 지나면 국내 로펌과 외국 로펌의 업무별 제휴가 가능해지는 <u>2단계 개방</u>이 시작된다. 외국 로펌이 국내 로펌과 사건을 함께 수임해 처리하고 수익을 분배할 수 있게 된다.

(3) 발효 5년(2016년)이 되면 외국 로펌이 국내에서 합작회사를 차리고 한국 변호사를 고용할 수 있게 되는 <u>3단계 개방</u>으로 법률시장이 전면 개방된다.

다. 영국계 로펌 중 일부가 한국 사무소 개소를 목표로 국내에서 이미 활동 중인 외국 변호사들을 스카우트하는 등 본격적인 준비작업에 착수한 것으로 알려졌다. 3단계 개방으로 법률시장이 전면 개방되면 영국계 로펌은 국내 중소 로펌을 흡수합병하는 전략으로 덩치를 키워나갈 것이고 장기적으로 송무 분야도 잠식되면 개인변호사들이나 소형 법률사무소의 위기도 예상된다.

라. 법률시장 환경이 국제화됨에 따라 변호사들도 국제화능력을 키워야 한다. 로스쿨에서 배출되는 다양한 전문전공배경을 가진 변호사들이 외국어능력을 갖추고 기업자문과 국제거래 등 글로벌 사건들로 변호사업무를 확장할 수 있다.

VI. 변호사와 민사실무

1. 민사사건의 비중

가. 전국 지방법원에 접수되는 사건 중 민사사건이 차지하는 비중이 다른 사건에 비하여 압도적으로 높다. 법원의 재판부 구성을 보더라도 민사 합의부와 단독판사의 비율이 형사나 행정, 가사부 등에 비하여 월등히 높다.

나. 대법원 사법연감 통계에 의하면 2010년 전국 법원에서 접수한 사건은 17,405,993건이고, 이 중 소송 사건은 6,216,916건, 비송사건은 11,189,737건으로 그 비율은 36:64가 된다. 소송사건 중 민사사건이 68.2%, 형사사건이 28.2%, 가사사건이 2.2%, 소년사건이 0.8%, 행정사건이 0.6%를 차지하고 있다. 전체 비송사건 중 95.1%가 등기사건으로 나타나 있다.

다. 위 통계를 보면 결론적으로 변호사는 민사사건으로 먹고살아야 한다는 이야기가 된다. 조세, 특허 등 자신만의 전문영역을 구축하는 경우에도 기본적으로 민사사건 처리능력을 갖추어야 한다. 민법 이 만법의 기본법인 것처럼 민사실무는 모든 소송실무의 기초이다. 이를 무시하면 안 된다.

2. 민사 변호사실무의 기초

가. 변호사가 민사 변호사실무를 익혀야 한다는 것은 상식에 속하고, 변호사는 기본적으로 민사소송사 건을 수임하여 처리할 수 있는 능력을 갖추어야 한다. 변호사는 부단히 변화하는 사회환경에서 전 문지식을 연마하고 인간과 사회에 대한 성찰을 할 수 있어야 한다. 그러기 위해서는 공부를 계속하 지 않으면 안 된다. 민사소송이 기반으로 삼고 있는 당사자주의와 변론주의는 변호사로 하여금 주 장책임과 증명책임을 부과하여 법관을 설득할 책임을 부여하고 있다. 그런데 의심이 많은 법관들은 웬만해서는 설득당하지 않는 다. 법관을 설득하지 못하면 패소로 이어진다.

나. 민사 변호사는 단지 사실을 주장하는 것만으로는 충분하지 않으며, 특정한 청구권을 내세워야 한다. 원고가 피고에게 구하는 돈이 손해배상금인지, 부당이득금인지, 구상금인지 그 법적 근거를 밝혀야 한다. 변호사는 여러 가지 가능한 법률적 구성 중에서 의뢰인에게 가장 유리한 근거를 제시할 수 있어야 한다. 법원은 단지 변호사가 주장한 특정한 사실과 법적 청구권이 존재하고 법적으로 허용 될 수 있는지만을 판단할 뿐이다. 법관은 단지 당사자가 주장하는 사실이 '맞는가? 맞지 않는가?'만 판단하면 될 뿐이나, 변호사는 '어떻게 할 것인가'가 주된 관심방향이다. 법원이 당사자에게 유리한 법적 근거를 암시하는 것은 변론주의를 위반한 것이고 석명권의 한계를 벗어난 것이다. 당사자주의 라는 것이 결국 법관에게 잘못된 재판에서 면죄부를 주고, 변호사만이 패소로 인한 책임을 뒤집어

쓰게 한다는 점을 명심하여야 한다.

다. 제대로 된 실력을 갖추지 못한 변호사는 변호사업무 자체에 흥미를 가질 수 없고, 결국은 돈도 벌 수 없다. 의뢰인이 이야기하고 제시하는 잡다하고 조악한 사실들을 예리하게 분석하여 법적으로 의미 있는 진실을 추려내고 이를 법률적 권리로 구성할 수 있는 능력을 갖추지 못한 변호사는 변호사라고 할 수 없다. 간혹 법정에서 재판부로부터 질책을 받거나 무안을 당하는 변호사를 볼 수 있는데 이는 변호사로서 서글프고 안타까운 일이다.

라. 이하에서 민사 변호사로서 민사소송사건을 수임하여 처리하는 데 필요한 실무지식의 대강을 살펴보기로 한다. 먼저 다음 사례에서 기본적인 법률지식이 부족하여 사건을 잘못 처리한 A 변호사의 경우를 보자.

사례 2

甲은 오래전에 乙의 부친 丙으로부터 그 소유의 토지를 증여받았으나, 甲 앞으로 소유권이전등기를 마치지 못한 사이에 丙이 사망하였다. 나대지로 버려져 있던 위 토지 일대가 도시재개발지구로 지정되면서 지가는 폭등하였다. 甲은 丙의 상속인인 乙을 상대로 증여를 원인으로 한 소유권이전등기절차이행청구의 소를 제기하였고, 乙은 A 변호사를 소송대리인으로 선임하였다. 甲은 증여계약서도 없고, 증여계약 시 입회인이었던 마을 어른들도 사망하여 丙과의 증여계약사실을 입증할 증거가 없어 애를 먹고 있다. 甲과 乙은 증인들을 내세웠으나 사건의 핵심과는 거리가 있는 증언들만 하였고, 재판부는 甲과 丙의 증여계약에 대한 심증을 형성하지 못하고 있었다. 그런데 乙의 대리인인 A 변호사가 甲의 증여계약 주장에 대하여 처음에는 그러한 사실이 없다고 다투다가 변론이 종결될 즈음 갑자기 "증여계약을 하기는 하였지만 丙의 생활이 어려워져 甲과 丙이 합의하여 증여가 없었던 것으로 하기로 하였다"고 합의해제를 주장하였다. 증인들의 증언을 통해서도 합의해제가 된 것인지는 오리무중이었다. 이 사건은 어떻게 될 것인가? A 변호사의 대응은 적절한 것이었는가?

사례 3

甲은 乙을 상대로 1억 원의 대여금청구소송을 제기하여 승소확정판결을 받았으나, 무직자인 乙에게는 집행할 만한 재산이 없어 강제집행을 하지 못하고 있었다. 甲이 이곳저곳 알아보고 다니다 보니 乙이 K 건설회사가 시공하는 상가 1채를 분양받은 것이 있었다. K 건설회사에 확인해 보니 乙은 분양대금 중 대부분을 납입하였고, 잔금 일부만 남아 있는 것을 알아냈다. K 건설회사는 든든한 회사라 부도의 염려도 없는 회사였다. 甲은 A 변호사를 찾아와 위와 같은 이야기를 하면서 이미 받아 둔 확정판결을 이용하여 어떠한 방법으로든 乙로부터 돈을 받아 달라고 하였고, A 변호사는 이 사건을 수임하였다. 그러나 A 변호사는 위 상가가 완공 전이라 乙 명의로 소유권이전등기가 되기 전에는 집행하기 어려울 것으로 생각하고, 위 상가가 乙 명의로 넘어오면 바로 강제경매를 신청할 생각으로 시간을 흘려보내고 말았다. 그 사이에 乙은 자신 앞으로 위 상가에 대한 소유권이전등기를 마치고 위 상가를 담보로 근저당권을 설정하고 은행으로부터 상가 가액에 육박하는 액수의 돈을 대출받아 그 돈을 다른 곳에 쓰고 말았다. 乙로부터 돈을 회수하지 못한 甲은 A 변호사를 상대로 손해배상청구의 소를 제기하였다. 甲으로부터 사건을 수임한 A 변호사로는 어떠한 방법으로 乙의 재산을 집행할 수 있었는가?

사례 4

A 변호사는 甲을 대리하여 발행인인 乙을 상대로 액면금 1,000만 원짜리 약속어음금청구소송을 제기하였다. 어음의 형식적 요건도 모두 구비되어 자신만만하게 법정에 나갔더니 의외로 乙도 매우 저명한 B 변호사를 선임하였기에 무슨 항변이 나올 것인가 불안한 생각을 하면서 정해진 변호순서대로 우선 소장진술을 하고 서증으로 갑 제1호증(약속어음)을 제출하였다. 그랬더니 B 변호사는 재판장에게 다음 기일에 답변하겠으니 속행하여 달라고 요청하여 3주일 후로 기일지정고지를 받았다. 그런데 두 번째 기일에서도 피고대리인인 B 변호사는 아직 답변준비도 안 되고 반증 준비도 안 됐으니 한 번만 더 속행해 달라는 것이었고, 원만(?)하신 재판장은 또 3주일 후로 다시 기일을 지정했다. 도대체 무슨 항변을 한다는 말인지, 또 무슨 반증을 낸다는 말인지? 마음 약한 A 변호사는 불안과 초조 속에서 세 번째 기일을 맞이하여 법정에 나갔더니, B 변호사는 얄미울 정도로 침착하면서 이번에도 별다른 주장이나 항변도 아니 하고 반증을 내놓을 기색도 없다. A 변호사는 더 참을 수 없어 이제 그만 결심(結審)해 달라고 요청하였고, 재판장도 피고대리인에게 "이제 더 할 것 없으면 결심할까요?" 하고 말하자 B 변호사는 그제야 안주머니에서 무엇인가 꺼내어 을 제1호증이라 하면서 재판장에게 내미는데, 제권판결이었다. 분함을 참지 못한 A 변호사는 제권판결을 얻어낸 경위를 알아본 즉, 교활한 乙이 그 약속어음을 발행한 바로 그날 분실계를 내는 동시에 공시최고신청을 하고, 이어 제권판결신청을 하였는데, 각 그 신청대리인이 바로 그 B 변호사임을 알고 다시 한 번 울분과 환멸을 느꼈다.[13]

위 사례에서 B 변호사의 행태를 어떻게 평가할 것인가? A 변호사로서는 乙의 제권판결에 대하여 다툴 수 있는 길이 있는가?

사례 5

甲은 乙의 부동산을 가압류하고 1억 원의 손해배상청구의 소를 제기하였다. 乙은 위 부동산을 타에 처분하기 위해 甲의 가압류청구금액 1억 원을 해방공탁하고 가압류법원으로부터 가압류집행취소결정을 받아 가압류등기를 말소한 다음 이를 3억 원에 丙에게 매도하고 丙 앞으로 소유권이전등기를 넘겨주었다. 그런데 乙은 위 가압류 후에 전후사정을 친구인 丁에게 이야기하고 그에게서 1억 원을 빌려 해방공탁을 하였고, 丁은 장차 乙에게서 1억 원을 안전하게 돌려받을 요량으로 乙과 같이 공증사무소에 가서 강제집행을 인낙하는 내용의 금전소비대차 공정증서(원금 9억 원, 이율 연 10%)를 작성받은 다음, 乙이 위와 같이 해방공탁을 마치자 위 공정증서(집행증서)에 기하여 乙이 제3채무자인

---

13) 대한변호사협회지(현 인권과 정의) 1984년 4월호에 실린 어느 변호사의 글을 토대로 한 것이다.

대한민국(공탁공무원)에 대하여 가지는 공탁금출급청구권을 피압류채권으로 하여 채권압류 및 전부명령을 받아 집행하였다.

甲은 위와 같은 내용을 전혀 모르는 채 본안소송을 진행하고 있었는데, 공탁공무원은 위와 같이 공탁금출급청구권에 대하여 甲의 가압류[14]와 丁의 압류 및 전부명령이 경합하자 민사집행법 제248조에 따라 그 사유신고를 하였다. 담당 집행판사는 丁이 전부명령을 받았으나 이는 甲의 가압류가 경합한 상태에서 받은 것이므로 압류의 효력만이 있다고 판단하고, 배당시점을 기준으로 甲과 丁이 각 채권액에 비례하여 甲에게 10%(1,000만 원), 丁에게는 90%(9,000만 원)를 배당하기로 결정하였다. 이에 甲은 아무래도 납득할 수가 없어 A 변호사를 선임하여 丁을 상대로 배당이의의 소를 제기하였는데 A 변호사는 처음부터 승산이 없는 소송이라고 하면서 마땅찮아 하더니 1심에서 패소판결을 받고 말았다. 丁의 소송대리인인 B 변호사는 집행판사의 조치가 정당하다는 말 이외에 별 말이 없었고 크게 다투지도 않았다. 결국 甲은 A 변호사의 말을 듣고 나서 항소를 포기하고 말았고, 1심판결은 그대로 확정되었다.

그런데 甲이 유능한 C 변호사와 상담하던 중 위와 같은 사례의 경우 판례에 의하면 丁의 행위는 무효이고 甲에게 대항할 수 없다는 것이었다. B 변호사는 이미 그 판례를 알고 있으면서도 자신의 의뢰인인 丁에게 위 판례가 절대 불리하므로 침묵으로 일관한 것이었다. C 변호사가 제시한 판례[15]에 의하면 가압류 채무자인 乙에게 해방공탁금의 용도로 금원을 대여하여 가압류집행을 취소할 수 있도록 한 丁은 비록 乙에 대한 채권자라 할지라도 가압류 채권자인 甲에 대한 관계에서 가압류 해방공탁금 회수청구권에 대하여 위 대여금 채권에 의한 압류의 효력을 주장할 수는 없음이 명백하였다. 그러나 사건은 이미 확정되었고 돌이킬 수 없는 상황이 되었다. A 변호사는 위 판례를 몰랐고, 더욱이 판사마저 이를 미처 깨닫지 못하고 있었던 것이다. 甲은 A 변호사를 상대로 손해배상청구의 소를 제기하였다. A 변호사가 대항할 방안이 있는가?[16]

3. 민사사건의 수임

가. 사건수임의 경로

(1) 대도시에서 법률사무소 간판만을 보고 변호사를 찾아와 사건을 맡기는 경우는 거의 없다. 변호사를 찾아온 의뢰인들은 누구의 소개를 받든 연줄연줄 찾아온 사람들이다.

---

14) 乙의 해방공탁으로 甲의 가압류는 부동산에서 공탁금출급청구권으로 효력이 전이된다.
15) 대법원 1998. 6. 26. 선고 97다30820 판결: 해방금액의 공탁에 의한 가압류 집행취소 제도의 취지에 비추어 볼 때, 가압류 채권자의 가압류에 의하여 누릴 수 있는 이익이 가압류 집행취소에 의하여 침해되어서는 안 되므로, 가압류 채무자에게 해방공탁금의 용도로 금원을 대여하여 가압류집행을 취소할 수 있도록 한 자는 비록 가압류 채무자에 대한 채권자라 할지라도 특별한 사정이 없는 한 가압류 채권자에 대한 관계에서 가압류 해방공탁금 회수청구권에 대하여 위 대여금 채권에 의한 압류 또는 가압류의 효력을 주장할 수는 없다.
16) 이 사례는 사법연수원, 민사 변호사실무 과목의 공부요령(2010. 3), pp.14~15에 토대를 둔 것이다.

(2) 한번 고객은 영원한 고객이 될 수 있도록 변호사로서의 품위와 신뢰를 유지해야 한다.

(3) 보험회사, 금융기관 등 법인고객을 확보할 수 있도록 총력을 경주한다.

(4) 사무장이나 사건 브로커들이 사건을 유치해 주고 커미션을 수수하는 경우도 있을 수 있는데 이는 잘못하면 변호사법위반이 될 수 있음을 유의해야 한다.

(5) 동창회, 동문회, 종친회, 공익단체나 시민단체 활동 등 다양한 사회활동을 통해 자신을 널리 알릴 필요가 있다. 학회나 변호사회의 판례연구발표나 각종 매체 투고, 강연, 생활법률 상담 및 대학 강의 등도 필요하다. 틈나는 대로 일반인들이 쉽게 접할 수 있는 저서나 책을 내는 것도 유익한 방편이 된다.

(6) 변호사회 회무를 보거나 관련 활동을 통해 대사회 접촉을 배가할 필요가 있다. 작금의 지방변호사회를 보면 젊은 변호사들의 활동이 아주 미미한 편이다.

(7) 변호사로서 전문적인 역량과 성실한 자세가 사건의 상대방을 감화시킬 수 있고, 결국은 사건의 상대방도 자신의 의뢰인으로 만들 수 있어야 한다.

[참고] 사건수임에 관한 변호사법상의 규제

☞ **제34조(변호사가 아닌 자와의 동업 금지 등)[17]**
① 누구든지 법률사건이나 법률사무의 수임에 관하여 다음 각 호의 행위를 하여서는 아니 된다.
1. 사전에 금품·향응 또는 그 밖의 이익을 받거나 받기로 약속하고 당사자 또는 그 밖의 관계인을 특정한 변호사나 그 사무직원에게 소개·알선 또는 유인하는 행위
2. 당사자 또는 그 밖의 관계인을 특정한 변호사나 그 사무직원에게 소개·알선 또는 유인한 후 그 대가로 금품·향응 또는 그 밖의 이익을 받거나 요구하는 행위
② 변호사나 그 사무직원은 법률사건이나 법률사무의 수임에 관하여 소개·알선 또는 유인의 대가로 금품·향응 또는 그 밖의 이익을 제공하거나 제공하기로 약속하여서는 아니 된다.
③ 변호사나 그 사무직원은 제109조 제1호, 제111조 또는 제112조 제1호에 규정된 자로부터 법률사건이나 법률사무의 수임을 알선받거나 이러한 자에게 자기의 명의를 이용하게 하여서는 아니 된다.
④ 변호사가 아닌 자는 변호사를 고용하여 법률사무소를 개설·운영하여서는 아니 된다.
⑤ 변호사가 아닌 자는 변호사가 아니면 할 수 없는 업무를 통하여 보수나 그 밖의 이익을 분배받아서는 아니 된다.

☞ **제35조(사건 유치 목적의 출입금지 등)**
변호사나 그 사무직원은 법률사건이나 법률사무를 유상으로 유치할 목적으로 법원·수사기관·교정기관 및 병원에 출입하거나 다른 사람을 파견하거나 출입 또는 주재하게 하여서는 아니 된다.

☞ **제36조(재판·수사기관 공무원의 사건 소개 금지)[18]**
재판기관이나 수사기관의 소속 공무원은 대통령령으로 정하는 자기가 근무하는 기관에서 취급 중인 법률사건이나 법률사무의 수임에 관하여 당사자 또는 그 밖의 관계인을 특정한 변호사나 그 사무직원에게 소개·

알선 또는 유인하여서는 아니 된다. 다만, 사건 당사자나 사무 당사자가 민법 제767조에 따른 친족인 경우에는 그러하지 아니하다.

☞ **제37조(직무취급자 등의 사건 소개 금지)**
① 재판이나 수사 업무에 종사하는 공무원은 직무상 관련이 있는 법률사건 또는 법률사무의 수임에 관하여 당사자 또는 그 밖의 관계인을 특정한 변호사나 그 사무직원에게 소개·알선 또는 유인하여서는 아니 된다.[19]
② 제1항에서 '직무상 관련'이란 다음 각 호의 어느 하나에 해당하는 경우를 말한다.
1. 재판이나 수사 업무에 종사하는 공무원이 직무상 취급하고 있거나 취급한 경우
2. 제1호의 공무원이 취급하고 있거나 취급한 사건에 관하여 그 공무원을 지휘·감독하는 경우

나. 상담

(1) 의뢰인과 상담을 하는 경우 어떻게 변호사를 찾아온 것인지 상담경로를 확인한 후 입증방법을 염두에 두고 법률상담부에 사실관계를 메모하고 정리할 필요가 있다. 사전에 상담 시간을 약속하는 경우에는 필요한 서류나 증거는 반드시 지참하도록 한다. 의뢰인은 자신에게 불리한 것은 감추는 경우가 많고 중언부언하는 경우가 많으므로 객관적 입장에서 증거에 의해 의뢰인주장에 허구성이 없는지를 확인한다. 그리고 의뢰인이 제시하는 서증 등 증거도 조작된 것이 있을 수 있으므로 합리적 의심을 불식시킬 수 있는 것이어야 한다.

(2) 의뢰인들은 상당히 영악하고, 이곳저곳에서 알 것은 다 알아본 후 사건을 타진하기 위하여 상담하는 경우도 있으므로 의뢰인의 의도를 재빨리 알아채는 것이 필요하다. 상담 시간을 너무 길게 잡는 것도 피해야 한다. 상담심리학에 의하면 20~30분 정도의 상담으로 중요한 것은 전부 캐치할 수 있다고 한다. 대형로펌 등에서는 정해진 상담료를 받고 있으나 개인사무소에서도 상담료를 책정할 필요가 있다.

(3) 사건상담에서 사건수임으로 이어지는 예가 많지는 않으나, 변호사로서는 성실한 자세로 상담에 응해야 한다. 사건수임을 결정하기 전까지는 관련 서증 원본은 보관하지 말고 돌려주는 것이 좋고 필요한 경우 사본을 활용하면 된다.

(4) 의뢰인들은 상담을 통해 확답을 얻기를 원하는 경우가 많으나, 상담만으로는 변수가 많으므로 법률판단에 확신이 서지 않는 경우 법리검토가 필요한 것은 사실대로 알려 주는 것이 좋다.

(5) 사무원을 통해 기초사실을 정리하는 것은 무방하나 최종적인 사건수임의 결정은 변호사가 직접 해야 하고, 의뢰인과의 상담이나 법률문서의 작성을 전적으로 사무원에게 의존하는 것은 바람직하지 않다.

---

17) 이에 위반한 자에게는 7년 이하의 징역 또는 5천만 원 이하의 벌금에 처한다(변호사법 제109조 제2호).
18) 제35조와 제36조를 위반한 자에게는 1천만 원 이하의 과태료를 부과한다(변호사법 제117조 제1항 제1의 2호).
19) 이에 위반한 자에게는 1년 이하의 징역 또는 1천만 원 이하의 벌금에 처한다(변호사법 제113조 제5호).

다. 수임의 제한

(1) 수임제한사유

① 변호사가 자신이 공무원 등의 자격에서 관여한 사건

② 현재 수임하고 있는 사건과 이해가 저촉되는 사건

③ 목적이나 수단에 있어 부당한 사건

④ 단순히 보복이나 상대방을 괴롭히는 방법으로 하는 사건

(2) 위임인의 동의하에 수임할 수 있는 사건

① 의뢰인이 상대방이 위임하는 다른 사건

② 친족관계에 있는 다른 변호사가 수임한 사건의 상대방이 위임하는 사건

③ 과거에 수임처리한 사건과 동일하거나 이와 본질적으로 관련된 사건의 상대방이 위임하는 사건

④ 같은 공동사무소에 소속된 다른 변호사가 수임한 사건의 상대방이 위임하는 사건

(3) 중복위임의 경우 주의사항

[참고] 변호사법 제31조(수임제한)[20]

① 변호사는 다음 각 호의 어느 하나에 해당하는 사건에 관해서는 그 직무를 수행할 수 없다. 다만, 제2호 사건의 경우 <u>수임하고 있는 사건의 위임인이 동의한 경우</u>에는 그러하지 아니하다.
  1. 당사자 한쪽으로부터 상의를 받아 그 수임을 승낙한 사건의 상대방이 위임하는 사건
  2. <u>수임하고 있는 사건의 상대방이 위임하는 다른 사건</u>
  3. 공무원·조정위원 또는 중재인으로서 직무상 취급하거나 취급하게 된 사건
② 제1항 제1호 및 제2호를 적용할 때 법무법인·법무법인(유한)·법무조합이 아니면서도 변호사 2명 이상이 사건의 수임·처리나 그 밖의 변호사 업무 수행 시 통일된 형태를 갖추고 수익을 분배하거나 비용을 분담하는 형태로 운영되는 법률사무소는 하나의 변호사로 본다.
③ 법관, 검사, 군법무관(병역의무 이행만을 목적으로 한 군복무는 제외한다), 그 밖의 공무원직에 재직한 변호사(이하 이 조에서 '공직퇴임변호사'라 한다)는 <u>퇴직 전 1년부터 퇴직한 때까지 근무한 법원, 검찰청, 군사법원, 금융위원회, 공정거래위원회, 경찰관서 등 국가기관(대법원, 고등법원, 지방법원 및 지방법원 지원과 그에 대응하여 설치된 검찰청법 제3조 제1항 및 제2항의 대검찰청, 고등검찰청, 지방검찰청, 지방검찰청 지청은 각각 동일한 국가기관으로 본다)이 처리하는 사건을 퇴직한 날부터 1년 동안 수임할 수 없다.</u> 다만, 국선변호 등 공익목적의 수임과 사건당사자가 민법 제767조에 따른 친족인 경우의 수임은 그러하지 아니하다.<신설 2011. 5. 17.>
④ 제3항의 수임할 수 없는 경우는 다음 각 호를 포함한다.<신설 2011. 5. 17.>
  1. 공직퇴임변호사가 법무법인, 법무법인(유한), 법무조합(이하 이 조에서 '법무법인 등'이라 한다)의 담당변호사로 지정되는 경우
  2. 공직퇴임변호사가 다른 변호사, 법무법인 등으로부터 명의를 빌려 사건을 실질적으로 처리하는 등 사실상 수임하는 경우

3. 법무법인 등의 경우 사건수임계약서, 소송서류 및 변호사의견서 등에는 공직퇴임변호사가 담당변호사로 표시되지 않았으나 실질적으로는 사건의 수임이나 수행에 관여하여 수임료를 받는 경우

⑤ 제3항의 법원 또는 검찰청 등 국가기관의 범위, 공익목적 수임의 범위 등 필요한 사항은 대통령령으로 정한다.<신설 2011. 5. 17.>

라. 위임계약의 체결과 보수의 결정

(1) 소송사건은 변론진행과정에 따라 증거관계의 변수도 있고, 조정이나 화해로 귀결되는 경우도 많으므로 당사자에게 예측되는 결과를 충분히 설명하고 가능한 한 수임하도록 한다.

(2) 변호사의 사건처리는 위임이고 도급이 아니다. 변호사는 자신의 전문적 법률지식과 능력을 가지고 법률전문가에게 요구되는 주의를 기울여 법률사무를 처리하는 것으로 족하고 반드시 승소 등 일정한 결과를 발생시킬 의무를 지는 것은 아니다. 의뢰인으로부터 착수금을 전혀 받지 않고 성공보수로만 약정하는 경우 사건진행에 관한 의뢰인의 자발적 협조를 얻지 못하는 경우가 많다.

(3) 변호사는 의뢰인으로부터 보수를 받지 않는 경우에도, 즉 무상으로 계약을 체결한 경우에도 선량한 관리자의 주의로써 법률사무를 처리하여야 한다(민법 제681조).

(4) 제소기간과 제척기간의 준수 여부를 확인하고 법정기간의 종료에 즈음하여 수임을 거절함으로써 의뢰인에게 다른 권리구제의 길이 막히지 않도록 주의한다.

(5) 사건처리의 난이도, 의뢰인의 경제적 수준 등을 감안하여 적절한 보수를 정하도록 한다. 현재 변호사보수에 관한 객관적인 법정기준은 없고 당사자와 의뢰인 사이의 개별계약을 통하여 정할 수밖에 없다. 통상 착수금과 성공보수금으로 나누어 보수계약을 체결하고 인지대, 감정료 등 소송비용은 당사자가 부담하는 것으로 약정하는 경우가 많다.

(6) 보수에 관해서는 금액, 지급시기, 지급의무자 등을 명확히 한 계약서를 작성하고 보수를 수수한 때에는 세금계산서를 발행하고 부가가치세와 종합소득세 납부에 대비한다.

(7) 과다한 성공보수를 요구하는 변호사도 있고, 변호사보수를 떼먹는 의뢰인들도 비일비재하다. 변호사보수를 둘러싸고 의뢰인과 변호사가 적이 될 수도 있음을 유의해야 한다.

---

20) 제31조 제1항 제3호에 따른 사건을 수임한 변호사는 1년 이하의 징역 또는 1천만 원 이하의 벌금에 처하나(변호사법 제113조 제4호), 전관예우를 금지한 규정 등 그 외의 규정을 위반한 경우 벌칙규정이 없다.

4. 사건 수임 시의 유의사항

가. 인적사항의 파악

(1) 사건을 수임함에 있어서는 당사자의 주소, 연락처 등의 인적사항을 주민등록등본, 법인등기부등본 등에 의하여 정확히 확인한다. 소송 진행 도중에 연락이 되지 않을 경우를 대비하여 수임경로와 관련자들의 인적사항까지 확보해 둘 필요가 있다.

(2) 당사자와 의뢰인이 다를 경우 그 관계 및 위임권한 등을 확인해 둔다. 당사자의 의사에 의해 사건을 수임하였음을 증명할 수 있도록 위임장에 공증사무소의 인증을 받는 방법도 고려할 수 있다.

나. 사실관계의 정리

(1) 정확한 사실관계의 파악은 소송사건처리에 있어 선결문제이다.

(2) 기록은 기억을 지배한다. 의뢰인이나 증인 등과의 상담 시에는 요령 있는 메모가 필요하다. 정확한 사실관계를 파악하여 사건을 장악할 수 있어야 한다. A4용지 한 장에 사건의 개요도를 그려 놓거나 나름대로의 메모용지를 개발할 필요가 있다.

다. 증거의 검토

(1) 당사자 사이에 다툼이 없거나 증거에 의해 뒷받침되지 않는 사실관계는 법정에서는 허망한 것이다.

(2) 문서는 원본의 존재를 확인하여야 하고, 증인을 확보할 수 있는 것인지, 현장보존을 위하여 증거보전의 필요는 없는 것인지 등을 검토하여야 한다. 관련 기관에의 사실조회 등을 통하여 사건의 진상 파악을 하는 것도 필요하다.

(3) 약속어음 등 중요한 문서의 원본은 그 사본을 받아 놓고 원본은 돌려준다. 의뢰인과 문서원본의 보관 및 반환 관계를 명확히 해 두어야 한다.

라. 법률 및 판례, 선례의 검토

(1) 파악한 사실관계를 전제로 이에 적용될 실체법과 각종 특별법을 검토하여야 한다.

(2) 유사사건을 검색하여 판례 및 선례의 입장을 확인하여야 하다. 특히 소송실무에 있어서는 유사판례가 중요한 역할을 한다.

(3) 법률이나 판례의 검토과정에서 도저히 승소의 가망이 없다고 판단되는 경우에는 의뢰인에게 설명하고 의뢰인이 승소만을 고집한다면 사임하는 것이 방도이다. 가망이 없는 사건을 승소할 수 있는 것처럼 과장하여 수임하는 경우 문제가 생기기 쉽다.

마. 처리방법의 선택

(1) 민사분쟁을 해결함에 있어서는 소송의 방법 이외에도 조정, 화해, 중재, 지급명령신청 등 여러 가지 수단들이 있으므로 시간과 비용, 효과의 면에서 적절한 분쟁해결수단을 선택하도록 한다.

(2) 소송을 제기하는 목적은 여러 가지가 있을 수 있으나, 시효중단이나 집행권원의 획득만을 목적으로 소를 제기하는 경우도 있을 수 있다. 그러나 각하되거나 기각될 것이 뻔한 청구는 자제하도록 하고, 승소판결이 휴지가 되지 않도록 강제집행을 할 수 있는 방법도 강구해야 한다.

(3) 피고사건을 수임하는 경우에는 부당한 응소보다는 화해를 권유하고 피고의 입장에서 본안 전 항변 및 본안에 관한 항변, 부인 여부의 결정, 소송비용담보제공신청, 반소제기 여부 등에 관하여 검토한다.

바. 부수적 조치의 검토

(1) 제소 전에 이행의 제공, 최고, 해제, 취소통지 등 실체법상의 의사표시나 관념의 통지를 할 필요가 있는 경우 반드시 이 절차를 거치도록 한다.

(2) 강제집행의 보전을 위하여 가압류·가처분 등 보전조치를 취해야 하고, 청구이의나 제3자이의 등 강제집행 관련 소송에서는 반드시 강제집행정지 등 필요한 조치를 취해야 한다. 가집행선고부판결에 대하여 상소를 제기하는 경우도 마찬가지다.

(3) 제척기간을 준수하고, 소멸시효나 취득시효에 관해서는 시효중단조치를 취하여야 한다.

사. 소송위임장

(1) 소송대리권은 서면으로 증명하도록 되어 있고(민소법 제89조), 사건을 수임할 때에는 위임계약서 작성과 함께 법원에 제출할 소송위임장을 작성하여야 한다. 위임장에는 당사자 본인의 서명날인을 받도록 하고, 소속 지방변호사회를 경유하여 당해 기관에 소송위임장을 제출하여야 한다(변호사법 제29조). 지방변호사회를 경유할 때 내는 경유비가 지방변호사회의 중요한 재원이 되고 있고, 지방변호사회의 경유건수가 변호사의 세무자료로 활용된다.

(2) 민사사건의 경우에는 흔한 일이 아니나 형사사건의 경우 위임장을 제출하지 않고 소정 외 변론을 함으로써 문제를 야기하는 경우가 있어 2008. 3. 28. 개정 변호사법은 변호인선임서나 위임장을 제

출하지 아니하고 수사 중인 형사사건을 변호하거나 대리할 수 없도록 했다.

(3) 변호사법상 변호사는 사건 수임에 관한 장부를 작성·보관할 의무가 있고(제28조), 변호사는 매년 1월 말까지 전년도에 처리한 수임사건의 건수와 수임액을 소속 지방변호사회에 보고하여야 한다(제28조의 2). 보통 변호사와 의뢰인 간에는 특별한 신뢰관계가 있어서 위임계약서를 별로로 작성하지 않는 경우가 많으나, 수임에 관한 장부작성을 위해서도 위임계약서의 작성은 필요하다.

(4) 위임계약서를 작성할 때에는 위임의 범위를 명확히 해 두어야 한다. 특별수권의 경우는 물론 변호사가 어느 범위의 의무를 부담하는지를 명확히 해 두어야 한다.

[참고]
대한변호사협회와 공정거래위원회가 공동으로 작성한 소송위임장, 사건위임계약서(민사) 표준양식은 다음과 같다.

소 송 위 임 장		
사건		
원고		
피고		
위 사건에 관하여 아래 수임인을 소송대리인으로 선임하고, 아래에서 정한 권한을 수여합니다.		
수임인	**변호사 ○○○** 주 소: 전 화.　　　　　　　　　이메일:	

수권사항

(1) 일체의 소송행위
(2) 변제의 수령　　(3) 상소의 제기　　(4) 반소의 제기
(5) 재판상 또는 재판 외의 화해　　　(6) 복대리인의 선임
(7) 기타 특별수권사항 [권한을 부여하면 ○표시, 보류하면 ✕표시]

	기타 특별수권사항	수권여부
소의 취하	제기된 소송의 전부 또는 일부를 철회하여 소송을 종료할 수 있는 권한	
상소의 취하	원심을 유지·확정하면서 상소의 신청을 철회할 수 있는 권한	
청구의 포기	위임인의 청구가 이유 없다고 인정하여 소송을 종료할 수 있는 권한	
청구의 인낙	상대방의 청구가 이유 있다고 인정하여 소송을 종료할 수 있는 권한	
소송탈퇴	제3자가 소송에 참가한 경우 그 소송에서 탈퇴할 수 있는 권한(민사소송법 제80조에 따른 탈퇴)	

20 년 월 일	지방변호사회
위임인 성명　○　○　○　　(서명 또는 인) 주소:	경유

사건위임계약서(민사, 행정 등)

위임인(갑):

수임인(을):　　변호사 / 법무법인

사건의 표시

사건번호		사 건 명	
당 사 자		상 대 방	

위 당사자들은 위 표시 사건의 제＿＿심에 있어서의 사건처리에 관한 위임계약을 다음과 같이 체결한다.

제1조 【목적】 갑은 을에게 위 표시 사건의 처리(이하 '위임사무'라 한다)를 위임하고, 을은 이를 수임한다.

제2조 【위임한계】 갑이 을에게 위임하는 위임사무의 한계는 당해 심급에 한하고, 파기 환송된 사건이나 상소의 제기, 강제집행, 강제집행정지, 보전처분 등 부수적 절차에 관한 사항은 따로 정한다. 보전처분 사건의 경우, 이의사건 또는 취소사건은 별개의 위임사무로 한다.

제3조 【수권범위】 갑은 을에게 따로 작성하여 교부하는 위임장 또는 선임서에 적은 자격과 권한을 수여한다.

제4조 【수임인의 의무】 을은 변호사로서 법령에 정한 권리와 의무에 입각하여, 위임의 내용에 따라 선량한 관리자의 주의를 다하여 위임사무를 처리한다.

제5조 【자료제공 등】 을이 위임사무를 처리하는 데 필요하다고 인정하여 요구한 자료 또는 조회한 사항에 대하여 갑은 지체 없이 이에 응하여야 한다.

제6조 【착수보수】

① 갑은 을에게 위임계약의 성립과 동시에 착수보수로
　　금＿＿＿＿＿＿＿＿원(**부가가치세 별도**)을 지급한다.

② 제1항의 착수보수는 을이 위임사무에 관한 연구, 조사, 서면작성을 하는 등 위임사무에 착수한 후, 을에게 책임 없는 사유로 인한 당사자의 소의 부제기 또는 취하, 상소의 부제기 또는 취하, 청구의 포기, 인낙, 소송상 화해, 조정, 소송물의 양도, 당사자의 사망 등의 경우에는 갑이 그 반환을 청구하지 못하는 것을 원칙으로 하되, 필요한 경우 갑과 을의 협의하에 이를 조정할 수 있다.

③ 을이 위임사무를 착수하기 이전이라도 을에게 책임 없는 사유로 인한 갑의 일방적인 위임계약 해지 또는 제9조에 의한 위임계약의 해지 등의 사유가 발생한 경우에는 이로 인하여 을이 입거나 입게 되는 손해 혹은 손실에 해당하는 금액을 공제한 나머지 금액을 반환하기로 한다.

④ 갑과 을이 합의로 위임계약을 해지 또는 을이 부득이한 사유로 위임계약을 해지하는 경우에는, 당시까지 을의 변호사 및 전문보조인력들이 갑을 위하여 일한 일체의 시간(수임을 위하여 상담하거나 연구한 시간 포함)에 을이 정하고 있는 시간당 보수율을 곱하여 산출된 금액을 착수보수에서 공제하고 잔액이 있을 경우 이를 반환한다.

제7조 【성과보수】

가. 성과보수

위임사무가 판결, 재판상 내지 재판 외 화해(화해권고결정 포함), 조정(조정에 갈음한 결정 포함) 등으로 성공한 때에는 다음 구분에 의하여 성과보수를 지급하기로 한다.

① 전부 승소한 경우: 금 _____원(부가가치세 별도)
   일부 승소한 경우: 위 금액을 승소비율로 계산한 금액(부가가치세 별도)
② 승소로 얻은 경제적 이익가액의 _____%에 해당하는 금액(부가가치세 별도)
③ 상소심의 경우 달리 정함이 없는 한 상소심의 심판의 대상 전부를 기준으로 하여 승소 비율을 정한다.

나. 승소로 보는 경우: 다음의 경우에는 승소로 보고, 위 가항에 정한 성과보수액을 지급하여야 한다.
   ① 을이 위임사무처리를 위하여 상당한 노력을 투입한 후 갑이 임의로 청구의 포기 또는 인낙, 소의 취하, 상소를 취하한 경우
   ② 을의 소송수행 결과로 인하여 상대방이 청구의 포기 또는 인낙, 소의 취하, 상소를 취하한 경우(상대방이 이러한 사정으로 청구취지 또는 항소취지를 감축하는 경우에도 감축된 부분에 관하여 성공한 것으로 본다)
   ③ 을의 소송수행 결과로 인하여 소송대상인 행정처분이 직권취소되거나 경정처분된 경우
   ④ 을이 위임사무 처리를 위하여 상당한 노력을 투입한 후 갑이 정당한 사유 없이 위임계약을 해지하거나, 제9조에 따라 을이 위임계약을 해지한 경우

다. 전항 제1호 사유 중 갑이 아무런 경제적인 이득 또는 기타 이득이 없이 청구의 포기, 소의 취하, 인낙, 상소를 취하한 때에는 을의 노력 및 업무 수행 경과를 감안, 갑과 을이 상호 협의하여 성과보수를 조정할 수 있다.

제8조【비용부담】
   ① 을이 위임사무를 처리하는 데 필요한 인지대, 송달료, 감정료, 예납금, 보증금, 등사료, 여비, 기타 필요한 실비는 그 전액을 갑이 부담한다.
   ② 갑은 제1항의 비용에 충당하기 위하여 금 _____원을 예치한다.
   ③ 출장 일당으로 1일 금 _____원을 비용 발생 때 지급한다.
   ④ 전항의 비용은 제2항의 예치금 중에서 충당할 수 있다.

제9조【계약해지】 갑이 이 위임계약에 정한 의무를 이행하지 아니하거나 위임사무의 내용에 관하여 진술한 사실이 허위인 때에는, 고의가 아닌 경우라도 을은 이 계약을 해지하고 사임할 수 있다.

제10조【통지의무】 을은 위임사무의 중요한 처리상황 및 그 결과를 갑에게 통지하고, 위임이 종료한 때에는 그 결과를 갑에게 지체 없이 통지하여야 한다.

제11조【보수지급의 지체】
   ① 갑이 이 위임계약에 정한 비용 또는 보수의 지급을 지체한 때에는, 을은 위임사무에 착수하지 않거나 그 위임사무의 처리를 중단하거나 사임할 수 있다.
   ② 전항의 경우 을은 신속하게 갑에게 그 취지를 통지하여야 한다.

제12조【자료의 보관책임】 을이 위임사무를 처리하기 위하여 갑으로부터 제공받은 자료는 위임 종료 시 갑에게 수령할 것을 통지한 후 3개월 내에 별다른 의사표시가 없을 경우 을은 이를 임의로 폐기할 수 있다.

제13조【지급보장】
   ① 을은 이 위임계약에 정한 비용 또는 보수의 지급을 확실하게 보장하기 위하여 갑에게 필요한 조치를 요구할 수 있다.

② 을은 갑이 제1항의 비용 또는 보수의 지급의무를 이행하지 아니하는 때에는, 위임사무의 처리에 관련하여 보관하게 된 금전, 문서 또는 자료 등을 유치하거나 상계처리 할 수 있다.

③ 전항의 경우 을은 신속하게 갑에게 그 취지를 통지하여야 한다.

제14조【인장조각】 이 위임계약의 수행상 필요한 경우, 을은 갑 또는 당사자의 인장을 조각하여 사용할 수 있다. 단, 을은 사후에 인장조각 및 사용사실을 통지하여야 한다.

제15조【비밀유지】 을은 업무상 취득한 갑의 모든 비밀정보를 비밀로 유지하고, 업무수행상 필요하거나 법적으로 공개가 요구되는 경우 이외에는 갑의 동의 없이 제3자에게 공개하지 아니한다.

제16조【민법과의 관계】 기타 위임사항에 관하여 이 위임계약서에 특별히 규정되어 있는 사항을 제외하고는 민법상 위임에 관한 규정이 정한 바에 의한다.

* **특약사항**

이 계약의 성립을 증명하기 위하여 이 계약서 2통을 작성하고, 갑과 을이 각 1통씩 보관한다.

200 .   .   .

갑: 위임인   전화
　　주　소
　　주민등록번호 또는 사업자등록번호

을: 수임인 변호사 / 법무법인
　　　　　담당변호사

사례 6

甲이 A 변호사에게 乙 등을 피고로 한 X 토지에 관한 소유권이전등기청구소송의 수행을 위임하면서 그 소송에 관한 일체의 소송행위 및 반소의 제기와 응소, 복대리인의 선임, 집행보전을 위한 가압류 및 가처분신청 등에 필요한 모든 권한을 위임하였다. 그런데 A 변호사는 X 토지에 아무런 보전절차를 취하지 않고 있다가 사건을 수임한 날로부터 6개월이 경과한 후 이 사건 이전등기소송의 상대방 9인 중의 1인인 乙이 X 토지에 관하여 협의분할에 의한 재산상속을 원인으로 그 단독 명의로 소유권이전등기(그 이전에는 乙 등의 피상속인 丙 명의의 소유권보존등기가 마쳐져 있었다)를 마친 사실을 알게 되자 비로소 가처분신청을 하였으나, 위 가처분기입등기 직전에 乙이 제3자에게 설정하여 준 근저당권의 실행에 의하여 이 사건 이전등기소송의 승소 확정판결에 기하여 경료한 甲 명의의 소유권이전등기가 직권말소됨으로써 결국 甲은 이 사건 토지의 소유권을 상실하게 되는 손해를 입게 되었다. 甲은 이 사건 이전등기소송의 수행에 관한 위임계약 범위에 이 사건 토지에 대한 가처분신청도 포함되어 있었다고 하여 A 변호사를 상대로 그 위임계약상의 의무위반으로 인한 손해배상책임을 물을 수 있는가?[21]

사례 7

甲은 A 변호사를 대리인으로 선임하여 乙에 대한 대여금채권을 피보전권리로 乙 소유의 부동산에 대하여 가압류신청을 하여 가압류기입등기가 경료되었다. 乙은 위 가압류결정에 대하여 본안의 제소명령을 신청하였고, 제소명령결정이 A 변호사에게 송달되었으나, 제소기간이 도과되고 말았고, 법원은 제소기간 도과로 인한 가압류결정의 취소결정을 하였다. 甲은 제소명령 송달이 부적법함을 전제로 하여 제소기간 도과로 인한 가압류결정의 취소가 위법하다는 이유로 가압류취소결정에 대하여 즉시항고를 할 수 있는가?[22]

사례 8

다음과 같은 사실관계하에서 乙변호사의 책임을 논하라.

(1) 甲은 2008. 4. 7. A에게 9,500만 원을 이자율 월 2%로 정하여 대여하였고, B는 A의 甲에 대한 위 채무에 대하여 연대보증하였다.

(2) B는 채권자들인 甲과 C, D, E에 대한 채무를 면탈할 목적으로 자신의 유일한 재산인 X 토지에 관하여 자신과 내연의 관계에 있는 Y앞으로 2008. 12. 28. 매매예약을 원인으로 제주지방법원 1999. 12. 28. 접수 제53324호로 소유권이전등기청구권보전을 위한 가등기를 경료해 주고, 이에 기초하여 같은 등기소 2009. 4. 17. 접수 제16452호로 소유권이전등기를 마쳐 주었다.

(3) 甲과 E는 2009. 7. 14. 乙 등이 합동으로 운영하는 법률사무소를 방문하여 B의 다른 채권자인 D 등이 다른 변호사에게 소송을 위임하여 소송이 진행 중임을 알리고, 위 E는 2009. 5. 4. B를 상대로 '1억 원 및 이에 대하여 1998. 1. 30.부터 다 갚는 날까지 연 24%의 비율에 의한 돈을 지급하라'는 내용의 지급명령을 받았으나 B가 자신의 유일한 재산에 대하여 위와 같이 Y에게 소유권이전등기까지 경료해 준 사실을 기초로 Y를 상대로 사해행위취소소송을 제기할 것에 대하여 법률상담을 한 다음 乙과의 사이에 사해행위취소소송위임계약을 체결하였고, 甲은 위 주 채무자인 A와 연대보증인 B를 상대로 대여금청구소송에 관한 소송위임계약을 체결하고 수임료, 부가가치세, 인지대, 송달료 등을 합한 2,728,000원을 乙 명의의 예금계좌로 입금하였으며, 乙은 甲과 E로부터

---

21) 대법원 1997. 12. 12. 선고 95다20775 판결: 통상 소송위임장이라는 것은 (구)민사소송법 제81조 제1항에 따른 소송대리인의 권한을 증명하는 전형적인 서면이라고 할 것인데, 여기에서의 소송위임(수권행위)은 소송대리권의 발생이라는 소송법상의 효과를 목적으로 하는 단독 소송행위로서 그 기초관계인 의뢰인과 변호사 사이의 사법상의 위임계약과는 성격을 달리하는 것이고, 의뢰인과 변호사 사이의 권리의무는 수권행위가 아닌 위임계약에 의하여 발생하는 것이다. (구)민사소송법 제82조 제1항이 "소송대리인은 위임받은 사건에 관하여 반소, 참가, 강제집행, 가압류, 가처분에 관한 소송행위와 변제의 영수를 할 수 있다"고 규정하고, 제3항이 "변호사의 소송대리권은 제한하지 못한다"고 규정하고 있으나, 위 각 규정은 소송절차의 원활·확실을 도모하기 위하여 소송법상 소송대리권을 정형적·포괄적으로 법정한 것에 불과하고 변호사와 의뢰인 사이의 사법상의 위임계약의 내용까지 법정한 것은 아니므로, 본안소송을 수임한 변호사가 그 소송을 수행함에 있어 강제집행이나 보전처분에 관한 소송행위를 할 수 있는 소송대리권을 가진다고 하여 의뢰인에 대한 관계에서 당연히 그 권한에 상응한 위임계약상의 의무를 부담한다고 할 수는 없고, 변호사가 처리의무를 부담하는 사무의 범위는 변호사와 의뢰인 사이의 위임계약의 내용에 의하여 정하여진다.

22) 대법원 2003. 3. 31. 자 2003마324 결정: 가압류·가처분 등 보전소송사건을 수임받은 소송대리인의 소송대리권은 수임받은 사건에 관하여 포괄적으로 미친다고 할 것이므로 가압류사건을 수임받은 변호사의 소송대리권은 그 가압류신청사건에 관한 소송행위뿐만 아니라 본안의 제소명령을 신청하거나, 상대방의 신청으로 발하여진 제소명령결정을 송달받을 권한에까지 미친다.

이 사건 X 토지에 관한 부동산처분금지가처분신청 사건을 별도로 수임하지 않고 위 각 소송위임계약에 기초하여, 2009. 7. 19. B, C를 상대로 제주지방법원 2009가합13096 대여금청구의 소(이하 '이 사건 소'라고 한다)를 제기하여 무변론판결로 2009. 9. 21. 'B와 C는 연대하여 甲에게 9,500만 원 및 이에 대하여 1999. 4. 7.부터 다 갚는 날까지 월 2%의 비율에 의한 돈을 지급하라'는 내용의 원고 승소판결을 받아 2009. 10. 21. 위 판결이 확정되었고, 2009. 8. 10. Y를 상대로 제주지방법원 2000가단59804 사해행위취소의 소를 제기하여 2010. 2. 4. 청구인낙으로 사건이 종결되었다.

(4) 그 사이 S가 2009. 9. 6. Y에 대하여 3,500만 원의 채권이 있음을 근거로 X 토지에 관하여 가압류결정을 받아 2009. 9. 9. 가압류집행을 한 사실을 뒤늦게 알게 된 甲은 2009. 9. 중순경 乙에게 이 사건 각 부동산에 관한 처분금지가처분신청을 의뢰하면서 2009. 9. 25. E의 가처분신청 사건비용을 합한 40만 원을 乙 명의의 예금계좌로 입금하였고, 乙은 2009. 9. 21. E 명의의 부동산처분금지가처분을 신청하여 2000. 9. 26. 가처분결정을 받아 2009. 9. 27. 집행하였고, 2009. 10. 31. 원고 명의의 부동산처분금지가처분신청을 하였으나 기각결정을 받아 다시 2009. 12. 14. 재신청하여 2009. 12. 19. 甲 명의의 처분금지가처분결정을 받아 2009. 12. 21. 집행하였다.

(5) S는 X 토지에 관하여 부동산강제경매신청을 하여 법원으로부터 2010. 2. 9. 경매개시결정을 받았고, 2010. 2. 13. 기준 이 사건 X 토지의 감정가가 81,525,000원이었으나 2010. 4. 11. 이 사건 X 토지가 51,950,800원에 낙찰되어 배당기일에 배당할 금액 52,244,020원 중 제주세무서가 32,693,040원, 제주시가 2,570,320원을 각 1순위로 배당받고, S는 14,535,690원을 배당받았으나, 甲은 B로부터 자신의 채권액 중 한 푼도 변제받지 못하였다.

(6) 한편, B의 또 다른 채권자인 F는 B를 상대로 대여금청구의 소를 제기하여 2008. 6. 29. 'B는 F에게 4,400만 원 및 그중 4,000만 원에 대하여 2005. 8. 10.부터 다 갚는 날까지 월 2%의 비율에 의한 돈을 지급하라'는 내용의 승소판결을 받은 다음, 다시 Y를 상대로 사해행위취소의 소를 제기하여 2010. 2. 15. '이 사건 X 토지에 관하여 B와 Y 사이에 체결된 2008. 12. 28. 매매예약은 사해행위로서 이를 취소하고, 그 원상회복으로서 Y는 F에게 이 사건 X 토지에 관하여 경료한 가등기를 말소하라'는 내용의 승소판결을 받았고, 이에 Y가 항소하였으나 2010. 4. 3. 항소기각판결이 선고되었으며, D는 B, C를 상대로 2010. 4. 10. 사해행위취소 등 소를 제기하여 2010. 5. 25. 'B는 D에게 4,500만 원 및 이에 대하여 2009. 5. 16.부터 다 갚는 날까지 연 25%의 비율에 의한 돈을 지급하고, 이 사건 각 부동산에 관한 B와 Y 사이의 2008. 12. 28. 자 매매예약 및 매매계약은 사해행위로서 이를 각 취소하고, 그 원상회복으로서 Y는 B에게 이 사건 각 부동산에 관하여 경료된 가등기 및 소유권이전등기의 각 말소등기절차를 이행하라'는 내용의 승소판결을 받은 다음 Y가 항소하였으나 2010. 9. 4. 항소기각판결이 선고되었다.

(7) B는 제주시를 상대로 이 사건 각 부동산을 도로로 점유·사용함으로써 얻은 부당이득금을 지급하라는 내용의 소송을 제기하여 2008. 9. 15. 승소판결을 받았으나 위 채권에 대하여 C, E가 채권가압류 등을 하자 제주시는 2008. 12. 30. 피공탁자를 B로 27,348,880원을 공탁하였고, C는 2009. 4. 25. 그중 11,707,839원을, E는 2009. 7. 7. 그중 15,641,041원을 각 출급하였다.

(8) 甲은 2009. 7. 14. 乙에게 이 사건 소송을 의뢰할 당시 ① 2008. 4. 7. A에게 9,500만 원을 이자 월 2%로 정하여 대여한 사실과 B가 이에 대하여 연대보증한 사실, ② B소유의 유일한 이 사건

X 토지의 등기부등본을 보여 주면서 위 토지 전부가 B와 내연의 관계에 있는 Y앞으로 두 사람 사이의 통모에 의하여 2008. 12. 28. 매매예약을 원인으로 소유권이전등기청구권보전을 위한 가등기가, 이에 기초하여 소유권이전등기가 Y에게 각 경료된 사실, ③ 또한 E, C 등이 다른 변호사에게 B 등을 상대로 한 소송을 위임한 사실 등을 각 설명하였고, 또한 Y가 위 토지를 제3자에게 매도하거나 근저당권을 설정하여 그 가치를 하락시킬 여지가 있으므로 적절한 보전조치를 위하여 줄 것을 요구하면서 乙과의 사이에 소송위임계약을 체결하였음에도 불구하고, 乙이 사건 소제기 시 함께 이 사건 각 부동산에 관한 처분금지가처분신청을 하지 않고 있다가 S명의의 부동산가압류 등기가 경료된 후에야 비로소 처분금지가처분 조치를 취함으로써 결국 甲은 B로부터 채권액 중 한 푼도 변제받을 수 없게 되었으므로, 乙은 甲에게 9,500만 원을 배상할 책임이 있다고 주장한다.

가. 甲은 乙을 상대로 소송위임계약상의 채무불이행책임을 물을 수 있는가?

나. 甲은 乙의 선관주의의무 위반으로 인한 손해배상책임을 물을 수 있는가?

[참고판결: 인천지법 2004. 8. 4. 선고 2002가단80187 판결]

1. 소송위임계약상의 채무불이행책임

(1) 민사소송법 제90조의 규정은 소송절차의 원활과 확실을 도모하기 위하여 소송법상 소송대리권을 정형적·포괄적으로 법정한 것에 불과하고 변호사와 의뢰인 사이의 사법상의 위임계약의 내용까지 법정한 것은 아니므로, 본안소송을 수임한 변호사가 그 소송을 수행함에 있어 강제집행이나 보전처분에 관한 소송행위를 할 수 있는 소송대리권을 가진다고 하여 의뢰인에 대한 관계에서 당연히 그 권한에 상응한 위임계약상의 의무를 부담한다고 할 수는 없고, 변호사가 처리의무를 부담하는 사무의 범위는 변호사와 의뢰인 사이의 위임계약의 내용에 의하여 정하여진다고 할 것이다(대법원 1997. 12. 12. 선고 95다20775 판결 참조).

(2) 과연 원고가 이 사건 소송을 피고에게 위임할 당시 원고의 주장과 같은 내용의 사정을 설명하고 대여금청구 소송 외에 부동산처분금지가처분신청 사건도 위임하였는지 살펴보건대, 이에 부합하는 듯한 증인 E의 증언은 믿기 어렵고, 달리 이를 인정할 증거가 없으며, 오히려 앞서 본 바와 같이 원고가 2009. 9. 25. 비로소 乙 명의 예금계좌로 원고와 E의 가처분신청 비용 40만 원을 입금한 사실에 비추어 볼 때, 피고에게 소송위임계약상의 채무불이행책임을 물을 수는 없다.

2. 선관주의의무 위반으로 인한 손해배상책임

(1) 변호사에게 소송사건을 의뢰하는 사건 의뢰인과 변호사와의 법률관계는 위임 또는 이와 유사한 계약관계라 할 것이고, 따라서 변호사가 의뢰인에 대하여 어떤 의무를 부담하는가 하는 것은 위임계약의 구체적인 내용에 따라 결정될 것이지만, 일반적으로 변호사는 전문적인 지식과 경험을 가진 법률가로서 사건 의뢰인으로부터 보수를 받고 소송사무 등을 위탁받아 처리하는 것을 업으로 하는 전문인으로서 사건의뢰에 대하여 수임자로서 그가 통상 소유하고 있는 법률지식과 경험을 충분히 활용하여 선량한 관리자로서의 주의의무를 다하여 성실하게 직무를 수행할 의무를 부담한다고 할 것이다. 즉 변호사는 그의 직무를 수행함에 있어서 통상 요구되는 지식, 기술 및 능력을 소유하고, 그에게 주어진 직무수행에 있어서 최선의 판단을 행하며, 수임한 사건의 처리에 있어서 그의 지식과 기량을 통상의 주의와 최대의 성실함을 가지고

합리적으로 수행할 것이 요구된다고 할 것인바, 그렇지 아니할 경우 사건 의뢰인의 재판받을 권리가 실질적으로 침해당할 우려가 있고, 이와 같이 해석하는 것이 일정 자격을 갖춘 변호사에게만 소송대리를 허용하는 민사소송법 및 변호사법의 입법 취지에 비추어 보더라도 합당하기 때문이다(부산고등법원 1995. 4. 13. 선고 94나11613 판결 참조).

(2) 나아가, 선관주의의무의 내용 및 정도에 관하여 보건대, 변호사가 개별적·구체적으로 어떠한 내용의 주의의무를 부담하는가 하는 것은 사건을 수임하게 된 경위, 위임된 사무의 내용 및 난이도, 사건의뢰인이 사건을 위임함에 있어서 사정 설명을 한 정도 등 여러 가지 사정에 따라 좌우될 것이나, 그 내용을 유형화하여 보면 <u>의뢰인이 재판을 받을 수 있는 기회와 기대를 보호할 의무, 의뢰인의 손해를 방지할 의무, 적절한 조언과 주장·입증을 할 의무, 보고의무, 의뢰인의 상소기회를 보호할 의무 등이 포함될 것이고, 주의의무의 정도는 소송대리업무의 공익성, 독립성, 전문성에 비추어 그 위임받은 사무를 수행함에 있어서 당해 사건을 면밀히 검토 숙지하고 전문적인 지식과 경험을 갖춘 사람을 표준으로 한 선량한 관리자의 주의의무가 요구된다</u>고 할 것이다.

(3) 이 사건에서 乙은 甲으로부터 이 사건 소송을 위임받을 당시 E가 같이 찾아와 B에 대한 집행권원인 지급명령을 받은 상태에서 Y명의로 소유권이전등기가 경료되어 있으므로 Y를 상대로 사해행위취소소송을 제기하려 하였고, 다른 채권자인 C 등도 Y를 상대로 사해행위취소소송을 진행 중임을 알고 있었으므로, 변호사인 乙로서는 Y가 이 사건 각 부동산을 제3자에 처분하거나 담보를 설정해 줄 염려가 있고, 그러한 경우에는 이 사건 소송의 목적을 달성할 수 없게 되므로 이에 대비하여 미리 처분금지가처분신청을 하거나 적어도 소제기와 동시에 가처분 조치를 취하여 실질적인 채권확보가 가능하도록 하였어야 하고, 가사 甲<u>으로부터 명시적으로 가처분신청을 해 줄 것을 요청받지 않았다 하더라도 A, B를 상대로 대여금소송을 제기하여 승소판결을 받는 것만으로는 실질적인 채권 확보가 어려우므로 가처분의 필요성 및 그 절차에 관하여 충분한 설명을 하여 그에 필요한 비용을 납부받는 등 협조를 받아 보전조치를 취하여야 할 주의의무가 있음에도 불구하고</u> 아무런 보전조치를 취하지 아니하고 있다가 2009. 9. 25. 원고로부터 신청비용을 수령한 이후 비로소 가처분신청을 한바(심지어 E가 Y를 상대로 사해행위취소의 소를 제기함에 있어서도 처분금지가처분을 하지 않고 있다가 S의 가압류집행이 있은 후인 2009. 9. 27.에야 비로소 가처분결정을 받았다), 이러한 사정에 비추어 볼 때 변호사인 乙로서는 사건의뢰인인 甲에게 변호사로서 선관주의의무와 설명의무를 다하였다고 볼 수 없<u>으므로</u>, 乙은 이로 인하여 甲이 입은 재산적·정신적 손해를 배상할 책임이 있다고 할 것이다.

3. 손해배상의 범위

(1) 재산상 손해

원고가 피고 乙에게 이 사건 소송을 의뢰할 당시 단순히 A, B를 상대로 대여금청구의 소를 제기한 외에 乙이 Y를 상대로 이 사건 토지에 관하여 처분금지가처분을 하였다면 S의 이 사건 토지에 대한 가압류 및 강제경매신청을 방지하고, 이 사건 토지는 Y를 상대로 한 사해행위취소소송의 승소판결에 따라 B의 책임재산으로 환원되어 甲을 비롯한 다른 채권자들의 공동담보로 될 수 있었을 것인바, 결국 원고의 재산상 손해는 이 사건 각 부동산 가액에서 위 각 채권자들의 채권 총액 중 자신의 채권액을 안분배당받을 수 있었을 금액을 이 사건 각 부동산이 경매됨으로써 받지 못한 금액이라고 할 것인바, 2010. 2. 13. 기준 이 사건 토지의 감정가가 81,525,000원인 사실을 알 수 있<u>으므로</u> 이 시점을 기준으로 한 B의 채권자들의 채권액 총합계는 400,904,760원인바, 그 내역은 다음과 같다.

즉 甲의 채권액 합계 114,502,143원{원금 9,500만 원＋이자 19,502,143원(2008. 4. 7.부터 2003. 2. 13.까지 월 2%의 비율에 의한 이자, 원 미만 반올림, 이하 같다)}, C의 채권액 합계 75,631,332원{원금 4,400만 원

+이자 31,631,332원(4,000만 원에 대하여 1996. 8. 10.부터 2003. 2. 13.까지 월 2%의 비율에 의한 이자 43,339,171원 중 2000. 4. 25. 제주시로부터 출급한 공탁금 11,707,839원 공제한 금액)}, E의 채권 합계 53,419,239원{원금 4,500만 원+이자 8,419,139원(2000. 5. 16.부터 2003. 2. 13.까지의 연 25%의 비율에 의한 이자)}, D의 채권 합계 157,352,046원{원금 1억 원+이자 57,352,046원(1998. 1. 30.부터 2003. 2. 13.까지 연 24%의 비율에 의한 이자 72,993,087원 중 2000. 7. 7. 경산시로부터 출급한 공탁금 15,641,041원을 공제한 금액)}인바, 따라서 원고의 손해액은 이 사건 각 부동산 시가 81,525,000원에서 북대구세무서와 경산시의 강영구에 세금을 공제한 46,261,640원(81,525,000원-32,693,040원-2,570,320원)을 위 채권자들의 채권액에 따라 안분한 13,212,756원(46,261,640원×114,502,143원 / 400,904,760원)이라 할 것이다.

다만, 甲으로서도 乙에게 이 사건 소송을 의뢰함에 있어서 다른 채권자들이 Y에 대하여 사해행위취소 소송을 제기한 사실에 비추어 Y가 B와 통모하여 재산을 은닉하려 한 것임에 대하여 충분히 알 수 있었다고 할 것이므로 적극적으로 乙에게 채권확보 조치를 요구하였어야 함에도 만연히 乙이 A, B를 상대로 대여금소송만을 제기하도록 하고 이에 대하여 아무런 이의를 제기하지 않고 있다가 2000. 9. 25.에야 비로소 가처분신청 사건을 위임한 점, B를 상대로 승소판결을 받았으면 이를 집행권원으로 위 강제경매절차에서 배당요구를 하거나, D, E와 마찬가지로 B의 제주시에 대한 부당이득금채권에 대한 압류조치 등을 취하여 채권을 확보하였어야 함에도 이를 소홀히 하여 재산상 손해의 확대를 가져오게 한 점 등 이 사건 변론에 나타난 여러 가지 사정을 감안할 때 甲의 과실비율을 50%로 봄이 상당하다고 할 것이므로, 결국 乙은 甲에게 6,606,378원(13,212,756원×1/2)을 배상할 책임이 있다고 할 것이다.

(2) 위자료

원고는 이 사건 소송 수임과정에서 乙의 선관주의의무 위반으로 말미암아 B에 대한 채권 전액을 변제받지 못하고 이 사건 소송에 이르기까지 오랜 시간 정신적 고통을 받았음이 명백한바, 이 사건 변론과정에서 나타난 여러 가지 사정을 참작할 때 그 액수는 1,000,000원으로 정함이 상당하다.

(3) 결론

그렇다면 乙은 甲에게 위 7,606,378원(손해배상금 6,606,378원+위자료 1,000,000원) 및 이에 대하여 원고가 구하는 이 사건 소장 부본 최후송달 다음 날인 2003. 1. 4.부터 피고가 이행의무와 존부나 범위에 관하여 항쟁함이 상당한 이 사건 판결선고일인 2004. 8. 4.까지는 민법 소정의 연 5%, 그다음 날부터 다 갚는 날까지는 소송촉진 등에 관한 특례법 소정의 연 20%의 각 비율에 의한 지연손해금을 지급할 의무가 있다.

제2장 민사소송절차 개요

I. 서 설

1. 민사분쟁 해결절차의 개요

인간(人間=사람 사이)이라는 말이 의미하는 바와 같이 사람은 누구나 필연적으로 사회적 존재이다. 현대사회에 있어서 로빈슨 크루소(Robinson Crusoe)는 더 이상 우리가 말하는 인간이 아니다.[1] 우리들이 사회생활을 하는 과정에서 원하든 원하지 아니하든 각종의 다양한 분쟁에 직면할 수 있고, 그 분쟁이 당사자 사이에서 원만히 해결되지 않으면 국가기관인 법원이 분쟁 당사자 사이에 개입하여 공권적으로 분쟁을 조정하고 해결한다. 자력구제, 즉 자신의 실력을 행사하여 분쟁을 해결할 수 없으므로 제도적으로 법원의 힘을 빌리지 않으면 안 된다. 법원은 분쟁의 평화적 해결장소에 다름 아니다.

민사소송은 사법상의 권리관계에 대한 분쟁이 생겼을 때 사권의 존재를 확정하고 사법질서의 유지를 목적으로 하는 재판절차를 말한다. 넓은 의미의 민사소송에는 가압류·가처분절차와 강제집행절차를 포함하나, 좁은 의미의 민사소송은 판결절차를 의미한다. 근래에는 ADR(Alternative Dispute Resolution: 소송에 갈음하는 분쟁해결)로서 알선, 조정, 중재 등이 각광을 받고 있다. 소송 이외에 분쟁해결방식으로는 당사자 간의 직접적·자주적 교섭을 통한 상호 양보로 '화해'를 도모하기도 하고, 당사자들의 수락을 전제로 하여 제3자가 타협안을 작성하는 '조정'도 있으며, 사건마다 분쟁당사자가 재정을 맡길 제3자를 정하고 그의 판단에 반드시 복종하게 하는 개별적·강행적 해결방식인 '중재'도 있다(민사중재, 상사중재, 언론중재, 노동중재 등).

민사분쟁해결의 주된 메커니즘은 민사소송이지만 이는 형사소송과 달리 독점적 성격을 가지지 아니하므로 민사소송제도의 이용은 때와 장소 그리고 국민의 법의식에 따라 달라진다.

이하에서는 통상의 소송절차 중 판결절차를 중심으로 민사소송의 실무를 개관하고 기타 민사분쟁해결절차의 개요를 살펴보기로 한다.

[포인트]

(1) 甲과 乙이 돈을 빌려 주고 갚는 법률관계는 민법상의 소비대차이다. 민법 제598조는 소비대차는 당사자 일방이 금전, 기타 대체물의 소유권을 상대방에게 이전할 것을 약정하고 상대방은 그와 같은 종류, 품질 및 수량으로 반환할 것을 약정함으로써 그 효력이 생긴다고 규정하고 있다. 소비대차가 종료되면 차주는 약정시기에 차용물과 같은 종류, 품질 및 수량의 물건을 반환하여야 한다(민법 제603조). 甲은 乙에게 변제기 후에 대여금의 반환을 청구할 권리를 가지게 된다.

(2) 甲이 乙로부터 돈을 돌려받기 위해서는 여러 가지 민사분쟁해결절차가 있다. 민사소송(소액심판)을 제기하거나, 지급명령을 신청할 수 있고, 민사조정을 신청할 수도 있다.

(3) 자력구제는 법적 평화를 깨는 것이므로 원칙적으로 허용되지 아니한다.

(4) 甲과 제주시장의 행위는 법에 따라 사적 분쟁을 해결하는 방법으로서 정당한 행위라 할 수 없다. 법에 의한 분쟁해결이 아니라 인정과 호소에 의한 분쟁해결은 법치주의의 의식을 약화시킬 소지가 있다.

---

[1] 사람이 사람인 것은 바로 사람과 사람의 결합관계에 있기 때문이다(*Was der Mensch ist, Verdankt er der Vereinigung von Mensch und Mensch.* – O. von Gierke).

(5) 조정이나 화해가 융통성 있고 신속한 분쟁해결에 기여하는 면도 있으나, 이러한 방식의 분쟁해결은 당사자들의 합의 내지 양보를 전제로 하는 것이므로 권리자는 자신의 권리를 완전히 인정받지 못하고 의무자는 자신의 의무를 완전히 이행하지 않아도 되는 결과를 가져온다. 이러한 방식으로는 법치주의를 제대로 실현시키지 못하는 단점이 있음에 유의할 것이다.

2. 민사소송의 목적

사법상의 권리 또는 법률관계를 둘러싸고 발생하는 분쟁을 민사분쟁 또는 사적분쟁이라고 한다. 민사분쟁의 해결은 자력구제에서 국가구제로 발전하였고, 국가가 권리보호를 독점하고 있다. 즉 국가는 법원이라는 재판기관을 설치하고 국민이 이를 이용하도록 함으로써 국가의 공권력에 의하여 민사분쟁을 강제적으로 해결하도록 한다. 민사분쟁해결절차로 화해, 조정, 중재 등 소송 외적 해결방법이 없는 것은 아니나 민사소송이야말로 사적 분쟁해결의 가장 기본적이고 궁극적인 방법이다. 민사분쟁해결방법으로서 민사소송의 특색은 그것이 일반적 · 강제적 · 공권적이라는 데에 있다.

민사소송법은 절차법의 기본법이다. 민사소송법에 대한 철저한 이해가 있어야 가사소송, 행정소송, 특허소송 등 다른 소송절차도 이해할 수 있다. 민사소송제도가 무엇 때문에 존재하는가에 관하여 사권보호설, 사법질서유지설, 분쟁해결설, 절차보장설 등이 있으나, 민사소송제도의 주된 목적은 권리의 확정과 권리의 실현이라고 하는 사권보호에 있고, 법질서유지나 분쟁해결은 그 부수적 효과로 보는 것이 옳다고 생각한다.

3. 민사소송과 신의칙

> **사례 2**
>
> (1) 甲은 자신이 탐라국 왕자의 후손임을 인정받기 위하여 법원에 제소할 수 있는가?
> (2) 甲은 학교로 가던 중 乙이 운전하는 승용차에 치여 중상을 입었다. 경찰의 조사결과 이 사고는 甲이 신호등 있는 횡단보도를 신호를 무시하고 무단횡단하다가 발생한 것으로 乙에게는 과실이 없는 것으로 밝혀져 불기소처분을 받았다. 甲은 乙을 상대로 민사상 손해배상청구를 할 수 없는가? 이 사건에서 민사소송과 형사소송은 어떤 관계를 맺으며 진행되는가?
> (3) 甲은 미국에 이민 간 딸 乙을 상대로 乙 소유의 토지에 대하여 매매를 원인으로 한 소유권이전등기절차이행청구의 소를 제기하면서 국내의 허위주소를 기재하여 무변론의 승소판결을 편취하고 이에 기해 甲앞으로 소유권이전등기를 마쳤다. 일시 귀국한 乙이 이러한 사실을 알고 甲에게 항의하는 한편 법률사무소에 문의하였으나, 소송비용도 없고 아버지인 甲의 이름으로 되어 있으니 설마 처분하겠느냐는 생각으로 소송문제를 거론하지 아니하고 출국하였다. 약 4년 뒤에 甲이 위 토지를 丙에게 매도하고 등기를 넘기자 이를 알게 된 乙이 귀국하여 위 무변론판결에 대하여 항소를 제기할 수 있는가? 乙의 항소권은 신의칙상 실효의 원칙에 따라 이미 실효된 것으로 볼 수 있는가?

가. 민사소송은 사법상의 권리관계를 그 대상으로 한다.

민사소송은 민법, 상법 등 실체사법에 의하여 규율되는 대등한 권리 주체들 사이의 생활관계로부터 발생하는 법률적 쟁송을 그 대상으로 한다. 법률적 쟁송에 해당하기 위해서는 당사자 사이에 구체적인 권리 또는 법률관계에 관한 분쟁이 존재하여야 하고, 그것이 재판을 통하여 궁극적으로 해결될 수 있는 것이어야 한다.

나. 민사소송은 사법상의 권리관계의 확정(판결절차)·보전(가압류·가처분절차)·실현(강제집행절차) 등 세 가지를 과제로 하는 절차이다.

다. 민사소송은 재판상의 절차이다.

민사소송은 소의 제기로부터 종국판결에 이르기까지 법원, 당사자 그 밖의 소송관계인의 행위의 연쇄로 구성되는 하나의 절차이고, 이는 민사소송법에 의하여 규율되는 하나의 절차이다. 소송은 판결을 향하여 진전하는 하나의 절차이고, 하나의 절차에 여러 개의 소송(반소, 공동소송 등)이 병합될 수 있다.

라. 민사소송의 이상은 적정(Justice), 공평(Fairness), 신속(Speediness), 경제(Inexpensiveness)이다.

[포인트]

(1) 당사자 사이에 구체적인 권리 또는 법률관계에 관한 분쟁이 아닌 사실관계의 확정을 목적으로 한 제소는 허용되지 아니한다.

(2) 민사책임은 피해자에게 생긴 손해의 전보를 목적으로 하기 때문에 고의·과실을 불문하고 그로 인해 생긴 손해는 이를 배상하여야 하나, 형사책임은 행위자에 대한 응보 및 장래에 있어서의 해악의 발생의 방지를 목적으로 하기 때문에 원칙적으로 고의범만 처벌하고 과실범에 대한 처벌은 예외이다. 따라서 형사책임은 원칙적으로 고의만을 벌하기 때문에 한정적인 데 대하여 민사책임은 피해자 구제의 견지에서 넓게 인정된다. 교통사고로 사람이 다치거나 사망한 경우 가해자에 대한 형사책임은 사인(私人)에 대한 국가형벌권의 존부의 확정을 목적으로 하는 형사소송절차에서 다루어지고, 민사상의 손해배상청구는 사법상의 권리관계에의 확정을 목적으로 하는 민사소송에서 다루어진다. 그러나 양 책임은 반규범적 행위를 억제함으로써 사회질서를 유지하고자 하는 점에서 공통점을 갖는다.

(3) 실효의 원칙이라 함은 권리자가 장기간에 걸쳐 그 권리를 행사하지 아니함에 따라 그 의무자인 상대방이 더 이상 권리자가 권리를 행사하지 아니할 것으로 신뢰할 만한 정당한 기대를 가지게 된 경우에 새삼스럽게 권리자가 그 권리를 행사하는 것은 법질서 전체를 지배하는 신의성실의 원칙에 위반되어 허용되지 아니한다는 것을 의미하고, 항소권과 같은 소송법상의 권리에 대해서도 이러한 원칙은 적용될 수 있다. 그리고 실효의 원칙이 적용되기 위하여 필요한 요건으로서의 실효기간(권리를 행사하지 아니한 기간)의 길이와 의무자인 상대방이 권리가 행사되지 아니하리라고 신뢰할 만한 정당한 사유가 있었는지는 일률적으로 판단할 수 있는 것이 아니라 구체적인 경우마다 권리를 행사하지 아니한 기간의 장단과 함께 권리자 측과 상대방 측 쌍방의 사정 및 객관적으로 존재한 사정

등을 모두 고려하여 사회통념에 따라 합리적으로 판단하여야 한다. 판례는 위 사례에서 乙이 이 사건 제1심판결이 있음을 알게 된 당시 甲에게 이의를 제기하고 법률사무소에 그 구제방법을 문의하였으나 소송비용도 없고 다른 사람도 아닌 아버지인 甲의 이름으로 해 두었으니 설마 다른 사람에게 팔겠느냐 하는 생각에서 별다른 조치 없이 일단 피고가 살고 있는 미국으로 출국하였다는 것으로, 그 후 4년 남짓 동안 이 사건 제1심판결에 대한 항소나 甲에 대한 형사고소 등을 거론한 바 없었다 하여 甲의 입장에서 乙이 더 이상 위 판결에 대한 항소권을 행사하지 않으리라는 정당한 기대를 가지게 되었다고 단정할 수는 없고, 丙이 甲을 이 사건 부동산의 진정한 권리자라고 믿고 甲으로부터 이를 매수한 사정이 인정된다 하여 달리 보기는 어렵다고 하고 있다. 판례는 乙의 항소권이 실효의 원칙에 따라 실효된 것으로 보지 않고 있다.[2]

II. 소의 개념과 종류

1. 소의 개념과 종류

가. 소송의 3요소는 법원과 당사자, 소송물이다. 민사소송은 원고와 피고 양쪽 당사자가 법원에서 소송물(소송상의 청구)을 두고 벌이는 법정공방을 말한다. 법원에 대하여 일정한 내용의 판결을 해 달라는 당사자의 신청을 訴라고 한다. "訴 없으면 판결 없다." 사법상의 사적자치의 원칙이 소송법에도 반영되어 원고의 소의 제기가 없는 이상 법원이나 국가기관이 스스로 알아서 재판을 할 수는 없는 노릇이다. 민사소송의 대원칙인 당사자처분권주의[3]가 소제기단계에서부터 작용한다.

나. 원고는 소를 제기함에 있어 이행의 소, 확인의 소, 형성의 소 중에서 하나를 선택하여야 한다. 이행의 소라 함은 이행청구권의 확정과 피고에 대해 이행명령을 할 것을 요구하는 소를 말하고,[4] 확인의 소라 함은 원고와 피고 사이의 권리나 법률관계의 존부에 관하여 법적인 불안상태가 존재할 때 그 불안을 제거하기 위하여 그 권리나 법률관계의 존부확정을 요구하는 소를 말한다.[5] 형성의 소는 법률관계의 발생·변경·소멸을 요구하는 소로써 원칙적으로 법률에 명문의 규정이 있는 경우에만 허용된다.[6]

---

2) 상세는 오창수, 「로스쿨 민사소송법 - 사례와 판례 - 」, 한국학술정보(주)(2001), 제1장 참조.
3) 당사자처분권주의라 함은 당사자에게 소송절차에 있어서의 주도권을 주어 절차는 당사자의 신청이 있어야 개시되고, 법원의 심판의 대상과 범위 및 모습은 당사자의 신청에 의하여 결정되며, 당사자의 의사에 따라 소의 취하, 청구의 포기 및 인낙, 재판상 화해 등 행위를 통하여 절차를 종료 시킬 수 있도록 한 원칙을 말한다.
4) 금전의 지급, 물건의 인도, 이전등기청구 등 의사표시, 작위, 부작위 등을 구하는 소송이다.
5) 소유권확인의 소, 채무부존재확인의 소 등이 이에 해당한다. 증서의 진정 여부를 확인하는 소(민소법 제250조)를 제외하고는 사실관계의 확인의 소는 허용되지 않는다.
6) 주주총회결의취소의 소 등 회사관계소송, 이혼소송 등 가사소송, 선거무효나 당선무효소송, 재심의 소, 정기금판결에 대한 변경의 소, 중재판정취소의 소, 청구이의의 소, 제3자이의의 소 등이 이에 해당한다. 토지경계확정의 소, 공유물분할청구, 父를 정하는 소 등 구체적으로 어떠한 내용의 권리관계를 형성할 것인가를 법관의 재량에 일임하고 있는 형성의 소를 '형식적 형성의 소'라고 한다.

2. 병합소송: 청구의 병합과 공동소송

가. 원고와 피고 1:1로 하나의 청구만을 놓고 다투는 단일의 소 이외에 같은 원고가 같은 피고를 상대로 여러 개의 청구를 한꺼번에 하는 청구의 병합과 원고나 피고가 여러 사람인 공동소송이 있다.

나. 청구의 병합에는 여러 개의 청구에 대하여 차례로 심판을 구하는 형태인 단순병합,[7] 양립될 수 없는 여러 개의 청구를 하면서 주위적 청구가 기각 내지 각하될 때를 대비하여 예비적 청구에 대하여 심판을 구하는 예비적 병합,[8] 양립할 수 있는 여러 개의 청구를 하면서 어느 하나가 인용되면 다른 청구에 대해서는 심판을 바라지 않는 선택적 병합[9]이 있다.

다. 1개의 소송절차에 여러 사람의 원고 또는 피고가 관여하는 공동소송은 각 공동소송인 사이에 합일확정이 필수적인가에 따라 통상공동소송[10]과 필수적공동소송으로 나누어지고, 필수적공동소송은 소송공동이 법률상 강제되고, 또 합일확정의 필요가 있는 고유필수적 공동소송[11]과 소송공동은 강제되지 않으나 합일확정의 필요가 있는 유사필수적 공동소송[12]으로 나누어진다.

III. 소의 제기: 소장의 작성과 제출

1. 소장의 기재사항 및 첨부서류

> **사례 3**
>
> 제주도 서귀포시 토평동에 거주하고 있는 甲은 3년 전에 제주시 아라동에 거주하고 있는 乙에게 돈 3,000만 원을 빌려 주었으나, 乙이 부도를 내고 최근에 사망하였다는 말을 들었다. 甲이 위 돈을 돌려받기 위하여 소를 제기하려고 하는 경우 甲은 어떠한 점을 먼저 고려하여야 할 것인가? 소를 제기하기 전에 고려하여야 할 사항들은 어떤 것들이 있는가?

---

7) 예컨대, 매매대금과 대여금을 같이 청구하는 경우, 소유권이전등기청구와 함께 장래 이행불능이나 집행불능이 될 때를 대비한 목적물 값어치의 代償請求 등이 이에 해당한다.

8) 예컨대, 주위적 청구로서 매매계약이 유효함을 전제로 매매대금의 지급을 구하고, 예비적 청구로서 매매계약이 무효인 때를 대비하여 인도해간 매매목적물의 반환을 청구하는 경우가 이에 해당한다. 법원은 주위적 청구를 먼저 심리하여 보고 인용되면 더 이상 예비적 청구에 대해서는 심판할 필요가 없다.

9) 예컨대, 손해배상청구를 하면서 불법행위와 채무불이행 등 두 가지 손해배상청구권에 기하여 청구하는 경우가 이에 해당한다. 법원은 이유 있는 청구 어느 하나를 선택하여 원고청구를 인용하면 된다.

10) 예컨대, 여러 사람의 피해자가 같은 가해자를 상대로 한 손해배상청구, 채권자가 주 채무자와 보증인을 상대로 한 청구 등이 이에 해당한다. 이 경우에는 공동소송인독립의 원칙이 적용되고, 공동소송인 사이에 승패가 일률적으로 될 필요가 없다.

11) 예컨대, 공유물분할청구, 공유자 측이 경계확정의 소를 제기할 경우, 제3자가 제기하는 친자관계부존재확인의 소(부모 및 자를 공동피고로 하여야 한다), 혼인무효 및 취소의 소(부부를 공동피고로 하여야 한다), 합유 또는 총유관계소송 등이 이에 해당한다. 판례는 공유는 보존행위를 근거로 필수적 공동소송이 아니라는 입장이다.

12) 예컨대, 여러 사람이 제기하는 주주총회결의취소 등 회사관계소송, 여러 사람이 제기하는 혼인무효·취소소송 등이 이에 해당한다. 이와 같은 소송에서는 여러 사람이 함께 소송을 제기하는 경우 이기면 같이 이기고 지면 같이 지는 합일확정의 필수적 공동소송이 된다.

가. 소장의 작성과 제출

(1) 민사소송은 원고가 피고를 상대로 제1심 관할법원에 소장을 제출하면서 시작된다. 제1심의 소송절차는 소장의 제출에 의하여 소송이 개시되어 이것을 중심으로 공격과 방어가 전개되므로 민사소송에서 소장은 가장 중요한 소송서류이다.

(2) 소장에는 당사자뿐만 아니라 대리인의 주소, 전화번호(특히 집 전화 이외에도 일과 중 통화가 가능한 사무실 전화번호 및 휴대폰 번호), 팩스번호, e-mail 주소를 기재하여야 하고, 나아가 분쟁 상대방의 전화번호를 알고 있는 경우에는 이를 기재하도록 한다.

(3) 제1심의 민사소송절차에서 소를 제기하는 사람을 원고, 제기당하는 사람을 피고라 하고, 항소심에서는 항소인·피항소인, 상고심에서는 상고인·피상고인이라고 한다. 지급명령절차, 가압류·가처분절차, 강제집행절차에서는 채권자·채무자(또는 신청인·피신청인)라고 한다.

(4) 미성년자와 같은 무능력자는 법정대리인이 소송을 대리하여야 하고, 우리나라는 변호사강제주의를 택하고 있지 아니하므로 누구든지 당사자 본인이 직접 소송을 수행할 수 있다. 그러나 지배인, 국가소송수행자 등 법령상의 소송대리인을 제외하고는 소송대리인을 세우는 이상 반드시 변호사를 대리인으로 선임하여야 한다. 소액사건의 경우 당사자의 배우자·직계혈족 또는 형제자매는 법원의 허가 없이도 소송대리인이 될 수 있고, 단독사건의 경우 법원의 허가를 얻어 소송대리인이 될 수 있다. 합의부사건이나 항소심 이상의 절차에서는 당사자 본인이 소송을 수행하지 않는 한 반드시 변호사를 대리인으로 선임하여야 한다. 당사자가 대리권을 수여함에는 소송위임장을 작성하여 제출하여야 한다. 우리나라는 소송대리인의 대리권은 특정한 심급에 한하므로(심급대리의 원칙), 심급별로 소송대리인을 선임하여야 한다.[13]

나. 인지 첩부(貼付) 등

소장에는 소송목적의 값(訴價)에 따라 소정의 인지를 붙여야 한다.[14] 소장에는 소가의 산정을 위해 필요한 자료와 대표자 또는 관리인의 자격을 증명하는 서면을 첨부하여야 한다. 또 소장을 제출할 때 당사자 수에 따른 송달료를 납부하여야 한다. 송달료는 송달료 수납은행에 내고 송달료 납부서를 소장에 붙이

---

13) 판례에 따르면, 소송대리권의 범위는 특별한 사정이 없는 한 당해 심급에 한정되어 있으므로, 소송대리인의 소송대리권의 범위는 수임한 소송 사무가 종료하는 시기인 당해 심급의 판결을 송달받은 때까지라고 한다(대법원 2000. 1. 31. 자 99마6205 결정).
14) **소제기 시 납부하는 인지액**
　* 소송목적의 값 1,000만 원 미만: 소송목적의 값×0.005
　* 소송목적의 값 1,000만 원~1억 원 미만: 소송목적의 값×0.0045 + 5,000원
　* 소송목적의 값 1억 원~10억 원 미만: 소송목적의 값×0.004 + 55,000원
　* 소송목적의 값 10억 원 이상: 소송목적의 값×0.0035 + 555,000원
　* 항소심: 1심의 1.5배
　* 상고심: 1심의 2배

면 된다.

다. 소장의 기재사항

(1) 원고는 소장의 기재사항을 명확히 기재하여야 한다. 원고는 소장 접수단계에서부터 청구취지("피고는 원고에게 돈 1,000만 원을 지급하라"는 식으로 원고가 판결을 통해 얻어내려는 결론)와 청구원인("원고는 2006. 2. 1. 피고에게 돈 1,000만 원을 빌려 주었으나, 피고는 이를 갚지 않고 있다"는 식으로 판결을 구하게 된 원인이 무엇인가를 구체적으로 기재한다)을 명확히 하여야 한다. 청구취지와 청구원인으로 원고의 청구가 특정된다.

(2) 원고는 소장을 제출하면서 입증자료를 붙여야 하고, 피고의 수에 따른 부본도 함께 첨부한다. 판결의 주문은 소장의 청구취지에 대응하는 것이고, 강제집행까지 가능하도록 청구취지를 특정하여야 한다.

(3) 청구취지와 청구원인은 소송의 진행 중에 변경할 수 있다. 일정한 요건하에서 필수적 공동소송인의 추가나 피고의 경정은 허용되나, 소송 중에 임의로 당사자를 변경하는 임의적 당사자변경은 원칙적으로 허용되지 않는다. 소송계속 중에 소송의 목적인 권리관계의 변동으로 새 사람이 종전 당사자가 하던 소송을 인계인수 받는 것을 소송승계라고 한다.

라. 관할

(1) 소장은 관할법원에 제출하여야 한다. 법원이 재판권을 행사하기 위해서는 관할권이 있어야 한다. 어느 법원이 어떠한 사건에 대하여 재판권을 행사할 수 있는가를 정해 놓은 것을 관할이라고 하는데, 각급 법원의 설치와 관할구역에 관한 법률에서 전국 법원의 관할구역을 정하고 있다.

(2) 민사소송은 원칙적으로 피고의 주소지를 관할하는 법원에 제기하여야 하나(보통재판적), 특별한 경우에는 원고의 소송수행의 편의를 위해 여러 가지 예외를 인정하고 있다(특별재판적). 예컨대 부동산에 관한 소송은 부동산 소재지 법원에, 어음·수표에 관한 소송은 어음·수표의 지급지법원에 제기할 수 있고, 불법행위에 관한 소송은 그 행위지 법원에 제기할 수 있으며, 사무소 또는 영업소가 있는 자에 대한 소송은 그 사무소 또는 영업소의 업무에 관한 것에 한하여 그 소재지 법원에 제기할 수 있다. 또 재산권에 관한 소송은 의무이행지법원에 제기할 수 있고, 우리 민법은 소위 지참채무의 원칙을 정하고 있으므로 대여금청구소송이나 손해배상청구소송의 경우 채권자인 원고의 주소지 법원에 제기할 수도 있다.

(3) 피고가 국가일 때에는 보통재판적은 법무부 소재지(수원지방법원 안양지원) 또는 대법원 소재지(서울중앙지방법원)에 의한다. 지식재산권과 국제거래에 관한 소의 경우 그에 관한 전문재판부가 설치된 고등법원 소재지 지방법원에 특별재판적을 인정하고 있다(민소법 제24조).

(4) 그리고 당사자 간의 합의에 의하여 관할을 정할 수도 있다(합의관할). 다만, 전속관할사건에서는 합의관할이나 변론관할이 허용되지 않는다. 그런데 할부계약에 관한 소송이나 방문판매, 다단계판매에 관한 소송은 제소 당시 소비자의 주소지를 관할하는 지방법원의 전속관할로 함으로써 소비자의 편의를 도모하고 있다(할부거래에 관한 법률 제16조, 방문판매 등에 관한 법률 제46조 참조).

(5) 소송목적의 값에 따라 단독사건과 합의사건이 구별되는데 단독사건이란 소송목적의 값이 1억 원 이하의 사건, 어음·수표금사건, 지방법원 관할사건 중 합의사건임을 따로 명시하지 않은 사건을 가리키고, 합의사건은 소송목적의 값이 1억 원을 초과한 사건을 말한다.

(6) 단독사건의 항소심은 지방법원 본원 항소부의 관할이고, 합의부 관할사건의 항소심은 고등법원이다. 다만, 訴價 2,000만 원 이하의 소액사건의 경우에는 소액사건심판절차에 따라 소송이 진행된다. 손해배상청구사건이나 금융기관의 구상금청구사건 등의 경우는 금 1억 원을 초과하는 사건이라도 재정단독사건(단독판사가 심판할 것을 합의부가 결정한 사건)으로 단독판사가 담당하는 경우가 많다.

[포인트: 소제기 전의 검토사항]

(1) 우선 당사자를 확정하고, 당사자능력과 당사자적격을 검토한다. 소송무능력자인 경우 법정대리인을 확인하고, 관할과 송달문제까지 염두에 둔다.

(2) 증거 위주로 사실관계를 정리하고, 소송물을 특정하고 어떠한 형태의 소송을 제기할 것인지를 검토한다.

(3) 문서의 원본존재 여부를 확인하고 증인을 확보하는 등 증거관계를 검토하고 입증계획을 세워 둔다.

(4) 사실관계에 터 잡아 이에 적용될 실체법과 특별법을 검토하고, 판례와 학설, 선례 등을 검색한다.

(5) 임의적 화해가능성을 고려하고, 집행권원의 획득, 제소전화해, 지급명령, 조정신청 등 사건의 처리방법을 선택한다. 상대방이 무자력으로 집행가능성이 없는 경우에도 시효중단이나 세법상의 손금처리 등을 위해 제소의 실익이 있는지 검토한다.

(6) 부제소합의가 있는지, 중재합의 대상 분쟁인지를 검토한다.

(7) 실체법상의 의사표시(관념의 통지, 변제제공, 최고, 해제, 해지, 취소통지 등)가 필요한 것인지 부수적 조치를 검토한다.

(8) 절차법상 강제집행의 보전을 위해 가압류나 가처분을 할 필요성이 없는지, 형사법의 저촉 여부 등을 검토하고 소송전망을 가늠한다.

(9) 의뢰인과는 소송비용 부담 등 사건의 처리와 관련하여 구체적 내용으로 위임계약서를 작성한다. 특히 본안사건 수임과 관련하여 가압류·가처분사건도 함께 수임하는 것인지를 명확히 해 둔다. 위임장에는 본인의 서명날인을 받아 두거나 필요한 경우 공증을 받아 둔다.

┌───┐
│ [참고] 각종 민사소송에서 필요한 보전처분   │
│ ▷ 금전청구 ⇒ 가압류(민집 제276조)   │
│ ▷ 특정물급부청구 ⇒ 가처분(민집 제300조 제1항)   │
│ ▷ 인도청구 ⇒ 점유이전금지가처분(민집 제300조 제1항)   │
│ ▷ 소유권이전등기청구 ⇒ 처분금지가처분(민집 제300조 제1항)   │
│ ▷ 부작위청구(공사금지) ⇒ 공사중지가처분(민집 제300조 제1항)   │
│ ▷ 주주총회결의취소청구 ⇒ 대표이사(이사 등) 직무집행정지가처분(상법 제407조)│
│ ▷ 사해행위취소청구 ⇒ 가압류(가액배상의 경우), 가처분(원물반환의 경우)   │
│ ▷ 청구이의, 제3자이의청구 ⇒ 강제집행정지(민집 제46조, 제48조)   │
│ ▷ 항소, 상고, 재심청구 ⇒ 강제집행정지(민소법 제500조)   │
│ ▷ 근저당권설정등기말소청구 ⇒ 경매절차정지, 근저당권처분금지가처분   │
└───┘

2. 소장심사와 보정명령

가. 소장이 접수되면 접수창구에서 소장의 미비사항과 인지가 제대로 붙어 있는지를 검열하여 소장에 접수인을 찍고, 법원은 사건별로 사건번호와 사건명을 부여하고 사건의 담당 재판부를 배당하게 된다.

나. 재판장이 소장을 심사하여 소장각하의 대상이 되는 형식적 기재사항의 흠결이 있는 경우에는 재판장 명의의 '보정명령'을 발령하고, 보정을 하지 않더라도 소장각하를 할 수 없는 사항의 흠결(예컨대 기본적 서증이 첨부되지 않은 경우)의 경우에는 재판장의 보정명령이 아니라 참여사무관의 '보정권고'가 이루어진다. 실무상 소장에 첨부한 서증사본의 추가제출에 대한 보정요구 사례가 많고 보정권고는 서면이 아닌 전화로 하는 경우도 많다.

다. 보정명령 또는 보정권고는 전화나 팩스, e-mail 등이 이용되고, 이를 받은 당사자나 대리인은 송달서류와 함께 송부되어 온 영수증에 기명날인을 하여 반송하여야 한다.

라. 원고의 소가 소송요건을 갖추지 못하면 부적법 각하된다. 소송요건에는 관할권, 당사자능력,[15] 당사자적격,[16] 소송능력,[17] 법정대리권·소송대리권, 권리보호의 자격[18]·이익(소의 이익)[19] 등이 있다. 법원은 그중 관할권유무를 조사하여 관할위반임이 확정되면 관할권 있는 법원으로 이송하고,

---

15) 소송의 주체가 될 수 있는 일반적 능력을 말한다. 실체법상의 권리능력에 대응하는 개념이다.
16) 특정의 소송사건에서 정당한 당사자로서 소송을 수행하고 본안판결을 받기에 적합한 자격을 말한다. 권리관계의 주체 이외의 제3자가 당사자적격을 갖는 소송담당이 있다.
17) 당사자로서 유효하게 소송행위를 하거나 소송행위를 받기 위해 갖추어야 할 능력을 말한다. 민법상의 행위능력에 대응하는 개념이다.
18) 청구가 소구할 수 있는 구체적 권리 또는 법률관계이어야 하고, 중복소제기금지나 부제소특약 등 법률상·계약상 제소금지사유가 없어야 하며, 특별구제절차(제소장애사유)가 없어야 한다. 기판력 있는 확정판결이 없어야 하고, 신의칙에 반하는 제소가 아니어야 한다.
19) 특히 확인의 소에서 확인의 이익은 현재의 권리 또는 법률상의 지위에 현존하는 불안·위험이 있고, 그 불안·위험을 제거함에는 확인판결을 받는 것이 가장 유효·적절한 수단일 때에 인정된다.

그 밖의 소송요건이 불비된 경우에는 당사자에게 보정을 명하고 보정에 불응하는 경우 부적법한 소로 각하되게 된다. 소송요건이 구비되어야 법원은 본안심리를 진행한다.

3. 소장부본의 송달

가. 소장심사 후 참여사무관은 소장부본과 함께 [소송절차안내서]를 동봉하여 피고에게 송달한다. 수취인불명이나 이사불명 등으로 소장부본이 피고에게 송달되지 않는 경우에는 원고에게 주소보정명령과 함께 주소보정안내 팸플릿을 동봉하여 송달한다.

나. 피고에 대한 소장부본의 송달에 의하여 소송계속의 효과가 발생하고 소장에 기재된 최고·해제·해지 등 실체법상의 의사표시 도달의 효력이 생긴다. 피고가 소송을 지연할 목적으로 일부러 소장부본의 수령을 거절하거나 주간에 출타 등으로 소장부본을 송달할 수 없는 경우에는 집행관에 의한 특별송달(야간송달)을 신청할 수 있다.

4. 공시송달

가. 행방불명 등으로 피고의 주소 등을 알 수 없는 경우에는 공시송달을 신청할 수도 있다. 공시송달은 법원사무관 등이 송달할 서류를 보관하고, 그 사유를 법원의 게시판에 게시하거나 관보, 공보 또는 신문 등에 게재하거나 전자통신매체를 이용하여 공시하는 송달방법이다.

나. 소장부본부터 피고에게 공시송달되는 사건은 곧바로 제1회 변론기일이 지정되고, 제1회 변론기일에 변론이 종결될 수 있도록 변론준비명령이 송달된다.

사례 4

(1) 甲이 乙 모르게 乙 이름으로 소를 제기하여 소송을 수행하거나 또는 甲이 함부로 乙 이름으로 乙에 대한 소송에 응소하는 경우 성명을 모용한 사람과 모용당한 사람 중 누가 당사자로 되는가? 법원이 성명모용사실을 간과하고 판결을 선고한 경우 이 판결의 효력은 피모용자에게도 미치는가?

(2) 다음의 자는 소송법상 당사자능력이 있는가?
  ① 외국인, 태아, 자연물(도롱뇽)
  ② 회생절차나 파산절차가 진행 중인 회사
  ③ 국가나 지방자치단체, 시·읍·면, 행정청, 국회
  ④ 동창회, 학회, 종중, 문중, 신도회
  ⑤ 기독교회, 천주교회, 사찰, 대한불교조계종총무원
  ⑥ 자연마을(부락), 직장·지역주택조합, 재건축조합, 아파트입주자대표회의

---

⑦ 노동조합, 정당, 소비자단체, 시민단체
⑧ 장학회, 육영회, 유치원, 학교(국·공립학교, 사립학교, 각종 학교)
⑨ 조합

5. 소제기의 효과

가. 소장이 법원에 접수됨으로써 시효중단, 제척기간의 준수 등 실체법상의 효과가 발생한다. 소장을 접수시킨 경우에는 접수증이나 소제기증명원을 받아 두는 것이 좋다.

나. 소장부본이 피고에게 송달되면 관할법원이 어느 소송사건을 심리하게 되는 訴訟係屬의 효과가 발생한다. 소송계속으로 원고는 다시 동일한 소를 제기할 수 없게 된다(중복제소의 금지).

사례 5

(1) 甲은 乙을 상대로 하여 소송을 제기하였는데 乙은 이미 사망하고 없음이 밝혀졌다. 乙에게 상속인이 있는 경우와 상속인의 존재 여부가 분명하지 아니한 경우 甲은 어떠한 절차를 취해야 하는가?
(2) 甲이 소제기 후 소송계속 중에 사망한 경우에는 어떻게 되는가?

[포인트]

(1) 판례는 피고가 이미 사망한 자인데 이를 모르고 피고로 표시하여 제소한 경우 사실상의 피고는 사망자의 상속인이고 상속인으로의 표시정정을 허용하고 있다. 사망사실을 모르고 판결이 선고되고 그 판결이 확정되었다 하더라도 그 판결은 당연무효이다.

(2) 민사사건에서 당사자 일방이 사망하고 그 상속인의 존재 여부가 분명하지 아니한 상태로 중단된 경우에는 특별대리인을 선임할 것이 아니라 상속재산관리인을 선임하여야 한다.

(3) 소제기 후 소송계속 중에 당사자가 사망하면 소송절차가 중단되고 상속인이 소송수계를 하여야 한다. 상속인이 소송수계를 할 때까지 소송절차는 중단되나, 소송대리인이 선임되어 있으면 소송절차는 중단되지 않는다(민사소송법 제238조). 이때에도 소송수계는 가능하며, 당해 심급의 판결이 송달되면서 소송절차는 중단되게 된다.

(4) 이혼소송이나 공무원의 신분관계를 다투는 소송에 있어서 당사자의 사망과 같이 권리의무가 당사자의 사망에 의하여 소멸되거나 일신전속적인 권리인 경우, 소송절차는 사망으로 중단되는 것이 아니라 종료되어 버린다. 다툼이 있으면 이러한 경우에는 소송종료 선언을 하게 된다.

사례 6

다음의 경우 甲은 어느 법원에 소를 제기할 수 있는가?

(1) 서울 용산구에 주소를 둔 甲이 경기도 일산에 거주하고 있는 乙에게 빌려 준 돈 2,000만 원을 돌려받기 위하여 대여금청구소송을 제기하려고 하는 경우

(2) 서울 강남구에 거주하고 있는 甲이 수원에 거주하고 있는 乙과 제주도 서귀포시 소재 임야에 대한 매매계약을 체결하고 매매대금 1억 원을 지급하였으나, 乙이 소유권이전등기절차에 협력하지 아니하여 乙을 상대로 소유권이전등기절차이행의 소를 제기하는 경우. 甲이 매매대금을 지급하지 아니하여 乙이 甲을 상대로 매매대금지급청구의 소를 제기하는 경우에는 어떠한가?

(3) 부산에 거주하고 있는 甲이 서울에 출장 왔다가 서울시청 앞에서 인천에 거주하고 있는 乙이 운전하는 승용차에 치여 부상을 입은 경우, 甲이 乙 및 乙이 가입한 丙 손해보험회사를 상대로 손해배상청구의 소를 제기하는 경우

(4) 수원에 거주하고 있는 甲은 인천에 거주하고 있는 乙에게 물품을 공급하고 乙로부터 물품대금으로 서울에 거주하고 있는 丙이 발행하고 丁이 배서한 약속어음을 교부받았는데 위 어음의 발행지와 지급지는 서울특별시로 되어 있다. 甲이 丙과 丁을 상대로 약속어음의 합동책임을 구하는 소를 제기하는 경우

(5) 인천에 주소를 둔 甲 회사와 대전에 본사를 둔 乙 회사 사이에 특허기술을 둘러싸고 甲 회사는 乙 회사가 자신의 특허기술을 도용하였다는 이유로 손해배상청구소송을 제기하는 경우

[포인트]

(1) 보통재판적인 피고 乙의 주소지를 관할하는 의정부지방법원 고양지원과 의무이행지의 특별재판적인 원고 甲의 주소지를 관할하는 서울서부지방법원 중에 임의로 선택한 법원에 소를 제기할 수 있다.

(2) 소유권이전등기청구소송은 보통재판적인 피고의 주소지를 관할하는 수원지방법원과 등기·등록에 관한 특별재판적인 제주지방법원 중 임의로 선택한 법원에 제기할 수 있으나, 甲의 주소지를 관할하는 서울중앙지방법원은 관할권이 없다. 매매대금청구소송은 보통재판적인 피고 甲의 주소지를 관할하는 서울중앙지방법원과 의무이행지의 특별재판적인 원고 乙의 주소지를 관할하는 수원지방법원 중 임의로 선택한 법원에 제기할 수 있으나, 부동산소재지인 제주지방법원은 관할권이 없다.

(3) 甲은 보통재판적인 피고 乙이나 丙의 주소지를 관할하는 법원(인천지방법원과 丙보험회사 주된 사무소 또는 영업소가 있는 곳의 관할법원)이나 의무이행지의 특별재판적인 부산지방법원, 불법행위지의 특별재판적인 서울중앙지방법원 중 임의로 선택한 법원에 손해배상청구의 소를 제기할 수 있다.

(4) 보통재판적인 피고 丙과 丁의 주소지를 관할하는 서울중앙지방법원과 어음지급지의 특별재판적인 서울중앙지방법원이 관할권이 있으므로 결국 서울중앙지방법원에 어음금청구소송을 제기할 수 있으나, 甲의 주소지 법원인 수원지방법원은 관할권이 없다.

(5) 보통재판적인 대전지방법원과 의무이행지의 특별재판적인 인천지방법원에 소를 제기할 수 있으나,

지식재산권 등에 관한 특별재판적(민소법 제24조)에 따라 인천을 관할하는 서울고등법원이 소재하고 있는 곳의 지방법원인 서울중앙지법원에도 소를 제기할 수 있다.

사례 7

甲은 乙이 운전하는 자동차에 치여 부상을 입고 丙보험회사를 상대로 손해배상청구소송을 제기하면서 A를 소송대리인으로 선임하였다.
(1) A는 甲과 상의 없이 丙으로부터 1억 원을 받고 화해를 할 수 있는가?
(2) A는 丙과 1억 원을 받고 합의를 한 후 소를 취하할 수 있는가?
(3) A는 변론기일에 해외출장으로 출석할 수 없게 되자 친구 변호사인 B를 출석시켜 변론하게 할 수 있는가? B가 변론기일에 법원으로 가던 도중 급한 용무가 생겨 출석할 수 없는 형편이 되자 또 다른 변호사 C에게 부탁하여 변론하게 할 수 있는가?
(4) 1심판결이 선고된 후 A는 소송대리권에 기해 甲을 위해 불복 항소를 제기할 수 있는가?
(5) A가 사망하거나 사임한 경우 B의 대리권도 소멸하는가?

[포인트]

(1) 甲으로부터 화해에 관한 특별한 권한을 부여받아야 화해할 수 있다.

(2) 甲으로부터 소의 취하에 관한 특별한 권한을 부여받아야 취하할 수 있다.

(3) 甲으로부터 複代理人의 선임에 관한 특별한 권한을 부여받아야 선임할 수 있다. 複代理人은 본인의 대리인이고 대리인의 대리인이 아니다. 複代理人은 再複代理人(複複代理人)을 선임할 수 없다.

(4) 상소의 제기에 관한 특별한 권한을 부여받아야 항소할 수 있다.

(5) 변호사업계의 실무관행은 소송위임장용지에 반소의 제기, 소의 취하, 화해, 청구의 포기·인낙, 소송탈퇴, 상소의 제기·취하, 복대리인의 선임 등 특별수권사항을 전부 기재하여(상소의 제기에 관해서는 특별수권사항으로 정하기도 하고 제외하기도 한다) 의뢰인의 도장을 받아 포괄수권을 받도록 하고 있다.

(6) 소송대리인의 대리권은 당사자의 사망으로 소멸되지 않는다(민소법 제95조, 제96조). 민법상의 대리권은 본인의 사망으로 소멸되지만 소송법상의 소송대리인이나 상사대리의 경우에는 본인 사망의 경우 대리권은 소멸되지 않도록 규정하고 있다.

소송대리인의 사망은 대리권의 소멸사유가 된다. 소송복대리인은 본인의 대리인이므로 소송대리인의 사망이나 사임에 의하여 복대리인의 대리권이 당연히 소멸하는 것은 아니다.

Ⅳ. 피고의 답변서 제출의무와 무변론판결

1. 피고의 답변서 제출의무

가. 공시송달 이외의 방법으로 소장부본을 송달받은 피고가 응소의사가 있는 경우에는 그 송달받은 날부터 30일 이내에 답변서를 제출하여야 한다. 피고가 위 기간 내에 답변서를 제출하지 않는 경우에는 원칙적으로 무변론판결을 선고한다.

나. 피고가 제출할 답변서에는 청구취지에 대한 답변과 소장에 기재된 개개의 사실에 대한 인정 여부, 항변과 이를 뒷받침하는 구체적 사실, 위에 관한 증거방법을 적어야 한다.

다. 원고의 청구를 다투는 취지의 답변서가 제출된 경우 그 부본을 원고에게 송달한다. 또 답변서가 제출되면 재판장은 사건을 검토하여 변론준비절차에 부칠 예외적인 사건과 변론기일을 정할 사건을 분류한다.

2. 원고의 소제기에 대한 피고의 대응

피고는 원고의 소제기에 대하여 다양한 대응방안을 모색할 수 있다. 소장부본을 송달받은 피고로서는 원고가 소로써 요구하는 청구에 관하여 자신의 태도를 결정하지 않으면 안 된다. 먼저 원고주장의 사실관계와 법률적 주장을 정확히 파악하고 피고가 사실관계를 인정하는지와 대응 가능한 법률적 쟁점이 있는지를 확인하여야 함은 물론이다.

가. 不防禦

(1) **답변서 부제출**: 피고가 소장부본을 송달받은 날부터 30일 이내에 답변서를 제출하지 아니하면 원고의 청구원인사실에 대하여 자백한 것으로 보고 무변론판결을 선고할 수 있다. 피고가 답변서를 제출하여도 청구원인사실에 대하여 전부 자백하는 취지이고 따로 항변을 제출하지 아니한 때에는 마찬가지로 무변론판결을 할 수 있다(민소법 제257조 제1항, 제2항).[20]

---

20) 무변론판결이 곧 원고승소판결을 의미하지는 않는다. 주장 자체로 원고의 청구가 이유 없는 경우에는 원고패소판결이 부득이하다. 예컨대, 甲은 19세가 되던 해인 2008. 11. 초순경 당시 45세의 나이로 본처와의 사이에 딸만 셋을 두고 아들을 낳아줄 처녀를 찾고 있다는 乙을 소개받고 乙과의 사이에, 甲이 그의 아들을 낳아주면 乙은 甲에게 20평짜리 아파트 1채와 금 100,000,000원을 지급해 주기로 약정하고 동거생활을 시작하여, 그 후 2009. 9. 27. 甲이 현재 乙의 본처가 낳은 아들로 가족관계등록부에 기재되어 있는 A를 낳아 주었다. 그럼에도 乙은 위 약정상의 채무를 이행하지 아니하여 甲은 乙을 상대로 위 약정불이행으로 인한 손해금 300,000,000원의 지급을 구하는 소를 제기하여 소장부본이 乙에게 송달되었다. 乙이 답변서를 제출하지 않은 경우 원고승소의 무변론판결을 할 수 있는가?

(2) **청구의 인낙**: 피고가 원고의 소송상의 청구가 이유 있음을 자인하는 법원에 대한 일방적 의사표시가 있으면 소송은 종료된다. 청구의 인낙이 있게 되면 원고 승소(피고 패소)판결과 동일한 효력이 발생하고, 청구의 포기가 있게 되면 원고 패소판결과 동일한 효력이 있다. 청구의 인낙은 피고가 변론기일에 출석하여 구술로 할 수 있으며(상대방의 동의는 필요 없다) 서면으로도 화해·인낙·포기의 의사표시를 할 수 있다(제148조). 청구의 포기나 인낙이 있으면 그 내용을 기재한 조서 정본이 당사자에게 송달된다. 청구의 인낙이 있게 되면 확정판결과 동일한 효력이 생긴다.[21]

나. 방어

(1) **관할위반 항변 – 이송신청**: 원고가 관할권 없는 법원에 소를 제기하였다고 하더라도 피고가 이를 다투지 아니하고 본안에 관하여 변론을 하거나 준비절차에서 진술을 한 때에는 변론관할이 생기므로 더 이상 관할위반의 항변을 할 수 없게 된다. 따라서 피고로서는 관할권 없는 법원에 응소할 것인지를 신중히 고려하여 응소하고 관할위반의 항변을 하여 소송이송신청을 할 수도 있다.

(2) **본안 전 항변**: 부제소합의, 중재합의 항변 등 소송요건흠결에 대한 주장

(3) **본안에 대한 방어**: 피고가 원고의 소제기에 대응하여 적극적으로 응소하여 방어하고자 하는 경우에는 소장부본을 송달받은 날로부터 30일 이내에 답변서를 작성하여 제출하여야 한다.

① 피고는 답변서에서 원고의 청구취지에 대하여 어떠한 판결을 구할 것인가를 신청하여야 하고, 청구원인 사실에 대한 인정 여부, 항변사실과 피고가 예상하는 쟁점에 대한 중요한 간접사실 및 증거방법을 기재하고 중요한 서증을 첨부하여야 한다. 답변서에는 준비서면의 필요적 기재사항인 공격방어의 방법, 상대방의 청구와 공격 또는 방어의 방법에 대한 진술을 기재하여야 할 뿐만 아니라 이들 사항에 대해서는 사실상의 주장을 증명하기 위한 증거방법과 상대방의 증거방법에 대한 의견을 함께 적어야 한다.

② 피고가 원고의 주장사실을 인정하면 자백이 되어 법원으로서도 이에 반하는 사실인정을 할 수 없고, 원고의 청구가 그대로 인용된다. 피고가 원고의 주장사실을 다투고 이를 단순히 부인하면(직접부인, 소극부인, 단순부인) 원고가 청구원인사실을 증명해야 한다. 피고가 원고의 주장사실과 양립할 수 없는 별개의 사실을 주장함으로써 간접적으로 원고의 주장을 부인하는 경우(간접부인, 적극부인, 이유부부인), 예컨대 원고의 금전대여사실 주장에 대하여 피고가 "금전을 받은 사실은 있으나, 대여받은 것이 아니고 증여받았다"고 하는 경우에도 원고가 부인 당한 사실에 대한 증명책임을 부담하게 된다.

③ 피고가 원고의 주장사실을 '알지 못한다, 모르겠다(부지)'고 하면 이는 부인으로 추정한다. 자신이 관여한 행위에 대해서는 원칙적으로 '부지'라는 답변이 허용되지 않는다. 피고가 원고의 주장사실을

---

21) 따라서 청구의 인낙의 무효를 내세워 기일지정신청을 할 수 없고, 다만 준재심의 소에 의하여 다툴 수 있을 뿐이다. 인낙조서에 기해 강제집행, 등기를 신청하려면 송달증명을 받아야 한다.

명백히 다투지 않는 경우(침묵) 혹은 변론 전체의 취지로 보아 다툰 것으로 인정될 경우를 제외하고
는 자백한 것으로 간주한다.

④ 피고가 원고의 주장사실을 인정하면서 그 사실로부터 생기는 법률효과를 배척하기 위하여 이와 양
립할 수 있는 별개의 사실(권리장애사실, 권리멸각사실, 권리저지사실)을 주장하는 경우('항변') 예
컨대 원고의 금전대여사실 주장에 대하여 피고가 '금전을 대여받았으나, 갚았다(변제하였다)'라고
하는 경우에는 위 간접부인의 경우와는 달리 피고가 변제사실에 대한 증명책임을 부담한다.

(4) 공격적 방어 − 반소: 피고는 단순히 원고청구기각판결을 구하는 것뿐만 아니라 원고가 제기한 소송
절차를 이용하여 원고를 상대로 공격적으로 반소를 제기할 수 있다. 반소는 소제기와 동일한 방식
으로 반소장을 제출하여야 하고 소장과 동일한 기준에 의한 인지를 붙여야 한다. 피고가 반소장을
제출하면 독립의 사건번호와 사건명을 부여하고 본소와 반소를 병합하여 심리하게 된다. 1심에서
반소를 제기할 때에는 원고의 동의가 필요 없으나, 항소심에서는 원고의 동의가 있거나 응소해 주
어야만 반소의 제기가 가능하다. 반소제기 후 본소가 취하(또는 취하간주)되더라도 반소에는 영향
이 없다.

다. 화해와 조정의 시도

피고는 원고와 상호 양보로 분쟁을 해결하는 화해와 조정을 시도할 수 있다. 소송상(재판상) 화해는 소
송계속 중 당사자 쌍방이 소송물인 권리관계의 주장을 양보하여 소송을 종료시키기로 하는 합의를 말한
다. 이에 따른 화해조서는 확정판결과 동일한 효력이 있다.[22]

법원은 소송계속 후 판결선고 전까지 언제라도 별도의 조정기일 회부 없이 변론절차에서 바로 화해권
고결정을 할 수 있고, 그 조서 또는 결정정본 송달 후 2주 안에 당사자의 이의가 없으면 화해가 성립된다
(제225조 이하).[23] 당사자는 변론준비기일, 변론기일에서의 진술 외에 언제나 공증을 받은 서면으로 화해·
인낙·포기의 의사표시를 할 수 있도록 하여 화해제도의 활성화를 도모하고 있다(제148조 제2항, 제3항).
당사자 간에 화해로 분쟁을 해결하는 것이 판결에 의한 해결보다 좋은 결과를 가져올 수 있으므로, 당사
자는 화해를 염두에 두고 소송절차에 참여해야 한다. 원·피고 당사자가 소송상 화해를 하려는 경우에는
사전에 화해조항(문안)을 작성하여 변론기일에 제출하거나, 쌍방이 법관의 면전에서 합의의 내용을 진술
하여 그 결과를 조서에 기재할 수도 있다. 화해조항은 쌍방이 의도한 권리관계가 강제집행절차에서 실현
될 수 있도록 명확하게 기재하여야 하고, 소송비용의 부담에 관해서도 명백히 해 둔다. 확정판결과 동일

---

22) 2002년 개정 민사소송법은 화해권고결정과 서면에 의한 화해 등 제도를 도입하였다. 종전에는 화해·인낙·포기를 하려면 당
사자가 반드시 준비절차기일 또는 변론기일에 출석하여 그러한 취지의 진술을 하여야 했으나, 당사자가 서면에 의하여 스스로
불리한 의사표시를 한다면 굳이 출석하도록 강요하여 재판의 종결을 지연시키고 당사자의 불편을 초래할 이유가 없다는 취지
에서 서면에 의한 화해제도가 도입된 것이다.
23) 당사자가 결정서의 정본을 송달받은 날부터 2주일 내에 이의신청이 없거나, 이의신청을 취하하거나 이의신청권을 포기하면 화
해권고결정은 재판상 화해와 같은 효력을 가진다.

한 효력이 있으므로 화해조서 정본 및 송달증명으로 강제집행 및 등기신청이 가능하다. 화해조서에 대해서는 준재심의 방법으로 불복할 수 있는 길이 있다.

3. 무변론판결

가. 피고가 소장부본을 송달받은 날부터 30일 이내에 답변서를 제출하지 아니하면 원고의 청구원인사실에 대하여 자백한 것으로 보고 변론 없이 판결을 선고할 수 있는데 이를 무변론판결이라 한다. 피고가 답변서를 제출하여도 청구원인사실에 대하여 전부 자백하는 취지이고 따로 항변을 제출하지 아니한 때에는 마찬가지로 무변론판결을 할 수 있다(민소법 제257조 제1항, 제2항).

나. 답변서가 제출되지 아니한 사건의 경우에도 예외적으로 공시송달사건, 직권조사사항이 있는 사건, 판결선고기일까지 피고가 원고의 청구를 다투는 취지의 답변서를 제출한 사건은 무변론판결을 선고할 수 없다(민소법 제257조 제1항 단서). 종전에 피고의 기일불출석에 의한 의제자백판결이 많았던 것처럼 현재의 실무상 답변서 부제출에 의한 자백간주의 무변론판결이 많다.

다. 무변론판결이 곧 원고승소판결을 의미하지는 않는다. 주장 자체로 원고의 청구가 이유 없는 경우에는 원고패소판결이 부득이하다.

V. 변론기일의 지정

1. 변론준비절차 중심제

2008. 12. 26. 민사소송법 개정 전에는 2002년 개정법에 의하여 피고의 답변서가 제출되었을 때 재판장은 바로 사건을 변론준비절차에 부치고, 변론준비절차를 거칠 필요가 없는 간단한 사건만 예외적으로 이 절차에 부치지 아니하고 바로 변론기일을 지정하는 변론준비절차 중심제를 택하고 있었다.

2. 변론기일 중심제

가. 2008. 12. 26. 개정 민사소송법 제258조는 답변서 부제출로 무변론판결을 하는 경우 외에는 바로 변론기일을 지정하여야 하고, 다만 필요한 경우에만 변론기일의 지정 없이 변론준비절차에 회부할 수 있도록 하여 변론기일 중심제로 바꾸었다. 변론준비절차의 지나친 강조는 절차의 중심이 변론절차에서 변론준비절차로 이동한다는 문제점과 변론준비절차가 본인소송에서는 실효성이 없음을 고려하고, 사건의 신속한 처리를 도모하기 위하여 종전의 변론기일 중심제로 환원하였다.[24]

나. 2008. 12. 26. 이후에는 소장제출 → 답변서제출 → 변론준비절차가 아닌 <u>소장제출 → 답변서제출 → 변론기일</u> 체제로 진행되고 있다. 변론에 의한 소송심리는 민사소송절차의 가장 핵심적인 절차로 현행법은 구술변론, 즉 구술심리를 원칙으로 하고 있다.

다. 사건을 변론준비절차에 부칠 필요가 있는 경우에는 변론준비절차에서 변론의 효율적이고 집중적으로 실시될 수 있도록 당사자의 주장과 증거를 정리하여야 한다(개정 민소법 제279조 제1항). 필요에 의해 변론준비절차에 부쳐 변론준비기일까지 거친 경우에는 그 기일에서 미처 제출하지 못한 공격방어방법은 원칙적으로 변론에서 제출할 수 없도록 실권의 제재가 가해진다(민소법 제285조). 변론준비절차에서 쟁점정리를 보다 충실하게 하기 위함이다. 필요에 의해 변론준비절차에 부쳐진 사건의 변론은 **1회의 변론기일**로 종결되도록 법원이 노력하고 당사자는 이에 협력하여야 한다(민소법 제285조).

라. 집중심리방식에 따라 변론기일에서는 정리된 쟁점에 맞추어 양쪽 신청의 증인과 당사자신문을 집중 시행하는 **집중증거조사**를 하여야 한다(민소법 제293조). 변론준비절차를 거친 사건에 있어서 변론기일을 1일로 마치지 못하고 그 심리가 2일 이상 소요되는 때에는 종결에 이르기까지 매일 변론을 진행하여야 하는 계속심리주의를 채택한다(민소규칙 제72조 제1항).

마. 2008년 개정법하의 변론기일 중심제하에서의 집중심리를 위해서는 변론기일에서 먼저 쟁점과 증거를 정리한 후 정리된 쟁점중심으로 증인과 당사자를 신문하는 집중증거조사의 방식이 된다.

VI. 변론준비절차(주장과 증거의 정리절차)[25]

1. 개요

가. 변론준비절차의 의의

(1) 변론기일 중심의 진행 예외적 절차인 변론준비절차는 변론기일에 앞서 변론이 효율적이고 집중적으로 실시될 수 있도록 당사자의 주장과 증거를 정리하는 절차를 말한다. 변론의 집중을 위한 쟁점 정리절차이다.

(2) 변론준비절차에서는 쟁점을 정리하고 정리된 쟁점에 대하여 조사할 증거방법을 확정한다.

(3) 변론준비절차에서 수집된 소송자료와 증거자료는 변론에서 진술되거나 변론에 상정되어야 심리와 판단의 자료가 된다.

---

24) 개정법상의 변론준비절차에 대한 비판으로는 이시윤, 「신민사소송법(제6판)」, 박영사(2011), pp.341~342 참조.
25) 이하의 설명은 이시윤, 앞의 책, pp.343~351을 요약한 것임.

나. 변론준비절차의 대상과 회부

(1) 변론준비절차는 합의사건·단독사건을 불문하고 필요하다고 인정되면 어떠한 사건에 대해서도 회부될 수 있다. 필요 여부는 재판장의 재량으로 판단하는데 사건이 매우 복잡하고 전문성을 필요로 하여 변론에 앞서 사전 쟁점의 정리를 필요로 하는 경우(집단소송 등)가 이에 해당할 것이다.

(2) 변론준비절차는 재판장이 부칠 필요가 있다고 인정하는 경우에 한하는 절차로서 제1회 변론기일에 들어가기 전의 절차이다. 재판장은 특별한 사정이 있는 때에는 변론기일을 연 뒤에도 사건을 변론준비절차에 부칠 수 있다(민소법 제279조 제2항). 항소심에서도 변론준비절차를 열 수 있다.

다. 3자의 책무와 진행협의[26]

(1) 재판장, 수명법관 또는 법 제280조 제4항의 판사(다음부터 이 모두를 '재판장 등'이라 한다)는 변론준비절차에서 쟁점과 증거의 정리, 그 밖에 효율적이고 신속한 변론진행을 위한 준비가 완료되도록 노력하여야 하며, 당사자는 이에 협력하여야 한다.

(2) 당사자는 제1항에 규정된 사항에 관하여 상대방과 협의를 할 수 있다. 재판장 등은 당사자에게 변론진행의 준비를 위하여 필요한 협의를 하도록 권고할 수 있다.

(3) 재판장 등은 변론준비절차에서 효율적이고 신속한 변론진행을 위하여 당사자와 변론의 준비와 진행 및 변론에 필요한 시간에 관한 협의를 할 수 있다.

(4) 재판장 등은 당사자와 준비서면의 제출횟수, 분량, 제출기간 및 양식에 관한 협의를 할 수 있고, 이에 관한 합의가 이루어진 경우 당사자는 그 합의에 따라 준비서면을 제출하여야 한다.

(5) 재판장 등은 기일을 열거나 당사자의 의견을 들어 양쪽 당사자와 음성의 송수신에 의하여 동시에 통화를 할 수 있는 방법으로 제3항 및 제4항에 따른 협의를 할 수 있다.

2. 변론준비절차의 진행

가. 진행법관의 권한

(1) 변론준비절차의 진행은 재판장이 담당함을 원칙으로 하고, 다만 재판장은 수명법관이나 다른 판사에게 변론준비절차의 진행을 맡길 수 있다.

(2) 변론준비절차에서 재판장의 권한은 쟁점정리, 증거결정, 증거조사 등이다. 재판장은 쟁점정리를 위

---

26) 민사소송규칙(제2356-6호 2010. 9. 28. 개정) 제70조(변론준비절차의 시행방법).

하여 필요한 범위 안에서 증인신문과 당사자신문을 제외한 모든 증거조사(서증의 조사, 검증, 감정, 조사촉탁, 문서송부촉탁 등)를 할 수 있다. 전문성이 있는 사건이기 때문에 쟁점정리가 어려운 경우에는 전문심리위원을 참여시켜 그 의견을 들을 수 있다(민소법 제164조의 2).

(3) 쟁점정리와 증거조사 후 이를 토대로 화해권고나 조정, 나아가 화해권고결정을 할 수 있다.

나. 서면에 의한 변론준비절차

(1) 변론준비절차는 기간을 정하여 당사자로 하여금 준비서면, 그 밖의 서류를 제출하게 하거나 당사자 사이에 이를 교환하게 하고 주장사실을 증명할 증거를 신청하게 하는 방법으로 진행한다(민소법 제280조 제1항).

(2) 쌍방 주장의 공방은 피고의 **답변서**를 원고에게 송달하고 원고로 하여금 **반박준비서면**을 제출하게 하는 것으로부터 시작된다. 피고로부터 답변서가 제출되면 원고에 대하여 다시 **재반박준비서면**의 제출을 촉구한다.

(3) 이 과정에서 기본적인 서증은 소장이나 답변서, 준비서면과 함께 제출되어 상대방에게 교부되고, 증거조사를 위한 후속조치가 필요한 증거신청이 이루어지며, 변론준비기일 전까지 증인을 신청하도록 한다.

(4) 사건이 변론준비절차에 부쳐진 뒤 변론준비기일이 지정됨이 없이 4월이 지난 때에는 재판장 등은 즉시 변론준비기일을 지정하거나 변론준비절차를 끝내야 한다(민소법 제282조 제2항). 재판장 등은 사건의 신속한 진행을 위하여 필요하다면 변론준비절차에 부침과 동시에 변론준비기일을 지정하여 놓고 기간을 정하여 그 기간 안에 준비서면의 제출과 증거신청 등 서면공방을 하게 할 수 있다.

다. 변론준비기일

(1) 변론준비기일은 변론준비절차를 진행하는 동안에 좀 더 주장 및 증거의 정리를 위하여 필요하다고 인정하는 때에 되도록 양쪽 당사자 본인을 출석하게 하여 최종적으로 쟁점과 증거를 정리하는 기일이다.

(2) 당사자는 변론준비기일이 끝날 때까지 변론의 준비에 필요한 주장과 증거를 제출하여야 한다. 변론준비기일에서는 당사자가 말로 변론준비에 필요한 주장과 증거를 정리하여 진술하거나 법원이 당사자에게 말로 해당 사항을 확인하여 정리하여야 한다.

(3) 변론준비기일은 **비공개**로 준비절차실 또는 심문실에서 재판장 등이 당사자와 대면하여 대화하면서 자유롭게 진행하는 점에서 공개된 법정에서 경직된 분위기에서 열리는 변론기일과 다르다.

(4) 재판장 등은 필요하다고 인정하는 때에는 당사자 본인 또는 그 법정대리인에 대하여 출석을 명할

수 있다.

(5) 변론준비기일에서는 법원사무관 등이 원칙적으로 기일마다 조서를 작성한다.

(6) 변론준비기일에 당사자가 출석하지 아니한 때에는 재판장 등은 변론준비절차를 종결하여야 함이 원칙이나, 변론의 준비를 계속하여야 할 상당한 이유가 있는 때에는 종결함이 없이 진행시킬 수 있다. 한쪽 당사자의 불출석의 경우에는 진술간주와 자백간주의 법리를 준용하고, 양쪽 당사자가 불출석한 경우에는 변론준비기일을 종결할 수도 있고 다시 기일을 지정하여 양쪽 당사자에게 통지할 수도 있다. 계속적 불출석의 경우에는 쌍불 2회의 경우와 같이 소의 취하간주의 법리가 준용된다.[27]

(7) 변론준비기일은 변론의 준비에 필요한 주장, 증거의 정리기일일 뿐으로 소송관계를 뚜렷이 할 필요는 없으며, 쟁점에 관한 공방기일로서 소송관계를 뚜렷이 하는 변론기일과 구별된다. 변론준비기일은 재판장 등이 주재하고, 변론기일은 수소법원에서 진행한다.

3. 변론준비절차의 종결

가. 부쳐진 변론준비절차에서 주장과 증거가 제대로 정리되어 쟁점이 뚜렷이 된 것으로 인정되는 때에는 이를 종결하고, 다음과 같이 변론준비절차가 성공적이지 못한 경우에도 재판장 등은 변론준비절차를 종결하여야 한다(제284조).

나. 변론준비기일을 종결한 효과로는 변론준비기일에 제출하지 아니한 모든 공격방어방법은 원칙적으로 그 뒤 변론에서 제출하지 못하도록 하는 실권적 효과(실권효는 항소심에서도 유지된다)와 예외 사항이 정해져 있다(제285조).

4. 변론준비절차 뒤의 변론의 운영

가. 변론에의 상정

(1) 재판장은 변론준비절차가 끝난 경우에는 바로 변론기일을 정하여야 한다. 변론준비기일을 마친 뒤의 변론기일에서는 양쪽 당사자가 변론준비기일의 결과를 진술하여야 한다.

(2) 변론준비기일 결과의 진술은 당사자가 정리된 쟁점 및 증거조사 결과의 요지 등을 진술하거나, 법원이 당사자에게 해당 사항을 확인하는 방식으로 할 수 있다(규칙 제72조의 2).

---

27) 변론준비기일에서 불출석의 효과가 변론기일에 승계되지 아니한다. 변론준비기일에서 1회, 변론기일에서 2회 불출석으로 곧 소취하로 간주되지 아니한다. 대법원 2006. 10. 27. 선고 2004다68581 판결.

나. 1회의 변론기일주의와 계속심리주의

(1) 제1회 변론기일로 변론을 종결하기 위해서는 증인신문을 한 기일에 일괄하여 실시하여야 한다.

(2) 변론준비절차를 거친 사건의 경우 그 심리에 2일 이상이 소요되는 때에는 가능한 한 종결에 이르기까지 매일 변론을 진행하여야 한다. 다만, 특별한 사정이 있는 경우에도 가능한 최단기간 안의 날로 다음 변론기일을 지정하여야 한다(민소규칙 제72조 제1항).

다. 집중적인 증거조사

법원은 변론기일에서 변론준비절차에서 정리된 쟁점에 초점을 맞추어 집중적인 증인신문과 당사자신문을 하여야 한다.

VII. 변론의 내용

1. 변론의 내용

가. 소장부본을 송달받은 피고가 답변서를 제출하지 아니하여 무변론판결로 끝나는 사건은 변론이 필요 없지만, 바로 변론기일이 지정되는 원칙적인 사건의 변론은 이미 제출된 소장, 준비서면을 진술하는 방식으로 열리고, 예외적으로 필요에 의해 변론준비절차를 마친 뒤 변론에 들어가는 사건은 변론에서 변론준비절차결과를 진술하는 방식으로 진행한다.

나. 변론은 말로 행하는 구술진술로서 변론에서 당사자의 행위는 본안의 신청→주장→증거신청으로 이루어진다. 변론에서 당사자들은 공격과 방어를 하고, 법원은 소송을 지휘한다. 법원은 당사자의 진술에 모순이나 불명료한 점이 있는 경우에는 이를 밝히기 위하여 석명권을 행사할 수 있다.

다. 변론은 원고가 제출한 소장의 청구취지에 따라 특정한 내용의 판결을 구하는 뜻의 진술을 함으로써 시작된다. 당사자가 신청을 뒷받침하기 위해 제출하는 소송자료를 공격방어방법이라 한다. 공격방어방법은 법률상, 사실상의 주장, 부인 및 입증이 그 주된 것이다.

라. 피고가 원고의 청구를 배척하기 위해 소송상 또는 실체상의 이유를 들어 방어를 하는 것을 항변이라고 한다.

마. 변론은 미리 재판장이 지정하여 양쪽 당사자에게 통지한 기일에 공개법정에서 행한다. 변론개시 전에 쟁점과 증거를 정리하여 증인 등에 대한 집중적인 증거조사로 변론을 종결한다.

바. 법원은 증거조사의 결과와 변론 전체의 취지를 바탕으로 자유심증주의에 의하여 사실관계를 확정

하고 확정된 사실에 법규를 적용하여 원고청구의 인용 여부를 판단한다.

사. 소송심리를 하는 과정에서 법원은 당사자의 청구에 대해서만, 그리고 당사자의 청구의 범위 내에서만 심리·재판할 수 있고(**처분권주의**), 사실자료와 증거자료의 소송자료는 당사자가 수집·제출하여야 하며 법원은 당사자가 수집·제출한 소송자료만을 기초로 하여 사실을 확정할 수 있다(**변론주의**). 소송심리과정에서 심리와 재판은 공개되어야 하고(**공개재판주의**), 변론은 구술로 해야 하며(**구술주의**), 법원은 원고와 피고 쌍방의 주장을 공평하게 심리해야 하고(**쌍방심리주의**), 심리에 참여하지 않은 법관은 재판에 참여하지 못한다(**직접주의**). 그리고 심리는 집중되어야 하고(**집중심리주의**), 소송에 필요한 자료는 소송의 정도에 따라 적절한 시기에 제출하여야 한다(**적시제출주의**).

2. 증거의 신청 및 증거조사

가. 증거의 신청

(1) 원고와 피고는 주장, 증명책임 분배의 원칙에 따라 각자 주장사실과 항변사실을 증명할 증거를 제출하여야 한다. 원·피고 당사자는 재판부로 하여금 각자가 자기주장이 진실이라는 심증이 가도록 사실인정의 자료가 되는 증거를 자신의 책임하에 수집하고 제출하여야만 승소할 수 있다. 증명불능(입증불능)의 경우 법원은 증명책임분배의 원칙에 따라 사실을 확정할 수밖에 없다.

(2) 증거의 신청은 기일 전에도 신청할 수 있고, 이를 기일 전 증거신청 또는 기일 외 증거신청이라고 한다. 필요에 의해 변론준비절차에 부쳐진 경우 재판장 등이 정한 기간 안에 주장사실을 증명할 증서를 신청하여야 한다. 이 경우에는 쟁점정리기일인 변론준비기일 전에 증인신문과 당사자신문을 제외한 모든 증거신청과 증거자료의 현출이 바람직하다. 피고의 답변서제출로 바로 변론기일이 지정되는 경우에는 증인신문과 당사자신문의 증거조사는 변론기일에서 쟁점정리 뒤 집중실시를 하게 되므로 집중증거조사기일 전에 일괄신청을 하여야 한다.

(3) 증거신청이 있으면 상대방에게 의견진술의 기회를 보장하여야 한다.

(4) 법원은 증거신청이 있으면 결정으로 증거조사를 할 것인지를 결정한다(증거채부결정).

나. 증거조사의 실시

(1) 서증

① 서증(書證)이란 문서의 의미 내용이 증거자료가 되는 증거방법으로서 가장 확실한 증거이다. 서증은 소장, 답변서, 준비서면 등 주장서면에 상대방용 부본을 첨부하여 제출하는 것을 원칙으로 하고, 제

출된 서증의 부본은 그 주장서면과 함께 상대방에게 송부된다. 원고가 제출하는 서증에는 '갑제1호증'으로, 피고가 제출하는 서증에는 '을제1호증'의 형식으로 순차번호를 붙여 제출한다.

② 서증의 신청은 당사자가 변론준비기일이나 변론기일에 출석하여 현실적으로 제출하는 방식으로 하여야 한다.[28] 문서의 제출은 문서의 제목, 작성자 및 작성연월일을 밝혀 원본으로 하는 것이 원칙이고, 원본이 없거나 원본제출이 불가능할 경우에는 정본 또는 인증등본으로 할 수 있다(민사소송법 제355조 제1항).

[참고: 문서의 분류]

A. 공문서와 사문서

a. 공문서는 공무원이 그 직무권한 내의 사항에 관하여 작성한 문서를 말하고, 공문서 이외의 문서가 사문서이다. 공문서는 진정성립이 추정되나(민사소송법 제356조), 사문서는 그 제출자가 그 진정성립을 증명하여야 한다(제357조)는 점에서 증거법상 차이가 있다.

b. 그러나 사문서는 본인 또는 대리인의 서명이나 날인 또는 무인이 있는 때에는 진정한 것으로 추정되므로(민사소송법 제358조), 사문서의 작성명의인이 당해 문서에 서명·날인·무인하였음을 인정하는 경우, 즉 인영 부분 등의 성립을 인정하는 경우에는 반증으로 그러한 추정이 번복되는 등의 다른 특별한 사정이 없는 한 그 문서 전체에 관한 진정성립이 추정된다. 이른바 公私竝存文書의 경우[29] 공문서 부분의 성립으로 사문서 부분의 진정성립이 당연히 추정되는 것은 아니다.

B. 처분문서와 보고문서

a. 처분문서라 함은 증명하고자 하는 법률행위, 의사표시 등 처분행위가 그 문서 자체에 의하여 이루어진 문서를 말한다. 계약서, 각서, 차용증, 합의서, 어음·수표 등 유가증권, 행정처분서, 해약통고서, 유언서 등이 이에 해당한다. 보고문서는 작성자가 경험한 사실, 판단, 느낌 등을 기재한 문서를 말한다. 각종 장부, 등기부, 가족관계증명서(구 호적부), 일기장, 진단서, 편지, 소송상의 조서 등이 이에 해당한다.

b. <u>처분문서는 그 진정성립(형식적 증거력)이 인정되면 특별한 사정이 없는 한 그 문서에 기재된 법률행위 등이 있었던 것으로 증명되지만(실질적 증거력)</u>, 보고문서는 그 진정성립이 인정되어도 그 문서에 기재된 사실이 진질인지는 별도로 증명해야 한다는 점에서 증거법상 차이가 있다.

C. 原本·正本·謄本·抄本·寫本

◇ 원본: 최초로 작성한 문서 그 자체[30]

◇ 정본: 원본과 동일한 효력이 있는 문서의 등본

◇ 등본: 원본 전부의 사본(작성자가 원본과 동일하다는 것을 증명한 것)

◇ 인증등본: 공증한 등본(등기부등본 등)

◇ 초본: 원본 중 일부의 사본

---

28) 따라서 서증이 첨부된 소장 또는 준비서면 등이 진술되는 경우에도 변론준비절차기일이나 변론기일에 현실적으로 서증을 제출한 바 없다면 서증의 제출이 없었던 것으로 취급된다. 대법원 1991. 11. 8. 선고 91다15775 판결.

29) 예컨대, 등기관의 등기필이 기입된 등기권리증의 매도증서부분, 내용증명 우편, 확정일자 있는 사문서 등.

30) 예컨대 판결이나 결정은 원본을 보존하고 원본과 같은 효력이 있는 정본을 당사자에게 송달한다. 정본에는 정본이라는 표시를 한다.

◇ 사본: 원본을 등사한 문서를 총칭하는 의미(문서 전부의 사본이든 일부의 사본이든 모두 사본이다)

◇ 부본: 복수의 원본 중에서 송달에 이용하기 위해 작성된 것(소장부본 등)으로 실무상 등본으로 취급된다.

a. 등본이나 초본, 정본은 원본의 전부 또는 일부를 복사한 것이므로 전부 사본이다. 문서의 제출 또는 송부는 원본·정본 또는 인증등본으로 하는 것이 원칙이다.

b. 원본의 존재 및 원본의 성립의 진정에 관하여 다툼이 있고 사본을 원본의 대용으로 하는 데 대하여 상대방으로부터 이의가 있는 경우에는 사본으로써 원본을 대신할 수 없다.[31]

③ 서증의 내용을 이해하기 어렵거나 그 입증취지가 불명확한 경우 또는 서증의 작성자나 그 작성연월일 등이 불명확한 경우에는 [증거설명서]를 제출한다. 증거설명서에는 문서의 제목, 작성연월일, 작성자 및 입증취지 외에 원본의 소지 여부 등을 기재하여야 한다. 입증취지는 입증의 대상인 주요 사실을 기재하는 외에 사안에 따라서는 작성경위나 당해 서증으로 구체적으로 입증하려는 간접사실을 함께 기재하여야 한다.

④ 법원이 서증을 채택하지 아니한 때에는 대리인 등 문서의 제출자에게 서증의 취하, 철회를 유도하거나 서증신청을 기각하게 되고, 채택되지 아니한 문서는 제출자에게 반환된다.

⑤ 당사자나 대리인은 변론준비기일 이전에 쟁점이 되는 중요 서증에 대하여 인부의 의견을 준비서면 등을 통하여 밝혀야 한다. 증거로 서증이 제출되면 법원은 상대방에게 그것이 진정한 것인지를 묻게 되는데(이를 '서증의 인부'라고 한다) 이때 상대방은 성립인정, 부인, 부지로 서증인부를 한다. 성립인정은 문서의 작성자가 작성한 문서라는 사실을 인정한다는 취지이나, 부인은 작성자로 주장하는 자가 작성하지 아니한 것이라는 취지이며, 부지는 작성자라고 주장하는 자가 작성한 것인지 아니면 가짜인지 알 수 없다는 것을 말한다. 타인 명의의 문서는 성립인정 또는 부지로 답변해야 하나, 본인 또는 대리인 명의의 문서는 부지라고 답변할 수 없고 성립인정 또는 부인으로 답변하여야 한다.

⑥ 법원은 상대방이 적극적·명시적으로 서증의 성립을 다투지 아니한 때에는 굳이 인부의 진술을 촉구하지 아니하며, 다만 당사자 사이에 법률행위의 존부나 내용에 관하여 다툼이 있는 사건에서 그 법률행위에 관한 처분문서와 같이 당해 문서의 성립이나 내용에 관하여 실질적인 다툼이 있고, 이것이 그 사건의 쟁점과 관련이 있는 경우에는 인부의견을 적극적으로 표시할 필요가 있다. 통상 쟁점과 관련된 처분문서(증명할 법률행위가 그 문서 자체에 나타난 문서로서 계약서, 영수증 등을 말한다) 등 인부가 반드시 필요하다고 판단되는 문서에 대해서만 의견을 진술하게 하고, 불필요한 인부는 생략하도록 하는 서증인부방식을 시행하고 있다.

---

31) 문서의 제출 또는 송부는 원본, 정본 또는 인증등본으로 하여야 하는 것이므로, 원본, 정본 또는 인증등본이 아니고 단순한 사본만에 의한 증거의 제출은 정확성의 보증이 없어 원칙적으로 부적법하며, 다만 이러한 사본의 경우에도 동일한 내용인 원본의 존재와 원본의 성립의 진정에 관하여 다툼이 없고 그 정확성에 문제가 없기 때문에 사본을 원본의 대용으로 하는 데 관하여 상대방으로부터 이의가 없는 경우에는, 구 민사소송법 제326조 제1항 위반사유에 관한 책문권이 포기 혹은 상실되어 사본만의 제출에 의한 증거의 신청도 허용된다. 대법원 2002. 8. 23. 선고 2000다66133 판결.

(2) 문서송부촉탁, 검증, 감정, 사실조회 등

① 문서송부촉탁, 문서제출명령, 현장검증, 측량감정, 시가감정, 임료감정, 신체감정촉탁, 사실조회, 서증조사 등의 증거방법에 대한 증거신청도 원칙적으로 집중증거조사기일 이전에 일괄하여 신청하여야 하고 이에 대한 증거조사는 변론기일에 집중적으로 실시된다. 변론준비절차를 거치는 사건의 경우에는 변론준비기일 이전에 증거신청을 하고 증거자료가 현출되도록 하여야 한다.

② 기일 전 증거조사신청이 접수되면 재판장이 채부를 결정하고, 증거신청이 채택되면 참여사무관은 바로 촉탁서의 발송 등 증거조사의 실시에 필요한 조치를 취한다. 검증기일과 같은 증거조사기일이 지정된 때에는 쌍방 당사자를 소환한다.

소송절차 내에서 본래의 증거조사를 행할 기일까지 기다리는 경우 그 증거방법의 조사가 불가능하거나 또는 곤란하게 될 사정이 있는 경우에는 미리 증거보전신청을 하여 그 결과를 본 소송에서 사실인정의 자료로 쓸 수 있다.

(3) 증인의 신청과 신문

① **증인신청**: 필요한 증인은 원칙적으로 바로 변론기일이 지정되는 경우에는 변론기일에 변론준비절차에 부쳐진 경우에는 변론준비기일 이전에 일괄 신청하여야 하며, 증인의 신청은 증인과 원·피고와의 관계, 증인이 당해 사건에 관여하게 된 경위 또는 그 내용을 알게 된 경위 등을 구체적으로 기재한 [증인신청서]의 제출에 의한다. 아울러 증인에 대한 출석 여부 확인 및 출석확보를 위하여 주소 외에도 연락 가능한 전화번호 등을 반드시 기재한다.

② **증인에 대한 채부결정**: 증인에 대한 채부절차는 변론기일 또는 준비기일에 이루어진다. 재판부는 신청된 증인에 대한 채부를 일괄하여 결정, 고지한다. 법원은 개별 증인별로 신청된 그 증인의 입증취지, 증인과 당사자의 관계 등을 고려하여 증인조사의 방식을 고지한다. 민사소송에서는 변론주의가 지배하기 때문에 당사자가 신청하지 않은 증거에 대해서는 법원이 조사하지 않는 것이 원칙이다.

[참고: 증인조사의 방식]

A. 증인진술서 제출 방식
- 법원은 증인을 채택함에 있어 증인의 효율적·실질적 신문을 위하여 필요하다고 인정하는 때 예컨대 증인을 신청한 당사자의 지배영역 내에 있다고 판단되는 증인(가족, 친지, 회사의 직원 등)에 대해서는 증인진술서의 제출을 명하는 것을 원칙으로 한다.
- 증인진술서의 제출명령은 원칙적으로 변론준비기일에 증거의 채부결정을 고지하면서 함께 이루어진다.
- 증인진술서는 상대방 당사자의 수에 2를 더한 통수의 부본을 원본과 함께 제출하고, 증인진술서가 제출된 사건에 관해서는 원칙적으로 증인신문사항의 제출이 면제된다.
- 증인진술서의 형식은 법원이 정한 안내서의 양식을 따르는 것이 바람직하다.
- 증인진술서가 제출된 경우에는 집중증거조사기일에 그 진술서를 서증으로 채택하게 된다.

B. 증인신문사항 제출 방식

□ 증인진술서의 제출을 명함이 상당하지 아니한 사건 예컨대 그 증인이 이른바 적대적 증인이거나 자기의 지배영역 안에 있지 아니한 중립적 증인인 경우, 사건이나 증인의 특성상 그 증언내용을 미리 밝히는 것이 사건의 공정한 해결을 위하여 상당하지 아니한 때에는 법원은 증인진술서 대신에 증인신문사항을 제출하도록 한다.

□ 제출된 증인신문사항에 유도신문에 해당하거나 불필요한 내용이 포함되어 있는 경우에는 증인신문사항 수정명령이 발해진다.

□ 제출된 증인신문사항은 상대방에게 송달된다.

C. 서면(공정증서)에 의한 증언방식

□ 공시송달사건, 피고가 형식적인 답변서만 제출하고 출석하지 아니한 사건 등에서는 공정증서에 의한 증언으로 출석증언에 대체한다.

□ 현행법상 공정증서에 의한 증언의 절차가 복잡하여 사실상 잘 이용되지 않고 있고, 실무상 인증진술서가 많이 이용되고 있다.

③ 증인의 소환 및 출석 확보

□ 당사자 또는 대리인은 증거채택이 된 후 증인진술서, 증인신문사항을 제출하는 때 또는 법원이 정하는 기간 내에 여비를 예납하거나 여비포기서를 제출하면 된다.

□ 증인을 신청한 당사자나 대리인은 증인의 출석 가능 여부를 확인하고 출석을 독려한다.

□ 증인의 일부 또는 전부가 불출석한 경우 법원은 증인의 중요도, 불출석의 사유와 그 횟수, 나머지 증인들의 출석상황 등을 고려하여 그 기일에 출석한 증인의 신문 여부를 결정한다.

□ 불출석한 증인에 대해서는 원칙적으로 과태료를 부과하는 방향으로 운영된다. 개정법에 의하여 정당한 사유 없이 증인신문기일에 출석하지 아니한 증인에 대하여 500만 원 이하의 과태료가 부과될 수 있다. 증인이 1회 과태료재판을 받고도 다시 출석하지 아니한 경우에는 7일 이내의 감치에 처할 수 있다.

□ 증인이 소환을 받고도 출석할 수 없을 경우에는 지체 없이 그 사유를 명시하고 소명자료를 첨부하여 불출석사유서를 사전에 제출하도록 한다.

□ 사전 신고 없이 불출석한 증인을 다시 소환하는 때에는 특별한 사정이 없는 한 구인이 적극 활용된다.

④ 증인신문기일의 운영

□ 신문의 순서와 방법

ⅰ) 주 신문은 증명할 사항과 이에 관련된 사항에 관하여 하며, 유도신문은 원칙적으로 금지된다.

ⅱ) 반대신문은 주 신문에 나타난 사항, 이와 관련된 사항, 증언의 신빙성 등에 관련된 사항으로 한정된다.

ⅲ) 주 신문을 한 당사자는 반대신문에 나타난 사항과 이와 관련된 사항에 관하여 다시 신문을 할 수 있다.

□ 격리신문과 재정신문

ⅰ) 증인을 서로 분리하여야 할 특별한 필요성이 있는 경우를 제외하고는 모든 증인을 재정시킨 상태에서 신문을 실시하는 방향으로 운영한다.

ⅱ) 증언을 마친 증인도 원칙적으로 그 기일이 끝날 때까지 법정에 대기하도록 조치하여, 뒤의 증언과 모순되는 경우에는 재신문이나 대질 등의 방법으로 확인할 수 있도록 한다.

□ 대질신문

집중증거조사기일에서는 대질신문이 적극 활용된다. 대질신문의 구체적 방법으로는 동시에 동일한 질문을 하여 각 증인에게 대답을 시키는 방법, 질문을 한 후 증인끼리 자유롭게 문답을 시키는 방법, 다른 증인의 진술을 들려주고 변명이나 반론을 시키는 방법, 증인 상호 간에 질문을 시키는 방법 등이 있다.

□ 대동증인, 재정증인의 처리

원칙적으로 대동증인이나 재정증인에 대한 신문이 허용되지 아니하나, 다만 재정증인이라도 신문이 필요한 경우에는 상대방의 이의가 없으면 신문이 허용될 수 있다.

(4) 당사자신문

법원은 다른 증거조사에 의하여 충분한 심증을 얻지 못한 경우에는 직권 또는 당사자의 신청에 의하여 당사자본인을 신문을 할 수 있다.

(5) 필요한 증거를 적시에 제출하기 곤란한 사유가 있는 때

그 사유와 추후 제출이 가능한 시점 등을 구체적으로 명시하여 미리 재판부에 의견을 개진하는 것이 필요하다.

다. 증거조사기일의 속행 및 기타 절차

(1) 증거조사기일의 속행 등

1회 기일에 증거조사가 완료되지 않는 경우 증거조사기일이 속행된다. 실제로 증인불출석 등 여러 가지 사정으로 증거조사기일이 수회에 걸쳐 진행되는 경우가 있다.

(2) 증거조사 후의 조정·화해

증거조사가 끝난 후 사건의 합리적 해결을 위하여 당사자 간에 조정이나 화해를 시도할 수도 있다. 법원은 재판절차가 진행되는 도중에 사건의 공평한 해결을 위하여 화해권고결정을 할 수 있다. 당사자가 화해권고결정정본을 송달받고 2주일 내에 이의를 신청하지 아니하면 그 결정내용 대로 재판상화해가 성립된 것과 같은 효력이 생긴다.

VIII. 소송참가

1. 타인 간에 소송이 계속 중에 있을 때 제3자가 당사자 또는 당사자에 준하는 지위에서 그 소송에 관여하는 것을 소송참가라고 한다. 제3자가 당사자로서 관여하는 것으로 독립당사자참가, 공동소송참가, 승계참가가 있고, 당사자에 준하는 지위에서 관여하는 것으로 보조참가가 있다.

2. 보조참가라 함은 타인 간에 소송이 계속 중일 때 그 소송결과에 법률상 이해관계가 있는 제3자가 한쪽 당사자를 돕기 위하여 그 소송에 참가하는 것을 말하고, 독립당사자참가라 함은 타인 간에 소송이 계속 중일 때 소송목적물의 전부 또는 일부가 자기의 권리임을 주장하거나, 소송의 결과에 따라 자기의 권리가 침해됨을 주장하여 원·피고 양쪽 또는 한쪽을 상대방으로 하여 그 소송과 관련된 자기의 청구에 관하여 동시에 심판을 구하기 위하여 하는 소송참가를 말한다. 공동소송참가는 소송의 목적이 참가인과 기존 당사자의 어느 일방과 합일적으로 확정되는 경우에 공동소송인으로 참가하는 형태를 말한다.

3. 종전의 당사자가 소송참가할 제3자에게 소송계속을 통지하여 참가의 기회를 제공하는 소송고지제도가 있고, 제3자의 참가신청 없이 종전의 당사자의 신청에 의하여 제3자를 소송에 강제 가입시키는 인수승계제도가 있다.

IX. 제1심 소송의 종료: 판결

1. 사실심리와 증거조사가 끝나면 법원은 변론을 종결하고[이를 '결심(結審)한다'고 한다] 판결선고기일을 지정하고 고지한다. 변론을 종결한 후에도 심리가 미진한 부분이 있으면 당사자의 변론재개신청이나, 법원의 직권으로 변론을 재개하고 다음 변론기일을 지정하기도 한다. 재판장은 판결선고기일에 판결원본에 의하여 판결주문을 낭독하는 방식으로 판결을 선고한다. 소액사건의 경우에는 변론을 종결하면서 즉시 판결을 선고하기도 한다.

2. 종국판결에는 원고의 소가 소송요건의 불비를 이유로 부적법하다고 하여 각하하는 소송판결과 원고의 청구에 대해 실체적 내용에 관한 심리 후에 그 법률관계에 대해 판결하는 본안판결이 있다. 본안판결에는 원고청구인용 여부에 따라 원고청구인용판결과 원고청구기각판결이 있고, 판결의 내용에 따라 이행판결, 확인판결, 형성판결이 있다.

3. 판결 선고 후 판결정본을 당사자에게 송달하면 판결에 불복하는 당사자는 판결정본 송달 후 2주일 내에 항소심 법원에 항소를 제기할 수 있다. 항소장은 원심법원에 제출하여야 한다. 적법한 항소가 제기되면 그 재판은 확정되지 않고 항소심으로 이심된다.

4. 재산권의 청구에 관한 판결에는 가집행선고가 붙는 것이 보통이고, 금전의 지급을 구하는 소송에서

패소한 피고가 항소를 제기한다고 하더라도 원고가 승소한 가집행선고부판결에 집행문을 부여받아 강제집행을 할 수 있다. 이 경우 피고는 항소제기와 동시에 강제집행을 정지하기 위하여 강제집행정지신청을 하여 정지결정을 받아야 한다.

X. 항소심 절차

1. 상소는 자신에게 불이익한 재판에 대하여 유리하게 취소, 변경을 구하기 위한 것으로 제1심판결에 불복하는 것을 항소, 제2심판결에 불복하는 것을 상고라고 한다.
2. 항소가 적법하면 항소가 이유 있느냐에 관한 본안심리를 한다. 항소심에서의 심리도 제1심의 소송절차에 준하여 바로 변론기일을 지정하는 것을 원칙으로 하고, 변론에 앞서 필요한 경우에는 변론준비절차에 부쳐 항소장이나 항소심에 제출하는 준비서면에서 밝힌 항소이유를 토대로 쟁점정리를 한 뒤에 변론에 들어갈 수 있다.
3. 변론에서 항소인은 먼저 제1심판결의 변경을 구하는 한도 즉 불복의 범위를 명확히 진술하여야 하고, 이에 대하여 피항소인은 항소의 각하, 기각의 신청을 할 수 있으며 경우에 따라 부대항소(附帶抗訴)를 신청할 수도 있다.
4. 제1심과 마찬가지로 증인신문과 당사자신문은 변론기일에 집중적으로 실시된다.
5. 항소심의 심리와 재판은 당사자의 불복신청의 범위에 한정되나, 항소심에서 항소인은 항소심 변론종결 시까지 불복의 범위를 확장하거나 감축할 수 있고, 피항소인은 부대항소를 제기할 수 있다.
6. 항소심에서는 상대방으로부터 항소나 부대항소가 없는 한 항소인에게 제1심판결보다 불이익하게 변경할 수 없다(불이익변경금지의 원칙).
7. 항소심에서 변론이 종결되면 종국재판으로 항소를 각하 또는 기각하거나 항소를 인용하여 원판결을 취소하고 자판하거나 환송하기도 한다.

XI. 상고심 절차

1. 항소심 판결에 불복이 있는 당사자는 항소심 판결정본송달일로부터 2주일 내에 상고장을 항소법원에 제출하여 대법원에 상고할 수 있다. 상고인은 대법원에서 소송기록접수통지를 받은 날로부터 20일 이내에 대법원에 상고이유서를 제출하여야 한다. 상고이유서가 상대방에게 송달되면 이를 송달받은 상대방은 10일 이내에 답변서를 제출할 수 있다.
2. 상고이유는 법령위반에 한정되어 있고, 상고심절차에 관한 특례법은 심리불속행제도를 채택하고 있다.
3. 상고심은 상고요건의 흠결이 있는 경우에는 상고각하판결을, 상고이유서 제출기간 내에 상고이유서

의 제출이 없거나 상고가 이유 없다고 판단하는 때에는 상고기각의 판결을 선고하고, 상고가 이유 있다고 판단하는 때에는 원심판결을 파기하여 환송하는 판결을 선고한다. 환송받은 법원이 다시 심판하는 경우 상고심이 파기의 이유로 한 법률상 및 사실상의 판단에 기속된다.

XII. 판결의 확정

1. 상고심판결은 판결선고와 동시에 확정되고, 상소기간 내에 상소를 제기하지 않거나 상소기간을 도과한 때, 상소를 취하하였을 때 등 판결이 확정되면 소송이 종국적으로 종료되고, 당사자는 그 판결에 기한 기판력, 집행력 등을 주장하거나 판결에 기한 등기신청 등을 할 수 있다.

2. 확정된 종국판결의 판결절차 또는 소송자료에 법정의 중대한 하자가 있음을 이유로 그 판결을 취소하고 다시 변론과 재판을 해줄 것을 요구하는 비상의 불복신청을 **재심**이라고 한다. 재심은 확정판결에 대해서만 제기할 수 있는 점에서 미확정판결에 대한 불복인 상소와 구별된다.

3. 당사자가 자신에게 책임 없는 사유로 상소기간 내에 상소하지 못하여 판결이 확정된 경우에는 그 당사자는 그 사유를 밝혀 사유가 없어진 뒤 2주일 안에 상소를 제기하는 추후보완상소가 가능하다.

XIII. 당사자의 행위에 의한 소송의 종료

1. 소의 취하

가. 소취하와 그 효과

(1) 원고가 판결이 확정되기 전에 소를 취하하는 때에도 소송은 종결된다. 소의 취하란 원고가 제기한 소의 전부 또는 일부를 철회하는 법원에 대한 단독행위이다. 소의 취하는 원고의 소제기 후 판결확정 시까지 어느 때라도 할 수 있으나, 피고가 응소하여 본안에 대하여 준비서면을 제출하였거나 변론준비기일에서 진술하거나 변론을 한 후에는 피고의 동의를 얻어야 하고, 피고가 소취하에 동의하지 않으면 소취하의 효과는 발생하지 않는다. 따라서 피고는 원고의 소취하에 부동의하고 소송을 계속 진행하여 판결을 받을 수도 있다.

(2) 상소를 취하함에는 피상소인의 동의가 필요 없으나(그가 응소하였더라도) 상소의 취하에 의하여 원판결이 확정되고, 소를 취하하게 되면 처음부터 소송이 계속되지 아니하였던 것과 같은 상태가 되므로 이미 행한 판결도 실효되게 한다.

(3) 소의 취하가 있더라도 다시 소송을 제기할 수 있으나(물론 시효기간의 제한을 받는다), 다만 본안에

대한 종국판결이 있은 뒤에 소를 취하한 자는 '같은(동일한) 소'를 제기하지 못한다(재소의 금지).

(4) 소의 취하로 원고는 패소자에 준하여 원칙적으로 소송비용 전액을 부담하게 된다.

나. 소취하의 방법

(1) 소취하는 소취하서를 제출하여 서면으로 하거나 변론 또는 변론준비기일에서 말(구술)로 할 수 있다. 소취하서에는 상대방의 수만큼 부본(등기말소 소송의 경우에는 예고등기말소촉탁용 부본 1통 포함)을 첨부하여 본인이 직접 법원에 제출하거나 우편으로 접수시킬 수 있다. 소송대리인이 아닌 타인이 접수하려면 본인의 인감증명을 첨부해야 한다.

(2) 당사자 쌍방이 2회에 걸쳐서 적법한 소환을 받고도 변론기일에 불출석하거나, 출석하여도 변론하지 아니하고 1월 이내에 기일지정신청을 하지 않은 때 또는 기일지정신청에 의하여 정한 기일에 다시 당사자 쌍방이 불출석 한 때에는 소를 취하한 것으로 본다(쌍불취하간주).

다. 소취하의 무효를 주장하는 방법

(1) 원고에게 소취하의 의사가 없음에도 불구하고 본인 모르게 소취하서가 제출되거나, 상대방이 약속을 어겼다는 이유로 소취하가 무효라고 주장하며 다툼이 있을 때에는, 당사자가 기일지정신청을 하여 법원이 변론절차를 거쳐 소취하가 유효하다고 인정하면 소송종료 선언을 하고, 심리결과 소취하가 무효라고 인정되면 본안에 관한 변론을 속행하게 된다. 소취하된 것으로 간주되는 경우에는 당사자가 그의 책임 없는 사유로 변론기일에 불출석하였음을 들어 취하간주의 무효 또는 부존재를 주장하여 기일지정신청을 할 수 있다.

(2) 판례는 종국판결 후 소를 취하하였다가 피고가 그 소취하의 전제조건인 약정을 위반하여, 약정이 해제 또는 실효되는 사정 변경이 생겼음을 이유로 다시 동일한 소를 제기하는 것은 재소금지원칙에 위배되지 않는다고 한다.[32]

2. 청구의 포기 · 인낙

가. 의의

(1) 청구의 포기와 인낙(認諾)의 진술이 있고 이것이 조서에 기재되면 소송이 종료된다. 청구의 포기는

---

32) 대법원 2000. 12. 22. 선고 2000다46399 판결.

원고가 변론에서 자신의 소송상의 청구가 이유 없음을 자인하는 법원에 대한 일방적 의사표시이다. 반면에 청구의 인낙은 피고가 원고의 소송상의 청구가 이유 있음을 자인하는 법원에 대한 일방적 의사표시로서 청구의 포기나 인낙이 있으면 소송은 종료된다. 청구의 포기가 있게 되면 원고 패소 판결과 동일한 효력이 있고, 청구의 인낙이 있게 되면 원고 승소(피고 패소)판결과 동일한 효력이 발생한다.

(2) 청구의 포기와 인낙은 당사자가 변론기일에 출석하여 구술로 할 수 있으며(상대방의 동의는 필요 없다) 서면으로도 화해·인낙·포기의 의사표시를 할 수 있다(민사소송법 제148조). 청구의 포기나 인낙이 있으면 그 내용을 기재한 조서 정본이 당사자에게 송달된다.

나. 효력

청구의 포기나 인낙이 있게 되면 확정판결과 동일한 효력이 생기므로 청구의 포기·인낙의 무효를 내세워 기일지정신청을 할 수 없고, 다만 준재심의 소에 의하여 다툴 수 있을 뿐이다. 인낙조서에 기해 강제 집행, 등기를 신청하려면 송달증명을 받아야 한다.

3. 소송상의 화해

가. 소송상(재판상) 화해는 소송계속 중 당사자 쌍방이 소송물인 권리관계의 주장을 양보하여 소송을 종료시키기로 하는 합의를 말한다. 이에 따른 화해조서는 확정판결과 동일한 효력이 있다.

나. 당사지 간에 화해로 분쟁을 해결하는 것이 판결에 의한 해결보다 좋은 결과를 가져올 수 있으므로, 당사자는 화해를 염두에 두고 소송절차에 참여해야 한다. 법원은 소송의 정도 여하에 관계없이 당사자에게 화해를 권고할 수 있고, 소송 당사자도 서로 양보하여 화해로 소송을 종결하고 민사분쟁을 해결하는 경우가 많다.

다. 원·피고 당사자가 소송상 화해를 하려는 경우에는 사전에 화해조항(문안)을 작성하여 변론기일에 제출하거나, 쌍방이 법관의 면전에서 합의의 내용을 진술하여 그 결과를 조서에 기재할 수도 있다.

라. 화해조항은 쌍방이 의도한 권리관계가 강제집행절차에서 실현될 수 있도록 명확하게 기재하여야 하고, 소송비용의 부담에 관해서도 명백히 해 둔다. 확정판결과 동일한 효력이 있으므로 화해조서 정본 및 송달증명으로 강제집행 및 등기신청이 가능하다. 화해조서에 대해서는 준재심의 방법으로 불복할 수 있는 길이 있다.

마. 법원·수명법관 또는 수탁판사는 소송이 계속 중인 사건에 대하여 직권으로 당사자의 이익, 그 밖의 사정을 참작하여 청구의 취지에 어긋나지 아니하는 범위 안에서 사건의 공평한 해결을 위한 화해권고결정을 할 수 있고, 당사자는 결정서의 정본을 송달받은 날부터 2주일 내에 이의를 신청할

수 있다. 위 기간 내에 이의신청이 없거나, 이의신청을 취하하거나 이의신청권을 포기하면 화해권
고결정은 재판상 화해와 같은 효력을 가진다.

XIV. 기타 민사분쟁 해결절차의 개요

1. 소액사건심판절차

가. 소액사건의 범위

소액사건이란 제소한 때의 소송목적의 값(訴價)이 2,000만 원을 초과하지 아니하는 금전, 기타 대체물
이나 유가증권의 일정한 수량의 지급을 목적으로 하는 제1심의 민사사건을 말한다. 따라서 부동산에 관한
소송은 2,000만 원에 미달되어도 소액사건이 아니다.

소액사건에 대해서는 보통 재판보다 신속하고 간편하며 경제적으로 재판을 받을 수 있게 마련한 것이
소액사건심판절차이다. 소액사건심판절차는 비교적 단순하게 기일도 1회에 종결하는 것을 원칙으로 하고
있어 변호사의 조력 없이 당사자 스스로 소송을 수행할 수 있다.

법원의 접수창구에는 정형화된 소액사건 소장양식을 비치하고 있으므로 이 양식에 해당 사항을 기재하
면 곧바로 소장이 되고, 구술로도 소제기가 가능하다. 구술로 소를 제기하는 경우에는 법원사무관 등의
면전에서 진술하여야 하고 이 경우 법원사무관 등은 제소조서를 작성하고 이에 기명날인하여야 한다.

나. 절차상의 특례

소액사건에서는 절차의 신속을 위하여 소장이나 제소조서는 지체 없이 피고에게 송달하고, 변론기일을
지체 없이 지정하여 되도록 1회의 변론으로 심리를 종결하도록 하고 있다.

소액사건에서는 당사자의 배우자·직계혈족 또는 형제자매는 법원의 허가 없이 소송대리인이 될 수 있
다. 이 경우 소송대리인은 가족관계등록부나 주민등록등본, 위임장 등으로 당사자와의 신분관계 및 수권
관계를 서면으로 증명하여야 한다. 신분관계가 없는 경우에는 법원의 소송대리허가를 받아야 한다.

증인은 판사가 신문하고 상당하다고 인정하는 때에는 증인 또는 감정인의 신문에 갈음하여 진술을 기
재한 서면을 제출하게 할 수 있다. 소액사건에서는 심리절차상의 특칙이 인정되고 판결선고도 변론종결
후 즉시 할 수 있으며, 판결서에는 주문만 기재하고 이유기재는 생략할 수 있다.

소액사건에 대한 1심판결에 대해서는 다른 민사사건과 마찬가지로 항소할 수 있으나, 2심판결에 대해
서는 소액사건심판법 제3조에 의하여 상고이유가 제한되고 있다.

다. 이행권고결정제도

법원은 소가 제기된 경우 결정으로 소장부본이나 제소조서 등본을 첨부하여 피고에게 청구취지대로 이행할 것을 권고할 수 있다. 소액사건 담당 재판부의 법원사무관 등은 이행권고결정이 있으면 지체 없이 그 등본을 피고에게 송달하여야 한다. 피고는 이행권고결정 등본을 송달받은 날로부터 2주일 이내에 서면으로 이의신청을 할 수 있다. 이행권고결정에 대한 이의신청이 접수되면 법원은 지체 없이 변론기일을 지정하여 당사자에게 통지한다.

이행권고결정제도가 도입되면서 피고가 다투지 않는 소액사건에 관해서는 원고가 법정에 출석할 필요 없이 이행권고결정의 확정으로 확정판결을 얻은 것과 같은 소기의 목적을 달성할 수 있다. 이행권고결정에 대하여 피고가 이의신청을 하지 않거나, 이의신청에 대한 각하결정이 확정된 때 혹은 이의신청이 취하된 때에는 확정판결과 동일한 효력을 가진다. 이행권고결정이 확정판결과 동일한 효력을 가지게 된 겨우 법원사무관 등은 이행권고결정서의 정본을 원고에게 송달하여야 한다.

이행권고결정에 기한 강제집행은 원칙적으로 집행문을 부여받을 필요 없이 이행권고결정서의 정본에 의하여 할 수 있다.

2. 지급명령(독촉)절차

가. 지급명령의 의의

지급명령이란 채권자가 금전, 기타 대체물 혹은 유가증권의 일징 수량의 지급을 법원에 신청하는 전차로 독촉절차라고도 한다. 다만 공시송달에 의하지 아니하고 송달을 할 수 있는 경우에만 지급명령이 허용된다. 금전, 기타 대체물 혹은 유가증권의 일정 수량의 지급을 구하는 경우가 아닌 건물명도나 토지인도, 소유권이전등기청구 등에 있어서는 독촉절차를 이용할 수 없다. 지급명령절차는 채권자로 하여금 일반 민사소송절차보다 간이하고 신속하게, 그리고 적은 비용으로 집행권원을 얻게 하는 절차로 통상 소액사건의 범위를 넘는 사건에서 많이 이용되고 있다.

대법원은 2006년 제정된 독촉절차에서의 전자문서이용 등에 관한 법률에 따라 인터넷상 대법원 홈페이지를 통해 독촉사건을 신청하고 전자문서로 지급명령을 발하는 전자독촉시스템을 구축하여 운용하고 있다.

나. 지급명령의 절차

지급명령절차에서 신청인을 채권자, 상대방을 채무자라고 한다. 지급명령은 소송목적의 값에 관계없이 채무자의 주소지, 근무지 또는 사무소 혹은 영업소 소재지 법원(시군법원 포함)의 단독판사 관할이다. 채권자가 지급명령을 신청할 때는 일반 민사소송 제기 시 소요되는 인지액의 1/10이면 된다.

법원은 지급명령신청에 대하여 채무자를 심문하지 않으며 각하사유가 없는 한 청구의 당부를 심리하지 않고 지급명령을 발하여 당사자 쌍방에게 송달한다. 채무자는 지급명령이 송달된 날로부터 2주일(불변기간) 이내에 이의신청을 할 수 있다. 이의신청을 하면 통상의 소송절차에 따라 이행되며 지급명령을 신청한 때에 소의 제기가 있는 것으로 본다.

다. 지급명령의 확정

지급명령에 대하여 2주일 이내에 이의신청이 없거나, 이의신청을 취하하거나, 이의신청각하결정이 확정된 때에는 지급명령이 확정판결과 같은 효력이 있다. 채권자는 확정된 지급명령에 기하여 강제집행을 할 수 있다. 확정된 지급명령에는 집행력은 있으나 확정판결이나 조정과는 달리 기판력은 없으므로 채무자는 지급명령 확정 전에 생긴 사유를 원인으로 하여 청구이의의 소를 제기할 수 있다.

확정된 지급명령에 대한 청구이의의 소에 있어서는 지급명령 발령 이후의 그 청구권의 소멸이나 청구권의 행사를 저지하는 사유뿐만 아니라 지급명령 발령 전의 청구권의 불성립이나 무효 등도 그 이의 사유가 된다.[33]

3. 민사조정절차

가. 민사조정제도의 의의

민사조정이란 민사에 관한 분쟁을 법관 또는 법원에 설치된 조정위원회가 간이한 절차에 따라 분쟁의 당사자로부터 각자의 주장을 듣고 관계 자료를 검토한 후 여러 사정을 참작하여 당사자들이 서로 양보하고 타협하여 합의하도록 주선·권고함으로써 종국적으로 화해에 이르게 하는 법적 절차를 말한다.

나. 민사조정절차

민사조정은 분쟁의 일방 또는 쌍방이 조정신청을 하거나 소송을 심리하는 재판부가 직권으로 그 사건을 조정에 회부함으로써 시작된다. 민사조정은 민사조정신청서를 작성하여 법원에 제출하여야 하는데 민사조정사건은 소송목적의 값이 2,000만 원을 초과하여도 시군법원에서 관할한다. 조정수수료는 통상 소송

---

33) 대법원 2004. 5. 14. 선고 2004다11346 판결.

의 1/5이다.

조정사건에 관해서는 당사자와 친족고용 및 기타 특별한 관계에 있는 자로서 법원의 허가를 얻은 때에는 변호사가 아니라도 대리할 수 있다. 소송사건이 조정에 회부된 때에는 그 조정절차가 종료될 때까지 소송절차는 중지한다.

조정사건은 조정사건 담당판사나 조정정위원회가 처리하고, 수소법원(소송사건을 심리하는 법원)이 조정기관이 되어 직접 조정을 할 수도 있다. 근래 들어 1심뿐만 아니라 항소심에서도 수수법원 조정이 활성화되고 있다.

조정신청이 있으면 즉시 조정기일이 진행되고 신청인과 상대방에게 그 일시와 장소가 통지된다. 당사자는 지정된 일시와 장소에 직접 출석하여야 하고, 다만 조정담당판사의 허가가 있으면 당사자의 친족이나 피용자 등으로 보조인으로 동반하거나 대리인으로 출석하게 할 수 있다. 당사자들은 조정기일에 출석하여 자신의 주장과 답변을 하고 조정담당판사나 조정위원회는 당사자 쌍방의 의견을 고루 듣고 당사자가 제시하는 자료를 검토한다. 또한 필요한 경우에는 적당한 방법으로 여러 가지 사실과 증거를 조사하여 쌍방이 납득할 수 있는 선에서 합의를 권고하는 등 조정절차를 진행한다.

조정기일에 당사자 사이에 합의가 이루어지면 그 내용이 조서에 기재됨으로 조정이 성립되는데 이를 **임의조정**이라고 한다. 조정기일에 피신청인이 불출석하였거나 또는 당사자 쌍방이 출석하였더라도 합의가 성립되지 아니하였거나, 성립된 합의내용이 상당하지 아니하다고 인정한 사건에 관하여 조정담당판사 또는 조정위원회는 당사자의 이익 및 기타 제반사정을 참작하여 직권으로 '조정에 갈음하는 결정'을 하는데, 이를 **강제조정**이라고 한다.

강제조정결정에 대해서는 그 내용이 기재된 조서정본 또는 결정서정본을 송달받은 날로부터 2주일 이내에 이의신청을 할 수 있고, 이의신청을 하면 그 결정은 효력을 상실하고 사건은 소송으로 이행된다.

당사자 사이에 합의가 이루어지지 아니하고, 직권으로 강제조정을 하기에도 적합하지 아니한 사건으로 인정되면 조정불성립으로 사건을 종결시킨다. 조정이 성립되면 재판상 화해와 동일한 효력이 발생하고 이에 대해서는 더 이상 불복할 수 없다. 강제조정결정에 대하여 조정결정정본이 송달된 때로부터 2주일 내에 이의신청이 없거나, 이의신청이 취하된 때 또는 이의신청에 대한 각하결정이 확정된 때에는 강제조정결정은 재판상 화해와 같은 효력을 가진다.

다. 조정의 효력과 집행

임의조정이 성립하거나 강제조정결정에 대하여 이의신청이 없으면 그 조정 또는 결정은 모두 재판상 화해와 같은 효력이 발생한다. 따라서 당사자 사이의 분쟁은 판결이 확정된 경우와 마찬가지로 최종적으로 종결된다.

4. 제소전화해절차

가. 개인 간의 일반 민사분쟁이 소송으로 발전하는 것을 막기 위하여 소제기 전에 지방법원 단독판사 앞에서 화해신청을 하여 화해를 성립시키는 것을 제소전화해라 한다. 제소전화해는 소송계속 전에 소송을 예방하기 위한 화해인 점에서 소송계속 중에 그 소송을 종료시키기 위한 소송상의 화해와 구별된다.

나. 제소전화해는 개인 간의 민사분쟁이 생기기 전에 이미 당사자 간에 성립된 계약내용을 제소전 화해조서에 기재하여 집행권원을 얻는 방편으로 활용되는 경우가 많다. 공증인이 작성하는 공정증서로는 금전채권 등에 국한하여 집행권원을 만들 수밖에 없기 때문에 건물명도 등 특정물청구 등에 있어서 공정증서의 대용물로서 제소전화해가 이용된다.

다. 제소전화해를 신청하려면 상대방의 주소지를 관할하는 지방법원에 구술 또는 서면으로 신청할 수 있으나 통상 서면으로 신청한다. 대개 쌍방의 관할합의서를 제출하고 있으므로 관할의 문제는 생기지 않는다.

라. 지정된 화해기일에 당사자 쌍방이 출석하면 법관은 신청내용을 참작하여 적절한 화해를 권고하고, 당사자의 의사가 이미 일치하여 일정한 계약이 성립된 경우에는 당사자 쌍방에게 그 계약내용대로 화해성립의 의사유무를 확인한다.

마. 화해가 성립하면 제소전화해조서가 작성되어 그 정본이 당사자에게 송달된다. 이 화해조서는 확정판결과 동일한 효력이 있고 집행력이 있다.

XV. 전자소송절차의 개요

1. 전자소송의 이용

가. 전자소송시대의 개막

(1) 전자소송은 재판 당사자가 소송서류를 대법원 전자소송 누리집(ecfs.scourt.go.kr)을 통해 접수하고, 법원도 판결문이나 결정문을 전자 우편 등으로 송달해 일반 서류 없이 재판을 진행하는 방식이다.

(2) 대법원은 2010. 3. 24. 전자소송의 법률적 근거인 「민사소송 등에서의 전자문서 이용에 관한 법률」 시행 후, 같은 해 4. 26. 특허법원 사건에 인터넷 전자소송을 도입한 이래, 2011. 5. 2. 민사본안 및 조정신청 사건에 대해서도 전국 법원 본원 및 지원(시·군법원 제외)에서 전자소송 서비스를 시행하고 있다.

(3) 대법원은 향후 2012. 5. 가사·행정·도산 사건, 2013. 5. 신청·집행·비송 사건으로 전자소송 서비스를 지속적으로 확대해 나갈 예정이다.

(4) 대법원 통계에 의하면 전자소송 시행 첫 달인 5월 4.47%에 그쳤던 전자소장 접수율이 6월 7.96%,

7월 13.62%에 이어 8월에는 20.96%까지 이르렀다. 전체 전자소송 사건 가운데 67.1%는 소액사건이었고, 단독사건 26.2%, 합의사건 6.5%의 비율을 보였다. 또 전체 전자소송 가운데 법률 대리인을 따로 두지 않은 자력 소송의 비율이 절반을 넘어선 56.3%로 나타났다.

(5) 2011. 7.부터 전자소송 사건에 한해 인지액을 10% 인하해 주는 소송 관련 법률 개정안이 시행되면서 전자소송 이용률이 크게 늘어날 것으로 기대하고 있다.

나. 전자소송법의 지향점

(1) 소송서류의 전자적 제출·관리
(2) 전자적 사건관리
(3) 전자법정 운영

다. 전자소송의 장점

(1) 전자소송은, 문서수발을 위하여 원격지의 법원에 방문 대기할 필요 없이 가정과 사무실에서 인터넷으로 소송서류를 제출하고 송달받을 수 있어 빠르고 편리하다.
(2) 인터넷을 통하여 실시간 소송정보 공유 및 소송기록 열람이 가능하여 뛰어난 접근성은 물론 투명한 절차진행이 보장된다.
(3) 종이서류의 작성, 복사 및 보관에 필요한 비용과 사무실 공간, 우편송달의 성공 여하에 따른 재판진행의 시연 등 사회 경제적 비용을 획기적으로 절감하게 된다.
(4) 법원 업무도 기록 편철 및 보존, 문서수발 등 단순 수작업이 최소화되고, 나아가 전자법정에서 전자파일 현출을 통한 입체적 변론도 가능하다.
(5) 전자적인 기록검토와 사건진행 관리로 업무 효율성이 크게 향상되어 더욱 신속한 권리구제가 가능하게 된다.

2. 전자소송절차[34]

가. 소의 제기

(1) 원고는 법원이 운영하는 전자소송홈페이지에서 공인인증서를 이용한 전자서명으로 회원가입을 함

---

34) 서경원, "전자소송법 및 전자소송규칙안 요약", p.4 참조. 상세는 법원행정처, 「대법원 전자소송 홈페이지 사용자매뉴얼」, 2011. 5. 참조.

('사용자등록').

(2) 원고가 전자소송홈페이지의 소장 제출메뉴를 이용하여 <u>빈칸 채우기</u> 내지 <u>파일첨부 방식</u>으로 소장을 작성하고, 공인인증서를 이용하여 전자서명을 한 후 [제출]버튼을 클릭하면, 작성된 소장이 전자소송시스템에 등재됨('전자적 제출').

(3) 전자문서를 제출하는 과정에서 전자소송시스템을 이용하여 소송을 수행하는 데에 동의하는지('<u>전자소송 동의</u>')를 묻는 창이 나타남. <u>동의하면 향후 소송서류를 전자적으로 제출하여야 하는 한편</u>, 전자적 송달·열람이 가능하게 됨.

나. 소장 송달

(1) 피고가 국가·지방자치단체·공기업이거나 사전에 포괄적으로 전자소송 동의를 한 금융기관 등인 경우에는, 소장이 시스템에 등재된 사실을 전자우편 또는 휴대전화 문자메시지로 통지함. 송달받을 자가 전자소송시스템에 접속하여 등재된 소장을 확인하는 때에 송달이 이루어지고, 확인하지 않는 경우에는 통지 후 1주일이 경과하면 송달된 것으로 간주함('전자적 송달').

(2) 그 밖의 피고에게는 소장을 종이로 출력하여 우편으로 송달함. 피고는 전자소송홈페이지에서 회원가입을 하고 답변서를 전자적으로 제출할 수 있음. 그 과정에서 전자소송 동의가 이루어지면, 그 후로는 피고에게도 전자적으로 송달·통지를 할 수 있음.

다. 기록 전자화 등

(1) 법원은 <u>재판서나 조서를 전자문서로 작성</u>하거나 <u>전자문서로 변환</u>하여 전자소송시스템에 등재하여야 함. 당사자 등이 제출하는 소송서류가 전자문서가 아닌 경우에도 대법원규칙으로 정하는 예외에 해당하지 않는 한 전자문서로 변환하여 시스템에 등재함. 이를 통하여 원칙적으로 사건기록이 전자화됨.

(2) 기록이 전자화되어 있는 사건('전자기록사건')에서는, 전자소송 동의를 한 당사자는 언제나 전자소송시스템에 접속하여 자신의 사건기록을 열람할 수 있음.

라. 변론과 증거조사

(1) 법정에서의 변론방식은 종전과 다를 바 없으나, 전자기록사건에서는 법정에서 스크린이나 모니터를 통하여 소송서류를 열람할 수 있음.

(2) 음성·영상 등 정보인 전자문서에 대해서도 해당 내용을 청취·시청하는 방법으로 증거조사를 할 수 있음(예컨대, 현장검증 대신 동영상을 시청하는 방법으로 증거조사를 한다면 업무량이 감소될 것으로 예상됨).

제3장 민사소송제기를 위한 일반론

Ⅰ. 민사소송의 의의

1. 민사소송의 의의

민사소송은 사법상의 권리관계에 대한 분쟁이 생겼을 때 사권(私權)의 존재를 확정하고 사법질서의 유지를 목적으로 하는 재판절차를 말한다. 넓은 의미의 민사소송에는 가압류·가처분절차와 강제집행절차도 포함되나, 좁은 의미의 민사소송은 소의 제기 시부터 판결 확정 시까지의 판결절차를 의미한다.

2. 민사소송의 3요소

민사소송이란 당사자가 법원에서 소송물을 두고 벌이는 법정 공방(공격방어방법)을 말한다. 민사소송의 3요소는 바로 법원, 당사자, 소송물이다. 이하에서 민사 변호사가 민사소송을 제기하기에 앞서 검토하여야 할 기초적인 사항을 민사소송의 3요소를 중심으로 살펴보기로 한다.

Ⅱ. 법원과 관할

1. 전국 법원의 관할 구역

법원이 재판권을 행사하기 위해서는 관할권이 있어야 한다. 어느 법원이 어떠한 사건에 대하여 재판권을 행사할 수 있는가를 정해 놓은 것을 관할이라 한다. 민사소송을 제기하기 전에 당사자와 소송물을 특정함과 동시에 원고로서 어느 법원에 소송을 제기하는 것이 유리한 것인지를 따져보아야 한다.

각급 법원의 설치와 관할구역에 관한 법률(2011. 4. 5. 법률 제10536호)에 의하면 전국적으로 다음과 같이 법원의 관할 구역을 정하고 있다. 법원이 설치되지 않은 시·군 지역에 소액사건심판법의 적용을 받는 민사사건, 화해·독촉·조정에 관한 사건, 20만 원 이하의 벌금이나 구류·과태료에 처할 사건, 가족관계의 등록 등에 관한 법률에 의한 협의상 이혼의 확인 등을 관장하는 시·군 법원이 설치되어 있다.

고등법원·지방법원과 그 지원의 관할구역(2011. 4. 5.)

고등법원	지방법원	지원	관할구역
서울	서울중앙		서울특별시 종로구·중구·성북구·강남구·서초구·관악구·동작구
	서울동부		서울특별시 성동구·광진구·강동구·송파구
	서울남부		서울특별시 영등포구·강서구·양천구·구로구·금천구
	서울북부		서울특별시 동대문구·중랑구·도봉구·강북구·노원구
	서울서부		서울특별시 서대문구·마포구·은평구·용산구
	의정부		의정부시·동두천시·구리시·남양주시·양주시·연천군·포천시·가평군, 강원도 철원군. 다만, 소년보호사건은 앞의 시·군 외에 고양시·파주시
		고양	고양시·파주시
	인천		인천광역시. 다만, 소년보호사건은 앞의 광역시 외에 부천시·김포시
		부천	부천시·김포시
	수원		수원시·오산시·용인시·화성시. 다만, 소년보호사건은 앞의 시 외에 성남시·하남시·평택시·이천시·안산시·광명시·시흥시·안성시·광주시·안양시·과천시·의왕시·군포시·여주군·양평군
		성남	성남시·하남시·광주시
		여주	이천시·여주군·양평시
		평택	평택시·안성시
		안산	안산시·광명시·시흥시
		안양	안양시·과천시·의왕시·군포시
	춘천		춘천시·화천군·양구군·인제군·홍천군. 다만, 소년보호사건은 철원군을 제외한 강원도
		강릉	강릉시·동해시·삼척시
		원주	원주시·횡성군
		속초	속초시·양양군·고성군
		영월	태백시·영월군·정선군·평창군
대전	대전		대전광역시·연기군·금산군
		홍성	보령시·홍성군·예산군·서천군
		공주	공주시·청양군
		논산	논산시·계룡시·부여군
		서산	서산시·태안군·당진군
		천안	천안시·아산시
	청주		청주시·청원군·진천군·보은군·괴산군·증평군. 다만, 소년보호사건은 충청북도
		충주	충주시·음성군
		제천	제천시·단양군
		영동	영동군·옥천군
대구	대구		대구광역시 중구·동구·남구·북구·수성구·영천시·경산시·칠곡군·청도군
		서부	대구광역시 서구·달서구·달성군, 성주군·고령군
		안동	안동시·영주시·봉화군
		경주	경주시
		포항	포항시·울릉군

대구	대구	김천	김천시 · 구미시
		상주	상주시 · 문경시 · 예천군
		의성	의성군 · 군위군 · 청송군
		영덕	영덕군 · 영양군 · 울진군
부산	부산		부산광역시 중구 · 서구 · 동구 · 영도구 · 부산진구 · 북구 · 사상구 · 강서구 · 사하구 · 동래구 · 연제구 · 금정구
		동부	부산광역시 해운대구 · 남구 · 수영구 · 기장군
	울산		울산광역시 · 양산시
	창원		창원시 의창구 · 성산구 · 진해구, 김해시 다만, 소년보호사건은 양산시를 제외한 경상남도
		마산	창원시 마산합포구 · 마산회원구, 함안군 · 의령군
		통영	통영시 · 거제시 · 고성군
		밀양	밀양시 · 창녕군
		거창	거창군 · 함양군 · 합천군
		진주	진주시 · 사천시 · 남해군 · 하동군 · 산청군
광주	광주		광주광역시 · 나주시 · 화순군 · 장성군 · 담양군 · 곡성군 · 영광군
		목포	목포시 · 무안군 · 신안군 · 함평군 · 영암군
		장흥	장흥군 · 강진군
		순천	순천시 · 여수시 · 광양시 · 구례군 · 고흥군 · 보성군
		해남	해남군 · 완도군 · 진도군
	전주		전주시 · 김제시 · 완주군 · 임실군 · 진안군 · 무주군. 다만, 소년보호사건은 전라북도
		군산	군산시 · 익산시
		정읍	정읍시 · 부안군 · 고창군
		남원	남원시 · 장수군 · 순창군
	제주		제주시 · 서귀포시

시 · 군법원의 명칭 및 소재지(2011. 4. 5. 현재)

명칭			소재지
지방법원	지원	시 · 군법원	
의정부		포천	포천시
		가평	가평읍
		남양주	남양주시
		연천	연천읍
		철원	길말읍
		동두천	동두천시
	고양	파주	파주시
인천		강화	강화읍
	부천	김포	김포시
수원		용인	용인시
		오산	오산시

명칭			소재지
지방법원	지원	시·군법원	
수원	성남	광주	광주시
	여주	양평	양평읍
	여주	이천	이천시
	평택	안성	안성시
	안산	광명	광명시
춘천		인제	인제읍
		홍천	홍천읍
		양구	양구읍
		화천	화천읍
	강릉	삼척	삼척시
	강릉	동해	동해시
	원주	횡성	횡성읍
	속초	고성	간성읍
	속초	양양	양양읍
	영월	정선	정선읍
	영월	태백	태백시
	영월	평창	평창읍
대전		연기	조치원읍
		금산	금산읍
	홍성	서천	장항읍
	홍성	보령	보령시
	홍성	예산	예산읍
	공주	청양	청양읍
	논산	부여	부여읍
	서산	태안	태안읍
	서산	당진	당진읍
	천안	아산	아산시
청주		보은	보은읍
		괴산	괴산읍
		진천	진천읍
	충주	음성	음성읍
	제천	단양	단양읍
	영동	옥천	옥천읍
대구		청도	청도읍
		영천	영천시
		칠곡	왜관읍
		경산	경산시
	서부	성주	성주읍
	서부	고령	고령읍

명칭			소재지
지방법원	지원	시·군법원	
대구	안동	영주	영주시
	안동	봉화	봉화읍
	김천	구미	구미시
	상주	예천	예천읍
	상주	문경	문경시
	의성	청송	청송읍
	의성	군위	군위읍
	영덕	울진	울진읍
	영덕	영양	영양읍
울산		양산	양산시
창원		창원남부	창원시 진해구
		김해	김해시
	마산	함안	가야읍
	마산	의령	의령읍
	진주	하동	하동읍
	진주	사천	사천시
	진주	남해	남해읍
	진주	산청	산청읍
	통영	거제	신현읍
	통영	고성	고성읍
	밀양	창녕	창녕읍
	거창	합천	합천읍
	거창	함양	함양읍
광주		곡성	곡성읍
		영광	영광읍
		나주	나주시
		장성	장성읍
		화순	화순읍
		담양	담양읍
	목포	함평	함평읍
	목포	영암	영암읍
	목포	무안	무안읍
	장흥	강진	강진읍
	순천	보성	보성읍
	순천	고흥	고흥읍
	순천	여수	여수시
	순천	구례	구례읍
	순천	광양	광양시

명칭			소재지
지방법원	지원	시·군법원	
광주	해남	완도	완도읍
	해남	진도	진도읍
전주		진안	진안읍
		김제	김제시
		무주	무주읍
		임실	임실읍
	군산	익산	익산시
	정읍	부안	부안읍
	정읍	고창	고창읍
	남원	장수	장수읍
	남원	순창	순창읍
제주		서귀포	서귀포시

일반 민·형사사건 외에 행정사건을 관장하는 행정법원이 서울에 설치되어 있고, 가사사건을 관장하는 가정법원이 서울 이외에 부산(2011. 3), 대전(2012. 3), 광주(2012. 3.)에 설치되어 있다.[1] 행정법원과 가정법원이 설치되어 있지 않은 지방의 경우 지방법원 본원 합의부로 가사부와 행정부가 설치되어 있다(다만 강릉지원 예외). 한편 특허사건을 관장하는 특허법원이 고등법원급으로 대전에 설치되어 있다.

2. 보통재판적과 특별재판적

(1) 민사소송은 원칙적으로 피고의 주소지를 관할하는 법원에 제기하여야 하나(보통재판적), 특별한 경우에는 원고의 소송 수행의 편의를 위하여 여러 가지 예외를 인정하고 있다(이른바 특별재판적). 예컨대, 부동산에 관한 소송은 부동산소재지의 법원에 제기할 수 있고, 불법행위에 관한 소송은 그 행위지 법원에 제기할 수 있다. 사무소 또는 영업소가 있는 자에 대한 소송은 그 사무소 또는 영업소의 업무에 관한 것에 한하여 그 소재지의 법원에 제기할 수 있다. 또 재산권상의 소는 의무이행지의 법원에 제기할 수 있고, 우리 민법은 소위 '지참채무(持參債務)의 원칙'을 정하고 있으므로(민법 제467조) 금전지급을 구하는 소송의 경우 원고의 주소지 법원에 소송을 제기할 수도 있다. 지식재산권과 국제거래에 관한 소의 경우 그에 관한 전문재판부가 설치된 고등법원 소재지 지방법원에 특별재판적을 인정하고 있다(제24조).

(2) 국가의 보통재판적은 국가를 대표하는 관청인 법무부 소재지(과천)나 대법원 소재지(서울)의 지방법원인 수원지방법원 안양지원이나 서울중앙지방법원이 된다.

---

[1] 2016. 3. 1. 인천가정법원이 설치되고, 2017. 3. 1. 부산지방법원 서부지원이 설치된다. 2012. 1. 17. 법률 제11151호 각급 법원의 설치와 관할구역에 관한 법률 개정법률 부칙 참조.

(3) 당사자는 합의에 의하여 관할을 정할 수도 있다. 각종 분양계약서, 보험약관, 할부거래약관, 대기업 작성의 계약서, 병원의 입원서약서 등에는 기업들이 자신들 편한 대로 합의관할조항을 넣는 경우가 많다. 그런데 할부계약에 관한 소는 제소 당시 소비자의 주소를 관할하는 지방법원의 전속관할로 하고(할부거래에 관한 법률 제44조), 방문판매 또는 다단계판매 등 특수판매업자와의 거래에 관한 소는 제소 당시 소비자의 주소를 관할하는 지방법원의 전속관할로 함으로써(방문판매 등에 관한 법률 제46조) 소비자의 편의를 도모하고 있다.

(4) 피고가 응소한 경우, 즉 피고가 제1심 법원에서 관할위반의 항변을 제출하지 아니하고 본안에 관하여 변론하거나 준비절차기일에서 진술하면 그 법원은 관할권이 있는데 이를 변론관할(응소관할)이라 한다. 다만, 전속관할사건에서는 합의관할이나 변론관할이 허용되지 않는다.

3. 사물관할과 심급구조

(1) 소송목적의 값(訴價)에 따라 단독사건과 합의사건이 구별된다. 단독사건이란 소송목적의 값이 금 1억 원 이하의 사건, 어음·수표금청구사건(약속어음·수표금청구사건은 소가의 다과를 불문하고 단독사건이다), 지방법원관할 사건 중 합의사건임을 법률로 명시하지 않은 사건을 가리킨다. 합의사건은 소송목적의 값이 금 1억 원을 초과한 사건을 말한다. 단독사건은 단독판사가 담당하고 합의사건은 합의부가 담당한다.

(2) 2010. 12.부터 단독사건의 항소심은 소송목적의 값에 상관없이 지방법원 본원 항소부의 관할이다(강릉지원 예외. 종전에는 단독사건 중 소송목적의 값이 8,000만 원을 초과하는 사건의 항소심은 고등법원에서 관할했다).[2] 제주, 전주, 청주, 춘천, 창원지방법원에 관할 고등법원 원외재판부가 설치되어 있다.

(3) 민사소송제도는 상소제도가 있으므로 다음과 같은 심급구조를 갖는다.

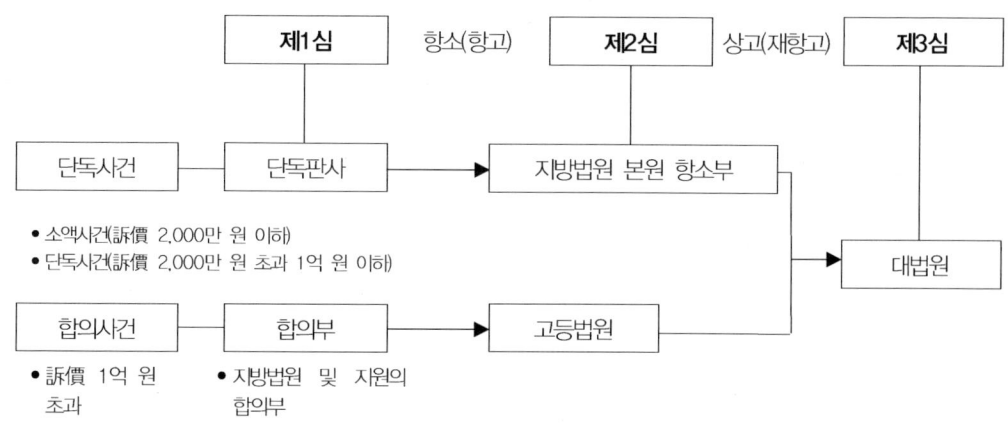

---

2) 2010. 12. 13. 개정 민사 및 가사소송의 사물관할에 관한 규칙(제4조 폐지) 참조.

(4) 다만, 訴價 2,000만 원 이하 소액사건의 경우에는 소액사건심판절차에 따라 소송이 진행되고, 손해배상청구사건의 경우는 금 1억 원을 초과하는 사건이라도 재정단독사건(단독판사가 심판할 것을 합의부가 결정한 사건)으로 단독판사가 담당하는 경우가 많다. 은행 등 금융기관이 원고인 대여금·구상금·보증금 등 청구사건은 소가가 1억 원을 초과하더라도 단독판사가 심판한다.

III. 당사자(원고와 피고)

1. 당사자

가. 당사자의 선택

(1) 민사소송을 제기함에 있어서는 먼저 당사자를 누구로 할 것인지 선택하여야 한다. 법인제도가 남용되고 각종 명의신탁이 불식되지 않고 있는 거래의 실제에서 당사자의 선택은 소송의 승패뿐만 아니라 판결의 집행에 이르기까지 중요한 영향을 미친다.

(2) 당사자표시정정과 예외적으로 인정되는 피고의 경정, 필수적 공동소송인의 추가 등의 경우를 제외하고는 변론 중의 당사자의 추가나 변경은 허용되지 않으므로 당사자의 특정에는 신중을 요한다.

[참고] 당사자 선택의 예시

1. 甲은 공사도급계약상의 수급인은 그 계약 명의인인 乙이라고 하여 乙을 피고로 하여 소송을 제기하였다가 심리 도중 변론에서 피고 측 답변이나 증거에 따라 乙이 아닌 丙이 공사수급인임이 밝혀진 경우 甲은 피고를 乙에서 丙으로 변경할 수 있는가?
2. 甲이 乙을 피고로 소를 제기하였다가 乙의 부인인 丙으로 피고를 변경할 수 있는가?
3. 甲이 A 주식회사 대표이사 乙을 피고로 하여 소를 제기하였다가 피고를 A 주식회사로 변경할 수 있는가?
4. 甲은 아들인 乙 명의로 A 은행에 저축예금계좌를 개설하였다. 예금주는 甲인가, 乙인가?
5. 甲은 사업자등록이 있는 乙 명의로 A 은행으로부터 대출을 받고 대출금은 자신의 사업자금으로 사용하였다. 대출채무자는 甲인가, 乙인가?
6. 甲은 乙 소유의 상가를 임차하여 식당영업을 하고 있는데 乙이 위 상가를 丙에게 양도한 경우 甲은 누구로부터 임차보증금을 반환받을 수 있는가?

나. 당사자능력

(1) 당사자의 사망이 소송절차에 미치는 영향을 숙지하여야 한다.[3]
(2) 비법인사단과 조합을 구별하여 조합의 경우 당사자능력이 부인됨을 주의한다.
(3) 기타 사찰, 교회, 종중, 학교 등의 당사자능력에 관한 판례의 입장을 숙지한다.

다. 당사자적격

(1) 재산상속인의 존부가 분명하지 않은 경우 상속재산관리인을 선임하여야 한다.
(2) 채권에 대한 압류 및 추심명령이 있는 경우 제3채무자에 대한 이행의 소는 추심채권자만이 제기할 수 있다.
(3) 조합체의 경우 그 재산권에 관한 소는 필수적공동소송에 해당한다.
(4) 공동명의 예금의 경우 권리귀속 주체
(5) 합유자 중 일부가 사망한 경우 합유자의 지분은 나머지 합유자에게 귀속되고 상속되는 것이 아니다.
(6) 총유재산에 관한 소송은 비법인사단 명의로 하거나 그 구성원 전원이 당사자가 되어야 하고 대표자나 사원 개인이 당사자가 될 수 없다.
(7) 등기의무자가 아닌 자나 등기에 관한 이해관계가 있는 제3자가 아닌 자를 상대로 한 등기말소청구는 부적법하다.

2. 대리인

(1) 미성년자와 같은 무능력자는 법정대리인이 소송을 대리하여야 한다.
(2) 우리나라는 변호사강제주의를 채택하고 있지 아니하므로 누구든 당사자 본인이 직접 소송을 수행할 수 있다. 그러나 지배인 등 법령상의 소송대리인을 제외하고 소송대리인을 세우는 이상 변호사를 대리인으로 선임하여야 한다. 다만, 소가 2,000만 원 이하의 소액사건의 제1심에 있어서는 당사자의 배우자·직계혈족·형제자매는 법원의 허가 없이도 소송대리인이 될 수 있고, 단독사건의 경우 법원의 허가를 얻어 변호사가 아닌 자를 소송대리인으로 선임할 수 있다. 그러나 항소심 이상의 절차에서는 단독사건도 당사자 본인이 소송을 수행하지 않는 한 변호사를 대리인으로 선임하여야 한다.
(3) 당사자가 대리권을 수여함에는 소송위임장을 작성하여 제출한다. 우리나라는 소송대리인의 대리권

---

[3] 특히 판례는 소송대리인이 선임되어 있어 소송계속 중 당사자의 사망으로 소송절차가 중단되지 않는 경우에도 상소제기에 관한 특별수권이 있으면 패소판결을 받고 상소기간 내에 상소를 제기하지 않으면 그 소송은 중단되지 아니하고 확정된다고 하고 있으므로 주의를 요한다.

은 특정한 심급에 한하므로(심급대리의 원칙), 심급별로 소송대리인을 선임하여야 한다.

(4) 법인이나 비법인사단 등의 경우에는 그 대표자에게 적법한 대표권이나 대리권이 있어야 한다.

(5) 소송행위를 하게 하는 것을 주된 목적으로 하는 채권양도는 허용되지 아니한다.

3. 당사자의 경정(更正)

(1) 일단 소를 제기한 후에 당사자의 임의적 변경이나 추가는 허용되지 않고, 다만 표시를 잘못한 것임이 명백한 경우 정정할 수 있다. 피고를 잘못 지정한 것이 분명한 경우에는 제1심 변론종결 시까지 법원의 허가를 받아 피고를 경정할 수 있고(민소법 제260조), 필수적 공동소송인의 일부가 누락된 경우에 이를 추가할 수 있다(민소법 제68조).

(2) 공동소송인 가운데 일부의 청구가 다른 공동소송인의 청구와 법률상 양립할 수 없거나 공동소송인 가운데 일부에 대한 청구가 다른 공동소송인에 대한 법률상 청구와 양립할 수 없는 경우에도 소제기 시부터 심판의 순서를 정하거나 선택적으로 하여 소를 제기할 수 있고, 제1심 변론종결 시까지 당사자를 추가하는 방식에 의하여 예비적·선택적으로 공동소송을 할 수 있다(민소법 제70조).

4. 선정당사자

(1) 공동의 이해관계에 있는 다수의 사람들이 원·피고가 되어 소송을 수행하여야 할 경우, 이들이 공동으로 소송대리인(변호사)을 선임하면 별문제 없으나 당사자 본인들이 직접 소송을 수행하게 되면 번거롭고 복잡해진다. 이러한 사람들 중에서 1명을 대표자로 선정하여 소송을 수행하도록 하는 것이 선정당사자제도이다. 집단소송의 경우에도 선정당사자제도를 활용하는 경우가 많다.

(2) 공동의 이해관계에 있는 자 중에서 선정당사자가 선정되면 선정자는 당연히 소송에서 탈퇴한다. 원·피고 어느 쪽도 선정당사자를 선정할 수 있고, 선정당사자는 선정자의 대리인이 아니고 당사자 본인이므로 그 소송에 관한 일체의 소송행위를 할 수 있다. 판결문의 당사자표시에 있어서는 선정당사자만 표시하고 선정자 목록을 판결문 뒤에 별지로 첨부한다. 선정자가 선정당사자가 받은 판결을 가지고 직접 강제집행을 하기 위해서는 승계집행문을 부여받아야 한다.

[서식] 당사자선정서

교통사고로 부상을 입은 자와 그 가족이 손해배상청구를 하면서 그중 1인을 선정당사자로 선정하는 경우의 당사자선정서 서식은 다음과 같다.

당사자선정서

원고 1. 김 ○ ○
    2. 이 ○ ○
    3. 김 ○ ○
      원고들 주소:
피고 ○○화재해상보험주식회사
    주소:
    대표이사 ○ ○ ○

위 당사자 간 귀원 2011가합1234호 손해배상(자)청구사건에 관하여 원고들은 원고들 전원을 위한 소송수행자로 다음의 자를 선정합니다.

다 음

1. 선정당사자(원고) 김 ○ ○
      주소:

2011. 7. 1.
선정자(원고) 1. 김○○(인)
      2. 이○○(인)
      3. 김○○
      4. 김○○
선정자(원고) 3, 4는 미성년자이므로
    친권자 부 김○○(인)
       모 이○○(인)

서울중앙지방법원 제○○민사부 귀중

5. 특별대리인 선임

1. 甲이 미성년자 乙을 상대로 소송을 제기하려 하는데 乙에게는 친권자도 없고 후견인도 지정되지 아니한 경우 甲은 어떠한 절차를 취해야 하는가?

2. 甲은 丙 주식회사를 상대로 소송을 제기하려 하나 丙 주식회사는 법인등기부에는 등재되어 있으나 대표자를 찾을 수 없는 경우에는 어떻게 하는가?

(1) 미성년자를 상대로 소송을 제기하거나 미성년자를 위하여 소송을 제기하려 하는 경우, 법정대리인(친권자, 후견인)이 없거나 미성년자와 법정대리인 사이에 이해가 상반되어서 법정대리인이 대리권을 행사할 수 없는 경우에는 소송절차가 지연됨으로써 손해를 볼 염려가 있다는 점을 소명하여 수소법원에 특별대리인선임신청을 하여야 한다(민소법 제62조). 법인의 대표자가 없거나 대표자가 대표권을 행사할 수 없는 경우에도 특별대리인을 선임하여야 한다(민소법 제64조).

(2) 강제집행에 있어서 채무자에게 알려야 할 집행행위를 실시하려는 경우에 상속인이 없거나 상속인이 있는 곳이 분명하지 아니하면 집행법원이 채권자의 신청으로 상속재산 또는 상속인을 위한 특별대리인을 선임하는 경우도 있다(민사집행법 제52조 참조).

(3) 법정대리인인 친권자와 그 자녀 사이에 이해가 상반되는 행위, 예컨대 어머니가 자식명의의 재산을 담보로 금융기관에서 대출받으려 하는 경우에는, 친권자가 가정법원에 특별대리인선임신청을 하여야 한다. 협의분할에 의하여 재산상속을 함에 있어서 상속인 중 미성년자가 있는 경우에는, 공동상속인인 친권자는 미성년자를 대리하여 상속재산분할협의서를 작성할 수 없고, 미성년자를 위한 특별대리인을 선임하여 협의분할해야 한다.

(4) 특별대리인으로는 변호사가 선임되는 경우가 많으며, 특별대리인은 상대방 소송에 응소하거나 제소할 수 있는 권한이 있다. 특별대리인선임신청을 하는 쪽에서 특별대리인에 대한 보수를 예납하여야 한다.

[참고] 특별대리인 선임의 유형 및 관할

구분	유형	법조	관할	신청권자	인지첨부
소송전반 소송전반	미성년자 등의 법정대리인이 없거나, 있어도 장애 사유가 있을 때	민소법 제62조	수소법원 또는 수소법원이 될 법원	친족, 이해관계인, 검사	민사신청이면 1,000원 가사신청이면 5,000원
	법인 또는 법인 아닌 사단 등의 대표자가 없거나, 있어도 장애사유가 있을 때	민소법 제52조, 제62조, 제64조	수소법원 또는 수소법원이 될 법원	이해관계인, 검사	
	증거보전 신청에서 상대방 지정불능일 때	민소법 제378조	제소 전: 신문받을 자 또는 문서소지자의 거소지, 증거물 소재지 법원 제소 후: 증거를 사용할 심급의 법원		
민사집행	법인과 이사 간의 이익상반(利益相反) 행위를 하고자 할 때	민법 제64조	법인이 주된 사무소 소재지 지방법원 합의부(비송 제33조)	이해관계인, 검사	민사신청 1,000원
	집행 개시 후 채무자 사망 시 상속인이 불명일 때	민사집행법 제52조제2항	집행법원	채권자	
소송전반 (가사)	법정대리인과 미성년자 등 본인 간의 이해상반(利害相反) 행위를 하고자 할 때	민법 제921조	미성년자, 피후견인 등의 주소지 가정법원(가소법 제44조 5호)	법정대리인	가사신청 5,000원
가사	친생부인의 소에서 친권자인 모가 없을 때	민법 제847조제2항	자(子)의 주소지 가정법원(가소규칙 제63조)	이해관계인	

형사	형사 미성년자 등의 법정대리인이 없을 때(형법 제9조 내지 제11조 적용배제 시 벌금 해당) 법인의 대표자가 없을 때	형소법 제28조	기소 전: 수사 중인 검찰관서의 소재지 법원 기소 후: 당해법원	이해관계인, 검사	국고부담

[서식] 소송절차수계신청

소송절차수계신청

신청인(원고) 망 김○○의 소송수계인
    1. 이○○
    2. 김○○
       신청인들의 주소:
파신청인(피고) 박○○
       주소:

원고 김○○와 피고 사이의 귀원 2011가합1234 손해배상(자) 청구사건에 관하여 원고 김○○가 2011. 7. 1. 사망함으로써 소송절차가 중단되었는바, 신청인들은 원고 김○○의 공동상속인이므로 소송절차를 수계하기 위하여 이 사건 신청에 이르렀습니다.

첨 부

1. 제적등본	1통
2. 가족관계능록무	2통
3. 주민등록등본	1통
1. 신청서부본	1통

2011. 9. 15.
신청인 이○○(인)
김○○(인)
김○○(인)

서울중앙지방법원 제○○민사 부 귀 중

Ⅳ. 소송물

1. 소송물의 특정

(1) 민사소송에 있어서 소송의 객체(분쟁의 대상)를 소송물, 소송상의 청구 또는 심판의 대상이라고 한다.[4] 민사소송에 있어서 소송물이론은 소의 변경, 객관적 병합, 중복제소 및 기판력의 객관적 범위, 재소금지 등을 결정하고 민사재판의 분쟁해결기능의 정도를 정하는 대단히 중요한 기능과 역할을 하고 있다.

(2) 민사소송에 있어서 소송물은

① **소송의 개시 면**에서 관할의 기준, 청구의 특정, 어떤 소송절차에 의할 것인가를 결정하고,

② **소송의 진행과정**에서 청구의 병합, 소의 변경, 중복제소, 처분권주의 위배 여부를 결정하며,

③ **소송의 종결과정**에서 기판력의 범위와 재소금지의 범위를 정하는 표준이 된다.

④ **실체법**으로도 소제기에 의한 시효중단, 제척기간의 준수 효과를 따지는 데 관계가 있다.

(3) 소송물은 최소한 다음의 점을 전제로 한다.

① 처분권주의에 의하여 소송물은 원고가 특정할 책임을 진다.

② 청구의 목적물 또는 係爭物 자체는 소송물이 아니다.

③ 소송에 이르게 된 사실관계 자체는 소송물이 아니다.

④ 소송물과 법률적 관점선택은 별개의 문제이다.[5]

(4) 소를 제기하는 원고로서는 판례가 취하는 구소송물이론에 따라 소송물을 특정해야 한다.

2. 청구원인 및 요건사실

(1) 소를 제기함에 있어서는 청구원인과 요건사실을 항상 염두에 두어야 한다.

(2) 청구원인은 원고가 주장하는 권리 또는 법률관계의 성립원인인 사실이다. 이는 원고가 판결을 구하게 된 원인, 즉 법률적 근거가 무엇인지를 밝히는 것으로 소송물인 권리 또는 법률관계를 법률적 주장으로 구성함에 필요한 사실이다. 청구원인사실을 어느 범위에서 어느 정도로 기재하느냐는 매우 어렵고도 중요한 문제이다.

(3) 요건사실이란 추상적인 법규의 요건을 가리키는 것으로서 통상의 개념에서 말하는 사실이 아니라 법적 개념으로서의 사실이다. 소송에서 어떤 법규의 적용을 바라는 당사자는 그 법규의 요건에 해당하는

---

4) 소송물은 법전상 개념 정의가 없으나 민사소송법상의 일련의 중요 제도에 직접 관련이 있는 중요한 개념이다.
5) 당사자가 소송물을 특정하여 청구하고 있는 이상 그 소송물(내지 그 전제되는 법률관계)에 대한 법률적 평가는 소송물의 범위 내에서의 법률적 관점의 선택은 법원의 직책이다.

구체적 사실의 존재를 증명하게 되는데, 이 경우에 <u>법규가 들고 있는 요건으로서의 추상적 사실</u>은 사고의 소산으로서의 추상적 존재임에 반하여 당사자가 증명하려고 하는 구체적 사실은 경험적 소산으로서의 현실적 존재이며 서로 다른 차원의 세계에 속하는 개념이다.

3. 증명책임

(1) 민사소송의 심리구조와 석명권 행사, 청구원인과 항변의 구별, 본증과 반증의 구별, 판결 등은 모두 증명책임을 기반으로 하고 있다.

(2) 증명책임에 관한 판례의 입장을 숙지하고 입증활동에 진력할 필요가 있다.

V. 법원의 민사사건 관리방식

(1) 2008. 12. 26. 민사소송법 개정 전에는 2002년 개정법에 의하여 피고의 답변서가 제출되었을 때 재판장은 바로 사건을 변론준비절차에 부치고, 변론준비절차를 거칠 필요가 없는 간단한 사건만 예외적으로 이 절차에 부치지 아니하고 바로 변론기일을 지정하는 변론준비절차 중심제를 택하고 있었다.

(2) 2008. 12. 26. 개정 민사소송법 제258조는 <u>답변서 부제출로 무변론판결을 하는 경우 외에는 바로 변론기일을 지정하여야 하고</u>, 다만 필요한 경우에만 변론기일의 지정 없이 변론준비절차에 회부할 수 있도록 하여 변론기일 중심제로 바뀌었다.[6] 변론준비절차의 지나친 강조는 절차의 중심이 변론절차에서 변론준비절차로 이동한다는 문제점과 변론준비절차가 본인소송에서는 실효성이 없음을 고려하고, 사건의 신속한 처리를 도모하기 위하여 종전의 변론기일 중심제로 환원하였다.[7]

(3) 2008. 12. 26. 이후에는 소장제출 → 답변서제출 → 변론준비절차가 아닌 <u>소장제출 → 답변서제출 → 변론기일</u> 체제로 진행되고 있다. 변론에 의한 소송심리는 민사소송절차의 가장 핵심적인 절차로 현행법은 구술변론 즉 구술심리를 원칙으로 하고 있다.

(4) 사건을 변론준비절차에 부칠 필요가 있는 경우에는 변론준비절차에서 변론의 효율적이고 집중적으로 실시될 수 있도록 당사자의 주장과 증거를 정리하여야 한다(개정 민소법 제279조 제1항). 필요에 의해 변론준비절차에 부쳐 변론준비기일까지 거친 경우에는 그 기일에서 미처 제출하지 못한 공격방어방법은 원칙적으로 변론에서 제출할 수 없도록 실권의 제재가 가해진다(민소법 제285조). 변론

---

6) 민사소송규칙 제69조(변론기일의 지정 등)
　① 재판장은 답변서가 제출되면 바로 사건을 검토하여 가능한 최단기간 안의 날로 제1회 변론기일을 지정하여야 한다.
　② 법원은 변론이 집중되도록 함으로써 변론이 가능한 한 속행되지 않도록 하여야 하고, 당사자는 이에 협력하여야 한다.
　③ 법 제258조 제1항 단서에 해당하는 경우, 재판장은 사건의 신속한 진행을 위하여 필요한 때에는 사건을 변론준비절차에 부침과 동시에 변론준비기일을 정하고 기간을 정하여 당사자로 하여금 준비서면, 그 밖의 서류를 제출하게 하거나 당사자 사이에 이를 교환하게 하고 주장 사실을 증명할 증거를 신청하게 할 수 있다.
7) 개정법상의 변론준비절차에 대한 비판으로는 이시윤, 「민사소송법(제6판)」, p.325 이하 참조.

준비절차에서 쟁점정리를 보다 충실하게 하기 위함이다. 필요에 의해 변론준비절차에 부쳐진 사건의 변론은 **1회의 변론기일**로 종결되도록 법원이 노력하고 당사자는 이에 협력하여야 한다(민소법 제285조).

(5) 집중심리방식에 따라 변론기일에서는 정리된 쟁점에 맞추어 양쪽 신청의 증인과 당사자신문을 집중 시행하는 **집중증거조사**를 하여야 한다(민소법 제293조). 변론준비절차를 거친 사건에 있어서 변론기일을 1일로 마치지 못하고 그 심리가 2일 이상 소요되는 때에는 종결에 이르기까지 매일 변론을 진행하여야 하는 계속심리주의를 채택한다(민소규칙 제72조 제1항).

(6) 2008년 개정법하의 변론기일 중심제하에서의 집중심리를 위해서는 변론기일에서 먼저 쟁점과 증거를 정리한 후 정리된 쟁점중심으로 증인과 당사자를 신문하는 집중증거조사의 방식이 된다.

제4장 소장의 작성 및 제출

Ⅰ. 소장의 작성

1. 소장의 체계

(1) 제1심의 소송절차는 소장의 제출에 의하여 소송이 개시되어 이것을 중심으로 하여 공격과 방어가 전개된다. 민사소송에서 소장은 가장 중요한 소송서류이고, 간결한 문장으로 논리가 정연하고 명료하게 작성하여야 한다.

(2) 소장을 작성함에 있어서는 사건의 사실관계와 법률관계, 예상되는 공격 및 방어방법까지 검토한 다음, 간명하고 정확하게 기재하여야 한다. 소장의 필요적 기재사항(민소법 제249조 제1항) 및 준비서면에 관한 규정이 준용되는 임의적 기재사항(민소법 제274조 제1항)과 관행적 기재사항을 실제의 기재례를 중심으로 익혀두어야 한다.

〈소장의 체제〉

순번	필요적 기재사항	준비서면적 기재사항	관행적 기재사항
1			표 제
2	당사자	성명, 명칭 또는 상호와 주소	
3	법정대리인	성명과 주소	
4		사건의 표시	
5	청구 취지		
6	청구 원인	공격 또는 방어방법	
7			입증방법의 표시
8		부속서류의 표시	
9		연, 월, 일	
10		작성자의 기명날인	
11		법원의 표시	

2. 소장 작성의 요체

(1) 실무상 소장은 상대방의 항변사항을 고려하지 않고 의뢰인의 요구사항에 부합하도록 요건사실 위 주로 간략히 기재하는 것이 통례이나, 변호사시험에서 요구하는 소장은 상대방이 제기할 것으로 예 상되는 모든 주장 및 항변사항까지 고려하여 의뢰인이 패소하는 부분이 없도록 사실관계와 법률적 주장을 전부 적시하는 종합준비서면 형태로 작성할 것을 요구한다.

(2) 소장은 대리인(변호사)의 얼굴이다. 판결문으로 그 판결문을 작성한 판사의 실력을 알 수 있는 것처 럼 소장만 한 번 보면 그 소장을 변호사가 작성한 것인지, 법무사가 작성한 것인지 아니면 당사자 본인이 작성한 것인지 한눈에 알 수 있다. 법관 중에는 소장을 한 번 보는 것으로 그 사건의 전체 윤곽을 파악하고 예단을 하는 경우도 있으므로 소장을 작성함에 있어서는 실체법 및 절차법 지식을 총동원하여 변호사로서의 전 역량을 쏟아부어야 한다. 재판실무는 변호사로서의 종합예술을 발휘 할 수 있는 영역이다.

(3) 소장을 작성하는 방법이 일정한 것은 아니나, 청구원인에서 당사자 등 관련자들의 지위(법적 분쟁 이 발생한 사실관계에 등장하는 사람들의 기본적인 관계 등), 분쟁이 발생하기 이전의 사실관계(계 약체결의 경위 등), 분쟁이 발생한 경위, 원고가 해당 권리를 주장하게 된 법적 근거의 순서를 염두 에 두면서 일목요연하게 작성할 필요가 있다.

II. 소장 작성 요령

다음과 같은 대여금 청구의 소장을 중심으로 소장의 기재사항을 살펴보기로 한다. 특히 소장 접수단계 에서부터 원고는 청구취지와 청구원인을 명확히 하고, 입증자료를 함께 제출할 수 있도록 주의하지 않으 면 안 된다.

---

① **소 장**

② **원고** 김 갑 동(-   )
　　　서울 동대문구 이문동 123 - 4
　　　소송대리인 변호사 ○ ○ ○
　　　서울 서초구 서초동 1692 동이합동빌딩 1111호
　　　우편번호: 138 - 080, 전화: 02 - 532 - 1234, FAX: 534 - 8011

② **피고** 이 을 순(-   )
　　　서울시 서초구 서초동 234 - 5
　　　우편번호: 137 - 070, 전화; 02 - 532 - 1234, 휴대전화   -

---

③ 대여금 청구의 소
④
청 구 취 지

1. 피고는 원고에게 금 30,000,000원 및 이에 대한 2011. 5. 1.부터 이 사건 소장부본 송달일까지는 연 5%의, 그다음 날부터 완제일까지는 연 20%의 각 비율에 의한 금원을 지급하라.
2. 소송비용은 피고의 부담으로 한다.
3. 제1항은 가집행할 수 있다.
라는 판결을 구합니다.

⑤
청 구 원 인

1. 원고는 피고에게 2010. 5. 1. 금 30,000,000원을 변제기 1년으로 정하여 대여하였습니다.
2. 따라서 원고는 피고에게 위 금 30,000,000원 및 이에 대한 2011. 5. 1.부터 이 사건 소장부본 송달일까지는 민법 소정의 연 5%의, 그다음 날부터 완제일까지는 소송촉진 등에 관한 특례법 소정의 연 20%의 각 비율에 의한 지연손해금의 지급을 구하기 위하여 이 사건 청구에 이르렀습니다.

⑥
입증방법

1. 갑 제1호증   차용증
1. 기타 필요한 입증방법은 변론기일에 제출하겠습니다.

⑦
첨부서류

1. 소장부본   1통
1. 위 입증방법   2통
1. 영수필확인서 및 통지서   각 1통
1. 납부서   1통
1. 소송위임장   1통

⑧   2011. 9. 1.
⑨   위 원고 소송대리인
                       변호사 ○ ○ ○ (인)

⑩ 서울중앙지방법원 귀 중

---

① 표제

▷ 표제는 소장이라고 기재한다(반소의 경우는 반소장, 재심의 소는 재심소장으로 한다).

② 당사자

▷ 당사자, 즉 원고·피고의 성명과 주소1)를 명확히 기재한다. 당사자가 외국인인 경우는 괄호 안에

관련 외국어로 표시한다. 일단 소송을 제기하면 당사자의 변경은 원칙적으로 허용되지 아니하므로 당사자의 기재는 신중을 요한다.

▷ 당사자가 법인이거나 기타 단체일 경우에는 상호 또는 명칭과 본점 또는 사무소의 소재지를 기재한다.

▷ 소장의 당사자표시에는 주민등록번호를 기재하여야 하고, 주소뿐만 아니라 전화번호(집 전화번호 외에도 일과가 가능한 사무실 전화번호 또는 휴대전화 번호), 팩스번호, e-mail 주소 등도 기재한다.

▷ 부동산등기에 관한 소송에 있어서는 당사자의 등기부상 주소와 실제의 주소가 다른 경우에는 다음과 같이 등기부상 주소를 기재해야 승소 후 말소등기나 이전등기의 촉탁이 용이하게 된다(자동차 등과 같이 등록에 의하여 물권변동의 효력이 생기는 경우에는 '등록원부상의 주소'를 기재한다).

```
피 고    박 ○ ○(        -        )
         서울 서초구 양재동 123
         등기부상 주소: 서울 광진구 화양동 531
```

▷ 실체적 권리관계의 주체는 아니면서 법률의 규정에 의하여 제3자가 일정한 자격에 기하여 당사자가 된 경우(**제3자의 소송 담당**)에는 다음과 같이 그 자격을 표시한다.

```
원 고    파산채무자 ○○○의 파산관재인 ○○○
원 고    회생채무자 ○○주식회사의 관리인 ○○○
원 고    망 ○○○의 유언집행자 ○○○
피 고    망 ○○○의 상속재산관리인 ○○○
원 고(선정당사자) ○○○
원 고    제주영농계의 업무집행조합원 ○○○[2]
```

▷ **법정대리인**의 기재도 소장의 필요적 기재사항이다. 당사자가 미성년자 등 무능력자인 경우에는 법

---

1) 도로명주소법(2011. 8. 4. 법률 제10987호) 제19조(도로명주소 등의 효력)
   ① 제18조에 따라 부여된 도로명주소는 다른 법률에도 불구하고 공법관계에서의 주소로 한다. 다만, 제21조 제1호에 따라 공법관계에 있는 각종 공부상(公簿上)의 주소가 도로명주소로 변경이 완료되기 전까지는 「측량·수로조사 및 지적에 관한 법률」 제66조에 따라 부여된 지번을 주소(이하 '지번방식의 주소'라 한다)로 할 수 있다.
   ② 제1항에 따라 도로명주소가 공법관계의 주소로 효력이 발생하는 경우에도 2013년 12월 31일까지는 지번방식의 주소를 공법관계에서의 주소로 할 수 있다. 다만, 제20조 제1항에 따라 공부상의 주소를 도로명주소로 변경한 경우 해당 공부에는 지번방식의 주소를 다시 사용할 수 없다.
   ③ 제18조 제3항에 따라 고시된 구역번호는 특별한 사유가 없는 한 통계구역, 우편구역, 관할구역 등 다른 법률에 따라 일반에 공표하는 각종 구역의 기본단위로 한다.
   ④ 제8조의 5에 따라 부여된 지점번호는 긴급구조활동 등에서 위치의 표시로 활용한다.
2) 대법원 1997. 11. 28. 선고 95다35302 판결: 조합 업무를 집행할 권한을 수여받은 업무집행조합원은 조합재산에 관하여 조합원으로부터 임의적 소송신탁을 받아 자기 이름으로 소송을 수행하는 것이 허용된다.

정대리인(친권자나 후견인3))을 기재하여야 한다.

▷ **소송대리인**이 있는 경우에는 소송대리인의 성명과 주소를 함께 기재한다. 소송대리인의 경우에도 당사자표시와 마찬가지로 전화번호, 팩스번호, e-mail 주소 등을 기재한다.

```
원 고    김○○(      -      )
         서울 서초구 방배동 123
         원고는 미성년자이므로 법정대리인
         친권자 부 김○○, 모 이○○
원 고    이○○(      -      )
         서울 동대문구 회기동 321
         소송대리인 변호사 ○ ○ ○
         서울 서초구서초동 2311
```

▷ **법인**이나 당사자능력이 인정되는 **비법인사단 또는 재단**은 그 대표자를 표시하고 대표자는 자격과 성명만 기재하면 족하다. 상법상의 지배인, 국가를 당사자로 하는 소송에 있어서의 소송수행자, 각종 특수법인의 등기된 대리인 등 소송대리권이 위임에 의하여 발생하지 않고 법령의 규정에 의하여 발생하는 경우에는 그 지위, 자격을 기재하고 주소는 기재하지 않는다.

```
원 고    ○○주식회사
         서울 중구 서소문동 57
         대표이사 ○ ○ ○
원 고    학교법인 ○○학원
         서울 동대문구 휘경동 123
         대표자 이사장 ○ ○ ○
원 고    주식회사 ○○은행
         서울 중구 을지로 1가 100
         대표이사 은행장 ○ ○ ○
원 고    전주이씨 ○○공파종중
         서울 서대문구 홍제동 234
         대표자 도유사 ○ ○ ○
```

---

3) 이혼 등으로 단독 친권자로 정해진 부모의 일방이 사망하거나 친권을 상실하는 등 친권을 행사할 수 없는 경우에 가정법원의 심리를 거쳐 친권자로 정해지지 않았던 부모의 다른 일방을 친권자로 지정하거나 후견이 개시되도록 하고, 입양이 취소되거나 파양된 경우 또는 양부모가 사망한 경우에도 가정법원의 심리를 거쳐 친생부모 또는 그 일방을 친권자로 지정하거나 후견이 개시되도록 하여 부적격의 부 또는 모가 당연히 친권자가 됨으로써 미성년자의 복리에 악영향을 미치는 것을 방지하고, 이혼 등으로 단독 친권자로 정해진 부모의 일방이 유언으로 미성년자의 후견인을 지정한 경우라도 미성년자의 복리를 위하여 필요하다고 인정되면 후견을 종료하고 친권자로 정해지지 않았던 부모의 다른 일방을 친권자로 지정할 수 있도록 하는 민법 중 개정법률('최진실법안')이 2013. 7. 1.부터 시행된다(2011. 5. 19. 법률 제10645호 개정민법 제909조의 2 참조).

원 고   재단법인 ○○장학회
        서울 강남구 역삼동 111
        대표자 이사장 ○ ○ ○

▷ 당사자가 **국가**나 **지방자치단체**일 경우에는 대표자의 자격과 성명만 표시하면 된다.[4]

피 고   대한민국
        법률상 대표자 법무부장관 ○ ○ ○
        (소관 교육과학기술부)
피 고   제주특별자치도
        대표자 도지사 ○ ○ ○[5]
피 고   서울특별시
        대표자 교육감 ○ ○ ○[6]

▷ **학교** 자체는 독립된 당사자능력이 없다. 국립대학의 경우에는 대한민국이,[7] 사립대학의 경우에는 학교법인이, 공립학교는 당해 지방자치단체가 당사자능력이 있다. 국립대학병원은 독립된 법인이다.

▷ 피고의 소재가 불명인 경우에는 최후주소지를 기재하고 소장 제출과 동시에 공시송달신청을 하도록 한다.

③ 사건의 표시

▷ 사건의 표시는 청구의 성격을 특정시켜 주는 역할을 하고, 법원에서는 통상 소장 기재 사건명에 따라 사건명(예컨대 대여금, 물품대금, 손해배상, 부당이득금, 임금, 임료, 보험금, 약속어음금, 수표금, 약정금, 양수금, 건물명도, 토지인도, 소유권이전등기(말소), 소유권확인, 사해행위취소 등)을 부여한다.

▷ 손해배상사건의 경우 교통사고 등에 의한 손해배상사건은 '손해배상(자)', 산업재해로 인한 손해배상사건은 '손해배상(산)', 의료사고로 인한 손해배상사건은 '손해배상(의)', 지적재산권침해로 인한 손해배상사건은 '손해배상(지)', 기타 사유로 인한 손해배상사건은 '손해배상(기)'로 기재한다.

---

4) 그러나 국가나 지방자치단체의 기관임에 그치는 행정청은 행정소송의 피고가 될 수 있으나, 민사소송에서는 당사자가 될 수 없다.

5) 제주특별자치도 설치 및 국제자유도시조성을 위한 특별법 제15조에 따라 제주특별자치도의 관할구역 안에 기초지방자치단체인 시·군을 두지 않고, 지방자치단체가 아닌 행정시를 두게 되었으므로 제주특별자치도의 행정시인 제주시와 서귀포시는 당사자능력이 없다.

6) 지방교육자치에 관한 법률 제18조
   ① 시·도의 교육·학예에 관한 사무의 집행기관으로 시·도에 교육감을 둔다.
   ② 교육감은 교육·학예에 관한 소관 사무로 인한 소송이나 재산의 등기 등에 대하여 당해 시·도를 대표한다.

7) 2012. 2. 1. 현재 국립대학 중 울산과학기술대학교와 서울대학교가 법인화가 되어 있고(국립대학법인 울산과학기술대학교설립·운영에 관한 법률 제3조 및 국립대학법인 서울대학교설립·운영에 관한 법률 제3조 참조), 2013. 1. 18. 인천대학교가 국립대학법인이 된다(국립대학법인 인천대학교설립·운영에 관한 법률 제3조 참조).

▷ 수 개의 청구가 병합된 경우에는 주된 청구만을 표시하고 '… 등'이라고 기재한다.

④ 청구취지

▷ 청구취지는 원고가 판결을 통하여 얻어내려는 결론으로 그 내용·범위 등을 특정하여 간결·명료하게 기재하여야 한다. 판결의 주문은 소장의 청구취지에 대응하는 것이고, 강제집행까지 가능하도록 청구취지를 특정하여야 한다. 청구취지는 소송의 진행과정에서 청구취지를 정정하는 방법으로 청구취지를 특정하기도 한다. 특히 손해배상청구사건의 경우 신체감정결과에 따라 청구취지를 변경하는 경우가 많다.

▷ 소송비용에 관한 재판과 가집행선고의 신청은 소장의 필요적 기재사항은 아니나 실무상 청구취지란에 기재하고 있다(이들은 단지 법원의 직권발동을 촉구할 뿐이다). 다만, 형성청구나 의사의 진술을 명하는 사건(등기절차이행청구 등)의 판결은 확정되어야 집행력이 발생하기 때문에, 그와 같은 사건에서는 가집행선고를 신청할 수 없다. 등기를 명한 판결에 기하여 등기관이 이를 등기부에 기입하는 행위는 그 판결의 집행이라고 볼 수 없다.

▷ 청구의 유형별로 청구취지 기재례를 살펴보면 다음과 같다.

<1> 이행청구

▷ **금전의 이행청구**의 경우에는 청구취지에 금액만을 명시하고, 대여금 등 금전의 성질이나 발생원인을 기재할 필요 없이 무색·투명한 추상적 표현을 사용한다.[8] 피고가 2인 이상인 경우에는 그들의 상호 관계를 밝혀야 한다. 금액은 아라비아숫자로 표시한다.

- 피고들은 원고에게 금 10,000,000원을 지급하라(분할채무: 피고별로 균분하게 나눈 금액의 지급을 구하는 표시).[9]
- 피고들은 원고에게 각 금 10,000,000원을 지급하라(독립채무: 피고별로 각 10,000,000원의 지급을 구하는 표시).
- 피고들은 연대하여(합동하여 또는 각자) 원고에게 금 10,000,000원을 지급하라(연대채무의 경우에는 '연대하여',[10] 어음·수표채무 등 합동채무의 경우에는 '합동하여',[11] 공동불법행위 등 부진정연대채무의 경우에는 '각자'[12]를 표시한다).

---

8) 금전의 지급청구를 함에 있어서는 구체적인 액수를 밝혀야 하고, '헌시가 상당의 임대료' 또는 '법원이 적당하다고 인정하는 금액'을 지급하라는 청구취지는 허용되지 않는다.
9) 민법 제408조의 분할채무의 원칙상 피고가 2명인 경우 피고 1인당 500만 원씩 받을 수 있다.
10) 연대채무(민법 제413조), 일상가사로 인한 부부의 채무(민법 제832조), 다수 채무자간의 상행위채무(상법 제57조)의 경우 피고들 중 어느 한 사람이라도 1,000만 원을 지급하여야 하지만, 원고는 합계 1,000만 원만 받을 수 있다.
11) 여러 사람의 어음·수표채무자의 채무(어음법 제47조, 수표법 제43조) 등 합동채무의 경우 피고들 중 어느 한 사람이라도 1,000만 원을 지급하여야 하지만, 원고는 합계 1,000만 원만 받을 수 있다.
12) 불가분채무(민법 제411조) 또는 부진정연대채무(민법 제760조, 제756조)의 경우 피고들 중 어느 한 사람이라도 1,000만 원을 지급하여야 하지만, 원고는 합계 1,000만 원만 받을 수 있다.

▷ **변제기와 이율의 정함이 있는 경우**에는 이를 명백히 표시한다.

- 피고는 원고에게 금 10,000,000원 및 이에 대한 2010. 4. 1.부터 이 사건 소장부본 송달일까지는 연 5%의, 그다음 날부터 완제일까지(다 갚는 날까지) 연 20%의 각 비율에 의한 금원을 지급하라.
- 피고는 2012. 4. 1.이 도래하면 원고에게 금 10,000,000원을 지급하라.

[참고] 이자제한법[13]상의 최고이율

금전대차에 관한 계약상의 최고이자율은 연 30퍼센트를 초과하지 아니하는 범위 안에서 대통령령으로 정하도록 하고,[14] 이를 초과한 이자는 무효로 하며, 이미 지급한 초과이자에 대해 반환청구가 가능하다.[15]

▷ **특정물이나 종류물의 인도청구**의 경우에는 청구취지에 목적물을 특정할 수 있도록 기재하여야 한다.

▷ **'인도(引渡)'**란 물건에 대한 직접적 지배, 즉 점유를 이전하는 것이고, **'명도(明渡)'**는 부동산 내에 있는 점유자의 물품을 부동산 밖으로 배출한 후 점유를 이전하는 것을 말한다.[16]

▷ 토지 인도의 경우, 그 토지에 정착물이 있어 제거를 요하는 때에는 정착물의 구분에 따라 건물은 **'철거'**, 수목은 **'수거'**, 분묘는 **'굴이(掘移)'** 등의 용어를 사용한다. **'퇴거'**는 건물 점유자의 점유를 풀어 그 건물로부터 점유자를 쫓아내고 아울러 그 건물 내에 있는 점유자의 물품을 배출하는 것을 말한다.

▷ 물건의 인도청구는 이를 직접 또는 간접으로 점유하는 자를 상대로 하여야 하고, 점유보조자를 상대로 하여서는 안 된다.

▷ 건물이 그 존립을 위한 토지사용권을 갖추지 못하여 토지의 소유자가 건물의 소유자에 대하여 당해 건물의 철거 및 그 대지의 인도를 청구할 수 있는 경우에라도 <u>건물소유자가 아닌 사람이 건물을 점유하고 있다면 토지소유자는 그 건물 점유를 제거하지 아니하는 한 위의 건물 철거 등을 실행할 수 없다.</u> 따라서 그때 토지소유권은 위와 같은 점유에 의하여 그 원만한 실현을 방해당하고 있다고 할 것이므로, 토지소유자는 자신의 소유권에 기한 방해배제로서 건물점유자에 대하여 건물로부터의 퇴출을 청구할 수 있다.[17]

---

13) 2011. 7. 25. 개정법률(제10925호)은 종전의 40%(2007. 3. 29. 법률 제8322호)에서 30%로 인하하였다. 개정법률은 2011. 10. 26.부터 시행되고 있다. 개정법 시행 전에 성립한 금전대차에 관한 계약상의 이자율에 관해서도 개정법 시행일 이후에는 이 법에 따라 이자율을 계산한다(개정법 부칙 제2조).

14) 이자제한법 제2조 제1항의 최고이자율에 관한 규정(2007. 6. 28. 대통령령 제20118호)은 이자제한법 제2조 제1항에 따른 금전대차에 관한 계약상의 최고이자율은 **연 30퍼센트**로 규정하고 있으나, 2011. 10. 26.부터 시행되는 개정법은 연 30%의 범위 내에서 최고이자율을 대통령령으로 정한다.

15) 이자제한법은 형사처벌규정이 없었으나 2011. 10. 26.부터 시행되는 개정법에 의하면 최고이자율을 초과하여 이자를 받은 자는 1년 이하의 징역 또는 1천만 원 이하의 벌금에 처한다.

16) 근거에는 민사집행법 제258조 제1항을 근거로 '인도'의 개념에 '명도'가 포함된 것으로 보고 있다.

17) 대법원 2010. 8. 19. 선고 2010다43801 판결. 이 경우 건물점유자가 건물소유자로부터의 임차인으로서 그 건물임차권이 이른바 대항력을 가진다고 해서 달라지지 아니한다. 건물임차권의 대항력은 기본적으로 건물에 관한 것이고 토지를 목적으로 하는

- 피고는 원고에게 한라봉(2011년 제주산, 상등품) 100상자(15kg들이) 및 이에 대한 2011. 9. 1.부터 다 갚는 날까지 연 20%의 비율에 의한 금원을 지급하라. 위 한라봉에 대한 집행이 불능인 때에는 한라봉 1상자당 50,000원의 비율에 의한 금원을 지급하라.
- 피고는 원고에게 별지목록 기재의 물건을 인도하라(별지에는 물건의 종류, 수량 및 기타 물건을 특정할 수 있는 사항을 기재한다).
- 원고에게 피고 ○○○은 별지 1목록 기재 건물 중 별지 도면 표시 1, 2, 3, 4, 5, 6, 1.의 각 점을 순차로 연결한 선래 (가)부분 100㎡에서 퇴거하고, 피고 △△△은 위 건물을 철거하고, 별지 2목록 기재 토지를 인도하라.

▷ **부동산등기소송의 경우**에는 별지를 이용하여 목적물을 등기부의 기재대로 정확히 기재하여야 하고 [건물의 경우에는 부지의 지번 및 건물의 구조(…조 …지붕), 층수(단층, 2층…), 용도(주택, 창고 등), 건축면적(㎡) 등을 모두 명시한다], 등기이전청구소송의 경우에는 등기의 종류와 내용 외에 등기원인과 그 일자까지 표시하여야 한다. 그러나 말소등기청구소송의 경우에는 등기원인을 기재할 필요가 없다. 자동차 등 등록된 물건의 경우에는 그 등록원부의 기재대로 기재한다.

- 피고는 원고에게 별지목록 기재 부동산에 관하여 2010. 7. 1. 매매(또는 증여, 시효취득, 명의신탁 해지 등)를 원인으로 한 소유권이전등기절차를 이행하라.[18]
- 피고는 원고에게 별지목록 기재 부동산에 관하여 2010. 7. 1. 명의신탁해지를 원인으로 한 소유권이전등기절차를 이행하라.[19]
- 피고는 원고에게 별지목록 기재 부동산에 관하여 서울중앙지방법원 강남등기소 2010. 2. 1. 접수 제1234호로 마친 소유권이전등기의 말소등기절차를 이행하라.[20]
- 피고는 원고에게 별지목록 기재 부동산에 관하여 서울중앙지방법원 관악등기소 2010. 10. 1. 접수 제12345호로 마친 가등기에 기한 2010. 5. 1. 매매예약완결(또는 대물반환)을 원인으로 한 소유권이전등기절차를 이행하라.
- 피고는 원고에게 별지목록 기재 부동산에 관하여 2011. 4. 1. 저당권설정계약을 원인으로 한 채권액 100,000,000원, 채무자 ○○○(　　　 － 　　　, 주소:　　　　　　　), 변제기 2012. 10. 1. 이자 연 20%, 이자지급시기 매월 1일의 저당권설정등기절차를 이행하라.
- 피고는 원고에게 별지 목록 기재 부동산에 관하여 서울중앙지방법원 2010. 6. 1. 접수 제12345호로 마친 근저당권설정등기에 대하여 2011. 5. 1. 해지를 원인으로 한 말소등기절차를 이행하라.

것이 아니므로 이로써 토지소유권을 제약할 수 없고, 토지에 있는 건물에 대하여 대항력 있는 임차권이 존재한다고 하여도 이를 토지소유자에 대하여 대항할 수 있는 토지사용권이라고 할 수는 없다. 바꾸어 말하면, 건물에 관한 임차권이 대항력을 갖춘 후에 그 대지의 소유권을 취득한 사람은 민법 제622조 제1항이나 주택임대차보호법 제3조 제1항 등에서 그 임차권의 대항을 받는 것으로 정하여진 '제3자'에 해당한다고 할 수 없다.

18) 이전등기청구의 경우에는 등기의 종류와 내용 이외에 등기원인과 그 연월일까지 기재하여야 한다.
19) 양도담보와 가등기담보, 구분소유적 공유관계에 있어서의 상호명의신탁, 신탁법에 의한 신탁, 종중과 배우자간의 명의신탁으로 조세포탈 등을 목적으로 하지 않는 경우 등 부동산실권리자 명의 등기에 관한 법률이 적용되지 않는 경우에 한한다.
20) 기존등기의 등기원인이 부존재, 무효이거나 취소, 해제 등의 사유로 소멸한 것임을 이유로 말소등기 또는 회복등기절차이행을 청구할 때에는 등기원인의 기재를 하지 않는다.

▷ 등기권리자뿐만 아니라 등기의무자도 상대방을 피고로 하여 등기를 신청할 것을 명하는 확정판결을 얻어서 이 판결에 기해 단독으로 등기를 신청할 수 있다(부동산등기법 제29조).[21]

> • 피고는 원고로부터 별지목록 기재 부동산에 관하여 2010. 5. 1. 매매를 원인으로 한 소유권이전등기신청절차를 인수(수취)하라.

▷ 기타 이행청구의 청구취지 기재례 중 의사의 진술을 구하는 경우의 청구취지는 다음과 같다.

> • 피고는 소외 ○○○(-   , 주소:)에게 별지목록 기재 채권을 2011. 4. 1. 원고에게 양도하였다는 취지의 통지를 하라.
> • 피고는 원고에게 피고가 발행한 보통주식 5,000주(1주 액면금액 50,000원)에 관하여 원고 명의로 주주명부 상의 명의개서절차를 이행하라.
> • 피고는 원고에게 별지목록 기재 부동산에 관하여 2011. 5. 1. 매매를 원인으로 한 서울특별시의 ○○아파트 수순양자대장상의 수분양자명의변경절차를 이행하라.

▷ **장래이행의 청구**를 함에 있어서는 소송촉진 등에 관한 특례법 소정의 지연손해금을 청구할 수 없다. 장래의 이행을 청구하는 소는 미리 청구할 필요가 있는 경우에 한하여 제기할 수 있고, 여기서 미리 청구할 필요가 있는 경우라 함은 이행기가 도래하지 않았거나 조건 미성취의 청구권에 있어서는 채무자가 미리부터 채무의 존재를 다투기 때문에 이행기가 도래되거나 조건이 성취되었을 때에 임의의 이행을 기대할 수 없는 경우를 말한다. 물건이 점유로 인한 차임 상당의 부당이득 또는 손해배상을 미리 청구하는 경우가 많다.

> • 피고는 원고에게 별지목록 기재 건물 중 별지 도면 표시 1, 2, 3, 4, 5의 각 점을 순차 연결한 선내 (가)부분 100㎡를 인도하고, 2011. 5. 1.부터 인도 완료일까지 월 1,000,000원의 비율에 의한 금원을 지급하라.
> • 피고는 원고에게 별지목록 기재 부동산에 관하여 원고와 소외 A 사이의 서울중앙지방법원 2011. 5. 1. 자 2011카합2345 소유권이전등기청구권 가압류결정에 의한 집행이 해제되면 2011. 3. 5. 매매를 원인으로 한 소유권이전등기절차를 이행하라.
> • 피고는 원고로부터 100,000,000원을 지급받음과 동시에 원고에게 별지목록 기재 부동산에 관하여 2011. 5. 1. 매매를 원인으로 한 소유권이전등기절차를 이행하라.
> • 피고는 원고로부터 100,000,000원을 지급받은 다음 원고에게 별지목록 기재 부동산에 관하여 서울중앙지방법원 2010. 4. 1. 접수 제2341호로 마친 근저당권설정등기의 말소등기절차를 이행하라.

---

21) 대법원 2001. 2. 9. 선고 2000다60708 판결: 등기의무자가 자신의 명의로 있어서는 안 될 등기가 자신의 명의로 있음으로 인하여 사회생활상 또는 법률상 불이익을 당할 우려가 있는 경우에는, 소의 방법으로 등기권리자를 상대로 등기를 인수 받을 것을 구하고 그 판결을 받아 등기를 강제로 실현할 수 있다.

▷ 기타 특수한 유형의 이행청구

- 피고는 원고에게 2011. 9. 1.부터 2017. 8. 30.까지 원고의 생존을 조건으로 매년 8. 31. 10,000,000원을 지급하라.
- 피고는 원고에게, 원고와의 사이에 2011. 5. 1. 체결한 별지목록 기재 부동산의 매매계약에 관하여 토지거래허가신청절차를 이행하라.
- 피고는 별지목록 기재 부동산 중 별지 도면 표시 1, 2, 3, 4, 5, 1의 각 점을 순차 연결한 선내 (가)부분 100㎡에 대한 원고의 통행을 방해하는 일체의 행위를 하여서는 아니 된다.

<2> 확인청구

▷ 확인청구에 있어서는 확인을 구하는 권리 또는 법률관계의 대상 및 내용(법률관계의 종류, 범위, 발생원인 등)과 함께 확인판결을 구하는 취지를 기재한다.

▷ 확인청구의 대상은 현재의 권리 또는 법률관계이지만, 예외적으로 문서의 진정 여부를 확인하는 청구에는 사실관계의 확인청구가 인정된다(민소법 제250조).

▷ 미등기 토지에 관하여 소유자 명의로 등기하기 위하여 국가를 상대로 소유권 확인소송을 제기하는 경우가 많다.

▷ 보험회사들이 계약자나 피보험자를 상대로 보험금지급채무 부존재확인소송을 제기하는 경우도 많다.

- 별지목록 기재 부동산은 원고의 소유임을 확인한다.
- 원고의 피고에 대한 공증인가 ○○합동법률사무소 2011. 5. 1. 작성 2011년 증서 제12345호 약속어음 공정증서에 기한 약속어음 금 5,000,000원의 채무는 존재하지 아니함을 확인한다.
- 피고의 원고에 대한 2011. 7. 1. 자 해고는 무효임을 확인한다.
- 원고를 매도인, 피고를 매수인으로 2011. 7. 5. 작성된 별지 내용의 매매계약서는 진정하게 성립된 것이 아님을 확인한다.

<3> 형성청구

▷ 형성청구에 있어서는 형성권의 내용에 따른 일정한 권리 또는 법률관계를 직접 발생·변경·소멸시키는 재판을 구하는 것이므로, 형성의 대상 및 내용과 형성판결을 구하는 취지를 기재한다.

▷ 형성의 소는 법률이 이를 허용하는 규정이 있는 경우에만 가능하다.

- 원고와 피고는 이혼한다(이혼소송).
- 피고와 소외 ○○○ 사이의 별지목록 기재 부동산에 관하여 2001. 6. 1. 체결한 매매계약을 취소한다. 피고는 소외 A에게 위 부동산에 관하여 서울중앙지방법원 동대문등기소 2011. 6. 15. 접수 제2345호로 마친 소유권이전등기의 말소등기절차를 이행하라(사해행위 취소소송).
- 서울시 서초구 서초동 100 대 200㎡를, 별지도면 표시 1, 2, 3, 4, 1의 각 점을 순차로 연결한 선내의 (가)부분 100㎡는 원고의 소유로, 같은 도면 표시 2, 3, 5, 6, 2의 각 점을 순차로 연결한 선내의 (나)부분 100㎡는 피고의 소유로 분할한다(공유물 분할).
- 피고의 원고에 대한 서울중앙지방법원 2011가합100호 대여금청구사건의 판결에 기한 강제집행은 이를 불허한다(청구이의소송).
- 서울중앙지방법원 2010타경2345호 부동산강제경매사건에 관하여 위 법원이 2011. 7. 1. 작성한 배당표 중 피고에 대한 배당액 10,000,000원을 5,000,000원으로, 원고에 대한 배당액을 5,000,000에서 10,000,000원으로 경정한다.

⑤ 청구원인

▷ 청구원인은 원고가 주장하는 권리 또는 법률관계의 성립원인인 사실이다. 이는 원고가 판결을 구하게 된 원인, 즉 법률적 근거가 무엇인지를 밝히는 것으로 소송물인 권리 또는 법률관계를 법률적 주장으로 구성함에 필요한 사실이다. 청구원인사실을 어느 범위에서 어느 정도로 기재하느냐는 매우 어렵고도 중요한 문제이다. 일반적으로 소송상의 청구를 다른 청구와 식별·특정시키고, 혼동·오인을 일으키지 않는 한도에서 기재하면 된다(동일식별설).

▷ 물권 및 기타의 배타적 권리에 있어서는 권리의 내용·주체, 권리의 대상인 객체를 기재하면 족하나, 채권과 같은 청구권의 경우에는 그 발생원인도 기재하여야 한다. 특히 계약상의 청구인 경우에는 계약의 당사자, 내용, 성립일시 및 장소를 청구원인사실로 기재하고, 불법행위로 인한 손해배상청구의 경우에는 손해를 발생하게 한 불법행위의 일시, 장소, 내용 및 손해의 내용과 액수를 기재하여야 한다.

▷ 소송유형별 청구원인 기재례는 별도로 살펴보기로 한다.

⑥ 입증방법

▷ 소장에 첨부하여 제출하는 증거서류를 기재한다. 원고가 제출하는 서증부호는 '갑 제○호증'이라 하고, 피고가 제출하는 것은 '을 제○호증'이라 한다.

▷ 소장에 첨부한 입증방법에 대해서는 피고의 수만큼 사본을 함께 첨부하여야 한다. 부동산소송에 있어서는 부동산등기부등본, 어음·수표소송에 있어서는 어음·수표 사본, 가사소송이나 상속관계 소송에 있어서는 제적등본이나 가족관계등록부, 계약관계 소송에 있어서는 계약서 등 기본적 서증을 첨부하여야 한다.

⑦ **첨부서류**

▷ 소장에 첨부하여 제출하는 서류명과 그 통수를 기재한다. 소가 제기되면 법원은 소장부본을 피고에게 송달하여야 하므로 피고의 수에 상응하는 소장부본을 첨부하여야 한다.

▷ 부동산소송과 같이 청구취지와 청구원인만으로 소송물가액을 산출하기 어려운 소장의 경우에는 소가 및 첩용인지액의 산출자료가 되는 토지대장이나 건축물 관리대장(3개월 이내에 발급된 것)을 첨부한다.

▷ 당사자가 법인인 때에는 대표자 자격을 증명하는 법인등기부등본 등을, 법정대리인이 있는 때에는 법정대리인 자격을 증명하는 호적등본 등을, 소송대리인이 있는 때에는 소송위임장을 첨부하여야 한다.

⑧ **소제기 연월일**을 기재한다.

⑨ **작성자의 기명날인**을 하여야 한다. 소장의 페이지마다 간인도 하여야 한다.

⑩ **관할법원**을 기재한다.

III. 소장의 제출(접수)

원고가 소장을 작성하였으면 이를 관할 지방법원(또는 지원)의 민사과 또는 접수실(서울중앙지방법원 등에서는 종합접수실을 설치하여 운용하고 있다)에 제출하여 접수시킨다.[22] 소장을 법원에 제출하기 위해서는 소정의 인지를 첨부하거나 인지액 상당의 금액을 현금 또는 신용카드 등으로 납부하여야 하고, 수정의 송달료를 예납하여야 한다.

1. 인지의 첩부

가. 인지의 납부

소장을 법원에 제출하려면 소송목적의 값(訴價)에 대한 일정비율의 인지를 붙이거나, 인지액 상당의 금액을 현금 또는 신용카드 등으로 수납은행에 납부하고 수납은행의 영수필확인서와 영수필통지서를 첨부한다. 소장 등에 첨부하거나 보정하여야 할 인지액(이미 납부한 인지액이 있는 경우에는 그 합산액)이 1만 원 이상

---

22) 지급명령에 대한 이의가 있는 때, 제소전화해의 불성립으로 소제기신청이 있는 때, 조정결정에 대하여 이의신청이 있는 때에는 소송으로 이행하고 지급명령신청이나 화해신청, 조정신청을 한 때에 소의 제기가 있는 것으로 본다.

인 때에는 그 인지의 첨부 또는 보정에 갈음하여 인지액 상당의 금액 전액을 현금으로 납부하여야 한다(민사소송 등 인지규칙 제27조 제1항). 전자소송으로 소장을 접수시킬 경우에는 인지액의 10%가 감면된다.

소제기 시 납부하는 인지액은 다음과 같다.

- 訴價 1,000만 원 미만: 소가×0.005
- 訴價 1,000만 원~1억 원 미만: 소가×0.0045＋5,000원
- 訴價 1억 원~10억 원 미나: 소가×0.004＋55,000원
- 訴價 10억 원 이상: 소가×0.0035＋555,000원
- 항소장: 1심의 1.5배
- 상고장: 1심의 2배

예컨대, 소송목적의 값이 5,000만 원인 경우 1심에서는 소장표지에 다음과 같은 인지계산 내역을 기재하는 것이 관례이다.

소가	50,000,000원
인지액	230,000원
계산 내역	50,000,000원×0.0045＋5,000원

나. 訴價의 산정

(1) 소송목적의 값은 민사소송 등 인지규칙(2011. 7. 28. 대법원규칙 제2343호)에 따라 계산한다. 소가는 원고가 전부 승소할 경우 직접 받는 경제적 이익을 객관적으로 평가하여 금전으로 정한다. 재산권상의 청구로서 그 가액을 산출할 수 없거나 비재산권을 목적으로 하는 소송의 가액은 2,000만 100원으로 간주한다(동 규칙 제18조의 2). 회사관계소송, 특허소송, 무체재산권에 관한 소 중 금전의 지급이나 물건의 인도를 목적으로 하지 아니하는 소송의 소가는 5,000만 100원으로 한다. 동일 목적물인 한 제소 후 가격의 등락 등의 사정변경이 있어도 이를 고려할 필요가 없고, 상소심의 경우에도 1심의 소제기 당시의 가액을 소가의 기준으로 삼는다.

(2) 부동산소송 중 ① 토지의 가액은 부동산가격공시 및 감정평가에 관한 법률에 의한 개별공시지가(개별공시지가가 없는 경우에는 시장·군수 또는 구청장이 같은 법 제9조에 따라 국토해양부장관이 제공한 토지가격비준표를 사용하여 산정한 가액)에 100분의 30을 곱하여 산정한 금액으로 하고, ② 건물의 가액은 지방세법 시행령 제4조 제1항 제1호의 방식에 의하여 산정한 시가표준액(이 경우 같은 법 시행령 제4조 제1항 제1호의 건축물은 건물로 한다)에 100분의 30을 곱한 금액으로 한다. 따라서

토지에 관한 소송을 제기하는 경우에는 개별공시지가가 기재된 토지대장등본을, 건물에 관한 소송을 제기하는 경우에는 건축물대장을 제출하여야 한다.

(3) 과표 또는 시가가 없는 물건 또는 권리의 가액은 목적물의 구체적 거래가격에 의하고, 구체적 거래가격도 없는 때에는 그와 유사한 물건의 평가액 또는 취득가액에 의해 소가를 산정한다. 물건에 대한 권리의 가액을 평가함에 있어서는 소유권은 그 물건가액, 점유권은 그 물건가액의 3분의 1, 지상권 및 임차권은 2분의 1, 담보물권 및 전세권(채권적 전세권 포함)은 목적물가액을 한도로 한 피담보채권액(원본만)으로 하되 선순위 담보물권이 있는 경우에는 다시 그 가액을 공제한 금액을 소가로 한다.

(4) 한 개의 소로써 수 개의 청구를 하는 경우에는 그 수 개의 주장이익이 별개의 것인 때에는 합산하여 소가를 산출하고, 동일 또는 중복되는 때에는 중복되는 범위 내에서 흡수되고 그중 가장 다액의 청구가액을 소가로 한다. 과실, 손해배상, 위약금 또는 비용의 청구가 소송의 부대목적이 되는 때에는 그 가액은 소가에 산입하지 아니한다. 건물철거와 대지인도를 구하는 경우 등 한 개의 청구(건물철거)가 다른 청구(대지인도)의 수단에 지나지 않는 때에는 그 가액은 소가에 산입하지 아니한다. 물론 이 경우에도 별소로 제기된 경우에는 각기 별도로 소가를 산정한다.

(5) 한 개의 소로써 부동산의 인도·명도와 그 부동산에 관한 임료 내지 임료 상당의 손해배상금 또는 부당이득금을 병합하여 청구하는 경우에는 그 임료 등 청구는 부동산의 명도·인도소송의 부대목적이 된다 할 것이므로, 그 청구가 이미 발생한 임료 등 인가, 장래 발생할 임료 등 인가에 관계없이 그 임료 등의 가액을 소가에 산입하지 않는다. 다만, 임료 등의 청구만을 독립하여 청구하는 경우에는 기발생분 및 1년분의 임료 등 합산액을 그 소가로 한다.

(6) 각종 소에 있어서의 소가산정기준에 관해서는 민사소송 등 인지규칙에서 정하고 있다.

[참고] 소가산정 기준표 (2011. 9. 8. 시행)

소가산정의 표준	물건 등의 가액	(가) 선박·차량·기계장비·입목·항공기·광업권·어업권·골프회원권·승마회원권·콘도미니엄회원권·종합체육시설이용 회원권 그 밖에 지방세법 제10조 제2항 단서, 같은 법 시행령 제4조에 따른 시가표준액의 정함이 있는 것의 가액은 그 시가표준액
		(나) 유가증권의 가액은 액면금액 또는 표창하는 권리의 가액으로 하되, 증권거래소에 상장된 증권의 가액은 소제기 전날의 최종거래가격
		(다) 유가증권 이외의 증서의 가액은 200,000원
	물건에 대한 권리의 가액	(가) 물건에 대한 소유권의 가액: 그 물건가액
		(나) 물건에 대한 점유권의 가액: 그 물권가액의 1/3
		(다) 지상권 또는 임차권의 가액: 목적물건가액의 1/2
		(라) 지역권의 가액: 승역지 가액의 1/3
		(마) 담보물권의 가액: 목적물건가액을 한도로 한 피담보권액의 원본액(근저당권의 경우 채권최고액)
		(바) 전세권(채권적 전세권 포함)의 가액: 목적물건가액을 한도로 한 전세금액
		(사) 기타 물권 등의 가액: 소제기 당신의 시가. 시가를 알기 어려운 때에는 그 물건 등의 취득가격 또는 유사한 물건 등의 시가

각 종 의 소 가 산 정	통상의 소	1) 확인의 소 (적극·소극적 포함)	(가) 소유권: 그 물건가액 (나) 점유권: 그 물건가액의 1/2 (다) 지상권·임차권: 목적물건가액의 1/2 (라) 지역권: 승역지 가액의 1/3 (마) 담보물권: 목적물건가액을 한도로 한 피담보채권의 원본액(근저당권의 　　경우 채권최고액) (바) 전세권: 목적물건가액을 한도로 한 전세금액 (사) 증서진부확인 　① 유가증권: 액면금액, 표창하는 권리가액의 1/2 　② 상장된 증권: 소제기 전날의 최종 거래가액의 1/2 　③ 유가증권 이외의 증서의 가액: 200,000원
		2) 금전지급청구	청구금액
		3) 장래의 정기금청구	기발생분 및 1년분의 정기금 합산액
		4) 물건의 인도, 명도 또는 손해배제청구	(가) 소유권: 목적물건가액의 1/2 (나) 지상권, 전세권, 임차권 또는 담보물권 또는 그 계약의 해지, 해제, 계약 　　기간의 만료를 원인으로 하는 경우: 목적물건가액의 1/2 (다) 점유권: 목적물건가액의 1/3 (라) 소유권이전을 목적으로 하는 계약에 기한 동산인도청구: 목적물건의 가액
	통상의 소	5) 상린관계상의 청구	부담을 받는 잉수토지 부분의 가액의 1/2
		6) 공유물분할청구	목적물건의 가액에 원고의 공유지분비율을 곱하여 산출한 가액의 1/3
		7) 경계확정의 소	다툼이 있는 범위의 토지 부분의 가액
		8) 사해행위 취소	원고의 채권액(취소되는 법률행위의 목적의 가액을 한도로 한다)
	등기등록 등	1) 소유권이전등기	목적물건가액
		2) 제한물권의 설정등기, 이전등기	(가) 지상권, 임차권: 목적물건가액의 1/2 (나) 담보물권, 전세권: 피담보채권액(근저당권: 채권최고액) (다) 지역권: 승역지 가액의 1/3
	절차에 관한 소	1) 가등기 또는 그에 기 한 본등기	권리의 종류에 따라 위 1), 2)의 규정에 의한 가액의 1/2
		2) 말소등기, 말소회복 등기	(가) 설정계약 또는 양도계약의 해지나 해제: 위 1), 2)의 규정에 의한 가액 (나) 등기원인의 무효 또는 취소: 위 1), 2)의 규정에 의한 가액의 1/2
	명예회복	민법 제764조 규정에 의한 명예회복을 위한 적당한 처분의 소	(가) 그 비용을 산출할 수 있는 경우: 그 처분에 통상 소요되는 비용(산출할 　　수 있는 경우) (나) 그 비용을 산출할 수 없는 경우: 비재산권상의 소
	회사 등 관계소송 등	• 주주의 대표소송 • 이사의 위법행위 금지 　청구 • 회사에 대한 신주발행 　유지 청구 • 상법의 규정에 의한 　회사관계 소송 • 회사 이외의 단체소송	소가를 산출할 수 없는 소송 또는 비재산권상 소(5,000만 100원)로 본다.
		해고무효확인의 소	비재산권상의 소(2,000만 100원)로 본다.
	집행법상의 소	민사집행법에 규정된 각종의 소	(가) 집행판결을 구하는 소: 외국판결 또는 중재판정에서 인정된 권리의 가액 (나) 집행문부여 또는 집행문부여에 대한 이의의 소: 그 대상인 집행권원에 　　서 인정된 권리의 가액의 1/10

각 종 의 소 가 산 정	집행법상의 소	민사집행법에 규정된 각종의 소	(다) 청구이의 소: 집행력 배제의 대상인 집행권원에서 인정된 권리의 가액 (라) 제3자 이의의 소: 집행권원에서 인정된 권리의 가액을 한도로 한 원고의 권리가액 (마) 우선변제청구의 소: 우선변제 받을 금액을 한도로 한 피담보채권액 (바) 배당이의의 소: 배당증가액 (사) 공유관계부인의 소: 원고의 채권액을 한도로 한 목적물건가액의 1/2
	행정소송	1) 무효확인・취소의 소	조세 및 기타 공법상의 금전, 유가증권 또는 물건의 납부를 명한 처분의 무효확인 또는 취소: (청구가 인용됨으로써 원고가 납부를 면하거나 환급받게 될) 금전, 유가증권 또는 물건의 가액의 1/3. 다만, 그 금전, 유가증권 또는 물건의 가액이 30억 원을 초과하는 경우에는 30억 원으로 본다.
		2) 체납처분취소의 소	체납처분의 근거가 된 세액을 한도로 한 목적물건가액의 1/3. 단, 30억 원을 초과하는 경우에는 30억 원으로 본다.
		3) 금전지급청구	청구금액
		4) 기타	위 1)~3) 이외의 소송: 비재산권(2,000만 100원)으로 본다.
	특허소송	특허법원 전속관할 소송	재산권상의 소로서 그 소가를 산출할 수 없는 것으로 본다(5,000만 100원).
	무체재산권	무체재산권에 관한 소	소 중 금전의 지급이나 물건의 인도를 목적으로 하지 아니하는 소는 소가를 산출할 수 없는 소송으로 본다(5,000만 100원).
병 합 청 구 의 소 가 산 정		1) 합산의 원칙	한 개의 소로써 수 개의 청구를 하는 경우: 그 수 개의 청구의 경제적 이익이 독립한 별개의 것인 때에는 합산하여 소가 산정한다.
		2) 중복청구의 원인	한 개의 소로써 주장하는 수 개의 청구의 경제적 이익이 동일하거나 중복되는 때에는 중복되는 범위 이내에서 흡수되고 그중 가장 다액인 청구의 가액을 소가로 한다.
		3) 수단인 청구의 흡수	한 개의 청구가 다른 청구의 수단에 지나지 않을 때에는 특별한 규정이 있는 경우를 제외하고 그 가액은 소가에 산입하지 않는다. 단, 수단인 청구의 가액이 주된 청구의 가액보다 다액인 경우에는 그 다액을 소가로 한다.
		4) 비재산권상의 청구의 병합	한 개의 소로써 수 개의 비재산권을 목적으로 하는 청구를 병합한 때에는 각 청구의 소가를 합산한다. 단, 청구의 목적이 한 개의 법률관계인 때에는 한 개의 소로 본다.
		5) 재산권상의 청구와 비재산권상의 청구의 병합	(가) 한 개의 소로써 비재산권을 목적으로 하는 청구와 재산권을 목적으로 하는 청구를 병합한 때에는 각 청구의 소가를 합산한다(단, 민사소송등인지법 제2조 제5항은 제외). (나) 수 개의 비재산권을 목적으로 하는 청구와 그 원인 된 사실로부터 생기는 재산권을 목적으로 하는 청구를 한 개의 소로 제기하는 때에는 위 4)의 소가와 재산권을 목적으로 청구의 소가 중 다액을 소가로 한다.
		6) 수 개의 소장에 의한 소	1개의 소로써 병합 제기할 수 있는 청구를 수 개의 소장으로 나누어 소를 제기하는 경우에는 각각 별도의 소가로 산정한다.
상소장에 첨부할 인지액의 산정		1) 원칙	항소장 또는 상고장에 첨부할 인지액은 상소로써 불복하는 범위의 소가를 기준으로 하여 산정한다.
		2) 부대상소	위1) 원칙은 부대항소장 또는 부대상고장에 준용한다. 다만, 반소의 제기 또는 소의 변경을 위한 부대항소장에 첨부할 인지액은 민사소송등인지법 제4조 및 제5조의 규정에 의하여 산정한다.
		3) 현금 납부의 범위	인지액이 20만 원을 초과하는 경우에 한한다.

참고사항	1) 법원은 소가 산정을 위하여 필요하다고 인정한 때에는 직권 또는 신청에 의하여 집행관에게 감정시키거나 필요한 조사를 행할 수 있다. 2) 소장 등에 첨부·보정할 인지액이 20만 원을 초과할 때에는 금액 전액을 현금으로 송달료 수납은행에 납부하여야 한다(영수필확인서와 영수필통지서를 소장에 첨부한다).

2. 송달료의 예납

소장을 제출함에 있어서는 소송서류의 송달을 위한 송달료를 현금으로 관할법원의 수납은행에 납부하여야 한다(법원 구내에 수납은행지점이나 출장소가 설치되어 있다).

송달료 적용대상사건 및 당사자 1인당 송달료납부기준은 송달료규칙의 시행에 따른 업무처리요령(재일 87-4)[2011. 7. 19. 재판예규 제1341호] 별표 1로 정해져 있다.

송달료의 예납은 수납은행에 가서 송달료납부서, 사건번호등록표, 송달료영수증, 송달료납부서(은행용)의 납부당사자란과 납부 연월일 및 관할법원을 기재하고 송달료를 납부하면, 수납은행이 해당 송달료 관리은행으로 그 송달료를 송금한다. 당사자는 수납은행으로부터 교부받은 송달료납부서 및 사건번호등록표를 소장에 첨부하여 제출하고 송달료영수증은 보관한다. 법원은 사건을 배당받은 후 사건번호등록표에 일정사항을 기재하여 해당 관리은행에 통보하고 송달의 실시를 하게 된다.

소송 종결 후 송달료잔액이 있으면 은행에서 송달료 납부자에게 송달료 잔액환급통지서를 보내고, 납부자는 수납은행에 환급통지서를 제시하고 송달료잔액을 환급받을 수 있다.

[송달료 계산방식]

사 건	송달료 계산법 (송달료 1회분=3,020원, 2006. 11. 1. 현재)
민사 제1심 소액사건	당사자 수×송달료 10회분
민사 제1심 단독사건	당사자 수×송달료 15회분
민사 제1심 합의사건	당사자 수×송달료 15회분
민사항소사건	당사자 수×송달료 12회분
민사 상고사건(다)	당사자 수×송달료 8회분
민사 조정사건(머)	당사자 수×송달료 5회분
부동산 등 경매사건(타경)	(신청서상의 이해관계인 수+3)×송달료 10회분

<예시> 민사조정사건 당사자 수 2명인 경우: 2명×3,020원×5회분=30,200원

3. 소장의 접수

소장은 법원에 접수해야 시효중단 등 실체법상의 효과가 발생한다. 법원의 접수 담당자는 당사자 및 기타 소송관계인이 제출하는 소송서류의 접수를 거부할 수 없다. 소장은 우편으로도 접수시킬 수 있다. 다만, 소송을 종결시키는 서류(소취하서, 집행해제신청서)는 신분이 확인되는 본인이나 소송대리인 또는 제출대리권 있는 법무사가 제출해야만 접수가 가능하고, 그 이외의 사람은 작성명의인의 인감증명서가 첨부된 경우에 한하여 접수할 수 있다. 소장을 접수시킨 경우에는 접수증이나 소제기증명원을 받아 두는 것이 좋다.

소장각하의 대상이 되는 형식적 기재사항의 흠결이 있는 경우에는 재판장 명의의 보정명령을 발령하고, 보정을 하지 않더라도 소장각하를 할 수 없는 사항의 흠결이 있는 경우(예컨대, 기본적 서증이 첨부되지 않은 경우)에는 재판장의 보정명령이 아니라 참여사무관의 보정권고가 이루어진다. 보정명령 또는 보정권고는 전화나 팩스, e-mail 등이 이용되고, 이를 받은 당사자나 대리인은 송달서류와 함께 송부되어 온 영수증에 기명날인하여 반송하여야 한다.

[서식] 소제기증명원

소제기증명원

사 건 2011가단12345 대여금
원 고 김 갑 동
피 고 이 을 순

위 당사자 간의 대여금청구의 소를 2011. 7. 1. 원고가 귀원에 제기하였음을 증명하여 주시기 바랍니다.

2011. 7. 1.
위 원고 김 갑 동 (인)

서울중앙지방법원 귀중

접수인을 찍고, 법원은 사건별로 사건번호와 사건명을 부여하고 사건을 담당재판부에 배당하게 된다. 예컨대, 소장이 접수되면 일련의 접수순서에 따라 단독사건의 경우 2011가단1234호, 합의사건의 경우 2011가합2345의 형식으로 사건번호를 부여하게 된다.

[참고] 법원의 사건별 사건부호[23)]

사건명	부호	사건명	부호	사건명	부호
민사1심합의사건	가합	증인감치사건	정가	가사1심합의사건	드합
민사1심단독사건	가단	채무자감치사건	정명	가사1심단독사건	드단
민사소액사건	가소	증인·채무자감치항고사건	정라	가사항소사건	르
민사항소사건	나	증인·채무자감치재항고사건	정마	가사상고사건	므
민사상고사건	다	형사1심합의사건	고합	가사항고사건	브
민사항고사건	라	형사1심단독사건	고단	가사재항고사건	스
민사재항고사건	마	약식정재청구1심단독사건	고정	가사특별항고사건	으
민사특별항고사건	그	약식사건	고약	가사조정사건	너
민사준항고사건	바	형사항소사건	노	가사공조사건	츠
민사조정사건	머	형사상고사건	도	가사기압류, 가처분 등	즈합
화해사건	자	형사항고사건	로	합의사건	
독촉사건	차	형사재항고사건	모	가사기압류, 가처분 등	즈단
전자독촉사건	차전	비상상고사건	오	단독사건	
민사공조사건	러	형사준항고사건	보	기타가사신청사건	즈기
민사기압류, 가처분 등 합의사건	키합	형사보상청구사건	코	가사비송합의사건	느합
		즉결심판사건	조	가사비송단독사건	느단
민사기압류, 가처분 등 단독사건	키단	형사공조사건	토	가족관계등록(제적)비송사건	호파
				협의이혼의사확인 신청사건	호
공시최고사건	키공	체포·구속적부심사건	초적		
담보취소 등 사건	키담	보석사건	초보	행정1심사건	구합
재산명시 등 사건	키명	기타형사신청사건	초기	행정1심재정단독사건	구단
재산조회사건	키조			행정항소사건	누
소송구조 등 사건	키구	치료감호1심사건	감고	행정상고사건	두
전자독촉경정신청사건	키기전	치료감호항소사건	감노	행정항고사건	루
소송비용액확정결정신청사건	키확	치료감호상고사건	감도	행정재항고사건	무
확정된 소송기록에 대한 열람신청사건	키열	치료감호항고사건	감로	행정특별항고사건	부
기타민사신청사건	키기	치료감호재항고사건	감모	행정준항고사건	사
부동산 등 경매사건	타경	치료감호비상상고사건	감오	행정신청사건	아
채권 등 집행사건	타채	치료감호공조사건	감토		
기타 집행사건	타기	치료감호신청사건	감초	특허1심사건	허
비송합의사건	비합			특허상고사건	후

---

23) 사건별 부호문자의 부여에 관한 예규 일부개정예규(2008. 10. 14. 법원재판예규 제1249호).

사건명	부호	사건명	부호	사건명	부호
비송단독사건	비단	소년보호사건	푸	특허재항고사건	흐
회생합의사건	회합	소년보호항고사건	크	특허특별(준)항고사건	히
회생단독사건	회단	소년보호재항고사건	트	특허신청사건	카허
회생채권·회생담보권 조사확정사건	회확	소년보호신청사건	푸초		
기타 회생 관련 신청사건	회기			선거소송사건	수
파산합의사건	하합	가정보호사건	버	선거상고사건	우
파산단독사건	하단	가정보호항고사건	서	선거항고(재항고, 준항고, 특별항고)사건	수흐
파산채권 조사확정사건	하확	가정보호재항고사건	어		
면책사건	하면	가정보호신청사건	저	선거신청사건	주
기타 파산·면책 관련 신청사건	하기			특수소송사건	추
개인회생사건	개회	성매매 관련 보호사건	성	특수신청사건	쿠
개인회생채권 조사확정사건	개확	성매매 관련 보호항고사건	성로		
기타 개인회생 관련 신청사건	개기	성매매 관련 보호재항고사건	성모		
국제도산 승인사건	국승	성매매 관련 보호신청사건	성초		
국제도산 지원사건	국지			의무불이행자감치 등 사건	정드
과태료사건	과	법정질서위반감치 등 사건	정고	의무불이행자감치 등 항고사건	정브
선박, 유류 등 책임제한사건	책	기타 감치신청사건	정기	의무불이행자감치 등 재항고사건	정스
		법정질서위반감치 등 항고사건	정로		
		법정질서위반감치 등 특별항고사건	정모		

　재판장은 첩부인지액이 상당하지 아니한 때에는 보정하여야 할 인지액과 보정기간을 정한 인지보정명령을 발하고, 기간 이내에 인지보정을 하지 아니하면 소장을 각하당하여 불이익을 입게 되므로 주의를 요한다.

　소장 심사 후 참여사무관은 소장부본과 함께 소송절차안내서를 동봉하여 피고에게 송달한다. 소장부본이 피고에게 송달되지 않는 경우에는 원고에게 주소보정명령과 함께 주소보정 안내 팸플릿을 동봉하여 송달한다.

　법원에서 소장부본과 함께 송달하는 소송절차안내서 양식은 다음과 같다.

민사소송절차 안내

1. 소송절차의 진행

(1) 원고가 소장을 제출하면 법원에서는 재판기일을 열기 전에 당사자에게 답변서 또는 준비서면을 제출하게 하여 서로 상대방의 주장과 증거를 검토하고 반박할 수 있는 기회를 갖도록 함으로써 사건의 쟁점을 정리하는 절차를 먼저 진행하게 됩니다.

(2) 재판기일은 이러한 사전 서면공방 절차를 통하여 어느 정도 사건의 쟁점이 드러나고 쌍방이 필요한 증거신청을 마친 다음에 지정됩니다. 따라서 원고와 피고는 다음에 안내하는 방법에 따라 법원에서 정한 기한 내에 주장과 입증을 하여야 합니다. 만일 지정된 기한이 지난 후에 주장 또는 증거신청을 하면 제출기한이 지났다는 이유로 각하되는 불이익을 받을 수도 있으므로 특히 유의하시기 바랍니다(민사소송법 제146조, 제147조, 제149조 참조).

(3) 재판기일이 지정되면 법원에서는 원고와 피고에게 날짜를 알려 주고 법원에 출석하도록 통지할 것입니다.

(4) 인터넷을 통하여 대법원 홈페이지(www.scourt.go.kr)에 들어오시면 사건의 진행상황을 쉽게 확인할 수 있고, 재판절차와 서류의 양식에 관해서도 자세한 안내를 받을 수 있습니다.

2. 답변서 또는 준비서면의 제출

(1) 답변서 제출

① 피고는 소장을 읽어 보고 원고의 청구를 인정할 수 없으면 소장부본을 받은 날부터 30일 이내에 답변서를 제출하여야 합니다. 그러나 원고의 청구를 그대로 인정할 경우에는 답변서를 제출할 필요가 없습니다.

② 피고가 위 기간 안에 답변서를 제출하지 아니한 때에는 법원은 피고가 원고의 청구를 모두 인정한 것으로 보고 변론을 거치지 아니하고 판결할 수 있습니다(민사소송법 제257조).

③ 피고가 제출하는 답변서에는 먼저 청구취지에 대한 답변을 적고(예: "원고의 청구를 기각한다는 판결을 구합니다"), 이어 청구원인에 대한 답변으로서, 원고가 주장하는 사실 하나하나에 대하여 인정하는지를 밝히고, 인정할 수 없다면 그 사유를 구체적으로 적어야 합니다. 그리고 피고의 주장을 뒷받침하는 서증이 있으면 답변서에 첨부하여야 합니다.

(2) 준비서면 제출

① 법원은 한쪽 당사자가 답변서 또는 준비서면을 제출하면 이를 상대방에게 송달하면서 그에 대한 반박 준비서면을 언제까지 제출하라고 정하게 됩니다.

② 이 경우 상대방의 주장이나 증거에 관하여 종전에 제출한 내용 이외에 더 이상 반박할 사항 없으면 그대로 있으면 됩니다. 그러나 상대방의 주장이나 증거에 이의가 있으면 법원이 지정한 기한 내에 자신의 주장을 적은 준비서면을 제출하여야 합니다.

③ 준비서면에는 상대방이 주장하는 사실 중 인정하는 사실과 반박하는 사실을 명확히 구분하여 적고 자신의 주장을 뒷받침할 수 있는 증거가 무엇인지를 적은 다음, 상대방의 주장 및 증거자료에 대한 구체적인 의견을 밝혀야 합니다.

3. 증거의 사전·일괄제출

(1) 증거는 법정에서 재판기일이 열리기 전에 다음 방식에 따라 일괄하여 미리 제출·신청하여야 합니다.

(2) 서증: 증거서류는 다음 방식으로 제출하시고, 각 증거서류의 사본 및 '증거설명서'도 함께 제출하시기 바랍니다.

① 소송절차에서 증거서류는 대개 서증이라고 부르고, 원고가 제출하는 것은 갑 제1호증, 갑 제2호증 등으로, 피고가 제출하는 것은 을 제1호증 등으로 제출자를 구분하는 부호를 붙입니다.

② 서증은 답변서나 준비서면에 그 사본 1통을 첨부하고, 아울러 상대방 수만큼의 사본을 더 제출하여야 합니다[예: 상대방이 2명이면 서증 사본은 3통을 만들어 1통은 준서면에 첨부하고, 나머지 2통은 상대방 교부용으로 법원에 제출하여야 합니다].

③ 이미 제출한 서증(상대방이 제출한 서증 포함)이 중복 제출되지 않도록 유의하여 주시기 바랍니다. 중복되었거나 쟁점과 무관한 서증이 제출된 경우 「문서 등의 반환·폐기 등에 관한 예규(재민 2006-1)」에 따라 제출된 문서가 반환될 수 있습니다.

(3) 증인신청

① 증인의 이름·w주소·z연락처·w직업, 증인과 원·w피고와의 관계, 증인이 사건에 관여하거나 내용을 알게 된 경위를 적은 증인신청서를 제출하여야 합니다.

② 증인이 채택된 경우 신문사항은 가능한 한 단문단답식으로 작성하고 신문사항을 기재한 서면은 상대방 수+4부를 제출하셔야 합니다.

(4) 검증·z감정·w사실조회·z문서송부촉탁신청 등: 입증취지를 명확히 적은 신청서를 제출하여야 합니다.

(5) 증인신청서 등 각종 증거신청서 양식은 인터넷을 통하여 대법원 홈페이지(www.scourt.go.kr)에 들어오시면 내려받기(download) 할 수 있습니다.

4. 구술변론과 관련한 유의사항

당사자께서는 ① 사실상·법률상 주장의 개요, ② 쟁점, ③ 증거방법(증인, 증거서류) 등의 요지를 변론기일 또는 변론준비기일에서 재판장 또는 수명법관(이하 '재판장'이라 함)의 요청에 따라 직접 구술변론 하거나, 그러한 내용의 확인을 구하는 재판장의 질문에 답하셔야 합니다. 이 점을 유념하시어 아래와 같은 사항을 미리 대비하여 주시기 바랍니다.

(1) 대리인이 다수인 경우 사건내용을 잘 아는 변호사가 출석하시고, 복대리인이 선임된 경우에도 실질적 구술변론에 지장이 없도록 하시기 바랍니다. 또한, 소송대리인이 있는 사건의 경우에도 재판기일에는 되도록 당사자 본인이 함께 출석하시기 바랍니다.

(2) 제1회 기일이 변론기일이거나 변론준비기일인 경우에는 그 기일에, ① 재판장의 요청에 따라 원고

는 청구취지 및 청구원인을 구술하고, 피고는 그에 대한 반박 이유를 구술하며, ② 위 내용의 확인을 구하는 재판장의 질문에 답하셔야 합니다. 변론준비기일 이후의 변론기일에서 실시하는 변론준비기일결과의 진술도 위와 같습니다.

(3) 제1회 기일의 원활한 진행을 위하여 당사자는 주장 및 주요 증거의 요지를 정리한 '요약 쟁점 정리서면'(첨부됨)을 준비서면과 함께 제출할 수 있습니다.

(4) 변론종결 단계에서는, 당사자가 변론의 핵심을 구두로 요약 진술할 수 있습니다.

5. 그 밖의 유의사항

(1) 준비서면 등 법원에 제출하는 모든 서류에는 사건번호와 당사자를 표시하여야 합니다. 그리고 답변서 등 법원에 처음 제출하는 서면에는 일과시간 중 통화가 되는 전화번호, 팩스번호, e-mail 주소 등 연락처를 적어야 하고, 소송 진행 중에 주소나 연락처가 변경되면 곧바로 법원에 신고하여야 합니다(일과시간 중 주소지에서 소송서류를 송달받기 어려운 사정이 있는 때에는 주소지가 아닌 다른 곳을 송달장소로 지정할 수 있습니다. 다만, 지정한 송달장소에서 당사자나 당사자의 사무원·피용자 또는 동거인이 직접 송달물을 수령할 수 없는 경우에는 위 당사자 등을 대신하여 송달물을 수령할 사람을 법원에 함께 신고하여야 합니다). 만약 신고하지 않으면 종전 주소로 우편물을 발송하게 되는 불이익을 받을 수 있습니다.

(2) 답변서나 준비서면은 원본 외에 상대방 수만큼의 부본을 함께 제출하여야 하고 (예: 상대방이 2명이면 원본 1통, 부본 2통), 서증은 상대방의 수에 1을 더한 만큼의 사본을 제출하여야 합니다(예: 상대방이 2명이면 사본 3통).

(3) 제1회 기일 이후에 제출하는 준비서면은 가능한 한 다음 재판기일을 기준으로 7일 이전에 제출하시고, 쌍방에 대리인이 선임된 경우 그 이후에 제출하시는 경우에는 「민사소송규칙」 제47조에 따라 상대방 대리인에게 부본을 송달하신 후, 수령하였다는 취지가 기재된 영수증을 첨부하거나, 준비서면 표면에 영수취지의 기재가 되어 있는 준비서면을 제출하여 주시기 바랍니다.

(4) 소송대리는 변호사가 아니면 할 수 없습니다. 다만, 단독판사가 심리하는 사건(단독판사가 심리하지만 합의부 관할인 사건은 제외)에서는, ① 당사자의 배우자 또는 4촌 안의 친족, ② 당사자와 고용, 그 밖에 이에 준하는 계약관계를 맺고 있는 사람은 법원의 허가를 받아 소송대리인이

될 수 있습니다. 그러나 이 경우에도 미리 법원에 당사자 본인 이름으로 작성된 소송대리 위임장을 첨부하여 소송대리허가신청서를 제출하여야 하며, 법원은 당사자와 대리인의 관계 등 여러 가지 사정을 참작하여 허가를 결정하게 됩니다. '소송대리허가신청 및 소송위임장' 양식은 인터넷을 통하여 대법원 홈페이지(www.scourt.go.kr)에 들어오시면 내려받기(download) 할 수 있습니다.

(5) 기일에는 지정된 시각을 엄격하게 지켜 출석하여야 하고, 만약 질병 등의 사유로 출석하지 못할 경우에는 그 사유를 적은 기일변경신청서를 미리 제출하여야 합니다.

※ 특히, 배당이의의 소의 경우 원고가 첫 변론기일에 출석하지 않으면 소를 취하한 것으로 간주됨을 유의하시기 바랍니다(민사집행법 제158조 참조).

요약 쟁점정리서면

○ 사건번호: 200____ 가 _____
○ 제출자: 원고/피고 _____
○ 변론(준비)기일: _____ 년 ____월____일

위 사건에 관하여 다음과 같이 요약 쟁점정리서면을 제출합니다.

　항목　　　　　　　　　　　　　　　　　　　내용

1. 주장
2. 증거(주된 것만 기재)
3. 추가적으로 제출할 증거
4. 소송 진행에 대한 의견
□ 신속한 판결 희망
□ 서면에 의한 주장 및 증거의 추가 제출
□ 조정(화해) 기일 지정 희망
□ 기타 (　　　　　　　　　　)

※ 별지를 이용하여 작성할 수 없고, 위 용지의 해당 항목에 관한 사항을 가능한 한 축약하여 요약·기재한 다음 준비서면과 함께 제출하시기 바랍니다. 사건번호, 제출자를 반드시 기재하시고, 변론(준비)기일이 지정되었다면 이 부분도 기재 바랍니다.

[참고자료: 각종 증거신청 서식]

[서식 1] 증거설명서

증 거 설 명 서

사 건 200   가

호증	서증명	작성일자	작성자	입증취지	비고
갑1	부동산 매매계약서	2000.11.3	원고김갑동 (피고의 형)	원고와 피고를 대리한 김갑동 사이에 체결된 이 사건 토지매매계약서	
2	토지 등기부등본				
3	〃			이 사건 인접 토지를 피고를 대리한 김갑동이 매도한 적이 있다는 사실	
4-1	영수증	2000.11.3	김갑동	계약금 지급사실	
4-2	〃	2000.12.3	〃	중도금 지급사실	
4-3	〃	2001.1.3	〃	잔금 지급사실	
5	각서	2000.12.27	피고	피고가 이 사건 계약을 인정한 후, 원고에게 등기를 넘겨주기로 약속한 사실	사본
6	호적등본			피고와 김갑동 사이의 신분관계	

200. . .

원(피)고 소송대리인 ○ ○ ○(인)

서울중앙지방법원 제○○민사부 귀 중

문 서 제 출 명 령 신 청

사 건   2011가합12521 보험금
원 고   김 ○ ○
피 고   ○○해상화재보험주식회사

위 사건에 관하여 원고는 주장사실을 입증하기 위하여 다음과 같이 문서제출명령을 신청합니다.

다   음

1. 문서의 표시 및 소지자
   피고회사가 소지하고 있는 2011. 2. 1.부터 현재까지 영업배상책임보험보통약관 및 시설소유자
   특별약관 일체

2. 문서의 취지
   원고가 2011. 2. 1 피고회사와 화재보험계약을 체결하였는바, 위 약관에는 피고회사가 보상할
   책임의 범위가 상세히 기재되어 있음.

3. 증명할 사실(입증취지)
   본건 사고는 피고회사가 보상할 사고임을 입증하고자 함.

4. 문서제출의무의 원인
   민사소송법 제316조 제1항

2012. . .

위 원고 김○○ (인)

서울중앙지방법원 제○○민사부 귀 중

[서식 3] 기록송부촉탁신청서

기록인증등본 송부촉탁신청

사 건 2011가합11122 손해배상(산)
원 고 김 ○ ○ 외 1
피 고 ○○주식회사

위 사건에 관하여 원고들은 주장사실을 입증하기 위하여 다음과 같이 기록인증등본송부촉탁을
신청합니다.

다   음

1. 송부촉탁할 곳
   근로복지공단 ○○지사
   주소:

2. 송부촉탁할 문서의 표시

가. 재해자: 김 ○○
주민등록번호: 610409-1234418
주소: 서울시 관악구 신림동 331

나. 위 재해자가 2011. 4. 1. 15:00. 강원도 원주시 단구동 ○○건설현장에서 토목공사 중 입은 재
   해에 관하여 요양신청서, 소견서, 사고보고서, 목격자진술서, 보험급여원부 등 산재기록 일체.

2011. . .
위 원고 김 ○○ (인)
이 ○○ (인)

서울중앙지방법원 제○○민사부 귀중

서 증 조 사 신 청

사 건   2011가합12111 손해배상(자)
원 고   김 ○ ○
피 고   ○○운수주식회사 외 1

위 사건에 관하여 원고들은 주장사실을 입증하기 위하여 다음과 같이 서증조사를 신청합니다.

다   음

1. 서증조사할 곳

서울남부지방검찰청 310호 검사실

2. 서증조사할 문서의 표시

위 지청 2011형제1234호 피의자 박○○에 대한 교통사고처리특례법위반 피의사건기록 일체

2011. . .
위 원고 김 ○○ (인)

서울중앙지방법원 제○○민사부 귀 중

증인신청서

1. 사 건 200   가

2. 증인의 표시

성 명		직 업	
주민등록번호			
주 소			
전 화 번 호	자택 ( ) – 사무실 ( ) – 휴대폰 ( ) –		
원·피고와 의 관 계			

3. 증인이 이 사건에 관여하거나 그 내용을 알게 된 경위

4. 신문할 사항의 개요
①
②
③

5. 기타 참고사항

200. . .
○고 ○ ○ ○ (인)

서울중앙지방법원 제○○민사부 귀 중

1. 증인이 이 사건에 관여하거나 그 내용을 알게 된 경위는 구체적이고 자세하게 적어야 합니다.
2. 여러 명의 증인을 신청할 때에는 증인별로 따로 증인신청서를 작성하여야 합니다.
3. 신청한 증인이 채택된 경우에는 법원이 명하는 바에 따라 증인진술서나 증인신문사항을 미리 제출하여야 하고, 지정된 신문기일에 증인이 틀림없이 출석할 수 있도록 필요한 조치를 취하시기 바랍니다.

신 체 감 정 촉 탁 신 청

사 건   2011가단11231 손해배상(자)
원 고   김 ○ ○
피 고   ○○화재해상보험주식회사

위 사건에 관하여 원고는 다음과 같이 신체감정촉탁을 신청합니다.

다 음

1. 피감정인
성   명: 김 ○○
생년월일: 1960. 4. 19
주   소: 서울시 광진구 구의동 333
연락처: 전화 (02) 453 – 1251

2. 감정촉탁희망병원: 서울대학교병원 정형외과
　　　　　　　　　　　서울시 종로구 연건동 ○○

3. 감정사항: 별첨과 같음

첨 부

1. 진단서　　　　　　　　2통

200. . .
위 원고 ○ ○ ○ (인)

서울중앙지방법원 제○○민사부 귀 중

감 정 사 항

피감정인의 200 . . . 자 부상에 관하여

1. 부상의 부위 및 정도
2. 그동안의 치료 내용 및 경과
3. 현재의 자각적 증상의 유무 및 있다면 그 내용과 정도
4. 현재의 타각적 증상의 유무 및 있다면 그 내용과 정도
5. 현재의 병적 증상이 위 일자의 사고로 인한 것인지
6. 위 병적 증상의 원인이 되는 기왕증이 있었는지, 있다면 그 내용 및 정도(기여비율을 %로 표시할 것)
7. 치료가 종결되었는지. 향후치료가 필요하다면 그 치료의 내용과 치료시기 및 기간, 치료비 예상액
8. 치료 종결 후(향후치료 포함) 피감정인에게 후유증이 남게 될 것인지

   가. 어떠한 후유증이(구체적으로) 남게 되는지. 그리고 그 후유증을 객관적으로 증명할 수 있는지

   나. 그것이 영구적인 혹은 개선 가능한 것인지. 개선 가능하다면 그 소요기간 및 개선 정도

   다. 이로 인하여 신체장해가 예상되는지(신체장해라 함은 치료 종결로 증상이 고정되었거나 향후치료를 한다 하더라도 영구적으로 개선 불가능한 후유증이란 점을 고려할 것)와 그 장해 내용(운동장해, 기능장해가 있는 경우 이를 구체적으로 표시할 것)

   라. 위 신체장해가 맥브라이드 노동력상실평가표(맥브라이드표 14, 15. 1963년판)와 국가배상법시행령 별표 2 노동력상실률표의 각 어느 항목에 해당하는지. 만일 적절한 해당 항목이 없는 경우에는 준용 항목 또는 어느 항목의 몇 % 정도 해당하는 것으로 봄이 상당한지를 표시

(표시례)

① 맥브라이드표 14, Page 70, 관절강직, 모지 중 Ⅱ-1-c항에 해당

(일부 해당의 경우: . . . 항의 50%에 해당)

② 국가배상법시행령 별표 2의 제12급 제6항에 해당

(일부 해당의 경우: . . . 항의 50%에 해당)

   마. 피감정인이 왼손잡이인지 또는 오른손잡이인지(팔이나 손에 장해가 있을 경우에 한함)

   바. 피감정인이 ○○직업에 계속 종사할 수 있는지. 그 직업에 있어서의 노동능력 상실 정도 (%로 표시)

   사. 피감정인이 일반 도시 또는 농촌일용노동자로 종사하는 경우 그 노동능력의 상실 정도(%로 표시)

   아. 맥브라이드 기준에 의하는 경우 피감정인의 연령, 최고·최저를 고려한 노동능력 상실 정도의 수정치(%로 표시)

9. 개호인이 필요한지. 필요하다면 ① 개호 내용(음식물 섭취, 착탈의, 대소변, 체위변경 등)과 ② 개호 내용에 비추어 의료전문가의 개호가 필요한지 또는 보통 성인남녀의 개호로 족한지(의료전문가가 필요하다면 그 비용)
10. 피감정인이 휠체어, 의족 등 보조구나 의치 등이 필요한지. 필요하다면 그 필요기간, 소요개수, 개당가격, 수명과 그 보조구의 사용으로 개선될 수 있는 거동의 정도 및 착용훈련이 필요한 경우에는 그 훈련기간
11. 위 후유증의 피감정인이 평균수명에 영향이 있는지. 있다면 예상되는 단축기간 및 그 근거자료
12. 기타 참고사항

검증 및 감정신청

사 건   2011가단1353 건물철거 등
원 고   김 ○ ○
피 고   이 ○ ○

위 사건에 관하여 원고들은 주장사실을 입증하기 위하여 다음과 같이 현장검증 및 측량감정을 신청합니다.

다   음

1. 검증감정의 목적물
   원고 소유의 서울시 서초구 서초동 811의 1 대 100㎡와 피고 소유의 같은 번지의 10 대 50㎡ 및 위 지상의 건물, 담장 등

2. 검증·감정의 목적(검증·감정에 의하여 명백히 하여야 할 사항)
   가. 위 두 토지의 경계선 부근의 현황 및 두 토지의 정확한 경계선과 피고 소유의 건물, 담장 등이 원고 소유 대지를 침범하고 있는지
   나. 침범하고 있다면 그 위치 및 면적

3. 감정인 선임에 관한 의견
   귀원에서 적의 선임하여 주시기 바랍니다.

200. . .
위 원고 김 ○○ (인)

서울중앙지방법원 제○ ○ 민사부 단독 귀 중

녹음테이프검증신청

사 건 200   가합21345 손해배상(기)
원 고 김 ○ ○
피 고 이 ○ ○

위 사건에 관하여 원고는 다음과 같이 녹음테이프검증을 신청합니다.

다   음

1. 녹음일시: 2008. 4. 1. 18:00경
2. 녹음장소: 서울시 강남구 수서동 500 피고의 집
3. 녹취대화자: 원고, 피고, 피고의 처
4. 녹취내용 요지: 피고가 원고에게 이 사건 사고로 인한 모든 손해배상책임을 지겠다고 한 내용
5. 녹취서: 별첨

200. . .

위 원고 김 ○○ (인)

서울중앙지방법원 제○○민사부 귀 중

[서식 9] 증거보전신청

증 거 보 전 신 청

신청인 김 ○ ○
　　　　주소:
상대방 이 ○ ○
　　　　주소:

신청인은 증거보전을 위하여 다음과 같이 증인의 신문을 신청합니다.

다　　음

1. 증명하여야 할 사실
   신청인이 상대방으로부터 2008. 3. 1. 별지목록 기재 부동산을 금 100,000,000원에 매수하고 위 대금을 지급하였음에도 불구하고 상대방이 소유권이전 등기절차를 이행하지 않고 있는 사실
2. 증인의 표시
   증인 박○○
   서울시 동대문구 회기동 1 경희의료원 내
   (위 증인은 현재 간암으로 입원하여 임상 신문하여 줄 것을 신청합니다)
3. 증거보전을 필요로 하는 사유
   가. 신청인은 위 증인의 중개로 상대방으로부터 2008. 3. 1. 별지목록 기재 부동산을 금 100,000,000원에 매수하고 위 대금을 지급하였음에도 불구하고, 상대방은 소유권이전 등기절차를 이행하지 않고 있으므로 신청인은 상대방에 대하여 서울지방법원에 소유권이전 등기절차 이행청구소송을 제기하고자 준비 중에 있습니다. 이에 따라 위 증인은 이 사건 매매계약의 중개인으로 매매대금 지급 시 입회한 사람으로서 위 본안 소송사건에 있어서 신청인의 주장사실을 입증하기 위하여 없어서는 안 될 사람입니다.
   나. 그런데 위 증인은 2008. 4. 1. 위 병원에 입원하여 정밀검사 결과 간암으로 이미 중태임이 판명되어, 급히 신문을 받지 않으면 위 증인의 사망으로 인하여 신청인이 위 본안 소송사건에 있어서 위 증인의 증언을 기대한다는 것은 극히 곤란한 사정에 있습니다.
   다. 따라서 위 증거를 보전하기 위하여 이 사건 신청에 이르렀습니다.

소 명 방 법

1. 매매계약서		1통
2. 입원확인서		1통

200 　. . .
위 신청인 김 ○○ (인)

서울북부지방법원 귀중

(별지목록 생략)

[서식 10] 석명준비명령

○○지방법원

제○민사부

석명준비명령

사 건 200   가

　　소송관계를 명료하게 하기 위하여 다음 사항에 대한 보완을 명합니다. 이에 대한 답변을 적은 준비서면과 필요한 증거를 200　.　.　.까지 제출하시기 바랍니다. 이에 응하지 아니할 경우에는 주장이 각하되는 등 불이익을 받을 수 있습니다.

(민사소송법 제149조 제2항 참조)

석명준비사항

1.

2.

3.

4.

200　　.　　.　　.

재판장 판사 ○○○ (인)

문의사항 연락처 ○○지방법원 민사 제○부 법원사무관 ○○○

직 통 전 화 ○○○-○○○　　교환 ○○○-○○○(○○○○)

팩　　　스 ○○○-○○○　 e-mail　　@scort.go.kr

제5장 소장 작성 사례

Ⅰ. 소장 작성 연습 문제

1. 대여금청구사건

서울 동대문구 제기동 123의 4에 거주하고 있는 김갑동은 2010. 2. 1. 부천시 원미구 상동 234의 5에 거주하고 있는 이을순에게 사업자금으로 돈 3,000만 원을 1년 후에 갚기로 하고 월 3부 이자로 빌려 주었는데, 이을순의 아들인 박인수가 이에 대하여 연대보증을 하였다. 이을순은 1년이 지난 후에도 김갑동에게 돈을 준다 준다 말만 하면서 돈을 갚지 않고 있으며, 이을순의 사업은 더욱 부진하여 최근에는 연락도 잘 되지 않고 있다.

김갑동은 이을순의 부동산에 대하여 가압류를 한 후 이을순과 박인수를 상대로 대여금청구의 소를 제기하고자 한다. 박인수는 서울 영등포구 문래동 100에서 거주하고 있다. 소장을 작성하라.

2. 소유권이전등기청구사건

서울 용산구 청파동 100에 거주하는 김신일은 2011. 2. 20. 서울 서초구 서초동 111 행운아파트 1동 201호에 거주하는 이은수와 그 소유의 위 아파트를 금 1억 원에 매수하기로 하고, 교대 앞 교대복덕방에서 매매계약서를 작성하였는데, 그 내용은 계약금 1,000만 원은 계약 당일 지급하고, 중도금 4,000만 원은 2008. 2. 28. 지급하며, 잔금 5,000만 원은 2008. 3. 10. 같은 장소에서 위 아파트에 대한 소유권이전등기에 필요한 서류와 상환으로 지급하기로 약정하였다. 김신일은 위 계약일에 계약금을 지급하고, 중도금도 그 지급기일에 지급하였고, 잔금지급기일에 잔금을 준비하여 약속한 교대복덕방에 나갔으나, 그날 오후 내내 기다려도 이은수가 나타나지도 않고 연락도 안 되어 그냥 돌아왔다.

김신일이 그다음 날 위 복덕방에 전화를 걸어 어떻게 하면 좋을 것인지 물어보는 과정에서 이은수가 3일 전에 교통사고로 사망한 사실을 알게 되었다. 그 후 김신일은 이은수의 유족을 찾아 위 아파트에 대한 매매계약상의 상호 이행을 완결 짓기 위해 가족관계등록부를 발급받아 보았더니 이은수의 유족으로는 처인 정인숙과 장남 이성남, 장녀 이연숙, 차남 이병남이 있는데, 정인숙은 남편과 차남과 함께 위 아파트에서 거주하고 있다가 남편이 사망한 것이었고, 장녀 이연숙은 이미 결혼하여 부천시 소사동 188에 거주하고 있었으며, 장남 이성남도 결혼하여 서울 성북구 성북동 333에 거주하고 있음을 알게 되었다. 김신일은 위 정인숙에게 매매계약의 이행을 촉구하였으나, 자신은 매매계약서를 보지도 못했다고 하면서 차일피일 아직까지 이행할 태도를 보이지 않고 있다. 김신일이 매매잔금을 지급하고 위 아파트의 소유권이전등기를 받고자 하는 경우의 소장을 작성하라. 그런데 김신일이 얼마 전 서울중앙지방법원에서 위 아파트에 대한 등기부등본을 발급받아 보니 위 아파트가 2011. 4. 2. 접수 제12345호로 2011. 4. 1. 매매를 원인으로 서울 강남구 양재동 123 거주 이금수 앞으로 소유권이전등기가 마쳐져 있었다. 김신일이 깜짝 놀라 정인숙에게 알아봤더니 남편 이은수의 친동생인 이금수가 남편이 사망한 후에 어떻게 직접 등기를 넘겨갔는지 모르겠으나, 남편이 교통사고로 사망하여 영안실에 있을 때 사고처리와 보상관계로 필요하다고 하면서 남편의 인감도장을 가져간 사실이 있다고 하였다.

3. 어음금청구사건

서울 동대문구 이문동 123의 4에 본점 소재지를 둔 갑을산업주식회사(대표이사 김정수)는 2010. 3. 2. 서울 강남구 역삼동 234의 5에 거주하고 있는 김정일로부터 물품대금의 담보로 서울 서초구 서초동 588의 7에 거주하고 있는 이원수가 발행한 약속어음 1매(액면 금 5,000만 원, 지급기일 2010. 5. 1. 지급지, 발행지 각 서울, 지급장소 국민은행 서초동지점, 발행일 2010. 2. 1.)를 교부받았다. 위 약속어음의 이면에는 김정일의 배서가 되어 있었고, 위 어음은 발행인이나 배서인 모두 지급거절증서 작성의무를 면제하고 발행하고 배서한 것이다. 김정수는 위 지급기일에 위 어음금의 지급을 받기 위하여 위 지급장소인 국민은행 서초동지점에 이르러 위 어음을 제시하였으나, 무거래라는 이유로 지급이 거절되었다. 약속어음의 소지인이 발행인인 이원수와 배서인인 김정일을 상대로 어음금의 합동지급을 구하는 소장을 작성하라.

4. 손해배상청구사건

김갑수와 이을순은 결혼 후 10세 된 외아들(김하나)을 두고 있는데, 2010. 9. 1. 아들이 동네 아이들과 서울 용산구 효창공원 인근 학교 앞 도로를 횡단하다가 박사고가 운전하는 한일운수 소속 서울51가1234호 시내버스에 들이받혀 부상을 입고 치료는 모두 끝났으나, 후유증이 남아 있어 담당의사의 소견에 의하면 도시일용노동자로 약 20%의 노동능력상실이 예상된다고 한다. 아들이 입원해 있는 동안의 치료비는 한일운수가 가입한 자동차보험에서 지급되었다. 이을순은 아들이 입원해 있는 6개월 동안 아무 일도 못하고 아들의 치료를 도왔다. 김갑수 가족의 주소지는 서울 용산구 청파동 100이고, 한일운수의 주소지는 서울 마포구 노고산동 234이며, 한일운수가 자동차보험을 가입한 최고화재해상보험주식회사의 본점 소재지는 서울 중구 무교동 345이고, 대표이사는 김공평이다. 김갑수 등이 위 교통사고로 인한 손해배상을 받기 위하여 한일운수나 보험회사를 상대로 소를 제기하는 경우의 소장을 작성하라. 참고로 우리나라의 만 10세 남자의 평균여명은 58.18년이고, 2010년 9월 현재의 도시일용노동임금(월간거래가격의 보통인부 임금)은 67,909원이며, 통상 한 달에 22일간 60세까지 일반육체노동에 종사할 수 있는 것으로 본다.

5. 임대차사건

이민수는 2010. 4. 1. 김진주와 그 소유의 서울 마포구 마포동 100 제일빌라(원룸) 1동 1202호에 대하여 보증금 5,000만 원, 월세 20만 원, 임대차기간 1년으로 하는 임대차계약을 체결하고 위 보증금을 지급한 후 위 원룸에 거주하면서 학교에 다니다가 계약기간이 종료되었다. 이민수는 계약기간이 종료되고 이사를 가려고 하나, 주인인 김진주가 보증금을 올려놓는 바람에 김진주는 다른 세입자가 들어오지 않아 보증금을 빼줄 수 없다고 하면서 보증금을 돌려주지 않고 있다. 이민수는 군 입대를 앞두고 있어 위 원룸에 더 이상 거주할 형편이 못 되어 2011. 4. 15. 방을 비워 주고 짐을 친구 집으로 전부 옮겨 놓았다. 이민수의 주거지는 서울 용산구 서빙고동 543이고, 김진주의 주소지는 서울 강남구 청담동 456이다. 이민수가 김진주를 상대로 임대차보증금반환청구의 소를 제기하는 경우의 소장을 작성하라.

6. 채무부존재확인청구사건

김갑일은 2010. 3. 2. 이을수에게 돈 1,000만 원을 빌려 주었는데 이을수가 마을 노인들에게 선행을 베푸는 것에 감명을 받아 이을수가 위 돈을 갚지 않아도 좋다고 채무면제를 해 주었다. 그런데 김갑일이 2011. 4. 5. 사망하자 그의 외아들인 김병남이 이을수가 김갑일에게 써 준 차용증을 들고 와 이을수에게 위 돈 1,000만 원을 갚으라고 독촉하고 있다. 이을수는 김갑수 생전에 채무를 면제받아 안심하고 있었는데 김갑수 사후에 그 아들이 부친의 돈을 갚으라고 떼를 쓰는 바람에 마음고생이 말이 아니다. 이을수는 어떠한 방법으로 위와 같은 법적 불안에서 벗어날 수 있는지 소장을 작성하라. 이을수의 주소지는 서울 용산구 청파동 123이고, 김갑일의 주소지는 고양시 일산구 장항동 234이다.

II. 소장 작성 시 유의사항

1. 소장을 작성하는 경우 필요적 기재사항, 임의적 기재사항, 관행적 기재사항 등을 염두에 두고 작성해야 하나, 소장의 틀을 벗어나지 않는 범위에서 소를 제기하는 시점에서 다양한 형태로 작성할 수 있

다. 실무상 소장은 상대방의 항변사항을 고려하지 않고 의뢰인의 요구사항에 부합하도록 요건사실 위주로 간략히 기재하는 것이 통례이나, 변호사시험(기록형)에서 요구하는 소장은 상대방이 제기할 것으로 예상되는 모든 주장 및 항변사항까지 고려하여 의뢰인이 패소하는 부분이 없도록 사실관계와 법률적 주장을 전부 적시하는 종합준비서면 형태로 작성할 것을 요구한다.

2. 청구취지의 기재에 관해서는 집행이 가능할 수 있도록 특정해야 하며, 청구원인의 기재에 관해서는 주요 사실 내지 요건사실을 중심으로 원고가 주장하는 권리 또는 법률관계의 성립원인인 사실을 분명하게 기재하여야 한다. 특히 청구원인을 기재함에 있어서는 주장책임을 고려하여 주요 사실에 관한 주장을 정확하게 기재하여야 하고, 간접사실만 장황하게 설시하거나 주장과 증거를 혼동하지 않도록 한다.

3. 소제기 시점에서 상대방이 적극적으로 다툴 것인지를 고려하여 다툼이 예상되지 않는 사건의 경우에는 소장에 기본적 사실관계를 중심으로 간략하게 기재하여도 무방하나, 다툼이 예상되는 사건의 경우에는 사실관계 및 법률주장을 구체적으로 기재하고 관련증거까지 일괄하여 제출하는 것이 좋다. 의뢰인(원고)이 변호사에게 사건을 위임하는 것은 재판에서 승소하기 위함이지 패소를 전제로 위임하는 경우는 있을 수 없다. 재판에서 승소하기 위해서는 자신의 논리로 법원(재판부)을 설득할 수 있어야 한다.

4. 소장은 대리인(변호사)의 얼굴이다. 소장만 한 번 보면 그 소장을 작성한 변호사의 수준을 한 눈에 알 수 있다. 법관 중에는 소장을 한 번 보는 것으로 그 사건의 전체 윤곽을 파악하는 경우도 있으므로 소장을 작성함에 있어서는 실체법 및 절차법 지식을 총동원하여 변호사로서의 전 역량을 쏟아부어야 한다. 재판실무는 변호사로서의 종합예술을 발휘할 수 있는 영역이다.

5. 소장을 작성하는 방법이 일정한 것은 아니나, 청구원인에서 당사자 등 관련자들의 지위(법적 분쟁이 발생한 사실관계에 등장하는 사람들의 기본적인 관계 등), 분쟁이 발생하기 이전의 사실관계(계약체결의 경위 등), 분쟁이 발생한 경위, 원고가 해당 권리를 주장하게 된 법적 근거의 순서를 염두에 두면서 일목요연하게 작성할 필요가 있다.

III. 소장 작성 사례

1. 대여금청구사건

소 장

원 고   김 갑 동 (-   )
　　　　서울 동대문구 제기동 123-4
　　　　소송대리인 변호사 ○ ○ ○
　　　　서울 서초구 서초동 1692-6 동아빌딩 6층
　　　　우편번호:　　　　　　전화:

피 고 1. 이 을 순 (-   )
　　　　부천시 원미구 상동 234-5
　　　　우편번호:　　　　전화:
　　2. 박 인 수 (-   )
　　　　서울 영등포구 문래동 100
　　　　우편번호:　　　　전화:

대여금청구의 소

청 구 취 지

1. 피고들은 연대하여 원고에게 금 30,000,000원 및 이에 대한 2011. 2. 1.부터 다 갚을 때까지 연 30%의 비율에 의한 금원을 지급하라.
2. 소송비용은 피고들이 부담한다.
3. 제1항은 가집행할 수 있다.
　라는 판결을 구합니다.

청 구 원 인

1. 원고는 2010. 2. 1. 피고 이을순에게 금 30,000,000원을 변제기 1년, 이자 월 3%로 하여 대여하고, 피고 박인수는 피고 이을순의 위 채무를 연대보증하였습니다.
2. 따라서 피고들은 원고에게 연대하여 위 금 30,000,000원 및 이에 대한 2011. 2. 1.부터 다 갚을 때까지 연 30%의 비율에 의한 이자 및 지연이자를 지급할 의무가 있습니다.

입 증 방 법

　　　　　　1. 갑 제1호증　　　　　차용증
　　　　　　1. 기타 필요한 입증방법은 변론 시 제출하겠습니다.

첨 부 서 류

　　　　　　1. 소장부본　　　　　2통
　　　　　　1. 위 입증방법　　　각　2통
　　　　　　1. 납부서　　　　　　1통

　　　　　　　　　　　2011. 4. 15.
　　　　　　　　　　위 원고 소송대리인
　　　　　　　　　　변호사 ○ ○ ○ (인)

서울북부지방법원　　귀 중

[해설]

1. 당사자의 성명은 한글로 표시하고 주민등록번호나 한자명을 괄호 안에 병기하여 표시한다. 주소는 당사자의 특정 및 이에 따른 토지관할의 결정과 소송서류의 송달장소로서의 기능을 가지므로 정확하게 기재하여야 송달로 인한 절차지연을 방지할 수 있다. 주소 등은 빌딩의 이름·호실이나 아파트 동·호수까지 정확히 기재하고 우편번호와 전화번호, 이메일주소 등을 기재할 필요가 있다. 소송대리인이 있는 경우 대리인의 성명과 주소를 기재한다.

2. 위와 같은 대여금청구와 같이 재산권에 관한 소를 제기하는 경우에는 피고들의 주소지법원에 소를 제기할 수도 있고, 채무이행지 법원(민사소송법 제8조의 특별재판적)인 원고의 주소지법원에 소를 제기할 수도 있다. 피고들의 재판적이 경합되는 경우에는(피고 이을순의 주소지법원은 인천지방법원 부천지원이고, 피고 박인수의 주소지법원은 서울남부지방법원이다) 관련재판적(민사소송법 제25조)에 따라 어느 하나의 법원에 소를 제기할 수 있다.

3. 피고들의 관계가 연대보증과 같은 연대채무인 경우에는 반드시 '연대하여'라는 표시를 한다. '연대하여'라는 표시를 하지 않는 경우 분할채무의 원칙상(민법 제408조) 피고별로 균분하게 나눈 금액의 지급을 구하는 것으로 된다. 피고들에게 동일한 금액의 지급을 구하는 경우에는 '각'이라는 표시를 하고, 공동불법행위 등 부진정연대채무의 경우에는 '각자'라는 표시를 하여 피고들의 상호 관계와 채무의 범위를 특정하여야 한다.

4. 이행청구의 청구취지는 무색투명한 추상적 표현을 사용하여야 하고 이행할 채무의 종류나 법적 성질 등을 나타내지 않도록 한다. 다만 가사소송에서는 '위자료로서' 또는 '재산분할로서' 등과 같이 이행할 채무의 종류를 표시한다.

5. 이자와 지연손해금을 원금청구에 부대하여 청구하는 경우 그 가액은 소송목적의 가액에 산입되지 아니하므로(민소법 제27조 제2항) 그 청구도 같이 하도록 한다.

6. 변제기와 이율의 정함이 있는 경우에는 이를 명백히 표시한다. 이자제한법은(1998. 1. 13. 법률 제5507호로 폐지되었다가 2007. 3. 29. 법률 제8322호로 다시 제정되어 시행되고 있다)에 따르면 금전대차에 관한 계약상의 최고이자율(약정이자율)은 연 40퍼센트를 초과하지 아니하는 범위 안에서 대통령령으로 정하도록 하였고, 이자제한법 제2조 제1항의 최고이자율에 관한 규정(2007. 6. 28. 대통령령 제20118호)은 최고이자율을 연 30퍼센트로 규정하여 2007. 6. 30.부터 시행하고 있다. 한편, 이자제한법은 계약상의 이자로서 위 최고이자율을 초과하는 부분은 무효로 하며, 채무자가 최고이자율을 초과하는 이자를 임의로 지급한 경우에는 초과지급된 이자 상당금액은 원본에 충당되고, 원본이 소멸한 때에는 그 반환을 청구할 수 있도록 되어 있다. 또한 이 법 시행 전에 성립한 대차관계에 관한 계약상의 이자율에 관해서도 이 법 시행일 이후에는 이 법에 따라 이자율을 계산한다.

7. 소송촉진 등에 관한 특례법은 금전채무의 전부 또는 일부의 이행을 명하는 판결을 선고할 경우에 금전채무 불이행으로 인한 손해배상액산정의 기준이 되는 법정이율은 그 금전채무의 이행을 구하는 소장 또는 이에

준하는 서면이 채무자에게 송달된 날의 다음 날부터는 연 100분의 40 이내의 범위에서 대통령령으로 정하도록 되어 있고(채무자가 그 이행의무의 존재를 선언하는 사실심판결이 선고되기까지 그 존부나 범위에 관하여 항쟁함이 상당하다고 인정되는 때에는 그 상당한 범위 안에서 위 규정의 적용을 배제함), '소송촉진 등에 관한 특례법 제3조 제1항 본문의 법정이율에 관한 규정'은 그 이율을 연 2할로 정하고 있다.

8. 따라서 약정이율이 연 20% 미만인 경우에는 소장부분송달일까지는 약정이율을 청구하고, 그 이후에는 소송촉진 등에 관한 특례법에서 정한 연 20%의 비율에 의한 지연이자를 청구하도록 한다.

[참고] 이자제한법 및 대부업법에 의한 이자의 규제

▷ **이자제한법에 의한 이자 규제:** 약정이자의 이율은 당사자 간의 약정에 맡겨져 있으나, 법정이자는 다른 법률의 규정이나 당사자의 약정이 없으면 민사거래에서는 연 5푼(민법 제379조), 상거래에 있어서는 연 6푼이다(상법 제54조). 일반 개인들 사이에서 이자약정이 없으면 변제기 내에는 이자를 청구할 수 없고, 변제기 이후에는 지연이자로서 법정이자를 청구할 수 있다. 그리고 상인 간에서 금전의 소비대차를 한 때에는 약정이 없더라도 대주는 법정이자를 청구할 수 있다(상법 제55조 제1항). 이자제한법(2011. 7. 25. 법률 제10925호)은 이자의 적정한 최고한도를 정함으로써 국민경제생활의 안정과 경제정의의 실현을 목적으로 금전대차에 관한 계약상의 최고이자율은 연 30퍼센트를 초과하지 아니하는 범위 안에서 대통령령으로 정하도록 하고, 이를 초과한 이자는 무효로 하며, 이미 지급한 초과이자에 대해 반환청구가 가능하도록 하고 있다. 이자제한법 제2조 제1항의 최고이자율에 관한 규정(2007. 6. 28. 대통령령 제20118호)은 이자제한법 제2조 제1항에 따른 금전대차에 관한 계약상의 최고이자율은 **연 30퍼센트**로 규정하고 있다. 따라서 개인 사이에서 돈을 빌려 주고 받을 수 있는 최고이율은 연 30% 이내로 제한된다.

▷ **대부업의 등록 및 금융이용자보호에 관한 법률에 의한 이자규제:** 대부업의 등록 및 금융이용자보호에 관한 법률(이하 「대부업법」으로 약칭함) 제8조에 의하면 대부업자가 개인이나 대통령령으로 정하는 소규모 법인에 대부를 하는 경우 그 이자율은 연 100분의 50의 범위에서 대통령령으로 정하는 율을 초과할 수 없고(2010. 1. 25. 개정), 이에 따른 이자율을 산정할 때 사례금, 할인금, 수수료, 공제금, 연체이자, 체당금 등 그 명칭이 무엇이든 대부와 관련하여 대부업자가 받는 것은 모두 이자로 본다. 위 법률 시행령(2011. 6. 27. 대통령령 제22991호) 제5조 제3항은 대부업법 제8조 제1항에서 '대통령령이 정하는 율'이라 함은 연 **100분의 39(39%)**를 말하며(종전에는 연 44%였다), 월이자율 및 일이자율은 연 100분의 39를 단리로 환산하도록 하고 있다. 따라서 대부업자는 연 39%의 범위 내에서 이자를 받을 수 있다.

▷ **이자제한법과 대부업법 비교**

☐ 이자제한법이나 대부업법이나 제한이자 초과 부분은 무효로 하고, 초과지급이자 반환청구가 가능하며, 초과지급이자 원본충당이 가능하다.

☐ 대부업법은 무등록영업은 5년 이하의 징역 또는 5,000만 원 이하의 벌금, 이자율 제한위반의 경우 3년 이하의 징역 또는 3,000만 원 이하의 벌금에 처한다. 이재제한법에는 형사처벌규정이 없었으나, 2011. 10. 26.부터 시행되고 있는 개정 이자제한법(2011. 7. 25. 법률 제10925호) 제8조 제1항은 최고이자율을 초과하여 이자를 받은 자는 1년 이하의 징역 또는 1천만 원 이하의 벌금에 처하도록 하고 있다.

☐ 종전에는 등록대부업자에 대해서만 대부업법이 적용되도록 되어 있었으나, 2009. 1. 21. 개정 이자제한법 제7조는 다른 법률에 따라 인가 · 허가 · 등록을 마친 금융업 및 대부업과 대부업법에 따른 미등록대부업자에 대해서는 이 법을 적용하지 아니하도록 규정하고 있다. 따라서 미등록대부업자에 대해서는 이자제한법이 적용되지 않고 대부업법이 적용되어 연 44%의 이자가 적용된다.

2. 소유권이전등기청구사건

소 장

원 고   김 신 일(-   )
　　　　서울 용산구 청파동 100
　　　　우편번호:　　　　　전화:
　　　　소송대리인 변호사 ○ ○ ○
　　　　서울 서초구 서초동 1692-6 동아빌딩 6층

피 고 1. 정 인 숙(-   )
　　　　서울 서초구 서초동 111 행운아파트 1동 201호
　　　　우편번호:　　　　전화:
　　　2. 이 성 남(-   )
　　　　서울 성북구 성북동 333
　　　　우편번호:　　　　전화:
　　　3. 이 연 숙(-   )
　　　　부천시 소사동 188
　　　　우편번호:　　　　　전화:
　　　4. 이 병 남(-   )
　　　　서울 서초구 서초동 111 행운아파트 1동 201호
　　　　우편번호:　　　　전화:
　　　5. 이 금 수(-   )
　　　　서울 강남구 양재동 123
　　　　우편번호:　　　　전화:

소유권이전등기절차이행 등 청구의 소

청 구 취 지

1. 피고 이금수는 원고에게 별지목록 기재 부동산에 관하여 서울중앙지방법원 2011. 4. 2. 접수 제 12345호로 마친 소유권이전등기의 말소등기절차를 이행하라.
2. 원고로부터
   가. 피고 정인숙은 금 16,666,6678원을 수령함과 동시에 별지목록 기재 부동산 중 3/9 지분에 관하여,
   나. 피고 이성남, 이연숙, 이병남은 각 금 11,111,111원을 수령함과 동시에 별지목록 기재 부동산 중 각 2/9 지분에 관하여
   　　각 원고에게 2011. 2. 1. 매매를 원인으로 한 지분소유권이전등기절차를 이행하라.
3. 소송비용은 피고들의 부담으로 한다.
   라는 판결을 구합니다.

청 구 원 인

1. 별지목록 기재 부동산은 소외 망 이은수의 소유였던바, 원고는 2011. 2. 1. 위 이은수와 위 부동산에 관하여 매매대금은 1억 원으로 하되, 계약금 1,000만 원은 계약당일에, 중도금 4,000만 원은 2011. 2. 28.에, 잔금 5,000만 원은 2011. 3. 10.에 각 지급하기로 하는 매매계약을 체결하고, 계약금과 중도금은 모두 약정기일에 위 이은수에게 지급하였으나, 잔금 5,000만 원은 위 이은수가 2011. 3. 7. 사망하는 바람에 지급하지 못하였습니다.

2. 위 이은수의 사망으로 그 처인 피고 정인숙과, 장남 이성남, 차남 이병남, 장녀 이연숙이 공동상속인이 되었으므로 위 피고들은 원고로부터 잔금 5,000만 원을 상속분에 따라 나누어 피고 정인숙은 금 16,666,667원(5,000만 원×3/9), 피고 이성남, 이병남, 이연숙은 각 금 11,111,111원(5,000만 원×2/9)을 각 지급받음과 동시에 별지목록 기재 부동산을 역시 그 상속분에 따라 나누어 피고 정인숙은 3/9 지분에 관하여, 피고 이성남, 이병남, 이연숙은 각 2/9 지분에 관하여 각 2011. 2. 1. 매매를 원인으로 한 소유권이전등기절차를 이행할 의무가 있습니다.

3. 그런데 별지목록 기재 부동산에 관해서는 위 이은수가 교통사고로 사망한 뒤인 2011. 4. 2. 피고 이금수 명의로 청구취지 제1항 기재와 같은 소유권이전등기가 마쳐져 있는바, 피고 이금수는 위 이은수의 동생으로서 위 부동산을 매수한 사실이 전혀 없음에도 불구하고 위 이은수가 교통사고로 사망한 뒤 그 사고처리에 필요하다고 하여 유족으로부터 가져간 위 이은수의 도장을 부정사용, 등기에 필요한 서류를 위조행사하여 자기 명의로 소유권이전등기를 마친 것입니다.
따라서 피고 이금수 명의로 마쳐진 위 소유권이전등기는 등기원인 없이 마쳐진 원인무효의 등기라 할 것입니다.

4. 이에 원고는 피고 이금수에 대해서는 피고 정인숙 등 나머지 피고들에 대하여 가지는 등기청구권의 대위청구로서 별지목록 기재 부동산에 관하여 마쳐진 무효인 피고 이금수 명의의 소유권이전등기의 말소등기절차이행을 구하고, 피고 정인숙 등 나머지 피고들에 관해서는 원고로부터 피고 정인숙이 금 16,666,667원·피고 이성남, 이병남, 이연숙이 각 금 11,111,111원을 각 수령함과 동시에 별지목록 기재 부동산 중 피고 정인숙은 3/9 지분에 관하여, 피고 이성남, 이병남, 이연숙은 각 2/3 지분에 관하여 2011. 2. 1. 매매를 원인으로 한 소유권이전등기절차의 이행을 각 구하기 위하여 이 사건 제소에 이르렀습니다.

입 증 방 법

1. 갑 제1호증	등기부등본
1. 갑 제2호증의 1	제적등본
1. 갑 제2호증의 2 내지 4	각 가족관계등록부
1. 갑 제3호증	매매계약서
1. 갑 제4호증의 1, 2	각 영수증

1. 기타 필요한 입증방법은 변론 시 제출하겠습니다.

첨 부 서 류

1. 소장부본	6통
1. 토지대장	1통

                    1. 건축물대장   1통
                    1. 위 입증방법   각 6통
                    1. 납부서   1통

                                        2011. 5. 15.
                                        위 원고 소송대리인
                                        변호사 ○ ○ ○ (인)

   서울중앙지방법원   귀 중
   [별지목록 생략]

[해설]

1. 이 사안은 이금수가 이은수의 사망 후에 원인 없이 이금수 명의로 소유권이전등기를 넘겨간 것이므로 이는 원인무효의 등기가 된다. 사안의 성질상 이은수와 이금수 사이에 채권자를 해하는 법률행위 자체가 없기 때문에 사해행위취소의 소는 제기할 수 없고, 이금수 명의의 소유권이전등기의 말소 및 원고 앞으로의 소유권이전등기를 구하는 소장을 작성하면 된다.

2. 이은수의 사망으로 이은수의 처, 자식들이 법정상속분에 따라 이은수의 원고에 대한 소유권이전등기 의무를 부담하게 된다. 법정상속분은 1991년 이후 배우자에게만 5할을 가산하고 자식들은 장남, 차남, 기혼, 미혼 여부를 불문하고 동일하다.

3. 원래 등기는 등기권리자와 등기의무자의 공동신청에 의하여 이루어지는 것이나, 판결에 기한 등기는 승소한 등기권리자가 단독으로 신청할 수 있고, 이 경우 판결은 피고의 등기신청의사의 진술에 갈음하는 동시에 등기원인을 증명하는 서면기능을 하므로 단독으로 등기신청이 가능하게 된다.

4. 청구취지는 기존등기의 등기원인이 부존재, 무효이거나 취소, 해제 등의 사유로 소멸한 것임을 이유로 말소등기를 구하는 경우에는 등기원인의 기재가 불필요하나(위와 같은 말소등기를 실행함에는 법원의 판결 자체가 등기원인으로 됨), 이전등기를 구하는 경우에는 등기의 종류와 내용 이외에 등기원인과 그 연월일까지 표시한다(변론주의원칙상 원고가 매매를 원인으로 한 소유권이전등기를 청구한 데 대하여 양도담보약정 또는 취득시효완성을 원인으로 한 소유권이전등기를 명할 수 없음을 상기할 것).

5. 이전등기청구와 같은 의사의 진술을 명하는 판결은 확정된 때 그 의사의 진술이 있는 것으로 보기 때문에(민사집행법 제263조 제1항 참조) 가집행선고를 구하지 못한다.

6. 채권자대위권을 행사하여 말소등기청구를 하는 경우 채권자가 제3채무자에 대하여 자기에게 직접 급부를 요구하여도 상관없는 것이고 자기에게 급부를 요구하여도 어차피 그 효과는 채무자에게 귀

속되는 것이므로, 채권자대위권을 행사하여 채권자가 제3채무자에게 그 명의의 소유권보존등기나 소유권이전등기의 말소절차를 직접 자기에게 이행할 것을 청구하여 승소하였다고 하여도 그 효과는 원래의 소유자인 채무자에게 귀속되는 것이니, 법원이 채권자대위권을 행사하는 채권자에게 직접 말소등기 절차를 이행할 것을 명하였다고 하여 무슨 위법이 있다고 할 수 없다.[1] 원고로서는 잔금을 공탁하고 피고들을 상대로 이전등기청구를 할 수도 있다.

7. 말소등기를 구하는 경우에는 예고등기용으로 소장부본 1통이 더 필요하다.[2]

8. 부동산을 표시하는 경우에는 특히 아파트 등 집합건물의 경우에는 별지목록으로 등기부의 표시대로 정확히 기재한다. 부동산소송의 경우 소가(소송목적의 값) 산정을 위하여 토지대장, 건축물관리대장 (3개월 내 발급받은 것)을 첨부한다.

9. 부동산소송은 보통재판적인 피고의 주소지법원 이외에 등기할 공공기관(등기소) 소재지법원에도 특별재판적이 인정된다(민사소송법 제21조 참조). 원고의 소재지법원은 관할법원이 아니다.

3. 어음금청구사건

소 장

원 고　갑을산업 주식회사
　　　　서울 동대문구 이문동 123-4(우편번호:　　　전화:　　　)
　　　　대표이사 김 정 수
　　　　지배인 이 아무개

피 고 1. 이 원 수(　　　-　　　)
　　　　서울 서초구 서초동 588-7
　　　　우편번호:　　　전화:
　　2. 김 정 일(　　　-　　　)
　　　　서울 강남구 역삼동 234-5
　　　　우편번호:　　　전화:

약속어음금 청구의 소
청 구 취 지

1. 피고들은 합동하여 원고에게 금 20,000,000원 및 이에 대한 2009. 5. 1.부터 이 사건 소장부본 송달일까지는 연 6%, 그다음 날부터 다 갚는 날까지는 연 20%의 각 비율에 의한 금원을 지급하라.

---

1) 대법원 1996. 2. 9. 선고 95다27998 판결.
2) 부동산등기법의 개정으로 2011. 10. 1.부터 예고등기제도가 폐지되게 되면 소장 부본 1통의 추가는 불필요하게 될 것이다.

2. 소송비용은 피고들이 부담한다.
3. 제1항은 가집행할 수 있다.
　　라는 판결을 구합니다.

청 구 원 인

1. 피고 이원수는 2010 2. 1. 피고 김정일에게 액면 금 20,000,000원, 지급기일 2010. 5. 1. 지급지, 발행지 각 서울, 지급장소 주식회사 국민은행 서초동지점으로 된 약속어음 1매를 발행하였고, 피고 김정일은 2011. 3. 2. 위 약속어음을 지급거절증서작성의무를 면제하고 원고에게 배서양도 하였으므로 원고는 위 약속어음의 최종소지인이 되었습니다.
2. 원고는 위 약속어음의 정당한 소지인으로서 위 어음금의 지급을 받기 위하여 위 지급기일에 지급장소에 이르러 위 어음을 지급제시하였으나 지급이 거절되었습니다.
3. 따라서 피고 이원수는 위 약속어음의 발행인으로서, 피고 김정일은 배서인으로서 각 위 어음금 지급책임이 있는바, 원고는 피고들에게 위 약속어음금 50,000,000원 및 이에 대항 지급기일인 2010. 5. 1.부터 이 사건 소장부본 송달일까지는 어음법 소정의 연 6%의, 그다음 날부터 다 갚는 날까지는 소송촉진 등에 관한 특례법 소정의 연 20%의 각 비율에 의한 지연손해금의 합동지급을 구하기 위하여 이 사건 청구에 이르렀습니다.

입 증 방 법

1. 갑 제1호증의 1, 2　　　약속어음 표면 및 이면
1. 기타 필요한 입증방법은 변론기일에 제출하겠습니다.

첨 부 서 류

1. 법인등기부등본　　　　1통
1. 소장부본　　　　　　　2통
1. 위 입증방법　　　　　　1통
1. 납부서　　　　　　　　1통

2011. 5. 20.

위 원고 갑을산업주식회사
대표이사 김 정 수
지배인 이 아무개(인)

서울중앙지방법원　귀 중

[해설]

1. 어음금청구사건은 어음의 소지인이 어음상의 권리행사로서 그 액면금액과 이에 대한 이자 또는 지연손해금 등의 지급을 구하는 것으로서 소가의 다과에 불문하고 지방법원 단독판사가 관할한다.

2. 어음·수표 소송의 경우 특별재판적(지급지법원: 민사소송법 제9조)이 있음을 유의한다.

3. 어음을 표시함에 있어서는 액면금, 지급기일, 지급지, 발행지, 발행인, 지급장소 등 어음요건을 정확하게 기재하여야 하고 백지는 보충하여야 한다(다만 대법원 전원합의체 1998. 4. 23. 선고 95다36466 판결은 국내어음의 경우 발행지의 기재는 별다른 의미가 없는 것이고, 그 어음면상의 발행지의 기재가 없는 경우라고 하더라도 이를 무효의 어음이라고 할 수 없다고 하고 있음).3)

4. 어음요건 중 백지 부분에 관하여 보충권을 부여받은 경우에는 이를 행사하여 보충권의 범위 내에서 어음 원본의 백지 부분을 반드시 보충하여 이를 근거로 청구한다.4)5)

5. 청구원인에서는 피고가 발행, 배서 등 어음행위를 한 사실, 원고가 어음소지인인 사실, 지급기일에 지급장소에서 지급을 위하여 제시한 사실, 지급거절증서가 작성되었거나 그 작성이 면제된 사실 등을 기재하여야 한다.

6. 원고는 배서의 연속에 의하여 어음을 소지하고 있음을 밝히고(권리의 귀속을 주장하는 방법으로는 배서연속을 주장하는 방법과 배서양도를 주장하는 방법이 있다), 지급제시의 사실의 기재는 이자청구를 위해 필요하다.

7. 지급거절증서작성사실은 배서인에 대한 소구권을 행사하기 위하여 필요하므로 이를 기재하여야 하고, 발행인만을 상대로 청구하는 경우에는 적법한 지급제시기간 내 지급제시가 있으면 족하고 지급거절증서의 작성을 요하지 않으므로 이를 기재할 필요가 없다. 발행인은 어음금에 대한 최종적인 채무지이기 때문이다.

8. 발행인은 적법한 지급제시가 있었던 경우에는 상환의무자의 상환금액과 동액의 지급책임이 있으므로 어음금액 외에 만기 이후(만기일 당일분 이자도 포함)의 연 6%의 법정이자를 지급하여야 한다.

---

3) 대법원 1994. 9. 9. 선고 94다12098, 12014 판결: 약속어음의 발행일은 어음요건의 하나이므로 그 기재가 없는 상태에서는 어음상의 권리가 적법하게 성립할 수 없고, 따라서 이러한 미완성 어음으로 지급을 위한 제시를 하였다 하여도 적법한 지급제시가 될 수 없으며 사실심 변론종결일까지도 그 백지 부분이 보충되지 아니한 경우에는 그 어음소지인은 발행인에 대하여 이행기에 도달된 약속어음금 채권을 가지고 있다고 볼 수 없다.

4) 대법원 2001. 4. 24. 선고 2001다6718 판결: 백지약속어음의 경우 발행인이 수취인 또는 그 소지인으로 하여금 백지 부분을 보충케 하려는 보충권을 줄 의사로서 발행하였는지에 관해서는 발행인에게 보충권을 줄 의사로 발행한 것이 아니라는 점, 즉 백지어음이 아니고 불완전어음으로서 무효라는 점에 관한 입증책임이 있다.

5) 대법원 2003. 5. 30. 선고 2003다16214 판결: 만기를 백지로 한 약속어음을 발행한 경우, 그 보충권의 소멸시효는 다른 특별한 사정이 없는 한 그 어음발행의 원인관계에 비추어 어음상의 권리를 행사하는 것이 법률적으로 가능하게 된 때부터 진행하고(대법원 1997. 5. 28. 선고 96다25050 판결, 대법원 2001. 10. 23. 선고 99다64018 판결 등 참조), 백지약속어음의 보충권 행사에 의하여 생기는 채권은 어음금 채권이며 어음법 제77조 제1항 제8호, 제70조 제1항, 제78조 제1항에 의하면 약속어음의 발행인에 대한 어음금 채권은 만기의 날로부터 3년간 행사하지 아니하면 소멸시효가 완성되는 점 등을 고려하면, 만기를 백지로 하여 발행된 약속어음의 백지보충권의 소멸시효기간은 백지보충권을 행사할 수 있는 때로부터 3년으로 봄이 상당하고(다만, 만기 이외의 어음요건이 백지인 경우 그 백지보충권을 행사할 수 있는 시기는 다른 특별한 사정이 없는 한 만기를 기준으로 할 것이다), 당사자 사이에 백지를 보충할 수 있는 시기에 관하여 명시적 또는 묵시적 합의가 있는 경우에는 그 합의된 시기부터 백지보충권의 소멸시효가 진행된다고 볼 것이다

지급제시기간 경과 후에 지급제시한 경우에는 지급제시 익일부터 민법상의 연 5%의 지연손해금의 지급의무가 있다.

약속어음금 청구소송에서 그 소장부본이 피고에게 송달되면 지급제시의 효력이 생긴다.

9. 참고로 수표금청구의 요건사실은 피고가 소정의 수표를 발행한 사실, 원고가 위 수표를 소지한 사실, 원고가 위 수표를 지급제시기간 내에 지급인에 대하여 지급을 위한 제시를 한 사실, 위 수표에는 지급인에 의하여 지급거절선언이 기재되어 있는 사실이다.

10. 어음소지인이 발행인 및 배서인을 상대로 어음금, 이자 및 지연손해금을 청구하는 경우 피고들은 각자가 전액의 지급의무를 부담하고 그중 어느 한 사람이 지급하면 채무가 소멸하는 어음법상의 합동책임을 부담한다.

4. 손해배상청구사건

소 장

원 고 1. 김 하 나(-   )
      2. 김 갑 수(-   )
      3. 이 을 순(-   )
          원고들 주소: 서울 용산구 청파동 10(우편번호 - ,전화: -   )
          원고 1은 미성년자이므로 법정대리인
          친권자 부 김 갑 수, 모 이 을 순
      소송대리인 변호사 ○ ○ ○
      서울 서초구 서초동 1692-6 동아빌딩 6층

피 고 **최고화재해상보험 주식회사**
      서울 중구 무교동 345(우편번호: -   )
      대표이사 김 공 평

손해배상(자) 청구의 소

청 구 취 지

1. 피고는 원고 김하나에게 금 76,098,638원, 원고 김갑수에게 금 5,000,000원, 원고 이을순에게 금 17,215,753원 및 각 이에 대한 2010. 9. 1.부터 이 사건 소장부본 송달일까지는 연 5%의, 그다음 날부터 다 갚을 때까지는 연 20%의 각 비율에 의한 금원을 지급하라.
2. 소송비용은 피고의 부담으로 한다.
3. 위 제1항은 가집행할 수 있다.
   라는 판결을 구합니다.

청 구 원 인

1. 당사자적격(신분관계)

원고 김하나는 이 사건 사고로 중상을 입은 피해자 본인이고, 원고 김갑수, 이을순은 원고 김하나의 부모이며, 피고는 이 사건 사고차량인 서울 51가1234호 시내버스가 가입한 자동차보험의 보험자입니다.

2. 손해배상책임의 발생

가. 원고 김하나는 2010. 9. 1. 16:00경 서울 용산구 효창공원 인근 학교 앞 도로를 횡단하다가 숙대 방면에서 효창운동장 방면으로 진행하던 소외 박사고가 운전하는 한일운수 소속 서울 51가1234호 시내버스의 앞 범퍼 부분에 들이받혀 우측 다리의 대퇴부에 분쇄골절 등의 상해를 입었습니다.

나. 그렇다면 피고는 위 사고차량인 서울 51가1234호 시내버스가 가입한 자동차 보험의 보험자로서 원고들이 이 사건 사고로 입은 모든 손해를 배상할 책임이 있다고 할 것입니다.

3. 손해배상책임의 범위

가. 원고 김하나의 일실수입

(1) 원고 김하나는 2000. 8. 1.생의 신체 건강한 남자로서 위 사고 당시 만 10세 남짓으로 그 나이 한국남자의 평균기대여명은 58.18년이고, 보통 건강한 사람이 도시일용노동에 종사하는 경우 매월 22일씩 만 60세까지 가동할 수 있음은 경험칙상 명백하며, 이 사건 사고에 가까운 2010년 1월 도시일용노동임금은 1일 67,909원입니다.

(2) 원고 김하나는 위 사고로 중상을 입고 노동능력의 20%를 상실하는 불구의 몸이 되었으므로 위 사고가 없었다면 위 원고가 성년 후 군복무를 마치는 22세부터 평균여명의 범위 내에서 60세가 되는 2060. 9. 1.까지 38년(456개월) 동안 도시일용노동에 종사하여 얻을 수 있는 매월 금 1,493,998(67,909원×22) 중 위 노동능력상실률에 상응하는 수입을 매월 각 순차적으로 상실하는 손해를 입었다고 할 것인바, 위 손해액 전부를 위 사고 당시를 기준으로 하여 월 5/12푼의 중간이자를 공제하는 호프만식 계산법에 의하여 위 사고 당시의 현가를 구하면 금 56,098,638원 {1,493,998원×0.2×(300.3602 − 112,6135)}이 됩니다.

나. 원고 이을순의 개호비 손해

원고 이을순은 원고 김하나가 위 사고로 중상을 입고 S대학병원에 입원해 있는 6개월 동안 아들인 김하나를 돌보느라고 아무 일도 못 하였으므로 금 12,215,753원{(67,909×365/12)×5.9140(6개월의 호프만계수)}의 개호비 손해를 입었습니다.

다. 위자료

원고 김하나가 이 사건 사고로 부상을 입고 영구불구가 됨으로써 위 원고와 앞서 본 신분관계에 있는 나머지 원고들도 깊은 정신적 고통을 받았을 것임은 경험칙상 명백하므로 피고는 이를 금전으로나마 위자할 의무가 있다고 할 것인바, 원고 김하나와 나머지 원고들의 나이와 가족관계, 이 사건 사고의 발생경위와 결과 등 모든 사정을 참작하면 피고는 위자료로 원고 김하나에게 금 20,000,000원, 원고 김갑수, 이을순에게 각 금 5,000,000원을 지급하여야 할 것입니다.

4. 결 론

그렇다면 피고는 원고 김하나에게 금 76,098,638원(일실수입 56,098,638원＋위자료 20,000,000원), 원고 김갑수에게 금 5,000,000원, 원고 이을순에게 금 17,215,753원(개호비 12,215,753원＋위자료 5,000,000원) 및 각 이에 대한 이 사건 사고일인 2010. 9. 1.부터 이 사건 소장부본 송달일까지는 민법 소정의 연 5%의, 그다음 날부터 다 갚을 때까지는 소송촉진 등에 관한 특례법 소정의 연 20%의 각 비율에 의한 지연손해금을 지급할 의무가 있습니다.

입 증 방 법

1. 갑 제1호증의 1	가족관계등록부
1. 갑 제1호증의 2	주민등록등본
1. 갑 제2호증의 1	진단서
1. 갑 제2호증의 2	후유장해진단서
1. 갑 제3호증	입원확인서
1. 갑 제4호증	교통사고사실확인원
1. 갑 제5호증	자동차등록원부
1. 갑 제6호증의 1	한국인표준생명표 표지
1. 갑 제6호증의 2	동 내용
1. 갑 제7호증의 1	월간 거래가격 표지
1. 갑 제7호증의 2	동 내용

1. 기타 필요한 입증방법은 변론기일에 제출하겠습니다.

첨 부 서 류

1. 법인등기부등본	1통
1. 소장부본	1통
1. 위 입증방법	각 1통
1. 납부서	1통

2011. 5. 20.

위 원고들 소송대리인

변호사 ○ ○ ○ (인)

서울중앙지방법원   귀 중

[해설]

1. 통상 손해배상사건의 소장을 작성함에 있어서는 손해액이 확정되지 않은 경우가 많기 때문에 신체

감정결과 등 손해액이 확정된 후에 청구취지를 확장하기로 하고 일부청구의 형식으로 소장을 작성하여 제출하는 경우가 많다. 이 사건의 경우에도 피고가 후유장해를 다투는 이상 정확한 후유장해는 신체감정결과에 따라 결정될 것이나, 원고 김하나의 노동능력상실률을 후유장해진단서에 따라 20%로 전제하고 소장을 작성한 것이다. 일부청구의 경우 중복제소, 기판력 등과 관련하여 문제 되고 있음을 유의할 필요가 있다.

2. 이 사건 교통사고에 책임이 있는 자로는 사고운전자인 박사고는 직접적인 불법행위자이고, 운수회사는 가해운전자의 사용자로서의 책임과 자동차손해배상보장법상의 운행자책임을 부담하므로 운전자나 운수회사를 개별적으로 또는 공동피고로 하여 손해배상청구의 소를 제기할 수 있다. 그러나 상법상 책임보험에 있어서 피해자의 직접청구권이 인정되고 있으므로 피해자는 자력이 있는 보험회사를 피고로 하여 직접 손해배상청구의 소를 제기할 수 있고 본 소장은 보험회사를 피고로 하여 작성한 것이다.

3. 통상 피해자로서는 손해의 전보만 받으면 되기 때문에 지급이 확실한 보험회사를 피고로 하여 손해배상청구를 하는 경우가 많다. 다만 가해자가 형사사건으로 구속된 경우에는 형사합의를 하면서 추가 금원을 지급받을 여지는 있다. 가해운전자나 운수회사를 상대로 손해배상청구를 하는 경우에도 보험회사가 소송대리인을 선임하여 소송수행을 하고 보험금으로 손해배상금이 지급되기 때문에 결과적으로 큰 차이가 없다.

4. 판례는 손해배상청구소송의 소송물에 관하여 손해3분설을 따르고 있으므로 소극적 손해(일실수입), 적극적 손해(치료비, 개호비 등), 정신적 손해(위자료)로 나누어 손해항목별로 손해액을 특정해야 한다.

5. 손해배상책임의 발생에 피해자의 과실이 있는 경우 손해의 공평분담을 위해 과실상계를 하게 되나, 일반적으로 원고가 먼저 과실을 자인하면서 손해배상청구를 할 필요는 없다.6)

6. 당사자가 법인일 경우 대표자관계 등을 명확히 하기 위하여 법인등기부등본을 제출한다. 법인의 보통재판적은 주된 사무소 또는 영업소가 있는 곳에 따라 정하고, 사무소와 영업소가 없는 경우에는 주된 업무담당자의 주소에 따라 정한다(민사소송법 제5조 참조).

7. 미성년자의 경우 소송무능력자이므로 법정대리인이 필요하다. 미성년자의 법정대리인은 친권자이고 (친권은 부모가 공동으로 이를 행사하고 부모의 일방이 친권을 행사할 수 없을 때에는 다른 일방이 이를 행사하도록 되어 있다. 민법 제909조 참조), 친권자가 없을 때에는 후견인이 법정대리인이 된다.

---

6) 대법원 1996. 10. 25. 선고 96다30113 판결: 민법상의 과실상계제도는 채권자가 신의칙상 요구되는 주의를 다하지 아니한 경우 공평의 원칙에 따라 손해의 발생에 관한 채권자의 그와 같은 부주의를 참작하게 하려는 것이므로 단순한 부주의라도 그로 말미암아 손해가 발생하거나 확대된 원인을 이루었다면 피해자에게 과실이 있는 것으로 보아 과실상계를 할 수 있고, 피해자에게 과실이 인정되면 법원은 손해배상의 책임 및 그 금액을 정함에 있어서 이를 참작하여야 하며, 배상의무자가 피해자의 과실에 관하여 주장하지 않는 경우에도 소송자료에 의하여 과실이 인정되는 경우에는 이를 법원이 직권으로 심리·판단하여야 한다.

[참고] 손해배상액 산정방법

(1) 손해의 분류

판례는 이른바 '손해 3분설'에 따라 하나의 사건으로 인한 손해배상청구소송에서 손해항목마다 별개의 청구로 다루어 손해를 적극적 손해(치료비 등), 소극적 손해(일실수익), 정신적 손해(위자료) 세 가지로 나눈다. 이하에서 생명·신체의 침해로 인한 손해배상액 산정을 중심으로 살펴보기로 한다.

① 일실수입

일실수입은 가동연한 동안 계속 얻게 될 수입에서 생계비를 공제한 장래 취득액에서 중간이자를 공제하는 방법으로 현가(현재의 가격)를 산정한다. 사망자나 신체장해자의 일실수입은 사고 시(손해발생 당시)의 직업과 수입을 기초로 하여 산정한다. 예상소득에 관한 입증 정도는 합리성과 객관성을 잃지 않는 범위 내에서 상당한 개연성 있는 증명으로 충분하다.

직종별로 구체적으로 살펴보면 다음과 같다.

㉠ **직장인(봉급생활자)의 수입**: 사고 당시의 급여액(실질수입)을 기초로 산정한다. 각종 수당과 상여금도 실질수입에 포함되며, 임금인상이나 호봉승급, 승진의 개연성이 높은 경우에는 장차 증가될 임금수익을 기준으로 산정할 수 있다. 판례는 장차 임금수준이 증가될 것이 상당한 정도로 확실하게 예측할 수 있는 객관적 자료가 있을 때에는 장차 증가될 임금수준을 기준으로 산정된 일실이익 상당의 손해는 당해 불법행위에 의하여 사회관념상 통상 생기는 것으로 인정되는 통상손해에 해당되는 것으로 본다. 판례는 공무원의 승급을 인정하고, 군인은 계급정년까지의 손해만 인정하며, 대학 강사의 교수임용을 부인하고, 대학조교수는 최고 호봉으로 정년 65세까지 수입이 인정되나 부교수, 교수승진은 부인한 바 있다. 실제로 급여소득자의 수입인정은 갑종근로소득세 등 납세자료 등을 통하여 쉽게 입증할 수 있다.[7]

㉡ **개인사업자의 수입**: 기업주가 사망하여 그 기업을 운영할 수 없게 되어 생긴 일실수입액은 그 기업의 수익 중 기업주의 개인적 공헌도에 의한 수익 부분의 비율에 따라 산정하거나(이른바 노무가치설), 기업이 기업주의 개인적인 기여에만 의존하여 경영되었다고 볼 수 없는 경우에 기업주의 기술과 경영능력으로 다른 데 채용되어 지급받을 수 있는 수입을 기초로 하여 수익상실액을 산정할 수 있다(대체고용비설).

---

7) 대법원 2004. 2. 27. 선고 2003다6873 판결: 불법행위로 인하여 노동능력을 상실한 급여소득자의 일실이득은 원칙적으로 노동능력 상실 당시의 임금수익을 기준으로 산정할 것이지만, 장차 그 임금수익이 증가될 것을 상당한 정도로 확실하게 예측할 수 있는 객관적인 자료가 있을 때에는 장차 증가될 임금수익도 일실이득을 산정함에 고려되어야 할 것이고, 이와 같이 장차 증가될 임금수익을 기준으로 산정된 일실이득 상당의 손해는 당해 불법행위에 의하여 사회관념상 통상 생기는 것으로 인정되는 통상손해에 해당하는 것이라고 볼 것이므로 당연히 배상 범위에 포함시켜야 하는 것이고, 피해자의 임금수익이 장차 증가될 것이라는 사정을 가해자가 알았거나 알 수 있었는지에 따라 그 배상범위가 달라지는 것은 아니다.

ⓒ **일용노동임금**: 남·여, 기·미혼 관계없이 당연한 최소한의 수입으로 거주지가 도시인가 농촌인가에 따라 '월간 거래가격'(대한건설협회 발행)상의 시중노임단가 또는 통계청에서 공표하고 있는 농업노동임금이 인정된다. 따라서 무직자도 일용노동임금을 기준으로 산정하며, 피해자의 학력이나 경력 등은 고려하지 않는다. 미성년자는 성년이 되는 때부터 산정하고, 군복무기간 중의 수입은 인정되지 않는다. 통상 경험칙상 도시일용노동의 경우 월 22일의 가동일수가, 농촌일용노동의 경우 월 25일의 가동일수가 인정된다.

ⓔ **가정주부의 수입**: 가정주부(전업주부)의 일실수입은 거주지역이 도시인가 농촌인가에 따라 도시 또는 농촌일용임금을 기준으로 산정하는 것이 판례이다.

ⓜ **직종별 수입**

판례에 나타난 직종별 일실수입 산정의 기초를 보면,

☐ 대학 1학년(생물과) 여학생의 대졸 여자의 전 산업, 전 연령별 평균 임금수입 부인

☐ 공고 3년생으로 배관기능사 2급 자격취득자에게 배관공일용임금

☐ 간호과 2년 재학 중인 자의 대학졸업 후 간호사직 종사 인정

☐ 의사 등의 일반의사 통계 수입 인정

☐ 사법연수원생의 법관초봉 정도의 수입 인정

☐ 공무원(9급 세무직) 필기시험 합격자의 공무원 수입 인정

※ 노동부에서 매년 발간하는 '직종별 임금실태조사보고서'가 통계수입인정의 자료로 활용된다.

ⓗ **위법수입의 포함 여부**: 일실수입은 반드시 적법한 방법에 의하여 얻어진 것에 한하는가(독일에서는 위법소득은 배상의 대상에 포함되지 않는 것으로 인정되어 왔다). 판례는 위안부, 무면허측량사, 무면허중기조종사 등의 수입을 인정하지 않으나, 무허가복덕방, 무면허전공, 무허가차량정비공의 그로 인한 수입은 인정한다.

② **후유장해와 노동능력 상실**

피해자의 신체가 영구불구가 되어 노동능력이 없거나 감퇴된 경우에 그 노동능력의 상실을 백분율(%)로 계산하여 일실수입을 산정한다. 노동능력상실률은 의학적 신체기능 장해율에다 피해자의 연령, 교육정도, 직업의 성질과 직업, 경력 및 기술의 숙련도 등의 사정을 종합 참작하여 경험칙에 따라 산정하지만 실제로 상실률의 결정에는 감정의사의 감정의견이 중요한 영향을 미친다. 신체장해등급 및 상실률의 판정을 위하여 자배법시행령, 국가배상법시행령 등에 의한 기준표나 McBride의 평가기준 또는 A.M.A.(미국의학협회)의 평가기준 등이 이용된다.

후유장해로 인한 일실수입 산정에 관하여 대법원은 "불법행위로 인하여 상해를 입고 노동능력의 일부를 상실한 경우에 피해자의 일실이익의 산정 방법으로는 일실이익의 본질을 불법행위가 없었더라면 피해자가 얻을 수 있는 소득의 상실로 보아 불법행위 당시의 소득과 불법행위 후 향소득의 차액을 산출하는

방법에 의할 수도 있으며(이른바 소득상실설), 일실이익의 본질을 소득창출의 근거가 되는 노동능력의 상실 자체로 보고 상실된 노동능력의 가치를 사고 당시의 소득이나 추정소득에 의하여 평가하는 방법에 의할 수도 있다 할 것이므로(이른바 평가설 내지 노동능력상실설), 당해 사건에 현출된 구체적 사정을 기초로 하여 합리적이고 객관성 있는 기대수입액을 산정할 수 있으면 족한 것"이라 하여 어느 입장을 따라도 무방하다고 하고 있으나, 하급심 법원의 일반적 실무경향은 이른바 평가설을 따르는 것이 보통이다.[8]

예컨대, 교통사고로 노동능력상실률이 44%인 건축사가 치료 후 복직하여 종전과 같은 수준의 급여를 받는 경우에 피해자에게 현실적으로 수입의 감소가 없었다고 하더라도 사고 시 얻고 있었던 수입 중 노동능력상실률에 상응하는 부분은 이를 상실하게 되는 손해를 입게 되었다고 보는 것이다.[9]

③ 가동기간

피해자가 사고가 없었다면 수입을 올릴 수 있었던 기간, 즉 가동기간을 정하기 위해서는 그 전제로 기대여명을 확정하여야 하는데, 한국인의 평균여명은 통계청에서 작성된 한국인표준생명표가 이용된다. 가동개시연령은 원칙적으로 성년이 되는 20세부터이고, 남자의 경우에는 현역이 면제되는 등의 특별한 사정이 없는 한 현역복무기간이 가동기간에서 제외된다.[10] 일반 도시 또는 농촌 일용노동자는 경험칙상 <u>60세가 될 때까지(59세가 끝날 때까지)</u> 가동할 수 있다고 보는 것이 판례이다.

---

8) 대법원 2004. 2. 27. 선고 2003다6873 판결: 노동능력상실률을 적용하는 방법에 의하여 일실이익을 산정할 경우 그 노동능력상실률은 단순한 의학적 신체기능장애율이 아니라 피해자의 연령, 교육 정도, 종전 직업의 성질과 직업경력, 기능 숙련 정도, 신체기능장애 정도 및 유사직종이나 타 직종의 전업가능성과 그 확률, 기타 사회적·경제적 조건을 모두 참작하여 경험칙에 따라 정한 수익상실률로서 합리적이고 객관성이 있는 것이어야 하고, 노동능력상실률을 정하기 위한 보조자료의 하나인 의학적 신체기능장애에 대한 감정인의 감정 결과는 사실인정에 관하여 특별한 지식과 경험을 요하는 경우에 법관이 그 특별한 지식, 경험을 이용하는 데 불과한 것이며, 궁극적으로는 앞서 열거한 피해자의 제 조건과 경험칙에 비추어 규범적으로 결정될 수밖에 없다(대법원 1992. 5. 22. 선고 91다39320 판결, 2002. 9. 4. 선고 2001다80778 판결 등 참조). [원고의 추상장해에 대하여, 대한성형외과학회의 추상장해평가표상의 9급(외모에 현저한 추상)을 적용하여 노동능력상실률을 30%로 평가한 감정의의 신체감정촉탁 결과를 채택하지 아니하고, 국가배상법시행령 [별표] 제12급 제13호의 '외모에 추상이 남을 자'를 적용하여 노동능력상실률을 15%로 인정한 원심의 판단을 수긍한 사례]

9) 대법원 2007. 4. 12. 선고 2006다84263 판결: 노동능력상실률을 정하기 위한 보조자료인 의학적 신체기능장해율에 대한 감정인의 감정 결과는 사실 인정에 관하여 특별한 지식과 경험을 요하는 경우에 법관이 그 특별한 지식·경험 있는 자의 지식·경험을 이용하는 데 불과한 것이고, 교통사고로 인한 피해자의 후유증이 그 사고와 피해자의 기왕증에 경합하여 나타난 것이라면, 그 사고가 후유증이라는 결과 발생에 대하여 기여하였다고 인정되는 정도에 따라 그에 상응한 배상액을 부담케 하는 것이 손해의 공평한 부담이라는 견지에서 타당하며, 법원은 그 기여도를 정함에 있어서 기왕증의 원인과 정도, 기왕증과 후유증과의 상관관계, 피해자의 연령과 직업, 그 건강상태 등 제반 사정을 고려하여 합리적으로 판단하여야 한다.

10) 대법원 2000. 4. 11. 선고 98다33161 판결: 대한민국 국민인 모든 남자는 헌법과 병역법이 정하는 바에 따라 성실하게 병역의무를 수행하여야 할 의무가 있으므로, 불법행위로 인한 피해자가 아직 병역의무를 마치지 아니한 대한민국 남자인 경우 그 일실수입 상당 손해를 산정함에 있어서 <u>현역복무가 면제된다는 등의 특별한 사정이 없는 한 병역복무기간이 가동기간에서 제외되어야 하고</u>, 이는 통상의 경우 장교 등 간부나 지원병이 아닌 징집에 의한 병을 기준으로 정하여야 할 것인바, 현역병의 군복무기간에 관하여 병역법 제18조 제2항은 육군은 2년, 해군 및 공군은 2년 6월(다만 해군의 해병의 경우는 2년)로 정하고 있고 (현행 병역법은 해군 2년 2월, 공군 2년 4월), 같은 법 제19조 제1항은 국방부장관은 전시·사변 또는 이에 준하는 사태나 군부대의 증편·창설 등 국방상 필요한 경우에 국무회의의 심의를 거쳐 대통령의 승인을 얻어 1년의 기간 내에서 현역의 복무기간을 연장할 수 있다고 규정하고 있으므로, 징집된 현역병의 군별 배치상황과 선별기준, 현역병 복무기간에 대한 그동안의 병역법 관련 규정과 실제 복무기간의 변천과정 및 전체적인 추세, 안보 등 정치사회의 환경 변화와 복무기간 연장과의 상관관계 등 제반 사정을 조사하여 피해자가 향후 육·해·공군 중 어디로 배치될 개연성이 높은지, 국방상 필요하여 현역의 복무기간이 연장되는 것이 실제 어느 정도 이루어지고 그 연장기간이 얼마인지를 따져 보아 피해자의 향후 현역병 복무예정기간을 개연성 있고 합리적이며 객관적인 자료에 의하여 확정하여야 한다.

판례가 인정하는 가동기간은 다음과 같다.

□ 변호사, 법무사, 목사 등: 70세가 될 때까지

□ 치과의사, 외과의사, 한의사, 약사, 건축사, 수산물중개인, 지물포경영자, 침구사, 예식장경비원, 성명
철학자, 소설가, 소규모 주식회사의 대표이사 등: 65세가 될 때까지

□ 판소리 국악인(민요풍 가수), 의류임가공업자, 주방장조리사, 보험모집인, 전자오락실경영, 공인중개
업자, 수입품판매업자, 정육점경영, 일용육체노동자, 농업종사자, 건축사, 건설회사 기술자, 개인택
시운전사, 보험모집인 등: 60세

□ 잠수부, 야간업소 오르간연주자, 주류판매음식점마담, 접객업소 얼굴마담 등: 50세

□ 가수, 프로야구선수 등: 40세

□ 다방종업원, 골프장 캐디 등: 35세

□ 호스티스, 음식주점 접대부: 30세

④ 생계비(생활비)와 세금의 공제 여부

사망자의 일실수입을 산정함에 있어서는 그의 생계비(사람이 사회생활을 하는 데에 필요한 비용)를 공제한다. 미성년자는 성년 시까지 부모로부터 부양받을 권리가 있으므로 성년이 되기까지의 생계비를 공제할 수 없다. 통상 수입의 3분의 1을 생계비로 공제하는데(생계비의 인정은 사실인정의 문제이다) 국가배상법은 부양가족 수에 따라 생계비 공제율을 정하고 있다. 그리고 판례는 일실수입의 산정에 있어서 소득세 등 제 세금을 공제해서는 안 된다는 입장을 취한다.[11]

⑤ 일실퇴직금

퇴직금은 후불임금의 성질을 갖고 있으므로(근로기준법상의 최저한의 기준으로 근속기간 1년에 30일분의 평균임금을 퇴직금으로 지급하여야 한다) 일실수입에 포함되는 것이나 계산의 편의상 일실퇴직금을 별도로 계산하여 합산한다.

급여생활자가 사고로 인하여 사망하거나 부상을 당하여 부득이 퇴직함으로써 장래 계속 근무하면 받을 수 있는 퇴직금을 못 받게 되는 경우의 일실퇴직금 산정방법은 다음과 같다.

먼저 정년퇴직 시에 받을 예상퇴직금(입사일로부터 정년 시까지의 근속기간에 해당하는 퇴직금)의 사고 당시의 현가를 구한 다음(현가 계산방법은 후술), 여기서 조기 퇴직으로 실제 지급받은 퇴직금을 공제한 후에 노동능력상실률을 곱하면 일실퇴직금이 산정된다(현재의 법원의 실무가 이 방법을 따른다).[12]

---

11) 대법원 1994. 4. 12. 선고 93다30648 판결: 생계비는 사람이 사회생활을 영위하는 데 필요한 비용을 가리키는 것으로 이는 수입의 다과에 따라 각기 소요액이 다른 것으로 보아야 할 것이며 구체적인 생계비 소요액은 결국 사실인정의 문제로서 증거에 의하여 인정되어야 하는 것이지 수입의 다과에 불문하고 그 수입의 1/3 정도가 생계비로 소요된다고 하는 경험칙이 있다고 할 수는 없다.

12) 대법원 2002. 5. 28. 선고 2002다5019 판결: 국가유공자 등 예우 및 지원에 관한 법률에 따라 공상군경이 지급받는 연금이나 그가 사망한 경우에 그 유족이 지급받는 유족연금은 모두 수급권자의 생활안정과 복지향상을 도모하기 위한 동일한 목적과 성

참고로 공무원의 경우 일실퇴직금계산에서 매월 납부하는 기여금을 공제하여야 하며, 공무원연금법상의 퇴직연금을 받던 사람이 사망한 경우 그 상속인에게 지급할 손해배상액을 산정함에 있어서는 위 망인의 일실퇴직연금액에서 유족연금액(공무원연금법 제56조, 제57조는 퇴직연금을 받고 있던 자가 사망한 경우 그 유족은 퇴직연금의 100분의 70 상당의 유족연금을 지급받도록 하고 있다)을 공제하여야 한다. 예컨대, 매월 1,000,000원의 퇴직연금을 지급받던 자가 사망하면 유족이 그 70%인 금 700,000원을 지급받게 되고, 사망자의 일실퇴직연금은 생계비(1/3)를 공제하면 금 666,666원이 되어 유족은 일실퇴직연금 손해액보다 유족연금액이 더 많게 되므로 이 경우 일실퇴직연금손해에 관한 청구를 할 수 없는 결과가 된다(대법원 1992. 7. 28. 선고 92다7269 판결).

⑥ 치료비

사고와 상당인과관계에 있다고 보이는 모든 치료비 및 부대비용(진료비, 입원비, 약대, 수술비, 입원 중 환자의 식대, 특수치료비)은 손해액으로 인정된다. 이미 지불한 치료비(기왕의 치료비) 이외에 장래의 치료비(향후 치료비)도 사실심 변론종결 시까지 증거(신체감정결과 등)에 의해 확실히 예정되는 금액을 배상청구할 수 있다.

향후치료비에 대해서는 사고 시부터 지출예상 시까지의 중간이자를 공제하여야 하고, 사실심 변론종결 시에 이미 그 향후치료의 예상기간이 경과한 경우에는 실제로 지출한 비용만을 청구할 수 있다. 또 피해자가 완치 후에도 휠체어, 의족, 의수, 의치 등의 의료보조기구가 필요한 경우에는 그 비용을 청구할 수 있으며, 장래 보조구를 계속해서 구입해야 하는 경우에는 그 비용을 현가로 산정하여야 한다.[13]

⑦ 개호비

양다리의 마비로 기동 및 배변이 불편하거나 양안을 실명한 피해자 등에게는 생활을 도와줄 개호인이 필요하고 그 지출비용(개호비)은 손해액으로 인정된다. 계속해서 개호인의 보호를 받아야 하는 경우 개호는 가동기간을 넘어 평균기대여명까지 매일(년 365일) 조력을 해야 하는 것이 보통이므로 피해자의 거주지역에 따라 도시 또는 농촌의 여자 일용노동임금을 기준으로 하여 산정한다. 남자 개호인이 필요한 경우의 개호비도 성인 남자의 도시 또는 농촌일용임금을 기준으로 산정한다.

격을 지닌 급부로서, 연금을 지급받던 공상군경이 다른 사람의 불법행위로 인하여 사망한 경우에 그 유족이 그 연금 상당의 손해배상청구권을 상속함과 동시에 유족연금을 지급받게 된다면, 그 유족은 같은 목적의 급부를 이중으로 받게 되므로, 그 유족에게 지급할 손해액을 산정함에 있어서는 사망한 사람의 연금액에서 유족연금액을 공제하여야 한다. 그리고 공상군경의 유족이 지급받을 손해액을 산정할 때 공상군경의 연금액에서 유족연금액을 공제하는 취지가 동일한 목적과 내용의 급부가 이중으로 지급되는 것을 막는 데 있는 이상, 사망한 사람의 연금액에서 공제하여야 하는 유족연금액의 범위는 <u>사망한 사람의 기대여명기간이 끝날 때까지 그 유족이 받을 금액에 한정되고</u>, 그 뒤 유족이 불법행위로 인한 사망과 관계없이 받을 수 있는 유족연금액은 이에 포함되지 아니한다.

13) 대법원 2006. 5. 11. 선고 2003다8503(반소) 판결: 치료비는 불법행위와 상당인과관계가 있는 범위 내에서만 배상청구가 가능한 것이므로, 상당성을 판단함에 있어서는 당해 치료행위의 필요성, 기간과 함께 그 진료행위에 대한 보수액의 상당성이 검토되어야 할 것이며 그러기 위해서는 부상의 정도, 치료내용, 횟수, 의료사회일반의 보편적인 치료비수준(특히 의료보험수가) 등 여러 사정을 고려하여 비상식적인 고액진료나 저액진료비의 가능성을 배제하여 합리적으로 그 범위를 정해야 할 것이다.

사고로 인한 피해자를 간호할 수 있는 근친자(부모, 처, 자녀)가 피해자의 개호를 위하여 휴업한 경우 그 근친자는 휴업으로 인한 일실수입이나 개호비 상당의 손해를 청구할 수 있다.[14]

⑧ 장례비

사람은 언제나 죽고 장례비는 유족이 부담해야 할 것이지만 사망에 따른 장례비는 불법행위와 상당인 과관계에 있는 손해로 본다. 장례비에는 묘비대, 수의대, 묘지구입비, 관구입비, 음식비 등이 포함되나 가 정의례준칙에 반하는 장례비청구는 부인된다. 실제로 장례비로 인정되는 금액은 300만 원을 전후해서 당 사자 사이에 다툼이 없는 사실로 정리되는 것이 보통이다.

⑨ 물적 손해(수리비 등)

불법행위로 자동차 등 소유물이 완전 파손되거나 훼손된 경우에는 교환가치의 상당액이나 수선비(수리 비)를 청구할 수 있다. 차량의 수리기간 중 소유자가 사용하지 못하므로 인한 손해도 배상받을 수 있다.[15]

⑩ 위자료(정신적 손해)

불법행위로 피해를 입은 자가 고통, 충격, 절망 등의 정신적 손해를 입었을 때 이를 금전으로 배상해 주는 손해배상금이 위자료이고 인신사고로 인한 위자료청구는 당연히 인정된다. 다만, 위자료액의 산정에 관해서는 여러 가지 사정을 고려하여 법원이 정한다.[16]

실무경향은 위자료액수의 정액화가 시도되고 있다. 위자료를 청구할 수 있는 사람은 피해자의 직계존 속, 직계비속, 배우자뿐만 아니라 형제자매, 사실혼관계에 있는 자 등도 위자료를 청구할 수 있다. 피해자 가 사망한 경우 피해자의 위자료청구권은 재산상의 손해배상청구권과 함께 상속인에게 상속된다(서울중 앙지방법원의 실무는 사망 시의 위자료 6,000만 원 기준으로 과실비율에 따라 감액하고 있다).[17]

---

14) 대법원 2008. 2. 29. 선고 2007다85973 판결: 개호의 필요성과 상당성은 피해자의 상해 또는 후유장해의 부위·정도·연령· 치료기간 등을 종합하여 판단하여야 하고, 인신사고의 피해자가 치료종결 후에도 개호가 필요한지 및 그 정도에 대한 판단은 전문가의 감정을 통하여 밝혀진 후유장해의 내용에 터 잡아 피해자의 연령·정신상태·교육 정도·사회적·경제적 조건 등 모든 구체적인 사정을 종합하여 경험칙과 논리칙에 비추어 규범적으로 평가하여야 한다[원고에게는 운동장애, 실인증, 실행증 이 합병되어 있고, 뇌의 손상으로 인한 언어장애가 있으며, 치매 및 정서장애, 간질발작까지 합병되어 있어 혼자 둘 경우 위험 한 행동을 할 우려도 있으므로, 하루 중 수면시간 8시간을 제외한 나머지 16시간을 성인 2인이 교대로 개호할 필요가 있다고 봄이 상당하다고 판시한 사례].

15) 대법원 1998. 5. 29. 선고 98다7735 판결: 사고로 인하여 차량이 파손되었을 때 그 수리에 소요되는 비용이 차량의 교환가격을 현저하게 넘는 경우에는 일반적으로 경제적인 면에서 수리불능이라고 보아 사고 당시의 교환가격으로부터 고철대금을 뺀 나머 지만을 손해배상으로 청구할 수 있다고 함이 공평의 관념에 합치되지만, 교환가격보다 높은 수리비를 지출하고도 차량을 수리 하는 것이 사회통념에 비추어 시인될 수 있을 만한 특별한 사정이 있는 경우라면 그 수리비 전액을 손해배상액으로 인정할 수 있다. 영업용 택시는 그 특성상 시중에서 매매가 이루어지지 않고 있고 액화석유가스를 연료로 사용하므로 휘발유를 사용하는 일반의 중고차량으로 대차할 수 없으며 '자동차운수사업인·면허사무처리요령'(건설교통부훈령)의 규정상 대차 가능 차량은 원 칙적으로 차령 6월 이내의 자동차이어야 한다는 점 등에 비추어 볼 때, 영업용 택시의 수리비가 교환가격을 초과한다 하더라도 신차를 구입하지 않는 이상 그 수리비를 지불하고 택시를 수리하여 운행할 수밖에 없는 특별한 사정이 인정되므로, 그 수리비 전액을 배상해야 한다. 영업용 택시에 대한 수리가 가능하고 그 필요성이 인정되는 이상 그 수리에 소요되는 기간 동안의 수익 상실의 손해도 통상손해로서 이를 배상하여야 한다.

16) 대법원 2006. 5. 11. 선고 2003다8503(반소) 판결: 불법행위로 입은 정신적 고통에 대한 위자료 액수에 관해서는 사실심 법원 이 여러 사정을 참작하여 그 직권에 속하는 재량에 의하여 이를 확정할 수 있다.

(2) 현가계산방법(중간이자의 공제)

① 중간이자의 공제 필요성

장래의 일실수입을 현가(현재가격)로 산정하는 경우에는 장래의 예상취득액에서 현재까지의 중간이자를 공제하지 않으면 피해자에게 중간이자 상당의 부당이득이 발생하기 때문에 현실적 손해의 전보를 목적으로 하는 손해배상제도의 취지에 반하게 된다. 예컨대, 현재로부터 3년 후에 얻을 이익 100만 원의 현가를 법정이율 연 5푼(단리)에 의하여 중간이자를 공제하여 보자.

※ 구하는 현가를 X라 하면,

X를 연 5푼의 이자(단리)로 3년간 불렸을 때의 이자는 X×0.05×3이 된다.

$$1,000,000 - (X \times 0.05 \times 3) = X$$

$$X = \frac{1,000,000}{1 + 1.05 \times 3} = 869,565원$$

$$중간이자 = 1,000,000 - 869,565 = 130,435원$$

즉 1,000,000원을 현재 전액 지급받는다면 금 130,435원 상당의 부당이득을 얻게 되는 것이므로 중간이자를 공제한 금 869,565원만을 현가로 지급받으면 되는 것이다. 중간이자 공제의 대상이 되는 것은 일실수입뿐만 아니라 향후치료비, 보조구비, 개호비 등의 청구도 포함된다.

② 계산방식

구분 \ 방식	호프만(Hoffmann)식 (단리계산식)	라이프니츠(Leibinz)식 (복리계산식)	가르프쯔우(Grapzow)식 (할인율계산식)
현 가 **(배상액)**	$\dfrac{예상취득액}{1 + 연수 \times 연이율}$	$\dfrac{예상취득액}{(1 + 연이율)연수}$	$\dfrac{NJJNK예상취득액}{1 - 연수 \times 연이율}$
특징	중간이자가 적게 공제되어 피해자에게 유리함. 수익기간이 일정기간 지나면 현가로 받은 금액의 이자만으로도 예상취득액에 달하게 되어 과잉배상의 문제가 생김	수익기간의 장단에 관계없이 수익기간 만료로 배상원금이 되므로 계산방법이 합리적임	은행의 할인에서 이용됨 공제율이 과다하여 피해자에게 불리함

---

17) 대법원 2008. 3. 27. 선고 2008다1576 판결: 불법행위로 사람의 생명을 침해한 경우에 그 생명을 침해당한 피해자 본인의 정신적 고통에 대한 위자료청구와 그 피해자의 직계비속 등의 정신적 고통에 대한 위자료청구는 각각 별개의 소송물이다.

③ 실무의 태도

현재 대법원은 호프만식이나 라이프니츠식 어느 방식도 무방하다는 입장이나, 자동차보험실무는 라이프니츠식을 따르고, 하급심 재판부의 실무경향(손해배상사건 전담부)은 대체로 호프만식을 따르고 있다. 현재 월단위의 계산을 위해 법정이율(12분지 5%)에 의한 단리연금현가표가 만들어져 법원 등에서 사용되고 있다(법전 등의 부록에 이 현가표가 들어 있다). 다만, 호프만식에 의하여 중간이자를 공제하는 경우 단리 연금현가율이 240을 넘는 중간이자 공제기간 414월(년별 호프만식 계산법에 있어서는 그 율이 20을 넘는 36년) 이후의 중간이자 공제기간의 현가를 산정함에 있어서는 그 수치표산의 단리연금현가율이 얼마인지를 불문하고 240을 적용 계산함으로써 현가의 원본으로부터 생기는 이자가 그 손해액을 초과하지 않도록 하여 피해자가 과잉배상을 받는 일이 없도록 하고 있다(판례의 입장).[18]

(3) 상계항변 · 공제항변(이득공제)

과실상계는 당해 사고에 대한 가해자와 피해자 등의 과실의 정도에 따라 손해배상책임의 범위를 정하는 것이고, 상계항변은 별도의 반대채권을 자동채권으로 하여 대등액에서 이미 발생한 채권을 소멸시키는 것이다. 교통사고 등에서 치료비 지급부분에 대하여 이미 지급된 치료비 중 원고(피해자)의 과실분에 해당하는 만큼은 피고(가해자)가 책임 없이 지급한 것이고 원고는 법률상 원인 없이 받은 것이 되어 부당이득반환청구의 반대채권의 성립을 인정하여 이로써 상계처리하는 것이다.

공제항변은 원고의 손해가 이미 전보된 것이라고 하여 손해 자체를 부인하는 것이다. 근로기준법에 의하여 사용자가 지급한 휴업급여, 장해보상금 등은 이득공제되어야 하고, 자동차보험회사의 치료비, 지급분에 대하여 피보험자인 피고가 상계항변을 하는 것이 인정된다.

증여라는 별개이 법률행위에서 얻은 부의금 · 위로금은 공제되지 않고, 피해자가 개인적으로 가입한 생명보험금 · 상해보험금 등은 공제대상이 아니다. 공무원연금법에 의한 유족보상금은 사회보장적 의미로 지급되는 것이므로 위자료 산정 시 참작됨은 별론으로 하고 손해액에서 공제될 수 없다.[19]

---

18) 대법원 1994. 11. 25. 선고 94다30065 판결: 원래 불법행위로 인한 손해배상채권은 불법행위 시에 발생하고 그 이행기가 도래하는 것이므로, 장래 발생할 소극적 · 적극적 손해의 경우에도 불법행위 시가 현가산정의 기준시기가 되고, 이때부터 장래의 손해발생시점까지의 중간이자를 공제한 금액에 대하여 다시 불법행위 시부터의 지연손해금을 부가하여 지급을 명하는 것이 원칙이며, 다만 불법행위 시 이후로 사실심의 변론종결일 이전의 어느 시점을 기준으로 하여 그 이후 발생할 일실수입손해를 위 시점으로부터 장래의 각 손해발생시점까지의 중간이자를 공제하는 방법으로 현가를 산정하되 지연손해금은 위 기준 시점 이후로부터 구하는 것도 그것이 위와 같은 본래의 방법을 벗어나거나 이에 모순, 저촉되는 것이 아닌 한 허용된다 할 것이나, 불법행위 시 이후 사실심의 변론종결일 이전의 어느 시점을 기준으로 하여 현가를 산정하면서도 지연손해금은 위 기준 시점 이전부터 명하는 것은 위와 같은 방법에 비하여 중간이자를 덜 공제하였거나 지연손해금을 더 많이 인용한 결과가 되어(일종의 과잉배상이 된다) 허용될 수 없다[원심이 1972. 8. 8.생인 원고가 1988. 5. 9.에 있은 이 사건 교통사고로 인하여 입은 일실수입 손해액을 호프만식 계산법에 의하여 산정함에 있어, ① 성년이 되는 1992. 8. 8.부터 변론종결일에 가까운 1993. 11. 7.까지 15개월간: 506,975원(월수입)×0.5308(가동능력상실률)×14.5205(15개월의 호프만 수치) = 3,907,500원, ② 그 이후 59세가 끝나는 2032. 8. 7.까지 465개월간: 539,875원(인상된 월수입)×0.5308(가동능력상실률)×(263.3339 − 14.5205 = 248.8134이나 240만 적용) = 68,775,756원, ③ 합계 72,683,256원의 산식으로 산정한 것은 위 ①의 일실수입손해만큼은 과잉배상되는 결과가 되므로 허용될 수 없다고 한 사례. 원심이 변론종결일 이전인 원고가 성년이 되는 날을 기준으로 중간이자를 공제하여 현가를 산정한 것이라면 그 지연손해금도 성년이 되는 날 이후부터 명하였어야 할 터인데도 원심은 위와 같은 방식으로 일실수입을 산정하고도 이에 대하여 이 사건 사고일부터 지연손해금을 지급할 의무가 있다고 판단한 것은 잘못이다].

5. 임대보증금반환청구사건

소 장

원 고 이 민 수(-   )
　　　서울 용산구 서빙고동 543
　　　우편번호:　　　　　전화:

피 고 김 진 수(-   )
　　　서울 강남구 청담동 456
　　　우편번호:　　　　　전화:

임차보증금반환청구의 소

청 구 취 지

1. 피고는 원고에게 금 30,000,000원 및 이에 대한 2011. 4. 16.부터 이 사건 소장부본 송달일까지는 연 5%의, 그다음 날부터 다 갚을 때까지는 연 20%의 각 비율에 의한 금원을 지급하라.
2. 소송비용은 피고가 부담한다.
3. 제1항은 가집행할 수 있다.
　　라는 판결을 구합니다.

청 구 원 인

1. 원고는 2010. 4. 1. 피고와 피고 소유의 서울 마포구 마포동 100 제일빌라 1동 202호에 대하여 임차보증금 20,000,000원, 월세 200,000원, 임대차기간 1년으로 하는 임대차계약을 체결하고 위 보증금을 지급하였습니다.
2. 원고는 피고에게 위 임대차계약의 갱신거절의 의사를 표시하고 위 임대차 보증금의 반환을 요구하고, 2011. 4. 15. 위 빌라를 피고에게 인도하였습니다.
3. 위 임대차계약이 묵시적으로 갱신되었다고 하더라도 원고는 이 사건 소장부본의 송달로 피고에게 위 사건 임대차계약을 해지합니다.
4. 따라서 피고는 원고에게 위 임차보증금 20,000,000원 및 이에 대한 위 인도 다음 날인 2011. 4. 16.부터 이 사건 소장부본 송달일까지는 민법 소정의 연 5%의, 그다음 날부터 다 갚을 때까지는 소송촉진 등에 관한 특례법 소정의 연 20%의 각 비율에 의한 지연손해금을 지급할 의무가 있습니다.

---

19) 대법원 2008. 5. 15. 선고 2007다37721 판결: 불법행위 또는 채무불이행에 관하여 채권자의 과실이 있고 채권자가 그로 인하여 이익을 받은 경우에 손해배상액을 산정함에 있어서는 <u>과실상계를 한 다음 손익상계를 하여야 하고</u>(대법원 1996. 1. 23. 선고 95다24340 판결 등 참조), 이는 과실상계뿐만 아니라 손해부담의 공평을 기하기 위한 책임제한의 경우에도 마찬가지이다.

입 증 방 법

1. 갑 제1호증　　　　　　　임대차계약서
1. 기타 필요한 입증방법은 변론기일에 제출하겠습니다.

첨 부 서 류

1. 소장부본　　　　　1통
1. 위 입증방법　　　　1통
1. 납부서　　　　　　1통

2011. 5. 10.
위 원고 이 민 수 (인)

서울중앙지방법원　　　귀 중

[해설]

1. 기간의 정함이 없거나 기간을 2년 미만으로 정한 임대차는 그 기간을 2년으로 본다. 다만 임차인은 2년 미만으로 정한 기간의 유효함을 주장할 수 있다(주택임대차보호법 제4조 제1항). 임대인이 임대차기간 만료 전 6월부터 1월까지에 임차인에 대하여 更新거절의 통지 또는 조건을 변경하지 아니하면 更新하지 아니한다는 뜻의 통지를 하지 아니한 경우에는 그 기간이 만료된 때에 2년간 임대차한 것으로 본다. 임차인이 임대차기간 만료 전 1월까지 통지하지 아니한 때에도 또한 같다(동법 제6조 제1항)[2009. 5. 8. 법률 제9653호 주택임대차보호법 개정법률은 임대차계약의 묵시적 갱신의 경우 임대차의 존속기간은 2년으로 보도록 하고 있다).

2. 묵시의 更新의 경우 임차인은 언제든지 임대인에 대하여 계약해지의 통고를 할 수 있고, 임대인이 그 해지통고를 받은 날부터 3월이 경과하면 효력이 발생한다(동법 제6조의 2).

3. 이 사건 사례에서는 임대차계약이 更新된 것인지 분명하지 아니하나, 원고로서는 임대차계약해지통고를 하고 목적물을 인도하였으니, 인도일 다음 날부터 임대차보증금을 반환하라는 내용으로 소장을 작성하면 될 것이다.

4. 실제로 임대인 측에서는 임대차계약이 묵시의 更新이 되었다고 주장할 수 있으므로 소장의 송달로 임대차계약해지의 의사표시를 할 수도 있고 이 경우에는 소장이 피고에게 송달된 시점에 해지의 효과가 발생한다. 계약의 해제, 해지 등 실체법상의 형성권을 소장의 송달로 행사할 수 있다.

5. 임대차가 종료된 경우에 있어서 보증금반환채무와 임차목적물 인도(명도)채무는 동시이행의 관계에

있다. 그리고 보증금은 임대차종료에 따라서 목적물이 명도될 때까지 사이에 발생한 임대인의 임대차와 관련한 모든 채권(차임, 공과금, 손해배상 등)을 담보하는 것이어서 그 금액은 당연히 공제되고 잔액에 대해서만 반환청구권이 발생한다는 사실을 유의한다. 예컨대 원고가 피고에게 어느 건물을 보증금 10,000,000원, 월세 200,000원에 임대하였다가 임대차종료 후에 명도청구를 하였고, 이에 대하여 피고가 동시이행의 항변을 하면 임대인인 원고의 채권은 목적물의 훼손으로 인한 손해배상금이나 연체된 월세 등을 보증금에서 전부 공제한 잔액을 반환하면 된다.

6. 참고로 이 사건에서와 같이 이민수가 보증금을 반환받지 못하고 이사하게 되면 주택임차권의 대항력은 상실되기 때문에 만약에 김진주의 빌라가 경매되는 경우에는 우선변제권을 행사할 수 없고 잘못하면 보증금을 날리는 경우도 생길 수 있다. 이러한 경우에는 임차권등기명령을 신청하여 임차권등기를 한 후에 이사를 하면 퇴거하더라도 대항력이 유지되기 때문에 보증금이 확보될 수 있다.

6. 채무부존재확인청구사건

<h2 style="text-align:center">소 장</h2>

원 고 이 을 수(-   )
서울 용산구 청파동 123
우편번호: 전화:

피 고 김 병 남(-   )
고양시 일산구 장항동 234
우편번호: 전화:

채무부존재확인의 소

청 구 취 지

1. 원고와 소외 망 김갑일 사이의 2010. 3. 2.자 소비대차계약에 기한 금 10,000,000원의 채무는 존재하지 아니함을 확인한다.
2. 소송비용은 피고들이 부담한다.
   라는 판결을 구합니다.

청 구 원 인

1. 원고는 2010. 3. 2. 소외 망 김갑일부터 금 10,000,000원을 빌렸으나, 위 망인으로부터 원고의 위 망인에 대한 채무를 면제받았습니다.
2. 그런데 위 망인이 2011. 4. 5. 사망한 후 망인의 외아들이자 상속인인 피고가 원고에게 망인의

원고에 대한 채권을 상속하였다고 하면서 위 돈을 변제할 것을 독촉하고 있습니다.

3. 그러나 원고는 채권자인 위 망인으로 위 채무를 면제받아 그 채무가 존재하지 아니함에도 불구하고 피고가 이를 다투고 있으므로 그 채무가 없음을 확인받기 위하여 이 사건 청구에 이르렀습니다.

입 증 방 법

1. 갑 제1호증　　　　　최고서
1. 기타 필요한 입증방법은 소송 진행의
　　정도에 따라 제출하겠습니다.

첨 부 서 류

1. 소장부본　　　　　1통
1. 위 입증방법　　　　1통
1. 납부서　　　　　　1통

2011. 5. 20.
위 원고 김 갑 동 (인)

의정부지방법원 고양지원　　　귀　중

[해설]

1. 확인소송은 당사자 사이에 권리나 법률관계의 존부에 관하여 다툼이 있어서 법적 불안이 존재할 때 이를 제거하기 위하여 법원에 그 권리관계의 존부를 확정해 줄 것을 내용으로 하는 소송이다. 통상 적극적 확인의 소의 형태로 소유권확인의 소가 많이 제기되고 있으며, 보험회사 등이 소극적 확인의 소의 형태로 채무부존재확인의 소를 많이 이용하고 있다.

2. 청구취지는 선언적 형태인 '확인한다'라고 기재하고, 명령적 형태인 '확인하라'고 기재하지 않는다.

3. 확인청구에 있어서는 확인의 대상이 된 권리 또는 법률관계가 특정될 수 있도록 그 종류, 범위, 발생원인 등을 명확히 하여야 하고(다만 물권인 경우에는 채권과 달리 그 발생원인은 기재하지 않는다), 목적물의 특정에도 주의한다.

4. 확인의 대상은 현재의 권리 또는 법률관계이지만 예외적으로 법률관계를 증명하는 서면에 대해서는 사실관계임에도 불구하고 그 진부확인청구가 허용되고 있다(민사소송법 제250조, 증서의 진정 여부를 확인하는 소).

5. 채무부존재확인의 소의 관할 법원은 채권자(피고)주소지 법원이므로 의정부지방법원 고양지원이 관할법원이 된다.

6. 채무부존재확인소송의 경우에 권리의 발생에 관한 주장증명책임은 피고에게 있고, 권리의 소멸 또는 권리발생장애사유에 관한 주장증명책임은 원고에게 있다. 권리가 발생한 사실이 없음에도 불구하고 피고가 권리를 주장하는 경우에는 피고에게 권리발생사실에 대한 증명책임이 있으나, 이 사례와 같이 이미 발생한 권리가 소멸하였음을 주장하는 경우에는 원고에게 권리발생장애사유에 대한 증명책임이 있다.

제2편 민사소송절차의 쟁점

제6장 당사자의 사망과 소송절차

I. 기초지식

1. 민사소송과 대립당사자

가. 민사소송은 대립하는 두 당사자(원고와 피고) 사이의 사법상의 권리관계에 관한 분쟁을 해결하는 것이므로 소송절차가 유지되기 위해서는 양 당사자의 존재가 필수불가결하다(당사자대립주의).

나. 당사자대립주의를 취하는 소송구조하에서 당사자의 사망이 소송절차에 영향을 미침은 당연하다.[1] 따라서 소송절차를 전후하여 당사자가 사망한 경우 그 승계인, 상대방 당사자, 법원이 취할 조치를 알아두어야 한다는 것은 소송실무의 기초이다.

다. 당사자의 사망 시점이 소제기 전인지, 소송계속 중인 시점인지, 변론종결 후 판결선고 전인지, 판결선고 후인지에 따라 당사자의 사망이 소송절차에 미치는 영향이 다르다. 이하에서 당사자의 사망이 소송절차에 미치는 영향을 살펴보고 補論으로 민사보전절차 및 집행절차에서의 당사자의 사망을 다루기로 한다.

2. 당사자의 개념의 변천[2]

가. 실체적 당사자개념

(1) 실체법상의 권리자라고 주장하는 자와 의무자라고 주장된 자가 소송상의 당사자로 확정된다는 입장이다.

(2) 연혁적으로 로마법상의 소권(actio)은 실체법상의 청구권의 내용 내지 속성의 하나라고 파악하고 이

---

1) 소송물인 권리관계의 성질상 승계할 자가 없는 경우에는 소송이 종료된다.
2) 상세는 호문혁, "民事訴訟에서 當事者死亡으로 인한 當事者變更에 관한 研究", 「21세기 한국민사법학의 과제와 전망: 심당 송상현교수 화갑기념논문집」, 2002, p.539 이하 참조.

를 토대로 한 소송상의 청구와 실체법상의 청구권을 동일한 것에서 본 것에서 유래한다. 따라서 소송법률관계와 실체법상의 법률관계가 일치한다고 보았고, 다투어지는 권리의 주체만이 소송당사자라고 보게 된다.

(3) 따라서 소송 중에 권리의 주체가 바뀌면 아무런 법적 규율이 없어도 필연적으로 소송에서도 당사자가 변경되고(당연승계이론), 사실심변론종결 이후에 권리 주체가 바뀌면 그 승계인에게 기판력이 미친다.

나. 형식적 당사자개념

(1) 소장을 위주로 한 소송서류에 당사자로 표시된 자가 당사자로 확정된다는 입장이다.

(2) 로마법상의 actio에서 순수한 실체법상의 청구권(Anspruch) 개념을 추출해 냄으로써 소송법률관계와 그 근저에 놓여 있는 실체법상의 법률관계를 개념적으로 분리한 것이 형식적 당사자개념이 등장하게 된 배경이다(Windscheid).

(3) 법률에 의해 제3자가 타인의 권리를 자기 이름으로 주장할 수 있게 됨으로써(소송담당) 당사자란 자신의 이름으로 권리보호를 요구하거나 자신에 대항하여 권리보호가 요구된 사람을 말한다.

(4) 형식적 당사자개념에 의하면 단순히 당사자로 기재된 자가 당사자이므로 누구나 아무를 상대로 하여 제소하여 당사자가 될 수 있으므로 소송수행권 내지 당사자적격을 소송요건으로 보아 그 권리가 인정되지 않으면 그 소는 부적법 각하되도록 함으로써 아무나 남의 권리관계에 관하여 소송을 방지하는 역할을 하게 한다.

다. 기능적 당사자개념

(1) 당사자로 기능하는 자를 당사자로 본다.

(2) 실체법상의 권리의무관계와는 별도로 소송의 대상이 된 특정 재산관계에 대한 관리처분권을 가진 자가 소송에서도 당사자가 된다.

3. 민사절차법과 실체법의 융합으로서의 통합민사법 체계의 모색

가. 소송절차에서의 당사자의 사망이 어떠한 의미를 갖는지의 문제는 민사실체법과 절차법이 교착하는 영역에서의 올바른 좌표설정의 문제이다.

나. 당사자의 사망을 둘러싼 소송절차에 관한 학설과 판례의 혼란은 이러한 좌표설정에 있어서의 인식

의 차이에 기인한다.

다. 앞으로 실체법 따로 소송법 따로 독자적인 영역을 고수할 것이 아니라 전체적인 민사법 체계 내에서 양 영역의 합리적인 역할분담을 추구할 필요가 있다. 민사소송은 실체사법상의 분쟁을 해결하는 절차로서의 존재의의가 있고, 민사소송에서도 실체법상의 원칙은 존중되어야 마땅하다.

[참고] 법정상속분의 변천

▷ **구민법시대~1959. 12. 31.**
- 장남 단독상속, 차남 이하의 분재청구권

▷ **1960. 1. 1.~1978. 12. 31.**
- 동순위 상속인＝균분(상속분 1)
- 재산상속인이 호주상속을 하면 고유상속분의 5할 가산(상속분 1＋0.5＝1.5)
- 여자 상속분＝남자의 1/2(상속분 0.5)
- 동일가적 내에 없는 여자＝남자의 1/4(상속분 0.25)
- 처는 직계비속과 공동상속 시 남자의 1/2(상속분 0.5), 직계존속과 공동상속 시 남자와 같음(상속분 1)

▷ **1979. 1. 1.~1990. 12. 31.**
- 동순위 상속인＝균분(상속분 1)
- 재산상속인이 호주상속을 하면 고유상속분의 5할 가산(상속분 1＋0.5＝1.5)
- 동일가적 내에 없는 여자＝남자의 1/4(상속분 0.25)
- 처는 직계비/존속과 공동상속 시 동일가적 내에 있는 직계비/존속 상속분의 5할 가산(상속분 1＋0.5＝1.5)
- 처가 호주상속한 경우 상속분(기본 상속분 1＋가산 0.5＋호주상속 가산 0.5＝2)

▷ **1991. 1. 1.~현재**
- 동순위 상속인＝균분(남녀, 동일가적 여부 불문하고 상속분 1)
- 배우자는 직계비/존속과 공동상속 시 직계비/존속 상속분의 5할 가산(상속분 1＋0.5＝1.5)

▷ **대습상속에 관한 변천**
- 1960. 1. 1.~1990. 12. 31: 처는 대습상속권이 있으나 夫는 없음.
- 1991. 1. 1.~현재: 배우자 모두 대습상속권이 있음.

II. 소제기 전에 당사자가 사망한 경우

1. 당사자표시정정신청과 피고의 경정

가. 당사자의 확정

(1) 법원에 의한 당사자의 '**확정**'은 원고에 의한 당사자의 '**특정**'을 전제로 한다. 당사자 특정의 주체는 원고이고, 당사자 확정의 주체는 법원이다. 원고에 의해 당사자로 특정된 주체가 일정한 기준에 비추어 소송상 당사자로서의 지위와 권능을 가지는 사람과 일치하는가를 판정하는 작업이 당사자의 확정이다.[3] 당사자를 확정한 결과 당사자의 표시가 잘못되었으면 이를 정정하고, 당사자의 지정이 잘못되었으면 이를 변경(경정)하여야 한다.

(2) 판례는 당사자의 확정에 관하여 변론종결 시를 기준으로 하여 소장의 당사자 기재뿐만 아니라 청구취지, 원인 그 밖에 나타난 일체의 자료를 종합적으로 판단하여 합리적으로 정하는 것을 원칙으로 하고(수정된 표시설, 실질적 표시설),[4] 예외적으로 원고가 이미 사망한 사람인데 이를 모르고 피고로 표시하여 소를 제기한 경우에는 사실상의 피고를 사망자의 상속인으로 봄으로써 의사설을 따르는 경우가 있다.[5]

나. 당사자표시정정과 피고의 경정

(1) 당사자표시정정(訂正)은 당사자의 표시를 잘못하였을 경우에 그 동일성을 유지하는 범위 안에서 이를 바로잡는 것으로서, 이는 종전의 당사자를 교체하고 새로운 제3자를 당사자로 바꾸는 당사자경정(更正)과는 다르다.[6]

(2) 호적(가족관계등록부), 주민등록표, 법인등기부 등 公簿상의 기재에 의하여 당사자의 이름에 오기나 누락이 있음이 명백한 경우는 물론 당사자능력이 없는 사람을 당사자로 잘못 표시한 경우[7] 소장의

---

3) 소송에 있어서 당사자가 누구인가는 기판력의 주관적 범위, 인적 재판적, 법관의 제척원인, 당사자적격, 당사자능력, 소송능력, 소송절차의 중단과 수계, 송달 등에 관한 문제와 직결되는 중요한 사항이므로 사건을 심리판결하는 법원으로서는 직권으로 소송당사자가 누구인가를 확정하여 심리를 진행해야 함은 물론 판결의 표시에도 이를 분명히 하여야 한다(대법원 1987. 4. 14. 선고 84다카1969 판결).

4) 대법원 1996. 10. 11. 선고 96다3852 판결; 대법원 2003. 3. 11. 선고 2002두8459 판결 등.

5) 이러한 판례의 입장을 의사설을 따른 것이 아니라 실질적 표시설의 입장에서 탄력적으로 운용한 결과라고 평가하기도 한다. 김홍엽, 민사소송법(제2판), 박영사(2011), p.102 참조.

6) 당사자표시정정은 상소심에서도 가능하나(원·피고, 동의불요), 당사자경정은 1심 변론종결 시까지만 허용된다(피고에 한하고, 구 피고 동의 요).

7) 예컨대, 점포주인 대신에 점포 자체, 민사소송에서 대한민국 대신에 관계행정청, 본점 대신에 지점, 학교법인 대신에 학교를 피고로 표시한 경우 등.

전 취지를 합리적으로 해석하여 인정되는 올바른 당사자능력자로의 표시정정정은 허용되나,[8] 당사자표시정정인지 당사자변경인지 그 한계가 모호한 경우가 있다.[9] 소장에 표시된 당사자가 잘못된 경우에 당사자표시를 정정케 하는 조치를 취함이 없이 바로 소를 각하할 수는 없다.[10]

(3) 법원은 표시정정을 허용할 경우 별도의 명시적인 결정을 할 필요가 없이 이후의 소송절차(기일통지, 조서작성, 판결서 작성 등)에서 정정 신청된 바에 따라 당사자의 표시를 하고,[11] 정정신청을 불허할 경우에는 즉시 불허의 결정을 하여야 한다.[12] 당사자가 변경되는 결과가 되어 당사자표시정정은 허용될 수 없으나, 민소법 제260조에 의한 피고의 경정이 가능한 경우에는 피고경정신청을 하도록 권고하는 것이 실무례이다.

(4) 당사자표시정정은 원고나 피고 전부 허용되나, 당사자변경은 피고경정의 형태로 피고나 피신청인의 경정만이 허용되고, 소제기자인 원고나 신청인의 경정은 허용되지 않는다.[13] 피고의 경정은 원고의 신청에 의하여서만 가능하고, 원고가 피고를 잘못 지정한 것이 분명한 경우라야 하며, 교체 전후를 통하여 소송물이 동일하여야 하고, 제1심 법원이 변론을 종결할 때까지만 가능하며, 피고가 본안에 관하여 응소한 때에는 피고의 동의를 요하는 등 매우 제한적으로 허용된다.[14]

(5) 실무상 피고적격자를 혼동한 것이 명백하여 피고경정이 허용되는 예로는 주식회사를 피고로 하여

---

8) 학교를 학교법인으로, 사망자를 상속인으로, 지점을 본점으로, 관계행정관청을 대한민국으로, 합명회사 대표사원을 합명회사로 변경하는 경우와 같이 당사자의 동일성이 인정되는 범위 내에서는 당사자의 표시정정이 허용되나, 당사자의 동일성이 부정되는 경우에는 임의적 당사자변경이 되어 허용되지 않는다. 종중의 대표자로서 소송을 제기한 자가 그 종중 자체로 당사자표시변경신청을 한 경우, 그 소의 원고는 자연인인 대표자 개인이고 그와 종중 사이에 동일성이 인정된다고 할 수 없어 그 당사자표시정정신청은 허용될 수 없다. 대법원 1996. 3. 22. 선고 94다61243 판결.

9) 예컨대, A 주식회사 대표이사 원고 김 아무개처럼 원고가 법인인지 대표이사 개인인지 불분명한 때에는 이를 분명하게 하기 위한 석명이 필요할 것이고, 당사자표시에 있어서 착오가 있음이 소장 전 취지에 의하여 인정되는 경우에도 당사자표시를 정정하기 위한 석명이 필요하다.

10) 대법원 2001. 11. 13. 선고 99두2017 판결; 대법원 1997. 6. 27. 선고 97누5725 판결 등.

11) 실무상 당사자표시정정신청서를 상대방에게 송달하고, 변론기일에 이를 진술한다.

12) 불허결정에 대해서는 항고의 방법으로 다툴 수 있다.

13) 대법원 2008. 6. 12. 선고 2008다11276 판결: 당사자표시정정은 원칙적으로 당사자의 동일성이 인정되는 범위에서만 허용되는 것이므로 회사의 대표이사였던 사람이 개인 명의로 제기한 소송에서 그 개인을 회사로 당사자표시정정을 하는 것은 부적법하다. 그러나 제1심법원이 제1차 변론준비기일에서 이와 같은 부적법한 당사자표시정정신청을 받아들이고 피고도 이에 명시적으로 동의하여 제1심 제1차 변론기일부터 정정된 원고인 회사와 피고 사이에 본안에 관한 변론이 진행된 다음 제1심 및 원심에서 본안판결이 선고되었다면, 당사자표시정정신청이 부적법하다고 하여 그 후에 진행된 변론과 그에 터 잡은 판결을 모두 부적법하거나 무효라고 하는 것은 소송절차의 안정을 해칠 뿐만 아니라 그 후에 새삼스럽게 이를 문제 삼는 것은 소송경제나 신의칙 등에 비추어 허용될 수 없다.
대법원 1998. 1. 23. 선고 96다41496 판결: 일반적으로 당사자표시정정신청을 하는 경우에도 실질적으로 당사자가 변경되는 것은 허용할 수 없고 필요적 공동소송이 아닌 사건에서 소송 도중에 당사자를 추가하는 것 역시 허용될 수 없으므로, 회사의 대표이사가 개인 명의로 소를 제기한 후 회사를 당사자로 추가하고 그 개인 명의의 소를 취하함으로써 당사자의 변경을 가져오는 당사자추가신청은 부적법한 것이다.

14) 대법원 1997. 10. 17. 자 97마1632 결정: 피고를 잘못 지정한 것이 명백한 때라고 함은 청구취지나 청구원인의 기재 내용 자체로 보아 원고가 법률적 평가를 그르치는 등의 이유로 피고의 지정이 잘못된 것이 명백하거나 법인격의 유무에 관하여 착오를 일으킨 것이 명백한 경우 등을 말한다 할 것이고, 이 사건과 같이 원고가 공사도급계약상의 수급인은 그 계약 명의인인 피고라고 하여 피고를 상대로 소송을 제기하였다가 심리 도중 변론에서 피고 측 답변이나 증거에 따라 이를 번복하여 수급인이 피고보조참가인이라고 하면서 피고경정을 구하는 경우에는 계약 명의인이 아닌 실제상의 수급인이 누구인지는 증거조사를 거쳐 사실을 인정하고, 그 인정 사실에 터 잡아 법률 판단을 하여야 인정할 수 있는 사항이므로, 위 법규정 소정의 '피고를 잘못 지정한 것이 명백한 때'에 해당한다고 볼 수 없다.

야 할 것을 그 대표이사 개인을 피고로 한 경우, 지역농업협동조합을 피고로 하여야 할 것을 농업협동조합중앙회를 피고로 한 경우 등이 있다.

(6) 피고의 경정은 새로운 피고에 대해서는 소의 제기에 해당하므로 그로 인한 시효중단과 기간준수의 효과는 경정신청서 제출 시에 발생한다.[15]

2. 원고의 사망

가. 사망자를 원고로 하여 제기된 소

(1) 사망자를 원고로 하여 제기된 소는 원칙적으로 부적법하고 상속인들의 수계신청도 허용되지 않는다.[16]

(2) 실재하지 않은 사망자 명의로 제기된 소는 처음부터 부적법한 것이어서 동인의 재산상속인들의 소송수계신청은 허용될 수 없다.[17]

(3) 소장이 제1심법원에 접수되기 전에 공동원고의 한 사람이 사망한 경우에는 그 원고 명의의 제소는 부적법한 것으로서 그 부분은 각하할 수밖에 없다.[18]

나. 원고 측의 당사자표시정정이 허용되는 경우

(1) 재심의 소, 전심절차를 거치고 제기하는 소송, 매각허가결정에 대한 항고 등 다른 절차의 불복으로 소를 제기한 경우에는 원고 측의 당사자표시정정을 허용한다.

(2) 피고(재심원고)가 재심대상 판결에 대하여 재심을 제기할 당시 피고는 사망하였는데 그 표시를 사망자 그대로 표시하였다 하더라도 그것이 그 상속인들에 의하여 실제 제기되었음이 인정되는 경우에는 당사자표시정정을 할 수 있다.[19]

(3) 피상속인이 양도소득세부과처분에 대하여 이의신청, 심사청구를 거쳐 국세심판소장에게 심판청구를 한 후 사망하였고 그 사망 사실을 모르는 국세심판소장은 심판청구를 기각하는 결정을 하면서 그 결정문에 사망한 피상속인을 청구인으로 표시하였으며 그 상속인들이 기각결정에 승복하지 아니하고 망인 명의로 양도소득세부과처분 취소청구소송을 제기한 후 상속인들 명의로 소송수계신청을 하였다면, 비록 전치절차 중에 사망한 피상속인의 명의로 소가 제기되었다고 하더라도 실제 그

---

15) 민사소송법 제265조, 제260조 제2항.
16) 사망자 명의로 또는 사망자 상대로 제기한 소는 처음부터 부적법한 것이어서 중단사유도 아니고 수계신청도 허용될 수 없다.
17) 대법원 1979. 7. 24. 선고 79마173 판결; 대법원 1983. 2. 8. 선고 81누420 판결: 원고들은 본건 소의 제기 전에 사망하였음이 분명하므로 실재하지 아니하는 동 원고들은 당사자로 한 본건 소는 부적법하다.
18) 대법원 1990. 10. 26. 선고 90다카21695 판결.
19) 대법원 1979. 8. 14. 선고 78다1283 판결.

소를 제기한 사람들은 망인의 상속인들이고 다만 그 표시를 그릇한 것에 불과하다고 보아야 할 것이므로, 법원으로서는 그 소송수계신청을 당사자표시정정신청으로 보아 이를 받아들여 그 청구를 심리판단하여야 한다.[20]

(4) 사망한 사람의 이름으로 항고를 제기하였더라도 실지 항고를 제기한 행위자가 그의 상속인이었다면 항고인의 표시를 잘못한 것으로 보고 이를 정정하게 하여야 한다.[21]

3. 피고의 사망

가. 피고의 사망사실을 모르고 제소한 경우

(1) 판례는 사망사실을 모르고 사망자를 피고로 하여 소를 제기한 경우 실질적인 피고는 처음부터 상속인이지 사망자가 아니므로 실질적인 피고에 맞추어 상속인으로의 당사자표시정정을 허용하고 있다.

(2) 판례의 입장에 대해서는 피고의 경정제도가 도입된 이상 당사자표시정정의 외연을 확대하는 것은 바람직하지 않고, 피고의 경정을 활용하여 당사자를 사망자에서 상속인으로 변경하도록 하면 된다는 비판이 있다.

(3) 그러나 판례는 피고경정제도는 엄격한 요건하에 허용되며, 민사소송법상 경정신청서를 제출한 때에 시효중단 및 기간준수의 효과가 발생하도록 되어 있어[22] 사망자의 사망사실 및 상속인들의 상속포기사실을 모르는 채권자로서는 시효소멸의 불이익을 당할 우려가 있다는 현실적 고려가 작용한 것으로 이해할 수 있다.[23]

나. 피고의 사망사실을 모르고 판결이 선고된 경우

(1) 피고의 사망사실을 모르고 판결이 선고되고 확정된 경우에도 그 판결은 당연무효의 판결이다.[24]

---

20) 대법원 1994. 12. 2. 선고 93누12206 판결.
21) 대법원 1971. 4. 22. 자 71마279 결정.
22) 민소법 제265조. 필수적 공동소송인의 추가(민소법 제68조), 가사소송에서 피고경정이 있을 경우 신분관계에 관한 사항(가사소송법 제15조 제2항), 행정소송에서의 피고경정(행정소송법 제14조 제4항)은 처음의 소가 제기된 때에 그 효과가 발생하도록 되어 있다. 이에 따라 표시설로 일관하면서 입법적으로 피고경정에 의한 시효중단 및 기간준수의 효과를 구소제기의 시점으로 소급시키는 것이 타당하다는 견해가 있다. 성경희, "사망자를 피고로 하여 제소한 경우, 상속인 및 후순위 상속인으로의 당사자표시정정 허용 여부", 「재판과 판례(제16집)」, 대구판례연구회(2007), p.177 참조. 그러나 이는 입법론으로는 몰라도 해석론의 한계를 넘는 것이다.
23) 뒤에 보는 판례의 사안과 같이 乙에 대한 채권자 甲이 소를 제기한 후 乙의 사망사실을 알고 乙의 제1순위 상속인으로 변경하였으나, 그가 상속을 포기하여 제2순위 상속인으로 변경하는 절차를 계속하는 동안 시효가 소멸한 경우 그 불이익을 甲에게 부담시키는 것은 부당하다.
24) 판례는 원고가 사망자를 피고로 하는 소를 제기하였을 경우에 재판장의 소장심사권에 의하여 소장각하명령을 할 수는 없고 법원은 피고표시정정에 관한 명령을 한 다음 이에 응하지 아니하는 때에는 그 소를 부적합한 것으로 인정하여 판결로서 각하하는 것이 타당하다고 한다(대법원 1973. 3. 20. 자 70마103 결정).

(2) 즉 사망자를 사망한 줄 모르고 피고로 표시하여 제소한 경우 그 상속인들을 피고로 제소한 것으로 보아 당사자 정정신청을 하면 이를 허용하여야 하지만, 이러한 당사자 정정 없이 사망자를 당사자로 한 판결이 선고되고 확정되었다면 그 판결은 당연무효라 할 것이다.[25]

사례 1

당사자확정기준

<사실관계>

(1) 원고는 1999. 12. 30. A가 국민은행으로부터 대출받는 주택구입자금 60,000,000원에 대하여 보증금액 38,200,000원, 보증기한 2002. 12. 30.까지로 하는 내용의 신용보증을 하였다.

(2) A가 위 신용보증에 기하여 국민은행으로부터 60,000,000원을 대출받은 후 위 대출원리금을 상환하지 않자 원고가 2004. 8. 20. 국민은행에 대출원금 38,200,000원, 이자 15,133,111원 합계 53,333,111원을 대위변제하였다.

(3) A는 2000. 1. 3. 사망하였고 피고가 A의 상속인이다.

(4) 원고는 2009. 7. 30. A를 피고로 기재한 소장에 A의 사망사실이 기재된 주민등록초본과 관리기업기본정보표(갑 제4호증)를 첨부하여 제1심법원에 제출하였다.

(5) 원고는 2009. 8. 3. A의 상속인을 확인할 수 있는 가족관계증명서 등에 관한 사실조회를 신청하였고, 2009. 8. 28. 제1심법원에 도착한 사실조회 결과에 따라 2009. 9. 10. 이 사건 피고의 표시를 A에서 현재의 피고로 정정하는 신청서를 제출하였다.

[대법원 2011. 3. 10. 선고 2010다99040 판결]
소송에서 당사자가 누구인가는 당사자능력, 당사자적격 등에 관한 문제와 직결되는 중요한 사항이므로, 사건을 심리·판결하는 법원으로서는 직권으로 소송당사자가 누구인가를 확정하여 심리를 진행하여야 하며, 이때 당사자가 누구인가는 소장에 기재된 표시 및 청구의 내용과 원인 사실 등 소장의 전 취지를 합리적으로 해석하여 확정하여야 한다. 따라서 소장에 표시된 피고에게 당사자능력이 인정되지 않는 경우에는 소장의 전 취지를 합리적으로 해석한 결과 인정되는 올바른 당사자능력자로 표시를 정정하는 것이 허용된다.

<Comment>

1. 제1심은 원고가 2009. 9. 10. 제출한 피고 표시 정정신청서를 당사자표시정정이 아닌 피고 경정신청서로 판단하고, 원고의 소는 소멸시효기간 경과 후의 소제기라고 판단하였으나, 원심과 대법원은 이러한 사실관계에서 알 수 있는 이 사건 청구의 내용과 원인사실, 당해 소송을 통하여 분쟁을 실질적으로 해결하려는 원고의 소제기 목적, 소제기 후 바로 사실조회신청을 하여 상속인을 확인한 다음

---

25) 대법원 1982. 4. 13. 선고 81다350 판결.

피고표시정정신청서를 제출한 사정 등을 앞서 본 법리에 비추어 보면, 이 사건의 실질적인 피고는 당사자능력이 없어 소송당사자가 될 수 없는 사망자인 A가 아니라 처음부터 사망자의 상속인인 피고이고 다만 소장의 표시에 잘못이 있었던 것에 불과하므로, 원고는 A의 상속인으로 피고의 표시를 정정할 수 있고, 따라서 당초 소장을 제출한 때에 소멸시효중단의 효력이 생긴다고 판시하였다.

2. 대법원은 채무자의 사망사실을 알면서도 그를 피고로 기재하여 소를 제기한 사안에서 채무자의 상속인으로 피고의 표시를 정정할 수 있다고 함으로써 순수한 의사설을 탈피하여 실질적 표시설 내지 수정된 표시설의 입장을 따르는 것으로 이해할 수 있다.

[참고] 청구원인 및 항변에 대한 판단 예[26]

1. 청구원인에 대한 판단

갑 1호증 내지 6호증(가지번호 포함), 을 1, 2호증의 각 기재에 변론 전체의 취지를 종합하면, 원고는 1999. 12. 30. 소외인과 사이에 소외인이 국민은행으로부터 대출받는 주택구입자금 60,000,000원에 대하여 보증금액 38,200,000원, 보증기한 2002. 12. 30.까지로 하는 신용보증약정을 체결하였는데, 위 신용보증약정서에는 위약금의 납부 등에 관하여 규정하면서 위약금의 산정방법, 보증채무 이행 시 그에 대한 손해금의 상환에 관해 원고가 정한 율에 따르기로 하는 내용이 기재된 사실(손해금의 상환에 관해 정해진 이율은 현재 연 15%이다), 소외인이 1999. 12. 30. 위 신용보증약정에 기하여 국민은행으로부터 60,000,000원을 대출받은 후 위 대출원리금이 상환되지 않자 원고가 2004. 8. 20. 국민은행에 대출원금 38,200,000원, 이자 15,133,111원 합계 53,333,111원(이하 '이 사건 보증보험금'이라 한다)을 지급한 사실, 보증기한 내에 보증금액을 상환하지 않는 경우의 위약금이 1,390,890원인 사실, 소외인은 2000. 1. 3. 사망하였고 피고가 소외인(이하 '망인'이라 한다)의 상속인인 사실을 인정할 수 있으므로, 피고는 원고에게 54,724,001원(=53,333,111원+1,390,890원) 및 그중 이 사건 보증보험금 53,333,111원에 대하여 2004. 8. 20.부터 이 사건 소장 송달일인 2009. 9. 25.까지 약정이율인 연 15%, 그다음 날부터 다 갚는 날까지 소송촉진 등에 관한 특례법 소정의 연 20%의 각 비율로 계산한 돈을 지급할 의무가 있다.

2. 피고의 항변 등에 관한 판단

피고는 이 사건 보증보험금의 구상채권이 시효로 소멸하였다고 항변함에 대하여 원고는, 소멸시효기간 만료 전에 이 사건 소를 제기함으로써 소멸시효가 중단되었다고 재항변한다.

살피건대, 원고가 2009. 7. 30. 이 법원에 망인의 사망사실이 기재되어 있는 망인의 주민등록초본을 첨부하여 망인을 상대로 한 이 사건 소장을 제출한 후 2009. 8. 3. 망인의 상속인을 확인할 수 있는 가족관계증명서 등의 사실조회신청(위 신청 당시에는 아래에서 보는 바와 같이 소멸시효기간이 만료되지 않았다)을 하였다가 2009. 8. 28. 이 법원에 도착한 사실조회결과에 따라 2009. 9. 10. 이 사건 피고의 표시를 망인에서 현재의 피고로 정정하는 신청서를 제출한 사실, 위 신청서 부본이 2009. 9. 25. 피고에게 송달된 사실은 기록상 현저하고, 위 인정사실에다가 가족관계의 등록 등에 관한 법률의 제 규정 및 이 사건 청구의 내용과 원인사실, 당해 소송을 통하여 분쟁을 실질적으로 해결하려는 원고의 소제기 목적 등을 종합하여 보면 이 사건의 경우 사망자의 상속인이 처음부터 실질적인 피고이고 다만 그 표시를 잘못한 것으로 인정되어 사망자의 상속인으로 피고의 표시를 정정할 수 있고, 이에 따라 당초의 소장을 제출한 때에 소멸시효중단의 효력이 생긴다 할 것이다. 따라서 이 사건 보증보험금의 구상채권은 상행위로 인한 것으로서 5년의 소멸시효 기간이 적용되고, 그 소멸시효는 이 사건 보증보험금의 지급일인 2004. 8. 20.부터 진행한다고 할 것인데, 그로부터 5년이 경과되기 전인 2009. 7. 30. 이 사건 소가 제기되었음이 기록상 명백하므로, 원고의 재항변은 이유 있고, 결국 원고의 구상채권이 시효로 소멸하였다는 피고의 항변은 받아들이지 아니한다.

사례 2

당사자표시경정과 피고경정신청의 실질

<사실관계>

甲으로부터 <u>1997. 10. 27.</u>경 3,000만 원을 차용한 A가 2003. 4. 7. 자로 사망하고, 위 망인의 1순위 상속인인 망인의 자녀 B, C의 2003. 5. 26. 자 상속포기신고가 2003. 6. 10. 자로 수리되었으므로 망인의 형제인 D, E, F, G 등 4인이 그 2순위 상속인으로서 위 대여금채무를 상속하게 되었다. 甲은 <u>2007. 10. 25.</u>경 위 1순위 상속인인 B, C를 피고로 하여 이 사건 소를 제기하였다가 이 사건 대여금채권이 성립한 때부터 10년이 지난 후인 <u>2008. 6. 19.</u> 자로 피고를 위 2순위 상속인들로 바꾸는 피고경정신청서를 제1심법원에 제출하였다.

<원심의 판단>

원심은 피고의 경정이 있는 경우 시효중단의 효과는 경정신청서를 제출한 때에 발생한다 할 것인데, 이 사건 대여금채권은 원고가 위 피고경정신청서를 제출한 당시에 이미 10년의 소멸시효기간이 지나 시효로 소멸한 것으로 보아야 한다고 하여, 피고들의 시효항변을 받아들여 원고의 청구를 기각한 제1심판결을 유지하고, 원고의 항소를 기각하였다.

[대법원 2009. 10. 15. 선고 2009다49964 판결]

원고가 피고의 사망 사실을 모르고 사망자를 피고로 표시하여 소를 제기한 경우에, 청구의 내용과 원인사실, 당해 소송을 통하여 분쟁을 실질적으로 해결하려는 원고의 소제기 목적 내지는 사망 사실을 안 이후 원고의 피고표시정정신청 등 여러 사정을 종합하여 볼 때에, 실질적인 피고는 당사자능력이 없어 소송당사자가 될 수 없는 사망자가 아니라 처음부터 사망자의 상속자이고 다만 그 표시에 잘못이 있는 것에 지나지 않는다고 인정되면 사망자의 상속인으로 피고의 표시를 정정할 수 있다 할 것인바,[27] 상속개시 이후 상속의 포기를 통한 상속채무의 순차적 승계 및 그에 따른 상속채무자 확정의 곤란성 등 상속제도의 특성에 비추어 위의 법리는 채권자가 채무자의 사망 이후 그 1순위 상속인의 상속포기 사실을 알지 못하고 1순위 상속인을 상대로 소를 제기한 경우에도 채권자가 의도한 실질적 피고의 동일성에 관한 위 전제요건이 충족되는 한 마찬가지로 적용이 된다고 보아야 할 것이다.

원고는 처음에 위 망인의 1순위 상속인들의 상속포기사실을 알지 못하고 그들을 상대로 이 사건 소를 제기하였다가 제1심 소송 도중에 이를 알게 되어 피고를 위 망인의 적법한 상속인들로 바꾸어 달라고 법원에 신청

---

26) 서울중앙지방법원 2010. 11. 5. 선고 2010나25543 판결.

한 것임을 알 수 있는바, 이 사건 청구의 내용과 원인사실, 원고의 소제기 목적 및 위 피고경정신청의 경위와 시점 등 여러 사정을 종합하여 볼 때, 원고가 의도한 이 사건 소의 실질적인 피고는 상속포기의 소급효로 말미암아 처음부터 상속채무에 관한 법률관계의 당사자가 될 수 없는 1순위 상속인이 아니라 적법한 상속채무자인 2순위 상속인인 피고들이라 할 것인데 다만 그 표시에 잘못이 있는 것에 지나지 아니하여 피고표시정정의 대상이 된다 할 것이고, 이와 같이 변경 전후 당사자의 동일성이 인정됨을 전제로 진정한 당사자를 확정하는 표시정정의 대상으로서의 성질을 지니는 이상 비록 소송에서 <u>피고의 표시를 바꾸면서 피고경정의 방법을 취하였다 해도 피고표시정정으로서의 법적 성질 및 효과는 잃지 않는다</u>고 보아야 할 것이다.

따라서 이 사건 소의 진정한 당사자로 확정되는 피고들이 상속한 이 사건 대여금채무는 그 소멸시효기간이 지나기 전의 이 사건 소의 제기로써 시효의 진행이 중단된 것으로 보아야 할 것임에도 그와 달리 제1심에서의 피고경정신청의 실질에 관하여 살피지 아니한 채 피고들의 시효항변을 받아들여 원고의 청구를 기각한 원심판결에는 당사자표시정정에 관한 법리를 오해하여 판결에 영향을 미친 위법이 있다.

사례 3

사망자를 피고로 하여 제소한 경우, 상속인 및 후순위 상속인으로의 당사자표시정정 허용 여부

〈사실관계〉

신용보증기금(원고, 재항고인)은 A가 2000. 1. 25. 이미 사망한 사실을 모르고 2004. 4. 1. A 외 2인을 피고로 표시하여 구상금 청구의 소장을 제출하였다.

소제기 후 이를 비로소 안 재항고인은 제1심의 사실조회를 통하여 2004. 7.경 A의 사망 당시 주민등록등본 및 제적등본을 확인한 후, <u>2004. 7. 29.</u> 피고를 A에서 그의 처 B, 자 C, D, E로 정정하는 <u>1차 당사자표시정정신청</u>을 하였고, 제1심법원은 위 신청을 받아들여 이들에게 소장 등을 송달하였다. 그러니 B, C, D, E는 이미 상속포기신고를 하여 서울가정법원 2000. 7. 10. 자 2000느단3796 심판으로 위 신고가 수리되었는바, 2004. 8. 13. 이와 같은 사정을 들어 채무가 없다는 취지의 답변서를 제출하였다.

이에 재항고인은 다시 <u>2004. 9. 15.</u> 피고를 B, C, D, E에서 그다음 순위 상속인들인 F(D의 자, 1991년생, A의 손자), G(D의 자, 1997년생, A의 손자), H(C의 자, 1991년생, A의 외손자)로 정정하는 <u>2차 당사자표시정정신청</u>(이하 이 사건 당사자표시정정신청이라 함)을 하였다. 원고는 원고가 이미 사망한 자에 대하여 그가 사망한 사실을 모르고 피고로 표시하여 소를 제기하였을 경우에는 사실상 피고는 사망자의 상속인이고 다만 당사자표시를 잘못한 것에 불과하다고 해석함이 타당하다는 판례[28]를 근거로 하여 이 사건 당사자표시정정신청의 허가를 구하고 있다.

---

27) 대법원 2006. 7. 4. 자 2005마425 결정 참조.
28) 대법원 1969. 12. 9. 선고 69다1230 판결; 대법원 1983. 12. 27. 선고 82다146 판결 등.

＜원심의 판단＞[29]

① 신청인이 인용하고 있는 판례들은 1990. 1. 13. 법률 제4201호로 개정된 민사소송법(다음부터 「1990년 개정 민사소송법」이라 한다) 제234조의 2의 규정에서 명문으로 피고의 경정 제도를 도입하기 이전의 판례들로서, 실질적으로는 당사자의 변경 또는 경정으로 보이는 경우에도 당사자표시정정을 허용함으로써 당사자를 구제할 현실적인 필요성을 고려한 판시로 보이는바, 위와 같이 민사소송법이 개정됨으로써 이러한 당사자 구제는 당사자표시정정의 확장해석을 통하지 아니하고 피고경정제도를 통하여 달성할 수 있게 된 점, ② 당사자표시 정정의 요건·절차 및 효과에 관해서는 민사소송법에서 규정하고 있지 아니하여 판례의 해석기준 또는 실무해설서에 따라 제도가 운용되고 있는 반면에, 피고경정의 요건·절차 및 효과에 관해서는 민사소송법 제260조, 제261조, 제265조, 민사소송규칙 제66조에서 자세히 규정하고 있음에 비추어 보면 적어도 1990년 개정 민사소송법 이후에는 당사자표시정정은 순수한 의미에서의 오기의 정정에 한하도록 하려는 것이 입법자의 의도로 보이는 점, ③ 이 사건에서와 같이 최초 피고로 잘못 표시된 망인의 표시정정 대상인 선순위 상속인이 상속을 포기한 경우에는 순차로 차순위 상속인을 상대로 당사자표시정정이 이루어지게 되는데, 이러한 경우에는 피고가 되는 자연인이 실질적으로 계속 변경됨에도 불구하고(이 사건에서 망인의 친손자와 외손자로 표시정정을 구하고 있음) 이를 '당사자표시정정'으로서 허용하는 것은 불합리해 보이는 점, ④ 이 사건에서와 같이 재판상 청구에 의한 소멸시효의 중단시기가 문제 되는 경우에 당사자표시정정을 허용하게 되면 최초의 망인을 상대로 소를 제기한 때에 소멸시효가 중단되는 것으로 볼 여지가 있어서, 뒤늦게 피고로 정정된 후순위 상속인은 실제로 청구를 받지 아니하였음에도 소멸시효가 중단되는 결과를 초래하게 되는 점(이 경우 당사자표시정정신청이 아니라 피고경정을 통하도록 하면 시효중단의 효과는 민사소송법 제265조의 규정에 따라 경정신청서 제출 시에 발생하므로 위와 같이 가혹한 결과를 방지할 수 있다) 등에 비추어 보면, 이 사건 당사자표시정정신청의 허가를 구하는 신청인의 주장은 받아들이기 어렵다고 하면서 신청인의 이 사건 당사자표시정정신청을 기각하였다.

[대법원 2006. 7. 4. 자 2005마425 결정]

비록 재항고인이 이 사건 소장에 A를 피고로 기재하였지만, 앞서 본 법리에 따라 이 사건 기록에 나타난 이 사건 청구의 내용과 원인사실, 이 사건 구상금과 관련된 분쟁을 실질적으로 해결하려는 재항고인의 이 사건 소송 제기 목적과 함께 위에서 본 바와 같이 재항고인은 A가 사망한 사실을 모르고 그를 피고로 하여 이 사건 소송을 제기하였다가 A의 사망사실을 알게 되자 바로 피고의 표시를 그의 상속인들로 정정하는 위 1, 2차 당사자표시정정신청에 이른 사정 등을 종합하여 살펴보면, 이 사건 소송에서의 실질적인 피고는 사망하여 당사자능력이 없는 A가 아니라 처음부터 그의 진정한 상속인들이라고 해석하여야 할 것이다. 그리고 이 사건에서는 위 B를 비롯한 앞 순위 상속인들이 A에 대한 상속을 포기함에 따라 다음 순위 상속인들인 위 F, G, H가 상속개시 시부터 A를 상속하게 되었으므로, 이 사건 소송의 실질적인 피고는 위 A의 진정한 상속인들인 위 F, G, H라 할 것이다.

---

29) 서울고등법원 2005. 4. 20. 자 2004라693 결정. 서울서부지방법원 2004. 9. 16. 자 2004가단15372결정이 신청인(원고)의 이 사건 당사자표시정정신청을 기각하자, 신청인이 이에 항고한 사건이다.

따라서 1차 당사자표시정정신청은 진정한 상속인들이 아닌 위 B 등으로 피고 표시를 정정하는 것으로서 잘 못이므로, 제1심으로서는 위 신청에 구속되어 위 B 등을 이 사건 소송의 피고로 볼 것이 아니라, 진정한 상 속인들인 위 F, G, H를 피고로 정정한 취지의 2차 당사자표시정정신청이 적법한 것으로 보고 그들을 이 사건 소송의 실질적인 피고들로 인정하여 소송을 진행하였어야 할 것이다. 그렇다면 이와 달리 2차 당사자표시 정정신청을 기각한 제1심결정과 제1심결정이 적법하다고 인정하여 이를 유지한 원심결정에는 당사자표시정 정에 관한 법리를 오해하여 재판에 영향을 미친 위법이 있다.[30]

<Comment>

1. 판례는 분쟁을 실질적으로 해결하려는 원고의 소제기 목적 등을 종합하여 볼 때 상속인이 처음부터 실질적인 피고라고 하면서 원고가 알지 못하는 피고의 사망 또는 상속인의 상속포기와 관계없이 원 고의 권리구제의 충실을 꾀하기 위하여 사망자를 상속인으로 하는 표시정정뿐만 아니라 상속인에서 후순위상속인으로의 표시정정을 허용하고 있다.

2. 판례가 사망자를 당사자로 하는 소송에서 허용하는 당사자표시정정은 통상의 표시정정과는 다르다. 사망자를 상속인으로 표시정정하는 경우에는 1심에서만 가능하나,[31] 통상의 표시정정은 항소심에서 도 가능하다.[32]

3. 판례가 사망자에서 상속인으로의 표시정정을 허용하는 이유는 원고가 알지 못하는 피고의 사망 또는 상속포기라는 사정에 의하여 시효중단의 이익을 받지 못하는 원고의 입장을 고려한 것으로 보인다.[33]

4. 판례는 실체법상 다른 권리 주체인 사망자와 상속인 그리고 후순위 상속인을 소송법상 필요에 의해 동일한 취급을 하고 있다. 그렇다면 진정한 상속인이 나타날 때까지 반복하여 표시정정이 가능한 것 인가?[34]

---

30) 파기자판하여 제1심결정을 취소하였다.
31) 대법원 1974. 7. 16. 선고 73다190 판결: 항소심에 있어서의 소송계속은 제1심 판결을 받은 당사자(그 포괄승계인 포함)로서 그에 불복 항소한 당사자와 그 상대방 당사자 사이에서만 발생함이 심급제도에서 오는 귀결이라 할 것으로 제1심판결을 받지 아니한 당사자 간에 있어서는 비록 그 일방이 제1심판결을 받았다 하여도 항소에 의하여 이심의 효력이 발생할 수 없다고 할 것인바, 원심판결은 피고 A는 망 B의 재산상속인의 한 사람으로 원고가 위 망인을 사망한 줄 모르고 피고로 표시하여 제소하 였다가 제1심에서 그 상속인들로 당사자의 표시를 정정함에 있어서 피고 A를 빠뜨림으로써 원심에 이르러 동 A를 위 망인의 상속인으로 추가하는 뜻에서 당사자표시정정을 다시 신청하고 있는 즉 이는 새로운 당사자의 추가로 볼 것이 아니고 망 B의 상속인 표시를 정정하는 것에 불과하므로 당연히 허용되어야 할 것이라 하여 피고의 항변을 배척하고 그에 대한 본안판결을 하였으나 이는 항소심에 있어서의 소송계속의 법리를 오해하고 제1심판결을 받지 아니한 피고 A 다시 말해서 항소심에 소송계 속이 없는 사람에 대하여 판결을 한 위법을 범하였다.
32) 대법원 1996. 10. 11. 선고 96다3852 판결. 항소심에서 피고 순천향교수습위원회를 순천향교로 표시정정한 사안이다.
33) 이에 대하여 통상적인 당사자변경과는 달리 사망자임을 알지 못하여 사망자를 상대로 소를 제기한 경우에는 원고의 권리행사 의 사실이 객관적으로 분명히 표출된 이상 당사자변경신청서를 제출하면, 그 소제기 시에 소급하여 새로운 진정한 상속인에 대 한 시효중단의 효과가 생긴다고 보아야 한다는 견해가 있다(유병현, "당사자의 사망이 소송절차에 미치는 영향", 「민사소송(제 12권 제1호)」, 한국사법행정학회(2008), p.56 참조). 그러나 이러한 견해는 현행법의 해석론으로는 한계를 넘는 것이다.
34) 유병현(주.33), p.55 참조.

III. 소송계속 중에 당사자가 사망한 경우

1. 소송절차의 중단

가. 본인소송의 경우

(1) 소송이 계속되는 동안에 당사자가 사망한 경우 상속인이 사망한 당사자의 지위를 승계한다. 당사자의 소송상 지위도 일신전속권이 아닌 이상 상속인에게 승계된다(민법 제1005조). 당사자의 지위를 승계한 상속인이 소송상 예측하지 못한 손해를 입지 않도록 대처할 기회와 시간을 주기 위하여 마련된 것이 소송절차의 중단제도이다(민소법 제232조). 당사자의 사망으로 당사자의 지위를 승계하게 된 상속인 등은 소송절차를 수계하여야 한다.[35]

(2) 당연승계론을 취하는 통설·판례에 의하면 <u>소송상 지위의 승계</u>와 <u>소송수계</u>는 구별된다. 즉 당사자의 지위는 당사자의 사망으로 법률에 따라 자동으로 승계되고, 그 승계인이 소송수계신청을 하여야 중단되었던 절차가 속행되는 것으로 본다.[36] 우리 민사소송법은 당연승계론에 따라 당사자의 연속성을 전제로 소송절차의 중단을 규율하고 있다.[37]

(3) 당사자의 사망으로 소송절차가 중단된 경우 상속인이 여럿 있다고 하더라도 그 소송이 필수적 공동소송이 아닌 한 수계신청은 상속인 각자가 개별적으로 할 수 있고, 따라서 수계신청을 한 상속인에 대해서만 중단이 해소되고, 수계신청을 하지 아니한 상속인에 대해서는 여전히 소송이 중단된 상태에 있다.[38]

---

35) 상대방 당사자도 수계신청을 할 수 있으며, 당사자가 수계신청을 하지 아니한 때에는 법원이 직권으로 소송절차를 계속하여 진행하도록 명할 수 있다(민소법 제243조).

36) 이에 대해서는 당연승계는 실체적 당사자개념이고 형식적 당사자개념을 취하는 오늘날에는 타당하지 않다는 비판이 있다. 이 견해에 의하면 실체법상의 당사자가 변경되었다고 하여 소송법상 당연히 당사자가 변경될 사유가 되는 것은 아니고 소송수계를 하여야 소송상의 지위가 승계된다고 한다. 호문혁(주.2), p.545 이하 참조.

37) 대법원 1995. 5. 23. 선고 94다28444 전원합의체 판결: 당사자가 사망하여 실재하지 아니한 자를 당사자로 하여 소가 제기된 경우는 당초부터 원고와 피고의 대립당사자 구조를 요구하는 민사소송법상의 기본원칙이 무시된 것이므로, 그와 같은 상태하에서의 판결은 당연무효라고 할 것이지만 일응 대립당사자 구조를 갖추고 적법하게 소가 제기되었다가 소송 도중 어느 일방의 당사자가 사망함으로 인해서 그 당사자로서의 자격을 상실하게 된 때에는 그 대립당사자 구조가 없어져 버린 것이 아니고, <u>그 때부터 그 소송은 그의 지위를 당연히 이어받게 되는 상속인들과의 관계에서 대립당사자 구조를 형성하여 존재하게 되는 것이고, 다만 상속인들이 그 소송을 이어받는 외형상의 절차인 소송수계절차를 밟을 때까지는 실제상 그 소송을 진행할 수 없는 장애사유가 발생하였기 때문에 적법한 수계인이 수계절차를 밟아 소송에 관여할 수 있게 될 때까지 소송절차는 중단되도록 법이 규정하고 있을 뿐이다.</u>

38) 대법원 1993. 2. 12. 선고 92다29801 판결: 소송계속 중 당사자인 피상속인이 사망한 경우 공동상속재산은 상속인들의 공유이므로 소송의 목적이 공동상속인들 전원에게 합일확정되어야 할 필요적 공동소송관계라고 인정되지 아니하는 이상 반드시 공동상속인 전원이 공동으로 수계하여야 하는 것은 아니며, <u>수계되지 아니한 상속인들에 대한 소송은 중단된 상태로 그대로 피상속인이 사망한 당시의 심급법원에 계속되어 있다.</u>

나. 소송대리인 소송의 경우

당사자가 사망하여도 소송대리인이 있는 경우에는 소송절차가 중단되지 않는다(민소법 제238조). 원래 당사자가 사망하여도 소송대리인의 대리권은 소멸하지 않는 것이므로(민소법 제95조 제1항)[39] 소송대리인은 상속인의 대리인으로 소송행위를 할 수 있다.

2. 소송절차중단(당사자의 사망)을 간과한 판결의 효력

가. 본인소송의 경우

(1) 당사자가 사망하여 소송절차가 중단되었으나 이를 간과하여 사망자 명의의 판결이 선고된 경우 판례는 그 판결은 무권대리에 준하여 상소 또는 재심으로 취소할 수 있는 위법·유효한 판결로 본다(유효설).[40]

(2) 상속인이 소송을 수계하여 그 상속인 명의로 판결하였으나, 다른 상속인이 추가로 있음을 알게 된 경우 누락된 상속인에 대해서는 그 심급에서 절차가 중단되어 있는 것으로 보고, 소송을 수계했던 상속인이 제기한 상소심절차에서 소송수계신청을 할 수 없다.

사례 4

소송계속 중 일방 당사자의 사망으로 소송절차가 중단되었음에도 이를 간과하고 변론을 종결하여 선고한 판결의 효력

〈사실관계〉
원고가 피고들 및 이 사건 피고 중 한 사람이었던 A를 상대로 주위적으로는 1942년경 피고들 및 위 A의 피상속인인 소외 망 B로부터 이 사건 토지를 <u>매수</u>하였음을 원인으로, 예비적으로는 원고 종중이 1942년경부터 이 사건 토지를 소유의 의사로 평온·공연하게 점유함으로써 <u>취득시효완성</u>을 원인으로 각 그 소유권이전등기를 구하는 이 사건 소를 제기하여 1993. 7. 16. 원고의 주위적 및 예비적 청구를 모두 기각하는 제1심판결이 선고되고, 이에 원고가 같은 해 8. 13. 항소를 제기한 후 같은 해 8. 30. 위 A가 아직 항소심 소송대리인을 선임하지 아니한 상태에서 사망하였다.
위 A의 상속인들인 피고들은 그 소송수계절차를 밟음이 없이 위 A가 생존하여 있는 것처럼 같은 해

---

[39] 민법상의 위임은 개인적 신뢰관계를 바탕으로 하므로 신뢰관계를 파괴하는 사정 즉 본인 사망의 경우 대리권은 소멸되지만(민법 제127조, 제128조, 제690조), 소송위임에 있어서는 소송절차를 신속원활하게 진행시킬 필요와 위임범위의 명확화 등을 감안하여 당사자의 사망으로 소송대리인의 대리권에 영향이 없게 한 것이다.

[40] 대법원 1996. 2. 9. 선고 94다24121 판결: 당사자가 소송계속 중 소송대리인을 선임하지 않은 상태에서 사망하였는데 법원이 그 사망 사실을 알지 못한 채 그 상속인들의 소송수계가 이루어지지 않은 상태 그대로 소송절차를 진행하여 판결을 선고하였다면, 그 판결은 당사자의 사망으로 소송절차를 수계할 원고들이 법률상 소송행위를 할 수 없는 상태에서 심리되어 선고된 것이므로 여기에는 마치 대리인에 의하여 적법하게 대리되지 않았던 경우와 마찬가지의 위법이 있다.

10. 11. 자신들 및 위 A 명의로 변호사 K를 소송대리인으로 선임하여 그 변호사에 의하여 소송절차가 진행된 결과, 원심법원은 위 A가 사망한 사실을 모른 채 변론을 종결한 후 1994. 5. 4. 제1심판결 중 예비적 청구에 관한 부분을 취소하고, 원고의 예비적 청구를 인용하는 판결을 선고하였으며, 그 시경 동 판결이 피고 측 소송대리인에게 송달되었다. 피고들은 같은 해 5. 30. 위 A도 상고인의 한 사람으로 표시하여 자신들과 위 A 패소 부분 전부에 관하여 불복한다는 취지의 상고장을 제출한 후, 같은 해 7. 5.에 이르러 비로소 위 A가 사망하였다고 하면서 상고심에 소송수계신청을 함과 동시에 원심판결의 위와 같은 절차상의 하자에 관해서는 상고이유로 삼지 아니하고 본안에 관해서만 다투는 내용의 상고이유서를 제출하였다.

[대법원 1995. 5. 23. 선고 94다28444 전원합의체 판결]

소송계속 중 어느 일방 당사자의 사망에 의한 소송절차 중단을 간과하고 변론이 종결되어 판결이 선고된 경우에는 그 판결은 소송에 관여할 수 있는 적법한 수계인의 권한을 배제한 결과가 되는 절차상 위법은 있지만 그 판결이 당연무효라 할 수는 없고, 다만 그 판결은 대리인에 의하여 적법하게 대리되지 않았던 경우와 마찬가지로 보아 대리권흠결을 이유로 상소 또는 재심에 의하여 그 취소를 구할 수 있을 뿐이므로, 판결이 선고된 후 적법한 상속인들이 수계신청을 하여 판결을 송달받아 상고하거나 또는 사실상 송달을 받아 상고장을 제출하고 상고심에서 수계절차를 밟은 경우에도 그 수계와 상고는 적법한 것이라고 보아야 하고, 그 상고를 판결이 없는 상태에서 이루어진 상고로 보아 부적법한 것이라고 각하해야 할 것은 아니다. 또 (구)민사소송법 제394조 제2항을 유추하여 볼 때 당사자가 판결 후 명시적 또는 묵시적으로 원심의 절차를 적법한 것으로 추인하면 그 상소사유 또는 재심사유는 소멸한다고 보아야 할 것이다.[41]

<Comment>

1. 소송 중단 중에 결심되어 선고된 판결의 효력을 위법하다고 볼 것인지, 무효라고 볼 것인지 하는 문제에 관하여 학설 및 판례가 무효설과 위법설로 나뉘어 있었다.[42]

2. 수계신청의 허용 여부에 있어서, 무효설을 취하는 경우에는 사건이 원심에 계속 중인 것으로 봄으로 상소심에서의 수계신청이 허용되지 아니할 것이나, 위법설의 취하는 경우에는 상소심에서의 수계신청을 허용할 것인지, 상소심에서의 추인이 가능한지가 문제 된다. 판례는 추인은 상고심에서도 할 수 있고, 명시적 추인뿐만 아니라, 묵시적 추인도 가능한 것으로 보고 있다.[43]

3. 소송절차의 중단 중에 선고된 판결의 형식적 확정에 있어서, 무효설을 취하는 경우에는 그 판결이

---

41) 대법원 2003. 11. 14. 선고 2003다34038 판결. 대법원 94다28444 전원합의체 판결은 종전에 소송절차 중단 중에 변론이 종결되어 선고된 종국판결은 사망 등의 사유로 이미 존재하지 아니한 자를 당사자로 하여 한 판결로서 당연무효이고 상고의 대상이 될 수 없으므로, 그에 관한 상고는 부적법하다는 취지로 판시한 바 있는 대법원 1982. 12. 28. 선고 81사8 판결; 대법원 1992. 6. 12. 선고 92다10661 판결; 대법원 1992. 6. 12. 선고 92다13394 판결 등의 견해는 모두 폐기하였다.

42) 상세는 서기석, "당사자의 사망이 재판 및 집행절차에 미치는 영향", 「인권과 정의(제266호)」, p.53 이하 참조.

43) 위 사건에서 대법원도 승계인들이 사망자 명의로 상고장을 제출한 후, 상고심에서 소송수계신청을 함과 동시에 원심판결의 위와 같은 절차상의 하자에 관해서는 상고이유로 삼지 아니하고 본안에 관해서만 다투는 내용의 상고이유서를 제출한 경우에는 이러한 절차상의 하자를 묵시적으로 추인한 것으로 보았다.

형식적으로 확정되더라도 집행력이 없으므로 문제가 되지 아니하나, 위법설을 취하는 경우에는 그 판결이 형식적으로 확정되면 집행력이 발생하므로 그 확정 시기뿐만 아니라, 그 집행을 위하여 승계집행문을 부여받아야 하는지, 판결경정을 받아야 하는지가 문제 된다. 소송절차중단 중에 행하여진 판결정본의 송달은 무효이고 상소기간도 진행하지 않는다. 따라서 판결을 형식적으로 확정시키기 위해서는 먼저 승계인이나 상대방이 소송수계신청을 하여 소송 중단상태를 해소시킨 다음 수계인에게 판결정본을 송달하게 하여야 할 것이다.44) 판례는 이와 같이 사망한 자가 당사자로 표시된 판결에 기하여 사망자의 승계인을 위한 또는 사망자의 승계인에 대한 강제집행을 실시하기 위해서는 민사집행법 제31조를 준용하여 승계집행문을 부여받아야 한다고 한다.45) 다만 소송대리인이 있어 소송절차가 중단되지 아니한 경우에는 소송수계인을 당사자로 경정하면 된다.46)

4. 소송절차중단 중에 행하여진 상소의 효력에 있어서, 무효설을 취하는 경우에는 사건이 원심에 계속 중인 것으로 봄으로 각하하여야 하나, 위법설을 취할 경우에는 아직 각하되지 아니하고 있는 상태에서 수계신청을 하는 때에는 소급하여 적법하게 되는지가 문제 된다. 판례는 이 경우 중단 중의 상소는 위법하므로 부적법 각하하여야 할 것이나, <u>그 상소가 각하되지 아니하고 있는 상태에서 수계신청이 있는 경우</u>에는 그 하자는 당연히, 소급적으로 소멸하므로 상소와 함께 그 상소법원에 수계신청을 한 것과 마찬가지로 당초부터 적법한 상소가 있는 것으로 보고 있다.47)

5. 본 대법원 전원합의체 판결은 이론상으로나 실무상으로나 위법설이 타당하다고 보고 위법설을 취하였다.48)

6. 당연승계를 부정하는 입장에서는 위 판례의 사안에서의 판결은 사망한 당사자, 즉 존재하지 않는 당

---

44) 물론 이 절차는 사실심에 한하고 대법원 판결의 경우에는 선고와 동시에 확정되기 때문에 재심의 대상이 됨은 별론으로 하고 이런 문제는 생기지 않는다. 서기석(주.42), p.56 참조.

45) 대법원 1998. 5. 30. 자 98마1131 결정. 판례의 승계집행문실에 대해서는 변론종결 후에 당사자의 승계가 있는 것이 아니라 단순히 판결문상 당사자표시가 실질적 당사자와 달리 표시된 것이므로 판결경정으로 이를 시정한 후 승계인 명의의 통상의 집행문을 부여받으면 된다는 견해가 있다. 조관행, "당사자의 사망으로 소송절차가 중단된 것을 간과하고 선고된 판결의 효력", 「민사재판의 제문제(제8권)」, 한국사법행정학회(1994), p.710. 판결경정설의 입장으로 서기석(주.42), p.59.

46) 대법원 2002. 9. 24. 선고 2000다49374 판결: 소송계속 중 <u>회사인 일방 당사자의 합병에 의한 소멸</u>로 인하여 소송절차 중단 사유가 발생하였음에도 이를 간과하고 변론이 종결되어 판결이 선고된 경우에는 그 판결은 소송에 관여할 수 있는 적법한 수계인의 권한을 배제한 결과가 되는 절차상 위법은 있지만 그 판결이 당연무효라 할 수는 없고, 다만 그 판결은 대리인에 의하여 적법하게 대리되지 않았던 경우와 마찬가지로 보아 대리권 흠결을 이유로 상소 또는 재심에 의하여 그 취소를 구할 수 있을 뿐이나, <u>소송대리인이 선임되어 있는 경우</u>에는 민사소송법 제95조에 의하여 그 소송대리권은 당사자인 법인의 합병에 의한 소멸로 인하여 소멸되지 않고 그 대리인은 새로운 소송수행권자로부터 종전과 같은 내용의 위임을 받은 것과 같은 대리권을 가지는 것으로 볼 수 있으므로, <u>법원으로서는 당사자의 변경을 간과하여 판결에 구 당사자를 표시하여 선고한 때에는 소송수계인을 당사자로 경정하면 될 뿐</u>, 구 당사자 명의로 선고된 판결을 대리권 흠결을 이유로 상소 또는 재심에 의하여 취소할 수는 없다.

47) 대법원 2003. 11. 14. 선고 2003다34038 판결: 소송계속 중 어느 일방 당사자의 사망에 의한 소송절차 중단을 간과하고 변론이 종결되어 판결이 선고된 경우에는 그 판결은 소송에 관여할 수 있는 적법한 수계인의 권한을 배제한 결과가 되는 절차상 위법은 있지만 그 판결이 당연무효라 할 수는 없고, 다만 그 판결은 대리인에 의하여 적법하게 대리되지 않았던 경우와 마찬가지로 보아 대리권흠결을 이유로 상소 또는 재심에 의하여 그 취소를 구할 수 있을 뿐이므로, <u>판결이 선고된 후 적법한 상속인들이 수계신청을 하여 판결을 송달받아 상고하거나 또는 사실상 송달을 받아 상고장을 제출하고 상고심에서 수계절차를 밟은 경우에도 그 수계와 상고는 적법한 것이라고 보아야 하고</u>, 그 상고를 판결이 없는 상태에서 이루어진 상고로 보아 부적법한 것이라고 각하해야 할 것은 아니고, 민사소송법 제424조 제2항을 유추하여 볼 때 당사자가 판결 후 명시적 또는 묵시적으로 원심의 절차를 적법한 것으로 추인하면 위와 같은 상소사유 또는 재심사유는 소멸한다고 보아야 한다.

48) 일본 최고재판소의 판례도 위법설을 취하고 있다. 서기석(주.42), p.52.

사자를 대상으로 한 것이므로 당연무효가 될 것이다.[49]

[생각할 문제]

1. 진정한 상속인이 아닌 자가 소송수계신청을 하고 법원도 이를 진정한 상속인으로 잘못 알고 그 수계를 인정하여 판결을 선고한 경우 이 판결의 효력이 진정한 상속인에게도 미치는가?
2. 법원이 당사자의 사망사실을 간과하고 사망자 명의의 판결을 선고한 경우 이 판결은 사망자 본인에 대한 판결인가, 아니면 사망자의 상속인들에 대한 판결인가?

나. 소송대리인 소송의 경우

(1) 사망한 당사자에게 소송대리인이 선임되어 있는 경우에도 소송법상으로 당연승계가 인정되어 당사자가 사망자에서 상속인으로 당연히 변경되는 점은 본인소송의 경우와 동일하다.
(2) 그러나 당사자가 사망하였으나 그를 위한 소송대리인이 있는 경우에는 소송절차가 중단되지 아니하고(물론 이 경우에도 수계는 가능하다), 그 소송대리인은 상속인들 전원을 위하여 소송을 수행하게 되어 그 사건의 판결은 상속인들 전원에 대하여 효력이 있다.
(3) 다만 심급대리의 원칙상 그 판결정본이 소송대리인에게 송달된 때에는 소송절차가 중단된다.[50]
(4) 소송대리인에게 상소의 특별수권이 부여된 경우 소송대리인은 판결정본을 송달받고 상소기간 내에서 상소를 제기할 수 있다. 상소기간이 도과한 경우에는 소송대리인의 대리권이 소멸함과 동시에 판결이 확정된다.

사례 5

소송수계신청과 특별수권

〈사실관계〉

(1) 원고(재항고인)는 1987. 11. 28. 남기열을 상대로 소송을 제기하였다. 남기열은 이 소송에 응소하기 위하여 L 변호사를 소송대리인으로 선임하였다. L 변호사는 1989. 2. 21. 자. 준비서면에서 남기열은 1988. 10. 15. 사망하였고 그의 제1순위 재산상속인들인 처 엄정원, 장남 남상현, 차남 남정현, 3남 남장현, 딸 남정화 중 아들 남상현, 남정현, 남장현은 1989. 1. 14. 그들의 재산상속을 포기하였다고 밝혔다.
(2) 원고는 1989. 3. 21. 엄정원, 남정화에 대하여 소송절차수계신청을 하였고, 그 청구취지정정 및

---

49) 호문혁(주.2), p.538. 그러나 무효설에 의할 경우 승계인으로서는 상소심에서 소송수계를 하면서 원심판결을 추인하고 본안판결을 받기를 원하는 경우에도 그 사건이 계속 중인 원심법원에 소송수계신청을 하여 원심에서부터 다시 재판을 받아야 하므로 무용의 절차를 반복하게 된다는 문제가 있다.
50) 대법원 1996. 2. 9. 선고 94다61649 판결.

원인보충신청서를 제출하여 남기열을 피고에서 **빼고** 엄정원, 남정화를 피고로 변경하면서 망 남기열의 재산을 엄정원이 6/7, 남정화가 1/7의 비율로 상속하였다고 주장하였다.

(3) 1989. 7. 11. 제1심은 이 사건 판결을 선고하면서, 그 판결서에 피고 망 남기열의 소송수계인 엄정원, 남정화라 표시하고 그 이유에서 남기열의 재산을 엄정원이 6/7, 남정화가 1/7 상속하였다고 밝히고 있다. 이 판결의 정본은 1989. 7. 26. 망 남기열의 소송대리인인 L 변호사에게 송달되었다.

(4) 1989. 8. 9. 망 남기열의 소송수계인 엄정원과 남정화는 이 사건 원심법원에 항소를 제기하였다. 엄정원, 남정화의 항소로 인하여 제2심에 소송이 계속되어 있던 중, 원고는 망 남기열의 재산상속인으로는 남국현, 남주현이 더 있는데 제1심에 소송수계신청 시 이것이 누락되었다면서 원심(제2심)법원에 이들에 대한 소송수계신청을 하였다.

<원심결정의 요지>

이 사건에서와 같이 소송계속 중 당사자가 사망하더라도 그를 위한 소송대리인이 있는 경우에는 소송절차가 중단되지 아니하고 그 상속인을 위하여 진행되는 것이지만, 일단 수계신청의 형식으로 그 상속인이 특정되어 그 특정된 상속인을 당사자로 하여 판결이 선고되었을 때에는 그 판결은 상속인으로 표시된 특정인에 대해서만 효력이 있을 뿐 그 특정에서 누락된 다른 상속인에 대한 관계에 대해서까지 그 판결의 효력이 생기는 것은 아니라고 할 것이고 그 누락된 상속인에 대해서는 아직 판결이 선고되지 아니한 상태에 있다고 할 것이며, 따라서 그 판결에 대하여 위 특정된 상속인이 한 항소로 인하여서는 판결에서 누락된 다른 상속인에 대해서까지 그 이심의 효력이 생기는 것은 아니다.

[대법원 1992. 11. 5. 자 91마342 결정]

당사자가 사망하였으나 그를 위한 소송대리인이 있어 소송절차가 중단되지 아니한 경우에는 원칙적으로 소송수계라는 문제가 발생하지 아니하고 그 소송대리인은 상속인들 전원을 위하여 소송을 수행하게 되는 것이며 그 사건의 판결은 상속인들 전원에 대하여 효력이 있는 것이다. 따라서 위 남국현, 남주현이 당사자표시에서 누락되었음에도 불구하고 이 사건 제1심판결의 효력은 위 망 남기열의 정당한 상속인인 위 남국현, 남주현에게도 그들의 상속지분만큼 미치는 것이고, 통상의 경우라면 심급대리의 원칙상 이 판결의 정본이 소송대리인에게 송달된 때에 소송절차는 중단되는 것이며 소송수계를 하지 아니한 남국현과 남주현에 관해서는 현재까지도 중단상태에 있다고 할 것이나, 기록에 의하면 이 사건의 경우 망 남기열의 소송대리인이었던 L 변호사는 <u>상소제기의 특별수권을 부여받고 있었으므로</u>(소송대리위임장에 부동문자로 특별수권이 부여되어 있다) <u>항소제기기간은 진행된다고 하지 않을 수 없어 제1심판결 중 위 남국현, 남주현의 상속지분에 해당하는 부분은 그들이나 소송대리인이 항소를 제기하지 아니한 채 항소제기기간이 도과하여 이미 그 판결이 확정되었다고</u> 하지 않을 수 없다. 그렇다면 원고로서는 이미 판결이 확정된 위 남국현, 남주현에 대하여 항소심에서 새삼스럽게 소송수계신청을 할 필요도 없고 할 수도 없다 할 것이므로 이 사건 소송수계신청을 부적법하다(재항고기각).

<Comment>

1. 실무상 대부분의 소송대리인은 비록 그 위임장에 소의 취하, 화해, 청구의 포기 등 소위 민사소송법 제90조 제2항에 규정된 특별수권사항에 대해서도 이를 소송대리권의 범위에 포함시키고 있으나(물론 부동문자로),[51] 어느 소송대리인도 이러한 특별수권사항에 속하는 것에 대해서는 의뢰인의 구체적인 승낙을 받아 이를 행하고 있다.

2. 이 사건에서 대법원은 그 위임장에 특별수권사항인 상소의 제기가 부동문자로 표시되었다는 점만을 이유로 위 남국현, 남주현의 부분에 대해서는 그 판결이 확정되었다고 판단하고 있는데 그렇게 되면 그 소송대리인으로서는 자기가 상소를 제기하지 아니하여 판결이 확정되게 된 것이어서 만일 실제로 제1심판결의 결론이 사실상 잘못되었음이 그 후 밝혀졌을 경우 그 소송대리인은 법무과오로 인한 손해배상책임을 질 수도 있다.

3. 당연승계부정설의 입장에서 판결서에 표시된 상속인에게만 판결의 효력이 미치고 누락된 상속인에게는 소송절차가 중단된 것으로 보고 있다.[52] 판례의 입장은 수계에서 누락된 상속인들은 소송에 전혀 관여할 기회도 없이 당연히 당사자가 됨으로써 재판받을 권리 내지 법적 심문청구권을 침해하는 결과를 초래한다.

4. 독일의 경우 심급대리원칙을 취하지 않기 때문에 해당 심급이 종료되어도 소송대리인의 대리권은 소멸되지 않는다고 한다.[53]

사례 6

당연승계와 소송수계

〈사실관계〉

(1) X는 처 Y 사이에 장녀(甲1), 차녀(甲2), 장남(乙1), 차남(乙2), 3남(甲3), 4남(甲4), 3녀(甲5) 등의 자녀를 두었다. X는 乙 1, 乙 2, 乙 3(乙 2의 처)을 상대로 이 사건 부동산들은 X가 취득하거나 신축하여 아들과 며느리인 피고들에게 그 소유명의를 신탁하여 둔 부동산이었는데, 그 후 부동산 실권리자 명의 등기에 관한 법률이 시행되면서 그 소정의 실명전환유예기간의 경과로 피고들이 완전한 소유권을 취득하여 그 부동산을 부당이득하였으므로 각 부당이득을 원인으로 한 소유권이전등기절차의 이행 등을 구하는 소를 제기하였다.

(2) X는 1989. 4. 15.경 뇌졸중으로 쓰러져 치료를 받다가 2001. 4.경 다시 쓰러져 2001. 11. 4.경부터 2002. 3.경까지 뇌졸중 후유증 등으로 입원치료를 받아 오다가 X는 자신을 대리한 변호사 A에 의하여 제기된 이 사건 제1심 소송계속 중인 2003. 8. 24. 사망하였는데 그 상속인으로는 처인

---

51) 2010년 2월 대한변호사협회와 공정거래위원회가 공동으로 작성한 '소송위임장 표준양식'에 의해서도 수권사항인 상소의 제기는 부동문자로 인쇄되어 있다.

52) 호문혁, 「민사소송법(제9판)」, 법문사(2011), pp.941~942 참조.

53) 독일의 경우 소송대리인이 소송절차의 정지를 신청할 수 있는 제도가 있으므로 우리와 같은 문제점을 피할 수 있다고 한다. 유병현(주.33), p.33 참조.

Y와 자녀인 甲 1, 2, 3, 4, 5와 乙 1, 2 등 8명이 있었다.

(3) Y로부터 다시 소송위임을 받은 A 변호사는 제1심에서 Y가 X의 재산 전체를 포괄유증 받은 것으로 보고 공동상속인 중 Y만을 소송수계인으로 하여 소송수계신청을 하였고, 이에 <u>제1심은 2005. 9. 8. Y만을 소송수계인으로 한 원고 전부 패소 판결을 선고하였으며</u>, 위 판결을 송달받은 A 변호사는 2005. 10. 5. 위 판결에 대하여 항소를 제기하였다.

(4) X의 제1심 소송대리인이었던 A 변호사는 상소제기에 관한 특별수권을 부여받았으나(소송대리위임장에 부동문자로 특별수권이 부여되어 있었다), X 사망 후 Y로부터 새로이 소송위임을 받았을 뿐 그 밖에 X의 나머지 상속인들인 7명의 자녀들과의 관계에서는 그 소송대리인 지위에서 사임한 일도 없고 그들로부터 별도로 다시 소송위임을 받은 일도 없다.

(5) 그런데 Y는 X의 상속재산을 포괄유증을 받은 것이 아니라 특정유증을 받은 것으로 밝혀졌고, X의 재산은 Y를 포함한 甲 1, 2, 3, 4, 5와 乙 1, 2에게 공동상속된 것이다. <u>X의 공동상속인 중의 일부인 甲 1, 2, 3, 4, 5는 이 사건 소송이 항소심법원에 계속 중인 2006. 11. 14. 소송수계신청을 하였다.</u>

(6) 한편, <u>Y도 이 사건 항소심 소송계속 중인 2006. 12. 9. 사망</u>하여 자녀인 甲 1, 2, 3, 4, 5와 乙 1, 2가 Y의 공동상속인이 되었다.

\<원심판결[54])의 요지\>

(1) 살피건대, 제1심 소송 중 당사자가 사망하였으나 그를 위한 소송대리인이 있어 소송절차가 중단되지 아니한 경우에는 원칙적으로 소송수계라는 문제가 발생하지 아니하고 그 소송대리인은 상속인들 전원을 위하여 소송을 수행하게 되는 것이며 그 사건의 판결은 상속인들 전원에 대하여 효력이 있는 것이라 할 것이고, 이 경우 신당사자를 잘못 표시하였다 하더라도 그 표시가 망인의 상속인, 소송승계인, 소송수계인 등 망인의 상속인임을 나타내는 문구로 되어 있으면 잘못 표시된 당사자에 대해서는 판결의 효력이 미치지 아니하고 여전히 정당한 상속인에 대하여 판결의 효력이 미치는 것으로 볼 것이다.[55]

(2) 한편, 갑 제38호증의 기재에 의하면 Y는 망 X의 상속재산을 비율의 의미로 받은 것이 아니라 개개의 재산을 특정하여 받은 사실을 인정할 수 있는데, 그 외에도 상속재산이 존재하여 이는 특정유증에 해당하고, 특정유증은 포괄유증과 달리 채권적 효력만 있을 뿐이어서 유증 목적 재산권은 일단 상속재산으로서 상속인에게 귀속하고 수증자는 유증의무자에 대하여 유증을 이행할 것을 청구할 수 있는 채권을 취득할 뿐이므로,[56] 망 X의 재산은 Y를 포함한 원·피고들에게 공동상속되었고 따라서 제1심에서 Y만을 소송수계인으로 표시하여 판결을 선고하였더라도 그 효력은 당사자표시에서 누락된 원고들에게도 미친다 할 것이다.

---

54) 부산고등법원 2007. 2. 8. 선고 2005나17334 판결.
55) 대법원 1992. 11. 5. 자 91마342 결정
56) 대법원 2003. 5. 27. 선고 2000다73445 판결.

(3) 또한 통상의 경우라면 심급대리의 원칙상 제1심 판결의 정본이 소송대리인에게 송달된 때에 소송절차는 중단되는 것이나, 특별히 소송대리인이 상소제기의 특별수권을 부여받은 경우에는 항소제기기간 동안은 소송절차가 중단되지 아니하고 그 기간이 진행한다 할 것인데,[57] 갑32호증의 기재에 의하면 X의 제1심 소송대리인이었던 A 변호사는 상소제기의 특별수권도 부여받은 사실(소송대리위임장에 부동문자로 특별수권이 부여되어 있다)이 인정되므로, 제1심 판결 중 망 X의 상속인 중 원고들에 대해서는 그들이나 소송대리인이 항소를 제기하지 아니한 채 항소제기기간이 도과하여 이미 그 판결이 확정되었다고 할 것이다.

(4) 따라서 원고들이 당심에서 망 X의 소송수계인으로서 신청한 2006. 11. 14. 자 소송수계신청은 부적법하다.

[대법원 2010. 12. 23. 선고 2007다22859 판결]

망인의 소송대리인에게 상소제기에 관한 특별수권이 부여되어 있는 경우에는, 그에게 판결이 송달되더라도 소송절차가 중단되지 아니하고 상소기간은 진행하는 것이므로 상소제기 없이 상소기간이 지나가면 그 판결은 확정되는 것이지만, 한편 망인의 소송대리인이나 상속인 또는 상대방 당사자에 의하여 적법하게 상소가 제기되면 그 판결이 확정되지 않는 것 또한 당연하다. 그런데 당사자표시가 잘못되었음에도 망인의 소송상 지위를 당연승계한 정당한 상속인들 모두에게 효력이 미치는 판결에 대하여 그 잘못된 당사자표시를 신뢰한 망인의 소송대리인이나 상대방 당사자가 그 잘못 기재된 당사자 모두를 상소인 또는 피상소인으로 표시하여 상소를 제기한 경우에는, 상소를 제기한 자의 합리적 의사에 비추어 특별한 사정이 없는 한 정당한 상속인들 모두에게 효력이 미치는 위 판결 전부에 대하여 상소가 제기된 것으로 보는 것이 타당하다.

제1심 소송계속 중 원고가 사망하자 공동상속인 중 Y만이 수계절차를 밟았을 뿐 나머지 공동상속인들은 수계신청을 하지 아니하여 Y만을 망인의 소송수계인으로 표시하여 원고 패소 판결을 선고한 제1심판결에 대하여 상소제기의 특별수권을 부여받은 망인의 소송대리인이 항소인을 제1심판결문의 원고 기재와 같이 '망인의 소송수계인 Y'로 기재하여 항소를 제기하였고, 항소심 소송계속 중에 망인의 공동상속인 중 을 등이 소송수계신청을 한 사안에서, 수계적격자인 망인의 공동상속인들 전원이 아니라 제1심에서 실제로 수계절차를 밟은 Y만을 원고로 표시한 제1심판결의 효력은 그 당사자표시의 잘못에도 불구하고 당연승계에 따른 수계적격자인 망인의 상속인들 모두에게 미치는 것인데, 위와 같은 제1심판결의 잘못된 당사자표시를 신뢰한 망인의 소송대리인이 판결에 표시된 소송수계인을 그대로 항소인으로 표시하여 그 판결에 전부 불복하는 위 항소를 제기한 이상, 그 항소 역시 소송수계인으로 표시되지 아니한 나머지 상속인들 모두에게 효력이 미치는 위 제1심판결 전부에 대하여 제기된 것으로 보아야 할 것이므로, 위 항소로 인하여 제1심판결 전부에 대하여 확정이 차단되고 항소심절차가 개시되었으며, 다만 제1심에서 이미 수계한 Y 외에 망인의 나머지 상속인들 모두의 청구 부분과 관련하여서는 항소제기 이후로 소송대리인의 소송대리권이 소멸함에 따라 민사소송법 제233조에 의하여 그 소송절차는 중단된 상태에 있었다고 보아야 할 것이고, 따라서 원심으로서는 망인의 정당한 상속인인 甲 등의 위 소송수계신청을 받아들여 그 부분 청구에 대해서도 심리 판단하였어야 함에도, 甲 등이 망인의 당사자 지위를 당연승계한 부분의 제1심판결이 이미 확정된 것으로 오인하여 위 소송수계신청을 기각한 원심판결은 그대로 유지될 수 없다.[58]

---

57) 위 대법원 91마342 결정.

\<Comment\>

1. 종래의 판례는 소송대리인에게 상소에 관한 특별수권이 있는 경우 소송대리인이 패소한 당사자를 위하여 상소를 제기하지 아니하면 상소기간의 도과로 판결은 확정되고, 상소에서 누락된 상속인들의 소송수계문제는 소송계속이 소멸된 이상 생길 수 없다고 한다.[59)60]

2. 따라서 종래의 판례의 입장에 따르면 원심의 판단과 같이 이 사건에서 X의 제1심 소송대리인이었던 A 변호사는 상소제기의 특별수권도 부여받은 사실이 인정되므로, 제1심 판결 중 X의 상속인 중 원고들에 대해서는 그들이나 소송대리인이 항소를 제기하지 아니한 채 항소제기기간이 도과하여 이미 그 판결이 확정되었다고 할 것이고, 원고들이 항소심에서 망 X의 소송수계인으로서 신청한 소송수계신청은 부적법하게 될 것이다.

3. 그러나 대법원은 망인의 소송대리인이나 상속인 또는 상대방 당사자에 의하여 적법하게 상소가 제기되면 그 판결이 확정되지 않는 것 또한 당연하다. 그런데 당사자표시가 잘못되었음에도 망인의 소송상 지위를 당연승계한 정당한 상속인들 모두에게 효력이 미치는 판결에 대하여 그 잘못된 당사자표시를 신뢰한 망인의 소송대리인이나 상대방 당사자가 그 잘못 기재된 당사자 모두를 상소인 또는 피상소인으로 표시하여 상소를 제기한 경우에는, 상소를 제기한 자의 합리적 의사에 비추어 특별한 사정이 없는 한 정당한 상속인들 모두에게 효력이 미치는 위 판결 전부에 대하여 상소가 제기된 것으로 보는 것이 타당하다고 판시하여 원심판결을 파기하였다.

4. 결국 대법원에 의하면 이 사건 항소로 인하여 제1심판결 전부에 대하여 확정이 차단되고 항소심절차가 개시되었으며, 다만 제1심에서 이미 수계한 Y 외에 망인의 나머지 상속인들 모두의 청구 부분과 관련하여서는 항소제기 이후로 소송대리인의 소송대리권이 소멸함에 따라 민사소송법 제233조에 의하여 그 소송절차는 중단된 상태에 있었다고 보아야 하고, 따라서 항소심으로서는 망인의 정당한 상속인인 원고들의 이 사건 소송수계신청을 받아들여 그 부분 청구에 대해서도 심리 판단하여야 한다.

5. 이 사건 대법원의 결론이 타당함은 물론이나, 근본적으로 소송대리인이 상소제기에 관한 특별수권이 있는 경우 상소를 제기하지 않은 상속인은 상소기간 도과로 판결이 확정된다는 종래의 판례에 대한 재검토를 요한다.[61] 상소를 제기하지 않은 상속인에 대해서는 판결정본의 송달과 동시에 소송절차

---

58) 대법원 1992. 11. 5. 자 91마342 결정은, 제1심에서 사망한 당사자의 지위를 당연승계한 상속인들 가운데 실제로 수계절차를 밟은 일부 상속인들이 제1심판결에 불복하여 스스로 항소를 제기하였으나 이들이 수계인으로 표시되지 아니한 나머지 상속인들의 소송을 대리할 아무런 권한도 갖고 있지 아니하였던 사안에 관한 것으로서, 망인의 소송상 지위를 당연승계한 상속인들 전원을 위하여 소송대리권을 가지는 망인의 소송대리인이 상소를 제기한 이 사건과는 그 사안을 달리한다고 한다.

59) 대법원 1992. 11. 5. 자 91마342 결정. 同旨: 대법원 1995. 9. 26. 선고 94다54160 판결; 대법원 1996. 2. 9. 선고 94다61649 판결 참조.

60) 판례의 입장에 대한 비판적인 견해로는 호문혁(주.52), p.216, 941 참조. 이시윤, 「민사소송법(제6)」, 박영사(2011), p.416은 누락된 상속인에 대해 상소에 관한 특별수권이 있는 소송대리인이 있으므로 당사자의 사망에도 불구하고 절차는 진행되어 누락자에 대한 판결은 확정되는 것으로 볼 것이고, 그렇게 된 데 대하여 누락상속인과 대리인에게 과실이 없다면 누락자를 위한 추후보완상소로 침해된 절차권을 보호할 것이며, 그렇지 아니하면 누락자를 위한 손해배상 등 실체법의 문제로 해결할 수밖에 없을 것으로 본다.

61) 소송위임장에 소송대리인에게 상소제기에 관한 특별수권을 부여하였다고 하여 소송대리인이 반드시 그 특별수권에 따라 상소를 제기하여야 한다는 것은 아니다. 이는 소송위임장에 소취하의 특별수권을 부여하였다고 하여 소송대리인이 반드시 소를 취

가 중단된 채로 제1심에 계속 중이라고 보는 것이 옳다.

사례 7

소송탈퇴와 소송수계

⟨사실관계⟩

(1) 개인건설업자인 A는 2005. 2. 25. 이 사건 X 토지의 소유자인 B와 사이에 건축주를 B로 하고, 시공자를 A로 하여 위 토지 지상에 이 사건 Y 빌라를 신축하는 내용의 공사계약을 체결하였다.

(2) 한편, X 토지의 일부 지분이 2005. 4. 19. C, D, E, 피고 乙에게 각 이전되었고, 2005. 10. 27. D의 지분이 피고 乙에게, C의 지분이 피고 丙에게, 2005. 11. 1. E의 지분이 F에게 각 이전됨에 따라 B, 피고 丙, 피고 乙, F가 이 사건 토지를 각 지분(2325/9300)별로 공유하게 되었고, Y 빌라 공사 완료 후인 2005. 12. 26. 이 사건 빌라 101호는 피고 丙의 명의로, 이 사건 빌라 201호와 빌라 202호는 피고 乙의 명의로, 이 사건 빌라 301호는 B의 명의로, 이 사건 빌라 401호는 F의 명의로 각 소유권보존등기가 마쳐졌다.

(3) 피고 乙은 2007. 10. 5. G와 사이에 이 사건 빌라 201호에 관하여 매매대금을 78,180,000원으로 정하여 매매계약을 체결한 다음, 2007. 10. 12. G 명의로 소유권이전등기를 마쳤다. 피고 丙(피고 乙의 사촌언니)은 2008. 3. 21. 이 사건 빌라 101호에 관하여 2008. 3. 5. 자 매매예약을 원인으로 하여 피고 丁(피고 甲의 딸) 명의로 소유권이전청구권가등기를 마쳤다.

(4) A는 피고들을 상대로 이 사건 제1심 소송을 제기한 후인 2008. 6. 24. 자신의 아들인 甲(원고)에게 이 사건 빌라 101호와 202호에 관한 소유권 및 명의신탁자로서의 지위와 이 사건 빌라 201호에 관하여 피고 乙에 대하여 가지는 78,180,000원의 손해배상청구권 등을 양도하였고, 2008. 7. 22. 피고 乙, 丙에게 이를 통지하였다.

(5) A는 2008. 9. 11. 사망하였고, 그의 상속인들은 2009. 6. 16. 이 사건 빌라 101호와 202호에 관하여 그 소유권이 망 A에게 있음을 전제로 원고(甲)가 이를 단독으로 상속한다는 내용의 상속재산분할협의를 하였다.

(6) 제1심 소송계속 중 원고(탈퇴) 망 A(이하 '원고')로부터 소송탈퇴에 관한 특별수권을 받은 원고 소송대리인은 승계참가인 甲이 승계참가신청을 하자 2008. 10. 16. 소송탈퇴를 신청하였고,

---

하하여야 하는 것이 아닌 것과 같다. 소송대리인에게 상소나 소의 취하의 권한을 부여하는 데 불과한 것이지 반드시 그 권한을 행사하여야 하는 것은 아니다. 대법원 1997. 12. 12. 선고 95다20775 판결: 통상 소송위임장이라는 것은 (구)민사소송법 제81조 제1항에 따른 소송대리인의 권한을 증명하는 전형적인 서면이라고 할 것인데, 여기에서의 소송위임(수권행위)은 소송대리권의 발생이라는 소송법상의 효과를 목적으로 하는 단독 소송행위로서 그 기초관계인 의뢰인과 변호사 사이의 사법상의 위임계약과는 성격을 달리하는 것이고, 의뢰인과 변호사 사이의 권리의무는 수권행위가 아닌 위임계약에 의하여 발생하는 것이다. (구)민사소송법 제82조 제1항이 "소송대리인은 위임받은 사건에 관하여 반소, 참가, 강제집행, 가압류, 가처분에 관한 소송행위와 변제의 영수를 할 수 있다"고 규정하고, 제3항이 "변호사의 소송대리권은 제한하지 못하는다"고 규정하고 있으나, 위 각 규정은 소송절차의 원활·확실을 도모하기 위하여 소송법상 소송대리권을 정형적·포괄적으로 법정한 것에 불과하고 변호사와 의뢰인 사이의 사법상의 위임계약의 내용까지 법정한 것은 아니므로, <u>본안소송을 수임한 변호사가 그 소송을 수행함에 있어 강제집행이나 보전처분에 관한 소송행위를 할 수 있는 소송대리권을 가진다고 하여 의뢰인에 대한 관계에서 당연히 그 권한에 상응한 위임계약상의 의무를 부담한다고 할 수는 없고, 변호사가 처리의무를 부담하는 사무의 범위는 변호사와 의뢰인 사이의 위임계약의 내용에 의하여 정하여진다.</u>

2008. 10. 17. 피고들 소송대리인이 위 탈퇴에 동의하였다. 원고는 그 이전인 2008. 9. 11. 사망하였는데 甲은 2009. 8. 26. 이 사건 소송물과 관련한 원고의 재산을 단독으로 상속하게 되었다면서 소송수계신청을 하였고, 甲은 2009. 9. 17. 위 승계참가신청취하서를 제출하자, 2009. 9. 18. 피고들 소송대리인이 위 취하에 동의하였다.

<당사자의 주장>

(1) 원고는, 망 A가 이 사건 빌라를 신축하여 그 소유권을 원시취득하였는데, 그중 이 사건 빌라 201호와 202호는 당시 내연관계에 있던 피고 乙에게, 이 사건 빌라 101호는 피고 乙의 친척인 피고 丙에게 각 명의신탁을 하여 각 소유권보존등기를 마쳐 두었고, 이후 수탁자인 피고 乙이 임의로 이 사건 빌라 201호를 G에게 매매대금 78,180,000원에 임의로 매도하여 소유권이전등기를 마쳤으며, 수탁자인 피고 丙이 임의로 이 사건 빌라 101호에 관하여 피고 丁 명의로 소유권이전청구권가등기를 마쳤는바, 이 사건 빌라 101호, 201호, 202호의 진정한 소유권은 명의신탁자인 망 A에게 있으므로, ① 망 A의 단독상속인인 원고에게, 피고 乙은 이 사건 빌라 202호에 관하여, 피고 丙은 이 사건 빌라 101호에 관하여 각 진정명의회복을 원인으로 한 소유권이전등기절차를 각 이행할 의무가 있고, 피고 丁은 피고 丙을 대위한 원고에게 위 소유권이전청구권가등기의 말소등기절차를 이행할 의무가 있으며, ② 망 A의 손해배상청구권을 양수한 원고에게, 피고 乙은 이 사건 빌라 201호를 G에게 임의로 매각하여 수령한 매매대금 78,180,000원 및 그에 대한 지연손해금을 지급할 의무가 있다고 주장한다.

(2) 피고들은, 이 사건 빌라 101호, 201호, 202호는 모두 실제 피고 乙의 소유로써 망 A와 명의신탁계약을 체결한 적이 없고, 오히려 이 사건 빌라 신축공사를 시작할 무렵 피고 乙과 망 A 사이에, 피고 乙이 망 A에게 기존에 공사비 사용을 위해 금원을 대여하였다가 변제받지 못한 금원 및 이 사건 빌라 신축공사를 위한 공사비 사용을 위해 피고 乙이 망 A에게 대여할 금원에 대한 대물변제로써 이 사건 빌라 신축공사가 완료되면 이 사건 빌라 101호, 201호, 202호에 관하여 피고 乙과 피고 乙이 지정한 피고 丙 명의로 소유권보존등기를 마쳐 두기로 합의를 하였는데, 피고 乙이 망 A에게 이 사건 빌라 신축을 위하여 추가로 금원을 대여하였으나 기존 대여금과 추가 대여금을 변제받지 못하게 되자 위 합의에 따라 이 사건 빌라 101호, 201호, 202호에 관하여 피고 乙, 丙 명의로 각 소유권보존등기를 마친 것이므로, 위 빌라에 대한 소유권을 확정적으로 취득하였다고 주장한다.

(3) 다시 원고는, 피고 乙의 위 주장이 맞다면 피고 乙의 망 A에 대한 피담보채권, 즉 대여금 채권이 있어야 하는데, 그 대여금 채권이 존재하지 않거나 대여금 채권이 존재하더라도 이 사건 빌라 101호, 201호, 202호의 시가 확정과 청산절차가 이루어져야 하고, 만일 대여금 채권이 존재하지 않는다면 앞서 주장한 바와 같은 원고의 피고들에 대한 청구가 받아들여져야 한다는 취지로 주장한다.

(4) 이에 대하여 피고들은, 이 사건 빌라 101호, 201호, 202호를 대물변제로 취득한 것이므로 청산절차가 필요 없고, 설령 청산절차가 필요하다고 하더라도 피고 乙의 망 A에 대한 대여금 채권액이 합계

247,454,000원으로 담보로 제공받은 이 사건 빌라 101호, 201호, 202호의 실제 평가액(위 빌라에 설정된 담보권 등의 가액을 공제) 합계 167,426,000원을 상회하므로 따로 청산절차를 거칠 필요가 없다고 주장한다.

<원심판결의 요지>[62]

망 A는 이 사건 빌라뿐만 아니라 다른 곳에서도 토지 소유주로부터 빌라신축공사를 도급받아 시공하였는데, 그 공사대금을 일부는 직접 수령하는 방법으로, 일부는 각 빌라의 특정 호실을 망 A가 지정한 제3자 명의로 소유권보존등기를 마치는 방법으로 각 정산한 사실, 이러한 경위로 소유권보존등기 명의를 가지게 된 위 제3자는 망 A가 시공하는 빌라의 건축주 명의자들로서 건축주 명의자만이 금융기관으로부터 주거환경개선주택자금 대출이 가능하기 때문에 망 A가 이를 대출받아 공사자금으로 사용하기 위해 그 명의를 빌려 온 자들인 사실, 특히 망 A는 이 사건 빌라에 대한 주거환경개선주택자금대출을 위하여 이 사건 토지 지분을 B, F, 피고 乙, 丙으로 나눈 다음 그들 명의로 건축허가를 받았고, 이에 따라 피고 乙, 丙이 건축주 명의자로서 부동산등기법 제131조 제1호에 의하여 소유권보존등기를 마친 사실, 다른 빌라의 일부 소유권보존등기 명의자는 망 A의 매각에 따라 그 소유 명의를 제3자에게 이전한 사실, 그에 따라 소유권을 실제 이전받은 제3자가 주거환경주택자금대출 채무도 승계한 사실, 망 A는 오랫동안 내연관계에 있던 피고 乙의 명의로 통장을 개설·관리하면서 수시로 공사자금을 입출금 하거나 대출자금을 입출금한 사실, 이 사건 빌라를 포함한 빌라의 신축공사는 모두 망 A가 직접 시공하거나 하도급을 주어 시행한 사실 등을 인정할 수 있다.

위 인정사실에 의하면, 망 A는 이 사건 빌라를 신축한 실제 시공자로서 이 사건 빌라의 소유권을 원시취득하였다 할 것이고, 이 사건 빌라 중 101호, 201호, 202호에 관해서는 피고 乙, 丙에게 명의신탁을 하여 그 소유권보존등기를 마쳤다 할 것인바, 망 A와 피고 乙, 丙 사이의 위 빌라에 관한 명의신탁약정은 부동산 실권리자 명의 등기에 관한 법률 제4조에 의하여 무효라 할 것이므로, 이 사건 빌라 101호, 201호, 202호의 소유권은 원시취득자 겸 명의신탁자의 지위를 승계한 망 A의 단독상속인인 원고 甲에게 회복되어야 한다.

이 사건 빌라 101호와 202호에 관하여,

(가) 원시취득자 겸 명의신탁자의 지위를 승계한 원고에게, 피고 乙은 이 사건 빌라 202호에 관하여, 피고 丙은 이 사건 빌라 101호에 관하여 각 진정명의회복을 원인으로 한 소유권이전등기절차를 각 이행할 의무가 있다. (나) 또한, 무효인 피고 丙 명의의 소유권보존등기에 터 잡아 마쳐진 피고 丁 명의의 소유권이전청구권가등기 또한 무효의 등기라 할 것이므로, 피고 丁은 피고 丙을 대위한 원고에게 위 소유권이전청구권가등기의 말소등기절차를 이행할 의무가 있다.

이 사건 빌라 201호에 관하여,

(가) 위에서 본 바와 같이 이 사건 빌라 201호의 소유권은 망 A에게 있다 할 것이므로, 피고 乙이 2007.

---

62) 부산고등법원 2010. 11. 23. 선고 2009나17899 판결.

10. 5. 소외 G에게 이 사건 빌라 201호를 매각하고 2007. 10. 12. 소유권이전등기까지 마친 것은 망 A로부터 처분권한을 위임받았다는 등의 특별한 사정이 없는 한 망 A에 대하여 불법행위를 구성한다 할 것이어서, 피고 乙은 일응 망 A로부터 손해배상채권을 양도받은 원고에게 매매대금 상당액인 78,180,000원 및 이에 대한 지연손해금을 지급할 의무가 있다 할 것이다. (나) 다만, 위 매매계약 이전에 이 사건 빌라 201호에는 2006. 1. 5. 근저당권자 주식회사 국민은행, 채권최고액 2,600만 원의 근저당권이 설정되어 있었고, 임차보증금 500만 원의 임차인이 살고 있었는데, 피고 乙과 G가 위 매매계약을 체결하면서 위 근저당권의 피담보채무 2,000만 원과 임차보증금 500만 원의 반환채무를 G가 승계하고 이를 매매대금에서 공제한 사실을 인정할 수 있고, 한편 피고 乙이 위 근저당권 피담보채무와 임차보증금 부분을 임의로 수령하여 사용하였다는 등의 특별한 사정이 없는 한 위 근저당권 피담보채무와 임차보증금반환채무도 원래 망 A가 부담하고 있던 것으로 봄이 상당하다 할 것이므로, 위 근저당권 피담보채무와 임차보증금반환채무는 피고 乙이 배상하여야 할 손해액에서 공제되어야 할 것이다. (다) 따라서 피고 乙은 망 A로부터 위 불법행위로 인한 손해배상채권을 양수한 원고에게 53,180,000원(=78,180,000원−20,000,000원−5,000,000원) 및 지연손해금을 지급할 의무가 있다.

설령 망 A의 위와 같은 명의신탁 사실이 인정되지 않는다면, 이 사건 빌라 201호와 202호는 그 소유권보존등기 명의자인 피고 乙의 소유로 추정되고, 이 사건 빌라 101호는 그 소유권보존등기 명의자인 피고 丙의 소유로 추정된다 할 것이나, 신축된 건물의 소유권은 이를 건축한 사람이 원시취득하는 것이므로, 건물 소유권보존등기의 명의자가 이를 신축한 것이 아니라면 그 등기의 권리 추정력은 깨어지고, 등기 명의자가 스스로 적법하게 그 소유권을 취득한 사실을 입증하여야 할 것인바(대법원 1996. 7. 30. 선고 95다30734 판결 등 참조), 피고들은 피고 乙이 자금을 대여하여 망 A가 이 사건 빌라를 신축하였다는 것을 자인하고 있으므로, 피고 乙, 丙 명의의 각 소유권보존등기는 권리 추정력이 깨어졌다고 할 것이고, 따라서 등기 명의자인 피고 乙, 丙이 이 사건 빌라 101호, 201호, 202호의 소유권을 적법하게 취득하였음을 입증하여야 한다.

이에 피고들은, 피고 乙이 망 A에게 기존에 빌려 준 대여금 및 이 사건 빌라 신축공사를 위해 앞으로 빌려줄 대여금에 대한 대물변제로써 위 빌라의 소유권보존등기를 피고 乙 및 피고 乙이 지정하는 피고 丙 명의로 마쳐 두기로 합의를 하였고, 망 A가 위 대여금을 변제하지 못하여 위 합의에 따라 소유권보존등기를 마친 것이어서 피고 乙, 丙은 적법하게 소유권을 취득하였다고 주장하므로, 피고 乙이 망 A에 대하여 위와 같은 대여금 채권을 가지고 있는지, 또한 망 A와 피고 乙 사이에 대물변제 약정이 있었는지에 관하여 살피건대, 달리 이를 인정할 증거가 없으므로, 피고들의 위 주장은 이 점에서 또한 이유 없다.

> **[대법원 2011. 4. 28. 선고 2010다103048 판결]**
>
> 민사소송법 제95조 제1호, 제238조에 따라 소송대리인이 있는 경우에는 당사자가 사망하더라도 소송절차가 중단되지 않고 소송대리인의 소송대리권도 소멸하지 않으며, 이때 망인의 소송대리인은 당사자 지위의 당연승계로 인하여 상속인으로부터 새로이 수권을 받을 필요 없이 법률상 당연히 상속인의 소송대리인으로 취급되어 상속인들 모두를 위하여 소송을 수행하게 되는 것이고, 당사자가 사망하였으나 그를 위한 소송대리인이 있어 소송절차가 중단되지 않는 경우에 비록 상속인으로 당사자의 표시를 정정하지 아니한 채 망인을 그대로 당사자로 표시하여 판결하였다고 하더라도 그 판결의 효력은 망인의 소송상 지위를 당연승계한 상속인들 모두에게 미치는 것이다(대법원 2010. 12. 23. 선고 2007다22859 판결 참조). 한편 소송이 종료되었음에도 이를 간과하고 심리를 계속 진행한 사실이 발견된 경우 법원은 직권으로 소송종료선언을 하여야 한다.
>
> 앞서 본 법리에 비추어 살펴보면, 비록 이 사건 소송탈퇴 당시에는 이미 원고가 사망하였다 하더라도 원고의 소송대리인은 법률상 당연히 원고의 상속인들의 소송대리인으로 취급되어 상속인들 모두를 위하여 소송을 수행하게 되는 것이므로 원고의 소송대리인이 한 소송탈퇴신청은 원고의 상속인들 모두에게 그 효력이 미친다고 할 것이고, 따라서 원고와 피고들 사이의 소송관계, 즉 원고의 상속인들과 피고들 사이의 소송관계는 위와 같은 소송탈퇴로 인하여 적법하게 종료되었다고 할 것이다. 따라서 갑의 이 사건 소송수계신청은 이미 종료된 소송관계에 관하여 수계신청을 한 것이어서 이유 없음이 명백하다. 한편 승계참가인과 피고들 사이의 소송관계도 승계참가인의 승계참가신청취하와 피고들의 이에 대한 동의로 적법하게 종료되었다.
>
> 결국 이 사건 소송은 제1심 소송계속 중 승계참가인의 승계참가신청취하로 소송관계가 모두 종료되었다고 할 것임에도, 제1심은 이를 간과하고 원고의 소송수계인의 청구를 기각하는 판결을 선고하였고, 원심도 이를 바로잡지 않은 채 원고의 소송수계인의 항소를 일부 받아들이는 판결을 선고하고 말았으니, 원심판결에는 소송탈퇴 및 승계참가와 그 취하에 따른 소송종료에 관한 법리를 오해하여 판결에 영향을 미친 위법이 있다.[63]

3. 당사자의 사망을 간과한 판결의 상속인에 대한 집행력

가. 본인소송의 경우

앞서 본 바와 같이 소송계속 중 어느 일방 당사자의 사망에 의한 소송절차 중단을 간과하고 판결이 선고되고 확정된 경우 사망한 자가 당사자로 표시된 판결에 기하여 사망자의 승계인을 위한 또는 사망자의 승계인에 대한 강제집행을 실시하기 위해서는 민사집행법 제31조를 준용하여 승계집행문을 부여받아야 한다.

나. 소송대리인 소송의 경우

당사자가 사망하였음에도 불구하고 사망자 명의의 판결이 선고되었으나, 소송대리인이 있어 소송절차

---

63) 대법원은 원심판결을 파기하되, 자판하여, 이 사건 소송은 제1심 소송계속 중 승계참가인의 승계참가신청취하로 소송관계가 모두 종료되었다고 할 것임에도, 제1심은 이를 간과한 채 원고의 소송수계인의 청구를 기각하는 판결을 선고하여 위법하므로 이를 취소하고 이 사건 소송수계신청을 기각하며 이 사건 소송에 대하여 소송종료선언을 하였다.

가 중단되지 아니한 경우에는 소송수계인을 당사자로 경정(판결경정)하면 된다.

Ⅳ. 변론종결 후의 당사자의 사망

변론종결 후 또는 판결선고 후에 당사자가 사망한 경우에는 사망자 명의의 판결이 무효가 아니고 변론 종결한 뒤의 승계인인 상속인에게 기판력이 미친다(민소법 제218조 제1항).[64]

Ⅴ. 사례 연습

〈연습문제 1〉

乙에게 5,000만 원의 채권을 가지고 있는 甲은 2010. 3. 3. 乙을 상대로 대여금청구의 소를 제기하였다. 다음 문제에 관하여 답하라.

(1) 乙이 2009. 12. 24. 교통사고로 이미 사망한 사실이 밝혀진 경우, 법원이 하여야 할 조치는?

(2) 법원이 위 乙의 사망사실을 모른 채 소송을 진행하여 무변론판결이 선고된 경우, 그 판결의 효력은? 甲은 이 판결을 집행권원으로 하여 乙의 상속인의 재산에 대하여 강제집행을 할 수 있는가? 乙의 상속인들은 어떠한 방법으로 위 판결의 효력을 다툴 수 있는가?

(3) 법원이 위 사망사실을 모른 채 소송을 진행하였고, 乙의 상속인들이 대리인을 선임하는 등 소송에 관여하여 판결에까지 이른 경우의 판결의 효력은?

(4) 제3자인 丙이 乙이라고 하여 응소하여 판결에까지 이른 경우의 판결의 효력은? 법원이 丙이 乙인줄 알고 乙을 피고로 하여 판결을 선고한 경우 그 판결의 효력은 乙에게 미치는가?

(5) 乙이 소송계속 중인 2010. 4. 1.에 사망한 경우, 소송 진행은 어떻게 되는가?

(6) 乙이 판결확정 후인 2010. 5. 31.에 사망한 경우의 판결의 효력은 乙의 상속인에게 미치는가?

[포인트]

(1) 제소 당시에 이미 사망한 경우, 법원의 조치: 이때에는 이미 죽은 사람이 피고이며(통설인 표시설의 입장), 따라서 실재하지 않은 당사자를 상대로 한 것으로서 부적법 각하하여야 한다. 그러나 이 경우 일반 소송실무에서는 당사자표시정정신청제도를 이용하는 것이 보통이다(극히 드문 예이겠지만, 당사자표시정정신청이 없는 경우 등에는 위 원론처럼 부적법 각하하여야 할 것이다). 즉 사실상의 피고는 상속인이므로 원고가 상속인을 피고로 바꾸는 내용의 당사자표시정정신청을 하면 이를 받아들여 피고를 상속인으로 바꾸게 한다.

(2) 법원이 사망사실을 모른 채 乙을 상대로 판결을 하였다면, 이 판결은 무효이다. 甲은 이 판결에 기

---

64) 대법원 1989. 9. 26. 선고 87므13 판결: 이 사건의 청구인이 원심의 변론종결 후인 1987. 2. 5. 사망하였음에도 불구하고 원심이 소송수계절차 없이 판결을 선고하였다고 하더라도 위법이라 할 수 없다.

하여 乙의 상속인들을 상대로 강제집행을 할 수 없다. 그리고 이 판결에 대하여 재심을 인정할 것인가가 문제 되나, 재심은 판결이 유효한 것을 전제로 하므로 재심의 제기를 인정할 것도 못 된다. 결국 乙의 상속인들은 위 판결의 무효를 주장하면 족하다.

(3) 이 경우에도 원칙적으로는 판결이 무효일 것이다. 왜냐하면 표시설에 따르는 한 상대방이 이미 사망하였으므로 그 판결은 당연히 무효이기 때문이다. 그러나 상속인들이 적극적으로 소송에 관여하여 패소에 이르렀다면(예컨대 상속인들이 소송대리인을 선임하여 응소한 경우), 이와 달리 보아야 한다. 상속인들이 적극적으로 소송에 관여한 후 패소하게 되자, 이제 비로소 판결의 무효를 주장하고 나선다면 이는 신의칙에 어긋나고 금반언의 원칙에 위배된다. 따라서 이 경우에는 상속인들이 판결의 효력을 받아야 하고, 위 판결에 기한 강제집행을 수용하여야 한다.

(4) 이러한 경우는 매우 희귀한 예일 것이다. 여하튼, 법원이 소송에 관여하고 있는 자가 乙이 아니라 丙이라는 사실을 알았다면, 즉시 丙의 소송관여를 배척하고, 진정한 피고인 乙을 소환하여야 한다. 법원이 이를 모르고(즉 丙이 乙인 줄 알고) 乙을 피고로 하여 판결을 선고하였다면 그 판결의 효력은 乙에게 미친다(통설인 표시설의 입장). 이때 乙로서는 매우 억울하게 된다(다만, 비교적 가능성은 적지만, 乙이 승소한 경우에는 그렇지 않을 것이다). 그러므로 아직 판결이 확정되기 전이라면 乙은 상소를 하여 구제를 받아야 할 것이고, 판결이 이미 확정되었다면, 재심의 소를 제기하여야 한다. 민사소송법 제422조 제1항 제3호는 이러한 경우를 재심사유로 규정하고 있다.

(5) 소송계속 중에 乙이 사망하였다면, 상속인들이 乙의 소송상의 지위를 수계하게 된다. 그리하여 사망 이후 상속인의 수계 시까지 소송절차는 중단된다. 당사자가 사망으로 없어졌으므로 소송을 진행하려야 진행할 수가 없으니 소송절차가 중단되는 것이고, 그를 승계하는 당사자가 나타나면 그때 비로소 소송절차가 다시 진행된다. 이때는 소송을 제기한 甲이 乙의 사망사실을 알고 수계신청을 할 수도 있고, 乙의 상속인들이 수계신청을 할 수도 있다. 어느 한쪽만이 수계신청을 하여야 한다고 제한할 하등의 이유가 없으므로 어느 쪽도 수계신청을 할 수 있도록 한 것이다. 그러나 일반적인 경우에는 소송대리인이 있기 때문에 소송절차가 중단되는 예는 별로 없다. 소송대리인이 있는 이상, 당사자가 없더라도 얼마든지 소송절차를 진행시킬 수 있는 이치이고, 따라서 이러한 경우에는 소송절차를 중단시키지 않는 것이다.

(6) 이 경우는 상속인들이 변론종결 후에 소송물인 권리관계를 승계한 자들에 해당되므로, 판결의 효력은 상속인들에게 미친다(민사소송법 제204조 1항).

〈연습문제 2〉

피고의 사망사실을 모르고 소를 제기한 경우 다음의 사례에서 당사자표시정정의 방법과 피고경정의 방법 등 어떠한 방식으로 피고를 바꿀 수 있는가?

(1) 사망자를 피고로 하여 소를 제기하였는데 사망자의 상속인이 소제기 이전에 이미 상속을 포기한 경우

(2) 사망자를 피고로 하여 소를 제기하였으나, 사망자의 상속인이 소제기 이후에 상속을 포기한 경우

(3) 사망자의 상속채무를 청구원인으로 사망자의 상속인을 피고로 하여 소를 제기하였으나, 사망자의 상속인이 소제기 이전에 이미 상속을 포기한 경우

(4) 사망자의 상속채무를 청구원인으로 사망자의 상속인을 피고로 하여 소를 제기하였으나, 사망자의 상속인이 소제기 이후에 상속을 포기한 경우

〈연습문제 3〉

(1) 甲, 乙 부부가 혼인 중 불화가 생겨 甲은 乙을 상대로 이혼 및 위자료, 재산분할청구의 소를 제기하였다. 위 소송계속 중 甲이 교통사고로 사망하였다. 법원은 위 소를 어떻게 처리할 것인가? 甲, 乙 부부에게 자녀가 있는 경우와 없는 경우는 어떻게 다른가?

(2) 甲은 사실혼관계에 있는 乙이 사망한 경우 乙을 상대로 재산분할청구를 할 수 있는가?

(3) 甲이 乙을 상대로 이혼소송을 제기하여 승소판결을 받아 그 판결이 확정된 후에 乙이 위 판결에 재심사유가 있음을 들어 재심청구의 소를 제기하여 심리 중에 재심피청구인인 甲이 사망하였다. 위 재심소송은 어떻게 되는가?

(4) 공무원 甲이 의원면직처분에 대한 무효확인을 구하는 소송계속 중 甲이 사망한 경우는 어떻게 되는가? 乙 교수가 A 학교법인을 상대로 직위해제 및 면직처분의 무효확인의 소를 제기하여 심리 중에 사망한 경우 乙의 상속인들이 위 소송을 수계할 수 있는가?

(5) 유언집행자, 파산관재인, 회생회사의 관리인이 제3자의 소송담당으로 소송수행 중 사망한 경우에는 어떻게 되는가?[65]

(6) 채권자대위소송의 채권자 또는 대표소송을 하는 주주가 사망한 경우에는 어떻게 되는가?

[참고판례]

(1) 재판상의 이혼청구권은 부부의 일신전속적 권리이므로 이혼소송의 계속 중 배우자의 어느 일방이 사망한 때에는 그 상속인이 수계를 할 수 없음은 물론이고, 또한 그러한 경우에 검사가 이를 수계할 수 있는 특별한 규정도 없으므로 이혼소송은 종료된다 할 것이다.[66] 그러나 이혼위자료청구권은 상대방인 배우자의 유책불법한 행위에 의하여 그 혼인관계가 파탄상태에 이르러 부득이 이혼을 하게 된 경우에 그로 인하여 입게 된 정신적 고통을 위자하기 위한 손해배상청구권으로서, 이는 이혼의 시점에서 확정, 평가되는 것이며 이혼에 의하여 비로소 창설되는 것은 아니라 할 것이다. 이러한 이

---

65) 민소법 제237조 참조.
66) 대법원 1982. 10. 12. 선고 81므53 판결 참조.

혼위자료청구권의 양도 내지 승계의 가능 여부에 관하여, 민법 제806조 제3항은 약혼해제로 인한 손해배상청구권에 관하여 정신상 고통에 대한 손해배상청구권은 양도 또는 승계하지 못하지만 당사자 간에 이미 그 배상에 관한 계약이 성립되거나 소를 제기한 후에는 그러하지 아니하다고 규정하고, 민법 제843조가 위 규정을 재판상 이혼의 경우에 준용하고 있으므로 이혼위자료청구권은 원칙적으로 일신전속적 권리로서 양도나 상속 등 승계가 되지 아니하나 이는 행사상의 일신전속권이고 귀속상의 일신전속권은 아니라 할 것이며, 그 청구권자가 <u>위자료의 지급을 구하는 소송을 제기함으로써 그 청구권을 행사할 의사가 외부적 객관적으로 명백하게 된 이상 양도나 상속 등 승계가 가능하다 할 것이다.</u>67) 이혼소송과 재산분할청구가 병합된 경우, 재판상의 이혼청구권은 부부의 일신전속의 권리이므로 이혼소송 계속 중 배우자의 일방이 사망한 때에는 상속인이 그 절차를 수계할 수 없음은 물론이고, 또 그러한 경우에 검사가 이를 수계할 수 있는 특별한 규정도 없으므로 이혼소송은 종료되고,68) 이에 따라 이혼의 성립을 전제로 하여 이혼소송에 부대한 재산분할청구 역시 이를 유지할 이익이 상실되어 이혼소송의 종료와 동시에 종료한다고 할 것이다.69)

(2) 사실혼이란 당사자 사이에 혼인의 의사가 있고 객관적으로 사회관념상으로 가족질서적인 면에서 부부공동생활을 인정할 만한 혼인생활의 실체가 있는 경우이고, 부부재산에 관한 청산의 의미를 갖는 재산분할에 관한 법률 규정은 부부의 생활공동체라는 실질에 비추어 인정되는 것으로서 사실혼관계에도 이를 준용 또는 유추적용할 수 있기 때문에, <u>사실혼관계에 있었던 당사자들이 생전에 사실혼관계를 해소한 경우 재산분할청구권을 인정할 수 있으나,</u>70) 법률상 혼인관계가 일방 당사자의 사망으로 인하여 종료된 경우에도 생존 배우자에게 재산분할청구권이 인정되지 아니하고71) 단지 상속에 관한 법률 규정에 따라서 망인의 재산에 대한 상속권만이 인정된다는 점 등에 비추어 보면, <u>사실혼관계가 일방 당사자의 사망으로 인하여 종료된 경우에는 그 상대방에게 재산분할청구권이 인정된다고 할 수 없다.</u>72)

(3) 신분관계소송에 있어서는 재산상의 분쟁의 경우와는 달리 위법한 신분관계가 존속함에도 그 상대방이 될 자가 사망하였고 그 법률관계는 상속되지 않아 소송의 상대방이 될 자가 존재하지 않는 경우에는 관련된 다수 이해관계인들의 이익을 위하여 공익의 대표자인 검사를 소송의 상대방으로 하여 소송을 하는 방법으로 이를 바로잡는 방안이 마련되어 있는데(민법 제849조, 제864조, 제865조, 가사소송법 제24조 제3항, 제4항 등) 이는 위법한 신분관계가 존재하는 경우에 이를 다툴 구체적

---

67) 대법원 1993. 5. 27. 선고 92므143 판결.
68) 대법원 1985. 9. 10. 선고 85므27 판결; 대법원 1993. 5. 27. 선고 92므143 판결 등 참조.
69) 대법원 1994. 10. 28. 선고 94므246, 94므253 판결.
70) 대법원 1995. 3. 28. 선고 94므1584 판결 등 참조.
71) 대법원 1994. 10. 28. 선고 94므246, 94므253 판결 참조.
72) 대법원 2006. 3. 24. 선고 2005두15595 판결은 사실혼관계가 일방 당사자의 사망으로 인하여 종료된 경우에 생존한 상대방에게 상속권도 인정되지 아니하고 재산분할청구권도 인정되지 아니하는 것은 사실혼 보호라는 관점에서 문제가 있다고 볼 수 있으나, 이는 사실혼 배우자를 상속인에 포함시키지 않는 우리의 법제에 기인한 것으로서 입법론은 별론으로 하고 해석론으로서는 어쩔 수 없다고 한다.

상대방이 없다는 이유로 방치하는 것은 공익에 반하므로 공익의 대표자인 검사를 상대로 하여 소송을 제기하게 하고자 함에 있는 것이며, 한편 민사소송제도가 일정한 경우에는 재심의 방법에 의하여 기판력을 해소시키는 제도를 마련하여 두고 있는 것은 그 판결에 이르는 과정에서 묵과할 수 없는 큰 위법이 있었음이 밝혀진 경우에까지 기판력만을 존중하여 그 판결의 효력을 유지하는 것이 당사자의 이익을 지나치게 해치게 된다는 것을 고려한 결과라고 할 것인바 이러한 재심제도와 신분관계소송에 관한 입법취지에 비추어 보면, 이혼의 심판이 확정된 경우에 그 심판에 재심사유가 있다면 그 확정판결에 의하여 형성된 신분관계(정당한 부부관계의 해소)는 위법한 것으로서 재심에 의하여 그 확정판결을 취소하여 그 효력을 소멸시키는 것이 공익상 합당하다고 할 것이므로 그 재심피청구인이 될 청구인이 사망한 경우에는 위에서 본 바의 규정들을 유추적용하여 검사를 상대로 재심의 소를 제기할 수 있다고 해석함이 합리적이라고 할 것이고 같은 이치에서 <u>재심소송의 계속 중 본래 소송의 청구인이며 재심피청구인이었던 당사자가 사망한 경우에는 검사로 하여금 그 소송을 수계하게 함이 합당하다고 할 것이다.</u>[73]

(4) 공무원으로서의 지위는 일신전속권으로서 상속의 대상이 되지 않으므로, 의원면직처분에 대한 무효확인을 구하는 소송은 당해 공무원이 사망함으로써 중단됨이 없이 종료된다.[74]

(5) 유언집행자는 유증의 목적인 재산의 관리, 기타 유언의 집행에 필요한 모든 행위를 할 권리의무가 있으므로, 유증 목적물에 관하여 경료된, 유언의 집행에 방해가 되는 다른 등기의 말소를 구하는 소송에 있어서는 유언집행자가 이른바 법정소송담당으로서 원고적격을 가진다고 할 것이고, 유언집행자는 유언의 집행에 필요한 범위 내에서는 상속인과 이해상반되는 사항에 관해서도 중립적 입장에서 직무를 수행하여야 하므로, <u>유언집행자가 있는 경우 그의 유언집행에 필요한 한도에서 상속인의 상속재산에 대한 처분권은 제한되며 그 제한범위 내에서 상속인은 원고적격이 없다.</u>[75] 한편, 민법 제1095조는 유언자가 유언집행자의 지정 또는 지정위탁을 하지 아니하거나 유언집행자의 지성을 위탁받은 자가 위탁을 사퇴한 때에 한하여 적용되는 것이므로,[76] <u>유언자가 지정 또는 지정위탁에 의하여 유언집행자의 지정을 한 이상 그 유언집행자가 사망·결격, 기타 사유로 자격을 상실하였다고 하더라도 상속인은 민법 제1095조에 의하여 유언집행자가 될 수는 없다. 또한 유증 등을 위하여 유언집행자가 지정되어 있다가 그 유언집행자가 사망·결격, 기타 사유로 자격을 상실한 때에는 상속인이 있더라도 유언집행자를 선임하여야 하는 것이므로, 유언집행자가 해임된 이후 법원에 의하여 새로운 유언집행자가 선임되지 아니하였다고 하더라도 유언집행에 필요한 한도에서 상속인의 상속재산에 대한 처분권은 여전히 제한되며 그 제한범위 내에서 상속인의 원고적격 역시 인정될 수 없다.</u>[77]

---

73) 대법원 1992. 5. 26. 선고 90므1135 판결.
74) 대법원 2007. 7. 26. 선고 2005두15748 판결.
75) 대법원 2001. 3. 27. 선고 2000다26920 판결 참조.
76) 대법원 2007. 10. 18. 자 2007스31 결정 참조.
77) 대법원 2010. 10. 28. 선고 2009다20840 판결.

파산재단에 속하는 재산의 관리처분권은 파산자로부터 이탈하여 파산관재인에게 전속하게 되고, 파산관재인이 여럿인 경우에는 법원의 허가를 얻어 직무를 분장하였다는 등의 특별한 사정이 없는 한 그 여럿의 파산관재인 전원이 파산재단의 관리처분권이 있기 때문에 파산관재인 전원이 소송당사자가 되어야 하므로 그 소송은 필수적 공동소송에 해당한다. 따라서 파산관재인이 여럿임에도 파산관재인 중 일부만이 당사자로 된 판결은 당사자적격을 간과한 것으로서 파산재단에 대하여 효력이 미치지 아니한다.[78] 공동파산관재인 중 일부가 파산관재인의 자격을 상실한 때에는 남아 있는 파산관재인에게 관리처분권이 귀속되고 소송절차는 중단되지 아니하므로, 남아 있는 파산관재인은 자격을 상실한 파산관재인을 수계하기 위한 절차를 따로 거칠 필요가 없이 혼자서 소송행위를 할 수 있다.[79]

(6) 병행형 소송담당자의 자격상실이나 사망은 민소법 제237조에 의한 소송절차의 중단사유에 해당하지 않는다.[80] 이 경우에는 제233조에 따른 중단이 생긴다.

〈연습문제 4〉

A는 2008. 12. 27. 乙 보험회사의 자동차종합보험에 가입된 K 운전의 승용차 뒷좌석에 타고 가다가 K가 일으킨 교통사고로 인하여 사지마비 등의 상해를 입었다. 이후 A는 변호사 甲을 소송대리인으로 하여 2009. 7. 2. 乙을 상대로 손해배상청구소송을 제기하였으나 이 사건 소송이 제1심에 계속 중이던 2009. 9. 11. 교통사고로 인한 후유증으로 사망하였다.

한편, 이 사건 소제기 전인 2009. 6. 19. A가 교통사고로 인하여 K 및 피고 乙에 대하여 가지는 일체의 청구권을 변호사 甲에게 유증하는 것으로 유언을 하였다는 내용의 공정증서가 작성되었는데, 甲은 2009. 10. 10. 그와 같은 유증을 내세워 제1심 법원에 이 사건 소송에 관하여 수계신청을 하였다.

그런데 위 공정증서에 의하면, 서울에 있는 공증인가 법무법인 S합동법률사무소의 사무소에서 A가 증인 소외 B, C의 참여하에 위 사무소의 공증담당변호사인 D의 면전에서 유언의 취지를 구수하고, 변호사 D가 이를 필기 낭독하여 A와 증인들이 그 정확함을 승인한 후 각자 서명날인한 것으로 되어 있으나, 사실은 D가 직무집행구역을 벗어나 당시 A가 입원 중이던 인천 소재 중앙길병원 중환자실에 가서 소송수계신청인의 변호사사무실 직원들인 증인 B, C의 참여 아래 A의 의사를 확인하고 공증의 취지를 설명한 다음, 유언의 필기낭독과 승인절차를 생략한 채 유언공정증서를 이루는 말미용지에 서명날인만을 받았을 뿐인데, 그 A의 서명 또한 동인이 사지마비로 직접 서명할 수 없는 상태였기 때문에 B가 A의 손에 필기구를 쥐어 주고 그 손을 잡고 같이 서명을 한 것이며, 이후 D는 자신의 공증사무실에 돌아와 이 사건 유언공정증서를 작성한 것으로 밝혀졌다.

당시 A는 교통사고로 인하여 사지가 완전히 마비되어 스스로 상, 하지를 움직일 수 없었으며, 병원에 입원하고 있는 동안 극도의 영양실조 등으로 인한 전신 쇠약으로 수술을 받을 수 없는 형편이었다. 그리고 유언 당시 A는 의사전달능력은 있었으나 수술에 의하여 기관지가 절개된 상태였기 때문에 말을 하기 위해서는 절개 부분에 삽입된 의료기구를 제거하고 절개된 부분을 막아야만 쉰 목소리로 발음을 할 수 있었을 따름이었다. 한편, A는 부모를 모르는 고아로 현재 가족관계등록부상으로는 상속인이 전혀 없다. 甲의 소송수계신청은 적법한가? 누가 A의 소송상 지위를 승계하는가?[81]

---

78) 대법원 2009. 9. 10. 선고 2008다62533 판결.
79) 대법원 2008. 4. 24. 선고 2006다14363 판결.
80) 이시윤(주.60), p.415 참조.
81) 대법원 2002. 10. 25. 선고 2000다21802 판결: 민법 제1060조는, "유언은 본법의 정한 방식에 의하지 아니하면 효력이 발생하

VI. 補論 1: 보전절차와 당사자의 사망

1. 보전명령 신청 전에 사망한 경우

가. 가압류신청의 경우

사망한 사람을 피신청인으로 한 가압류신청은 부적법하고 그 신청에 따른 가압류결정이 내려졌다고 하여도 그 결정은 당연무효로서 그 효력이 상속인에게 미치지 않으며, 이러한 당연무효의 가압류는 민법 제168조 제1호에 정한 소멸시효의 중단사유에 해당하지 않는다.[82]

나. 가처분신청의 경우

보전처분명령이 결정으로 이루어지는 경우에는 당사자대립주의는 통상의 판결절차에서와 같이 전면적이고 완전한 형태로 나타나지 않다가 보전처분에 대한 이의나 불복신청의 절차에서 비로소 분명한 형태로 나타나게 된다고 하더라도 보전소송도 민사소송절차의 일환으로서 대립당사자의 존재를 전제로 하는

지 아니한다"고 규정하여 유언에 관하여 엄격한 요식성을 요구하고 있는바, 민법이 유언의 한 방식으로 규정하고 있는 제1068조 소정의 '공정증서에 의한 유언'이 유효하기 위해서는 ① 증인 2인의 참여가 있을 것, ② 유언자가 공증인의 면전에서 유언의 취지를 구수할 것, ③ 공증인이 유언자의 구수를 필기해서 이를 유언자와 증인에게 낭독할 것, ④ 유언자와 증인이 공증인의 필기가 정확함을 승인한 후 각자 서명 또는 기명날인할 것 등을 필요로 한다 할 것이다. 그런데 위 인정 사실과 같이, 유언 당시 병원 중환자실에 입원 중이던 A가 의사전달능력은 있었으나 수술에 의하여 기관지가 절개된 상태였기 때문에 말을 하기 위해서는 절개 부분에 삽입된 의료기구를 제거하고 절개된 부분을 막아야만 쉰 목소리로 발음을 할 수 있었을 따름이고, 또 유언과 동시에 유언의 취지와 다소 모순되게 액면금 2억 원의 약속어음을 소송수계신청인에게 발행·교부하였다면, 과연 공정증서에 기재된 내용과 같이 제대로 된 유언의 구수가 있었는지에 관해서 강력한 의심이 들 뿐만 아니라, 가사 유언의 구수가 있었다고 하더라도, 위에서 본 바와 같이, 공증담당 변호사 D가 직무집행구역을 벗어나 구수를 받은 유언을 필기낭독하고 유언자와 증인으로부터 그 정확성의 승인을 받은 후 공정증서에 서명 또는 기명날인을 받는 절차를 생략한 채, 단지 유언공정증서를 이루는 말미용지에 서명·날인을 받았을 뿐이며, 그 서명 또한 A가 사지마비로 직접 서명할 수 없는 상태여서 다른 사람이 A의 손에 필기구를 쥐어 주고 그 손을 잡고 같이 서명을 하였고, 이후 D가 서울에 있는 공증사무실에 돌아와 마치 자신의 사무실에서 유언이 있었고 그에 따른 필기낭독과 정확성의 승인 및 서명날인 있었던 것처럼 공정증서를 작성한 것이라면, 앞서 본 요건 중, '공증인이 유언자의 구술을 필기해서 이를 유언자와 증인에게 낭독할 것'과 '유언자와 증인이 공증인의 필기가 정확함을 승인할 것'이라는 요건을 갖추지 못하였음은 분명하고, 나아가 다른 사람이 사지가 마비된 A의 손을 잡고 공정증서 말미용지에 서명과 날인을 하게 한 행위만으로는 A의 서명날인이 있다고 할 수도 없으므로, 위 요건 중 '유언자가 서명 또는 기명날인할 것'이라는 요건도 갖추지 못하였다 할 것이다. 그렇다면 이 사건 유언은 민법 제1068조가 정하는 공정증서에 의한 유언의 방식에 위배되어 무효라고 할 것이고, <u>그 유언이 무효인 이상 소송수계신청인은 A의 피고에 대한 손해배상청구권을 유증받지 못하는 것이므로, 결국 이 사건 소송수계신청은 적법한 수계권자에 의한 신청이 아니라 할 것이다.</u> 따라서 제1심 법원은 그 신청을 기각했어야 함이 마땅하고, 한편 A는 부모를 모르는 고아로서 일가창립에 의하여 취득한 호적에는 상속인이 없는 것으로 되어 있으므로, 이 사건은 상속인의 존부가 분명하지 않은 경우에 해당한다 할 것인데, 민법 제1053조 제1항은, "상속인의 존부가 분명하지 아니한 때에는 법원은 제777조의 규정에 의한 피상속인의 친족, 기타 이해관계인 또는 검사의 청구에 의하여 상속재산관리인을 선임하고 지체 없이 이를 공고하여야 한다"고 규정하고 있고, 이러한 상속재산관리인은 민사소송법에 따라 소송을 수계할 수 있는 것이므로, 제1심으로서는 <u>소송절차를 중단한 채 상속재산관리인의 선임을 기다려 그로 하여금 소송을 수계하도록 하였어야 할 것이다.</u>

82) 대법원 2006. 8. 24. 선고 2004다26287, 26294 판결.

것이므로, 이미 사망한 자를 채무자로 한 처분금지가처분신청은 부적법하고 그 신청에 따른 처분금지가처분결정이 있었다고 하여도 그 결정은 당연무효로서 그 효력이 상속인에게 미치지 아니한다.[83]

2. 보전명령 신청 후에 사망한 경우

가. 가압류결정의 경우

당사자 쌍방을 소환하여 심문절차를 거치거나 변론절차를 거침이 없이 채권자 일방만의 신청에 의하여 바로 보전명령을 한 가압류 결정에 있어서 신청 당시 생존하고 있던 채무자가 결정 직전에 사망하였다거나 수계절차를 밟음이 없이 채무자 명의의 결정이 이루어졌다고 하여 그 가압류 결정이 당연무효라고는 할 수 없다.[84]

나. 가처분결정의 경우

당사자 쌍방을 소환하여 심문절차를 거치거나 변론절차를 거침이 없이 채권자 일방만의 신청에 의하여 바로 내려진 처분금지가처분결정은 신청 당시 채무자가 생존하고 있었던 이상 그 결정 직전에 채무자가 사망함으로 인하여 사망한 자를 채무자로 하여 내려졌다고 하더라도 이를 당연무효라고 할 수 없다.[85]

시례 8

사망자를 상대로 한 보전처분의 효력[86]

〈사실관계〉
甲은 乙이 2011. 5. 11. 사망하였음에도 불구하고 2011. 7. 28. 서울중앙지방법원에 서울 강남구 양재동 전 1,996㎡에 대하여 乙을 채무자로 표시한 가압류신청서를 제출하여 2011. 8. 1. 위 법원으로부터 같은 내용의 가압류결정을 받았다.
(1) 甲이 사망한 乙을 상대로 하여 받은 가압류결정의 효력은 어떻게 되는가?
(2) 위 가압류결정의 효력은 乙의 상속인 丙에게 미치는가?
(3) 甲은 채무자를 잘못 표시하였다고 하여 경정결정으로 하자를 시정할 수 있는가?
(4) 이 경우 상속인 丙의 구제방법은?
(5) 위와 같은 가압류결정 전에 위 부동산을 취득한 丁의 구제방법은?
(6) 위와 같은 가압류결정 후에 丙으로부터 위 부동산을 취득한 戊의 구제방법은?

---

83) 대법원 2004. 12. 10. 선고 2004다38921, 38938 판결; 대법원 2002. 4. 26. 선고 2000다30578 판결 참조.
84) 대법원 1976. 2. 24. 선고 75다1240 판결.
85) 대법원 1993. 7. 27. 선고 92다48017 판결.

이미 사망한 자를 채무자로 한 가압류신청은 부적법하고 위 신청에 따른 가압류결정이 있었다 하여도 그 결정은 당연무효이고, 그 효력이 상속인에게 미친다고 할 수는 없다. 따라서 채무자 표시를 상속인으로 할 것을 이 사건 가압류신청 당시에 이미 사망한 피상속인으로 잘못 표시하였다는 사유는 결정에 명백한 오류가 있는 것이라고 할 수 없고, 가압류결정을 경정할 사유에 해당한다 할 수 없다.[87]

채무자의 상속인은 일반승계인으로서 무효인 보전처분결정에 의하여 생긴 외관을 제거하기 위한 방편으로 보전처분결정에 대한 이의신청으로써 그 취소를 구할 수 있다. 그러나 채무자의 상속인을 상대로 제기한 보전처분의 본안소송에서 승소한 채권자가 그 확정판결에 기하여 본 집행을 하게 되면 보전처분의 목적이 달성되어 그 보전처분은 이해관계인의 신청에 따라 집행법원의 촉탁으로 말소될 운명에 있는 것이므로, 특별한 사정이 없는 한 보전처분에 대한 이의로 그 결정의 취소를 구할 이익이 없다.[88]

보전처분 전에 채무자로부터 목적물을 취득한 제3취득자(특별승계인)는 제3자이의의 소를 제기할 수 있고, 보전처분이 발령된 이후에 채무자의 상속인으로부터 목적물을 취득한 제3취득자(특별승계인)도 제3자이의의 소를 제기할 수 있다.[89] 위와 같이 당연무효의 가압류는 민법 제168조가 정한 소멸시효의 중단사유인 가압류에 해당하지 않는다.[90]

Ⅶ. 補論 2: 집행절차와 당사자의 사망

1. 강제경매의 경우

가. 강제집행 개시 전에 사망한 경우

(1) 당사자능력이 없는 자의 집행행위 및 당사자능력이 없는 자에 대한 집행행위는 무효이다. 따라서 사망자 명의의 강제경매신청은 무효이다.

(2) 집행권원의 성립 후 집행문 부여 전에 당사자의 사망 및 기타 승계 등으로 집행권원에 기재된 집행 당사자의 적격에 변동인 생긴 때에는, 새로이 적격을 취득한 자를 위하여 또는 그 자에 대하여 승계

---

86) 오창수, 「로스쿨 민사집행법 - 이론과 실무 - 」, 한국학술정보(주)(2011), pp.470~471.
87) 대법원 1991. 3. 29. 자 89그9 결정.
88) 대법원 2002. 4. 26. 선고 2000다30578 판결.
89) 원래 보전처분 발령 후에 목적물을 취득한 제3취득자는 이에 관해 다툴 수 없으나, 사망자를 상대로 한 보전처분은 무효이므로, 보전처분발령 후 목적물을 취득한 제3취득자는 무효인 가압류·가처분에 대해 제3자이의의 소를 제기하여 이를 다툴 수 있다.
90) 대법원 2006. 8. 24. 선고 2004다26287, 26294 판결: 이는 민법 제175조가 법률의 규정에 따르지 아니함으로 인하여 취소된 가압류에 대해서는 시효중단의 효력을 인정하지 않고 있는 점에 비추어 보아도 분명하고, 또 가압류에 의한 소멸시효중단의 효력이 그 집행보전의 효력이 존속하는 동안 지속된다는 점에서 판결의 확정으로 중단되었던 소멸시효가 다시 진행하는 재판상 청구보다도 훨씬 강력하다는 사정을 고려하면 당연무효인 가압류를 소멸시효중단사유로 취급하는 것은 적절하다고 볼 수도 없다.

집행문을 부여받아야 한다.[91]

나. 강제집행 개시 후에 사망한 경우

(1) 집행문 부여 후 강제집행 개시 후에 당사자적격에 변동이 생긴 때에도 승계집행문을 부여받아야
한다.[92] 다만, 집행 개시 후 사망, 합병 등으로 채무자의 지위에 포괄승계가 있는 경우 등에는 승계
집행문을 부여받지 않고서도 그 채무자에 속하는 책임재산에 대하여 그대로 집행할 수 있다. 따라서
승계인의 고유재산에 대한 강제집행에는 승계인에 대한 승계집행문이 필요하다. 따라서 집행 개시
후 채무자가 사망한 때에는 채권자는 상속재산에 대하여 강제집행을 계속하여 진행할 수 있다.

(2) 그러나 채무자에게 알려야 할 집행행위를 실시할 경우(예컨대, 채무자에 대한 송달·압류통지를 하
는 경우에는 상속인 또는 이에 갈음할 유언집행자, 상속재산관리인에 대하여 이를 하여야 한다) 상
속인이 없거나 상속인이 있는 곳이 분명하지 아니한 경우 집행법원은 채권자의 신청에 따라 상속재
산 또는 상속인을 위한 특별대리인을 선임하여 그 자를 집행에 관여시킨다(민사집행법 제52조).

2. 임의경매의 경우

가. 근저당권의 실행을 위한 부동산 경매는 그 근저당권 설정등기에 표시된 채무자 및 저당 부동산의
소유자와의 관계에서 그 절차가 진행되는 것이므로, 그 절차의 개시 전 또는 진행 중에 채무자나
소유자가 사망하였더라도 그 재산상속인이 경매법원에 대하여 그 사망 사실을 밝히고 경매절차를
수계하지 아니한 이상 경매법원이 이미 사망한 등기부상의 채무자나 소유자와의 관계에서 그 절차
를 속행하여 이루어진 매각허가결정을 무효라고 할 수는 없다.[93]

---

91) 대법원 2008. 2. 1. 선고 2005다23889 판결: 집행권원상의 청구권이 양도되어 대항요건을 갖춘 경우 집행당사자적격이 양수인
으로 변경되고, 양수인이 승계집행문을 부여받음에 따라 집행채권자는 양수인으로 확정되는 것이므로, 승계집행문의 부여로 인
하여 양도인에 대한 기존 집행권원의 집행력은 소멸한다. 따라서 그 후 양도인을 상대로 제기한 청구이의의 소는 피고적격이
없는 자를 상대로 한 소이거나 이미 집행력이 소멸한 집행권원의 집행력 배제를 구하는 것으로 권리보호의 이익이 없어 부적법
하고, 이러한 법리는 소액사건심판법상의 확정된 이행권고결정과 같이 위 법 제5조의 8 제1항에 의하여 집행문을 별도로 부여
받을 필요 없이 이행권고결정서의 정본에 의하여 강제집행이 가능한 경우에도 마찬가지이다(집행권원상의 청구권을 양도한 채
권자가 집행력이 소멸한 이행권고결정서의 정본에 기하여 강제집행절차에 나아간 경우에 채무자는 민사집행법 제16조의 집행
이의의 방법으로 이를 다툴 수 있다).
92) 대법원 2008. 8. 11. 선고 2008다32310 판결: 강제집행절차에 있어서는 권리관계의 공권적인 확정 및 그 신속·확실한 실현을
도모하기 위하여 절차의 명확·안정을 중시하여야 하므로, 집행권원을 가진 채권자의 지위를 승계한 자라고 하더라도 기존 집
행권원에 기하여 강제집행을 신청하려면 민사집행법 제31조 제1항(같은 법 제57조의 규정에 따라 준용되는 경우를 포함한다)
에 의하여 승계집행문을 부여받아야 하고, 집행권원에 의한 강제집행이 개시된 후 신청채권자의 지위를 승계한 경우라도 승계
인이 자기를 위하여 강제집행 속행을 신청하기 위해서는 민사집행규칙 제23조가 정한 바와 같이 승계집행문이 붙은 집행권원
의 정본을 제출하여야 하며 그 경우 법원사무관 등 또는 집행관은 그 취지를 채무자에게 통지하도록 하고 있다. 따라서 채권자
가 집행권원에 기하여 압류 및 추심명령을 받은 후 그 집행권원상의 채권을 양도하였다고 하더라도 그 채권의 양수인이 기존
집행권원에 대하여 승계집행문을 부여받지 않았다면, 집행채권자의 지위에서 압류채권을 추심할 수 있는 권능이 있다고 볼 수
없다.

나. 담보권실행의 경매절차 개시 후 채무자 또는 소유자가 사망한 경우에도 절차를 계속 진행할 수 있다.

3. 사망자를 제3채무자로 표시한 채권압류 및 전부명령의 효력

가. 채권자가 이미 사망한 자를 그 사망 사실을 모르고 제3채무자로 표시하여 압류 및 전부명령을 신청하였을 경우 채무자에 대하여 채무를 부담하는 자는 다른 특별한 사정이 없는 한 이제는 사망자가 아니라 그 상속인이므로 사망자를 제3채무자로 표시한 것은 명백한 오류이고, 또한 압류 및 전부명령에 있어서 그 제3채무자의 표시가 이미 사망한 자로 되어 있는 경우 그 압류 및 전부명령의 기재와 사망이라는 객관적 사정에 의하여 누구라도 어느 채권이 압류 및 전부되었는지를 추인할 수 있다고 할 것이어서 그 제3채무자의 표시를 사망자에서 그 상속인으로 경정한다고 하여 압류 및 전부명령의 동일성의 인식을 저해한다고 볼 수는 없으므로, 그 압류 및 전부명령의 제3채무자의 표시를 사망자에서 그 상속인으로 경정하는 결정은 허용된다.[94]

나. 채권집행 절차에 있어서 제3채무자는 집행당사자가 아니라 이해관계인에 불과하여 그 압류 및 전부명령을 신청하기 이전에 제3채무자가 사망하였다는 사정만으로는 채무자에 대한 강제집행요건이 구비되지 아니하였다고 볼 수 없으므로, 이미 사망한 자를 제3채무자로 표시한 압류 및 전부명령이 있었다고 하더라도 이러한 오류는 위와 같은 경정결정에 의하여 시정될 수 있다. 따라서 그 후 제3채무자의 표시를 사망자에서 그 상속인으로 경정하는 결정이 있고 그 경정결정이 확정되는 경우에는 당초의 압류 및 전부명령 정본이 제3채무자에게 송달된 때에 소급하여 제3채무자가 사망자의 상속인으로 경정된 내용의 압류 및 전부명령의 효력이 발생한다.

다. 사망한 자에 대하여 실시된 송달은 위법하여 원칙적으로 무효라고 할 것이나,[95] 그 사망자의 상속인이 현실적으로 그 송달서류를 수령한 경우에는 하자가 치유되어 그 송달은 그때에 상속인에 대한 송달로서 효력을 발생하므로, 압류 및 전부명령 정본이나 그 경정결정 정본의 송달이 이미 사망한 제3채무자에 대하여 실시되었다고 하더라도 그 상속인이 현실적으로 그 압류 및 전부명령 정본이나 경정결정 정본을 수령하였다면, 그 송달은 그때에 상속인에 대한 송달로서 효력을 발생하고 그 때부터 각 그 즉시항고기간이 진행한다.

---

93) 대법원 1998. 10. 27. 선고 97다39131 판결.
94) 대법원 1998. 2. 13. 선고 95다15667 판결.
95) 대법원 1994. 4. 26. 선고 93누13360 판결 참조.

제7장 一部請求의 소송상 취급

I. 일부청구의 허용 여부

1. 일부청구의 소송물

가. 일부청구의 의의 및 허용

(1) 일부청구는 금전 그 밖의 대체물과 같이 수량적으로 분할급부가 가능한 급여를 목적으로 하는 특정의 채권을 소송상 분할하여 청구하는 것을 말한다. 특히 손해배상청구소송에서 손해의 예측이 곤란하여 일부청구의 형태로 소가 제기되는 경우가 많다.

(2) 일부청구는 동일한 채권을 분할하여 청구하는 것이고, 서로 다른 여러 채권들 중의 일부를 청구하는 것은 일부청구가 아니다.

(3) 소액사건심판법의 적용을 받을 목적으로 청구를 분할하여 그 일부만을 청구하는 것은 허용되지 않으나(동법 제5조의 2), 당사자처분권주의에 비추어 그 밖의 경우에는 소권의 남용임이 뚜렷하지 않은 한 일부청구의 경우 소의 이익을 부정할 수 없다.

나. 일부청구의 소송물

(1) 1억 원의 채권 중 3,000만 원을 청구한 경우 3,000만 원이 소송물이 된다는 일부청구긍정설,[1] 1억 원 전부를 소송물로 보아야 한다는 일부청구부정설[2]이 있으나, 통설[3]·판례[4]는 원고의 분할청구

---

[1] 호문혁, 「민사소송법(제9판)」, 법문사(2011), pp.149~150. 실체법상 채권을 분할하여 행사하는 것은 채권자의 자유이고, 소송법에서도 이를 존중하여야 한다는 입장이다.

[2] 학설의 상세는 김홍규·강태원, 「민사소송법(제2판)」, 삼영사(2010), pp.216~219 참조. 이 견해는 여러 번 응소해야 하는 피고의 번거로움, 중복하여 심리하여야 하는 법원의 비경제성과 비효율성을 강조하고 있다.

[3] 김홍엽, 「민사소송법(제2판), 박영사(2011), p.285; 이시윤, 「민사소송법(제6판)」, 박영사(2011), p.235; 정동윤·유병현, 「민사소송법(제3판 보정판)」, 법문사(2010), p.256 등.

[4] 대법원 2008. 12. 24. 선고 2008다51649 판결; 대법원 2000. 2. 11. 선고 99다10424 판결.

의 이익과 분쟁의 일회적 해결 및 당사자의 절차권 보장 등을 종합적으로 고려하여 일부청구임을 명시한 경우에는 3,000만 원이 독립한 소송물로 되지만, 그렇지 않은 경우에는 1억 원 전부를 소송물로 보는 명시적 일부청구 긍정설을 취하고 있다.

(2) 판례는 가분채권의 일부에 대한 이행청구의 소를 제기하면서 나머지를 유보하고 일부만을 청구한다는 취지를 명시하지 아니한 이상 그 확정판결의 기판력은 청구하고 남은 잔부청구에까지 미치는 것이므로 그 나머지 부분을 별도로 다시 청구할 수 없음을 밝히고 있다.[5]

2. 일부청구와 관련된 문제

(1) 일부청구와 관련된 문제로는 일부청구와 중복제소, 일부청구에 의한 시효중단의 범위, 일부판결에 대한 판결의 기판력의 범위, 후유증에 의한 손해배상청구와 일부청구이론, 일부청구와 상계 또는 과실상계, 상소의 이익 등이 있다.[6] 이하에서 일부청구와 관련된 민사소송법상의 논점들을 짚어 보기로 한다.

(2) 대법원판례는 이른바 '명시설'에 따라, 가분채권의 일부에 대한 이행청구의 소를 제기하면서 그 일부를 유보하고 나머지만을 청구한다는 취지를 명시한 경우(명시적 일부청구)에 소송물은 일부청구 부분에 한정되고, 그 확정판결의 기판력도 청구하고 남은 잔부청구에는 미치지 않으며, 나머지 부분을 별도로 청구할 수 있으나, 일부청구라는 취지를 명시하지 않은 경우(묵시적 일부청구)에는 기판력은 청구하고 남은 잔부청구에까지 미치고, 잔부청구의 재소를 할 수 없다고 한다.[7]

3. 명시적 일부청구와 묵시적 일부청구

(1) 불법행위의 피해자가 일부청구임을 명시하여 손해의 일부만을 청구하는 경우 그 명시방법으로는 반드시 전체 손해액을 특정하여 그중 일부만을 청구하고 나머지 손해액에 대한 청구를 유보하는 취지임을 밝혀야 할 필요는 없고 일부청구하는 손해의 범위를 잔부청구와 구별하여 그 심리의 범위를 특정할 수 있는 정도의 표시를 하여 전체 손해의 일부로서 우선 청구하고 있는 것임을 밝히는 것으로 족하다.[8]

(2) 판례는 동일한 소송물인 가분채권에 대한 일부청구를 하는 경우 기간이 특정되었다거나 항목이 다르다고 하더라도 나머지 청구를 명시적으로 유보하지 아니한 이상 명시적 일부청구로 볼 수 없다. 전소의 사실심 변론종결 시까지 가분채권의 범위를 정확히 알 수 없어 결과적으로 전소에서 일부만을 청구한 경우에도 잔부청구를 명시적으로 유보하지 않은 이상 명시적 일부청구로 볼 수 없다는 입장이다.

---

5) 대법원 1993. 6. 25. 선고 92다33008 판결; 대법원 2002. 9. 23. 자 2000마5257 결정.
6) 상세는 정동윤·유병현, pp.256~260 참조.
7) 한승, "일부청구에 관한 판례이론의 적용", 「민사판례연구[ⅩⅩⅢ]」, 박영사(2001), pp.472~475 참조.
8) 대법원 1989. 6. 27. 선고 87다카2478 판결.

사례

다음과 같은 사례에서 원고의 청구는 명시적 일부청구인가, 묵시적 일부청구인가?

(1) 소외 망 A의 공동재산상속인들인 원고를 비롯한 B 등이 전 소송에서 상속재산에 대한 협의분할의 소급효를 알지 못한 탓으로 그 협의분할 시까지는 위 망인의 소유이던 이 사건 도로가 원고를 비롯한 공동상속인들의 공유로 잘못 알고 피고에게 이 사건 도로의 불법점유에 따른 부당이득 중 각자의 법정상속분을 청구하였다가 그 제1심법원으로부터 상속재산분할의 소급효에 따라 이 사건 도로가 위 망인의 사망 시부터 원고의 단독소유로 되었음을 전제로 원고의 청구를 인용하는 한편 나머지 공동상속인들의 청구를 기각하는 판결을 선고받고, 그 후 위 판결에 대하여 피고가 원고청구 부분에 대하여서만 항소를 하여 전소가 항소심 계속 중에 있을 때 원고가 별소인 이 사건 소송을 제기하여 위 부당이득중 원고의 법정상속분을 제외한 나머지 부분(상속재산의 협의분할로 원고에게 귀속된 부분)의 반환을 구한 경우[9]

(2) 원고가 피고를 상대로 자동차손해배상보장법상의 운행자책임을 물어 손해배상청구를 하면서 소극적 손해의 배상을 구하였다가 후소로 적극적 손해와 정신적 손해의 배상을 구한 경우

(3) 원고가 피고를 상대로 자동차손해배상보장법상의 운행자책임을 물어 손해배상청구를 하면서 소극적 손해 및 위자료청구를 하였다가 적극적 손해까지 추가로 청구하여 원고 일부승소판결을 선고받고 확정된 후 후소로 병원치료비를 추가로 청구한 경우[10]

(4) 원고가 전 소송에서 일부청구를 유보하고 나머지만을 청구한다는 취지를 명시하지 아니한 채 2007. 4. 1.부터 재직하였음을 전제로 미지급 퇴직금의 지급을 구하는 소를 제기하여 일부승소판결이 확정된 후 다시 2002. 3. 2.부터 재직하였음을 이유로 차액 상당의 퇴직금청구의 소를 제기한 경우[11]

(5) 원고가 피고에 대하여 2010. 10. 1.부터 2011. 5. 1.까지 미지급 물품대금 100만 원을 청구하면서 총 미지급대급 300만 원의 일부임을 명시하지 아니하고 100만 원의 지급을 구하여 승소판결을 받고 그 판결이 확정된 후 다시 그 대금 잔액인 200만 원의 지급을 구한 경우[12]

(6) 원고가 피고의 불법행위로 원고가 종사하고 있던 중기기사로서의 노동능력상실률 15%에 의한 손해배상청구의 소를 제기하여 일부승소판결을 받고 확정된 후 위 중기기사로서의 노동능력상실률이 25%임을 들어 기대수입상실에 따른 손해금의 추가청구를 한 경우[13]

(7) 원고들이 전소에서 명의신탁해지를 원인으로 한 공유지분권이전등기청구의 소를 제기하면서 자신들의 지분 전체를 청구한다고 청구하였으나 실제로는 일부지분만 청구하였고, 이에 대하여 전소판결에서는 원고들의 공유지분은 청구지분보다도 많다고 사실인정을 한 다음, 원고가 구하는 바에 따라 원고 전부승소판결을 선고하였고, 위 판결이 확정된 후 원고들이 다시 후소로 전소에서 원고들에게 정당한 이전등기청구권이 있다고 인정한 미청구 지분 부분에 대하여 추가청구를 한 경우(원고들은 전소의 사실심 변론종결 당시까지 소유권이전을 소구할 수 있는 공유지분의 범위를 정확히 알 수 없어 결과적으로 전소에서 일부 공유지분에 관한 청구를 하지 못하게 되었다고 주장하고 있다)[14]

---

9) 대법원 1994. 1. 14. 선고 93다43170 판결.
10) 대법원 1982. 11. 23. 선고 82다카845 판결.
11) 대법원 1997. 4. 25. 선고 97다5565 판결.

II. 일부청구와 중복된 소제기

1. 중복된 소제기

(1) 당사자는 이미 법원에 계속하고 있는 사건과 동일한 사건에 대하여 다시 소를 제기할 수 없다(민소법 제259조). 중복된 소제기의 금지는 무익한 이중의 소송수행을 방지하여 소송경제를 도모하는 데 그 목적이 있다.

(2) 동일한 사건에 관한 전소의 소송이 계속하고 있다는 것은 소극적 소송요건으로서 직권조사사항이다. 따라서 중복된 소제기에 해당하면 판결로써 후소를 부적법 각하하여야 한다. 만약 법원이 중복된 소제기임을 간과하고 본안판결을 하였을 때에는 상소로 다툴 수 있으나, 그것이 일단 확정된 경우에는 재심사유에 해당하지 않는다. 또한 그 판결은 당연무효의 판결도 아니다. 오히려 아직 소송계속 중인 전소가 후소판결의 기판력에 구속된다.

2. 일부청구와 중복된 소제기

(1) 청구의 동일성과 관련하여 일부청구 중에 잔부청구를 하는 경우에 중복제소에 해당하는가가 문제된다.

(2) 판례는 이른바 피고의 신뢰보호와 심판범위의 명확성을 이유로 명시적 일부청구설에 따라 전소 청구에서 일부청구임을 명시하였으면 잔부청구가 허용되고, 명시하지 않았으면 잔부청구는 중복제소로서 허용되지 않는다고 한다.[15]

(3) 다수설은 일부청구의 명시 여부를 불문하고 잔부청구는 중복소송으로 본다(동일 소송절차에서 청구취지의 변경으로 가능하다는 이유로). 소수설 중에는 일부청구가 명시적이든 아니든 사실심에 계류 중이어서 잔부마저 청구취지의 확장으로 간편하게 거기에서 추가 청구할 수 있는 길이 있는데도 구태여 잔부를 별소로 제기하는 것은 바람직하지 않으며 소권남용으로 볼 여지가 있고, 이때에는 이부, 이송, 변론의 병합으로 한군데로 집중시켜 절차의 단일화를 기하고, 그것이 잘 안 될 때에는 후소를 각하할 것이라는 단일절차병합설[16]과 잔부를 청구하는 후소를 중복소제기로 문제 삼을 것

---

12) 대법원 1982. 45 25. 선고 82다카7 판결.
13) 대법원 1980. 9. 9. 선고 80다60 판결.
14) 대법원 1993. 6. 25. 선고 92다33008 판결.
15) 정동윤·유병현, p.269는 명시적 일부청구의 경우에는 이론적으로는 중복된 소제기에는 해당하지 않지만 이 경우에도 잔부청구는 청구취지확장에 의하는 것이 바람직스럽다고 한다.
16) 이시윤, p.268. 대법원 1996. 3. 8. 선고 95다46319 판결은 방론으로 가사 원고 주장과 같이 종전소송에서의 청구가 일부청구라 하여도 이 사건 소송이 위 종전소송의 사실심에 계속 중에 제기되었음이 기록상 명백한 이상, 원고는 위 종전소송에서 청구취지의 확장으로 용이하게 이 사건 소송의 청구를 할 수 있었는데도 별소로 잔부청구인 이 사건 청구를 하는 것은 소권남용에

이 아니라 처분권주의에 충실하게 적법한 것으로 인정하고 가능하면 이송 등으로 변론을 병합하는 것이 타당하다는 변론병합설[17]이 있다.

사례 1

甲은 X 토지에 관하여 소유권이전등기를 마친 다음 이를 A에게 매도하고 중도금까지 수령하였다. 그런데 乙은 甲의 위 소유권이전등기가 원인 없는 무효의 등기라고 주장하여 처분금지가처분결정을 받고, 같은 이유로 그 말소를 구하는 소를 제기하였으나, 위 가처분결정이의소송과 본안소송에서 패소확정판결을 받았다. 한편 甲은 A가 위 가처분사실을 들어 위약을 주장하자 위 매매계약을 합의해제하고 그 위약금으로 계약금에 상당한 금 4,000만 원을 지급하였다.

甲은 乙을 상대로 乙의 위법·부당한 가처분신청으로 인하여 위 위약금 상당의 손해를 입었다고 주장하면서 그 배상을 청구하는 소를 제기하였다(이하 '종전소송'). 제1심은 2010. 3. 24. 청구인용판결을 선고하였고, 피고들이 항소하여 항소심은 2011. 3. 10. 변론을 종결한 다음 2011. 3. 24. 상당인과관계가 없다는 이유로 청구기각판결을 선고하였으며, 원고가 상고하여 상고심은 2011. 6. 10. 심리불속행 상고기각판결정본이 송달되었다.

甲은 2010. 4. 29. 乙을 상대로 위 가처분결정이 취소될 당시에 X 토지의 가격이 급락하였음을 이유로 그 차액 금 1억 원의 손해배상을 청구하는 소('이 사건 소')를 제기하였다. 甲의 이 사건 소는 중복된 소제기에 해당하는가?

[포인트]

1. 종전 소송과 이 사건 소송은 모두 甲이 乙의 X 부동산에 대한 위법, 부당한 가처분집행으로 말미암아 손해를 입었음을 원인으로 하여 그에 따른 재산상 손해배상을 구하는 것으로 그 발생원인과 청구의 목적이 같아 동일한 소송이라 할 것이고, 이 사건 소송이 위 종전소송의 계속 중에 제기되었음이 역수상 명백하므로 이 사건 소송은 중복된 소제기에 해당하여 부적법하다.[18]

2. 판례에 의하면 甲이 종전소송에서 위법, 부당한 가처분 집행으로 입은 나머지 손해를 유보한다는 취지를 명시함이 없이 약정금 상당의 손해배상을 구하고 있다면 甲은 종전소송에서 청구취지의 확장으로 용이하게 이 사건 소송의 청구를 할 수 있었는데도 별소로 잔부청구인 이 사건 청구를 하는 것은 소권남용에 해당되어 부적법한 것으로 각하를 면하지 못한다.

3. 전소가 대법원에 계속 중이거나 사실심에 계속되어 있어도 후소의 변론종결 시 이전에 전소의 사실심 변론이 종결되면 더 이상 청구취지확장을 할 수 없으므로 이 경우에는 후소가 소권의 남용에 해당한다고 볼 사정이 소멸한 것으로 볼 것이다.[19]

해당되어 부적법한 것으로 각하를 면하지 못할 것이라고 한다.

17) 호문혁, p.151.
18) 대법원 1996. 3. 8. 선고 95다46319 판결(문일봉, "일부청구와 중복제소금지", 「인권과 정의(제242호)」(1996. 10), p.116).
19) 한승, 전게논문, p.486 참조.

甲은 산재사고로 중상을 입고 더 이상 乙 회사에서 근무할 수 없게 되자 乙 회사를 상대로 일실임금과 일실상여금의 지급을 구하는 손해배상청구의 소를 제기하여 일부승소판결을 받고 이 판결이 확정되었다. 甲은 별소로 乙 회사를 상대로 일실퇴직금의 지급을 구할 수 있는가?

[포인트]

1. 불법행위로 말미암아 신체의 상해를 입었다고 하여 가해자에게 재산상 손해배상을 청구함에 있어서 소송물인 손해는 적극적 손해와 소극적 손해로 나누어지고, 그 내용이 여러 개의 손해항목으로 나누어져 있는 경우 각 항목은 청구를 이유 있게 하는 공격방법에 불과하다. 그리고 위에서 본 일실수익 상실로 인한 소극적 재산상 손해로는 예를 들면 일실노임, 일실상여금 또는 후급적 노임의 성질을 띤 일실퇴직금 따위가 모두 여기에 포함된다.

2. 甲이 乙을 상대로 하여 이 사건 산재사고로 다친 손해 중 전소에서 이미 소극적 재산상 손해로서 일실노임과 일실상여금을 청구하고 있으므로 이것과는 별도로 이 사건 소송에서 소극적 재산상 손해의 한 가닥인 일실퇴직금을 청구하지는 못한다.[20]

III. 일부청구에 의한 시효중단의 범위

1. 문제의 상황

일부청구의 경우 그 일부청구에 포함된 채권 부분에 대하여 시효중단의 효력이 미침은 당연하나 잔부 채권에 대해서도 시효중단의 효력이 미치는가?

2. 학설과 판례

(1) 일부청구의 경우 일부청구임을 명시한 경우이든, 이를 밝히지 않고 청구한 경우이든 불문하고 청구한 일부만이 중단되고 나머지 잔부에 대해서는 중단의 효력이 생기지 않는다는 일부중단설, 명시여부를 불문하고 전부에 대하여 시효중단의 효력이 생긴다는 전부중단설이 있다.

---

20) 대법원 1976. 10. 12. 선고 76다313 판결. 왜냐하면 위의 전소와 이 사건 소송의 청구는 소극적 재산상 손해라는 동일소송물이기 때문이다. 일실퇴직금은 일실임금과는 달리 사고발생과 동시에 그 손해가 발생하는 것이 아니라 퇴직함으로써 비로소 그 손해가 발생하기 때문에 일실임금을 청구할 때 함께 청구하지 못하는 것이고 이러한 사건을 수임받은 대리인은 수임당시를 기준으로 하여 손해를 청구하기 때문에 동시청구가 불가능한 것이라고 주장하나 기록에 의하면 이 사건에서 전소의 사실심변론종결 당시까지는 이미 원고가 퇴직하여서 능히 전소에서 퇴직금청구를 확장할 수 있었던 사실이 엿보이므로 이 논지도 이유 없다.

(2) 판례는 일부청구임을 명시한 경우에는 그 한도에서 시효중단이 되지만 일부청구임을 명시하지 아니한 경우에는 채권의 동일성의 범위에서 전부에 미친다는 명시설(절충설)을 따른다.[21]

(3) 실무상 신체의 훼손으로 인한 손해의 배상을 청구하는 사건에서는 그 손해액을 확정하기 위하여 통상 법원의 신체감정을 필요로 하기 때문에, 앞으로 그러한 절차를 거친 후 그 결과에 따라 청구금액을 확장하겠다는 뜻을 소장에 밝히는 경우가 많은데 이와 같이 청구의 대상으로 삼은 채권 중 일부만을 청구한 경우에도 그 취지로 보아 채권 전부에 관하여 판결을 구하는 것으로 해석되는 경우에는 그 동일성의 범위 내에서 그 전부에 관하여 시효중단의 효력이 발생하고, 이러한 법리는 특정 불법행위로 인한 손해배상채권에 대한 지연손해금청구의 경우에도 마찬가지로 적용된다.[22]

사례 3

(1) 甲이 乙에 대하여 갖고 있는 1억 원의 채권 중 5,000만 원의 지급을 구하는 소를 제기한 경우, 1억 원 전부에 대하여 시효가 중단되는가? 아니면 5,000만 원에 한하여 시효가 중단되는가?

(2) 甲은 2007. 10. 1. 발생한 교통사고로 부상을 입고, 위 사고일로부터 3년이 경과하기 전인 2010. 9. 1. 이 사건 사고로 인한 손해배상청구의 소를 제기하면서 우선 금 2,100만 원만을 청구하고 나머지는 앞으로 시행될 신체감정결과에 따라 확장하기로 한 후 이 사건 소멸시효기간이 지난 2011. 2. 1.에 이르러 청구금액을 확장하는 청구취지확장 및 청구원인변경신청서를 제출하였다. 甲의 소제기에 따른 시효중단의 효력은 소장에 기재된 일부청구금액에만 미치는가? 아니면 그 손해배상청구권 전부에 대해서도 미치는가?

[포인트]

(1) 청구의 대상으로 삼은 채권 중 일부만을 청구한 경우에도 그 취지로 보아 채권 전부에 관하여 판결을 구하는 것으로 해석되는 경우에는 그 동일성의 범위 내에서 그 전부에 관하여 시효중단의 효력이 발생한다.[23]

(2) 신체의 훼손으로 인한 손해의 배상을 청구하는 사건에서는 그 손해액을 확정하기 위하여 통상 법원의 신체감정을 필요로 하기 때문에, 앞으로 그러한 절차를 거친 후 그 결과에 따라 청구금액을 확장하겠다는 뜻을 소장에 객관적으로 명백히 표시한 경우에는, 그 소제기에 따른 시효중단의 효력은 소장에 기재된 일부 청구액뿐만 아니라 그 손해배상청구권 전부에 대하여 미친다.[24]

---

21) 대법원 1992. 4. 10. 선고 91다43695 판결: 한 개의 채권 중 일부에 관해서만 판결을 구한다는 취지를 명백히 하여 소송을 제기한 경우에는 소제기에 의한 소멸시효중단의 효력이 그 일부에 관해서만 발생하고, 나머지 부분에는 발생하지 아니하지만 비록 그중 일부만을 청구한 경우에도 그 취지로 보아 채권 전부에 관하여 판결을 구하는 것으로 해석된다면 그 청구액을 소송물인 채권의 전부로 보아야 하고, 이러한 경우에는 그 채권의 동일성의 범위 내에서 그 전부에 관하여 시효중단의 효력이 발생한다고 해석함이 상당하다.

22) 대법원 2001. 9. 28. 선고 99다72521 판결.

23) 대법원 2006. 1. 26. 선고 2005다60017, 60024 판결.

24) 대법원 1992. 4. 10. 선고 91다43695 판결

Ⅳ. 기판력의 범위

1. 문제의 상황

가분채권의 일부청구에 대하여 판결한 경우에 잔부청구에 대하여 기판력이 미치는가?

2. 학설과 판례

(1) 통설·판례는 일부청구임을 명시한 경우에 잔부에 대하여 기판력이 미치지 않는다는 '명시적 일부청구긍정설'을 취하고 있으나,[25] 일부청구임을 명시하지 않은 경우에도 잔부청구에 기판력이 미치지 아니한다는 '일부청구긍정설'[26]과 원칙적으로 소송물 전체에 기판력이 미친다는 '일부청구부정설'[27] 등도 주장된다.[28]

(2) 실무상 일부청구가 주로 문제 되는 것은 불법행위로 인한 손해배상청구소송에서 손해액을 확정하기 어려운 경우에 감정결과 등에 따라 손해액을 확정하기 위해 일부청구가 많이 활용되고 있다.[29] 이 경우 대부분 명시적 일부청구이기 때문에 청구취지를 확장하지 아니하고 일부청구 부분에 대해서만 판단하더라도 일부청구에 대한 판결의 기판력은 청구의 인용 여부에 관계없이 청구의 범위에 한하여 미치는 것이고, 잔액 부분 청구에는 미치지 아니한다.

(3) 판례는 가분채권에 대한 이행청구의 소를 제기하면서 그것이 나머지 부분을 유보하고 일부만 청구하는 것이라는 취지를 명시하지 아니한 경우에는 그 확정판결의 기판력은 나머지 부분에까지 미치는 것이어서 별소로써 나머지 부분에 관하여 다시 청구할 수는 없으므로, 일부 청구에 관하여 전부 승소한 채권자는 나머지 부분에 관하여 청구를 확장하기 위한 항소가 허용되지 아니한다면 나머지 부분을 소구할 기회를 상실하는 불이익을 입게 되고, 따라서 이러한 경우에는 예외적으로 전부 승

---

25) 이시윤, p.601; 정동윤·유병현, pp.258~259 등. 대법원 2008. 12. 24. 선고 2008다51649 판결; 대법원 2000. 2. 11. 선고 99다10424 판결: 불법행위의 피해자가 일부청구임을 명시하여 그 손해의 일부만을 청구한 경우 그 일부청구에 대한 판결의 기판력은 청구의 인용 여부에 관계없이 청구의 범위에 한하여 미치는 것이고, 잔액 부분 청구에는 미치지 아니한다.

26) 호문혁, pp.685~686은 사법상의 사적자치의 원칙과 소송법상의 당사자처분권주의원칙상 일부청구긍정설이 타당하다고 하면서 소액사건심판법에 의하여 이미 소액사건을 만들기 위한 일부청구는 금지되어 있고, 그 밖의 일부청구 뒤의 잔부청구가 특히 소송제도의 남용이라고 보일 때에는 구체적 사정을 심리하여 권리보호이익을 부정하면 된다고 한다.

27) 이 견해는 분쟁해결의 일회성을 강조하는 입장이다. 김홍규, "일부청구의 소송상 취급", 「손해배상법의 제문제(황적인박사화갑기념)」, 박영사(1990), p.819 참조.

28) 이 이외에 청구인용 여부를 기준으로 삼는 절충설, 명시설과 청구인용 여부를 기준을 삼는 절충설을 절충한 견해에 관해서는 호문혁, p.685 참조.

29) 대법원 1989. 6. 27. 선고 87다카2478 판결: 불법행위의 피해자가 일부청구임을 명시하여 손해의 일부만을 청구하는 경우 그 명시방법으로는 반드시 전체 손해액을 특정하여 그중 일부만을 청구하고 나머지 손해액에 대한 청구를 유보하는 취지임을 밝혀야 할 필요는 없고 일부청구하는 손해의 범위를 잔부청구와 구별하여 그 심리의 범위를 특정할 수 있는 정도의 표시를 하여 전체 손해의 일부로서 우선 청구하고 있는 것임을 밝히는 것으로 족하다.

소한 판결에 대해서도 나머지 부분에 관하여 청구를 확장하기 위한 항소의 이익을 인정함이 상당하다고 한다.[30]

(4) 손해배상청구 등 가분채권에 대한 이행청구의 소가 제기된 경우 법원이 적절한 석명권행사를 통해 명시적 일부청구 여부를 밝히도록 하면 기판력과의 저촉에서 오는 문제를 해결할 수 있을 것이다.

사례 4

기대여명보다 일찍 사망한 경우와 부당이득의 성부

A와 B가 원고와 자동차종합보험계약을 체결한 자의 자동차운행으로 인하여 발생한 교통사고로 뇌손상과 두개골 골절의 상해를 입게 되자, A 및 그의 아들인 피고 1과 B는 각각 원고를 상대로 손해배상청구의 소를 제기하였고, 각 소송에서 신체감정한 결과 A의 기대여명이 13년으로 평가된 것을 기초로 A에게 4억 9,500만 원을 지급하라는 화해권고결정이 내려져 2005. 12. 20. 확정되었고, B의 기대여명이 13.4년으로 평가된 것을 기초로 2007. 3. 8. B에게 247,176,255원 및 이에 대한 지연손해금을 지급할 것을 명하는 판결이 선고되어 그 무렵 확정되었다. 원고는 위 화해권고결정에서 정한 돈을 A의 후견인 피고 2에게, 위 판결에서 지급을 명한 돈을 B에게 각 지급하였으나, A는 2007. 9. 21. B는 2007. 10. 12. 각 사망하였다.

원심은 인신사고에 따른 손해배상청구사건의 판결 등이 확정된 후 피해자가 그 확정판결 등에서 인정된 기대여명보다 일찍 사망하게 되었다 하여 그 확정판결 등의 기판력이 배제된다고 볼 수 없고, 원고가 지적한 대법원 판결은 피해자가 손해배상의 기초가 되었던 기대여명보다 오래 생존한 경우 추가로 발생한 손해의 배상을 구하는 청구는 전 소송의 소송물과 별개의 소송물이 되기 때문에 기판력이 미치지 않는다고 판단한 것이어서, 이 사건과 같이 그 기대여명보다 일찍 사망한 경우 이전 판결 등에서 확정된 손해배상금 중 일부를 부당이득으로 반환하라는 청구와는 소송물의 관점에서 달리 볼 수 있으므로 위 대법원 판결의 논리가 동일하게 적용되어야 하는 것은 아니라고 판단하여, 원고의 부당이득반환청구를 배척하였다.

대법원은 원심의 판단을 수긍하고, 이러한 원심의 판단에는 피해자들의 사망 시부터 위 판결 등에서 인정된 기대여명 시까지 기간 동안의 손해액은 과잉배상한 것이므로 부당이득으로 반환되어야 한다는 원고의 주장을 배척하는 취지가 포함되어 있다 할 것이므로, 거기에 기판력에 관한 법리오해나 형평의 원칙 위반, 판단유탈 등의 위법이 없다고 판시하였다.

[판결요지]

확정판결이 실체적 권리관계와 다르다 하더라도 그 판결이 재심의 소 등으로 취소되지 않는 한 그 판

---

30) 대법원 1997. 10. 24. 선고 96다12276 판결. 이 판례의 입장에 대해서는 명시설을 취하여 생긴 문제점을 해결하기 위해 항소의 이익에 관한 형식적 불복개념을 수정하는 무리를 범하고 있고, 기판력과 관계없는 목적을 위해 기판력을 남용하는 것으로 타당하지 않다는 비판이 있다. 호문혁, p.686 참조.

결의 기판력에 저촉되는 주장을 할 수 없어 그 판결의 집행으로 교부받은 금원을 법률상 원인 없는 이득이라 할 수 없는 것이므로, 불법행위로 인한 인신손해에 대한 손해배상청구소송에서 판결이 확정된 후 피해자가 그 판결에서 손해배상액 산정의 기초로 인정된 기대여명보다 일찍 사망한 경우라도 그 판결이 재심의 소 등으로 취소되지 않는 한 그 판결에 기하여 지급받은 손해배상금 중 일부를 법률상 원인 없는 이득이라 하여 반환을 구하는 것은 그 판결의 기판력에 저촉되어 허용될 수 없다.

<Comment>

1. 기대여명보다 오래 생존한 경우의 추가 손해의 배상청구와 관련하여 불법행위로 인한 적극적 손해의 배상을 명한 전 소송의 변론종결 후에 새로운 적극적 손해가 발생한 경우에 그 소송의 변론종결 당시 그 손해의 발생을 예견할 수 없었고 또 그 부분 청구를 포기하였다고 볼 수 없는 등 특별한 사정이 있다면 전 소송에서 그 부분에 관한 청구가 유보되어 있지 않다고 하더라도 이는 전 소송의 소송물과는 별개의 소송물이므로 전 소송의 기판력에 저촉되는 것으로 볼 수 없다.[31]

2. 판례는 피해자의 연장된 기대여명에 따른 손해는 전소의 변론종결 당시에는 예견할 수 없었던 새로운 중한 손해라는 이유로 기대여명기간 이후의 손해배상을 구하는 소는 전소와는 별개의 소송물로서 전소의 기판력에 저촉되지 않는 것으로 보고 있다. 즉 판례는 피해자가 손해배상의 기초가 되었던 기대여명보다 오래 생존한 경우 추가로 발생하는 손해의 배상을 구하는 것을 허용하고 있다.

3. 그런데 판례는 기대여명보다 일찍 사망한 경우와 부당이득의 성부와 관련하여 불법행위로 인한 인신손해에 대한 손해배상청구소송에서 판결이 확정된 후 피해자가 그 판결에서 손해배상액 산정의 기초로 인정된 기대여명보다 일찍 사망한 경우라도 그 판결이 재심의 소 등으로 취소되지 않는 한 그 판결에 기하여 지급받은 손해배상금 중 일부를 법률상 원인 없는 이득이라 하여 반환을 구하는 것은 그 판결의 기판력에 저촉되어 허용될 수 없다고 하고 있다.[32]

4. 따라서 기대여명보다 일찍 사망한 경우 판례의 견해를 따르면 재심기간 내에 재심청구를 하여 기판력 있는 판결을 취소시켜야만 부당이득반환청구를 할 수 있다.

V. 후유증에 의한 손해배상청구와 일부청구

1. 문제의 상황

(1) 불법행위로 인한 적극적 손해의 배상을 명한 전 소송의 변론종결 후에 새로운 적극적 손해가 발생한

---

31) 대법원 2007. 4. 13. 선고 2006다78640 판결.
32) 이러한 입론의 근거를 밝힌 서울중앙지법 2008. 11. 18. 선고 2008가합63302 판결 참조.

경우 후유증에 의한 손해배상청구를 허용하기 위한 근거로 일부청구이론을 원용하는 경우가 있다.

(2) 그러나 일부청구이론은 전체로서 소구 가능한 한 개의 채권을 분할하여 소구할 수 있는가의 문제이고, 후유증에 의한 손해배상청구는 전소의 표준 시에 객관적으로 예상할 수 없었던 손해이기 때문에 소구할 수 없었던 것을 후소에서 소구할 수 있는가의 문제로서 양자는 그 국면을 달리한다.[33]

2. 학설과 판례

학설과 판례는 대체로 불법행위로 인한 적극적 손해의 배상을 명한 전 소송의 변론종결 후에 새로운 적극적 손해가 발생한 경우에 그 소송의 변론종결 당시 그 손해의 발생을 예견할 수 없었고 또 그 부분 청구를 포기하였다고 볼 수 없는 등 특별한 사정이 있다면 전 소송에서 그 부분에 관한 청구가 유보되어 있지 않다고 하더라도 이는 <u>전 소송의 소송물과는 별개의 소송물이므로 전 소송의 기판력에 저촉되는 것으로 볼 수 없다</u>는 입장이다.

사례 5

甲이 1998. 4. 28. 乙병원의 응급실에 갔다가 1998. 5. 1. 저산소증에 의한 뇌손상으로 식물인간이 되었고, 그 후 甲은 소송대리인을 통하여 乙을 상대로 손해배상청구소송(이하 '전소'라고 한다)을 제기하였는데, 그 소송에서의 신체감정 결과, 甲은 중증의 뇌손상으로 인하여 이 사건 사고 이후 감정시점인 1999. 11. 18.에 이르기까지 경직성 사지마비로 인한 식물인간 상태로서 노동능력을 100% 상실하였고, 甲의 여명은 감정일부터 약 4.43년 후인 2004. 4. 23.까지로 추정되며, 여명기간 동안 1일 24시간 개호인의 조력이 필요하다는 요지의 감정결과가 나왔다. 이에 따라 甲의 소송대리인은 위와 같은 여명단축을 주장하면서 甲이 여명기간 동안 생존할 수 있음을 전제로 하여 일실수입 손해, 위 여명기간 동안의 향후치료비와 개호비 손해, 위자료 등을 이 사건 사고로 인하여 甲이 입은 손해라고 보아 이를 일시금으로 청구하였다. 전소의 항소심법원은 2003. 1. 17. 위 감정결과를 채용하여 甲의 여명이 2004. 4. 23.까지로 단축되었다는 사실을 인정하고 이를 기초로 일실수입, 향후치료비 및 개호비 손해 등을 산정하여 甲 일부승소판결을 선고하여 그 판결이 확정되었다.

그런데 甲은 위 여명기간이 지나서도 계속 생존하게 되자 2004. 4. 27. 그로 인하여 추가로 발생한 향후치료비, 보조구비 및 개호비 손해의 배상을 구하는 이 사건 소송을 제기한 경우 이 후소는 전소 판결의 기판력에 저촉되는가? 이 사건 제1심법원에서 다시 甲에 대한 신체감정을 촉탁하여 본 결과 그 감정일인 2004. 11. 22.부터 5.1년 내지 8.4년 후까지로 원고의 여명이 연장될 것으로 예상된다는 감정결과가 나왔다.

---

33) 정동윤 · 유병현[제3판], p.259.

[포인트]

1. 위 사례에서 甲이 식물인간 상태로 지속하다가 2004. 4. 23.경 사망할 것으로 예측된 전소의 감정결과와는 달리 甲의 여명이 종전의 예측에 비하여 최대 약 9년이나 더 연장되어 그에 상응한 향후치료, 보조구 및 개호 등이 추가적으로 필요하게 된 중대한 손해가 새로이 발생하리라고는 전소의 소송과정에서 예상할 수 없었다 할 것이다.[34]

2. 따라서 甲의 연장된 여명에 따른 손해는 전소의 변론종결 당시에는 예견할 수 없었던 새로운 중한 손해라고 할 것이므로 이 사건 소는 전소와는 별개의 소송물로서 전소의 기판력에 저촉되지 않는 것이다.[35]

VI. 일부청구와 과실상계

사례 6

甲이 乙을 상대로 1억 원 중 5,000만 원의 손해배상청구의 소를 제기하였는데 심리결과 甲의 과실이 30%로 인정된 경우 법원이 인정할 수 있는 손해액은 얼마인가?

[포인트]

(1) 外測說: 손해액 전액을 산정하고 이를 기준으로 과실상계를 한 뒤에 남은 잔액이 청구액을 초과하는 때에는 청구액의 한도에서 인용하고 잔액이 청구액에 미달하면 잔액대로 인용한다. 1억 원 중 30%의 과실상계를 하면 7,000만 원이 되고, 결국 청구액인 5,000만 원을 전부 인용하여야 한다.[36]

(2) 內測說: 일부청구액에서 전체 과실 부분을 공제한다. 일부청구액 5,000만 원에서 전체 과실부분 3,000만 원을 공제한 2,000만 원이 인용된다.

(3) 按分說: 손해액 전액이 아닌 청구액을 기준으로 과실상계를 한다. 청구액 5,000만 원에서 30%의 과실상계를 하면 3,500만 원이 과실상계 후 잔액이 되고, 결국 이 금액을 인용하여야 한다.

(4) 當事者意思說: 원고의 일부청구가 자기에게 과실이 있음을 인정하여 스스로 미리 감액하여 청구하는 경우에는 외측설에 따르고, 명시적으로 잔부를 더 청구할 뜻을 밝히면서 일부청구를 한 경우에는 안분설에 따르는 것이 당사자의 의사에 합당하다.[37]

---

34) 대법원 2001. 9. 4. 선고 2001다9496 판결 참조.
35) 대법원 2007. 4. 13. 선고 2006다78640 판결.
36) 대법원 2008. 12. 11. 선고 2006다5550 판결; 대법원 2008. 12. 24. 선고 2008다51649 판결: 일개의 손해배상청구권 중 일부가 소송상 청구되어 있는 경우에 과실상계를 함에 있어서는 손해의 전액에서 과실비율에 의한 감액을 하고 그 잔액이 청구액을 초과하지 않을 경우에는 그 잔액을 인용할 것이고 잔액이 청구액을 초과할 경우에는 청구의 전액을 인용하는 것으로 해석하여야 할 것이며, 이와 같이 풀이하는 것이 일부청구를 하는 당사자의 통상적 의사라고 할 것이고, 이러한 방식에 따라 원고의 청구를 인용한다고 하여도 처분권주의에 위배되는 것이라고 할 수는 없다. 김홍엽, p.357은 판례의 태도가 정당하다고 한다.
37) 호문혁, pp.361~362, 同旨: 이시윤, p.295.

VII. 일부청구와 상계항변

사례 7

甲이 乙을 상대로 1억 원 중 5,000만 원의 물품대금청구의 소를 제기하였는데 乙은 甲에게 3,000만 원의 대여금채권으로 상계항변을 하였다. 乙의 자동채권과 수동채권이 인정되는 경우 법원이 乙에게 지급을 명할 수 있는 금원은 얼마인가?

[포인트]

1. 甲이 乙에게 위 합계 금 1억 원의 금전채권 중 그 일부인 금 5,000만 원을 소송상 청구하고 있는 경우에 이를 乙의 반대채권으로서 상계함에 있어서는 위 금전채권 전액에서 상계를 하고 그 잔액이 청구액을 초과하지 아니할 경우에는 그 잔액을 인용할 것이고, 그 잔액이 청구액을 초과할 경우에는 청구의 전액을 인용하는 것으로 해석을 하여야 할 것이며 이와 같이 풀이하는 것이 일부 청구를 하는 당사자의 통상적인 의사라고 할 것이다.[38]

2. 따라서 甲의 금전채권 전액인 1억 원에서 乙의 반대채권 3,000만 원을 상계하면 7,000만 원이 되고, 이 금원이 甲의 청구액인 5,000만 원을 초과하므로 법원은 乙에게 5,000만 원의 지급을 명하여야 한다.

VIII. 청구의 확장 및 감축과 소의 변경

1. 청구의 확장

일부청구에서 전부청구로 청구를 확장하는 경우 청구의 변경(추가적 변경)으로 본다.

2. 청구의 감축

1억 원의 청구를 5,000만 원의 청구로 청구를 감축하는 경우와 같이 수량적으로 가분인 동일 청구권에 기한 청구금액의 감축은 소의 일부취하로 해석한다.[39]

---

38) 대법원 1984. 3. 27. 선고 83다323,83다카1037 판결.
39) 대법원 1993. 9. 14. 선고 93누9460 판결; 2004. 7. 9. 선고 2003다46758 판결 등 참조. 청구금액 감축에 관하여 다수설 및 판례는 일부취하이면 뒤에 취하한 부분을 청구하는 재소가 가능하지만 일부포기인 경우에는 재소가 불가능하므로 의사가 불분명한 경우에는 원고에게 이익이 되는 일부취하로 취급하는 것이 타당하다고 본다. 소의 취하는 확정된 소각하판결에 해당하고, 청구의 포기는 확정된 청구기각판결과 같다. 소송물이론에 따라 소의 일부취하인지, 공격방법의 일부철회인지 달라질 수 있다.

IX. 일부청구에서의 전부승소와 상소의 이익

1. 문제의 상황

전부 승소한 원고는 청구취지확장을 위하여 상소할 수 없는 것이 원칙이다(형식적 불복설). 일부청구에 관하여 승소한 원고가 청구취지확장을 위하여 상소할 수 있는가?

2. 학설과 판례

(1) 학설과 판례는 명시적 일부청구의 경우에는 원고가 별소로 잔부를 청구할 수 있으므로 청구취지확장을 위한 상소를 인정할 필요가 없으나, 묵시적 일부청구의 경우에는 형식적 불복설에 대한 예외를 인정하여 원고는 청구취지확장을 위한 항소를 할 수 있다는 입장이다.[40]

(2) 판례에 대해서는 일부청구에 관하여 명시설을 취함으로써 전부 승소한 당사자에게 항소를 허용한다는 엄청난 예외를 인정하지 않을 수 없게 된 것으로 일부청구긍정설을 취하면 이처럼 궁색한 예외를 인정할 필요가 없다는 비판이 있다.[41]

X. 사례 연습

〈연습문제 1〉

甲은 乙이 운전하는 승용차에 치여 제4요추 추간반탈출 등의 중상을 입었다. 甲이 乙을 상대로 손해배상청구의 소를 제기하였고, 법원의 심리결과 甲의 적극적 손해(치료비) 1,000만 원, 소극적 손해(일실수입) 1억 원, 정신적 손해(위자료) 3,000만 원이 인정되었다.

(1) 乙이 위 소송에 응소하여 甲의 과실을 주장하다가 이를 철회하였다. 법원은 甲의 과실 여부를 판단할 수 있는가?

(2) 법원이 甲의 과실을 30%로 판단할 경우 乙의 배상액은 얼마인가?

---

40) 대법원 2010. 11. 11. 선고 2010두14534 판결: 상소는 자기에게 불이익한 재판에 대하여 유리하게 취소 변경을 구하는 것이므로 전부 승소한 판결에 대해서는 항소를 허용하지 아니하는 것이 원칙이고, 재판이 항소인에게 불이익한 것인지는 원칙적으로 재판의 주문을 표준으로 하여 판단해야 하며, 다만 가분채권에 대한 이행청구의 소를 제기하면서 그것이 나머지 부분을 유보하고 일부만 청구하는 것이라는 취지를 명시하지 아니한 경우에는 그 확정판결의 기판력은 나머지 부분에까지 미치는 것이어서 별소로써 나머지 부분에 관하여 다시 청구할 수는 없는 것이므로, 일부 청구에 관하여 전부 승소한 채권자는 나머지 부분에 관하여 청구를 확장하기 위한 항소가 허용되지 아니한다면 나머지 부분을 소구할 기회를 상실하는 불이익을 입게 된다 할 것이고, 따라서 이러한 경우에는 예외적으로 전부 승소한 판결에 대해서도 나머지 부분에 관하여 청구를 확장하기 위한 항소의 이익을 인정함이 상당하다.

41) 호문혁, p.601. 뒤에 별도의 소가 금지되는 청구이의 소(민사집행법 제44조 제3항)에서 전부승소자인 원고가 다른 이의사유를 추가하기 위한 항소도 인정된다. 이시윤, p.783.

(3) 甲이 예상할 수 없는 후유증이 발생했다고 주장하며 乙을 상대로 추가로 1억 원의 손해배상청구의 소를 제기한 경우 이 소송은 어떻게 되는가?

〈연습문제 2〉

(1) 甲은 乙에게 1억 원의 대여금채권이 있다. 그런데 乙은 甲에서 2억 원의 손해배상채권이 있다고 주장하면서 위 손해배상채권과 甲의 乙에 대한 대여금채권 1억 원을 대등액에서 상계하고 남은 1억 원의 지급을 구하는 소(전소)를 제기하였다. 제1심법원은 乙의 손해배상채권은 7,000만 원이라고 확정한 다음 乙의 위 손해배상채권과 甲의 乙에 대한 대여금채권은 乙의 상계의사표시(소장)에 의하여 상계적상 시에 그 대등액인 7,000만 원의 범위에서 소멸하고 甲의 대여금채권은 3,000만 원이 남는다는 이유로 乙의 위 손해배상청구를 기각하였다. 乙의 항소로 위 사건이 항소심계속 중 甲은 乙을 상대로 1억 원의 대여금청구의 소(후소)를 제기하였다. 전소는 乙의 항소취하로 확정되었다. 후소법원은 乙의 과실이 인정되지 않는다는 이유로 乙의 손해배상채권액을 2억 원으로 확정한 다음 甲의 대여금채권은 위 손해배상채권과 대등액에서 상계되어 전액 소멸되었다고 판단하여 甲의 청구를 기각하였다. 甲은 후소판결에 대하여 상고를 제기하면서 확정된 전소판결에서 乙의 손해배상채권이 7,000만 원이 되고 이를 초과하는 손해배상채권은 부존재로 확정되었으므로 위 손해액을 초과하는 부분에 대한 乙의 상계주장은 기판력에 저촉되어 허용될 수 없다고 주장할 수 있는가?

(2) 乙이 전소에서 채권의 일부가 상계로 소멸되었음을 이유로 이를 공제한 나머지 채권액만의 지급을 구하지 아니하고 乙 주장의 전체 손해배상채권 2억 원의 구한 경우, 전소의 계속 중 甲이 후소로 1억 원의 대여금청구소송을 제기하였다면 乙은 후소에서 전소에서 소구하고 있는 위 손해배상채권을 자동채권으로 하여 상계항변을 할 수 있는가?

[포인트]

1. 불법행위의 피해자가 일부청구임을 명시하여 그 손해의 일부만을 청구한 경우 그 일부청구에 대한 판결의 기판력은 청구의 인용 여부에 관계없이 청구의 범위에 한하여 미치는 것이고, 잔액 부분 청구에는 미치지 아니한다.

2. 乙은 이 사건 이전의 소송에서 손해배상청구를 함에 있어 甲의 乙에 대한 대여금 채권과 상계하고 남은 잔액만을 청구하였고, 그 후 제기된 이 사건 소송에서 위 대여금 채권이 위와 같이 상계되어 소멸되었다고 주장하였음을 알 수 있는바, 사실관계가 이러하다면, 전 소송의 소송물은 위 손해배상 채권의 전액에서 乙이 스스로 공제한 부분을 제외한 잔액 부분으로서 그 판결의 기판력은 위 잔액 부분의 존부에만 미치고, 위와 같이 공제한 부분에 대해서는 미치지 아니하므로 피고의 위 상계 주장이 전 소송판결의 기판력에 저촉된다고 할 수 없다.[42]

3. 판례는 원고가 채권의 일부가 상계로 소멸되었음을 자인하면서 이를 공제한 나머지 채권액만의 이행을 구하는 소를 제기한 경우에도 명시적 일부청구에 해당하는 것으로 본다. 따라서 이 경우 소송

---

42) 대법원 2000. 2. 11. 선고 99다10424 판결(본 판결의 평석으로 한승, 전게논문, p.458 이하 참조).

물은 이행을 구하는 잔액 부분에 한정되고, 기판력도 잔액 부분의 존부에만 미치며, 원고가 공제를 자인하는 부분에는 미치지 아니한다는 점을 명백히 하고 있다.

4. 원고의 채권의 일부가 상계로 소멸되었음을 이유로 이를 공제한 나머지 채권액만의 이행을 구하는 경우에 관한 판례의 입장은 상계 이외에 일부를 변제받았거나 면제하였다고 자인하면서 이를 공제한 나머지만을 구하는 소송에서도 같은 논리가 적용될 것이다.

5. 상계의 항변을 제출할 당시 이미 자동채권과 동일한 채권에 기한 소송을 별도로 제기하여 계속 중인 경우, 사실심의 담당재판부로서는 전소와 후소를 같은 기회에 심리·판단하기 위하여 이부, 이송 또는 변론병합 등을 시도함으로써 기판력의 저촉·모순을 방지함과 아울러 소송경제를 도모함이 바람직하였다고 할 것이나, 그렇다고 하여 특별한 사정이 없는 한 별소로 계속 중인 채권을 자동채권으로 하는 소송상 상계의 주장이 허용되지 않는다고 볼 수는 없다.[43]

〈연습문제 3〉

甲 보험회사는 乙에게 1,000만 원의 보험금지급채무를 넘어서는 채무는 존재하지 아니함의 확인을 구하는 채무부존재확인소송을 제기하였다. 甲의 청구를 인용하거나 기각하는 판결의 기판력은 어디까지 미치는가?

[포인트]

1. 권리 또는 법률관계의 존부확인은 다툼 있는 범위에 대해서만 청구하면 되는 것이므로 채무자가 채권자 주장의 채무 중 일부의 채무가 있음을 인정하고 이를 초과하는 채무는 없다고 다투는 경우 채무자가 인정하는 채무 부분에 대해서는 그 존재에 대하여 다툼이 없으므로 확인의 이익이 없고 이를 초과하는 부분에 대해서만 채무자로서 채무부존재확인의 이익이 있다. 채무자의 채무부존재 확인청구가 채무자가 자인하는 금액을 제외하는 나머지 채무의 부존재확인을 구하는 것이라면, 이 같은 소극적 확인소송에 있어서 그 부존재확인을 구하는 목적인 법률관계가 가분하고 또 분량적으로 그 일부만이 존재하는 경우에는 그 청구전부를 기각할 것이 아니고 그 존재하는 법률관계의 부분에 대하여 일부 패소의 판결을 하여야 한다.[44]

2. 일정액을 초과하는 채무의 부존재확인소송에서도 소송물은 당해 채무전액으로부터 원고가 자인한 금액을 공제한 잔액채무가 될 것이고, 기판력도 원고가 자인하는 채무의 존부에는 미치지 않는다.[45]

3. 위 사례에서 甲의 청구가 전부 인용된 확정판결의 기판력은 보험금채무 중 1,000만 원을 넘어서는 존재하지 아니한다는 부분에만 미치고, 1,000만 원의 존부에는 미치지 않으며, 갑의 청구가 전부 기각된 확정판결의 기판력도 위 보험금채무 중 1,000만 원을 초과하여 존재한다는 점에 대해서만 미치고, 1,000만 원의 존부에는 미치지 않는다.

---

43) 대법원 2001. 4. 27. 선고 2000다4050 판결.
44) 대법원 1983. 6. 14. 선고 83다카37 판결.
45) 한승, 전게논문, p.495 참조.

제8장 각종 항변의 소송상 취급

Ⅰ. 소송상 항변

1. 항변의 의의

가. 피고가 원고의 청구를 배척하기 위하여 소송상 또는 실체상의 이유를 들어 적극적인 방어를 하는 것을 항변이라 한다. 소송법상의 항변은 소송절차에 관한 항변인 소송상의 항변(실체법상의 효과에 관계없는 항변)과 청구기각을 목적으로 하는 실체관계에 관한 본안의 항변[1]으로 나누어지고, 소송상의 항변은 본안 전 항변(妨訴抗辯)[2]과 증거항변[3]으로 나누어진다.

나. 이하에서 소송실무상 많이 제출되는 본안 전 항변과 본안의 항변 중 동시이행의 항변, 상계항변, 변제항변, 소멸시효항변 등을 중심으로 이들 항변에 관한 소송절차상의 쟁점을 살펴보기로 한다.

2. 본안 전 항변[4]

가. 당사자능력의 흠결

(1) 자연인: 태아나 死者, 虛無人 등의 경우에는 당사자능력이 없어 소가 각하된다.

(2) 법인: 법인의 기관이나 조직, 내부부서(국회, 학교장, 읍·면 등)는 당사자능력이 없으므로 소가 각하된다. 청산종결등기가 있어도 청산사무가 종결되기 전까지는 당사자능력이 있다.

(3) 비법인사단: 종중, 교회, 설립 중의 회사와 같은 비법인사단은 당사자능력이 있으나, 다른 단체의

---

1) 원고의 청구를 배척하기 위하여 원고주장사실이 진실임을 전제로 하여 이와 양립 가능한 별개의 사항에 대해 피고가 하는 사실상의 주장을 말한다. 상세는 이시윤, p.357 이하 참조.
2) 원고가 제기한 소에 소송요건의 흠이 있다는 이유로 부적법 각하를 구하는 피고의 주장이다.
3) 상대방의 증거신청에 대하여 부적법 등의 사유로 각하를 구하는 신청을 말한다. 증거의 채부와 증명력의 판단은 법원의 자유심증에 맡겨져 있으므로 증거항변은 엄격한 의미의 항변이라고 할 수는 없다.
4) 본안 전 항변이 있는 경우 반드시 판단해야 한다.

하부조직 또는 내부조직에 불과한 단체는 당사자능력이 없다.

(4) 비법인재단: 장학회, 보육원 등 비법인재단은 당사자능력이 있으나, 학교는 당사자능력이 없다.

나. 당사자적격의 흠결

(1) 이행의 소

주장 자체로 당사자적격이 가려진다. 이행청구권이 있음을 주장하는 자가 원고적격을 가지고 그로부터 이행의무자로 주장된 자가 피고적격을 가지고 실제로 이행청구권자나 의무자일 것을 요하지 않는다. 본 안심리 후 이행청구권자나 의무자가 아님이 판명되면 청구기각판결을 하고 소각하판결을 해서는 안 된다. 그러나 다음과 같은 예외가 있다.

① 채권에 대한 압류 및 추심명령이 있으면 제3채무자에 대한 이행의 소는 추심채권자만이 제기할 수 있고 채무자는 피압류채권에 대한 이행소송을 제기할 당사자적격을 상실한다.5) → 소각하

② 등기의무자나 등기상 이해관계 있는 제3자 아닌 자를 상대로 한 등기말소청구의 소는 피고적격이 없는 자를 상대로 부적법한 소이다.6) → 소각하

③ 근저당권설정등기의 말소등기청구는 양수인만을 상대로 하면 족하고 양도인은 그 말소등기청구에 있어서 피고 적격이 없다.7) → 소각하

④ 불법하게 말소된 것을 이유로 한 근저당권설정등기 회복등기 청구를 그 등기말소 당시의 소유자를 상대로 하지 않고 현재의 소유자를 상대로 한 경우 → 소각하

⑤ 합유자 중의 일부가 사망한 경우 사망한 합유자의 상속인들을 상대로 하여 합유등기의 말소를 청구하는 소는 당사자적격이 없는 자를 상대로 한 부적법한 소이다.8) → 소각하

(2) 확인의 소

① 단체 내부분쟁의 일종인 단체의 대표자선출결의 무효 또는 부존재확인의 소에서 피고를 단체로 하지 않고 결의에 의하여 선출된 개인을 피고로 함은 부적법 각하된다.9)

---

5) 대법원 2010. 8. 19. 선고 2009다70067 판결; 대법원 2000. 4. 11. 선고 99다23888 판결 등 참조. 다만 채권압류 및 전부명령이 있는 경우에는 실체법상의 청구권이 이전되었기 때문에 청구기각사유가 된다. 가압류가 있는 것만으로는 청구기각사유가 될 수 없고, 소유권이전등기청구권이 가압류된 경우에는 가압류의 해제를 조건으로 이전등기를 명한다.

6) 대법원 1994. 2. 25. 선고 93다39225 판결: 등기의무자, 즉 등기부상의 형식상 그 등기에 의하여 권리를 상실하거나 기타 불이익을 받을 자(등기명의인이거나 그 포괄승계인)가 아닌 자를 상대로 한 등기의 말소절차이행을 구하는 소는 당사자적격이 없는 자를 상대로 한 부적법한 소이다.

7) 근저당권의 이전이 전부명령 확정에 따라 이루어졌다고 하여 이와 달리 보아야 하는 것은 아니다(대법원 2000. 4. 11. 선고 2000다5640 판결 참조). 다만, 근저당권설정자 또는 그로부터 소유권을 이전받은 제3취득자는 피담보채무가 소멸된 경우 또는 근저당권설정등기가 당초부터 원인무효인 경우 등에 근저당권의 현재의 명의인인 양수인을 상대로 주등기인 근저당권설정등기의 말소를 구할 수 있으나, 근저당권자로부터 양수인 앞으로의 근저당권 이전이 무효라는 사유를 내세워 양수인을 상대로 근저당권설정등기의 말소를 구할 수는 없다(대법원 2003. 4. 11. 선고 2003다5016 판결).

8) 대법원 1994. 2. 25. 선고 93다39225 판결. 합유자 사이에 특별한 약정이 없는 한, 사망한 합유자의 상속인은 합유자로서의 지위를 승계하는 것이 아니다.

② 미등기건물의 경우 국가를 상대로 소유권확인을 구할 이익이 없다. → 부적법 각하

③ 토지대장이나 임야대장상 소유자로 등록되어 있는 자가 있는 경우 국가를 상대로 소유권확인을 구할 이익이 없다. → 부적법 각하

④ 절대적 불확지 공탁의 경우 국가를 상대로 공탁금출급청구권의 확인을 구할 수 있다.[10][11]

(3) 형성의 소[12]

① 주주총회결의취소소송에서 주주, 이사, 감사 아닌 자의 소의 제기 → 청구기각(원고적격의 흠결)

② 주주총회결의취소소송에서 회사 아닌 자에 대한 소의 제기는 부적법 → 소각하(피고적격의 흠결)

③ 사해행위취소소송에서 채무자 아닌 자에 대한 소의 제기 → 소각하(피고적격의 흠결)

④ 상호 명의신탁에서 그중 1인의 공유물분할청구를 한 경우 → 청구기각(원고적격의 흠결)

(4) 고유필수적 공동소송: 매매예약완결권을 준공유하는 경우[13]

---

9) 다만 위 소를 본안으로 한 직무집행정지가처분신청사건에서 회사를 피신청인으로 하는 것은 피고적격이 없는 자를 상대로 한 것으로 부적법 각하된다.

10) 대법원 1997. 10. 16. 선고 96다11747 전원합의체 판결: 기업자가 보상금 수령권자의 절대적 불확지를 이유로 수용보상금을 공탁한 경우 자기가 진정한 보상금 수령권자라고 주장하는 자의 입장에서 보면 기업자가 적극적으로 그에게 공탁금출급청구권이 없다고 '부인'하지는 아니하고 단순히 '부지'라고 주장하더라도 이는 보상금 수령권자의 지위를 다툰 것이고 언제 다른 사람이 진정한 권리자라고 주장함에 대하여 기업자가 이를 긍정할지 알 수 없는 것이므로 그 법률상의 지위에 불안·위험이 현존하는 것으로 보아야 할 것이고, 또한 공탁제도상으로도 수용 토지의 원소유자가 기업자를 상대로 절대적 불확지의 공탁이 된 공탁금에 대한 출급청구권이 자신에게 귀속되었다는 확인판결을 받아 그 판결이 확정되면 그 확정판결 정본은 공탁사무처리규칙 제30조 제2호에 정한 '출급청구권을 갖는 것을 증명하는 서면'에 해당하여 수용 토지의 원소유자는 위 판결 정본을 공탁금출급청구서에 첨부하여 공탁소에 제출함으로써 공탁금을 출급받을 수 있으므로, 수용 토지의 원소유자가 기업자를 상대로 하는 공탁금출급청구권 확인의 소는 절대적 불확지공탁의 공탁금 출급을 둘러싼 법적 분쟁을 해결하는 유효적절한 수단이어서 그 확인의 이익이 있다.

11) 대법원 2007. 2. 9. 선고 2006다68650, 68667 판결: 보상금을 받을 자가 주소불명으로 인하여 그 보상금을 수령할 수 없는 때에 해당함을 이유로 하여 공익사업을 위한 토지 등의 취득 및 보상에 관한 법률 제40조 제2항 제1호의 규정에 따라 사업시행자가 보상금을 공탁한 경우에 있어서는, 변제공탁제도가 본질적으로는 사인 간의 법률관계를 조정하기 위한 것이라는 점, 공탁공무원은 형식적 심사권을 가질 뿐이므로 피공탁자와 정당한 보상금수령권자라고 주장하는 자 사이의 동일성 등에 관하여 종국적인 판단을 할 수 없고, 이는 공탁공무원의 처분에 대한 이의나 그에 대한 불복을 통해서도 해결될 수 없는 점, 누가 정당한 공탁금수령권자인지는 공탁자가 가장 잘 알고 있는 것으로 볼 것인 점, 피공탁자 또는 정당한 공탁금수령권자라고 하더라도 직접 국가를 상대로 하여 민사소송으로써 그 공탁금의 지급을 구하는 것은 원칙적으로 허용되지 아니하는 점 등에 비추어 볼 때, 정당한 공탁금수령권자이면서도 공탁공무원으로부터 공탁금의 출급을 거부당한 자는 그 법률상 지위의 불안·위험을 제거하기 위하여 공탁자인 사업시행자를 상대방으로 하여 그 공탁금출급권의 확인을 구하는 소송을 제기할 이익이 있다.

12) 비법인사단의 총회결의취소의 소 또는 조합의 이사해임 취소의 소와 같이 법률에 규정이 없는 유형의 형성의 소를 제기한 경우 부적법 각하된다.

13) 대법원 1984. 6. 12. 선고 83다카2282 판결: 한 사람의 채무자에 대한 복수채권자의 채권을 담보하기 위하여 그 복수채권자와 채무자가 채무자소유의 부동산에 관하여 복수채권자를 공동의 권리자로 하는 매매예약을 체결하고 그에 따른 소유권이전등기 청구권보전의 가등기를 한 경우 복수채권자는 매매예약 완결권을 준공유하는 관계에 있다고 해석할 것이다. 그리하여 매매예약 완결권의 행사 즉 채무자에 대한 매매예약 완결의 의사표시 및 이에 따른 목적물의 소유권이전의 본등기를 구하는 소의 제기는 매매예약 완결권의 처분행위라 할 것이므로 보존행위로서 복수채권자의 전부 아닌 몇 사람만으로서는 이를 할 수 없다고 본다. 따라서 매매예약 완결의 의사표시 자체는 채무자에 대하여 복수채권자 전원에 의하여 공동으로 행사되어야 하며 채권자가 채무자에 대하여 예약이 완결된 매매목적물의 소유권이전의 본등기절차를 구하는 소는 필요적 공동소송으로서 매매예약 완결권을 준공유하고 있던 복수채권자 전원이 제기하여야 할 것이다.

(5) **제3자의 소송담당**: 채권자대위소송에서 피보전채권이 존재하지 않는 경우 당사자적격의 흠결 →
부적법 각하

다. 소의 이익 흠결(소송물에 관한 소송요건의 흠)

(1) 법률에 규정이 없는 형성의 소
비법인사단의 총회결의취소의 소 또는 조합의 이사해임 취소의 소와 같이 법률에 규정이 없는 유형의
형성의 소를 제기한 경우 → 부적법 각하

(2) 채권자대위소송
① 채권자대위소송 제기 후 채무자가 제기한 소가 후소에 해당하는 경우 채무자의 지·부지를 불문하
고 중복 소제기에 해당 → 부적법 각하
② 채무자가 제3채무자를 상대로 본래 이행의 소를 제기한 후 채권자가 제3채무자를 상대로 채권자대
위소송을 제기한 경우 → 부적법 각하
③ 채권자대위소송 계속 중 다른 채권자가 채권자대위소송을 제기한 경우 → 부적법 각하
④ 채권자대위소송에서 채무자가 대위소송 제기사실을 안 이상 그 대위소송의 제1심판결 후 항소심에
서 소가 취하된 후 채무자가 제기한 소 → 부적법 각하

(3) 기판력
① 확정판결이 원고승소판결인 경우 동일 내용으로 제기된 신소 → 권리보호의 이익이 없어 각하
② 확정판결이 원고패소판결의 경우 → 각하가 아니고 기각
③ 승소확정판결을 받은 원고가 변론종결 후의 목적물 승계인을 상대로 제기한 소 → 권리보호의 이익
이 없어 각하

(4) 등기상 이해관계 있는 제3자의 승낙의 의사표시: 원인무효의 이전등기가 있은 후 이에 터 잡아 가
압류 내지 가처분등기가 마쳐진 경우 원래의 소유자가 현재의 가압류, 가처분권리자를 상대로 가압
류나 가처분의 말소를 구한 경우 → 소의 이익이 없어 각하[14)

(5) 장래이행판결: 미리 청구할 필요가 인정되지 않을 경우 → 소의 이익이 없어 각하
① 공유물분할판결이 확정되기 전에 공유물이 분할될 것을 전제로 한 소유권이전등기청구의 소나 소유
권확인의 소 → 미리 청구할 필요가 없어 각하

---

14) 이 경우에는 가압류권자나 가처분권자에게 승낙의 의사표시를 구해야 한다.

② 공유물분할청구에 병합된 분필등기 내지 지분이전등기청구의 소 → 소의 이익이 없어 각하

③ 지명채권양도의 대항요건을 갖추지 못한 채권양수인이 채무자를 상대로 '채권양도인으로부터 양도 통지를 받은 대음에 채무를 이행하라'는 소 → 미리 청구할 필요가 없어 각하

(6) 확인의 이익

① 근저당권설정등기말소청구의 소와 채무부존재확인의 소를 병합하여 제기한 경우 → 후소는 확인의 이익이 없어 각하

② 대여금청구의 본소에 대하여 채무부존재확인의 반소를 제기한 경우 → 반소는 소인의 이익이 없어 각하

③ 보험금채무부존재확인의 본소에 대하여 보험금청구의 반소를 제기한 경우 → 본소는 적법

3. 본안의 항변

사례 1

甲이 乙을 상대로 대여금 1,000만 원의 지급을 구하는 소를 제기하자, 乙이 다음과 같은 답변을 하는 경우 어떠한 차이가 있는가?
(1) 乙은 甲으로부터 돈을 빌린 사실이 없다.
(2) 甲으로부터 돈을 받았으나, 빌린 것이 아니라 증여로 받은 것이다.
(3) 乙은 甲으로부터 빌린 돈의 원금과 이자를 변제하였다.

[요점]

대여금청구의 요건사실은 금전소비대차계약의 성립사실이다. 甲은 권리발생사실로서 금전소비대차계약의 성립사실을 주장·증명하여야 한다.

(1)은 직접부인(단순부인)으로 甲이 금전대여사실에 대해서는 증명책임을 진다.

(2)는 甲의 대여사실 자체를 부정하는 간접부인(적극부인)으로 이 경우에도 甲이 금전대여사실에 대한 증명책임을 부담한다. 부인의 경우에는 판결이유에서 따로 설시할 필요가 없고, 원고의 청구원인에 관한 판단에서 함께 설시하면 된다. 이 사례에서 증여사실에 대해서는 판단할 필요가 없고 이 부분 설시가 없어도 판단유탈이 되지 않는다.

(3)은 甲의 금전대여사실은 인정하면서 이와 양립되는 별개의 사실은 변제사실을 주장하는 본안의 항변이다. 이 경우 금전대여사실에 대해서는 자백이 성립하여 甲의 증명책임은 면제되고 乙이 항변사실에 대하여 증명책임을 진다. 항변의 경우에는 판결이유에서 별도로 판단해야 하고, 이를 누락한 경우 판단유탈이 되고, 상소·재심사유가 된다.

II. 변제(충당)항변

1. 변제항변

가. 변제항변

(1) 채무자의 변제로 채권은 소멸한다. 여기서의 변제는 채무자의 임의변제뿐만 아니라 담보권실행이나 강제집행에 의한 변제도 포함된다. 변제사실은 채무자가 증명해야 한다.[15]

(2) 채무변제와 영수증교부의무는 동시이행관계에 있으나, 채권증서반환청구권은 채권 전부를 변제한 경우에만 인정된다.

사례 2

甲은 乙을 상대로 1,000만 원의 대여금청구의 소를 제기하였다.

(1) 乙은 위 소송에서 甲에 대하여 가지는 1,000만 원의 매매대금채권과 상계한다는 의사표시를 하고 甲을 상대로 1,000만 원의 매매대금청구의 반소나 별소를 제기할 수 있는가?

(2) 乙이 위 소송에서 예비적으로 변제항변과 소멸시효항변을 한 경우 법원의 판단순서는 어떻게 되는가?

나. 채권의 준점유자에 대한 변제

(1) 민법 제470조에 정하여진 채권의 준점유자라 함은, 변제자의 입장에서 볼 때 일반의 거래관념상 채권을 행사할 정당한 권한을 가진 것으로 믿을 만한 외관을 가지는 사람을 말하므로 준점유자가 스스로 채권자라고 하여 채권을 행사하는 경우뿐만 아니라 채권자의 대리인이라고 하면서 채권을 행사하는 때에도 채권의 준점유자에 해당한다.[16]

(2) 채권의 준점유자에 대한 변제는 변제자가 선의이며 과실이 없는 때에는 채권을 소멸시키는 효력이 있고, 여기서 채권의 준점유자라 함은 변제자의 입장에서 볼 때 일반의 거래관념상 채권을 행사할 정당한 권한을 가진 것으로 믿을 만한 외관을 가지는 자를 의미하는 것이며, 가압류로 인하여 채권의

---

15) 대법원 1972. 5. 30. 선고 72다393 판결: 피고의 변제항변에 대하여 입증촉구도 하지 않고 결심하여 판결을 선고한 것은 심리미진의 위법이 있다.

16) 대법원 2004. 4. 23. 선고 2004다5389 판결: 예금주의 대리인이라고 주장하는 자가 예금주의 통장과 인감을 소지하고 예금반환청구를 한 경우, 은행이 예금청구서에 나타난 인영과 비밀번호를 신고된 것과 대조 확인하는 외에 주민등록증을 통하여 예금주와 청구인의 호주가 동일인이라는 점까지 확인하여 예금을 지급하였다면 이는 채권의 준점유자에 대한 변제로서 유효하다고 한 사례.

추심, 기타 처분행위에 제한을 받다가 가압류를 취소하는 가집행선고부 판결을 선고받아 다시 채권을 제한 없이 행사할 수 있을 듯한 외관을 가지게 된 채권자 또한 채권의 준점유자로 볼 수 있다.[17]

2. 변제충당항변

가. 변제충당의 순서

(1) 채무자가 채무의 전액에 미치지 못하는 변제를 하였을 경우 어떠한 채무가 어떠한 비율로 소멸한 것으로 볼 것인가 하는 문제가 변제충당의 문제이다.

(2) 민법은 제1차적으로는 변제자가 이를 지정할 수 있고, 변제자가 지정을 하지 아니하면 변제받는 자가 지정할 수 있으며[**지정충당**](제476조), 당사자가 이러한 지정을 하지 않는 경우에는 민법이 정한 순서에 따라 충당된다[**법정충당**](제477조). 또한 비용, 이자 및 원본의 관계에 있어서는 비용, 이자, 원본의 순서로 변제에 충당된다(제479조).

(3) 그러나 당사자 사이에 변제충당에 관한 약정 내지 합의가 있는 경우[**합의충당**]에는 민법규정에 관계없이 제1차적으로 이러한 변제충당에 관한 약정이 적용되고, 실제로 금융기관의 여신거래기본약관에서는 변제 등의 충당지정에 관한 상세한 규정을 두고 있다.

(4) 합의충당이나 지정충당이 있었다는 사실은 이를 주장하는 자가 증명하여야 하며, 이를 증명하지 못한 때에는 역시 법정충당의 방법에 의하게 된다. 채무자가 아닌 제3자가 변제를 한 경우에는 제3자가 충당약정을 승인하지 않는 이상 제3자는 이 약정에 구속을 받는 것은 아니므로 민법의 규정에 의한 변제충당이 이루어진다.

(5) 판례[18]는 강제경매나 담보권실행을 위한 경매의 경우에는 임의변제의 경우와 달리 협의에 의한 변제충당의 지정이나 지정 변제충당은 허용될 수 없고 획일적으로 가장 공평 타당한 충당방법인 민법 제477조의 규정에 의한 법정 변제충당의 방법에 따라 충당을 하여야 할 것이라고 한다.[19]

---

17) 대법원 2003. 7. 22. 선고 2003다24598 판결.
18) 대법원 2000. 12. 8. 선고 2000다51339 판결: 담보권 실행을 위한 경매에서 배당된 배당금이 담보권자가 가지는 수 개의 피담보채권 전부를 소멸시키기에 부족한 경우에는 민법 제476조에 의한 지정변제충당은 허용될 수 없고, 채권자와 채무자 사이에 변제충당에 관한 합의가 있었다고 하여 그 합의에 따른 변제충당도 허용될 수 없으며, 획일적으로 가장 공평 타당한 충당방법인 민법 제477조 및 제479조의 규정에 의한 법정변제충당의 방법에 따라 충당하여야 하는 것이고, 이러한 법정변제충당은 이자 혹은 지연손해금과 원본 간에는 이자 혹은 지연손해금과 원본의 순으로 이루어지고, 원본 상호 간에는 그 이행기의 도래 여부와 도래 시기, 그리고 이율의 고저와 같은 변제이익의 다과에 따라 순차적으로 이루어지나, 다만 그 이행기나 변제이익의 다과에 있어 아무런 차등이 없을 경우에는 각 원본 채무액에 비례하여 안분하게 되는 것이다.
19) 이에 대해서는 강제경매이거나 임의경매이거나 법정충당 이외에 지정충당 등도 허용되어야 한다는 비판이 있다.

나. 합의충당

(1) 변제충당에 관한 민법 제476조 내지 제479조의 규정은 임의규정이므로 변제자와 변제받는 자 사이에 위 규정과 다른 약정이 있다면 그 약정에 따라 변제충당의 효력이 발생하고, 위 규정과 다른 약정이 없는 경우에 변제의 제공이 그 채무 전부를 소멸하게 하지 못하는 때에는 민법 제476조의 지정변제충당에 의하여 변제충당의 효력이 발생하고 보충적으로 민법 제477조의 법정변제충당의 순서에 따라 변제충당의 효력이 발생한다.[20]

(2) 다수의 채무 중 보증인에 의하여 담보되고 있는 채무와 그렇지 않은 채무가 있는 경우에, 채권자와 채무자가 충당의 합의를 함에 있어서 보증인이 있는 채무를 반드시 먼저 변제하여야 한다고 볼 근거가 없고, 계약자유의 원칙에 의하여 채권자와 채무자는 제공된 급부를 어느 채무에 어떤 방법으로 충당할 것인가를 결정할 수 있으며, 다만 그러한 충당이 보증인에게 현저히 부당하고 신의칙에 반하는 때에는 합의충당의 효력이 부정된다.[21]

(3) 묵시적 합의충당도 있을 수 있다.[22]

(4) 변제수령자가 합의충당을 주장할 경우 타 채권의 존재와 변제충당합의의 존재를 증명하여야 한다. 변제자는 재항변으로 합의의 무효와 변제자의 지정충당사실을 주장할 수 있다.

다. 지정충당

(1) 변제자의 지정권 행사(민법 제476조 제1항)

(2) 변제수령자의 시정권 행사(민법 제476조 제2항)

(3) 지정충당에 대한 제한(민법 제479조): 비용, 이자, 원본의 순서로 충당(변경불가)

라. 법정충당

(1) 변제기의 도래(민법 제477조 제1호)

(2) 변제이익(민법 제477조 제2호)

① 변제자가 주 채무자인 경우, 보증인이 있는 채무와 보증인이 없는 채무 사이에 변제이익의 점에서 차이가 없다고 보아야 하므로, 보증기간 중의 채무와 보증기간 종료 후의 채무 사이에서는 변제이익

---

20) 대법원 2010. 3. 10. 자 2009마1942 결정.
21) 대법원 2010. 10. 28. 선고 2010다55187 판결.
22) 대법원 1990. 11. 9. 선고 90다카7262 판결: 비용, 이자, 원본에 대한 변제충당의 순서는 민법 제479조에 법정되어 있으므로 당사자 사이에 그와 다른 특별한 합의가 있었다거나 일방의 지정에 대하여 상대방이 지체 없이 이의를 제기하지 아니함으로써 표시적 합의가 되었다고 보이는 경우 등 특단의 사정이 없는 한 위의 법정순서에 의하여 변제충당이 이루어져야 하는 것이며, 채무자는 물론 채권자라 할지라도 그와 다르게 일방적으로 충당의 순서를 지정할 수 없다.

의 점에서 차이가 없고, 따라서 주 채무자가 변제한 금원은 이행기가 먼저 도래한 채무부터 법정변제충당하여야 한다.[23]

② 법정변제충당을 위한 변제이익은 변제자를 기준으로 판단하여야 할 것이고, 주 채무자 이외의 자가 변제자인 경우에는, 변제자가 발행 또는 배서한 어음에 의하여 담보되는 채무가 다른 채무보다 변제이익이 많다고 보아야 할 것이고, 주 채무자가 변제자인 경우에는, 담보로 제3자가 발행 또는 배서한 약속어음이 교부된 채무와 다른 채무 사이에 변제이익의 점에서 차이가 없다고 보아야 할 것이나 담보로 주 채무자 자신이 발행 또는 배서한 어음이 교부된 채무는 다른 채무보다 변제이익이 많은 것으로 보아야 할 것이다. 또 법정변제충당의 순위를 정함에 있어서 변제의 유예가 있는 채무에 대해서는 유예기까지 변제기가 도래하지 않은 것과 같게 보아야 할 것이다.[24]

③ 특별한 사정이 없는 한, 변제자가 타인의 채무에 대한 보증인으로서 부담하는 보증채무(연대보증채무도 포함)는 변제자 자신의 채무에 비하여, 연대채무는 단순채무에 비하여, 각각 변제자에게 그 변제의 이익이 적다.[25]

(3) 이행기가 먼저 도래하였거나 도래할 채무(민법 제477조 제3호)

(4) 안분비례(민법 제477조 제4호)

사례 3

甲은 乙에게 대여금 1,000만 원의 지급을 구하였다. 乙이 위 금원의 변제를 주장하자, 甲은 위 금원의 수령을 인정하면서 위 금원은 甲의 乙에 대한 매매대금채권이 변제된 것이라고 다투는 경우 주장·증명책임의 소재는? 甲의 대여금청구에 대하여 乙이 위 금원의 수령사실은 인정하나, 대여금이 아니라 乙의 甲에 대한 물품대금의 변제조로 수령하였다고 주장하는 경우는 어떠한가?

III. 상계항변

1. 상계의 의의 및 기능

가. 의의

상계라 함은 채권자와 채무자가 서로 상대방에 대하여 동종의 채권을 가지고 있는 경우에 그 채권을

---

23) 대법원 1999. 8. 24. 선고 99다26481 판결.
24) 대법원 1999. 8. 24. 선고 99다22281,22298 판결.
25) 대법원 1999. 7. 9. 선고 98다55543 판결.

대등액에 있어서 소멸시키는 채무자의 일방적 의사표시를 말한다(민법 제492조 제1항). 예컨대 채권자 甲이 채무자 乙에게 1,000만 원의 대여금채권을 가지고 있고, 乙이 甲에 대하여 2,000만 원의 물품대금채권이 있는데 양 채권이 모두 변제기에 있는 경우 甲은 일방적으로 상계의 의사표시를 함으로써 자신의 乙에 대한 채권이 1,000만 원의 범위에서 소멸되는 반면으로 자신의 乙에 대한 물품대금채무도 그 범위에서 소멸되는 것이다. 위와 같이 상계의 의사표시를 하는 당사자가 가지는 채권을 자동채권(능동채권), 상대방이 가지는 채권을 수동채권[26]이라고 한다.

나. 기능

상계는 제1차적으로 간이한 변제수단으로서의 기능을 하고 있으나, 금융거래의 실제에 있어서는 상계의 의사표시를 하는 채권자가 상계의 자동채권에 관하여 다른 강제집행 등의 수단에 의존하지 않고서도 바로 자신의 채무소멸이라는 형태로 만족을 얻음으로써 결과적으로 우선변제를 받는 이른바 상계의 담보적 기능이 중요한 의미를 가지고 있다. 그러나 상계의 담보적 기능도 압류채권자나 채권양수인의 정당한 이익을 고려하여야 한다.

다. 요건

상계를 하기 위해서는 동종의 채권이 서로 대립하고 있을 것, 양 채권이 전부 변제기에 있을 것,[27] 채권의 성질상 상계가 허용되는 것일 것 등의 요건이 필요하다. 이를 상계적상(相計適狀)이라고 한다. 상계적상에 있는 채무자가 채권자에게 상계의 의사표시를 하면 그로 인한 채권소멸의 효과는 상계할 수 있는 때로 소급한다.

사례 4

甲이 乙의 부도로 인하여 乙이 발행한 약속어음의 가치가 현저하게 하락된 사정을 잘 알면서 오로지 자신이 乙에 대하여 부담하는 임대차보증금반환채무와 상계할 목적으로 乙이 발행한 약속어음 20장을 액면가의 40%에도 미치지 못하는 가격으로 할인·취득하고, 그 약속어음채권을 자동채권으로 하여 상계할 수 있는가?

---

26) 반대채권이라고도 하나 반대채권은 각자의 입장에서 상대방에 대하여 가지는 채권을 말한다. 甲의 입장에서는 乙의 물품대금채권이 반대채권이고, 乙의 입장에서는 甲의 대여금채권이 반대채권이 된다.

27) 자동채권은 반드시 변제기가 도래하여야 하나, 수동채권은 아직 변제기에 도달하지 않았어도 채무자는 기한의 이익을 포기하고 상계를 할 수 있다.

> **[대법원 2003. 4. 11. 선고 2002다59481 판결]**
> 일반적으로 당사자 사이에 상계적상이 있는 채권이 병존하고 있는 경우에는 이를 상계할 수 있는 것이 원칙
> 이고, 이러한 상계의 대상이 되는 채권은 상대방과 사이에서 직접 발생한 채권에 한하는 것이 아니라 제3자
> 로부터 양수 등을 원인으로 하여 취득한 채권도 포함한다 할 것인바, 이러한 상계권자의 지위가 법률상 보호
> 를 받는 것은 원래 상계제도가 서로 대립하는 채권, 채무를 간이한 방법에 의하여 결제함으로써 양자의 채권
> 채무관계를 원활하고 공평하게 처리함을 목적으로 하고 있고, 상계권을 행사하려고 하는 자에 대해서는 수
> 동채권의 존재가 사실상 자동채권에 대한 담보로서의 기능을 하는 것이어서 그 담보적 기능에 대한 당사자
> 의 합리적 기대가 법적으로 보호받을 만한 가치가 있음에 근거하는 것이므로 당사자가 상계의 대상이 되는
> 채권이나 채무를 취득하게 된 목적과 경위, 상계권을 행사함에 이른 구체적·개별적 사정에 비추어 그것이
> 위와 같은 상계 제도의 목적이나 기능을 일탈하고, 법적으로 보호받을 만한 가치가 없는 경우에는 그 상계권
> 의 행사는 신의칙에 반하거나 상계에 관한 권리를 남용하는 것으로서 허용되지 않는다고 함이 상당하고, 상
> 계권 행사를 제한하는 위와 같은 근거에 비추어 볼 때 일반적인 권리 남용의 경우에 요구되는 주관적 요건
> 을 필요로 하는 것은 아니다.[28]

2. 상계항변의 요건사실과 재항변

가. 요건사실

(1) 자동채권의 존재사실

(2) 쌍방의 채무가 이행기에 있을 것

(3) 양 채권의 목적물이 동종인 사실

(4) 상계의 의사표시 및 그 도달사실

나. 재항변

(1) 상계금지의 특약 ← 선의의 제3자 재항변

(2) 상계의 금지와 제한 사유(성질에 의한 제한과 법률에 의한 제한[29])

---

28) 甲이 위 약속어음 채권을 취득한 목적과 경위, 그 대가로 지급한 금액, 상계권을 행사하게 된 위와 같은 사정에 비추어, 甲의
상계권 행사는 상계제도의 목적이나 기능을 일탈하는 것이고, 법적으로 보호받을 만한 대립하는 채권, 채무의 담보적 기능에
대한 정당한 기대가 없는 경우에 해당하여 신의칙에 반하거나 상계에 관한 권리를 남용하는 것으로서 허용되지 않는다고 판시
한 사례.

29) 수동채권이 고의의 불법행위로 인한 채권, 압류금지채권, 지급금지채권, 질권이 설정된 채권인 경우 등.

3. 상계의 금지와 제한

가. 항변권이 붙어 있는 자동채권에 의한 상계

(1) 항변권이 붙어 있는 채권을 자동채권으로 하는 상계는 허용되지 않는다. 항변권이 붙어 있는 채권을 자동채권으로 하여 다른 채무(수동채권)와의 상계를 허용한다면 상계자 일방의 의사표시에 의하여 상대방의 항변권 행사의 기회를 상실시키는 결과가 되므로 그러한 상계는 허용될 수 없다.[30]

(2) 금융기관이 예금자에 대하여 금원을 대출하면서 그 담보 목적으로 약속어음을 발행, 교부받았으나 이를 타인에게 배서, 양도한 경우, 금융기관으로서는 약속어음을 소지하고 있지 않는 한 그 원인관계에 있는 대출금 채권만을 분리하여 따로 행사할 수는 없으며, 이를 자동채권으로 하여 예금반환 채무와 상계할 수도 없다.[31]

(3) 자동채권에 항변권이 붙어 있다는 재항변에 대하여 채무자는 반대채무의 이행 또는 이행제공을 하였거나, 채권자가 그 항변권을 포기하였다는 재재항변을 할 수 있다.

나. 지급명령과 상계

(1) 지급을 금지하는 명령을 받은 제3채무자는 그 후에 취득한 채권에 의한 상계로 그 명령을 신청한 채권자에게 대항하지 못한다(민법 제498조). 여기서 지급을 금지하는 명령이란 민사집행법에 의한 압류나 가압류 또는 국세징수법에 의한 압류 등을 말한다.

(2) 판례는 가압류 명령을 받은 제3채무자가 가압류채무자에 대한 반대채권을 가지고 가압류채권자에게 상계로써 대항하기 위한 요건으로 가압류의 효력발생 당시에 양 채권이 상계적상에 있거나 반대채권이 압류 당시 변제기에 달하지 아니한 경우에는 피압류채권인 수동채권의 변제기와 동시에 또는 그보다 먼저 변제기에 도달하는 경우이어야 한다고 한다.[32][33]

---

30) 특히 수탁보증인이 주 채무자에 대하여 가지는 민법 제442조의 사전구상권에는 민법 제443조의 면책 및 담보제공청구권이 항변권으로 부착되어 있는 만큼 이를 자동채권으로 하는 상계는 허용될 수 없으며, 다만 민법 제443조는 임의규정으로서 주 채무자가 사전에 담보제공청구권의 항변권을 포기한 경우에는 보증인은 사전구상권을 자동채권으로 하여 주 채무자에 대한 채무와 상계할 수 있다(대법원 2004. 5. 28. 선고 2001다81245 판결). 다만 위와 같은 면책 및 담보제공청구권이 붙어 있는 사전구상권을 자동채권으로 한 상계는 허용되지 않지만 상계약정에 기한 상계는 허용된다.

31) 대법원 2001. 5. 8. 선고 2000다58880 판결.

32) 대법원 2003. 6. 27. 선고 2003다7623 판결: 채권가압류결정을 받은 제3채무자는 그 후에 취득한 채권에 의한 상계로 그 가압류채권자에게 대항하지 못하지만 수동채권이 가압류될 당시 자동채권과 수동채권이 상계적상에 있거나 자동채권의 변제기가 수동채권의 그것과 동시에 또는 그보다 먼저 도래하는 경우에는 제3채무자는 자동채권에 의한 상계로 가압류채권자에게 대항할 수 있다.

33) 이에 대해 지급금지명령이 있기 전에 취득한 채권이라면 양 채권의 변제기의 선후를 가리지 않고 압류 후에 상계적상에 이르면 제3채무자는 상계로서 대항할 수 있다는 무제한설이 있다.

[참고판례]

금전채권에 대한 압류 및 전부명령이 있는 때에는 압류된 채권은 동일성을 유지한 채로 압류채무자로부터 압류채권자에게 이전되고, 제3채무자는 채권이 압류되기 전에 압류채무자에게 대항할 수 있는 사유로써 압류채권자에게 대항할 수 있는 것이므로, 제3채무자의 압류채무자에 대한 자동채권이 수동채권인 피압류채권과 동시이행의 관계에 있는 경우에는, 압류명령이 제3채무자에게 송달되어 압류의 효력이 생긴 후에 자동채권이 발생하였다고 하더라도 제3채무자는 동시이행의 항변권을 주장할 수 있다. 이 경우에 자동채권이 발생한 기초가 되는 원인은 수동채권이 압류되기 전에 이미 성립하여 존재하고 있었던 것이므로, 그 자동채권은 민법 제498조의 '지급을 금지하는 명령을 받은 제3채무자가 그 후에 취득한 채권'에 해당하지 않는다고 봄이 상당하고, 제3채무자는 그 자동채권에 의한 상계로 압류채권자에게 대항할 수 있다.34)

다. 도산절차에 있어서의 상계

채무자 회생 및 파산에 관한 법률(「통합도산법」)에 따른 도산절차가 개시된 경우의 상계는 다른 경우와는 다른 특수성이 있다. 그 하나는 일반적으로는 상계가 허용되지 않는 경우에도 상계가 인정되는 반면(상계권의 확대), 다른 하나는 일반적으로는 상계가 허용되는 경우에도 도산절차가 개시되면 상계가 허용되지 않는 경우가 있다(상계의 제한).

라. 고의의 불법행위로 인한 채무를 수동채무로 하는 상계의 금지

(1) 채무가 고의의 불법행위로 인한 것인 때에는 그 채무자는 상계로 채권자에게 대항하지 못한다(민법 제496조). 과실의 불법행위로 인한 손해배상채권을 수동채권으로 상계하거나,35) 고의의 불법행위의 피해자가 그 손해배상채권을 자동채권으로 하여 상계하는 것은 허용된다.36)

(2) 그런데 판례는 은행의 피용자의 고의의 불법행위로 인한 은행의 사용자책임이 인정되는 사안에서, 은행이 이를 수동채무로 하여 대출금채무와 상계하려고 한 데 대하여 은행의 상계를 허용하지 않았다.37)

---

34) 대법원 2010. 3. 25. 선고 2007다35152 판결.
35) 판례는 민법 제496조로부터 중과실의 불법행위로 인한 손해배상채권을 수동채권으로 한 상계도 금지된다고 확장해석을 할 수는 없다고 한다. 대법원 1994. 8. 12. 선고 93다52808 판결.
36) 자동채권과 수동채권이 모두 고의의 불법행위로 인한 경우에도 상계할 수 없는 것으로 본다(통설).
37) 대법원 2006. 10. 26. 선고 2004다63019 판결: 민법 제756조에 의한 사용자의 손해배상책임은 피용자의 배상책임에 대한 대체적 책임이고, 민법 제756조 제1항에서 사용자가 피용자의 선임 및 그 사무감독에 상당한 주의를 한 때 또는 상당한 주의를 하여도 손해가 있을 경우에는 책임을 면할 수 있도록 규정함으로써 사용자책임에서의 사용자의 과실은 직접의 가해행위가 아닌 피용자의 선임·감독에 관련된 것으로 해석되는바, 이러한 점에 비추어 볼 때 피용자의 고의의 불법행위로 인하여 사용자책임이 성립하는 경우에도, 불법행위의 피해자에게 현실의 변제에 의하여 손해를 전보케 하려는 취지에서 규정된 민법 제496조의 적용을 배제하여야 할 이유는 없다고 할 것이므로, 사용자책임이 성립하는 경우 사용자는 자신의 고의의 불법행위가 아니라는 이유로 민법 제496조의 적용을 면할 수는 없다

마. 보험약관대출과 상계제한

(1) 생명보험계약이나 장기손해보험계약의 약관에 "보험계약자가 보험계약의 해약환급금의 범위 내에서 보험회사가 정한 방법에 따라 대출을 받을 수 있다"고 규정한 경우가 많다. 이와 같은 약관에 따른 대출계약을 편의상 '보험약관대출(계약)', '보험증권대출', '보험계약자대출'이라고 한다. 보험약관대출을 정하고 있는 약관에는 보험계약자가 그 대출 원리금을 언제든지 상환할 수 있고, 만약 상환하지 않는 동안에 보험금이나 해약환급금의 지급사유가 발생한 때에는 위 대출 원리금을 공제하고 나머지 금액만을 지급한다고 규정하고 있다.[38]

(2) 판례는 이른바 보험약관대출금의 법적 성격을 보험금이나 해약환급금을 미리 지급하는 선급금으로 파악하고, 따라서 생명보험계약의 해지로 인한 해약환급금과 보험약관대출금 사이에서는 상계의 법리가 적용되지 아니하므로 구 회사정리법상의 상계제한 규정은 적용될 여지가 없다고 한다.

사례

A 회사는 2000. 8. 4. B 생명보험 주식회사(이하 '피고'라 함)와 보험약관에 따라 저축성보험계약을 체결하고 피고에게 보험료 3억 원을 지급한 후 2000. 8. 7. 이 사건 보험약관 제26조에 따라 피고로부터 2억 원의 약관대출을 받았다. 그 후 A 회사에 대한 회사정리절차가 개시되자 피고는 정리채권 신고만료일이 지나 이 사건 보험계약을 해지하고 그 해약환급금 326,837,634원에서 약관대출원리금 241,044,219원과 소득세 4,434,150원을 공제한 잔액 81,359,265원만을 지급하였다. 이에 대하여 A 회사의 관리인은 위와 같은 공제는 구 회사정리법 제162조 제1항에 따라 상계가 가능한 정리채권신고만료일 이후에 이루어졌다는 이유로 무효라고 주장하면서 피고가 공제한 해약환급금의 지급을 구하는 소송을 제기하였다.

[대법원 전원합의체 2007. 9. 28. 선고 2005다15598 판결]

생명보험계약의 약관에 보험계약자는 보험계약의 해약환급금의 범위 내에서 보험회사가 정한 방법에 따라 대출을 받을 수 있고, 이에 따라 대출이 된 경우에 보험계약자는 그 대출 원리금을 언제든지 상환할 수 있으며, 만약 상환하지 아니한 동안에 보험금이나 해약환급금의 지급사유가 발생한 때에는 위 대출원리금을 공제하고 나머지 금액만을 지급한다는 취지로 규정되어 있다면, 그와 같은 약관에 따른 대출계약(이하 '보험약관대출계약')은 약관상의 의무의 이행으로 행하여지는 것으로서 보험계약과 별개의 독립된 계약이 아니라 보험계약과 일체를 이루는 하나의 계약이라고 보아야 하고, 보험약관대출금의 경제적 실질은 보험회사가 장차 지급하여야 할 보험금이나 해약환급금을 미리 지급하는 선급금과 같은 성격이라고 보아야 한다. 따라서 위와 같은 약관에서 비록 '대출'이라는 용어를 사용하고 있더라도 이는 일반적인 대출과는 달리 소비대차로서의 법적성격을 가지는 것은 아니며, 보험금이나 해약환급금에서 대출 원리금을 공제하고 지급한다는 것은

---

38) 상세는 오창수, "보험약관대출의 법적 성격", 『판례연구제22집(1)』, 서울지방변호사회(2008), p.167 이하 참조.

보험금이나 해약환급금의 선급금의 성격을 가지는 위 대출원리금을 제외한 나머지 금액만을 지급한다는 의미이므로 민법상의 상계와는 성격이 다르다. 이 사건 생명보험계약의 해지로 인한 해약환급금과 보험약관대출금 사이에서는 상계의 법리가 적용되지 아니하고, 피고는 생명보험계약 해지 당시의 보험약관대출원리금 상당의 선급금을 뺀 나머지 금액에 한하여 해약환급금으로서 반환할 의무가 있으므로, 이 사건 생명보험계약 이 해지되기 전에 피고에 관하여 구 회사정리법(2005. 3. 31. 법률 제7428호로 폐지되기 전의 것)에 의한 회사정리절차가 개시되어 정리채권신고기간이 만료되었다고 하더라도 구 회사정리법 제162조 제1항의 상계제한규정은 적용될 여지가 없다.

[평개]

보험약관대출은 말 그대로 보험금 또는 보험금해약환급금을 담보로 대출을 하는 것이고, 이러한 약관대출의 성격이 소비대차에 해당함을 부인할 수 없다. 보험계약자와 보험자 사이의 '대출약정'이라고 하는 계약서의 문언이나 당사자의 의사, 보험약관대출에 따라 이자가 발생하고, 보험계약자가 보험자에게 이자 및 연체이자를 지급해야 하는 점 등에 비추어 약관대출의 소비대차적 성격을 도외시할 수는 없다.

그러나 보험약관대출이 소비대차적 성격을 갖는다고 하더라도 약관대출이 보험계약과 별개로 존재하는 소비대차계약은 아니고, 약관대출계약은 보험계약에 내재하여 보험계약과 일체를 이루고 보험계약과 운명을 같이하는 계약으로 보아야 한다. 그러한 의미에서 보험약관대출의 성격을 복합적으로 파악하는 별개의견이 약관대출의 실제를 정확하게 포착한 것이다. 다수의견이 선급설을 따른 것은 보험계약자가 파산이나 회생절차에 들어가는 경우 도산법상의 상계제한규정의 적용을 회피하기 위한 의제적인 해석이라 할 것이다. 그러나 보험계약자가 파산이나 회생절차에 들어가는 특수한 상황을 염두에 두고 약관대출의 일반적이고 원칙적인 모습의 법적 성격을 규명함에 있어서 약관대출의 실제를 무시해서는 안 될 것이다.

이 사건에서 다수의견이나 별개의견 모두 생명보험계약이 해지되기 전에 보험계약자에 관하여 구 회사정리법에 의한 회사정리절차(현재는 회생절차)가 개시되어 정리채권신고기간이 만료되었는데, 이 경우에 구 회사정리법상의 상계제한 규정이 적용되지 않는다고 판시하였으나, 그 근거에 관해서는 견해가 대립한다. 다수의견은 보험약관대출계약을 보험계약과 일체로 파악하기 때문에, 생명보험계약의 해지로 인한 해약환급금과 보험약관대출금 사이에는 상계의 법리가 적용되지 않고, 생명보험회사는 보험계약 해지 당시의 약관대출원리금 상당의 선급금을 뺀 나머지 금액에 한하여 해약환급금으로서 반환할 의무가 있으므로 구 회사정리법상의 상계제한규정은 적용될 여지가 없다고 판시하여 이와 다른 취지의 견해를 밝힌 대법원 1997. 4. 8. 선고 96다51127 판결을 변경하였다. 그러나 별개의견은 보험약관대출계약과 보험계약을 비록 별개의 금전소비대차계약이라고 하면서도, 위 두 계약에 의한 약관대출계약과 보험계약은 그 성립, 존속, 양도, 변제, 소멸 등 모든 측면에서 강력한 견련관계를 지니고 있으므로 이로 인한 해약환급금과 보험약관대출금 사이의 상계에 관해서는 구 회사정리법상의 상계제한규정이 적용되지 아니한다고 판시하여 다수의견과 같은 결론에 이르고 있다.

이 사건 보험계약의 약관에서는 상계라는 용어를 사용하고 있지만, 약관대출차용증서에는 보험계약의 해지 등으로 보험계약이 종료되면 보험자는 아직 상환되지 않은 대출원리금을 보험약관에 따라 보험계약자에게 지급할 보험금 또는 해약환급금에서 '공제'하도록 규정하고 있다. 약관대출제도의 존재이유는 바로 해약환급금에 있다. 해약환급금이 없다면 약관대출도 있을 수 없다. 따라서 약관대출금에서 해약환급금을 분리하여 따로 양도하거나 해약환급금만을 따로 압류하는 것은 생각할 수 없다.

임대차계약에서 임대차보증금이 임차인의 연체차임이나 손해배상채무 등 임대차관계에 따른 임차인의 모든 채무를 담보하는 것으로 임대차관계의 종료 후 별도의 의사표시 없이 임대차보증금에서 연체차임 등을 당연히 공제하는 것처럼 보험관계의 종료 후 계약자의 별도의 의사표시 없이 해약환급금청구권에서 약관대출 원리금을 공제할 수 있는 것이다. 이는 약관대출계약이 보험계약과 공동운명체라는 강한 견련관계를 가지고 있고, 해약환급금이 바로 약관대출 원리금에 대한 담보로서의 성격을 가지고 있기 때문에 공익적 성격이 있는 도산법상의 상계제한 규정도 바로 적용될 수 없는 한계가 있다.

바. 상계권의 남용

(1) 개별적인 상계금지사유에는 해당하지 않으나 상계권의 행사가 심히 부당할 때에는 민법상의 권리남용금지원칙에 의하여 상계의 효력을 부인하는 것이 상계권의 남용이론인데 주로 사고신고담보금으로서 예탁된 별단예금의 반환채권을 수동채권으로 하는 상계의 경우에 문제 된다.

(2) 어음, 수표의 발행인이나 자기앞수표의 발행의뢰인이 그 어음에 대하여 분실, 도난, 피사취 등을 이유로 사고신고를 하는 경우에는 어음교환소의 규약에 의하여 반드시 사고신고담보금을 지급은행에 별단예금으로 예치하여야 하는데, 이러한 사고신고담보금은 어음발행인이 어음금 지급자금의 부족을 은폐하여 교환소의 거래정지처분을 면하기 위한 것이 아님을 보장하고 정당한 어음권리자로 판명된 자에게 어음금 지급을 담보함을 목적으로 한다. 이러한 사고신고담보금의 예치계약은 정당한 소지인을 수익자로 하는 제3자를 위한 계약으로서의 성질을 가진다.

(3) 판례는 은행이 이러한 사고신고담보금을 예치한 발행인에 대한 채권과 사고신고담보금 반환채무를 상계하는 것은 상계권의 남용으로 보고 있다.[39] 이러한 상계권 남용이론에 대하여 은행이 어음발행인에게 반대채권을 가지고 있다고 하더라도, 사고신고담보금은 상계의 대상이 되는 수동채권이 아니어서 은행은 상계를 할 여지가 없는 것이라는 주장도 있다.

---

39) 대법원 1998. 1. 23. 선고 97다37104 판결: 사고신고담보금은 어음 채무자가 지급은행에 하는 일종의 예금이기는 하지만 일반의 예금채권과는 달리 어음 발행인이 어음금 지급자금 부족을 은폐하고 거래정지처분을 면탈하기 위한 것이 아님을 보장하여 부도 제재 회피를 위한 사고 신고의 남용을 방지함과 아울러, 어음 소지인의 어음상의 권리가 확인되는 경우에는 당해 어음채권의 지급을 담보하려는 데 그 제도의 취지가 있으므로, 사고신고담보금을 예치받은 지급은행으로서는 어음 소지인이 정당한 어음상의 권리자임이 판명된 경우에는 언제든지 그의 지급 청구에 따라 사고신고담보금을 반환하는 것이 원칙이고, 어음 소지인이 정당한 권리자가 아니라고 판명되기도 전에 이를 어음 발행인에게 반환하거나 그에 대한 반대채권과 상계하는 것은 사고신고담보금을 별단예금으로 예치하게 한 취지에 어긋난다고 할 것이므로, 그 예금채권을 수동채권으로 한 지급은행의 상계는 정당한 어음상의 권리자임이 판명된 당해 어음 채권자에 대한 관계에서는 상계에 관한 권리를 남용하는 것으로서 무효이고, 이는 비록 어음 소지인이 약속어음의 지급제시일로부터 6개월 이내에 소송계속 중임을 입증하는 서면을 지급은행에 제출한 바가 없고, 지급은행이 상계 처리를 한 이후에 사고신고담보금의 지급을 청구하였다고 하여도 마찬가지이다.

4. 상계권의 행사

가. 상계의 의사표시

(1) 상계는 상대방에 대한 의사표시로 한다(민법 제439조 제1항). 수동채권과 자동채권이 대립하고 있다는 사실만으로 당연히 채권소멸의 효과가 생기는 것은 아니다.[40] 상계의 의사표시는 묵시적으로도 가능하고 재판상으로도 할 수 있다.[41]

(2) 은행여신거래기본약관은 채무자의 은행에 대한 제 예치금, 기타 채권이나 채무자가 제공한 담보재산에 가압류, 압류명령이 발송되거나, 어음교환소의 거래정지처분을 받거나(소위 부도) 은행에 대한 채무의 일부(이자)라도 그 이행을 지체하는 등으로 채무자의 신용이 위태로워지는 사정이 발생하면 채무자의 은행에 대한 모든 채무에 관하여 기한의 이익을 상실하고(제7조 제1항), 그 경우 은행은 채무자의 예치금 등 그의 은행에 대한 모든 채권을 그 기한 도래 여부에 불구하고 서면통지에 의하여 상계할 수 있으며(제9조 제1항), 이와 같이 상계할 수 있는 경우에는 사전의 통지와 소정의 절차를 생략하고 본인에 갈음하여 제 예치금의 환급을 받아서 채무의 변제에 충당할 수 있도록(제9조 제3항) 규정하고 있다. 이들 조항은 은행이 채무자에 대한 다른 채권자들에 대하여 우선하여 자신의 채권을 변제받기 위해 설정된 것으로 이른바 '상계의 예약'에 해당한다. 이러한 약관조항의 효력을 인정하면 그것은 실질적으로 채무자의 은행에 대한 예금반환채권 등은 전적으로 은행의 채권에 대한 특별담보가 되고, 채무자에 대한 다른 채권자들은 이를 자기 채권의 만족에 돌릴 수 없다는 결과가 된다. 그 이유는 채무자의 다른 채권자들이 예금반환채권을 압류하더라도 위 약관규정에 의하여 이미 압류명령의 '발송'에 의하여 채무자의 은행에 대한 대출금채무는 기한의 이익을 상실하여 상계적상이 발생하고, 따라서 그 후 압류명령이 제3채무자인 은행에 송달되더라도 은행은 상계(그 의사표시 자체는 압류 이후에 행하여지더라도 상관없다)에 의하여 압류채권자에게 대항할 수 있기 때문이다. 판례에 의하면 수동채권의 채권자인 예금주의 채권자가 예금채권을 압류한 경우, 나아가 전부명령까지 받은 경우에도 은행은 대출금채권 등을 자동채권으로 한 상계가 가능한 것이 된다.[42]

(3) 상계의 의사표시는 채무자(수동채권의 채권자)에게 하여야 하나, 수동채권이 양도된 경우에는 양수인에게, 수동채권이 제3자에 의하여 압류되고 아직 추심명령이나 전부명령이 내려지지 아니한 경우에는 채무자나 압류채권자 어느 쪽에 대하여 하더라도 무방하다. 전부명령까지 내려진 경우에는 수

---

40) 대법원 2000. 9. 8. 선고 99다6524 판결: 당사자 쌍방의 채무가 서로 상계적상에 있다 하더라도, 별도의 의사표시 없이도 상계된 것으로 한다는 특약이 없는 한, 그 자체만으로 상계로 인한 채무 소멸의 효력이 생기는 것은 아니고 상계의 의사표시를 기다려 비로소 상계로 인한 채무 소멸의 효력이 생긴다.
41) 채권자가 제기한 이행청구소송에서 채무자가 반대채권의 존재를 주장하고 이 채권만큼을 공제하여야 한다고 다툰 것은 상계의 주장을 한 것으로 본다(대법원 1980. 7. 8. 선고 80다118 판결).
42) 대법원 1987. 7. 7. 선고 86다카2762 판결: 동 1988. 2. 23. 선고 87다카472 판결.

동채권이 압류채권자에게 이전하므로 전부채권자가 상대방이 될 것이고, 추심명령이 내려진 경우에는 다툼이 있으나 채권을 행사할 권한을 가진 추심권자도 상대방이 된다고 할 것이다.

(4) 어음채권을 자동채권으로 하는 상계에 있어서 어음의 제시와 교부를 필요로 하는가에 관하여 재판외의 상계의 경우에는 어음의 제시와 교부가 상계의 효력발생요건이나, 재판상의 상계의 경우에는 판례는 어음을 서증으로 법정에 제출하여 상대방에게 제시되게 함으로써 충분하다는 입장이다.[43]

나. 상계의 예약

판례는 당사자의 특약으로 상계의 의사표시 없이 장래 일정한 사유가 발생한 때에는 별도의 의사표시가 없어도 당연히 상계되는 것으로 약정한 경우 이러한 특약의 효력을 인정한다. 따라서 이러한 특약이 없는 경우에는 상계적상이 발생한 것만으로 상계의 의사표시 없이 당연히 상계의 효과가 생기는 것은 아니다.

5. 상계의 효과

가. 채권의 소멸

상계의 의사표시에 의하여 자동채권과 수동채권은 대등액에서 소멸하고, 상계로 인한 채권소멸의 효과는 각 채무가 상세될 수 있는 때, 즉 상계적상이 발생한 때로 소급된다(민법 제493조 제2항).

나. 상계의 철회

일단 상계의 의사표시에 의하여 채권채무가 소멸한 다음에는 상계의 철회는 허용되지 않는다. 다만 상계의 의사표시 후에 상계자의 상대방이 상계가 없었던 것으로 하기로 한 약정은 제3자에게 손해를 미치지 않는 한 계약자유의 원칙상 유효한 것으로 본다.[44]

---

43) 대법원 1991. 4. 9. 선고 91다2892 판결.
44) 대법원 1995. 6. 16. 선고 95다11146 판결.

사례 5

다음의 각 사례에서 상계항변에 대한 요건사실을 설시하시오.

1. 甲은 2010. 10. 1. 乙에게 금 2,000만 원을 이자 월 2%, 변제기 1년으로 정하여 대여하였다. 그런데 乙은 甲에게 변제기가 <u>2011. 9. 1.</u>인 물품대금 채권 1,000만 원이 있다. 乙이 변제기(<u>2011. 9. 30.</u>)가 지나도록 원리금을 지급하지 아니하여 甲이 乙을 상대로 대여금청구의 소를 제기하자, 乙은 <u>2011. 12. 1.</u> 위 물품대금채권과 甲의 대여금채권을 대등액에서 상계하는 의사표시를 하였다. (자동채권변제기>수동채권변제기(상계적상일)>상계의사표시)

2. 甲은 2010. 10. 1. 乙에게 금 2,000만을 이자 월 2%, 변제기 1년으로 정하여 대여하였다. 그런데 乙은 甲에게 변제기가 <u>2011. 11. 1.</u>인 물품대금채권 1,000만 원이 있다. 乙이 변제기(<u>2011. 9. 30.</u>)가 지나도록 원리금을 지급하지 아니하여 甲이 乙을 상대로 대여금청구의 소를 제기하자, 乙은 <u>2011. 12. 1.</u> 위 물품대금채권과 甲의 대여금채권을 대등액에서 상계하는 의사표시를 하였다. (수동채권변제기>자동채권변제기(상계적상일)>상계의사표시)

3. 甲은 2010. 12. 1. 乙에게 금 3,000만 원을 이자 월 2%, 변제기 1년으로 정하여 대여하였다. 乙은 2011. 9. 1. 甲에게 별지목록 기재 건물을 대금 2,000만 원에 매도하여 같은 날 甲에게 위 건물을 인도하고 甲 명의로 소유권이전등기를 마쳐 준 후 대금은 2011. 9. 30. 지급받기로 약정하였다. 乙이 위 대여금채무의 이행을 지체하자 甲은 乙을 상대로 대여금청구의 소를 제기하였고, 乙은 2011. 11. 1. 甲에 대하여 위 양 채권을 대등액에서 상계한다는 의사를 표시하고 같은 날 그 의사표시가 甲에게 도달하였다. (자동채권변제기>상계의사표시>수동채권변제기)

<요건사실 설시례>

1.

(1) 자동채권의 존재: 乙이 甲에게 물품을 공급하고 변제기가 2011. 11. 1.인 금 1,000만 원의 물품대금채권이 존재한 사실

(2) 상계적상: 乙의 甲에 대한 물품대금채권의 변제기인 2011. 11. 1. 도래함으로써 甲과 乙의 양 채권은 모두 변제기에 도달하여 같은 날 상계적상이 있었던 사실

(3) 상계의 의사표시 및 도달: 乙이 2011. 12. 1. 甲에 대하여 위 양 채권을 대등액에서 상계한다는 의사표시를 하여 같은 날 그 의사표시가 甲에게 도달한 사실

(4) 판단: 이로써 甲의 대여금채권 원리금 24,800,000만 원{2,000만 원＋(2,000만 원×0.24)}은 위 상계적상일인 2011. 9. 30.에 소급하여 乙의 물품대금채권의 위 상계적상일까지의 원리금 10,041,666원{1,000만 원＋(1,000만 원×0.05×1/12)}과 대등액의 범위에서 소멸하였다. 따라서 乙이 지급해야 할 대여금채무는 14,758,334원이 남게 된다.

2.

(1) 자동채권의 존재: 乙이 甲에게 물품을 공급하고 변제기가 2011. 11. 1.인 금 1,000만 원의 물품대금채 권이 존재한 사실

(2) 상계적상: 甲의 乙에 대한 대여금채권의 변제기가 2011. 9. 30. 도래함으로써 甲과 乙의 양 채권은 모두 변제기에 도달하여 같은 날 상계적상이 있었던 사실

(3) 상계의 의사표시 및 도달: 乙이 2011. 12. 1. 甲에 대하여 위 양 채권을 대등액에서 상계한다는 의사 표시를 하여 같은 날 그 의사표시가 甲에게 도달한 사실

(4) 판단: 이로써 甲의 대여금채권 중 상계적상일까지의 이자 및 지연손해금 520만 원{2,000만 원×0.02×13}} 과 그 원금 2,000만 원은 위 상계적상일에 소급하여 乙의 물품대금채권의 상계적상일까지의 원리금 10,041,666원{1,000만 원+(1,000만 원×0.05×1/12)}과 대등액의 범위에서 순차로 소멸하였다. 따라서 을이 지급하여야 할 대여금채무는 원금 중 15,158,334원{2,000만 원−(10,041,666원−5,200,000)}과 이에 대한 위 상계적상일 다음 날부터 지연손해금이 남게 된다.

3.

(1) 자동채권의 존재: 乙이 2011. 9. 1. 甲에게 별제목록 기재 건물을 매도하고 매매대금은 2011. 9. 30. 지급받기로 약정한 사실

(2) 상계적상: 乙이 갑의 위 대여금채권에 대한 기한의 이익을 포기하고 상계한다는 의사를 표시함으로 써 위 매매대금채권의 변제기인 2011. 9. 30. 상계적상에 있었던 사실

(3) 상계의 의사표시 및 도달: 乙이 2011. 11. 1. 甲에 대하여 위 양 채권을 대등액에서 상계한다는 의사 표시를 하여 같은 날 그 의사표시가 甲에게 도달한 사실

(4) 판단: 이로써 甲의 대여금채권에 대한 위 변제기까지의 월 2%에 의한 약정이자 600만 원{3,000만 원×0.02×10)과 그 원금 3,000만 원은 위 상계적상일에 소급하여 乙의 위 상계적상일까지의 매매대 금채권 2,000만 원과 대등액의 범위에서 순차로 소멸하였다.

Ⅳ. 소멸시효 항변

1. 요건사실

가. 소멸시효완성 항변

☞ 권리자가 당해 권리를 행사할 수 있었던 때(기산점)로부터

☞ 일정한 시효기간이 경과한 사실

나. 재항변

☞ 소멸시효의 중단
☞ 시효이익의 포기

다. 재재항변

☞ 재판상 청구 ← 소 각하·취하, 청구 기각.
☞ 압류, 가압류, 가처분 ← 압류 등 명령이 이의신청의 결과 취소.
☞ 승인 ← 권한 없는 자에 의한 승인
☞ 시효이익의 포기 ← 시효완성사실을 모르고 한 포기, 처분권한이나 능력이 없는 자에 의한 시효이익의 포기

라. 소멸시효의 항변과 변론주의

(1) 소멸시효의 기산일은 채권의 소멸이라고 하는 법률효과 발생의 요건에 해당하는 소멸시효기간 계산의 시발점으로서 시효소멸 항변의 법률요건을 구성하는 구체적인 사실에 해당하므로 이는 변론주의의 적용대상이라 할 것이고, 따라서 본래의 소멸시효 기산일과 당사자가 주장하는 기산일이 서로 다른 경우에는 변론주의의 원칙상 법원은 당사자가 주장하는 기산일을 기준으로 소멸시효를 계산하여야 하는데, 이는 당사자가 본래의 기산일보다 뒤의 날짜를 기산일로 하여 주장하는 경우는 물론이고, 특별한 사정이 없는 한 그 반대의 경우에 있어서도 마찬가지라고 보아야 할 것이다.[45]

(2) 어떤 권리의 소멸시효기간이 얼마나 되는지에 관한 주장은 단순한 법률상의 주장에 불과하므로 변론주의의 적용대상이 되지 않고 법원이 직권으로 판단할 수 있다.[46]

(3) 시효기간이 경과되지 않았다는 주장은 부인에 불과하다.

마. 시효의 원용권자

(1) 채권의 소멸시효가 완성된 경우 이를 원용할 수 있는 자는 시효로 인하여 채무가 소멸되는 결과

---

45) 대법원 2009. 12. 24. 선고 2009다60244 판결.
46) 대법원 2008. 3. 27. 선고 2006다70929, 70936 판결.

직접적인 이익을 받는 자에 한정되고, 그 채무자에 대한 채권자는 자기의 채권을 보전하기 위하여 필요한 한도 내에서 <u>채무자를 대위하여 이를 원용할 수 있을 뿐</u>이므로 채무자에 대하여 무슨 채권이 있는 것도 아닌 자는 소멸시효 주장을 대위 원용할 수 없다.[47]

(2) 채권자가 채권자대위권을 행사하여 제3자에 대하여 하는 청구에 있어서, 제3채무자는 채무자가 채권자에 대하여 가지는 항변으로 대항할 수 없으며, 채권의 소멸시효가 완성된 경우 이를 원용할 수 있는 자는 원칙적으로는 시효이익을 직접 받는 자뿐이고, <u>채권자대위소송의 제3채무자는 이를 행사할 수 없다.</u>[48]

(3) 소멸시효를 원용할 수 있는 사람은 권리의 소멸에 의하여 직접 이익을 받는 자에 한정되는바, 사해행위취소소송의 상대방이 된 <u>사해행위의 수익자는</u>, 사해행위가 취소되면 사해행위에 의하여 얻은 이익을 상실하고 사해행위취소권을 행사하는 채권자의 채권이 소멸하면 그와 같은 이익의 상실을 면하는 지위에 있으므로, 그 채권의 소멸에 의하여 직접 이익을 받는 자에 해당하는 것으로 보아야 한다.[49]

(4) 가등기에 기한 소유권이전등기청구권이 시효의 완성으로 소멸되었다면 그 가등기 이후에 그 부동산을 취득한 제3자는 그 소유권에 기한 방해배제청구로서 그 가등기권자에 대하여 본등기청구권의 소멸시효를 주장하여 그 등기의 말소를 구할 수 있다.[50]

(5) 소멸시효를 원용할 수 있는 사람은 권리의 소멸에 의하여 직접 이익을 받는 사람에 한정되는바, 채권담보의 목적으로 매매예약의 형식을 빌려 소유권이전청구권 보전을 위한 가등기가 경료된 부동산을 양수하여 소유권이전등기를 마친 제3자는 당해 가등기담보권의 피담보채권의 소멸에 의하여 직접 이익을 받는 자이므로, 그 가등기담보권에 의하여 담보된 채권의 채무자가 아니더라도 그 피담보채권에 관한 소멸시효를 원용할 수 있고, 이와 같은 직접수익자의 소멸시효 원용권은 채무자의 소멸시효 원용권에 기초한 것이 아닌 독자적인 것으로서 채무자를 대위하여서만 시효이익을 원용할 수 있는 것은 아니며, 가사 채무자가 이미 그 가등기에 기한 본등기를 경료하여 시효이익을 포기한 것으로 볼 수 있다고 하더라도 그 시효이익의 포기는 상대적 효과가 있음에 지나지 아니하므로 채무자 이외의 이해관계자에 해당하는 담보 부동산의 양수인으로서는 여전히 독자적으로 소멸시효를 원용할 수 있다.[51]

---

47) 대법원 2007. 3. 30. 선고 2005다11312 판결: 공탁금출급청구권은 피공탁자가 공탁소에 대하여 공탁금의 지급, 인도를 구하는 청구권으로서 위 청구권이 시효로 소멸한 경우 공탁자에게 공탁금회수청구권이 인정되지 않는 한 그 공탁금은 국고에 귀속하게 되는 것이어서(공탁사무처리규칙 제55조 참조) 공탁금출급청구권의 종국적인 채무자로서 소멸시효를 원용할 수 있는 자는 국가이다.
48) 대법원 2009. 9. 10. 선고 2009다34160 판결.
49) 대법원 2007. 11. 29. 선고 2007다54849 판결.
50) 대법원 1991. 3. 12. 선고 90다카27570 판결.
51) 대법원 1995. 7. 11. 선고 95다12446 판결.

2. 소멸시효가 문제 되는 권리

가. 법원의 직권판단

그 권리가 소멸시효에 걸린다거나 걸리지 않는다는 주장은 법률문제에 관한 주장으로 법원이 직권으로 판단한다.

나. 개별적 권리

(1) 소유권이전등기청구권

① 매수인이 목적 부동산을 인도받아 계속 점유하는 경우에는 그 소유권이전등기청구권의 소멸시효가 진행하지 않는다.[52] 부동산을 인도받아 사용·수익하지 않는 경우에는 20년의 소멸시효에 걸린다.

② 부동산의 매수인이 그 부동산을 인도받은 이상 이를 사용·수익하다가 그 부동산에 대한 보다 적극적인 권리 행사의 일환으로 다른 사람에게 그 부동산을 처분하고 그 점유를 승계하여 준 경우에도 그 이전등기청구권의 행사 여부에 관하여 그가 그 부동산을 스스로 계속 사용·수익만 하고 있는 경우와 특별히 다를 바 없으므로 위 두 어느 경우에나 이전등기청구권의 소멸시효는 진행되지 않는다고 보아야 한다.[53]

③ 토지에 대한 취득시효완성으로 인한 소유권이전등기청구권은 그 토지에 대한 점유가 계속되는 한 시효로 소멸하지 아니하고, 그 후 점유를 상실하였다고 하더라도 이를 시효이익의 포기로 볼 수 있는 경우가 아닌 한 이미 취득한 소유권이전등기청구권은 바로 소멸되는 것은 아니나, <u>취득시효가 완성된 점유자가 점유를 상실한 경우 취득시효완성으로 인한 소유권이전등기청구권의 소멸시효는 이와 별개의 문제로서, 그 점유자가 점유를 상실한 때로부터 10년간 등기청구권을 행사하지 아니하면</u> 소멸시효가 완성한다.[54]

④ 명의신탁자가 당해 부동산의 회복을 위해 명의수탁자에 대해 가지는 소유권이전등기청구권은 그 성질상 법률의 규정에 의한 부당이득반환청구권으로서 민법 제162조 제1항에 따라 10년의 기간이 경과함으로써 시효로 소멸한다.[55]

⑤ 등기부가 멸실된 경우에는 멸실회복등기를 할 수가 있을 것이나 그 회복등기를 하지 아니하고 그 부동산에 관하여 매도인의 상속인 명의로 이미 소유권보존등기가 되어 있다면 매수인 또는 그 상속

---

52) 대법원 2010. 1. 28. 선고 2009다73011 판결; 대법원 1976. 11. 6. 선고 76다148 전원합의체 판결.
53) 대법원 1999. 3. 18. 선고 98다32175 전원합의체 판결.
54) 대법원 1996. 3. 8. 선고 95다34866, 34873 판결.
55) 대법원 2009. 7. 9. 선고 2009다23313 판결.

인은 위 매도인의 상속인을 상대로 위 등기의 멸실회복에 대신하여 소유권이전등기절차의 이행을 구할 수 있고 이는 진정한 명의의 회복을 구하는 것으로서 시효로 인하여 소멸하는 권리가 아니다.[56]

⑥ 채권담보의 목적으로 이루어지는 부동산 양도담보의 경우에 있어서 피담보채무가 변제된 이후에 양도담보권설정자가 행사하는 등기청구권은 양도담보권설정자의 실질적 소유권에 기한 물권적 청구권이므로 따로 시효소멸되지 아니한다.[57]

⑦ 매매계약이 합의해제된 경우에도 매수인에게 이전되었던 소유권은 당연히 매도인에게 복귀하는 것이므로 합의해제에 따른 매도인의 원상회복청구권은 소유권에 기한 물권적 청구권이라고 할 것이고 이는 소멸시효의 대상이 되지 아니한다.[58]

(2) 집합건물 분양자에 대한 손해배상청구권

구 집합건물법 제9조는 건축업자 내지 분양자로 하여금 견고한 건물을 짓도록 유도하고 부실하게 건축된 집합건물의 소유자를 두텁게 보호하기 위하여 집합건물의 분양자의 담보책임에 관하여 민법상의 도급인의 담보책임에 관한 규정을 준용하도록 함으로써 분양자의 담보책임의 내용을 명확히 하는 한편 이를 강행규정화한 것으로서, 같은 조에 의한 책임은 분양계약에 기한 책임이 아니라 집합건물의 분양자가 집합건물의 현재의 구분소유자에 대하여 부담하는 법정책임이므로, 이에 따른 손해배상청구권에 대해서는 민법 제162조 제1항에 따라 10년의 소멸시효기간이 적용된다.[59]

(3) 하자담보에 기한 매수인의 손해배상청구권

매도인에 대한 하자담보에 기한 손해배상청구권에 대해서는 민법 제582조의 제척기간이 적용되고, 이는 법률관계의 조속한 안정을 도모하고자 하는 데에 취지가 있다. 그런데 하자담보에 기한 매수인의 손해배상청구권은 권리의 내용·성질 및 취지에 비추어 민법 제162조 제1항의 채권 소멸시효의 규정이 적용되고, 민법 제582조의 제척기간 규정으로 인하여 소멸시효 규정의 적용이 배제된다고 볼 수 없으며, 이때 다른 특별한 사정이 없는 한 무엇보다도 매수인이 매매 목적물을 인도받은 때부터 소멸시효가 진행한다고 해석함이 타당하다.[60]

---

56) 대법원 1993. 8. 24. 선고 92다43975 판결.
57) 대법원 1979. 2. 13. 선고 78다2412 판결.
58) 대법원 1982. 7. 27. 선고 80다2968 판결. 법정해제의 경우 해제권은 10년의 제척기간에 걸리는 형성권이고, 그에 따른 원상회복청구권 또한 그 제척기간 내에 이루어져야 한다.
59) 대법원 2009. 5. 28. 선고 2009다9539 판결.
60) 대법원 2011. 10. 13. 선고 2011다10266 판결: 갑이 을 등에게서 부동산을 매수하여 소유권이전등기를 마쳤는데 위 부동산을 순차 매수한 병이 부동산 지하에 매립되어 있는 폐기물을 처리한 후 갑을 상대로 처리비용 상당의 손해배상청구소송을 제기하였고, 갑이 병에게 위 판결에 따라 손해배상금을 지급한 후 을 등을 상대로 하자담보책임에 기한 손해배상으로서 병에게 기지급한 돈의 배상을 구한 사안에서, 갑의 하자담보에 기한 손해배상청구권은 갑이 을 등에게서 부동산을 인도받았을 것으로 보이는 소유권이전등기일로부터 소멸시효가 진행하는데, 갑이 그로부터 10년이 경과한 후 소를 제기하였으므로, 갑의 하자담보책임에 기한 손해배상청구권은 이미 소멸시효완성으로 소멸되었다고 한 사례.

(4) 과거의 양육비청구권

양육자가 상대방에 대하여 자녀 양육비의 지급을 구할 권리는 당초에는 기본적으로 친족관계를 바탕으로 하여 인정되는 하나의 추상적인 법적 지위이었던 것이 당사자 사이의 협의 또는 당해 양육비의 내용 등을 재량적·형성적으로 정하는 가정법원의 심판에 의하여 구체적인 청구권으로 전환됨으로써 비로소 보다 뚜렷하게 독립한 재산적 권리로서의 성질을 가지게 된다. 이와 같이 당사자의 협의 또는 가정법원의 심판에 의하여 구체적인 지급청구권으로서 성립하기 전에는 과거의 양육비에 관한 권리는 양육자가 그 권리를 행사할 수 있는 재산권에 해당한다고 할 수 없고, 따라서 이에 대해서는 소멸시효가 진행할 여지가 없다고 보아야 한다.[61]

3. 시효기간

가. 기산점

(1) 소멸시효는 객관적으로 권리가 발생하고 <u>그 권리를 행사할 수 있는 때로부터</u> 진행하고 그 권리를 행사할 수 없는 동안에는 진행하지 아니한다. 여기서 '권리를 행사할 수 없다'라고 함은 그 권리행사에 법률상의 장애사유, 예컨대 기간의 미도래나 조건불성취 등이 있는 경우를 말하는 것이고, 사실상 그 권리의 존부나 권리행사의 가능성을 알지 못하였거나 알지 못함에 과실이 없다고 하여도 이러한 사유는 법률상 장애사유에 해당한다고 할 수 없다.[62]

(2) 채무불이행으로 인한 손해배상청구권의 소멸시효는 <u>채무불이행 시로부터</u> 진행한다.[63]

(3) 불법행위로 인한 손해배상청구권의 단기소멸시효의 기산점이 되는 민법 제766조 제1항의 '<u>손해 및 가해자를 안 날</u>'이라고 함은 손해의 발생, 위법한 가해행위의 존재, 가해행위와 손해의 발생과의 사이에 상당인과관계가 있다는 사실 등 불법행위의 요건사실에 대하여 현실적이고도 구체적으로 인식하였을 때를 의미한다. 나아가 피해자 등이 언제 위와 같은 불법행위의 요건사실을 현실적이고도 구체적으로 인식한 것으로 볼 것인지는 개별적 사건에 있어서의 여러 객관적 사정을 참작하고 손해

---

61) 대법원 2011. 7. 29. 자 2008스67 결정: 갑의 을에 대한 양육비청구권이 시효소멸하였는지 문제 된 사안에서, 구체적인 양육비 청구권이 성립하였다고 볼 자료를 기록상 찾을 수 없음에도 10년이 경과한 양육비청구권이 시효소멸하였다고 판단하고 양육비 청구를 배척한 원심판결에는 과거의 양육비청구권의 소멸시효에 관한 법리를 오해한 위법이 있다고 한 사례.

62) 대법원 2010. 9. 9. 선고 2008다15865 판결: 대법원이 2004. 4. 22. 선고 2000두7735 전원합의체 판결로 임용기간이 만료된 국공립대학 교원에 대한 재임용거부처분에 대하여 이를 다툴 수 없다는 종전의 견해를 변경하였다고 하더라도, 그와 같은 대법원의 종전 견해는 국공립대학 교원에 대한 재임용거부처분이 불법행위임을 원인으로 한 손해배상청구에 대한 법률상 장애사유에 해당하지 아니한다고 판시한 사례.

63) 대법원 2005. 1. 14. 선고 2002다57119 판결. 대법원 1990. 11. 9. 선고 90다카22513 판결: 매매로 인한 부동산소유권이전채무가 이행불능됨으로써 매수인이 매도인에 대하여 갖게 되는 손해배상채권은 그 부동산소유권의 이전채무가 이행불능된 때에 발생하는 것이고 그 계약체결일에 생기는 것은 아니므로 위 손해배상채권의 소멸시효는 계약체결일 아닌 소유권이전채무가 이행불능된 때부터 진행한다.

배상청구가 사실상 가능하게 된 상황을 고려하여 합리적으로 판단하여야 한다. 민법 제766조 제1항에서 규정하는 불법행위의 단기소멸시효는 형사상의 소추와는 무관하게 설정한 민사관계에 고유한 제도이므로 그 시효의 기산점은 원칙적으로 관련 형사사건의 소추 여부 및 그 결과에 영향을 받지 아니한다.[64]

(4) 불법행위로 인한 손해배상청구권은 피해자나 그 법정대리인이 그 손해 및 가해자를 안 날부터 3년간 행사하지 아니하면 시효로 인하여 소멸하는 것인바, 여기에서 '손해를 안 날'이라 함은 피해자나 그 법정대리인이 손해를 현실적이고도 구체적으로 인식하는 것을 뜻하고 손해발생의 추정이나 의문만으로는 충분하지 않으며, 통상의 경우 상해의 피해자는 상해를 입었을 때 그 손해를 알았다고 볼 수가 있지만, 그 후 후유증 등으로 인하여 불법행위 당시에는 전혀 예견할 수 없었던 새로운 손해가 발생하였다거나 예상외로 손해가 확대된 경우에는 그러한 사유가 판명된 때에 새로이 발생 또는 확대된 손해를 알았다고 보아야 하고, 이와 같이 새로이 발생 또는 확대된 손해 부분에 대해서는 그러한 사유가 판명된 때로부터 시효소멸기간이 진행된다.[65]

(5) 불법행위에 기한 손해배상채권에서 민법 제766조 제2항에 의한 소멸시효의 기산점이 되는 '불법행위를 한 날'이란 가해행위가 있었던 날이 아니라 현실적으로 손해의 결과가 발생한 날을 의미한다.[66]

(6) 불법행위의 피해자가 미성년자로 행위능력이 제한된 자인 경우에는 다른 특별한 사정이 없는 한 그 법정대리인이 손해 및 가해자를 알아야 민법 제766조 제1항의 소멸시효가 진행한다고 할 것이다.[67]

(7) 계약의 해제로 인한 원상회복청구권의 소멸시효는 해제 시, 즉 원상회복청구권이 발생한 때부터 진행한다.[68]

(8) 부동산에 대한 매매대금 채권이 소유권이전등기청구권과 동시이행의 관계에 있다고 할지라도 매도인은 매매대금의 지급기일 이후 언제라도 그 대금의 지급을 청구할 수 있는 것이며, 다만 매수인은 매도인으로부터 그 이전등기에 관한 이행의 제공을 받기까지 그 지급을 거절할 수 있는 데 시나지 아니하므로 매매대금 청구권은 그 지급기일 이후 시효의 진행에 걸린다.[69]

---

64) 대법원 2010. 5. 27. 선고 2010다7577 판결: 불법행위의 가해자에 대한 형사사건의 제1심에서 무죄판결이 선고되었다가 항소심에서 유죄판결이 선고된 사안에서, 위 가해자가 수사단계에서부터 혐의를 극력 부인하고 위 형사사건의 제1심에서 무죄판결이 선고되기까지 하였으므로, 피해자로서는 위 형사사건의 항소심에서 유죄판결을 한 때에 이르러서야 비로소 불법행위의 가해자를 현실적이고 구체적으로 인식하였다고 봄이 상당하다고 한 사례.

65) 대법원 2010. 4. 29. 선고 2009다99105 판결: 불법행위에 따른 손해배상청구권의 소멸시효완성 전에 가해자의 보험자가 피해자의 치료비를 구 자동차손해배상 보장법(2006. 12. 28. 법률 제8127호로 개정되기 전의 것) 제9조 제1항 단서, 제11조 등의 규정에 따라 의료기관에 직접 지급한 경우, 특별한 사정이 없는 한 보험자가 피해자에 대한 손해배상책임이 있음을 전제로 그 손해배상채무 전체를 승인한 것으로 봄이 상당하고, 치료비와 같은 적극적인 손해에 한정하여 채무를 승인한 것으로 볼 수는 없다고 한 사례.

66) 대법원 2011. 9. 29. 선고 2008다16776 판결: 감염의 잠복기가 길거나, 감염 당시에는 장차 병이 어느 단계까지 진행될 것인지 예측하기 어려운 경우, 손해가 현실화된 시점을 일률적으로 감염일로 보게 되면, 피해자는 감염일 당시에는 장래의 손해 발생 여부가 불확실하여 청구하지 못하고 장래 손해가 발생한 시점에서는 소멸시효가 완성되어 청구하지 못하게 되는 부당한 결과가 초래될 수 있다. 따라서 위와 같은 경우에는 감염 자체로 인한 손해 외에 증상의 발현 또는 병의 진행으로 인한 손해가 있을 수 있고, 그러한 손해는 증상이 발현되거나 병이 진행된 시점에 현실적으로 발생한다고 볼 수 있다.

67) 대법원 2010. 2. 11. 선고 2009다79897 판결.

68) 대법원 2009. 12. 24. 선고 2009다63267 판결.

(9) 상법은 보험료반환청구권에 대하여 2년간 행사하지 아니하면 소멸시효가 완성한다는 취지를 규정할 뿐(제662조) 소멸시효의 기산점에 관해서는 아무것도 규정하지 아니하므로, 소멸시효는 민법 일반 법리에 따라 객관적으로 권리가 발생하고 그 권리를 행사할 수 있는 때로부터 진행한다. 그런데 상법 제731조 제1항을 위반하여 무효인 보험계약에 따라 납부한 보험료에 대한 반환청구권은 특별한 사정이 없는 한 보험료를 납부한 때에 발생하여 행사할 수 있다고 할 것이므로, 위 보험료반환청구권의 소멸시효는 특별한 사정이 없는 한 각 보험료를 납부한 때부터 진행한다.[70]

(10) 보험금청구권은 보험사고가 발생하기 전에는 추상적인 권리에 지나지 않고 보험사고의 발생으로 인하여 구체적인 권리로 확정되어 그때부터 권리를 행사할 수 있게 되는 것이므로, 보험금청구권의 소멸시효는 특별한 다른 사정이 없는 한 보험사고가 발생한 때부터 진행하는 것이 원칙이지만, 보험사고가 발생하였는지가 객관적으로 분명하지 아니하여 보험금청구권자가 과실 없이 보험사고의 발생을 알 수 없었던 경우에도 보험사고가 발생한 때부터 보험금청구권의 소멸시효가 진행한다고 해석하는 것은 보험금청구권자에게 가혹한 결과를 초래하게 되어 정의와 형평의 이념에 반하고 소멸시효제도의 존재이유에도 부합하지 않는다. 따라서 객관적으로 보아 보험사고가 발생한 사실을 확인할 수 없는 사정이 있는 경우에는 보험금청구권자가 보험사고의 발생을 알았거나 알 수 있었던 때부터 보험금청구권의 소멸시효가 진행한다.[71]

(11) 보험자대위에 의하여 피보험자 등의 제3자에 대한 권리는 동일성을 잃지 않고 그대로 보험자에게 이전되므로, 이때 보험자가 취득하는 채권의 소멸시효 기간과 그 기산점 또한 피보험자 등이 제3자에 대하여 가지는 채권 자체를 기준으로 판단하여야 한다.[72]

(12) 만기가 기재된 백지어음은 일반적인 조건부 권리와는 달리 그 백지 부분이 보충되지 않은 미완성어음인 상태에서도 만기의 날로부터 어음상의 청구권에 대하여 소멸시효가 진행한다. 만기는 기재되어 있으나 지급지, 지급을 받을 자 등과 같은 어음요건이 백지인 약속어음의 소지인이 그 백지 부분을 보충하지 않은 상태에서 어음금을 청구하는 것은 어음상의 청구권에 관하여 잠자는 자가 아님을 객관적으로 표명한 것이라고 할 수 있고 그 청구로써 어음상의 청구권에 관한 소멸시효는 중단된다고 할 것이다. 이 경우 백지에 대한 보충권은 그 행사에 의하여 어음상의 청구권을 완성시

---

69) 대법원 1991. 3. 22. 선고 90다9797 판결.

70) 대법원 2011. 3. 24. 선고 2010다92612 판결: 무효인 보험계약에 따라 납부한 보험료에 대한 반환청구권의 소멸시효 기산점이 문제 된 사안에서, 보험계약자가 납부한 보험료 전체의 반환청구권 소멸시효가 보험료를 마지막으로 납부한 때부터 진행한다는 전제에서 보험료의 반환청구권이 시효소멸하지 아니하였다고 본 원심판결을 파기한 사례.

71) 대법원 2008. 11. 13. 선고 2007다19624 판결.

72) 대법원 2011. 1. 13. 선고 2010다67500 판결: 무면허 운전자가 음주 상태로 가해차량을 운전하다가 진행방향 맞은편 도로에 정차해 있던 피해차량을 들이받아 피해차량을 운전하던 피해자를 다치게 하고 피해차량을 손괴하자, 피해차량에 관하여 피해자와 자동차종합보험계약을 체결한 보험회사가 피보험자인 피해자에게 제3자의 불법행위로 인한 손해의 배상으로 보험금을 지급한 사안에서, 이 경우 공동불법행위자 상호 간의 구상권 문제는 생길 여지가 없고, 보험회사는 보험금을 지급한 보험자로서 보험자대위의 법리에 따라 피보험자의 가해차량 소유자 및 보험자에 대한 손해배상채권 자체를 취득하는 것이므로, 보험회사가 취득한 가해차량 소유자 및 보험자에 대한 손해배상채권은 피보험자가 그 손해 및 가해자를 안 때부터 민법 제766조 제1항에서 정한 3년의 소멸시효가 진행한다고 한 사례.

키는 것에 불과하여 그 보충권이 어음상의 청구권과 별개로 독립하여 시효에 의하여 소멸한다고 볼 것은 아니므로 어음상의 청구권이 시효중단에 의하여 소멸하지 않고 존속하고 있는 한 이를 행사할 수 있다.[73]

(13) 일반적으로 위법한 건축행위에 의하여 건물 등이 준공되거나 외부골조공사가 완료되면 그 건축행위에 따른 일영의 증가는 더 이상 발생하지 않게 되고 해당 토지의 소유자는 그 시점에 이러한 일조방해행위로 인하여 현재 또는 장래에 발생 가능한 재산상 손해나 정신적 손해 등을 예견할 수 있다고 할 것이므로, 이러한 손해배상청구권에 관한 민법 제766조 제1항 소정의 소멸시효는 원칙적으로 그때부터 진행한다. 다만, 위와 같은 일조방해로 인하여 건물 등의 소유자 내지 실질적 처분권자가 피해자에 대하여 건물 등의 전부 또는 일부에 대한 철거의무를 부담하는 경우가 있다면, 이러한 철거의무를 계속적으로 이행하지 않는 부작위는 새로운 불법행위가 되고 그 손해는 날마다 새로운 불법행위에 기하여 발생하는 것이므로 피해자가 그 각 손해를 안 때로부터 각별로 소멸시효가 진행한다.[74]

(14) 하자보수에 갈음한 손해배상청구권의 소멸시효기간은 각 하자가 발생한 시점부터 별도로 진행되는 것이다.[75]

(15) 직무발명보상금청구권은 일반채권과 마찬가지로 10년간 행사하지 않으면 소멸시효가 완성하고, 기산점은 일반적으로 사용자가 직무발명에 대한 특허를 받을 권리를 종업원한테서 승계한 시점으로 보아야 하나, 회사의 근무규칙 등에 직무발명보상금 지급시기를 정하고 있는 경우에는 그 시기가 도래할 때까지 보상금청구권 행사에 법률상 장애가 있으므로 근무규칙 등에 정하여진 지급시기가 소멸시효의 기산점이 된다.[76]

(16) 성공보수 약정이 제1심에 대한 것으로 인정되는 이상 보수금의 지급시기에 관하여 당사자 사이에 특약이 없는 한, 심급대리의 원칙에 따라 수임한 소송사무가 종료하는 시기인 제1심 판결을 송달받은 때로부터 그 소멸시효 기간이 진행된다.[77]

(17) 보험금을 지급한 보험자가 보험자대위에 의하여 다른 공동불법행위자 및 그의 보험자에 대하여 가지는 구상권의 소멸시효 기간은 일반채권과 같이 10년이고, 그 기산점은 구상권이 발생한 시점, 즉 구상권자가 현실로 피해자에게 손해배상금을 지급한 때이다.[78]

---

73) 대법원 2010. 5. 20. 선고 2009다48312 전원합의체 판결: 지급지 및 지급을 받을 자 부분이 백지로 된 약속어음의 소지인이 그 지급기일로부터 3년이 경과한 후에야 위 백지 부분을 보충하여 발행인에게 지급제시를 하였으나 그 소지인이 위 약속어음의 지급기일로부터 3년의 소멸시효기간이 완성되기 전에 그 어음금을 청구하는 소를 제기한 이상 이로써 위 약속어음상의 청구권에 대한 소멸시효는 중단되었다고 한 사례.
74) 대법원 2008. 4. 17. 선고 2006다35865 전원합의체 판결.
75) 대법원 2009. 2. 26. 선고 2007다83908 판결.
76) 대법원 2011. 7. 28. 선고 2009다75178 판결.
77) 대법원 1995. 12. 26. 선고 95다24609 판결.
78) 대법원 1999. 6. 11. 선고 99다3143 판결.

나. 소멸시효기간

(1) 채권과 소유권을 제외한 그 밖의 재산권(민법 제162조 제2항): 20년

(2) 민사채권(민법 제162조 제1항): 10년

(3) 상사채권(상법 제64조)[79]: 5년[80]

(4) 3년의 단기소멸시효(민법 제163조)[81]

(5) 1년의 단기소멸시효(민법 제164조)

(6) 판결 등에 의해 확정된 채권(민법 제165조)[82]: 10년

(7) 금전의 급부를 목적으로 하는 국가 또는 지방자치단체의, 국가 또는 지방자치단체에 대한 권리(국가재정법 제96조, 지방재정법 제82조)

(8) 보험금채권(상법 제662조): 2년

(9) 유류분반환청구권(민법 제1117조)[83]: 상속개시와 반환하여야 할 증여 또는 유증을 한 사실을 안 때로부터 1년 또는 상속개시한 때로부터 10년

(10) 불법행위로 인한 손해배상청구권(민법 제766조): 그 손해 및 가해자를 안 날로부터 3년 또는 불법행위를 한 날로부터 10년

사례 6

甲 보험회사는 A 회사와 화재보험계약을 체결하고, A 회사는 위 보험계약에 기한 보험청구권에 관하여 乙 은행을 질권자로 한 질권을 설정하였다. 위 계약기간 내인 2005. 10. 1. 보험목적물에 화재가 발생하여 甲 보험회사는 2005. 10. 15. 乙 은행에게 보험금 1억 원을 지급하였다. 그 후 위 화재는 A 회사 직원의 방화로 발생한 것임이 밝혀져 甲 보험회사는 2011. 9. 1. 乙 은행을 상대로 위 지급보험금 1억 원의 부당이득반환을 구한다. 乙은 위 부당이득반환청구권은 5년의 상사시효로 소멸

---

79) 대법원 2010. 3. 11. 선고 2009다100098 판결: 당사자 쌍방에 대하여 모두 상행위가 되는 행위로 인한 채권뿐만 아니라 당사자 일방에 대해서만 상행위에 해당하는 행위로 인한 채권도 상법 제64조 소정의 5년의 소멸시효기간이 적용되는 상사채권에 해당하는 것이고, 그 상행위에는 상법 제46조 각 호에 해당하는 기본적 상행위뿐만 아니라, 상인이 영업을 위하여 하는 보조적 상행위도 포함되는 것이며, 상인의 행위는 영업을 위하여 하는 것으로 추정된다(상법 제47조 제2항).

80) 통상적인 상거래에서의 채무불이행으로 인한 손해배상청구권이나 상사계약해제로 인한 원상회복청구권은 시효기간이 5년이나, 상사관계에서 발생한 불법행위로 인한 손해배상청구나 상사계약의 무효로 인한 부당이득반환청구는 10년이다. 판례는 상행위에 해당하는 보증보험계약에 기초한 급부가 이루어짐에 따라 발생한 부당이득반환청구권에 대하여 5년의 상사소멸시효가 적용된다고 한다(대법원 2007. 5. 31. 선고 2006다63150 판결).

81) 대법원 2010. 9. 9. 선고 2010다24435 등 판결: 금전채무의 이행지체로 인하여 발생하는 지연손해금은 그 성질이 손해배상금이지 이자가 아니며, 민법 제163조 제1호가 규정한 '1년 이내의 기간으로 정한 채권'도 아니므로 3년간의 단기소멸시효의 대상이 되지 아니한다.

82) 대법원 2009. 9. 24. 선고 2009다39530 판결: 지급명령에서 확정된 채권은 단기의 소멸시효에 해당하는 것이라도 그 소멸시효기간이 10년으로 연장된다.

83) 대법원 2008. 7. 10. 선고 2007다9719 판결: 「민법」 제1117조의 유류분반환청구권은 상속이 개시한 때부터 10년이 지나면 시효에 의하여 소멸하고, 이러한 법리는 상속재산의 증여에 따른 소유권이전등기가 이루어지지 아니한 경우에도 달리 그 소멸시효완성의 항변이 신의성실의 원칙에 반한다고 하는 등의 특별한 사정이 존재하지 아니하는 이상 달리 볼 것이 아니다.

하였다고 항변하고, 甲은 자신의 부당이득반환청구권은 민법 제162조 제1항이 적용되어 그 소멸시효기간은 10년으로 보아야 하고, 방화사실이 명확히 밝혀질 때까지는 甲이 乙을 상대로 부당이득반환청구를 하는 것이 객관적으로 어려운 장애사유에 해당하므로 그때까지는 시효기간이 진행하지 않는다고 재항변한다.

[요점]

원고와 A 회사 사이에 체결된 이 사건 보험계약은 상인 간에 이루어진 기본적 상행위이고, 원고가 주장하는 부당이득반환청구권은 기본적으로 상행위에 해당하는 이 사건 보험계약에 기초한 급부가 이루어짐에 따라 발생한 것일 뿐만 아니라, 그 채권 발생의 경위나 원인, 원고와 피고의 지위와 관계, 장기간의 시간이 경과함에 따라 상사소멸시효가 완성되거나 책임재산이 일탈되고 이로 인하여 질권자인 피고가 질권설정자에 대하여 가지는 금융거래상의 채권 보전 내지 행사가 곤란하게 되는 점 등에 비추어 그 법률관계를 상거래 관계와 같은 정도로 신속하게 해결할 필요성이 있다고 봄이 상당하므로 이에 대해서는 5년의 소멸시효기간을 정한 상법 제64조가 적용되는 것으로 보아야 한다.[84]

원고는 피고가 원고로부터 보험금을 지급받아 그 금액 상당을 부당이득하게 된 2005. 10. 15.부터 이 사건 부당이득반환청구권을 행사할 수 있었으므로, 이는 그로부터 상사소멸시효기간인 5년이 지난 2010. 10. 15.경 시효가 완성되어 소멸하였다고 할 것인데, 이 사건 소는 그 이후인 2011. 9. 1. 제기되었음이 분명하므로, 원고의 이 사건 청구는 이유 없다.

소멸시효는 객관적으로 권리가 발생하여 그 권리를 행사할 수 있는 때부터 진행하고 그 권리를 행사할 수 없는 동안만은 진행하지 않는바, 여기서 '권리를 행사할 수 없는' 경우라 함은 그 권리행사에 법률상의 장애사유, 예컨대 기간의 미도래나 조건불성취 등이 있는 경우를 말하는 것이고, 사실상 권리의 존재나 권리행사 가능성을 알지 못하였고, 알지 못함에 과실이 없다고 하여도 이러한 사유는 법률상 장애사유에 해당하지 않는다.[85] 방화사실이 명확히 밝혀질 때까지는 원고가 피고를 상대로 부당이득반환청구를 하는 것이 어렵다는 사유는 법률상 장애사유에 해당한다고 보기 어렵고, 나아가 원고가 손해사정인을 통하여 이 사건 화재의 원인을 나름대로 분석하여 보험사고의 발생 여부를 판단한 후 이 사건 보험금을 지급한 점 등에 비추어 보면, 원고가 이 사건 부당이득반환청구권을 행사하는 것이 객관적으로 불가능한 사실상의 장애사유가 있었다고 보기도 어려우므로 원고의 재항변은 이유가 없다.

---

84) 대법원 2008. 12. 11. 선고 2008다47886 판결.
85) 대법원 1992. 3. 31. 선고 91다32053 전원합의체 판결 등 참조.

4. 소멸시효중단

가. 재판상 청구

(1) 시효중단 사유로서 재판상 청구에는 소멸시효 대상인 권리 자체의 이행청구나 확인청구를 하는 경우만이 아니라, 권리가 발생한 기본적 법률관계를 기초로 하여 소의 형식으로 주장하는 경우에도 권리 위에 잠자는 것이 아님을 표명한 것으로 볼 수 있을 때에는 이에 포함된다고 보아야 하고, 시효중단 사유인 재판상 청구를 기판력이 미치는 범위와 일치하여 고찰할 필요는 없다.[87]

(2) 채권자가 동일한 목적을 달성하기 위하여 복수의 채권을 갖고 있는 경우, 채권자로서는 그 선택에 따라 권리를 행사할 수 있되, 그중 어느 하나의 청구를 한 것만으로는 다른 채권 그 자체를 행사한 것으로 볼 수는 없으므로, 특별한 사정이 없는 한 그 다른 채권에 대한 소멸시효중단의 효력은 없다.[88]

---

86) 대법원 2000. 10. 13. 선고 99다18725 판결: 매매의 일방예약에서 예약자의 상대방이 매매예약완결의 의사표시를 하여 매매의 효력을 생기게 하는 권리, 즉 매매예약의 완결권은 일종의 형성권으로서 당사자 사이에 그 행사기간을 약정한 때에는 그 기간 내에, 그러한 약정이 없는 때에는 그 예약이 성립한 때로부터 10년 내에 이를 행사하여야 하고 그 기간이 지난 때에는 예약완결권은 제척기간의 경과로 인하여 소멸한다.

87) 대법원 2011. 7. 14. 선고 2011다19737 판결: 매매계약에 기한 소유권이전등기청구권의 소멸시효기간 만료 전에 매매계약을 원인으로 건축주명의변경을 구하는 소를 제기한 사안에서, 매매계약에 기한 소유권이전등기청구권의 시효중단 사유인 재판상 청구는 권리자가 소송이라는 형식을 통하여 권리를 주장하면 족하고 반드시 그 권리가 소송물이 되어 기판력이 발생할 것을 요하지 않으므로, 소유권이전등기청구권이 발생한 기본적 법률관계에 해당하는 매매계약을 기초로 하여 건축주명의변경을 구하는 소도 소멸시효를 중단시키는 재판상 청구에 포함된다고 한 사례.

88) 대법원 2011. 2. 10. 선고 2010다81285 판결: 갑이 을을 상대로 부당이득반환청구의 소를 제기함으로써 갑의 을에 대한 채무불이행으로 인한 손해배상청구권의 소멸시효가 중단되는지가 문제 된 사안에서, 부당이득반환청구의 소제기로 채무불이행으로 인한 손해배상청구권의 소멸시효가 중단되었다고 본 원심판결을 파기한 사례.

(3) 원인채권의 지급을 확보하기 위한 방법으로 어음이 수수된 경우에 원인채권과 어음채권은 별개로서 채권자는 그 선택에 따라 권리를 행사할 수 있고, 원인채권에 기하여 청구를 한 것만으로는 어음채권 그 자체를 행사한 것으로 볼 수 없어 어음채권의 소멸시효를 중단시키지 못한다. 원인채권의 지급을 확보하기 위한 방법으로 어음이 수수된 경우, 이러한 어음은 경제적으로 동일한 급부를 위하여 원인채권의 지급수단으로 수수된 것으로서 그 어음채권의 행사는 원인채권을 실현하기 위한 것일 뿐만 아니라, 원인채권의 소멸시효는 어음금 청구소송에 있어서 채무자의 인적항변 사유에 해당하는 관계로 채권자가 어음채권의 소멸시효를 중단하여 두어도 채무자의 인적항변에 따라 그 권리를 실현할 수 없게 되는 불합리한 결과가 발생하게 되므로, 채권자가 원인채권에 기하여 청구를 한 것이 아니라 어음채권에 기하여 청구를 하는 반대의 경우에는 원인채권의 소멸시효를 중단시키는 효력이 있다고 봄이 상당하고, 이러한 법리는 채권자가 어음채권을 피보전권리로 하여 채무자의 재산을 가압류함으로써 그 권리를 행사한 경우에도 마찬가지로 적용된다.[89]

(4) 점유자가 소유자를 상대로 소유권이전등기 청구소송을 제기하면서 그 청구원인으로 '취득시효완성'이 아닌 '매매'를 주장함에 대하여, 소유자가 이에 응소하여 원고 청구기각의 판결을 구하면서 원고의 주장 사실을 부인하는 경우에는, 이는 원고 주장의 매매 사실을 부인하여 원고에게 그 매매로 인한 소유권이전등기청구권이 없음을 주장함에 불과한 것이고 소유자가 자신의 소유권을 적극적으로 주장한 것이라 볼 수 없으므로 시효중단사유의 하나인 재판상의 청구에 해당한다고 할 수 없다.[90]

(5) 민법 제168조 제1호, 제170조 제1항에서 시효중단사유의 하나로 규정하고 있는 재판상의 청구라 함은, 통상적으로는 권리자가 원고로서 시효를 주장하는 자를 피고로 하여 소송물인 권리를 소의 형식으로 주장하는 경우를 가리키지만, 이와 반대로 시효를 주장하는 자가 원고가 되어 소를 제기한 데 대하여 피고로서 응소하여 그 소송에서 적극적으로 권리를 주장하고 그것이 받아들여진 경우도 이에 포함되고, 위와 같은 응소행위로 인한 시효중단의 효력은 피고가 현실적으로 권리를 행사하여 응소한 때에 발생한다. 한편, 권리자인 피고가 응소하여 권리를 주장하였으나 그 소가 각하되거나 취하되는 등의 사유로 본안에서 그 권리주장에 관한 판단 없이 소송이 종료된 경우에도 민법 제170조 제2항을 유추적용하여 그때부터 6월 이내에 재판상의 청구 등 다른 시효중단조치를 취하면 응소시에 소급하여 시효중단의 효력이 있는 것으로 봄이 상당하다. 응소행위에 대하여 소멸시효중단의 효력을 인정하는 것은 그것이 권리 위에 잠자는 것이 아님을 표명한 것에 다름 아닐 뿐만 아니라 계속된 사실상태와 상용할 수 없는 다른 사정이 발생한 때로 보아야 한다는 것에 기인한 것이므로, 채무자가 반드시 소멸시효완성을 원인으로 한 소송을 제기한 경우이거나 당해 소송이 아닌 전 소송 또는 다른 소송에서 그와 같은 권리주장을 한 경우이어야 할 필요는 없고, 나아가 변론주의 원칙상 피고가 응소행위를 하였다고 하여 바로 시효중단의 효과가 발생하는 것은 아니고 시효중단의 주장

---

89) 대법원 1999. 6. 11. 선고 99다16378 판결. 다만 이미 시효로 소멸한 어음채권을 피보전권리로 한 가압류 결정에 의하여 그 원인채권의 소멸시효가 중단되는 것은 아니다(대법원 2007. 9. 20. 선고 2006다68902 판결).
90) 대법원 1997. 12. 12. 선고 97다30288 판결.

을 하여야 그 효력이 생기는 것이지만, 시효중단의 주장은 반드시 응소 시에 할 필요는 없고 소멸시효기간이 만료된 후라도 사실심 변론종결 전에는 언제든지 할 수 있다.[91]

(6) 담보가등기가 설정된 후에 그 목적 부동산의 소유권을 취득한 제3취득자나 물상보증인 등 시효를 원용할 수 있는 지위에 있으나 직접 의무를 부담하지 아니하는 자가 제기한 소송에서의 응소행위는 권리자의 의무자에 대한 재판상 청구에 준하는 행위에 해당한다고 볼 수 없다.[92]

(7) 비록 대항요건을 갖추지 못하여 채무자에게 대항하지 못한다고 하더라도 채권의 양수인이 채무자를 상대로 재판상의 청구를 하였다면 이는 소멸시효중단사유인 재판상의 청구에 해당한다.[93]

(8) 민법 제174조에 규정된 시효중단사유로서의 최고의 경우, 채무이행을 최고받은 채무자가 그 이행의무의 존부 등에 대하여 조사를 해 볼 필요가 있다는 이유로 채권자에 대하여 그 이행의 유예를 구한 경우에는 채권자가 그 회답을 받을 때까지는 최고의 효력이 계속된다고 보아야 하고, 따라서 같은 조에 정한 6월의 기간은 채권자가 채무자로부터 회답을 받은 때로부터 기산되는 것이라고 해석하여야 한다.[94]

사례 7

甲은 1992. 4. 내지 같은 해 7.경 사이에 乙로부터 丙 발행의 약속어음과 당좌수표 9매를 각 배서·양도받고, 乙에게 각 액면금에서 지급기일까지 월 2.5%의 선이자를 공제한 금액을 교부하였다. 乙은 1992. 8. 18. 甲에게 "A에게 가등기되어 있는 X 아파트를 가등기 해제하여 어음 소지인인 甲에게 1992. 10. 30.까지 전액 근저당 설정해 줄 것을 약속합니다"라는 내용의 각서를 작성해 주었다(이하 '이 사건 약정'이라 함).
甲은 제1심에서는 乙을 상대로 이 사건 약정에 기한 근저당권설정등기만을 구하다가, 원심에서 그 대여금청구를 추가하였다.

<원심의 판단>

상인인 乙이 사업자금의 조달을 위하여 차용한 금원의 담보로 이 사건 약정을 한 점에 비추어, 이 사건 근저당권설정등기청구권은 보조적 상행위를 원인으로 발생하였으므로, 이행기인 1992. 10. 30.부터 5년이 경과한 1997. 10. 30.경 소멸시효가 완성되었다고 할 것이고, 이 사건 근저당권설정등기청구권은 그 피담보채권과는 별개의 청구권으로서 시효기간 또한 독자적으로 진행된다.

甲이 그 대여금채권의 존재를 전제로 이 사건 근저당권설정등기절차의 이행을 구한 것은 그 대여금채권 자체에 대한 재판상의 청구에 준하는 것으로서 그 피담보채권인 대여금채권에 관하여 소멸시효중단의

---

91) 대법원 2010. 8. 26. 선고 2008다42416, 42423 판결.
92) 대법원 2007. 1. 11. 선고 2006다33364 판결.
93) 대법원 2005. 11. 10. 선고 2005다41818 판결.
94) 대법원 2006. 4. 28. 선고 2004다16976 판결.

효력이 있고, 비록 근저당권설정등기절차의 이행을 구하는 부분은 앞서 본 바와 같은 이유로 받아들여지지 않지만, 그 소송계속 중 당심에서 추가된 위 대여금 자체의 이행청구가 받아들여지는 이상 그 범위 내에서는 당초 이 사건 제소로써 중단된 효력이 그대로 유지된다.

[상고이유]

원고: 근저당권이 그 부종성에 따라 피담보채권이 소멸하지 않는 한 소멸하지 않는 점, 토지 등 부동산을 인도받아 점유하고 있는 자의 소유권이전등기청구권이 소멸시효가 진행되지 않는 점에 비추어 상대방에 대하여 유효한 채권을 가지고 있는 한 이를 담보하기 위한 근저당권설정등기청구권은 시효로 소멸하지 않는다고 봄이 상당하다.

피고: 근저당권설정등기청구권이 이 사건과 같이 대여금채권의 존재를 전제로 한다고 하더라도 근저당권설정등기청구권과 대여금청구권은 전혀 별개의 청구권이므로 근저당권설정등기청구의 소를 제기하였다 하더라도 대여금채권에 대한 소멸시효진행이 중단된다는 법리는 있을 수 없으며, 근저당권설정등기가 경료되어 있다 하더라도 근저당권의 피담보채권의 소멸시효는 중단됨이 없이 계속 진행되는 것임에도, 하물며 근저당권설정등기청구를 하는 단계에서 그 담보될 채권의 소멸시효가 중단된다고 볼 수는 없는 것이다.

[대법원 2004. 2. 13. 선고 2002다7213 판결]

근저당권설정 약정에 의한 근저당권설정등기청구권은 그 피담보채권이 될 채권과 별개로 소멸시효에 걸린다. 원고의 근저당권설정등기청구권의 행사는 그 피담보채권이 될 금전채권의 실현을 목적으로 하는 것으로서, 근저당권설정등기청구의 소에는 그 피담보채권이 될 채권의 존재에 관한 주장이 당연히 포함되어 있는 것이고, 피고로서도 원고가 원심에 이르러 금전지급을 구하는 청구를 추가하기 전부터 피담보채권이 될 금전채권의 소멸을 항변으로 주장하여 그 채권의 존부에 관한 실질적 심리가 이루어져 그 존부가 확인된 이상, 그 피담보채권이 될 채권으로 주장되고 심리된 채권에 관해서는 근저당권설정등기청구의 소의 제기에 의하여 피담보채권이 될 채권에 관한 권리의 행사가 있는 것으로 볼 수 있으므로, 근저당권설정등기청구의 소의 제기는 그 피담보채권의 재판상의 청구에 준하는 것으로서 피담보채권에 대한 소멸시효중단의 효력을 생기게 한다고 봄이 상당하다.[95]

---

95) 본 판결의 평석으로는 김승표, "근저당권설정등기청구권이 그 피담보채권이 될 채권과 별개로 소멸시효에 걸리는지 여부 및 근저당권설정등기청구의 소제기가 그 피담보채권이 될 채권에 대한 소멸시효중단사유가 되는지 여부", 「대법원판례해설 제49호」, 법원도서관(2004), p.11 이하 참조.

나. 압류·가압류·가처분

(1) 민법 제168조에서 가압류를 시효중단사유로 정하고 있는 것은 가압류에 의하여 채권자가 권리를 행사하였다고 할 수 있기 때문인데 가압류에 의한 집행보전의 효력이 존속하는 동안은 가압류채권자에 의한 권리행사가 계속되고 있다고 보아야 할 것이므로 가압류에 의한 시효중단의 효력은 가압류 집행보전의 효력이 존속하는 동안은 계속된다. 따라서 유체동산에 대한 가압류결정을 집행한 경우 가압류에 의한 시효중단 효력은 가압류 집행보전의 효력이 존속하는 동안 계속된다. 그러나 유체동산에 대한 가압류 집행절차에 착수하지 않은 경우에는 시효중단 효력이 없고, 집행절차를 개시하였으나 가압류할 동산이 없기 때문에 집행불능이 된 경우에는 집행절차가 종료된 때로부터 시효가 새로이 진행된다.96)

(2) 금전채권의 보전을 위하여 채무자의 금전채권에 대하여 가압류가 행하여진 경우에 그 후 채권자의 신청에 의하여 그 집행이 취소되었다면, 다른 특별한 사정이 없는 한 가압류에 의한 소멸시효중단의 효과는 소급적으로 소멸된다. 민법 제175조는 가압류가 '권리자의 청구에 의하여 취소된 때에는' 소멸시효중단의 효력이 없다고 정한다. 가압류의 집행 후에 행하여진 채권자의 집행취소 또는 집행해제의 신청은 실질적으로 집행신청의 취하에 해당하고, 이는 다른 특별한 사정이 없는 한 가압류 자체의 신청을 취하하는 것과 마찬가지로 그에게 권리행사의 의사가 없음을 객관적으로 표명하는 행위로서 위 법 규정에 의하여 시효중단의 효력이 소멸한다고 봄이 상당하다. 이러한 점은 위와 같은 집행취소의 경우 그 취소의 효력이 단지 장래에 대해서만 발생한다는 것에 의하여 달라지지 아니한다.97)

---

96) 대법원 2011. 5. 13. 선고 2011다10044 판결. 대법원 2000. 4. 25. 선고 2000다11102 판결: 민법 제168조에서 가압류와 재판상의 청구를 별도의 시효중단사유로 규정하고 있는데 비추어 보면, 가압류의 피보전채권에 관하여 본안의 승소판결이 확정되었다고 하더라도 가압류에 의한 시효중단의 효력이 이에 흡수되어 소멸된다고 할 수 없다.

97) 대법원 2010. 10. 14. 선고 2010다53273 판결: 원고가 이 사건 채권에 기하여 피고의 제3채무자에 대한 예금채권에 대하여

(3) 민법 제175조는 가압류가 "권리자의 청구에 의하여 또는 법률의 규정에 따르지 아니함으로 인하여 취소된 때에는 소멸시효중단의 효력이 없다"고 규정하고 있고, 이는 그러한 사유가 가압류 채권자에게 권리행사의 의사가 없음을 객관적으로 표명하는 행위이거나 또는 처음부터 적법한 권리행사가 있었다고 볼 수 없는 사유에 해당한다고 보기 때문이므로, 법률의 규정에 따른 적법한 가압류가 있었으나 제소기간의 도과로 인하여 가압류가 취소된 경우에는 위 법조가 정한 소멸시효중단의 효력이 없는 경우에 해당한다고 볼 수 없다. 또한, 가압류를 시효중단사유로 규정하고 있는 것은 가압류에 의하여 권리자가 권리를 행사하였기 때문인데 가압류에 의한 집행보전의 효력이 존속하는 동안은 가압류채권자에 의한 권리행사가 계속되고 있다고 보아야 할 것이므로, 가압류에 의한 시효중단의 효력은 가압류의 집행보전의 효력이 존속하는 동안 계속된다.98)

다. 승인

(1) 소멸시효중단사유로서의 승인은 시효이익을 받을 당사자인 채무자가 소멸시효의 완성으로 권리를 상실하게 될 자 또는 그 대리인에 대하여 그 권리가 존재함을 인식하고 있다는 뜻을 표시함으로써 성립하는바, 그 표시의 방법은 아무런 형식을 요구하지 아니하고 또한 명시적이건 묵시적이건 불문하며, 묵시적인 승인의 표시는 채무자가 그 채무의 존재 및 액수에 대하여 인식하고 있음을 전제로 하여 그 표시를 대하는 상대방으로 하여금 채무자가 그 채무를 인식하고 있음을 그 표시를 통해 추단하게 할 수 있는 방법으로 행해지면 족하다.99) 이자의 지급, 시효완성 전에 채무의 일부를 변제하거나 담보를 제공한 경우, 채권자가 채무자를 상대로 변제를 독촉하자 채무자가 그 지급기한을 연기하여 달라고 요청한 사실이 있는 경우 등에는 채무승인이 있는 것으로 볼 것이다.

(2) 형사재판절차에서 피해자를 위하여 손해배상금의 공탁이 이루어진 경우 그와 같은 공탁이 공탁금액을 넘는 손해배상채무에 관한 묵시적 승인에 해당하는지는 공탁서에 기재된 공탁원인사실의 내용을 중심으로, 공탁의 경위와 목적 및 공소사실의 다툼 여부, 인정되는 손해배상채무의 성격 및 액수와 공탁금액과의 차이, 그 밖의 공탁 전후의 제반 사정을 종합하여 판단하여야 한다.100)

가압류를 신청하여 2007. 5. 23. 자의 가압류결정이 그 무렵 제3채무자에게 송달되었으나 그 후 원고가 가압류집행의 해제를 신청하여 같은 해 7. 4. 그 가압류집행해제통지서가 피고에게 송달되었으므로 위 가압류로 인한 소멸시효중단의 효력은 소급적으로 소멸하였다고 판단한 사례.

98) 대법원 2011. 1. 13. 선고 2010다88019 판결: 가압류결정 후 제소기간 도과를 이유로 가압류가 취소된 사안에서, 채권의 소멸시효가 가압류로 인하여 중단되었다가 제소기간의 도과로 가압류가 취소된 때로부터 다시 진행된다고 한 원심의 판단을 수긍한 사례.

99) 대법원 2010. 11. 11. 선고 2010다46657 판결: 갑이 대표이사로 있는 을 회사가 병에게 공정증서를 작성해 준 행위는 갑이 자신의 공사대금채무에 대한 담보를 제공할 목적으로 을 회사로 하여금 갑의 공사대금채무를 병존적으로 인수하게 한 것으로 보아야 하므로, 갑이 자신의 공사대금채무의 존재 및 액수에 대하여 인식하고 있음을 묵시적이나마 병에게 표시한 것으로 볼 수 있고, 병의 갑에 대한 위 공사대금채권은 채무자인 갑의 위와 같은 을 회사 명의의 공정증서 작성·교부를 통한 채무승인에 의하여 그 소멸시효가 중단되었다고 한 사례.

100) 대법원 2010. 9. 30. 선고 2010다36735 판결: 형사재판절차에서 무죄를 주장하면서도 유죄가 인정되는 경우에 대비하여 제1심판결 및 항소심판결 선고 전에 각 1,000만 원을 공탁하면서 손해배상금의 일부라는 표시도 하지 않고 공탁금 회수제한신고

(3) 승인으로 인한 시효중단의 효력은 그 승인의 통지가 상대방에게 도달하는 때에 발생한다.[101]

(4) 소멸시효의 중단사유로서 채무자에 의한 채무승인이 있었다는 사실은 이를 주장하는 채권자 측에서 입증하여야 한다.[102]

라. 소멸시효중단의 효력

(1) 채권자대위권 행사의 효과는 채무자에게 귀속되는 것이므로 채권자대위소송의 제기로 인한 소멸시효중단의 효과 역시 채무자에게 생긴다.[103]

(2) 보증채무에 대한 소멸시효가 중단되었다고 하더라도 이로써 주 채무에 대한 소멸시효가 중단되는 것은 아니고, 주 채무가 소멸시효완성으로 소멸된 경우에는 보증채무도 그 채무 자체의 시효중단에 불구하고 부종성에 따라 당연히 소멸된다.[104]

(3) 채권자와 주 채무자 사이의 확정판결에 의하여 주 채무가 확정되어 그 소멸시효기간이 10년으로 연장되었다 할지라도 그 보증채무까지 당연히 단기소멸시효의 적용이 배제되어 10년의 소멸시효기간이 적용되는 것은 아니고, 채권자와 연대보증인 사이에 있어서 연대보증채무의 소멸시효기간은 여전히 종전의 소멸시효기간에 따른다.[105]

(4) 담보가등기를 경료한 토지를 인도받아 점유할 경우 담보가등기의 피담보채권의 소멸시효가 중단되는 것은 아니고, 담보가등기에 기한 소유권이전등기청구권의 소멸시효가 완성되기 전에 그 대상 토지를 인도받아 점유함으로써 소유권이전등기청구권의 소멸시효가 중단된다 하더라도 위 담보가등기의 피담보채권이 시효로 소멸한 이상 위 담보가등기 및 그에 기한 소유권이전등기는 결국 말소되어야 할 운명의 것이다.[106]

(5) 상법 제24조에 의한 명의대여자와 명의차용자의 책임은 동일한 경제적 목적을 가진 채무로서 서로

서도 첨부한 사안에서, 채무자가 부담하는 손해배상채무는 정신적 손해에 대한 위자료 지급채무의 성격을 가지는 것이어서 형사재판과정에서 그 액수를 구체적으로 산정하기 곤란하였다는 점 등에 비추어 보면, 위 각 공탁에 의하여 당시 그 공탁금을 넘는 손해배상채무가 존재함을 인식하고 있었다는 뜻을 표시한 것이라고 보기는 어렵다는 점에서 위 각 공탁에 의하여 공탁금을 넘는 손해배상채무를 승인한 것이라고 볼 수 없다는 이유로 손해배상채무 전액에 대한 승인의 효력을 인정한 원심판결을 파기한 사례.

101) 대법원 1995. 9. 29. 선고 95다30178 판결.
102) 대법원 2005. 2. 17. 선고 2004다59959 판결.
103) 대법원 2011. 10. 13. 선고 2010다80930 판결: 채권자 갑이 채무자 을을 대위하여 병을 상대로 부동산에 관하여 부당이득반환을 원인으로 한 소유권이전등기절차 이행을 구하는 소를 제기하였다가 피보전권리가 인정되지 않는다는 이유로 소각하판결을 선고받아 확정되었고, 그로부터 3개월 남짓 경과한 후에 다른 채권자 정이 을을 대위하여 병을 상대로 같은 내용의 소를 제기하였다가 병과 사이에 피보전권리가 존재하지 않는다는 취지의 조정이 성립되었는데, 또 다른 채권자인 무가 조정 성립일로부터 10여 일이 경과한 후에 을을 대위하여 병을 상대로 같은 내용의 소를 다시 제기한 사안에서, 채무자 을의 병에 대한 위 부동산에 관한 부당이득반환을 원인으로 한 소유권이전등기청구권의 소멸시효는 갑, 정, 무의 순차적인 채권자대위소송에 따라 최초의 재판상 청구인 갑의 채권자대위소송 제기로 중단되었다고 본 원심판단을 정당하다고 한 사례.
104) 대법원 2002. 5. 14. 선고 2000다62476 판결.
105) 대법원 2006. 8. 24. 선고 2004다26287, 26294 판결.
106) 대법원 2007. 3. 15. 선고 2006다12701 판결.

중첩되는 부분에 관하여 일방의 채무가 변제 등으로 소멸하면 타방의 채무도 소멸하는 이른바 부진정연대의 관계에 있다. 이와 같은 부진정연대채무에 서는 채무자 1인에 대한 이행청구 또는 채무자 1인이 행한 채무의 승인 등 소멸시효의 중단사유나 시효이익의 포기가 다른 채무자에게 효력을 미치지 아니한다.[107]

5. 소멸시효이익의 포기

(1) 채권에 대한 소멸시효가 완성되었다면 그 뒤에는 더 이상 소멸시효의 중단 문제가 생길 여지가 없다. 또한 채무자가 소멸시효완성 후 채무를 승인하였다면 시효완성의 사실을 알고 그 이익을 포기한 것이라고 추정할 수 있을 것이나, 그 시효 이익의 포기는 상대적 효과가 있음에 지나지 아니하므로 저당부동산의 제3취득자에게는 효력이 없다.[108]

(2) 채무자가 소멸시효완성 후 채무를 일부 변제한 때에는 그 액수에 관하여 다툼이 없는 한 그 채무 전체를 묵시적으로 승인한 것으로 보아야 하고, 이 경우 시효완성의 사실을 알고 그 이익을 포기한 것으로 추정되므로, 소멸시효가 완성된 채무를 피담보채무로 하는 근저당권이 실행되어 채무자 소유의 부동산이 경락되고 그 대금이 배당되어 채무의 일부 변제에 충당될 때까지 채무자가 아무런 이의를 제기하지 아니하였다면, 경매절차의 진행을 채무자가 알지 못하였다는 등 다른 특별한 사정이 없는 한, 채무자는 시효완성의 사실을 알고 그 채무를 묵시적으로 승인하여 시효의 이익을 포기한 것으로 보아야 한다.[109]

(3) 취득시효완성으로 인한 권리변동의 당사자는 시효취득자와 취득시효완성 당시의 진정한 소유자이므로, 시효이익의 포기는 특별한 사정이 없는 한 시효취득자가 취득시효완성 당시의 진정한 소유자에 대하여 하여야 그 효력이 발생한다.[110]

---

107) 대법원 2011. 4. 14. 선고 2010다91886 판결: 명의대여자를 영업주로 오인하여 명의차용자와 거래한 채권자가 물품대금채권에 관하여 상법 제24조에 의한 명의대여자 책임을 묻자 명의대여자가 그 채권이 3년의 단기소멸시효기간 경과로 소멸하였다고 항변한 사안에서, 부진정연대채무자의 1인에 불과한 명의차용자가 한 채무 승인 또는 시효이익 포기의 효력은 다른 부진정연대채무자인 명의대여자에게 미치지 않음에도, 명의차용자가 시효기간 경과 전 채권 일부를 대물변제하고 잔액을 정산하여 변제를 약속한 사실이 있으므로 이는 채무 승인 또는 시효이익 포기에 해당한다는 이유로 위 항변을 배척한 원심판단을 파기한 사례.
108) 대법원 2010. 3. 11. 선고 2009다100098 판결.
109) 대법원 2001. 6. 12. 선고 2001다3580 판결
110) 대법원 2009. 12. 10. 선고 2006다19177 판결.

V. 동시이행의 항변

1. 의의 및 요건사실

가. 의의

(1) 동시이행의 항변권은 쌍무계약에서 상대방이 그 채무이행을 제공할 때까지 자기의 채무이행을 거절할 수 있는 당사자 일방의 권리(연기적 항변권)를 말한다(민법 제536조 제1항). 판례는 공평의 관점에서 동시이행항변권의 적용범위를 확장하고 있다.

(2) 소송에서 각 당사자는 상대방이 동시이행의 항변권을 행사하지 않는 한 자신의 이행청구권을 아무 제한 없이 행사하고 관철할 수 있으며, 피고가 항변권을 행사하면 원고의 피고의 선이행의무를 증명하지 못하는 한 법원은 원고에 대하여 상환이행판결을 하게 된다.[111]

(3) 동시이행의 항변권은 쌍무계약의 계약 상대방에 대해서만 주장할 수 있으나, 유치권은 누구에 대해서도 그 점유물의 인도를 거절할 수 있는 물권이다.[112] 유치권에 관한 규정은 강행규정이나 동시이행의 항변권에 관한 규정은 임의규정이다.

나. 요건사실

(1) 동일한 쌍무계약에 기하여 발생하는 대립하는 채무가 존재할 것[113]

(2) 상대방의 채무가 변제기에 있을 것[114]

---

111) 이와 같은 항변권설(원용설)에 대하여 동시이행의 항변권을 실체법상의 권리고 보고 채무자가 이를 주장하건 않건 간에 양 당사자의 쌍무적 견련관계가 존재하는 한 채무자는 지체에 빠지지 않고, 피고에 의한 항변권의 원용은 원고의 청구권에 본래적으로 붙어 있는 제한 내지 조건에 대한 주장에 지나지 않는다는 실체권설이 있다.

112) 예컨대 갑의 부친 을의 시계를 병에게 수리를 의뢰하였는데 을이 시계의 반환을 구한 경우 병은 동시이행의 항변권을 내세워 그 반환을 거절할 수 없으나, 그 보수채권은 시계에 관하여 생긴 채권이므로 병은 그 시계에 대하여 갖고 있는 유치권을 행사하여 시계의 반환을 거절할 수 있다.

113) 대법원 1989. 2. 14. 선고 88다카10753 판결: 당사자 쌍방이 각각 별개의 약정으로 상대방에 대하여 채무를 지게 된 경우에는 자기의 채무이행과 상대방의 어떤 채무이행과를 견련시켜 동시이행을 하기로 특약한 사실이 없다면 상대방이 자기에게 이행할 채무가 있다 하더라도 동시이행의 항변권이 생긴다고 볼 수 없다.

114) 위 요건 이외에 상대방이 자기의 채무의 이행 또는 이행의 제공을 하지 아니하고 이행을 청구할 것을 들기도 하나, 이는 동시이행항변권의 발생요건으로 볼 것이 아니라 그 항변권이 가지는 효력의 범위라는 관점에서 파악하면 충분하다. 쌍무계약에 기하여 대립하는 채무가 발생하고, 채무자가 선이행의무를 부담하는 것이 아니면 당연히 채무자는 동시이행의 항변권을 취득하고, 다만 상대방이 그 채무를 이행하거나 그 이행을 제공하면서 채무의 이행을 청구하는 경우에는 동시이행의 항변권을 행사할 수 없는 것으로 새긴다. 양창수·김재형, p.100 참조.

2. 동시이행관계가 인정되는 경우

가. 매도인의 소유권이전등기절차이행의무(인도의무 포함)와 매수인의 잔금지급의무

(1) 부동산매매계약에서 발생하는 매도인의 소유권이전등기의무와 매수인의 매매잔대금지급의무는 동시이행관계에 있고, 동시이행의 항변권은 상대방의 채무이행이 있기까지 자신의 채무이행을 거절할 수 있는 권리이므로, 매수인이 매도인을 상대로 매매목적 부동산 중 일부에 대해서만 소유권이전등기의무의 이행을 구하고 있는 경우에도 매도인은 특별한 사정이 없는 한 그 매매잔대금 전부에 대하여 동시이행의 항변권을 행사할 수 있다.[115]

(2) 부동산의 매매계약이 체결된 경우에는 매도인의 소유권이전등기의무, 인도의무와 매수인의 잔대금지급의무는 동시이행의 관계에 있는 것이 원칙이고, 이 경우 매도인은 특별한 사정이 없는 한 <u>제한이나 부담이 없는 소유권이전등기의무를 지는 것이므로 매매목적 부동산에 지상권이 설정되어 있고 가압류등기가 되어 있는 경우</u>에는 비록 매매가액에 비하여 소액인 금원의 변제로써 언제든지 말소할 수 있는 것이라 할지라도 매도인은 이와 같은 등기를 말소하여 완전한 소유권이전등기를 해 주어야 한다.[116]

(3) <u>매매목적물인 부동산에 근저당권설정등기나 가압류등기가 있는 경우에 매도인으로서는 위 근저당권설정등기나 가압류등기를 말소하여 완전한 소유권이전등기를 해 주어야 할 의무를 부담한다고 할 것이지만, 매매목적물인 부동산에 대한 근저당권설정등기나 가압류등기가 말소되지 아니하였다고 하여 바로 매도인의 소유권이전등기의무가 이행불능으로 되었다고 할 수 없고,</u> 매도인이 미리 이행하지 아니할 의사를 표시한 경우가 아닌 한, 매수인이 매도인에게 상당한 기간을 정하여 그 이행을 최고하고 그 기간 내에 이행하지 아니한 때에 한하여 계약을 해제할 수 있다.[117]

(4) 매수인이 선이행의무 있는 중도금을 지급하지 않았다 하더라도 계약이 해제되지 않은 상태에서 잔대금 지급일이 도래하여 그때까지 중도금과 잔대금이 지급되지 아니하고 잔대금과 동시이행관계에 있는 매도인의 소유권이전등기 소요서류가 제공된 바 없이 그 기일이 도과하였다면, 다른 특별한 사정이 없는 한, 매수인의 중도금 및 잔대금의 지급과 매도인의 소유권이전등기 소요서류의 제공은

---

115) 대법원 2006. 2. 23. 선고 2005다53187 판결. 부동산 매매계약에 있어 매수인이 부가가치세를 부담하기로 약정한 경우, <u>부가가치세를 매매대금과 별도로 지급하기로 했다는 등의 특별한 사정이 없는 한 부가가치세를 포함한 매매대금 전부와 부동산의 소유권이전등기의무가 동시이행의 관계에 있다고 봄이 상당하다</u>(대법원 2006. 2. 24. 선고 2005다58656, 58663 판결).

116) 대법원 1991. 9. 10. 선고 91다6368 판결. 同旨: 대법원 2000. 11. 28. 선고 2000다8533 판결: 부동산의 매매계약이 체결된 경우에는 매도인의 소유권이전등기의무, 인도의무와 매수인의 잔대금지급의무는 동시이행의 관계에 있는 것이 원칙이고, 이 경우 매도인은 특별한 사정이 없는 한 제한이나 부담이 없는 완전한 소유권이전등기의무를 지는 것이므로 매매목적 부동산에 가압류등기 등이 되어 있는 경우에는 매도인은 이와 같은 등기도 말소하여 완전한 소유권이전등기를 해 주어야 하는 것이고, 따라서 가압류등기 등이 있는 부동산의 매매계약에 있어서는 매도인의 소유권이전등기 의무와 아울러 가압류등기의 말소의무도 매수인의 대금지급의무와 동시이행 관계에 있다고 할 것이다.

117) 대법원 2003. 5. 13. 선고 2000다50688 판결.

동시이행관계에 있다 할 것이어서 그때부터는 매수인은 중도금을 지급하지 아니한 데 대한 이행지체의 책임을 지지 아니한다.[118]

(5) 부동산매매에 있어서는 당사자가 <u>특히 부동산 명도책임과 관계없이 잔대금 지급기일을 정한 것이거나 다른 특약이 있는 등 특별한 사정이 없다면</u> 매매부동산의 인도 및 명도의무도 그 잔대금지급의무와 동시이행의 관계에 있다.[119]

나. 임대차목적물 반환의무와 임대차보증금 반환의무

(1) 임대차계약의 기간이 만료된 경우에 임차인이 임차목적물을 명도할 의무와 임대인이 보증금 중 연체차임 등 당해 임대차에 관하여 명도 시까지 생긴 모든 채무를 청산한 나머지를 반환할 의무는 동시이행의 관계가 있다.[120]

(2) 임대인과 임차인이 임대차계약을 체결하면서 임대차보증금을 전세금으로 하는 전세권설정등기를 경료한 경우 임대차보증금은 전세금의 성질을 겸하게 되므로, 당사자 사이에 다른 약정이 없는 한 임대차보증금 반환의무는 민법 제317조에 따라 전세권설정등기의 말소의무와도 동시이행관계에 있다.[121]

(3) 전세권설정자는 전세권이 소멸한 경우 전세권자로부터 그 목적물의 인도 및 전세권설정등기의 말소등기에 필요한 서류의 교부를 받는 동시에 전세금을 반환할 의무가 있을 뿐이므로, 전세권자가 그 목적물을 인도하였다고 하더라도 전세권설정등기의 말소등기에 필요한 서류를 교부하거나 그 이행의 제공을 하지 아니하는 이상, 전세권설정자는 전세금의 반환을 거부할 수 있고, 이 경우 다른 특별한 사정이 없는 한 그가 전세금에 대한 이자 상당액의 이득을 법률상 원인 없이 얻는다고 볼 수 없다.[122]

(4) 주택임대차보호법 제3조의 3 규정에 의한 임차권등기는 이미 임대차계약이 종료하였음에도 임대인이 그 보증금을 반환하지 않는 상태에서 경료되게 되므로, 이미 사실상 이행지체에 빠진 임대인의 임대차보증금의 반환의무와 그에 대응하는 임차인의 권리를 보전하기 위하여 새로이 경료하는 임차권등기에 대한 임차인의 말소의무를 동시이행관계에 있는 것으로 해석할 것은 아니고, 특히 위 임차권등기는 임차인으로 하여금 기왕의 대항력이나 우선변제권을 유지하도록 해 주는 담보적 기능만을 주목적으로 하는 점 등에 비추어 볼 때, 임대인의 임대차보증금의 반환의무가 임차인의 임차권등기 말소의무보다 먼저 이행되어야 할 의무이다.[123]

(5) 임차인의 임차보증금반환청구채권이 전부된 경우에도 채권의 동일성은 그대로 유지되는 것이어서

---

118) 대법원 2002. 3. 29. 선고 2000다577 판결.
119) 대법원 1980. 7. 8. 선고 80다725 판결.
120) 대법원 1977. 9. 28. 선고 77다1241, 1242 전원합의체 판결.
121) 대법원 2011. 3. 24. 선고 2010다95062 판결.
122) 대법원 2002. 2. 5. 선고 2001다62091 판결.
123) 대법원 2005. 6. 9. 선고 2005다4529 판결.

동시이행관계도 당연히 그대로 존속한다고 해석할 것이므로 임대차계약이 해지된 후에 임대인이 잔존임차보증금반환청구채권을 전부받은 자에게 그 채무를 현실적으로 이행하였거나 그 채무이행을 제공하였음에도 불구하고 임차인이 목적물을 명도하지 않음으로써 임차목적물반환채무가 이행지체에 빠지는 등의 사유로 동시이행의 항변권을 상실하게 되었다는 점에 관하여 임대인이 주장·입증을 하지 않은 이상 임차인의 목적물에 대한 점유는 동시이행의 항변권에 기한 것이어서 불법점유라고 볼 수 없다.[124]

사례 8

甲은 2010. 4. 1. 乙에게 X 건물을 보증금 1억 원, 차임 월 100만 원, 임대차기간 1년으로 정하여 임대하였다가 임대차기간 만료를 이유로 X 건물의 인도청구를 하였다. 乙은 임대보증금반환과의 동시이행항변을 하면서 위 임대보증금 1억 원의 반환을 구하는 반소를 제기하였다. 위 임대차 종료 당시 甲의 채권은 목적물 훼손으로 인한 손해배상금 500만 원 및 2011. 3. 1. 이후 연체된 차임 또는 차임 상당의 부당이득금인데, 2011. 10. 30. 변론이 종결되었다. 본안에 관한 주문을 설시하시오.

[주문 예시]

1. 피고(반소원고)는 원고(반소피고)로부터 87,000,000원[125]에서 2011. 11. 1.부터 별지목록 기재 건물의 인도완료일까지 월 1,000,000원의 비율에 의한 금액을 공제한 나머지 금원을 지급받음과 동시에 원고(반소피고)에게 위 건물을 인도하라.

2. 원고(반소피고)는 피고(반소원고)로부터 제1항 기재 건물을 인도받음과 동시에 87,000,000원에서 2011. 11. 1.부터 별지목록 기재 건물의 인도완료일까지 월 1,000,000원의 비율에 의한 금액을 공제한 나머지 금원을 지급하라.

3. 원고(반소피고)의 나머지 본소청구 및 피고(반소원고)의 나머지 반소청구를 각 기각한다.

다. 계약해제 시 일방의 손해배상의무와 상대방의 원상회복의무

(1) 계약이 해제되면 계약당사자는 상대방에 대하여 원상회복의무와 손해배상의무를 부담하는데, 이때 계약당사자가 부담하는 원상회복의무뿐만 아니라 손해배상의무도 함께 동시이행의 관계에 있다.[126]

---

124) 대법원 2002. 7. 26. 선고 2001다68839 판결.
125) 임대보증금에서 손해배상액 및 변론종결 시까지 확정된 연체차임액을 공제하면 8,700만 원{1억 원 - (500만 원 + 100만 원×8개월)}이 된다. 손해배상액만 공제하고 연체차임액을 특정하지 아니하고 기재할 수도 있다. 예시: 피고(반소원고)는 원고(반소피고)로부터 95,000,000원에서 2011. 3. 1.부터 별지목록 기재 건물의 인도완료일까지 월 1,000,000원의 비율에 의한 금액을 공제한 나머지 금원을 지급받음과 동시에 원고(반소피고)에게 위 건물을 인도하라.
126) 대법원 1996. 7. 26. 선고 95다25138, 25145 판결.

(2) 법정해제권 행사의 경우 당사자 일방이 그 수령한 금전을 반환함에 있어 그 받은 때로부터 법정이자를 부가함을 요하는 것은 민법 제548조 제2항이 규정하는 바로서, 이는 원상회복의 범위에 속하는 것이며 일종의 부당이득반환의 성질을 가지는 것이고 반환의무의 이행지체로 인한 것이 아니므로, 부동산 매매계약이 해제된 경우 매도인의 매매대금 반환의무와 매수인의 소유권이전등기말소등기 절차이행의무가 동시이행의 관계에 있는지와는 관계없이 매도인이 반환하여야 할 매매대금에 대해서는 그 받은 날로부터 민법 소정의 법정이율인 연 5푼의 비율에 의한 법정이자를 부가하여 지급하여야 하고, 이와 같은 법리는 약정된 해제권을 행사하는 경우라 하여 달라지는 것은 아니다.127)

(3) 부동산에 관한 매매계약을 체결한 후 매수인 앞으로 소유권이전등기를 마치기 전에 매수인으로부터 그 부동산을 다시 매수한 제3자의 처분금지가처분신청으로 매매목적부동산에 관하여 가처분등기가 이루어진 상태에서 매도인과 매수인 사이의 매매계약이 해제된 경우, 매도인만이 가처분이의 등을 신청할 수 있을 뿐 매수인은 가처분의 당사자가 아니어서 가처분이의 등에 의하여 가처분등기를 말소할 수 있는 법률상의 지위에 있지 않고, 제3자가 한 가처분을 매도인의 매수인에 대한 소유권이전등기의무의 일부이행으로 평가할 수 없어 그 가처분등기를 말소하는 것이 매매계약 해제에 따른 매수인의 원상회복의무에 포함된다고 보기도 어려우므로, 위와 같은 가처분등기의 말소와 매도인의 대금반환의무는 동시이행의 관계에 있다고 할 수 없다.128)

라. 매매계약의 무효·취소 시 쌍방의 원상회복의무

(1) 동시이행의 항변권을 규정한 민법 제536조의 취지는 공평의 관념과 신의칙에 합당하기 때문이며, 동 조가 민법 제549조에 의하여 계약해제의 경우 각 당사자의 원상회복의무에 준용되고 있는 점을 생각할 때, 쌍무계약이 무효로 되어 각 당사자가 서로 취득한 것을 반환하여야 하는 경우에도 동시이행관계가 있다고 보아 민법 제536조를 준용함이 옳다.129)

(2) 매매계약이 취소된 경우에 당사자 쌍방의 원상회복의무는 동시이행의 관계에 있고, 쌍무계약에서 쌍방의 채무가 동시이행관계에 있는 경우 일방의 채무의 이행기가 도래하더라도 상대방 채무의 이행제공이 있을 때까지는 그 채무를 이행하지 않아도 이행지체의 책임을 지지 않는 것이며, 이와 같은 효과는 이행지체의 책임이 없다고 주장하는 자가 반드시 동시이행의 항변권을 행사하여야만 발생하는 것은 아니다.130)

---

127) 대법원 2000. 6. 9. 선고 2000다9123 판결.
128) 대법원 2009. 7. 9. 선고 2009다18526 판결.
129) 대법원 1993. 9. 10. 선고 93다16222 판결.
130) 대법원 2010. 10. 14. 선고 2010다47438 판결: 갑이 을과 사이의 A 토지에 관한 매매계약을 기망을 이유로 취소함으로써 그 원상회복으로서 갑이 을에게 A 토지에 관하여 소유권이전등기의 말소등기절차를 이행할 의무가 있고, 또한 을은 갑에게 수령한 매매대금을 반환할 의무가 있는바, 갑과 을 사이의 이러한 각 의무는 동시이행의 관계에 있는 것이므로, 을은 갑으로부터 소유권이전등기의 말소등기절차를 이행받음과 동시에 위 매매대금을 반환할 의무가 있는 것이어서 갑이 을을 이행지체에 빠뜨리기 위해서는 소유권이전등기의 말소등기에 필요한 서류 등을 현실적으로 제공할 필요까지는 없으나, 최소한 위 서류 등을

마. 기타

(1) 전세권설정자는 전세권이 소멸한 경우 전세권자로부터 그 목적물의 인도 및 전세권설정등기의 말소등기에 필요한 서류의 교부를 받는 동시에 전세금을 반환할 의무가 있을 뿐이므로, 전세권자가 그 목적물을 인도하였다고 하더라도 전세권설정등기의 말소등기에 필요한 서류를 교부하거나 그 이행의 제공을 하지 아니하는 이상, 전세권설정자는 전세금의 반환을 거부할 수 있고, 이 경우 다른 특별한 사정이 없는 한 그가 전세금에 대한 이자 상당액의 이득을 법률상 원인 없이 얻는다고 볼 수 없다.[131]

(2) 하나의 계약 혹은 그 계약에 추가된 약정으로 둘 이상의 민법상의 전형계약 내지 민법상의 채권적 권리의무관계(이하 '민법상의 전형계약 등'이라 한다)가 포괄되어 있고, 이에 따른 당사자 사이의 여러 권리의무가 동일한 경제적 목적을 위하여 서로 밀접하게 연관되어 있는 경우에는, 이를 민법상의 전형계약 등에 상응하는 부분으로 서로 분리하여 그 각각의 전형계약 등의 범위 안에서 대가관계에 있는 의무만을 동시이행관계에 있다고 볼 것이 아니고, 당사자 일방의 여러 의무가 포괄하여 상대방의 여러 의무와 사이에 대가관계에 있다고 인정되는 한, 이러한 당사자 일방의 여러 의무와 상대방의 여러 의무는 동시이행의 관계에 있다고 볼 수 있다.[132]

(3) 기존의 원인채권과 어음채권이 병존하는 경우에 채권자가 원인채권을 행사함에 있어서 채무자는 원칙적으로 어음과 상환으로 지급하겠다고 하는 항변으로 채권자에게 대항할 수 있다. 그러나 채무자가 어음의 반환이 없음을 이유로 원인채무의 변제를 거절할 수 있는 것은 채무자로 하여금 무조건적인 원인채무의 이행으로 인한 이중지급의 위험을 면하게 하려는 데 그 목적이 있고, 기존의 원인채권에 터 잡은 이행청구권과 상대방의 어음반환청구권 사이에 민법 제536조에 정하는 쌍무계약상의 채권채무관계나 그와 유사한 대가관계가 있기 때문은 아니다. 따라서 어음상 권리가 시효완성으로 소멸하여 채무자에게 이중지급의 위험이 없고 채무자가 다른 어음상 채무자에 대하여 권리를 행사할 수도 없는 경우에는 채권자의 원인채권 행사에 대하여 채무자에게 어음상환의 동시이행항변을 인정할 필요가 없으므로 결국 채무자의 동시이행항변권은 부인된다.[133]

준비하여 두고 그 뜻을 을에게 통지하여 매매대금의 반환과 아울러 이를 수령하여 갈 것을 최고함을 요한다고 한 사례.

131) 대법원 2002. 2. 5. 선고 2001다62091 판결.
132) 대법원 2010. 3. 25. 선고 2007다35152 판결: 공사도급계약의 도급인이 자신 소유의 토지에 근저당권을 설정하여 수급인으로 하여금 공사에 필요한 자금을 대출받도록 한 사안에서, 수급인의 근저당권 말소의무는 도급인의 공사대금채무에 대하여 공사도급계약상 고유한 대가관계가 있는 의무는 아니지만, 담보제공의 경위와 목적, 대출금의 사용용도 및 그에 따른 공사대금의 실질적 선급과 같은 자금지원 효과와 이로 인하여 도급인이 처하게 될 이중지급의 위험 등 구체적인 계약관계에 비추어 볼 때, 이행상의 견련관계가 인정되므로 양자는 서로 동시이행의 관계에 있고, 나아가 수급인이 근저당권 말소의무를 이행하지 아니한 결과 도급인이 위 대출금 및 연체이자를 대위변제함으로써 수급인이 지게 된 구상금채무도 근저당권 말소의무의 변형물로서 그 대등액의 범위 내에서 도급인의 공사대금채무와 동시이행의 관계에 있다고 한 사례. 同旨: 대법원 2011. 2. 10. 선고 2010다77385 판결.
133) 대법원 2010. 7. 29. 선고 2009다69692 판결.

甲과 乙 사이의 계속적 물품공급거래가 2011. 9. 1. 종료됨에 따라 乙은 甲으로부터 선급금 등으로 발행·교부받아 이미 사용한 어음 1억 원에서 甲으로부터 아직 지급받지 못한 물품대금 2,000만 원을 공제한 나머지 8,000만 원을 지급할 의무가 있다. 甲은 乙에게 乙로부터 담보조로 교부받아 둔 5,000만 원의 乙 발행의 약속어음을 반환할 의무가 있는 경우 甲이 乙을 상대로 위 물품대금 8,000만 원의 지급을 구하였다. 乙은 위 금원 중 5,000만 원의 지급의무와 甲의 乙에 대한 위 어음의 반환의무는 동시이행의 관계에 있다고 주장할 수 있는가?[134]

(4) 도급계약에 있어서 완성된 목적물에 하자가 있는 때에는 도급인은 수급인에 대하여 하자의 보수를 청구할 수 있고, 그 하자의 보수에 갈음하여 또는 보수와 함께 손해배상을 청구할 수 있는바, 이들 청구권은 특별한 사정이 없는 한 수급인의 보수지급청구권과 동시이행의 관계에 있다.[135]

(5) 쌍무계약에서 쌍방의 채무가 동시이행 관계에 있는 경우 일방의 채무의 이행기가 도래하더라도 상대방 채무의 이행제공이 있을 때까지는 그 채무를 이행하지 않아도 이행지체의 책임을 지지 않는 것인바, 사실심 변론종결일까지 <u>수급인이 도급인에게 건물의 인도를 위한 이행제공 또는 이행을 하였다고 볼 수 없는 경우 건물의 인도의무와 동시이행관계에 있는 공사대금 지급의무에 관하여 도급인에게 이행지체의 책임이 있다고 할 수 없으므로</u> 위 공사대금에 대한 위 건물 인도일 이후의 지연손해금을 인정함에 있어서는 소송촉진 등에 관한 특례법 제3조 제1항 단서에 의하여 같은 조항 본문에 정한 이율이 적용되지 아니한다.[136]

(6) 지상권자, 전세권자, 임차인 등이 매수청구권을 행사한 경우[137] 그로 인하여 발생하는 대금지급채

---

134) 대법원 1999. 7. 9. 선고 98다47542, 47559 판결: 채무자가 어음의 반환이 없음을 이유로 원인채무의 변제를 거절할 수 있는 것은 채무자로 하여금 무조건적인 원인채무의 이행으로 인한 이중지급의 위험을 면하게 하려는 데에 그 목적이 있는 것이지, 기존의 원인채권에 터 잡은 이행청구권과 상대방의 어음 반환청구권이 민법 제536조에 정하는 쌍무계약상의 채권채무관계나 그와 유사한 대가관계가 있어서 그러는 것은 아니므로, 원인채무 이행의무와 어음 반환의무가 동시이행의 관계에 있다 하더라도 이는 어음의 반환과 상환으로 하지 아니하면 지급을 할 필요가 없으므로 이를 거절할 수 있다는 것을 의미하는 것에 지나지 아니하는 것이며, 따라서 채무자가 어음의 반환이 없음을 이유로 원인채무의 변제를 거절할 수 있는 권능을 가진다고 하여 채권자가 어음의 반환을 제공하지 아니하면 채무자에게 적법한 이행의 최고를 할 수 없다고 할 수는 없고, 채무자는 원인채무의 이행기를 도과하면 원칙적으로 이행지체의 책임을 진다.

135) 대법원 2001. 6. 15. 선고 2001다21632, 21649 판결: 수급인이 건물을 완공하였음에도 공사잔대금을 지급받지 못하는 때에는 공사잔대금조로 공사 관련 채무를 인수하고 부동산소유권을 양도받기로 약정한 경우, 수급인이 부동산의 소유권이전등기를 구하려면 수급인이 건물을 하자 없이 완공하였음에도 불구하고 도급인이 공사잔대금을 지급하지 못한 경우, 하자가 있는 경우라도 우선 하자의 보수를 구하는 때에는 그 하자의 보수에 소요되는 비용이 공사잔대금에 미달하는 경우, 그 하자의 보수에 갈음하는 손해배상을 구하는 때에는 그 손해배상액이 공사잔대금에 미달하는 경우, 그리고 그 하자의 보수와 함께 손해배상을 구하는 때에는 위 비용과 손해배상액의 합계가 공사잔대금에 미달하는 경우로서 도급인에게 소유권이전등기를 명하는 것이 신의칙에 비추어 부당하다고 보이지 않는 경우에 한한다 할 것이고, 그 하자로 인한 손해배상액 등이 위 공사잔대금을 초과하는 경우에는 수급인은 부동산에 관한 소유권이전등기를 구할 수 없다고 한 사례.

136) 대법원 2002. 10. 25. 선고 2002다43370 판결.

137) 대법원 1995. 7. 11. 선고 94다34265 전원합의체 판결: 토지임대인이 그 임차인에 대하여 지상물철거 및 그 부지의 인도를 청구한 데 대하여 임차인이 적법한 지상물매수청구권을 행사하게 되면 임대인과 임차인 사이에는 그 지상물에 관한 매매가 성립하게 되므로 임대인의 청구는 이를 그대로 받아들일 수 없게 된다. 이 경우에 법원으로서는 임대인이 종전의 청구를 계속 유지할 것인지, 아니면 대금지급과 상환으로 지상물의 명도를 청구할 의사가 있는 것인지(예비적으로라도)를 석명하고 임대인

무와 소유권이전 및 인도채무 사이에는 동시이행관계가 있다.[138)

3. 동시이행항변권의 효과

가. 상대방의 청구 저지효: 항변사항

(1) 동시이행의 항변권의 행사 여부는 채무자의 의사에 달려 있고, 채무자가 동시이행의 항변권을 행사한 경우에만 상대방이 그 채무이행을 제공할 때까지 상대방이 가지는 청구권의 실현을 저지할 수있다. 동시이행의 항변권은 당사자가 이를 원용하여야 그 인정 여부에 대하여 심리할 수 있다.[139)

(2) 원고는 자기의 의무이행 또는 이행의 제공 없이 매매계약에 기한 일방의 청구권을 행사할 수 있으며, 채무자(피고)가 동시이행의 항변권을 행사하지 않는 한 원고승소판결을 하고, 피고가 동시이행의 항변권을 주장하는 경우에는 동시(상환)이행판결을 하게 된다.[140) 따라서 원고가 단순청구를 관철시키기 위해서는 자기채무를 이행하였거나 이행의 제공을 하였음을 증명하여야 한다.

(3) 동시이행할 원고의 채무에 관하여 반소가 제기되어 본소청구와 반소청구를 모두 인용하는 경우에는 본소와 반소 양쪽 주문에 모두 동시이행의무의 내용을 표시하여야 한다.[141)

(4) 매매계약 체결과 대금완납을 청구원인으로 하여(무조건) 소유권이전등기를 구하는 청구취지에는 대금 중 미지급금이 있을 때에는 위 금원의 수령과 상환으로 소유권이전등기를 구하는 취지도 포함되어 있다고 할 것이다.[142) 매수인이 단순히 소유권이전등기청구만을 하고 매도인이 동시이행의 항변을 한 경우 법원이 대금수령과 상환으로 소유권이전등기절차를 이행할 것을 명하는 것은 그 청구 중에 대금지급과 상환으로 소유권이전등기를 받겠다는 취지가 포함된 경우에 한하므로 <u>그 청구가 반대급부 의무가 없다는 취지임이 분명한 경우에는 청구를 기각하여야 한다.</u>[143)

(5) 상환이행판결이 확정된 경우 동시이행관계에 있는 반대채권의 존재 및 액수 등에 대하여서는 기판력

이 그 석명에 응하여 소를 변경한 때에는 지상물명도의 판결을 함으로써 분쟁의 1회적 해결을 꾀하여야 한다.

138) 대법원 1991. 4. 9. 선고 91다3260 판결: 민법 제643조의 규정에 의한 토지임차인의 매수청구권행사로 지상건물에 대하여 시가에 의한 매매유사의 법률관계가 성립된 경우에 토지임차인의 건물명도 및 그 소유권이전등기의무와 토지임대인의 건물대금지급의무는 서로 대가관계에 있는 채무이므로 토지임차인은 토지임대인의 건물명도청구에 대하여 대금지급과의 동시이행을 주장할 수 있다.

139) 대법원 2006. 2. 23. 선고 2005다53187 판결: 피고는 매매계약에 따라 소유권이전등기의무의 이행을 구하는 원고의 본소에 대하여, 제1심에서 소유권이전등기의무의 이행과 동시에 매매잔대금의 지급을 구하는 반소를 제기하였다가 원심에서 이를 취하하였으나, 위 반소는 본소와 병합되어 그에 대한 변론이 공통으로 진행되었고, 그 취하 전에 제출하여 진술된 항소이유서에서 본, 반소에 걸쳐 원고에 대하여 매매잔대금의 지급을 구하는 취지로 주장하여 동시이행의 항변을 하였다고 못 볼 바 아니므로, 원심이 피고의 동시이행의 항변에 대하여 판단한 것에 변론주의와 당사자처분권주의에 위반한 위법이 없다.

140) 주문예: *피고는 원고로부터 금 30,000,000 원을 지급받음과 동시에(또는 상환으로) 원고에게 별지목록 기재 건물을 인도하라. 원고의 나머지 청구를 기각한다.*

141) 그렇게 하여야 각 청구에 기판력과 집행력이 생긴다. 사법연수원, 「민사실무 Ⅱ」, 2008, p.112 참조.

142) 대법원 1979. 10. 10. 선고 79다1508 판결.

143) 대법원 1980. 2. 26. 선고 80다56 판결. 따라서 그러한 명시적 의사표시가 없는 경우에는 원고의 단순이행청구에는 동시이행을 구하는 취지도 포함된 것으로 본다.

이 생길 여지가 없으나, 위 동시이행의 조건이 붙어 있다는 점에 관해서는 기판력이 미친다.144) 예컨대, 甲은 乙로부터 A 부동산에 관하여 매매를 원인으로 하는 소유권이전등기절차를 이행받음과 동시에 丙에게 B 부동산에 관하여 같은 날 매매를 원인으로 하는 소유권이전등기절차를 이행하라는 확정판결에 있어서 乙이 반대의무의 이행을 하지 않더라도 甲은 丙에게 B 부동산에 대한 소유권이전등기를 이행할 의무가 있는 것이라고 하는 주장은 위 확정판결의 기판력에 저촉되는 것이다.145)

(6) 동시이행관계에 있는 반대급부의 이행은 집행문부여의 요건이 아니고 집행 개시의 요건이므로 채권자는 집행 전에 집행기관에 반대급무의 이행의 제공을 하였음을 증명하면 된다.146)

나. 이행지체 저지효: 당연효

(1) 쌍무계약에서 쌍방의 채무가 동시이행관계에 있는 경우 일방의 채무의 이행기가 도래하더라도 상대방 채무의 이행제공이 있을 때까지는 그 채무를 이행하지 않아도 이행지체의 책임을 지지 않는다. 따라서 상대방은 이행지체를 이유로 손해배상을 청구하거나 계약을 해제할 수 없다.

(2) 동시이행의 관계에 있는 쌍무계약에 있어서 상대방의 채무불이행을 이유로 계약을 해제하려고 하는 자는 동시이행관계에 있는 자기 채무의 이행을 제공하여야 하고, 그 채무를 이행함에 있어 상대방의 행위를 필요로 할 때에는 언제든지 현실로 이행을 할 수 있는 준비를 완료하고, 그 뜻을 상대방에게 통지하여 그 수령을 최고하여야만 상대방으로 하여금 이행지체에 빠지게 할 수 있는 것이며, 단순히 이행의 준비태세를 갖추고 있는 것만으로는 안 된다.147)

(3) 이와 같은 이행지체 저지효과는 이행지체의 책임이 없다고 주장하는 자가 반드시 동시이행의 항변권을 행사하여야만 발생하는 것은 아니다.148)

---

144) 대법원 1996. 7. 12. 선고 96다19017 판결: 제소전화해의 내용이 채권자 등은 대여금 채권의 원본 및 이자의 지급과 상환으로 채무자에게 부동산에 관한 가등기의 말소등기절차를 이행할 것을 명하고, 채무자는 가등기담보 등에 관한 법률 소정의 청산금 지급과 상환으로 채권자 등에게 가등기에 기한 소유권이전의 본등기절차를 이행할 것과 그 부동산의 인도를 명하고 있는 경우, 그 제소전화해는 가등기말소절차 이행이나 소유권이전의 본등기절차 이행을 대여금 또는 청산금의 지급을 그 조건으로 하고 있는 데 불과하여 그 기판력은 가등기말소나 소유권이전의 본등기절차 이행을 명한 화해내용이 대여금 또는 청산금 지급의 상환이 조건으로 붙어 있다는 점에 미치는 데 불과하고, 상환이행을 명한 반대채권의 존부나 그 수액에 기판력이 미치는 것이 아니다.
145) 대법원 1975. 5. 27. 선고 74다2074 판결.
146) 오창수, 「로스쿨 민사집행법 - 이론과 실무 - 」, 한국학술정보(주)(2011), p.78 참조.
147) 대법원 1994. 10. 11. 선고 94다24565 판결.
148) 대법원 1998. 3. 13. 선고 97다54604, 54611 판결: 원고가 구하는 이 사건 잔대금 채권은 쌍무계약인 매매에 의하여 발생하는 것으로서 피고에 대하여 소유권이전등기절차를 이행할 채무와 동시이행의 관계에 있음이 분명하므로, 같은 취지에서 원심이 매도인인 원고가 매수인인 피고에게 소유권이전등기에 필요한 서류를 제공하였음을 인정할 아무런 자료가 없다는 이유로 잔대금 지급기일의 경과로 바로 피고가 이행지체에 빠진다고 할 수는 없다고 판단한 것은 정당하다.

다. 기타

(1) 동시이행의 항변권이 붙은 채권은 이를 자동채권으로 하여 상계하지 못한다.

> **사례 6**
>
> 甲은 乙과 X 부동산에 관하여 매매대금 1억 원으로 하는 매매계약을 체결하고, 乙로부터 계약금 1,000만 원과 중도금 4,000만 원을 지급받았다. 그런데 甲은 乙에 대하여 5,000만 원의 대여금채무가 있다. 甲은 乙에 대하여 위 부동산매매잔대금채권 5,000만 원을 자동채권으로 하여 乙의 甲에 대한 대여금채권과 상계할 수 있는가?

(2) 동시이행의 항변권을 가지는 채무자는 비록 이행기에 이행을 하지 않더라도 그것만으로 채무불이행이 되지 않는다. 따라서 상대방이 그 채무자를 이행지체에 빠뜨리려면 우선 자기채무의 이행을 제공하여 채무자의 동시이행의 항변권을 소멸시켜야 한다.[149]

4. 소멸

가. 채무자가 수령지체에 빠진 경우에도 동시이행의 항변권을 영구히 상실시키는 것은 아니다. 상대방은 자신의 채무를 소멸시키거나 이행제공을 계속함으로써 채무자가 언제든지 이를 수령할 수 있는 상태가 유지된 경우에만 채무자는 상대방의 이행청구에 대하여 동시이행의 항변권을 행사할 수 없다(계속적 이행제공설).

나. 쌍무계약의 당사자 일방이 먼저 한번 현실의 제공을 하고 상대방을 수령지체에 빠지게 하였다 하더라도 그 이행의 제공이 계속되지 않는 경우는 과거에 이행의 제공이 있었다는 사실만으로 상대방이 가지는 동시이행의 항변권이 소멸하는 것은 아니므로, 일시적으로 당사자 일방의 의무의 이행제공이 있었으나 곧 그 이행의 제공이 중지되어 더 이상 그 제공이 계속되지 아니하는 기간 동안에는 상대방의 의무가 이행지체 상태에 빠졌다고 할 수는 없다고 할 것이고, 따라서 그 이행의 제공이 중지된 이후에 상대방의 의무가 이행지체되었음을 전제로 하는 손해배상청구도 할 수 없다.[150]

---

149) 양창수 · 김재형, p.97은 이러한 효과도 이를 소송에서 관철하려면 변론주의의 원칙상 동시이행의 항변권을 소송상 원용하여야 하고, 이것이 당사자에 의해 원용되지 않았는데도 법원이 직권으로 고려할 것은 아니라고 한다.
150) 대법원 1999. 7. 9. 선고 98다13754, 13761 판결.

5. 선이행 항변

가. 거래의 실제

거래의 실제는 쌍무계약의 경우에도 동시이행보다는 당사자의 특약 또는 법률의 규정에 의하여 일방이 상대방보다 먼저 이행할 의무(선이행의무)를 부담하는 경우가 많다. 부동산매매에서도 중도금지급은 매수인의 선이행의무가 되고, 임차인의 차임지급의무(민법 제663조), 수급인의 일의 완성의무(민법 제665조), 수임인의 위임사무처리의무(민법 제686조) 등도 선이행의무이다.

나. 선이행의무와 동시이행의 항변권

(1) 선이행의무를 부담하는 자는 동시이행의 항변권을 가지지 못한다. 다만 선이행의무를 이행하지 않고 있는 동안에 상대방의 채무가 변제기에 도달하면 비록 선이행의무자라도 그때부터 동시이행의 항변권을 갖는다.

(2) 쌍무계약의 일방 당사자가 선이행의무를 부담하는 경우에도 상대방의 이행이 곤란할 현저한 사유가 있는 때에는 이러한 채무의 이행불안사유가 해소될 때까지 자신의 선이행의무를 거절할 수 있는 불안의 항변권이 인정된다(민법 제536조 제2항).[151]

(3) 매수인이 매매의 목적이 된 부동산을 명도받기 전에 잔대금을 먼저 지급하기로 약정한 매매의 경우에, 매수인이 잔대금지급채무를 이행하지 아니하였다고 하더라도 매매계약이 해제되지 아니한 상태에서 부동산의 명도기일이 지날 때까지 부동산이 명도되지 아니하였다면, 그때부터는 매수인의 잔대금지급채무와 매도인의 부동산명도의무는 동시이행의 관계에 있게 된다.[152]

(4) 아파트 수분양자의 중도금 지급의무는 아파트를 분양한 건설회사가 수분양자를 아파트에 입주시켜 주어야 할 의무보다 선이행하여야 하는 의무이나, 건설회사의 신용불안이나 재산상태의 악화 등은 민법 제536조 제2항의 건설회사의 의무이행이 곤란할 현저한 사유가 있는 때 또는 민법 제588조의

---

151) 대법원 2005. 6. 24. 선고 2005다17501 판결: 민법 제536조 제2항 소정의 선이행의무를 지고 있는 당사자가 상대방의 이행이 곤란할 현저한 사유가 있는 때에 자기의 채무이행을 거절할 수 있는 경우란, 선이행의무를 지게 된 채권자가 계약성립 후 채무자의 신용불안이나 재산상태의 악화 등 사정으로 반대급부를 이행받을 수 없는 사정변경이 생기고 이로 인하여 당초의 계약내용에 따른 선이행의무를 이행케 하는 것이 공평과 신의칙에 반하게 되는 경우를 말하는 것으로, 이와 같은 사유는 당사자 쌍방의 사정을 종합하여 신중히 판단하여야 한다.

152) 대법원 1991. 8. 13. 선고 91다13144 판결. 대법원 1992. 4. 14. 선고 91다43107 판결: 매수인이 약정대로 중도금을 지급하지 않음으로써, 매도인이 소유권이전등기의무의 이행을 제공하지 않은 것과 관계없이 매수인이 이행지체에 빠졌다고 하더라도, 매도인이 매수인의 중도금지급의무의 불이행을 이유로 매매계약을 해제하지 않고 있는 상태에서 잔금지급기일이 도래하였는데도 매수인이 약정대로 잔금을 지급하지 않았다면, 매수인의 중도금을 포함한 매매잔대금의 지급의무와 매도인의 소유권이전등기의무는, 특별한 다른 사정이 없는 한 동시이행의 관계에 있는 것이라고 봄이 상당하므로 매도인으로서는 소유권이전등기의무의 이행을 제공하지 아니한 채 매수인의 매매잔대금지급의무의 불이행을 이유로 매매계약을 해제할 수 없다.

매매의 목적물에 대하여 권리를 주장하는 자가 있는 경우에 매수인이 매수한 권리의 전부나 일부를 잃을 염려가 있는 때에 해당하여, 아파트 수분양자는 건설회사가 그 의무이행을 제공하거나 매수한 권리를 잃을 염려가 없어질 때까지 자기의 의무이행을 거절할 수 있고, 수분양자에게는 이러한 거절권능의 존재 자체로 인하여 이행지체 책임이 발생하지 않으므로, 수분양자가 건설회사에 중도금을 지급하지 아니하였다고 하더라도 그 지체책임을 지지 않는다.[153]

---

153) 대법원 2006. 10. 26. 선고 2004다24106, 24113 판결.

제9장 채권자대위소송의 쟁점

Ⅰ. 사례

1. 乙이 X 부동산의 소유자 丙으로부터 X 부동산을 매입하여 甲에게 X 부동산을 전매하였다. 甲은 乙 및 乙을 대위한 丙을 공동피고로 하여 소유권이전등기청구의 소를 제기하였다. 위 소송계속 중 丙은 乙을 상대로 매매잔대금 일부 미지급을 이유로 일정 시점까지 잔금미지급금을 지급하지 않으면 계약해제를 할 것임을 통고하였다. 丙은 乙이 위 일자까지 일부 잔대금을 지급하지 않자 계약금과 중도금 전액을 변제공탁함과 동시에 계약해제의 의사표시를 하였고, 乙은 이의 없이 위 공탁금을 수령하였다. 乙과 丙은 채권자대위권을 행사하는 甲에게 그 계약해제로써 대항할 수 있는가?

2. 다음과 같은 사실관계하에서 원고와 피고 주장의 당부를 검토하라.
   (1) 기초사실: 피고는 그 남편인 A 소유의 별지목록 기재 각 부동산에 관하여 2000. 2. 19. 매매예약(이하 '이 사건 매매예약')을 원인으로 하여 청구취지 기재와 같이 소유권이전청구권가등기(이하 '이 사건 가등기')를 마쳤다. A는 원고(대한민국)에게 1999년 제2기 부가가치세 79,936,450원을 납부하지 않아 2007. 10. 8. 현재 원고에 대하여 63,769,880원의 세금을 체납하고 있다.
   (2) 청구취지: 피고는 A에게 별지목록 기재 각 부동산에 관하여 광주지방법원 2000. 2. 21. 접수 제3065호로 마친 소유권이전청구권가등기의 말소등기절차를 이행하라.
   (3) 원고의 주장: A는 원고에 대한 조세채무를 면탈하기 위하여 피고와 통정하여 허위로 이 사건 매매예약을 체결하였으므로 이 사건 매매예약은 무효이고, 원고는 A에 대한 채권자로서 A를 대위하여 무효인 이 사건 매매예약에 기한 이 사건 가등기의 말소를 구한다.
   (4) 피고의 주장: 피고는 1993년경 A에게 3,000만 원을 이율은 연 10%, 변제기는 3개월 후로 정하여 대여하였는데, A가 위 3,000만 원을 변제하지 못하여 이 사건 매매예약을 체결하고 이 사건 가등기를 한 것이다. 따라서 이 사건 매매예약과 가등기는 유효하다.

3. 다음과 같은 사실관계하에서 문제에 답하라.

乙 소유이던 이 사건 토지들과 그 지상 건물에 관하여 임의경매절차가 진행되어 A가 그 소유권을 취득하게 되었는데, 미등기상태인 제시외 건물(이하 '이 사건 건물')은 경매목적물이 아니어서 그 소유권을 취득하지 못하였다. 그 후 다시 이 사건 토지들과 그 지상 건물에 관하여 임의경매절차가 진행되어 甲이 그 소유권을 취득하게 되었는데, 이 사건 건물은 근저당권 설정자인 A의 소유가 아니었기 때문에 甲 역시 그에 대한 소유권을 취득하지 못하였다. 丙은 1998. 9. 1.부터, 丁은 1999. 1. 31.부터 기간을 각 12개월로 정하여, 乙로부터 이 사건 건물의 일부씩을 임차한 이래 현재까지 그 부분을 점유사용하고 있다. 甲은 위 소유권이전등기 후 丙과 丁에게 이 사건 건물의 인도를 요구하였으나, 丙과 丁은 이 사건 건물은 위 경매절차에서 경매목적물이 아니어서 甲의 소유가 아니라는 이유로 인도를 거부하자 이 사건 제1심법원에 소를 제기하면서 주위적으로는 이 사건 건물에 대한 소유권자로서 丙, 丁에게 이 사건 건물의 명도를 구하고, 예비적으로는 이 사건 토지들에 관한 소유자로서 이 사건 건물의 소유자인 乙을 상대로는 철거청구를, 그 점유자인 丙과 丁에 대해서는 퇴거청구를 하였다(그 외에 乙을 대위하여 丙, 丁을 상대로 이 사건 건물에 관한 명도청구를 하였다).

이 사건 제1심법원은 乙에 대한 철거청구에 대해서는 자백간주에 의한 원고(甲) 승소판결을, 피고(丙, 丁)들에 대한 퇴거청구에 대해서는 乙이 이 사건 건물과 관련하여 민법 제366조에서 정한 법정지상권을 취득하였으므로 원고의 퇴거청구에 응할 수 없다는 피고들의 항변을 받아들여 원고 패소판결을 선고하였다. 甲의 乙에 대한 철거청구를 인용한 부분은 항소 없이 확정되었고, 甲의 丙, 丁에 대한 퇴거청구를 기각한 부분에 대해서는 甲이 항소를 하였다가 항소심에 이르러 그에 대한 소를 취하하였다. 甲은 항소심 계속 중에 이 사건 건물의 철거청구권을 피보전권리로 하여 乙을 대위하여 丙, 丁에게 임대차계약의 기간만료로 임대차가 종료되었으니 이 사건 건물의 인도를 구한다는 내용으로 청구취지 및 청구원인을 변경하였다. 丙과 丁은 위 건물인도청구에 대하여 甲의 乙에 대한 피보전권리는 특정채권의 보선을 위한 것이 아니므로 甲의 대위청구는 허용될 수 없다고 다투고 있다. 변론종결 당시 乙의 무자력인지는 밝혀지지 않았다.

甲의 丙, 丁에 대한 소는 적법한가? 丙과 丁은 항소심에서 甲의 乙에 대한 이 사건 건물의 철거청구권의 존부를 다툴 수 있는가?

Ⅱ. 쟁점의 정리

(1) 실무상 채권자대위권을 소의 방법으로 행사하는 채권자대위소송이 많이 제기되고 있다. 특히 판례가 채무자의 자력 유무를 불문하고 등기청구권 등 특정채권의 보전을 위한 채권자대위권의 행사를 허용함으로써 채권자대위제도 본래의 취지가 변용되고 있고, 오히려 특정한 채권자만의 특정한 채권을 보전하기 위한 변용된 채권자대위권의 행사가 일반화되었다고 해도 과언이 아니다. 특정채권

보전을 위하여 무자력 요건과 무관하게 채권자대위권의 행사범위를 넓혀 가는 것이 채권자대위제도의 오용 내지 남용인지 아니면 거래계의 수요에 부응한 제도의 변용 내지 전용으로 볼 것인지는 논란이 계속되고 있다.

(2) 실무상 채권자대위소송이 많이 제기되고 있는 이유는 그만큼 채권자대위권에 대한 거래계의 수요가 많다는 것을 보여주는 것이다. 채권자대위소송에서는 채권자, 채무자, 제3채무자 등 관여하는 3자 간의 이해관계가 상충하는 관계에 있고, 이들의 이해관계를 합리적으로 조정할 필요가 있다.

(3) 채권자대위소송은 실체법과 절차법이 교차하는 법 영역에 관한 소송이다. 이하에서 채권자대위권을 소의 방법으로 행사하는 채권자대위소송에서 제기되는 쟁점들을 살펴보기로 한다.[1]

[요약]

(1) 요건사실(청구원인사실)

    ① 피보전채권(대위채권)의 존재

    ② 피보전채권의 이행기의 도래

    ③ 채권보전의 필요성

    ④ 피대위채권에 대한 채무자의 권리불행사

    ⑤ 피대위채권의 존재

(2) 주요항변

    ① 본안 전 항변: 피보전채권의 소멸, 채무자가 이미 권리를 행사하였거나 행사하고 있는 사실

    ② 본안의 항변: 제3채무자의 채무자에 대한 일반적인 항변

III. 채권자대위권의 의의 및 법적 성질

1. 채권자대위권의 의의

(1) 우리는 법률실무에서 '代位'라는 용어를 자주 접하게 된다. 物上代位(민법 제342조), 손해배상자의 대위(민법 제399조), 채권자대위(민법 제404조), 변제자대위(민법 제480조 이하), 보험자대위(상법 제681조) 등이 그것이다.[2] 통상 '代位'라고 함은 스스로 권리의 주체가 되는 것이 아니라 타인의 권리를 자기의 이름으로 자기 목적을 위하여 대신 행사하는 것을 말한다.

---

1) 상세는 오창수, "채권자대위소송의 실천적 의미 – 당사자의 지위 및 소송요건을 중심으로 – ", 「법과정책(제16권 제1호)」, 제주대학교 법과정책연구소(2010), p.125 이하 참조. 상세한 각주는 위 논문을 참고 바람.

2) 이 이외에도 고용보험법, 산업재해보상보험법, 국민연금법, 근로기준법, 임금채권보장법, 자동차손해보상보장법 등에서 '청구권 등의 대위'에 관하여 규정하고 있다. 실무상 이러한 대위에 따른 구상금청구소송이 상당히 많은 편이다.

(2) 그러나 채권자대위권에 있어서는 피대위채권의 주체인 채무자도 스스로 권리를 행할 자격이 있으나, 다른 대위에 있어서는 질권자나 저당권자, 손해배상자, 변제자, 보험자 등만이 권리를 행사할 수 있고, 피대위채권의 주체인 채무자는 권리행사가 금지되는 점에서 차이가 있다.[3] 이 점에서 채권자대위를 임의대위, 나머지 대위를 법정대위로 부를 수도 있을 것이다.[4]

(3) 채권자대위권은 본래 채권자취소권과 함께 채무자의 책임재산을 보전하고 강제집행을 준비하기 위하여 채권자에게 인정된 법적 수단이다. 채권은 원래 채무자에 대한 청구권에 불과할 뿐 채무자의 재산에 대한 권리가 아니다. 채권의 상대효 원칙에 따라 채무자의 재산에 대해서는 채무자만이 그 주체이고 채권자나 제3자는 채무자의 권리행사에 개입할 수 없는 것이 원칙이다. 그러나 채무자의 자유로운 재산처분으로 인해 채무자의 책임재산이 없거나 부족한 경우 채권의 실질적 가치를 확보하기 위하여 예외적으로 채권자가 채무자의 책임재산에 대하여 간섭을 허용하는 것이 바로 채권자대위권과 채권자취소권이다.

(4) 채권자대위권은 채권자가 자기의 채권을 보전하기 위하여 채무자의 권리를 대신 행사할 수 있는 권리를 말한다(민법 제404조 제1항). 그러나 채권자대위권은 채권의 대외적 효력으로 인정되는 것이기는 하나[5] 채권의 상대효의 원칙에 대한 예외적인 권리라는 점이 우선적으로 고려되어야 한다. 이 채권자대위권은 채권에 대한 강제집행제도가 불비된 프랑스 민법상의 '간접소권(action indirecte, 대위소권)'에서 유래한 것이고, 강제집행절차가 완비된 독일은 민법에 채권자대위권에 관한 규정이 없고 민사소송법에 대위소권제도와 유사한 추심소송제도를 두고 있을 뿐이라고 한다. 우리나라는 독일법과 같이 강제집행제도가 비교적 완비되어 있음에도 불구하고 일본법을 계수하여 민법에서 채권자대위권을 규정하고 있다(민법 제404조, 제405조). 채권자대위권은 강제집행을 하기 위하여 필요한 집행권원이 없어도 되고, 권리행사가 간편하며, 채무자의 권리에 대한 시효중단과 같은 보전행위뿐만 아니라 취소권·해제권 등 형성권도 채권자대위권의 대상이 되는 점에서 재권사내위권제도의 유용성이 크다고 할 수 있다. 또한 채권자대위권이 책임재산의 보전을 넘어 사실상 채권의 간이추심제도로서의 기능도 한다.[6] 민사보전절차로서 가압류·가처분, 강제집행절차로서의 채권압

---

3) 예컨대, 보험자가 피보험자에게 보험금을 지급하면 피보험자가 제3자에 대해 갖는 손해배상청구권은 법률상 당연히 보험자에게 이전하여 보험자만이 제3자에 대한 권리를 취득한다. 피보험자가 보험자로부터 보험금을 지급받은 후에도 제3자에 대한 청구권을 보유·행사하게 하는 것은 피보험자에게 손해의 전보를 넘어 오히려 이득을 주는 결과가 되기 때문이다. 상세는 오창수, "보험자 대위에 관한 판례이론의 검토－청구권대위를 중심으로－", 「변호사(제31집)」, 서울지방변호사회(2001), pp.84~85 참조.

4) 여기서 임의대위는 법률에 규정이 없는 대위라는 뜻이 아니라 채무자의 권리와 채권자의 대위권이 병존하며 대위권행사 여부가 채권자의 의사에 달려 있다는 의미이다.

5) 채무불이행의 경우 채권자에게 인정되는 강제이행청구권(민법 제389조)과 손해배상청구권(민법 제390조)을 채권자와 채무자 간에 발생하는 채권의 대내적 효력이라고 한다면, 채권자대위권은 채권자취소권과 함께 채권자에게 그의 피보전채권을 위하여 채무자와 제3채무자 사이의 대외관계에까지 간섭을 허용하는 권리라는 점에서 이를 채권의 대외적 효력이라고 할 수 있다.

6) 예컨대 채무자가 제3채무자에게 금전채권을 가지고 있는 경우 채권자는 제3채무자에 대해 채무자에게 이행할 것을 청구하는 대신 자신에게 직접 이행할 것을 청구하여 이를 직접 수령할 수 있고, 이 경우 채권자는 채무자에 대해 가지고 있는 금전채권과 채무자가 채권자에 대해 가지고 있는 변제수령금의 반환청구권을 상계함으로써 다른 채권자보다 실질적으로 우선변제를 받는 결과를 얻을 수 있다. 판례는 원고가 미등기 건물을 매수하였으나 소유권이전등기를 하지 못한 경우에는 위 건물의 소유권을 원시취득한 매도인을 대위하여 불법점유자에 대하여 명도청구를 할 수 있고 이때 원고는 불법점유자에 대하여 직접 자기에게 명도할 것을 청구할 수도 있다고 한다. 대법원 1980. 7. 8. 선고 79다1928 판결; 대법원 1995. 5. 12. 선고 93다59502 판결 등

류 및 추심명령이나 전부명령과 더불어 실무상 채권자대위소송이 활발히 제기되는 이유가 바로 여기에 있다.

(5) 특히 판례가 특정한 채권자만의 특정한 채권을 보전하기 위하여 채권자대위권의 행사범위를 넓혀 가면서 모든 채권자를 위하여 채무자의 일반재산을 확보함을 목적으로 하는 채권자대위권 본래의 취지는 탈색되고, 채무자의 자력 유무를 불문하고 등기청구권 등 특정채권의 보전을 위한 채권자대위권의 행사가 허용됨으로써 제도 본래의 취지가 변용되고 있다. 예컨대, 부동산의 전전매도된 경우(A→B→C) 매수인(C)이 매도인(B)에 대한 소유권이전등기청구권을 보전하기 위하여 매도인(B)을 대위하여 전 매도인(A)을 상대로 소유권이전등기청구권을 대위행사 하는 경우가 많다. 오히려 특정한 채권자만의 특정한 채권을 보전하기 위한 변용된 채권자대위권의 행사가 일반화되었다고 해도 과언이 아니다. 채권자대위권은 강제집행절차와는 별개로 독자적인 존재의의를 가지고 채권자의 권리실현에 이바지하는 중요한 역할과 기능을 담당하고 있다.

2. 채권자대위권의 법적 성질

(1) 채권자대위권의 법적 성질에 관해서는 이를 일종의 법정대리권이나 특수한 대리권으로 보거나 법정 포괄적 담보권으로 보는 견해가 있으나, 채권자가 법률의 규정에 의하여 사실상 또는 법률상의 행위를 통하여 채무자의 재산을 관리하는 권리로 보고 이를 일종의 법정재산관리권으로 보는 것이 통설이다. 채권자대위권 행사의 효과가 채무자에게 귀속한다고 하더라도 채권자대위권은 채무자의 이름이 아닌 채권자의 이름으로 행사하는 것이므로 채권자대위권을 일종의 법정대리권이나 특수한 대리권으로 볼 수는 없다. 채권자대위권은 채권자의 채권을 보전하기 위해 채권자에게 부여된 <u>채권자의 고유권</u>이다.

(2) 채권자대위권은 본래 책임재산의 보전을 위한 순수한 실체법상의 권리이고, 채권자는 이를 통해 채무자의 권리를 대위행사할 수 있다. 채무자의 책임재산은 모든 채권자에 대해 평등한 지위에 있으므로 피보전채권이 금전채권인 경우 채권자는 그 대위권행사로부터 직접적으로 자기채권의 만족을 얻을 수는 없고, 법원으로부터 추심명령이나 전부명령을 얻은 경우에 대위권행사의 객체인 채권으로부터 만족을 얻을 수 있다. 이 경우 채권자가 자기의 채권을 보전하기 위하여 채무자의 권리를 행사하는 채권자대위권은 <u>법률의 규정에 의하여 채무자의 재산을 관리할 수 있는 일종의 법정재산관리권</u>으로 이해할 수 있다.

(3) 채권자대위권을 채권자가 자신의 채권의 보전을 위하여 채무자의 책임재산 전체에 대하여 가지는 일종의 포괄적 담보권과 사적인 실행방법의 성질을 가진 것으로 보는 견해가 있다. 이 견해는 채권

참조.

자대위권이 소극적인 책임재산 보전기능을 넘어서서 집행권원을 얻지 않고 집행할 수 있는 적극적인 채권만족기능을 가진 채권추심제도로서의 의의를 강조하고 있다. 이 견해가 채권자대위권의 행사를 통해 채권자의 채권을 실현하는 실제를 잘 포착한 것으로 볼 수는 있으나, 피보전채권이 금전채권인 경우 채권자가 상계에 의하여 실제로 우선변제를 받는 결과를 가져오는 점을 비유적으로 표현한 것을 넘어서서 우리 법제상 포괄담보권이나 사적 실행방법을 인정하기에는 무리가 있다. 또한 포괄적 담보권이라는 담보권의 의미가 분명하지 아니하고, 이를 인정하게 되면 물권법정주의에 반하며, 피보전채권이 금전채권이 아닌 특정채권인 경우에는 담보와는 직접 관련이 없다는 점에서 포괄담보권설은 그 이론적 한계를 지니고 있다고 할 것이다.

(4) 채권자대위권을 채권자가 채무자의 권리를 대위하는 것이 아니라 채무자의 자력과 관계없이 채무자의 권리와 동일한 독립의 청구권을 취득하고 그 효과 역시 채권자에게 귀속되는 것으로 파악하는 직접청구권설이 있다. 그러나 책임보험에서의 피해자의 보험자에 대한 직접청구권,[7] 수급사업자의 발주자에 대한 하도급공사대금 직접청구권[8] 등과 같은 특별규정도 없는데 일반적으로 특정채권보전을 위한 채권자대위권행사를 직접청구권의 행사로 규율할 수 있는지는 의문이다. 채권자대위권을 직접청구권의 행사로 보게 되면 오히려 채권의 상대효원칙에 대한 예외로 인정된 채권자대위제도가 궤도이탈을 할 우려가 있다. 일반 채권자에게 채무자의 권리에 대한 직접청구권을 인정하게 되면 채권의 상대성은 무너진다. 특정채권 보전을 위하여 무자력 요건과 무관하게 채권자대위권을 전용하는 것이라고 하더라도 이를 채권자대위제도에 대한 오용 내지 남용으로 보기보다는 특정채권보전을 위한 거래의 수요에 부응하기 위한 판례의 법 창조기능으로 볼 수 있다. 채권자대위권을 채권자의 고유권으로 본다고 하더라도 이는 채무자가 제3채무자에게 대하여 가지고 있는 권리를 채권자가 대위하여 행사하는 기본 구조를 무시할 수는 없다.

(5) 판례는 채권자대위권의 법적성질을 명백히 밝힌 것은 없으나, 채권자대위권을 행사하는 경우 채권자와 채무자는 일종의 법정위임의 관계에 있으므로 채권자는 민법 제688조를 준용하여 채무자에게 그 비용의 상환을 청구할 수 있다고 함으로써[9] 채권자대위권을 법정재산관리권으로 파악하는 것으로 새길 수 있다.

3. 채권자대위소송의 실천적 의미

(1) 채권자대위권은 실체법상의 권리이지 소송법상의 권리가 아니다. 따라서 채권자대위권을 재판상 또는 재판 외에서도 행사할 수 있고, 채권자대위권을 반드시 소로써만 주장할 수 있는 것은 아니다.[10]

---

7) 상법 제724조 제2항, 자동차손해배상보장법 제10조 참조.
8) 하도급거래 공정화에 관한 법률 제14조 참조.
9) 대법원 1996. 8. 21. 자 96그8 결정.
10) 이 점에서 채권자대위권을 재판상 행사하여야 하는 권리로 규정한 프랑스 민법과 다르다.

실무상 채권자가 채무자인 상속인을 대위하여 채무자 앞으로 대위상속등기를 하는 예가 많다.[11) 이점이 실체법상의 권리인 채권자취소권을 형성의 소의 형태로 반드시 소로써만 주장하도록 되어 있는 것(민법 제406조)과 다른 점이다.

(2) 채권자대위권을 재판 외에서 행사할 경우 채권자가 채권자대위권을 행사한 것인지, 대위행사의 구체적 내용이 무엇인지에 관하여 채무자가 알 수 없는 상황이 발생할 수 있으므로 민법은 원칙적으로 피보전채권(대위채권)이 이행기에 있어야 하고(민법 제404조 제2항), 채권자가 채권자대위권을 행사한 때에는 채무자에게 통지하여야 하며, 채무자가 이 통지를 받은 후에는 그 권리를 처분하여도 채권자에게 대항하지 못하도록 하여(민법 제405조) 실체법적 요건을 규정하고 있다. 그러나 채권자대위권을 재판 외에서 행사할 경우 법률관계의 불명확성과 피보전채권 및 피대위채권의 존부 등에 관하여 당사자 간의 다툼을 피할 수 없으므로 채권자대위권을 소송상 행사하는 경우가 많고, 실무상 채권자대위권을 소의 방법으로 행사하는 채권자대위소송이 많이 제기되고 있다.[12) 재판 외에서 채권자대위권을 행사한 경우에도 대위권행사의 목적을 달성할 수 없는 경우에는 다시 채무자를 대위하여 행사된 채권자대위권의 법률효과를 바탕으로 채권자대위소송을 제기할 수밖에 없는 경우도 있다.

(3) 채권자대위권을 소로써 주장하는 경우 실체법상의 채권자대위권과 채권자대위소송을 어떻게 규율할 것인지가 문제의 관건이 된다. 실체법상의 권리를 소송상 행사할 경우 실체법과 절차법의 관계 설정의 문제는 채권자대위소송뿐만 아니라 민사법 전 영역에서 문제 된다.[13)

---

11) 부동산등기법 제52조는 채권자가 민법 제404조에 따라 채무자를 대위하여 등기를 신청할 때에는 신청서에 채권자와 채무자의 성명 또는 명칭, 주소 또는 사무소와 대위원인을 적고 대위원인을 증명하는 서면을 첨부하도록 하고 있다. 다만, 피상속인 소유의 부동산에 관하여 피상속인과의 사이에 매매 등의 원인행위가 있었으나 아직 등기신청을 하지 않고 있는 사이에 상속이 개시된 경우 상속인은 신분을 증명할 수 있는 서류를 첨부하여 <u>피상속인으로부터 바로 원인행위자인 매수인 등 앞으로 소유권이전등기를 신청할 수 있고</u> 그러한 경우에는 <u>상속등기를 거칠 필요가 없이 바로 매수인 앞으로 등기명의를 이전할 수 있으며</u> 이러한 법리는 상속인과 등기권리자의 공동신청에 의한 경우뿐만 아니라 피상속인과의 원인행위에 의한 권리의 이전, 설정의 등기청구권을 보전하기 위한 처분금지가처분신청의 인용에 따른 법원의 직권에 의한 가처분기입등기의 촉탁에서도 그대로 적용되므로 상속관계를 표시한 기입등기의 촉탁이 있을 경우 적법하게 상속등기를 거침없이 가처분기입등기를 할 수 있다(대법원 1995. 2. 28. 선고 94다23999 판결).

12) 엄격히는 소를 제기하는 것이지 소송을 제기하는 것이 아니고, 소(Klage)와 소송(Prozess)을 구별하여야 하겠지만[호문혁, 「민사소송법(제9판)」, 법문사, 2011, 71면 주1) 참조] '소송'의 약어로 '소'를 쓰기도 하고 판례와 실무는 '소'와 '소송'을 혼용하고 있으므로 '채권자대위의 소'라는 용어 대신에 '채권자대위소송'이라는 용어를 쓰더라도 큰 문제는 없다고 생각한다.

13) 호문혁, 앞의 책, p.51은 제소 그 자체는 실체법상의 권리행사의 한 방법이므로 제소가 신의칙에 위반되면 그것은 실체법의 신의칙 위배이지 소송법상 신의칙 위배가 되는 것은 아니라고 한다. 이 견해에 의하면 신의칙위배의 제소는 청구가 실체법상 이유가 없는 것이 되어 청구기각판결을 하여야 한다고 한다. 생각건대 실체법상의 권리행사의 방법이 아닌 제소는 거의 있을 수 없으므로 어떠한 경우가 소송법상의 신의칙 위배에 해당하는지 의문이 있다. 우리 법제는 실체법과 절차법을 체계적으로 분리하고 있고, 민사소송법 제1조 제2항에서 신의칙에 관한 명문의 규정을 두고 있는 이상 실체법상의 신의칙이 아닌 소송법상의 신의칙을 탐구할 필요가 있다. 그렇다고 하여 통설·판례와 같이 신의칙위반을 다른 소송요건과 동일한 반열에 놓고 소의 이익흠결로 부적법각하 하는 것도 옳지 않다. 소송법상 신의칙 위배를 청구(본안)의 당부판단에 흡수하여 청구기각판결을 하는 것이 소송심리의 체계와도 부합한다고 생각한다.

IV. 당사자의 지위[14)](#)

1. 채권자의 지위: 당사자적격

가. 채권자대위소송의 법적 성질

(1) 채권자대위권의 법적 성질과 별도로 채권자대위소송의 법적 성질에 관하여 이를 법정소송담당으로 보는 통설과 채권자는 단지 민법상의 채권자대위권이라는 실체법상의 권리를 소송상 행사하는 것에 불과하다는 독자적 권리행사설이 있다.

(2) 특정의 소송사건에서 정당한 당사자로서 소송을 수행하고 본안판결을 받기에 적합한 자격을 당사자적격 또는 정당한 당사자라고 하고, 이를 권한의 측면에서 파악하면 소송수행권(관리처분권)이 된다. 통설은 채권자대위소송을 하는 채권자(민법 제404조)를 회사대표소송의 주주(상법 제403조), 공유자전원을 위해 보존행위를 하는 공유자(민법 제265조), 채권추심명령을 받은 압류채권자 등과 같이 제3자가 권리관계의 주체와 함께 소송수행권을 갖는 경우로 보고 이를 법정소송담당으로 보고 있다.[15)](#)

(3) 이에 대하여 채권자대위소송의 채권자는 민법상 자신에게 인정된 실체법상의 권리를 소송상 행사하는 것이고, 단순히 채무자의 권리를 행사하는 것이 아니라 책임재산보전 또는 특정채권의 보전이라는 자신의 고유의 이익을 위하여 소송을 수행하는 것이므로 이러한 경우를 소송담당이라고 보는 것은 타당하지 않다는 소수설이 있다.[16)](#)

(4) 생각건대 채권자가 채무자에 대한 피보전채권(대위채권)이 없음에도 불구하고 채무자의 권리(피대위채권)를 행사하게 되면 채무자의 권리에 대한 부당한 간섭이 된다. 채권자대위권은 타인인 채무자의 권리(피대위채권)를 채권자가 행사하는 것이므로 권리자가 스스로 권리를 행사한다는 원칙에 대한 예외가 되고,[17)](#) 이러한 예외적인 채권자대위권의 행사는 엄격하게 제한적으로 허용하는 것이 제도의 취지에 부합한다. 따라서 <u>채권자에게 채권자대위권이 인정되는 것은 자기 채권을 보전하기 위한 것이기 때문이고, 이러한 피보전채권이 없으면 채권자대위권을 행사할 정당한 원고가 될 수 없</u>

---

14) 채권자대위소송에서는 (대위)채권자, 채무자(피대위자), 제3채무자(채무자의 채무자) 등 3자가 관여하고, 채권자의 채무자에 대한 권리를 피보전채권(대위채권)이라고 하고, 채무자의 제3채무자에 대한 권리를 피대위채권이라고 한다.
15) 다만 통설은 채권질의 질권자(민법 제353조)도 병행형 법정소송담당으로 보고 있으나, 채권질의 질권자는 질권의 효력에 의해 우선변제권을 행사하는 것이지 제3자의 소송담당으로 볼 것이 아니다. 이와 같은 병행형 법정소송담당 이외에 파산재단에 관한 소송을 하는 파산관재인, 회생회사의 관리인, 채권추심명령을 받은 압류채권자, 유언집행자 등과 같은 갈음형 법정소송담당이 있다.
16) 호문혁, 앞의 책, p.240; 호문혁, "채권자대위소송에 있어서의 피보전채권과 당사자적격", 「민사판례연구[XII]」, 박영사(1990), p.26; 호문혁, "채권자대위소송과 중복제소", 민사판례연구[XⅥ], 박영사(1994), pp.377~378 참조.
17) 채권자대위소송을 소송담당이 아니라는 호문혁(주.16) "채권자대위소송과 중복제소", p.373도 권리는 본래 권리자 자신이 행사하는 것이지 타인이 행사하는 것이 아니라는 대원칙을 인정하고 있다.

다고 보아야 할 것이다. 피보전채권이 없는 자가 단지 채권자라고 주장한다는 이유만으로 채권자대위권의 원고적격을 부여할 수는 없는 것이다.[18]

(5) 채권자대위권이 실체법상의 권리라는 이유로 이를 소송상 행사하는 것을 자신의 고유의 권리행사로 보고 소송담당이 아니라고 보는 것은 일반 채권과 채권자대위권의 본질적 차이를 간과한 것이다. 채권자대위소송이 채권자가 자신의 고유의 이익을 위해서 자신의 권리를 행사하는 것이라고는 하지만 채권자 자신의 피보전권리가 인정되지 않는다면 더 이상 채무자의 피대위채권에 개입하여 채권자대위소송을 제기할 수 없는 것이다. 일반 이행의 소와 마찬가지로 당사자의 주장 자체를 그 판단기준으로 삼아서 원고가 스스로 채권자라고 주장하면 그가 정당한 당사자이고, 과연 그가 진정한 채권자인가는 본안심리와 본안판단에서 밝혀야 할 것이라는 주장[19]은 일반 채권과 채권자대위권을 동일시하고, 채권자대위소송에서 주장하는 채권자대위권이 채권의 상대효에 대한 중대한 예외로 인정된 권리라는 점을 도외시한 견해이다.

(6) 민사소송의 장(場)에서는 실체법상의 권리를 소송상 행사하는 것이 주된 목적이지, 소송법상의 절차적 권리만 소송상 행사하는 것이 아니다. 권리자가 실체법상의 권리를 행사한다는 이유로 소송담당이 아니라고 단정할 수는 없다. 채권자대위권이 실체법상의 권리이고, 실체법상의 모든 청구권이 소구할 수 있는 것이라고 하여 채권자대위권을 일반 채권과 동일한 실체법상의 권리로 파악할 수는 없다. 특정채권의 보전을 위하여 대위권을 행사하는 경우 채권자의 채무자에 대한 이전등기나 말소등기청구를 함께 한다고 하여 채권자대위소송을 소송담당이 아니라고 할 수는 없다.[20] 이 경우에는 채무자에 대한 청구와 채권자대위소송인 제3채무자에 대한 청구가 병합된 것이기 때문이다. 채권자대위소송이 제3자의 소송담당이 아니라면 더 이상 채권자대위소송과 관련한 당사자적격은 문제될 것이 없고 일반 채권자의 이행소송과 동일하게 처리하면 될 것이다. 이 견해에 의하면 채권자대위권 행사로 인한 효과가 채무자에게 귀속한다는 사실을 설명하기에 난점이 있다.

(7) 채권자대위소송에서 채권자는 원래 제3채무자에 대한 실체법상의 권리자가 아니면서 자신의 채무자에 대한 채권(피보전채권)을 보전하기 위하여 자신의 이름으로 피대위채권을 행사할 수 있는 권능을 부여받은 것이므로 이는 대리인과 구별되며, 다른 제3자의 소송담당과 마찬가지로 권리관계의 주체 이외의 제3자가 소송수행권을 갖는 경우와 다르지 않다. 소수설과 같이 채권자대위소송을 소송담당이 아니라고 보게 되면 채권자대위소송에서 피대위채권의 존부뿐만 아니라 대위채권(피보전채권)도 소송물이 된다는 결론이 되는데 채권자대위소송의 소송물은 채무자의 제3채무자에 대한 청

---

18) 이시윤, 「민사소송법(제6판)」, 박영사(2011) p.141 주3)은 소수설과 같은 입장에 선다면 1회적 채무를 질뿐인 제3채무자가 여러 채권자들이 있을 때에 그들에 의하여 두 번 세 번 소제기를 당하게 되는 파상공격의 시달림을 피할 수 없게 된다고 비판하나, 이는 정확한 비판이 아니다. 채권자대위소송을 제3자의 소송담당으로 보느냐에 따라 제3채무자의 소송상 지위가 달라지는 것은 아니다. 호문혁, 앞의 책, p.240 주.8) 참조.

19) 호문혁, 앞의 논문, "채권자대위소송에 있어서의 피보전채권과 당사자적격", p.32.

20) 호문혁, 앞의 논문, "채권자대위소송과 중복제소", p.378은 대위청구를 할 때에는 채권자의 채무자에 대한 이전등기나 말소등기청구를 함께 하는데 이러한 경우에는 대위권 행사가 채권자 자신을 위한 청구라는 것이 더욱 뚜렷이 부각되므로 채권자대위소송을 소송담당이라고 하는 것은 타당하지 않다고 한다.

구 즉 피대위채권의 존부라는 점에서도 타당하지 않다.[21]

(8) 결국 채권자대위소송은 피보전채권이 있는 자'만'이 제기할 수 있는 것이지, 피보전채권이 있다고 '주장하는 자'는 누구나 채권자대위소송을 제기할 수 있는 것이 아니다. 여기서 이 문제는 피보전채권의 존부와 소송요건의 문제로 흡수된다.

나. 피보전채권의 존부와 당사자적격

(1) **소각하설**: 판례는 채권자대위소송이 제3자의 소송담당임을 전제로 채권자대위소송에서 대위에 의하여 보전될 채권자의 채무자에 대한 권리(피보전채권)가 존재하는지는 소송요건으로서 법원의 직권조사사항이므로, 법원으로서는 그 판단의 기초자료인 사실과 증거를 직권으로 탐지할 의무까지는 없다 하더라도, 법원에 현출된 모든 소송자료를 통하여 살펴보아 피보전채권의 존부에 관하여 의심할 만한 사정이 발견되면 직권으로 추가적인 심리·조사를 통하여 그 존재 여부를 확인하여야 할 의무가 있다고 한다.[22] 판례는 채권자대위소송에 있어서 피보전채권이 소멸하거나[23] 인정되지 아니할 경우에는 채권자가 스스로 원고가 되어 채무자의 제3채무자에 대한 권리를 행사할 당사자적격이 없게 되므로 그 대위소송은 부적법하여 각하할 수밖에 없다는 입장이다.[24]

---

21) 실무상 채권자대위소송의 청구취지나 판결주문에는 소송물인 피대위채권의 존부에 대한 결론이 표시되고, 피보전채권의 존부에 대한 판단은 없다. 주문 기재례: (이전등기) *별지목록 기재 부동산에 관하여 피고 乙은 피고 甲에게 2011. 6. 1. 매매를 원인으로 한 소유권이전등기절차를 이행하라.* (말소등기) *별지목록 기재 부동산에 관하여 피고 乙은 피고 甲에게 서울중앙지방법원 2011. 6. 1. 접수 제12345호로 마친 소유권이전등기의 말소등기절차를 이행하라.*

22) 대법원 2009. 4. 23. 선고 2009다3234 판결. 원고가 A에 대한 8,750만 원의 대여금채권(이하 '이 사건 피보전채권'이라 한다)을 보전하기 위하여 A를 대위하여 피고를 상대로 근저당권설정등기의 말소를 구하는 이 사건 채권자대위소송에 관하여, 원고가 2005. 8.경 이 사건 피보전채권을 B에게 양도하였으므로, 원고가 채무자인 A에 대하여 이 사건 피보전채권을 보유하고 있음을 전제로 하는 이 사건 채권자대위소송은 부적법하다고 보아 이를 각하한 원심에 대하여 기록상 이 사건 피보전채권의 확정판결에 대한 승계집행문을 원고에게 다시 부여하는 취지가 나타나 있는 점에 비추어 원심으로서는 직권으로 추가적인 심리·조사를 통하여 이 사건 피보전채권의 존재 여부를 확인하여야 할 의무가 있음에도 이를 소홀히 하여 원고의 이 사건 채권자대위소송이 부적법하다고 속단한 위법이 있다고 판시한 사례.

23) 대법원 2008. 10. 23. 선고 2008다37223 판결; 대법원 1988. 6. 14. 선고 87다카2753 판결 참조.

24) 대법원 2004. 2. 13. 선고 2003다46475 판결 등 참조. 대법원 2005. 9. 29. 선고 2005다27188 판결: 원심은 원고가 2000. 1. 8. A로부터 동인 소유의 이 사건 부동산을 1억 8,600만 원에 매수하되 다만 피고가 이를 담보로 대출을 받을 수 있도록 하기 위하여 그 소유 명의를 피고에게 신탁하기로 하여 같은 달 15. 피고 명의로 소유권이전등기를 경료한 것임을 전제로, 원·피고 사이의 명의신탁약정 및 이에 따른 위 소유권이전등기는 부동산 실권리자 명의 등기에 관한 법률에 의하여 무효이나 원고와 A 사이의 위 매매계약은 여전히 유효하여 원고는 A에 대하여 위 매매계약에 기한 소유권이전등기를 청구할 수 있으므로, 원고는 A에 대한 소유권이전등기청구권을 보전하기 위하여 A를 대위하여 피고에게 무효인 위 소유권이전등기의 말소를 구한다는 원고의 주장에 대하여, 판시 각 증거들만으로는 피고 명의의 위 소유권이전등기가 원·피고 사이의 명의신탁약정에 기하여 경료된 것이라는 점을 인정하기에 부족하고 달리 이를 인정할 증거가 없으며, 오히려 그 채택증거들에 의하여 인정되는 판시와 같은 사실들을 종합하여 보면 위 소유권이전등기는 원고의 피고에 대한 투자행위의 일환으로 경료된 것으로 원고는 이 사건 부동산을 피고에게 귀속시키려 한 것이라고 봄이 상당하다는 이유로, 원고의 청구를 인용한 제1심판결을 취소하고 원고의 청구를 기각하였으나, 대법원은 피고 명의의 위 소유권이전등기가 원·피고 사이의 명의신탁약정에 기하여 경료된 것이라는 점이 입증되지 아니하는 이상 위 소유권이전등기는 무효라 할 수 없고, 결국 원고는 더 이상 A에 대하여 위 매매계약에 기한 소유권이전등기를 청구할 수 없으므로, 원고가 A에 대한 소유권이전등기청구권을 보전하기 위하여 A를 대위하여 피고에게 위 소유권이전등기의 말소를 구하는 이 사건 소는 대위에 의하여 보전될 원고의 A에 대한 소유권이전등기청구권이 인정되지 아니하는 이상 원고에게 당사자적격이 없어 부적법하다고 판시하고 원심판결을 파기하여 소각하의 자판을 하였다.

(2) **청구기각설:** 채권자대위소송을 법정소송담당이 아니라는 견해는 당사자적격은 본래 원고의 주장 자체로만 판단하는 것이고, 채권자 스스로 채무자에 대한 채권자라고 주장하면 그 자체로 채권자 에게는 당사자적격이 인정되는 것이며, 채권자대위권이 민법이 인정한 실체법상의 권리이고 단순 한 소권이 아닌 이상 민법상의 대위권 행사의 요건인 '피보전채권이 존재할 것'은 실체법상의 법률 요건이지 소송요건이 될 수 없다는 이유로 이 경우에는 실체법상의 법률요건의 불비로 보아 청구 기각판결을 하는 것이 타당하다고 한다.[25]

(3) **각하설에 대한 비판:** 각하설에 대해서는 채권자대위소송에서 피보전채권의 존부가 당사자적격의 전제가 되는 소송요건이라면 이는 법원의 직권조사사항에 속하는 것으로서 이에 대한 제3채무자의 자백이나 인낙이 허용되지 않는 것으로 해석해야 논리적이고, 피보전채권의 존부가 법원의 직권조 사사항이라면 피보전채권이 채무자의 변제에 의하여 소멸한 경우 이에 대한 제3채무자의 주장·입 증이 없음에도 법원이 직권으로 피보전채권의 변제 여부를 조사·판단하도록 하는 것은 심히 불합 리하다는 비판이 있다.[26]

(4) **검토:** 청구기각설은 본안심리 결과 당사자들이 권리자나 의무자가 아닌 것이 밝혀지더라도 그 이전 에는 일응 원고가 자기 스스로 권리자임을 주장하고 피고는 의무자라고 주장하면 그 자체로 당사 자적격이 인정되고, 본안심리의 결과가 나오기 이전에 밝혀지는 경우라야 당자자적격이 부정된다 고 한다.[27] 그러나 이는 일반 채권자의 이행청구소송과 채권자대위소송의 차이를 간과한 것이고, 실체법상의 권리라고 하여 원고의 청구 자체에서 당사자적격이 판가름되는 일반 이행의 소와 소송 물에 대한 관리처분권을 전제로 하는 채권자대위소송을 동일한 반열에서 평가할 수 없다고 생각한 다. 그리고 소송요건 중에서도 본안심리 결과 밝혀지는 것이 있으며, 소송요건 구비 여부는 사실심 변론종결 시를 표준으로 하므로 본안심리 후 당사자적격 여부가 가려진다고 하여 반드시 본안판결 을 하여야 하는 것은 아니다. 청구기각설은 피보전채권의 존재도 채권자대위소송의 소송물에 포함 되는 것으로 보고, 그 채권이 존재하지 않는 것으로 밝혀지면 당사자적격이 없다고 하여 그 소를 각하할 것이 아니라 청구를 이유가 없다고 하여 기각하여야 한다고 주장한다.[28] 소송물에 관하여 구이론이나 신이론 어느 것에 의해서도 피보전채권의 존부와 피대위채권의 존부는 별개의 소송물 이다. 청구기각설에 의하면 채권자대위소송은 소송물을 복수로 하는 병합소송이라는 결론이 되는 데 이는 채권자대위소송의 실제와 맞지 않는다. 병합소송이라면 병합의 형태도 불분명하고, 피보전 채권이 소송물에 포함된다고 하는 의미가 분명치 않다.[29] 여기서 피보전채권의 부존재를 이유로

---

25) 호문혁, 앞의 책, p.241 참조.
26) 원유석, "채권자대위소송에 있어서 피보전권리의 존부에 대한 판단기준", 민사판례연구[ⅩⅩⅡ], 박영사(2000), 472~473면 참조.
27) 호문혁, 앞의 논문, "채권자대위소송에 있어서의 피보전채권과 당사자적격", p.27.
28) 호문혁, 앞의 논문, "채권자대위소송에 있어서의 피보전채권과 당사자적격", p.32.
29) 원유석, 앞의 논문, pp.474~475는 청구기각설이 설득력이 있다고 하면서도 채권자대위소송의 소송물은 채무자의 제3채무자에 대한 청구의 당부라고 한다. 그러나 이는 소송물에 대해서만 청구의 당부를 판단할 수 있는데, 소송물이 아닌 피보전채권의 부 존재에 대하여 청구기각판결을 할 수 있다는 것으로 논리적 흠결이 있다.

소를 각하할 경우와 청구를 기각할 경우의 차이를 보자. 소각하설에 의하면 소송요건의 흠결을 이유로 소각하판결을 하게 되고 소송판결에는 원칙적으로 기판력이 인정되지 않으므로 채권자는 소송요건을 구비하여 별소의 제기가 가능하다. 그러나 청구기각설에 의하면 피보전채권의 부존재를 이유로 청구를 기각할 경우 피대위채권의 존부에 대한 판단은 어떻게 되고 기판력의 범위는 어떻게 되는 것인지 분명하지 않다.[30] 채권자대위소송의 소송물은 피보전채권의 존부가 아니라 피대위채권의 존부로 보는 것이 옳다. 피보전채권의 존부는 원고의 당사자적격을 인정하기 위한 전제요건 내지 소송요건으로 보는 판례와 실무의 태도가 타당하다고 본다.

2. 채무자(피대위자)의 지위

가. 채무자의 특정

(1) 채권자대위소송에서 판결의 효력이 미치는 주관적 범위를 확정하기 위하여 채무자인 피대위자를 특정하여야 한다. 예컨대 부동산 순차매도의 사례에서 소유권이전등기청구권을 대위행사하는 경우 피대위자인 채무자가 피고로 되지 아니한 경우에는 그의 주소와 주민등록번호 등을 표시하여야 한다.[31] 채무자와 제3채무자를 공동피고로 할 경우에는 피고 명만을 표시하면 된다.[32]

(2) 피대위채권이 금전채권인 경우 채권자는 제3채무자에 대하여 채무자에게 이행을 하라고 청구하여야 할 것이나, 채권자에게 직접 이행을 하도록 하여도 된다.[33] 채권자가 제3채무자로부터 급부를 수령한 경우 그 급부의 채무자에 대한 반환의무와 자기의 채권을 상계하거나 채무자가 그 급부로서 변제한다는 의사표시를 함으로써 대위권을 행사한 채권자가 사실상 우선변제를 받는 결과가 된다.

(3) 피대위채권이 특정채권인 경우 부동산 이중양도의 사례에서 채권자대위권을 행사하여 말소등기청구를 한 경우 말소등기의 이행상대방을 피대위자(채무자)로 특정하여야 하나,[34] 판례는 피대위자가

---

30) 호문혁, 앞의 논문, "채권자대위소송과 중복제소", p.381은 채권자대위소송은 채권자가 실체법상 인정한 대위권이라는 권리를 행사하는 소송이므로 그 소송물은 채권자의 '실체법상의 대위권의 소송상 주장'이라고 하여야 한다고 한다.

31) 청구취지 및 주문 기재례: "피고는 소외 甲(610409 – 1234567, 주소 제주시 아라동 100)에게 별지목록 기재 부동산에 관하여 2011. 9. 1. 매매를 원인으로 한 소유권이전등기절차를 이행하라." 대법원 1995. 6. 19. 자 95그26 결정: 채권자대위소송에 있어서 채무자가 어떤 경위로든지 간에 소송이 제기된 사실을 알았을 경우에는 그 판결의 효력이 채무자에게도 미치므로, 채권자대위소송에 있어서는 판결의 효력이 미치는 주관적 범위를 확정하기 위하여도 판결주문에 기재된 채무자는 당사자에 준하여 특정되어야 할 필요성이 있고, 이를 위하여 판결주문상 채무자의 주소나 주민등록번호를 보충하여 달라는 판결경정신청은 허용되어야 한다.

32) 청구취지 및 주문 기재례: "1. 별지목록 기재 부동산에 관하여 가. 피고 B는 피고 A에게 2010. 4. 1. 매매를 원인으로 한, 나. 피고 A는 원고에게 2011. 2. 1. 매매를 원인으로 한 각 소유권이전등기절차를 이행하라."

33) 대법원 2005. 4. 15. 선고 2004다70024 판결: 집행채무자의 채권자가 그 집행채권자를 상대로 부당이득금 반환채권을 대위행사하는 경우 집행채무자에게 그 반환의무를 이행하도록 청구할 수도 있지만, 직접 대위채권자에게 이행하도록 청구할 수도 있다고 보아야 하는데, 이와 같이 채권자대위권을 행사하는 채권자에게 변제수령의 권한을 인정하더라도 그것이 채권자 평등의 원칙에 어긋난다거나 제3채무자를 이중 변제의 위험에 빠뜨리게 하는 것이라고 할 수 없다.

34) 대법원 1983. 4. 26. 선고 83다카57 판결: 매도인의 매수인에 대한 배임행위에 가담하여 증여를 받아 이를 원인으로 소유권이전등기를 경료한 수증자에 대하여 매수인은 매도인을 대위하여 위 등기의 말소를 청구할 수는 있으나 직접 청구할 수는 없다

아닌 채권자(원고)에게 말소등기절차를 이행하라고 하여도 무방하다는 입장이다.[35] 판례는 피대위자 특정의 정도와 관련하여 채권자대위소송에서 피대위자인 채무자의 특정이 필요한 사항이기는 하나, 이는 피보전채권과 대위행사할 채권의 존부를 판단하고, 판결의 효력이 미칠 주관적 범위와 집행력이 미치는 범위를 정하며 채무자 본인이 제기할 소송이 중복소송에 해당하는지를 판단하기 위하여 요구되는 것이므로, 채무자가 제대로 특정되었는지는, 당해 채권자대위소송의 소송물이 갖는 성격과 채무자 특정의 난이도 및 소송 과정에서 드러난 사안의 특성 등에 비추어, 그 특정한 정도가 위에서 든 목적들을 달성하는 데 충분한지 검토한 후 그 결과에 따라 구체적·개별적으로 결정하면 될 일이지 반드시 모든 경우에 일률적으로 채무자 개개인의 인적 사항을 통상의 소송당사자와 같은 정도로 상세히 특정하여야 하는 것은 아니라고 한다.[36] 또한 일반적으로 원고가 내세우는 피고나 피대위자 등이 실존인물임이 인정되고 그러한 연령의 사람이 생존한다는 것이 매우 이례적이라고 보이는 고령에 해당되지 않는 이상 특별한 사정이 없는 한 그들은 생존한 것으로 추정함이 상당하므로, 채권자대위소송에서 원고가 내세우는 피대위자가 실존인물이고, 오늘날 그 나이가 될 때까지 생존한다는 것이 매우 희귀한 예에 속한다고도 할 수 없는 것이어서 생존하였을 가능성이 극히 희박하다고 할 정도는 아닌 것으로 인정되는 이상 특별한 사정이 없는 한 그 피대위자는 현재 생존하고 있는 것으로 추정되고, 오히려 그가 사망하였다는 점을 피고가 적극적으로 입증하여야 한다고 한다.[37]

나. 채무자의 처분권 제한

(1) 채권자가 채무자의 권리를 적법하게 대위행사한 경우 그 법률효과는 직접 채무자에게 귀속된다. 채권자가 채권자대위권을 행사하고 채무자가 채권자로부터 그 통지를 받은 경우에는 그 권리를 처분하지 못한다(민법 제405조 제2항).[38]

는 것은 형식주의 아래서의 등기청구권의 성질에 비추어 당연하다.

35) 대법원 1995. 4. 14. 선고 94다58148 판결: 채권자대위권을 행사함에 있어서 채권자가 제3채무자에 대하여 자기에게 직접 급부를 요구하여도 어차피 그 효과는 채무자에게 귀속되는 것이므로, 채권자대위권을 행사하여 채권자가 제3채무자에게 그 소유권이전등기의 말소절차를 직접 자기에게 이행할 것을 청구하여 승소하였다고 하여도 그 판결에 기한 말소등기에 따른 등기상태는 채무자 명의로 돌아가는 것이니, 채권자대위권을 행사하는 채권자에게 직접 말소등기절차를 이행할 것을 명한 판결에 위법이 있다고 할 수 없다.

36) 대법원 2004. 11. 26. 선고 2004다40986 판결: 소유권이전등기의 말소등기를 구하는 채권자대위소송에 있어서 피대위자인 채무자들을 개인별로 상세히 특정하지 아니한 채 그 상속인들 또는 그중 한 사람만을 채무자로 특정·제기한 소송이 부적법하다고 한 원심판결을 파기한 사례.

37) 사람이 110세까지 생존한다는 것은 매우 희귀한 예에 속하므로 위와 같은 사실에 제반 사정을 종합하여 피대위자 또는 피고가 이 사건 소제기 이전에 이미 사망하였을 것으로 쉽게 짐작되는 경우에는 그 사망 사실을 추인할 수 있다. 대법원 2002. 4. 26. 선고 2002다5873 판결; 대법원 1994. 10. 25. 선고 94다18683 판결; 대법원 1978. 7. 25. 선고 77다1555, 1556 판결 참조

38) 비송사건절차법은 채권자는 자기의 채권의 기한 전에 채무자의 권리를 행사하지 아니하면 그 채권을 보전할 수 없거나 이를 보전함에 곤란이 생길 우려가 있는 때에는 재판상의 대위를 신청할 수 있고(제45조), 대위의 신청을 허가한 재판은 직권으로 이를 채무자에게 고지하여야 하며(동법 제49조 제1항), 위 고지를 받은 채무자는 그 권리의 처분을 할 수 없도록 규정하고 있다(동조 제2항).

할 것이고, 계약해제권의 정당한 행사를 제한할 수 없다는 반론이 있다.[49] 또 우리 판례는 일관하여 채권압류 또는 채권가압류의 처분금지효는 그 채권의 발생원인인 법률관계에 대한 채무자의 처분까지도 구속하는 효력은 없다는 태도를 견지하고 있는데,[50] 채권자대위권이 행사된 경우에 제3채무자가 채무자의 채무불이행을 이유로 계약을 적법하게 해제한 것을 채권자에게 대항할 수 없다고 한다면, 이는 채권자가 집행권원에 기하여 정식의 강제집행절차를 통하여 채무자의 채권을 압류하는 것보다도 더욱 강력한 효력을 채권자대위권에 인정하는 결과가 되고, 채권자대위에서는 제3채무자가 채무자에게 채무를 변제할 수 있으며 채무자는 이를 유효하게 수령할 수 있다고 하는데,[51] 하필 피대위채권의 발생원인이 되는 기본적 계약관계의 해제에 관하여 채무자의 '처분'을 더욱 제한하여야 할 이유는 없을 것이라는 비판이 있다.[52]

(6) 그러나 채권자대위소송이 계속 중임에도 불구하고 채무자와 제3채무자 간의 계약의 해제를 인정하면 피대위채권의 처분을 제한하는 민법 제405조 제2항의 규정에 반한다. 이는 채권자대위제도의 목적달성을 방해하는 행위로 채권자대위권을 행사한 채권자에게는 대항할 수 없다고 보아야 하는 점에서 판례의 태도에 찬성한다.[53] 위 [4차 대법원 판결]은 甲이 1989. 1. 19. 乙과 丙을 상대로 소유권이전등기청구의 소를 제기하여 소송계속 중 丙이 乙을 상대로 잔금 일부 미지급을 이유로 지급받은 매매대금을 변제공탁함과 동시에 계약해제를 하자 乙이 이의 없이 위 공탁금을 수령함으로써 계약당사자 사이의 합의에 의한 계약의 해제효과를 발생케 한 것으로 乙의 丙에 대한 매매계약에 따른 소유권이전등기권을 처분하는 것에 해당한다는 [1차 대법원 판결]과 丙의 해제권은 실효의 원칙에 비추어 허용되지 않는다는 [2차 대법원 판결]을 거쳐 1차 대법원 판결과 같은 내용의 [3차 대법원 판결]이 확정된 후에 지급받은 매매대금을 변제공탁까지 하고 계약해제를 줄기차게 주장하던 丙이 돌연 태도를 바꾸어 乙을 상대로 매매계약 본래대로의 이행을 구하고 이를 빌미로 계약해제를 주장하는 것은 어느 모로 보나 용납될 수 없다고 할 것이다. 丙의 행위는 선행행위에 모순되는 거동으로서 신의칙에도 반하는 것이다. 대법원 판결이 이 사건에서 '처분'이라는 법개념을 다소 확장하였으나, 이 사건 사안의 해결을 위한 구체적 타당성이 있는 해석이며 무리한 판결이라고는 할 수 없다.[54]

---

49) 오시영, 앞의 논문, p.249 참조.

50) 소유권이전등기청구권의 가압류나 압류가 행하여지면 제3채무자로서는 채무자에게 등기이전행위를 하여서는 아니 되고, 그와 같은 행위로 채권자에게 대항할 수 없다 할 것이나, 가압류나 압류에 의하여 그 채권의 발생원인인 법률관계에 대한 채무자와 제3채무자의 처분까지도 구속되는 것은 아니므로 기본적 계약관계인 매매계약 자체를 해제할 수 있다. 대법원 2000. 4. 11. 선고 99다51685 판결.

51) 채무자의 변제수령은 처분행위라 할 수 없고 같은 이치에서 채무자가 그 명의로 소유권이전등기를 경료하는 것 역시 처분행위라고 할 수 없으므로 소유권이전등기청구권의 대위행사 후에도 채무자는 그 명의로 소유권이전등기를 경료하는 데 아무런 지장이 없다. 대법원 1991. 4. 12. 선고 90다9407 판결.

52) 양창수, 앞의 논문, pp.361~362 참조.

53) 오시영, 앞의 논문, p.250은 대법원 1991. 4. 12. 선고 90다9407 판결에서 가처분금지가처분등기가 되어 있는 사건에서조차도 채무자의 변제수령은 처분행위라 할 수 없고, 같은 이치에서 채무자가 그 명의로 소유권이전등기를 경료하는 것 역시 처분행위라고 할 수 없으므로 소유권이전등기청구권의 대위행사 후에도 채무자는 그 명의로 소유권이전등기를 경료하는 데 아무런 지장이 없다는 점을 들고 있으나, 채무자로의 원래의 채무의 이행과 본래의 계약을 해제로 소멸케 하는 것을 동일한 평면에서 평가할 수는 없다.

54) 다만 이 사건과 같이 채무자가 매매잔대금을 지급하지 않는 상황에서 제3채무자에게 채무자의 잔금지급과 상환으로 채무자에

(7) 채권자가 대위권에 기하여 일단 채무자의 권리를 행사하기 시작하였을 때 채무자에게 대위의 목적인 권리의 양도나 포기 등 처분행위를 허용하는 것은 채권자에 의한 대위권행사를 방해하는 것이 되므로 이를 금지하는 것이 민법 제405조 제2항의 취지라 할 것이므로 대위권의 행사를 방해하는 것으로 되지 아니하는 권리의 관리, 보존행위는 금지되는 것이 아니다.[55] 여기의 처분행위에는 면제, 포기, 양도, 화해 등 채권을 소멸시키는 행위뿐만 아니라 권리의 행사나 소의 제기도 포함한다.[56]

(8) 판례는 채권자가 채무자와 제3자 사이의 근저당권설정계약이 통정허위표시임을 이유로 채무자를 대위하여 그 말소를 구하는 소송을 제기하였는데, 그 후 채무자가 제3자가 신청한 지급명령에 이의를 제기하지 않아 강제경매절차에서 부동산이 매각됨으로써 위 근저당권설정등기가 말소된 경우, 채무자가 지급명령에 이의를 제기하지 않은 것이 대위채권자가 행사하고 있는 권리의 처분이라고 할 수 없어 제3자는 위 근저당권설정등기의 말소로 채권자에게 대항할 수 있다고 한 사례가 있다.[57]

(9) 그렇다면 채권자가 채권자대위권을 행사한 결과 그 재산권이 채무자 명의로 귀속한 뒤에도 채무자가 그 재산을 처분하는 것이 제한되는가? 다음의 사례에 대한 판례의 입장을 검토해 보기로 한다.

사례 2

X 부동산은 원래 甲 소유이었는데 그 후 乙을 거쳐 丙에게 전전 매도되었고, 丙에 대하여 확정판결에 기한 손해배상채권을 가지고 있는 丁이 위 부동산에 관하여 甲을 상대로 丙, 乙을 순차 대위하여 처분금지가처분신청을 하여 가처분등기가 기입되었다.[58]

丁이 丙에 대한 확정판결의 집행을 위하여 X 부동산을 피대위자인 丙 앞으로 소유권이전등기를 받기 위하여 丙 등을 대위하여 甲과 乙을 상대로 한 소유권이전등기청구의 소를 제기하였다. 이 소송의 계속 중 乙이 위 소송과 관계없이 소송 외에서 甲으로부터 소유권이전등기를 받고 이어서 丙 앞으로 소유권이전등기가 마쳐진 뒤에 戊가 X 부동산을 취득하여 戊 앞으로 소유권이전등기를 마쳤다.

丁은 戊를 상대로 소유권이전등기의 말소를 구할 수 있는가? 이 경우 戊의 X 부동산 취득은 위 가처분에 저촉되는 것인가? 피대위자인 丙의 X 부동산 처분이 제한되어 채권자인 丁에게 대항할 수 없는 것인가?

게 소유권이전등기절차를 명한 판결이 확정된 경우에도 채무자가 잔금을 지급하지 않는다면 제3채무자로서는 그때 이행최고를 하고 계약을 해지할 수 있고, 결국 그는 확정판결의 집행력을 배제하기 위하여 청구이의의 소(민사집행법 제44조)를 제기해야 하는 문제점도 있괴양창수, 앞의 논문, pp.364~365], 채권자로는 동시이행의 조건성취가 어려워져 결국 등기를 받지 못하게 되는 경우도 있대(오시영, 앞의 논문, p.250].

55) 예컨대 채권자 甲이 채무자 乙을 대위하여 乙의 제3채무자 丙에 대한 소유권이전등기청구권을 대위행사함은 권리의 관리, 보존행위이지 처분행위라 할 수 없으므로 채무자 乙의 다른 채권자 丁이 대위권의 행사로 얻은 丙에 대한 처분금지가처분명령에 의하여 위 소유권이전등기청구권의 행사가 금지된다고 할 수 없다. 대법원 1990. 4. 27. 선고 88다카25274,25281(참가) 판결.

56) 채권자가 채무자를 대위하여 제3채무자를 상대로 소유권이전등기의 등기원인이 원인무효라는 이유로 그 등기의 말소를 구하는 소장이 송달된 후에 채무자가 그 무효인 등기원인행위를 추인하여도 채권자에게 대항할 수 없다. 대법원 1968. 5. 28. 선고 68다460 판결; 대법원 1989. 3. 14. 선고 88다카12 판결.

57) 대법원 2007. 9. 6. 선고 2007다34135 판결.

58) 채권자가 채무자 명의로 등기되지 아니한 부동산을 압류할 목적으로 또는 그 부동산에 대한 등기청구권을 보전하기 위하여 등기명의자에게 소유권이전등기를 청구하는 경우 현행 부동산등기제도하에서는 등기명의자에 대한 처분금지가처분만 등기할 수

[대법원 판결]

甲 소유의 부동산이 乙, 丙에게 전전매도되어 丙에 대하여 확정판결에 기한 손해배상채권을 가지고 있는 丁이 위 부동산에 관하여 甲을 상대로 乙, 丙을 순차 대위하여 처분금지가처분을 한 경우, 위 가처분의 피보전권리는 乙의 甲에 대한 그 소유권이전등기청구권의 보전에 있을 뿐이고 丁의 丙에 대한 손해배상채권의 보전까지 포함하는 것은 아니므로 丁이 위 丙 등을 대위하여 甲, 乙을 상대로 한 소유권이전등기청구소송의 계속 중 위 丙으로부터 취득한 戊의 등기는 그가 위 가처분등기가 있음을 알았는지에 관계없이 유효하다.[59]

(10) 판례는 채권자가 채무자를 대위하여 채무자의 제3채무자에 대한 권리를 행사하고 채무자에게 통지를 하거나 채무자가 채권자의 대위권 행사사실을 안 후에는 채무자는 그 권리에 대한 처분권을 상실하여 그 권리의 양도나 포기 등 처분행위를 할 수 없고 채무자의 처분행위에 기하여 취득한 권리로서는 채권자에게 대항할 수 없으나, 채무자의 변제수령은 처분행위라 할 수 없고 같은 이치에서 채무자가 그 명의로 소유권이전등기를 경료하는 것 역시 처분행위라고 할 수 없으므로 소유권이전등기청구권의 대위행사 후에도 채무자는 그 명의로 소유권이전등기를 경료하는 데 아무런 지장이 없다고 하여[60] 채무자 앞으로 소유권이전등기를 마친 후 채무자가 이를 처분하는 것을 제한할 수 없다는 입장이다.

(11) 다만 판례는 위와 같은 사례에서 甲에 대한 처분금지가처분 후 가처분채무자인 甲으로부터 丙 앞으로 경료된 소유권이전등기는 비록 그 등기가 가처분채권자인 丁에 대하여 소유권이전등기의무를 부담하고 있는 자에게로의 처분이라 하여도 위 처분금지가처분의 효력에 위배되어 가처분채권자인 丁에게 대항할 수 없고, 따라서 丁의 말소신청에 따라 처분금지가처분의 본안에 관한 확정판결에 기하여 丙 명의의 소유권이전등기를 말소한 것은 적법하다고 한다.[61]

(12) 판례의 입장에 대해서는 채무자에게 환원된 권리를 채무자가 처분하지 못한다고 한다면 채권자대위권은 채무자에게 권리를 환원시키기 위한 제도로서의 의미가 없고, 따라서 채무자는 자기에게 환원된 권리를 처분할 수 있다는 이유로 판례에 찬성하는 견해[62]와 피대위자에 대한 처분권제한의 근거가 피대위자의 자의적 행위에 의하여 채권자의 대위권행사의 목적달성이 방해되어서는 아니 된다는 점에 있는 것이라면 채권자가 대위권을 행사하여 그 재산권을 채무자 명의로 돌려놓은

있고 등기부에 나타나있지 아니한 채무자(피대위자)에 대한 처분금지명령은 등기할 방법이 없다. 이재성, "채권자대위권의 행사가 채무자에게 미치는 효과", 「이재성판례평석집(제10권)」, 법률문화원(1989), p.423 이하 참조.

59) 대법원 1986. 11. 25. 선고 86다397 판결. 본 판결의 평석으로는 이재성, 앞의 논문, p.419 이하 참조.

60) 대법원 1994. 3. 8. 선고 93다42665 판결; 대법원 1991. 4. 12. 선고 90다9407 판결. 본 판결의 평석으로는 김광태, "전득자의 대위에 의한 처분금지가처분의 효력", 「민사판례연구 XIV」, 박영사(1992), p.359 이하 참조. 이재성, 앞의 논문, pp.427~428은 채권자 甲이 채무자 乙을 대위하여 제3채무자 丙에게 금전의 지급을 구하는 소를 제기한 경우 乙은 丙에 대하여 그 금전의 지급을 구하는 소를 제기할 수 없음은 물론 丙으로부터 그 금전의 지급을 수령할 수도 없고, 甲이 乙을 대위하여 丙에게 특정 부동산의 소유권이전등기를 청구한 경우에도 乙은 丙으로부터 그 소유권이전등기를 받을 수 없다고 한다. 이 경우 乙은 그 등기에 관한 관리처분권을 상실하였기 때문에 甲이 丙으로부터 乙 명의로 소유권이전등기를 할 수밖에 없다고 한다.

61) 대법원 1998. 2. 13. 선고 97다47897 판결.

62) 오수원, "채권자대위권 행사에 따른 효과의 범위", 「무등춘추(제1호)」, 광주지방변호사회(1988), p.111 참조.

후에도 피대위자의 처분권제한은 계속된다는 이유로 판례에 반대하는 견해[63]가 있다.

(13) 위 사례에서 채권자가 적법한 채권자대위권을 행사한 후에 피대위자의 처분행위나 권리행사를 용인하게 되면 채권자는 아무런 소득 없이 시간과 비용만 허비하게 되고 채권자대위제도는 유명무실하게 될 것이고, 피대위자의 처분행위를 처분금지가처분의 효력문제로만 다루고 채권자대위권 행사 후 채무자의 처분권제한의 문제를 다루지 않은 것은 타당치 않다는 점에서 판례의 태도를 수긍할 수 없다.[64] 채권자가 채권자대위소송을 제기하면 피대위채권의 시효가 중단됨은 물론 피보전채권의 시효도 중단되는 것으로 본다.[65]

3. 제3채무자의 지위

(1) 채권자대위소송에서 제3채무자의 지위는 제3채무자가 피대위채권의 존재를 인정하는가에 따라 달라질 수 있다. 제3채무자가 피대위채권의 존재를 인정하는 경우에는 본래의 채권자인 채무자나 대위채권자에게 채무를 이행하여야 하고, 이 경우 제3채무자의 공탁의 방법으로 제3채무자의 지위에서 벗어날 수 있다.

(2) 제3채무자가 피대위채권의 존재를 다투는 경우 피보전채권의 존재도 다툴 수 있는지 문제 된다. 채권자대위권은 채무자의 제3채무자에 대한 권리를 행사하는 것이므로, 제3채무자는 채무자가 스스로 그 권리를 행사하는 경우에 비하여 불리한 지위에 놓일 이유가 없으므로 채무자에 대해 가지는 모든 항변사유(변제, 소멸시효완성, 상계항변, 동시이행의 항변 등)로 채권자에게 대항할 수 있다. 그러나 채권자는 채무자 자신이 주장할 수 있는 사유의 범위 내에서 주장할 수 있을 뿐 자기와 제3채무자 사이의 독자적인 사정에 기한 사유를 주장할 수는 없다. 예컨대, 채권자가 무효인 소유권이전등기청구권의 보전을 위한 가등기의 유용 합의에 따라 부동산 소유자인 채무자로부터 그 가등기 이전의 부기등기를 마친 제3채무자를 상대로 채무자를 대위하여 가등기의 말소를 구한 경우, 채권자가 그 부기등기 전에 부동산을 가압류한 사실을 주장하는 것은 채무자가 아닌 채권자 자신이 제3채무자에 대하여 가지는 사유에 관한 것이어서 허용되지 않는다.[66]

(3) 판례는 채권자가 채권자대위권을 행사하여 제3자에 대하여 하는 청구에 있어서, 제3채무자는 채무자가 채권자에 대하여 가지는 항변으로 대항할 수 없고, 채권의 소멸시효가 완성된 경우 이를 원용할 수 있는 자는 원칙적으로는 시효이익을 직접 받는 자뿐이고, 채권자대위소송의 제3채무자는 이를 행사할 수 없다고 한다.[67] 그러나 채권자가 채무자에 대한 채권을 보전하기 위하여 제3채무자를

---

63) 이재성, 앞의 논문, p.428 이하; 이재성, "채권자대위권의 행사와 채무자의 처분권 제한", 「이재성판례평석집(제10권)」, 법률문화원(1989), p.458 이하 참조.
64) 이재성, 앞의 논문, p.435 이하.
65) 이재성, 앞의 논문, pp.429~430.
66) 대법원 2009. 5. 28. 선고 2009다4787 판결.
67) 대법원 2004. 2. 12. 선고 2001다10151 판결 등 참조.

상대로 채무자의 제3채무자에 대한 채권에 기한 이행청구의 소를 제기하는 한편, 채무자를 상대로 피보전채권에 기한 이행청구의 소를 제기한 경우, 채무자가 그 소송절차에서 소멸시효를 원용하는 항변을 하였고, 그러한 사유가 현출된 채권자대위소송에서 심리를 한 결과, 실제로 피보전채권의 소멸시효가 적법하게 완성된 것으로 판단되면, 채권자는 더 이상 채무자를 대위할 권한이 없게 된다.[68]

V. 채권자대위소송의 소송요건과 요건사실

채권자대위소송에서 심리되어야 할 사항은 ① 피보전채권(대위채권)의 존재, ② 피보전채권의 이행기 도래, ③ 채권보전의 필요성, ④ 피대위채권에 대한 채무자의 권리불행사, ⑤ 피대위채권의 존재이다.[69] 이들 중에서 채권자대위소송의 소송물은 피대위채권의 존부가 된다. 판례는 이 중 ①, ②, ③, ④를 당사자 적격에 관계되는 소송요건으로 파악하고, ⑤는 실체법적인 요건사실로 본안판단의 문제로 파악한다. 판례를 중심으로 채권자대위소송의 소송요건과 요건사실을 살펴보기로 한다.

1. 피보전채권(대위채권)의 존재

(1) 채권자가 채권자대위권을 행사하려면 채권자의 채무자에 대한 채권, 즉 피보전채권(대위채권)이 존재해야 함은 선결과제가 된다. 피보전채권은 널리 청구권을 의미하고 채권의 종류나 발생원인을 불문한다.[70] 피보전채권이 피대위채권보다 먼저 성립하여야 하는 것도 아니다. 금전채권뿐만 아니라 노무공급채권, 물권적 청구권 등도 피보전채권이 될 수 있다.[71] 판례는 금전채권 또는 채무불이행

---

68) 대법원 2000. 5. 26. 선고 98다40695 판결; 대법원 2008. 1. 31. 선고 2007다64471 판결: 원고는 채무자인 A에 대한 양수금 채권의 보전을 위하여 채무자인 A의 제3채무자인 피고에 대한 부당이득반환청구권의 이행을 구하는 이 사건 채권자대위소송을 제기함과 아울러 채무자인 A를 상대로 양수금청구의 별소를 제기하였는데, 채무자인 A가 양수금청구 소송절차에서 원고의 양수금채권은 10년의 소멸시효기간이 도과함으로써 소멸하였다는 항변을 원용한 사실을 알 수 있는바, 원고의 양수금채권이 시효의 완성으로 소멸된 것이라면, 원고는 더 이상 채무자인 A의 제3채무자인 피고에 대한 권리를 행사할 당사자적격이 없게 되고, 원고의 채권자대위소송은 부적법하여 각하할 수밖에 없으므로, 원심으로서는 우선 양수금채권의 소멸시효가 적법하게 완성되었는지에 대하여 심리·판단하였어야 할 것이라고 판시한 사례.

69) 사법연수원, 「민사실무Ⅱ」, 2008, pp.119~120 참조.

70) 판례는 이혼으로 인한 재산분할청구권은 협의 또는 심판에 의하여 그 구체적 내용이 형성되기까지는 그 범위 및 내용이 불명확·불확정하기 때문에 구체적으로 권리가 발생하였다고 할 수 없으므로 이를 보전하기 위하여 채권자대위권을 행사할 수 없고, 위자료청구권을 피보전권리로 하는 경우에도 채무자의 무자력이 인정되지 아니하는 한 보전의 필요성이 있다고 할 수 없어 권리보호의 자격이 없다고 한다(대법원 1999. 4. 9. 선고 98다58016 판결). 다만 이혼 및 재산분할의 소를 제기하면서 재산분할청구권을 피보전권리로 하여 상대방의 재산을 가압류할 수는 있다.

71) 판례는 토지거래규제구역 내의 토지를 허가 없이 매수한 경우 매수인 甲은 매도인 乙에 대하여 가지는 토지거래허가신청 절차의 협력의무의 이행청구권을 보전하기 위하여 乙을 대위하여 그에게 토지를 매도한 丙을 상대로 乙과 丙 사이의 토지 매매에 대한 토지거래허가 신청절차에 협력할 것을 청구할 수 있고(대법원 1996. 10. 25. 선고 96다23825 판결), 甲이 명의신탁자인 乙을 대위하여 명의수탁자인 丙을 상대로 명의신탁 해지를 원인으로 하는 소유권이전등기절차의 이행을 구할 수 있으며(대법원 1995. 9. 5. 선고 95다22917 판결), 미등기 토지인 경우 甲이 乙을 대위하여 국가를 상대로 소유권확인을 구할 수 있다(대

에 의하여 손해배상채권으로 전환될 채권뿐만 아니라 등기청구권 등 특정채권[72])도 피보전채권이 될 수 있다고 한다. 실제로는 특정채권 본래의 목적달성을 위하여 채권자대위권이 행사되는 경우가 많다. 예컨대, 甲이 乙로부터 부동산을 매수한 경우에는 매매의 효력으로서 乙에게 위 부동산에 대한 소유권이전등기절차 이행청구권이 있고 乙은 甲으로부터 대금지급이 있을 때까지 그 의무이행을 거절할 수 있을 뿐이나 甲은 乙에 대한 소유권이전등기 청구권을 보전하기 위하여 채권자대위권을 행사할 수 있다.[73])

(2) 판례는 다음의 사례에서와 같이 채무자에 대한 피보전채권이 확정판결로 인정된 이상 제3채무자로서는 더 이상 피보전채권의 존재를 다툴 수 없고<사례 3의 판결>, 채권자가 채무자를 상대로 한 피보전채권에 대한 이행청구의 소에서 패소확정판결을 받은 채권자대위소송은 그 요건을 갖추지 못하여 부적법 각하할 것이라고 한다<사례 4의 판결>.

사례 3

원고가 <u>주위적 청구</u>로, 피고 A에 대해서는 원고에게 X 토지에 관하여 1996. 5. 30. 명의신탁해지를 원인으로 한 소유권이전등기절차의 이행을, 피고 B에 대해서는 피고 B가 피고 A 명의의 등기관계 서류를 위조하여 위 토지에 관하여 소유권이전등기를 경료하였음을 이유로 피고 A를 대위하여 피고 A에게 피고 B 명의의 소유권이전등기의 말소등기절차를 이행할 것을 각 구하고, <u>예비적 청구로서</u>, 피고 A에 대해서는 원고에게 위 토지에 관하여 1996. 5. 30. 자 증여를 원인으로 한 소유권이전등기절차의 이행을, 피고 B에게는 위와 같은 이유로 피고 A를 대위하여 피고 A에게 이 사건 소유권이전등기의 말소등기절차를 이행할 것을 각 구하였는바, 제1심법원은 원고의 피고 B에 대한 주위적 청구 부분에 관한 소를 각하하고, 피고 A에 대한 주위적 청구 및 피고 B에 대한 예비적 청구를 각 기각하고, 피고 A에 대한 예비적 청구를 인용하여 피고 A는 원고에게 X 토지에 관하여 1996. 5. 30. 증여를 원인으로 한 소유권이전등기절차를 이행하라는 내용의 판결을 선고하였다.

이 사건 제1심판결에 대하여 피고 A는 항소하지 아니하였고, 원고는 피고 A와 피고 B 모두를 상대로 항소를 하였다가 2002. 8. 29. 원심법원에서 피고 A에 대한 항소를 취하함으로써 이 사건 제1심판결 중 원고의 피고 A에 대한 주위적 청구는 기각하고, 예비적 청구를 인용하는 부분이 확정되었다. 이 경우 위 예비적 청구에 대한 승소 확정판결에 의하여 원고는 피고 A에 대하여 원고 주장과 같은 소유권이전등기청구권이 있다는 점이 입증되었다는 이유로 피고 B로서는 위 소유권이전등기청구권의 존재를 다툴 수 없는가?

법원 1993. 3. 9. 선고 92다56575 판결)고 한다.

[72]) 특정채권은 금전채권 이외의 특정의 채권을 가리키는 의미이고, 특정물의 인도를 목적으로 하는 채권인 '특정물채권'과는 구별하여야 한다.

[73]) 대법원 1976. 10. 12. 선고 76다1591,1592 판결. 피보전채권이 이행기에 있는 이상 동시이행청구권이 붙어 있더라도 대위권을 행사할 수 있다.

[대법원 판결]

민법 제404조에서 규정하고 있는 채권자대위권은 채권자가 채무자에 대한 자기의 채권을 보전하기 위하여 필요한 경우에 채무자의 제3자에 대한 권리를 대위행사할 수 있는 권리를 말하는 것으로서, 이때 보전되는 채권은 보전의 필요성이 인정되고 이행기가 도래한 것이면 족하고, 그 채권의 발생원인이 어떠하든 대위권을 행사함에는 아무런 방해가 되지 아니하며, 또한 채무자에 대한 채권이 제3채무자에게까지 대항할 수 있는 것임을 요하는 것도 아니라고 할 것이므로, 채권자대위권을 재판상 행사하는 경우에 있어서도 채권자인 원고는 그 채권의 존재사실 및 보전의 필요성, 기한의 도래 등을 입증하면 족한 것이지, 채권의 발생원인사실 또는 그 채권이 제3채무자인 피고에게 대항할 수 있는 채권이라는 사실까지 입증할 필요는 없으며, 따라서 채권자가 채무자를 상대로 하여 그 보전되는 청구권에 기한 이행청구의 소를 제기하여 승소판결이 확정되면 제3채무자는 그 청구권의 존재를 다툴 수 없다.[74]

시례 4

원고는 1971. 3. 1. X로부터 이 사건 토지를 매수하여 이를 점유하고 있는데 피고 A가 1994. 8. 17. 원고를 상대로 이 사건 토지가 자신의 소유라고 주장하면서 그 인도를 구하는 소를 제기하자 원고는 1994. 9. 14. 시효취득을 원인으로 하여 그 소유권이전등기절차의 이행을 구하는 반소를 제기하였는데, 위 소송의 제1심은 본소청구를 인용하고, 반소청구를 기각하였고, 제2심은 본소에 관한 원고의 항소를 받아들여 본소청구를 기각하고, 반소에 관한 원고의 항소를 기각하였으며, 대법원은 1997. 5. 28. 본소에 관한 피고 A의 상고를 받아들여 본소에 관한 부분을 파기환송하고, 반소에 관한 원고의 상고를 기각하였으며, 환송 후 제2심은 원고의 항소를 기각하여 피고 A의 토지인도를 구하는 본소를 받아들인 제1심을 유지하였고, 원고가 이에 불복하여 상고하였으나 대법원은 1998. 2. 16. 원고의 상고를 기각하였다.

그 후 원고는 위 소송의 제1심 증인이 위증을 하였다는 유죄의 확정판결을 근거로 위 각 제2심판결에 대한 재심의 소를 제기하였는데, 법원은 1999. 8. 19. 재심사유가 있지만, 본소청구에 대해서는 이 사건 토지의 소유권이 1998. 9. 21. 피고 B에게 이전되었다는 이유로 기각하고, 반소청구에 대해서도 취득시효가 완성하였으나 재심대상판결 후에 피고 A로부터 피고 B 앞으로 소유권이전등기가 넘어가 피고 A의 소유권이전등기의무가 이행불능이 됨에 따라 재심대상판결은 결과에 있어서 정당하다는 이유로 기각하였으며, 이 판결은 그 무렵 확정되었다.

원고는 다시 피고 A에 대하여 이 사건 토지 부분에 관한 소유권이전등기절차의 이행을 구하고, 원고에게 그 청구권이 있음을 전제로 하여 피고 B에 대하여 먼저 그 명의의 소유권이전등기가 통정한 허위의 의사표시이거나 사회질서에 반하는 증여계약을 원인으로 하여 무효라는 이유로 피고 A를 대위하여 그 말소와 아울러 위 담장의 철거 및 이 사건 토지 부분의 인도를 구하고, 한편으로 말소등기절차의 이행과 선택적으로 진정등기명의회복을 원인으로 하여 소유권이전등기절차의 이행을 구할 수 있는가?

---

74) 대법원 2003. 4. 11. 선고 2003다1250 판결. 同旨: 대법원 2000. 6. 9. 선고 98다18155 판결; 대법원 1998. 3. 27. 선고 96다 10522 판결; 대법원 1995. 2. 10. 선고 94다39369 판결 등 참조.

2. 피보전채권의 이행기 도래

(1) 채권자가 채권자대위권을 행사할 수 있기 위해서는 피보전채권의 이행기가 도래하여야 한다.

(2) 다만 채권보전이 긴급한 경우에는 법원의 허가를 얻어 이행기 전이라도 채권자대위권을 행사할 수 있고,[76] 시효중단 목적의 이행청구나 보존등기 등 보존행위는 법원의 허가가 없더라도 이행기 전에 채권자대위권을 행사할 수 있다(민법 제404조 제2항).

3. 채권보전의 필요성

(1) 채권자가 채권자대위권의 법리에 의하여 채무자에 대한 채권을 보전하기 위하여 채무자의 제3자에 대한 권리를 대위행사하기 위해서는 채무자에 대한 채권을 보전할 필요가 있어야 할 것이고, 그러한 보전의 필요가 인정되지 아니하는 경우에는 소가 부적법하므로 법원으로서는 이를 각하하여야 한다.[77] 채권보전의 필요성만 있으면 되고 채무자가 대위권행사에 반대하더라도 채권자는 채권자대위권을 행사할 수 있다.

(2) 판례는 피보전채권이 금전채권인 경우 채권보전의 필요성을 채무자의 무자력, 즉 채무자의 책임재산이 피보전채권을 만족하는 데 부족하게 되는 상태를 의미하고,[78] 피보전채권이 특정채권인 경우

---

75) 대법원 2003. 5. 13. 선고 2002다64148 판결. 同旨: 대법원 2002. 5. 10. 선고 2000다55171 판결 참조. 참고로 위 사례에서 피고 A에 대한 청구는 재심소송의 반소와 소송물과 당사자가 모두 동일하므로 확정된 재심판결의 기판력이 미치나, 피고 B가 전소의 변론종결 후에 전소의 반소피고이었던 피고 A로부터 소유권이전등기를 넘겨받았다 하더라도 피고 B는 어느 모로 보나 전소의 기판력이 미치는 변론종결 후의 제3자가 되지 아니한다.

76) 비송사건절차법 제45조에서 제52조까지 기한도래 전 재판상 대위의 신청 및 재판에 관한 절차를 규정하고 있다.

77) 대법원 2002. 5. 10. 선고 2000다55171 판결: 만일 채권자가 채무자를 상대로 소를 제기하였으나 패소의 확정판결을 받은 종전 소유권이전등기절차 이행 소송의 청구원인이 채권자대위소송에 있어 피보전권리의 권원과 동일하다면 채권자로서는 위 종전 확정판결의 기판력으로 말미암아 더 이상 채무자에 대하여 위 확정판결과 동일한 청구원인으로는 소유권이전등기청구를 할 수 없게 되었고, 가사 채권자가 채권자대위소송에서 승소하여 제3자 명의의 소유권이전등기가 말소된다 하여도 채권자가 채무자에 대하여 동일한 청구원인으로 다시 소유권이전등기절차의 이행을 구할 수 있는 것도 아니므로, 채권자로서는 채무자의 제3자에 대한 권리를 대위행사함으로써 위 소유권이전등기청구권을 보전할 필요가 없게 되었다고 할 것이어서 채권자의 채권자대위소송은 부적법한 것으로서 각하되어야 한다.

78) 채권자대위권의 행사로서 채권자가 채권을 보전하기에 필요한 것인지는 변론종결 당시를 표준으로 판단되어야 할 것이며 그 채권이 금전채권일 때에는 채무자가 무자력하여 그 일반재산의 감소를 방지할 필요가 있는 경우에 허용되고 이와 같은 요건의 존재 사실은 채권자가 주장, 입증하여야 하는 것이다(대법원 1976. 7. 13. 선고 75다1086 판결).

에는 채무자의 자력과는 상관없이 피보전채권의 현실적 이행을 확보하기 위하여 채무자의 권리를 행사할 필요가 있는 경우를 의미하는 것으로 본다.[79] 예컨대, 채권자 甲의 채무자 乙에 대한 X 부동산의 소유권이전등기청구권이 피보전채권인 경우 채권자대위권의 객체가 되는 것은 乙의 채무자 丙에 대한 당해 X 부동산의 소유권이전등기청구권이다. 이 경우에만 甲은 乙의 자력과 관계없이 乙에 대한 소유권이전등기청구권의 현실적인 이행을 확보할 수 있다.

(3) 채권자가 채무자를 대위함에 있어서 대위에 의하여 보전될 채권자의 채무자에 대한 권리가 금전채권인 경우에는 그 보전의 필요성 즉 채무자가 무자력인 때에만 채권자가 채무자를 대위하여 채무자의 제3채무자에 대한 권리를 행사할 수 있는 것인바,[80] 채권자대위의 요건으로서의 무자력이란 채무자의 변제자력이 없음을 뜻하는 것이고 특히 임의 변제를 기대할 수 없는 경우에는 강제집행을 통한 변제가 고려되어야 하므로, 소극재산이든 적극재산이든 위와 같은 목적에 부합할 수 있는 재산인지가 변제자력 유무 판단의 중요한 고려요소가 되어야 한다.[81] 따라서 채무자의 적극재산인 부동산에 이미 제3자 명의로 소유권이전청구권보전의 가등기가 경료되어 있는 경우에는 강제집행을 통한 변제가 사실상 불가능하므로, 위 가등기가 가등기담보 등에 관한 법률에 정한 담보가등기로서 강제집행을 통한 매각이 가능하다는 등의 특별한 사정이 없는 한 위 부동산은 실질적으로 재산적 가치가 없어 적극재산을 산정함에 있어서 이를 제외하여야 할 것이다.[82]

(4) 다만 피보전채권이 금전채권인 경우에도 피보전채권과 피대위채권 사이에 밀접한 관련이 있거나 피대위채권이 피보전채권을 실질적으로 담보하고 있는 경우에는 채무자의 무자력을 요건으로 하지 않는다. 예컨대 임대차보증금반환채권을 양수한 자는 임대인의 임차인에 대한 건물명도청구권을 대위행사하는 경우에는 임대인의 무자력을 요건으로 하지 않는다.[83] 예컨대, 임차인 乙로부터 임대차보증금반환채권을 양수한 채권자 甲은 임차인 乙이 임대인 丙에 대하여 가지는 임대차계약해지권을 대위행사하여 임대차관계를 종료시키고,[84] 위와 같이 양수한 임대차보증금반환채권의 보전을 위하여

---

79) 통설은 대체로 판례의 입장을 지지하면서 금전채권이 피보전채권인 경우를 채권자대위제도의 본래의 목적과 기능에 부합하는 것이라는 의미에서 '本來型'이라고 하고, 특정채권이 피보전채권인 경우를 채권자대위제도의 확대적용이라는 의미에서 '轉用型'이라고 부르기도 한다.

80) 대법원 1993. 10. 8. 선고 93다28867 판결 등 참조.

81) 대법원 2006. 2. 10. 선고 2004다2564 판결. 무자력의 입증정도와 관련하여 판례는 연립주택의 건설공사를 도급받은 주식회사가 건설공사의 일부씩을 제3자에게 하도급 주고 그 하도급금을 지급하지 못하여 하수급인들을 비롯한 채권자들이 채권을 확보하기 위하여 채권단까지 구성한 사실이 있다면 특별한 사정이 없는 한 일응 위 회사가 채무를 변제할 자력이 없었다고 볼 수 있을 것인데도 위와 같은 특별한 사정이 있었는지에 관해서도 전혀 심리하지 아니한 채 위 회사의 무자력을 인정할 증거가 없다고 판단한 원심판결에는 심리미진 또는 채증법칙위반의 위법이 있다고 한다(대법원 1990. 12. 7. 선고 90다카21886 판결).

82) 대법원 2009. 2. 26. 선고 2008다76556 판결.

83) 대법원 1989. 4. 25. 선고 88다카4253, 4260 판결: 채권자가 자기채권을 보전하기 위하여 채무자의 권리를 행사하려면 채무자의 무자력을 요건으로 하는 것이 통상이지만 임대차보증금반환채권을 양수한 채권자가 그 이행을 청구하기 위하여 임차인의 가옥명도가 선이행되어야 할 필요가 있어서 그 명도를 구하는 경우에는 그 채권의 보전과 채무자인 임대인의 자력유무는 관계가 없는 일이므로 무자력을 요건으로 한다고 할 수 없다.

84) 임대차계약 해지권은 오로지 임대인이나 임차인의 의사에 행사의 자유가 맡겨져 있는 행사상의 일신전속권에 해당하는 것으로 볼 수 없으므로 임대차계약해지권도 채권자대위권의 대상이 된다(대법원 2007. 5. 10. 선고 2006다82700,82717 판결). 판례는 골프클럽회원의 회원가입계약 해지권이 일신전속적인 권리가 아니고 그 해지(탈퇴)에 특별한 제약이 없는 것인 이상, 입회금반환청구권은 비록 입회금반환사유가 발생할 것을 정지조건으로 하는 채권이라 할지라도 그에 대한 압류 및 전부명령이 제3자인

丙이 乙에 대하여 가지는 건물명도청구권을 대위행사할 수 있다.[85] 이 경우 채권자의 채권보전과 채무자인 임대인의 자력 유무는 관계가 없으므로 채무자의 무자력을 요건으로 하지 않는다.

(5) 판례가 종래 피보전채권이 특정채권인 경우 대위권행사의 대상으로 삼은 것은 부동산이 순차매도된 경우,[86] 무효등기의 말소청구,[87] 부동산 이중양도의 경우,[88] 법정지상권을 양수한 경우[89] 등에 인정되는 등기청구권의 대위행사와 임차인의 방해배제청구권의 대위행사[90]를 들 수 있다.

(6) 그런데 판례는 다음과 같이 피보전채권이 특정채권인 경우에도 대위권행사의 범위를 넓히고 있다.

"채권자는 채무자에 대한 채권을 보전하기 위하여 채무자를 대위해서 채무자의 권리를 행사할 수 있는바, 채권자가 보전하려는 권리와 대위하여 행사하려는 채무자의 권리가 밀접하게 관련되어 있고 채권자가 채무자의 권리를 대위하여 행사하지 않으면 자기 채권의 완전한 만족을 얻을 수 없게 될 위험이 있어 채무자의 권리를 대위하여 행사하는 것이 자기 채권의 현실적 이행을 유효·적절하게 확보하기 위하여 필요한 경우에는 채권자대위권의 행사가 채무자의 자유로운 재산관리행위에 대한 부당한 간섭이 된다는 등의 특별한 사정이 없는 한 채권자는 채무자의 권리를 대위하여 행사할 수 있어야 하고, 피보전채권이 특정채권이라 하여 반드시 순차매도 또는 임대차에 있어 소유권이전등기청구권이나 인도청구권 등의 보전을 위한 경우에만 한하여 채권자대위권이 인정되는 것은 아니며, 물권적 청구권에 대해서도 채권자대위권에 관한 민법 제404조의 규정과 위와 같은 법리가 적용될 수 있다."[91]

골프장운영회사에게 송달된 때에 채권자가 집행법원을 통하여 제3자에게 채무자를 대위하여 회원가입계약 해지권을 행사한 것이라고 볼 수 있으므로 입회금반환사유는 그 송달 시에 이미 발생하였다고 볼 것이라고 한다. 대법원 1989. 11. 10. 선고 88다카19606 판결.

85) 이 경우 임대인이 임대차보증금반환청구채권의 양도통지를 받은 후에는 임대인과 임차인 사이에 임대차계약의 갱신이나 계약기간 연장에 관하여 명시적 또는 묵시적 합의가 있더라도 그 합의의 효과는 보증금반환채권의 양수인에 대해서는 미칠 수 없다. 대법원 1989. 4. 25. 선고 88다카4253,4260 판결[평석: 한기택, "임차보증금반환채권을 양수한 자의 임대인의 임차인에 대한 목적물반환청구권의 대위행사", 「민사판례연구[XII]」, 박영사(1990), p.33 이하 참조].

86) 대법원 1995. 12. 26. 선고 95다18741 판결: 丙이 채권자대위소송으로 甲에 대해서는 乙에게 부동산에 관하여 매매 또는 명의신탁 해지를 원인으로 하는 소유권이전등기 절차를 이행할 것을 구하고, 乙에 대해서는 丙에게 그 부동산에 관하여 매매를 원인으로 하는 소유권이전등기 절차를 이행할 것을 구하는 소송에서, 乙이 丙의 청구를 인낙하였다면, 丙이 乙에 대하여 그 주장과 같은 등기청구권을 가진다는 점은 입증되었다고 할 것이므로, 甲이 그 등기청구권의 존재를 다툴 수는 없다.

87) 대법원 1998. 3. 27. 선고 96다10522 판결: 甲이 乙에 대해서는 소유권이전등기절차이행을, 丙에 대해서는 乙을 대위하여 말소등기절차이행을 청구하는 소송에서 乙에 대한 청구가 승소 확정된 경우, 甲의 乙에 대한 승소 확정판결에 의하여 甲이 乙에 대하여 소유권이전등기청구권을 가진다는 점은 입증되었다고 할 것이고 丙으로서는 그 등기청구권의 존재를 다툴 수 없다.

88) 대법원 1983. 4. 26. 선고 83다카57 판결: 매도인의 매수인에 대한 배임행위에 가담하여 증여를 받아 이를 원인으로 소유권이전등기를 경료한 수증자에 대하여 매수인은 매도인을 대위하여 위 등기의 말소를 청구할 수는 있으나 직접 청구할 수는 없다는 것은 형식주의 아래서의 등기청구권의 성질에 비추어 당연하다.

89) 대법원 1985. 4. 9. 선고 84다카1131, 1132 전원합의체 판결 참조.

90) 대법원 1964. 12. 29. 64다804 판결: 임대인이 그 소유 토지를 피고에게 임대하였다가 이를 해지한 뒤 다시 위 토지를 원고에게 임대한 경우에 그 뒤 임대인이 위 토지를 타에 매도하고 소유권이전등기를 완료함으로써 소유권을 상실하였다 하더라도 임대인으로서는 임차인인 원고에게 임대물을 인도하여 그 사용·수익에 필요한 상태를 제공유지하여야 할 의무가 있고 또 임대인은 피고와의 임대차계약을 해지함으로써 피고에게 임대물의 인도를 청구할 권리가 있다 할 것이므로 임대인이 타인에게 매도함으로써 소유권은 상실하였다 해도 위와 같은 권리의무는 있다 할 것인즉 임차인인 원고는 임대인의 피고에 대한 위와 같은 권리를 대위하여 행사할 수 있다.

91) 대법원 2007. 5. 10. 선고 2006다82700,82717 판결[평석: 송평근, "물권적 청구권인 철거청구권을 피보전권리로 하는 채권자대위권이 인정되는지 여부 및 임대인의 임대차계약 해지권이 채권자대위권 행사의 대상이 될 수 있는지 여부 등", 「대법원판례해설 제67호(2007 상반기)」, 법원도서관, 2007, 240~251면]. 同旨: 대법원 2001. 5. 8. 선고 99다38699 판결.

4. 채무자의 권리불행사

(1) 채권자대위권은 채무자가 피대위채권을 행사하지 않는 경우에만 인정된다. 채무자가 스스로 자신의 채무자(제3채무자)에 대한 권리를 행사하는 경우 채권자는 채권자대위권이라는 이름으로 피대위채권에 간섭할 수 없다. 채권자대위권의 행사의 요건인 '채무자가 스스로 그 권리를 행사하지 않을 것'이라 함은 채무자의 제3채무자에 대한 권리가 존재하고 채무자가 그 권리를 행사할 수 있는 상태에 있으나 스스로 그 권리를 행사하고 있지 아니하는 것을 의미하고 여기서 권리를 행사할 수 있는 상태에 있다는 뜻은 권리 행사를 할 수 없게 하는 법률적 장애가 없어야 한다는 뜻이고 채무자 자신에 관한 현실적인 장애까지 없어야 한다는 뜻은 아니며 채무자가 그 권리를 행사하지 않는 이유를 묻지 아니한다.[92] 채무자가 피대위채권을 행사하지 않는 것으로 족하며, 그 이유나 채무자의 고의·과실은 문제 되지 않는다.

(2) 채권자대위권은 채무자가 제3채무자에 대한 권리를 행사하지 아니하는 경우에 한하여 채권자가 자기의 채권을 보전하기 위하여 행사할 수 있는 것이기 때문에 채권자가 대위권을 행사할 당시 이미 채무자가 그 권리를 재판상 행사하였을 때에는 설사 패소의 확정판결을 받았더라도 채권자는 채무자를 대위하여 채무자의 권리를 행사할 당사자적격이 없다.[93]

(3) 일단 채무자가 스스로 피대위채권을 행사하고 있는 이상 채무자와 제3채무자의 통모로 채권자를 해하거나 채무자의 권리행사가 불성실하고 허술하다고 하여도 채권자대위권은 허용될 수 없고, 이 경우에 채권자로서는 채권자취소권을 행사하거나 사해방지소송으로 자신의 권리를 확보할 수밖에 없다. 판례는 다음의 사례에 대한 판결에서 이와 같은 입장을 명백히 밝히고 있다.

사례 5

피고 B재건축주택조합은 2004. 5. 29. 피고 A 건설 주식회사(이하 A 건설)에게 이 사건 재건축공사를 도급하였고, A 건설은 2004. 10. 13. 원고에게 이 사건 재건축공사 중 토공사 부분을 공사대금 487,000,000원에 하도급하여 원고가 2004. 12. 5.경 하도급받은 토공사를 완료하였다. A 건설은 자금난에 봉착하여 원고를 비롯한 수급사업자에 대한 하도급대금을 제대로 지급하지 못하는 등의 사정으로 공사중단 및 재개를 반복하다가 2005. 4.경 공사를 완전히 중단하였고, 결국 2005. 4. 28.경 부도가 났다.
이에 피고 B 조합은 2005. 5. 27. A 건설의 채무불이행을 이유로 이 사건 도급계약을 해제하였으나, A 건설은 부도날 당시 원고를 비롯한 수급사업자들에 대한 하도급대금 채무로 35억 원 이상을, 장비

---

92) 따라서 미등기 토지에 대한 시효취득자가 제3자 명의의 소유권보존등기가 원인무효라 하여 그 등기의 말소를 구하는 경우에 있어 채무자인 진정한 소유자가 성명불상자라 하여도 그가 위 등기의 말소를 구하는 데 어떤 법률적 장애가 있다고 할 수는 없어 그 채권자대위권 행사에 어떤 법률적 장애가 될 수 없다. 대법원 1992. 2. 25. 선고 91다9312 판결 참조.
93) 대법원 1993. 3. 26. 선고 92다32876 판결.

및 자재사용료, 식대, 인건비 등 채무로 8억 원 이상을 부담하고 있었다. A 건설은 2005. 10. 6. 피고 B 조합을 상대로 이 사건 도급계약에 기한 공사대금 1,861,842,000원의 지급 등을 구하는 소를 제기하였는데, 서울북부지방법원은 2007. 2. 6. 피고 B 조합이 A 건설에 대하여 이 사건 도급계약에 기한 공사대금 등 합계 1,532,564,369원을 지급할 의무가 있으나 이미 2005. 4.경 A 건설이 16억 원의 채권을 소외인에게 양도하였다는 이유로 A 건설에 대해 패소판결을 선고한 사실, 반면 위 사건의 항소심인 서울고등법원은 2008. 5. 29. A 건설이 피고 B 조합에 대하여 공사대금 등 합계 1,702,755,465원의 채권을 취득하였음을 인정하고, 나아가 A 건설이 소외인에게 이 사건 도급계약에 기한 공사대금 중 16억 원을 양도한 것은 통정허위표시로서 무효라고 판단한 다음, 위 공사대금 등 채권과 피고 B 조합의 A 건설에 대한 손해배상금 등 720,888,000원의 채권을 대등액에서 상계하여, 결국 "피고 B 조합은 A 건설에 대하여 981,867,465원 및 이에 대한 지연손해금을 지급할 의무가 있다"는 내용의 판결을 선고하였고, 피고 등의 상고가 기각되어 위 서울고등법원의 판결은 그대로 확정되었다.

원고는 채무자인 A 건설이 무자력 상태에 있다는 이유로 A 건설을 대위하여 B 조합을 상대로 공사대금 등의 지급을 구하는 소를 제기할 수 있는가?

[대법원 판결]

채권자대위권은 채무자가 제3채무자에 대한 권리를 행사하지 아니하는 경우에 한하여 채권자가 자기의 채권을 보전하기 위하여 행사할 수 있는 것이어서, 채권자가 대위권을 행사할 당시에 이미 채무자가 그 권리를 재판상 행사하였을 때에는 채권자는 채무자를 대위하여 채무자의 권리를 행사할 수 없다.[94]

---

5. 피대위채권의 존재

(1) 채권자가 채권자대위권을 행사하기 위해서는 채무자의 제3채무자에 대한 피대위채권이 존재하여야 한다. 피대위채권의 존재사실은 채권자가 증명하여야 한다. 채권자대위권의 객체가 되는 피대위채권은 피보전채권이 금전채권인가 특정채권인가에 따라 차이가 있다. 금전채권이 피보전채권인 경우 채권의 공동담보의 보전에 필요한 재산권으로 강제집행이 가능한 것은 모두 피대위채권이 될 수 있으나, 다만 채무자의 행사상의 일신전속권[95])이나 압류금지채권[96]은 채권자대위권의 객체가 될 수 없다.[97]

---

94) 대법원 2009. 3. 12. 선고 2008다65839 판결. 同旨: 대법원 1992. 11. 10. 선고 92다30016 판결 등 참조.
95) 이혼청구권, 인지청구권, 친생부인권 등 가족법상의 권리가 이에 해당한다. 판례는 친족회의의 동의 없는 후견인의 행위에 대한 취소권이 채권자대위권의 목적이 될 수 없다고 한다(대법원 1996. 5. 31. 선고 94다35985 판결). 이혼당사자 사이의 재산분할청구권은 그들 사이의 협의나 법원의 심판 등에 의하여 그 범위 및 내용이 구체화되기 전에는 추상적인 권리에 지나지 않아 채권자대위권행사의 대상이 될 수 없다(서울가법 1993. 11. 11. 선고 93느2877 심판). 상속의 승인, 포기권, 상속회복청구권 등은 그 권리자의 의사를 존중하여야 하므로 대위권의 목적이 되지 않으나, 상속개시 후의 상속지분권, 상속재산분할청구권은 양도·처분할 수 있는 것으로서 재산권의 성질이 강하므로 대위권의 목적이 될 수 있다. 곽윤직 편, 「민법주해(IX)」, 박영사 (1995), 765면 참조.
96) 민사집행법 제246조, 공무원연금법 제32조 등 참조. 다만 교통사고 피해자를 치료한 의료기관이 피해자에 대한 진료비 청구권에 기하여 피해자의 보험사업자 등에 대한 직접청구권을 압류하는 것이 자동차손해배상보장법 제32조에 위반되는 것으로 볼

(2) 특정채권이 피보전채권인 경우 특정채권의 실현을 위해 필요하고 적합한 권리가 피대위채권이 된다.[98] 채권자대위권은 채무자의 채권을 대위행사함으로써 채권자의 채권이 보전되는 관계가 존재하는 경우에 한하여 이를 행사할 수 있으므로 <u>특정물에 관한 채권자는 채권을 보전하기 위하여 채무자의 제3채무자에 대한 그 특정물에 관한 권리만을 대위행사할 수 있다.</u>[99] 구체적으로 채무자의 청구권뿐만 아니라 형성권이나 채권자대위권, 채권자취소권 등이 피대위채권이 된다. 판례는 민법상 조합원의 조합탈퇴권도 채권자대위권의 목적이 될 수 있다고 한다.[100]

(3) 소송상의 행위도 실체법상의 권리를 주장하는 형식의 소송상의 행위는 대위가 가능하다. 실무상 채권자대위권을 소송상 행사하는 방식으로 피대위채권과 관련한 이행의 소나 확인의 소를 제기하는 경우가 많다. 채권자는 채무자를 대위하여 피대위채권에 대한 가압류나 가처분을 신청할 수 있고, 집행권원에 채무자로 표시된 자 및 채무의 승계, 기타 원인으로 채무자에 대신하여 집행력을 받는 자의 채권자도 채권자대위권에 기하여 청구이의의 소를 제기할 수 있다.[101] 판례는 가처분결정에 대한 본안제소명령의 신청권이나 제소기간의 도과에 의한 가압류·가처분의 취소신청권은 채권자대위권의 목적이 될 수 있는 권리라고 보고 있다.[102] 다만 소송계속 중 그 소송수행을 위한 소송당사자로서의 개개의 소송행위, 예컨대 공격방어방법의 제출, 상소나 항고의 제기, 집행방법에 대한 이의, 가압류에 대한 이의 등은 채권자대위권의 대상이 될 수 없다.

(4) 그런데 채권자대위권의 요건 중 피대위채권의 존재는 소송요건이 아니라 본안판단의 대상이다. 본안심리결과 피대위채권이 부존재하는 것으로 밝혀지면 대위소송은 각하되는 것이 아니라 청구기각판결을 받게 된다. 다만 채무자의 제소로 채무자 패소확정판결을 받은 경우에는 채무자의 권리불행

것은 아니며(대법원 2004. 5. 28. 선고 2004다6542 판결), 피해자의 국가에 대한 국가배상(치료비) 청구권을 압류하거나 대위행사하는 것이 국가배상법 제4조에 위반되는 것은 아니다(대법원 1981. 6. 23. 선고 80다1351 판결).

97) 앞서 본 바와 같이 판례는 임대인의 임대차계약 해지권은 오로지 임대인의 의사에 행사의 자유가 맡겨져 있는 행사상의 일신전속권에 해당하는 것으로 볼 수 없다고 하여 임대차계약해지권도 채권자대위권의 객체가 될 수 있다고 한다. 대법원 2007. 5. 10. 선고 2006다82700, 82717 판결.

98) 판례는 환매권은 재산권으로서 양도 및 채권자대위권행사의 대상이 되고, 채권자는 자기의 채무자에 대한 부동산의 소유권이전등기청구권 등 특정채권을 보전하기 위하여 채무자가 방치하고 있는 그 부동산에 관한 특정권리를 대위하여 행사할 수 있다고 한다. 대법원 1992. 10. 27. 선고 91다483 판결.

99) 대법원 1993. 4. 23. 선고 93다289 판결. 甲의 채권은 乙과의 매매계약으로 인한 <u>이 사건 여관건물</u>에 관한 소유권이전등기청구권임에 반하여 甲이 대위행사하는 乙의 권리는 이 사건 교환계약의 해제로 인한 乙의 丙에 대한 <u>이 사건 상가부분</u>에 관한 丙 명의의 소유권이전등기의 말소등기청구권이어서 甲이 이 사건 상가부분에 관한 위 청구권을 동시이행의 항변으로 대위행사하여 이 사건 상가부분에 관한 丙의 소유권이전등기가 말소되어 乙 명의로 회복된다 하더라도 甲의 乙에 대한 이 사건 여관에 관한 소유권이전등기청구권이 보전될 리는 없다 할 것이므로 甲의 위 채권자대위권은 허용될 수 없다.

100) 대법원 2007. 11. 30. 자 2005마1130 결정: 민법상 조합원은 조합의 존속기간이 정해져 있는 경우 등을 제외하고는 원칙적으로 언제든지 조합에서 탈퇴할 수 있고(민법 제716조 참조), 조합원이 탈퇴하면 그 당시의 조합재산상태에 따라 다른 조합원과 사이에 지분의 계산을 하여 지분환급청구권을 가지게 되는바(민법 제719조 참조), 조합원이 조합을 탈퇴할 권리는 그 성질상 조합계약의 해지권으로서 그의 일반재산을 구성하는 재산권의 일종이라 할 것이고 채권자대위가 허용되지 않는 일신전속적 권리라고는 할 수 없다. 따라서 채무자의 재산인 조합원 지분을 압류한 채권자는, 당해 채무자가 속한 조합에 존속기간이 정하여져 있다거나 기타 채무자 본인의 조합탈퇴가 허용되지 아니하는 것과 같은 특별한 사유가 있지 않은 한, 채권자대위권에 의하여 채무자의 조합 탈퇴의 의사표시를 대위행사할 수 있다 할 것이고, 일반적으로 조합원이 조합을 탈퇴하면 조합목적의 수행에 지장을 초래할 것이라는 사정만으로는 이를 불허할 사유가 되지 아니한다.

101) 대법원 1992. 4. 10. 선고 91다41620 판결.

102) 대법원 1993. 12. 27. 자 93마655 결정.

사라는 요건을 결하여 대위소송을 각하하게 되고, 제3채무자가 채무자를 상대로 제소하여 채무자가 패소확정판결을 받은 경우에는 기판력의 작용에 의하여 대위소송은 청구기각판결을 받게 되는 차이가 있다. 예컨대, 부동산의 소유자에 대하여 소유권이전등기를 청구할 지위에 있기는 하지만 아직 그 소유권이전등기를 경료하지 않은 상태에서, 제3자가 부동산의 소유자를 상대로 그 부동산에 관한 소유권이전등기절차 이행의 확정판결을 받아 소유권이전등기를 경료한 경우, 그 확정판결이 당연무효이거나 재심의 소에 의하여 취소되지 않는 한, 종전의 소유권이전등기청구권을 가지는 자가 부동산의 소유자에 대한 소유권이전등기청구권을 보전하기 위하여 부동산의 소유자를 대위하여 제3자 명의의 소유권이전등기가 원인무효임을 내세워 그 등기의 말소를 구하는 것은 확정판결의 기판력에 저촉되므로 허용될 수 없다.[103]

VI. 채권자대위소송과 중복된 소제기

사례 6

(1) 甲이 채무자인 乙을 대위하여 제3채무자인 丙을 상대로 소를 제기하여 위 소송이 계속 중 채무자 乙이 별소로 丙을 상대로 소를 제기할 수 있는가?
(2) 채무자 乙이 먼저 丙을 상대로 소를 제기하여 그 소송이 계속 중 乙의 채권자인 甲이 乙을 대위하여 丙을 상대로 소를 제기할 수 있는가?
(3) 甲이 채무자인 乙을 대위하여 제3채무자인 丙을 상대로 소를 제기하여 위 소송이 계속 중 乙의 다른 채권자 丁이 乙을 대위하여 丙을 상대로 소를 제기할 수 있는가?

---

1. 중복된 소제기의 금지

(1) 법원에 계속되어 있는 사건에 대하여 당사자는 다시 소를 제기하지 못한다(민소법 제259조). 중복된 소제기(이중소송)를 금지하는 것은 판결의 모순·저촉을 방지하기 위함이다. 중복된 소제기 여부는 <u>소송계속(소장부본 송달)</u>의 선후에 의해 판별하고 제소 전 보전처분이 있는 경우에도 동일하다. 전소가 소송요건을 구비하지 못한 부적법한 소라도 <u>후소의 변론종결 시까지</u> 전소가 취하나 각하 등에 의하여 그 소송계속이 소멸하지 아니하면 후소는 중복제소에 해당한다.

(2) 중복된 소제기에 해당되려면 후소가 전소와 동일사건임을 요하고, 원칙적으로 당사자와 소송물(청구)이 동일하면 동일사건에 해당한다. 당사자가 동일하면 원고와 피고가 전소와 후소에서 서로 바

---

103) 대법원 1999. 2. 24. 선고 97다46955 판결. 제소전화해에 기하여 제3자 앞으로 소유권이전등기가 마쳐진 경우도 같다. 대법원 2000. 7. 6. 선고 2000다11584 판결.

뀌어도 무방하다. 소송물이 동일하더라도 당사자가 다르면 전소와 후소가 동일사건이라고 할 수 없다. 당사자의 동일과 관련하여 채권자대위소송과 중복된 소제기가 문제 된다.

(3) 중복제소는 직권조사사항이고, 중복제소에 해당하면 판결로 후소를 부적법 각하한다.

2. 채권자대위소송과 중복된 소제기

가. 전소가 대위소송인 경우

(1) 채권자대위소송이 제기된 후에 채무자가 같은 내용의 후소를 제기하는 경우 판례와 다수설은 채무자가 대위소송의 계속사실을 알든, 모르든 이를 묻지 않고 중복제소로서 금지된다는 입장이다(긍정설).[104] 판결이 확정되어 소송계속이 종료된 후에는 중복제소의 문제가 아니라 기판력이 문제 된다.

(2) 이러한 판례의 입장에 대하여 채권자가 채권자대위권을 행사하는 방법으로 제3채무자를 상대로 소송을 제기하고 판결을 받은 경우에는 어떠한 사유로 인하였던 적어도 채무자가 채권자대위권에 의한 소송이 제기된 사실을 알았을 경우에는 그 판결의 효력은 채무자에게 미친다는 판례의 입장[105]과 맞지 아니하므로 이를 무조건 중복제소로 볼 것이 아니라 같은 내용의 소제기를 하는 채무자가 그 사실을 알았을 때로 한정할 것이고, 그 사실을 모르는 채무자라면 대위소송이 계속 중임을 알려 그 소송에 참가의 기회를 제공하고 후소를 중복소송이라 하여 각하함이 상당할 것이라는 견해가 있다(제한적 긍정설).[106]

(3) 학설 중에는 전소가 변론종결 전이면 채권자의 대위청구는 민법 제404조 제1항의 해석상 요구되는 '채무자가 채권을 행사하지 않을 것'이라는 대위권 행사요건 불비로 전소청구를 기각해야 하고, 채무자의 소송이 후에 계속하게 되었다고 이를 중복제소라고 하여 소각하판결을 하여서는 안 되며, 전 소송이 변론종결 후이면 대위소송은 영향이 없고 채무자의 소송은 별소로 존속한다는 견해가 있다(부정설).[107]

(4) 중복된 소제기가 되는 전소와 후소의 판별기준은 소송계속의 발생시기의 선후에 의할 것이고, 전소

---

104) 대법원 1995. 4. 14. 선고 94다29256 판결; 대법원 1992. 5. 22. 선고 91다41187 판결: 채권자가 채무자를 대위하여 제3채무자를 상대로 제기한 채권자대위소송이 법원에 계속 중 채무자와 제3채무자 사이에 채권자대위소송과 소송물을 같이하는 내용의 소송이 제기된 경우, 양 소송은 동일소송이므로 후소는 중복제소금지원칙에 위배되어 제기된 부적법한 소송이라 할 것이나, 이 경우 전소, 후소의 판별기준은 소송계속의 발생시기의 선후에 의할 것이며(대법원 1990. 4. 27. 선고 88다카25274, 25281 판결 참조), 소의 추가적 변경이 있는 경우 추가된 소의 소송계속의 효력은 그 서면을 상대방에게 송달하거나 변론기일에 이를 교부한 때에 생긴다고 할 것이다. 정동윤·유병현, 「민사소송법(제3판 보정판)」, 법문사(2010), p.265. 김홍엽, 「민사소송법(제2판)」, 박영사(2011), p.310은 채권자대위소송의 계속 중에 별도로 소 또는 반소를 제기하는 경우에는 중복소송에 해당하나, 채권자대위소송의 소송절차 내에서 채무자가 공동소송적 보조참가 또는 독립당사자참가를 하는 경우에는 심리의 중복으로 인한 소송불경제나 판결의 모순·저촉의 우려가 없으므로 중복소송에 해당하지 않는다고 한다.
105) 대법원 전원합의체 1975. 5. 13. 선고 74다1664 판결; 대법원 1993. 4. 27. 선고 93다4519 판결 등.
106) 이시윤, 앞의 책, p.263. 同旨: 김홍규·강태원, 「민사소송법(제2판)」, 삼영사(2010), p.262.
107) 호문혁, 앞의 책, pp.145~146 참조.

의 변론종결 전후에 따라 전소와 후소의 중복제소가 판별되는 것은 아니다. 기존 채권자대위권에 관한 판례이론과의 조화를 위해서 제한적 긍정설이 수긍할 만하나, 긍정설과 큰 차이는 없다.[108) 채무자가 채권자대위소송이 제기된 사실을 알고 있다면 의당 채권자대위소송에 참가하여 자신의 주장을 관철시킬 기회가 있고 채무자의 별소를 허용함으로써 법원이나 당사자에게 시간과 비용을 이중으로 낭비시키는 것은 바람직하지 않다.

나. 후소가 대위소송인 경우

(1) 통설과 판례는 채무자가 자신의 권리에 관한 소송을 하고 있는 경우에 채권자가 채권자대위소송을 제기하는 것은 중복제소에 해당하는 것으로 본다.[109)

(2) 채권자대위권은 채무자가 제3채무자에 대한 권리를 행사하지 아니하는 경우에 한하여 채권자가 자기의 채권을 보전하기 위하여 행사할 수 있는 것이기 때문에 채권자가 대위권을 행사할 당시 이미 채무자가 그 권리를 재판상 행사하였을 때에는 설사 패소의 확정판결을 받았더라도 채권자는 채무자를 대위하여 채무자의 권리를 행사할 당사자적격이 없다는 것이 판례이다.[110)

(3) 소수설은 위와 같은 경우에는 채무자가 이미 자기 채권을 행사하고 있으므로 민법 제404조 제1항의 해석상 요구되는 '채무자가 채권행사를 하지 않을 것'이라는 대위권 행사요건의 불비를 이유로 중복제소로 처리할 것이 아니라 채권자의 청구를 이유 없다고 하여 기각해야 마땅하다고 한다.[111)

다. 대위소송의 경합(각기 다른 채권자의 대위소송이 중복되는 경우)

(1) 판례는 중복제소금지는 소송계속으로 인하여 당연히 발생하는 소송요건의 하나로서, 이미 동일한 사건에 관하여 전소가 제기되었다면 설령 그 전소가 소송요건을 흠결하여 부적법하다고 할지라도 후소의 변론종결 시까지 취하·각하 등에 의하여 소송계속이 소멸되지 아니하는 한 후소는 중복제소금지에 위배하여 각하를 면치 못하게 되는바, 이와 같은 법리는 어느 채권자가 채무자를 대위하여 제3채무자를 상대로 제기한 채권자대위소송이 법원에 계속 중 다른 채권자가 같은 채무자를 대위하여 제3채무자를 피고로 하여 동일한 소송물에 관하여 소송을 제기한 경우에도 적용된다는 입장이다.[112)

---

108) 채무자가 사실심 변론종결 시까지 대위소송의 계속 사실을 모르는 상태에서 중복소송으로 소각하판결을 받는 경우를 예상하기 어렵다. 김홍엽, 앞의 책, p.311 참조.

109) 대법원 1981. 7. 7. 선고 80다2751 판결: 채권자가 채무자를 상대로 제기한 소송이 계속 중 제3자가 채권자를 대위하여 같은 채무자를 상대로 청구취지 및 원인을 같이하는 내용의 소송을 제기한 경우에는 양 소송은 동일소송이므로 후소는 중복제소금지규정에 저촉된다.

110) 대법원 1993. 3. 26. 선고 92다32876 판결

111) 호문혁, 앞의 책, p.144.

(2) 판례는 채무자의 수인의 채권자가 공동소송으로 제소하는 것은 무방하다고 하면서[113] 따로 제소하면 중복제소라고 한다.

(3) 이에 대해서는 한정적 긍정설의 입장에서 채무자가 채권자대위소송을 하는 것을 알았을 때에 다시 다른 채권자가 제기한 대위소송은 중복소송이 된다는 견해도 있고,[114] 부정설의 입장에서 대위소송의 목적물은 채권자대위권 행사이고, 다른 채권자가 각기 다른 대위권을 행사하는 경우에는 소송물이 다르며 중복제소가 아니라는 견해도 있다.[115]

VII. 채권자대위소송과 기판력

사례 7

甲은 乙에 대하여 1억 원의 대여금채권이 있는데 乙이 이행기 이후에도 변제를 하지 아니하여 乙이 丙에 대하여 갖고 있는 1억 원의 물품대금채권이 있는 것을 알고 乙을 대위하여 丙을 상대로 물품대금청구의 소를 제기하고 이 사실을 乙에게 통지하였다.

(1) 甲이 이 소송에서 청구기각판결을 받고 이 판결이 확정된 경우 乙은 丙을 상대로 같은 채무의 이행을 구하는 소를 제기할 수 있는가?

(2) 乙의 다른 채권자 丁이 자기의 채권을 보전하기 위하여 丙을 상대로 甲과 같은 소송을 제기한 경우 丁의 소는 적법한가?

(3) 甲이 소를 제기하기 전에 乙이 먼저 丙을 상대로 물품대금청구소송을 제기하여 기각판결을 받고 확정된 경우 甲이 후에 丙을 상대로 제기한 채권자대위소송은 어떻게 되는가?

---

1. 기판력의 주관적 범위

(1) 기판력은 그 소송의 당사자 사이에서만 생기고, 제3자에게는 미치지 않는 것이 원칙이다[기판력의 상대성의 원칙](제218조 제1항).

(2) 그러나 예외적으로 변론종결한 뒤의 승계인, 청구의 목적물의 소지자, 제3자의 소송담당의 경우 권리귀속 주체 등 당사자와 같이 볼 제3자나, 가사소송, 회사관계소송, 행정소송 등 일반 제3자에게 미치는 등 기판력이 제3자에게 확장되는 경우가 있다(제218조 제2항, 제3항).

---

112) 대법원 1998. 2. 27. 선고 97다45532 판결; 대법원 1994. 2. 8. 선고 93다53092 판결: 채권자대위소송이 이미 법원에 계속 중에 있을 때 같은 채무자의 다른 채권자가 동일한 소송물에 대하여 채권자대위권에 기한 소를 제기한 경우 시간적으로 나중에 계속하게 된 소송은 중복제소금지의 원칙에 위배하여 제기된 부적법한 소송이 된다.

113) 대법원 1991. 12. 27. 선고 91다23486 판결: 채무자가 채권자대위권에 의한 소송이 제기된 것을 알았을 경우에는 그 확정판결의 효력은 채무자에게도 미친다. 이 경우 각 채권자대위권에 기하여 공동하여 채무자의 권리를 행사하는 다수의 채권자들은 유사필수적 공동소송관계에 있다.

114) 이시윤, 앞의 책, p.264.

115) 호문혁, 앞의 책, p.143.

2. 채권자대위소송과 기판력

가. 채권자대위소송의 기판력이 채무자에게 미치는가?

(1) 채권자가 채권자대위권을 행사하는 방법으로 제3채무자를 상대로 소송을 제기하고 판단을 받은 경우에는 채권자가 채무자에 대하여 민법 제405조 제1항에 의한 보존행위 이외의 권리행사의 통지 또는 민사소송법 제84조에 의한 소송고지 혹은 비송사건절차법 제84조 제1항에 의한 재판상 대위의 허가를 고지하는 방법 등을 위시하여 어떠한 사유로 인하였던 적어도 채권자대위권에 의한 소송이 제기된 사실을 채무자가 알았을 경우에 비로소 그 판결의 효력이 채무자에게 미친다(판례).[116]

(2) 판례의 입장에 대해서는 판결의 효력은 당사자 이외의 제3자에게는 미치지 않음을 근거로 하거나 채권자는 소송담당이 아님을 근거로 채무자에게 미치지 않는다는 견해가 있다.[117] 채무자가 소송계속 사실을 알게 되어 채권자의 소송수행을 현실적으로 협조·견제할 수 있는 경우로 보아야 한다는 견해[118]도 있다.

나. 채권자대위소송의 기판력이 다른 채권자에게 미치는가?

(1) 어느 채권자가 채권자대위권을 행사하는 방법으로 제3채무자를 상대로 소송을 제기하여 판결을 받은 경우, 어떠한 사유로든 채무자가 채권자대위소송이 제기된 사실을 알았을 경우에 한하여 그 판결의 효력이 채무자에게 미치므로, 이러한 경우에는 그 후 다른 채권자가 동일한 소송물에 대하여 채권자대위권에 기한 소를 제기하면 전소의 기판력을 받게 된다고 할 것이지만, 채무자가 전소인 채권자대위소송이 제기된 사실을 알지 못하였을 경우에는 전소의 기판력이 다른 채권자가 제기한 후소인 채권자대위소송에 미치지 않는다(판례).[119]

(2) 판례에 대해서는 채권자대위소송의 판결의 효력이 그 소송과는 아무런 관계가 없는 다른 채권자에게까지 미친다고 보는 것은 아무런 법적 근거도 없이 제3자의 소송가능성을 박탈하는 것이 되어 부당하다는 비판이 있다.[120]

---

116) 대법원 1988. 2. 23. 선고 87다카1108 판결; 대법원 전원합의체 1975. 5. 13. 선고 74다1664 판결.
117) 호문혁, 앞의 책, pp.715~716 이하 참조.
118) 이시윤, 앞의 책, p.614.
119) 대법원 1994. 8. 12. 선고 93다52808 판결.
120) 호문혁, 앞의 논문, p.717.

다. 채무자의 제3채무에 대한 소송에서의 기판력이 채권자에게 미치는가?

(1) 채권자가 채무자를 대위하여 제3자를 상대로 제기한 소송과 이미 판결확정이 되어 있는 채무자와 그 제3자 간의 기존소송이 당사자만 다를 뿐 실질적으로 동일내용의 소송이라면, 위 확정판결의 효력이 채권자대위권 행사에 의한 소송에 미친다.

(2) 판례는 채무자가 받은 판결이 당연무효이거나 재심에 의하여 취소되지 않는 한 채무자가 제3채무자를 상대로 한 소송의 판결이 위 채무자의 채권자가 제기한 채권자대위소송에 미친다고 보고 있다. 이를 기판력이라기보다는 채권자와 채무자 간의 실체법상의 의존관계에 의한 반사효로 보기도 하고,[121] 이 경우 이미 채무자가 채권을 행사하였으므로 채권자대위권의 법률요건의 불비에 해당하여 법원은 채권자의 대위권이 인정되지 않는다는 이유로 청구를 기각하는 것이 옳다는 견해도 있다.[122]

(3) 채권자가 채권자대위권의 법리에 의하여 채무자에 대한 채권을 보전하기 위하여 채무자의 제3자에 대한 권리를 대위행사하기 위해서는 채무자에 대한 채권을 보전할 필요가 있어야 할 것이고, 그러한 보전의 필요가 인정되지 아니하는 경우에는 소가 부적법하므로 법원으로서는 이를 각하하여야 할 것인바,[123] 만일 채권자가 채무자를 상대로 소를 제기하였으나 패소의 확정판결을 받은 종전 소유권이전등기절차 이행소송의 청구원인이 채권자대위소송에 있어 피보전권리의 권원과 동일하다면 채권자로서는 위 종전 확정판결의 기판력으로 말미암아 더 이상 채무자에 대하여 위 확정판결과 동일한 청구원인으로는 소유권이전등기청구를 할 수 없게 되었고, 가사 채권자가 채권자대위소송에서 승소하여 제3자 명의의 소유권이전등기가 말소된다 하여도 채권자가 채무자에 대하여 동일한 청구원인으로 다시 소유권이전등기절차의 이행을 구할 수 있는 것도 아니므로, 채권자로서는 채무자의 제3자에 대한 권리를 대위행사함으로써 위 소유권이전등기청구권을 보전할 필요가 없게 되었다고 할 것이어서 채권자의 채권자대위소송은 부적법한 것으로서 각하되어야 한다.[124]

---

121) 이시윤, 앞의 책, p.614.
122) 호문혁, 앞의 책, pp.717~718.
123) 대법원 2009. 3. 12. 선고 2008다65839 판결: 채권자대위권은 채무자가 제3채무자에 대한 권리를 행사하지 아니하는 경우에 한하여 채권자가 자기의 채권을 보전하기 위하여 행사할 수 있는 것이어서, 채권자가 대위권을 행사할 당시에 이미 채무자가 그 권리를 재판상 행사하였을 때에는 채권자는 채무자를 대위하여 채무자의 권리를 행사할 수 없다.
124) 대법원 2002. 5. 10. 선고 2000다55171 판결.

VIII. 채권자대위소송과 재소금지

> ### 사례 8
>
> (1) 甲은 乙로부터 X 부동산을 매수하였음을 이유로 乙, 丙을 피고로 하여 乙에 대해서는 소유권이
>   전등기청구를, 丙에 대해서는 乙에 대한 소유권이전등기청구권에 기하여 乙을 대위하여 시효취
>   득을 원인으로 한 소유권이전등기절차의 이행을 구하는 소를 제기하였다가 乙에 대해서는 승소
>   판결을, 丙에 대해서는 패소판결을 선고받고 항소하였는데 항소심 계속 중 乙과의 매매계약을
>   해제하고 위 소를 취하하였다. 乙이 같은 청구원인에 기하여 직접 丙을 상대로 소유권이전등기
>   절차의 이행을 구하는 소를 제기하였다. 乙의 소는 적법한가?
> (2) 甲이 乙 및 丙을 상대로, 乙에 대해서는 매매를 원인으로 한 소유권이전등기 절차의 이행을, 丙
>   에 대해서는 乙을 대위하여 소유권보존등기말소등기절차의 이행을 구하는 소를 제기한 전소에
>   서, 乙은 甲의 청구를 인낙하였고, 丙에 대한 부분은 제1심에서 甲의 승소판결이 선고된 후 이
>   에 대하여 丙이 항소를 제기하여 항소심에 계속 중 甲이 소를 취하하였다. 나중에 甲의 乙에 대
>   한 권리가 없음이 밝혀진 경우 乙은 丙을 상대로 동일한 소송을 제기할 수 있는가?

1. 소의 취하와 재소금지

(1) 민소법 제267조 제2항은 "본안에 대한 종국판결[125])이 있은 후 소를 취하한 자는 동일한 소를 제기
   하지 못한다"라고 규정하고 있는바, 이는 소취하로 인하여 그동안 판결에 들인 법원의 노력이 무용
   화되고 종국판결이 당사자에 의하여 농락당하는 것을 방지하기 위한 제재적 취지의 규정이므로, 본
   안에 대한 종국판결이 있은 후 소를 취하한 자라 할지라도 이러한 규정의 취지에 반하지 아니하고
   <u>소제기를 필요로 하는 정당한 사정이 있다면</u> 다시 소를 제기할 수 있다.[126]

(2) 원래 소를 취하하였다고 하여 다시 소를 제기하는 것을 막을 이유는 없는 것이나, 본안에 관한 종국
   판결이 있은 뒤에 소를 취하한 자는 다시 소를 제기할 수 없도록 하여 법원이 판결을 하는 데 들인
   노력이 헛수고가 되는 것을 막고 소취하권 내지 재소권의 남용을 견제하자는 데 그 취지가 있다.[127]

2. 채권자대위소송과 재소금지

(1) 판례는 채권자가 채권자대위권을 행사하는 방법으로 제3채무자를 상대로 소송을 제기하고 판결을

---

125) 종국판결이 아닌 소각하판결이나 소송종료선언 등 소송판결이 있은 뒤에 소를 취하한 경우 다시 원고가 동일한 소를 제기하
   여도 재소금지에 저촉되지 않는다.
126) 대법원 2009. 6. 25. 선고 2009다22037 판결; 대법원 1998. 3. 13. 선고 95다48599, 48605 판결.
127) 정동윤·유병현, 앞의 책, p.624.

받은 경우에 채권자대위권에 의한 소송이 제기된 사실을 채무자가 알았을 때에는 그 판결의 효력은 채무자에게 미친다는 판례[128]에 미루어 채권자대위권에 의한 소송이 제기된 사실을 피대위자가 알게 된 이상, 위 대위소송에 관한 종국판결이 있은 후 그 소가 취하된 때에는 피대위자도 제267조 제2항 소정의 재소금지규정의 적용을 받아 위 대위소송과 동일한 소를 제기하지 못한다는 입장이다.[129]

(2) 따라서 판례에 따르면 위 (1)의 사례에서 乙로서는 전소에서도 피고로 되어 있어 채권자대위소송이 제기된 사실을 알았다고 보이므로 乙의 이 사건 청구는 부적법한 소라고 보게 된다.[130] 이러한 판례의 입장에 대해서는 채권자대위소송은 제3자의 소송담당이 아니므로 재소금지의 효력이 채무자에게 미치지 아니한다는 비판이 있다.[131]

(3) 채무자가 전소의 피고가 아닌 경우에 채무자가 대위소송 제기사실을 안 이상 절차참가의 기회가 있고, 채권자가 소를 취하하기 이전에 공동소송적 보조참가를 한다면 민소법 제78조, 제67조 제1항에 따라 참가인에 대한 제76조 제2항의 제한이 배제되어 채권자가 소취하를 하더라도 효력이 없게 되어 채권자대위소송을 제3자의 소송담당으로 보더라도 문제가 없다.

(4) 그러나 위 사례와 같이 전소에서 채무자가 피고인 경우 채권자인 甲이 소를 취하하였다고 재소금지의 효과가 채무자인 乙에게 미쳐 乙이 제3채무자를 상대로 재소를 하지 못하게 막은 것은 부당하다.[132]

(5) 위 (2)의 사례에서 판례는 나중에 甲의 乙에 대한 권리가 없음이 밝혀져 甲이 乙을 대위하여 乙의 권리를 행사할 자격이 없었다고 하더라도, 甲이 그와 같이 乙의 권리를 대위행사할 적격이 있다고 주장함에 대하여 乙이 적극적으로 甲의 주장을 인정하면서 그의 청구를 인낙하여 그 소송에서 甲에게 대위 적격을 부여한 이상, 乙은 재소금지의 원칙상 丙을 상대로 동일한 소송을 제기할 수 없다고 한다.[133]

IX. 사례의 검토

1. 사례 1

채무자의 처분권 제한에 관한 본고 <사례 1>의 관련 대법원 판결 등을 참고할 것.

---

128) 대법원 1975. 5. 13. 선고 74다1664 전원합의체 판결 참조.
129) 대법원 1981. 1. 27. 선고 79다1618 판결 참조. 이시윤, 앞의 책, p.530 및 정동윤·유병현, 앞의 책, p.625는 이 견해가 통설(다수설)·판례의 입장이라고 소개하고 있으나, 자신들의 명확한 입장은 밝히지 아니하고 있다.
130) 대법원 1996. 9. 20. 선고 93다20177, 20184 판결.
131) 호문혁, 앞의 책, p.736은 판례의 태도는 법적 안정을 위한 기판력으로 인한 후소의 차단과 소취하 및 재소의 남용을 방지하고자 하는 재소금지를 혼동하여 양자를 같은 기준으로 취급하는 잘못을 범하고 있고, 판례에 따르면 채권자가 필요 이상으로 채무자의 권리를 휘젓는 결과가 되어 부당하다고 한다.
132) 특히 타인인 채권자가 경솔하게 한 소취하의 효과를 채무자가 고스란히 받아서 스스로 소송을 할 수가 없게 된다는 것은 부당하다. 호문혁, 앞의 책, p.736 참조.
133) 대법원 1995. 7. 28. 선고 95다18406 판결.

2. 사례 2

가. 재판의 경과

(1) **제1심**[134]: 이 사건 매매계약은 A가 조세 채무를 면탈하기 위하여 피고와 통정하여 허위로 체결한 의사표시로서 무효이므로 피고는 원고의 이 사건 대위청구에 따라 A에게 이 사건 매매예약에 기한 이 사건 가등기를 말소할 의무가 있다(원고승소).

(2) **원심**[135]: 채권자가 채무자를 대위함에 있어서 대위에 의하여 보전될 채권자의 채무자에 대한 권리가 금전채권인 경우에는 그 보전의 필요성 즉 채무자가 무자력인 때에만 채권자가 채무자를 대위하여 채무자의 제3채무자에 대한 권리를 행사할 수 있고, 그 요건의 존재사실은 채권자가 주장·입증하여야 한다. 이 사건의 경우 A는 별지 목록 기재 각 부동산 외에 다른 부동산 7필지를 소유하고 있는데, 위 각 부동산에는 A의 동생 등 친인척의 명의로 소유권이전청구권가등기가 마쳐져 있는 외에 근저당권 등의 다른 채무를 담보하고 있지는 않은 사실, 위 각 부동산의 공시지가의 합계는 84,004,860원인 사실을 인정할 수 있고, A가 원고에게 부담하여야 할 세금 등은 2007. 10. 8. 현재 63,769,880원인바, 위 인정사실에 의하면 A의 적극재산의 평가액의 합계가 소극재산을 초과하고 있고, 달리 A가 무자력인 점을 인정할 만한 증거가 없으므로, 원고의 청구는 보전의 필요성이 없어 부적법하다(소각하).

나. 대법원 판결[136]

채권자가 채무자를 대위함에 있어서 대위에 의하여 보전될 채권자의 채무자에 대한 권리가 금전채권인 경우에는 그 보전의 필요성, 즉 채무자가 무자력인 때에만 채권자가 채무자를 대위하여 채무자의 제3채무자에 대한 권리를 행사할 수 있는 것인바, 채권자대위의 요건으로서의 무자력이란 채무자의 변제자력이 없음을 뜻하는 것이고 특히 임의 변제를 기대할 수 없는 경우에는 강제집행을 통한 변제가 고려되어야 하므로, 소극재산이든 적극재산이든 위와 같은 목적에 부합할 수 있는 재산인지가 변제자력 유무 판단의 중요한 고려요소가 되어야 한다. 따라서 채무자의 적극재산인 부동산에 이미 제3자 명의로 소유권이전청구권보전의 가등기가 경료되어 있는 경우에는 강제집행을 통한 변제가 사실상 불가능하므로, 위 가등기가 가등기담보 등에 관한 법률에 정한 담보가등기로서 강제집행을 통한 매각이 가능하다는 등의 특별한 사정이 없는 한 위 부동산은 실질적으로 재산적 가치가 없어 적극재산을 산정함에 있어서 이를 제외하여

---

134) 서울중앙지방법원 2007. 11. 15. 선고 2007가단272010 판결.
135) 서울중앙지방법원 2008. 9. 23. 선고 2008나3656 판결.
136) 대법원 2009. 2. 26. 선고 2008다76556 판결.

야 할 것이다.

기록에 의하면, A는 2007. 10. 8. 현재 원고에 대하여 63,769,880원의 세금을 체납하고 있고, 원고는 이 사건 각 부동산에 관하여 2002. 8. 14. 압류등기를 각 마친 사실, 그런데 A는 이미 이 사건 각 부동산에 관하여 그 처인 피고와 매매예약을 체결하고 2000. 2. 21. 피고 앞으로 소유권이전청구권가등기를 각 마친 사실, A는 이 사건 각 부동산 외에 다른 부동산 7필지를 소유하고 있고, A 보유 모든 부동산의 공시지가 합계는 84,004,860원에 이르지만 이 사건 각 부동산뿐만 아니라 다른 부동산에 관해서도 이미 친인척 명의로 소유권이전청구권가등기가 마쳐진 상태인 사실을 알 수 있다. 앞서 본 법리와 기록에 비추어 보면, A 소유 각 부동산에 관하여 모두 가등기가 경료되어 있고, 위 가등기가 담보가등기에 해당한다는 등의 특별한 사정의 존재가 피고 측에 의하여 입증되지 아니한 이상 위 각 부동산은 A의 적극재산을 산정함에 있어서 제외하여야 할 것인바, 그럼에도 불구하고 A의 무자력 여부를 판단함에 있어서 가등기가 경료되어 있는 각 부동산을 모두 적극재산에 포함한 원심에는 채권자대위권의 행사요건인 무자력에 관한 법리를 오해하여 판결에 영향을 미친 위법이 있다(원심판결 파기환송).[137]

3. 사례 3

가. 원심[138]

특정채권의 보전을 위한 채권자대위권은 순차매도 또는 임대차에 있어 소유권이전등기청구권이나 인도청구권 등의 보전을 위한 경우에 한하여 예외적으로 그 행사가 허용되는데 원고의 이 사건 건물에 관한 철거청구권은 이러한 유형의 권리에 해당하지 아니할 뿐만 아니라, 임대차계약상의 해지권은 이른바 행사상의 일신전속권으로서 채권자대위권의 목적이 될 수 없다고 보아, 이 사건 건물에 대한 철거청구권을 피보전권리로 하여 乙을 대위하여 임대차계약을 해지하고 피고들을 상대로 이 사건 건물의 명도를 구하는 원고의 청구를 받아들이지 아니하였다.

나. 대법원 판결[139]

채권자는 채무자에 대한 채권을 보전하기 위하여 채무자를 대위해서 채무자의 권리를 행사할 수 있는 바, 채권자가 보전하려는 권리와 대위하여 행사하려는 채무자의 권리가 밀접하게 관련되어 있고 채권자가 채무자의 권리를 대위하여 행사하지 않으면 자기 채권의 완전한 만족을 얻을 수 없게 될 위험이 있어

---

137) 환송 후 원심인 서울중앙지방법원 2009. 5. 1. 선고 2009나8580 판결은 피고의 항소를 기각하였고, 대법원의 심리불속행판결로 제1심판결이 확정되었다.
138) 대전지방법원 2006. 11. 9. 선고 2006나10000(본소), 2006나10017(반소) 판결.
139) 대법원 2007. 5. 10. 선고 2006다82700, 82717 판결.

채무자의 권리를 대위하여 행사하는 것이 자기 채권의 현실적 이행을 유효·적절하게 확보하기 위하여 필요한 경우에는 채권자대위권의 행사가 채무자의 자유로운 재산관리행위에 대한 부당한 간섭이 된다는 등의 특별한 사정이 없는 한 채권자는 채무자의 권리를 대위하여 행사할 수 있어야 하고, 피보전채권이 특정채권이라 하여 반드시 순차매도 또는 임대차에 있어 소유권이전등기청구권이나 명도청구권 등의 보전을 위한 경우에만 한하여 채권자대위권이 인정되는 것은 아니다. 한편, 원고(甲)가 乙에 대하여 가지는 이 사건 건물에 관한 철거청구권은 이 사건 토지들의 소유권에 기한 방해배제청구권으로서 물권적 청구권에 해당하는 것인데 물권적 청구권에 대해서도 채권자대위권에 관한 민법 제404조의 규정과 위와 같은 법리가 적용될 수 있다고 할 것이다.

또한, 일반적인 법리로서 임대인의 임대차계약에 대한 해지권을 오로지 임대인의 의사에 행사의 자유가 맡겨져 있는 행사상의 일신전속권에 해당하는 것으로 보기 어려울 뿐만 아니라), 이 사건에서 임대인인 乙이 가지는 임대차계약 해지권이 오로지 그 의사에 의하여서만 행사되어야 할 필요가 있는 것으로 보기도 어렵다. 이와 달리 판단한 원심판결에는 채권자대위권의 피보전채권 내지 행사상의 일신전속권에 관한 법리오해의 위법이 있다.

채권자대위권을 행사함에 있어서 채권자가 채무자를 상대로 하여 그 보전되는 청구권에 기한 이행청구의 소를 제기하여 승소판결을 선고받고 그 판결이 확정되면 제3채무자는 그 청구권의 존재를 다툴 수 없으므로, 甲이 乙을 상대로 하여 이 사건 채권자대위권 행사의 피보전채권인 철거청구권에 기한 소를 제기하여 승소판결을 선고받았고 그 판결이 이미 확정된 이 사건에서 피고들이 채권자대위권을 행사하는 원고를 상대로 그 피보전채권인 철거청구권의 존재를 다툴 수 없다.[140]

또한, 원고가 이 사건 토지들에 관한 소유권에 근거하여 직접 피고들을 상대로 이 사건 건물에서의 퇴거를 청구할 수 있었다고 하더라도 그와 같은 청구와 원고가 乙을 대위하여 피고들에 대하여 임대차계약의 해지를 통고하고 이 사건 건물의 명도를 구하는 청구는 그 요건과 효과를 달리하는 것이므로 위와 같은 퇴거청구를 할 수 있었다는 것이 채권자대위권의 행사요건인 보전의 필요성을 부정할 사유가 될 수 없다. 이 사건의 경우에는 원고가 피고들을 상대로 한 퇴거청구에 대하여 패소판결을 선고받은 후 그에 대한 소를 취하함으로써 민사소송법 제267조 제2항에 따라 다시 같은 소를 제기할 수 없게 되었으므로 더더욱 그러하다. 결국, 이 사건에서 乙을 대위하여 구하는 원고의 청구는 채권자대위권의 행사요건을 모두 갖춘 것으로 보이므로, 앞서 본 바와 같은 법리오해의 위법은 원심판결의 결과에 영향을 미쳤다고 할 것이다.

---

140) 대법원 2010. 11. 11. 선고 2010다43597 판결: 민법 제404조의 채권자대위권은 채권자가 채무자에 대한 자기의 채권을 보전하기 위하여 필요한 경우에 채무자의 제3자에 대한 권리를 대위행사할 수 있는 권리를 말하므로 그 보전되는 채권은 보전의 필요성이 인정되고 이행기가 도래한 것이면 되고, 채권의 발생원인이 어떠하든 대위권을 행사함에는 아무런 방해가 되지 아니하며 채무자에 대한 채권이 제3채무자에게 대항할 수 있는 것임을 요하는 것도 아니므로, 채권자대위권을 재판상 행사함에 있어서도 채권자인 원고는 그 채권의 존재와 보전의 필요성, 기한의 도래 등을 입증하면 충분하고 채권의 발생원인이나 그 채권이 제3채무자인 피고에게 대항할 수 있는 채권이라는 사실까지 입증할 필요는 없다. 따라서 채권자가 채무자를 상대로 그 보전되는 청구권에 기한 이행청구의 소를 제기하여 승소판결이 확정되고 채권자가 그 확정판결에 기한 청구권을 피보전채권으로 하여 제3채무자를 상대로 채권자대위소송을 제기한 경우, 제3채무자는 채권자와 채무자 사이에 확정된 그 청구권의 존재를 다툴 수 없다.

다. 결어

(1) 위 사례에서 甲은 이 사건 토지의 소유권에 기한 방해배제청구권으로서 乙에 대하여 이 사건 건물에 대한 철거청구권을 가지고 있고, 乙에 대한 위 철거청구권의 이행을 구하기 위하여 채무자인 乙의 자력유무와는 관계없이 乙을 대위하여 丙과 丁에게 이 사건 건물의 인도를 구할 수 있다. 결국 甲의 丙과 丁에 대한 소는 적법하다.

(2) 위 사례에서 甲은 乙에 대한 이 사건 건물의 철거청구에 관하여 제1심에서 승소판결을 선고받았고 그 판결이 확정되었으므로 甲이 丙과 丁을 상대로 위 건물철거청구권을 피보전권리로 하여 이 사건 건물을 乙에게 인도할 것을 구하는 항소심에서 丙과 丁은 그 피보전권리의 존재를 다툴 수 없고, 법원으로서도 甲의 乙에 대한 건물철거청구권이 없다고 판단할 수 없다.

X. 사례 연습

〈연습문제 1〉

甲은 2009. 2. 1. 乙로부터 乙 소유의 상가를 임대차기간 1년, 보증금 1억 원, 월세 100만 원에 임차하여 이곳에서 음식점 영업을 하고 있다. 甲은 2010. 5. 1. 丙으로부터 돈을 빌리면서 그 담보로 甲의 乙에 대한 임차보증금반환채권을 丙에게 양도하기로 하고, 丙이 甲을 대리하여 乙에게 채권양도통지를 하였으며, 그 무렵 위 채권양도통지가 乙에게 도달하였다. 甲과 乙 사이의 임대차계약이 묵시적으로 갱신되던 중 음식점 영업의 부진으로 甲은 2011. 5.부터 월세를 연체하기 시작하여 5개월째 월세가 밀려 있다. 丙은 甲으로부터 대여금을 지급받지 못하자 서울중앙지방법원에 乙을 상대로 양수금청구의 소를 제기함과 동시에 2011. 9. 1. 甲의 임차상가에 대하여 점유이전금지가처분집행을 하고 甲을 상대로 乙을 대위하여 월세 연체를 이유로 임대차계약을 해지하고 乙에게 위 임차상가의 인도를 구하는 소를 제기하였다. 이 사건 소장부본은 2011. 10. 1. 乙과 甲에게 각 송달되었다.

(1) 乙의 임대차계약 대위해지는 적법한가?[141]

(2) 乙의 甲에 대한 소는 적법한가?[142]

(3) 변론과정에서 甲이 丙에게 대여금채무를 변제하였음이 밝혀진 경우 丙의 甲에 대한 소는 적법한가?[143]

(4) 乙이 甲을 상대로 임대차계약의 해지를 이유로 수원지방법원에 위 상가건물의 인도를 구하는 소를 제기하였고, 그 소장부본이 2011. 9. 30. 甲에게 송달된 경우 丙의 甲에 대한 소와 乙의 甲에 대한 소 중 어느 소가 중복제소에 해당하는가?[144]

(5) 甲으로부터 임차보증금반환채권을 양수받은 丁이 서울남부지방법원에 乙에 대해서는 양수금청구의 소를, 甲에 대해서는 乙을 대위하여 乙에게 상가건물의 인도를 구하는 소를 제기하였고 그 소장부본은 2011. 9. 25. 乙과 甲에게 각 송달되었다. 丁이 甲을 상대로 한 소는 중복제소에 해당하는가?[145]

---

141) 대법원 2007. 5. 10. 선고 2006다82700, 82717 판결 참조.
142) 대법원 1989. 4. 25. 선고 88다카4253, 4260 판결 참조. 임차보증금반환청구채권을 양수한 자의 임대인의 임차인에 대한 목적물명도청구권의 대위행사에 관한 상세는 한기택, 앞의 논문, p.33 이하 참조.

〈연습문제 2〉

乙은 2009. 5. 1. 丙으로부터 丙 소유의 제주시 아라동 택지개발지구 내 토지를 1억 원에 매수하였으나, 소유권이전등기를 마치지 못하고 있다가 2010. 4. 1. 위 토지를 甲에게 1억 2,000만 원에 매도하였다. 그런데 乙은 2010. 7. 14. 사망하였고, 乙에게는 처(A)와 미성년인 딸(B)이 있다. 甲이 망인의 처 A에게 소유권이전등기절차의 이행을 요구하였으나, A는 乙이 위 토지를 팔았는지 알 수 없다고 하면서 이에 응하지 않고 있다. 甲은 2010. 9. 1. 丙을 상대로 제주지방법원에 乙의 공동상속인들을 대위하여 위 토지에 관하여 처분금지가처분신청을 하고 그 결정을 받아 가처분기입등기를 마쳤다. 甲은 2011. 9. 15. 제주지방법원에 乙의 상속인인 A, B를 피고로 2010. 4. 1. 매매를 원인으로 한 소유권이전등기절차의 이행을 구하고, 丙을 상대로 乙의 공동상속인들을 대위하여 공동상속인들에게 위 토지에 관하여 2009. 5. 1. 매매를 원인으로 한 소유권이전등기절차이행청구의 소(이하 '이 사건 소')를 제기하였고, 그 소장부본은 2010. 9. 15.경 乙의 상속인과 丙에게 각 송달되었다.

(1) 甲은 이 사건 소에서 丙에 대하여 직접 자기에게 소유권이전등기절차의 이행을 구할 수 있는가?[146]

(2) 甲이 이 사건 소를 제기하기 이전에 乙이 먼저 丙을 상대로 2009. 5. 1. 매매를 원인으로 한 소유권이전등기청구의 소를 제기하였다가 패소판결을 받고 그 판결이 2010. 7. 1.경 확정되었음이 밝혀진 경우 甲의 이 사건 소는 적법한가?[147]

(3) 甲이 이 사건 소를 제기하기 이전에 乙의 공동상속인들을 상대로 위 토지에 관하여 2010. 4. 1. 매매를 원인으로 한 소유권이전등기청구의 소를 제기하였다가 패소판결을 받고 그 판결이 확정되었음에도 다시 이 사건 소를 제기할 수 있는가?[148]

(4) 甲으로부터 이 사건 소를 제기하였다는 사실을 들은 A가 丙을 찾아가 乙과 丙 사이의 매매계약을 합의해제하기로 하고 계약금을 제외한 중도금과 잔대금을 돌려받았다. 丙은 甲에게 위 매매계약의 합의해제사실을 들어 甲의 청구에 응할 수 없다는 항변을 할 수 있는가?[149]

(5) 丙은 이 사건 소의 계속 중 乙과 丙 사이의 매매계약을 인정하고 2009. 5. 1. 매매를 원인으로 乙의 상속인들에게 소유권이전등기절차를 임의로 이행할 수 있는가? 丙이 乙의 상속인 앞으로 소유권이전등기를 마친 사실을 들어 甲에게 대항할 수 있는가?[150]

(6) 이 사건 소에서 丙은 甲에게 자신이 乙로부터 매매잔대금의 일부를 지급받지 못하고 있음을 들어 나머지 대금을 지급받을 때까지 甲의 청구에 응할 수 없다는 동시이행의 항변을 할 수 있는가? 丙은 甲과 乙 사이의 매매계약은 甲의 사기에 의한 것이므로 위 계약을 인정할 수 없다고 주장할 수 있는가?

(7) 乙의 채권자 丁이 乙의 상속인들의 丙에 대한 소유권이전등기청구권에 대하여 가압류결정을 받아 그 가압류결정이 상속인들과 丙에게 송달되었는데, 丙이 이 사건 소의 심리과정에서 위 가압류 때문에 소유권이전등기절차를 이행할 수 없다는 항변을 한 경우 법원은 어떠한 판단을 하는가?[151]

(8) 甲이 이 사건 소송에서 전부승소판결을 받고 이 판결이 확정되었는데 丙이 위 토지를 자신의 매제인 戊와 짜고 위 토지에 관하여 매매계약이 체결된 것처럼 가장하여 戊 앞으로 소유권이전등기를 넘긴 경우 甲의 구제책은?

---

143) 대법원 2005. 9. 29. 선고 2005다27188 판결 참조.
144) 대법원 1994. 11. 25. 선고 94다12517, 94다12524 판결 참조.
145) 대법원 1998. 2. 27. 선고 97다45532 판결 참조.
146) 대법원 1966. 7. 26. 선고 66다892판결.
147) 대법원 2009. 3. 12. 선고 2008다65839 판결 참조.
148) 대법원 2003. 5. 13. 선고 2002다64148 판결 참조.
149) 대법원 2003. 1. 10. 선고 2000다27343 판결; 대법원 2007. 6. 28. 선고 2006다85921 판결 참조.
150) 대법원 1991. 4. 12. 선고 90다9407 판결 참조.
151) 대법원 1999. 2. 9. 선고 98다42615 판결 참조.

제10장 사해행위취소소송의 쟁점

Ⅰ. 서 설

IMF 금융위기 이후 경제환경의 변화에 따라 사해행위취소소송이 많이 제기되고 있다. 채권자취소권은 실체법상의 권리이지만 이를 재판상 행사하는 것만이 가능하므로 사해행위취소소송을 전제로 하지 않는 채권자취소권은 아무런 의미가 없다. 실체법과 절차법을 유기적으로 이해해야 하고, 채권자취소권이라고 하는 실체법상의 권리가 소송상 어떠한 방식으로 행사되는지를 숙지해야 한다. 채권자취소권과 사해행위취소소송을 제대로 이해하기 위해서는 책임재산보전에 관한 채권법의 지식뿐만 아니라 담보물권과 집행법의 지식까지 요구된다.

먼저 다음과 같은 기본사례를 중심으로 사해행위취소소송의 실제를 이해해 보기로 하자.

〈사실관계〉

甲은 2010. 2. 1. 乙로부터 그 소유의 제주시 아라동 산10 임야 1,000㎡(이하 '이 사건 토지'라 함)를 대금 1억 원에 매수하기로 하는 부동산매매계약을 체결하고 매매대금 전액을 乙에게 지급하였다. 그런데 乙이 그 소유권이전등기를 하여 주지 아니하여 甲은 乙의 채무불이행을 이유로 같은 해 4. 1. 위 매매계약을 해제하였다. 乙은 甲이 위 매매계약을 해제하자 甲에 대한 매매대금반환채무를 면탈할 의도로 처남인 丙과 짜고 2010. 7. 1. 丙에게 이 사건 토지를 1억 1,000만 원에 매도하는 내용의 매매계약을 체결하고 같은 날 丙 명의로 소유권이전등기를 마쳐 주었다(제주지방법원 2010. 7. 1. 접수 제2345호). 丙은 2010. 10. 1. 친구인 丁에게 이 사건 토지를 매도하고 같은 날 丁 명의로 소유권이전등기를 마쳤다(위 법원 2010. 10. 1. 접수 제3456호).

한편 甲은 매매계약을 해제한 직후인 2010. 4. 15. 위 매매대금반환채권을 피보전권리로 하여 이 사건 토지를 가압류하였고, 같은 해 10. 15. 뒤늦게 乙이 丙에게 위와 같이 이 사건 토지를 양도한 사실을 알게 되어 乙의 재산상태를 조사한 결과 같은 해 10. 20. 乙에게는 이 사건 토지 이외에는 아무런 재산이 없음을 알게 되었다.

이에 甲은 2011. 10. 6. 乙과 丙 사이의 매매행위가 사해행위라고 주장하면서, 이를 전제로 하여,

(1) 乙을 상대로 매매대금 1억 원의 반환을 구하고,

(2) 乙, 丙을 상대로 乙, 丙이 체결한 2010. 7. 1. 자 매매계약의취소를, 丙, 丁을 상대로 이들이 체결한 2010. 10. 1. 자 매매계약의 취소를 각 구하는 한편,

(3) 丙, 丁은 乙에게 이 사건 토지에 마쳐진 위 각 소유권이전등기의 말소등기절차의 이행을 구하는 소를 제기하려고 한다.

〈문제〉

1. 甲의 乙, 丙, 丁에 대한 각 소 중 부적법한 부분은?

2. 甲이 2010. 4. 1. 매매계약을 해제하지 아니하였다고 가정할 경우 甲은 자신의 乙에 대한 소유권이전등기청구권을 보전하기 위하여 乙과 丙 사이의 2010. 7. 1. 자 매매계약을 사해행위를 이유로 취소할 수 있는가?

3. 甲의 이 사건 채권자취소권의 적법한 행사기간은 언제까지인가?

(1) 만일, 이 사건 심리결과 위 매매계약이 적법하게 해제되지 않았음이 밝혀지자 甲이 이 사건의 심리 도중인 2011. 11. 15.에 이르러 같은 날짜 준비서면에서 피보전채권을 위 '매매대금반환채권 100,000,000원'에서 '원고의 피고 乙에 대한 2010. 7. 1. 자 대여금채권'으로 바꾸어 주장하였고, 그 주장의 대여사실이 인정된다고 가정할 경우 위와 같은 피보전채권의 교환적 변경은 제척기간의 적용을 받는가?

(2) 만일, 제척기간의 제한을 받지 않는다고 가정할 경우 원고의 청구는 인용될 수 있는가?

(3) 만일, 甲이 2011. 10. 6. 피고 乙과 丙만을 상대로 사해행위취소 및 원상회복을 구하는 소를 제기하였다가 201. 12. 1.에 비로소 전득자인 丁을 상대로 원상회복을 구하는 소유권이전등기 말소등기청구소송을 제기하였다면 제척기간의 적용을 받는가?

4. 위 사례에서 피고 丙, 丁이 모두 악의임을 전제로 소장을 작성하라.

II. 채권자취소권과 사해행위취소소송

1. 관련 규정

민법 제406조(채권자취소권)

① 채무자가 채권자를 해함을 알고 재산권을 목적으로 한 법률행위를 한 때에는 채권자는 그 취소 및 원상회복을 법원에 청구할 수 있다. 그러나 그 행위로 인하여 이익을 받은 자나 전득한 자가 그 행위 또는 전득 당시에 채권자를 해함을 알지 못한 경우에는 그러하지 아니하다.

② 전항의 소는 채권자가 취소원인을 안 날로부터 1년, 법률행위 있은 날로부터 5년 내에 제기하여야 한다.

민법 제407조(채권자취소의 효력)

전조의 규정에 의한 취소와 원상회복은 모든 채권자의 이익을 위하여 그 효력이 있다.

---

[01] 채권자취소권은 채무자가 채권자를 해함을 알면서 일반채권자의 공동담보가 되는 채무자의 총재산을 감소하게 하는 법률행위를 한 경우에 그 감소행위의 효력을 부인하여 채무자의 재산을 원상으로 회복함으로써 채권의 공동담보를 유지, 보전하게 하기 위하여 채권자에게 부여된 권리이므로 채무자가 제3자(수익자)에 대하여 실제로는 아무런 채무도 부담하고 있지 않으면서 구상채무의 대물변제라는 명목으로 그 소유의 유일한 재산인 부동산을 위 제3자에게 매매의 형식으로 양도하여 무자력이 되었다면 그 재산의 양도행위는 채권자취소권의 대상이 되는 사해행위에 해당한다 할 것이고, 또 이 경우 수익자의 악의는 추정되는 것이므로, 수익자가 그 법률행위 당시 선의이었다는 입증을 다하지 못하는 한 채권자는 그 매매를 취소하고 원상회복을 청구할 수 있다.[1]

[02] 채권자취소권은 <u>사해행위로 이루어진 채무자의 재산처분행위를 취소하고 그 원상회복을 구하기 위한 권리로서 사해행위에 의해 일탈된 채무자의 책임재산을 총채권자를 위하여 채무자에게 복귀시키기 위한 것이지 채권자취소권을 행사하는 특정 채권자에게만 독점적 만족을 주기 위한 권리가 아니므로</u>, 지명채권이 양도되어 제3자에 대하여 대항요건까지 갖춘 후 양도인의 채권자가 양수인을 상대로 사해행위취소로 인한 원상회복청구권을 피보전권리로 하여 그 피양수채권에 대한 처분금지가처분을 발령받은 경우에, 위 가처분 채권자가 본안소송으로 제기한 사해행위취소소송에서 승소 확정된 후 그에 기하여 채무자에게 그 채권이 원상회복되는 때뿐만 아니라, 양수인이 임의로 양도인에게 그 채권을 반환하거나 양도인의 다른 채권자가 양수인을 상대로 제기한 사해행위취소소송의 결과에 따라 원상회복의무의 이행으로서 그 채권을 반환하더라도, 이는 위 가처분채권자의 피보전권리인 채권자취소권에 의한 원상회복청구권을 침해하는 것이 아니라 채권자취소권의 목적을 실현시키는 것과 동일한 결과가 되어 오히려 그 피보전권리에 부합하는 것이므로 위 가처분의 처분금지효력에 저촉된다고 할 수 없고, 양수인의 원상회복의무의 발생이 다른 채권자가 제기한 사해행위취소소송에서의 청구인낙에 따른 것이라고 하여 달리 볼 것은 아니라 할 것이다.[2]

2. 관련제도의 이해

가. 채권자대위권

(1) 채권자취소권은 모든 채권자를 위하여서만 허용되므로 피보전채권이 금전채권에 한정되나 채권자대위권은 책임재산보전 수단이라는 점에서는 채권자취소권과 궤를 같이하지만 금전채권 이외에 특정채권도 그 피보전권리가 될 수 있다.

(2) 채권자대위권은 원래 실현되어야 할 상태를 실현하는 것이라는 점에서 거래안전에 미치는 영향이 적지만 채권자취소권은 이미 행하여진 거래를 부인하는 것이라는 점에서 거래안전에 미치는 영향이 크다.

---

1) 대법원 1988. 4. 25. 선고 87다카1380 판결; 대법원 1981. 11. 10. 선고 81다536 판결 참조.
2) 대법원 2006. 8. 24. 선고 2004다23110 판결.

나. 도산법상의 부인권

(1) 채무자 회생 및 파산에 관한 법률상의 부인권[3] 제도는 포괄집행절차인 파산에 이르기까지의 재산 처분 행위를 적극적으로 광범위하게 부인하여 가능한 한 많은 금액의 만족과 모든 채권자의 만족을 도모하기 위한 포괄적·집단적 집행절차상의 제도로서 채무자나 수익자 및 전득자의 사해의사를 중시하지 않음에 비하여, 채권자취소권은 파산선고를 받지 아니한 단계에서 개별집행의 준비수단으로 기능하면서, 채권자 개개인에게 인정되는 권리이고 사해의사를 중시한다는 점에서 차이가 있다.

(2) 도산법상의 부인권은 '법률행위의 취소'만을 인정하는 채권자취소권보다 적용범위가 넓고 '소'에 의한 행사는 물론 '항변'에 의해서도 행사할 수 있다는 점에서 채권자취소권과 차이가 있다.

다. 신탁법상의 취소권

(1) 사해신탁[4]

(2) 신탁위반의 처분행위의 취소[5]

---

3) **채무자 회생 및 파산에 관한 법률 제391조(부인할 수 있는 행위)**
   파산관재인은 파산재단을 위하여 다음 각 호의 어느 하나에 해당하는 행위를 부인할 수 있다.
   1. 채무자가 파산채권자를 해하는 것을 알고 한 행위. 다만, 이로 인하여 이익을 받은 자가 그 행위 당시 파산채권자를 해하게 되는 사실을 알지 못한 경우에는 그러하지 아니하다.
   2. 채무자가 지급정지 또는 파산신청이 있은 후에 한 파산채권자를 해하는 행위와 담보의 제공 또는 채무소멸에 관한 행위. 다만, 이로 인하여 이익을 받은 자가 그 행위 당시 지급정지 또는 파산신청이 있은 것을 알고 있은 때에 한한다.
   3. 채무자가 지급정지나 파산신청이 있은 후 또는 그 전 60일 이내에 한 담보의 제공 또는 채무소멸에 관한 행위로서 채무자의 의무에 속하지 아니하거나 그 방법 또는 시기가 채무자의 의무에 속하지 아니하는 것. 다만, 채권자가 그 행위 당시 지급정지나 파산신청이 있은 것 또는 파산채권자를 해하게 되는 사실을 알지 못한 경우를 제외한다.
   4. 채무자가 지급정지 또는 파산신청이 있은 후 또는 그 전 6월 이내에 한 무상행위 및 이와 동일시할 수 있는 유상행위
4) **신탁법(2011. 7. 25. 법률 제10924호) 제8조(사해신탁)**
   ① 채무자가 채권자를 해함을 알면서 신탁을 설정한 경우 채권자는 수탁자가 선의일지라도 수탁자나 수익자에게 민법 제406조 제1항의 취소 및 원상회복을 청구할 수 있다. 다만, 수익자가 수익권을 취득할 당시 채권자를 해함을 알지 못한 경우에는 그러하지 아니하다.
   ② 제1항 단서의 경우에 여러 명의 수익자 중 일부가 수익권을 취득할 당시 채권자를 해함을 알지 못한 경우에는 악의의 수익자만을 상대로 제1항 본문의 취소 및 원상회복을 청구할 수 있다.
   ③ 제1항 본문의 경우에 채권자는 선의의 수탁자에게 현존하는 신탁재산의 범위 내에서 원상회복을 청구할 수 있다.
   ④ 신탁이 취소되어 신탁재산이 원상회복된 경우 위탁자는 취소된 신탁과 관련하여 그 신탁의 수탁자와 거래한 선의의 제3자에 대하여 원상회복된 신탁재산의 한도 내에서 책임을 진다.
   ⑤ 채권자는 악의의 수익자에게 그가 취득한 수익권을 위탁자에게 양도할 것을 청구할 수 있다. 이때 민법 제406조 제2항을 준용한다.
   ⑥ 제1항의 경우 위탁자와 사해신탁의 설정을 공모하거나 위탁자에게 사해신탁의 설정을 교사·방조한 수익자 또는 수탁자는 위탁자와 연대하여 이로 인하여 채권자가 받은 손해를 배상할 책임을 진다.
5) **신탁법(2011. 7. 25. 법률 제10924호 제75조(신탁위반의 처분행위의 취소)**
   ① 수탁자가 신탁의 목적을 위반하여 신탁재산에 관한 법률행위를 한 경우 수익자는 상대방이나 전득자가 그 법률행위 당시 수탁자의 신탁목적의 위반 사실을 알았거나 중대한 과실로 알지 못하였을 때에만 그 법률행위를 취소할 수 있다.
   ② 수익자가 여럿인 경우 그 1인이 제1항에 따라 한 취소는 다른 수익자를 위하여도 효력이 있다.

라. 사해방지참가소송

(1) 사해방지참가소송(민소법 제79조)은 타인 사이의 소송결과에 의하여 자기의 권리가 침해되는 것을 주장하여 소송에 당사자로 참가할 수 있는 소송법상의 권리이다.

(2) 사해방지참가는 채권자와 채무자의 개념을 전제로 하고 있지 아니한다는 점에서 채권자 취소권과는 본질적으로 다른 제도이다.

마. 재산분할청구권 보전을 위한 사해행위취소[6)]

바. 국세징수법 및 지방세기본법상의 사해행위취소[7)]

[03] 국세징수법 제30조가 규정하는 사해행위의 취소의 소도 민법 제406조가 정하는 사해행위취소의 소의 일종임이 명백하고, 그 요건이나 행사를 민법의 규정과 달리 보아야 하는 특별한 규정이 없으며, 국세징수법 제30조가 세무공무원이 체납처분을 집행함에 있어서 체납자의 법률행위에 대한 사해행위의 취소를 구할 수 있다고 규정하고 있다 하더라도 이를 조세채무자가 반드시 체납자의 지위에서 또는 체납처분절차가 개시된 후 법률행위를 하는 경우에만 사해행위취소권을 행사할 수 있다고 제한 해석할 수는 없다.[8)]

[04] 체납자 소유의 부동산에 관하여 경료된 가등기와 본등기가 전혀 원인 없는 허위표시에 의하여 이루어졌다고 하더라도 원고가 체납자를 대위하여 그 등기가 원인 없음을 이유로 제척기간의 적용을 받음이 없이 말소를 구할 수 있음은 별론으로 하고 그와 같은 사유가 있다고 하여 사해행위취소의 소를 제기함에 있어 제척기간의 적용을 면하는 것이라고 할 수 없다.[9)]

---

6) **민법 제839조의 3(재산분할청구권 보전을 위한 사해행위취소권)**
① 부부의 일방이 다른 일방의 재산분할청구권 행사를 해함을 알면서도 재산권을 목적으로 하는 법률행위를 한 때에는 다른 일방은 제406조 제1항을 준용하여 그 취소 및 원상회복을 가정법원에 청구할 수 있다.
② 제1항의 소는 제406조 제2항의 기간 내에 제기하여야 한다.
7) **국세징수법 제30조(사해행위의 취소)**
세무공무원은 체납처분을 집행함에 있어서 체납자가 국세의 징수를 면탈하려고 재산권을 목적으로 한 법률행위를 한 경우에는 민법 제406조 및 407조의 규정을 준용하여 사해행위의 취소를 법원에 청구할 수 있다.
지방세기본법(2010. 3. 31 법률 제10219호, 2011. 1. 1. 시행) 제97조(사해행위의 취소)
지방자치단체의 장은 체납처분을 집행할 때 체납자가 지방세의 징수를 피하기 위하여 재산권을 목적으로 한 법률행위를 한 경우에는 민법 제406조 및 제407조를 준용하여 사해행위의 취소를 법원에 청구할 수 있다.
8) 대법원 2008. 8. 11. 선고 2008다24487 판결.
9) 대법원 1991. 11. 8. 선고 91다14079 판결.

3. 법적 성질: 상대적 무효설

가. 채권자취소권의 성질

(1) 채권자취소권은 재판상 행사하여야 하지만 이는 권리행사방법을 규정한 것에 불과한 것이고, 채권자취소권은 실체법상의 권리이지 소송법상의 권리가 아니다.

(2) 채권의 한 내용을 이루는 종된 권리이므로 채권이 양도되면 채권자취소권도 부수하여 이전되고 채권이 소멸하면 채권자취소권도 소멸한다.

(3) 채권자가 자신의 이름으로 행사하는 자신의 고유의 권리이지 채무자를 대리하여 행사하는 권리가 아니다.[10]

나. 사해행위취소소송의 성질

(1) 사해행위취소소송의 성질: 형성의 소와 이행의 소의 결합＝사해행위의 취소＋일탈 재산 반환

(2) 당사자적격의 한정: 사해행위의 취소의 효과는 목적물 반환에 필요한 범위 내에서 그 상대방에 대한 관계에서만 상대적인 효력

(3) 상대방 선택의 자유: 수익자와 전득자 중 누구를 상대방으로 할 것인가는 채권자의 자유

---

[05] 사해행위취소의 효력은 상대적이기 때문에 소송당사자인 채권자와 수익자 또는 전득자 사이에만 발생할 뿐 소송의 상대방 아닌 제3자에게는 아무런 효력을 미치지 아니한다.[11]

[06] <u>사해행위의 취소는 취소소송의 당사자 사이에서 상대적으로 취소의 효력이 있는 것으로 당사자 이외의 제3자는 다른 특별한 사정이 없는 이상 취소로 인하여 그 법률관계에 영향을 받지 않는다고 할 것이고, 사해행위의 취소에 상대적 효력만을 인정하는 것은 사해행위 취소채권자와 수익자 그리고 제3자의 이익을 조정하기 위한 것으로 그 취소의 효력이 미치지 아니하는 제3자의 범위를 사해행위를 기초로 목적부동산에 관하여 새롭게 법률행위를 한 그 목적부동산의 전득자 등만으로 한정할 것은 아니라고 할 것인바,[12] 수익자와 새로운 법률관계를 맺은 것이 아니라 수익자의 고유채권자로서 이미 가지고 있던 채권확보를 위하여 수익자가 사해행위로 취득한 근저당권에 배당된 배당금을 가압류한 자에게 사해행위취소판결의 효력이 미친다고 볼 수 없다.</u>[13]

---

10) 물론 채권자취소권도 채권자대위권의 대상이 되므로 채권자가 채무자를 대리하여 채무자의 채권자취소권을 대위행사하는 것도 가능하다.

11) 대법원 2001. 5. 29. 선고 99다9011 판결(임금채권자가 사용자 소유의 부동산을 양수한 자와 사이에 취소판결을 받았다 하더라도 해당 부동산에 대하여 이루어진 경매절차에서 배당받은 근저당권자에게 해당 부동산이 사용자 소유 부동산이어서 임금채권이 근저당권에 우선변제 되어야 한다고 주장할 수 없다고 판시한 사례); 대법원 1984. 11. 24. 자 84마610 결정; 대법원 1988. 2. 23. 선고 87다카1989 판결; 대법원 1990. 10. 30. 선고 89다카35421 판결 등 참조.

12) 대법원 2005. 11. 10. 선고 2004다49532 판결 참조.

13) 대법원 2009. 6. 11. 선고 2008다7109 판결.

III. 재판상 행사

1. 행사방법

(1) 사해행위의 취소는 법원에 소를 제기하는 방법으로 청구할 수 있을 뿐 소송상의 공격방어방법으로 주장할 수는 없다.

(2) 사해행위의 취소와 원상회복의 청구는 동시에 행사할 수 있음은 물론이나, 사해행위취소만 먼저 청구하는 것은 가능하다. 그러나 채권자가 사해행위의 취소를 구하지 않고 원상회복만을 구하는 것은 불가하다.

(3) 소송목적의 값 산정[14]

[07] 사해행위의 취소는 법원에 소를 제기하는 방법으로 청구할 수 있을 뿐 소송상의 공격방어방법으로 주장할 수는 없다.[15]

2. 관할

(1) 사해행위취소소송의 피고는 수익자 또는 전득자가 되므로 피고인 수익자 또는 전득자의 보통재판적 소재지 관할법원에 관할이 있다.

(2) 한편, 사해행위취소의 소도 재산권에 관한 소이므로(민사소송법 제8조) 취소에 의하여 형성될 법률관계에 의한 의무이행지(예컨대 가액배상인 경우 원고인 채권자의 주소지) 특별재판적이 적용된다.

---

14) 민사소송 등 인지규칙 규칙 제12조
 통상의 소의 소가는 다음 각 호에 규정된 가액 또는 기준에 의하여 산정한다.
 9. 사해행위취소의 소에 있어서는 취소되는 법률행위의 목적의 가액을 한도로 한 원고의 채권액
15) 대법원 1998. 3. 13. 선고 95다48599, 48605 판결; 대법원 1995. 7. 25. 선고 95다8393 판결 참조. 원고가 준비서면에서 피고가 체결한 대물변제 계약이 사해행위에 해당되므로 이를 취소하고 이 사건 철근을 인도하여 줄 것을 구한다는 취지로 주장한 것은 사해행위의 취소를 단순한 소송상의 공격방법으로 주장한 것에 지나지 않는다고 볼 것이므로, 원고의 사해행위취소 주장은 그 당부에 관하여 판단할 필요도 없이 이유 없다고 판시한 사례.

[08] 채권자가 사해행위의 취소와 함께 수익자 또는 전득자로부터 책임재산의 회복을 구하는 사해행위취소의 소를 제기한 경우 그 취소의 효과는 채권자와 수익자 또는 전득자 사이의 관계에서만 생기는 것이므로, 수익자 또는 전득자가 사해행위의 취소로 인한 원상회복 또는 이에 갈음하는 가액배상을 하여야 할 의무를 부담한다고 하더라도 이는 채권자에 대한 관계에서 생기는 법률효과에 불과하고 채무자와 사이에서 그 취소로 인한 법률관계가 형성되는 것은 아닐 뿐만 아니라, 이 경우 채권자의 주된 목적은 사해행위의 취소 그 자체보다는 일탈한 책임재산의 회복에 있는 것이므로, <u>사해행위취소의 소에 있어서의 의무이행지는 '취소의 대상인 법률행위의 의무이행지'가 아니라 '취소로 인하여 형성되는 법률관계에 있어서의 의무이행지'라고 보아야 한다.</u>[16]

3. 당사자: 피고적격

(1) 채권자가 사해행위취소소송의 원고가 된다.[17] 채권자가 원고가 되므로 가액반환을 구하는 경우에는 원고에 지급을 명하고, 원상회복으로 등기의 이행을 명하는 경우에는 등기권리자가 채무자가 되므로 주문에서 채무자에게 등기 절차의 이행을 명한다.

(2) 채무자는 피고적격이 없다. 채무자를 상대로 한 사해행위취소의 소는 부적법 각하된다. 단 채무자를 상대로 본래의 이행청구를 병합하는 것은 가능하다.

(3) 수익자와 전득자 중 누구를 피고로 할 것인가는 채권자의 자유이다.
　① 양자 모두 악의이고, 수익자만을 상대로 할 경우: 가액배상청구
　　전득자를 피고로 할 경우: 사해행위취소+일탈된 재산의 반환청구
　② 수익자가 악의이고 전득자가 선의일 경우: 원칙적으로 수익자를 상대로 가액배상을 구하여야 함.
　③ 수익자가 선의이고 전득자가 악의일 경우: 전득자 상대로 청구 가능.

[09] 채권자가 채권자취소권을 행사하려면 사해행위로 인하여 <u>이익을 받은 자나 전득한 자를 상대로 그 법률행위의 취소를 청구하는 소송을 제기하여야 되는 것으로서 채무자를 상대로 그 소송을 제기할 수는 없고</u>,[18] 채권자가 전득자를 상대로 하여 사해행위의 취소와 함께 책임재산의 회복을 구하는 사해행위취소의 소를 제기한 경우에 그 취소의 효과는 채권자와 전득자 사이의 상대적인 관계에서만 생기는 것이고 채무자 또는 채무자와 수익자 사이의 법률관계에는 미치지 않는 것이므로,[19] 이 경우 <u>취소의 대상이 되는 사해행위는 채무자와 수익자 사이에서 행하여진 법률행위에 국한되고, 수익자와 전득자 사이의 법률행위는 취소의 대상이 되지 않는다.</u>[20]

---

16) 대법원 2002. 5. 10. 자 2002마1156 결정. 부동산등기의 신청에 협조할 의무의 이행지는 성질상 등기지의 특별재판적에 관한 민사소송법 제19조에 규정된 '등기할 공무소 소재지'라고 할 것이므로, 원고가 사해행위취소의 소의 채권자라고 하더라도 <u>사해행위취소에 따른 원상회복으로서의 소유권이전등기 말소등기의무의 이행지는 그 등기관서 소재지라고 볼 것이지, 원고의 주소지를 그 의무이행지로 볼 수는 없다.</u>
17) 다만 채권자취소권도 채권자대위권의 목적이 될 수 있으므로 채권자의 채권자도 사해행위취소소송의 원고가 될 수 있다.
18) 대법원 1967. 12. 26. 선고 67다1839 판결: 채권자 취소권에 있어서의 채무자 사해행위의 취소는 절대적인 취소가 아니라 악

[10] 채권자의 사해행위취소 및 원상회복청구가 인정되면, 수익자 또는 전득자는 원상회복으로서 사해행위의 목적물을 채무자에게 반환할 의무를 지게 되고, 만일 원물반환이 불가능하거나 현저히 곤란한 경우에는 원상회복의무의 이행으로서 사해행위 목적물의 가액 상당을 배상하여야 하는바, 원래 채권자와 아무런 채권·채무관계가 없었던 수익자가 채권자취소에 의하여 원상회복의무를 부담하는 것은 형평의 견지에서 법이 특별히 인정한 것이므로, 그 가액배상의 의무는 목적물의 반환이 불가능하거나 현저히 곤란하게 됨으로써 성립하고, 그 외에 그와 같이 불가능하게 된 데에 상대방인 수익자 등의 고의나 과실을 요하는 것은 아니며, 이 경우 채권자는 상대방에 대하여 직접 자기에게 지급할 것을 청구할 수 있다. 여기서 원물반환이 불가능하거나 현저히 곤란한 경우라 함은 원물반환이 단순히 절대적·물리적으로 불능인 경우가 아니라 사회생활상의 경험법칙 또는 거래상의 관념에 비추어 채권자가 수익자나 전득자로부터 이행의 실현을 기대할 수 없는 경우를 말하고(대법원 1996. 7. 26. 선고 96다14616 판결 참조), 사해행위의 목적물이 수익자로부터 전득자로 이전되어 그 등기까지 경료되었다면 후일 채권자가 전득자를 상대로 소송을 통하여 구제받을 수 있는지에 관계없이, 수익자가 전득자로부터 목적물의 소유권을 회복하여 이를 다시 채권자에게 이전하여 줄 수 있는 특별한 사정이 있으면 모르되, 그렇지 아니한 일반의 경우에는 그로써 채권자에 대한 목적물의 원상회복의무는 법률상 이행불능의 상태에 있다고 봄이 상당하다.[21]

4. 제척기간

가. 제소기간으로서의 제척기간: 취소원인을 안 날로부터 1년, 법률행위 있는 날로부터 5년 - 피고의 본안전 항변으로 제척기간 도과가 주장되나, 법원의 직권조사사항이다: 도과 후 제기 시 부적법 각하[22])

나. 전득자에 대한 별도 소송의 경우: 제척기간 안에 전득자에 대한 관계에서 채무자와 수익자 사이의 사해행위의 취소를 청구해야 한다.

다. 취소원인을 안 날의 의미: 채권자취소권 행사에 있어서 제척기간의 기산점인 채권자가 '취소원인을 안 날'이라 함은 채권자가 채권자취소권의 요건을 안 날, 즉 채무자가 채권자를 해함을 알면서 사해행위를 하였다는 사실을 알게 된 날을 의미한다고 할 것이므로, 단순히 채무자가 재산의 처분행위를 하였다는 사실을 아는 것만으로는 부족하고, 구체적인 사해행위의 존재를 알고 나아가 채무자에게 사해의 의사가 있었다는 사실까지 알 것을 요하나, 나아가 채권자가 수익자나 전득자의 악의까

의의 수익자 또는 악의의 전득자에 대한 관계에 있어서만 상대적으로 취소하는 것이므로 이 취소권은 악의의 수익자 또는 악의의 전득자에게 대하여서만 있는 것이고, 채무자에게 대하여서는 행사할 수 없다 할 것이고 따라서 채무자를 상대로 취소청구는 할 수 없다 할 것이므로, 원고의 채무자인 피고 1에 대한 소는 부당하므로 이를 각하하여야 할 것이다.

19) 대법원 1988. 2. 23. 선고 87다카1989 판결; 대법원 2002. 5. 10. 자 2002마1156 결정 등 참조.
20) 대법원 2004. 8. 30. 선고 2004다21923 판결.
21) 대법원 1998. 5. 15. 선고 97다58316 판결.
22) 채권자취소의 소는 채권자가 취소원인을 안 때로부터 1년 이내에 제기하여야 하고, 위 채권자취소권의 행사기간은 제소기간이므로 법원은 그 기간의 준수 여부에 관하여 직권으로 조사하여 그 기간이 도과된 후에 제기된 채권자취소의 소는 부적법한 것으로 각하하여야 하므로 그 기간 준수 여부에 대하여 의심이 있는 경우에는 법원이 필요한 정도에 따라 직권으로 증거조사를 할 수 있으나, 법원에 현출된 모든 소송자료를 통하여 살펴보았을 때 그 기간이 도과되었다고 의심할 만한 사정이 발견되지 않는 경우까지 법원이 직권으로 추가적인 증거조사를 하여 기간 준수 여부를 확인하여야 할 의무는 없다. 대법원 2005. 4. 28. 선고 2004다71201 판결. 기간경과 여부가 불분명하면 제척기간 경과로 인하여 이익을 받을 자 즉 취소소송의 상대방에게 증명책임이 있다.

지 알아야 하는 것은 아니라고 할 것이다.

(1) 수익자를 상대로 처분금지가처분을 신청하면서 부동산등기부등본을 발급받아 본 경우[23]

(2) 채무자의 유일한 재산에 가등기가 경료된 사실을 알고 재산상태 조사 후 채무자 재산에 대하여 가압류를 한 경우[24]

(3) 채무자가 유일한 재산인 부동산을 처분한 사실을 채권자가 안 경우[25]

(4) 채무자 소유 부동산에 가압류를 신청할 당시 첨부한 부동산등기부등본에 수익자 명의의 근저당권이 설정되어 있었던 경우[26]

라. 법률행위가 있은 날의 의미: 사해행위에 해당하는 법률행위가 실제로 이루어진 날을 의미한다(채권행위일이며 등기일이 아니다).[27]

---

[11] 채권자취소권의 행사에 있어서 제척기간의 기산점인 채권자가 '취소원인을 안 날'이라 함은 채무자가 채권자를 해함을 알면서 사해행위를 하였다는 사실을 알게 된 날을 의미하는데, 이는 단순히 채무자가 재산의 처분행위를 한 사실을 아는 것만으로는 부족하고, <u>구체적인 사해행위의 존재를 알고 나아가 채무자에게 사해의 의사가 있었다는 사실까지 알 것을 요하며</u>, 이때 그 제척기간의 도과에 관한 입증책임은 채권자취소소송의 상대방에게 있다. 또한 채무자의 재산처분행위가 사해행위가 되는지는 처분행위 당시를 기준으로 판단하여야 한다.[28]

[12] 가등기의 등기원인인 법률행위와 본등기의 등기원인인 법률행위가 명백히 다른 것이 아닌 한, 가등기 및 본등기의 원인행위에 대한 사해행위 취소 등 청구의 제척기간의 기산일은 가등기의 원인행위가 사해행위임을 안 때라고 할 것인바, 채권자가 가등기의 원인행위가 사해행위임을 안 때부터 1년 내에 가등기의 원인행위에 대하여 취소의 소를 제기하였다면 본등기의 원인행위에 대한 취소 청구는 그 원인행위에 대한 제척기간이 경과한 후 제기하더라도 적법하다.[29]

---

23) 등기부등본을 발급받아 본 때에 취소원인을 알았다고 본다.
24) 채권자가 채무자의 유일한 재산에 대하여 가등기가 경료된 사실을 알고 채무자의 재산상태를 조사한 결과 다른 재산이 없음을 확인한 후 채무자의 재산에 대하여 가압류를 한 경우, 채권자는 그 가압류 무렵에는 채무자가 채권자를 해함을 알면서 사해행위를 한 사실을 알았다고 봄이 상당하다. 대법원 1999. 4. 9. 선고 99다2515 판결.
25) 통상 채무초과의 상태에 빠져 있는 채무자가 그의 유일한 재산(부동산)을 대물변제로 제공하거나 처분하여 소비하기 쉬운 금전으로 바꾸는 행위는 특별한 사정이 없는 한 그 사해의사가 추정된다 할 것이므로, 이와 같이 <u>채무자가 유일한 재산(부동산)을 처분하였다는 사실을 채권자가 알았다면 특별한 사정이 없는 한 채무자의 사해의사도 채권자가 알았다고 봄이 상당할 것이다.</u> 대법원 2000. 9. 29. 선고 2000다3262 판결.
26) 채권자가 채무자의 유일한 재산에 대하여 가등기가 경료된 사실을 알고 채무자의 재산상태를 조사한 결과 다른 재산이 없음을 확인한 후 채무자의 재산에 대하여 가압류를 한 경우, 채권자는 그 가압류 무렵에는 채무자가 채권자를 해함을 알면서 사해행위를 한 사실을 알았다고 봄이 상당하지만, <u>채권자가 채무자 소유의 부동산에 대한 가압류신청 시 첨부한 등기부등본에 수익자 명의의 근저당권설정등기가 경료되어 있었다는 사실만으로는 채권자가 가압류신청 당시 취소원인을 알았다고 인정할 수 없다.</u> 대법원 2001. 2. 27. 선고 2000다44348 판결.
27) 판례는 물권행위의 독자성을 부인하고 있으므로 사해행위에 있어 취소되는 법률행위는 물권행위가 아니라 채권행위이다. 물권변동에 관한 형식주의에 따라 등기 시가 제척기간의 기산점이 되는 것이 아니다.
28) 대법원 2011. 1. 13. 선고 2010다71684 판결.
29) 대법원 2006. 12. 21. 선고 2004다24960 판결.

[13] 채권담보를 위한 가등기이든 매매예약에 기한 청구권보전의 가등기이든 가등기를 경료한 후 본등기하였을 때 그 기본이 된 가등기를 한 법률행위와 본등기를 한 법률행위가 명백히 다른 원인으로 된 경우가 아니라면 가등기를 한 법률행위를 제쳐 두고 그 본등기행위만이 취소의 대상이 되는 사해행위라고 할 것은 아니므로 본등기 때로부터 따로 제척기간이 진행된다고 할 수도 없다.[30]

[14] 채권자취소의 소는 채권자가 취소원인을 안 때로부터 1년 이내에 제기하여야 하고, 위 채권자취소권의 행사기간은 제소기간이므로 법원은 그 기간의 준수 여부에 관하여 직권으로 조사하여 그 기간이 도과된 후에 제기된 채권자취소의 소는 부적법한 것으로 각하하여야 한다. 따라서 그 기간 준수 여부에 대하여 의심이 있는 경우에는 법원이 필요한 정도에 따라 직권으로 증거조사를 할 수 있으나, 법원에 현출된 모든 소송자료를 통하여 살펴보았을 때 그 기간이 도과되었다고 의심할 만한 사정이 발견되지 않는 경우까지 법원이 직권으로 추가적인 증거조사를 하여 기간 준수 여부를 확인하여야 할 의무는 없다. 그리고 여기에서 취소원인을 안다고 하기 위하여서는 단순히 채무자의 법률행위가 있었다는 사실을 아는 것만으로는 부족하고, 그 법률행위가 채권자를 해하는 행위라는 것, 즉 그에 의하여 채권의 공동담보에 부족이 생기거나 이미 부족상태에 있는 공동담보가 한층 더 부족하게 되어 채권을 완전하게 만족시킬 수 없게 된다는 것까지 알아야 하므로, 채권자가 채무자의 유일한 재산에 대하여 가등기가 경료된 사실을 알고 채무자의 재산상태를 조사한 결과 다른 재산이 없음을 확인한 후 채무자의 재산에 대하여 가압류를 한 경우, 채권자는 그 가압류 무렵에는 채무자가 채권자를 해함을 알면서 사해행위를 한 사실을 알았다고 봄이 상당하지만, 채권자가 채무자 소유의 부동산에 대한 가압류신청 시 첨부한 등기부등본에 수익자 명의의 근저당권설정등기가 경료되어 있었다는 사실만으로는 채권자가 가압류신청 당시 취소원인을 알았다고 인정할 수 없다.[31]

[15] 채권자취소권 행사에 있어서 제척기간의 기산점인 채권자가 취소원인을 안 날이라 함은 채권자가 채권자취소권의 요건을 안 날, 즉 <u>채무자가 채권자를 해함을 알면서 사해행위를 하였다는 사실을 알게 된 날</u>을 의미한다고 할 것이므로, 단순히 채무자가 재산의 처분행위를 하였다는 사실을 아는 것만으로는 부족하고, 그 법률행위가 채권자를 해하는 행위라는 것 즉 그에 의하여 채권의 공동담보에 부족이 생기거나 이미 부족상태에 있는 공동담보가 한층 더 부족하게 되어 채권을 완전하게 만족시킬 수 없게 되었으며 나아가 채무자에게 사해의 의사가 있었다는 사실까지 알 것을 요한다.[32]

[16] 채권자취소권 행사에 있어서 제척기간의 기산점인 채권자가 '취소원인을 안 날'이라 함은 채권자가 채권자취소권의 요건을 안 날, 즉 채무자가 채권자를 해함을 알면서 사해행위를 하였다는 사실을 알게 된 날을 의미한다고 할 것이므로, 단순히 채무자가 재산의 처분행위를 하였다는 사실을 아는 것만으로는 부족하고, <u>구체적인 사해행위의 존재를 알고 나아가 채무자에게 사해의 의사가 있었다는 사실까지 알 것을 요하나, 나아가 채권자가 수익자나 전득자의 악의까지 알아야 하는 것은 아니라고 할 것이다.</u>[33]

[17] 민법 제406조 제2항의 제척기간의 기산점인 채권자가 '취소원인을 안 날'이라 함은 채무자가 채권자를 해함을 알면서 사해행위를 하였다는 사실을 알게 된 날을 의미하는 것으로서 이때의 사해행위는 취소의 대상이 되는 바로 그 처분행위를 말한다. 그러므로 <u>채권자가 채무자의 제3자에 대한 금전의 증여행위가 사해행위에 해당한다는 것을 확실히 알지 못한 채 그 금전으로 취득한 제3자 명의의 부동산이 실은 채무자의 소유인데 제3자에게 명의신탁한 것으로 잘못 알고 그 부동산을 대상으로 처분금지가처분신청을 하여 그 처분금지가처분등기가 경료되었다는 사정만으로는, 채권자가 그때부터 채무자가 채권자를 해함을 알면서 사해행위인 금전의 증여행위를 하였다는 사실을 알게 되었다고 볼 수 없다.</u>[34]

[18] 채무자가 유일한 재산인 부동산을 매각하여 소비하기 쉬운 금전으로 바꾸는 것은 특별한 사정이 없는 한 사해행위가 되고, 사해행위의 주관적 요건인 채무자의 사해의사는 채권의 공동담보에 부족이 생기는 것을 인식하는 것을 말하는 것으로서, 채권자를 해할 것을 기도하거나 의욕하는 것을 요하지 아니하며, 채무자가 유일한 재산인 부동산을 매각하여 소비하기 쉬운 금전으로 바꾸는 경우에는 채무자의 사해의사는 추정되므로, 채무자가 유일한 재산인 부동산을 매도한 경우 그러한 사실을 채권자가 알게 된 때에 채권자가 채무자에게 당해 부동산 외에는 별다른 재산이 없다는 사실을 알고 있었다면 그때 채권자는 채무자가 채권자를 해함을 알면서 사해행위를 한 사실을 알게 되었다고 보아야 한다.[35]

[19] 채권자가 전득자를 상대로 민법 제406조 제1항에 의한 채권자취소권을 행사하기 위해서는, 같은 조 제2항에서 정한 기간 안에 채무자와 수익자 사이의 사해행위의 취소를 소송상 공격방법의 주장이 아닌 법원에 소를 제기하는 방법으로 청구하여야 하는 것이고, 비록 채권자가 수익자를 상대로 사해행위의 취소를 구하는 소를 이미 제기하여 채무자와 수익자 사이의 법률행위를 취소하는 내용의 판결을 선고받아 확정되었더라도 그 판결의 효력은 그 소송의 피고가 아닌 전득자에게는 미칠 수 없는 것이므로, 채권자가 그 소송과는 별도로 전득자에 대하여 채권자취소권을 행사하여 원상회복을 구하기 위해서는 위에서 본 법리에 따라 민법 제406조 제2항에서 정한 기간 안에 전득자에 대한 관계에 있어서 채무자와 수익자 사이의 사해행위를 취소하는 청구를 하지 않으면 아니 된다.[36]

[20] 채권자취소권에 있어서의 채권은 채무명의를 필요로 하지 아니하므로 채무명의가 있는 채권과 그렇지 아니한 채권의 취소권소멸시효의 기산점을 달리하여야 할 이유가 없다.[37]

5. 중복제소 등

(1) 각 채권자가 동시 또는 이시에 사해행위취소소송 제기가 가능하다.[38]

---

30) 대법원 1991. 11. 8. 선고 91다4079 판결.
31) 대법원 2001. 2. 27. 선고 2000다44348 판결
32) 대법원 2003. 12. 12. 선고 2003다30616 판결; 대법원 2003. 7. 11. 선고 2003다19435 판결 등 참조.
33) 대법원 2000. 9. 29. 선고 2000다3262 판결.
34) 대법원 2009. 4. 9. 선고 2008다81398 판결.
35) 대법원 1999. 4. 9. 선고 99다2515 판결. 채권자가 채무자의 유일한 재산에 대하여 가등기가 경료된 사실을 알고 채무자의 재산상태를 조사한 결과 다른 재산이 없음을 확인한 후 채무자의 재산에 대하여 가압류를 한 경우, 채권자는 그 가압류 무렵에는 채무자가 채권자를 해함을 알면서 사해행위를 한 사실을 알았다고 봄이 상당하다고 한 사례.
36) 대법원 2005. 6. 9. 선고 2004다17535 판결: 원고가 1998. 6.경 A를 상대로 사해행위취소 소송을 제기하였으므로 원고는 늦어도 그 무렵에는 B가 원고를 해함을 알면서 A에게 이 사건 건물을 매도하였음을 알고 있었다고 할 것이고, 그로부터 1년이 경과한 후인 2002. 3. 25.에 제기된 이 사건 소는 민법 제406조 제2항 소정의 제소기간이 도과된 후에 제기된 것이어서 부적법하다고 할 것이다. 그럼에도 불구하고, 원심은 수익자를 상대로 사해행위취소의 소를 제기하여 승소판결을 받은 후 전득자를 상대로 원상회복의 청구를 하는 경우에는 민법 제406조 제2항이 적용되지 않는다고 보아 피고의 제척기간 도과의 항변을 배척하였으니, 원심판결에는 사해행위취소의 소의 제척기간에 관한 법리를 오해한 위법이 있다.
37) 대법원 1962. 6. 21. 선고 62다179 판결.
38) 대법원 2005. 3. 24. 선고 2004다65367 판결; 대법원 2003. 7. 11. 선고 2003다19558 판결: 채권자취소권의 요건을 갖춘 각 채권자는 고유의 권리로서 채무자의 재산처분 행위를 취소하고 그 원상회복을 구할 수 있는 것이므로 각 채권자가 동시 또는 이시에 채권자취소 및 원상회복소송을 제기한 경우 이들 소송이 중복제소에 해당하는 것이 아닐 뿐만 아니라, 어느 한 채권자가 동일한 사해행위에 관하여 채권자취소 및 원상회복청구를 하여 승소판결을 받아 그 판결이 확정되었다는 것만으로 그 후에 제기된 다른 채권자의 동일한 청구가 권리보호의 이익이 없어지게 되는 것은 아니고, 그에 기하여 재산이나 가액의 회복을 마

(2) 어느 채권자가 승소확정판결에 따라 재산의 회복을 마친 후에는 다른 채권자는 취소소송제기가 불가하다.

(3) 선행소송에 따른 가액반환 종료 후 동일 부동산에 대한 증가된 시가 상당의 가액배상을 구하는 후행소송의 경우

(4) 원물반환을 구하는 선행소송 확정 후 원물반환의 목적달성 불능 시 가액배상을 구하는 후행소송의 경우39)

(5) 피보전채권의 추가 또는 교환은 소의 변경이 아니다.40)

(6) 이중집행의 위험성 및 구제방법41)

6. 행사의 범위

(1) 사해행위의 취소는 거래의 안전에 미치는 영향이 크므로, 취소의 범위는 책임재산의 보전을 위하여 필요한 범위 내로 제한되어야 한다. 취소채권자의 채권액은 사해행위 당시를 기준시로 삼는다.42)

(2) 사해행위취소권은 '모든 채권자를 위하여' 책임재산을 보전할 수 있도록 마련된 권리이고, 취소채권자에게 우선변제권이 인정되는 것이 아니므로 다른 채권자가 있고 그 채권자가 배당요구를 할 것이 명백한 경우에는 그 채권자의 채권액도 합산하여 취소의 범위를 정하게 된다.43) 타 채권자가 배당요구하지 않을 것이라는 특별한 사정은 피고 쪽에서 주장·입증하여야 할 것이다.

친 경우에 비로소 다른 채권자의 채권자취소 및 원상회복청구는 그와 중첩되는 범위 내에서 권리보호의 이익이 없게 된다고 보아야 할 것이다(대법원 2000. 7. 28. 선고 99다6180 판결, 2001. 10. 12. 선고 2001다49043 판결 참조).

39) 대법원 2006. 12. 7. 선고 2004다54978 판결: 사해행위 후 목적물에 관하여 제3자가 저당권이나 지상권 등의 권리를 취득한 경우에는 수익자가 목적물을 저당권 등의 제한이 없는 상태로 회복하여 이전하여 줄 수 있다는 등의 특별한 사정이 없는 한, 채권자는 원상회복 방법으로 수익자를 상대로 가액 상당의 배상을 구할 수도 있고, 채무자 앞으로 직접 소유권이전등기절차를 이행할 것을 구할 수도 있다. 이 경우 <u>원상회복청구권은 사실심 변론종결 당시의 채권자의 선택에 따라 원물반환과 가액배상 중 어느 하나로 확정되며, 채권자가 일단 사해행위 취소 및 원상회복으로서 원물반환 청구를 하여 승소 판결이 확정되었다면, 그 후 어떠한 사유로 원물반환의 목적을 달성할 수 없게 되었다고 하더라도 다시 원상회복청구권을 행사하여 가액배상을 청구할 수는 없으므로 그 청구는 권리보호의 이익이 없어 허용되지 않는다.</u>

40) 대법원 2003. 5. 27. 선고 2001다13532 판결: 채권자가 사해행위의 취소를 청구하면서 그 보전하고자 하는 채권을 추가하거나 교환하는 것은 그 사해행위취소권을 이유 있게 하는 공격방법에 관한 주장을 변경하는 것일 뿐이지 소송물 또는 청구 자체를 변경하는 것이 아니므로 소의 변경이라 할 수 없다.

41) 가액배상의 경우 자신이 배상할 가액의 전부 또는 일부를 반환한 때에는 수익자는 그 범위 내에서 다른 채권자에 대하여 청구이의의 소를 제기할 수 있다.

42) 대법원 2002. 4. 12. 선고 2000다63912 판결: 채권자가 채권자취소권을 행사할 때에는 원칙적으로 자신의 채권액을 초과하여 취소권을 행사할 수 없고, 이때 채권자의 채권액에는 사해행위 이후 사실심 변론종결 시까지 발생한 이자나 지연손해금이 포함된다.

43) 대법원 2009. 1. 15. 선고 2007다61618 판결: 사해행위 취소의 범위는 다른 채권자가 배당요구를 할 것이 명백하거나 목적물이 불가분인 경우와 같이 특별한 사정이 있는 경우에는 취소채권자의 채권액을 넘어서까지도 취소를 구할 수 있다.

7. 행사의 효과

(1) 원상회복된 재산은 채무자의 책임재산이 된다.

(2) 기판력은 채무자에게 미치지 않고, 채무자와 수익자, 수익자와 전득자 사이의 법률관계에 영향이 없다.

(3) 사해행위의 목적물을 압류 또는 가압류한 수익자의 채권자들에게는 사해행위취소판결의 효력이 미치지 않는다.

(4) 가액배상의 경우 취소채권자는 수령 금원을 채무자에게 반환할 채무와 채무자에 대한 채권을 서로 상계하는 것이 가능하다.[44]

(5) 수익자는 가액배상 시 채무자에 대한 자신의 채권으로 상계주장을 할 수 없고, 총 채권액 중 자기의 채권에 대한 안분액의 분배를 청구할 수도 없다. 다만 집행권원을 갖추어 원상회복 재산에 대한 강제집행절차에 참가하는 것은 가능하다.

(6) 다른 채권자는 취소채권자가 직접 수령한 가액배상금에 대하여 채권액에 따른 안분액의 지급을 청구할 수 없다.[45]

(7) 판례가 취하는 상대적 무효설에 의하면 채권자와 반환청구의 상대방이 된 수익자 또는 전득자와의 관계에서 사해행위를 취소한다는 뜻이고, 그것은 결국 채무자의 일반재산과의 관계에서 취소한다는 것, 즉 부인하여 효력이 없다는 것이다. 구체적으로는

　① 취소의 효과인 원상회복 또는 이에 대신한 가액배상청구의 권리는 채무자에게 귀속하는 것이 아니라 채권자에게 직접 귀속하는 것이 되고,

　② 전득자를 상대방으로 하는 경우에도 취소되는 것은 채무자의 사해행위이고 수익자와 전득자 사이의 행위는 아니다.

　③ 따라서 이 경우에도 수익자와 전득자 사이의 전득행위는 영향이 없다.

(8) 원상회복으로서 원물반환의 효과는, 채권자취소권의 행사로 수익자로부터 회복된 재산은 채무자의 일반재산으로서 총채권자를 위하여 공동담보가 되는 것에 불과하고 취소채권자가 그것으로부터 우선변제를 받는 것은 아니다. 취소채권자가 회복된 재산으로부터 자기 채권의 변제를 받기 위해서는

---

44) 취소채권자의 채권에 대한 사실상 독점적, 우선적 변제효과가 부여된다. 다른 채권자의 권리구제는 변론병합과 배당요구 등이 있다.

45) 대법원 2008. 6. 12. 선고 2007다37837 판결: 사해행위의 취소와 원상회복은 모든 채권자의 이익을 위하여 그 효력이 있으므로(민법 제407조), 채권자취소권의 행사로 채무자에게 회복된 재산에 대하여 취소채권자가 우선변제권을 가지는 것이 아니라 다른 채권자도 총 채권액 중 자기의 채권에 해당하는 안분액을 변제받을 수 있는 것이지만, 이는 채권의 공동담보로 회복된 채무자의 책임재산으로부터 민사집행법 등의 법률상 절차를 거쳐 다른 채권자도 안분액을 지급받을 수 있다는 것을 의미하는 것일 뿐, 다른 채권자가 이러한 법률상 절차를 거치지 아니하고 취소채권자를 상대로 하여 안분액의 지급을 직접 구할 수 있는 권리를 취득한다거나, 취소채권자에게 인도받은 재산 또는 가액배상금에 대한 분배의무가 인정된다고 볼 수는 없다. 가액배상금을 수령한 취소채권자가 이러한 분배의무를 부담하지 아니함으로 인하여 사실상 우선변제를 받는 불공평한 결과를 초래하는 경우가 생기더라도, 이러한 불공평은 채무자에 대한 파산절차 등 도산절차를 통하여 시정하거나 가액배상금의 분배절차에 관한 별도의 법률 규정을 마련하여 개선하는 것은 별론으로 하고, 현행 채권자취소 관련 규정의 해석상으로는 불가피하다.

집행권원에 기하여 그 재산에 대한 강제집행의 절차를 밟아야 하고, 수익자가 채무자에 대하여 채권이 있다면 이때 집행권원을 가지고 배당에 가입할 수 있을 뿐이며 다른 채권자들도 이중경매의 신청, 배당요구 등에 의하여 절차에 참가하여 평등배당을 받을 기회가 부여된다.

[21] 사해행위취소란 채권의 보전을 위하여 일반 채권자들의 공동담보에 제공되고 있는 채무자의 재산이 그의 처분행위로 감소되는 경우, 채권자의 청구에 의해 이를 취소하고, 일탈된 재산을 채무자의 책임재산으로 환원시키는 제도로서, 사해행위의 취소와 원상회복은 모든 채권자의 이익을 위하여 효력이 있으므로(민법 제407조), 취소채권자가 자신이 회복해 온 재산에 대하여 우선권을 가지는 것은 아니라고 할 것이므로, 사해행위의 수익자 소유의 부동산에 대한 경매절차에서 취소채권자가 수익자에 대한 가액배상 판결에 기하여 배당을 요구하여 배당을 받은 경우, 그 배당액은 배당요구를 한 취소채권자에게 그대로 귀속되는 것이 아니라 채무자의 책임재산으로 회복되는 것이며, 이에 대하여 채무자에 대한 채권자들은 채권만족에 관한 일반원칙에 따라 채권 내용을 실현할 수 있는 것이다.[46]

[22] 사해행위의 취소는 취소소송의 당사자 간에 상대적으로 취소의 효력이 있는 것으로 당사자 이외의 제3자는 다른 특별한 사정이 없는 이상 취소로 그 법률관계에 영향을 받지 않는다. 사해행위의 취소에 상대적 효력만을 인정하는 것은 사해행위 취소채권자와 수익자 그리고 제3자의 이익을 조정하기 위한 것으로 그 취소의 효력이 미치지 아니하는 제3자의 범위를 사해행위를 기초로 목적부동산에 관하여 새롭게 법률행위를 한 그 목적부동산의 전득자 등만으로 한정할 것은 아니므로, 수익자와 새로운 법률관계를 맺은 것이 아니라 수익자의 고유채권자로서 이미 가지고 있던 채권 확보를 위하여 수익자가 사해행위로 취득한 근저당권에 배당된 배당금을 가압류한 자에게 사해행위취소 판결의 효력이 미친다고 볼 수 없다.[47]

[23] 채권자취소권은 채권의 공동담보인 채무자의 책임재산을 보전하기 위하여 채무자와 수익자 사이의 사해행위를 취소하고 채무자의 일반재산으로부터 일탈된 재산을 모든 채권자를 위하여 수익자 또는 전득자로부터 환원시키는 제도로서, 수익자로 하여금 자기의 채무자에 대한 반대채권으로써 상계를 허용하는 것은 사해행위에 의하여 이익을 받은 수익자를 보호하고 다른 채권자의 이익을 무시하는 결과가 되어 위 제도의 취지에 반하므로, 수익자가 채권자취소에 따른 원상회복으로서 가액배상을 할 때에 채무자에 대한 채권자라는 이유로 채무자에 대하여 가지는 자기의 채권과의 상계를 주장할 수는 없다.[48]

[24] 채권자취소권은 채권의 공동담보인 채무자의 책임재산을 보전하기 위하여 채무자와 수익자 사이의 사해행위를 취소하고 채무자의 일반재산으로부터 일탈된 재산을 모든 채권자를 위하여 수익자 또는 전득자로부터 환원시키는 제도이므로, 수익자인 채권자로 하여금 안분액의 반환을 거절하도록 하는 것은 자신의 채권에 대하여 변제를 받은 수익자를 보호하고 다른 채권자의 이익을 무시하는 결과가 되어 제도의 취지에 반하게 되므로, 수익자가 채무자의 채권자인 경우 수익자가 가액배상을 할 때에 수익자 자신도 사해행위취소의 효력을 받는 채권자 중의 1인이라는 이유로 취소채권자에 대하여 총 채권액 중 자기의 채권에 대한 안분액의 분배를 청구하거나, 수익자가 취소채권자의 원상회복에 대하여 총 채권액 중 자기의 채권에 해당하는 안분액의 배당요구권으로써 원상회복청구와의 상계를 주장하여 그 안분액의 지급을 거절할 수는 없다.[49]

---

46) 대법원 2005. 8. 25. 선고 2005다14595 판결.

[25] 민법 제406조에 의한 채권자취소와 원상회복은 모든 채권자의 이익을 위하여 그 효력이 있는 것인바, 채무자가 다수의 채권자들 중 1인(수익자)에게 담보를 제공하거나 대물변제를 한 것이 다른 채권자들에 대한 사해행위가 되어 채권자들 중 1인의 사해행위 취소소송 제기에 의하여 그 취소와 원상회복이 확정된 경우에, 사해행위의 상대방인 수익자는 그의 채권이 사해행위 당시에 그대로 존재하고 있었거나 또는 사해행위가 취소되면서 그의 채권이 부활하게 되는 결과 본래의 채권자로서의 지위를 회복하게 되는 것이므로, 다른 채권자들과 함께 민법 제407조에 의하여 그 취소 및 원상회복의 효력을 받게 되는 채권자에 포함된다고 할 것이고, 따라서 취소소송을 제기한 채권자 등이 원상회복된 채무자의 재산에 대한 강제집행을 신청하여 그 절차가 개시되면 수익자인 채권자도 그 집행권원을 갖추어 강제집행절차에서 배당을 요구할 권리가 있다.[50]

[26] 사해행위의 취소와 원상회복은 모든 채권자의 이익을 위하여 그 효력이 있으므로(민법 제407조), 채권자 취소권의 행사로 채무자에게 회복된 재산에 대하여 취소채권자가 우선변제권을 가지는 것이 아니라 다른 채권자도 총 채권액 중 자기의 채권에 해당하는 안분액을 변제받을 수 있는 것이지만, 이는 채권의 공동담보로 회복된 채무자의 책임재산으로부터 민사집행법 등의 법률상 절차를 거쳐 다른 채권자도 안분액을 지급받을 수 있다는 것을 의미하는 것일 뿐, 다른 채권자가 이러한 법률상 절차를 거치지 아니하고 취소채권자를 상대로 하여 안분액의 지급을 직접 구할 수 있는 권리를 취득한다거나, 취소채권자에게 인도받은 재산 또는 가액배상금에 대한 분배의무가 인정된다고 볼 수는 없다. 가액배상금을 수령한 취소채권자가 이러한 분배의무를 부담하지 아니함으로 인하여 사실상 우선변제를 받는 불공평한 결과를 초래하는 경우가 생기더라도, 이러한 불공평은 채무자에 대한 파산절차 등 도산절차를 통하여 시정하거나 가액배상금의 분배절차에 관한 별도의 법률 규정을 마련하여 개선하는 것은 별론으로 하고, 현행 채권자취소 관련 규정의 해석상으로는 불가피하다.[51]

8. 사해행위취소와 원상회복의 관계

(1) 통상 사해행위취소소송은 사해행위취소라는 형성의 소와 원상회복이라는 이행의 소가 병합된 형태로 제기된다.[52]

(2) 채권자가 민법 제406조 제1항에 따라 사해행위의 취소와 원상회복을 청구하는 경우 사해행위의 취

47) 대법원 2009. 6. 11. 선고 2008다7109 판결.
48) 대법원 2001. 6. 1. 선고 99다63183 판결.
49) 대법원 2001. 2. 27. 선고 2000다44348 판결.
50) 대법원 2003. 6. 27. 선고 2003다15907 판결.
51) 대법원 2008. 6. 12. 선고 2007다37837 판결.
52) 채권자로서는 채무자가 피보전권리를 다투는 경우 채무자에 대한 이행소송과 수익자에 대한 채권자취소소송을 병합하여 동시에 제기할 수 있다. 소송실무상 채권자가 피보전채권으로 대여금, 매매대금 또는 약속어음금 등을 주장하는 경우는 피보전채권에 대하여 수익자(채권자취소 소송의 상대방인 피고)가 다투는 경우가 드물지만 피보전채권으로 손해배상 청구권 특히, 위자료 청구권 또는 재산분할 청구권을 주장하는 경우는 채무자(물론 무자력인 채무자로서는 다툴 실익이 없어 아예 출석하지 아니하는 경우도 있을 수 있다)와 수익자가 첨예하게 다투는 경우가 많다. 위와 같이 청구가 병합되어 한 개의 소송이 이루어진 경우에는 채무자에 대한 피보전권리에 대한 판단이 일거에 이루어지므로 문제가 없으나 만일 양 소송이 별소로 이루어진 경우의 동일한 채권의 존부에 대하여 별개의 판단이 이루어질 수 있는 문제가 생기나 그 경우 사해행위의 취소판결의 효력은 채권자와 그 상대방인 수익자나 전득자 사이에서만 상대적으로 효력이 있으므로, 채권자와 채무자 사이의 법률관계에는 그 효력이 미치지 아니하고, 수익자만을 상대로 한 사해행위 취소판결의 효력은 전득자와 제3에게는 미치지 아니한다.

소만을 먼저 청구한 다음 원상회복을 나중에 청구할 수 있으나,[53] 원상회복의 전제가 되는 사해행위의 취소가 없는 이상 원상회복청구권은 인정되지 않으므로 사해행위의 취소를 구함이 없이 원상회복만을 구할 수는 없다.[54]

(3) 채권자가 사해행위의 취소와 함께 수익자 또는 전득자로부터 책임재산의 회복을 명하는 사해행위 취소의 판결을 받은 경우 그 취소의 효과는 채권자와 수익자 또는 전득자 사이에만 미치므로, 수익자 또는 전득자가 채권자에 대하여 사해행위의 취소로 인한 원상회복 의무를 부담하게 될 뿐, 채무자와 사이에서 그 취소로 인한 법률관계가 형성되거나 취소의 효력이 소급하여 채무자의 책임재산으로 회복되는 것은 아니다.[55]

---

[27] 채권자가 민법 제406조 제1항에 따라 사해행위의 취소와 원상회복을 청구함에 있어 사해행위의 취소만을 먼저 청구한 다음 원상회복을 나중에 청구할 수 있으며,[56] 이 경우 사해행위 취소 청구가 민법 제406조 제2항에 정하여진 기간 안에 제기되었다면 원상회복의 청구는 그 기간이 지난 뒤에도 할 수 있다.[57]

[28] 사해행위 취소의 범위는 다른 채권자가 배당요구를 할 것이 명백하거나 목적물이 불가분인 경우와 같이 특별한 사정이 있는 경우에는 취소채권자의 채권액을 넘어서까지도 취소를 구할 수 있다.[58]

[29] 채권자 취소권에 의하여 일탈한 재산의 처분행위를 취소함에 있어 그 취소의 범위는 채권자의 채권의 구제에 필요한 한도에서 취소하여야 함은 논지와 같으나 이건에 있어서는 대지와 건물이 동일인의 소유이므로 대지의 가격만으로도 채권자의 채권액보다 다액이라 하여 대지와 건물 중 그 일방만을 취소하게 되면 건물의 소유자와 대지의 소유자가 다르게 되어 그 가격과 효용을 현저히 감소시킬 것이므로 이 건의 경우에는 경제적인 이유로 불가분의 관계에 있다 하여 이를 전부 취소함이 정당하다.[59]

---

53) 대법원 2001. 9. 4. 선고 2001다14108 판결.

54) 대법원 2008. 12. 11. 선고 2007다69162 판결 참조. 따라서 만일 취소를 청구함이 없이 원상회복만을 청구한 경우 원상회복의 전제가 되는 사해행위의 취소가 없는 이상 원상회복청구권이 인정되지 아니하므로 채권자의 원상회복청구는 기각될 것이다.

55) 대법원 2001. 5. 29. 선고 99다9011 판결; 2006. 8. 24. 선고 2004다23110 판결 등 참조. 대법원 2007. 4. 12. 선고 2005다1407 판결; 전부명령 당시 피전부채권이 이미 채무자로부터 제3자에게 양도되어 대항요건까지 갖추었다면, 원고의 전부명령은 무효라 하겠고, 그 후의 사해행위취소소송에서 피전부채권에 대한 채권양도계약이 취소되고 그 채권의 복귀를 명하는 판결이 확정되었다고 하더라도, 위 채권이 소급하여 피고에게 복귀하거나 이미 무효로 된 전부명령이 다시 유효하게 되는 것은 아니라고 판시한 사례.

56) 사해행위의 취소와 원상회복의 청구는 동시에 행사 할 수 있음은 물론이다. 대법원 1980. 7. 22. 선고 80다795 판결. 채권자가 사해행위의 취소를 구하지 않고 원상회복만을 구하는 경우 원상회복의 전제가 되는 사해행위의 취소가 없는 이상 원상회복청구권은 인정되지 아니하므로, 청구의 이유가 없다는 사유로 기각하여야 한다.

57) 대법원 2001. 9. 4. 선고 2001다14108 판결. 이 판례에 대해서는 사해행위의 취소판결 확정 후 그 사해행위로 인하여 일탈된 재산의 원상회복청구에도 민법 406조 제2항의 제척기간이 적용된다는 반론이 있다. 임시규, "사해행위취소 – 판례를 중심으로", 「청주지방변호사회회지(제1호)」, 청주지방변호사회(2002), pp.66~67.

58) 대법원 2009. 1. 15. 선고 2007다61618 판결.

59) 대법원 1975. 2. 25. 선고 74다2114 판결.

9. 사해행위취소소송의 경합

(1) 채권자취소권의 요건을 갖춘 각 채권자는 고유의 권리로서 채무자의 재산처분 행위를 취소하고 그 원상회복을 구할 수 있는 것이므로 <u>각 채권자가 동시 또는 이시에 채권자취소 및 원상회복소송을 제기한 경우</u> 이들 소송이 중복제소에 해당하는 것이 아닐 뿐만 아니라, 어느 한 채권자가 동일한 사해행위에 관하여 채권자취소 및 원상회복청구를 하여 승소판결을 받아 그 판결이 확정되었다는 것만으로 그 후에 제기된 다른 채권자의 동일한 청구가 권리보호의 이익이 없어지게 되는 것은 아니고, 그에 기하여 재산이나 가액의 회복을 마친 경우에 비로소 다른 채권자의 채권자취소 및 원상회복청구는 그와 중첩되는 범위 내에서 권리보호의 이익이 없게 된다고 보아야 할 것이다.[60]

(2) 여러 명의 채권자가 사해행위취소 및 원상회복청구의 소를 제기하여 여러 개의 소송이 계속 중인 경우에는 각 소송에서 채권자의 청구에 따라 사해행위의 취소 및 원상회복을 명하는 판결을 선고하여야 하고, 수익자(전득자를 포함. 이하 같다)가 가액배상을 하여야 할 경우에도 수익자가 반환하여야 할 가액을 채권자의 채권액에 비례하여 채권자별로 안분한 범위 내에서 반환을 명할 것이 아니라, <u>수익자가 반환하여야 할 가액 범위 내에서 각 채권자의 피보전채권액 전액의 반환을 명하여야 한다.</u> 이와 같이 여러 개의 소송에서 수익자가 배상하여야 할 가액 전액의 반환을 명하는 판결이 선고되어 확정될 경우 수익자는 이중으로 가액을 반환하게 될 위험에 처할 수 있을 것이나, 수익자가 어느 채권자에게 자신이 배상할 가액의 일부 또는 전부를 반환한 때에는 그 범위 내에서 다른 채권자에 대하여 청구이의 등의 방법으로 이중지급을 거부할 수 있을 것이다.[61]

10. 사해행위의 해제·해지와 사해행위취소소송

> [30] 채권자가 채무자의 부동산에 관한 사해행위를 이유로 수익자를 상대로 그 사해행위의 취소 및 원상회복을 구하는 소송을 제기하여 그 소송계속 중 위 사해행위가 해제 또는 해지되고 채권자가 그 사해행위의 취소에 의해 복귀를 구하는 재산이 벌써 채무자에게 복귀된 경우에는, 특별한 사정이 없는 한, 그 채권자취소소송은 이미 그 목적이 실현되어 더 이상 그 소에 의해 확보할 권리보호의 이익이 없어지는 것이고, 이는 그 목적재산인 부동산의 복귀가 그 이전등기의 말소 형식이 아니라 소유권이전등기의 형식을 취하였다고 하여 달라지는 것은 아니라고 할 것이다.[62]

---

60) 대법원 2003. 7. 11. 선고 2003다19558 판결; 대법원 2008. 12. 11. 선고 2007다91398, 91404 판결; 대법원 2005. 3. 24. 선고 2004다65367 판결: 동일한 사해행위에 관한 취소소송이 중첩된 경우, 선행 소송에서 확정판결로 처분부동산의 감정 평가에 따른 가액반환이 이루어진 이상 후행 소송에서 부동산의 시가를 다시 감정한 결과 위 확정판결에서 인정한 시가보다 평가액이 증가되었다 하더라도, 그 증가된 부분을 위 확정판결에서 인정한 부분과 중첩되지 않는 부분으로 보아 이에 대하여 다시 가액배상을 명할 수는 없다고 한 원심판결을 수긍한 사례.

61) 대법원 2008. 4. 24. 선고 2007다84352 판결.

62) 대법원 2008. 3. 27. 선고 2007다85157 판결.

사례 1

A는 2001. 11. 15. 국민은행에게 X 토지에 관하여 채권최고액 2억 1,710만 원인 근저당권설정등기를 마쳐 주고, 2001. 11. 19. 한국주택금융공사(원고)와 사이에 보증원금을 6,000만 원(이후 5,950만 원으로 변경)으로 정하여 주택금융신용보증약정을 체결한 다음, 같은 날 위 신용보증약정에 의하여 교부받은 신용보증서와 함께 위 근저당권을 담보로 국민은행으로부터 주택신축자금으로 1억 6,700만 원을 대출받았고, 2002. 3. 22. 국민은행에게 위 대출금채무의 담보로 X 토지 위에 신축한 건물에 관하여 추가로 근저당권설정등기를 마쳐 주었다. A가 2005. 10. 7. 이후 위 대출금채무의 이자를 지급하지 못하여 2005. 11. 8. 기한의 이익을 상실하고 위 대출금채무를 변제하지도 아니하자, 국민은행의 임의경매신청에 따라 2006. 3. 8. X 토지와 그 지상 건물에 관하여 경매개시결정이 내려졌고, 위 경매절차에서 위 경매목적물은 2006. 4. 5. 기준으로 289,574,970원으로 평가되었으나 수차례 유찰되어 155,232,500원에 매각됨에 따라 2007. 3. 14. 국민은행에게 당시 기준 대출금채권액 208,198,858원(원금 166,996,410원, 이자 41,202,448원) 중 선순위채권자(소액임차인 3명, 각 1,200만 원)에게 배당되고 남은 116,642,570원만이 배당되었다. 이에 국민은행은 2007. 3. 26. 원고에게 위 신용보증잔존원금 59,496,410원, 이자 6,802,736원, 합계 66,299,146원의 신용보증채무의 이행을 청구하였다.

한편, A는 2005. 9. 26. 남편인 피고에게 Y 부동산(이하 '이 사건 부동산')에 관하여 2005. 9. 12. 증여를 원인으로 한 소유권이전등기를, 2005. 10. 18. 피고의 누나인 B에게 Z 토지와 그 지상 건물에 관하여 2005. 10. 15. 매매를 원인으로 한 소유권이전등기를 각 마쳐 주었는데, 그 무렵 A의 적극재산으로는 ① X 토지와 그 지상 건물 289,574,970원 상당, ② Z 토지와 그 지상 건물 1억 500만 원 상당, ③ 이 사건 부동산 1억 550만 원 상당, 합계 500,074,970원 상당이 있었고, 소극재산으로는 국민은행에 대한 위 대출금채무 166,996,410원을 포함하여 360,996,410원이 있었다.

원고는 A가 그의 남편인 피고에게 이 사건 부동산을 증여한 것은 원고의 채무를 면탈하기 위한 사해행위이므로 그 취소를 구하려고 한다.

(1) 청구취지: 피고와 A 사이에 이 사건 부동산에 관하여 2009. 9. 12. 체결된 증여계약은 이를 취소한다. 피고는 A에게 이 사건 부동산에 관하여 청주지방법원 2009. 9. 26. 접수 제69209호로 마친 소유권이전등기의 말소등기절차를 이행하라.

(2) 원고의 주장: A가 피고에게 이 사건 부동산을 증여할 무렵 원고의 A에 대한 구상금채권이 발생하지는 않았으나 이미 채권 성립의 기초가 되는 법률관계는 성립되어 있었고, 가까운 장래에 그 법률관계에 기하여 채권이 성립되리라는 고도의 개연성이 있었으며, 실제로 불과 1개월여 만인 2005. 11. 8. A의 국민은행에 대한 대출금채무가 기한의 이익을 상실하여 원고의 사전구상권이 발생하였으므로, 원고의 A에 대한 사전구상권은 채권자취소권의 피보전채권이 될 수 있다 할 것이고, A가 더 이상 국민은행에 대한 대출금채무 원리금을 변제할 수 없음을 예상하고 남편인 피고에게 이 사건 부동산을 증여하고, 곧바로 피고의 누나인 B에게 Z 토지와 그 지상 건물을 매도함으로써 무자력 상태에 빠지게 되었으므로, 피고와 A 사이에 이 사건 부동산에 관하여 2005. 9. 12. 체결된 증여계약은 사해행위로서 취소되어야 한다.

(3) 피고의 본안 전 항변 및 본안에 관한 주장: 이 사건 소가 제척기간이 경과한 후에 제기된 것으로서 부적법하다. 이 사건 부동산에 관하여 소유권이전등기가 마쳐질 당시에 A는 무자력이 아니었다.

〈원심의 판단〉[63]

1. 본안 전 항변에 대한 판단: 이 사건 소가 2007. 5. 28. 제기된 사실은 기록상 명백하나, 원고가 2006. 5. 28. 이전에 A가 피고에게 이 사건 부동산을 증여하였고, 위 증여계약이 사해행위에 해당함을 알았다고 인정할 만한 증거가 없으므로, 피고의 위 항변은 이유 없다.

2. 본안에 대한 판단: 채무자 소유의 부동산에 관하여 채권자 앞으로 근저당권이 설정되어 있고, 그 부동산의 가액 및 채권최고액이 당해 채무액을 초과하여 채무 전액에 대하여 채권자에게 우선변제권이 확보되어 있다면, 그 피담보채무는 소극재산에서 공제되는 동시에 그 액수만큼 적극재산에서도 제외되어야 하고, 채무자가 자신의 적극재산을 감소시키는 법률행위를 하더라도 채권자에 대하여 사해행위가 성립하지 않는다고 보아야 하는바,[64] 이러한 경우 채무자가 우선변제권이 확보된 피담보채무의 보증인에 대하여 부담하는 사전구상채무를 별도로 소극재산으로 평가하여 채권자취소권의 피보전채권으로 삼을 수 있는지가 문제 된다. 예컨대, 채무자에게 적극재산으로는 각 1억 원 상당의 제1, 2부동산이 있고, 소극재산으로는 ① 제1부동산을 담보로 한 5,000만 원의 근저당채무(채권최고액은 5,000만 원을 초과한다고 가정함), ② 위 근저당채무의 보증인에 대하여 부담하는 5,000만 원의

---

63) 청주지법 2008. 11. 25. 선고 2007나4197 판결.

64) 대법원 2000. 12. 8. 선고 2000다21017 판결, 대법원 2001. 7. 27. 선고 2000다73377 판결 등 참조.

사전구상채무, ③ 기타 일반채무 500만 원이 있는 상태에서 채무자가 제2부동산을 처분하였다고 가정해 볼 때, 위 법리에 따라 우선변제권이 확보된 근저당채무 5,000만 원을 소극재산 및 적극재산에서 제외하면 채무자의 적극재산으로는 5,000만 원 상당의 제1부동산만 남게 되므로, 위 5,000만 원의 사전구상채무를 별도로 소극재산으로 평가할 경우 소극재산이 5,500만 원으로서 적극재산을 초과하게 되어 제2부동산의 처분행위가 사해행위에 해당한다고 보게 될 것이나, 위 사례에서 채무자는 여전히 1억 원 상당의 제1부동산을 가지고 있고 실질적인 채무액은 5,500만 원에 불과한 점을 고려하면 법률상 별개의 채무라는 이유만으로 원래 채무의 연장선상에 있는 위 5,000만 원의 사전구상채무를 별도로 소극재산으로 평가하여 위 처분행위가 사해행위에 해당한다고 인정함은 상당히 불합리한 측면이 있고, 보증인으로서는 대위변제를 할 경우에 법정대위에 따라 근저당권을 취득함으로써 우선변제권을 확보할 수 있는 지위에 있다는 점까지 참작하면 더욱더 그러하다. 따라서 채무자가 우선변제권이 확보된 피담보채무의 보증인에 대하여 부담하는 사전구상채무는 조만간 우선변제권이 확보되지 않은 채무의 발생이 예상되고 이에 대한 사전·사후구상권의 행사가 급박하다는 등의 특별한 사정이 없는 한 일응 우선변제권이 확보되는 범위를 초과하는 구상채무액만 소극재산으로 반영해야 하고, 우선변제권이 확보되는 범위에서는 별도로 소극재산으로 평가할 수는 없다고 할 것이다. 이 사건으로 돌아와 보건대, 국민은행에 대한 위 대출금채무의 담보로 A 소유의 X 토지와 그 지상 건물에 관하여 국민은행 앞으로 근저당권이 설정되어 있고, A가 피고에게 이 사건 부동산을 증여할 무렵 위 담보부동산의 가액 및 채권최고액이 위 대출금채무액을 상당히 초과하여 그 채무 전액에 대하여 국민은행에게 우선변제권이 확보되어 있었으므로(원고 스스로도 위 대출금채무에 관하여 충분한 담보가 확보되어 있어서 2006. 4. 7. 국민은행으로부터 신용보증사고 통지를 받을 때에도 A의 재산을 조사할 필요성이 없었다고 한다), A가 피고에게 이 사건 부동산을 증여한 행위는 국민은행에 대하여 사해행위가 성립하지 않는다고 보아야 하고, 위 피담보채무의 보증인인 원고에 대한 관계에 있어서도 국민은행에 대한 위 피담보채무에 관하여 우선변제권이 확보되어 있는 이상 원고에 대한 사전구상채무를 별도로 소극재산으로 평가할 수는 없고, 이에 원고로서는 이를 채권자취소권의 피보전채권으로 삼아 채권자취소권을 행사할 수도 없다고 할 것이므로, 결국 원고의 위 주장은 나머지 점에 관하여 살필 필요 없이 이유 없다.

[대법원 2009. 6. 23. 선고 2009다549 판결]
채무자가 다른 재산을 처분하는 법률행위를 하더라도, 채무자 소유의 부동산에 대하여 채권자 앞으로 근저당권이 설정되어 있고 그 부동산의 가액 및 채권최고액이 당해 채권액을 초과하여 채권자에게 채권 전액에 대한 우선변제권이 확보되어 있다면 그와 같은 재산처분행위는 채권자를 해하지 아니하므로 채권자에 대하여 사해행위가 성립하지 않는다고 할 것인바,[65] 이러한 경우 주 채무의 보증인이 있더라도 채무자가 보증인에 대하여 부담하는 사전구상채무를 별도로 소극재산으로 평가할 수는 없고, 보증인이 변제로 채권자를 대위할 경우 자기의 권리에 의하여 구상할 수 있는 범위에서 채권 및 그 담보에 관한 권리를 행사할 수 있으므

로, 사전구상권을 피보전권리로 주장하는 보증인에 대해서도 사해행위가 성립하지 않는다고 할 것이다. 그리고 채무자의 재산처분행위가 사해행위가 되는지는 처분행위 당시를 기준으로 판단하여야 하므로, 담보로 제공된 부동산에 대하여 임의경매 등의 환가절차가 개시되어 진행되는 도중에 재산처분행위가 이루어졌다고 하더라도 그 재산처분행위의 사해성을 판단하기 위한 부동산 가액의 평가는 부동산 가액의 하락이 예상되는 등의 특별한 사정이 인정되지 아니하는 한 사후에 환가된 가액을 기준으로 할 것이 아니라 사해성이 문제되는 재산처분행위 당시의 시가를 기준으로 하여야 할 것이다.

원심이, 채권자인 국민은행에 대한 대출금채무의 담보로 채무자인 A 소유의 X 토지와 그 지상 건물에 관하여 국민은행 앞으로 근저당권이 설정되어 있고, A가 피고에게 이 사건 부동산을 증여할 무렵 위 담보부동산의 가액 및 채권최고액이 위 대출금채무액을 상당히 초과하여 그 채무 전액에 대하여 국민은행에게 우선변제권이 확보되어 있었으므로 A가 피고에게 이 사건 부동산을 증여한 행위는 국민은행에 대하여 사해행위가 성립하지 않는다고 보아야 하고, 위 피담보채무의 보증인 원고에 대한 관계에 있어서도 국민은행에 대한 위 피담보채무에 관하여 우선변제권이 확보되어 있는 이상 보증인에 대한 사전구상채무를 별도로 소극재산으로 평가할 수는 없고, 이에 원고로서는 이를 채권자취소권의 피보전채권으로 삼아 채권자취소권을 행사할 수도 없다고 판단한 것은 정당하다(상고기각).

IV. 사해행위취소 부분

1. 청구원인

> [요건사실] ① 피보전채권의 발생 + ② 채무자의 사해행위 + ③ 채무자의 사해의사

가. 피보전채권의 발생

(1) 사해행위취소소송에서의 피보전채권은 금전채권이나 종류채권임을 요하고, 소유권이전등기청구권과 같은 <u>특정물채권은 피보전채권이 될 수 없다</u>.[66][67]

(2) 사해행위취소소송에서 피보전채권이 존재하지 않거나, 특정채권을 피보전채권으로 삼고 있는 경우에는 채권자의 청구는 기각된다(청구기각설).[68]

---

65) 대법원 2002. 11. 8. 선고 2002다41589 판결, 대법원 2008. 5. 15. 선고 2005다60338 판결 등 참조.

66) 따라서 부동산의 제1매수인인 채권자는 자신의 소유권이전등기청구권을 보전하기 위하여 채무자와 제3채무자 사이에 이루어진 제2의 소유권이전등기의 말소를 구하는 채권자취소권을 행사할 수 없다(대법원 1996. 9. 20. 선고 95다1965 판결 참조). 취득시효의 대상인 부동산의 소유자가 취득시효완성 후에 이를 처분하여 채권자의 시효취득을 원인으로 한 소유권이전등기청구권이 침해되었음을 이유로 하는 경우에는 채권자취소권을 인정할 수 없다(대법원 1992. 11. 24. 선고 92다33855, 33862 판결).

67) 대법원 1999. 4. 27. 선고 98다56690 판결: 부동산을 양도받아 소유권이전등기청구권을 가지고 있는 자가 양도인이 제3자에게 이를 이중으로 양도하여 소유권이전등기를 경료하여 줌으로써 취득하는 부동산 가액 상당의 손해배상채권은 이중양도행위에 대한 사해행위취소권을 행사할 수 있는 피보전채권에 해당한다고 할 수 없다.

68) 채권자취소소송을 형성소송과 이행소송의 결합으로 보게 되면 피보전채권의 존부는 형성소송 측면에서의 당사자 적격 문제와

부족하고 구체적인 사해행위의 존재를 알고 나아가 채무자에게 사해의 의사가 있었다는 사실까지 알 것을 요하나, 나아가 채권자가 수익자나 전득자의 악의까지 알아야 하는 것은 아니다.[82]

[33] 사해행위취소권을 행사하는 채무자의 채권은 반드시 금전채권임을 요하지 않고 금전 이외의 급부를 목적으로 하는 채권이라도 특정물이 아닌 이상 채무자가 사해의 의사로서 무자력을 가져올 행위를 한 때에는 그 채권자는 이를 행사할 수 있다.[83]

[34] 채권자취소권은 채무자가 채권자를 해함을 알면서 자기의 일반재산을 감소시키는 행위를 한 경우에 그 행위를 취소하여 채무자의 재산을 원상회복시킴으로써 모든 채권자를 위하여 채무자의 책임재산을 보전하는 권리로서, 특정물 채권을 보전하기 위하여 행사하는 것은 허용되지 않는다.[84]

[35] 채권자취소권을 특정물에 대한 소유권이전등기청구권을 보전하기 위하여 행사하는 것은 허용되지 않으므로, 부동산의 제1양수인은 자신의 소유권이전등기청구권 보전을 위하여 양도인과 제3자 사이에서 이루어진 이중양도행위에 대하여 채권자취소권을 행사할 수 없다.[85]

[36] 채무자가 다른 재산을 처분하는 법률행위를 하더라도, 채무자 소유의 부동산에 대하여 채권자 앞으로 근저당권이 설정되어 있고 그 부동산의 가액 및 채권최고액이 당해 채권액을 초과하여 채권자에게 채권 전액에 대한 우선변제권이 확보되어 있다면 그와 같은 재산처분행위는 채권자를 해하지 아니하므로 채권자에 대하여 사해행위가 성립한다고 볼 수 없으나, 당해 채권액이 그 부동산의 가액 및 채권최고액을 초과하는 경우에는 그 담보물에 대한 우선변제권 있는 채권액을 공제한 나머지 채권액에 대하여 채권자를 해하는 사해행위가 될 것이므로 그에 대한 채권자취소권이 인정된다. 그리고 피보전채권의 존재와 그 범위는 채권자취소권 행사의 요건이 되므로, 채권자취소권을 행사하는 채권자로서는 그 담보권의 존재에도 불구하고 자신의 피보전채권이 그 우선변제권 범위 밖에 있다는 점을 주장·입증하여야 한다. 이때, 채무자의 재산처분행위가 사해행위가 되는지는 처분행위 당시를 기준으로 판단하여야 하므로, 담보로 제공된 부동산에 대하여 임의경매 등의 환가절차가 개시되어 진행되는 도중에 재산처분행위가 이루어졌다고 하더라도 그 재산처분행위의 사해성을 판단하기 위한 부동산 가액의 평가는 부동산 가액의 하락이 예상되는 등의 특별한 사정이 인정되지 아니하는 한 사후에 환가된 가액을 기준으로 할 것이 아니라 사해성이 문제 되는 재산처분행위 당시의 시가를 기준으로 하여야 할 것이다.[86]

[37] 채무자가 다른 재산을 처분하는 법률행위를 하더라도, 채무자 소유의 부동산에 채권자 앞으로 근저당권

---

80) 대법원 1984. 11. 24. 자 84마610 결정.
81) 대법원 2005. 6. 9. 선고 2004다17535 판결; 대법원 1984. 11. 24. 84마610 결정; 대법원 1988. 2. 23. 선고 87다카1989 판결; 대법원 1990. 10. 30. 선고 89다카35421 판결(수익자에 대한 채권자가 가압류등기를 경료한 뒤 수익자명의의 등기가 사해행위에 해당되어 말소되어도 해당 가압류는 여전히 유효하다고 본 사례; 대법원 1993. 1. 26. 선고 92다11008 판결 등 참조).
82) 대법원 2000. 9. 29. 선고 2000다3262 판결 등 참조.
83) 대법원 1965. 6. 29. 선고 65다477 판결.
84) 대법원 1995. 2. 10. 선고 94다2534 판결.
85) 대법원 1999. 4. 27. 선고 98다56690 판결: 부동산을 양도받아 소유권이전등기청구권을 가지고 있는 자가 양도인이 제3자에게 이를 이중으로 양도하여 소유권이전등기를 경료하여 줌으로써 취득하는 부동산 가액 상당의 손해배상채권은 이중양도행위에 대한 사해행위취소권을 행사할 수 있는 피보전채권에 해당한다고 할 수 없다.
86) 대법원 2008. 5. 15. 선고 2005다60338 판결; 대법원 2002. 11. 8. 선고 2002다41589 판결; 대법원 2003. 1. 24. 선고 2002다56567 판결 등 참조

이 설정되어 있고 그 부동산의 가액 및 채권최고액이 당해 채권액을 초과하여 채권자에게 채권 전액에 대한 우선변제권이 확보되어 있다면, 그와 같은 재산처분행위는 채권자를 해하지 아니하므로 채권자에 대하여 사해행위가 성립하지 않는다. 이러한 경우 주 채무의 보증인이 있더라도 채무자가 보증인에 대하여 부담하는 사전구상채무를 별도로 소극재산으로 평가할 수는 없고, 보증인이 변제로 채권자를 대위할 경우 자기의 권리에 의하여 구상할 수 있는 범위에서 채권 및 그 담보에 관한 권리를 행사할 수 있으므로, <u>사전구상권을 피보전권리로 주장하는 보증인에 대해서도 사해행위가 성립하지 않는다.</u>[87]

[38] 주 채무자 또는 제3자 소유의 부동산에 대하여 채권자 앞으로 근저당권이 설정되어 있고, 그 부동산의 가액 및 채권최고액이 당해 채무액을 초과하여 채무 전액에 대하여 채권자에게 우선변제권이 확보되어 있다면, 그 범위 내에서는 채무자의 재산처분행위는 채권자를 해하지 아니하므로 연대보증인이 비록 유일한 재산을 처분하는 법률행위를 하더라도 채권자에 대하여 사해행위가 성립되지 않는다고 보아야 할 것이고, 당해 채무액이 그 부동산의 가액 및 채권최고액을 초과하는 경우에는 그 담보물로부터 우선변제받을 액을 공제한 나머지 채권액에 대해서만 채권자취소권이 인정된다고 할 것이다.[88]

[39] 사해행위로 인하여 사해행위 이후에 권리를 취득한 채권자를 해친다고 할 수 없으므로 <u>취소채권자의 채권은 사해행위가 있기 이전에 발생하고 있어야 함</u>은 채권자취소권의 성질상 당연한 요건이다.[89]

[40] 채권자취소권에 의하여 보호될 수 있는 채권은 원칙적으로 채무자가 채권자를 해함을 알고 재산권을 목적으로 한 법률행위를 하기 전에 발생된 것이어야 하지만, 그 법률행위 당시에 <u>이미 채권성립의 기초가 되는 법률관계가 성립되어 있고, 가까운 장래에 그 법률관계에 기하여 채권이 발생하리라는 점에 대한 고도의 개연성이 있으며, 실제로 가까운 장래에 그 개연성이 현실화되어 채권이 발생한 경우에는, 그 채권도 채권자취소권의 피보전채권이 될 수 있다.</u>[90]

[41] 채권자취소권에 의하여 보호될 수 있는 채권은 원칙적으로 사해행위라고 볼 수 있는 행위가 행하여지기 전에 발생된 것임을 요하나, <u>그 사해행위 당시에 이미 채권성립의 기초가 되는 법률관계가 발생되어 있고, 가까운 장래에 그 법률관계에 기하여 채권이 성립되리라는 점에 대한 고도의 개연성이 있으며, 실제로 가까운 장래에 그 개연성이 현실화되어 채권이 성립된 경우에는, 그 채권도 채권자취소권의 피보전채권이 될 수 있다고 할 것이지만, 부동산을 양도받아 소유권이전등기청구권을 가지고 있는 자가 양도인이 제3자에게 이를 이중으로 양도하여 소유권이전등기를 경료하여 줌으로써 취득하는 부동산 가액 상당의 손해배상채권은 이중양도행위에 대한 사해행위취소권을 행사할 수 있는 위와 같은 피보전채권에 해당한다고 할 수 없다.</u>[91]

---

87) 대법원 2009. 6. 23. 선고 2009다549 판결.
88) 대법원 2007. 1. 11. 선고 2006다59182 판결; 대법원 2002. 11. 8. 선고 2002다41589 판결 등 참조.
89) 대법원 1995. 2. 10. 선고 94다2534 판결. 일단 채권이 사해행위 이전에 성립되어 있었던 이상 그 이후에 채권이 양도되었어도 양수인은 채권의 양수와 더불어 그 종된 권리로서 이미 발생한 채권자취소권도 양수하고 그 결과 양수인이 독립하여 채권자취소권을 행사할 수 있고, 대항요건을 사해행위 이후에 갖추었어도 무방하다. 그리고 채권이 성립되어 있는 이상 반드시 사해행위 이전에 변제기가 도래하거나 그 수액이나 범위까지 확정되어 있을 필요까지는 없고, 피보전채권이 기한부 또는 정지조건부 채권이고, 사해행위 당시 기한이나 조건이 도래하거나 달성되지 아니하였어도 채권자취소권을 행사할 수 있다.
90) 대법원 2007. 6. 29. 선고 2006다66753 판결.
91) 대법원 1999. 4. 27. 선고 98다56690 판결. 보증인 등의 구상권에 대한 것이 주를 이룬다.

[42] 어음채권의 추심을 의뢰받은 수임인이 위임인에 대하여 부담하는 추심금의 지급의무는 현실적으로 제3 채무자로부터 이를 지급받은 경우에 구체적으로 발생하는 것일 뿐이므로[92] 추심의 의뢰 혹은 제3채무 자에 대한 청구(지급 제시)의 사실만으로는 채권자취소권의 피보전채권이 될 수 있는 구체적 권리가 발 생한 것으로 볼 수 없다 할 것이다.[93]

[43] 채권자가 채권자취소권을 행사할 때에는 <u>원칙적으로 자신의 채권액을 초과하여 취소권을 행사할 수 없 고</u>, 이때 채권자의 채권액에는 <u>사해행위 이후 사실심 변론종결 시까지 발생한 이자나 지연손해금이 포 함된다</u>.[94]

[44] 사해행위취소로 인한 원상회복으로서 가액배상을 명하는 경우에는, 취소채권자는 직접 자기에게 가액배 상금을 지급할 것을 청구할 수 있고, 위 지급받은 가액배상금을 분배하는 방법이나 절차 등에 관한 아무 런 규정이 없는 현행법 아래에서 다른 채권자들이 위 가액배상금에 대하여 배당요구를 할 수도 없으므 로, 결국 <u>채권자는 자신의 채권액을 초과하여 가액배상을 구할 수는 없다</u>.[95]

나. 채무자의 사해행위

(1) 채무자의 재산권을 목적으로 한 법률행위

① 채권자취소권을 행사하기 위해서는 취소대상이 되는 사해행위가 있어야 한다. 취소대상 행위가 존 재하는 이상 설령 취소대상 행위의 결과가 소멸하였다 하여도 그 취소로 인하여 채무자의 책임재산 의 회복이 가능하다면 취소를 구할 이익이 있다. 취소의 대상은 채무자와 수익자 사이의 법률행위이 고, 수익자와 전득자 사이의 법률행위가 아니다.

② 통정허위표시도 사해행위취소의 대상이 된다.[96]

③ 상속재산협의분할도 사해행위취소의 대상이 될 수 있다.[97]

④ 이혼 등으로 인한 재산분할도 상당한 부분을 초과한 부분은 사해행위취소의 대상이 된다.

---

92) 대법원 2005. 9. 28. 선고 2003다61931 판결 등 참조.
93) 대법원 2009. 9. 24. 선고 2009다37107 판결.
94) 대법원 2003. 7. 11. 선고 2003다19572 판결; 대법원 2001. 9. 4. 선고 2000다66416 판결.
95) 대법원 2008. 11. 13. 선고 2006다1442 판결.
96) 대법원 1998. 2. 27. 선고 97다50985 판결: 채무자의 법률행위가 통정허위표시인 경우에도 채권자취소권의 대상이 되고, 한편 채권자취소권의 대상으로 된 채무자의 법률행위라도 통정허위표시의 요건을 갖춘 경우에는 무효라고 할 것이다.
97) 대법원 2001. 2. 9. 선고 2000다51797 판결: 상속재산의 분할협의는 상속이 개시되어 공동상속인 사이에 잠정적 공유가 된 상 속재산에 대하여 그 전부 또는 일부를 각 상속인의 단독소유로 하거나 새로운 공유관계로 이행시킴으로써 상속재산의 귀속을 확정시키는 것으로 그 성질상 재산권을 목적으로 하는 법률행위이므로 사해행위취소권 행사의 대상이 될 수 있다. 채무초과 상 태에 있는 채무자가 상속재산의 분할협의를 하면서 상속재산에 관한 권리를 포기함으로써 결과적으로 일반 채권자에 대한 공 동담보가 감소되었다 하더라도, 그 재산분할결과가 채무자의 구체적 상속분에 상당하는 정도에 미달하는 과소한 것이라고 인정 되지 않는 한 사해행위로서 취소되어야 할 것은 아니고, 구체적 상속분에 상당하는 정도에 미달하는 과소한 경우에도 사해행위 로서 취소되는 범위는 그 미달하는 부분에 한정하여야 한다.

[45] 근저당권설정계약이 사해행위인 이상 근저당권설정등기가 경락으로 인하여 말소되었다고 하더라도 근저당권자인 피고로 하여금 근저당권자로서의 배당을 받도록 하는 것은 민법 제406조 제1항의 취지에 반하는 것이므로 피고에게 그와 같은 부당한 이득을 보유시키지 않기 위하여 이 사건 근저당권설정등기로 인하여 해를 입게 되는 채권자인 원고는 근저당권설정계약의 취소를 구할 이익이 있다.98)

[46] 채무자의 법률행위가 통정허위표시인 경우에도 채권자취소권의 대상으로 된다고 할 것이고,99) 한편 채권자취소권의 대상으로 된 채무자의 법률행위라도 통정허위표시의 요건을 갖춘 경우에는 무효라고 할 것이다.100)

[47] 채권자가 채무자를 상대로 손해배상채권을 보전하기 위하여 그 소유의 부동산에 대하여 가압류결정을 받기 하루 전에 채무자가 합의이혼을 하고 처에 대한 위자료 및 자녀의 양육비조로 그의 유일한 재산인 위 부동산을 처에게 무상양도하였다면 그 양도경위에 비추어 채무자는 그 양여행위로써 자신이 무자력에 빠지게 되어 채권자를 해한다는 사실을 알고 있었다고 보이므로 위 양여행위는 채권자에 대한 사해행위가 된다.101)

[48] 상속재산의 분할협의는 상속이 개시되어 공동상속인 사이에 잠정적 공유가 된 상속재산에 대하여 그 전부 또는 일부를 각 상속인의 단독소유로 하거나 새로운 공유관계로 이행시킴으로써 상속재산의 귀속을 확정시키는 것으로 그 성질상 재산권을 목적으로 하는 법률행위이므로 사해행위취소권 행사의 대상이 될 수 있고, 한편 채무자가 자기의 유일한 재산인 부동산을 매각하여 소비하기 쉬운 금전으로 바꾸거나 타인에게 무상으로 이전하여 주는 행위는 특별한 사정이 없는 한 채권자에 대하여 사해행위가 되는 것이므로, 이미 채무초과 상태에 있는 채무자가 상속재산의 분할협의를 하면서 유일한 상속재산인 부동산에 관해서는 자신의 상속분을 포기하고 대신 소비하기 쉬운 현금을 지급받기로 하였다면, 이러한 행위는 실질적으로 채무자가 자기의 유일한 재산인 부동산을 매각하여 소비하기 쉬운 금전으로 바꾸는 것과 다르지 아니하여 특별한 사정이 없는 한 채권자에 대하여 사해행위가 된다고 할 것이며, 이와 같은 금전의 성격에 비추어 상속재산 중에 위 부동산 외에 현금이 다소 있다 하여도 마찬가지로 보아야 할 것이다.102)

[49] 이혼에 따른 재산분할은 혼인 중 부부 쌍방의 협력으로 이룩한 공동재산의 청산이라는 성격에 경제적으로 곤궁한 상대방에 대한 부양적 성격이 가미된 제도로서, 이미 채무초과 상태에 있는 채무자가 이혼을 하면서 그 배우자에게 재산분할로 일정한 재산을 양도함으로써 일반 채권자에 대한 공동담보를 감소시키는 결과가 된다고 하더라도, 이러한 재산분할이 민법 제839조의 2 제2항의 규정 취지에 따른 상당한 정도를 벗어나는 과대한 것이라고 인정할 만한 특별한 사정이 없는 한 사해행위로서 채권자에 의한 취소의 대상으로 되는 것은 아니고, 다만 상당한 정도를 벗어나는 초과 부분에 관한 한 적법한 재산분할이라고 할 수 없어 취소의 대상으로 될 수 있을 것이나, 이처럼 상당한 정도를 벗어나는 과대한 재산분할

---

98) 대법원 1997. 10. 10. 선고 97다8687 판결.
99) 대법원 1984. 7. 24. 선고 84다카68 판결 참조.
100) 대법원 1998. 2. 27. 선고 97다50985 판결. 실무상 채권자가 통정허위표시에 대하여 취소를 구하는 경우는 거의 없고 대부분 주위적으로 통정허위표시에 기한 무효를 주장하고 예비적으로 채권자취소권을 주장하므로 이 경우 주위적 청구가 인용되지 아니하는 경우 즉 통정허위표시가 인정되지 아니하는 경우에 한하여 채권자취소의 문제가 되므로 통정허위표시에 대한 채권자취소권의 행사가 가능한지는 거의 문제가 되지 아니한다.
101) 대법원 1990. 11. 23. 선고 90다카24762 판결.
102) 대법원 2008. 3. 13. 선고 2007다73765 판결.

이라고 볼 특별한 사정이 있다는 점에 관한 입증책임은 채권자에게 있다고 보아야 할 것이다.[103]

[50] 이혼에 있어서 재산분할은 부부가 혼인 중에 가지고 있었던 실질상의 공동재산을 청산하여 분배함과 동시에 이혼 후에 상대방의 생활유지에 이바지하는 데 있지만, 분할자의 유책행위에 의하여 이혼함으로 인하여 입게 되는 정신적 손해(위자료)를 배상하기 위한 급부로서의 성질까지 포함하여 분할할 수도 있다고 할 것인바, 재산분할의 액수와 방법을 정함에 있어서는 당사자 쌍방의 협력으로 이룩한 재산의 액수, 기타 사정을 참작하여야 하는 것이 민법 제839조의 2 제2항의 규정상 명백하므로 재산분할자가 이미 채무초과의 상태에 있다거나 또는 어떤 재산을 분할한다면 무자력이 되는 경우에도 분할자가 부담하는 채무액 및 그것이 공동재산의 형성에 어느 정도 기여하고 있는지를 포함하여 재산분할의 액수와 방법을 정할 수 있다고 할 것이고, 재산분할자가 당해 재산분할에 의하여 무자력이 되어 일반채권자에 대한 공동담보를 감소시키는 결과가 된다고 하더라도 그러한 재산분할이 민법 제839조의 2 제2항의 규정 취지에 반하여 상당하다고 할 수 없을 정도로 과대하고, 재산분할을 구실로 이루어진 재산처분이라고 인정할 만한 특별한 사정이 없는 한 사해행위로서 채권자취소권의 대상이 되지 아니하고, 위와 같은 특별한 사정이 있어 사해행위로서 채권자취소권의 대상이 되는 경우에도 취소되는 범위는 그 상당한 부분을 초과하는 부분에 한정된다고 할 것이다.[104]

[51] 부동산에 관하여 부동산 실권리자 명의 등기에 관한 법률 제4조 제2항 본문이 적용되어 명의수탁자인 채무자 명의의 소유권이전등기가 무효인 경우에는 그 부동산은 채무자의 소유가 아니기 때문에 이를 채무자의 일반 채권자들의 공동담보에 제공되는 책임재산이라고 볼 수 없고, 채무자가 위 부동산에 관하여 제3자와 매매계약을 체결하고 그에게 소유권이전등기를 마쳐 주었다고 하더라도 그로써 채무자의 책임재산에 감소를 초래한 것이라고 할 수 없으므로 이를 들어 채무자의 일반 채권자들을 해하는 사해행위라고 할 수 없으며, 채무자에게 사해의 의사가 있다고 볼 수도 없다. 그러나 명의신탁자와 명의수탁자가 이른바 계약명의신탁 약정을 맺고 명의수탁자가 당사자가 되어 명의신탁 약정이 있다는 사실을 알지 못하는 소유자와 부동산에 관한 매매계약을 체결한 후 그 매매계약에 따라 당해 부동산의 소유권이전등기를 명의수탁자 명의로 마친 경우에는, 명의신탁자와 명의수탁자 사이의 명의신탁 약정의 무효에도 불구하고 부동산 실권리자 명의 등기에 관한 법률 제4조 제2항 단서에 의하여 그 명의수탁자는 당해 부동산의 완전한 소유권을 취득하게 되고, 다만 명의신탁자에 대하여 그로부터 제공받은 매수자금 상당액의 부당이득반환의무를 부담하게 되는바, 위와 같은 경우에 명의수탁자가 취득한 부동산은 채무자인 명의수탁자의 일반 채권자들의 공동담보에 제공되는 책임재산이 되고, 명의신탁자는 명의수탁자에 대한 관계에서 금전채권자 중 한 명에 지나지 않으므로, 명의수탁자의 재산이 채무의 전부를 변제하기에 부족한 경우 명의수탁자가 위 부동산을 명의신탁자 또는 그가 지정하는 자에게 양도하는 행위는 특별한 사정이 없는 한 다른 채권자의 이익을 해하는 것으로서 다른 채권자들에 대한 관계에서 사해행위가 된다.[105]

---

103) 대법원 2006. 6. 29. 선고 2005다73105 판결; 대법원 2006. 9. 14. 선고 2006다33258 판결; 대법원 2000. 7. 28. 선고 2000다14101 판결; 대법원 2001. 2. 23. 선고 2000다57757 판결 등 참조.
104) 대법원 2005. 1. 28. 선고 2004다58963 판결.
105) 대법원 2008. 9. 25. 선고 2007다74874 판결.

甲은 A에게 2004. 5. 15. 3억 원을 대여하였다. 이 사건 아파트에 관하여 2002. 6. 15. A 명의의 소유권이전등기가 마쳐져 있었는데 A의 어머니인 乙이 A를 상대로 2004. 10. 2. 이 사건 아파트는 乙이 매수하여 A에게 명의신탁하여 등기를 마친 재산이라는 이유로 진정명의회복을 원인으로 한 소유권이전등기청구의 소를 제기하였다. 이 소송의 조정기일에 乙과 A사이에 "A는 乙에게 이 사건 아파트에 관하여 부당이득반환을 원인으로 한 소유권이전등기절차를 이행한다"라는 내용의 조정이 성립되었고, 이에 따라 乙은 이 사건 아파트에 관하여 2005. 5. 20. 부당이득반환을 원인으로 한 소유권이전등기를 마쳤다.

원고는 A가 자신의 유일한 재산인 이 사건 아파트를 자신의 모인 乙에게 그 소유권을 이전하기로 합의한 행위는 채권자인 甲을 해하는 사해행위이므로 이에 대한 취소를 구한다.

(1) 청구취지: 별지목록 기재 부동산에 관하여 피고와 A 사이에 2005. 5. 30. 자 소유권이전합의를 취소한다. 피고는 A에게 수원지방법원 2005. 6. 17. 접수 제12345호로 마친 소유권이전등기의 말소등기절차를 이행하라.

(2) 청구원인: A가 원고에게 위와 같이 차용금채무를 부담하고 있는 상태에서 2005. 5. 20. 자신의 유일한 재산인 이 사건 아파트를 자신의 모인 피고에게 그 소유권을 이전하기로 합의한 행위는 채권자인 원고를 해하는 사해행위이므로 피고와 A 사이의 위 소유권이전합의는 취소되어야 하고, 피고는 원상회복으로서 A에게 위 합의에 기하여 경료된 이 사건 아파트에 관한 피고 명의의 소유권이전등기를 말소할 의무가 있다.

(3) 피고의 주장:

① 피고 명의의 소유권이전등기는 피고가 제기한 이 사건 전소에서 당사자인 피고와 A 사이의 조정성립이라는 소송행위에 기하여 경료된 것으로 소송행위는 원칙적으로 채권자취소권의 대상이나 목적이 되지 않는다.

② 이 사건 아파트는 B가 분양받은 아파트를 피고가 매수하면서 장남인 C에게 명의를 신탁하여 C 명의로 소유권이전등기를 마쳤다가 다시 차남인 A에게 명의를 신탁하여 C가 A에게 매도하는 방식으로 A 명의로 소유권이전등기를 마쳐 둔 명의신탁재산이므로 이 사건 아파트는 A의 일반채권자들의 공동담보에 제공되는 책임재산이 아니다.

③ A가 피고에게 이 사건 아파트의 소유권이전합의를 하고 소유권이전등기를 마쳐 준 것은 피고와 A 사이의 명의신탁해지에 따른 기존 채무의 이행행위에 불과하므로 사해행위에 해당하지 않는다.

〈원심[106]의 판단〉

재판상 화해, 조정 등과 같은 소송행위가 동시에 실체법상의 법률행위로서의 성질을 가지는 경우에는 채권자취소권의 대상이 된다고 할 것이므로, 이 사건 전소에서 성립된 조정에서 A가 어머니인 피고에게 이 사건 아파트에 관하여 소유권을 이전해 주기로 합의한 행위도 채권자취소권의 대상이 될 수 있다.

---

106) 서울중앙지법 2008. 5. 16. 선고 2007나29545 판결(서울중앙지방법원, 「민사재판 업무편람」, pp.444~446).

피고는 2001. 5. 17. 그 장남인 C와 사이에 체결한 이른바 계약명의신탁 약정에 따라 C가 매수당사자가 되어 피고의 자금으로 위 명의신탁 사실을 알지 못하는 H 주식회사로부터 이 사건 아파트를 매수하여 C 명의로 소유권이전등기를 마쳤는데, 그 후 C가 1가구 2주택 자에 해당하게 되자, 2002. 6. 12. 피고 및 C, 피고의 차남인 A 사이에 피고가 이 사건 아파트의 소유권을 보유하되 그 소유 명의만 A 앞으로 마치기로 합의하여 이 사건 아파트에 관하여 A 명의로 소유권이전등기를 마친 사실을 알 수 있는바, 사정이 이러하다면, 법 제4조 제2항 단서의 규정에 따라 A는 이 사건 아파트에 관한 소유권을 취득하였다고 할 것이고, 다만 명의수탁자인 C는 피고에 대하여 그로부터 제공받은 매수자금 상당의 부당이득반환채무를 부담한다고 할 것인데, 이와 같이 이 사건 아파트에 관한 소유권을 취득한 A가 그 후 피고 및 C와 사이의 합의에 의하여 이 사건 아파트의 소유권을 피고가 보유하기로 하되 그 소유권이전등기만을 A 앞으로 마쳐 준 것은, C가 피고에 대한 부당이득반환채무의 변제에 갈음하는 등으로 피고에게 이 사건 아파트의 소유권을 넘겨주고, 피고는 이를 다시 A에게 명의신탁하기로 하되, 다만 그 절차상의 편의를 위하여 피고 명의로의 소유권이전등기절차를 생략한 채 곧바로 A 명의로 소유권이전등기를 마친 것으로 봄이 상당하고, 이로써 피고, C 및 A 사이에서는 이른바 중간생략등기형 명의신탁 또는 3자간 등기명의신탁 관계가 성립되었다고 할 것이다. 따라서 그 후 A가 명의신탁자인 피고에게 이 사건 아파트의 소유권을 다시 이전해 주기로 합의하고 그 소유권이전등기를 경료해 준 행위는 기존채무의 이행으로서 사해행위를 구성하지 않는다.

[대법원 2008. 9. 25. 선고 2008다41635 판결]

채무자가 이른바 중간생략등기형 명의신탁 또는 3자간 명의신탁 약정에 따라 명의수탁자로서 부동산에 관하여 그 명의로 소유권이전등기를 마쳤다면 부동산 실권리자 명의 등기에 관한 법률(이하 '법'이라 한다) 제4조 제2항 본문이 적용되어 채무자 명의의 위 소유권이전등기는 무효이므로 위 부동산은 채무자의 소유가 아니기 때문에 이를 채무자의 일반 채권자들의 공동담보에 공하여지는 책임재산이라고 볼 수 없고, 채무자가 위 부동산에 관하여 제3자와 매매계약을 체결하고 그에게 소유권이전등기를 마쳐 주었다 하더라도 그로써 채무자의 책임재산에 감소를 초래한 것이라고 할 수 없으므로 이를 들어 채무자의 일반 채권자들을 해하는 사해행위에 해당한다고 할 수 없다.[107] A 명의의 위 소유권이전등기는 법 제4조 제2항 본문에 의하여 무효로서, 이 사건 아파트는 A의 소유가 아니므로 이를 A의 일반 채권자들의 공동담보에 공하여지는 책임재산이라고 볼 수 없고, 따라서 A가 이 사건 아파트에 관하여 피고에게 소유권이전등기를 마쳐 주었다 하더라도 그로써 A의 책임재산에 감소를 초래한 것이라고 할 수 없으므로 이를 들어 A의 일반 채권자들을 해하는 사해행위에 해당한다고 할 수 없을 것이다(상고기각).[108]

---

107) 대법원 2000. 3. 10. 선고 99다55069 판결, 대법원 2007. 12. 27. 선고 2005다54104 판결 등 참조.
108) 대법원은 원심이 피고와 A 사이의 명의신탁 약정 및 그에 기하여 마쳐진 A 명의의 소유권이전등기가 유효함을 전제로 A가 피고에게 이 사건 아파트에 관한 소유권이전등기를 마쳐 준 행위는 피고에 대하여 부담하는 기존 채무의 이행에 따른 것으로서 사해행위를 구성하지 않는다고 판단한 것은 잘못이라고 할 것이나, 위와 같은 A의 행위가 채권자인 원고에 대한 사해행위에 해당하지 않는다고 본 결론에 있어서는 옳으므로, 이 점에 관한 상고이유의 주장을 받아들이지 않았다.

(2) 채권자를 해하는 법률행위

① 공동담보의 부족 또는 부족 상태의 심화를 초래하는 처분행위

② 채무자의 수 개의 재산감소행위는 원칙적으로 각 행위 시마다 사해성을 판단한다.[109]

③ 연대보증인의 법률행위가 사해행위에 해당하는지를 판단함에 있어 주 채무자의 일반적인 자력은 고려요소가 아니다.[110]

④ 취소채권자의 채권에 물상담보권이 설정된 경우 사해행위의 성립 여부

   ▲ 담보물의 가치 > 채권자의 채권액: 담보물이나 다른 재산 처분의 경우

   – 담보채권자에게는 사해행위가 아니다(우선변제권이 있기 때문)

   – 일반채권자에게는 사해행위가 된다(위 초과 부분은 일반담보)

   ▲ 담보물의 가치 < 채권자의 채권액

   – 담보물의 처분: 담보채권자와 일반채권자 모두에게 사해행위가 아니다.

   – 담보물 이외에 다른 재산의 처분: 담보채권자(그 미달 부분: 일반채권자의 지위), 일반채권자 모두에게 사해행위가 된다.

   ▲ 연대보증인이 유일한 재산 처분 시

   – 담보물가액 및 채권최고액 > 채무액: 사해행위가 아니다.

   – 담보물가액 및 채권최고액 < 채무액: 사해행위가 된다(우선변제받을 액을 공제한 나머지 채권액).

⑤ 공동저당이 설정된 수 개의 부동산 중 일부가 양도된 경우 피담보채권액

   – 공동저당권의 목적으로 된 각 부동산의 가액에 비례하여 공동저당권의 피담보채권액을 안분한 금액[111]

   – 다만 수 개의 부동산 중 일부는 채무자 소유, 일부는 물상보증인 소유인 경우 채무자 소유의 부동산에 관한 피담보채권액은 공동저당권의 피담보채권 전액[112]

⑥ 취소의 대상이 되는 것은 채무자의 행위이어야 하므로 물상담보 제공자, 수익자 또는 전득자의 행위는

---

109) 대법원 2002. 9. 24. 선고 2002다23857 판결: 채무자의 재산처분행위가 사해행위가 되기 위해서는 그 행위로 말미암아 채무자의 총재산의 감소가 초래되어 채권의 공동담보에 부족이 생기게 되어야 하는 것, 즉 채무자의 소극재산이 적극재산보다 많아져야 하는 것인바, 채무자가 연속하여 수 개의 재산처분행위를 한 경우에는, 그 행위들을 하나의 행위로 보아야 할 특별한 사정이 없는 한, 일련의 행위를 일괄하여 그 전체의 사해성을 판단할 것이 아니라 각 행위마다 그로 인하여 무자력이 초래되었는지에 따라 사해성을 판단하여야 한다(채무자가 연속하여 수 개의 재산처분행위를 하였으나 그 상대방이 모두 다르고 상당한 시간적 간격이 있으며 특정인을 제외하고는 그 상대방들이 채무자와 사이에 특별한 관계가 없고 처분기회가 동일하거나 관련되어 있다는 자료도 없으며 채권자도 채무자의 처분행위 중 특정인에 대한 처분행위만을 사해행위라고 주장하고 있는 점 등에 비추어 채무자의 수 개의 재산처분행위를 하나의 행위로 보아 사해성을 판단할 수는 없다고 한 사례).

110) 대법원 2003. 7. 8. 선고 2003다13246 판결: 연대보증인의 법률행위가 사해행위에 해당하는지를 판단함에 있어서 주 채무에 관하여 주 채무자 또는 제3자 소유의 부동산에 대하여 채권자 앞으로 근저당권이 설정되어 있는 등으로 채권자에게 우선변제권이 확보되어 있는 경우가 아닌 이상, 주 채무자의 일반적인 자력은 고려할 요소가 아니다.

111) 대법원 2003. 11. 13. 선고 2003다39989 판결: 채무자가 양도한 목적물에 담보권이 설정되어 있는 경우라면 그 목적물 중에서 일반채권자들의 공동담보에 제공되는 책임재산은 피담보채권액을 공제한 나머지 부분만이라 할 것이고 그 피담보채권액이 목적물의 가격을 초과하고 있는 때에는 당해 목적물의 양도는 사해행위에 해당한다고 할 수 없는데, 여기서 공동저당권이 설정되어 있는 수 개의 부동산 중 일부가 양도된 경우에 있어서의 그 피담보채권액은 특별한 사정이 없는 한 민법 제368조의 규정 취지에 비추어 공동저당권의 목적으로 된 각 부동산의 가액에 비례하여 공동저당권의 피담보채권액을 안분한 금액이라고 보아야 한다.

112) 물상보증인이 변제자대위에 의해 채무자 소유의 부동산에 대하여 담보권을 행사할 수 있는 지위에 있는 점이 고려된 것이다.

설령 그로 인하여 채무에 대한 책임재산이 감소한다 하더라도 이를 취소할 수는 없다. 채무자와 수익자 사이의 매매계약에 따른 매매대금에 대하여 수익자가 한 상계 의사표시는 채무자의 행위가 아니므로 취소의 대상이 되지 않는다. 그리고 대물변제 예약 또는 매매예약에 기한 채무자의 상대방이 예약완결의 의사표시를 하였다 하여도 대물변제 또는 매매본계약은 상대방에 기한 것이므로 취소의 대상이 되지 않는다. 다만, 그와 같은 예약완결의 의사표시의 전제가 된 예약행위 자체는 취소의 대상이 된다.

⑦ 취소의 대상이 되는 것은 채무자의 법률행위이고, 채무자의 행위가 채권행위이든 물권행위이든 채권양도와 같은 준물권행위이든 가리지 않고 채권자취소권의 대상이 된다. 채무의 변제, 대물변제, 최고, 채권양도의 통지, 시효중단 사유로 되는 채무의 승인 등 책임재산을 감소시키는 채무자의 준법률행위도 취소의 대상이 된다. 순수한 소송행위는 취소의 대상이 되지 않는다.113)

⑧ 사해행위는 채무자가 적극재산을 감소시키거나 소극재산을 증가시킴으로써 채무초과상태에 이르거나 이미 채무초과상태에 있는 것을 심화시킴으로써 채권자를 해하는 행위를 말하는 것이므로 어떤 행위를 사해행위라고 하려면 그 행위로 말미암아 위와 같은 상태가 초래되었다는 점이 전제되어야 한다고 할 것이고, 이는 채무자가 처음부터 특정 채권자로 하여금 채무자의 적극재산인 채권을 강제집행의 형식을 빌려 압류·전부받게 할 목적으로 채무부담행위를 하고 그와 아울러 그에 대하여 강제집행을 승낙하는 취지가 기재된 공정증서를 작성하여 주고 채권자는 이를 이용하여 채무자의 채권을 압류·전부받은 때와 같이, 실질에 있어 채무자가 자신의 채권을 특정 채권자에게 양도한 것과 다를 바가 없는 것으로 볼 수 있는 특별한 사정이 있는 경우에도 마찬가지이다.114)

---

[52] 채무자의 재산이 채무의 전부를 변제하기에 부족한 경우에 채무자가 그의 재산을 어느 특정 채권자에게 대물변제나 담보로 제공하였다면 특별한 사정이 없는 한 이는 곧 다른 채권자의 이익을 해하는 것으로서 다른 채권자들에 대한 관계에서 사해행위가 되는 것이고,115) 위와 같이 대물변제나 담보로 제공된 재산이 채무자의 유일한 재산이 아니라거나 그 가치가 채권액에 미달한다고 하여도 마찬가지라고 할 것이다.116)

[53] 사해행위는 채무자가 적극재산을 감소시키거나 소극재산을 증가시킴으로써 채무초과상태에 이르거나 이미 채무초과상태에 있는 것을 심화시킴으로써 채권자를 해하는 행위를 말하는 것이므로 어떤 행위를 사해행위라고 하려면 그 행위로 말미암아 위와 같은 상태가 초래되었다는 점이 전제되어야 한다고 할 것이고, 이는 채무자가 처음부터 특정 채권자로 하여금 채무자의 적극재산인 채권을 강제집행의 형식을 빌려 압류·전부받게 할 목적으로 채무부담행위를 하고 그와 아울러 그에 대하여 강제집행을 승낙하는 취지가 기재된 공정증서를 작성하여 주고 채권자는 이를 이용하여 채무자의 채권을 압류·전부받은 때와 같이, 실질에 있어 채무자가 자신의 채권을 특정 채권자에게 양도한 것과 다를 바가 없는 것으로 볼 수 있는 특별한 사정이 있는 경우에도 마찬가지이다.117)

---

113) 다만 소송행위 중 법률행위로서의 성질을 가지는 경우 즉 소송상의 상계, 청구의 포기·인낙, 재판상의 화해 등이 채권자취소권의 대상이 되는지에 관해서는 논란이 있다.
114) 대법원 2009. 1. 15. 선고 2007다61618 판결.

[54] 어느 특정 채권자에 대한 담보제공행위가 사해행위가 되기 위해서는 채무자가 이미 채무초과 상태에 있을 것과 그 채권자에게만 다른 채권자에 비하여 우선변제를 받을 수 있도록 하여 다른 일반 채권자의 공동담보를 감소시키는 결과를 초래할 것을 그 요건으로 하므로, 채무자의 담보제공행위가 사해행위가 되는지를 판단하기 위해서는 채무자의 재산상태를 심리하여 채무초과 여부를 밝혀보아야 한다. 기업이 거래금융기관으로부터 부도처리를 받은 경우에는 이미 채무초과의 상태에 이르렀을 가능성이 많다고 할 것이나, 당좌부도는 어음, 수표 등이 지급거절됨에 따라 어음교환소로부터 당좌거래정지처분을 받는 것으로서 이는 기업의 유동성자금이 부족하여 발생되는 것이고, 당좌거래정지처분과 기업의 채무초과 상태가 반드시 일치하는 것은 아니므로 기업이 당좌부도가 났다는 사실로부터 기업의 채무초과 상태를 추인할 수는 없다.[118]

[55] 연대보증인에게 부동산의 매도행위 당시 사해의 의사가 있었는지는 연대보증인이 자신의 자산상태가 채권자에 대한 연대보증채무를 담보하는 데 부족이 생기게 되리라는 것을 인식하였는가 하는 점에 의하여 판단하여야 하고, 연대보증인이 주 채무자의 자산상태가 채무를 담보하는 데 부족이 생기게 되리라는 것까지 인식하였어야만 사해의 의사를 인정할 수 있는 것은 아니다.[119]

[56] 채무자의 재산처분행위가 사해행위가 되기 위해서는 그 행위로 말미암아 채무자의 총재산의 감소가 초래되어 채권의 공동담보에 부족이 생기게 되어야 하는 것, 즉 채무자의 소극재산이 적극재산보다 많아져야 하는 것인바, 채무자가 연속하여 수 개의 재산처분행위를 한 경우에는, 그 행위들을 하나의 행위로 보아야 할 특별한 사정이 없는 한, 일련의 행위를 일괄하여 그 전체의 사해성을 판단할 것이 아니라 각 행위마다 그로 인하여 무자력이 초래되었는지에 따라 사해성을 판단하여야 한다.[120]

[57] 채무자의 재산처분행위가 사해행위가 되는지는 처분행위 당시를 기준으로 판단하여야 하므로 담보로 제공된 주식 등이 사해성이 문제 되는 재산처분행위가 있은 후에 환가된 경우에 그 재산처분행위의 사해성을 판단하기 위한 주식가액의 평가는 주식가액의 하락이 예상되는 등 특별한 사정이 없는 한 사후에 환가된 가액을 기준으로 할 것이 아니라 사해성이 문제 되는 재산처분행위 당시의 시가를 기준으로 하여야 할 것이다.[121] 또한 가등기에 기하여 본등기가 경료된 경우 가등기의 원인인 법률행위와 본등기의 원인인 법률행위가 명백히 다른 것이 아닌 한 사해행위 요건의 구비 여부는 가등기의 원인 된 법률행위 당시를 기준으로 하여 판단하여야 한다.[122]

[58] 사해성의 요건은 행위 당시는 물론 채권자가 취소권을 행사할 당시(사해행위취소소송의 사실심 변론종결 시)에도 갖추고 있어야 하므로, 처분행위 당시에는 채권자를 해하는 것이었더라도 그 후 채무자가 자력을 회복하거나 채무가 감소하여 취소권 행사시에 채권자를 해하지 않게 되었다면, 채권자취소권에 의하여 책임재산을 보전할 필요성이 없으므로 채권자취소권은 소멸한다.[123]

115) 대법원 2005. 11. 10. 선고 2004다7873 판결; 대법원 2006. 6. 15. 선고 2006다12046 판결; 대법원 2007. 2. 23. 선고 2006다47301 판결 등 참조.
116) 대법원 2007. 7. 12. 선고 2007다18218 판결; 대법원 1990. 11. 23. 선고 90다카27198 판결 참조.
117) 대법원 2009. 1. 15. 선고 2007다61618 판결; 대법원 2002. 10. 25. 선고 2000다7783 판결 참조.
118) 대법원 2000. 4. 25. 선고 99다55656 판결.
119) 대법원 1998. 4. 14. 선고 97다54420 판결.
120) 대법원 2001. 4. 27. 선고 2000다69026 판결.
121) 대법원 2001. 4. 27. 선고 2000다69026 판결 참조.
122) 대법원 2001. 7. 27. 선고 2000다73377 판결; 대법원 1999. 4. 9. 선고 99다2515 판결 참조.

[59] 채권자 취소권의 대상이 되는 사해행위는 채무자의 총재산에 감소를 초래함으로써 채권자를 해하는 채무자의 재산적 법률행위를 말하므로 채무자의 총재산에 감소를 초래하지 않는 경우에는 사해행위라 할 수 없다.[124]

[60] 채무자가 자기의 유일한 재산인 부동산을 매각하여 소비하기 쉬운 금전으로 바꾸거나 타인에게 무상으로 이전하여 주는 행위는 특별한 사정이 없는 한 채권자에 대하여 사해행위가 된다고 볼 것이므로 채무자의 사해의 의사는 추정되는 것이고, 이를 매수하거나 이전받은 자가 악의가 없었다는 입증책임은 수익자에게 있다.[125]

[61] 채무자가 채무를 변제하지 아니한 채 그의 유일한 재산인 부동산에 관하여 제3자와 사이에 신탁계약을 체결하고 그 제3자 명의로 소유권이전등기를 경료한 경우, 그 신탁계약은 채권자를 해함을 알고서 한 사해행위라고 봄이 상당하다.[126]

[62] 채무초과 상태에 있는 채무자가 그 소유의 부동산을 채권자 중의 어느 한 사람에게 채권담보로 제공하는 행위는 특별한 사정이 없는 한 다른 채권자들에 대한 관계에서 사해행위에 해당한다고 할 것이나, 자금난으로 사업을 계속 추진하기 어려운 상황에 처한 채무자가 자금을 융통하여 사업을 계속 추진하는 것이 채무 변제력을 갖게 되는 최선의 방법이라고 생각하고 자금을 융통하기 위하여 부득이 부동산을 특정 채권자에게 담보로 제공하고 그로부터 신규자금을 추가로 융통받았다면 특별한 사정이 없는 한 채무자의 담보권 설정행위는 사해행위에 해당하지 않으며, 다만 사업의 계속 추진과는 아무런 관계가 없는 기존 채무를 아울러 피담보채무 범위에 포함시켰다면, 그 부분에 한하여 사해행위에 해당할 여지는 있다.[127] 채무초과 상태에 있는 채무자가 그 소유의 부동산을 채권자 중의 어느 한 사람에게 채권담보로 제공하는 행위는 특별한 사정이 없는 한 다른 채권자들에 대한 관계에서 사해행위에 해당한다고 할 것이나, 계속적인 거래관계에 있는 구입처로부터 외상매입대금채무에 대한 담보를 제공하지 않으면 사업에 필요한 물품의 공급을 중단하겠다는 통보를 받고 물품을 공급받아 사업을 계속 추진하는 것이 채무 변제력을 갖게 되는 최선의 방법이라고 생각하고 물품을 공급받기 위하여 부득이 부동산을 특정 채권자에게 담보로 제공하고 그로부터 물품을 공급받았다면 이 경우에도 특별한 사정이 없는 한 채무자의 담보권설정행위는 사해행위에 해당하지 않으며, 다만 사업의 계속 추진과는 아무런 관계가 없는 기존 채무를 아울러 피담보채무 범위에 포함시켰다면, 그 부분에 한하여 사해행위에 해당할 여지는 있다.[128]

---

123) 대법원 2009. 3. 26. 선고 2007다63102 판결.
124) 대법원 1982. 5. 25. 선고 80다1403 판결. 채무자가 부동산 매수대금을 차용하여 부동산을 매수한 후 차용금에 대한 담보를 위하여 해당 부동산에 근저당권을 설정한 경우와 같이 일반 채권자를 위한 책임재산에 감소를 초래하지 않는 경우에는 사해행위가 되지 않는다.
125) 대법원 2008. 12. 11. 선고 2006다5550 판결; 대법원 2001. 4. 24. 선고 2000다41875 판결 등.
126) 대법원 1999. 9. 7. 선고 98다41490 판결.
127) 채무초과 상태에서 사업을 계속하기 위한 방법으로 채권자 중 1인으로부터 신규자금을 대출받고 그 대출금채무 및 기존 채무를 담보하기 위하여 근저당권을 설정하여 준 경우, 근저당권의 피담보채무에 기존 채무를 포함시켰다 하더라도 기존 채무를 위한 담보설정과 신규자금의 융통을 위한 담보설정이 불가피하게 동일한 목적하에 일련의 행위로 이루어졌고, 기존 채무가 새로 설정한 근저당권의 근저당 최고액보다 훨씬 많은 점에 비추어 기존 채무를 위한 담보설정행위 역시 사해행위에 해당하지 않는다고 한 사례.
128) 대법원 2002. 3. 29. 선고 2000다25842 판결. 채무초과 상태에서 사업의 계속에 필요한 물품을 공급받기 위한 방법으로 기존 물품대금채무 및 장래 발생할 물품대금채무를 담보하기 위하여 근저당권을 설정하여 준 경우, 근저당권의 피담보채무에 기존 채무를 포함시켰다 하더라도 기존 채무를 위한 담보설정과 물품을 계속 공급받기 위한 담보설정이 불가피하게 동일한 목적하에 하나의 행위로 이루어졌고, 당시의 제반 사정하에서는 그것이 사업의 계속을 통한 회사의 갱생이라는 목적을 위한 담보제

(3) 사해성 판단의 시기 등

① 처분행위 당시에는 채권자를 해하는 것이었다고 하더라도 그 후 채무자가 자력을 회복하여 사해행위취소권을 행사하는 사실심의 변론종결 시에는 채권자를 해하지 않게 된 경우에는 책임재산 보전의 필요성이 없어지게 되어 채권자취소권이 소멸하는 것으로 보아야 할 것인바, 그러한 사정변경이 있다는 사실은 채권자취소소송의 상대방이 증명하여야 한다.[129]

② 취소채권자의 채권산정시기: 사해행위 당시

③ 부동산 가액의 평가: 재산처분 당시 시가 기준[130]

④ 가등기에 기한 본등기가 경료된 경우: 가등기의 원인 된 법률행위 당시[131]

(4) 사해행위의 유형

① 부동산의 매매 또는 증여

▲ 무상양도, 염가매각: 사해행위[132]

▲ 통모매각[133]

▲ 채무자가 유일한 재산인 부동산을 매각하여 소비하기 쉬운 금전으로 바꾸는 행위[134]

공행위로서 합리적인 범위를 넘은 것이 아니라는 이유로 기존 채무를 위한 담보설정행위 역시 사해행위에 해당하지 않는다고 한 사례.

129) 대법원 2007. 11. 29. 선고 2007다54849 판결.

130) 대법원 2002. 11. 8. 선고 2002다41589 판결: 채무자의 재산처분행위가 사해행위가 되는지는 처분행위 당시를 기준으로 판단하여야 하므로 담보로 제공된 부동산이 사해성이 문제 되는 재산처분행위가 있은 후에 임의경매 등 절차에서 환가가 진행된 경우에는 그 재산처분행위의 사해성을 판단하기 위한 부동산 가액의 평가는 부동산 가액의 하락이 예상되는 등 특별한 사정이 없는 한 사후에 환가된 가액을 기준으로 할 것이 아니라 사해성이 문제 되는 재산처분행위 당시의 시가를 기준으로 하여야 한다.

131) 대법원 2001. 7. 27. 선고 2000다73377 판결: 가등기에 기하여 본등기가 경료된 경우 가등기의 원인인 법률행위와 본등기의 원인인 법률행위가 명백히 다른 것이 아닌 한 사해행위 요건의 구비 여부는 가등기의 원인 된 법률행위 당시를 기준으로 하여 판단하여야 한다.

132) 대법원 1999. 11. 12. 선고 99다29916 판결: 채무자의 재산이 채무의 전부를 변제하기에 부족한 경우에 채무자가 그의 유일한 재산인 부동산을 무상 양도하거나 일부 채권자에게 대물변제로 제공하였다면 특별한 사정이 없는 한 이러한 행위는 사해행위가 된다.

133) 대법원 1995. 6. 30. 선고 94다14582 판결: 채무자가 이미 채무초과에 빠져 있는 상태에서 채권자 중 한 사람과 통모하여 그 채권자만 우선적으로 채권의 만족을 얻도록 할 의도로 채무자 소유의 중요한 재산인 공장 건물과 대지를 그 채권자에게 매각하되, 현실로는 매매대금을 한 푼도 지급받지 아니한 채 그 대금 중 일부는 채권자의 기존의 채권과 상계하고 그 대지를 담보로 한 은행융자금 채무를 채권자가 인수하며 나머지 대금은 채무자가 그 공장 건물을 채권자로부터 다시 임차하여 계속 사용하는 데 따른 임차보증금으로 대체하기로 약정하였다면, 비록 그 채무자가 영업을 계속하여 경제적 갱생을 도모할 의도였다거나 그 매매가격이 시가에 상당한 가격이라고 할지라도 채무자의 매각행위는 다른 채권자를 해할 의사로 한 법률행위에 해당한다고 한 원심판단을 수긍한 사례.

134) 대법원 2001. 4. 24. 선고 2000다41875 판결: 채무자가 자기의 유일한 재산인 부동산을 매각하여 소비하기 쉬운 금전으로 바꾸거나 타인에게 무상으로 이전하여 주는 행위는 특별한 사정이 없는 한 채권자에 대하여 사해행위가 된다고 볼 것이므로 채무자의 사해의 의사는 추정되는 것이고, 이를 매수하거나 이전받은 자가 악의가 없었다는 입증책임은 수익자에게 있다.
대법원 2009. 5. 14. 선고 2008다84458 판결: 채무자가 유일한 재산인 부동산을 매각하여 소비하기 쉬운 금전으로 바꾸는 것은 특별한 사정이 없는 한 사해행위가 되고, 사해행위의 주관적 요건인 채무자의 사해의사는 채권의 공동담보에 부족이 생기는 것을 인식하는 것을 말하는 것으로서, 채권자를 해할 것을 기도하거나 의욕하는 것을 요하지 아니하며, 채무자가 유일한 재산인 부동산을 매각하여 소비하기 쉬운 금전으로 바꾸는 경우에는 채무자의 사해의사는 추정되는 것이고, 이를 매수하거나 이전받은 자가 악의가 없었다는 입증책임은 수익자에게 있다.

② 변제

  ▲ 채무본지에 따른 변제행위: 사해행위가 불성립[135]

  ▲ 기존 금전채무의 변제에 갈음하여 다른 금전채권을 양도한 경우[136]

③ 대물변제[137]

  ▲ 채무초과상태에서 특정 채권자와 통모하여 대물변제한 경우[138]

  ▲ 채무초과 상태의 채무자가 유일한 재산을 우선변제권 있는 채권자에게 대물변제로 제공한 행위[139]

④ 물적 담보의 제공

  ▲ 특정 채권자에 대한 담보제공행위는 채무초과상태에 있을 경우에 사해행위 성립

  ▲ 사업을 계속 추진하기 위하여 부득이 특정 채권자에게 담보를 제공하고 신규자금을 추가로 융통한 경우: 사해행위 불성립[140]

  ▲ 수인의 채권자 중 특정 채권자에게 채무자의 유일한 부동산에 관하여 근저당권을 설정해 준 경우[141]

⑤ 인적담보의 제공: 사해행위 인정.

---

135) 대법원 2005. 3. 25. 선고 2004다10985, 10992 판결: 채권자가 채무의 변제를 구하는 것은 그의 당연한 권리행사로서 다른 채권자가 존재한다는 이유로 이것이 방해받아서는 아니 되고, 채무자도 채무의 본지에 따라 채무를 이행할 의무를 부담하고 있어 다른 채권자가 있다는 이유로 그 채무이행을 거절하지는 못하므로, 채무자가 채무초과의 상태에서 특정채권자에게 채무의 본지에 따른 변제를 함으로써 다른 채권자의 공동담보가 감소하는 결과가 되는 경우에도 그 변제는 채무자가 특히 일부의 채권자와 통모하여 다른 채권자를 해할 의사를 가지고 변제를 한 경우가 아닌 한 원칙적으로 사해행위가 되는 것은 아니다.

136) 대법원 2003. 6. 24. 선고 2003다1205 판결.

137) 매매의 경우 매도 당시 채무초과상태에 있었음을 필요로 하지 않으나, 대물변제나 담보제공의 경우에는 채무초과상태에 있어야 한다.

138) 대법원 1994. 6. 14. 선고 94다2961, 94다2978 (병합)판결: 채무자가 채무가 재산을 초과하는 상태에서 채권자 중 한 사람과 통모하여, 그 채권자만 우선적으로 채권의 만족을 얻도록 할 의도로, 채무자 소유의 부동산을 그 채권자에게 매각하고 위 매매대금채권과 그 채권자의 채무자에 대한 채권을 상계하는 약정을 하였다면 가사 매매가격이 상당한 가격이거나 상당한 가격을 초과한다고 할지라도, 채무자의 매각행위는 다른 채권자를 해할 의사로 한 법률행위에 해당한다.

139) 대법원 2008. 2. 14. 선고 2006다33357 판결: 채무자의 재산이 채무의 전부를 변제하기에 부족한 경우에 채무자가 그의 유일한 재산을 어느 특정 채권자에게 대물변제로 제공하는 행위는 다른 특별한 사정이 없는 한 다른 채권자들에 대한 관계에서 사해행위가 되지만, 채권자들의 공동담보가 되는 채무자의 총재산에 대하여 다른 채권자에 우선하여 변제를 받을 수 있는 권리를 가지는 채권자는 처음부터 채무자의 재산에 대한 환가절차에서 다른 채권자에 우선하여 배당을 받을 수 있는 지위에 있으므로, 그와 같은 우선변제권 있는 채권자에 대한 대물변제의 제공행위는 특별한 사정이 없는 한 다른 채권자들의 이익을 해한다고 볼 수 없어 사해행위가 되지 않는다.

140) 대법원 2002. 3. 29. 선고 2000다25842 판결: 채무초과 상태에 있는 채무자가 그 소유의 부동산을 채권자 중의 어느 한 사람에게 채권담보로 제공하는 행위는 특별한 사정이 없는 한 다른 채권자들에 대한 관계에서 사해행위에 해당한다고 할 것이나, 계속적인 거래관계에 있는 구입처로부터 외상매입대금채무에 대한 담보를 제공하지 않으면 사업에 필요한 물품의 공급을 중단하겠다는 통보를 받고 물품을 공급받아 사업을 계속 추진하는 것이 채무 변제력을 갖게 되는 최선의 방법이라고 생각하고 물품을 공급받기 위하여 부득이 부동산을 특정 채권자에게 담보로 제공하고 그로부터 물품을 공급받았다면 이 경우에도 특별한 사정이 없는 한 채무자의 담보권설정행위는 사해행위에 해당하지 않으며, 다만 사업의 계속 추진과는 아무런 관계가 없는 기존 채무를 아울러 피담보채무 범위에 포함시켰다면, 그 부분에 한하여 사해행위에 해당할 여지는 있다.

141) 대법원 2007. 10. 11. 선고 2007다45364 판결: 수인의 채권자 중 특정 채권자에게 채무자의 유일한 부동산에 관하여 근저당권을 설정해 주는 행위는 다른 특별한 사정이 없는 한 사해행위에 해당한다고 할 것이고(대법원 1995. 6. 9. 선고 94다32580 판결), 그 특정 채권자로부터 차용한 금원의 사용처에 따라 사해행위의 범위가 달라지는 것은 아니라 할 것이며, 한편 사해행위로 경료된 근저당권설정등기가 사해행위취소소송의 변론종결 시까지 존속하고 있는 경우 그 원상회복은 근저당권설정등기를 말소하는 방법에 의하여야 할 것이고, 사해행위 이전에 설정된 별개의 근저당권이 사해행위 이후에 말소되었다는 사정은 원상회복의 방법에 아무런 영향을 주지 아니한다.

다. 채무자의 사해의사

(1) 채무자의 사해의사

① 사해의사: 재산처분행위로 공동담보에 부족이 생겨(또는 부족상태 심화) 채권자의 채권을 완전하게 만족시킬 수 없게 된다는 사실을 인식하는 것(인식설)[142]

② 연대보증 채무자의 사해행위에 있어서 사해의 의사가 있었는지의 판단 기준[143]

③ 사해의사의 판단기준시는 행위 당시

④ 사해의사는 채권자가 증명하여야 한다.

⑤ 다만 유일한 재산인 부동산을 매각하는 행위는 사해행위가 되고, 사해의사가 추정된다.[144] 이 경우의 추정은 사실상의 추정이므로 수익자나 전득자가 특별한 사정을 증명하여 사해의사의 추정을 복멸시킬 수 있다.

---

[63] 채권자취소권의 주관적 요건인 채무자가 채권자를 해함을 안다는 이른바 채무자의 악의, 즉 사해의사는 채무자의 재산처분 행위에 의하여 그 재산이 감소되어 채권의 공동담보에 부족이 생기거나 이미 부족상태에 있는 공동담보가 한층 더 부족하게 됨으로써 채권자의 채권을 완전하게 만족시킬 수 없게 된다는 사실을 인식하는 것을 의미하고, 그러한 인식은 일반 채권자에 대한 관계에서 있으면 충분하고 특정의 채권자를 해한다는 인식이 있어야 하는 것은 아니며, 채무자의 재산이 채무의 전부를 변제하기에 부족한 경우에 채무자가 그의 유일한 재산인 부동산을 무상양도하거나 일부 채권자에게 대물변제로 제공하였다면, 특별한 사정이 없는 한 이러한 행위는 사해행위가 되는 것이다.[145]

[64] 채권자가 채무의 변제를 구하는 것은 그의 당연한 권리행사로서 다른 채권자가 존재한다는 이유로 이것이 방해받아서는 아니 되고 채무자도 채무의 본지에 따라 채무를 이행할 의무를 부담하고 있어 다른 채권자가 있다는 이유로 그 채무이행을 거절하지는 못하므로, 채무자가 채무초과의 상태에서 특정채권자에게 채무의 본지에 따른 변제를 함으로써 다른 채권자의 공동담보가 감소하는 결과가 되는 경우에도 그 변제는 채무자가 특히 일부의 채권자와 통모하여 다른 채권자를 해할 의사를 가지고 변제를 한 경우가

---

142) 대법원 2009. 5. 14. 선고 2008다84458 판결; 대법원 1999. 4. 9. 선고 99다2515 판결: 사해행위의 주관적 요건인 채무자의 사해의사는 채권의 공동담보에 부족이 생기는 것을 인식하는 것을 말하는 것으로서, 채권자를 해할 것을 기도하거나 의욕하는 것을 요하지 아니하며, 채무자가 유일한 재산인 부동산을 매각하여 소비하기 쉬운 금전으로 바꾸는 경우에는 채무자의 사해의사는 추정되므로, 채무자가 유일한 재산인 부동산을 매도한 경우 그러한 사실을 채권자가 알게 된 때에 채권자가 채무자에게 당해 부동산 외에는 별다른 재산이 없다는 사실을 알고 있었다면 그때 채권자는 채무자가 채권자를 해함을 알면서 사해행위를 한 사실을 알게 되었다고 보아야 한다.

143) 대법원 1998. 4. 14. 선고97다54420 판결: 연대보증인에게 부동산의 매도행위 당시 사해의 의사가 있었는지는 연대보증인이 자신의 자산상태가 채권자에 대한 연대보증채무를 담보하는 데 부족이 생기게 되리라는 것을 인식하였는가 하는 점에 의하여 판단하여야 하고, 연대보증인이 주 채무자의 자산상태가 채무를 담보하는 데 부족이 생기게 되리라는 것까지 인식하였어야만 사해의 의사를 인정할 수 있는 것은 아니다.

144) 대법원 2008. 12. 11. 선고 2006다5550 판결: 채무자가 자기의 유일한 재산인 부동산을 매각하여 소비하기 쉬운 금전으로 바꾸거나 타인에게 무상으로 이전하여 주는 행위는 특별한 사정이 없는 한 채권자에 대하여 사해행위가 된다고 볼 것이므로 채무자의 사해의 의사는 추정되는 것이고, 이를 매수하거나 이전받은 자가 악의가 없었다는 입증책임은 수익자에게 있다고 할 것이다.

아닌 한 원칙적으로 사해행위가 되는 것은 아니고, 채무자가 특히 일부의 채권자와 통모하여 다른 채권자를 해할 의사를 가지고 변제를 하였는지는 사해행위임을 주장하는 사람이 입증하여야 하며, 이는 수익자의 채무자에 대한 채권이 실제로 존재하는지, 수익자가 채무자로부터 변제를 받은 액수, 채무자와 수익자와의 관계, 채무자의 변제능력 및 이에 대한 수익자의 인식, 변제 전후의 수익자의 행위, 그 당시의 채무자 및 수익자의 사정 및 변제의 경위 등 제반 사정을 종합적으로 참작하여 판단하여야 한다.[146]

[65] 채무자가 채무가 재산을 초과하는 상태에서 채권자 중 한 사람과 통모하여, 그 채권자만 우선적으로 채권의 만족을 얻도록 할 의도로, 채무자 소유의 부동산을 그 채권자에게 매각하고 위 매매대금채권과 그 채권자의 채무자에 대한 채권을 상계하는 약정을 하였다면 가사 매매가격이 상당한 가격이거나 상당한 가격을 초과한다고 할지라도, 채무자의 매각행위는 다른 채권자를 해할 의사로 한 법률행위에 해당한다.[147]

[66] 채무자가 자기의 유일한 재산인 부동산을 매각하여 소비하기 쉬운 금전으로 바꾸거나 타인에게 무상으로 이전하여 주는 행위는 특별한 사정이 없는 한 채권자에 대하여 사해행위가 된다고 볼 것이므로 채무자의 사해의 의사는 추정되는 것이고, 이를 매수하거나 이전 받은 자가 악의가 없었다는 입증책임은 수익자에게 있다.[148]

[67] 사해행위취소소송에 있어서 채무자가 악의라는 점에 대해서는 그 취소를 주장하는 채권자에게 입증책임이 있으나 수익자 또는 전득자가 악의라는 점에 관해서는 채권자에게 입증책임이 있는 것이 아니라 수익자 또는 전득자 자신에게 선의라는 사실을 입증할 책임이 있다고 할 것이다.[149]

(2) 수익자·전득자의 악의

① 수익자·전득자의 악의: 사해행위의 객관적 요건을 구비하였다는 것에 대한 인식[150]

② 채무자의 행위가 사해행위에 해당하는 경우 수익자 등의 악의는 추정된다.

③ 판단기준시: 수익자 – 채무자와의 법률행위 당시[151]

---

145) 대법원 1998. 5. 12. 선고 97다57320 판결. 사해의사란 채무자가 법률행위를 함에 있어 그 채권자를 해함을 안다는 것이다. 여기서 '안다'고 함은 의도나 의욕을 의미하는 것이 아니라 단순한 인식으로 충분하다. 결국 사해의사란 공동담보 부족에 의하여 채권자가 채권변제를 받기 어렵게 될 위험이 생긴다는 사실을 인식하는 것이며, 이러한 인식은 일반 채권자에 대한 관계에서 있으면 족하고, 특정의 채권자를 해한다는 인식이 있어야 하는 것은 아니다. 대법원 2009. 3. 26. 선고 2007다63102 판결.
146) 대법원 2005. 3. 25. 선고 2004다10985,10992 판결; 대법원 2004. 5. 28. 선고 2003다60822 판결 등 참조.
147) 대법원 1994. 6. 14. 선고 94다2961, 94다2978 (병합)판결.
148) 대법원 2008. 12. 11. 선고 2006다5550 판결; 대법원 2005. 10. 14. 선고 2003다60891 판결. 수익자와 전득자의 악의를 소극적 요건으로 규정한 민법 규정에 비추어 채무자의 악의가 입증되면 수익자나·전득자의 악의는 추정되므로 수익자나 전득자가 채권자취소권의 행사를 저지하기 위해서는 수익자 또는 전득자 스스로 선의임을 입증할 책임이 있다.
149) 대법원 2007. 7. 12. 선고 2007다18218 판결; 대법원 1991. 2. 12. 선고 90다16276 판결; 대법원 1997. 5. 23. 선고 95다51908 판결; 대법원 2006. 9. 28. 선고 2004다35465 판결 등 참조.
150) 채무자의 거래 상대방인 수익자와 전득자가 법률행위 당시 채권자를 해함을 알지 못한 경우에는 채권자취소권을 행사하지 못한다. 채무자와 마찬가지로 채권자를 해한다는 사실을 인식하면 족하지 이를 해할 의사까지 요구되는 것은 아니며 채무자가 악의인지에 대한 인식도 필요로 하지 않는다. 수익자가 채무자의 악의를 인식한 경우 또는 전득자가 채무자나 수익자가 악의인 사실을 인식한 경우는 당연히 수익자 또는 전득자의 악의가 추정된다. 그리고 수익자와 전득자가 채권자를 해함을 알지 못한 이상 그에 대하여 과실이 있는지는 문제가 되지 않는다.
151) 사해의사 유무는 행위 당시를 기준으로 판단하여야 하므로 행위 당시에 사해성이 없었던 이상 그 이후에 채권자를 해함을 알게 되었다 하여도 사해행위는 성립하지 않는다. 채무자 및 수익자의 경우는 취소의 대상이 된 행위 시를 기준으로 하여야 하

전득자-전득 당시

④ 수익자 또는 전득자가 선의의 증명책임을 진다.

> [68] 채무자의 사해의사를 판단함에 있어 사해행위 당시의 사정을 기준으로 하여야 할 것임은 물론이나, 사해행위라고 주장되는 행위 이후의 채무자의 변제 노력과 채권자의 태도 등도 사해의사의 유무를 판단함에 있어 다른 사정과 더불어 간접사실로 삼을 수도 있다.[152]

V. 원상회복 부분

1. 원상회복의 방법

가. 원칙: 원물반환

(1) 사해행위의 목적물 자체의 반환이 가능한 경우에는 원칙적으로 그 목적물의 반환을 청구하여야 하며(등기말소나 진정명의회복을 위한 이전등기), 특별한 사정이 없는 한 그 목적물의 가액의 반환을 청구하지 못한다.

(2) 일부취소의 경우에도 사해행위의 목적물이 가분이라면 그 분할한 것의 반환만을 청구하여야 한다.

나. 예외: 가액배상

(1) 거래관념상 원물반환이 불가능하거나 현저히 곤란한 경우에는 예외적으로 가액을 반환하여야 한다. 원고가 가액배상을 구하는 경우에는 예외적으로 그것이 허용되는 사정에 관한 사정을 주장, 입증하여야 한다.[153]

(2) 가액은 사실심 변론종결 시를 기준으로 산정되며, 저당권이 선순위로 설정된 부동산이 사해행위로 양도된 후 그 저당권이 소멸된 경우에는 공평의 원칙상 가액배상만이 가능하다.

(3) 가액반환의 경우 수익자가 자기의 채무에 대한 채권을 자동채권으로 하는 상계를 주장할 수 없다.

고 전득자는 전득행위 시를 기준으로 판단하여야 한다.

152) 대법원 2003. 12. 12. 선고2001다57884 판결; 대법원 2000. 12. 8. 선고 99다31940 판결.

153) 대법원 2007. 7. 12. 선고 2007다18218 판결: 원물반환이 불가능하거나 현저히 곤란한 경우라 함은 원물반환이 단순히 절대적·물리적으로 불능인 경우가 아니라 사회생활상의 경험법칙 또는 거래상의 관념에 비추어 그 이행의 실현을 기대할 수 없는 경우를 말한다(사해행위의 목적물이 상장주식인 경우, 수익자 또는 전득자는 대체물인 그 상장법인의 주식 중 원상회복을 할 수량을 다시 취득하여 원물반환의무를 이행할 수 있으므로 양도받은 주권 그 자체를 보유하고 있지 않다는 사실만으로 주식반환의무가 불가능하게 되었다고 할 수 없다고 본 사례).

(4) 사해행위를 전부 취소하고 원상회복을 구하는 채권자의 주장 속에는 사해행위를 일부 취소하고 가
    액의 배상을 구하는 취지도 포함되어 있으므로, 채권자가 원상회복만을 구하는 경우에도 법원은 가
    액의 배상을 명할 수 있다.[154]

2. 가액배상의 범위

(1) 가액배상은 채권자의 피보전채권액, 목적물의 공동담보가액, 수익자, 전득자가 취득한 이익 중 가장
    적은 금액을 한도로 이루어진다.
(2) 가액배상의무는 사해행위의 취소를 명하는 판결이 확정된 때에 비로소 발생하므로 그 판결이 확정
    된 다음 날부터 이행지체 책임을 지게 되고, 따라서 소송촉진 등에 관한 특례법 소정의 이율은 적용
    되지 않고 민법 소정의 법정이율이 적용된다.[155]

사례 4

A가 조흥은행으로부터 기업구매자금 3억 원과 일반자금 5,000만 원을 대출받으며, 그 대출금의 지
급담보를 위하여 원고(신용보증기금)와 사이에 2001. 6. 28. 보증금액 2억 5,550만 원, 보증기한
2002. 6. 27.(후에 2003. 6. 27.까지로 연장됨)로 한 신용보증약정과 2002. 6. 12. 보증금액 4,250만
원, 보증기한 2003. 6. 11.로 한 신용보증약정을 각 체결하였다가, A가 2003. 2. 5. 원금을 연체하는
보증사고가 발생함에 따라 원고가 2003. 5. 16. 위 은행에 A의 대출원리금 100,565,803원을 대위변
제하였고, 그중 일부를 회수한 후 서울지방법원 2003가단268204호로 구상금 청구의 소를 제기하여
2003. 10. 23. A는 원고에게 87,621,269원과 그중 87,531,993원에 대하여 2003. 5. 16.부터 2003.
8. 2.까지는 연 18%의, 그다음 날부터 다 갚는 날까지는 연 20%의 각 비율에 의한 지연손해금을
지급하라는 내용의 승소판결을 받았고 그 즈음 위 판결이 확정되었다. A는 위와 같은 신용보증사고
가 발생한 직후에 유일한 재산인 이 사건 아파트를 수원지방법원 용인등기소 2003. 5. 23. 접수 제
67239호로 2003. 5. 1. 매매를 원인으로 하여 처남인 피고에게 이전등기하였다.

(1) 청구취지: A와 피고 사이에 별지 목록 기재 부동산에 관하여 2003. 5. 1. 체결한 매매계약을
    160,049,795원의 범위 내에서 취소한다. 피고는 원고에게 160,049,795원 및 이에 대한 이 판결
    확정일 다음 날부터 다 갚는 날까지 연 5%의 비율에 의한 금원을 지급하라.[156]
(2) 원고의 주장: 이 사건 조합이 이 사건 명의신탁 약정의 존재를 알지 못한 채 A를 진정한 피분양
    자로 알고 계약을 체결한 이상, 이 사건 명의신탁 약정이 부동산 실권리자 명의 등기에 관한 법
    률 제4조 제1항에 의해 무효가 됨에 관계없이 같은 법 제4조 제2항 단서에 의해 명의수탁자인
    A는 이 사건 아파트에 관하여 완전한 소유권을 취득하게 되며, 이 사건 아파트는 일반채권자들
    에 대한 관계에서 A의 책임재산이 된다. A에 대한 구상금 채권이 발생한 이후에 A가 자신의

---

154) 대법원 2001. 9. 4. 선고 2000다66416 판결.
155) 대법원 2009. 1. 15. 선고 2007다61618 판결.

유일한 재산인 이 사건 아파트를 처남인 피고에게 소유권이전한 것은 원고에 대하여 사해행위에 해당하고, 피고의 악의는 추정되므로, 피고와 A 간의 매매계약을 취소하고, 피고는 A에게 이 사건 아파트에 대한 소유권이전등기를 말소하여야 한다.

(3) 피고의 주장: 이 사건 아파트는 B가 A 앞으로 명의신탁한 재산으로서 A 명의 소유권이전등기가 무효라면 이는 그의 책임재산이 되지 아니하는 것이므로 위 이전등기만으로 그 책임재산의 감소가 있다고 볼 수 없는 것이고, 또 그 등기가 유효하다고 하여도 이를 신탁자가 지정하는 제3자에게 이전등기를 경료하는 것은 기존채무의 이행에 해당하는 것으로서, 어찌 보더라도 이는 사해행위에 해당한다고 할 수 없다.

〈재판의 경과〉

1. 제1심[157]

증거에 의하면 ① B가 수지2차현대연합주택의 조합원으로서 수지2차현대연합주택 조합아파트 동·호수 추첨에서 (동·호수 생략)호에 당첨되었는데, 그 추첨 시 B가 A를 대신하여 추첨한 사실, ② 이 사건 아파트의 수분양자로서 A는 위 조합에 1999. 6. 14. 신청금 2,000만 원을, 같은 해 7. 29.과 9. 30. 각 중도금 2,000만 원씩을, 2000. 1. 20. 2002. 3. 20.까지 각 중도금 및 잔금 등 15,216,010원을 각 지급하였는데, 그중 1999. 9. 30.과 2000. 7. 20.의 송금은 B가 A를 대리하여 한 것이고, 또 B가 위 각 대금의 납입 시 즈음에 자신의 예금계좌에서 금원을 각 인출한 사실, ③ A의 이 사건 아파트에 대한 소유권보존등기가 2002. 6. 1. 경료되었는데, B가 2002. 5. 11. 법무사 C에게 그 등기비용으로 보이는 4,298,780원을 송금한 사실, ④ A를 대리한 B가 2002. 5. 1. 이 사건 아파트를 D에게 보증금 1억 1,500만 원으로 임대하며 그중 1,000만 원은 위 계약 체결 시에, 잔금 1억 500만 원은 2002. 5. 22. 각 지급받기로 하였는바, B의 예금계좌로 D가 2002. 5. 2. 1,000만 원을, 2002. 6. 7. 500만 원을 각 입금하였고, 위 잔금기일인 2002. 5. 25. 1억 원이 역시 B의 예금계좌로 입금되었으며, D와의 임대차계약 만료 후에 임대차보증금은 B가 반환한 사실, ⑤ 이 사건 아파트를 담보로 A가 우리은행으로부터 5,000만 원을 대출받은 것으로 근저당권 설정등기가 경료되어 있는데, 그 대출금이 입금되고 이자를 납부하는 데 사용하던 통장은 A가 계좌명의인으로 되어 있기는 하나 그 사용도장은 B의 것인 사실, ⑥ B가 2004. 7. 8. 이 사건 아파트로 주민등록 전입신고를 하였고, 또 A로부터 이 사건 아파트의 소유권이전등기를 이전받은 피고는 B의 아들인 사실을 각 인정할 수 있다. 위에서 인정한, A의 위 조합에 대한 분양대금 납입 시에 그 대금의 상당 부분이 B의 돈으로 납입된 것으로 보이는 점, B가 아파트 추첨, 등기비용 지급, 임대차계약 체결 및 대출 등 소유자가 할 것으로 보이는 행위를 한 점에 비추어 볼 때, 이 사건 아파트는 B가 A에게 명의신탁한 것이라고 봄이 상당하다.

---

156) 원고는 당초 이 사건 매매계약의 전부 취소 및 원물 반환으로서 별지 목록 기재 부동산에 관한 소유권이전등기의 말소를 구하다가, 항소심에 이르러 위 매매계약의 일부 취소 및 가액 배상으로서 청구취지 기재 금원의 지급을 구하는 것으로 그 청구취지를 감축·변경하였다.

157) 서울중앙지방법원 2004. 12. 28. 선고 2004가단138157 판결.

A가 B로부터 수분양자 명의를 수탁받아 자신의 명의로 이 사건 아파트에 대한 분양계약을 체결하고 소유권보존등기를 마친 것으로 보는 이상, 그 명의신탁자인 B의 요구에 따라 피고 앞으로 소유권이전등기절차를 이행하는 것은 진정한 등기명의를 회복하는 과정에서 A가 반환의무 이행의 한 방법으로 한 것이므로 이는 사해행위에 해당한다고 볼 수 없을 것[158]이다.[159](원고청구 기각)

2. 제2심[160]

가. 피보전채권의 존재

채권자취소권에 의하여 보전될 수 있는 채권은 원칙적으로 사해행위라고 볼 수 있는 행위가 행하여지기 전에 발생된 것임을 요하지만, 그 사해행위 당시에 이미 채권 성립의 기초가 되는 법률관계가 발생되어 있고 가까운 장래에 그 법률관계에 터 잡아 채권이 성립되리라는 점에 대한 고도의 개연성이 있으며, 실제로 가까운 장래에 그 개연성이 현실화되어 채권이 성립된 경우에는 그 채권도 채권자취소권의 피보전채권이 될 수 있다. 이러한 법리를 감안할 때, 앞서 본 바와 같이 A가 이 사건 아파트에 관하여 피고와 이 사건 매매계약을 체결한 2003. 5. 1. 당시에는 이미 원고의 A에 대한 구상금 채권의 성립 기초가 되는 신용보증약정이 성립되어 있었고, A가 이미 원금 연체로 인한 신용보증사고를 야기하였던 상태였으며, 그 매매계약 체결 직후인 2003. 5. 16. 원고가 A의 대출원리금을 대위변제함으로써 A에 대해 구상금 채권을 취득하게 되었다면, 원고의 A에 대한 구상금 채권은 채권자취소권의 피보전채권이 된다고 봄이 상당하다.

나. 사해행위의 성립

(1) 아파트의 명의신탁: 제1심 판결과 같다.

(2) 명의신탁에 의해 마쳐진 소유권보존등기의 효력과 책임재산

부동산에 관하여 부동산실권리자 명의 등기에 관한 법률(이하 「부동산실명법」) 제4조 제1항, 제2항의

---

158) 대법원 2001. 5. 8. 선고 2001다1157 판결, 대법원 1996. 9. 20. 선고 95다1965 판결.

159) 원고는, B가 위 조합으로부터 이 사건 아파트를 분양받은 것은 그 자체로 유효한 것이고 A와 B 간에 체결된 명의신탁약정은 무효가 되는 것이므로 B는 A로부터 소유권을 이전받을 아무런 권리가 없는 것이라고 주장하나, 부동산실권리자 명의 등기에 관한 법률 제3조, 제4조가 명의신탁자에게 소유권이 귀속되는 것을 막는 취지의 규정은 아닌 것으로 보는 한(대법원 2002. 12. 26. 선고 2000다21123 판결), 위와 같이 B가 A에게 계약명의신탁을 하여 위 조합과 분양계약을 체결하게 되었는데 그 분양계약의 타방당사자인 위 조합이 그 명의신탁약정의 존재를 알 수 없었을 것으로 보이는 사정 아래에서는, 이 사건 아파트에 대한 완전한 소유권을 취득한 A가 이 사건 아파트 자체를 부당이득한 것으로서 B에게 부당이득의 반환으로서 이 사건 아파트의 소유권을 이전할 의무가 있는 것이고, 또 채무자가 특정채권자에게 채무의 본지에 따른 변제를 함으로써 다른 채권자의 공동담보가 감소하는 결과가 되는 경우에도 채무자가 특히 일부의 채권자와 통모하여 다른 채권자를 해할 의사를 가지고 변제를 한 경우를 제외하고는 원칙적으로 사해행위가 되는 것은 아니라고 할 것(대법원 2002. 8. 27. 선고 2002다27903 판결)이므로 A가 B에 대한 부당이득반환채무의 이행으로 이 사건 아파트에 대한 소유권이전등기를 경료한 것으로 보이는 이상, B가 A로부터 이 사건 아파트에 대한 이전등기를 받을 권원이 없기 때문에 사해행위에 해당한다는 취지의 원고 주장은 받아들일 수도 없다. 이 사건에서 B가 A에게 조합원 명의를 신탁한 것이, B가 위 조합의 조합원이 될 수 없어 A로 하여금 조합원이 되도록 한 후 그가 분양받은 아파트에 대한 권리를 넘겨받으며 다만 그 명의만을 A로 하는 취지의 양자 간 명의신탁약정에 기한 것이라고 볼 여지도 있을 것처럼 보이는바, 그러한 경우에도 B와 A 간의 명의신탁약정은 무효가 되더라도 그 권리를 넘겨받기로 한 약정은 여전히 유효한 채권적 약정으로 남아 있게 되는 것이고, A가 그 채무의 본지에 따른 변제를 한 것으로 보이는 이상 위 명의신탁관계를 위와 같이 해석하더라도 이는 사해행위에 해당하지 아니한다고 볼 것이다.

160) 서울중앙지방법원 2007. 8. 23. 선고 2005나1581 판결.

규정에 의하면, 명의신탁자와 명의수탁자가 명의신탁 약정을 맺고, 이에 따라 명의수탁자가 당사자가 되어 명의신탁 약정이 있다는 사실을 알지 못하는 소유자와의 사이에 부동산에 관한 매매계약을 체결한 후 그 매매계약에 기하여 당해 부동산의 소유권이전등기를 수탁자 명의로 마친 경우에는(그와 같은 명의신탁 약정을 '계약명의신탁 약정'이라 한다), 명의신탁자와 명의수탁자 사이의 명의신탁 약정의 무효에도 불구하고 그 소유권이전등기에 의한 당해 부동산에 관한 물권변동 자체는 유효한 것으로 취급되어 명의수탁자는 당해 부동산의 완전한 소유권을 취득하게 된다.161)

앞서 인정한 사실들에 비추어, B는 조합원 자격 결여 등의 사유 때문에 직접 분양계약을 체결할 형편이 못 되자 사위인 A의 승낙을 얻어 A의 명의로 수지 2차 현대 연합주택조합(이하 '이 사건 조합')과 이 사건 아파트에 관한 분양계약을 체결하고, 분양대금을 완납한 다음, 계약명의자인 A 앞으로 소유권보존등기(이하 '이 사건 보존등기')를 마친 것으로 추인되고, 이에 의하면, B와 A 사이에는 위 분양계약과 관련하여 이른바 계약명의신탁 약정(이하 '이 사건 명의신탁 약정'이라 한다)이 체결되었으며, 나아가 그 분양계약의 다른 당사자인 위 조합은 위 명의신탁 약정의 존재를 알지 못한 채 A를 진정한 피분양자로 알고 계약을 체결한 것으로 봄이 상당하다.

그렇다면, 이 사건 명의신탁 약정이 부동산실명법 제4조 제1항에 의해 무효가 됨에 관계없이 같은 조 제2항에 기해 이 사건 보존등기에 의한 부동산 물권의 취득 자체는 유효하다고 보아야 하고, 그로써 명의수탁자인 A는 이 사건 아파트에 관하여 완전한 소유권을 취득하게 되며, 그 결과 이 사건 아파트는 일반 채권자들에 대한 관계에서 A의 어엿한 책임재산이 된다 하겠다.

(3) 처분행위, 사해의사 및 수익자의 악의

앞서 인정한 바와 같이 A가 원고에 대하여 구상금 채무가 발생할 고도의 개연성이 있는 상태에서 자신의 유일한 재산인 이 사건 아파트를 피고에게 매도·처분하였다면, 특별한 사정이 없는 한 이는 채권자인 원고에 대하여 사해행위가 되고, 채무자인 A의 사해의사는 추정되며, 나아가 수익자인 피고의 악의도 추정된다. 이에 대하여 피고는, 명의수탁자가 수탁 받은 부동산에 관하여 신탁자가 지정하는 제3자에게 소유권이전등기를 마쳐 주는 것은 명의신탁 해지에 따른 기존 채무의 이행에 불과하다는 전제에서 이는 부동산실명법이 금지하는 행위가 아닐 뿐만 아니라 사해행위에도 해당하지 않는다면서 이 사건 매매계약은 B가 A와 맺은 이 사건 명의신탁 약정을 해지하고 그 해지에 따른 이 사건 아파트의 소유명의를 회복하는 방법으로 자신의 아들인 피고에게 이전해 두기 위해 편의상 체결한 형식적 계약일 뿐이므로(피고 명의의 이 사건 이전등기는 그러한 계약의 이행으로 이루어진 것이다) 역시 사해행위에 해당하지 아니한다는 취지의 주장을 한다.

그러나 이 사건 매매계약이 피고 주장처럼 B가 이 사건 명의신탁 약정을 해지하고 그 해지에 따른 이 사건 아파트의 소유명의를 피고 앞으로 회복하여 두기 위해 편의상 체결된 계약이라 하여도, 부동산실명법의 시행 이전과는 달리, 같은 법이 시행된 이후에는 특별한 사정이 없는 한 피고 주장의 명의신탁 약정은

---

161) 대법원 2002. 12. 26. 선고 2000다21123 판결 등 참조.

무효가 되고, 무효인 약정에 의해서는 그 약정이 당초 의도한 어떠한 의무도 발생할 수 없거니와(다만, 약정의 무효에 따른 원상회복 의무가 있음은 별론이다) 무효인 약정에 대해서는 약정의 유효한 성립을 전제로 하는 해지의 관념조차 상정할 수 없는 것인 만큼, 부동산실명법이 시행된 이후에 있은 이 사건 매매계약 내지 이 사건 명의신탁 약정의 해지에 기해 피고 명의의 이 사건 이전등기가 마쳐진 행위를 가리켜 기존 채무, 즉 '유효'한 명의신탁 약정의 '해지'에 따른 소유권이전등기의무의 이행행위라고 말할 수는 없다 하겠다(만일 부동산실명법이 시행되기 이전이라면, 계약명의신탁 약정도 유효하고 그러한 명의신탁 약정에 따라 명의수탁자에게 부동산 소유권이전등기가 행해진 경우 명의신탁자는 언제든지 그 명의신탁 약정을 해지하고 그 해지에 따른 소유권이전등기 등을 마침으로써 부동산에 관한 소유권을 취득할 수 있었던 점 등을 감안할 때, 계약명의신탁 약정 이후 같은 법이 시행되면서 명의신탁자가 같은 법에서 정한 유예기간 내에 실명등기를 하지 아니한 채 그 기간을 경과한 이상, 명의수탁자는 그 부동산에 관한 완전한 소유권을 취득하여 그 부동산 자체를 부당이득 한 것으로 볼 수 있고, 그러한 의미에서 위의 등기이전 행위를 가리켜 부동산 소유권을 다시 명의신탁자에게 회복해 주는 행위로서 위의 부당이득 반환의무의 이행행위라고 볼 여지가 있다. 그에 반해, 이 사건에서처럼 부동산실명법 시행 이후에 있은 명의신탁 약정이라면 그러한 약정은 무효이고 명의수탁자는 단지 약정의 무효에 따른 원상회복으로서 명의신탁자에 대해 부동산 그 자체가 아니라 부동산 매수를 위해 받은 매수자금 등 상당의 부당이득만을 도로 반환할 의무를 부담할 뿐인데, 위의 등기이전 행위를 가리켜 이러한 부당이득 반환의무의 이행행위라고 말하기도 곤란하다). 이와 다른 전제에 선 피고의 위 주장은 나머지 점에 관하여 더 살필 필요 없이 받아들일 것이 못 된다.

다. 사해행위의 취소 및 원상회복(가액배상)

(1) 이 사건 아파트에 관하여 이 사건 매매계약 이전인 2003. 2. 25. 우리은행 앞으로 채권최고액 6,000만 원의 근저당권(이하 '이 사건 근저당권'이라 한다) 설정등기가 마쳐져 있었던 사실, 그런데 B가 이 사건 매매계약 이후 2004. 3. 17. 그때까지의 피담보채무 원리금 전액인 4,000만 원을 우리은행에 변제하고 2004. 3. 19. 위 근저당권 설정등기를 말소한 사실이 각 인정된다.

한편, 저당권이 설정되어 있는 부동산에 관하여 사해행위가 이루어진 후 변제 등에 의하여 저당권설정등기가 말소되었다면, 사해행위를 취소하여 그 부동산 자체의 회복을 명하는 것은 당초 일반 채권자들의 공동담보로 되어 있지 않던 부분까지 회복시키는 것이 되어 불공평하므로, 이러한 경우 그 부동산의 가액에서 저당권의 피담보채권 금액을 공제한 잔액의 한도에서 사해행위를 취소하고 그 취소에 따른 원상회복의 방법으로 원물반환이 아닌 잔존 가액의 배상을 명함이 상당하다. 그렇다면, 특별한 사정이 없는 한, 사해행위에 해당하는 이 사건 매매계약은 이 사건 아파트의 가액에서 이 사건 근저당권의 피담보채권 금액을 공제한 잔액의 한도에서 취소되어야 하고, 수익자인 피고는 그 취소에 따른 원상회복으로서 채권자인 원고에 대해 그 잔존 가액을 배상할 의무가 있다.

(2) 그 취소 및 가액배상의 구체적 범위에 관하여 본다. 이 사건 아파트에 관한 당심 변론종결 당시의

시가가 5억 원 정도인 사실은 당사자 사이에 다툼이 없고, 사해행위 이후 말소된 우리은행 명의의 이 사건 근저당권의 실제 피담보채권 금액이 4,000만 원임은 앞서 본 바와 같으므로, 이 사건 아파트의 가액 5억 원에서 위 근저당권의 실제 피담보채권 금액 4,000만 원을 공제한 잔액 4억 6,000만 원이 일단 사해행위(매매계약) 취소 및 가액배상 범위의 한도가 된다.

한편, 사해행위 취소의 범위는 특별한 사정이 없는 한 취소 채권자의 채권액을 한도로 하므로, 가액배상의 방법으로 원상회복을 명하는 경우 그 배상액 역시 취소 채권자의 채권액 범위 내로 제한되고, 이때 채권자의 채권액에는 사해행위 이후 변론종결 당시까지 발생한 이자나 지연손해금도 포함되는 것이다. 그런데 이 사건에서 취소 채권자인 원고의 채권액은 앞서 본 바와 같이 판결로 확정된 구상금 87,621,269원 및 그중 원금 87,531,993원에 대한 2003. 5. 16.부터 2003. 8. 2.까지 79일간 연 18%의, 그다음 날부터 당심 변론종결일인 2007. 7. 12.까지 3년 344일간 연 20%의 각 비율에 의한 지연손해금 72,428,526원[= 87,531,993원×{연 18%×79일/365일＋연 20%×(3년＋344일/365일)}, 계산의 편의상 원 미만은 버린다]의 합계 160,049,795원(＝87,621,269원＋72,428,526원)이고, 이는 위에서 살핀 취소 및 가액배상 한도액 4억 6,000만 원 이내임이 수리상 분명하다. 결국 이 사건 매매계약(사해행위) 취소 및 가액배상의 기준이 되는 금액은 원고의 채권액인 160,049,795원이 된다.

라. 그렇다면, 이 사건 매매계약은 160,049,795원의 한도 내에서 취소되어야 하고, 피고는 원고에게 가액배상으로 160,049,795원 및 이에 대하여 이 판결 확정일 다음 날부터 다 갚는 날까지 민법에 정한 연 5%의 비율에 의한 지연손해금을 지급할 의무가 있다.

[대법원 2008. 9. 25. 선고 2007다74874 판결]
부동산에 관하여 부동산실명법 제4조 제2항 본문이 적용되어 명의수탁자인 채무자 명의의 소유권이전등기가 무효인 경우에는 그 부동산은 채무자의 소유가 아니기 때문에 이를 채무자의 일반 채권자들의 공동담보에 공하여지는 책임재산이라고 볼 수 없고, 채무자가 위 부동산에 관하여 제3자와 매매계약을 체결하고 그에게 소유권이전등기를 마쳐 주었다고 하더라도 그로써 채무자의 책임재산에 감소를 초래한 것이라고 할 수 없으므로 이를 들어 채무자의 일반 채권자들을 해하는 사해행위라고 할 수 없으며, 채무자에게 사해의 의사가 있다고 볼 수도 없다.[162] 그러나 명의신탁자와 명의수탁자가 이른바 계약명의신탁 약정을 맺고 명의수탁자가 당사자가 되어 명의신탁 약정이 있다는 사실을 알지 못하는 소유자와의 사이에 부동산에 관한 매매계약을 체결한 후 그 매매계약에 따라 당해 부동산의 소유권이전등기를 명의수탁자 명의로 마친 경우에는 명의신탁자와 명의수탁자 사이의 명의신탁 약정의 무효에도 불구하고 부동산실명법 제4조 제2항 단서에 의하여 그 명의수탁자는 당해 부동산의 완전한 소유권을 취득하게 되고 다만 명의신탁자에 대하여 그로부터 제공받은 매수자금 상당액의 부당이득반환의무를 부담하게 되는바,[163] 위와 같은 경우에 명의수탁자가 취득한 부동산은 채무자인 명의수탁자의 일반 채권자들의 공동담보에 공하여지는 책임재산이 되고, 명의신탁자는 명의수탁자에 대한 관계에서 금전채권자 중 한 명에 지나지 않으므로 명의수탁자의 재산이 채무의 전부를 변제하기에 부족한 경우 명의수탁자가 위 부동산을 명의신탁자 또는 그가 지정하는 자에게 양도하는 행위는 특별한 사정이 없는 한 다른 채권자의 이익을 해하는 것으로서 다른 채권자들에 대한 관계에서 사해행위가 된다.[164](상고기각)

[69] 부동산에 관한 법률행위가 사해행위에 해당하는 경우에는 <u>원칙적으로 그 사해행위를 취소하고 소유권</u> <u>이전등기의 말소 등 부동산 자체의 회복을 명하는 것이 원칙이지만</u>, 저당권이 설정되어 있는 부동산에 관하여 사해행위가 이루어진 경우에 그 사해행위는 부동산의 가액에서 저당권의 피담보채권액을 공제한 잔액의 범위 내에서만 성립한다고 보아야 하므로, 사해행위 후 변제 등에 의하여 저당권설정등기가 말소된 경우, 사해행위를 취소하여 그 부동산 자체의 회복을 명하는 것은 당초 일반 채권자들의 공동담보로 되어 있지 아니하던 부분까지 회복을 명하는 것이 되어 공평에 반하는 결과가 되므로, 그 부동산의 가액에서 저당권의 피담보채무액을 공제한 잔액의 한도에서 사해행위를 취소하고 그 가액의 배상을 구할 수 있을 뿐이고, 그와 같은 가액 산정은 사실심 변론종결 시를 기준으로 하여야 한다.[165]

[70] 채무자와 수익자 사이의 저당권설정행위가 사해행위로 인정되어 저당권설정계약이 취소되는 경우에도 당해 부동산이 이미 입찰절차에 의하여 낙찰되어 대금이 완납되었을 때에는 낙찰인의 소유권취득에는 영향을 미칠 수 없으므로, 채권자취소권의 행사에 따르는 원상회복의 방법으로 입찰인의 소유권이전등기를 말소할 수는 없고, 수익자가 받은 배당금을 반환하여야 한다.[166]

[71] 채권자의 사해행위취소 및 원상회복청구가 인정되면, 수익자 또는 전득자는 원상회복으로서 사해행위의 목적물을 채무자에게 반환할 의무를 지게 되고, 만일 원물반환이 불가능하거나 현저히 곤란한 경우에는 원상회복의무의 이행으로서 사해행위 목적물의 가액 상당을 배상하여야 하는바, 원래 채권자와 아무런 채권·채무관계가 없었던 수익자가 채권자취소에 의하여 원상회복의무를 부담하는 것은 형평의 견지에서 법이 특별히 인정한 것이므로, <u>그 가액배상의 의무는 목적물의 반환이 불가능하거나 현저히 곤란하게 됨으로써 성립하고, 그 외에 그와 같이 불가능하게 된 데에 상대방인 수익자 등의 고의나 과실을 요하는 것은 아니며, 이 경우 채권자는 상대방에 대하여 직접 자기에게 지급할 것을 청구할 수 있다.</u> 여기서 원물반환이 불가능하거나 현저히 곤란한 경우라 함은 원물반환이 단순히 절대적·물리적으로 불능인 경우가 아니라 사회생활상의 경험법칙 또는 거래상의 관념에 비추어 채권자가 수익자나 전득자로부터 이행의 실현을 기대할 수 없는 경우를 말하고, <u>사해행위의 목적물이 수익자로부터 전득자로 이전되어 그 등기까지 경료되었다면 후일 채권자가 전득자를 상대로 소송을 통하여 구제받을 수 있는지에 관계없이, 수익자가 전득자로부터 목적물의 소유권을 회복하여 이를 다시 채권자에게 이전하여 줄 수 있는 특별한 사정이 있으면 모르되, 그렇지 아니한 일반의 경우에는 그로써 채권자에 대한 목적물의 원상회복의무는 법률상 이행불능의 상태에 있다고 봄이 상당하다.</u>[167]

[72] 근저당권이 설정되어 있는 부동산에 관하여 사해행위가 이루어진 후 근저당권이 말소되어 그 부동산의 가액에서 근저당권 피담보채무액을 공제한 나머지 금액의 한도에서 사해행위를 취소하고 가액의 배상을 명하는 경우 <u>그 가액의 산정은 사실심 변론종결 시를 기준으로 하여야 하고</u>, 기존의 근저당권이 말소된 후 사해행위에 의하여 그 부동산에 관한 권리를 취득한 전득자에 대해서도 사실심 변론종결 시의

---

162) 대법원 2000. 3. 10. 선고 99다55069 판결, 대법원 2007. 12. 27. 선고 2005다54104 판결 등 참조.
163) 대법원 2005. 1. 28. 선고 2002다66922 판결 등 참조.
164) A가 이 사건 아파트에 대한 소유권을 취득하지 못하였고 이 사건 조합이나 위 조합을 대위한 B에게 이를 반환할 의무가 있으므로 그 반환의무의 이행으로써 B가 지정한 피고에게 이 사건 아파트를 양도한 것이 사해행위에 해당하지 않는다는 취지이나, 앞서 본 바와 같이 이 사건 조합이 이 사건 명의신탁 약정의 존재를 알지 못한 채 A를 진정한 피분양자로 알고 계약을 체결한 이상, 이 사건 명의신탁 약정이 부동산실명법 제4조 제1항에 의해 무효가 됨에 관계없이 같은 법 제4조 제2항 단서에 의하여 명의수탁자인 소외 2는 이 사건 아파트에 관하여 완전한 소유권을 취득하게 되며, 이 사건 아파트는 일반 채권자들에 대한 관계에서 A의 책임재산이 되므로 A가 그의 유일한 재산인 이 사건 아파트를 처남인 피고에게 매도하여 처분하는 행위는 채권자인 원고에 대하여 사해행위가 된다.

부동산 가액에서 말소된 근저당권 피담보채무액을 공제한 금액의 한도에서 그가 취득한 이익에 대한 가액 배상을 명할 수 있다. 한편 채권자가 채권자취소권을 행사할 때에는 원칙적으로 자신의 채권액을 초과하여 취소권을 행사할 수 없고, 이때 채권자의 채권액에는 사해행위 이후 사실심 변론종결 시까지 발생한 이자나 지연손해금이 포함된다.168)

[73] 채권자취소권은 채권의 공동담보인 채무자의 책임재산을 보전하기 위하여 채무자와 수익자 사이의 사해행위를 취소하고 채무자의 일반재산으로부터 일탈된 재산을 모든 채권자를 위하여 수익자 또는 전득자로부터 환원시키는 제도로서, 수익자인 채권자로 하여금 안분액의 반환을 거절하도록 하는 것은 자신의 채권에 대하여 변제를 받은 수익자를 보호하고 다른 채권자의 이익을 무시하는 결과가 되어 위 제도의 취지에 반하게 되므로, 수익자가 채무자의 채권자인 경우 수익자가 가액배상을 할 때에 수익자 자신도 사해행위취소의 효력을 받는 채권자 중의 1인이라는 이유로 취소채권자에 대하여 총 채권액 중 자기의 채권에 대한 안분액의 분배를 청구하거나, 수익자가 취소채권자의 원상회복에 대하여 총 채권액 중 자기의 채권에 해당하는 안분액의 배당요구권으로써 원상회복청구와의 상계를 주장하여 그 안분액의 지급을 거절할 수는 없다.169)

[74] 채권자취소권은 채권의 공동담보인 채무자의 책임재산을 보전하기 위하여 채무자와 수익자 사이의 사해행위를 취소하고 채무자의 일반재산으로부터 일탈된 재산을 모든 채권자를 위하여 수익자 또는 전득자로부터 환원시키는 제도로서, 수익자로 하여금 자기의 채무자에 대한 반대채권으로써 상계를 허용하는 것은 사해행위에 의하여 이익을 받은 수익자를 보호하고 다른 채권자의 이익을 무시하는 결과가 되어 위 제도의 취지에 반하므로, 수익자가 채권자취소에 따른 원상회복으로서 가액배상을 할 때에 채무자에 대한 채권자라는 이유로 채무자에 대하여 가지는 자기의 채권과의 상계를 주장할 수는 없다. 채권자취소권은 채권의 공동담보인 채무자의 책임재산을 보전하기 위하여 채무자의 일반재산으로부터 일탈된 재산을 모든 채권자를 위하여 수익자 또는 전득자로부터 환원시키는 제도로서, 그 행사의 효력은 채권자와 수익자 또는 전득자와의 상대적인 관계에서만 미치는 것이므로 채권자취소권의 행사로 인하여 채무자가 수익자나 전득자에 대하여 어떠한 권리를 취득하는 것은 아니라고 할 것이고, 따라서 수익자가 채무자에게 가액배상금 명목으로 금원을 지급하였다는 점을 들어 채권자취소권을 행사하는 채권자에 대하여 가액배상에서의 공제를 주장할 수는 없다.170)

[75] 어느 부동산에 관한 법률행위가 사해행위에 해당하는 경우에는 원칙적으로 그 사해행위를 취소하고 소유권이전등기의 말소 등 부동산 자체의 회복을 명하여야 하는 것이나, 다만 원물반환이 불가능하거나 현저히 곤란한 경우에는 원상회복의무의 이행으로서 사해행위 목적물 가액 상당의 배상을 명하여야 하는 것이고, 이러한 가액배상에 있어서는 일반 채권자들의 공동담보로 되어 있어 사해행위가 성립하는 범위 내의 가액 배상을 명하여야 하는 것이므로,171) 그 부동산에 관하여 주택임대차보호법 제3조 제1항이 정한 대항력을 갖추고 임대차계약서에 확정일자를 받아 임대차보증금 우선변제권을 가진 임차인 또는 같은 법 제8조에 의하여 임대차보증금 중 일정액을 우선하여 변제받을 수 있는 소액임차인이 있는 때에는 수익자가 배상하여야 할 부동산의 가액에서 그 우선변제권 있는 임차보증금 반환채권 금액을 공제하여야 한다.172) 그리고 이러한 법리는, 주택 소유자의 사망으로 인하여 그 주택에 관한 포괄적 권리

---

165) 대법원 2001. 12. 27. 선고 2001다33734 판결.
166) 대법원 2001. 2. 27. 선고 2000다44348 판결.
167) 대법원 1998. 5. 15. 선고 97다58316 판결; 대법원 2007. 7. 12. 선고 2007다18218 판결.

의무를 승계한 공동상속인들 사이에 이루어진 상속재산 분할협의가 일부 상속인의 채권자에 대한 사해행위에 해당하는 경우 그 상속인의 상속지분을 취득한 수익자로 하여금 원상회복 의무의 이행으로서 지분 가액 상당의 배상을 명하는 경우에도 그대로 적용된다고 할 것이다.173)

[76] 사해행위를 전부 취소하고 원상회복을 구하는 채권자의 주장 속에는 사해행위를 일부 취소하고 가액의 배상을 구하는 취지도 포함되어 있으므로, 채권자가 원상회복만을 구하는 경우에도 법원은 가액의 배상을 명할 수 있다.174)

[77] 채권자가 채권자취소권을 행사할 때에는 다른 채권자가 배당요구를 할 것이 명백하거나 목적물이 불가분인 경우와 같이 특별한 사정이 있는 경우가 아닌 한 원칙적으로 자신의 채권액을 초과하여 취소권을 행사할 수 없다. 그리고 사해행위취소로 인한 원상회복으로서 원물반환이 아닌 가액배상을 명하는 경우에는 그 이행의 상대방은 채권자이어야 하고,175) 다른 채권자가 채권의 공동담보로 회복된 채무자의 책임재산으로부터 민사집행법 등의 법률상 절차를 거치지 아니하고 취소채권자를 상대로 하여 안분액의 지급을 직접 구할 수 있는 권리를 취득한다거나, 취소채권자에게 인도받은 가액배상금에 대한 분배의무가 인정된다고 볼 수는 없다.176) 따라서 <u>사해행위취소로 인한 원상회복으로서 가액배상을 명하는 경우에는, 취소채권자는 직접 자기에게 가액배상금을 지급할 것을 청구할 수 있고</u>, 위 지급받은 가액배상금을 분배하는 방법이나 절차 등에 관한 아무런 규정이 없는 현행법 아래에서 다른 채권자들이 위 가액배상금에 대하여 배당요구를 할 수도 없으므로, 결국 <u>채권자는 자신의 채권액을 초과하여 가액배상을 구할 수는 없다</u>고 할 것이다. 한편, 채권자가 어느 수익자(전득자를 포함한다)에 대하여 사해행위취소 및 원상회복청구를 하여 승소판결을 받아 그 판결이 확정되었다 하더라도 그에 기하여 재산이나 가액의 회복을 마치지 아니한 이상 채권자는 자신의 피보전채권에 기하여 다른 수익자에 대하여 별도로 사해행위취소 및 원상회복청구를 할 수 있고, 채권자가 여러 수익자들을 상대로 사해행위취소 및 원상회복청구의 소를 제기하여 여러 개의 소송이 계속 중인 경우에는 각 소송에서 채권자의 청구에 따라 사해행위의 취소 및 원상회복을 명하는 판결을 선고하여야 하며, 수익자가 가액배상을 하여야 할 경우에도 다른 소송의 결과를 참작할 필요 없이 수익자가 반환하여야 할 가액 범위 내에서 채권자의 피보전채권 전액의 반환을 명하여야 한다. 그리고 이러한 법리는 이 사건에 있어서와 같이 채무자가 동시에 여러 부동산을 수인의 수익자들에게 처분한 결과 채무초과상태가 됨으로써 그와 같은 각각의 처분행위가 모두 사해행위로 되고, 채권자가 그 수익자들을 공동피고로 하여 사해행위취소 및 원상회복을 구하여 각 수익자들이 부담하는 원상회복의무의 대상이 되는 책임재산의 가액을 합산한 금액이 채권자의 피보전채권액을 초과하는 경우에도 마찬가지라고 할 것이다.177)

[78] 채권자의 사해행위취소 및 원상회복청구가 인정되면, 수익자는 원상회복으로서 사해행위의 목적물을 채무자에게 반환할 의무를 지게 되고, 만일 원물반환이 불가능하거나 현저히 곤란한 경우에는 원상회복의무의 이행으로서 사해행위 목적물의 가액 상당을 배상하여야 하는바, 여기에서 원물반환이 불가능하거나 현저히 곤란한 경우라 함은 원물반환이 단순히 절대적, 물리적으로 불능인 경우가 아니라 사회생활상의 경험법칙 또는 거래상의 관념에 비추어 그 이행의 실현을 기대할 수 없는 경우를 말하는 것이므로,

---

168) 대법원 2001. 9. 4. 선고 2000다66416 판결.
169) 대법원 2001. 2. 27. 선고 2000다44348 판결.
170) 대법원 2001. 6. 1. 선고 99다63183 판결.
171) 대법원 2003. 12. 12. 선고 2003다40286 판결 등 참조.
172) 대법원 2001. 6. 12. 선고 99다51197, 51203 판결; 대법원 2002. 3. 29. 선고 99다58556 판결 등 참조.

제10장 사해행위취소소송의 쟁점 365

사해행위 후 그 목적물에 관하여 제3자가 저당권이나 지상권 등의 권리를 취득한 경우에는 수익자가 목적물을 저당권 등의 제한이 없는 상태로 회복하여 이전하여 줄 수 있다는 등의 특별한 사정이 없는 한 채권자는 수익자를 상대로 원물반환 대신 그 가액 상당의 배상을 구할 수도 있다고 할 것이나, 그렇다고 하여 채권자가 스스로 위험이나 불이익을 감수하면서 원물반환을 구하는 것까지 허용되지 아니하는 것으로 볼 것은 아니고, 그 경우 채권자는 원상회복 방법으로 가액배상 대신 수익자 명의의 등기의 말소를 구하거나 수익자를 상대로 채무자 앞으로 직접 소유권이전등기절차를 이행할 것을 구할 수도 있다고 할 것이다.178) 원상회복의 방법으로 수익자 명의의 등기의 말소를 구하여 승소하더라도 등기상 이해관계 있는 제3자인 저당권자나 지상권자 등의 승낙서나 이에 대항할 수 있는 재판의 등본을 첨부하지 못하여 등기의 말소를 신청할 수 없는 경우도 있을 수 있을 것이나, 채권자 스스로 그와 같은 위험을 감수하면서 수익자 명의의 등기의 말소를 구하는 원상회복 방법을 택한 이상 이를 허용하지 아니할 이유는 없다고 할 것이다.179)

[79] 소유권이전등기청구권보전을 위한 가등기가 사해행위로서 이루어진 경우 그 매매예약을 취소하고 원상회복으로서 가등기를 말소하면 족한 것이고, 가등기 후에 저당권이 말소되었다거나 그 피담보채무가 일부 변제된 점 또는 그 가등기가 사실상 담보가등기라는 점 등은 그와 같은 원상회복의 방법에 아무런 영향을 주지 않는다.180)

[80] 채무자와 수익자 사이의 저당권설정행위가 사해행위로 인정되어 저당권설정계약이 취소되는 경우에도 당해 부동산이 이미 입찰절차에 의하여 낙찰되어 대금이 완납되었을 때에는 낙찰인의 소유권취득에는 영향을 미칠 수 없으므로, 채권자취소권의 행사에 따르는 원상회복의 방법으로 입찰인의 소유권이전등기를 말소할 수는 없고, 수익자가 받은 배당금을 반환하여야 한다.181)

[81] 채무자와 수익자 사이의 근저당권설정계약이 사해행위인 이상 그로 인한 근저당권설정등기가 경락으로 인하여 말소되었다고 하더라도 수익자로 하여금 근저당권자로서의 배당을 받도록 하는 것은 민법 제406조 제1항의 취지에 반하므로, 수익자에게 그와 같은 부당한 이득을 보유시키지 않기 위하여 그 근저당권설정등기로 인하여 해를 입게 되는 채권자는 근저당권설정계약의 취소를 구할 이익이 있다. 수익자가 경매절차에서 채무자와의 사해행위로 취득한 근저당권에 기하여 배당에 참가하여 배당표는 확정되었으나 채권자의 배당금 지급금지가처분으로 인하여 배당금을 현실적으로 지급받지 못한 경우, 채권자취소권의 행사에 따른 원상회복의 방법은 수익자에게 바로 배당금의 지급을 명할 것이 아니라 수익자가 취득한 배당금지급청구권을 채무자에게 반환하는 방법으로 이루어져야 하고, 이는 결국 배당금지급채권의 양도와 그 채권양도의 통지를 배당금지급채권의 채무자에게 하여 줄 것을 청구하는 형태가 될 것이다.182)

---

173) 대법원 2007. 7. 26. 선고 2007다29119 판결.
174) 대법원 2001. 9. 4. 선고 2000다66416 판결. 저당권이 설정되어 있는 부동산이 사해행위로 이전된 경우에 그 사해행위는 부동산의 가액에서 저당권의 피담보채권액을 공제한 잔액의 범위 내에서만 성립한다고 보아야 하므로, 사해행위 후 변제 등에 의하여 저당권설정등기가 말소된 경우 그 부동산의 가액에서 저당권의 피담보채무액을 공제한 잔액의 한도에서 사해행위를 취소하고 그 가액의 배상을 구할 수 있을 뿐이고, 특별한 사정이 없는 한 변제자가 누구인지에 따라 그 방법을 달리한다고 볼 수는 없는 것이며, 사해행위인 계약 전부의 취소와 부동산 자체의 반환을 구하는 청구취지 속에는 위와 같이 일부취소를 하여야 할 경우 그 일부취소와 가액배상을 구하는 취지도 포함되어 있다고 볼 수 있으므로 청구취지의 변경이 없더라도 바로 가액반환을 명할 수 있다. 대법원 2001. 6. 12. 선고 99다20612 판결.
175) 대법원 2008. 4. 24. 선고 2007다84352 판결.
176) 대법원 2008. 6. 12. 선고 2007다37837 판결 참조.
177) 대법원 2008. 11. 13. 선고 2006다1442 판결.

[82] 자기 앞으로 소유권을 표상하는 등기가 되어 있었거나 법률에 의하여 소유권을 취득한 자가 진정한 등기명의를 회복하기 위한 방법으로는 그 등기의 말소를 구하는 외에 현재의 등기명의인을 상대로 직접 소유권이전등기절차의 이행을 구하는 것도 허용되어야 하는바, 이러한 법리는 사해행위 취소소송에 있어서 취소 목적 부동산의 등기명의를 수익자로부터 채무자 앞으로 복귀시키고자 하는 경우에도 그대로 적용될 수 있다고 할 것이고, 따라서 채권자는 사해행위의 취소로 인한 원상회복 방법으로 수익자 명의의 등기의 말소를 구하는 대신 수익자를 상대로 채무자 앞으로 직접 소유권이전등기절차를 이행할 것을 구할 수도 있다.[183)

[83] 채권자가 사해행위의 취소와 함께 수익자 또는 전득자로부터 책임재산의 회복을 명하는 사해행위취소의 판결을 받은 경우 그 취소의 효과는 채권자와 수익자 또는 전득자 사이에만 미치므로, 수익자 또는 전득자가 채권자에 대하여 사해행위의 취소로 인한 원상회복 의무를 부담하게 될 뿐, 채무자와 사이에서 그 취소로 인한 법률관계가 형성되거나 취소의 효력이 소급하여 채무자의 책임재산으로 회복되는 것은 아니다.[184)

[84] 채권자가 채무자의 부동산에 관한 사해행위를 이유로 수익자를 상대로 그 사해행위의 취소 및 원상회복을 구하는 소송을 제기하여 그 소송계속 중 위 사해행위가 해제 또는 해지되고 채권자가 그 사해행위의 취소에 의해 복귀를 구하는 재산이 벌써 채무자에게 복귀한 경우에는, 특별한 사정이 없는 한, 그 채권자취소소송은 이미 그 목적이 실현되어 더 이상 그 소에 의해 확보할 권리보호의 이익이 없어지는 것이고, 이는 그 목적재산인 부동산의 복귀가 그 이전등기의 말소 형식이 아니라 소유권이전등기의 형식을 취하였다고 하여 달라지는 것은 아니다. 채권자가 수익자를 상대로 사해행위취소로 인한 원상회복을 위하여 소유권이전등기 말소등기청구권을 피보전권리로 하여 그 목적부동산에 대한 처분금지가처분을 발령받은 경우, 그 후 수익자가 계약의 해제 또는 해지 등의 사유로 채무자에게 그 부동산을 반환하는 것은 가처분채권자의 피보전권리인 채권자취소권에 의한 원상회복청구권을 침해하는 것이 아니라 오히려 그 피보전권리에 부합하는 것이므로 위 가처분의 처분금지 효력에 저촉된다고 할 수 없다.[185)

---

178) 대법원 2000. 2. 25. 선고 99다53704 판결 참조.
179) 대법원 2001. 2. 9. 선고 2000다57139 판결.
180) 대법원 2003. 7. 11. 선고 2003다19435 판결; 대법원 2001. 6. 12. 선고 99다20612 판결 참조.
181) 대법원 2001. 2. 27. 선고 2000다44348 판결.
182) 대법원 1997. 10. 10. 선고 97다8687 판결.
183) 대법원 2000. 2. 25. 선고 99다53704 판결.
184) 대법원 2007. 4. 12. 선고 2005다1407 판결; 대법원 2001. 5. 29. 선고 99다9011 판결; 대법원 2006. 8. 24. 선고 2004다23110 판결 등 참조.
185) 대법원 2008. 3. 27. 선고 2007다85157 판결.

Ⅵ. 소장 작성 사례

소 장

원고　김 갑 동(　　－　　)
　　　서울 서초구 서초동 123
　　　원고소송대리인 변호사 ○ ○ ○
　　　서울 서초구 서초동 1226(우편번호:　　－　　)
　　　전화:　　－　　　FAX:　　－

피고 1. 이 을 순(　　－　　)
　　　　서울 강남구 삼성동 234(우편번호:　　－　　)
　　2. 이 병 남(　　－　　)
　　　　고양시 일산구 대화동 256(우편번호:　　－　　)
　　3. 박 정 삼(　　－　　)
　　　　제주시 아라동 산15(우편번호:　　－　　)

매매대금반환 등 청구의 소

청 구 취 지

1. 피고 이을순은 원고에게 금 100,000,000원 및 이에 대한 2010. 4. 2.부터 이 사건 소장부본 송달일까지는 연 5%의, 그다음 날부터 완제일까지는 연 20%의 각 비율에 의한 금원을 지급하라.
2. 피고 이을순과 피고 이병남 사이에 별지목록 기재 토지에 관하여 2010. 7. 1. 체결된 매매계약은 이를 취소한다.
3. 피고 이을순에게 별지목록 기재 토지에 관하여,
　가. 피고 이병남은 제주지방법원 2010. 7. 1. 접수 제2345호호 마친 소유권이전등기의,
　나. 피고 박정삼은 같은 법원 2010. 10. 1. 접수 제3456호로 마친 소유권이전등기의
　각 말소등기절차를 이행하라.
4. 소송비용은 피고들이 부담한다.
5. 제1항은 가집행할 수 있다.
　라는 판결을 구합니다.

청 구 원 인

1. 사실관계
가. 원고는 2010. 2. 1. 피고 이을순으로부터 그 소유의 별지목록 기재 토지(이하 '이 사건 토지'라

함)를 대금 1억 원에 매수하기로 하는 부동산매매계약을 체결하고 매매대금을 전액 지급하였습니다. 그런데 피고 이을순이 그 소유권이전등기를 하여 주지 아니하여 원고는 피고 이을순의 채무불이행을 이유로 같은 해 4. 1. 위 매매계약을 해제하였습니다.

나. 원고가 위 매매계약을 해제하자 피고 이을순은 원고에 대한 매매대금반환채무를 면탈할 의도로 처남인 피고 이병남과 짜고 2010. 7. 1. 피고 이병남에게 이 사건 토지를 1억 1,000만 원에 매도하는 내용의 매매계약을 체결하고 같은 날 피고 이병남 명의로 소유권이전등기를 마쳤습니다(제주지방법원 2010. 7. 1. 접수 제12345호).

다. 피고 이병남은 2010. 10. 1. 친구인 피고 박정삼에게 이 사건 토지를 매도하고 같은 날 피고 박정삼 명의로 소유권이전등기를 마쳤습니다(위 법원 2010. 10. 1. 접수 제23456호).

라. 원고는 위 매매계약을 해제한 직후인 2010. 4. 15. 위 매매대금반환채권을 피보전권리로 하여 이 사건 토지를 가압류하였고, 같은 해 10. 15. 뒤늦게 피고 이을순이 피고 이병남에게 위와 같이 이 사건 토지를 양도한 사실을 알게 되어 피고 이을순의 재산상태를 조사한 결과 같은 해 10. 20. 피고 이을순에게는 이 사건 토지 이외에는 아무런 재산이 없음을 알게 되었습니다.

2. 매매대금의 반환

가. 원고와 피고 이을순의 이 사건 매매계약은 피고 이을순의 채무불이행으로 적법하게 해제되었으므로 피고 이을순은 원상회복으로 원고에게 위 매매대금을 반환할 의무가 있습니다.

나. 그렇다면 피고 이을순은 원고에게 금 100,000,000원 및 이에 대한 이 사건 매매계약해제통고일 다음 날인 2010. 4. 2.부터 이 사건 소장부본 송달일까지는 민법 소정의 연 5%의, 그다음 날부터 완제일까지는 소송촉진 등에 관한 특례법 소정의 연 20%의 각 비율에 의한 지연손해금을 지급할 의무가 있습니다.

3. 사해행위취소 및 원상회복

가. 피고 이을순과 위 피고의 처남인 피고 이병남의 2010. 7. 1. 자 매매계약은 피고 이을순의 원고에 대한 매매대금반환채무를 면탈하기 위한 사해행위라 할 것이고, 피고 이을순은 이 사건 토지이외에는 달리 재산이 없으며, 피고 이병남은 피고 이을순의 처남으로서 위와 같은 사정을 잘 알면서 이 사건 토지에 관한 매매계약을 체결하고 소유권이전등기를 마친 악의취득자라 할 것입니다.

나. 피고 박정삼 역시 피고 이병남의 친구로서 위와 같은 사정을 잘 알면서 이 사건 토지를 취득한 악의취득자라 할 것입니다.

다. 그렇다면 피고 이병삼은 사해행위인 피고 이을순과의 2010. 7. 1. 자 매매계약을 취소하고, 원상회복으로 피고 이을순에게 이 사건 토지에 마쳐진 피고 이병삼 명의의 소유권이전등기를 말소하여야 할 것이고, 피고 박정삼 역시 악의취득자로서 피고 이을순에게 이 사건 토지에 마쳐진 2010. 10. 1. 자 피고 박정삼 명의의 소유권이전등기를 말소할 의무가 있습니다.

4. 결론

따라서 원고는 피고 이을순에게는 이 사건 매매대금의 반환을 구하고, 피고 이을순과 피고 이병남의 매매계약을 사해행위로 취소하며, 그 원상회복으로 피고 이병남, 피고 박정삼은 피고 이을순에게 각 마쳐진 소유권이전등기의 말소를 구하기 위하여 이 사건 청구에 이르렀습니다.

입 증 방 법

1. 갑 제1호증   부동산등기부등본
1. 갑 제2호증   매매계약서
1. 갑 제3호증   영수증
1. 갑 제4호증   해제통고서
1. 기타 필요한 입증방법은 변론기일에 제출하겠습니다.

첨 부 서 류

1. 소장부본   4통
2. 위 입증방법   4통
3. 납부서   1통
4. 소송위임장   1통

2011. 10. 6.
위 원고 소송대리인
변호사 ○ ○ ○ (인)

서울중앙지방법원   귀 중

[별지목록 생략]

<Comment>

1. 채권자취소권은 채무자의 책임재산을 보전하기 위한 것이므로 특정 채권(특정물에 대한 소유권이전등기청구권 등) 그 자체의 보전을 위한 채권자취소권은 인정되지 않는다.

2. 채무자는 사해행위취소소송의 피고적격이 없으나, 채무자를 상대로 본래 채무의 이행을 구할 수 있고, 이러한 청구를 사해행위취소의 소에 병합하여 제기하는 것도 가능하다. 원고는 피고 이을순을 상대로 매매대금 1억의 반환을 구하고 있으므로 이 사건 소장 작성 시에도 피고 이을순에 대한 금원지급청구를 병합하여야 한다.

3. 통정허위표시도 채권자취소권의 대상이 된다(판례). 피고 이을순과 처남인 피고 이병남 사이의 2010. 7. 1. 자 매매계약은 통정허위표시이나 채무자가 한 법률행위로서 채권자취소의 대상이 된다.

4. 채권자취소권은 채무자와 수익자 사이의 법률행위를 취소의 대상으로 삼아야 하고, 상대방이 전득자라고 하여도 수익자와 전득자 사이의 법률행위는 채권자취소권의 대상으로 삼을 수 없다.

5. 채권자취소권은 채권자가 취소원인을 안 날로부터 1년, 법률행위 있는 날로부터 5년 내에 행사하여

야 한다(제척기간). 원고가 피고 이을순의 매매계약 사실을 안 것은 2010. 10. 15.이지만 그것이 사해행위에 해당하는 것임을 안 것은 피고 이을순에게 아무런 자력이 없음을 알게 된 날인 피고 이을순의 재산상태를 조사한 2010. 10. 20.경으로 보아야 할 것이므로 이로부터 1년 이내인 2011. 10. 19.까지 사해행위취소의 소를 제기하여야 한다. 가압류를 한 시점은 문제 되지 않는다.

[참고판결]

제 주 지 방 법 원

판 결

사 건 2007가단14017 사해행위취소
원 고 한국자산관리공사
　　　　 서울 강남구 역삼동 814
　　　　 대표자 사장 김우석
　　　　 소송대리인 변호사 박석순
　　　　 소송복대리인 변호사 이창주
피 고 김○○ (81년생)

변 론 종 결 2008. 3. 19.
판 결 선 고 2008. 4. 2.

주 문

1. 원고의 이 사건 소 중 별지 목록 기재 부동산에 관하여 피고와 갑 사이에 2007. 1. 29. 체결된 소유권이전등기청구권 양도계약의 취소 및 피고의 갑에 대한 제주지방법원 2007. 2. 7. 접수 제12317호 소유권이전등기청구권 이전의 부기등기의 말소등기절차의 이행을 구하는 부분의 소를 각하한다.
2. 가. 피고와 을 사이에 별지 목록 기재 부동산에 관하여 2005. 2. 11. 체결된 매매계약을 취소한다.
　 나. 피고는 을에게 별지 목록 기재 부동산에 관하여 제주지방법원 2007. 2. 12. 접수 제13303호로 마친 소유권이전등기의 말소등기절차를 이행하라.
3. 소송비용 중 50%는 원고가, 나머지는 피고가 각 부담한다.

청 구 취 지

주문 제2항 및 피고와 갑 사이에 별지 목록 기재 부동산의 소유권이전등기청구권에 관하여 2007. 1. 29. 체결한 양도계약을 취소하고, 피고는 갑에게 위 부동산에 관하여 제주지방법원 2007. 2. 7. 접수 제12317호로 마친 소유권이전등기청구권 이전의 부기등기의 말소등기절차를 이행하라.

이 유

1. 기초사실

가. 원고의 을에 대한 채권

(1) 을은 아래 금융기관과 대출 및 신용카드거래약정(대환론 포함)을 체결하면서 여신거래 및 신용카드 회원약관에 따른 지연손해금률을 따르기로 하였다.

금융기관	약정구분	약정금액	대출과목	약정일자	연체이율(%)
(주)삼성캐피탈	금전소비대차약정	10,884,960원	판매금융	2000. 2. 28.	29
(주)삼성캐피탈	아하론패스발급신청		패스	2000. 6. 9.	29

(2) 을이 위 금융기관에 대한 채무를 변제하지 아니함에 따라, 을은 그 대출금에 대한 기한의 이익을 상실하였고, 위 금융기관은「금융기관 부실자산 등의 효율적 처리 및 한국자산관리공사의 설립에 관한 법률」제4조의 규정에 의하여 원고에게 을에 대한 일체의 채권을 양도하였는바, 원고의 을에 대한 채권 내역은 아래 표 기재와 같다.

금융기관	채권양도일	통지일	잔여원금	지연손해금 합계
(주)삼성캐피탈	2005. 9. 29.	2005. 10. 5.	6,267,662	6,267,662
(주)삼성캐피탈	2005. 9. 29.	2005. 10. 5.	4,500,000	4,500,000
				합계 10,767,662

(3) 원고는 을을 상대로 양수금 청구의 소(광주지방법원 2005가소102187)를 제기하여, 광주지방법원은 2005. 8. 2. "을은 원고에게 10,767,662원 및 그중 6,267,662원에 대한 2000. 9. 5.부터 다 갚는 날까지 연 29%, 4,500,000원에 대한 2000. 9. 26.부터 다 갚는 날까지 연 29%의 비율에 의한 돈을 지급하라"는 판결을 선고하였고, 그 무렵 위 판결은 확정되었다.

나. 을의 부동산 처분행위

(1) 별지 목록 기재 부동산(이하 '이 사건 부동산'이라 한다)은 을의 유일한 재산이다.

(2) 을은 2000. 2. 1. 갑과 사이에 이 사건 부동산에 관하여 매매예약을 체결하고, 위 부동산에 관하여 갑에게 제주지방법원 2000. 2. 9. 접수 제8448호로 소유권이전등기청구권 가등기를 경료하여 주었다.

(3) 한편, 을의 아들인 피고는 2007. 1. 29. 갑으로부터 이 사건 부동산에 관한 소유권이전등기청구권을 양도받아 제주지방법원 2007. 2. 7. 접수 제12317호로 그 소유권이전등기청구권 이전의 부기등기를 경료한 후, 그 가등기에 기하여 을과 사이에 2005. 2. 11. 매매를 원인으로 한 제주지방법원 2007. 2. 12. 접수 제13303호 소유권이전등기를 경료하였다.

【인정근거】일부 다툼 없는 사실, 갑 제1 내지 9호증의 각 기재, 변론 전체의 취지

2. 당사자의 주장 및 판단

가. 원고의 주장

원고는, 피고와 이 사건 부동산의 가등기권자인 갑과 사이에 2007. 1. 29. 소유권이전등기청구권 양도

계약 및 피고와 을 사이의 2005. 2. 11. 매매계약은 모두 채권자인 원고를 해하는 사해행위이므로 취소되어야 한다고 주장한다.

나. 소의 적법 여부에 관한 직권 판단

원고 청구의 당부를 판단하기에 앞서 직권으로 원고가 구하는 이 사건 소 중 피고와 갑 사이에 2007. 1. 29. 체결된 이 사건 부동산에 관한 소유권이전등기청구권 양도계약의 취소 및 그에 따른 피고의 제주지방법원 2007. 2. 7. 접수 제12317호로 그 소유권이전등기청구권 이전의 부기등기의 말소등기절차의 이행을 구하는 부분의 적법 여부에 관하여 본다.

앞서 본 인정사실에 따르면, 을은 2000. 2. 1. 갑과 사이에 이 사건 부동산에 관하여 매매예약을 체결하고, 위 부동산에 관하여 갑에게 제주지방법원 2000. 2. 9. 접수 제8448호로 소유권이전등기청구권 가등기를 경료하여 주었으며, 갑은 2007. 1. 29. 피고에게 이 사건 부동산에 관한 소유권이전등기청구권을 양도하였는바, 이 사건 부동산에 관한 법률행위 중 채무자와 수익자 사이에 행해진 법률행위는 원고의 채무자인 을과 갑 사이에 체결된 2000. 2. 1. 자 매매예약이라 할 것이고, 피고와 갑 사이에 2007. 1. 29. 체결된 위 부동산에 관한 소유권이전등기청구권의 양도계약은 수익자인 갑과 그로부터 위 부동산에 관한 권리를 양수한 전득자인 피고와 사이에 발생한 새로운 법률행위라 할 것인데, <u>전득자를 상대로 한 사해행위 취소소송에서 그 취소의 대상이 되는 법률행위는 채무자와 수익자 사이에 행하여진 법률행위이고 수익자와 전득자 사이의 법률행위는 취소의 대상이 되지 않는다</u>고 할 것이므로(대법원 2004. 8. 20. 선고 2004다21923 판결 등 참조), 이 사건에서 원고가 피고에 대하여 사해행위로서 그 취소를 구하고 있는 갑과 피고 사이에 2007. 1. 29. 체결된 소유권이전등기청구권 양도계약은 수익자와 전득자 사이에 체결된 법률행위로서 사해행위 취소의 대상이 되지 아니한다. 따라서 원고의 이 사건 소 중 피고와 갑 사이에 2007. 1. 29. 체결된 이 사건 부동산에 관한 소유권이전등기청구권 양도계약의 취소 및 그 원상회복으로서 피고의 제주지방법원 2007. 2. 7. 접수 제12317호 소유권이전등기청구권 이전의 부기등기의 말소등기절차의 이행을 구하는 부분은 부적법하다.

다. 원고의 나머지 청구에 관한 판단

(1) 위 인정사실에 의하면, 을은 2005. 2. 11. 원고에 대하여 채무를 부담하고 있는 상태에서 그 유일한 재산인 이 사건 부동산에 관하여 피고와 사이에 매매계약을 체결하고(그 계약의 내용이 명확하지는 않으나, 피고가 을과 갑 사이의 2000. 2. 1. 자 매매예약을 승계한 것이 아니라 을과 사이에 독자적인 매매계약을 체결한 것으로 보인다), 이를 원인으로 하여 갑으로부터 양도받은 소유권이전등기청구권 가등기에 기하여 2005. 2. 11. 매매를 원인으로 한 제주지방법원 2007. 2. 12. 접수 제13303호 소유권이전등기를 경료하였는바, 특별한 사정이 없는 한 채무자인 을의 사해의사는 추정된다고 할 것이어서, 을과 피고 사이에 이 사건 부동산에 관하여 2005. 2. 11. 체결된 매매계약은 사해행위로서 취소되어야 하고, 그 원상회복으로서 피고는 을에게 위 부동산에 관하여 제주지방법원 2007. 2. 12. 접수 제13303호로 경료된 소유권이전등기를 말소할 의무가 있다.

(2) 이에 대하여, 피고는 을에게 정당한 부동산 매매대금을 모두 지급하고 이 사건 부동산을 양도받았으므로 피고는 선의의 수익자라는 취지의 주장을 하나, 피고의 주장이 사실이라 할지라도 사해행위 취소소송에서의 선의의 수익자라 함은 채무자의 사해의사를 알지 못하는 수익자를 말하는 것이고, 채무자의 사해의사는 채무자의 재산처분행위에 의하여 그 재산이 감소되어 채권의 공동담보에 부족이 생기거나 이미 부족 상태에 있는 공동담보가 한층 더 부족하게 됨으

로써 채권자의 채권을 완전하게 만족시킬 수 없게 된다는 사실을 인식하는 것을 의미하는데 (대법원 2004. 7. 9. 선고 2004다12004 판결 등 참조), 이 사건 변론 전체의 취지에 의하면, 피고 는 을이 채무초과상태에서 피고에게 이 사건 부동산을 매도함으로써 채권자들에 대한 공동담 보가 부족하게 되어 채권자인 원고의 채권을 만족시킬 수 없게 되었음을 알고 있었음을 자인 하고 있으므로, 결국 피고의 위 주장은 이유 없다.

3. 결론

그렇다면, 원고의 이 사건 소 중 피고와 갑 사이에 2007. 1. 29. 체결된 이 사건 부동산에 관한 소유 권이전등기청구권 양도계약의 취소 및 그에 따른 피고의 제주지방법원 2007. 2. 7. 접수 제12317호 로 그 소유권이전등기청구권 이전의 부기등기의 말소등기절차의 이행을 구하는 부분은 부적법하 여 이를 각하하고, 원고의 나머지 청구는 이유 있어 이를 인용하기로 하여, 주문과 같이 판결한다.

판사 정진아 _____

별지 부동산 목록
제주시 한경면 청수리 ○○ 전 ○○㎡. 끝.

Ⅶ. 연습문제

1. 〈연습문제 1〉

〈기초사실〉

(1) 원고 K 은행은, ① 2010. 1. 1. A 주식회사에게 50,000,000원을 변제기 2010. 3. 31. 이자 월 2%로 정하여 대여 하면서 담보로 같은 해 1. 2. 위 회사 대표이사인 B 소유의 X 아파트에 관하여 채권최고액 70,000,000원의 2 순위 근저당권을, ② 같은 해 2. 1. A 회사에게 100,000,000원을 변제기 2010. 4. 30. 이자 월 2%로 정하여 대여 하면서 담보로 같은 날 B의 남동생인 C 소유의 Y 토지에 관하여 채권최고액 150,000,000원의 1순위 근저당권 을 각 설정하였고, B는 위 각 채무의 지급을 연대보증하였다. 한편 위 X 아파트에는 근저당권자가 D인 채권 최고액 10,000,000원의 1순위 근저당권(피담보채권액 10,000,000원)이 2009. 5. 8. 자로 이미 설정되어 있었다.

(2) B는 2009. 7. 1. 원고 甲으로부터 30,000,000만 원을 변제기 2009. 12. 31. 이자 월 2%로 정하여 차용하였고, 위 대여금에 대하여 2010. 1. 31.까지의 이자 및 지연손해금을 지급하였다.

(3) 한편, E는 2010. 7. 15. B에 대하여 가지는 물품대금채권 11,000,000원을 청구금액으로 하여 X 아파트에 관 하여 가압류를 신청하여 같은 달 16. 서울중앙지방법원으로부터 부동산가압류결정을 받았고, 위 법원의 촉탁에 의하여 같은 달 17. X 아파트에 관하여 가압류기입등기가 마쳐졌다.

(4) A 회사가 부도 날 지경에 이르자, B는 2010. 10. 31. X 아파트 외에는 아무런 재산이 없는 상태에서 친구로 서 채권자인 피고 乙에게 2009. 5. 1. 공급받은 50,000,000원 상당의 물품대금지급채무의 지급에 갈음하여 그의 유일한 재산인 X 아파트를 양도하기로 하여, 매매계약을 체결하고 같은 날 乙 명의로 그 소유권이전

등기를 마쳤다. 그 후 乙은 2010. 12. 30. E에게 위 가압류 청구채권 11,000,000원을 변제하고 위 가압류를 해제시켰고, 같은 해 12. 31. B의 원고 K 은행에 대한 위 2010. 1. 1. 자 채무의 원리금 58,000,000원[5,000만 원 및 이에 대한 2010. 5. 1.부터 2010. 12. 31.까지의 월 2%의 비율에 의한 지연손해금 합계액(5,000만 원(1×8개월×0.02)]을 변제하고 X 아파트에 설정된 원고 K 은행 명의의 근저당권설정등기를 말소하였다.

(5) 원고 K 은행은 2011. 2. 1. 원고 甲은 2011. 3. 2. 피고 乙을 상대로 하여 위 매매계약을 취소하고 원상회복을 구하는 소를 각 제기하면서 가액반환의 방법으로 원상회복을 하게 된다면 원금뿐만 아니라 그 이자 또는 지연손해금의 지급까지도 구한다고 주장하였고, 변론이 병합되지 아니한 상태에서 같은 해 5. 31. 원고 K 은행이 제기한 소송과 원고 甲이 제기한 소송이 각 변론종결되었다.

(6) X 아파트의 시가는 B와 피고 乙 사이의 X 아파트에 관한 매매계약체결 당시는 100,000,000원, 변론종결 시는 150,000,000원, Y 토지의 시가는 X 아파트에 관한 매매계약체결 당시는 50,000,000원, 변론종결 시는 60,000,000원이다.

<문제>

1. 원고 K 은행과 원고 甲이 제기한 위 소송에서 B가 그 채권자인 피고 乙에게 X 아파트를 양도한 행위는 사해행위에 해당하는가?

2. 원상회복으로 가액배상을 구할 경우, 원고들이 구할 수 있는 원상회복의 범위는 어떠한가? 다른 소송의 계속 여부는 고려하지 않고 원고 K 은행의 소송과 원고 甲의 소송을 별도로 분리하여 답하라.

   (1) 원고 甲이 제기한 소는 중복된 소제기에 해당하는가?

   (2) 만일, 원고 K 은행이 먼저 승소판결을 받아 그 판결이 확정되었으나 그 판결에 기한 원상회복을 마치지 아니하였는데, 그때까지 원고 甲이 제기한 소가 계속 중이라면 원고 甲의 소는 권리보호의 이익이 인정되는가?

   (3) 만일, 원고 K 은행이 먼저 승소판결을 받고 그 판결이 확정되어 그에 기한 원상회복으로서 가액반환도 실제 이루어졌으나, 원고 甲이 제기한 소의 변론종결 시 X 아파트의 시가가 170,000,000원으로 상승하였다면 그 증가된 시가 상당 부분에 대한 가액반환청구는 권리보호의 이익이 인정되는가?

3. 사안을 달리하여 만일 B가 피고 乙에게 X 아파트에 관하여 이전등기를 마쳐 준 것이 아니라 소유권이전등기청구권보전을 위한 가등기를 마쳐 주었고, 이것이 사해행위로 인정될 경우(그 외에는 기초 사실 동일함) 원상회복의 방법이 달라지는가?

4. 원고 K 은행이 제기한 사해행위취소 및 원상회복청구에 대하여, 피고는 B가 X 아파트를 피고에게 처분할 당시 원고 K 은행의 피보전채권의 주 채무자인 A 회사가 그 채무를 완제하기에 충분할 정도로 자력이 있어 채무초과상태가 아니었으므로 그 연대보증인에 불과한 B의 위 처분행위는 사해행위가 될 수 없다는 취지로 주장하고 있다. 심리결과 주 채무자인 A 회사는 X 아파트 처분당시 원고 K 은행에 대한 채무를 모두 상환할 자력이 있음이 밝혀졌다면 피고의 위 주장은 타당한가? (다른 우선변제권이 확보된 사정은 없다고 가정한다).

2. 〈연습문제 2〉

<기초사실>

(1) 등산용품 총판점을 운영하는 甲은 2009. 7. 1. 등산용품 매장을 운영하는 A와 사이에 등산용품 공급계약을 체결하면서 계약기간을 2009. 7. 1.부터 1년간으로 약정하고, 그 물품대금 채권을 담보하기 위하여 2009. 7. 2. A 소유의 X 아파트에 관하여 채권최고액 2억 원으로 하는 근저당권을 설정하였다. 그 후 甲은 2010. 6. 말까지 A에게 등산용품을 공급하였고, 2010. 7. 1. 현재 미지급된 등산용품 대금은 135,000,000원이다.

(2) X 아파트에는 2009. 1. 25. 자로 채권최고액 750,000,000원(2010. 7. 31. 현재 피담보채무는 600,000,000원임)의 농협중앙회 명의의 1순위 근저당권과 2009. 1. 26. 채권최고액 350,000,000원(2010. 7. 31. 현재 피담보채무는 330,000,000원임)의 주식회사 K 건설 명의의 2순위 근저당권이 각 설정되어 있다.

(3) 한편 A는 X 아파트 이외에도 수원시 소재 Y 빌라를 소유하고 있었는데, Y 빌라에는 2009. 7. 2. 자로 근저당권자 B, 채권최고액 10,000,000원의 1순위 근저당권(피담보채권액 10,000,000원)이 설정되어 있었고, C가 2009. 8. 1. A와 임대차보증금 40,000,000원, 기간 2년으로 정하여 임대차계약을 체결하고 위 임대차보증금을 전액 지급한 후 인도받아 2009. 8. 3. 전입신고를 마침으로써 주택임대차보호법상 대항력을 갖추고 거주하고 있다(확정일자는 받아 두지 않았다).

(4) 그 후 A는 2010. 7. 24. J 은행으로부터 60,000,000원을 대출받으면서 그 대출원리금채무를 담보하기 위하여 같은 날 Y 빌라에 관하여 근저당권자 J 은행, 채권최고액 70,000,000원의 근저당권을 설정하여 준 다음, 같은 해 8. 1. Y 빌라에 관하여 자신의 동서인 乙 앞으로 2010. 7. 31. 매매를 원인으로 하는 소유권이전등기를 마쳐 주었다.

(5) A가 乙에게 Y 빌라를 처분할 당시 A의 적극재산으로는 시간 130,000,000원 상당의 Y 빌라와 시가 1,160,000,000원 상당의 X 아파트가 있었던 반면, A의 소극재산으로는 위 농협중앙회, 주식회사 K 건설, J 은행 및 B에 대한 각 근저당채무와 C에 대한 임대차보증금반환채무, 甲에 대한 물품대금채무 이외에도 D에 대한 수표금채무 200,000,000원이 있었다.

(6) 한편, 농협중앙회는 2010. 7. 21. X 아파트에 대하여 임의경매를 신청하여 2010. 7. 22. 경매개시결정이 내려졌고, 위 경매절차에서 X 아파트의 감정가액은 1,170,000,000원으로 평가되었으나, 그 후 수차례 유찰되다가 2011. 1. 20, 580,000,000원에 매각됨에 따라 甲은 위 경매절차에서 아무런 배당을 받지 못하였다.

(7) 乙은 2010. 9. 23. A의 J 은행에 대한 위 대출금 채무의 원리금 62,000,000원을 변제하고 Y 빌라에 설정된 J 은행 명의의 근저당권설정등기를 말소하였다(2010. 7. 31. 당시 대출원리금은 60,500,000원).

(8) 甲은 2011. 2. 14. 乙을 상대로 하여 Y 빌라에 관하여 A와 乙 사이의 매매계약을 135,000,000원의 한도 내에서 취소하고 가액배상으로 135,000,000원의 지급을 구하는 소를 제기하였다. 위 소송은 2011. 6. 13. 종결되었는데 변론종결 당시 Y 빌라의 시가는 140,000,000원이다.

<문제>

1. 甲이 제기한 위 소송에서 A가 乙에게 Y 빌라를 매도한 행위는 사해행위에 해당하는가? (乙은 악의라고 가정하고 甲의 물품대금채권에 대한 지연손해금은 무시할 것)

2. 만일 2010. 7. 31. 당시 X 아파트의 시가가 10억 원이라고 가정할 경우

   (1) 주된 주문을 쓰고 그 근거를 밝히시오(甲의 물품대금채권에 대한 지연손해금은 무시할 것).

   (2) 만일 C가 Y 빌라에 관하여 2009. 8. 1. A와 사이에 임대차보증금 50,000,000원, 기간 2년으로 정하

여 임대차계약을 체결하고 임대차보증금을 전액 지급한 후 인도받아 2009. 8. 3. 전입신고를 마치고 거주하여 오다가 2010. 8. 28. 임대차계약서에 확정일자를 받았다면 甲이 구할 수 있는 원상회복의 범위는 어떠한가? (甲의 물품대금채권에 대한 지연손해금은 무시할 것)

3. 〈연습문제 3〉

<기초사실>

(1) 甲은 2009. 1. 1. A에게 80,000,000원을 대여하고, 乙은 2009. 2. 1. A에게 40,000,000원을 대여하였다. B는 2009. 3. 1. A에게 40,000,000원을 대여하였다.

(2) A는 자신의 재산으로는 甲, 乙 및 B에 대한 채무를 전액 변제하기 어렵게 되자, 친구인 乙로 하여금 甲 및 B보다 우선변제받을 수 있도록 하기 위하여 2010. 2. 15. 乙에게 채권최고액 등이 백지로 된 근저당권설정계약서를 교부하였고, 乙은 같은 해 4. 1. 위 계약서에 담보부동산과 피담보채권액 등을 보충한 다음 같은 날 A 소유의 X 토지에 관하여 乙 명의로 채권최고액 40,000,000원의 근저당권을 설정하였다.

(3) 甲은 같은 해 4. 15. B는 같은 해 4. 17. 위 각 대여금채권을 피보전채권으로 하여 X 토지에 각 가압류를 하였다. 한편, X 토지에는 2009. 1. 15. 근저당권자 C, 채권최고액 5,000,000원인 근저당권이 이미 설정되어 있었다.

(4) 백지 근저당권설정계약서를 교부할 당시 A는 당좌거래정지처분을 받은 상태로서 그 소유의 재산으로는 시가 1억 원 상당의 X 토지와 정기예금채권 8,000만 원이 있었는데, 근저당권설정 당시에는 정기예금을 모두 찾아 소비한 상태였다.

(5) 乙은 2010. 5. 1. X 토지에 관하여 위 근저당권에 기한 임의경매를 신청하였고, 이에 C 역시 같은 해 5. 15. 자신의 근저당권에 기한 임의경매를 신청하였는데, 그 결과 D가 같은 해 7. 1. 위 토지에 대한 매각허가결정을 받아 같은 해 8. 3. 매각대금을 납부하였고, 경매법원은 같은 해 9. 1. 배당기일에서 배당할 금원 6,000만 원 중 선순위 근저당권자인 C에게 500만 원, 후순위근저당권자인 乙에게 4,000만 원, 일반채권자 (가압류권자)인 甲에게 1,000만 원, B에게 500만 원을 각 배당하였다.

<문제>

1. 甲(원고)은 2010. 4. 20. 乙(피고)을 상대로 사해행위인 근저당권설정계약의 취소 및 그 원상회복으로서 근저당권설정등기의 말소를 구하는 소송을 제기하였다가, 배당기일에 乙의 배당부분에 대하여 이의를 하였고, 그다음 날 배당이의의 소를 제기하면서(청구취지: 2010. 9. 1. 자 배당표 중 피고에 대한 배당액을 삭제하고, 원고에 대한 배당액 10,000,000만 원을 50,000,000만 원으로 경정한다) 위 사해행위취소소송과 병합신청을 하였다. 그 병합신청이 받아들여지자 甲은 위 배당이의의 소를 사해행위취소소송에서의 원상회복청구에 대한 '예비적 청구'로 주장하였다.

(1) 매수인의 대금납부 후 피고 명의의 근저당권설정등기가 말소되었다. 그렇다면 사해행위를 이유로 위 근저당권설정계약의 취소를 구하는 청구 부분은 소의 이익이 있는가?[186]

---

186) 대법원 1997. 10. 10. 선고 97다8687 판결 등 참조.

(2) 위 병합소송에서 원고의 원상회복청구 부분(주위적 청구와 예비적 청구)에 대한 당부는?[187]

2. 위 소송에서 피고는 A가 백지 근저당권설정계약서를 교부할 당시 채무초과상태가 아니었으므로 사해행위가 아니라고 주장하고 있다. 이러한 주장은 타당한가?[188]

3. 원고는 피고에게 배당된 배당금에 대하여 지급금지가처분을 하였다. 배당기일에 아무런 이의가 없어 배당표는 그대로 확정되었으나, 위 가처분으로 인하여 피고는 배당금을 지급받지 못하고 있다. 위 가처분의 본안으로 원고는 2010. 10. 1. 사해행위취소소송을 제기하였다.

(1) 이 경우 적합한 원상회복방법은 무엇인가?[189]

(2) 원고가 제기한 위 사해행위취소소송에서 원고승소판결이 선고되고, 그 판결이 그대로 확정되자, 피고는 대한민국에게 '자신에 대한 배당금지급채권을 A에게 양도한다'는 통지를 한 다음, 위 대여 당시 작성된 A에 대한 집행력 있는 약속어음 공정증서에 기하여 'A의 대한민국에 대한 배당금지급채권'에 대하여 압류 및 전부명령을 받았고, 그 명령은 그 시경 확정되었다. 그런데 법원은 위 전부명령에도 불구하고 당초 피고에게 배당된 40,000,000원에 대한 추가배당을 실시하여 원고와 B에게 그 명령 동순위로 가압류 청구금액 비율로 안분 배당하는 내용의 추가배당표를 작성하였다. 피고가 대한민국을 상대로 전부금청구소송을 제기한다면 인용될 수 있는가?[190]

4. 원고가 배당기일에 이의를 하지 않았을 뿐만 아니라 피고의 배당금지급채권에 대한 지급금지가처분도 하지 않아, 피고는 확정된 배당표에 따라 배당금 40,000,000원을 모두 수령하였다. 원고는 피고를 상대로 2010. 10. 5. 위 근저당권설정계약의 취소를 구하는 사해행위취소소송을 제기하였다. 위 소송에서 원상회복방법은 무엇인가?[191]

5. 위 근저당권설정계약이 통정허위표시로 이루어졌다고 가정할 경우, 원고가 사해행위취소소송에 의하지 아니하고 위 근저당권설정계약이 통정허위표시라는 이유로 배당기일에 배당이의를 하고 배당이의의 소를 제기하여 배당표의 경정을 구한다면 그 소는 적법한가?[192]

---

187) 대법원 2001. 2. 27. 선고 2000다44348 판결; 대법원 2004. 1. 27. 선고 2003다6200 판결 참조.
188) 대법원 2000. 4. 25. 선고 99다55656 판결 참조.
189) 대법원 1997. 10. 10. 선고 97다8687 판결 등 참조.
190) 대법원 2002. 9. 24. 선고 2002다33069 판결 참조.
191) 대법원 2001. 2. 27. 선고 2000다44348 판결 참조.
192) 대법원 2001. 5. 8. 선고 2000다9611 판결 참조.

4. 〈연습문제 4〉

〈기초사실〉

(1) A는 1982. 12. 1. 乙과 혼인신고를 마치고 부부로서 혼인생활을 하면서 그들 사이에 2자녀를 두었는데, A가 가정에 소홀하고 乙을 폭행하는 등 가정불화로 인하여 혼인관계가 파탄에 이르자 2010. 2. 1. 협의이혼신고를 하면서 재산분할의 명복으로(위자료는 별도의 금전으로 지급하기로 함) 자신들의 주거지인 X 아파트를 乙에게 증여하기로 하여 2010. 1. 3. 증여계약을 체결하고 당일 乙 명의로 소유권이전등기를 마쳤다.

(2) 결혼생활 중 A는 K주식회사의 사원으로 근무하였으며, 乙은 가사에 종사하여 왔는데, 이혼 즉시 A는 X 아파트를 떠났고, 현재 乙이 자녀들과 X 아파트에 거주하고 있다.

(3) 위 증여계약 당시 A의 재산상태를 보면, X 아파트 외에는 별다른 재산이 없었고, 2010. 1. 11.경 K주식회사를 퇴직하면서 퇴직금 8,000만 원을 수령하였다(이혼을 전후한 A의 급여 및 퇴직금 수령과 관련한 세금 등은 고려하지 않기로 함).

(4) 위 증여계약 당시 A에 대하여 65,000,000원의 채권을 가지고 있던 甲은 위와 같은 증여계약을 뒤늦게 알고 乙을 상대로 하여 이 사건 증여계약을 취소하고 X 아파트에 관한 乙 명의의 소유권이전등기의 말소를 구하는 소를 제기하였다.

(5) 위 증여계약 당시 및 이 사건 변론종결 당시의 X 아파트 시가는 동일하게 120,000,000원으로 평가되었는데, 그 내용 및 증여계약 후 변동사항은 위와 같다.

순위	근저당권자	채무자	채권최고액	증여계약 당시 실제채권액	변론종결 당시 채권액	변동 사유
1	K 은행	A	2,000만 원	1,700만 원	0원	피고가 1,800만 원을 변제하여 근저당권 말소
2	J 은행	A	1,000만 원	900만 원	1,200만 원	채권액 증가
3	S 은행	A	3,000만 원	2,400만 원	1,900만 원	피고가 500만 원 변제

(6) 위 증여계약 당시 K 은행의 1번 근저당권에 기한 임의경매절차가 진행 중이었는데, 乙이 X 아파트를 취득한 후 피담보채무 원리금 1,800만 원과 위 경매절차에서 증여계약 당시까지 발생한 집행비용 100만 원을 포함한 총 집행비용 140만 원(증여계약 이후 발생한 집행비용 40만 원 포함)을 변제하여 1번 근저당권 설정등기가 말소되고 그 경매신청이 취하되었다.

(7) 법원의 심리결과, A의 적극재산 및 소극재산의 상태, A와 乙의 혼인관계의 경위와 공동재산형성에 대한 기여정도 등을 감안하면, 乙이 받아야 할 재산분할 액수는 금전으로 평가할 경우 40,000,000원 정도가 상당한 것으로 밝혀졌다.

〈문제〉

1. 이 사건 증여계약이 원고(甲)에 대한 사해행위가 되는가?

2. 이 사건 증여계약이 사해행위가 됨을 전제로 피고(乙)가 악의이고 사실관계가 모두 인정된다고 가정할 경우, 각하 또는 기각되는 부분을 제외한 나머지 인용부분의 주된 주문을 쓰고 그 근거를 밝히시

오(금전지급이 될 선고될 경우 지연손해금은 고려하지 않음).[193]

3. 원고(甲)가 피고(乙)를 상대로 제기한 위 사해행위취소소송에서 법원은 2009. 9. 14. 위 제2항의 결론과 같은 내용으로 A와 乙 사이에 체결된 증여계약을 일부 취소하고, 피고는 원고에게 가액배상을 명하는 판결을 선고하였고, 위 판결은 2009. 10. 1. 확정되었다. 피고는 2009. 10. 12. 원고를 피공탁자로 하여 위 판결에서 가액반환으로 명한 금원을 변제공탁하였고, 원고는 2009. 10. 15. 위 공탁금을 출급하였다. 한편, 피고는 2009. 9. 1. A를 상대로 하여 A에 대한 이혼에 따른 위자료 30,000,000원 및 이에 대한 지연손해금의 지급을 구하는 소송을 제기하였는데, 법원은 2009. 9. 21. "A는 피고에게 위자료로 20,000,000원을 지급한다"는 내용의 화해권고결정을 하였고, 위 화해권고결정은 2009. 10. 12. 확정되었다. 그 후 피고는 자신도 A에 대하여 위 화해권고결정에 기한 채권을 가지고 있어 사해행위취소의 효력을 받는 채권자 중의 1인에 해당한다는 이유로 원고를 상대로 원고가 수령한 위 공탁금 중 위 화해권고결정에 기한 피고의 채권액에 대한 안분배당액을 지급하라는 소를 제기하였다. 피고의 위 청구는 인용될 수 있는가?

VIII. 연습문제 해설

〈문제 1〉

1. 사해행위: 원고 K 은행과 원고 甲 모두에 대하여 사해행위가 된다.

가. 채무자의 재산처분행위가 사해행위가 되는지는 처분행위 당시를 기준으로 판단하여야 한다.[194] 채권자취소권을 행사하는 채권자가 그 채권에 관하여 담보권을 갖는지에 따라 사해행위의 성립에 차이가 있다.

나. 근저당채권자(원고 K 은행)에 대한 사해행위의 성부

(1) 채무자의 재산이 채무의 전부를 변제하기에 부족한 경우에 채무자가 그의 유일한 재산을 어느 특정 채권자에게 대물변제로 제공하여 양도하였다면 그 채권자는 다른 채권자에 우선하여 채권의 만족을 얻는 반면 그 범위 내에서 공동담보가 감소됨에 따라 다른 채권자는 종전보다 더 불리한 지위에 놓이게 되므로 이는 곧 다른 채권자의 이익을 해하는 것이라고 보아야 하고, 따라서 채무자가 그의 유일한 재산을 채권자들 가운데 어느 한 사람에게 대물변제로 제공하는 행위는 다른 특별한 사정이

---

193) 대법원 2008. 8. 21. 선고 2008다26360 판결 참조.
194) 따라서 담보로 제공된 부동산에 대하여 임의경매 등의 환가절차가 개시되어 진행되는 도중에 재산처분행위가 이루어졌다고 하더라도 그 재산처분행위의 사해성을 판단하기 위한 부동산 가액의 평가는 부동산 가액의 하락이 예상되는 등의 특별한 사정이 인정되지 아니하는 한 사후에 환가된 가액을 기준으로 할 것이 아니라 사해성이 문제 되는 재산처분행위 당시의 시가를 기준으로 하여야 할 것이다. 대법원 2009. 6. 23. 선고 2009다549 판결 등 참조.

없는 한 다른 채권자들에 대한 관계에서 사해행위가 된다.[195]

(2) 채권자들의 공동담보가 되는 채무자의 총재산에 대하여 다른 채권자에 우선하여 변제를 받을 수 있는 권리를 가지는 채권자는 처음부터 채무자의 재산에 대한 환가절차에서 다른 채권자에 우선하여 배당을 받을 수 있는 지위에 있으므로 그와 같은 우선변제권 있는 채권자에 대한 대물변제의 제공행위는 특별한 사정이 없는 한 다른 채권자들의 이익을 해한다고 볼 수 없어 사해행위가 되지 않는다. 또한 저당권이 설정되어 있는 재산이 사해행위로 양도된 경우에 그 사해행위는 그 재산의 가액, 즉 시가에서 저당권의 피담보채권액을 공제한 잔액의 범위 내에서 성립하고, 피담보채권액이 그 재산의 가액을 초과하는 때에는 당해 재산의 양도는 사해행위에 해당한다고 할 수 없다.[196]

(3) 원고 K 은행의 2009. 1. 1. 자 채권(5,000만 원)은 근저당권에 의하여 우선변제권이 확보되어 있으므로 B가 X 아파트를 처분하더라도 사해행위에 해당하지 않는다.

(4) 그러나 원고 K 은행의 2009. 2. 1. 자 채권의 경우 Y 토지 위에 설정된 근저당권의 피담보채권액(112,000,000원)[197]이 Y 토지의 시가(5,000만 원)를 초과하고 있고, 그 초과액 상당 부분에 관한 한 원고 K 은행은 일반채권자의 지위에 있게 되므로 담보물(Y 토지) 이외의 다른 재산(X 아파트)의 처분은 그 초과범위 내에서는 사해행위가 된다.

다. 일반채권자(원고 甲)에 대한 사해행위의 성부

(1) 일반채권자의 경우 담보물의 가치가 피담보채권액 등을 초과하는 때에는 그 초과한 범위(담보물의 가치가 피담보채권액 등을 초과하는 부분) 내에서는 채무자가 그 재산을 처분할 경우 사해행위가 성립한다.[198]

(2) 담보물의 가치가 피담보채권액에 미달하는 경우라면 채무자가 이를 처분하더라도 담보채권자에게든 일반채권자에게든 사해행위에 해당하지 아니하나, 담보물 이외의 다른 재산의 처분은 담보채권자나(그 미달하는 부분에 대해서는 일반채권자의 지위에 있다) 일반채권자 모두에게 사해행위가 될

---

195) 대법원 2005. 11. 10. 선고 2004다7873 판결. 채무자가 채무초과상태에 있었음을 요하는 대물변제나 담보제공의 경우와는 달리 매각의 경우에는 매도 당시 채무자가 채무초과상태에 있었음을 필요로 하지 않는다. 대법원 2005. 10. 14. 선고 2003다60891 판결: 채무자가 자기의 유일한 재산인 부동산을 매각하여 소비하기 쉬운 금전으로 바꾸거나 타인에게 무상으로 이전하여 주는 행위는 특별한 사정이 없는 한 채권자에 대하여 사해행위가 된다고 볼 것이므로 채무자의 사해의 의사는 추정되는 것이고, 이를 매수하거나 이전 받은 자가 악의가 없었다는 입증책임은 수익자에게 있다.

196) 대법원 2008. 2. 14. 선고 2006다33357 판결; 대법원 2001. 10. 9. 선고 2000다42618 판결: 저당권이 설정되어 있는 부동산이 사해행위로 양도된 경우에 그 사해행위는 부동산의 가액, 즉 시가(공시지가와 일치하는 것은 아니다)에서 저당권의 피담보채권액을 공제한 잔액의 범위 내에서 성립하고, 피담보채권액이 부동산의 가액을 초과하는 때에는 당해 부동산의 양도는 사해행위에 해당한다고 할 수 없는바, 여기서 피담보채권액이라 함은 근저당권의 경우 채권최고액이 아니라 실제로 이미 발생하여 있는 채권금액이다.

197) 1억 원 및 이에 대한 2010. 5. 1.부터 2010. 10. 31.까지의 월 2%의 비율에 의한 지연손해금 12,000,000원(1억 원×6개월×0.02)의 합계액).

198) 대법원 1996. 5. 14. 선고 95다50875 판결: 근저당권이 설정된 부동산이라 하더라도 그 부동산의 가액에서 근저당권의 피담보채권액을 공제한 잔액의 범위 내에서는 일반채권자들의 공동담보에 공하여져 있으므로, 채무자가 채무가 초과된 상태에서 근저당권이 설정된 자신의 부동산을 제3자에게 양도하고 그 양도대금은 근저당권의 피담보채무를 인수함으로써 그 지급에 갈음하기로 약정한 경우, 채무자로서는 실제로 매매대금을 한푼도 지급받지 아니한 채 일반채권자들의 공동담보에 공하여져 있던 부동산을 부당하게 저렴한 가액으로 제3자에게 양도한 것으로 될 것이어서, 그와 같은 양도행위도 채권자를 해하는 사해행위에 해당된다.

수 있다.

(3) 채무자 B의 처분행위(사해행위) 당시 그의 소유인 X 아파트의 가액(1억 원)이 1, 2번 근저당권의 피담보채권액의 합산액 66,000,000원(10,000,000원＋56,000,000원[199]))을 초과하고 있으므로 그 초과범위 내에서는 채무자 B의 X 아파트 처분행위는 일반채권자인 원고 甲에 대한 관계에서 사해행위에 해당한다.

라. 결국 채무자 B의 X 아파트 처분행위는 원고 K 은행과 원고 甲 모두에 대하여 사해행위가 된다.

2. 가액배상 범위

가. 가액배상의 범위: 저당권 말소 등으로 사해행위의 일부를 취소하고 가액배상을 하여야 하는 경우, 특별한 사정이 없는 한 그 취소 및 가액배상은 '사해행위 목적물이 가지는 공동담보가액'과 '채권자의 피보전채권액'의 범위 내에서 그중 적은 금액을 한도로 한다. 단, 사해행위 후 근저당권을 취득한 전득자의 경우에는 그가 취득한 이익, 즉 근저당권의 피담보채권액 한도 내에서 가액배상의무를 지게 된다.[200]

나. 사해행위 목적물의 공동담보가액

(1) 어느 부동산에 관한 법률행위가 사해행위에 해당하는 경우에는 원칙적으로 그 사해행위를 취소하고 소유권이전등기의 말소 등 부동산 자체의 회복을 명하여야 하는 것이나, 저당권이 설정되어 있는 부동산에 관하여 사해행위가 이루어진 경우에 그 사해행위는 부동산의 가액에서 저당권의 피담보채권액을 공제한 잔액의 범위 내에서만 성립한다고 보아야 할 것이므로 사해행위 후 변제 등에 의하여 저당권설정등기가 말소된 경우, 사해행위를 취소하여 그 부동산 자체의 회복을 명하는 것은 당초 일반 채권자들의 공동담보인 책임재산으로 되어 있지 아니하던 부분까지 회복시키는 것이 되어 공평에 반하는 결과가 되므로, 그 부동산의 가액에서 저당권의 피담보채권액을 공제한 잔액의 한도에서 사해행위를 취소하고 그 가액의 배상을 명할 수 있을 뿐이다.[201] 따라서 <u>사해행위의 목적인 부동산에 수 개의 저당권이 설정되어 있다가 사해행위 후 그중 일부 저당권만이 말소된 경우에도 사해행위의 취소에 따른 원상회복은 가액배상의 방법에 의할 수밖에 없을 것이고, 그 경우 배상하여야 할 가액은 사실심의 변론종결 시를 기준으로 그 부동산의 가액에서 말소된 저당권의 피담보채권액과 말소되지 아니한 저당권의 피담보채권액을 모두 공제하여 산정하여야 한다.</u>[202]

---

199) 5,000만 원 및 이에 대한 2010. 5. 1.부터 2010. 10. 31.까지의 월 2%의 비율에 의한 지연손해금 합계액6,000,000원(5,000만 원×6개월×0.02).

200) 대법원 2001. 9. 4. 선고 2000다66416 판결: 근저당권이 설정되어 있는 부동산에 관하여 사해행위가 이루어진 후 근저당권이 말소되어 그 부동산의 가액에서 근저당권 피담보채무액을 공제한 나머지 금액의 한도에서 사해행위를 취소하고 가액의 배상을 명하는 경우 그 가액의 산정은 사실심 변론종결 시를 기준으로 하여야 하고, 기존의 근저당권이 말소된 후 사해행위에 의하여 그 부동산에 관한 권리를 취득한 전득자에 대해서도 사실심 변론종결 시의 부동산 가액에서 말소된 근저당권 피담보채무액을 공제한 금액의 한도에서 그가 취득한 이익에 대한 가액 배상을 명할 수 있다.

201) 대법원 1996. 10. 29. 선고 96다23207 판결 등 참조.

(2) 사해행위 당시 어느 부동산이 가압류되어 있다는 사정은 채권자 평등의 원칙상 채권자의 공동담보로서 그 부동산의 가치에 아무런 영향을 미치지 아니하므로, 가압류가 된 여부나 그 청구채권액의 다과에 관계없이 그 부동산 전부에 대하여 사해행위가 성립한다. 따라서 사해행위 후 수익자 또는 전득자가 그 가압류 청구채권을 변제하거나 채권액 상당을 해방공탁하여 가압류를 해제시키거나 또는 그 집행을 취소시켰다 하더라도, 법원이 사해행위를 취소하면서 원상회복으로 원물반환 대신 가액배상을 명하여야 하거나, 다른 사정으로 가액배상을 명하는 경우에도 그 변제액을 공제할 것은 아니다.203)

(3) X 아파트의 <u>변론종결 당시의 시가는 150,000,000원</u>이고, 존속 중인 저당권의 피담보채권액은 10,000,000원이며, 사해행위 후 말소된 근저당권의 실제 피담보채권액이 58,000,000원이므로, X 아파트에 관하여 일반채권자가 갖는 공동담보가액은 **82,000,000원**(150,000,000원 - 10,000,000원 - 58,000,000원)이다.

다. 채권자의 피보전채권액

(1) 채권자가 채권자취소권을 행사할 때에는 <u>원칙적으로 자신의 채권액을 초과하여 취소권을 행사할 수 없고</u>, 이때 채권자의 채권액에는 사해행위 이후 사실심 변론종결 시까지 발생한 이자나 지연손해금이 포함된다.204) 다만 사해행위 취소의 범위는 다른 채권자가 배당요구를 할 것이 명백하거나 목적물이 불가분인 경우와 같이 특별한 사정이 있는 경우에는 취소채권자의 채권액을 넘어서까지도 취소를 구할 수 있다.205)

(2) 원고 K 은행의 경우

① 사해행위 시를 기준으로 한 원고 K 은행의 채권액 중 2010. 1. 1. 자 채권액(56,000,000원)은 그 채권 전액에 우선변제권이 확보되어 있으므로 피보전채권이 될 수 없을 뿐만 아니라, 피고의 변제로 위 채권은 이미 소멸하였다. 다만, 우선변제권이 일부만 확보된 2010. 2. 1. 자 채권액은 사해행위 당시를 기준으로 112,000,000원이 피보전채권액이 된다.

② 저당권과 같은 물적 담보가 있는 채권의 경우에는 그 담보물로부터 우선변제받을 수 있는 금액을 공제한 나머지 채권액에 대하여서만 채권자취소권이 인정되고, 이 경우 담보제공자가 주 채무자이든 제3자이든 상관없이 동일한 취급을 한다.206)

---

202) 대법원 2007. 7. 12. 선고 2005다65197 판결; 대법원 1998. 2. 13. 선고 97다6711 판결 등 참조.
203) 대법원 2003. 2. 11. 선고 2002다37474 판결; 대법원 2002. 6. 25. 선고 2002다12642 판결 참조.
204) 대법원 2002. 4. 12. 선고 2000다63912 판결; 대법원 2001. 9. 4. 선고 2000다66416 판결; 대법원 2001. 12. 11. 선고 2001다64547 판결 참조.
205) 대법원 1997. 9. 9. 선고 97다10864 판결.
206) 대법원 2002. 11. 8. 선고 2002다41589 판결: 주 채무자 또는 제3자 소유의 부동산에 대하여 채권자 앞으로 근저당권이 설정되어 있고, 그 부동산의 가액 및 채권최고액이 당해 채무액을 초과하여 채무 전액에 대하여 채권자에게 우선변제권이 확보되어 있다면, 그 범위 내에서는 채무자의 재산처분행위는 채권자를 해하지 아니하므로 연대보증인이 비록 유일한 재산을 처분하는 법률행위를 하더라도 채권자에 대하여 사해행위가 성립되지 않는다고 보아야 할 것이고, 당해 채무액이 그 부동산의 가액 및 채권최고액을 초과하는 경우에는 그 담보물로부터 우선변제받을 액을 공제한 나머지 채권액에 대해서만 채권자취소권이 인정된다고 할 것이며, 피보전채권의 존재와 그 범위는 채권자취소권 행사의 한 요건에 해당된다고 할 것이므로 이 경우 채권자취소권을 행사하는 채권자로서는 그 담보권의 존재에도 불구하고 자신이 주장하는 피보전채권이 그 우선변제권 범위 밖에 있다는 점을 주장·입증하여야 한다.

③ 채권자의 채권원리금이 그 우선변제권에 의하여 전액 담보되지 아니하는 경우에는 변제충당의 법리를 유추적용하여 사해행위 시점에서는 이자채권이 원금채권에 우선하여 우선변제권에 의하여 담보되고 있다고 볼 것이므로 담보되지 아니하는 부분 가운데에는 원금에 해당하는 금원이 포함되어 남아 있게 될 것이고, 따라서 채권자가 채권자취소권을 행사할 수 있는 범위는 그 이후 담보권의 실행 등으로 소멸한 부분을 제외하고 난 다음 실제로 남은 미회수 원리금 전부가 아니라 사해행위 당시 채권최고액 및 담보부동산의 가액을 초과하는 부분에 해당하는 채무원리금 및 그중 원금 부분에 대한 사실심 변론종결 시점까지 발생한 지연이자 상당의 금원이 이에 해당한다.[207]

④ 따라서 원고 K 은행은 채권최고액보다 적은 Y 토지의 사해행위 당시의 시가인 50,000,000원 범위 내에서 우선변제받을 수 있고, 위 50,000,000원을 사해행위 당시의 2010. 2. 1. 자 피보전채권액 중 지연손해금, 원금에 순차 충당하면, 사해행위 당시의 피보전채권액은 62,000,000원(원금 100,000,000원 – 50,000,000원 – 12,000,000원[208])이 된다.

이 원금 부분에 대하여 변론종결 시까지 발생한 지연손해금 상당의 금원을 포함하여 계산하면 금 **70,680,000원**[209]이 된다.

(3) 원고 甲의 경우

① 사해행위 시를 기준으로 한 원고 甲의 채권액은 30,000,000원 및 사해행위일까지 발생한 지연손해금을 포함한 원리금이다.

② 그러나 판례는 그 원금 분에 대한 변론종결 시까지 발생한 이자 또는 지연손해금 상당의 금원도 포함되므로 결국 원고 甲의 피보전채권액은 39,000,000원[210]이 된다.

라. 소결

(1) 여러 명의 채권자가 사해행위취소 및 원상회복청구의 소를 제기하여 여러 개의 소송이 계속 중인 경우에는 각 소송에서 채권자의 청구에 따라 사해행위의 취소 및 원상회복을 명하는 판결을 선고하여야 하고, 수익자(전득자 포함)가 가액배상을 하여야 할 경우에도 수익자가 반환하여야 할 가액을 채권자의 채권액에 비례하여 채권자별로 안분한 범위 내에서 반환을 명할 것이 아니라, 수익자가 반환하여야 할 가액 범위 내에서 각 채권자의 피보전채권액 전액의 반환을 명하여야 한다.[211]

(2) 결국 공동담보가액이 원고들의 각 피보전채권액을 초과하므로 가액배상의 범위는 원고 K 은행의 경우는 70,680,000원, 원고 甲의 경우는 37,800,000원이 된다.

---

207) 대법원 2002. 11. 8. 선고 2002다41589 판결.
208) 1억 원에 대한 2010. 5. 1.부터 사해행위일인 2010. 10. 31.까지의 월2%의 비율에 의한 지연손해금 = 1억 원×6개월×0.02 = 12,00,000원.
209) 62,000,000원 및 이에 대한 2010. 11. 1.부터 변론종결일인 2011. 5. 31.까지의 월 2%의 비율에 의한 지연손해금 8,680,000원(62,000,000×7개월×0.02)의 합계액.
210) 30,000,000원 및 이에 대한 2010. 5. 1.부터 변론종결인 2011. 5. 31.까지 월 2%의 비율에 의한 지연손해금의 합계액 = 30,000,000원×13개월×0.02 = 7,80,000원.
211) 대법원 2005. 11. 25. 선고 2005다51457 판결.

3. 중복된 소제기 여부

가. 채권자취소권의 요건을 갖춘 각 채권자는 고유의 권리로서 채무자의 재산처분 행위를 취소하고 그 원상회복을 구할 수 있는 것이므로 여러 명의 채권자가 동시에 또는 시기를 달리하여 사해행위취소 및 원상회복청구의 소를 제기한 경우 이들 소가 중복제소에 해당하지 아니한다.[212] 따라서 법원은 채권자별로 독립하여 사해행위취소 여부를 판단하여야 한다.

나. 어느 한 채권자가 동일한 사해행위에 관하여 사해행위취소 및 원상회복청구를 하여 승소판결을 받아 그 판결이 확정되었다는 것만으로는 그 후에 제기된 다른 채권자의 동일한 청구가 권리보호의 이익이 없게 되는 것은 아니고, 그에 기하여 재산이나 가액의 회복을 마친 경우에 비로소 다른 채권자의 사해행위취소 및 원상회복청구는 그와 중첩되는 범위 내에서 권리보호의 이익이 없게 된다(회복시설).[213] 이 사건에서 원고 K 은행은 승소확정판결을 받았으나, 나아가 원상회복을 마치지 아니하였으므로 원고 甲으로서는 여전히 권리보호의 이익이 있다.[214]

다. 동일한 사해행위에 관한 취소소송이 중첩된 경우, 선행 소송에서 확정판결로 처분부동산의 감정 평가에 따른 가액반환이 이루어진 이상 후행 소송에서 부동산의 시가를 다시 감정한 결과 위 확정판결에서 인정한 시가보다 평가액이 증가되었다 하더라도, 그 증가된 부분을 위 확정판결에서 인정한 부분과 중첩되지 않는 부분으로 보아 이에 대하여 다시 가액배상을 명할 수는 없다.[215] 따라서 원고 K 은행이 승소확정판결을 받아 원상회복으로서 가액반환을 받은 이상 증가된 시가 상당액의 가액배상을 구하는 채권자취소 및 원상회복청구는 권리보호의 이익이 없다.

4. 가등기가 사해행위로 이루어진 경우

가. 소유권이전등기청구권보전을 위한 가등기가 사해행위로서 이루어진 경우 그 매매예약을 취소하고 원상회복으로서 가등기를 말소하면 족한 것이고, 가등기 후에 저당권이 말소되었다거나 그 피담보채무가 일부 변제된 점 또는 그 가등기가 사실상 담보가등기라는 점 등은 그와 같은 원상회복의 방법에 아무런 영향을 주지 않는다.[216]

나. 따라서 이 경우 사해행위의 취소와 원물반환을 명하면 족하고 가액배상을 명할 것은 아니다. 가등

---

212) 대법원 2008. 4. 24. 선고 2007다84352 판결; 대법원 2005. 11. 25. 선고 2005다51457 판결; 대법원 2003. 7. 11. 선고 2003다19558 판결.
213) 대법원 2008. 4. 24. 선고 2007다84352 판결: 대법원 2005. 11. 25. 선고 2005다51457 판결.
214) 이와 같이 여러 개의 소송에서 수익자가 배상하여야 할 가액 전액의 반환을 명하는 판결이 선고되어 확정될 경우 수익자는 이중으로 가액을 반환하게 될 위험에 처할 수 있을 것이나, <u>수익자가 어느 채권자에게 자신이 배상한 가액의 일부 또는 전부를 반환한 때에는 그 범위 내에서 다른 채권자에 대하여 청구이의 등의 방법으로 이중지급을 거부할 수 있을 것이다</u>(대법원 2008. 4. 24. 선고 2007다84352 판결; 대법원 2005. 11. 25. 선고 2005다51457 판결 등 참조).
215) 대법원 2005. 3. 24. 선고 2004다65367 판결.
216) 대법원 2001. 6. 12. 선고 99다20612 판결.

기 자체만으로는 물권취득의 효력이 발생하지 않기 때문이다.

5. 연대보증인의 사해행위와 주 채무자의 자력

가. 연대보증인의 법률행위가 사해행위에 해당하는지를 판단함에 있어서 주 채무에 관하여 주 채무자 또는 제3자 소유의 부동산에 대하여 채권자 앞으로 근저당권이 설정되어 있는 등으로 채권자에게 우선변제권이 확보되어 있는 경우가 아닌 이상, 주 채무자의 일반적인 자력은 고려할 요소가 아니다.[217]

나. 따라서 원고 K 은행에게 우선변제권이 확보된 사정이 없다고 한다면 피고로서는 주 채무자의 자력을 들어 연대보증인의 처분행위가 사해행위가 될 수 없다는 주장을 할 수 없다.

〈문제 2〉

1. 사해행위 해당 여부

가. 채무자가 다른 재산을 처분하는 법률행위를 하더라도, 채무자 소유의 부동산에 대하여 채권자 앞으로 근저당권이 설정되어 있고 그 부동산의 가액 및 채권최고액이 당해 채권액을 초과하여 채권자에게 채권 전액에 대한 우선변제권이 확보되어 있다면 그와 같은 재산처분행위는 채권자를 해하지 아니하므로 채권자에 대하여 사해행위가 성립하지 않는다.[218]

나. 이 사건에서 2010. 7. 31. 당시 X 아파트의 시가는 1,160,000,000원이나, 위 금액에서 그 당시 선순위 근저당권의 피담보채무를 전부 공제하면 X 아파트의 잔존가액은 230,000,000원(1,160,000,000원 - 농협의 1번 근저당권 피담보채무 600,000,000원 - K 건설의 2번 근저당권 피담보채무 330,000,000원)이 된다.

다. 따라서 X 부동산의 잔존가액 및 원고 甲의 근저당권의 채권최고액(2억 원)이 A의 물품대금채무 135,000,000원을 초과하여 위 물품대금채무 전액에 대하여 원고에게 우선변제권이 확보되어 있었다고 할 것이므로 A가 Y 빌라를 乙에게 처분하였다고 하더라도 원고 甲에 대하여 사해행위가 성립하지 않는다.

라. 한편, X 아파트에 대한 경매절차에서 X 아파트가 불과 580,000,000원에 매각된 결과 甲이 아무런 배당을 받지 못하였다고 하더라도 채무자의 재산처분행위가 사해행위가 되는지는 <u>처분행위 당시를 기준으로</u> 판단하여야 하므로, 담보로 제공된 부동산에 대하여 임의경매 등의 환가절차가 개시되어 진행되는 도중에 재산처분행위가 이루어졌다고 하더라도, 그 재산처분행위의 사해성 유무를 판단

---

217) 대법원 2003. 7. 8. 선고 2003다13246 판결.
218) 대법원 2009. 6. 23. 선고 2009다549 판결; 대법원 2008. 5. 15. 선고 2005다60338 판결; 대법원 2002. 11. 8. 선고 2002다41589 판결 등 참조.

하기 위한 부동산 가액의 평가는 부동산 가액의 하락이 예상되는 등의 특별한 사정이 인정되지 아니하는 한 사후에 환가된 가액을 기준으로 할 것이 아니라 <u>사해성이 문제 되는 재산처분행위 당시의 시가를 기준으로 하여야 한다.</u>[219]

마. 이 사건에서 Y 빌라의 처분행위 당시 X 아파트의 가격하락이 예상되는 등 특별사정이 있었다는 점을 인정할 증거가 없는 이상 A가 Y 빌라를 乙에게 처분한 행위는 甲에 대한 관계에서 사해행위에 해당하지 않는다.

2. 원상회복의 범위

가. 주문

1. 피고와 소외 A 사이에 이 사건 Y 빌라에 관하여 2009. 7. 31. 체결된 매매계약을 금 52,000,000원의 한도 내에서 취소한다.

2. 피고는 원고에게 금 52,000,000원을 지급하라.

3. 원고의 나머지 청구를 기각한다.

(소송비용 및 가집행선고 생략)

(1) 주 채무자(또는 제3자 소유)의 부동산에 대하여 채권자 앞으로 근저당권이 설정되어 있고, 그 부동산의 가액 및 채권최고액이 당해 채무액을 초과하여 채무 전액에 대하여 채권자에게 우선변제권이 확보되어 있다면, 그 범위 내에서는 채무자의 재산처분행위는 채권자를 해하지 아니하므로 그 담보물로부터 우선변제받을 수 있는 금액을 공제한 나머지 채권액에 대하여서만 채권자취소권이 인정된다.

(2) 이 사건에서 2010. 7. 31. 당시 X 아파트의 시가는 10억 원이고, 위 금액에서 사해행위 당시 선순위 근저당권의 피담보채무를 공제하면 X 아파트의 잔존가액은 70,000,000원(10억 원 - 농협의 1번 근저당권 피담보채무 6억 원 - K 건설의 2번 근저당권 피담보채무 3억 3,000만 원)이 된다.

---

[219] 대법원 2009. 6. 23. 선고 2009다549 판결. 대법원 2008. 5. 15. 선고 2005다60338 판결: 채무자의 재산처분행위가 사해행위가 되는지는 처분행위 당시를 기준으로 판단하여야 하므로, 담보로 제공된 부동산에 대하여 임의경매 등의 환가절차가 개시되어 진행되는 도중에 재산처분행위가 이루어졌다고 하더라도 그 재산처분행위의 사해성을 판단하기 위한 부동산 가액의 평가는 부동산 가액의 하락이 예상되는 등의 특별한 사정이 인정되지 아니하는 한 사후에 환가된 가액을 기준으로 할 것이 아니라 사해성이 문제 되는 재산처분행위 당시의 시가를 기준으로 하여야 할 것이다(대법원 2002. 11. 8. 선고 2002다41589 판결, 대법원 2003. 1. 24. 선고 2002다56567 판결 등 참조). 부동산에 대한 최저경매가격은 감정평가 이후 기계적으로 저감되게 되어, 비록 최저경매가격이 저감되었다고 하더라도 실제 경매절차에서 저감되기 전의 최저경매가격보다 높은 가격에 경락될 가능성을 완전히 배제할 수 없을 뿐 아니라 부동산 경매제도는 매수 시기, 대금납부 기한에 관하여 절차적인 제한이 있고, 매각 대금 및 매수 상대방의 선택 등에 관한 협상 가능성이 전혀 없다는 점에서 경매를 사적인 거래와 똑같이 볼 수 없다는 등의 사정에 비추어 보면, <u>경매절차가 진행된 후 수차례 매각이 되지 않다가 상당한 기간이 지난 후에 경락이 이루어졌고 그 경락가액이 경매개시 직후의 감정가액에 비하여 상당히 적다는 사정만으로는 그 경락가액을 재산처분행위 당시 부동산의 시가로 단정하기에 부족하다.</u>

(3) 따라서 3순위 근저당권자인 甲으로서는 위 물품대금채권(135,000,000원) 중 70,000,000원을 공제한 나머지 채권에 대해서는 우선변제권이 확보되어 있다고 볼 수 없고, A의 담보물 이외의 다른 재산 (Y 빌라)의 처분은 甲에게 사해행위가 된다.[220]

(4) 원상회복의 방법으로는 乙이 Y 빌라를 매수한 후 출연을 하여 J 은행 명의의 근저당권을 말소시켰으므로 사해행위의 일부를 취소하고 가액배상의 방법으로 원상회복을 명하여야 한다.

(5) 사해행위의 목적인 부동산에 수 개의 저당권이 설정되어 있다가 사해행위 후 그중 일부 저당권만이 말소된 경우에도 사해행위의 취소에 따른 원상회복은 가액배상의 방법에 의할 수밖에 없을 것이고, 그 경우 배상하여야 할 가액은 사실심의 변론종결 시를 기준으로 그 부동산의 가액에서 말소된 저당권의 피담보채권액과 말소되지 아니한 저당권의 피담보채권액을 모두 공제하여 산정하여야 한다.

(6) 어느 부동산에 관한 법률행위가 사해행위에 해당하는 경우에는 원칙적으로 그 사해행위를 취소하고 소유권이전등기의 말소 등 부동산 자체의 회복을 명하여야 하는 것이나, 다만 원물반환이 불가능하거나 현저히 곤란한 경우에는 원상회복의무의 이행으로서 사해행위 목적물 가액 상당의 배상을 명하여야 하는 것이고, 이러한 가액배상에 있어서는 일반 채권자들의 공동담보로 되어 있어 사해행위가 성립하는 범위 내의 가액배상을 명하여야 하는 것이므로, 그 부동산에 관하여 <u>주택임대차보호법 제3조 제1항이 정한 대항력을 갖추고 임대차계약서에 확정일자를 받아 임대차보증금 우선변제권을 가진 임차인 또는 같은 법 제8조에 의하여 임대차보증금 중 일정액을 우선하여 변제받을 수 있는 소액임차인이 있는 때에는 수익자가 배상하여야 할 부동산의 가액에서 그 우선변제권 있는 임차보증금 반환채권 금액을 공제하여야 한다.</u>[221]

(7) 이 사건에서 Y 빌라의 변론종결 당시의 시가는 140,000,000원이고, 존속 중인 저당권의 피담보채권은 10,000,000원이며, 대항력을 갖춘 임차인의 소액보증금은 16,000,000원이고,[222] 사해행위 이후 말소된 근저당권의 실제 피담보채권액이 62,000,000원이므로 Y 빌라에 관하여 일반채권자가 갖는 공동담보가액은 **52,000,000원**(140,000원 - 10,000,000원 - 16,000,000원 - 62,000,000원)이다.

(8) A의 사해행위 시를 기준으로 한 甲의 채권액은 135,000,000원이나, 저당권과 같은 물적 담보가 있는 채권의 경우 그 담보물로부터 우선변제받을 수 있는 금액을 공제한 나머지 채권액에 대해서만 채권

---

220) A의 처분행위 당시 A의 적극재산은 1,160,000,000원(Y 빌라 시가 130,000,000원 + X 아파트 시가 1,000,000,000원)이고, 소극재산은 1,375,000,000원(B에 대한 근저당채무 10,000,000원 + C에 대한 임대차보증금반환채무 40,000,000원 + J 은행의 근저당채무 60,500,000원 + 농협중앙회의 근저당채무 600,000,000원 + K 건설의 근저당채무 330,000,000원 + 甲에 대한 물품대금채무 135,000,000원 + D에 대한 수표금채무 200,000,000원)이므로 A는 채무초과상태에 있었다.

221) 대법원 2007. 7. 26. 선고 2007다29119 판결.

222) 주택임대차보호법상 모든 담보권자보다 우선하여 변제받을 수 있는 <u>임차인의 범위</u>는 2008. 8. 21.부터 수도권정비계획법에 의한 수도권 중 과밀억제권역은 6,000만 원, 광역시(군지역과 인천광역시지역을 제외)는 5,000만 원, 그 밖의 지역은 4천만 원 이하인 임차인 이다(주택임대차보호법시행령 제4조). 최우선변제권이 인정되는 <u>보증금의 범위</u>는 2008. 8. 21.부터 수도권정비계획법에 의한 수도권 중 과밀억제권역은 2,000만 원, 광역시(군지역과 인천광역시지역을 제외)는 1,700만 원, 그 밖의 지역은 1,400만 원 이하로 한다(동법시행령 제3조 제1항). 위시행령 시행 전에 임차주택에 대하여 담보물권을 취득한 자에 대해서는 종전의 규정에 따르도록 되어 있고(위 개정시행령 부칙 제2조), 종전에는 종전에 수도권 중 과밀억제권역은 4,000만 원 이하의 임차인은 1,600만 원까지 최우선변제받을 수 있었다. 이 사건에서 C는 2009. 8. 1. 수원에 있는 Y 빌라를 보증금 4,000만 원에 임차하였으므로 종전 규정에 따라 1,600만 원을 우선변제받을 수 있고, 이 금액이 공제되게 된다.

자취소권이 인정되므로 피보전채권액은 사해행위 당시의 甲의 채권액에서 담보물로부터 우선변제받을 수 있는 금액을 공제하여야 한다.

(9) 이 사건에서 甲은 담보로 제공된 X 아파트의 사해행위 당시의 시가인 1,000,000,000원에서 선순위 근저당권의 피담보채무 합계 930,000,000원(600,000,000원＋330,000,000원)을 공제한 70,000,000원(10억 원－9억 3,000만 원) 범위 내에서 우선변제받을 수 있으므로 위 70,000,000원을 사해행위 당시의 원고의 채권액에 충당하면, 사해행위 당시 피보전채권액은 **65,000,000원**(135,000,000원－70,000,000원)이 된다.[223]

(10) 결국 사해행위취소 및 가액배상의 범위는 목적물의 공동담보가액 52,000,000원과 甲의 피보전채권액 65,000,000원 중 적은 금액인 52,000,000원이 된다.

나. 가액배상의 액수(원상회복의 범위)

(1) 부동산에 대한 매매계약이 사해행위임을 이유로 이를 취소함과 아울러 원상회복으로 가액배상을 명하는 경우, 주택임대차보호법 제3조 제1항이 정한 대항력을 갖추었으나 그전에 이미 선순위 근저당권이 마쳐져 있어 부동산이 매각되는 경우 소멸할 운명에 처한 임차인의 임대차보증금반환채권은 임대차계약서에서 확정일자를 받아 우선변제권을 가지고 있다거나 주택임대차보호법상의 소액임차인에 해당한다는 등의 특별한 사정이 없는 한 수익자가 배상할 부동산 가액에서 공제할 것이 아니다.

(2) 이 사건에서 C는 2009. 8. 1. A와 사이에 Y 빌라에 관하여 임대차보증금 50,000,000원, 기간 2년으로 정하여 임대차계약을 체결한 후 2009. 8. 3. 전입신고를 마치고 거주하기 시작함으로써 2009. 8. 3.경부터 Y 빌라에 관하여 주택임대차보호법 제3조 제1항이 정한 임차권의 대항력을 가지게 되었다고 할 것이나, Y 빌라에 관해서는 이미 그에 앞서 B명의의 선순위 근저당권이 마쳐져 있어 Y 빌라가 매각되는 경우 선순위 근저당권보다 뒤에 대항력을 갖춘 것으로서 소멸할 운명에 처하여 Y 빌라에 대한 A와 乙간의 매매계약 당시 Y 빌라의 가액 중 C의 임대차보증금에 해당하는 부분도 일반채권자들의 공동담보로 될 수 있었다.

(3) 따라서 사해행위 당시 임대차계약서에 확정일자를 받지 아니하여 우선변제권을 가지고 있지 못하였을 뿐 아니라 주택임대차보호법상의 소액임차인에 해당하지 않는 C의 임차권에 기한 임대차보증금반환채권은 乙에 대하여 사해행위의 취소로 인한 가액배상을 명함에 있어 乙이 배상할 가액에서 공제할 수 없다.

(4) Y 빌라의 변론종결 시 시가 140,000,000원에서 존속중인 저당권의 피담보채권 10,000,000원과 사해행위 이후 말소된 근저당권의 실제 피담보채권액 62,000,000원을 공제하면 Y 빌라에 관하여 일반채권자가 갖는 공동담보가액은 **68,000,000원**(140,000,000원－10,000,000원－62,000,000원)이다.

(5) 원고 甲의 피보전채권액은 위 (1)⑨와 같이 65,000,000원이 된다.

---

223) 이 사건에서 甲의 물품대금채권에 대한 지연손해금을 무시하므로 사해행위 당시까지의 지연손해금이나 사해행위 이후 변론종결일까지의 지연손해금은 고려할 필요가 없다.

(6) 결국 사해행위 목적물의 공동담보가액이 원고의 피보전채권액을 초과하므로 가액배상의 액수는 65,000,000원이다.

〈문제 3〉

1. 근저당권설정등기말소 후의 근저당권설정계약의 취소를 구할 소의 이익

가. 원고는 근저당권의 말소에도 불구하고 여전히 사해행위인 근저당권설정등기의 취소를 구할 소의 이익이 있다.

나. 채무자와 수익자 사이의 근저당권설정계약이 사해행위인 이상 그로 인한 근저당권설정등기가 경락으로 인하여 말소되었다고 하더라도 수익자로 하여금 근저당권자로서의 배당을 받도록 하는 것은 민법 제406조 제1항의 취지에 반하므로, 수익자에게 그와 같은 부당한 이득을 보유시키지 않기 위하여 그 근저당권설정등기로 인하여 해를 입게 되는 채권자는 근저당권설정계약의 취소를 구할 이익이 있다.[224]

다. 그러나 원상회복으로서 근저당권설정등기의 말소를 구하는 주위적 청구는 부적법하다. 피고 명의의 근저당권설정등기는 매수인의 대금납부 후 이미 말소되었으므로 그 말소를 구할 소의 이익이 없고, 원고의 주위적 청구는 각하되어야 한다.

라. 원상회복으로 배당표의 경정을 구하는 예비적 청구는 이유 있다. 근저당권설정계약을 사해행위로서 취소하는 경우 경매절차가 진행되어 타인이 소유권을 취득하고 근저당권설정등기가 말소되었다면 원물반환이 불가능하므로 가액배상의 방법으로 원상회복을 명할 것인바, 이미 배당이 종료되어 수익자가 배당금을 수령하였다면 수익자로 하여금 배당금을 반환하도록 명하여야 하고, 배당표가 확정되었으나 채권자의 배당금지급금지가처분으로 인하여 수익자가 배당금을 현실적으로 지급받지 못한 경우에는 배당금지급채권의 양도와 그 채권양도의 통지를 명할 것이나, 채권자가 배당기일에 출석하여 수익자의 배당 부분에 대하여 이의를 하였다면 그 채권자는 사해행위취소의 소와 병합하여 원상회복으로서 배당이의의 소를 제기할 수 있다고 할 것이고, 다만 이 경우 법원으로서는 배당이의의 소를 제기한 당해 채권자 이외의 다른 채권자의 존재를 고려할 필요 없이 그 채권자의 채권이 만족을 받지 못한 한도에서만 근저당권설정계약을 취소하고 그 한도에서만 수익자의 배당액을 삭제하여 당해 채권자의 배당액으로 경정하여야 한다.[225]

---

224) 대법원 1997. 10. 10. 선고 97다8687 판결.
225) 대법원 2004. 1. 27. 선고 2003다6200 판결.

2. 채무초과상태의 시기

가. 어느 특정 채권자에 대한 담보제공행위가 사해행위가 되기 위해서는 채무자가 이미 채무초과 상태에 있을 것과 그 채권자에게만 다른 채권자에 비하여 우선변제를 받을 수 있도록 하여 다른 일반 채권자의 공동담보를 감소시키는 결과를 초래할 것을 그 요건으로 하므로, 채무자의 담보제공행위가 사해행위가 되는지를 판단하기 위해서는 채무자의 재산상태를 심리하여 채무초과 여부를 밝혀 보아야 한다.226) 이 경우 특정 채권자에게 부동산을 담보로 제공한 경우 그 담보물이 채무자 소유의 유일한 부동산인 경우에 한하여만 사해행위가 성립한다고 볼 수는 없다.227)

나. 판례는 채권자가 채권 담보를 위하여 채무자로부터 백지근저당권설정계약서 등을 교부받을 당시에는 채무초과 상태가 아니었으나 이를 보충할 당시에는 채무초과 상태에 있었던 경우, 백지근저당권설정계약서를 보충한 날 근저당권설정계약이 체결되었다고 보아야 한다는 이유로 사해행위에 해당한다고 하고 있으므로228) 이 사건에서 피고가 백지계약서를 보충할 당시에는 A가 채무초과상태에 있었으므로 사해행위가 된다.

3. 배당금지급금지가처분과 원상회복

가. 저당권이 설정된 부동산에 관하여 사해행위를 원인으로 저당권을 취득하였다가 선행 저당권의 실행으로 사해의 저당권이 말소되었으나 수익자에게 돌아갈 배당금채권이 있는 경우의 원상회복의 방법으로는, 그 배당금채권이 수익자에게 지급된 경우에는 동액 상당의 가액의 배상으로, 배당금지급금지가처분 등으로 인하여 지급되지 못한 경우에는 그 배당금채권의 양도절차의 이행으로 각 이루어져야 할 것이고, 이러한 법리는 저당권이 설정된 부동산의 소유권이 사해행위로서 양도되었다가 그 저당권의 실행으로 말미암아 양수인인 수익자에게 배당이 이루어진 경우에도 마찬가지라 할 것이다.229)

나. 주문례

1. 피고(수익자)는,

   가. 소외 A(채무자)에게 별지목록 기재 배당금지급청구권 양도의 의사표시를 하고,

   나. 소외 대한민국에게 위 배당금지급청구권 양도의 통지를 하라.

다. 근저당권자에게 배당하기로 한 금원에 대하여 지급금지가처분결정이 있어 경매법원이 그 배당금을 공탁한 후에 그 근저당권설정계약이 사해행위로서 취소된 경우, 공탁금의 지급 여부가 불확정 상태

---

226) 대법원 2000. 4. 25. 선고 99다55656 판결.
227) 대법원 2008. 2. 14. 선고 2005다47106, 47113, 47120 판결.
228) 대법원 2000. 4. 25. 선고 99다55656 판결.
229) 대법원 2008. 4. 24. 선고 2007다84352 판결.

에 있는 경우에는 공탁된 배당금이 피공탁자에게 지급될 때까지는 배당절차는 아직 종료되지 않은 것이라고 볼 수도 있으므로 반드시 배당절차가 확정적으로 종료되었다고 단정할 수는 없다는 점, 채권자취소의 효과는 채무자에게 미치지 아니하고 채무자와 수익자와의 법률관계에도 아무런 영향을 미치지 아니하므로 취소채권자의 사해행위취소 및 원상회복청구에 의하여 채무자에게로 회복된 재산은 취소채권자 및 다른 채권자에 대한 관계에서 채무자의 책임재산으로 취급될 뿐 채무자가 직접 그 재산에 대하여 어떤 권리를 취득하는 것은 아니라는 점 등에 비추어 보면, 그 공탁금은 그 경매절차에서 배당요구하였던 다른 채권자들에게 추가배당함이 상당하다.230)

라. 결국 피전부채권이 존재하지 않으므로 피고의 전부금청구는 이유 없다.

4. 원상회복방법

가. 채무자와 수익자 사이의 저당권설정행위가 사해행위로 인정되어 저당권설정계약이 취소되는 경우에도 당해 부동산이 이미 입찰절차에 의하여 낙찰되어 대금이 완납되었을 때에는 <u>낙찰인의 소유권취득에는 영향을 미칠 수 없으므로</u>, 채권자취소권의 행사에 따르는 원상회복의 방법으로 입찰인의 소유권이전등기를 말소할 수는 없고, 수익자가 받은 배당금을 반환하여야 한다.231)

나. 채권자취소권은 채무자의 사해행위를 채권자와 수익자 또는 전득자 사이에서 상대적으로 취소하고 채무자의 책임재산에서 일탈한 재산을 회복하여 채권자의 강제집행이 가능하도록 하는 것을 본질로 하는 권리이므로, <u>원상회복을 가액배상으로 하는 경우에 그 이행의 상대방은 채권자이어야 한다.</u>232)

5. 통정허위표시와 배당이의

가. 허위의 근저당권에 대하여 배당이 이루어진 경우, 통정한 허위의 의사표시는 당사자 사이에서는 물론 제3자에 대해서도 무효이고 다만, 선의의 제3자에 대해서만 이를 대항하지 못한다고 할 것이므로, 배당채권자는 <u>채권자취소의 소로써 통정허위표시를 취소하지 않았다 하더라도 그 무효를 주장하여 그에 기한 채권의 존부, 범위, 순위에 관한 배당이의의 소를 제기할 수 있다.</u>233)

나. 배당이의의 소와 사해행위취소의 소는 그 성질, 요건, 효과 등을 달리하므로, 제3자가 허위의 근저당권에 기하여 배당을 받은 경우에 배당채권자는 채권자취소의 소에 의하지 아니하고 당연히 배당이의의 소로써 그 시정을 구할 수 있다.

---

230) 대법원 2002. 9. 24. 선고 2002다33069 판결.
231) 대법원 2001. 2. 27. 선고 2000다44348 판결.
232) 대법원 2008. 4. 24. 선고 2007다84352 판결.
233) 대법원 2001. 5. 8. 선고 2000다9611 판결.

제3편 소송유형별 쟁점

제11장 대여금청구 소송의 쟁점

I. 사 례

1. 서울 종로구 삼청동에 거주하고 있는 甲은 2010. 2. 1. 고양시 백석동에 거주하고 있는 乙에게 돈 1억 원을 변제기 1년, 이자 월 3부로 정하여 빌려 주었다. 乙은 변제기가 지나도록 원리금을 갚지 않고 있어 알아보니 乙은 2011. 3. 1. 교통사고로 사망하였고, 乙에게는 처 A와 미성년자인 딸 B가 있음을 알게 되었다. 甲이 乙의 상속인들을 상대로 대여금청구의 소를 제기하였다. 甲은 변론기일에 甲과 乙 사이에 작성된 차용증 사본을 갑 제1호증으로 제출하였다. A는 변론기일에 위 차용증상의 乙의 인영이 乙의 것은 맞지만 이는 다른 사람이 乙의 인감도장을 이용하여 위 차용증에 날인한 것이고, 乙은 위 차용증에 날인한 사실이 없다고 다투고 있다. 갑 제1호증에 관한 증거법상의 논점은 무엇인가?

2. 다음과 같은 사실관계하에서 원고와 피고의 주장의 당부를 검토하라.
(1) 사건의 개요: A는 2008. 9. 12. 서울 송파구 잠실동 19 소재 파인애플 상가(이하 '이 사건 점포'라 한다)를 대금 31억 2,000만 원에 분양받았는데, 원고에게 그 중도금이 필요하다면서 금원 대여를 부탁하여, 2008. 10. 8. 원고로부터 1억 5,000만 원을 이자 월 5%로 정하여 차용하였다. 피고의 변경 전 상호는 '주식회사 제일투자금융'인데, A, B, C, D, E가 2009. 2. 18.경 F 등으로부터 그 주식을 양수한 후 상호를 현재와 같은 '주식회사 이플러스마트'로 변경하고, A, E는 피고의 사외이사로, B 는 대표이사로, C는 사내이사로, D는 감사로 각 취임하였다. 피고는 2009. 5. 22.경 이 사건 점포를 사업장으로 하여 사업자등록을 하고, 그 무렵부터 이 사건 점포에서 슈퍼마켓을 운영하였다.
원고는 2009. 7.경 A에게 피고도 A와 연대하여 위 차용금 채무를 부담할 것을 요구하여, A로부터 "채권자 원고, 채무자 피고(대표 B, C), 차용금 1억 5,000만 원, 이자 월 4%, 변제기 2009. 2. 8."로 기재된 차용증(갑 제1호증의 2, 이하 '이 사건 차용증'이라 한다)을 2008. 10. 7. 자로 소급하여 작성 받았다.
(2) 청구취지: 피고는 원고에게 150,000,000원 및 이에 대하여 2008. 10. 8.부터 다 갚는 날까지 연 40%의 비율로 계산한 돈을 지급하라.

(3) 원고의 주장: A는 자신이 피고의 실질적 사장이라고 말하면서 실제로도 사장인 것처럼 행동하였고, 이에 원고로서는 A가 피고를 대표할 권한이 있는 것으로 믿을 수밖에 없었으므로, 피고는 A의 이 사건 차용증 작성행위에 관하여 표현대표이사 책임을 져야 한다.

3. 다음과 같은 사실관계하에서 원고의 청구원인과 피고의 항변 – 원고의 재항변 – 피고의 재재항변에 대한 판단을 설시하시오.

(1) 사건의 개요: 피고 A는 1991. 5. 28. 소외 K상호신용금고(이하 'K 금고')와 사이에 어음할인에 의한 대출한도액을 금 2억 원, 이자할인료는 연 18%, 연체 이자는 연 22%, 변제기는 1991. 8. 6.로 각 정하여 어음할인거래약정을 체결한 뒤 금 2억 원을 대출받았고, 피고 B는 위 약정에 기한 대출금 채무에 대하여 연대보증을 하였다. 피고들은 위 약정 당시 K 금고에게 어음번호 자가00378872, 발행인 피고 B 액면금 2억 원, 지급기일 2001. 8. 6. 발행일 1991. 5. 28. 지급지 및 발행지 각 부천시, 지급장소 주식회사 경기은행 부천지점으로 된 약속어음 1장을 교부하여 주었다. K 금고는 1991. 9. 6. 위 약속어음을 소지하고 지급장소에서 지급제시하였으나 무거래를 이유로 그 지급이 거절되었고, 한편 K 금고는 피고들로부터 1991. 8. 26.까지의 약정이자 및 연체이자를 지급받았다. K 금고는 1996. 6. 21. 수원지방법원 96카단20748호로 청구채권을 1991. 5. 28. 자 약속어음금 중 일부금 5,000만 원으로 하여 자동차가압류 결정을 받아 피고 A 소유의 무쏘 승용차를 가압류하였다. K 금고는 1999. 6. 29. 수원지방법원 99하29호로 파산선고 결정을 받았고, 원고(예금보험공사)가 그 파산관재인이 되었다.

(2) 청구취지: 피고들은 연대하여 원고에게 금 2억 원과 이에 대하여 1991. 8. 27.부터 다 갚는 날까지 연 22%의 비율로 계산한 돈을 지급하라.

(3) 원고의 주장: 피고 B는 피고 A의 연대보증인으로서 피고 A와 연대하여 원고에게 위 대출금 및 지연손해금을 지급할 의무가 있다.

(4) 피고들의 항변:

① 피고 B의 동일인에 대한 대출액 한도를 제한하는 구 상호신용금고법으로 인하여 직접 대출받을 수 없게 되자 K 금고의 직원들과 통모하여 피고 A 등을 형식상 차주로 내세워 불법적으로 여러 건의 대출을 받은 것이어서 피고 A를 주 채무자로 하는 대출약정은 통정허위표시에 해당하여 무효이고, 또한 이 사건 대출계약의 실질적인 당사자는 피고 B이어서 위 대출금 채무는 변제기일인 1991. 8.로부터 5년이 경과함으로써 소멸시효가 완성되었다.

② 피고 B는, 피고 A를 비롯한 형식상 차주들이 위와 같이 통모에 의한 대출사실을 알고는 K 금고에게 항의하자 K 금고는 대출금의 일부를 변제받고 나머지 금원에 대해서는 탕감하거나 면제하여 주었으므로 원고의 이 사건 청구에 응할 수 없다.

③ 피고 B는, 피고 A가 이 사건 대출약정의 주 채무자라고 하더라도 K 금고가 피고 A 소유의 자동차에

대하여 가압류한 이후 5년의 상사소멸시효기간이 경과한 1996. 5. 28.에는 위 대출금 채무가 소멸하였다.

(5) 원고의 재항변: 원고는 소멸시효기간 만료 전에 위 약속어음금을 청구채권으로 하여 주 채무자인 피고 A 소유의 자동차를 가압류하였으므로 소멸시효가 중단되었다.

(6) 피고들의 재재항변: 위 시효중단사유인 K 금고의 가압류결정은 그 청구채권인 약속어음금채권이 적법한 소구권행사의 요건을 갖추지 못하였다거나 기한후배서에 의한 어음소지인에 배서인에 대한 소구권은 인정되지 아니한다거나 또는 배서인인 피고 A에 대한 청구권이 시효로 소멸된 이후에 내려진 것이므로 부적법한 결정이므로 소멸시효중단의 효력이 인정될 수 없다.

II. 당사자

1. 개개의 구체적인 소송에서 누가 당사자인지를 명확히 한 후(**당사자의 확정**), 이러한 당사자가 적법하게 소송을 수행하기 위해서는 **당사자능력**(그 당사자가 소송의 주체가 될 일반적인 능력)과 **당사자적격**(당사자로서 실질적으로 변론을 하고 자신의 청구에 대하여 실질적으로 재판을 받기에 적합한 자격), **소송능력**(당사자가 유효하게 소송행위를 하거나 소송행위를 받기 위해 갖추어야 할 능력), **변론능력**(법원에 출정하여 법원에 대하여 유효하게 소송행위를 할 수 있는 능력)을 갖추어야 한다.

2. 피고들의 관계가 독립채무인 경우에는 '각' 청구로, 연대채무이면 '연대'청구로, 부진정연대채무인 경우에는 '각자' 청구로 구하여야 한다. 민법상 조합에게 돈을 대여하였다면 당사자능력이 없는 조합을 상대로 대여금청구를 할 수는 없고, 조합재산에 집행하기 위해서는 조합원 전원 또는 업무집행조합원을 상대로 대여금청구를 하여야 한다.[1] 조합원 개인 재산에 집행하기 위해서는 조합원 개인을 상대로 지분별 분할청구를 해야 한다.[2]

3. 사망한 자를 상대로 한 소는 부적법하므로 판결로서 각하할 것이고, 재판장의 소장심사권에 의하여 각하할 것이 아니다. 상속인을 상대로 청구하는 경우에는 제적등본, 가족관계증명서 등을 첨부하고, 법정상속비율에 맞는 청구여야 한다.

4. 사망한 자를 사망한 줄 모르고 피고로 하여 제소한 경우 그 상속인들을 피고로 하여 제소한 것으로 보아 당사자표시정정을 허용한다.[3] 당사자 정정 없이 사망자를 당사자로 한 판결이 선고되고 확정된 외관을 갖추었다 하더라도 그 판결은 당연무효의 판결로 아무런 효력이 없다.

---

1) 대법원 1997. 11. 28. 선고 95다35302 판결: 조합 업무를 집행할 권한을 수여받은 업무집행조합원은 조합재산에 관하여 조합원으로부터 임의적 소송신탁을 받아 자기 이름으로 소송을 수행하는 것이 허용된다.
2) 대법원 1998. 3. 13. 선고 97다6919 판결: 조합의 채무는 조합원의 채무로서 특별한 사정이 없는 한 조합채권자는 각 조합원에 대하여 지분의 비율에 따라 또는 균일적으로 변제의 청구를 할 수 있을 뿐이나, 조합채무가 특히 조합원 전원을 위하여 상행위가 되는 행위로 인하여 부담하게 된 것이라면 상법 제57조 제1항을 적용하여 조합원들의 연대책임을 인정함이 상당하다.
3) 대법원 1983. 12. 27. 선고 82다146 판결; 대법원 1994. 12. 2. 선고 93누12206 판결 등 참조.

5. 소제기 후 변론종결 전에 사망한 경우 소송절차 중단을 간과하고 판결이 선고되더라도 절차상의 위법은 있으나 당연무효라고는 할 수 없고, 다만 그 판결은 대리인에 의하여 적법하게 대리되지 않았던 경우와 마찬가지로 보아 대리권흠결을 이유로 상소 또는 재심에 의하여 그 취소를 구할 수 있을 뿐이다.[4]

III. 관할

1. 보통재판적: 피고의 주소지법원(민소법 제2조)
2. 특별재판적: 의무이행지 법원(민소법 제8조)
3. 합의관할 확인
4. 변론관할 검토

IV. 소송물[5]

1. 대여원금 청구: 소비대차계약에 기한 대여금반환청구권
2. 이자 청구: 이자계약에 기한 이자지급청구권
3. 지연손해금 청구: 이행지체로 인한 손해배상청구권

V. 소비대차와 대여금청구소송[6]

1. 소비대차의 개념과 성질

가. 민법상 소비대차는 당사자 일방이 금전, 기타 대체물의 소유권을 상대방에게 이전할 것을 약정하고 상대방은 그와 같은 종류, 품질 및 수량으로 반환할 것을 약정함으로서 그 효력이 생기는 이른바 諾成契約이므로(민법 제598조), 차주가 현실로 금전 등을 수수하거나 현실의 수수가 있은 것과 같은

---

4) 대법원 1995. 5. 23. 선고 94다28444 전원합의체 판결; 대법원 2003. 11. 14. 선고 2003다34038 판결.
5) 소송물이론에 관해서는 신구 소송물이론이 대립하나, 판례는 기본적으로 구 소송물이론을 취하고 있으므로 이에 따라 소송물을 살펴본다.
6) 2010년 사법연감 통계에 의하면 2010년 제1심 민사본안사건(소액사건 제외) 종류별 비율을 보면 대여금 13.3%, 건물명도·철거 10.7%, 구상금 10.1%, 양수금 9.3%, 손해배상 8.7%(자동차, 산재, 의료과오, 공해, 지적재산권침해 등 포함) 매매대금 6.7%, 부동산소유권 6.2%, 제3자이의·청구이의 3.1%, 공사대금 2.7%, 채무부존재확인 2.4%, 임대차보증금 2.4%, 약정금 2.4%, 부당이득금 2.3%, 사해행위취소 2.3%, 배당이의 1.6%, (근)저당권설정·말소 1.3%, 어음·수표 1%, 보증채무금 0.9%, 신용카드이용대금 0.8%, 기타 10.3%로 나타났다. 실무상 전체소송사건 중 대여금청구사건이 차지하는 비율이 제일 높다. 민사본안사건의 70.1%를 차지하고 있는 소액사건의 상당수도 대여금청구사건이다.

경제적 이익을 취득하여야만 소비대차가 성립하는 것은 아니다.[7)]

나. 임대차 및 사용대차와의 구별

다. 이자부소비대차는 유상 쌍무계약이나, 무이자부소비대차는 무상 편무계약이다.

2. 성립

가. 민법상의 소비대차는 당사자의 합의만으로 성립한다(낙성계약). 단 민법 제599조 참조.

나. 대물대차의 경우의 경우에는 그 인도 시의 가액으로써 차용액으로 한다(민법 제606조).

다. 무이자부 소비대차의 당사자는 목적물의 인도 전에 언제든지 계약을 해제할 수 있다(민법 601조).

3. 효력

가. 貸主의 의무: 소유권이전의무와 담보책임(민법 제602조)

나. 借主의 의무: 목적물 반환의무 및 이자지급의무(민법 제600조)

VI. 요건사실과 주장·증명책임

1. 대여원금 반환청구

☞ **요건사실: 소비대차계약의 체결 + 목적물의 인도(금전의 교부) + 반환시기(변제기)의 도래**

가. 소비대차는 대주가 금전, 기타 대체물의 소유권을 상대방에게 이전할 것을 약정하고 차주가 同種, 同質, 同量의 물건을 반환할 것을 약정함으로써 성립하는 낙성계약이므로 목적물의 인도사실은 요건사실이 아니고 주장·증명할 사항이 아니나, 실무상 금전소비대차의 경우 소비대차계약체결사실과 대여금 인도사실을 합하여 '원고는 피고에게 2010. 2. 1. 금 100,000,000원을 대여한 사실'로 기재한다.[8)] 만약 계약일과 인도일이 다를 경우 '원고는 2010. 2. 1. 피고에게 금 100,000,000원을 대여하기로 하여 2010. 2. 5. 위 금원을 교부한 사실'로 기재할 수 있다.

나. 청구원인사실(요건사실)에 대한 입증방법으로는 개인 간의 소비대차의 경우에는 차용증, 현금보관증, (이행)각서 등이, 금융기관 대출의 경우에는 금전소비대차계약서, 대출약정서, 은행여신거래약

---

7) 대법원 1991. 4. 9. 선고 90다14652 판결.
8) 이는 소비대차를 요물계약으로 하였던 구민법 시대의 실무례를 답습하고 있는 것으로 보인다.

관, 대출금내역조회, 연체이율표 등이 있다.

다. 소비대차(민법 제598조), 사용대차(민법 제609조), 임대차(민법 제618조) 등 이른바 '대차형계약'에서 반환시기에 관한 약정은 그 계약의 불가결한 요소이다. 따라서 소비대차계약의 성립을 위해서는 그것이 확정기한이든, 불확정기한이든 아니면 반환시기의 약정이 있든, 없든 간에 목적물의 반환을 구하는 자가 반환시기에 관한 주장·증명을 하여야 한다.[9]

라. 소비대차계약은 목적물을 일정 기간 차주에게 이용하게 하는 것이므로 반환시기(변제기)의 도래사실에 대한 주장·증명책임은 목적물의 반환을 구하는 원고에게 있다.[10]

(1) 반환시기가 확정기한일 경우: 반환시기의 도래사실에 대해서는 별도의 주장·증명이 필요 없다.[11]

(2) 반환시기가 불확정기한일 경우: 그 기한을 정하는 사실이 발생한 사실을 주장·증명하여야 한다. 예컨대 甲의 사망 시에 대여금을 반환하기로 한 경우에는 甲이 사망한 사실을 주장·증명하여야 한다.[12]

(3) 반환시기의 정함이 없는 경우: 민법 제603조 법문상 대주가 상당한 기간을 정하여 최고하도록 규정하고 있으므로[13] 대주가 상당한 기간을 정하여 반환을 최고하는 것은 반환청구권발생의 권리근거사실이고, 최고의 사실 및 상당한 기간 말일의 도과사실에 관해서는 대주가 주장·증명하여야 할 것이나, 판례는 위 규정이 차주의 이익을 보호하기 위하여 차주에게 최고의 항변권을 부여한 것으로 본다.[14] 따라서 원고는 청구원인단계에서는 반환시기의 정함이 없이 대여한 사실만 주장·증명하면 대여원금의 반환을 구할 수 있고, 항변단계에서 차주가 상당한 기간을 정한 최고가 없었음을 항변할 수 있으나, 최고의 의사표시가 담긴 소장송달 후 상당한 기간이 경과하는 경우가 대부분이므로 이러한 최고의 항변은 큰 의미가 없게 된다.

---

9) 차주가 대주의 주장과 다른 반환시기의 약정을 주장하는 것은 항변이 아니라 적극부인이다.
10) 민법 제387조(이행기와 이행지체)
　　① 채무이행의 확정한 기한이 있는 경우에는 채무자는 기한이 도래한 때로부터 지체책임이 있다. 채무이행의 불확정한 기한이 있는 경우에는 채무자는 기한이 도래함을 안 때로부터 지체책임이 있다.
　　② 채무이행의 기한이 없는 경우에는 채무자는 이행청구를 받은 때로부터 지체책임이 있다.
11) 약정한 반환시기가 도래하지는 않았으나 차주가 기한의 이익을 상실하였음을 주장하며 대여금의 반환을 구할 경우에는 기한이익상실의 특약사실과 특약에 정한 상실요건에 해당하는 사실이 발생한 사실을 주장·증명하여야 한다.
12) 대법원 1989. 6. 27. 선고 88다카10579 판결: 당사자가 불확정한 사실이 발생한 때를 이행기한으로 정한 경우에 있어서 그 사실이 발생한 때는 물론 그 사실의 발생이 불가능하게 된 때에도 이행기한은 도래한 것으로 보아야 한다. 同旨: 대법원 2007. 5. 10. 선고 2005다67353 판결; 대법원 2006. 9. 28. 선고 2006다24353 판결.
　　대법원 2009. 5. 14. 선고 2009다16643 판결: 재건축사업을 추진하던 자들과 사업 진행에 필요한 운전자금을 출자하고 사업상의 이익에 참여하기로 하는 등의 공동사업계약을 체결하고 그들에게 운전자금을 지급한 자가, 그 후 사업진행이 순조롭지 않자 공동사업관계에서 탈퇴하면서 '스폰서가 영입되거나 사업권을 넘길 경우나 사업을 진행할 때'에는 위 출자금을 반환받기로 하는 청산약정을 체결한 사안에서, 위 부관의 법적 성질을 거기서 정해진 사유가 발생하지 않는 한 언제까지라도 위 투자금을 반환할 의무가 성립하지 않는 정지조건이라기보다는 불확정기한으로 보아, 출자금반환의무는 위 약정사유가 발생하는 때는 물론이고 상당한 기간 내에 위 약정사유가 발생하지 않는 때에도 성립한다고 해석하는 것이 타당하다.
13) 소비대차에 관한 민법 제603조는 민법 제387조 제2항의 특칙이 된다.
14) 대법원 1969. 1. 28. 선고 68다2313 판결: 반환시기에 관하여 약정이 없는 소비대차에 있어서의 최고의 방법에 관하여는 정해진 방법이 없으므로 소장의 송달로서도 이를 할 수 있다고 할 것이며, 그때부터 변론 종결에 이르는 동안에 차주에게 지급 준비에 필요한 상당한 기간이 경과하였다면 차주는 최고의 항변권을 상실하였다고 할 것이다(대법원 1963. 5. 9 선고 63다131 판결 참조).

2. 이자 청구

☞ **요건사실: 원본채권의 발생 + 이자약정 + 목적물의 인도사실 및 인도시기**

가. 이자는 원본의 존재를 전제로 금전, 기타의 소비물을 일정기간 동안 사용한 것에 대한 대가로서 그 원본액과 사용기간에 따라 일정비율(이율)로 계산되는 금전 기타의 대체물을 말하고, 이자를 청구하기 위해서는 원본채권의 발생사실에 대한 주장·증명이 필요하다.[15] 이자부소비대차는 차주가 목적물의 인도를 받은 때(대여 당일)부터 이자를 계산한다(민법 제600조).[16]

나. 약정이자의 이율은 당사자 간의 약정에 맡겨져 있으나, 법정이자는 다른 법률의 규정이나 당사자의 약정이 없으면 민사거래에서는 연 5푼(민법 제379조), 상거래에 있어서는 연 6푼이다(상법 제54조).[17] 그리고 상인 간에서 금전의 소비대차를 한 때에는 대주는 약정이 없더라도 법정이자를 청구할 수 있다(상법 제55조 제1항). 일반 개인들 사이에서는 이자약정이 없으면 변제기 내에는 이자를 청구할 수 없고, 변제기 이후에는 지연이자로서 법정이자를 청구할 수 있다.[18] 법정이율을 초과하는 약정이율에 의한 이자를 청구하는 경우에는 법정이율을 초과하는 이율의 합의를 한 사실을 주장·증명하여야 한다.

다. 소비대차계약에서 이자의 약정이 반드시 수반되는 것은 아니므로[19] 이자의 지급을 위해서는 이자의 약정사실을 따로 증명하여야 한다. 상인 간의 소비대차의 경우에는 대주 및 차주가 당시 상인인 사실을 주장·증명하여 상사법정이율인 연 6%에 의한 이자를 청구할 수 있다(상법 제54조).[20]

라. 이자는 차주가 목적물을 인도받은 때부터 계산하나,[21] 차주가 책임 있는 사유로 수령을 지체할 때에는 대주가 이행을 제공한 때로부터 계산하여야 한다(민법 제600조). 따라서 원고는 대주로서 대여금을 인도한 사실 및 그 인도시기를 증명하거나, 원고가 대여금의 이행을 제공한 사실 및 그 시기, 피고가 책임 있는 사유로 대여금의 수령을 지체한 사실을 주장·증명하면 된다.

마. 이자의 제한

(1) **이자제한법[22]상의 최고이율**: 금전대차에 관한 계약상의 최고이자율은 연 30퍼센트를 초과하지 아니

---

15) 이자의 약정은 이자채권의 발생요건이므로 이자 또는 약정이율에 지연손해금의 지급을 구하는 경우에 그 주요 사실이 된다.

16) 예컨대, 원고가 2010. 2. 1. 피고에게 금 1,000만 원을 이자 월 2%, 변제기 1년으로 정하여 대여하였다면 2010. 2. 1.부터 2011. 1. 31.까지 발생하는 월 2%의 이자는 약정이자이고, 2011. 2. 1.부터 발생하는 이자는 지연손해금이다. 후자의 경우 약정이율에 의한 지연손해금이 된다.

17) 어음법상의 법정이자는 연 6%이다(어음법 제48조 제1항 제2호). 어음법상의 법정이자는 지연손해금이 아니다. 어음법상의 법정이자는 어음의 만기일로부터 발생한다.

18) 소비대차에서 변제기 후의 이자약정이 없는 경우 특별한 의사표시가 없는 한 <u>변제기가 지난 후에도 당초의 약정이자를 지급하기로 한 것으로 보는 것이 당사자의 의사이다</u>(대법원 1981. 9. 8. 선고 80다2649 판결).

19) 대여금에 이자나 변제기의 약정이 없다고 하여 소비대차계약이 성립되지 않는 것이라고 할 수 없다(대법원 1992. 10. 9. 선고 92다13790 판결).

20) 상인 간에서 금전소비대차가 있었음을 주장하면서 약정이자의 지급을 구하는 청구에는 약정 이자율이 인정되지 않더라도 상법 소정의 법정이자의 지급을 구하는 취지가 포함되어 있다고 보아야 한다(대법원 2007. 3. 15. 선고 2006다73072 판결).

21) 금원을 대여한 경우 대여한 날(차용일)부터 이자가 발생하나, 원고가 이 날짜 이후부터 이자를 청구하는 경우에는 원고가 청구한 범위 내에서 이자를 계산하여야 한다.

하는 범위 안에서 대통령령으로 정하도록 하고,[23] 이를 초과한 이자는 무효로 하며, 이미 지급한 초과이자에 대해 반환청구가 가능하다.[24]

(2) 대부업의 등록 및 금융이용자보호에 관한 법률(「대부업법」으로 약칭)[25]상의 최고이율: 대부업자가 개인이나 대통령령으로 정하는 소규모 법인에 대부를 하는 경우 그 이자율은 연 100분의 50의 범위에서 대통령령으로 정하는 율을 초과할 수 없고(제8조 제1항),[26] 이에 따른 이자율을 산정할 때 <u>사례금, 할인금, 수수료, 공제금, 연체이자, 체당금 등 그 명칭이 무엇이든 대부와 관련하여 대부업자가 받는 것은 모두 이자로 본다</u>(동 조 제2항). 대부업자가 제1항을 위반하여 대부계약을 체결한 경우 제1항에 따른 이자율을 초과하는 부분에 대한 이자계약은 무효로 한다(동 조 제3항). 채무자가 대부업자에게 위 이자율을 초과하는 이자를 지급한 경우 그 초과 지급된 이자 상당금액은 원본에 충당되고, 원본에 충당되고 남은 금액이 있으면 그 반환을 청구할 수 있으며(동 조 제4항), 대부업자가 선이자를 사전에 공제하는 경우에는 그 공제액을 제외하고 채무자가 실제로 받은 금액을 원본으로 하여 이자율을 산정한다(동 조 제5항).[27]

---

22) 2011. 7. 25. 개정법률(제10925호)은 종전의 40%(2007. 3. 29. 법률 제8322호)에서 30%로 인하하였다. 개정법률은 2011. 10. 26.부터 시행된다. 개정법 시행 전에 성립한 금전대차에 관한 계약상의 이자율에 관해서도 개정법 시행일 이후에는 이 법에 따라 이자율을 계산한다(개정법 부칙 제2조).

23) 2011. 10. 26.부터 시행되는 개정법은 연 30%의 범위 내에서 최고이자율을 대통령령으로 정하도록 하고 있으나, 시행령은 종전 규정에 따라 연 30퍼센트이다.

24) 대법원 2007. 2. 15. 선고 2004다50426 전원합의체 판결: 금전 소비대차계약과 함께 이자의 약정을 하는 경우, 양쪽 당사자 사이의 경제력의 차이로 인하여 그 이율이 당시의 경제적·사회적 여건에 비추어 사회통념상 허용되는 한도를 초과하여 현저하게 고율로 정하여졌다면, 그와 같이 허용할 수 있는 한도를 초과하는 부분의 이자 약정은 대주가 그의 우월한 지위를 이용하여 부당한 이득을 얻고 차주에게는 과도한 반대급부 또는 기타의 부당한 부담을 지우는 것이므로 선량한 풍속, 기타 사회질서에 위반한 사항을 내용으로 하는 법률행위로서 무효이다. 선량한 풍속, 기타 사회질서에 위반하여 무효인 부분의 이자 약정을 원인으로 차주가 대주에게 임의로 이자를 지급하는 것은 통상 불법의 원인으로 인한 재산 급여라고 볼 수 있을 것이나, 불법원인급여에 있어서도 그 불법원인이 수익자에게만 있는 경우이거나 수익자의 불법성이 급여자의 그것보다 현저히 커서 급여자의 반환청구를 허용하지 않는 것이 오히려 공평과 신의칙에 반하게 되는 경우에는 급여자의 반환청구가 허용되므로, 대주가 사회통념상 허용되는 한도를 초과하는 이율의 이자를 약정하여 지급받은 것은 그의 우월한 지위를 이용하여 부당한 이득을 얻고 차주에게는 과도한 반대급부 또는 기타의 부당한 부담을 지우는 것으로서 그 불법의 원인이 수익자인 대주에게만 있거나 또는 적어도 대주의 불법성이 차주의 불법성에 비하여 현저히 크다고 할 것이어서 차주는 그 이자의 반환을 청구할 수 있다.

25) 2010. 1. 25 법률 제9970호(2010. 4. 26. 시행). 종전에는 등록대부업자에 대해서만 대부업법이 적용되도록 되어 있었으나, 2009. 1. 21. 개정 이자제한법 제7조는 다른 법률에 따라 인가·허가·등록을 마친 금융업 및 대부업과 대부업법 제9조의 4에 따른 미등록대부업자에 대해서는 이 법을 적용하지 아니하도록 규정하고 있다. 따라서 미등록대부업자에 대해서는 이자제한법이 적용되지 않고 대부업법이 적용되어 2011. 6. 27.부터 연 39%의 이자가 적용된다. 대법원 2009. 6. 11. 선고 2009다12399 판결 참조.

26) 대부업의 등록 및 금융이용자보호에 관한 법률 시행령(2011. 6. 27. 대통령령 제22991호) 제5조 제3항은 법 제8조 제1항에서 '대통령령이 정하는 율'이라 함은 <u>연 100분의 39</u>를 말하며, 월이자율 및 일이자율은 <u>연 100분의 39</u>를 단리로 환산한다. 종전의 최고이자율은 연 66%였으나, 2007. 10. 4.부터 연 49%로 인하되었다가 <u>2011. 6. 27.부터 연 39%로</u> 다시 인하되었다.

27) 이자제한법과 대부업법의 비교
  - 적용범위: 이자제한법은 사인 간의 거래에 적용되나, 대부업법은 여신금융기관 및 등록무등록 대부업자에 적용된다.
  - 최고이자율: 이자제한법은 연 40%(시행령 연 30%)[2011. 10. 26.부터 연 30%의 범위 내에서 대통령령으로 정함], 대부업법은 연 50%(시행령 연 39%)
  - 초과지급이자처리: 이자제한법 및 대부업법 공히 초과 부분 무효, 초과지급이자 원본충당 가능, 초과지급이자 반환청구 가능
  - 형사처벌: 이자제한법은 처벌규정이 없었으나 2011. 10. 26.부터 시행되는 개정법에 의하면 최고이자율을 초과하여 이자를 받은 자는 1년 이하의 징역 또는 1천만 원 이하의 벌금에 처함. 대부업법은 무등록영업은 5년 이하의 징역 또는 5,000만 원 이하의 벌금, 이자율 제한위반의 경우 3년 이하의 징역 또는 3,000만 원 이하의 벌금.

(3) <u>소송촉진 등에 관한 특례법[28] 제3조 제1항의 규정에 의한 법정이율</u>: 2003. 6. 1.부터 연 2할.[29] 법원이 금전채무의 전부 또는 일부의 이행을 명하는 판결을 선고할 경우에 금전채무불이행으로 인한 손해배상액산정의 기준이 되는 법정이율은 다툼이 있는 대부분의 사건은 특별한 사정이 없는 한 판결선고 시 이후에는 연 2할의 지연손해금의 지급을 명한다.[30]

바. 선이자를 공제하고 대여한 경우에는 대여금의 일부를 선이자로 공제하기로 합의한 사실과 나머지 원본액을 인도한 사실을 주장·증명하여야 한다.[31]

3. 지연손해금 청구

☞ **요건사실: 원본채권의 발생 + 반환시기 및 그 도과 + 손해의 발생과 범위**

가. 지연손해금도 원본의 존재를 전제로 하므로 우선 원본채권의 발생사실을 증명하여야 한다. 변론주의원칙상 원고가 지연손해금을 청구하지 않는 한 지연손해금을 인정받을 수 없다.

나. 지연손해금은 채무자의 이행지체로 인한 것이므로 원고는 반환시기 및 그 도과사실을 주장·증명하여야 하나, 반환시기는 원본채권의 발생사실 중에 포함되어 있으므로 이를 따로 주장·증명할 필요는 없다.[32]

(1) <u>반환시기가 확정기한일 경우</u>: 반환시기의 도래사실에 대해서는 별도의 주장·증명이 필요 없다(법원에 현저한 사실).

(2) <u>반환시기가 불확정기한일 경우</u>: 불확정기한을 확정하는 사실이 발생한 사실 및 확정된 기한이 도래한 사실과 차주인 피고가 확정된 기한의 도래를 안 사실까지 주장·증명하여야 한다.[33]

(3) <u>반환시기의 정함이 없는 경우</u>: 대주가 상당한 기간을 정하여 반환을 최고하여야 하므로 차주는 최고

---

28) 2009. 11. 2. 법률 제9818호, 2009. 12. 29. 법률 9838호(2010. 5. 3. 시행).

29) 소송촉진 등에 관한 특례법 제3조 제1항의 법정이율에 관한 규정. 2003. 5. 31.까지는 연 2할 5푼이었다.

30) 특례법 제3조 ① 금전채무의 전부 또는 일부의 이행을 명하는 판결을 선고할 경우, 금전채무 불이행으로 인한 손해배상액 산정의 기준이 되는 법정이율은 그 금전채무의 이행을 구하는 소장 또는 이에 준하는 서면이 채무자에게 송달된 날의 다음 날부터는 연 100분의 40 이내의 범위에서 은행법에 따른 금융기관이 적용하는 연체금리 등 경제 여건을 고려하여 대통령령으로 정하는 이율에 따른다. 다만, 민사소송법 제251조에 규정된 소에 해당하는 경우에는 그러하지 아니한다.
② 채무자에게 그 이행의무가 있음을 선언하는 사실심 판결이 선고되기 전까지 <u>채무자가 그 이행의무의 존재 여부나 범위에 관하여 항쟁하는 것이 타당하다고 인정되는 경우</u>에는 그 타당한 범위에서 제1항을 적용하지 아니한다.

31) 이자제한법 제3조(이자의 사전공제): 선이자를 사전공제한 경우에는 그 공제액이 채무자가 실제 수령한 금액을 원본으로 하여 제2조 제1항에서 정한 최고이자율에 따라 계산한 금액을 초과하는 때에는 그 초과 부분은 원본에 충당한 것으로 본다. 예컨대 채권자가 채무자에게 원금 1,000,000원을 매월 3푼 이자로 1년간 대여하면서 그 이자로 미리 360,000원을 공제하고 실제로 차주에게 640,000원만 지급하는 경우에 360,000원이 선이자가 되고, 乙이 실제로 받은 금액 640,000원과 그에 대한 제한이율에 의한 이자 192,000원(640,000×0.3)의 합산액 832,000원이 원금이며, 결국 이 돈이 차주가 변제기에 변제하여야 할 금액이 된다. 이 경우 乙이 甲에게 1년 후 1,000,000원을 변제한 경우 832,000원과의 차액 168,000원은 甲으로부터 반환받을 수 있다.

32) 불법행위로 인한 손해배상채권은 불법행위일부터 지연이자가 발생한다. 동시이행의 항변권이 있는 경우 지연손해금은 발생하지 않는다(동시이행항변권의 당연효).

33) 원본반환채무의 이행기는 불확정기한이 도래한 때이나 그 지체책임은 이행기가 도과한 때부터가 아니라 채무자가 그 기한의 도래를 안 때로부터 발생한다. 민법 제387조 후문 참조.

기간이 만료한 다음 날부터 지체책임을 진다. 따라서 원고는 최고사실과 상당한 기간이 도과한 사실을 주장·증명하여야 한다.

   (4) 기한이익상실 특약이 있는 경우[34]: 정지조건부 기한이익 상실 특약은 조건성취 사실을, 형성권적 기한이익 상실특약은 채권자의 청구사실을 증명하여야 한다.

다. 손해의 발생 및 그 범위는 원고가 주장·증명하여야 하나, 금전채무의 불이행의 경우에는 그 손해배상액은 법정이율 또는 약정이율에 의하므로(민법 제397조 제1항), 대주로서는 특약이 없더라도 연 5%에 의한 민사법정이율에 의한 지연손해금을 구할 수 있고, 이를 초과하는 약정이율의 약정이 있는 경우에는 이를 증명하여 약정이율에 의한 지연손해금의 지급을 구할 수 있다.[35]

라. 금전채무의 지연손해금채무는 금전채무의 이행지체로 인한 손해배상채무로서 이행기의 정함이 없는 채무에 해당하므로 채무자는 확정된 지연손해금채무에 대하여 채권자로부터 이행청구를 받은 때로부터 지체책임을 부담한다.[36]

Ⅶ. 변론

1. 본안의 신청

가. **원고(甲)의 청구취지**: 피고는 원고에게 금 100,000,000원 및 이에 대한 2010. 2. 1.부터 완제일(다 갚

---

34) 대법원 1997. 8. 29. 선고 97다12990 판결: 기한이익 상실의 특약은 그 내용에 의하여 일정한 사유가 발생하면 채권자의 청구 등을 요함이 없이 당연히 기한의 이익이 상실되어 이행기가 도래하는 것으로 하는 것(정지조건부 기한이익 상실의 특약)과 일정한 사유가 발생한 후 채권자의 통지나 청구 등 채권자의 의사행위를 기다려 비로소 이행기가 도래하는 것으로 하는 것(형성권적 기한이익 상실의 특약) 두 가지로 대별할 수 있고, 이른바 형성권적 기한이익 상실의 특약이 있는 경우에는 그 특약은 채권자의 이익을 위한 것으로서 기한이익의 상실 사유가 발생하였다고 하더라도 채권자가 나머지 전액을 일시에 청구할 것인가 또는 종래대로 할부변제를 청구할 것인가를 자유로이 선택할 수 있으므로, 이와 같은 기한이익 상실의 특약이 있는 할부채무에 있어서는 <u>1회의 불이행이 있더라도 각 할부금에 대해 그 각 변제기의 도래 시마다 그때부터 순차로 소멸시효가 진행하고 채권자가 특히 잔존 채무 전액의 변제를 구하는 취지의 의사를 표시한 경우에 한하여 전액에 대하여 그때부터 소멸시효가 진행한다.</u>

35) 대법원 2009. 12. 24. 선고 2009다85342 판결: 민법 제397조 제1항은 본문에서 금전채무불이행의 손해배상액을 법정이율에 의할 것을 규정하고 그 단서에서 "그러나 법령의 제한에 위반하지 아니한 약정이율이 있으면 그 이율에 의한다"고 정한다. 이 단서규정은 약정이율이 법정이율 이상인 경우에만 적용되고, <u>약정이율이 법정이율보다 낮은 경우에는 그 본문으로 돌아가 법정이율에 의하여 지연손해금을 정할 것이다.</u> 우선 금전채무에 관하여 아예 이자약정이 없어서 이자청구를 전혀 할 수 없는 경우에도 채무자의 이행지체로 인한 지연손해금은 법정이율에 의하여 청구할 수 있으므로, 이자를 조금이라도 청구할 수 있었던 경우에는 더욱이나 법정이율에 의한 지연손해금을 청구할 수 있다고 하여야 한다.

36) 대법원 2004. 7. 9. 선고 2004다11582 판결: 원심은 원고들이 이 사건 각 보험금에 대한 지연손해금 및 이에 대하여 보험금의 실제 지급일 다음 날인 2001. 10. 13.부터 다 갚는 날까지의 지연손해금의 지급을 구한 데 대하여, 위 각 돈은 피고가 보험금 지급의무의 이행을 지체함에 따른 손해배상금이므로, 이와 같은 지연손해금에 대하여 이를 원금으로 하여 다시 지연손해금을 계산하여 지급할 것을 구할 수 없다는 이유로 이 부분 원고들의 청구를 기각하였다. 그러나 원심이 인정한 사실관계에 의하면, 피고가 원고들에 대하여 이 사건 보험금 지급채무의 이행을 지체함에 따라, 약정된 보험금 지급기일부터 피고의 실제 보험금 지급일까지 사이에 이미 발생한 지연손해금의 지급을 원고들이 구하는 것이므로, 원고들이 구하는 이 사건 지연손해금은 확정된 지연손해금에 해당한다고 보아야 할 것이고, 따라서 앞서 본 법리에 따라 피고는 원고들로부터 지연손해금의 이행청구를 받은 때부터 그 지체책임을 부담하게 된다고 보아야 할 것이다. 그럼에도 불구하고, 원심이 지연손해금을 원금으로 하여 다시 지연손해금을 계산하여 지급할 것을 구할 수 없다고 판단하고 만 것은 지연손해금에 관한 법리를 오해한 위법이 있다.

는 날)까지 연 30%의 비율에 의한 금원을 지급하라.[37)

※ **이자약정이 없는 경우**: 피고는 원고에게 금 100,000,000원 및 이에 대한 2011. 2. 1.부터 이 사건 소장부본 송달일까지는 연 5%, 그다음 날부터 완제일(다 갚는 날)까지는 연 20%의 각 비율에 의한 금원을 지급하라.[38)

나. 피고(乙)의 소송상 신청: 원고의 소를 각하한다.
　　　　　　　　　　　　　원고의 청구를 기각한다.[39)

2. 공격방어방법

가. 甲의 사실상의 주장: 원고는 2010. 2. 1. 피고에게 금 100,000,000원을 이자 월 3%, 변제기 2010. 1. 31.로 정하여 대여하였다.[40)

나. 甲의 법률상의 주장(권리주장): 그렇다면 피고는 원고에게 위 차용금 100,000,000원 및 위 차용일인 2009. 2. 1.부터 변제기인 2010. 1. 31.까지는 약정이자로서, 그다음 날부터 완제일(다 갚는 날)까지는 약정이율에 의한 지연손해금으로서 각 연 30%의 각 비율에 의한 금원을 지급할 의무가 있다.[41)

다. 乙의 답변:
(1) 직접부인(단순부인, 소극부인): 피고는 원고로부터 돈을 빌린 사실이 없다.[42)

---

37) 대여원금, 이자, 지연손해금 등 지급을 구하는 금전채권의 내용이나 성질은 기재하지 않는다. 소송비용재판의 신청, 가집행선고의 신청은 법원이 직권으로 심판할 수 있는 것이므로 이는 법원의 직권발동을 촉구하는 의미밖에 없으나, 실무상은 본안의 신청으로 기재하는 것이 보통이다.
38) 변제기가 경과하면 특약이 없어도 민사법정이율인 연 5%의 비율에 의한 지연손해금을 청구할 수 있고(민법 제397조 제1항), 소장부본 송달일 다음 날부터는 소송촉진 등에 관한 특례법 제3조 제1항에 의한 연 20%의 지연손해금의 지급을 구할 수 있다.
39) 통상 원고의 '소송비용 피고부담' 신청에 대응하여 '소송비용은 피고의 부담으로 한다'는 신청을 덧붙인다.
40) 원고는 금전소비대차계약(대여일, 대여금액, 이자, 변제기의 약정)을 체결한 사실을 주장한다. 소비대차계약은 낙성계약이므로 금전지급사실은 요건사실이 아니나, 이자청구를 위해 필요하다. 통상 '대여하였다'는 문언에 '금전을 지급하였다'는 의미가 내포된 것으로 본다.
41) 원고는 사실을 주장하고 그 사실에 근거한 권리주장을 하여야 하지만 구체적인 법률적용은 명시할 필요가 없다. 원고가 금전대여사실을 주장하고 그 돈을 돌려 달라는 권리주장을 하면 법원은 증거에 의하여 아니면 다툼이 없는 사실로 대여사실이 인정되면(**사실확정**) '민법 제598조를 적용하여(**법률적용**)' 그 돈을 돌려주라(지급하라)고 판결하는 것이다(**권리판단**).
42) 금전대여사실에 관하여 원고가 증명책임을 부담한다. 증거신청에 대하여 상대방은 증거항변을 할 수 있다. 피고가 소비대차계약체결사실을 부인하면서 계약서의 서명·날인이 피고의 것이 아니라고 답변할 경우 원고가 계약의 체결사실을 증명하여야 하고, 계약서의 인영이 피고의 도장에 의한 것이나, 자신이 직접 날인한 것이 아니고 제3자가 도장을 도용하여 사용한 것이라고 답변할 경우 제3자가 날인하였다는 점에 관한 피고의 반증이 성공하면 원고가 제3자의 대리권의 존재 또는 표현대리 성립에 관한 사실을 주장·증명하여야 한다. 서명·날인이 피고의 것이나 피고가 심신미약이나 기망, 협박 등의 상태에서 이루어진 것이라고 답변하는 경우 피고가 위 기망 등의 사실을 증명하여야 한다.

(2) 간접부인(단순부인, 적극부인, 理由附否認): 원고로부터 돈을 받았으나, 빌린 것이 아니고 증여로 받았다.[43)]

(3) 부지: 원고의 주장사실을 알지 못한다.[44)]

(4) 자백: 피고는 원고로부터 돈을 빌린 사실이 있다.[45)]

(5) 침묵: 원고의 주장사실을 명백히 다투지 아니하는 경우[46)]

라. 乙의 본안 전 항변: 소송요건에 흠이 있어 부적법한 소라는 주장을 본안 전 항변[妨訴抗辯]이라고 한다.[47)] 기판력항변, 관할위반항변 등. 채권의 압류·추심항변도 본안 전 항변에 속한다.[48)] 채권가 압류·압류사실만으로는 항변사유가 되지 못한다.

마. 乙의 본안의 항변:

(1) 취소의 항변: 피고가 미성년자이므로 계약을 취소하였다.[49)]

(2) 무효의 항변[50)]: 피고는 원고로부터 도박자금으로 빌린 것이다.[51)]

(3) 변제항변[52)]: 피고는 2009. 9. 1. 금 10,000,000원과 이자를 변제하였다.[53)]

(4) 소멸시효항변: 원고의 채권은 (단기시효 등에 해당하여) 시효소멸하였다.[54)]

(5) 상속포기나 한정승인의 항변: 피고는 차용인의 상속인으로 상속을 포기하였다(한정승인을 하였다).[55)]

---

43) 이 경우에도 금전대여사실의 증명책임은 원고에게 있다.
44) 부지는 부인으로 추정하나(제150조 제2항) 자기가 관여한 것으로 주장된 행위에 대하여 원칙적으로 부지라는 답변은 허용되지 않는다.
45) 재판상 자백은 불요증사실로서 법원은 당사자의 자백에 구속되어 사실인정을 한다.
46) 변론전체의 취지로 보아 다툰 것으로 인정될 경우를 제외하고 자백한 것으로 간주된다(제150조 제1항).
47) 그러나 소송요건의 대부분은 법원의 직권조사사항에 속하므로 본안 전 항변은 법원의 직권발동을 촉구하는 의미밖에 없고 엄격한 의미로는 항변이라고 할 수 없다.
48) 채권이 압류·전부된 경우 제3채무자에게 전부명령 송달 시 집행채권이전 및 집행채권소멸의 효력이 생기므로 압류전부항변은 본안에 관한 항변사유이고, 압류·추심된 경우 제3채무자에 대한 이행의 소는 추심채권자만이 제기할 수 있으므로 이는 당사자적격의 흠결로 인한 각하의 본안 전 항변이다.
49) 민법 제5조 제2항 참조. 피고의 취소항변에 대하여 원고는 다음과 같은 재항변을 할 수 있다.
'피고의 법정대리인에 의하여 처분이 허락된 범위 내의 행위였다.'
'피고의 법정대리인이 동의하였다.'
'피고의 법정대리인으로부터 허락을 얻은 특정한 영업에 해당한다.'
'피고가 사술로써 능력자로 믿게 하였거나 법정대리인의 동의가 있는 것으로 믿게 하였다.'
50) 강행법규위반, 통정허위표시, 불공정한 법률행위 등 법률행위의 무효사유(권리장애사실)를 주장하는 경우
51) 도박채무를 청구하거나 도박채무의 이행을 목적으로 한 계약, 도박자금을 제공할 목적으로 금전을 대여하는 행위, 도박채무에 관하여 연대보증을 한 경우 등은 "선량한 풍속, 기타 사회질서에 위반한 사항을 내용으로 하는 법률행위"로서(민법 제103조) 무효이다.
52) 대물변제, 공탁, 更改, 면제, 혼동 등 채권의 소멸원인을 주장하는 경우.
53) 이에 대하여 원고는 매매대금채권 등 다른 채권으로 변제받은 것이라고 다투는 경우 원고가 다른 채권의 발생사실을 증명하면 원고와 피고는 변제충당합의나 지정을 주장, 증명하여야 한다.
54) 피고의 소멸시효항변에 대하여 원고는 가압류나 가처분, 채무승인 등의 소멸시효중단의 재항변을 할 수 있고, 피고는 다시 원고의 가압류가 해제되었다는 등의 재재항변을 할 수 있다.
55) 원고는 피고의 상속포기 시 피고를 경정할 수 있고, 한정승인 시 청구취지를 '상속받은 재산의 한도에서'로 정정할 수 있다. 대법원 2006. 2. 13. 자 2004스74 결정: 가정법원의 한정승인신고수리의 심판은 일응 한정승인의 요건을 구비한 것으로 인정

3. 실무상 자주 문제 되는 공격방어방법

가. 변제와 변제충당

(1) **변제항변**: 피고가 대주인 원고에게 일정 금원을 지급한 사실과 그 급부가 채무의 변제를 위하여 지급된 사실을 주장·증명하여야 한다.

(2) **변제충당의 재항변**: 이에 대하여 원고는 피고가 원고에 대하여 이와 별개의 동종채무를 부담하고 있는 사실, 피고가 지급한 금원이 총 채무를 소멸시키기에 부족한 사실, 피고가 제공한 금원의 전부 또는 일부가 합의충당, 지정충당, 법정충당 등의 방식에 의하여 다른 채무에 충당된 사실을 주장하여 변제충당의 재항변을 할 수 있다.[56]

(3) 채무자가 동일한 채권자에 대하여 같은 종류를 목적으로 한 수 개의 채무를 부담한 경우에 변제의 제공에 있어서 당사자가 변제에 충당할 채무를 지정하지 아니한 때에는 민법 제477조의 규정에 따라 법정변제충당되는 것이고 특히 민법 제477조 제4호에 의하면 법정변제충당의 순위가 동일한 경우에는 각 채무액에 안분비례하여 각 채무의 변제에 충당되는 것이므로, 위 안분비례에 의한 법정변제충당과는 달리, <u>그 법정변제충당에 의하여 부여되는 법률효과 이상으로 자신에게 유리한 변제충당의 지정, 당사자 사이의 변제충당의 합의가 있다거나 또는 당해 채무가 법정변제충당에 있어 우선순위에 있어서 당해 채무에 전액 변제충당되었다고 주장하는 자는 그 사실을 주장·증명할 책임을 부담하고,</u> 이 경우 위 사실을 주장하는 자가 변제충당의 지정 또는 변제충당의 합의가 있었다거나 당해 채무가 법정변제충당에 있어 우선순위에 있어서 당해 채무에 전액 변제되었다는 점에 관하여 증명을 다하지 못하였다면 당연히 각 채무액에 안분비례하여 법정충당이 행하여지는 것이다.[57]

① **합의충당**: 채무자와 채권자 사이에 충당에 관한 합의가 있었던 사실을 주장·증명하면 된다.[58] 피고

한다는 것일 뿐 그 효력을 확정하는 것이 아니고 상속의 한정승인의 효력이 있는지의 최종적인 판단은 실체법에 따라 민사소송에서 결정될 문제이므로, 민법 제1019조 제3항에 의한 한정승인신고의 수리 여부를 심판하는 가정법원으로서는 그 신고가 형식적 요건을 구비한 이상 상속채무가 상속재산을 초과하였다거나 상속인이 중대한 과실 없이 이를 알지 못하였다는 등의 실체적 요건에 대해서는 이를 구비하지 아니하였음이 명백한 경우 외에는 이를 문제 삼아 한정승인신고를 불수리할 수 없다.

56) 이 경우 피고는 원고가 주장하는 동종 채무의 발생원인이 무효사유에 해당하여 그 채무가 아예 발생하지 않았다는 사실(권리장애사유), 급부 이전에 이미 변제하여 소멸한 사실(권리소멸사유) 등을 주장하여 재재항변을 할 수 있다.

57) 대법원 2009. 2. 12. 선고 2007다77712 판결; 대법원 1994. 2. 22. 선고 93다49338 판결.

58) 대법원 2004. 3. 25. 선고 2001다53349 판결: 변제충당 지정은 상대방에 대한 의사표시로서 하여야 하는 것이기는 하나, 변제충당에 관한 민법 제476조 내지 제479조의 규정은 임의규정이므로 변제자(채무자)와 변제수령자(채권자)는 약정에 의하여 위 각 규정을 배제하고 제공된 급부를 어느 채무에 어떤 방법으로 충당할 것인가를 결정할 수 있고, 이와 같이 채권자와 채무자 사이에 미리 변제충당에 관한 약정이 있으며, 그 약정 내용이, 변제가 채권자에 대한 모든 채무를 소멸시키기에 부족한 경우 채권자가 적당하다고 인정하는 순서와 방법에 의하여 충당하기로 한 것이라면, <u>채권자가 위 약정에 터 잡아 스스로 적당하다고 인정하는 순서와 방법에 좇아 변제충당을 한 이상 채무자에 대한 의사표시와 관계없이 그 충당의 효력이 있고</u>(대법원 1991. 7. 23. 선고 90다8678 판결 등 참조), 위와 같이 <u>미리 변제충당에 관한 별도의 약정이 있는 경우</u>에는 채무자가 변제를 하면서 위 약정과 달리 특정 채무의 변제에 우선적으로 충당한다고 지정하더라도 그에 대하여 채권자가 명시적 또는 묵시적으로 동의하지 않는 한 그 지정은 효력이 없어 채무자가 지정한 채무가 변제되어 소멸하는 것은 아니다(대법원 1999. 11. 26. 선고 98다27517 판결 참조).

의 전액 변제항변에 대하여 원고가 그것을 이자나 지연손해금으로 받은 것이라고 다투는 경우 그 돈을 원금변제에 충당하기로 합의한 사실은 피고가 항변사실로 함께 주장하여야 한다.[59]

② **지정충당**:[60] 합의충당의 주장이 인정되지 않더라도 당사자는 변제충당의 결과가 자신에게 유리한 채무의 지정사실을 들어 안분비례에 의한 법정충당 이상의 효과를 주장할 수 있다.

③ **법정충당**:[61] 비용, 이자, 원본에 대한 변제충당에 있어서는 민법 제479조에 그 충당 순서가 법정되어 있고 지정 변제충당에 관한 같은 법 제476조는 준용되지 않으므로 원칙적으로 비용, 이자, 원본의 순서로 충당하여야 할 것이고,[62] 채무자는 물론 채권자라고 할지라도 위 법정 순서와 다르게 일방적으로 충당의 순서를 지정할 수는 없다고 할 것이지만, 당사자 사이에 특별한 합의가 있는 경우이거나 당사자의 일방적인 지정에 대하여 상대방이 지체 없이 이의를 제기하지 아니함으로써 묵시적인 합의가 되었다고 보이는 경우에는 그 법정충당의 순서와는 달리 충당의 순서를 인정할 수 있다.[63]

[참고] 변제항변과 관련한 소송구도

▷ 대여금청구 →
▷   ← 변제항변
▷ 변제충당(합의충당, 지정충당)의 재항변 →
▷   ← 다른 채무의 무효, 소멸의 재재항변
             ← 합의충당의 합의가 약관규제법위반으로 무효라는 재재항변
       ← 원고보다 먼저 충당채무를 지정하거나 원고 지정 후 즉시 이의제기했다는 재재항변

---

59) 피고의 전액 변제항변에 대하여 원고가 그것은 다른 채권(매매대금채권)을 변제받은 것이라고 다투는 경우 원고가 다른 채권의 발생사실을 증명하면 원·피고가 각자 스스로 변제충당되었다고 주장하는 채권이 법정변제충당 순위에서 앞서 있다거나 그 변제에 충당하기로 합의하였다거나 지정하였다는 점을 재항변·항변으로 주장해야 한다. 서울중앙지방법원, 민사재판업무편람, pp.12~13 참조.

60) 민법 제476조(지정변제충당)
    ① 채무자가 동일한 채권자에 대하여 같은 종류를 목적으로 한 수 개의 채무를 부담한 경우에 변제의 제공이 그 채무 전부를 소멸하게 하지 못하는 때에는 변제자는 그 당시 어느 채무를 지정하여 그 변제에 충당할 수 있다.
    ② 변제자가 전항의 지정을 하지 아니할 때에는 변제받는 자는 그 당시 어느 채무를 지정하여 변제에 충당할 수 있다. 그러나 변제자가 그 충당에 대하여 즉시이의를 한 때에는 그러하지 아니다.
    ③ 전2항의 변제충당은 상대방에 대한 의사표시로써 한다.

61) 민법 제477조(법정변제충당)
    당사자가 변제에 충당할 채무를 지정하지 아니한 때에는 다음 각 호의 규정에 의한다.
    1. 채무 중에 이행기가 도래한 것과 도래하지 아니한 것이 있으면 이행기가 도래한 채무의 변제에 충당한다.
    2. 채무전부의 이행기가 도래하였거나 도래하지 아니한 때에는 채무자에게 변제이익이 많은 채무의 변제에 충당한다.
    3. 채무자에게 변제이익이 같으면 이행기가 먼저 도래한 채무나 먼저 도래할 채무의 변제에 충당한다.
    4. 전2호의 사항이 같은 때에는 그 채무액에 비례하여 각 채무의 변제에 충당한다.

62) 법정변제충당의 순서를 정함에 있어 기준이 되는 이행기나 변제이익에 관한 사항 등은 구체적 사실로서 자백의 대상이 될 수 있으나, 법정변제충당의 순서 자체는 법률 규정의 적용에 의하여 정하여지는 법률상의 효과여서 그에 관한 진술이 비록 그 진술자에게 불리하더라도 이를 자백이라고 볼 수는 없다(대법원 1998. 7. 10. 선고 98다6763 판결).

63) 대법원 2009. 6. 11. 선고 2009다12399 판결; 대법원 1990. 11. 9. 선고 90다카7262 판결; 대법원 2002. 5. 10. 선고 2002다12871, 12888 판결.

나. 변제공탁

(1) 공탁원인[64]

① **수령거절**: 변제자가 변제의 제공을 한 사실 및 채권자가 이를 수령하지 않은 사실을 증명하여야 한다. 채권자가 미리 수령을 거절한 경우에는 채권자가 미리 수령을 거절한 사실만 증명하면 족하다.[65]

② **수령불능**: 사실상의 불능과 법률상의 불능이 포함되며, 채권자의 귀책사유를 요하지 않는다. 채권이 가압류되거나 압류된 경우 피고(제3채무자)는 민사집행법 제247조 제1항에 의한 공탁을 함으로써 채권의 소멸을 주장할 수 있다. 따라서 이 경우 피고는 대여금채권이 가압류 또는 압류된 사실과 민사집행법에 의한 공탁을 한 사실을 주장·증명하여 피대위채권의 소멸을 주장할 수 있다.

③ **債權者不確知**:[66] 민법 제487조 후단의 '변제자가 과실 없이 채권자를 알 수 없는 경우'라 함은 객관적으로 채권자 또는 변제수령권자가 존재하고 있으나 채무자가 선량한 관리자의 주의를 다하여도 채권자가 누구인지를 알 수 없는 경우를 말한다.[67] 공탁은 공탁자가 자기의 책임과 판단하에 하는 것으로서 공탁자는 누구에게 변제하여야 할 것인지를 판단하여 그에 따라 변제공탁이나 집행공탁 또는 혼합공탁을 선택하여 할 수 있을 뿐만 아니라,[68] 변제공탁을 함에 있어서도 민법 제487조 전단과 후단 중 어느 사유를 공탁원인사실로 할 것인지를 선택하여 할 수 있는바, 변제공탁이 민법 제487조 전단의 '수령불능을 원인으로 한 변제공탁'인지, 같은 조 후단의 '상대적 불확지 변제공탁'인지 아니면 두 가지 성격을 모두 가지고 있는지는 공탁서의 '법령조항'란의 기재와 '공탁원인사실'란의 기재 등에 비추어 객관적으로 판단해야 한다.[69]

---

64) 민법 제487조(변제공탁의 요건, 효과)
　채권자가 변제를 받지 아니하거나 받을 수 없는 때에는 변제자는 채권자를 위하여 변제의 목적물을 공탁하여 그 채무를 면할 수 있다. 변제자가 과실 없이 채권자를 알 수 없는 경우에도 같다.

65) 대법원 1994. 8. 26. 선고 93다42276 판결: 채권자의 태도로 보아 채무자가 설사 채무의 이행제공을 하였더라도 그 수령을 거절하였을 것이 명백한 경우에는 채무자는 이행의 제공을 하지 않고 바로 변제공탁할 수 있다. 당사자가 주장하지 아니한 일련의 사실을 인정하고 이로부터 변제를 제공하였더라도 이를 수령하지 아니하였을 것이라고 판단하였다고 하더라도, 이와 같이 수령거절을 추인하게 해 주는 일련의 사실은 당사자 주장의 공탁원인에 대한 간접사실에 불과한 것이므로 변론주의의 원칙에 위배된다고 볼 수 없다.

66) 대법원 1997. 10. 16. 선고 96다11747 전원합의체 판결: 우리 공탁제도상 채권자가 특정되거나 적어도 채권자가 상대적으로나마 특정되는 상대적 불확지의 공탁만이 허용될 수 있는 것이고 채권자가 누구인지 전혀 알 수 없는 절대적 불확지의 공탁은 허용되지 아니하는 것이 원칙이지만, (구)토지수용법 제61조 제2항 제2호는 토지수용의 주체인 기업자가 과실 없이 보상금을 받을 자를 알 수 없을 때에는 절대적 불확지의 공탁이 허용됨을 규정하여, 기업자는 그 공탁에 의하여 보상금 지급의무를 면하고 그 토지에 대한 소유권을 취득하도록 하고 있는바, 이와 같이 절대적 불확지의 공탁을 예외적으로 허용하는 것은 공익을 위하여 신속한 수용이 불가피함에도 기업자가 당시로서는 과실 없이 채권자를 알 수 없다는 부득이한 사정으로 인한 임시적 조치로서 편의상 방편일 뿐이므로, 기업자는 공탁으로 수용보상금 지급의무는 면하게 되지만, 이로써 위에 본 공탁제도상 요구되는 채권자 지정의무를 다하였다거나 그 의무가 면제된 것은 아니다.

67) 대법원 2004. 11. 11. 선고 2004다37737 판결.

68) 대법원 2008. 1. 17. 선고 2006다56015 판결: 특정 채권에 대하여 채권양도의 통지가 있었으나 그 후 통지가 철회되는 등으로 채권이 적법하게 양도되었는지에 관하여 의문이 있어 민법 제487조 후단의 채권자불확지를 원인으로 하는 변제공탁 사유가 생기고, 그 채권양도 통지 후에 그 채권에 대하여 채권가압류 또는 채권압류 결정이 내려짐으로써 민사집행법 제248조 제1항의 집행공탁의 사유가 생긴 경우에, 채무자는 민법 제487조 후단 및 민사집행법 제248조 제1항을 근거로 하여 채권자불확지를 원인으로 하는 변제공탁과 압류 등을 이유로 하는 집행공탁을 아울러 할 수 있고, 이러한 공탁은 변제공탁에 관련된 채권양수인에 대해서는 변제공탁으로서의 효력이 있고, 집행공탁에 관련된 압류채권자 등에 대해서는 집행공탁으로서의 효력이 있다.

(2) 변제공탁의 유효요건

① 변제공탁을 주장하는 피고는 공탁원인사실 이외에도 공탁금이 채무의 전부를 변제함에 족한 사실까지 주장·증명하여야 한다.[70] 일부 변제공탁은 원고가 이를 출급하지 아니하면 일부 변제의 효력이 없다.

② 변제공탁이 유효하려면 채무 전부에 대한 변제의 제공 및 채무 전액에 대한 공탁이 있음을 요하고 채무 전액이 아닌 일부에 대한 공탁은 그 부족액이 아주 근소하다는 등의 특별한 사정이 있는 경우가 아닌 한 그 부분에 관하여서도 효력이 생기지 않는다.[71]

③ 다만 채무의 액수에 관하여 다툼이 있는 경우에 채무자가 채무 전액의 변제임을 공탁원인 중에 밝히고 공탁을 하였는데, 채권자가 그 공탁금을 수령하면서 공탁공무원이나 채무자에게 채권의 일부로 수령한다는 등 이의 유보 의사표시를 한 바 없다면, 채권자는 그 공탁 취지에 따라 이를 수령하였다고 보아야 하지만 채권자가 공탁금을 채권의 일부에 충당한다는 유보의 의사표시를 하고 이를 수령한 때에는 그 공탁금은 채권의 일부의 변제에 충당되고, 그 경우 유보의 의사표시는 반드시 명시적으로 하여야 하는 것은 아니다.[72]

다. 면제

(1) 피고는 채권자인 원고가 채무자인 피고에게 채무면제의 의사표시를 한 사실을 주장·증명하여 면제항변을 할 수 있다.

(2) 피고가 다른 사람이 대신 갚기로 하였다고 면책적 채무인수항변을 하는 경우 피고가 이에 대한 원고의 승낙이 있었음을 증명하여야 한다.[73]

(3) 제3자는 채권자로부터 채권처분의 권한을 위임받는 등의 특별한 사정이 없는 한 채무면제를 할 수 없으므로 제3자에 의한 채무면제의 효력을 주장하기 위해서는 위와 같은 특별사정까지 주장·증명하여야 한다.[74]

---

69) 대법원 2008. 10. 23. 선고 2007다35596 판결.
70) 피고가 공탁한 금액이 채무액의 일부에 불과하다는 원고의 주장은 변제공탁항변에 대한 부인에 불과하다.
71) 변제공탁이 유효하려면 채무 전부에 대한 변제의 제공 및 채무 전액에 대한 공탁이 있어야 하고, 채무 전액이 아닌 일부에 대한 공탁은 그 부족액이 아주 근소하다는 등의 특별한 사정이 있는 경우를 제외하고는 채권자가 이를 수락하지 않는 한 그 공탁부분에 관하여서도 채무소멸의 효과가 발생하지 않는바, 근저당권의 피담보채무에 관하여 전액이 아닌 일부에 대하여 공탁한 이상 그 피담보채무가 계속적인 금전거래에서 발생하는 다수의 채무의 집합체라고 하더라도 공탁금액에 상응하는 범위에서 채무소멸의 효과가 발생하는 것은 아니다(대법원 1998. 10. 13. 선고 98다17046 판결).
72) 대법원 2009. 10. 29. 선고 2008다51359 판결.
73) 대법원 2008. 9. 11. 선고 2008다39663 판결: 부동산의 매수인이 매매목적물에 관한 임대차보증금 반환채무 등을 인수하는 한편 그 채무액을 매매대금에서 공제하기로 약정한 경우, 그 인수는 특별한 사정이 없는 이상 매도인을 면책시키는 면책적 채무인수가 아니라 이행인수로 보아야 하고, 면책적 채무인수로 보기 위해서는 이에 대한 채권자 즉 임차인의 승낙이 있어야 한다.
74) 민법상 채무면제는 채권을 무상으로 소멸시키는 채권자의 채무자에 대한 단독행위이고 다만 계약에 의해서도 동일한 법률효과를 발생시킬 수 있는 것인 반면, <u>검사 작성의 피의자신문조서</u>는 검사가 피의자를 신문하여 그 진술을 기재한 조서로서 그 작성형식은 원칙적으로 검사의 신문에 대하여 피의자가 응답하는 형태를 취하므로, 비록 당해 신문과정에서 다른 피의자나 참고인

라. 상계

☞ **상계항변의 요건사실: 자동채권의 발생사실 + 자동채권과 수동채권이 상계적상에 있는 사실 + 피고가 원고에게 수동채권과의 상계의 의사표시를 한 사실**

(1) **相計適狀의 요건**:[75] <1> 쌍방이 서로 같은 종류를 목적으로 하는 채무를 부담하고, <2> 그 쌍방의 채무의 이행기가 도래할 것[76]

① 자동채권의 발생원인이 매매형 계약인 경우: 원칙적으로 계약의 체결과 동시에 이행기가 도래하므로 자동채권의 발생사실을 주장·증명하는 것으로 족하고 이행기에 관한 약정사실은 상대방이 재항변으로 주장하여야 한다.

② 자동채권의 발생원인이 대차형 계약인 경우: 이행기가 계약의 불가결한 요소이므로 자동채권의 발생사실을 주장하는 과정에서 그 이행기가 드러난다. 따라서 상계를 주장하는 피고가 자동채권의 이행기가 도래한 사실을 주장·증명하여야 한다.

(2) **자동채권에 동시이행의 항변권이 붙어 있는 경우** 성질상 상계가 허용되지 않는다.[77] 다만 자동채권과 수동채권이 서로 동시이행관계에 있는 경우에는 상계가 허용된다.[78] 채무의 성질상 상계가 허용되지 않는다는 사실은 상계항변에 대한 재항변사유이므로 상계의 효과를 다투는 원고가 자동채

과 대질이 이루어진 경우라고 할지라도 피의자 진술은 어디까지나 검사를 상대로 이루어지는 것이므로 그 진술기재 가운데 채무면제의 의사가 표시되어 있다고 하더라도 그 부분이 곧바로 채무면제의 처분문서에 해당한다고 보기 어렵다(대법원 1998. 10. 13. 선고 98다17046 판결).

75) 민법 제492조(상계의 요건)
① 쌍방이 서로 같은 종류를 목적으로 한 채무를 부담한 경우에 그 쌍방의 채무의 이행기가 도래한 때에는 각 채무자는 대등액에 관하여 상계할 수 있다. 그러나 채무의 성질이 상계를 허용하지 아니할 때에는 그러하지 아니하다.
② 전항의 규정은 당사자가 다른 의사를 표시한 경우에는 적용하지 아니한다. 그러나 그 의사표시로써 선의의 제3자에게 대항하지 못한다.

76) 민법 제492조 제1항 소정의 '채무의 이행기가 도래한 때'라 함은 채권자가 채무자에게 이행의 청구를 할 수 있는 시기가 도래하였음을 의미하는 것이지 채무자가 이행지체에 빠지는 시기를 말하는 것이 아니다(대법원 1981. 12. 22. 선고 81다카10 판결). 또한 자동채권의 이행기가 도래한 이상 수동채권의 이행기가 도래하지 아니하였더라도 수동채권에 관한 기한의 이익을 포기하고 대등액에서 상계할 수 있으므로(대법원 1979. 6. 12. 선고 79다662 판결) 여기서 문제 되는 것은 자동채권의 이행기이다.

77) 항변권이 붙어 있는 채권을 자동채권으로 하여 타의 채무와의 상계를 허용한다면 상계자 일방의 의사표시에 의하여 상대방의 항변권행사의 기회를 상실케 하는 결과가 되므로 이와 같은 상계는 그 성질상 허용될 수 없다(대법원 2002. 8. 23. 선고 2002다25242 판결). − 도급인이 수급인과의 사이에 수급인이 그가 고용한 근로자들에 대한 노임지급을 지체한 경우 도급인이 수급인에 대한 기성공사대금에서 노임 상당액을 공제하여 근로자들에게 직접 지불할 수 있다고 약정하였다면, 수급인이 근로자들에게 노임지급을 지체한 상태에서 도급인에게 기성공사대금의 지급을 구할 경우 도급인으로서는 위 약정에 따라 적어도 수급인이 근로자들에게 노임을 지급할 때까지는 기성공사대금 중 수급인이 지체한 노임 상당액의 지급을 거절할 수 있다 할 것이므로, 수급인의 도급인에 대한 위 기성공사대금채권은 도급인이 위와 같이 일정한 경우 그 지급을 거절할 수 있는 항변권이 부착되어 있는 채권이라고 할 수 있을 것이고, 따라서 위 채권을 자동채권으로 한 상계는 허용될 수 없다.

78) 예컨대, 부동산 매수인의 매매잔대금 지급의무와 매도인의 가압류기입등기말소의무가 동시이행관계에 있었는데 위 가압류에 기한 강제경매절차가 진행되자 매수인이 강제경매의 집행채권액과 집행비용을 변제공탁한 경우 매도인은 매수인에 대해 대위변제로 인한 구상채무를 부담하게 되고, 그 구상채무는 가압류기입등기말소의무의 변형으로서 매수인의 매매잔대금 지급의무와 여전히 대가적인 의미가 있어 서로 동시이행관계에 있으므로, 매수인은 매도인의 매매잔대금채권에 대해 가압류로부터 본압류로 전이하는 압류 및 추심명령을 받은 채권자에게 가압류 이후에 발생한 위 구상금채권에 의한 상계로 대항할 수 있다(대법원 2001. 3. 27. 선고 2000다43819 판결).

권에 동시이행의 항변권이 붙어 있는 사실의 주장·증명책임을 부담한다. 경우에 따라서는 자동채권의 발생에 관한 피고의 주장 자체에서 자동채권에 항변권이 붙어 있는 것이 드러나는 경우에는 피고가 그 항변권의 발생장애사실 또는 소멸사실까지도 함께 주장하지 않으면 주장 자체로서 이유 없게 된다.[79] 또 청구원인 단계에서 인정된 채권이 고의의 불법행위로 인한 손해배상채권인 경우와 같이 상계가 허용되지 않는 채권임이 드러난 경우에는 이를 수동채권으로 하는 피고의 상계항변은 주장자체로 이유 없는 것이 된다.

(3) 상계의 의사표시에 조건 또는 기한이 붙어 있다는 사실은 **상계항변에 대한 재항변사유**로 될 수 있다.[80]

(4) 가압류 또는 압류명령을 받은 채권의 추심금 또는 전부금소송에서 그 지급금지명령을 받은 채무자는 그 후에 피압류채권의 채권자에 대하여 취득한 채권에 의한 상계로 압류채권자에게 대항할 수 없다(민법 제498조).[81]

(5) 소송 외에서 어음채권을 자동채권으로 하여 상계의 의사표시를 하는 경우에는 어음채무자의 승낙이 있다는 등의 사정이 없는 이상 어음의 교부가 필요불가결하고 어음의 교부가 없으면 상계의 효력이 생기지 않으며, 이때 어음의 교부는 상계의 효력발생요건이라 할 것이므로 상계의 의사표시를 하는 자가 이를 주장·증명하여야 한다.[82] 그러나 재판상 상계의 경우에는 어음을 서증으로써 법정에 제출하여 제시되게 함으로써 족하다.

(6) 일반적으로 당사자 사이에 상계적상이 있는 채권이 병존하고 있는 경우에는 이를 상계할 수 있는 것이 원칙이고, 이러한 상계의 대상이 되는 채권은 상대방과 사이에서 직접 발생한 채권에 한하는 것이 아니라, 제3자로부터 양수 등을 원인으로 하여 취득한 채권도 포함한다 할 것인바, 이러한 상계권자의 지위가 법률상 보호를 받는 것은 원래 상계제도가 서로 대립하는 채권, 채무를 간이한 방법에 의하여 결제함으로써 양자의 채권채무관계를 원활하고 공평하게 처리함을 목적으로 하고 있고, 상계권을 행사하려고 하는 자에 대해서는 수동채권의 존재가 사실상 자동채권에 대한 담보로서의 기능을 하는 것이어서 그 담보적 기능에 대한 당사자의 합리적 기대가 법적으로 보호받을 만한 가치가 있음에 근거하는 것이므로 당사자가 상계의 대상이 되는 채권이나 채무를 취득하게 된 목적과 경위, 상계권을 행사함에 이른 구체적·개별적 사정에 비추어, 그것이 위와 같은 상계 제도의 목적이나 기능을 일탈하고, 법적으로 보호받을 만한 가치가 없는 경우에는 그 상계권의 행사는 신의칙에 반하거나 상계에 관한 권리를 남용하는 것으로서 허용되지 않는다고 함이 상당하고, 상계권 행사를 제한하는 위와 같은 근거에 비추어 볼 때 일반적인 권리 남용의 경우에 요구되는 주관적 요

---

79) 예컨대, 피고가 매매대금채권을 자동채권으로 하여 상계항변을 하였다면 피고가 주장하는 매매계약체결사실로부터 피고가 매매대금채권과 동시이행관계에 있는 매매목적물의 소유권이전등기의무 또는 목적물인도의무를 부담하고 있는 점이 드러나게 되므로 피고가 이러한 의무를 이행하였거나 이행의 제공을 하였다는 사실까지 주장·증명을 하여야 한다.

80) 상계금지특약사유, 채권의 성질에 의한 상계의 제한, 법률상의 상계제한사유(민법 제353조), 자동채권의 시효소멸주장, 자동채권의 변제기 연장 등도 재항변사유가 될 수 있다.

81) 수동채권이 지급금지명령을 받은 채권인지에 관한 주장·증명책임의 소재에 관해서는 상계의 효과를 다투는 측에 있다는 견해와 상계의 효과를 주장하는 측에 있다는 견해가 대립되어 있다.

82) 대법원 2008. 7. 10. 선고 2005다24981 판결.

건을 필요로 하는 것은 아니다.[83)]

(7) 상계의 항변을 제출할 당시 이미 자동채권과 동일한 채권에 기한 소송을 별도로 제기하여 계속 중인 경우, 사실심의 담당재판부로서는 전소와 후소를 같은 기회에 심리·판단하기 위하여 이부, 이송 또는 변론병합 등을 시도함으로써 기판력의 저촉·모순을 방지함과 아울러 소송경제를 도모함이 바람직하였다고 할 것이나, 그렇다고 하여 특별한 사정이 없는 한 별소로 계속 중인 채권을 자동채권으로 하는 소송상 상계의 주장이 허용되지 않는다고 볼 수는 없다.[84)]

마. 시효소멸

(1) 소멸시효항변

① 대여금채권의 시효소멸을 주장하기 위해서는 <1> 대주가 특정시점에서 당해 권리를 행사할 수 있었던 사실과 <2> 그때로부터 소멸시효기간이 도과한 사실을 주장·증명하여야 한다.[85)] 소멸시효의 기간계산은 초일을 산입하지 않고 익일부터 계산한다.

② 소멸시효의 기산일은 주요 사실로 변론주의의 적용을 받는다.[86)] 그러나 어떤 권리의 소멸시효기간이 얼마나 되는지에 관한 주장은 단순한 법률상의 주장에 불과하므로 변론주의의 적용대상이 되지 않고 법원이 직권으로 판단할 수 있다.[87)] 상사시효에 해당하는지, 일반 민사시효에 해당하는지, 국가 또는 지방자치단체에 대한 시효기간에 해당하는지는 법원이 직권으로 판단한다.[88)]

---

83) 대법원 2003. 4. 11. 선고 2002다59481 판결. 원고가 D백화점의 부도로 인하여 D백화점이 발행한 약속어음의 가치가 현저하게 하락된 사정을 잘 알면서 오로지 자신이 D백화점에 대하여 부담하는 임대차보증금반환채무와 상계할 목적으로 D백화점이 발행한 약속어음 20장을 액면가의 40%에도 미치지 못하는 가격으로 할인·취득하고, 그 약속어음채권을 자동채권으로 하여 상계를 한 경우 이는 원고가 위 약속어음 채권을 취득한 목적과 경위, 그 대가로 지급한 금액, 상계권을 행사하게 된 위와 같은 사정에 비추어, 원고의 상계권 행사는 상계제도의 목적이나 기능을 일탈하는 것이고, 법적으로 보호받을 만한 대립하는 채권, 채무의 담보적 기능에 대한 정당한 기대가 없는 경우에 해당하여 신의칙에 반하거나 상계에 관한 권리를 남용하는 것으로서 허용되지 않는다고 판시한 사례.

84) 대법원 2001. 4. 27. 선고 2000다4050 판결.

85) 판례는 소멸시효에 관한 절대적 소멸설의 입장이지만 다만 변론주의원칙상 소멸시효의 이익을 받는 자가 소멸시효 이익을 받겠다는 뜻을 항변하지 않는 이상 그 의사에 반하여 재판할 수 없을 뿐이라고 한다(대법원 1979. 2. 13. 선고 78다2157 판결).

86) 소멸시효의 기산일은 채무의 소멸이라고 하는 법률효과 발생의 요건에 해당하는 소멸시효기간 계산의 시발점으로서 소멸시효항변의 법률요건을 구성하는 구체적인 사실에 해당하므로 이는 변론주의의 적용 대상이라 할 것이고, 따라서 본래의 소멸시효 기산일과 당사자가 주장하는 기산일이 서로 다른 경우에는 변론주의의 원칙상 법원은 당사자가 주장하는 기산일을 기준으로 소멸시효를 계산하여야 하는데, 이는 당사자가 본래의 기산일보다 뒤의 날짜를 기산일로 하여 주장하는 경우는 물론이고, 특별한 사정이 없는 한 그 반대의 경우에 있어서도 마찬가지라고 보아야 할 것이다. 왜냐하면 본래의 기산일이 당사자가 주장하는 기산일보다 뒤의 날짜라 하여 법원이 본래의 기산일에 따라 소멸시효 기간을 인정하게 되면 그 기간 가운데에는 당사자가 주장한 기간 속에 들어 있지 아니한 부분이 있어 위 양자 사이에 전체가 부분을 포함하는 관계가 있다고는 할 수 없으므로 법원의 인정 사실은 당사자의 주장 사실과 전혀 별개의 것으로서 양자 사이에는 동일성이 없다 할 것이고, 나아가 당사자가 주장하는 기산일을 기준으로 심리·판단하여야만 상대방으로서도 법원이 임의의 날을 기산일로 인정하는 것에 의하여 예측하지 못한 불이익을 받음이 없이 이에 맞추어 권리를 행사할 수 있는 때에 해당하는지 및 소멸시효의 중단 사유가 있었는지 등에 관한 공격방어방법을 집중시킬 수 있을 것이기 때문이다(대법원 1995. 8. 25. 선고 94다35886 판결).

87) 대법원 2008. 3. 27. 선고 2006다70929, 70936 판결.

88) 예컨대 새마을금고는 비영리법인이므로 새마을금고의 회원에 대한 대출금채권은 민사채권이나, 새마을금고로부터 대출을 받은 회원이 상인으로서 그 영업을 위하여 대출을 받았다면 그 대출금채권은 상사채권이다(대법원 1998. 7. 10. 선고 98다10793 판결).

<1> 확정기한이 있는 경우: 그 확정기한이 도래한 때로부터 소멸시효 진행

<2> 불확정기한이 있는 경우: 그 기한이 객관적으로 도래한 때로부터 소멸시효 진행[89]

<3> 기한의 정함이 없는 경우: 채권이 성립한 때로부터 소멸시효 진행[90]

③ 소멸시효는 객관적으로 권리가 발생하여 그 권리를 행사할 수 있는 때로부터 진행하고 그 권리를 행사할 수 없는 동안만은 진행하지 않는바, '권리를 행사할 수 없는' 경우라 함은 그 권리행사에 법률상의 장애사유, 예컨대 기간의 미도래나 조건불성취 등이 있는 경우를 말하는 것이고, 사실상 권리의 존재나 권리행사 가능성을 알지 못하였고 알지 못함에 과실이 없다고 하여도 이러한 사유는 법률상 장애사유에 해당하지 않는 것이다.[91]

④ 기한이익 상실의 특약은 그 내용에 의하여 일정한 사유가 발생하면 채권자의 청구 등을 요함이 없이 당연히 기한의 이익이 상실되어 이행기가 도래하는 것으로 하는 정지조건부 기한이익 상실의 특약과 일정한 사유가 발생한 후 채권자의 통지나 청구 등 채권자의 의사행위를 기다려 비로소 이행기가 도래하는 것으로 하는 형성권적 기한이익 상실의 특약의 두 가지로 대별할 수 있고, 기한이익 상실의 특약이 위의 양자 중 어느 것에 해당하느냐는 당사자의 의사해석의 문제이지만 일반적으로 기한이익 상실의 특약이 채권자를 위하여 둔 것인 점에 비추어 명백히 정지조건부 기한이익 상실의 특약이라고 볼 만한 특별한 사정이 없는 이상 형성권적 기한이익 상실의 특약으로 추정하는 것이 타당하다.[92] 따라서 피고가 기한이익 상실 특약이 있는 채권의 시효소멸을 주장하기 위해서는 채권자가 기한이익상실의 특약에 따라 기한이익 상실의 의사표시를 하고 그 시점부터 소멸시효기간이 경과한 사실을 주장·증명하여야 한다.

---

89) 이행지체책임은 채무자가 기한의 도래사실을 안 때로부터 발생하는 점에서 시효소멸의 경우와 다르다.

90) 반환시기의 정함이 없는 소비대차의 경우에도 대주는 언제든지 반환을 청구할 수 있으므로 이행청구 시로부터 상당기간이 경과한 때부터 지체책임을 지게 되나, 소멸시효는 채권성립 시부터 진행한다.

91) 대법원 2006. 4. 27. 선고 2006다1381 판결; 대법원 2004. 4. 27. 선고 2003두10763 판결; 대법원 2005. 4. 28. 선고 2005다3113 판결 등 참조. 건물에 관한 소유권이전등기청구권에 있어서 그 목적물인 건물이 완공되지 아니하여 이를 행사할 수 없었다는 사유는 법률상의 장애사유에 해당한다(대법원 2007. 8. 23. 선고 2007다28024, 28031 판결).

92) 대법원 2002. 9. 4. 선고 2002다28340 판결: 형성권적 기한이익 상실의 특약이 있는 경우에는 그 특약은 채권자의 이익을 위한 것으로서 기한이익의 상실 사유가 발생하였다고 하더라도 채권자가 나머지 전액을 일시에 청구할 것인가 또는 종래대로 할부변제를 청구할 것인가를 자유로이 선택할 수 있으므로, 이와 같은 기한이익 상실의 특약이 있는 할부채무에 있어서는 1회의 불이행이 있더라도 각 할부금에 대해 그 각 변제기의 도래시마다 그때부터 순차로 소멸시효가 진행하고 채권자가 특히 잔존 채무 전액의 변제를 구하는 취지의 의사를 표시한 경우에 한하여 전액에 대하여 그때부터 소멸시효가 진행한다. - 약정한 이행의무를 한번이라도 지체하였을 때 기한의 이익을 잃고 즉시 채무금 전액을 완제하여야 한다고 되어 있는 기한이익 상실약정을 정지조건부 기한이익 상실특약으로 보아 할부금 채무의 1회 불이행 시부터 전체 채무에 관하여 소멸시효가 진행된다고 판단한 원심판결을 파기한 사례.

[참고] 시효기간
▷ 20년: 채권과 소유권을 제외한 그 밖의 채권
▷ 10년: 일반 민사채권, 판결(재판상화해나 조정조서 등)에 의하여 확정된 채권, 채무불이행에 의한 손해배상청구권, 법률행위로 인한 등기청구권, 취득시효완성으로 인한 등기청구권(점유상실일로부터 10년)
▷ 5년: 상사채권(일방적 상행위로 인한 상사채권 포함),[93] 국가·지방자치단체에 대한 채권. 국세징수권
▷ 3년: 약속어음의 발행인에 대한 채권, 임금·퇴직금채권, 불법행위로 인한 손해배상청구권(손해 및 가해자를 안 날로부터 3년, 불법행위 시부터 10년), 공사대금채권, 물품대금채권, 의사 등의 치료비채권, 변호사 등의 직무에 관한 채권, 1년 이내의 정기로 지급되는 이자, 부동산의 차임 등
▷ 2년: 보험금채권
▷ 1년: 민법 제164조 참조

(2) 시효중단[94]의 재항변[95]

A. 재판상 청구

① 민법 제168조 제1호, 제170조 제1항에서 시효중단사유의 하나로 규정하고 있는 재판상의 청구라 함은, 권리자가 시효를 주장하는 자를 상대로 소로써 권리를 주장하는 경우뿐 아니라, 시효를 주장하는 자가 원고가 되어 소를 제기한 데 대하여 <u>피고로서 응소하여 그 소송에서 적극적으로 권리를 주장하고 그것이 받아들여진 경우도 포함된다</u>.[96] 형사고소나 행정소송의 제기만으로는 원칙적으로 사권에 대한 시효중단사유가 되지 못한다.

② 시효를 주장하는 자의 소제기에 대한 응소행위가 민법상 시효중단사유로서의 재판상 청구에 준하는 행위로 인정되려면 의무 있는 자가 제기한 소송에서 권리자가 의무 있는 자를 상대로 응소하여야 하고,[97] 응소행위로 인한 시효중단의 효력은 <u>피고가 현실적으로 권리를 행사하여 응소한 때에 발생한다</u>.[98]

---

93) 상인과 관련하여 발생한 채권이라도 상행위와는 전혀 무관한 채권은 상사시효에 걸리지 않는다(불법행위로 인한 손해배상청구권, 부당이득반환청구권 등).

94) 민법 제168조(소멸시효의 중단사유)
　소멸시효는 다음 각 호의 사유로 인하여 중단된다.
　1. 청구
　2. 압류 또는 가압류, 가처분
　3. 승인

95) 시효중단사유의 주장·입증책임은 시효완성을 다투는 당사자가 지며, 그 주장책임의 정도는 취득시효가 중단되었다는 명시적인 주장을 필요로 하는 것이 아니라 <u>중단사유에 속하는 사실만 주장하면 주장책임을 다한 것으로 보아야 한다</u>(대법원 1997. 4. 25. 선고 96다46484 판결).

96) 대법원 1993. 12. 21. 선고 92다47861 전원합의체 판결 참조.

97) 따라서 담보가등기가 설정된 후에 그 목적 부동산의 소유권을 취득한 제3취득자나 물상보증인 등 시효를 원용할 수 있는 지위에 있으나 직접 의무를 부담하지 아니하는 자가 제기한 소송에서의 응소행위는 권리자의 의무자에 대한 재판상 청구에 준하는 행위에 해당한다고 볼 수 없다. 대법원 2004. 1. 16. 선고 2003다30890 판결; 대법원 2007. 1. 11. 선고 2006다33364 판결 등 참조.

98) 대법원 2005. 12. 23. 선고 2005다59383, 59390 판결: 피고의 응소행위로 인한 시효중단의 효력이 원고가 피고를 상대로 판시 보험계약에 기한 원고의 피고에 대한 보험금지급채무가 존재하지 아니한다는 소를 제기한 때로 소급하여 발생하는 것이 아니다.

③ 채권자가 동일한 목적을 달성하기 위하여 복수의 채권을 갖고 있는 경우, 채권자로서는 그 선택에 따라 권리를 행사할 수 있되, 그중 어느 하나의 청구를 한 것만으로는 다른 채권 그 자체를 행사한 것으로 볼 수는 없으므로, 특별한 사정이 없는 한 다른 채권에 대한 소멸시효중단의 효력은 없다.[99]

④ <u>원인채권의 지급을 확보하기 위한 방법으로 어음이 수수된 경우에 원인채권과 어음채권은 별개로서 채권자는 그 선택에 따라 권리를 행사할 수 있고, 원인채권에 기하여 청구를 한 것만으로는 어음채권 그 자체를 행사한 것으로 볼 수 없어 어음채권의 소멸시효를 중단시키지 못하는 것이지만</u>,[100] 다른 한편, 이러한 어음은 경제적으로 동일한 급부를 위하여 원인채권의 지급수단으로 수수된 것으로서 그 어음채권의 행사는 원인채권을 실현하기 위한 것일 뿐만 아니라, 원인채권의 소멸시효는 어음금 청구소송에 있어서 채무자의 인적항변 사유에 해당하는 관계로 채권자가 어음채권의 소멸시효를 중단하여 두어도 채무자의 인적항변에 따라 그 권리를 실현할 수 없게 되는 불합리한 결과가 발생하게 되므로, <u>채권자가 어음채권에 기하여 청구를 하는 반대의 경우에는 원인채권의 소멸시효를 중단시키는 효력이 있다고 봄이 상당하고</u>, 이러한 법리는 채권자가 어음채권을 피보전권리로 하여 채무자의 재산을 가압류함으로써 그 권리를 행사한 경우에도 마찬가지로 적용된다.[101]

⑤ 원인채권의 지급을 확보하기 위하여 어음이 수수된 당사자 사이에서 채권자가 어음채권을 청구채권으로 하여 채무자의 재산을 압류함으로써 그 권리를 행사한 경우에는 그 원인채권의 소멸시효를 중단시키는 효력이 있다. 그러나 이미 어음채권의 소멸시효가 완성된 후에는 그 채권이 소멸되고 시효중단을 인정할 여지가 없으므로, <u>시효로 소멸된 어음채권을 청구채권으로 하여 채무자의 재산을 압류한다 하더라도 이를 어음채권 내지는 원인채권을 실현하기 위한 적법한 권리행사로 볼 수 없어, 그 압류에 의하여 그 원인채권의 소멸시효가 중단된다고 볼 수 없다.</u>[102]

B. 압류 또는 가압류(가처분)

① 강제집행이나 보전처분을 신청하는 서면을 법원에 제출한 때 시효중단의 효력이 발생한다.

② 채권자가 채무자의 제3채무자에 대한 채권을 압류 또는 가압류한 경우에 <u>채무자에 대한 채권자의 채권에 관하여 시효중단의 효력이 생긴다</u>고 할 것이나, 압류 또는 가압류된 채무자의 제3채무자에 대한 채권에 대해서는 민법 제168조 제2호 소정의 소멸시효중단사유에 준하는 확정적인 시효중단의 효력이 생긴다고 할 수 없다. 소멸시효중단사유의 하나로서 민법 제174조가 규정하고 있는 '최고(催告)'는 채무자에 대하여 채무이행을 구한다는 채권자의 의사통지(준법률행위)로서, 이에는 특별

---

99) 대법원 2001. 3. 23. 선고 2001다6145 판결; 대법원 2002. 6. 14. 선고 2002다11441 판결 – 원고가 피고를 상대로 상법 제399조에 기한 손해배상청구의 소를 제기하였다고 하여 이로써 원고의 피고에 대한 일반 불법행위로 인한 손해배상청구권의 소멸시효가 중단될 수는 없다.

100) 1994. 12. 2. 선고 93다59922 판결 등.

101) 대법원 1999. 6. 11. 선고 99다16378 판결. 따라서 대여금채권의 소멸시효중단을 주장하는 원고로서는 대여금의 지급을 위하여 또는 담보로 교부된 어음·수표상의 채권을 재판상 행사한 사실을 주장·증명하여도 된다.

102) 대법원 2010. 5. 13. 선고 2010다6345 판결.

한 형식이 요구되지 아니할 뿐 아니라 행위 당시 당사자가 시효중단의 효과를 발생시킨다는 점을 알거나 의욕하지 않았다 하더라도 이로써 권리 행사의 주장을 하는 취지임이 명백하다면 최고에 해당하는 것으로 보아야 할 것이므로, 채권자가 확정판결에 기한 채권의 실현을 위하여 <u>채무자의 제3채무자에 대한 채권에 관하여 압류 및 추심명령을 받아 그 결정이 제3채무자에게 송달이 되었다면 거기에 소멸시효중단사유인 최고로서의 효력을 인정하여야 한다.</u>[103]

③ 사망한 사람을 피신청인으로 한 가압류신청은 부적법하고 그 신청에 따른 가압류결정이 내려졌다고 하여도 그 결정은 당연무효로서 그 효력이 상속인에게 미치지 않으며, 이러한 당연무효의 가압류는 민법 제168조 제1호에 정한 소멸시효의 중단사유에 해당하지 않는다.[104]

④ 채권자가 물상보증인에 대하여 그 피담보채권의 실행으로서 임의경매를 신청하여 경매법원이 경매개시결정을 하고 경매절차의 이해관계인으로서의 채무자에게 그 결정이 송달되거나 또는 경매기일이 통지된 경우에는 시효의 이익을 받는 채무자는 민법 제176조에 의하여 당해 피담보채권의 소멸시효중단의 효과를 받는다.[105]

⑤ 경매절차에서 이해관계인인 주 채무자에게 경매개시결정이 송달되었다면 주 채무자는 민법 제176조에 의하여 당해 피담보채권의 소멸시효중단의 효과를 받는다고 할 것이나 민법 제176조의 규정에 따라 압류사실이 통지된 것으로 볼 수 있기 위해서는 압류사실을 주 채무자가 알 수 있도록 경매개시결정이나 경매기일통지서가 교부송달의 방법으로 주 채무자에게 송달되어야만 하는 것이지, 이것이 우편송달(발송송달)이나 공시송달의 방법에 의하여 채무자에게 송달됨으로써 채무자가 압류사실을 알 수 없었던 경우까지도 압류사실이 채무자에게 통지되었다고 볼 수 있는 것은 아니다.[106]

⑥ 민법 제168조에서 가압류를 시효중단사유로 정하고 있는 것은 가압류에 의하여 채권자가 권리를 행사하였다고 할 수 있기 때문인바, 가압류에 의한 집행보전의 효력이 존속하는 동안은 가압류채권자에 의한 권리행사가 계속되고 있다고 보아야 하므로 <u>가압류에 의한 시효중단의 효력은 가압류의 집행보전의 효력이 존속하는 동안은 계속된다.</u>[107]

C. 승인

① 시효기간 진행 중의 승인만 문제 되고, 시효완성 후의 승인은 시효이익의 포기의 문제일 뿐이다. 시효완성 전에 채무의 일부를 변제한 경우에는, 그 수액에 관하여 다툼이 없는 한 채무승인으로서의 효력이 있어 시효중단의 효과가 발생한다.[108]

---

103) 대법원 2003. 5. 13. 선고 2003다16238 판결. 따라서 제3채무자에의 송달시점부터 6월 내에 재판상 청구를 한 사실을 증명하면 채권압류 및 추심명령 송달 시에 시효중단의 효력이 생긴다. 재산관계명시신청도 마찬가지다. 대법원 2001. 5. 29. 선고 2000다32161 판결 참조.
104) 대법원 2006. 8. 24. 선고 2004다26287, 26294 판결.
105) 대법원 1997. 8. 29. 선고 97다12990 판결.
106) 대법원 1994. 11. 25. 선고 94다26097 판결. 따라서 이 경우 원고로서는 압류사실이 채무자에게 교부송달의 방법으로 통지된 사실을 주장·증명하여야 할 것이다.
107) 대법원 2006. 7. 27. 선고 2006다32781 판결.

② 소멸시효중단사유로서의 채무의 승인은 시효이익을 받을 당사자인 채무자가 소멸시효의 완성으로 권리를 상실하게 될 자에 대하여 그 권리가 존재함을 인식하고 있다는 뜻을 표시함으로써 성립하며, 그 표시의 방법은 아무런 형식을 요구하지 아니하고, 또 그 표시가 반드시 명시적일 것을 요하지 않고 묵시적인 방법으로도 가능한 것이기는 하지만, 그 묵시적인 승인의 표시는 적어도 채무자가 그 채무의 존재 및 액수에 대하여 인식하고 있음을 전제로 하여 그 표시를 대하는 상대방으로 하여금 채무자가 그 채무를 인식하고 있음을 그 표시를 통해 추단하게 할 수 있는 방법으로 행해져야 한다.[109]

③ 피고(채무자)로서는 승인 당시 채무자에게 관리능력 또는 권한이 없었던 사실을 재재항변으로 주장하여 승인의 효과를 다툴 수 있다.

④ 민법 제174조에 규정된 시효중단사유로서의 최고의 경우, 채무이행을 최고받은 채무자가 그 이행의무의 존부 등에 대하여 조사를 해 볼 필요가 있다는 이유로 채권자에 대하여 그 이행의 유예를 구한 경우에는 채권자가 그 회답을 받을 때까지는 최고의 효력이 계속된다고 보아야 하고, 따라서 같은 조에 정한 6월의 기간은 채권자가 채무자로부터 회답을 받은 때로부터 기산되는 것이라고 해석하여야 한다.[110]

[참고] 관련 청구 사이 시효중단의 효력

▷ 어음채권행사 → 원인채권 시효중단(○), 원인채권행사 → 어음채권시효중단(×)

▷ 주 채무의 시효중단 → 보증채무 시효중단(○), 보증채무 시효중단 → 주 채무 시효중단(×)

▷ 어음채권의 시효이익 포기 → 원인채권에 대한 승인

▷ 주 채무자에 대한 압류, 가압류, 가처분 → 보증채무 시효중단(통지 불요 – 민법 제440조)
　보증채무자에 대한 압류, 가압류, 가처분 → 주 채무 시효중단(통지 필요 – 민법 제176조)

▷ 근저당권설정등기청구권 행사 → 피담보채권 시효중단(○),
　피담보채권행사 → 근저당권설정등기청구권 시효중단(×)

---

(3) 시효중단효 저지사유의 재재항변

① 원고의 시효중단의 재항변에 대하여 피고는 재재항변으로 민법 제170조 내지 제176조에서 규정하고 있는 시효중단의 효력이 없는 경우에 관한 사실을 주장할 수 있다.[111]

② 원고는 채무자가 소멸시효의 이익을 포기하였음을 재재항변사유로 내세울 수도 있다.[112] 채무자가

---

108) 대법원 2010. 5. 13. 선고 2010다6345 판결: 채무자가 소멸시효완성 후 채무를 일부변제한 때에는 그 액수에 관하여 다툼이 없는 한 그 채무 전체를 묵시적으로 승인한 것으로 보아야 하고, 이 경우 시효완성의 사실을 알고 그 이익을 포기한 것으로 추정된다.

109) 대법원 2007. 11. 29. 선고 2005다64552 판결. 따라서 묵시적 승인을 주장하는 채권자로서는 당시 채무자가 채권자에게 기왕의 채무의 존부와 액수에 대한 인식을 표시한 사실을 근거 짓는 구체적 사실을 주장·증명하여야 한다.

110) 대법원 2006. 4. 28. 선고 2004다16976 판결.

111) 예컨대 채권자가 소의 제기사실을 주장하며 시효중단의 재항변을 한 경우 채무자는 그 소가 각하 또는 취하되었음을 재재항변으로 내세울 수 있다.

112) 예컨대, 채무자가 소멸시효완성 후 채무액에 다툼이 없이 채무를 일부 변제하거나, 기한의 유예를 요청한 경우 그때 소멸시효의 이익을 포기한 것으로 볼 수 있다.

소멸시효완성 후 채무를 일부 변제한 때에는 그 액수에 관하여 다툼이 없는 한 그 채무 전체를 묵시적으로 승인한 것으로 보아야 하고, 이 경우 시효완성의 사실을 알고 그 이익을 포기한 것으로 추정되므로, 소멸시효가 완성된 채무를 피담보채무로 하는 근저당권이 실행되어 채무자 소유의 부동산이 경락되고 그 대금이 배당되어 채무의 일부 변제에 충당될 때까지 채무자가 아무런 이의를 제기하지 아니하였다면, 경매절차의 진행을 채무자가 알지 못하였다는 등 다른 특별한 사정이 없는 한, 채무자는 시효완성의 사실을 알고 그 채무를 묵시적으로 승인하여 시효의 이익을 포기한 것으로 보아야 한다.[113]

[참고] 소멸시효기간에 관한 주요 판례

① 3년의 단기소멸시효가 적용되는 민법 제163조 제6호 소정의 '상인이 판매한 상품의 대가'란 상품의 매매로 인한 대금 그 자체의 채권만을 말하는 것으로서 상품의 공급 자체와 등가성 있는 청구권에 한한다. 위탁매매에 있어서 위탁자가 매도위탁을 위하여 위탁매매인에게 하는 상품의 공급은 매도인이 민법 제568조 소정의 매매계약 의무를 이행하기 위하여 매수인에게 하는 상품의 공급과는 의미가 다른 것이어서, 위탁매매인은 상품 그 자체를 계약상 자신의 청구 이행의 목적으로 취득하는 것이 아니라 위임업무 처리과정에서 보수를 지급받을 뿐이므로 위탁매매인의 계약상 의무는 위탁인의 보수지급 의무와 대응할 뿐이고 위탁인의 상품공급 자체에는 대응하지 아니한다고 할 것이다. 따라서 위탁자의 위탁상품 공급으로 인한 위탁매매인에 대한 이득상환청구권이나 이행담보책임 이행청구권은 위탁자의 위탁매매인에 대한 상품공급과 서로 대가관계에 있지 아니하여 등가성이 없으므로 민법 제163조 제6호 소정의 '상인이 판매한 상품의 대가'에 해당하지 아니하여 3년의 단기소멸시효의 대상이 아니라고 할 것이고, 한편 위탁매매는 상법상 전형적 상행위이며 위탁매매인은 당연한 상인이고 위탁자도 통상 상인일 것이므로, 위탁자의 위탁매매인에 대한 매매 위탁으로 인한 위의 채권은 다른 특별한 사정이 없는 한 통상 상행위로 인하여 발생한 채권이어서 상법 제64조 소정의 5년의 상사소멸시효의 대상이 된다.[114]

② 당사자 쌍방에 대하여 모두 상행위가 되는 행위로 인한 채권뿐만 아니라 당사자 일방에 대해서만 상행위에 해당하는 행위로 인한 채권도 상법 제64조 소정의 5년의 소멸시효기간이 적용되는 상사채권에 해당하는 것이고, 그 상행위에는 상법 제46조 각 호에 해당하는 기본적 상행위뿐만 아니라, 상인이 영업을 위하여 하는 보조적 상행위도 포함되는 것이며, 상인의 행위는 영업을 위하여 하는 것으로 추정된다(상법 제47조 제2항).[115]

③ 상사시효가 적용되는 채권은 직접 상행위로 인하여 생긴 채권뿐만 아니라 상행위로 인하여 생긴 채무의 불이행에 기하여 성립한 손해배상채권도 포함하고,[116] 상행위인 계약의 해제로 인한 원상회복청구권도 상법 제64조의 상사시효의 대상이 된다.[117]

---

113) 대법원 2001. 6. 12. 선고 2001다3580 판결.

114) 대법원 1996. 1. 23. 선고 95다39854 판결 - 원고의 피고들에 대한 위 광명지점 거래잔대금 채권은 위탁자인 원고가 위탁매매인인 피고들과 사이의 이 사건 위탁판매계약에 기하여 원고의 광명지점을 통하여 1986. 2.부터 1987. 4.까지 사이에 이 사건 전자제품을 피고들에게 매도 위탁을 위하여 공급하고 위 계약에 기하여 피고들이 부담한 할부판매대금 수금책임에 따라 피고들이 원고에게 지급하여야 할 거래잔대금 채권인바, 이는 원고와 피고들 사이의 위탁판매계약에 기한 이행담보책임의 이행을 구하는 채권으로서 원고가 공급한 상품과 직접적 대가관계(등가성)가 없어 민법 제163조 제6호 소정의 3년의 단기소멸시효의 대상이 될 수 없고, 상인인 원고와 피고들 사이의 판매위탁이란 상행위로 인하여 발생한 채권으로서 5년의 상사시효의 대상이 되는 것이라고 판시한 사례.

115) 대법원 2008. 4. 10. 선고 2007다91251 판결 - 상인이 사업자금을 조달하기 위하여 계에 가입한 경우, 계주가 위 상인에 대하

④ 甲이 상인인 乙과 사이에 乙이 회수한 甲이 대표이사로 있는 회사 발행의 부도난 어음과 수표 액면금을 甲 개인이 乙에게 변제하기로 약정하였다면 특별한 사정이 없는 한 乙의 행위는 영업을 위하여 하는 것으로 추정되고, 상인인 乙이 영업을 위하여 하는 행위는 상행위로 보아야 하며 이와 같이 당사자 중 그 1인의 행위가 상행위인 때에는 전원에 대하여 상법이 적용되므로 乙이 위 약정에 따라 갑에 대하여 취득한 채권은 5년의 단기소멸시효에 걸리는 상사채권이다.[118]

⑤ 금전채무의 이행지체로 인하여 발생하는 지연손해금은 그 성질이 손해배상금이지 이자가 아니며, 민법 제163조 제1호의 1년 이내의 기간으로 정한 채권도 아니므로 3년간의 단기소멸시효의 대상이 되지 아니한다.[119] 10년의 시효에 걸린다.

⑥ 은행이 그 영업행위로서 한 대출금에 대한 변제기 이후의 지연손해금은 민법 제163조 제1호 소정의 단기소멸시효 대상인 이자채권도 아니고, 불법행위로 인한 손해배상 채권에 관한 민법 제766조 제1항 소정의 단기소멸시효의 대상도 아니고, 상행위로 인한 채권에 관하여 적용될 5년간의 소멸시효를 규정한 상법 제64조가 적용되어야 한다.[120]

⑦ 이자 또는 지연손해금은 주된 채권인 원본의 존재를 전제로 그에 대응하여 일정한 비율로 발생하는 종된 권리인데, 하나의 금전채권의 원금 중 일부가 변제된 후 나머지 원금에 대하여 소멸시효가 완성된 경우, 가분채권인 금전채권의 성질상 변제로 소멸한 원금 부분과 소멸시효완성으로 소멸한 원금 부분을 구분하는 것이 가능하고, 이 경우 원금에 종속된 권리인 이자 또는 지연손해금 역시 변제로 소멸한 원금 부분에서 발생한 것과 시효완성으로 소멸된 원금 부분에서 발생한 것으로 구분하는 것이 가능하므로, 소멸시효완성의 효력은 소멸시효가 완성된 원금 부분으로부터 그 완성 전에 발생한 이자 또는 지연손해금에는 미치나, 변제로 소멸한 원금 부분으로부터 그 변제 전에 발생한 이자 또는 지연손해금에는 미치지 않는다.[121]

⑧ 공유물분할청구권은 공유관계에서 수반되는 형성권이므로 공유관계가 존속하는 한, 그 분할청구권만이 독립하여 시효에 의하여 소멸될 리 없다고 할 것이며 따라서 그 분할청구의 소 내지 공유물분할을 명하는 판결도 형성의 소 및 형성판결로서 소멸시효의 대상이 될 수 없다고 할 것이다. 그리고 민법 제165조에 의하면 판결에 의하여 확정된 채권은 단기의 소멸시효에 해당한 것이라도 그 소멸시효는 10년으로 한다고 규정하고 있다. 어떤 권리에 관한 소멸시효가 완성하기 전에 소를 제기하면 시효의 진행은 중단되나 이에 대한 판결이 확정되면 그때부터 소멸시효는 다시 진행하게 된다(민법 제178조 참조). 그러기 때문에 실체법상 단기소멸시효 대상인 권리라도 일단 확정판결에 의하여 권리관계가 확정된 이상, 판결에 의하여 확정된 채권은 단기의 소멸시효에 해당한 것이라도 그 단기에 관계없이 그 소멸시효는 10년으로 한다는 것이 동 법조의 취지다. 알기 쉽게 말하면 단기의 소멸시효가 법에 정하여진 것이라도 확정판결을 받은 권리의 소멸시효는 10년으로 한다는 것이지, <u>10년보다 장기의 소멸시효를 10년으로 단축한다는 뜻이 아님은 물론 본시 시효소멸의 대상이 아닌 권리가 확정판결을 받았기 때문에 10년의 소멸시효에 걸린다는 뜻은 더욱 아니다.</u>[122]

⑨ 채권자와 주 채무자 사이의 확정판결에 의하여 주 채무가 확정되어 그 소멸시효기간이 10년으로 연장되었다 할지라도 그 보증채무까지 당연히 단기소멸시효의 적용이 배제되어 10년의 소멸시효기간이 적용되는 것은 아니고, 채권자와 연대보증인 사이에 있어서 연대보증채무의 소멸시효기간은 여전히 종전의 소멸시효기간에 따른다.[123]

⑩ 특정한 채무의 이행을 청구할 수 있는 기간을 제한하고 그 기간을 도과할 경우 채무가 소멸하도록 하는 약정은 민법 또는 상법에 의한 소멸시효기간을 단축하는 약정으로서 특별한 사정이 없는 한 민법 제184조 제2항에 의하여 유효하다.[124]

여 가지는 계불입금채권은 상사채권에 해당하여 5년의 소멸시효기간이 적용된다고 본 사례.
116) 대법원 1997. 8. 26. 선고 97다9260 판결.
117) 대법원 1993. 9. 14. 선고 93다21569 판결.

VIII. 補論: 보증채무금청구소송의 쟁점

1. 소송물: 보증채무금이행청구권

보증채무는 채권자와 보증인 사이에서 맺어지는 보증계약에 의하여 성립하는 채무이다. 금융기관들은 최고·검색의 항변권이 인정되는 단순보증보다는 연대보증을 선호하고 있으며, 신용보증기금 등 보증기관에 의한 기관보증 내지는 신용보증이 성행하고 있다.

2. 요건사실: 주 채무의 발생＋보증계약의 체결

가. 주 채무가 소비대차계약에 기한 대여금반환채무, 이자채무 및 지연손해금 채무라면, 대여금반환청구권, 이자청구권 및 지연손해금청구권의 각 발생사실이 이에 해당한다.

나. 보증채무는 주 채무의 이자, 위약금, 손해배상, 기타 주 채무에 종속한 채무를 포함하므로(민법 제429조 제1항), 특약으로 이자 및 지연손해금이 보증계약에서 제외된 때에는 피고가 항변으로 이런 특약의 체결사실을 증명하여야 한다.[125)]

다. 연대보증특약이 있는 경우에는 피고의 연대보증사실을 주장·증명하여야 한다.

3. 주된 공격방어방법

가. 주 채무와 관련된 항변

(1) 주 채무의 시효소멸:[126)] 주 채무가 시효로 소멸한 때에는 보증인도 그 시효소멸을 원용할 수 있으며

---

118) 대법원 1994. 3. 22. 선고 93다31740 판결.
119) 대법원 1995. 10. 13. 선고 94다57800 판결.
120) 대법원 1979. 11. 13. 선고 79다1453 판결.
121) 대법원 2008. 3. 14. 선고 2006다2940 판결.
122) 대법원 1981. 3. 24. 선고 80다1888, 1889 판결.
123) 대법원 2006. 8. 24. 선고 2004다26287, 26294 판결.
124) 대법원 2006. 4. 14. 선고 2004다70253 판결.
125) 대법원 2005. 6. 23. 선고 2005다18955 판결: 보증한도액을 정한 근보증에 있어 보증채무는 특별한 사정이 없는 한 보증한도 범위 안에서 확정된 주 채무 및 그 이자, 위약금, 손해배상, 기타 주 채무에 종속한 채무를 모두 포함하는 것이고, 한편 보증채무는 주 채무와는 별개의 채무이기 때문에 보증채무 자체의 이행지체로 인한 지연손해금은 보증한도액과는 별도로 부담하고 이 경우 보증채무의 연체이율에 관하여 특별한 약정이 없는 경우라면 그 거래행위의 성질에 따라 상법 또는 민법에서 정한 법정이율에 따라야 하며, 주 채무에 관하여 약정된 연체이율이 당연히 여기에 적용되는 것은 아니지만, 특별한 약정이 있다면 이에 따라야 할 것이다(대법원 2000. 4. 11. 선고 99다12123 판결, 2003. 6. 13. 선고 2001다29803 판결 등 참조).
126) 대법원 2002. 5. 14. 선고 2000다62476 판결: 보증채무에 대한 소멸시효가 중단되었다고 하더라도 이로써 주 채무에 대한

주 채무자가 시효의 이익을 포기하더라도 보증인에게는 그 효력이 없다.127)

(2) 주 채무자의 채권과 상계

나. 보증채무에 특유한 항변

(1) 최고·검색의 항변권

(2) 이행거절권: 보증인은 주 채무자가 채권자에 대하여 취소권 또는 해제권 등이 있는 동안은 이행거절권을 행사할 수 있다(권리항변).

(3) 채권자와 주 채무자 사이의 확정판결로 인해 상사시효에 걸리던 연대보증인의 채무가 10년으로 연장되는 것이 아니다.

4. 보증인의 구상권

가. 보증인의 주 채무자에 대한 사후구상권과 사전구상권은 그 발생원인을 서로 달리하는 별개의 독립된 권리라 할 것이므로 그 소멸시효는 각각 그 권리가 발생되어 이를 행사할 수 있는 때부터 각별로 진행한다.128)

나. 보증인이 채권자에 대하여 보증채무를 부담하지 아니함을 주장할 수 있었는데도 그 주장을 하지 아니한 채 보증채무의 전부를 이행하였다면 그 주장을 할 수 있는 범위 내에서는 신의칙상 그 보증채무의 이행으로 인한 구상금채권에 대한 연대보증인들에 대해서도 그 구상금을 청구할 수 없다.129)

다. 수탁보증인이 민법 제442조에 의하여 주 채무자에 대하여 미리 구상권을 행사하는 경우에 사전구상으로서 청구할 수 있는 범위는 주 채무인 원금과 사전구상에 응할 때까지 이미 발생한 이자와 기한 후의 지연손해금, 피할 수 없는 비용 기타의 손해액이 포함될 뿐이고, 주 채무인 원금에 대한 완제일까지의 지연손해금은 사전구상권의 범위에 포함될 수 없으며, 또한 사전구상권은 장래의 변제를 위하여 자금의 제공을 청구하는 것이므로 수탁보증인이 아직 지출하지 아니한 금원에 대하여 지연손해금을 청구할 수도 없다.130)

라. 수탁보증인이 사전구상권을 행사하는 경우 보증인은 자신이 부담할 것이 확정된 채무 전액에 대하여 구상권을 행사할 수 있지만, 면책비용에 대한 법정이자나 채무의 원본에 대한 장래 도래할 이행

소멸시효가 중단되는 것은 아니고, 주 채무가 소멸시효완성으로 소멸된 경우에는 보증채무도 그 채무 자체의 시효중단에 불구하고 부종성에 따라 당연히 소멸된다.

127) 대법원 1991. 1. 29. 선고 89다카114 판결.
128) 대법원 1981. 10. 6. 선고 80다2699 판결.
129) 대법원 2006. 3. 10. 선고 2002다1321 판결.
130) 대법원 2004. 7. 9. 선고 2003다46758 판결.

기까지의 이자 등을 청구하는 것은 사전구상권의 성질상 허용될 수 없다 할 것이다.[131] 따라서 보증인이 보증채무를 이행함에 따라 주 채무자가 보증인에 대하여 부담하게 될 구상금채무를 근보증하면서, 면책 원금 외에 면책일 이후의 법정이자나 피할 수 없는 비용 등까지 담보하기 위하여 근보증한도액을 면책원금에 해당하는 보증인의 보증한도액보다 높은 금액으로 정했다고 하더라도, 보증인이 사전구상권을 행사할 수 있는 금액은 근보증한도액이 아닌 보증인의 보증한도액으로 한정된다고 할 것이다.[132]

마. 보증채무는 주 채무와 동일한 내용의 급부를 목적으로 함이 원칙이지만 주 채무와는 별개 독립의 채무이고, 한편 보증채무자가 주 채무를 소멸시키는 행위는 주 채무의 존재를 전제로 하므로, 보증인의 출연행위 당시에는 주 채무가 유효하게 존속하고 있었다 하더라도 그 후 주 계약이 해제되어 소급적으로 소멸하는 경우에는 보증인은 변제를 수령한 채권자를 상대로 이미 이행한 급부를 부당이득으로 반환청구할 수 있다.[133]

IX. 사례의 검토

1. 사례 1

(1) **당사자**: 원고 甲, 피고는 乙의 상속인 A, B가 된다. A와 B의 법정상속분은 1.5:1이다(A: 3/5, B: 2/5). B는 미성년자이므로 친권자인 모 A가 B의 법정대리인이 된다.

(2) **관할**: 보통재판적인 피고들의 주소지 법원인 의정부지방법원 고양지원이나, 의무이행지의 특별재판적인 원고의 주소지 법원(서울중앙지방법원)이 관할법원이 되고, 원고가 경합하는 관할법원 중 임의로 어느 하나의 법원을 선택하여 제소할 수 있다.

(3) **소송물**: 원금, 이자, 자연손해금 청구 3개의 소송물이다. 甲이 2010. 2. 1. 乙에게 금 1억 원을 이자 월 3%, 변제기 1년으로 정하여 대여하였으므로 원금이 1억 원이고, 대여일인 2010. 2. 1.부터 변제기인 2011. 1. 31.까지 발생하는 이자가 약정이자이다. 약정이자는 이자제한법 제한범위를 초과하여 청구할 수 없다. 변제기 다음 날인 2011. 2. 1.부터 발생하는 이자는 지연손해금이다. 이 경우 약정이율에 의한 지연손해금이 된다.

(4) **청구취지**: 원고에게 피고 A는 금 60,000,000원 · 피고 B는 금 40,000,000원 및 각 이에 대한 2010. 2. 1.부터 다 갚을 때까지 연 30%의 각 비율에 의한 돈을 지급하라.

---

131) 대법원 2002. 6. 11. 선고 2001다25504 판결 참조.
132) 대법원 2005. 11. 25. 선고 2004다66834, 66841 판결.
133) 대법원 2004. 12. 24. 선고 2004다20265 판결.

(5) 증거법상의 논의

(가) 갑 제1호증의 증거능력

① 갑 제1호증(차용증 사본)도 증거능력이 있는 서증이다. 증거능력이란 증거조사의 대상이 될 수 있는 자격을 말하고, 민사소송에 있어서는 형사소송과 달리 원칙적으로 증거능력에 제한이 없다.

② 문서의 제출은 원본으로 하여야 하는 것이므로, 원본이 아니고 단순한 사본만에 의한 증거의 제출은 정확성의 보증이 없어 원칙적으로 부적법하므로, 원본의 존재 및 원본의 성립의 진정에 관하여 다툼이 있고 사본을 원본의 대용으로 하는 데 대하여 상대방으로부터 이의가 있는 경우에는 사본으로써 원본을 대신할 수 없으며, 반면에 사본을 원본으로서 제출하는 경우에는 그 사본이 독립한 서증이 되는 것이나 그 대신 이에 의하여 원본이 제출된 것으로 되지는 아니하고, 이때에는 증거에 의하여 사본과 같은 원본이 존재하고 또 그 원본이 진정하게 성립하였음이 인정되지 않는 한 그와 같은 내용의 사본이 존재한다는 것 이상의 증거가치는 없다.[134]

③ 이 사건에서 乙은 차용증 사본인 갑 제1호증 상의 乙의 인영을 인정하고 있으므로 갑 제1호증의 원본의 존재를 다투지 않는 것으로 볼 것이고, 갑 제1호증이 독립한 서증이 된다.

(나) 갑 제1호증의 형식적 증거력

① 서증은 문서에 표현된 작성자의 의사를 증거자료로 하여 요증사실을 증명하려는 증거방법이므로 우선 그 문서가 증거신청 당사자에 의하여 작성자로 주장되는 자의 의사에 기하여 작성된 것임이 밝혀져야 하고, 이러한 형식적 증거력이 인정된 다음 비로소 작성자의 의사가 요증사실의 증거로서 얼마나 유용하느냐에 관한 실질적 증명력을 판단하여야 한다.[135]

② 사문서에 있어서 그 진정성립을 상대방이 다툴 경우에는 제출자가 이를 증명하여야 한다.[136] '문서의 진정성립'이란 문서가 작성명의인의 의사에 의하여 작성된 것으로 타인에 의하여 위조·변조된 것이 아님을 뜻하고, 그 문서의 기재내용이 객관적으로 진실하다는 것까지 의미하는 것은 아니다. 이와 같이 진정하게 성립된 문서를 형식적 증거력이 있다고 한다.[137]

③ 통상 서증이 제출된 경우 법원은 상대방에게 서증성립의 인부절차를 밟게 되는데, 성립인부절차에서 상대방이 부지나 부인으로 답한 경우 진정성립의 증명책임은 문서제출자에게 돌아간다.[138]

---

134) 대법원 2010. 1. 29. 자 2009마2050 결정. 다만, 서증사본의 신청당사자가 문서 원본을 분실하였다든가, 선의로 이를 훼손한 경우 또는 문서제출명령에 응할 의무가 없는 제3자가 해당 문서의 원본을 소지하고 있는 경우, 원본이 방대한 양의 문서인 경우 등 원본 문서의 제출이 불가능하거나 비실제적인 상황에서는 원본의 제출이 요구되지 아니한다고 할 것이지만, 그와 같은 경우라면 해당 서증의 신청당사자가 원본 부제출에 대한 정당성이 되는 구체적 사유를 주장·입증하여야 할 것이다. 대법원 2010. 2. 25. 선고 2009다96403 판결.
135) 대법원 1997. 4. 11. 선고 96다50520 판결 참조.
136) 대법원 1994. 11. 8. 선고 94다31549 판결.
137) 대법원 2008. 2. 14. 선고 2007다17222 판결: 처분문서에 기재된 작성명의인인 당사자의 서명이 자기의 자필임을 그 당사자 자신도 다투지 아니하는 경우에는 설사 날인이 되어 있지 않았다 하더라도 그 문서의 진정성립이 추정되므로 납득할 만한 설명 없이 함부로 그 증명력을 배척할 수 없다.
138) 대법원 1994. 1. 25. 선고 93다35353 판결은 서증에 피고의 인장이 날인되어 있고, 이것은 피고의 인감도장으로 보이는데 피고가 그 서증의 인부절차에서 부인으로 다투면서 인장위조된 것이라고 증거항변을 하였다면 그 취지가 피고가 위 서증에 날인된 인영이 자신의 인장에 의하여 현출된 인영임을 전제로 하여 인영 부분은 시인하되 다만 그 인영이 피고의 의사에 의하

④ 사문서는 그 진정성립이 증명되어야만 증거로 할 수 있는 것이지만, 증명의 방법에 관하여 특별한 제한이 없으므로 검증의 방법인 필적 또는 인영의 대조에 의해서도 증명할 수 있고, 그 진정함을 사람의 증언으로 증명할 경우 반드시 작성자의 증언만에 의하여야 하는 것은 아니며 작성자 아닌 제3자의 증언으로도 증명할 수 있다.[139] 부지로 다투는 서증에 관하여 거증자가 성립을 증명하지 아니한 경우라 할지라도 법원은 다른 증거에 의하지 아니하고 변론 전체의 취지를 참작하여 그 성립을 인정할 수도 있다.[140]

(다) 2단계의 추정

① 사문서의 진정성립은 원칙적으로 서증제출자인 甲이 증명하여 하나(민소법 제357조), 사문서는 본인 또는 그 대리인이 서명날인이나 날인 또는 무인이 있는 때에는 진정성립이 추정된다(민소법 제358조). 여기의 추정은 이른바 사실상의 추정이다.

② 사문서에 날인된 작성 명의인의 인영이 그의 인장에 의하여 현출된 것이라면 특단의 사정이 없는 한 그 인영의 진정성립, 즉 날인행위가 작성 명의인의 의사에 기한 것임이 추정되고, 일단 인영의 진정성립이 추정되면 민소법 제358조에 의하여 그 문서 전체의 진정성립이 추정되나('2단계의 추정'),[141] <u>위와 같은 추정은 그 날인행위가 작성 명의인 이외의 자에 의하여 이루어진 것임이 밝혀지거나 작성 명의인의 의사에 반하여 혹은 작성 명의인의 의사에 기하지 않고 이루어진 것임이 밝혀진 경우에는 깨진다고 할 것이고, 나아가 위와 같은 인영의 진정성립, 즉 날인행위가 작성 명의인의 의사에 기한 것이라는 추정은 사실상의 추정이므로, 인영의 진정성립을 다투는 자가 반증을 들어 인영의 진정성립, 즉 날인행위가 작성 명의인의 의사에 기한 것임에 관하여 법원으로 하여금 의심을 품게 할 수 있는 사정을 입증하면 그 진정성립의 추정은 깨진다.</u>[142]

③ 위 사례에서 A는 갑 제1호증상의 인영이 乙의 것임을 인정하였으므로 갑 제1호증상의 날인은 乙의 의사에 기한 것이라고 사실상 추정되고, 나아가 매매계약서 전체의 진정성립이 추정되나, 갑 제1호증상의 날인행위가 乙 이외의 자에 의하여 이루어진 것이 밝혀진 경우에는 그 진정성립이 깨어진다.

(라) 갑 제1호증의 실질적 증거력

① 갑 제1호증은 처분문서이다. 처분문서라 함은 증명하고자 하는 법률행위, 의사표시 등 처분행위가 그 문서 자체에 의하여 이루어진 문서를 말한다. 갑 제1호증의 매매계약서는 증명하고자 하는 법률행위, 즉 매매계약이 그 문서 자체에 의하여 이루어진 처분문서이다.

② 문서가 요증사실을 증명하기에 적합한 가치를 실질적 증거력이라고 한다. 즉 문서가 다툼이 있는 사실을 증명할 수 있는 능력을 말한다. 이러한 실질적 증거력은 법관의 자유심증에 맡겨져 있다. 그

지 않고 날인된 것이어서 위 문서가 위조된 것이라고 항변하는 것인지, 아니면 인장 그 자체가 위조된 것이므로 위 문서의 성립을 부인하는 것이라는 것인지 분명하지 아니하므로, 법원으로서는 이 점을 분명히 하고 위 인영의 위조 여부에 관하여 심리를 하여 본 후에 그 문서의 진정성립 여부를 판단하여야 한다고 한다.

139) 대법원 1992. 11. 24. 선고 92다21135 판결.
140) 대법원 1993. 4. 13. 선고 92다12070 판결.
141) 즉 문서에 찍힌 도장이 진짜임이 인정되면 그 사람이 진짜 날인한 것으로 추정하고, 그 문서 내용 전체가 그 사람의 의사에 기해 작성된 것으로 추정한다.
142) 대법원 2010. 4. 29. 선고 2009다38049 판결; 대법원 2003. 7. 25. 선고 2003다21384, 21391 판결 등 참조.

런데 처분문서는 그 진정성립이 인정되는 이상 법원은 반증이 없는 한 그 문서의 기재 내용에 따른 의사표시의 존재 및 내용을 인정하여야 하고,[143] 합리적인 이유 설시도 없이 이를 배척하여서는 아니 되나, 처분문서라 할지라도 그 기재 내용과 다른 명시적·묵시적 약정이 있는 사실이 인정될 경우에는 그 기재 내용과 다른 사실을 인정할 수 있고, 작성자의 법률행위를 해석함에 있어서도 경험법칙과 논리법칙에 어긋나지 않는 범위 내에서 자유로운 심증으로 판단할 수 있다.[144]

③ 위 사례에서 갑 제1호증의 진정성립이 인정된다면 처분문서인 차용증의 기재내용대로 甲과 乙 사이의 금전대여사실을 인정하여야 한다.

2. 사례 2

(1) 재판의 경과

(가) 제1심[145]

▷ 주문: 피고는 원고에게 150,000,000원 및 이에 대하여 2008. 10. 8.부터 다 갚는 날까지 연 30%의 비율로 계산한 돈을 지급하라.

▷ 이유: 상법 제395조는 표현대표이사가 자기의 명칭을 사용하여 법률행위를 한 경우는 물론이고, 자기의 명칭을 사용하지 않고 다른 대표이사의 명칭을 사용하여 행위를 한 경우에도 유추적용된다(대법원 2003. 7. 22. 선고 2002다40432 판결 참조).

살피건대, 갑 제4, 6, 8, 9호증의 각 기재, 증인 H의 증언 및 변론 전체의 취지에 의하여 인정되는 다음과 같은 사정들, 즉 ① A가 이 사건 점포를 매수하고 피고의 운영자금을 마련하는 등 이 사건 점포 개업에 주도적인 역할을 한 점, ② A는 주식회사 선진디엔씨의 대표이사이고, 피고의 임원으로 등재된 소외 D, C, E는 모두 종전부터 위 회사의 임원으로 등재되어 있는 점, ③ A는 이 사건 점포를 매수한 이래 원고에게 이 사건 차용증을 작성하여 줄 때까지 대외적으로 자신이 피고의 사장이라고 하면서 단독으로 피고의 사무를 처리하는 것처럼 행동한 점(A는 '이플러스마트 회장 A'라고 기재된 명함을 사용하기도 하였다), ④ 원고뿐만 아니라 G 역시 A에게 5,000만 원을 대여하였다가 피고 명의의 영수증을 교부받은 점, ⑤ 피고의 대표이사로 등재된 B는 2009. 7.경 이 사건 점포의 2009. 5.부터 2009. 7. 15.까지의 수입 및 지출내역을 작성하여 이를 A에게 교부한 점 등에 비추어 보면, 피고는

---

143) 계약당사자 사이에 어떠한 계약내용을 처분문서인 서면으로 작성한 경우에 문언의 객관적인 의미가 명확하다면, 특별한 사정이 없는 한 문언대로의 의사표시의 존재와 내용을 인정하여야 하지만, 그 문언의 객관적인 의미가 명확하게 드러나지 않는 경우에는 그 문언의 내용과 계약이 이루어지게 된 동기 및 경위, 당사자가 계약에 의하여 달성하려고 하는 목적과 진정한 의사, 거래의 관행 등을 종합적으로 고찰하여 사회정의와 형평의 이념에 맞도록 논리와 경험의 법칙, 그리고 사회일반의 상식과 거래의 통념에 따라 계약내용을 합리적으로 해석하여야 하고, 특히 당사자 일방이 주장하는 계약의 내용이 상대방에게 중대한 책임을 부과하게 되는 경우에는 그 문언의 내용을 더욱 엄격하게 해석하여야 한다. 대법원 2002. 5. 24. 선고 2000다72572 판결; 대법원 2008. 3. 14. 선고 2007다11996 판결 등 참조.
144) 대법원 2007. 11. 29. 선고 2006다2490, 2506 판결; 대법원 2006. 4. 13. 선고 2005다34643 판결 등 참조.
145) 수원지방법원 성남지원 2010. 4. 29. 선고 2009가합11712 판결.

A가 피고의 대표권 있는 것처럼 행위하는 것을 묵인 내지 방치하였다고 봄이 상당하므로, A가 피고를 대표하여 한 이 사건 차용증 작성행위(이는 피고가 A의 원고에 대한 차용금 채무를 병존적으로 인수하기로 하는 약정에 해당한다고 할 것이다)에 관하여 상법 제395조에 따른 책임이 있다.

따라서 피고는 A와 연대하여 위 차용금 및 이에 대한 이자 또는 지연손해금을 지급할 의무가 있다. 그렇다면, 피고는 원고에게 1억 5,000만 원 및 이에 대하여 차용일인 2008. 10. 8.부터 다 갚는 날까지 연 30%(원고는 연 40%의 비율에 의한 이자의 지급을 구하나, 이자 약정 중 연 30%의 비율을 초과하는 부분은 이자제한법 제2조에 따라 무효이므로, 위 청구 중 위 비율을 초과하는 부분은 이유 없다)의 비율로 계산한 이자 또는 지연손해금을 지급할 의무가 있으므로, 원고의 이 사건 청구는 위 인정범위 내에서 이유 있어 이를 인용하고, 나머지 청구는 이유 없어 이를 기각하기로 하여, 주문과 같이 판결한다.

(나) 원심[146]

▷ 주문: 제1심 판결 중 피고 패소 부분을 취소하고, 위 취소 부분에 해당하는 원고의 청구를 기각한다.

▷ 이유: 상법 제395조는 표현대표이사가 자기의 명칭을 사용하여 법률행위를 한 경우는 물론이고 자기의 명칭을 사용하지 아니하고 다른 대표이사의 명칭을 사용하여 행위를 한 경우에도 유추적용되고, 이와 같은 대표권 대행의 경우 제3자의 선의나 중과실은 표현대표이사의 대표권 존부에 대한 것이 아니라 대표이사를 대행하여 법률행위를 할 권한이 있느냐에 대한 것이다. 또한 상법 제395조가 규정하는 표현대표이사의 행위로 인한 주식회사의 책임이 성립하기 위해서는 법률행위의 상대방이 된 제3자의 선의 이외에 무과실까지도 필요로 하는 것은 아니지만, 그 규정의 취지는 회사의 대표이사가 아닌 이사가 외관상 회사의 대표권이 있는 것으로 인정될 만한 명칭을 사용하여 거래행위를 하고, 이러한 외관이 생겨난 데에 관하여 회사에 귀책사유가 있는 경우에 그 외관을 믿은 선의의 제3자를 보호함으로써 상거래의 신뢰와 안전을 도모하려는 데에 있다 할 것인바, 그와 같은 제3자의 신뢰는 보호할 만한 가치가 있는 정당한 것이어야 할 것이므로 설령 제3자가 회사의 대표이사가 아닌 이사가 그 거래행위를 함에 있어서 회사를 대표할 권한이 있다고 믿었다 할지라도 그와 같이 믿음에 있어서 중대한 과실이 있는 경우에는 회사는 그 제3자에 대해서는 책임을 지지 아니하고, 여기서 제3자의 중대한 과실이라 함은 제3자가 조금만 주의를 기울였더라면 표현대표이사의 행위가 대표권에 기한 것이 아니라는 사정을 알 수 있었음에도 만연히 이를 대표권에 기한 행위라고 믿음으로써 거래통념상 요구되는 주의의무에 현저히 위반하는 것으로, 공평의 관점에서 제3자를 구태여 보호할 필요가 없다고 봄이 상당하다고 인정되는 상태를 말한다(대법원 2003. 7. 22. 선고 2002다40432 판결, 대법원 2003. 9. 26. 선고 2002다65073 판결 각 참조).

원고 제출의 증거에 의하면, ① A가 이 사건 점포를 매수하고 피고의 운영자금을 마련하는 등 이

---

146) 서울고등법원 2010. 11. 4. 선고 2010나57628 판결.

사건 점포 개업에 주도적인 역할을 한 점, ② A는 주식회사 선진디엔씨의 대표이사이고, 피고의 임원으로 등재된 D, C, E는 모두 종전부터 위 회사의 임원으로 등재되어 있는 점, ③ A는 이 사건 점포를 매수한 이래 원고에게 이 사건 차용증을 작성하여 줄 때까지 대외적으로 자신이 피고의 사장이라고 하면서 단독으로 피고의 사무를 처리하는 것처럼 행동한 점(A는 '이플러스마트 회장 A'이라고 기재된 명함을 사용하기도 하였다), ④ 원고뿐만 아니라 G 역시 A에게 5,000만 원을 대여하였다가 피고 명의의 영수증을 교부받은 점(G가 피고에 대하여 대여금의 지급을 구하는 소를 제기하였으나 수원지방법원 법원은 G의 청구를 기각하였다), ⑤ 피고의 대표이사로 등재된 B는 2009. 7.경 이 사건 점포의 2009. 5.부터 2009. 7. 15.까지의 수입 및 지출내역을 작성하여 이를 A에게 교부한 점 등을 인정할 수 있다.

그러나 갑제2호증의 기재, 제1심 증인 H의 증언, 변론 전체의 취지에 의하면, 원고는 이 사건 차용증 작성 당시 H와 함께 피고의 법인등기부등본을 발급받아 A가 피고의 대표이사가 아니라는 것을 확인한 사실, A가 피고 명의로 이 사건 차용증을 작성할 권한이 있는지에 관하여 피고에게 확인하지 아니한 사실 등을 인정할 수 있는바, 그렇다면 앞서 본 사실에도 불구하고 원고는 A의 이 사건 차용증 작성행위가 대표권에 기한 것이 아니라는 것 또는 A가 대표이사를 대행하여 법률행위를 할 권한이 없었다는 것을 알고 있었거나 권한이 있는 것으로 믿음에 중대한 과실이 있었다고 할 것이다. 그렇다면, 원고의 이 사건 청구는 이유 없어 이를 기각할 것인바, 제1심 판결은 이와 결론을 일부 달리하여 부당하므로, 피고의 항소를 받아들이기로 하여 주문과 같이 판결한다.

(2) 대법원 판결이유[147]

우선 A는 위에서 본 대로 자기의 이름으로 행위한 것이 아니라 피고 회사의 대표이사를 대리하여 이 사건 차용증을 작성한 것이므로(원고도 그 사실을 다투지 아니한다), 앞서 본 법리에 따라 상대방인 원고가 악의인지 또는 중대한 과실이 있는지는 A에게 피고 회사의 대표권이 있는지가 아니라 그에게 피고 회사의 대표이사를 대리하여 이 사건 차용증을 작성하여 채무 부담을 할 권한이 있는지에 관하여 판단되어야 한다. 그렇다면 A가 피고 회사의 대표이사가 아님을 원고가 알았다고 하더라도 그 점은 원고의 악의 또는 중과실을 판단하는 데 결론을 좌우할 만한 의미가 있는 사정이 된다고 할 수 없다.

나아가 상법 제395조의 취지가 주식회사의 대표이사가 아닌 사람이 외관상 회사의 대표권이 있거나 대표이사를 대리할 권한이 있는 것으로 인정될 만한 명칭을 사용하여 거래상 행위를 하였고 이러한 외관의 발생 또는 유지에 대하여 그 회사에 책임을 돌릴 만한 사유가 있는 경우에 그 외관을 믿은 거래 상대방을 보호함으로써 상거래상의 신뢰와 안전을 도모하려는 데 있는 점, 그리고 앞서 본 중과실의 의미 내지 판단기준 등에 비추어 보면, A가 피고 회사의 표견대표이사[148]에 해당하는 한 그에게 대표권 등 권한이 있

---

147) 대법원 2011. 3. 10. 선고 2010다100339 판결.
148) 상법 제395조의 '表見代表理事'를 원심에서는 '표현대표이사'로 쓰고 있으나, 이 사건 대법원 판결의 주심 대법관인 양창수 대법관은 '표견대표이사'로 쓰고 있다. 양창수 대법관은 表見代理도 '표현대리'가 아닌 '표견대리'로 쓰고 있다. 대법원

느지를 당연히 의심하여 보아야 하는 객관적 사정이 있는 등의 경우가 아닌 이상 피고 회사에 A가 대표이사를 대리하여 이 사건 차용증을 작성할 권한이 있는지에 관하여 확인하지 아니하였다는 사정만으로 원고의 악의 또는 중과실을 쉽사리 인정할 수는 없다.

오히려 원심이 인정하거나 기록상 인정되는 다음과 같은 사정을 종합하면, 원고에게 A가 피고 회사의 대표이사 명의로 이 사건 차용증 작성에 기한 채무부담행위를 할 권한이 있다고 믿음에 중대한 과실이 있다고 보기는 어렵다고 할 것이다. 즉 ① 다름 아닌 A가 이 사건 점포를 분양받아 매수하였다. ② A는 피고 회사 주식의 45%를 보유한 최대 주주로서 피고 회사의 사외이사로 취임하여 피고 회사의 운영자금을 두루 마련하는 등 이 사건 점포의 개업 및 운영에 주도적인 역할을 하였다. ③ 위에서 든 피고 회사의 나머지 임원 4인 중 3인인 소외 D, C, E는 모두 당시 A가 대표이사로 있던 주식회사 선진디엔씨의 임원으로 근무하고 있었다. ④ A는 이 사건 점포를 매수한 이래 원고에게 이 사건 차용증을 작성하여 줄 때까지 대외적으로 피고 회사의 사장으로 자처하면서 직함이 피고 회사 회장으로 기재된 명함을 사용하여 왔다. ⑤ 피고 회사의 대표이사로 등재된 B는 이 사건 차용증이 작성된 2009. 7.경 이 사건 점포의 2009. 5.부터 2009. 7. 15.까지의 수입 및 지출내역을 작성하여 이를 A에게 교부한 바 있다. ⑥ A는 이 사건 차용증을 작성하면서 피고 회사의 인감을 압날하여 사용하였다(원심은 이 사건 차용증에 압날된 피고 회사의 인장이 위조된 것이라는 피고의 항변을 배척하였다).

그렇다면 원심의 위와 같은 판단에는 표견대표이사의 행위로 인한 주식회사의 책임에 관한 상법 제395조의 법리를 오해하거나 필요한 심리를 다하지 아니하여 판결 결과에 영향을 미친 위법이 있다고 할 것이다. 이 점을 지적하는 상고이유 제2점은 정당하다(원심판결파기환송).

3. 사례 3

(1) 재판의 경과(제1심[149] 및 원심[150])

▷ 주문: 원고에게,

　　가. 피고 A는 금 2억 원과 이에 대하여 1991. 8. 27.부터 다 갚는 날까지 연 22%의 비율로 계산한 돈을,

　　나. 피고 B는 피고 A와 연대하여 위 금원 중 5,000만 원과 이에 대하여 1991. 8. 27.부터 다 갚는 날까지 연 22%의 비율로 계산한 돈을 각 지급하라.

▷ 이유:

가. 피고의 면제 항변에 대한 판단

피고는, K 금고가 피고 A로부터 이 사건 대출금의 일부를 변제받고 나머지 대출금에 대해서는 탕감하

2009. 2. 12. 선고 2006다23312 판결 참조.
149) 수원지방법원 2005. 10. 20. 선고 2005가단21117 판결.
150) 수원지방법원 2006. 9. 7. 선고 2005나21484 판결.

거나 면제하여 주었으므로 원고의 이 사건 청구에 응할 수 없다는 취지로 항변하나, 이를 인정할 만한 증거가 없으므로 피고의 위 항변은 이유 없다.

나. 피고의 소멸시효 항변에 대한 판단

(1) 피고는 먼저, 피고가 동일인에 대한 대출액 한도를 제한한 (구)상호신용금고법의 적용을 회피하기 위하여 대출받고자 하는 채무액에 대하여 피고 A를 형식상의 주 채무자로 내세웠으며, K 금고도 이를 양해하여 피고 A에 대해서는 주 채무자로서의 책임을 지우지 않을 의도로 피고 A 이름으로 대출관계서류를 작성한 것이므로 위 대출약정의 당사자 및 주 채무자는 피고 B이며, 피고 A는 보증인에 불과한바, 피고 B에 대한 위 대출금 채권은 어음할인 약정에 의한 대출금 채권으로서 5년의 상사시효기간 경과로 소멸하였으며, 설령 보증인에 불과한 피고 A에 대한 자동차가압류결정이 있다 하더라도 주 채무자인 피고 B에 대한 소멸시효가 중단되는 것이 아니라는 취지로 주장하나, 이를 인정할 만한 증거가 없다.

(2) 피고는 다음으로, 피고 A가 위 대출약정의 주 채무자이고, 피고 B가 보증인이라 하더라도 피고 B의 보증채무는 위 변제기로부터 5년의 상사시효가 경과하여 소멸하였다고 항변하므로 살피건대, 위 대출금 채권의 변제기가 1991. 8. 6.인 사실은 앞에서 본 바와 같고, 이 사건 소는 그로부터 5년이 경과하였음이 역수상 명백한 2005. 4. 6.에 제기되었음은 기록상 명백하다고 할 것이나, 한편, 원인채권의 지급을 확보하기 위한 방법으로 어음이 수수된 경우, 이러한 어음은 경제적으로 동일한 급부를 위하여 원인채권의 지급수단으로 수수된 것으로서 그 어음채권의 행사는 원인채권을 실현하기 위한 것일 뿐만 아니라, 원인채권의 소멸시효는 어음금 청구소송에 있어서 채무자의 인적항변 사유에 해당하는 관계로 채권자가 어음채권의 소멸시효를 중단하여 두어도 채무자의 인적항변에 따라 그 권리를 실현할 수 없게 되는 불합리한 결과가 발생하게 되므로, 채권자가 원인채권에 기하여 청구를 한 것이 아니라 어음채권에 기하여 청구를 하는 반대의 경우에는 원인채권의 소멸시효를 중단시키는 효력이 있다고 봄이 상당하고, 이러한 법리는 채권자가 어음채권을 피보전권리로 하여 채무자의 재산을 가압류함으로써 그 권리를 행사한 경우에도 마찬가지로 적용된다고 할 것이고,[151] 민법 제168조에서 가압류를 시효중단사유로 정하고 있는 것은 가압류에 의하여 채권자가 권리를 행사하였다고 할 수 있기 때문인데 가압류에 의한 집행보전의 효력이 존속하는 동안은 가압류채권자에 의한 권리행사가 계속되고 있다고 보아야 할 것이므로 가압류에 의한 시효중단의 효력은 가압류의 집행보전의 효력이 존속하는 동안은 계속되는 것이며,[152] 가분채권의 일부분을 피보전채권으로 주장하여 채무자 소유의 재산에 대하여 가압류를 한 경우에 있어서는 그 피보전채권 부분만에 한하여 시효중단의 효력이 있다 할 것이고 가압류에 의한 보전채권에 포함되지 아니한 나머지 채권에 대해서는 시효중단의 효력이 발생할 수 없는 것이고,[153] 또한 주 채무자에 대한 소멸시효중단의 효력은

---

151) 대법원 1999. 6. 11. 선고 99다16378 판결 참조.
152) 대법원 2000. 4. 25. 선고 2000다11102 판결 참조.
153) 대법원 1976. 2. 24. 선고 75다1240 판결 참조.

보증인에게까지 미치는 것이라고 할 것인데, 위 대출약정이 어음할인에 의한 대출약정인 사실, K 금고가 위 대출금채권의 변제기인 1991. 8. 6.부터 5년이 경과하기 전인 1996. 6. 21. 위 대출금 채권의 지급을 확보하기 위하여 수수한 1991. 5. 28. 자 약속어음금 중 일부금인 50,000,000원을 청구채권으로 하여 주 채무자인 피고 A 소유의 승용차를 가압류한 사실은 앞에서 본 바와 같으므로, 결국 대출금채권의 지급을 확보하기 위한 방법으로 위 약속어음을 수수한 이 사건에 있어서 K 금고가 위 약속어음금 중 일부금을 청구채권으로 하여 피고 A 소유의 승용차를 가압류함으로써 그 원인채권인 위 대출금 채권을 행사하였다고 봄이 상당하다 할 것인바, 위 가압류의 집행보전의 효력이 소멸하였다는 피고의 주장, 입증이 없는 이상 위 가압류의 효력은 존속하고 있다 할 것이어서 위 대출금 중 위 가압류결정에서의 청구채권액인 50,000,000원 부분은 위 가압류로 인하여 소멸시효가 중단되었다고 할 것이며, 주 채무자인 피고 A에 대한 소멸시효중단의 효력은 피고 B의 보증채무에도 미친다 할 것이어서 이를 지적하는 원고의 재항변은 위 인정범위 내에서 이유 있고, 결국 피고의 위 소멸시효 항변은 위 가압류로 인해 시효중단의 효력이 미치지 아니하는 위 대출금 중 150,000,000원 범위 내에서만 이유 있고 나머지 50,000,000원 부분에 대해서는 이유 없다 할 것이다.

다. 피고의 재재항변에 관하여 피고가 주장하는 사유만으로만 위 가압류결정이 당연무효라고 할 수 없고, 위 가압류결정이 법률의 규정에 따르지 않았기 때문에 취소되었다는 피고의 주장, 입증이 없으므로 피고의 위 주장은 이유 없다.

피고는 마지막으로, 주 채무자에 대한 가압류로 인하여 보증인에 대한 채권의 소멸시효가 중단되는 경우에도, 소멸시효가 중단된 이후에는 보증인에 대해서는 다시 소멸시효가 진행된다고 보아야 할 것인바, 피고에 대한 보증금 채권은 위와 같이 소멸시효가 중단된 1996. 6. 21. 이후 다시 상사시효 기간인 5년이 경과하여 소멸하였다는 취지로 주장하나, 이는 피고의 독자적인 논리에 불과할 뿐이고, 보증인에 대해서도 가압류의 집행보전의 효력이 존속되는 동안에는 소멸시효중단의 효력이 계속된다고 보아야 할 것이므로 피고의 위 주장은 받아들이지 아니한다.

따라서 피고 B는 피고 B와 연대하여 위 대출금 200,000,000원 중 시효로 소멸한 150,000,000원을 뺀 나머지 50,000,000원 및 이에 대하여 최종 연체이자 납입 다음 날인 1991. 8. 27.부터 다 갚는 날까지 약정연체이율인 연 22%의 비율에 의한 지연손해금을 지급할 의무가 있다.

(2) 대법원 판결이유[154]

원인채권의 지급을 확보하기 위하여 어음이 수수된 당사자 사이에서 채권자가 어음채권을 피보전권리로 하여 채무자의 재산을 가압류함으로써 그 권리를 행사한 경우에는 그 원인채권의 소멸시효를 중단시키는 효력을 인정하고 있는데, 원래 위 두 채권이 독립된 것임에도 불구하고 이와 같은 효력을 인정하는 이유는 이러한 어음은 경제적으로 동일한 급부를 위하여 원인채권의 지급수단으로 수수된 것으로서 그

---

154) 대법원 2007. 9. 20. 선고 2006다68902 판결.

어음채권의 행사는 원인채권을 실현하기 위한 것일 뿐만 아니라 어음수수 당사자 사이에서 원인채권의 시효소멸은 어음금 청구에 대하여 어음채무자가 대항할 수 있는 인적항변 사유에 해당하므로 채권자가 어음채권의 소멸시효를 중단하여 두어도 원인채권의 시효소멸로 인한 인적항변에 따라 그 권리를 실현할 수 없게 되는 불합리한 결과가 발생하게 되기 때문이다. 그러나 이미 소멸시효가 완성된 후에는 그 채권이 소멸되고 시효중단을 인정할 여지가 없으므로, 이미 시효로 소멸된 어음채권을 피보전권리로 하여 가압류 결정을 받는다고 하더라도 이를 어음채권 내지는 원인채권을 실현하기 위한 적법한 권리행사로 볼 수 없을 뿐 아니라, 더 이상 원인채권에 관한 시효중단 여부가 어음채권의 권리 실현에 영향을 주지 못하여 어떠한 불합리한 결과가 발생하지 아니한다는 점을 함께 참작하여 보면, 가압류 결정 이전에 이미 피보전권리인 어음채권의 시효가 완성되어 소멸된 경우에는 그 가압류 결정에 의하여 그 원인채권의 소멸시효를 중단시키는 효력을 인정할 수 없다고 할 것이다. 위 법리에 비추어 살펴보면, 원심이 인정한 바와 같이 이 사건 약속어음의 지급기일 이후인 1991. 9. 6. 적법한 지급제시가 있었고 그에 따라 배서인인 피고 A에 대한 소구권이 보존되었다 할지라도 피고 A 소유의 자동차에 대한 판시 가압류 결정이 내려진 시점은 이미 그 소구권의 소멸시효기간인 1년이 도과한 때임이 역수상 명백한 이상 약속어음금채권을 피보전권리로 하는 판시 가압류 결정이 내려졌다고 하더라도 그 원인채권인 대출금채권의 소멸시효를 중단시키는 효력을 인정할 수는 없고, 따라서 나아가 대출금채권의 주 채무자인 피고 A에 대한 시효의 중단이 있음을 전제로 보증인인 피고 B에 그 시효중단의 효력이 미친다고 볼 여지는 없다(원심판결 파기환송).155)

X. 연습문제

다음 연습문제를 기초로 사건의 쟁점을 파악하고 문제에 답하시오.

〈연습문제 1〉

甲은 2010. 3. 1. 乙에게 금 5,000만 원을 이자 월 1%, 변제기 2010. 4. 30.로 정하여 대여하였고, 2010. 4. 1. 다시 금 4,000만 원을 이자 월 2%, 변제기 2010. 5. 31.로 정하여 대여하였다. 甲은 乙이 위 대여금을 변제하지 아니하자 2010. 9. 1. 乙을 상대로 위 대여금 합계 9,000만 원 및 그중 5,000만 원에 대해서는 2010. 3. 1.부터 다 갚는 날까지 월 1%의, 금 4,000만 원에 대해서는 2010. 4. 1.부터 다 갚는 날까지 월 2%의 비율에 의한 금원을 지급할 것을 구하는 소를 제기하였다.

乙은 위 소송에서 다음과 같이 주장하였다.

(1) 2010. 7. 27. 甲의 채권자인 A가 채무자를 甲, 제3채무자를 乙로 하여 위 2010. 4. 1. 자 대여금 4,000만 원 중 원금 3,000만 원에 대하여 채권가압류결정을 받아 그 결정은 甲에게 2010. 8. 2. 자로, 乙에게 2010. 7. 31. 자로 각 송달되어 확정됨으로써 위 3,000만 원 및 그에 대한 이자 등은 지급이 금지되었으므로 원고의 청구에 응할 수 없다.

---

155) 환송 후 원심인 수원지방법원 2008. 1. 8. 선고 2007나21488 판결은 원고의 청구를 기각하였고, 이 판결이 확정되었다.

(2) 乙은 2010. 6. 30. 상인인 甲에게 전자제품 4,000만 원을 판매하고 그날 즉시 인도하였는데, 甲이 아직까지 그 대금을 지급하지 않고 있으므로 위 물품대금채권을 자동채권으로 하여 원고의 위 대여금 채권 및 자 등과 대등액에서 상계한다(상계의 의사표시는 2010. 9. 20. 쌍방이 출석한 변론기일에 구술로 하였다). 따라서 원고의 대여금채권은 모두 가압류에 의하여 지급이 금지되었거나 상계로 소멸하였으므로 원고의 청구는 이유 없다. 甲은 乙의 상계항변에 대하여 乙이 상계의 의사표시를 하더라도 이미 가압류된 4. 1. 자 대여금채권에 대해서는 상계의 효력이 없다고 주장하였다.

법원이 위 사건에 관하여 심리한 결과 甲, 乙의 위 주장은 증거에 의하여 모두 사실로 인정되었다. 2011. 2. 26. 변론이 종결되고 판결선고기일이 2011. 3. 19.로 지정되었다. 판결의 주문을 기재하고 그 근거를 이유로 설시하시오.

[요점]

1. 금전채권이 가압류된 경우 가압류결정이 채무자(피가압류채권의 채권자, 甲)는 제3채무자(피가압류 채권의 채무자, 乙)를 상대로 금원의 지급을 구하는 소를 제기할 수 있고, 이 경우 법원은 단순인용 판결을 하여야 한다. 채권가압류의 효력은 제3채무자에게 가압류결정정본이 송달됨으로써 발생한다 (민집 제227조 제3항, 제291조). 채권가압류가 된 경우에는 제3채무자의 채무자에 대한 채무변제, 채무자의 추심·양도 등 처분행위가 금지되지만, 이는 이러한 변제 등이 있더라도 가압류채권자에게 대항할 수 없다는 의미일 뿐이다. 채무자는 채권가압류에도 불구하고 여전히 집행권원의 취득, 시효중단 등을 위하여 제3채무자를 상대로 이행의 소를 제기할 독자적인 필요가 있고, 이 경우 가압류가 집행되었는지를 묻지 않고 무조건 청구를 인용하여야 한다. 다만 채무자는 이러한 집행권원을 얻더라도 이에 기하여 제3채무자에 대하여 강제집행을 할 수는 없다.[156]

2. 수동채권에 대한 가압류결정 이전에 상계적상에 도달한 경우, 재동채권자는 가압류결정 이후에도 상계를 할 수 있다.

3. 수동채권이 둘 이상인 경우 상계로 소멸되는 수동채권은 변제충당의 순서에 의하므로, 민법 제479조 제1항에 의하여 총비용, 총이자, 총원본의 순으로 소멸하고, 민법 제477저 제2호에 의하여 원본 상호 간에는 변제이익이 더 많은 채무에 먼저 충당된다.[157]

4. 상계적상일인 2009. 6. 30. 현재 甲의 수동채권은 (1) 2009. 3. 1. 자 대여원금 5,000만 원 및 이에 대한 그 대여일인 2009. 3. 1.부터 위 상계적상일까지 위 약정 월 1%의 비율에 의한 이자 및 지연손해금 2,000,000원(50,000,000원×1%×4개월), (2) 2009. 4. 1. 자 대여원금 4,000만 원 및 이에 대한 이자 내지 지연손해금 2,400,000원(40,000,000원×2%×3개월)이다.

5. 따라서 乙의 자동채권 4,000만 원은 법정변제충당의 순서에 따라 위 (1), (2)의 채권 중 각 이자 내지 지연손해금 등 합계 금 4,400,000원(2,000,000＋2,400,000), 변제이익이 더 많은 (2)의 채권의 원본 중

---

156) 대법원 1989. 11. 24. 선고 88다카25038 판결.
157) 이 사건의 경우에는 이율이 더 높은 2009. 4. 1. 자 차용금채무에 우선 충당된다.

일부 금 35,600,000원(40,000,000 - 4,400,000)에 순차 충당된다.

[주문]

1. 피고는 원고에게 금 54,400,000원 및 그중 금 50,000,000원에 대해서는 2009. 7. 1.부터 다 갚는 날까지 월 1%의,[158] 금 4,400,000원에 대해서는 2009. 7. 1.부터 다 갚는 날까지 월 2%의 각 비율에 의한 금원을 지급하라.

2. 원고의 나머지 청구를 기각한다.

〈연습문제 2〉

甲은 식료품 도소매업을 운영하면서 음식점을 운영하고 있는 거래처인 乙에게 식자재를 공급하여 왔다. 乙은 2006. 1. 10. 甲에게 음식점의 임대보증금이 금 2,000만 원이나 인상되었는데 이를 조달할 수 없어 걱정이라고 하면서 자금을 융통하여 줄 것을 간청하였고, 甲은 乙에게 신세도 지고 있는 만큼 여유자금 1,000만 원 정도는 빌려 줄 수 있다고 말하였다. 그 자리에서 甲은 乙에게 이자의 약정 없이 2006. 7. 31.을 변제기로 하여 금 1,000만 원을 대여하였다.

이후 乙이 위 차용금채무를 변제하지 아니하자 甲은 2010. 5. 1. 乙에게 내용증명 우편으로 위 차용금을 같은 달 말일까지 갚을 것을 최고하였고, 그 우편은 2010. 5. 6. 乙에게 도달하였다. 甲은 위 기일이 지나도 乙이 차용금을 변제하지 아니하자 2010. 9. 1. 채무자를 乙, 청구금액을 1,000만 원으로 하여 乙 소유의 부동산에 대하여 가압류결정을 받아 2010. 9. 7. 위 부동산에 대하여 가압류기입등기를 마쳤다.

이어서 甲은 2011. 4. 1. 乙을 상대로 위 대여금 1,000만 원 및 이에 대하여 그 변제기 다음 날인 2006. 8. 1.부터 다 갚는 날까지 상법 소정의 연 6%의 비율에 의한 지연손해금의 지급을 구하는 소를 제기하였다. 위 소송의 제1차 변론기일에서 甲은 구술로 그 소장을 진술하면서 현재 乙의 어려운 사정을 감안하여 위 소 중 지연손해금 청구 부분을 취하한다고 진술하였고, 乙은 그 취하에 동의하면서, 甲으로부터 돈 1,000만 원을 차용한 사실은 인정하나 그 대여금채권은 변제기로부터 5년의 상사소멸시효기간이 경과하여 시효소멸되었다고 항변하였다. 甲은 乙의 항변에 대하여 자신의 대여금채권은 위 乙 소유 부동산에 대한 가압류로 그 시효가 중단되었다고 재항변을 하였다.

이에 대하여 乙은 위 가압류결정에 대하여 이의신청을 하였고, 위 가압류결정이 피보전채권의 소명부족을 이유로 2010. 12.경 취소되었다고 재재항변을 하였으나, 이에 관한 증거는 제출하지 못하고 있다.

(1) 위 소송에서 甲의 청구원인에 기재할 요건사실을 설시하시오.

[요점]

1. 대차형계약에서 반환기의 약정은 그 계약의 본질적 요소이고, 반환기의 도래사실에 대한 주장·증명책임은 그 목적물의 반환을 구하는 원고에게 있다. 이 사건과 같이 반환기가 확정기한일 경우 반환기의 약정 이외에 그 도래사실에 관해서는 별도의 주장·증명이 필요 없다. 반환기의 도래 여부는

---

158) 통상 변제기 이후의 지연손해금을 청구하는 경우 소송촉진 등에 관한 특례법 소정의 연 20%의 비율에 의한 금원의 지급을 구하나, 이 사건에서는 원고가 변제기 이후의 지연손해금도 연 1%의 비율에 의한 금원의 지급을 구하고 있으므로 당사자처분권주의에 따라 주문을 내어야 한다.

법원에 현저한 사실이다.

2. 이자의 약정은 이자채권의 발생요건이므로 이자를 청구하거나, 약정이율에 의한 지연손해금을 청구하는 경우에는 그 요건사실이다. 이 사건의 경우는 이자의 약정 없이 돈 1,000만 원을 빌려 준 것이므로 약정이자청구를 할 수 없다. 특별히 청구원인 사실의 기재에 있어 '이자의 약정 없이' 금원을 대여하였다고 기재할 필요는 없다.

3. 지연손해금을 청구하는 경우 그 이율을 상법상의 연 6%의 비율에 의한 금원의 지급을 구하는 경우 위 대여금채권이 상행위로 인한 채권에 해당한다는 요건사실이 추가되어야 한다.

4. 따라서 피고가 자신이 운영하는 음식점의 임대보증금을 마련하기 위하여 원고로부터 위 금원을 차용한다는 사실이 추가될 수 있을 것이나,[159] 상인의 행위는 영업을 위하여 하는 것으로 추정되므로 원고로서는 이에 갈음하여 원고 또는 피고의 상인성을 인정할 수 있는 사실, 즉 위 대여 당시 피고가 음식점을 운영한 사실 또는 원고가 식료품도소매업을 운영하고 있는 사실을 주장·증명하여도 무방하다.

5. 甲이 위 대여일부터 다 갚는 날까지 연 6%의 비율에 금원의 지급을 구하는 부대청구를 한 경우[160]에는 양 당사자의 상인성 판단의 기초가 되는 사실, 즉 위 대여 당시 원고는 식료품 도소매업을, 피고는 음식점을 운영한 사실이 추가 기재되어야 한다.

6. 상인 간에서 금전소비대차가 있었음을 주장하면서 약정이자의 지급을 구하는 청구에는 약정이자율이 인정되지 않는다면 상법 소정의 법정이자의 지급을 구하는 취지가 포함된 것으로 본다(판례).

[요건사실]

원고가 2006. 1. 10. 피고에게 금 100,000,000원을 변제기 2006. 7. 31.로 정하여 대여한 사실,

피고는 자신이 운영하는 음식점 점포의 임대차보증금을 마련하기 위하여 원고로부터 위 금원을 차용한 사실,

위 대여 당시 원고는 식료품 도소매업을, 피고는 음식점을 각 운영한 사실

---

(2) 피고의 항변, 원고의 재항변 및 피고의 재재항변에 대한 판결이유의 설시례 중 밑줄 친 부분을 보충하시오.

(대여사실 인정)

(대여금 반환의무)

피고는 위 대여금채권이 시효소멸하였다고 항변하므로 살피건대,

피고가 _____①_____ 위하여 원고로부터 위와 같이 금원을 차용한 사실, 위 대여금채권의 변제기가 2006. 7. 1.인 사실은 앞서 본 바와 같으므로, 위 대여금채권은 상행위로 인한 채권에 해당하여 그 소멸시

---

159) 상법 제47조(보조적 상행위)
  ① 상인이 영업을 위하여 하는 행위는 상행위로 본다.
  ② 상인의 행위는 영업을 위하여 하는 것으로 추정한다.
160) 상법 제55조(법정이자청구권)
  ① 상인 간에서 금전의 소비대차를 한 때에는 대주는 법정이자를 청구할 수 있다.
  ② 상인이 그 영업범위 내에서 타인을 위하여 금전을 체당한 때에는 체당한 날 이후의 법정이자를 청구할 수 있다.

효는 5년이라 할 것인데, 이 사건 소가 _____②_____ 5년이 경과된 후인 2011. 4. 21. 제기된 사실은 기록상 명백하나, 한편 (증거들)을 종합하면, 원고가 소멸시효기간 만료 전인 _____③_____ 2010. 5. 6. 위 우편이 피고에게 도달하였고, 그로부터 6월 내인 2010. 9. 1. 원고가 위 대여금채권을 청구채권으로 하여 피고 소유의 별지목록 기재 부동산에 관하여 서울중앙지방법원 2010카합12345호로 부동산가압류신청을 하고, 같은 달 4. 그 결정을 받아 같은 달 7. 그 기입등기가 마쳐진 사실을 인정할 수 있으므로, 이로써 _____④_____ 고 할 것이니, 결국 _____⑤_____ 이유 없다.

피고는 위 가압류결정에 대하여 피고가 이의신청을 한 결과 2010. 12.경 피보전채권에 대한 소명부족을 이유로 위 가압류결정이 _____⑥_____ 고 재재항변하나, 이를 인정할 아무런 증거가 없으므로 피고의 위 재재항변은 이유 없다.

[요점]

1. 대여금채권의 시효소멸을 주장하기 위해서는 대여금채권자가 특정 시점에서 당해 권리를 행사할 수 있었던 사실, 그때로부터 소멸시효가 도과한 사실을 증명하여야 한다.

2. 확정기한이 있는 경우에는 그 확정기한이 도래한 때로부터 소멸시효가 진행한다.

3. 이 사건에서 피고는 상사시효[161]를 주장하고 있으므로 위 대여금채권이 상행위로 인한 채권에 해당한다는 요건사실이 추가되어야 한다.

4. 판례는 가압류로 인한 시효중단의 시점에 관하여 신청시설을 취한다.

5. 가압류를 시효중단사유로 정하고 있는 것은 가압류에 의하여 채권자가 권리를 행사하였다고 할 수 있기 때문인바, 가압류에 의한 집행보전의 효력이 존속하는 동안은 가압류채권자에 의한 권리행사가 계속되고 있다고 보아야 하므로 가압류에 의한 시효중단의 효력은 가압류의 집행보전의 효력이 존속하는 동안은 계속된다.[162]

6. 원고의 시효중단의 재항변에 대하여 피고는 민법 제170조 내지 제176조에서 규정하고 있는 시효중단효가 없는 사실을 주장하여 재재항변을 할 수 있다. 원고가 소제기사실을 주장하여 시효중단의 재항변을 하면 피고는 재재항변으로 그 소가 취하 또는 각하되었음을 주장·증명하면 된다.

[설사례]

① 자신이 운영하는 음식점 점포의 임대차보증금을 마련하기

② 그 변제기로부터

③ 2010. 5. 1. 피고에게 내용증명 우편으로 위 차용금채무의 이행을 최고하여

④ 위 대여금채권의 소멸시효는 중단되었다.

---

161) 상법 제64조(상사시효)

상행위로 인한 채권은 본법에 다른 규정이 없는 때에는 5년간 행사하지 아니하면 소멸시효가 완성한다. 그러나 다른 법령에 이보다 단기의 시효의 규정이 있는 때에는 그 규정에 의한다.

162) 대법원 2006. 7. 27. 선고 2006다32781 판결.

⑤ 위 피고의 항변은

⑥ 취소되었기 때문에 소멸시효중단의 효력은 상실되었다.

〈연습문제 3〉

甲은 2006. 6. 1. 乙에게 1억 원을 이자 월 3부, 변제기 1년으로 정하여 대여하였는데 당시 乙의 아들 丙이 위위 대여원리금채무를 연대보증하였고, 위 대여금의 이자는 매월 말일에 정기적으로 지급하기로 하였다. 乙이 대여 원리금을 전혀 변제하지 아니하자 甲은 2010. 9. 1. 乙과 丙은 연대하여 원고에게 대여금 1억 원 및 이에 대한 2006. 6. 1.부터 완제일까지 연 36%의 비율에 의한 이자 또는 지연손해금의 지급을 구하는 소를 제기하였다.

그 후 甲은 2010. 10. 1. 乙을 찾아가 변제를 독촉하였는데 그 자리에 있던 丙이 일방적으로 甲을 폭행을 가하는 바람에 甲이 상해를 입고 치료비로 500만 원을 지출하는 손해를 입었다. 이에 원고 甲은 2010. 11. 1. 청구취지 및 청구원인변경신청서를 제출하여 피고 丙은 원고에게 치료비 500만 원 및 이에 대하여 2010. 10. 1.부터 이 사건 청구취지 및 청구원인변경신청서부본 송달일까지는 민법이 정한 연 5%, 그다음 날부터 완제일까지는 소송촉진 등에 관한 특례법이 정한 연 20%의 비율에 의한 지연손해금의 지급을 구하는 청구를 추가하였다.

위 소송계속 중 丙은 위 폭행사건 당시 자신은 甲과 乙의 싸움을 말렸을 뿐 甲을 폭행한 사실이 전혀 없다고 주장하면서 甲을 상대로 2010. 12. 1. 위 폭행사건에 관하여 丙의 甲에 대한 위 치료비지급채무는 존재하지 아니함을 구하는 채무부존재확인의 반소를 제기하였다. 법원의 심리결과 甲의 주장사실은 전부 사실이고, 위 폭행은 丙의 고의에 의한 일방적 행위이며, 甲의 과실은 전혀 없는 것으로 밝혀졌다. 한편 乙과 丙은 위 대여금의 이자 및 지연손해금채권 중 甲의 소제기일로부터 역산하여 3년이 넘는 기간 범위 밖의 부분은 시효로 소멸하였다고 항변하였다.

한편, 소송계속 중이던 2011. 1. 3. 乙이 사망하자 乙의 공동상속인인 처 A, 아들 장남 丙, 차남 B, 장녀 C가 소송수계절차를 밟음과 동시에 丙을 선정당사자로 선임하는 내용의 당사자선정서를 법원에 제출하였다. 이에 甲은 2011. 2. 1. 위 수계인들의 상속분에 따른 청구취지 및 청구원인변경신청서를 제출하고, 그 무렵 위 신청서부본이 수계인들에게 각 송달되어 변론기일에서 진술되었다.

위 소송사건이 결심되고 2011. 3. 17. 판결선고기일이 지정된 경우 판결의 주문을 기재하고 그 이유를 밝히시오.

[요점]

1. 주문의 순서는 피고의 순서와 관계없이 '각하 - 인용 - 기각'의 순으로 기재한다.

2. 청구를 각하한다거나 반소청구를 각하한다는 표현을 사용하지 않고 '원고의 소를 각하한다', '피고의 반소를 각하한다'는 표현을 사용하지 않는다.

3. 동일한 권리관계에 기한 이행청구에 대하여 채무부존재확인의 반소를 제기하는 것은 소의 이익이 없어 부적법하고 허용되지 않는다.[163] 다만 채무의 부존재확인을 구하는 본소에 대하여 피고가 그 후에 그 채무의 이행을 구하는 반소를 제기한 경우에는 소의 이익이 소멸되지 않는다.[164]

---

163) 대법원 2001. 7. 24. 선고 2001다22246 판결: 채무인수자를 상대로 한 채무이행청구소송이 계속 중, 채무인수자가 별소로 그 채무의 부존재 확인을 구하는 것은 소의 이익이 없다

164) 대법원 1999. 6. 8. 선고 99다17401, 17418 판결: 소송요건을 구비하여 적법하게 제기된 본소가 그 후에 상대방이 제기한 반소로 인하여 소송요건에 흠결이 생겨 다시 부적법하게 되는 것은 아니므로, 원고가 피고에 대하여 손해배상채무의 부존재

4. 연대보증인 중 1인이 주 채무를 상속한 경우의 법률관계: 丙은 연대보증인으로 전액 지급책임, 처 A 3/9, 차남 B 및 장녀 C 각 2/9의 지분을 상속한다.

5. 당사자선정이 소송계속 후에 된 때에는 선정당사자 이외의 전 당사자는 소송에서 탈퇴한 것으로 보나(민소법 제53조 제2항), 선정이 소송계속 전에 된 경우와 구별 없이 선정당사자에 대한 판결의 효력은 선정자 전원에게 미친다(민소법 제218조 제3항). 선정당사자가 이행판결을 받으면 그 판결에 기하여 선정자를 위하여 또는 선정자에 대하여 강제집행을 할 수 있으므로[165] 이행판결의 주문에서는 각 선정자가 수령하거나 또는 부담하여야 할 급부의 내용을 개별적으로 명시하는 것이 집행의 편의상 적절하다.[166]

6. 원고의 본소 제기일에 시효가 중단된다(민소법 제265조).

7. 이 사건 소제기 시점인 2010. 9. 1.부터 역산하여 3년이 되는 기간 범위 밖의 이자 및 지연손해금채권 즉 대여금 1억 원에 대한 대여일인 2006. 6. 1.부터 2007. 8. 31.까지의 연 36%에 의한 금원 부분이 시효로 소멸하였다고 생각할 수 있으나, 변제기 후에 지급하는 지연손해금은 금전채무의 이행을 지체함으로 인한 손해배상금이지 이자가 아니고, 또 민법 제163조 제1호가 정하는 1년 이내의 기간으로 정한 채권도 아니라고 할 것이므로 단기소멸시효가 적용되지 않는다.[167] 따라서 소제기 시점부터 역산하여 3년을 초과하는 기간 중 대여일부터 변제기까지의 이자채권만이 단기시효로 소멸하고 그 후의 지연손해금은 단기시효로 소멸하지 않는다. 이 사건은 이자 약정이 없는 대여금의 청구이므로 이자채권의 시효는 더 이상 문제 되지 않는다.

8. 1962년 제정되어 시행되어 온 이자제한법상의 최고이자율은 1983. 12. 6.부터 1997. 12. 21.까지 연 2할 5푼, 1997. 12. 22.부터는 연 4할로 대폭 인상되어 규제되다가, 국제통화기금(IMF) 관리체제 기간이었던 1998. 1. 13. 이자제한법이 폐지됨에 따라 고리(高利)약정의 규제는 민법 제103조 내지 제104조에 따라 계약 당시의 경제 현실과 당사자의 위험상황을 고려하여 법원이 개별적으로 판단해왔다. 그러나 살인적 고금리를 적용하는 불법 사채업자들이 성행하고 서민들이 피해를 보는 사례가 속출함에 따라 이자제한법 부활 필요성이 계속 제기돼 왔다. 이에 따라 다시 제정된 이자제한법(2007. 3. 29. 법률 제8322호)은 이자의 적정한 최고한도를 정함으로써 국민경제생활의 안정과 경제정의의 실현을 목적으로 금전대차에 관한 계약상의 최고이자율은 연 40퍼센트를 초과하지 아니하는 범위 안에서 대통령령으로 정하도록 하고, 이를 초과한 이자는 무효로 하며, 이미 지급한 초과이자에 대해 반환청구가 가능하도록 하고 있다. 이자제한법 제2조 제1항의 최고이자율에 관한 규정(2007. 6. 28. 대통령령 제20118호)은 이자제한법 제2조 제1항에 따른 금전대차에 관한 계약상의 최고이자율

확인을 구할 이익이 있어 본소로 그 확인을 구하였다면, 피고가 그 후에 그 손해배상채무의 이행을 구하는 반소를 제기하였다 하더라도 그러한 사정만으로 본소청구에 대한 확인의 이익이 소멸하여 본소가 부적법하게 된다고 볼 수는 없다.

165) 이 경우에는 승계집행문의 부여가 필요하다(민집 제25조, 제31조 내지 33조 참조).
166) 이 경우 판결의 주문이나 이유에서 선정자들을 '선정자 ○○○'라고 표시하는 것이 실무례이다. 일부 실무례는 선정자들은 당해 소송에 관하여 당사자 아닌 제3자의 지위에 있다는 이유로 '소외 ○○○'라고 표시하기도 한다.
167) 대법원 1995. 10. 13. 선고 94다57800 판결.

은 **연 30퍼센트**로 규정하고 있다.

9. 따라서 2007. 6. 30.부터는 새로이 제정된 이자제한법에 따라 제한이율은 연 30%이고, 위 법 시행 전에 성립한 대차관계에 관해서도 위 법 시행일 이후부터는 제한이율이 적용되므로[168] 이 사건에서도 위 법 시행일 이후인 2007. 6. 30.부터는 제한이율이 연 36%가 아니라 연 30%가 된다.

10. 이 사건은 크게 소송물이 대여금과 손해배상금으로 이루어져 있다. 이 경우에는 각 소송물마다 항쟁함이 상당한지를 각기 판단하여 소송촉진 등에 관한 특례법 적용 여부를 결정한다.[169] 甲의 丙에 대한 청구 중 손해배상청구에 관하여 丙이 항쟁함이 상당하지 않다면 甲의 丙에 대한 청구취지 및 청구원인변경신청서 부본이 피고 丙에게 송달된 다음 날부터 연 20%의 지연이자를 붙일 수 있다.

11. 선정자 A, B, C는 선정당사자 丙을 선정하고 소송에서 각 탈퇴하였으므로 기각부분에 관해서는 피고 선정당사자 丙에 대해서만 주문을 내면 된다.

12. 이 사건에서 피고(선정당사자) 丙에 대하여 기각되는 부분은 대여금채권 중 소멸시효가 완성된 이자제한법 제한이율을 초과하는 지연손해금 부분이다.

[주문]

1. 피고(반소원고) 丙의 반소를 각하한다.[170]

2. 원고(반소피고)에게

   가. 피고(선정당사자) 丙은 금 100,000,000원, 위 금원 중 선정자 A는 금 33,333,333원, 선정자, B, C는 각 금 22,222,222원 및 위 각 금원에 대한 2005. 6. 1.부터 2007. 6. 29.까지는 연 36%의, 그다음 날(2007. 6. 30.)부터 다 갚는 날까지는 연 30%의 각 비율에 의한 금원을 각 지급하고,

   나. 피고(선정당사자) 丙은 금 5,000,000원 및 이에 대한 2009. 11. 1.부터 2010. 3. 17.까지는 연 5%의, 그다음 날부터 다 갚는 날까지는 연 20%의 각 비율에 의한 금원을 지급하라.

3. 원고(반소피고)의 피고(선정당사자) 丙에 대한 나머지 청구를 기각한다.

〈연습문제 4〉

甲은 2010. 5. 10. 乙에게 1억 원을 이자는 월 2%, 변제기 1년으로 정하여 대여하면서 위 대여금의 이자는 매월 9일에 지급받기로 약정하였다. 그 후 甲에 대하여 확정판결에 기한 5,000만 원의 채권을 가지고 있던 A가 위 채권을 집행채권으로 하여 2010. 8. 2. 채무자를 甲, 제3채무자를 乙로 하여 위 대여금 중 원금 5,000만 원 채권에 대하여 **채권압류 및 추심명령**을 받았고, 위 명령은 甲에 대해서는 2010. 8. 6.에 乙에 대해서는 2010. 8. 9.에 각 송달되어 그 무렵 확정되었다.

---

168) 이자제한법 부칙 제2조 참조.
169) 대법원 2006. 10. 13. 선고 2006다32446 판결: 생명 또는 신체에 대한 불법행위로 인한 손해배상청구소송에서 그 손해배상의무의 존부나 범위에 관하여 항쟁함이 상당한지는 적극적·소극적·정신적 손해 등 소송물별로 따로 판단하여야 한다.
170) 청구를 각하한다거나 반소청구를 각하한다는 표현을 사용하지 않고 '원고의 소를 각하한다', '피고의 반소를 각하한다'는 표현을 사용한다.

甲의 채권자 B는 2010. 9. 2. 甲에 대한 확정판결에 기한 2,000만 원의 채권을 집행채권으로 하여 위 대여금채권 중 원금 2,000만 원에 대하여 <u>채권압류 및 전부명령</u>을 받았고, 위 명령은 甲과 乙 모두에게 2010. 9. 9. 송달되었는데, 즉시항고는 제기되지 않았다.

甲의 또 다른 채권자 C가 甲에 대한 1,000만 원의 채권을 피보전채권으로 하여 위 대여금채권 중 원금 1,000만 원에 대하여 <u>채권가압류신청</u>을 하였고, 그 가압류결정이 2010. 10. 9. 乙에게 송달되었다. 그런데 乙이 변제기가 지나도록 위 대여원리금을 전혀 지급하지 아니하자 甲은 2011. 6. 15. 乙을 상대로 "위 대여금 1억 원 및 이에 대한 2010. 5. 10.부터 완제일까지 월 2%의 비율에 의한 이자 및 지연손해금을 지급하라"는 소를 제기하였다.

乙은 위 채권압류 및 추심명령과 채권압류 및 전부명령이 있었고, 채권가압류까지 송달받았으므로 甲의 청구에 응할 수 없거나 적어도 위 추심명령, 전부명령, 가압류결정이 내려진 부분에 대해서는 책임이 없다고 다투었다. 甲과 乙의 주장의 당부를 논평하라.

[요점]

1. 채권에 대한 압류 및 추심명령이 있는 경우에는 실체법상의 청구권은 집행채무자(원래의 채권자)에게 있으면서 소송법상의 권리만이 추심권자에게 넘어가는 제3자의 법정소송담당관계에 있으므로 집행채무자는 원고로서의 당사자적격을 상실한다.

2. 압류 및 추심명령의 효력발생시기는 제3채무자에 대한 송달일이고(민집 제227조 제3항, 제229조 제4항), 제3채무자에게 송달된 이상 채무자에게 송달되지 않았다 하더라도 효력발생에는 아무런 영향이 없다. 이 사건에서는 원금에만 압류 및 추심명령을 받았으므로 대여일인 2010. 5. 10.부터 압류 및 추심명령이 제3채무자에게 송달된 2010. 8. 9.까지 발생한 이자채권에는 위 명령의 효력이 미치지 아니하여 각하대상에서 제외된다.

3. 피고에게 지급을 명할 수 있는 금원 37,000,000원은 아래 ①, ②, ③ 금액의 합계액이다. 채권자 C에 의한 채권가압류결정은 주문에 아무런 영향을 미치지 아니한다.

   ① 30,000,000원(대여금 100,000,000원 - 추심명령 및 전부명령의 대상이 된 금액 합계 70,000,000원)

   ② 100,000,000원에 대한 대여일인 2008. 5. 10.부터 추심명령이 乙에게 송달된 2008. 8. 9.까지 발생한 이자 6,000,000원(100,000,000원×2%×3개월)

   ③ 추심명령의 대상이 된 금액을 제외한 50,000,000원에 대한 추심명령 송달 다음 날인 2010. 8. 10.부터 전부명령의 송달일인 2010. 9. 9.까지 발생한 이자 1,000,000원(50,000,000×2%×1개월)

4. 위와 달리 추심명령 및 전부명령의 대상이 된 금액 합계 70,000,000원에 대한 이자(아래 ④, ⑤항 금액 합계 4,600,000원)만을 계산하고, 잔존 원금 30,000,000원(위 ①항 금액)에 대하여 대여일부터 이자를 가산하는 방식도 가능하다. 즉 위 30,000,000원에 위 4,600,000원을 가산한 34,600,000원 및 그중 잔존 원금 30,000,000원에 대한 대여일인 2010. 5. 10.부터 다 갚는 날까지 월 2%의 비율에 의한 금원이 지급을 명할 수 있다.

   ④ 추심명령 대상 50,000,000원에 대한 이자 3개월분 3,000,000원(50,000,000원×2%×3개월)

⑤ 전부명령 대상 20,000,000원에 대한 이자 4개월분 1,600,000원(20,000,000원×2%×4개월)

5. 압류의 효력은 종된 권리에도 미치므로 압류의 효력발생 이후에 생기는 이자 및 지연손해금에도 미치나, 압류의 효력발생 전에 이미 발생한 이자 등은 독립한 채권이기 때문에 압류의 대상으로 명시하지 않는 한 압류의 효력이 미치지 아니한다.

6. 추심명령의 효력은 추심명령에서 특별히 정하지 아니한 이상 압류된 채권의 전액에 미치므로(민집 제232조 제1항) 당연히 압류의 효력 발생 이후에 생기는 이자 및 지연손해금에도 미치나, 당초 압류의 대상으로 삼지 않은 압류의 효력발생 전에 이미 발생한 이자 등에는 미치지 아니한다.

7. 전부명령의 경우에는 압류 및 추심명령의 경우와는 달리 채무자와 제3채무자 모두에게 송달되어야 하고, 그 후 즉시항고가 제기되지 않거나 즉시항고가 기각되는 등으로 전부명령이 확정됨으로써 비로소 효력이 발생하고, 확정된 전부명령의 효력발생시기는 제3채무자에 대한 송달일로 소급한다(민집 제227조 제2항, 제229조 제4항 및 제7항, 제231조).

8. 추심명령과 달리 전부명령의 경우에는 전부채무자가 자신이 이행청구권자라고 주장하는 이상 원고적격을 가지고, 다만 실체법상의 이행청구권이 인정되지 않을 때에는 본안에서 청구가 기각될 뿐이다.

9. 이론상 이미 발생한 이자에 대해서도 지연손해금을 가산할 수 있으나,[171] 원고의 이 사건 청구는 채권 원금에 대해서만 이자 및 지연손해금을 구하고 있으므로 잔존채권 원금 30,000,000원에 대해서만 지연손해금을 가산한다.

10. 원고의 청구 중 각하 또는 인용되는 부분을 제외한 나머지 부분에 관해서는 기각 주문을 내야 한다. 이 사건에서 기각되는 부분은 전부명령이 내려진 20,000,000원 및 이에 대한 전부명령 송달 다음 날인 2008. 9. 10.부터의 이자와 지연손해금 부분이다.

[주문(결론)]

1. 이 사건 소 중 50,000,000원 및 이에 대한 2010. 8. 10.부터 다 갚는 날까지 월 2%의 비율에 의한 금원 지급청구 부분을 각하한다.

2. 피고는 원고에게 37,000,000원 및 그중 30,000,000원에 대한 2010. 9. 10.부터 다 갚는 날까지 월 2%의 비율에 의한 금원을 지급하라.

3. 원고의 나머지 청구를 기각한다.

〈연습문제 5〉

甲 신용협동조합은 2005. 2. 20. 丙의 연대보증하에 乙에게 돈 1억 원을 이자 연 8%, 지연이자 연 18%, 상환기일 2006. 2. 20.로 정하여 대출하여 주었다. 2011. 9. 20. 현재 대출원리금 잔액은 2억 원이다. 甲 조합은 2011. 10. 1. 丙을 피고로 하여 乙에게 대출한 보증채무 원리금의 지급을 구하고 있다. 甲 조합은 변론기일에 갑 제1호증으로

---

171) 대법원 2003. 11. 14. 선고 2001다61869 판결.

금전소비대차계약서(대출거래약정서)를 제출하였다. 갑 제1호증의 연대보증인란에는 丙의 기명날인이 되어 있다. 丙은 乙 회사의 직원인 A가 丙의 도장을 도용하여 위 계약서에 날인한 것이라는 증거항변을 하고, 이 사건 대출거래약정에 기하여 甲 조합이 乙에게 대하여 가지는 대출금채권은 상행위로 인한 채권으로서 상법 제64조에 의하여 5년간 행사하지 않으면 그 소멸시효가 완성하는 채권인데 甲 조합은 乙이 이자의 지급을 연체하여 기한의 이익을 상실한 2005. 10. 1. 내지는 대출금의 상환기일인 2006. 2. 20.로부터 5년이 경과한 후에 이 사건 소를 제기하였으므로 甲 조합의 대출금채권은 이미 소멸시효가 완성되었다고 다투고 있다.

[요점]

1. 사문서는 본인 또는 대리인의 서명, 날인 또는 무인이 있는 때에는 진정한 것으로 추정되므로(민소법 제358조), 사문서의 작성명의인이 당해 문서에 날인한 인영 부분의 성립을 인정하는 경우에는 반증으로 그러한 추정이 번복되는 등의 다른 특별한 사정이 없는 한 그 문서 전체에 관한 진정성립이 추정된다고 할 것이고, 이러한 완성문서로서의 진정성립의 추정력을 뒤집으려면 그럴 만한 합리적인 이유와 이를 뒷받침할 간접반증 등의 증거가 필요하다.[172]

2. 위 사례에서 丙이 갑 제1호증상의 날인이 丙의 것이 아니라고 답변하는 경우 甲은 인영이나 필적감정 등의 방법으로 그 진정성립을 증명하여야 한다. 서명이나 날인이 丙의 것은 맞지만 기망 또는 착오의 상태에서 날인하였거나, 제3자가 도장을 도용 또는 임의사용하여 위조한 것이라고 답변하는 경우 피고 丙이 그러한 사실을 증명하여야 한다. 사문서위조 등 형사사건이 병행하는 경우에는 그 형사기록송부촉탁신청을 하여 그 사실을 밝힐 수 있다.

3. 위 사례에서 丙이 대출거래약정서에 기재된 피고의 이름 다음에 날인된 인영이 丙의 도장의 인영임을 인정하고 있으므로 대출거래약정서(갑 제1호증)는 丙의 의사에 따라 진정하게 성립된 것으로 추정되고, 따라서 丙으로서는 병의 도장이 丙의 의사에 반하여 날인되었음을 증명하여야 한다. 피고 丙의 증명에도 불구하고 丙의 도장을 A가 도용하였음을 인정하기에 충분한 증거가 없다면 丙으로서는 연대보증책임을 부담할 수밖에 없다.

4. 새마을금고나 신용협동조합은 비영리법인이므로 신용협동조합의 조합원이나 일반인에 대한 대출금 채권의 소멸시효기간은 원칙적으로 10년이다. 그러나 신용협동조합과의 거래상대방이 상인인 경우에는 그 대출금채권은 상사채권으로서 5년의 시효기간이 적용된다. 따라서 甲 조합과 乙과 사이에 체결된 대출거래약정이 상행위에 해당하지 않는 이상 위 대출금채권의 소멸시효기간은 10년이고, 이 사건 소제기일이 위 대출금의 기한의 이익상실일 또는 상환기일로부터 10년이 경과하기 이전에 제기된 이상 丙의 주장은 이유 없다.

---

172) 대법원 2009. 5. 14. 선고 2009다7762 판결.

제12장 부동산등기 관련 소송의 쟁점

I. 서 설

우리 사회의 거의 모든 거래는 계약이라는 형식으로 이루어지고 있고, 부동산 거래도 마찬가지다. 부동산거래(매매)계약은 매도인이 매수인에게 어떤 부동산의 소유권을 이전할 것을 약정하고, 매수인은 이에 대하여 그 대금을 지급할 것을 약정함으로써 성립하는 계약을 말한다. 매매계약이 성립되면 계약내용대로 매도인은 매수인에게 대금을 지급할 것을 청구할 권리를 가지게 되고, 매수인은 매도인에게 소유권이전을 청구할 권리를 가지게 된다.

계약의 원활한 기능은 '계약의 준수(stare pactis)'를 전제로 한다. 그런데 부동산거래에는 토지거래허가, 부동산실명법 등 각종 규제가 얽혀 있어 계약의 원활한 진행이 저지되기도 하고, 계약의 성립과정에서 무능력, 사기·강박, 착오 등의 장애가 생기기도 하며, 계약의 이행과정에서 여러 가지 사정으로 채무자가 채무의 내용에 좇은 이행을 하지 아니하는 장애가 생기기도 하는 등 계약의 병리현상이 나타날 수 있다.

먼저 다음과 같은 <사례 1, 2>를 통해 부동산매매계약과 소유권이전등기를 둘러싸고 전개되는 매도인과 매수인 또는 시효취득자와 원소유자의 법률관계를 포착하여 보자.

사례 1

甲은 2004. 3. 25. 乙로부터 그 소유인 이 사건 토지를 대금 41,538,000원에 매수하기로 하는 내용의 매매계약(이하 '이 사건 매매계약')을 체결하였다. 甲은 乙과 사이에 이 사건 매매계약 체결 당시 계약금 8,307,600원은 계약 당일 지급하되, 이 사건 매매계약 직후부터 이 사건 토지에 대한 이전등기신청을 하고 이 사건 토지에 대한 이전등기신청이 이루어지면 甲은 매매 잔금을 乙에게 즉시 지불키로 약정하였고, 甲은 계약 당일 乙에게 8,307,600원을 지급하였다.

한편, 이 사건 토지는 토지거래허가지역 내에 위치하고 있었으므로, 甲은 2004. 4. 21. 관할관청에 이 사건 매매계약에 대하여 토지거래허가 신청을 하여 2004. 4. 27. 토지거래허가를 받았다. 그런데 이 사건 토지 중 4281/4539 지분에 관하여 2004. 4. 13. 원인무효에 의한 소유권이전등기말소청구권을 피보전권리로 하는 A 명의의 가처분등기가 마쳐지자, 甲 등과 乙은 乙과 A 사이의 분쟁이 해결될 때까지 이 사건 매매계약에 따른 소유권이전등기를 마치지 않고 보류하기로 하였다. 乙은 A가

자신을 상대로 제기한 소유권이전등기말소청구소송에서 승소하였고 그 판결은 2005. 6.경 확정되어 이 사건 토지에 관한 A 명의의 가처분등기가 2005. 7. 6. 말소되었다.

甲은 乙을 상대로 위 매매계약에 기한 소유권이전등기를 받기 위하여 소를 제기하였다.

(1) 청구취지: 피고는 원고에게 이 사건 토지에 관하여 2004. 3. 25. 매매를 원인으로 한 소유권이전 등기절차를 이행하라.

(2) 청구원인: 피고는 원고에게 이 사건 토지에 관하여 2004. 3. 25. 매매를 원인으로 한 소유권이전 등기절차를 이행할 의무가 있다.

(3) 피고의 항변:

① 피고는 원고에게 계약금의 배액 이상을 제공하여 매매계약을 해제하였으므로, 민법 제565조에 의하여 이 사건 토지에 관한 매매계약은 해제되었다.

② 피고는 이 사건 매매계약을 해제하기를 원한다는 내용증명을 원고에게 보냈고, 원고 역시 위약금을 수령할 수 있는 예금계좌를 알려 주는 등 계약의 해제에 동의하는 내용증명을 보내왔으므로, 이 사건 매매계약은 합의해제되었다.

③ 피고는 원고에게 잔금을 지급하고 이 사건 토지에 관한 소유권이전등기를 경료하도록 수차례 독촉하였음에도 불구하고 원고는 잔금도 지급하지 아니하고 소유권이전등기를 경료하는 것도 게을리하였던 것으로서, 원고의 잔금지급채무 불이행을 이유로 이 사건 매매계약을 해제한다.

사례 2

甲은 乙을 상대로 1억 원의 대여금청구소송을 제기하여 승소확정판결을 받았으나, 무직자인 乙에게는 집행할 만한 재산이 없어 강제집행을 하지 못하고 있었다. 甲이 이곳저곳 알아보고 다니다 보니 乙이 K 건설회사가 시공하는 상가 1채를 분양받은 것이 있었다. K 건설회사에 확인해 보니 乙은 분양대금 중 대부분을 납입하였고, 잔금 일부만 남아 있는 것을 알아냈다. K 건설회사는 든든한 회사라 부도의 염려도 없는 회사이 사건 각 토지는 1944. 12. 24. 매매를 원인으로 하여 1945. 8. 31. 일본인 A 등 10인(이하 '원소유자들') 명의로 소유권이전등기가 되어 있다가 1948. 9. 11. 권리귀속을 원인으로 하여 1993. 5. 27. 피고 대한민국 명의로 소유권이전등기가 마쳐졌다. 甲은 1965. 5.경 B로부터 이 사건 각 토지를 매수하여 그 무렵부터 이를 경작하여 오던 중 1992.경 부동산소유권이전등기에 관한 특별조치법(법률 제4502호)에 기하여 그 소유권을 이전하려고 하였으나 국가의 소유라는 이유로 거절당하였다. 甲은 1993. 9. 27. 양산시와 대부계약을 체결하고 대부료 및 1988. 9.부터 1993. 9.까지 5년간의 무단점유에 의한 변상금 64,850원을 납부하였으며, 그 이후에도 8차례에 걸쳐 대부계약을 체결하였고 2004. 12. 27.에는 2005. 1. 1.부터 2009. 12. 31.까지 5년간 이 사건 각 토지를 연 대부료 38,360원에 대부받기로 하는 계약을 체결하였다.

원고(甲)는 이 사건 각 토지를 시효취득하였고, 피고가 권리귀속을 원인으로 소유권이전등기를 마친 것은 원인무효의 등기로서 말소되어야 하므로 원소유자들을 대위하여 피고에게 소유권이전등기의 말소등기절차이행을 구한다.

(1) 청구취지: 피고는 원소유자들에게, 이 사건 각 토지에 관하여 울산지방법원 양산등기소 1993. 5. 27.

접수 제3876호로 마친 소유권이전등기의 각 말소등기절차를 이행하라.

(2) 청구원인: 甲은 B로부터 이 사건 각 토지를 매수하여 경작한 지 20년이 경과한 1985. 5. 31. 이 사건 각 토지를 시효취득하였고, 이 사건 각 토지가 귀속재산이 아님에도 피고가 권리귀속을 원인으로 한 소유권이전등기를 마쳤으므로 이는 원인무효의 등기로서 말소되어야 하므로 원고가원 소유자들에 대하여 가지고 있는 이 사건 각 토지에 관한 취득시효완성에 의한 소유권이전등기청구권을 보전하기 위하여 원소유자들을 대위하여 피고에게 소유권이전등기말소등기절차의 이행을 구한다.

(3) 피고의 항변: 이 사건 각 토지는 1993. 5. 27. 구 국유재산법(법률 제3881호)에 의하여 피고 앞으로 소유권이전등기가 되었고 피고에 대하여 이의가 제기되지 아니하였는바, 피고는 소유권이전등기를 마친 무렵부터 소유의 의사로 평온, 공연하게 과실 없이 선의로 이 사건 각 토지를 점유하여 등기부취득시효가 완성되었으므로, 피고의 이 사건 각 토지에 대한 소유권이전등기는 실체관계에 부합하는 유효한 등기이다. 였다. 甲은 A 변호사를 찾아와 위와 같은 이야기를 하면서 이미 받아 둔 확정판결을 이용하여 어떠한 방법으로든 乙로부터 돈을 받아 달라고 하였고, A 변호사는 이 사건을 수임하였다. 그러나 A 변호사는 위 상가가 완공 전이라 乙 명의로 소유권이전등기가 되기 전에는 집행하기 어려울 것으로 생각하고, 위 상가가 乙 명의로 넘어오면 바로 강제경매를 신청할 생각으로 시간을 흘려보내고 말았다. 그 사이에 乙은 자신 앞으로 위 상가에 대한 소유권이전등기를 마치고 위 상가를 담보로 근저당권을 설정하고 은행으로부터 상가 가액에 육박하는 액수의 돈을 대출받아 그 돈을 다른 곳에 쓰고 말았다. 乙로부터 돈을 회수하지 못한 甲은 A 변호사를 상대로 손해배상청구의 소를 제기하였다. 甲으로부터 사건을 수임한 A 변호사로는 어떠한 방법으로 乙의 재산을 집행할 수 있었는가?

II. 매매를 원인으로 한 소유권이전등기청구

부동산소유권의 이전이 매매, 증여 등 법률행위로 인한 경우에는 등기하여야만 물권변동의 효력이 발생하고(민법 제186조) 등기는 등기권리자와 등기의무자의 공동신청에 의한다. 등기의무자가 등기신청의무에 협력하지 않는 경우 등기권리자는 등기의무자를 상대로 '매매'라는 법률행위로 인한 소유권이전등기청구의 소를 제기하여 피고의 등기신청의 의사표시에 갈음하는 의사의 진술을 명하는 판결을 얻어 그 판결이 확정되면 피고가 특정한 등기신청의사의 진술을 한 것으로 간주된다(민사집행법 제263조 제1항). 등기권리자는 이 판결을 첨부하여 그 판결에서 명한 특정한 등기신청의 의사를 등기소에 도달시킴으로써 매매를 원인으로 한 소유권이전등기절차를 마치게 된다.[1]

---

[1] 따라서 의사의 진술을 명하는 판결의 경우에는 가집행을 붙이지 못한다.

1. 기초적인 사실관계를 토대로 한 본안의 신청과 공격방어방법

〈기초사실〉

甲은 乙과 2011. 2. 1. 乙 소유의 별지목록 기재 아파트에 관하여 계약금 1,000만 원은 계약당일, 중도금 4,000만 원은 같은 달 15, 잔금 5,000만 원은 같은 달 28. 각 지급하기로 하는 부동산매매계약을 체결하고 대금을 전액 지급하였음에도 불구하고 乙은 甲에게 소유권이전등기절차를 이행하지 않고 있다. 甲은 위 아파트에 관하여 처분금지가처분신청을 하고 乙을 상대로 소유권이전등기절차이행청구의 소를 제기하려고 한다.

[본안의 신청]

(1) **원고(甲)의 청구취지:** 피고는 원고에게 별지목록 기재 부동산에 관하여 2011. 2. 1. 매매를 원인으로 한 소유권이전등기절차를 이행하라.[2]

(2) **피고(乙)의 소송상 신청:** 원고의 소를 각하한다. 원고의 청구를 기각한다.

[공격방어방법]

(1) **甲의 사실상의 주장:** 원고는 피고와 2011. 2. 1. 피고 소유의 별지목록 기재 부동산에 관하여 계약금 1,000만 원, 중도금 4,000만 원, 잔금 5,000만 원으로 정하여 부동산매매계약을 체결하였다.[3]

(2) **甲의 법률상의 주장(권리주장):** 그렇다면 피고는 원고에게 별지목록 기재 부동산에 관하여 2011. 2. 1. 매매를 원인으로 한 소유권이전등기절차를 이행할 의무가 있다.

(3) **乙의 항변(본안의 항변) 등:**

① **동시이행항변:** 피고는 원고로부터 매매대금 전액을 지급받을 때까지 소유권이전등기를 해줄 수 없다.[4]

② **계약해제의 항변:** 피고는 원고에게 상당한 기간을 정하여 잔금지급을 최고하였음에도 불구하고 잔금을 지급받지 못하였으므로 계약을 해제하였다.

③ **가압류항변[5]:** 원고의 소유권이전등기청구권을 소외 A가 가압류하였다.[6][7]

---

2) 등기원인을 '2011. 2. 1. 매매'로 특정하여야 한다. 판례는 이전등기청구사건에서 등기원인을 달리하는 경우 별개의 소송물로 보고 있기 때문에 법원은 당사자가 주장한 내용에 구속되며 법원이 마음대로 등기원인을 달리 표시할 수 없다. 매도인의 상속인을 상대로 청구하는 경우에는 법정상속분에 따라 지분을 이전등기 하라는 내용으로 청구취지를 특정하여야 한다. 별지목록에는 등기부 표시대로 아파트, 다세대 등 전유 부분이 있는 공동주택의 경우 1동의 건물의 표시와 전유 부분을 모두 표시하여야 한다.

3) 매매계약체결사실만 요건사실이고, 매매대금 지급사실은 요건사실이 아니므로 약정된 대금액만을 기재하면 된다. 매매계약의 특정을 위해서는 쌍방 당사자, 계약일시, 목적물, 매매대금의 4가지 사항을 적시하여야 한다.

4) 피고는 매매대금 잔액이 있음을 주장만 하면 된다(미변제사실은 증명 불요). 피고의 동시이행의 항변에 대하여 원고는 잔금의 지급 또는 이행제공의 계속을 주장·증명하여 동시이행의 항변권이 소멸되었다는 재항변을 할 수 있다.

5) 소유권이전등기청구권이 아닌 목적물이 가압류·가처분되었다는 항변은 할 수 없다.

6) 매도인의 소유권이전등기청구권이 가압류되어 있거나 처분금지가처분이 있는 경우에는 그 가압류 또는 가처분의 해제를 조건으로 하여서만 소유권이전등기절차의 이행을 명받을 수 있는 것이어서, 매도인은 그 가압류 또는 가처분을 해제하지 아니하고서는 매도인 명의의 소유권이전등기를 마칠 수 없고, 따라서 매수인 명의의 소유권이전등기도 경료하여 줄 수 없다고 할 것이므로, 매도인이 그 가압류 또는 가처분 집행을 모두 해제할 수 없는 무자력의 상태에 있다고 인정되는 경우에는 매수인이 매도인의 소유권이전등기의무가 이행불능임을 이유로 매매계약을 해제할 수 있다(대법원 2006. 6. 16. 선고 2005다39211 판결).

7) 피고의 가압류항변이 있으면 원고는 가압류의 집행해제를 조건으로 하는 이전등기청구로 청구취지를 변경하면 된다. 청구취지

2. 요건사실: 매매계약의 체결 사실

(1) 매매를 원인으로 한 소유권이전등기청구의 경우 요건사실은 <u>매매계약의 체결사실</u>이다. 따라서 소유권이전등기청구를 구하는 원고로서는 매매계약의 체결사실만 주장·증명하면 되고, 매매대금지급사실은 주장·증명할 필요가 없다.

(2) 매매예약을 체결한 경우 매도인과의 매매예약 체결사실과 매매예약 완결의 의사표시를 한 사실을 주장·증명함으로써 매매계약 체결사실을 대신할 수 있다.

(3) 부동산의 매매로 인한 소유권이전등기청구권은 물권의 이전을 목적으로 하는 매매의 효과로서 매도인이 부담하는 재산권이전의무의 한 내용을 이루는 것이고, 매도인이 물권행위의 성립요건을 갖추도록 의무를 부담하는 경우에 발생하는 채권적 청구권으로 그 이행과정에 신뢰관계가 따르므로, <u>소유권이전등기청구권을 매수인으로부터 양도받은 양수인은 매도인이 그 양도에 대하여 동의하지 않고 있다면 매도인에 대하여 채권양도를 원인으로 하여 소유권이전등기절차의 이행을 청구할 수 없고</u>, 따라서 매매로 인한 소유권이전등기청구권은 특별한 사정이 없는 이상 그 권리의 성질상 양도가 제한되고 그 양도에 채무자의 승낙이나 동의를 요한다고 할 것이므로 통상의 채권양도와 달리 양도인의 채무자에 대한 통지만으로는 채무자에 대한 대항력이 생기지 않으며 반드시 채무자의 동의나 승낙을 받아야 대항력이 생긴다.[8]

| 사례 3 |

A가 乙로부터 다세대건물 1채를 대금 10억 원에 분양받기로 하는 분양계약을 체결하였다. A가 그 후 甲의 남편 B에 대한 금전채무에 대한 대물변제조로 B 및 甲과의 합의하에 자신의 이 사건 건물에 관한 분양권을 甲에게 양도하기로 약정하고, A와 甲, 乙이 함께 모인 자리에서 A가 乙에게 위 양도사실을 통지하였다. 甲은 이 사건 분양계약의 수분양자인 A로부터 이 사건 건물에 관한 분양권을 적법하게 양수하였으므로, 이 사건 건물의 분양자(이 사건 분양계약상의 채무자)인 乙을 상대로 위 분양권의 양수인인 甲에게 사건 건물에 관한 소유권이전등기절차의 이행을 구할 수 있는가?[9]

기재례: "피고는 별지목록 기재 부동산에 관하여 원고와 소외 A 사이의 서울중앙지방법원 2011. 3. 5. 자 2011카합1234 소유권이전등기청구권 가압류결정에 의한 집행이 해제되면 원고에게 2011. 2. 1. 매매를 원인으로 한 소유권이전등기절차를 이행하라."

8) 대법원 2001. 10. 9. 선고 2000다51216 판결.

9) 대법원 2005. 3. 10. 선고 2004다67653, 67660 판결: 다세대건물에 대한 분양계약상의 매수인의 지위를 양수하지 않은 이상 <u>매수인으로부터 채권으로서의 소유권이전등기청구권을 양도받은 것만으로써는 양수인이 매도인에 대하여 그 다세대건물의 매수인임을 주장할 수 없는 것이고</u>, 이와 같은 매수인의 지위를 양수함에 있어서는 계약의 상대방인 매도인과의 합의(승낙)가 있어야 한다(대법원 1989. 11. 14. 선고 88다카19033 판결 참조). 따라서 원심의 인정과 같이 원고가 A로부터 이 사건 쟁점 세대에 관한 분양권을 양수한 것이 소유권이전등기청구권을 양수한 것이라고 하면, 설사 채권양도의 통지를 하였다고 하더라도, 채무자인 피고의 승낙이나 동의가 없는 이상에는, 피고에게 대항할 수 없으므로 원고는 피고에 대하여 이 사건 쟁점 세대에 관한 소유권이전등기절차의 이행을 청구할 수 없다고 할 것인데도{만약, 원고가 A로부터 이 사건 쟁점 세대를 전매한 것이라고 하더라도, <u>중간생략등기의 합의가 있었다는 등의 특별한 사정이 없는 이상, 원고가 직접 피고로부터 이 사건 쟁점 세대에 대한 소유권이전등기절차의 이행을 구할 수도 없다</u>}, 원심은 피고의 승낙이나 동의가 있었는지에 대하여 살펴보지 아니한 채로 이러한 절차의

(4) 부동산을 매수한 자가 그 목적물을 인도받은 경우에 매수인의 등기청구권은 소멸시효에 걸리지 않는다.[10] 부동산의 매수인이 그 부동산을 인도받은 이상 이를 사용·수익하다가 그 부동산에 대한 보다 적극적인 권리 행사의 일환으로 다른 사람에게 그 부동산을 처분하고 그 점유를 승계하여 준 경우에도 그 이전등기청구권의 행사 여부에 관하여 그가 그 부동산을 스스로 계속 사용·수익만 하고 있는 경우와 특별히 다를 바 없으므로 위 두 어느 경우에나 이전등기청구권의 소멸시효는 마찬가지로 진행되지 않는다.[11]

사례 4

乙이 1970. 3. 11. 소외 망 A에게 X 토지를 매도 및 인도하였고 A가 1971. 12. 29. 甲에게 X 토지를 매도 및 인도하였다. A의 상속인으로는 B가 있다. 甲은 乙을 상대로 A의 상속인인 B에게 위 1970. 3. 11. 매매를 원인으로 한 소유권이전등기절차의 이행을, B는 甲에게 위 1971. 12. 29. 매매를 원인으로 한 소유권이전등기절차의 이행을 구하는 소를 제기한 경우, 乙은 A가 甲에게 X 토지를 인도하여 점유를 상실한 1971. 12. 29.경부터 10년이 경과하였으므로 A의 乙에 대한 소유권이전등기청구권은 시효소멸되었다고 항변할 수 있는가?

이행의무가 있다고 판단하고 말았으니, 원심판결에는 필요한 심리를 다하지 아니하였거나 소유권이전청구권의 양도에 관한 법리를 오해한 위법이 있다.

10) 대법원 2010. 1. 28. 선고 2009다73011 판결; 대법원 1976. 11. 6. 선고 76다148 전원합의체 판결: 시효제도는 일정기간 계속된 사회질서를 유지하고 시간의 경과로 인하여 곤란하게 되는 증거·보전으로부터의 구제 내지는 자기 권리를 행사하지 않고 소위 권리위에 잠자는 자는 법적 보호에서 이를 제외하기 위하여 규정된 제도라 할 것인바, 토지나 건물 등 부동산을 매수한 자가 아직 자기명의로 그 소유권이전등기를 경료하지 못하였으나, 그 매매 목적물의 인도(명도)를 받아 이를 사용·수익 하고 있는 경우에는 물권변동에 있어서 형식주의를 취하는 우리의 법제상으로 보아 매수인에게 법률상의 소유권은 이전된 것이 아니므로 매수인의 등기청구권은 채권적 청구권에 불과하여 소멸시효 제도의 일반 원칙에 따르면 매매목적물을 인도받은 매수인의 등기청구권도 소멸시효에 걸린다고 할 것이지만 부동산 매매에 있어서 거래 당사자의 채권채무의 내용은 다른 경우와 달라서 목적물의 인도와 등기이전이라는 두 가지 형태로 나누어져 있어서 비록 부동산거래의 공시방법을 여행시킬 목적으로 규정된 법률상으로는 등기이전이 물권변동의 요건일 뿐 목적물의 인도는 그 요건이 아니라 할 것이니 매매의 목적물은 부동산 자체이고 등기는 다만 부동산의 거래상황을 공시하기 위한 등기법상의 절차에 불과하므로 부동산의 매수인으로서 그 목적물을 인도받아서 이를 사용·수익하고 있는 경우에는 위 시효제도의 존재이유에 비추어 보아 그 매수인을 권리위에 잠자는 것으로 볼 수도 없고, 또 매도인의 명의로 등기가 남아 있는 상태와 매수인이 인도받아 이를 사용·수익하고 있는 상태를 비교하면 매도인 명의로 잔존하고 있는 등기를 보호하기보다는 매수인의 사용·수익 상태를 더욱 보호하여야 할 것이며 만일 이러한 경우의 등기청구권도 다른 일반채권과 동일하게 소멸시효에 걸린다면 매도인의 등기이전의무가 소멸되는 데 그치는 것이 아니고 더 나아가 매도하여 기이 매수인에게 인도까지 완료한 매매목적물이 매도인에게 환원되어야 하는 결과가 되어 비록 그 책임이 매수인의 등기 청구권행사의 태만에 있다고는 할지라도 우리나라 부동산 거래의 현 실정에 비추어 심히 불합리하다고 아니할 수 없다. 따라서 부동산을 매수한 자가 그 목적물을 인도받은 경우에는 그 매수인의 등기청구권은 다른 채권과는 달리 소멸시효에 걸리지 않는다고 해석함이 타당하다.

11) 대법원 1999. 3. 18. 선고 98다32175 전원합의체 판결.

3. 항변

가. 동시이행의 항변

(1) 쌍무계약의 당사자 일방은 상대방이 채무를 이행하거나 이행의 제공을 하지 않은 채 채무의 이행을 청구하면 자기 채무의 이행을 거절할 수 있다(민법 제536조 제1항). 부동산매매계약에서 발생하는 매도인의 소유권이전등기의무와 매수인의 매매잔대금지급의무는 동시이행관계에 있고, 동시이행의 항변권은 상대방의 채무이행이 있기까지 자신의 채무이행을 거절할 수 있는 권리이므로, 매수인이 매도인을 상대로 매매목적 부동산 중 일부에 대해서만 소유권이전등기의무의 이행을 구하고 있는 경우에도 매도인은 특별한 사정이 없는 한 그 매매잔대금 전부에 대하여 동시이행의 항변권을 행사할 수 있다.12)

(2) 동시이행의 항변권은 당사자가 이를 **원용**하여야 그 인정 여부에 대하여 심리할 수 있다.13) 피고의 동시이행항변권 행사에 대하여 반대채무자인 원고는 반대채무의 이행기가 도래하지 않았다거나, 그 이행 또는 이행의 제공을 하였다는 사실을 **재항변**할 수 있다.

(3) 부동산 매매계약에 있어 매수인이 부가가치세를 부담하기로 약정한 경우, 부가가치세를 매매대금과 별도로 지급하기로 했다는 등의 특별한 사정이 없는 한 부가가치세를 포함한 매매대금 전부와 부동산의 소유권이전등기의무가 동시이행의 관계에 있다.14)

(4) 부동산의 매수인이 매매목적물에 관한 근저당권의 피담보채무를 인수하는 한편 그 채무액을 매매대금에서 공제하기로 약정한 경우, 매수인이 인수하기로 한 채무는 매매대금 지급채무에 갈음한 것으로서 매도인이 그 채무를 대신 변제하였다면 그로 인한 매수인의 매도인에 대한 구상채무는 인수채무의 변형으로서 매매대금 지급채무에 갈음한 것의 변형이므로, 매수인의 구상채무와 매도인의 소유권이전의무는 대가적 의미가 있어 이행상 견련관계에 있다고 인정되고, 따라서 양자는 동시이행의 관계에 있다고 해석함이 공평의 관념 및 신의칙에 합당하다.15)

(5) 중간생략등기의 합의란 부동산이 전전 매도된 경우 각 매매계약이 유효하게 성립함을 전제로 그 이행의 편의상 최초의 매도인으로부터 최종의 매수인 앞으로 소유권이전등기를 경료하기로 한다는 당사자 사이의 합의에 불과할 뿐이므로, 이러한 합의가 있다고 하여 최초의 매도인이 자신이 당사

---

12) 대법원 2006. 2. 23. 선고 2005다53187 판결.

13) 대법원 2006. 2. 23. 선고 2005다53187 판결: 피고는 매매계약에 따라 소유권이전등기의무의 이행을 구하는 원고의 본소에 대하여, 제1심에서 소유권이전등기의무의 이행과 동시에 매매잔대금의 지급을 구하는 반소를 제기하였다가 원심에서 이를 취하하였으나, 위 반소는 본소와 병합되어 그에 대한 변론이 공통으로 진행되었고, 그 취하 전에 제출하여 진술된 항소이유서에서 본, 반소에 걸쳐 원고에 대하여 매매잔대금의 지급을 구하는 취지로 주장하여 동시이행의 항변을 하였다고 못 볼 바 아니므로, 원심이 피고의 동시이행의 항변에 대하여 판단한 것에 변론주의와 당사자처분권주의에 위반한 위법이 없다.

14) 대법원 2006. 2. 24. 선고 2005다58656, 58663 판결.

15) 대법원 2007. 6. 14. 선고 2007다3285 판결.

자가 된 매매계약상의 매수인인 중간자에 대하여 갖고 있는 매매대금청구권의 행사가 제한되는 것은 아니다.[16]

(6) 피고는 동시이행의 항변과 동시에 반소청구도 할 수 있다. 본소(소유권이전등기청구)와 반소(잔금지급청구) 모두 인용되는 경우에는 본소와 반소 양쪽 주문에 동시이행의 내용을 기재하여야 하고, 그렇게 하여야 각 청구에 기판력이 생긴다.

(7) 동시이행 항변권은 공평의 원칙에 기하여 인정되는 것이므로 비록 2개의 채무가 쌍무계약에 기한 것이 아니더라도 동시이행관계가 확장되는 경우가 있다.[17]

사례 5

甲은 2010. 6. 1. 乙로부터 제주시 아라동 588 전 1,000㎡(이하 '이 사건 부동산')를 매매대금 1억 원으로 정하여 매수하면서 계약금 1,000만 원은 계약 당일, 중도금 4,000만 원은 2010. 6. 15. 잔금 5,000만 원은 2010. 6. 30. 각 지급하기로 약정하였다. 甲은 계약금과 중도금을 乙에게 지급하였다.

(1) 청구취지: 피고는 원고에게 이 사건 부동산에 관하여 2010. 6. 1. 매매를 원인으로 한 소유권이전등기절차를 이행하라.

(2) 청구원인: 피고는 원고에게 이 사건 부동산에 관하여 2010. 6. 1. 매매를 원인으로 한 소유권이전등기절차를 이행할 의무가 있다.

(3) 피고의 항변:
   ① 원고가 자신의 채무인 잔금지급채무를 이행하지 않을 의사를 표시하였으므로 피고가 소유권이전등기에 필요한 서류를 교부하는 등 이행의 제공을 하지 않고도 이 사건 매매계약을 해제할 수 있다.
   ② 피고는 이 사건 매매계약상 원고로부터 잔금을 지급받기 전까지는 원고의 청구에 응할 수 없다.
   ③ 이 사건 부동산은 농지인데 농지법에 따라 매수인인 원고가 농지취득자격증명을 취득하지 아니하였으므로 원고의 청구에 응할 수 없다.

(4) 원고의 재항변:
   ① 피고가 원고에게 소유권이전등기에 필요한 서류를 교부하는 등 이행의 제공을 하지 아니한 채 계약해제를 통보하였으므로 계약해제통보는 효력이 없다..
   ② 원고는 피고에게 잔금의 이행을 제공하였음에도 피고가 이행을 거절하였으므로 피고의 동시이행항변권은 소멸하였다.

---

16) 대법원 2005. 4. 29. 선고 2003다66431 판결: 최초 매도인과 중간 매수인, 중간 매수인과 최종 매수인 사이에 순차로 매매계약이 체결되고 이들 간에 중간생략등기의 합의가 있은 후에 최초 매도인과 중간 매수인 간에 매매대금을 인상하는 약정이 체결된 경우, 최초 매도인은 인상된 매매대금이 지급되지 않았음을 이유로 최종 매수인 명의로의 소유권이전등기의무의 이행을 거절할 수 있다고 한 사례.

17) 계약당사자가 부담하는 각 채무가 쌍무계약에 있어 고유의 대가관계가 있는 채무가 아니라고 하더라도 구체적인 계약관계에서 각 당사자가 부담하는 채무에 관한 약정 내용에 따라 그것이 대가적 의미가 있어 이행상의 견련관계를 인정하여야 할 사정이 있는 경우에는 동시이행의 항변권을 인정할 수 있다. 예컨대, 전세권소멸시의 반환관계에 관한 민법 제317조, 해제에 관한 제549조, 담보책임에 관한 민법 제538조, 도급에서 손해배상청구권과 보수청구권 사이에 관한 민법 제667조, 가등기담보에서 청산금지급의무와 본등기·인도의무 사이에 관한 가등기담보법 제4조 등 참조.

[포인트]

1. 동시이행 항변권의 요건

   (1) 서로 대가적 의미를 가지는 채무의 존재

   (2) 상대방의 채무가 변제기에 있을 것

   (3) 상대방이 자기 채무의 이행 또는 그 제공을 하지 않고 이행을 청구할 것

   (4) 수령지체와 동시이행의 항변권

2. 동시이행 항변권의 효과

   (1) 이행거절권능(연기적 항변권) - 상환이행판결

   (2) 당연효: 동시이행 항변권은 존재만으로 이행지체가 성립하지 않는다.[18][19]

   (3) 동시이행의 항변권이 붙은 채권을 자동채권을 하는 상계는 허용되지 않는다.

3. 농지매매에 있어서의 농지취득자격증명의 구비 여부는 청구의 인용 여부에 아무런 영향이 없다.[20]

4. 피고의 계약해제항변에 관해서는 쌍무계약에서 당사자의 일방이 미리 자기 채무를 이행하지 아니할 의사를 표명한 때에는 상대방은 이행의 최고나 자기 채무의 이행의 제공 없이 계약을 해제할 수 있고, 이러한 이행거절 의사의 표명이 있었는지는 계약의 이행에 관한 당사자의 행동과 계약 전후의 구체적인 사정 등을 종합적으로 살펴서 판단하여야 한다.[21]

5. 피고의 동시이행의 항변에 대해서는 원고가 피고에게 적법한 잔금의 이행의 제공을 하지 아니하였다면 피고는 원고의 잔금지급과 상환으로써만 소유권이전등기절차를 이행할 의무가 있다.

---

18) 대법원 2010. 10. 14. 선고 2010다47438 판결: 쌍무계약에서 쌍방의 채무가 동시이행관계에 있는 경우 일방의 채무의 이행기가 도래하더라도 상대방 채무의 이행제공이 있을 때까지는 그 채무를 이행하지 않아도 이행지체의 책임을 지지 않는 것이며, 이와 같은 효과는 이행지체의 책임이 없다고 주장하는 자가 반드시 동시이행의 항변권을 행사하여야만 발생하는 것은 아니다. 따라서 동시이행관계에 있는 쌍무계약상 자기채무의 이행을 제공하는 경우 그 채무를 이행함에 있어 상대방의 행위를 필요로 할 때에는 언제든지 현실로 이행을 할 수 있는 준비를 완료하고 그 뜻을 상대방에게 통지하여 그 수령을 최고하여야만 상대방으로 하여금 이행지체에 빠지게 할 수 있는 것이다.

19) 대법원 1999. 7. 9. 선고 98다47542, 47559 판결: 채무자가 어음의 반환이 없음을 이유로 원인채무의 변제를 거절할 수 있는 것은 채무자로 하여금 무조건적인 원인채무의 이행으로 인한 이중지급의 위험을 면하게 하려는 데에 그 목적이 있는 것이지, 기존의 원인채권에 터 잡은 이행청구권과 상대방의 어음 반환청구권이 민법 제536조에 정하는 쌍무계약상의 채권채무관계나 그와 유사한 대가관계가 있어서 그러는 것은 아니므로, 원인채무 이행의무와 어음 반환의무가 동시이행의 관계에 있다 하더라도 이는 어음의 반환과 상환으로 하지 아니하면 지급을 할 필요가 없으므로 이를 거절할 수 있다는 것을 의미하는 것에 지나지 아니하는 것이며, 따라서 채무자가 어음의 반환이 없음을 이유로 원인채무의 변제를 거절할 수 있는 권능을 가진다고 하여 채권자가 어음의 반환을 제공하지 아니하면 채무자에게 적법한 이행의 최고를 할 수 없다고 할 수는 없고, 채무자는 원인채무의 이행기를 도과하면 원칙적으로 이행지체의 책임을 진다.

20) 대법원 2006. 1. 27. 선고 2005다59871 판결: 농지법 제8조 제1항 소정의 농지취득자격증명은 농지를 취득하는 자가 그 소유권에 관한 등기를 신청할 때에 첨부하여야 할 서류로서, 농지를 취득하는 자에게 농지취득의 자격이 있다는 것을 증명하는 것일 뿐 농지취득의 원인이 되는 법률행위의 효력을 발생시키는 요건은 아니라고 할 것이므로 농지에 관한 소유권이전등기청구소송에서 비록 원고가 사실심 변론종결 시까지 농지취득자격증명을 발급받지 못하였다고 하더라도 피고는 자신의 소유권이전등기의무가 이행불능임을 내세워 원고의 청구를 거부할 수 없다.

21) 대법원 2007. 6. 15. 선고 2007다4196 판결.

나. 계약해제(법정해제) 항변

(1) 이행지체를 이유로 한 해제

(가) 주장·증명책임

피고가 원고의 이행지체를 이유로 매매계약 해제의 항변을 주장할 경우

① 원고가 채무의 이행을 지체한 사실

② 피고가 원고에게 상당한 기간을 정하여 이행을 최고한 사실

③ 원고가 상당한 기간 내에 이행 또는 이행의 제공을 하지 아니한 사실

④ 피고가 해제의 의사표시를 한 사실 및 그 의사표시가 원고에게 도달한 사실

을 주장·증명하여야 한다.

(나) 채무의 이행기의 정함이 없는 경우[22]

① 원고에게 채무의 이행을 청구한 사실[23]

② 원고가 자기 채무를 이행 또는 이행의 제공을 하지 아니한 사실

③ 피고에게 원고의 채무와 동시이행의 관계에 있는 채무가 있는 경우에는 피고가 자기 채무를 이행 또는 이행의 제공을 한 사실[24][25]

을 주장·증명하여야 한다.

---

22) 이른바 대차형 계약과는 달리 매매형 계약에서는 이행기에 관한 약정이 본질적 요소가 아니므로 '이행기의 정함이 없다'는 사실 자체는 피고가 주장·증명하여야 한다.

23) 이행기의 정함이 없는 경우 이행지체에 빠지게 하는 최고가 있었다면 해제권 발생요건으로서의 중복적인 최고를 다시 할 필요는 없다.

24) 대법원 1992. 7. 14. 선고 92다5713 판결: 쌍무계약인 부동산매매계약에 있어서는 특별한 사정이 없는 한 매수인의 잔대금지급의무와 매도인의 소유권이전등기서류 교부의무는 동시이행관계에 있다 할 것이고, 이러한 경우에 매도인이 매수인에게 지체의 책임을 지워 매매계약을 해제하려면 매수인이 이행기일에 잔대금을 지급하지 아니한 사실만으로는 부족하고, 매도인이 소유권이전등기신청에 필요한 일체의 서류를 수리할 수 있을 정도로 준비하여 그 뜻을 상대방에게 통지하여 수령을 최고함으로써 이를 제공하여야 하는 것이 원칙이고, 또 상당한 기간을 정하여 상대방의 잔대금채무이행을 최고한 후 매수인이 이에 응하지 아니한 사실이 있어야 하는 것이며, 매도인이 제공하여야 할 소유권이전등기신청에 필요한 일체의 서류라 함은 등기권리증, 위임장 및 부동산매도용 인감증명서 등 등기신청행위에 필요한 모든 구비서류를 말한다.

25) 매도인이 매수인을 이행지체에 빠뜨리게 하기 위하여 소유권이전등기에 필요한 서류 등을 준비하여 두고 그 뜻을 상대방에게 통지하여 잔금지급과 아울러 이를 수령하여 갈 것을 최고하였다는 점을 인정할 아무런 자료가 없다면, 계약해제의 의사표시는 효력이 없다. 대법원 2003. 11. 28. 선고 2003다30623 판결.

(다) 채무의 이행기의 정함이 있는 경우

① 확정기한의 약정사실 및 그 기한의 도래사실 또는 불확정기한의 약정사실, 기한의 확정 및 확정된 기한의 도래사실, 원고가 기한의 도래를 안 사실

---

26) 대법원 2005. 12. 8. 선고 2003다41463 판결: 원심은 또한, 원고들의 미지급 중도금 및 잔금지급의무와 피고의 소유권이전등기의무는 동시이행관계에 있는 것인데, 피고는 자기 채무의 이행제공 없이 원고들에게 채무의 이행을 최고하고 이 사건 매매계약을 해제하였으므로 위 해제는 부적법하다는 원고들의 주장에 대하여, 이 사건 매매계약을 체결함에 있어 피고는 원고들로부터 매매대금을 전액 수납한 경우에는 원고들에게 이 사건 토지의 소유권을 이전하여야 한다고 약정한 사실과 피고의 용지규정(을 제8호증) 제45조는 "공급용지의 소유권이전 및 사용승낙은 매매대금을 전액 수납한 후에 행함을 원칙으로 한다"고 규정하고 있는 점에 비추어 보면, 원고들의 매매대금 지급의무는 피고의 소유권이전등기의무와 동시이행의 관계에 있는 것이 아니라 선이행의 관계에 있다고 할 것이고, 매매잔금의 최종지급기일이 경과하였다고 하여 선이행관계가 동시이행으로 바뀌는 것도 아니라는 이유로 이를 배척하였는바, 관계 법리와 기록에 비추어 살펴보면, 원심의 이러한 사실인정과 판단은 옳은 것으로 수긍이 가고, 거기에 동시이행관계 또는 해제권의 행사에 관한 법리오해 등의 위법이 있다고 할 수 없다.

27) 대법원 2009. 3. 26. 선고 2008다94646, 94653 판결: 동시이행의 관계에 있는 쌍무계약에 있어서 상대방의 채무불이행을 이유로 계약을 해제하려고 하는 자는 동시이행관계에 있는 자기 채무의 이행을 제공하여야 하고, 그 채무를 이행함에 있어 상대방의 행위를 필요로 할 때에는 언제든지 현실로 이행을 할 수 있는 준비를 완료하고 그 뜻을 상대방에게 통지하여 그 수령을 최고하여야만 상대방으로 하여금 이행지체에 빠지게 할 수 있는 것이며 단순히 이행의 준비태세를 갖추고 있는 것만으로는 안 된다.

28) 대법원 2007. 6. 15. 선고 2007다4196 판결: 일반적으로 쌍무계약에서 당사자의 일방이 미리 자기 채무를 이행하지 아니할 의사를 표명한 때에는 상대방은 이행의 최고나 자기 채무의 제공 없이 계약을 해제할 수 있고, 이러한 이행거절 의사의 표명이 있었는지는 계약의 이행에 관한 당사자의 행동과 계약 전후의 구체적인 사정 등을 종합적으로 살펴서 판단하여야 한다. 쌍무계약인 부동산 매매계약에서 매도인이 매수인에게 지체의 책임을 지워 매매계약을 해제하려면 매수인이 이행기일에 잔대금을 지급하지 아니한 사실만으로는 부족하고, 매도인이 소유권이전등기신청에 필요한 일체의 서류를 상대방이 수리할 수 있을 정도로 준비하여 그 뜻을 상대방에게 통지하여 수령을 최고함으로써 이를 제공하여야 하는 것이 원칙이고, 또 상당한 기간을 정하여 상대방의 잔대금채무이행을 최고한 후 매수인이 이에 응하지 아니한 사실이 있어야 하는 것인데, 매수인이 계약의 이행에 비협조적인 태도를 취하면서 잔대금의 지급을 미루는 등 소유권이전등기서류를 수령할 준비를 아니한 경우에는 매도인으로서도 부동산매도용 인감증명서를 발급받아 놓고 인감도장과 등기권리증 등을 준비하여 잔대금수령과 동시에 법무사 등에게 위임하여 소유권이전등기신청행위에 필요한 서류를 작성할 수 있도록 준비하였다면 이행의 제공은 이로써 충분하다.

29) 대법원 2008. 10. 23. 선고 2007다54979 판결: 쌍무계약에 있어서 상대방이 자신의 채무를 이행할 의사가 없음을 명백히 표시한 경우에는 신의성실의 원칙상 이행기 전이라도 자신의 채무의 이행제공이나 최고 없이도 계약을 해제할 수 있는 것이다.

30) 대법원 2005. 4. 29. 선고 2005다8637 판결: 쌍무계약에 있어서 일방 당사자의 자기 채무에 관한 이행의 제공을 엄격하게 요구하면 오히려 불성실한 상대 당사자에게 구실을 주는 것이 될 수도 있으므로 일방 당사자가 하여야 할 제공의 정도는 그 시기와 구체적인 상황에 따라 신의성실의 원칙에 어긋나지 않게 합리적으로 정하여야 하고, 매수인이 계약의 이행에 비협조적인 태도를 취하면서 잔대금의 지급을 미루는 등 소유권이전등기서류를 수령할 준비를 아니 한 경우에는 매도인으로서도 그에 상응한 이행의 준비를 하면 족하다. - 매도인이 부동산 매매계약의 해제에 따른 매매대금 반환 및 소유권이전등기절차 인수거절의사를 명백히 하고 있는 상황하에서, 매수인이 소유권이전등기에 필요한 제반 서류를 준비하여 두고 매도인에게 그 수령을 최고함으로써 자신의 채무이행의 제공을 마치고 그러한 상태를 계속 유지하고 있다고 판단하여 매도인은 위 최고일 이후로는 매매대금 반환을 지체함으로 인한 책임을 면할 수 없다고 한 원심의 판단을 수긍한 사례.

31) 대법원 1996. 11. 26. 선고 96다35590, 35606 판결: 쌍무계약의 일방 당사자가 이행기에 한번 이행제공을 하여서 상대방을 이행지체에 빠지게 한 경우 신의성실의 원칙상 이행을 최고하는 일방 당사자로서는 그 채무이행의 제공을 계속할 필요는 없다 하더라도 상대방이 최고기간 내에 이행 또는 이행제공을 하면 계약해제권은 소멸되므로 상대방의 이행을 수령하고 자신의 채무를 이행할 수 있는 정도의 준비가 되어 있으면 된다.

② 원고가 자기 채무를 이행 또는 이행의 제공을 하지 아니한 사실

③ 피고에게 원고의 채무와 동시이행의 관계에 있는 채무가 있는 경우에는 피고가 자기 채무를 이행 또는 이행의 제공을 한 사실을 주장·증명하면 이행지체사실이 충족된다.

(라) 부수적 채무의 불이행과 계약의 해제[32)]
(마) 과다최고와 계약의 해제

① 매수인이 매매목적물의 수량 일부가 부족하여 감액청구를 할 수 있는 경우에 매도인이 이를 거절하고 원래의 약정매매대금 전액의 이행을 청구하거나 또는 계약상 의무가 없거나 소유권이전등기와 동시이행관계에 있지도 아니한 과다한 금액의 이행을 구하는 이행의 최고는 부적법하고, 따라서 그 최고가 적법함을 전제로 하는 계약의 해제는 효력을 발생할 수 없다.[33)]

② 채권자의 이행최고가 본래 이행하여야 할 채무액을 초과하는 경우에도 본래 급부하여야 할 수량과의 차이가 비교적 적거나 채권자가 급부의 수량을 잘못 알고 과다한 최고를 한 것으로서 과다하게 최고한 진의가 본래의 급부를 청구하는 취지라면, 그 최고는 본래 급부하여야 할 수량의 범위 내에서 유효하다고 할 것이나, <u>그 과다한 정도가 현저하고 채권자가 청구한 금액을 제공하지 않으면 그 것을 수령하지 않을 것이라는 의사가 분명한 경우에는 그 최고는 부적법하고 이러한 최고에 터 잡은</u> 계약의 해제는 그 효력이 없다.[34)]

---

32) 대법원 2005. 11. 25. 선고 2005다53705, 53712 판결: 민법 제544조에 의하여 채무불이행을 이유로 계약을 해제하려면, 당해 채무가 계약의 목적 달성에 있어 필요불가결하고 이를 이행하지 아니하면 계약의 목적이 달성되지 아니하여 채권자가 그 계약을 체결하지 아니하였을 것이라고 여겨질 정도의 주된 채무이어야 하고 그렇지 아니한 부수적 채무를 불이행한 데에 지나지 아니한 경우에는 계약을 해제할 수 없다. 또한, 계약상의 의무 가운데 주된 채무와 부수적 채무를 구별함에 있어서는 급부의 독립된 가치와는 관계없이 계약을 체결할 때 표명되었거나 그 당시 상황으로 보아 분명하게 객관적으로 나타난 당사자의 합리적 의사에 의하여 결정하되, 계약의 내용·목적·불이행의 결과 등의 여러 사정을 고려하여야 한다(대기환경보전법상의 배출시설설치신고에 필요한 사양서 등 서류의 교부의무는 배출시설설치계약에 있어서 그 설치업자의 주된 채무라 볼 수 없으므로, 이 의무의 불이행을 사유로 한 계약해제는 효력이 없다고 한 사례).

33) 대법원 1989. 9. 26. 선고 89다카10767 판결: 매수자인 원고가 이 사건 매매계약서에서 매매목적물의 수량일부가 부족하여 대금감액을 청구할 수 있었고, 피고 스스로 실제면적에 상응하는 매매잔대금 13,580,000원의 지급을 최고하다가 원고의 대금감액요구를 거절하고 약정매매잔대금 전액 및 이에 대한 약정잔대금 지급기일 익일부터의 지연손해금과 이 사건 토지소유권이전등기채무와 동시이행관계에 있지도 아니한 별소의 소송비용을 합하여 그 전액을 이행할 것을 구한 피고의 1987. 12. 24. 자 최고는 그 자체가 과다한 최고이어서 부적법하다 할 것이고, 이에 기한 계약해제의 의사표시가 있다 하더라도 그 효력을 발생할 수 없다고 판시한 사례.

34) 대법원 2004. 7. 9. 선고 2004다13083 판결: 원고가 2001. 11. 7. 피고로부터 이 사건 부동산을 90억 1,500만 원에 매수하는 매매계약을 체결하고 피고에게 계약금 및 중도금 16억 5,000만 원을 지급하면서, 이 사건 부동산에 관한 임대차보증금 10억 원의 반환채무 및 근저당권의 피담보채무인 농협중앙회에 대한 대출금 40억 원의 상환채무를 원고가 인수하고, 잔금 23억 6,500만 원을 소유권이전등기서류와 상환하여 지급하기로 한 사실, 피고는 2002. 11. 26. 및 같은 해 12. 17. 원고에게 법무사 사무실에 소유권이전등기서류를 보관시켜 놓았으니 잔금 지급과 동시에 이를 수령할 것을 통보함으로써 소유권이전등기서류 교부의무의 이행을 제공함과 동시에, 원고에게 농협중앙회에 대한 대출금상환채무를 공제하지 아니하고 계약금, 중도금 및 임대차보증금반환채무만을 공제하여 산정한 잔금을 2002. 12. 20.까지 현금으로 지급할 것을 최고하면서 기일 내에 완불하지 않는 경우 원고에게 전적으로 위약책임이 있음을 통보한 사실을 인정한 다음, 원고가 지급할 잔금은 매매대금에서 계약금, 중도금, 임대차보증금반환채무 및 농업협동조합중앙회에 대한 대출금 40억 원의 상환채무를 공제한 나머지 23억 6,500만 원임에도 불구하고, 피고의 위 이행최고는 비록 자신의 소유권이전등기서류 교부의무의 이행제공을 하였다고 하더라도 <u>원고가 본래 이행하여야 할 잔금 채무액을 과다하게 초과하는 금액의 지급을 청구하면서 청구한 금액을 제공하지 않으면 그것을 수령하지 않을 것이라는 의사를 분명히 한 것이므로, 이러한 부적법한 과다 최고에 터 잡은 계약해제는 그 효력이 없다고 판시한 사례.</u>

③ 매도인이 매수인을 상대로 한 소송 도중에 매수인이 잔대금을 지급하지 아니하였으니 매매계약을 해제하겠다는 주장을 한 때에는 이로써 잔대금 지급의 최고가 있었다고 보아야 하고 그로부터 상당한 기간이 경과하도록 매수인이 잔대금을 지급하지 아니하였다면 매도인은 매매계약을 해제할 수 있다.[35]

(바) 최고된 기간 내의 채무불이행을 정지조건으로 하는 해제의 의사표시[36]

(사) 해제의 효과를 다투는 원고의 재항변사유

① 채무불이행에 귀책사유가 없었던 사실[37]

② 채무이행이 불가능한 사실

③ 해제권의 포기 내지 소멸[38]사실

④ 해제권이 실효된 사실[39]

⑤ 해제권자의 고의 또는 과실로 계약의 목적물이 현저히 훼손되거나 이를 반환할 수 없게 되었거나 또는 가공이나 개조로 인하여 다른 종류의 물건으로 변경되었다는 사유(민법 제553조)

⑥ 피고가 해제권을 행사하기 전에 원고가 채무내용에 좇은 이행을 하였다는 사실[40]

⑦ 당사자 사이에 해제된 계약을 부활시키는 약정이 있었던 사실[41]

---

35) 대법원 1990. 1. 12. 선고 89다카11685 판결.
36) 최고를 하면서 일정기간 내에 이행을 하지 않으면 해제의 의사표시를 하지 않더라도 당연히 해제된다고 통지한 경우, 이는 최고된 기간 내의 채무불이행을 정지조건으로 하는 해제의 의사표시로서 그 유효성이 인정되므로 위와 같은 통지를 한 사실을 주장·증명하면 해제의 의사표시 및 그 도달사실을 따로 주장·증명할 필요가 없다.
37) 채권이 가압류되었다는 주장은 귀책사유가 없음에 대한 유효한 항변이 되지 못한다. 채권의 가압류는 제3채무자에 대하여 채무자에게 지급하는 것을 금지하는 데 그칠 뿐 채무 그 자체를 면하게 하는 것이 아니고, 가압류가 있다 하여도 그 채권의 이행기가 도래한 때에는 제3채무자는 그 지체책임을 면할 수 없다고 보아야 할 것이다. 대법원 1994. 12. 13. 선고 93다951 판결 참조.
38) 민법 제552조에 의하여, 해제권의 행사의 기간을 정하지 아니한 때에는 상대방은 상당한 기간을 정하여 해제권 행사 여부의 확답을 해제권자에게 최고할 수 있고, 그 기간 내에 해제의 통지를 받지 못한 때에는 해제권은 소멸하는 것이지만, 이로 인하여 그 후 새로운 사유에 의하여 발생한 해제권까지 행사할 수 없게 되는 것은 아니다(대법원 2005. 12. 8. 선고 2003다41463 판결).
39) 대법원 1994. 11. 25. 선고 94다12234 판결: 일반적으로 권리의 행사는 신의에 좇아 성실히 하여야 하고 권리는 남용하지 못하는 것이므로, 해제권을 갖는 자가 상당한 기간이 경과하도록 이를 행사하지 아니하여 상대방으로서도 이제는 그 권리가 행사되지 아니할 것이라고 신뢰할 만한 정당한 사유를 갖기에 이르러 그 후 새삼스럽게 이를 행사하는 것이 법질서 전체를 지배하는 신의성실의 원칙에 위반하는 것으로 인정되는 결과가 될 때에는 이른바 실효의 원칙에 따라 그 해제권의 행사가 허용되지 않는다고 보아야 할 것이다. - 해제의 의사표시가 있은 무렵을 기준으로 볼 때 무려 1년 4개월가량 전에 발생한 해제권을 장기간 행사하지 아니하고 오히려 매매계약이 여전히 유효함을 전제로 잔존채무의 이행을 최고함에 따라 상대방으로서는 그 해제권이 더 이상 행사되지 아니할 것으로 신뢰하였고 또 매매계약상의 매매대금 자체는 거의 전부가 지급된 점 등에 비추어 보면 그와 같이 신뢰한 데에는 정당한 사유도 있었다고 봄이 상당하다면, 그 후 새삼스럽게 그 해제권을 행사한다는 것은 신의성실의 원칙에 반하여 허용되지 아니한다 할 것이므로, 이제 와서 매매계약을 해제하기 위해서는 다시 이행제공을 하면서 최고를 할 필요가 있다고 한 사례.
40) 해제의 의사표시가 있기 전에 변제공탁을 한 사실을 주장한 경우 이는 해제권 소멸의 재항변으로 볼 수 있다. 다만 채무자가 이행지체에 빠진 이상, 채무자의 이행제공이 이행지체를 종료시키려면 완전한 이행을 제공하여야 하므로, 채무자가 원본뿐 아니라 지연이자도 지급할 의무가 있는 때에는 원본과 지연이자를 합한 전액에 대하여 이행의 제공을 하여야 할 것이고, 그에 미치지 못하는 이행제공을 하면서 이를 원본에 대한 변제로 지정하였더라도, 그 지정은 민법 제479조 제1항에 반하여 채권자에 대하여 효력이 없으므로, 채권자는 그 수령을 거절할 수 있다(대법원 2005. 8. 19. 선고 2003다22042 판결). 따라서 이러한 이행제공만으로는 이행지체 상태가 종료되지 않는다.
41) 매매계약이 해제된 이후에도 매도인이 별다른 이의 없이 일부 변제를 수령한 경우 특별한 사정이 없는 한 당사자 사이에 해제된 계약을 부활시키는 약정이 있었다고 해석함이 상당하고, 이러한 경우 매도인으로서는 새로운 이행의 최고 없이 바로 해제권을 행사할 수 없으므로 이러한 사정을 재항변으로 주장할 수 있다.

(2) 이행불능을 이유로 한 해제

※ 요건사실: 매도인의 채무이행이 불가능한 사실 + 해제의 의사표시를 한 사실

① 매도인이 매매목적물을 이중매매한 사실만으로는 이행불능이 아니고, 제3자에게 그 이전등기를 마쳐 준 사실까지 주장·증명하여야 이행불능이 된다.

② 제3자에게 지상권 및 저당권설정등기를 한 경우에도 매도인의 소유권이전등기의무는 이행불능이 된다.

③ 제3자 앞으로 채무담보를 위하여 소유권이전등기를 마쳐 주었다 하더라도 그 채무자가 채무를 변제할 자력이 없는 경우에는 특단의 사정이 없는 한 그 소유권이전등기의무는 이행불능이 된다.

④ 매매목적물에 대하여 가압류 또는 가처분집행이 되어 있다는 것만으로는 소유권이전등기의무가 이행불능이 되는 것은 아니다.[42]

⑤ 매매목적물인 부동산에 대한 근저당권설정등기나 가압류등기가 말소되지 아니하였다고 하여 바로 매도인의 소유권이전등기의무가 이행불능이 되는 것은 아니다.[43]

(3) 이행거절을 이유로 한 해제

(가) 채무자가 채무를 이행하지 아니할 의사를 명백히 표시한 경우[44]

① 채무자가 채무를 이행하지 아니할 의사를 명백히 표시한 경우에 채권자는 신의성실의 원칙상 이행기 전이라도 이행의 최고 없이 채무자의 이행거절을 이유로 계약을 해제하거나 채무자를 상대로 손해배상을 청구할 수 있고, 채무자가 채무를 이행하지 아니할 의사를 명백히 표시하였는지는 채무 이행에

---

42) 대법원 2006. 6. 16. 선고 2005다39211 판결: 채무의 이행이 불능이라는 것은 단순히 절대적·물리적으로 불능인 경우가 아니라 사회생활에 있어서의 경험법칙 또는 거래상의 관념에 비추어 볼 때 채권자가 채무자의 이행의 실현을 기대할 수 없는 경우를 말하는 것인바, 매매목적물에 대하여 가압류 또는 처분금지가처분 집행이 되어 있다고 하여 매매에 따른 소유권이전등기가 불가능한 것은 아니며(대법원 1995. 4. 14. 선고 94다6529 판결, 1999. 6. 11. 선고 99다11045 판결 등 참조), 이러한 법리는 가압류 또는 가처분집행의 대상이 매매목적물 자체가 아니라 매도인이 매매목적물의 원소유자에 대하여 가지는 소유권이전등기청구권 또는 분양권인 경우에도 마찬가지라고 할 것이다. 그러나 매도인의 소유권이전등기청구권이 가압류되어 있거나 처분금지가처분이 있는 경우에는 그 가압류 또는 가처분의 해제를 조건으로 하여서만 소유권이전등기절차의 이행을 명받을 수 있는 것이어서, 매도인은 그 가압류 또는 가처분을 해제하지 아니하고서는 매도인 명의의 소유권이전등기를 마칠 수 없고, 따라서 매수인 명의의 소유권이전등기도 경료하여 줄 수 없다고 할 것이므로(대법원 1999. 2. 9. 선고 98다42615 판결, 2001. 7. 27. 선고 2001다27784, 27791 판결 등 참조), 매도인이 그 가압류 또는 가처분 집행을 모두 해제할 수 없는 무자력의 상태에 있다고 인정되는 경우에는 매수인이 매도인의 소유권이전등기의무가 이행불능임을 이유로 매매계약을 해제할 수 있다고 할 것이다(대법원 2003. 1. 24. 선고 2000다22850 판결 참조).

43) 대법원 2003. 5. 13. 선고 2000다50688 판결: 매매목적물인 부동산에 근저당권설정등기나 가압류등기가 있는 경우에 매도인으로서는 위 근저당권설정등기나 가압류등기를 말소하여 완전한 소유권이전등기를 해 주어야 할 의무를 부담한다고 할 것이지만, 매매목적물인 부동산에 대한 근저당권설정등기나 가압류등기가 말소되지 아니하였다고 하여 바로 매도인의 소유권이전등기의무가 이행불능으로 되었다고 할 수 없고, 매도인이 미리 이행하지 아니할 의사를 표시한 경우가 아닌 한, 매수인이 매도인에게 상당한 기간을 정하여 그 이행을 최고하고 그 기간 내에 이행하지 아니한 때에 한하여 계약을 해제할 수 있다.

44) 대법원 1995. 4. 28. 선고 94다16083 판결: 쌍무계약에서 당사자 일방이 그 채무를 이행하지 아니할 의사를 명백히 표시한 경우에 있어서 계약해제 주장에 필요한 주요 사실은 상대방이 이행지체한 사실, 채무자가 미리 이행하지 아니할 의사를 명백히 표시한 사실 및 계약해제의 의사를 표시한 사실이라고 할 것이므로, 당사자가 계약의 해제를 주장하면서 상당한 기간을 정하여 계약이행을 최고하였으나 그 기간 내에 채무를 불이행하였다고만 주장하는 경우에 당사자가 주장하지도 아니한 채무자가 미리 이행하지 아니할 의사를 명백히 표시하였다는 사실을 인정하여 계약해제가 적법하다고 판단하는 것은 변론주의에 위배된다고 할 것이나, 당사자의 이러한 주장은 직접적으로 명백히 한 경우뿐만 아니라 당사자의 변론을 전체적으로 관찰하여 간접적으로 주장한 것으로 볼 수 있는 경우에도 주장이 있는 것으로 보아 적법한 계약해제가 있었다고 판단하여도 무방하다.

관한 당사자의 행동과 계약 전후의 구체적인 사정 등을 종합적으로 살펴서 판단하여야 할 것이다.[45)]

② 당사자의 일방이 이행을 제공하더라도 상대방이 채무를 이행할 수 없음이 명백한지는 <u>계약해제 시</u>를 기준으로 하여 판단하여야 한다.[46)]

③ 일반적으로 쌍무계약에 있어서 당사자의 일방이 미리 자기 채무를 이행하지 아니할 의사를 표명한 때에는 상대방은 <u>이행의 최고나 자기 채무의 이행의 제공 없이 계약을 해제할 수 있고</u>, 이러한 의사의 표명 여부는 계약의 이행에 관한 당사자의 행동과 계약 전후의 구체적 사정 등을 종합적으로 살펴서 판단하여야 한다.[47)]

④ 채무불이행에 의한 계약해제에 있어서 미리 이행하지 아니할 의사를 표시한 경우로서, 이른바 '이행거절'로 인한 계약해제의 경우, 최고 및 동시이행관계에 있는 자기 채무의 이행제공을 요하지 아니하여[48)] 이행지체 시의 계약해제와 비교할 때 계약해제의 요건이 매우 완화되어 있으므로, 명시적으로 이행거절의사를 표명하는 경우 이외에 계약 당시나 계약 후의 여러 사정을 종합하여 묵시적 이행거절의사를 인정함에 있어서는 이행거절의사가 명백하고 종국적으로 표시되어야 할 것이다.[49)]

(나) 이행거절로 인정된 사례

① 채무자가 계약의 불성립이나 무효 등을 주장하는 경우[50)]

② 채무자가 오히려 채권자가 계약을 위반하였다고 근거 없이 주장하거나, 나아가 이를 이유로 계약을 해제하는 등의 조치에 나아가는 경우[51)]

---

45) 대법원 2005. 8. 19. 선고 2004다53173 판결; 대법원 2007. 9. 20. 선고 2005다63337 판결.
46) 대법원 1993. 8. 24. 선고 93다7204 판결.
47) 대법원 2005. 10. 13. 선고 2005다37949 판결(제반 사정상 분양회사가 중도금 무이자 융자처리의무를 이행할 의사가 없음을 확정적·종국적으로 표시하였다고 보기 어려움에도 불구하고, 이행거절의 의사표시를 명확히 하였음을 이유로 수분양자는 분양계약을 해제할 수 있다고 한 원심판결을 파기한 사례); 대법원 2005. 4. 15. 선고 2004다71096 판결(2인의 공유자 사이에서의 공유물분할협의에 따른 각 공유자들의 지분소유권 이전등기의무와 관련하여서도 공유자의 일방이 미리 자기 채무를 이행하지 아니할 의사를 표명한 때에는 다른 공유자는 그 이행의 최고 없이 계약을 해제할 수 있다); 대법원 1991. 11. 26. 선고 91다23103 판결(채무를 이행할 의사가 없었는지 그 의사 없음을 미리 표시하였는지는 계약 당시나 계약 후의 여러 가지 사정을 종합하여 판단하여야 할 것이고, <u>매매계약서상의 매수인란에 주소와 주민등록번호 등이 기재되어 있지 않았다는 사유만으로 매수인에게 채무를 이행할 의사가 없는 것으로 단정할 수는 없고</u>, 그러한 사유로 매수인에게 채무이행의 의사가 없었던 것으로 보려면 매수인이 매도인의 계약해제권의 행사를 회피할 목적으로 자신의 주소를 기재하지 아니하고 소재를 밝히지 아니하였거나, 매도인이 과실 없이 매수인의 소재를 알지 못함으로써 자신의 채무의 이행을 제공하여 상대방의 이행을 최고할 수 없게 되는 등의 사정이 있어야 한다).
48) 대법원 1995. 4. 28. 선고 94다16083 판결: 매수인이 잔대금 지급의무를 이행하고 소유권이전등기를 넘겨받을 의사가 없음을 미리 표시한 것으로 볼 수 있는 객관적인 명백한 사정이 있는 경우에는 당사자 일방이 자기의 채무의 이행을 제공을 하지 않더라도 상대방의 이행지체를 이유로 계약을 해제할 수 있는 것으로, 매수인이 <u>이를 번복할 가능성이 있다고 볼 만한 다른 특별한 사정이 없는 한</u>, 이러한 경우까지 매도인에게 매수인을 이행지체에 빠뜨리기 위하여 구두제공의 방법으로라도 자기의 반대채무를 이행제공할 것을 요구할 것은 아니라고 볼 것이다.
49) 대법원 2006. 11. 9. 선고 2004다22971 판결.
50) 대법원 1997. 11. 28. 선고 97다30257 판결: 매도인과 매수인 사이에 토지 매매계약을 체결하면서 매매대금의 지급 방법 및 매매 토지에 관한 기존의 임대차관계 승계 등에 관해 특약을 했음에도 <u>매수인이 매도인의 계속된 특약 사항의 이행 촉구에도 불구하고 그 특약의 존재를 부정하면서 이를 이행하지 아니하였다면</u> 매수인은 위 특약 사항을 이행하지 아니할 의사를 분명하게 표시하였다고 할 것이므로 매도인은 자기의 채무의 이행제공이 없더라도 매매계약을 해제할 수 있다고 한 사례.
51) 대법원 1990. 3. 9. 선고 89다카29 판결: 매매계약에 있어서 매수인이 매도인에게 중도금을 그 지급기일에 지급하려 하였으나 매도인이나 그 대리인인 처가 그 수령을 회피한 다음 불과 이틀 만에 부동산가격이 올랐다는 이유로 매매계약을 해제하여 줄

③ 채무의 이행과 관련하여 부당한 요구 또는 주장을 하는 경우[52][53]

④ 채권자가 제공하는 반대채무의 이행을 수령하지 않는 경우

(다) 채무자의 이행거절의 의사표시가 적법하게 철회된 경우 상대방으로서는 자기 채무의 이행을 제공하고 상당한 기간을 정하여 이행을 최고한 후가 아니면 채무불이행을 이유로 계약을 해제할 수 없다.[54]

(4) 하자담보책임을 이유로 한 해제

※ 요건사실: 매매계약 당시 목적물에 하자가 있는 사실+하자로 인하여 계약목적을 달성할 수 없는 사실+해제의 의사표시를 한 사실

① 목적물의 하자와 해제항변[55]

것을 요구하고, 매수인이 이를 거절하자 오히려 매수인으로부터 중도금지급기일에 중도금의 지급이 없었다는 이유로 매도인이 계약해제의 통지를 함으로써 매매계약을 이행하지 아니할 뜻을 분명히 하였다면, 비록 중도금지급이 선이행관계에 있다 하더라도 매수인은 다시 중도금의 이행이나 제공은 물론 매도인에 대한 이행의 최고 없이도 매매계약을 해제할 수 있다.

52) 계약의 내용 또는 조건을 다투거나 채무의 감경을 구하거나, 새로운 조건을 내세워 계약내용의 변경을 주장하거나 혹은 채무가 완제되었다고 적극적으로 주장하는 경우 등. 대법원 1991. 11. 12. 선고 91다21244 판결: 가옥을 매매하는 경우 매수인이 계약금과 중도금을 지급한 후 매도인과 협의하여 그 가옥을 제3자에게 임대하거나 전매하고 또는 담보를 설정하여 잔대금을 마련하여 지급하는 것이 관례화되었다고 할 수 없으므로 매수인이 매도인에게 전전매수인이 자신에게 잔금을 지급하지 않으므로 자신도 매도인에게 잔금을 지급하지 못하겠다거나 또는 매도인의 협조로 건물을 전세 놓거나 전매하여 그 대금으로 잔금을 지급하겠다는 등의 의사를 표시한 것이 결국 매수인 스스로는 잔금채무를 이행하지 아니할 의사를 미리 표시한 것으로 볼 것이라고 한 사례.

53) 대법원 1993. 12. 7. 선고 93다32361 판결: 매매대금이 일부 지급되지 않았음에도 전부 지급되었다고 주장하면서 무조건의 소유권이전등기절차의 이행을 구한다고 하여 그것만으로 곧바로 잔대금지급의무를 이행하지 아니할 의사를 표시한 것이라고 할 수는 없으나 이와 함께 계약이행에 관한 당사자의 행동과 계약 전후의 구체적인 사정에 따라서는 그 계약상의 의무를 이행하지 아니할 의사를 표시한 것이라고 인정할 수도 있다.

54) 대법원 1991. 3. 27. 선고 90다8374 판결: 부동산매매계약에서 매매목적물에 대한 소유권이전등기를 매수인이 지정하는 자의 명의로 이행키로 약정하였음에도 매수인이 근거 없는 대금감액 요구를 내세울 뿐 아니라 매도인의 소유권이전등기의무이행에 필요한 등기명의인의 지정조차 이행하지 아니하였다면 매수인으로서 계약이행의 의사가 없음을 표명한 것이라고 볼 수밖에 없고, 그 후 매도인에게 단지 화해하자고 말한 것만 가지고는 자기의 채무를 이행하지 아니할 의사표명을 철회한 것이라고 보기 어렵다 하여 이와 달리 매수인의 대금감액 요구만으로 그 대금지급채무를 이행하지 아니할 의사를 명백히 한 것이라고 단정하기 곤란하고 가사 그렇지 않다 해도 그 이행하지 아니할 의사가 철회됐다고 보아 매도인의 계약해제 항변을 배척한 원심판결을 계약해제에 관한 법리오해와 심리미진의 위법으로 파기한 사례.

55) 대법원 2007. 8. 23. 선고 2006다15755 판결: 원심은, 그 채용 증거들을 종합하여, 피고 소유인 이 사건 토지는 부산광역시 해운대구가 도시관리계획상 체육시설 부지인 주차장과 운동장 용도로 지정하여 둔 토지인 사실, 원고들은 이 사건 토지를 매수하여 그 지상에 공동주택 및 호텔, 상업 및 부대시설을 신축하여 개발할 의도로 피고로부터 수의계약에 의하여 이를 매수한 사실, 피고는 이 사건 매매 이전에 공매에 의한 매각을 시도하였으나 수차례 유찰된 바 있었는데, 공매 공고 시 '매각재산은 각종 토지이용 관계 법령에 의한 토지이용 제한사항이나 특정 목적 외의 사용제한 상태로 그대로 매각하는 것임'을 조건으로 하였던 바 있으며, 이 사건 매매에 있어서도 건축을 전제로 하거나 건축의 법령상 제한을 철폐할 것을 보증한 바 없는 사실 등을 인정한 다음, 이 사건 토지 상에 공동주택 및 호텔 등을 건축할 수 없는 법률상의 장애가 있다는 사정만으로는 이 사건 토지가 거래통념상 기대되는 객관적 성질·성능을 결여하였다고 볼 수는 없는 것이고, 피고가 원고들에게 이 사건 토지에 관하여 위와 같은 법률상의 장애가 없다고 보증하였거나, 이러한 장애가 없을 것을 전제로 하여 매도하였다고 볼 증거가 없는 이상, 원고들 주장의 사유는 이 사건 매매계약상 목적물의 하자에 해당한다고 할 수 없다고 판단하여, 원고들의 이 사건 주위적 청구에 관한 주장, 즉 피고의 하자 없는 목적물 이전의무와 원고들의 잔금지급의무가 동시이행관계에 있으므로 원고들의 잔금 지급 지체를 이유로 한 피고의 계약해제는 부적법하고, 따라서 피고는 원고들에게 이 사건 토지에 관한 이 사건 매매를 원인으로 한 소유권이전등기절차를 이행할 의무가 있다는 주장과 예비적 청구 중 하자담보책임에 기한 손해배상청구에 관한 주장을 배척하였는바, 기록에 비추어 살펴보면, 이러한 원심의 조치는 옳은 것으로 수긍이 가고, 거기에 채증법칙 위배나 매매목

② 피고의 하자담보책임을 이유로 한 해제항변에 대하여 원고는 매수인인 피고가 하자 있음을 알았거나 과실로 인하여 이를 알지 못한 사실을 재항변으로 주장할 수 있다.[56]

(5) 사정변경을 이유로 한 해제

① 이른바 사정변경으로 인한 계약해제는, 계약성립 당시 당사자가 예견할 수 없었던 현저한 사정의 변경이 발생하였고 그러한 사정의 변경이 해제권을 취득하는 당사자에게 책임 없는 사유로 생긴 것으로서, 계약내용대로의 구속력을 인정한다면 신의칙에 현저히 반하는 결과가 생기는 경우에 계약준수 원칙의 예외로서 인정되는 것이고,[57] 여기에서 말하는 사정이라 함은 계약의 기초가 되었던 객관적인 사정으로서, 일방 당사자의 주관적 또는 개인적인 사정을 의미하는 것은 아니다.

② 또한, 계약의 성립에 기초가 되지 아니한 사정이 그 후 변경되어 일방 당사자가 계약 당시 의도한 계약목적을 달성할 수 없게 됨으로써 손해를 입게 되었다 하더라도 특별한 사정이 없는 한 그 계약내용의 효력을 그대로 유지하는 것이 신의칙에 반한다고 볼 수도 없다.[58]

다. 약정해제(해제권유보)

※ **요건사실: 해제권 유보의 약정을 한 사실＋약정상의 해제권 발생요건에 해당하는 사실이 발생한 사실＋해제의 의사표시를 한 사실**

(1) 계약금이 수수된 경우 매매계약 체결 시 계약금을 교부한 사실＋계약해제의 목적으로 계약금의 배액을 현실제공하거나, 계약금 반환청구권 포기의 의사표시를 한 사실＋해제의 의사표시를 한 사실을 주장·증명하면 된다.

(2) 이에 대하여 상대방으로서는 당사자 일방이 해제의 의사표시가 있기 전에 이행에 착수한 사실 또는 계약금을 해약금으로 하지 않기로 약정한 사실 등을 주장하며 재항변할 수 있다.[59]

적물의 하자에 관한 법리오해, 대법원판례와 상반되는 판단을 한 위법 등이 있다고 할 수 없다.

56) 다만, 상법 제69조는 상인 간의 매매에 있어서는 매수인의 매매목적물에 대한 검사와 하자통지의무를 매수인이 매도인에 대하여 매매목적물에 관한 하자담보책임을 묻기 위한 전제요건으로 삼고 있음이 분명하므로 그와 같은 하자담보책임의 전제요건, 즉 매수인이 목적물을 수령한 때에 지체 없이 그 목적물을 검사하여 즉시 매도인에게 그 하자를 통지한 사실, 만약 매매의 목적물에 즉시 발견할 수 없는 하자가 있는 경우에는 6월 내에 이를 발견하여 즉시 통지한 사실 등에 관한 입증책임은 매수인에게 있다(대법원 1990. 12. 21. 선고 90다카28498, 28504(반소) 판결).

57) 대법원 2011. 6. 24. 선고 2008다44368 판결.

58) 대법원 2007. 3. 29. 선고 2004다31302 판결: 지방자치단체로부터 매수한 토지가 공공공지에 편입되어 매수인이 의도한 음식점 등의 건축이 불가능하게 되었더라도 이는 매매계약을 해제할 만한 사정변경에 해당하지 않고, 매수인이 의도한 주관적인 매수목적을 달성할 수 없게 되어 손해를 입었다 하더라도 매매계약을 그대로 유지하는 것이 신의칙에 반한다고 볼 수도 없다고 한 사례.

59) 대법원 1992. 5. 12. 선고 91다2151 판결: 매매당사자 사이에 수수된 계약금에 대하여 매수인이 위약하였을 때에는 이를 무효로 하고 매도인이 위약하였을 때에는 그 배액을 상환할 뜻의 약정이 있을 경우에는 특별한 사정이 없는 한 그 계약금은 민법 제398조 제1항 소정의 손해배상액의 예정의 성질을 가질 뿐 아니라 민법 제565조 소정의 해약금의 성질을 가진 것으로 볼 것이며, 매매당사자 간에 계약금을 수수하고 계약해제권을 유보한 경우에 매도인이 계약금의 배액을 상환하고 계약을 해제하려면 계약해제 의사표시 이외에 계약금 배액의 이행의 제공이 있으면 족하고 상대방이 이를 수령하지 아니한다 하여 이를 공탁하여

(3) 계약이 일단 성립한 후에는 당사자의 일방이 이를 마음대로 해제할 수 없는 것이 원칙이고, 다만 주된 계약과 더불어 계약금계약을 한 경우에는 민법 제565조 제1항의 규정에 따라 임의 해제를 할 수 있기는 하나, 계약금계약은 금전, 기타 유가물의 교부를 요건으로 하므로 단지 계약금을 지급하기로 약정만 한 단계에서는 아직 계약금으로서의 효력, 즉 위 민법 규정에 의해 계약해제를 할 수 있는 권리는 발생하지 않는다.60)

(4) **매도인**이 민법 제565조에 의하여 계약금의 배액을 상환하고 계약을 해제하려면 매수인이 이행에 착수할 때까지 하여야 할 것인바, 여기에서 이행에 착수한다는 것은 객관적으로 외부에서 인식할 수 있는 정도로 채무의 이행행위의 일부를 하거나 또는 이행을 하기 위하여 필요한 전제행위를 하는 경우를 말하는 것으로서, 단순히 이행의 준비를 하는 것만으로는 부족하나 반드시 계약내용에 들어맞는 이행의 제공의 정도에까지 이르러야 하는 것은 아니라 할 것이고, 그와 같은 경우에 이행기의 약정이 있다 하더라도 당사자가 채무의 이행기 전에는 착수하지 아니하기로 하는 특약을 하는 등 특별한 사정이 없는 한 그 이행기 전에 이행에 착수할 수도 있다.61)

(5) **매수인**은 민법 제565조 제1항에 따라 본인 또는 매도인이 이행에 착수할 때까지는 계약금을 포기하고 계약을 해제할 수 있는바, 여기에서 이행에 착수한다는 것은 객관적으로 외부에서 인식할 수 있는 정도로 채무의 이행행위의 일부를 하거나 또는 이행을 하기 위하여 필요한 전제행위를 하는 경우를 말하는 것으로서 단순히 이행의 준비를 하는 것만으로는 부족하고, 그렇다고 반드시 계약내용에 들어맞는 이행제공의 정도에까지 이르러야 하는 것은 아니지만, 매도인이 매수인에 대하여 매매계약의 이행을 최고하고 매매잔대금의 지급을 구하는 소송을 제기한 것만으로는 이행에 착수하였다고 볼 수 없다.62)

(6) 민법 제565조가 해제권 행사의 시기를 당사자의 일방이 이행에 착수할 때까지로 제한한 것은 당사자의 일방이 이미 이행에 착수한 때에는 그 당사자는 그에 필요한 비용을 지출하였을 것이고, 또 그 당사자는 계약이 이행될 것으로 기대하고 있는데 만일 이러한 단계에서 상대방으로부터 계약이 해제된다면 예측하지 못한 손해를 입게 될 우려가 있으므로 이를 방지하고자 함에 있고, 이행기의 약정이 있는 경우라 하더라도 당사자가 채무의 이행기 전에는 착수하지 아니하기로 하는 특약을 하

야 유효한 것은 아니다.

60) 따라서 당사자가 계약금의 일부만을 먼저 지급하고 잔액은 나중에 지급하기로 약정하거나 계약금 전부를 나중에 지급하기로 약정한 경우, 교부자가 계약금의 잔금이나 전부를 약정대로 지급하지 않으면 상대방은 계약금 지급의무의 이행을 청구하거나 채무불이행을 이유로 계약금약정을 해제할 수 있고, 나아가 위 약정이 없었더라면 주 계약을 체결하지 않았을 것이라는 사정이 인정된다면 주 계약도 해제할 수도 있을 것이나, 교부자가 계약금의 잔금 또는 전부를 지급하지 아니하는 한 계약금계약은 성립하지 아니하므로 당사자가 임의로 주 계약을 해제할 수는 없다. 대법원 2008. 3. 13. 선고 2007다73611 판결.

61) 대법원 2002. 11. 26. 선고 2002다46492 판결(매수인이 매도인의 동의하에 매매계약의 계약금 및 중도금 지급을 위하여 은행도어음을 교부한 경우 매수인은 계약의 이행에 착수하였다고 본 사례); 대법원 2006. 11. 24. 선고 2005다39594 판결(매매계약 당시 매수인이 중도금 일부의 지급에 갈음하여 매도인에게 제3자에 대한 대여금채권을 양도하기로 약정하고, 그 자리에 제3자도 참석한 경우, 매수인은 매매계약과 함께 채무의 일부 이행에 착수하였으므로, 매도인은 민법 제565조 제1항에 정한 해제권을 행사할 수 없다고 본 사례).

62) 대법원 2008. 10. 23. 선고 2007다72274, 72281 판결.

는 등 특별한 사정이 없는 한 이행기 전에 이행에 착수할 수 있다.[63]

라. 합의해제

(1) 계약의 합의해제 또는 해제계약이라 함은 해제권의 유무를 불문하고 계약당사자 쌍방이 합의에 의하여 기존의 계약의 효력을 소멸시켜 당초부터 계약이 체결되지 않았던 것과 같은 상태로 복귀시킬 것을 내용으로 하는 새로운 계약으로서, <u>계약이 합의해제되기 위해서는 일반적으로 계약이 성립하는 경우와 마찬가지로 계약의 청약과 승낙이라는 서로 대립하는 의사표시가 합치될 것(합의)을 그 요건으로 하는바</u>, 이와 같은 합의가 성립하기 위해서는 쌍방 당사자의 표시행위에 나타난 의사의 내용이 객관적으로 일치하여야 되는 것이므로,[64] 매매계약 당사자 중 매도인이 매수인에게 매매계약의 합의해제를 청약하였다고 할지라도, 매수인이 그 청약에 대하여 조건을 붙이거나 변경을 가하여 승낙한 때에는 민법 제534조의 규정에 비추어 그 청약의 거절과 동시에 새로 청약한 것으로 보게 되는 것이고, 그로 인하여 종전의 매도인의 청약은 실효된다 할 것이다.[65]

(2) 계약의 합의해제는 명시적으로 이루어진 경우뿐만 아니라 묵시적으로 이루어질 수도 있는 것으로, 계약의 성립 후에 당사자 쌍방의 계약실현 의사의 결여 또는 포기로 인하여 쌍방 모두 이행의 제공이나 최고에 이름이 없이 장기간 이를 방치하였다면, 그 계약은 당사자 쌍방이 계약을 실현하지 아니할 의사가 일치함으로써 <u>묵시적으로 합의해제되었다</u>고 해석함이 상당하다.[66]

(3) 계약을 합의해제할 때에 <u>원상회복에 관하여 반드시 약정을 하여야 하는 것은 아니지만</u>, 매매계약을 합의해제하는 경우에 이미 지급된 계약금, 중도금의 반환 및 손해배상금에 관해서는 아무런 약정도 하지 아니한 채 매매계약을 해제하기만 하는 것은 우리의 경험칙에 비추어 이례에 속하는 일이다.[67]

(4) 계약의 합의해제에 있어서도 민법 제548조의 계약해제의 경우와 같이 이로써 제3자의 권리를 해할 수 없고, 계약은 소급하여 소멸하게 되어 해약당사자는 각 원상회복의 의무를 부담하게 되나 이 경

---

63) 대법원 2006. 2. 10. 선고 2004다11599 판결: 매매계약의 체결 이후 시가 상승이 예상되자 매도인이 구두로 구체적인 금액의 제시 없이 매매대금의 증액요청을 하였고, 매수인은 이에 대하여 확답하지 않은 상태에서 중도금을 이행기 전에 제공하였는데, 그 이후 매도인이 계약금의 배액을 공탁하여 해제권을 행사한 사안에서, 시가 상승만으로 매매계약의 기초적 사실관계가 변경되었다고 볼 수 없어 '매도인을 당초의 계약에 구속시키는 것이 특히 불공평하다'거나 '매수인에게 계약내용 변경요청의 상당성이 인정된다'고 할 수 없고, 이행기 전의 이행의 착수가 허용되어서는 안 될 만한 불가피한 사정이 있는 것도 아니므로 매도인은 위의 해제권을 행사할 수 없다고 한 원심의 판단을 수긍한 사례.

64) 대법원 1992. 6. 23. 선고 92다4130, 92다4147 판결; 대법원 2007. 11. 29. 선고 2006다2490, 2506 판결 등 참조.

65) 대법원 2009. 2. 12. 선고 2008다71926 판결; 대법원 2002. 4. 12. 선고 2000다17834 판결 참조.

66) 대법원 2007. 6. 15. 선고 2004다37904, 37911 판결. 다만, 계약당사자 쌍방이 합의에 의하여 기존의 계약의 효력을 소멸시켜 당초부터 계약이 체결되지 않았던 것과 같은 상태로 복귀시킬 것을 내용으로 하는 계약의 합의해제는 당사자 쌍방의 묵시적인 의사표시에 의해서도 성립될 수 있는 것이지만, 당사자 쌍방이 계약을 이행하지 아니한 채 장기간 방치하였다고 하더라도 그와 같은 사유만으로 당사자 쌍방의 계약을 실현하지 아니할 의사의 합치로 계약이 묵시적으로 합의해제되었다고 볼 수는 없고 당사자 쌍방이 계약을 실현할 의사가 있었는지는 계약이 체결된 후의 여러 가지 사정을 종합적으로 고려하여 판단하여야 한다(대법원 1993. 7. 27. 선고 93다19030 판결).

67) 대법원 2007. 11. 29. 선고 2006다2490, 2506 판결.

우 계약해제로 인한 원상회복등기 등이 이루어지기 이전에 해약당사자와 양립되지 아니하는 법률관계를 가지게 되었고 계약해제 사실을 몰랐던 제3자에 대해서는 계약해제를 주장할 수 없고, 이 경우 제3자가 악의라는 사실의 주장·입증책임은 계약해제를 주장하는 자에게 있다.[68]

(5) 합의해제 또는 해제계약이라 함은 해제권의 유무에 불구하고 계약 당사자 쌍방이 합의에 의하여 기존의 계약의 효력을 소멸시켜 당초부터 계약이 체결되지 않았던 것과 같은 상태로 복귀시킬 것을 내용으로 하는 새로운 계약으로서, 그 효력은 그 합의의 내용에 의하여 결정되고 여기에는 해제에 관한 민법 제548조 제2항의 규정은 적용되지 아니하므로, 당사자 사이에 약정이 없는 이상 합의해제로 인하여 반환할 금전에 그 받은 날로부터의 이자를 가하여야 할 의무가 있는 것은 아니다.[69] 또한 계약이 합의해제된 경우에는 그 해제 시에 당사자 일방이 상대방에게 손해배상을 하기로 특약하거나 손해배상청구를 유보하는 의사표시를 하는 등 다른 사정이 없는 한 채무불이행으로 인한 손해배상을 청구할 수 없다.[70]

마. 계약의 무효 및 취소

(1) **불공정한 법률행위**로 무효임을 주장하기 위해서는[71]

① 행위자가 궁박함, 경솔 또는 무경험 등의 상태에 있었던 사실

② 상대방이 이와 같은 사실을 알고 있었던 사실[72]

③ 급부와 반대급부 사이에 현저한 불균형이 있는 사실을 주장·증명하여야 한다.[73]

(2) **착오로 인한 의사표시**임을 이유로 계약을 취소하기 위해서는

① 법률행위 내용에 착오가 있는 사실[74]

---

68) 대법원 2005. 6. 9. 선고 2005다6341 판결.
69) 대법원 1996. 7. 30. 선고 95다16011 판결.
70) 대법원 1989. 4. 25. 선고 86다카1147, 86다카1148 판결.
71) 민법 제104조에 규정된 불공정한 법률행위는 객관적으로 급부와 반대급부 사이에 현저한 불균형이 존재하고, 주관적으로 위와 같이 균형을 잃은 거래가 피해 당사자의 궁박함, 경솔 또는 무경험을 이용하여 이루어진 경우에 성립하는 것으로서, 약자적 지위에 있는 자의 궁박함, 경솔 또는 무경험을 이용한 폭리행위를 규제하려는 데에 그 목적이 있다 할 것이고, 불공정한 법률행위가 성립하기 위한 요건인 궁박함, 경솔, 무경험은 모두 구비되어야 하는 것이 아니고 그중 일부만 갖추어져도 충분하며, 여기에서 '궁박함'이라 함은 '급박한 곤궁'을 의미하는 것으로서 경제적 원인에 기인할 수도 있고, 정신적 또는 심리적 원인에 기인할 수도 있으며, 당사자가 궁박함의 상태에 있었는지는 그의 신분과 재산상태 및 그가 처한 상황의 절박성의 정도 등 제반 상황을 종합하여 구체적으로 판단하여야 한다(대법원 1999. 5. 28. 선고 98다58825 판결).
72) 피해당사자가 궁박함, 경솔 또는 무경험의 상태에 있었다고 하더라도 그 상대방 당사자에게 위와 같은 피해당사자 측의 사정을 알면서 이를 이용하려는 의사 즉 폭리행위의 악의가 없었다면 불공정한 법률행위는 성립하지 않는다(대법원 1991. 7. 9. 선고 91다5907 판결).
73) 대리인에 의하여 법률행위가 이루어진 경우 경솔과 무경험은 대리인을 표준으로, 궁박함은 본인의 입장에서 판단한다.
74) 대법원 2007. 8. 23. 선고 2006다15755 판결: 매매계약 당시 장차 도시계획이 변경되어 공동주택, 호텔 등의 신축에 대한 인·허가를 받을 수 있을 것이라고 생각하였으나 그 후 생각대로 되지 않은 경우, 이는 법률행위 당시를 기준으로 장래의 미필적 사실의 발생에 대한 기대나 예상이 빗나간 것에 불과할 뿐 착오라고 할 수는 없다고 한 사례.

② 그 착오가 중요 부분의 착오인 사실[75]

③ 취소의 의사표시를 하고, 상대방에게 그 의사표시가 도달된 사실 을 주장·증명하면 되고, 이에 대하여 원고로서는 그 착오가 표의자의 중대한 과실에 기한 것임을 주장하여 재항변할 수 있다.[76]

(3) 기타

① 사기·강박에 의한 의사표시였음을 이유로 매매계약을 취소하거나,

② 강박으로 의사표시자로 하여금 의사결정을 스스로 할 수 있는 여지를 완전히 박탈당한 상태에서 의사표시가 이루어져 단지 법률행위의 외형만이 만들어진 것에 불과함을 들어 무효를 주장하거나,

③ 거래가 반사회질서에 해당함을 이유로 무효임을 주장할 수 있다.

(4) 원상회복의무: 동시이행관계

① 쌍무계약이 무효로 되어 각 당사자가 서로 취득한 것을 반환하여야 할 경우, 어느 일방의 당사자에게만 먼저 그 반환의무의 이행이 강제된다면 공평과 신의칙에 위배되는 결과가 되므로 각 당사자의 반환의무는 동시이행관계에 있다.[77]

② 매매계약이 취소된 경우에 당사자 쌍방의 원상회복의무도 역시 동시이행의 관계에 있다.[78]

③ 쌍무계약이 취소된 경우 선의의 매수인에게 민법 제201조가 적용되어 과실취득권이 인정되는 이상 선의의 매도인에게도 민법 제587조의 유추적용에 의하여 대금의 운용이익 내지 법정이자의 반환을 부정함이 형평에 맞다.[79]

---

75) 동기의 착오가 법률행위의 내용의 중요 부분의 착오에 해당함을 이유로 표의자가 법률행위를 취소하려면 그 동기를 당해 의사표시의 내용으로 삼을 것을 상대방에게 표시하고 의사표시의 해석상 법률행위의 내용으로 되어 있다고 인정되면 충분하고 당사자들 사이에 별도로 그 동기를 의사표시의 내용으로 삼기로 하는 합의까지 이루어질 필요는 없지만, 그 법률행위의 내용의 착오는 보통 일반인이 표의자의 입장에 섰더라면 그와 같은 의사표시를 하지 아니하였으리라고 여겨질 정도로 그 착오가 중요한 부분에 관한 것이어야 할 것이다(대법원 2008. 2. 1. 선고 2006다71724 판결). 대법원 2000. 5. 12. 선고 2000다12259 판결은 매매대상 토지 중 20~30평가량만 도로에 편입될 것이라는 중개인의 말을 믿고 주택 신축을 위하여 토지를 매수하였고 그와 같은 사정이 계약 체결 과정에서 현출되어 매도인도 이를 알고 있었는데 실제로는 전체 면적의 약 30%에 해당하는 197평이 도로에 편입된 경우, 동기의 착오를 이유로 매매계약의 취소를 인정한 사례이다.

76) 착오에 의한 의사표시에서 취소할 수 없는 표의자의 '중대한 과실'이라 함은 표의자의 직업, 행위의 종류, 목적 등에 비추어 보통 요구되는 주의를 현저히 결여하는 것을 의미한다(대법원 2000. 5. 12. 선고 2000다12259 판결).

77) 대법원 2007. 12. 28. 선고 2005다38843 판결.

78) 대법원 2001. 7. 10. 선고 2001다3764 판결; 대법원 2010. 10. 14. 선고 2010다47438 판결: 갑이 을과 사이의 A 토지에 관한 매매계약을 기망을 이유로 취소함으로써 그 원상회복으로서 갑이 을에게 A 토지에 관하여 소유권이전등기의 말소등기절차를 이행할 의무가 있고, 또한 을은 갑에게 수령한 매매대금을 반환할 의무가 있는바, 갑과 을 사이의 이러한 각 의무는 동시이행의 관계에 있는 것이므로, 을은 갑으로부터 소유권이전등기의 말소등기절차를 이행받음과 동시에 위 매매대금을 반환할 의무가 있는 것이어서 갑이 을을 이행지체에 빠뜨리기 위해서는 소유권이전등기의 말소등기에 필요한 서류 등을 현실적으로 제공할 필요까지는 없으나, 최소한 위 서류 등을 준비하여 두고 그 뜻을 을에게 통지하여 매매대금의 반환과 아울러 이를 수령하여 갈 것을 최고함을 요한다고 한 사례.

79) 대법원 1993. 5. 14. 선고 92다45025 판결.

III. 증여를 원인으로 한 소유권이전등기청구

1. 증여의 의의 및 법적 성질

가. 증여(贈與)라 함은 당사자의 일방 즉 증여자가 자기의 재산을 무상으로 상대방, 즉 수증자에게 증여하는 의사를 표시하고 상대방이 이를 승낙함으로써 성립하는 계약이다(민법 제554조). 증여계약은 전형적인 諾成, 無償, 片務契約이다.

나. 증여라고 하기 위해서는 재산상의 출연이 무상으로 행해질 것이 요구된다. 무상이냐 아니냐는 당사자의 주관적 표준 즉 당사자의 의사에 기하여 결정한다(주관적 기준설). 따라서 당사자가 실질적으로 무상으로 생각하는 경우에는 수증자가 다소의 대가를 교부하는 경우에도 증여가 된다. 증여는 증여자와 수증자의 의사표시가 합치함으로써 성립하는 계약으로 단독행위인 유증과 구별된다.

다. 개인이 국가나 지방자치단체에게 공공시설용 토지 또는 공공시설 등을 무상으로 양도하고 국가나 지방자치단체가 이를 양수하여 국·공유재산으로 하는 것을 기부채납(寄附採納)이라 한다. 기부채납도 사법상의 증여계약의 성질을 가진다.[80]

2. 증여의 효력

가. **증여자의 재산적 출연 완료의무**: 증여자는 증여계약에 의하여 부담한 재산적 출연을 완료할 채무를 부담한다. 신도가 종교단체에 대하여 특정재산을 출연하기로 한 경우 사용권만의 증여로 보기보다는 소유권 자체의 증여로 보는 경우가 많다.

나. **담보책임의 면제**: 증여계약은 무상계약이므로 유상계약에서와 같은 담보책임을 부담시키는 것은 가혹하기 때문에 증여자는 증여의 목적인 물건 또는 권리의 하자나 흠결에 대하여 책임을 지지 않는다. 다만 증여자가 그 하자나 흠결을 알고 수증자에게 고지하지 아니한 때에는 담보책임을 진다(민법 제559조 제1항).

---

[80] 대법원 1996. 11. 8. 선고 96다20581 판결: 기부채납은 기부자가 그의 소유재산을 지방자치단체의 공유재산으로 증여하는 의사표시를 하고 지방자치단체는 이를 승낙하는 채납의 의사표시를 함으로써 성립하는 증여계약이고, 증여계약의 주된 내용은 기부자가 그의 소유재산에 대하여 가지고 있는 소유권 즉 사용·수익권 및 처분권을 무상으로 지방자치단체에게 양도하는 것이므로, 증여계약이 해제된다면 특별한 사정이 없는 한 기부자는 그의 소유재산에 처분권뿐만 아니라 사용·수익권까지 포함한 완전한 소유권을 회복한다.

3. 증여의 해제

가. 서면에 의하지 않은 증여의 해제

(1) 증여의 의사가 서면으로 표시되지 아니한 경우에는 각 당사자는 이를 해제할 수 있다(민법 제555조). 서면으로 표시되어야 하는 것은 증여자의 증여의사이고, 수증자의 특정이나 수증의사는 필요하지 않다.[81] 증여의 의사표시는 서면상 수증자에 대하여 표시되어야 한다. 증여자로부터 수증자에 대하여 증여하는 의사표시가 되어 있으면 족하고 반드시 당사자 간에 작성 또는 교환된 형식의 것일 필요는 없다. 그러나 증여자의 내부문서(일기장 등)에 증여의 의사가 드러난 것만으로는 증여의 서면으로 볼 수 없다.

(2) 서면으로 작성되지 않은 증여는 계약의 구속력이 매우 약하여 증여자와 수증자 누구도 언제든지 증여계약을 해제할 수 있다. 해제의 의사표시는 증여계약의 상대방인 수증자에 대하여 하여야 한다. 증여목적물이 부동산인 경우 증여의 의사표시가 서면에 표시되지 않았다면 수증자가 그 부동산에 관하여 소유권이전등기를 마치지 못하는 한 증여자는 그 증여의 의사표시를 해제할 수 있다. 해제에 의하여 증여는 처음부터 절대적으로 무효가 되고 제3자에게도 무효를 대항할 수 있다. 이 해제권은 후일 서면으로 작성하거나 이행을 마치지 않는 한 시일의 경과만으로는 소멸하는 것이 아니므로 소멸시효나 제척기간에 걸리지 아니한다.

나. 背(忘)恩行爲로 인한 해제

(1) 수증자가 증여자 또는 그 배우자나 직계혈족에 대한 범죄행위가 있는 때, 증여자에 대하여 부양의무가 있는 경우 이를 이행하지 아니한 때 증여자는 그 증여를 해제할 수 있다(민법 제556조 제1항). 이는 사정변경의 원칙에 의한 해제권 발생의 한 경우로 볼 수 있다. 이 경우 해제는 증여자만이 할 수 있다.

(2) 증여자의 배은행위로 인한 해제권은 해제원인 있음을 안 날로부터 6월을 경과하거나 증여자가 수증자에 대하여 용서의 의사를 표시한 때에는 소멸한다(민법 제556조 제2항).

다. 재산상태악화로 인한 해제

(1) 증여계약 후에 증여자의 재산상태가 현저히 변경되고 그 이행으로 인하여 생계에 중대한 영향을 미칠 경우에는 증여자는 증여를 해제할 수 있다(민법 제557조).

---

81) 따라서 증여자가 수증자의 씨명과, 목적토지의 지번, 지목 등만을 기재하고 그 외에 아무런 기재도 없어 증여의사가 있었음을 알 수 없는 문서를 작성, 교부한 경우 서면에 의한 증여가 있었다고 할 수 없다.

(2) 이러한 해제권은 증여자가 자기 재산상태의 악화에 대하여 계약 당시 전혀 예견할 수 없었던 경우에 한하여 인정된다. 이 역시 사정변경의 원칙에 의한 해제권 발생의 한 경우이다.

4. 해제의 제한

가. 위와 같은 3가지 해제원인에 의한 해제는 이미 이행한 부분에 대하여 영향을 미치지 않는다(민법 제558조). 증여계약의 이행이 완료되면 증여자의 의사도 명확히 되고 그 경솔하지 아니함도 명백히 되었으며, 만일 이행 후에 해제를 허용하면 수증자의 지위를 불안케 하고 법률관계를 복잡하게 할 우려가 있기 때문이다.

나. 이미 이행하였다고 함은 현실증여에 있어서는 언제나 이행이 완료된 것으로 볼 것이고, 동산에 있어서는 인도, 부동산에 있어서는 등기를 말한다.[82] 채권의 증여에 관해서는 채권증서의 인도를 요한다. 서면에 의하지 않은 증여가 전부 이행된 경우에는 계약은 목적달성으로 소멸하므로 통상 해제의 문제는 생기지 않는다.

다. 서면에 의하지 않은 증여의 이행을 명한 판결이 확정된 경우 이행완료 전이라도 당해 증여를 해제하는 것은 기판력에 저촉되어 허용되지 않는다.

사례 6

X 토지는 甲과 甲의 처 A의 공유로 되어 있다. 甲과 A는 X 토지를 乙 교회의 신축부지로 제공하면서 이를 증여하겠다고 약속을 하였다. 그런데 A는 약속대로 X 토지에 관한 1/2 지분의 소유권을 乙 교회에게 넘겼으나, 甲은 약속과 달리 그 소유권을 乙 교회에게 넘기지 않았다. 그러자 乙 교회는 교회일에 협조적인 A의 도움을 받아 乙 교회가 甲이 보관하고 있던 A 토지의 등기필증에 갈음하여 甲 본인 확인서면, 甲과 乙 교회 사이의 증여계약서 및 같은 취지의 교회 이사회결의서를 작성, 제출하여 乙 앞으로 소유권이전등기를 마쳤다. 甲은 X 토지에 관한 A 소유의 1/2 지분을 제외한 나머지 1/2 지분에 관한 乙 명의의 소유권이전등기는 적법한 절차를 거치지 아니한 것일 뿐 아니라 전 소유자인 甲의 진정한 의사에 부합하지 않는 것이어서 무효의 등기라고 주장하면서 乙을 상대로 지분소유권이전등기말소청구의 소를 제기하였다.

(1) 위와 같이 乙 명의로 소유권이전등기가 마쳐진 경우 소유권이전등기의 추정력 및 推定力 覆滅의 정도는 어떻게 되는가?

(2) 乙은 X 토지에 관하여 乙 명의의 소유권이전등기를 함에 있어서 작성, 제출된 증여계약서상의 甲 명의의 인영에 대해서는 그 동일성에 다툼이 없으므로 문서전체의 진정성립이 추정된다고 주장하고 있다. 위와 같은 문서 전체의 진정성립의 추정의 법적 성질은 무엇이고 이러한 추정은 어

---

82) 대법원 1981. 10. 13. 선고 81다649 판결: 부동산의 증여에 있어서는 목적부동산을 인도받지 아니하여도 그에 대한 소유권이전등기절차를 마침으로써 그 이행이 종료되어 수증자는 그로써 확정적으로 그 소유권을 취득한다.

떠한 방식으로 깨어지는가?

(3) 乙은 甲이 A에게 X 토지 중 甲지분의 소유권이전에 관한 대리권 또는 재산의 관리처분권을 부여한 사실이 있으므로 乙 명의의 소유권이전등기는 실체관계에 부합하는 등기라고 항변하고 있다. 위와 같은 대리권의 증명책임은 누구에게 있는가?

(4) 乙은 A의 일상가사대리권 중에 위와 같은 X 토지에 관한 관리처분권이 들어 있고, 乙이 A에게 그와 같은 권한이 있다고 믿을만한 정당한 사유가 있다고 주장하고 있다. 일상가사대리권 및 表見代理에 있어서 정당한 사유의 증명책임은 누구에게 있는가?

(5) 乙은 乙 명의의 무효의 소유권이전등기 또는 그에 관한 A의 無權代理行爲를 甲이 追認한 것이라고 주장하고 있다. 무권대리행위 및 무효행위 추인에 대한 증명책임은 누구에게 있는가?

(6) 甲은 이 사건 증여가 서면에 의하지 않은 증여이므로 이 사건 증여계약의 해제를 원인으로 乙 명의의 소유권이전등기의 말소를 구하고 있다.[83] 乙은 서면에 의하지 않은 증여의 경우에도 그 이행을 완료한 경우에는 해제로서 수증자에게 대항할 수 없고,[84] 乙 명의로 소유권이전등기가 마쳐진 이상 이행이 완료되어 증여자인 甲이 증여계약을 해제한다고 하더라도 乙의 소유권이전등기의 효력에는 영향이 없다고 주장하고 있다. 아울러 乙은 이 사건 증여계약의 해제가 최초 증여약정일 또는 원인무효의 이전등기가 경료된 날부터 10년 또는 그 이상 경과한 후에 이루어진 것이므로 형성권의 제척기간인 10년 도과로서 해제권은 소멸하였고, 가사 그렇지 않다고 하더라도 甲, A 부부 중 처인 A의 증여분은 그대로 유지하면서 甲이 자신의 증여분에 한하여 사정변화를 이유로 위 증여계약을 해제하는 것은 신의칙에 반하는 권리남용이라고 주장하고 있다.[85]

[포인트]

1. 쟁점의 정리

이 사건은 부동산소유권이전등기 말소청구소송에서 제기될 수 있는 쟁점들을 증명책임 등과의 관계에서 논의를 전개하는 문제이다.

(1)문은 소유권이전등기의 추정력 및 추정력 복멸의 정도에 관하여, (2)문은 문서의 진정성립을 인정하기 위한 증명사실 및 증명책임자에 관하여, (3)문은 대리권의 증명책임에 관하여, (4)문은 일상가사대리권의 증명책임에 관하여, (5)문은 무권대리 무효행위의 추인에 관한 증명책임에 관하여, (6)문은 서면에 의하지 아니한 증여계약의 해제와 관련하여 이전등기 경료로 증여의 이행이 완료된 것인지, 증여계약해제권이 형성권의 제척기간에 걸리고 甲의 해제권행사가 신의칙에 반하는 것인지 등을 묻고 있다.

---

83) 민법 제555조 (서면에 의하지 아니한 증여와 해제) 증여의 의사가 서면으로 표시되지 아니한 경우에는 각 당사자는 이를 해제할 수 있다.
84) 민법 제558조 (해제와 이행완료부분) 전 3조의 규정에 의한 계약의 해제는 이미 이행한 부분에 대해서는 영향을 미치지 아니한다.
85) 대법원 2009. 9. 24. 선고 2009다37831 판결.

2. 소유권이전등기의 추정력 및 추정력 복멸의 정도

(1) 판례는 등기의 추정력을 인정하여 법률상의 권리추정으로 본다. 즉 부동산에 관하여 소유권이전등기가 마쳐져 있는 경우에는 그 등기명의자는 제3자에 대하여서뿐 아니라, 그 전 소유자에 대하여서도 적법한 등기원인에 의하여 소유권을 취득한 것으로 추정되는 것이므로 이를 다투는 측에서 그 무효사유를 주장, 증명하여야 한다.

(2) 소유권이전등기가 전 등기명의인의 직접적인 처분행위에 의한 것이 아니라 제3자가 그 처분행위에 개입된 경우 현 등기명의인이 그 제3자가 전 등기명의인의 대리인이라고 주장하더라도 현 소유명의인의 등기가 적법하게 이루어진 것으로 추정되므로, 그 등기가 원인무효임을 이유로 그 말소를 청구하는 전 소유명의인으로서는 반대사실, 즉 그 제3자에게 전 소유명의인을 대리할 권한이 없었다든가 또는 제3자가 전 소유명의인의 등기서류를 위조하는 등 등기절차가 적법하게 진행되지 아니한 것으로 의심할 만한 사정이 있다는 등의 무효사실에 대한 증명책임을 진다.[86]

(3) 부동산에 관한 등기부상 소유권이전등기가 경료되어 있는 이상 일응 그 절차 및 원인이 정당한 것이라는 추정을 받게 되고 그 절차 및 원인의 부당을 주장하는 당사자에게 이를 입증할 책임이 있는 것이나, 등기절차가 적법하게 진행되지 아니한 것으로 볼 만한 의심스러운 사정이 있음이 입증되는 경우에는 그 추정력은 깨어진다.[87] 그리고 소유권이전등기의 원인으로 주장된 계약서가 진정하지 않은 것으로 증명된 이상 그 등기의 적법추정은 복멸되는 것이고 계속 다른 적법한 등기원인이 있을 것으로 추정할 수는 없다.[88]

(4) 위 사례에서 甲이 A에게 甲을 대리할 권한이 없었다든가 또는 제3자가 甲의 등기서류를 위조하는 등 등기절차가 적법하게 진행되지 아니한 것으로 볼 만한 의심스러운 사정이 있음을 증명하면 乙 명의의 소유권이전등기의 추정력은 번복된다.

(5) 따라서 乙이 乙에게 협조적인 A의 도움을 받아 甲의 인감도장을 날인하여 작성된 甲과 乙 사이의 증여계약서를 제출하여 乙 앞으로 소유권이전등기를 마침에 있어서 甲의 인감이 날인된 위 증여계약서가 A와 乙에 의하여 허위로 작성한 사실이 인정되고, 甲이 그처럼 비정상적인 방법으로 X 토지를 乙에게 급히 넘겨주어야 할 별다른 이유가 없는 등의 사정들이 인정된다면, X 토지 중 그 소유권이전등기의 효력에 다툼이 없는 A 소유의 1/2 지분을 제외한 나머지 1/2 지분에 관한 乙 명의의 소유권이전등기는 적법한 절차를 거치지 아니한 것일 뿐 아니라 전 소유자인 甲의 진정한 의사에 부합하지 않는 것이어서 무효의 등기라고 할 것이다.

3. 문서의 진정성립을 인정하기 위하여 필요한 증명사실 및 증명책임자

(1) 사문서는 그 제출자가 그 진정성립을 증명해야 한다(제357조). 그러나 사문서는 본인 또는 대리인의

---

86) 대법원 1997. 4. 8. 선고 97다416 판결; 대법원 2003. 1. 24. 선고 2002다27811 판결.
87) 대법원 2008. 3. 27. 선고 2007다91756 판결; 대법원 2003. 2. 28. 선고 2002다46256 판결.
88) 대법원 1998. 9. 22. 선고 98다29568 판결.

서명이나 날인 또는 무인이 있는 때에는 진정한 것으로 추정되므로(제358조), 사문서의 작성명의인이 당해 문서에 서명·날인·무인하였음을 인정하는 경우, 즉 인영 부분 등의 성립을 인정하는 경우에는 반증으로 그러한 추정이 번복되는 등의 다른 특별한 사정이 없는 한 그 문서 전체에 관한 진정성립이 추정된다.

(2) 이 경우에는 사문서에 날인된 작성 명의인의 인영이 그의 인장에 의하여 현출된 것이라면 특단의 사정이 없는 한 그 인영의 진정성립, 즉 날인행위가 작성 명의인의 의사에 기한 것임이 추정되고, 일단 인영의 진정성립이 추정되면 민사소송법 제358조에 의하여 그 문서 전체의 진정성립이 추정되는 2단계의 추정이 이루어진다. 이 경우 인영의 진정성립의 추정은 사실상의 추정이고, 이에 의한 문서 전체의 진정성립의 추정은 법정증거법칙이다.

(3) 그러나 위와 같은 추정은 그 날인행위가 작성 명의인 이외의 자에 의하여 이루어진 것임이 밝혀지거나 작성 명의인의 의사에 반하여 혹은 작성 명의인의 의사에 기하지 않고 이루어진 것임이 밝혀진 경우에는 깨어진다. 즉 위와 같은 사실상 추정은 날인행위가 작성명의인 이외의 자에 의하여 이루어진 것임이 밝혀진 경우에는 깨어지는 것이므로, 문서제출자는 그 날인행위가 작성명의인으로부터 위임받은 정당한 권원에 의한 것이라는 사실까지 증명할 책임이 있다.[89]

(4) 그런데 위와 같은 인영의 진정성립, 즉 날인행위가 작성 명의인의 의사에 기한 것이라는 추정은 사실상의 추정이므로, 인영의 진정성립을 다투는 자가 반증을 들어 인영의 진정성립, 즉 날인행위가 작성 명의인의 의사에 기한 것임에 관하여 법원으로 하여금 의심을 품게 할 수 있는 사정을 입증하면 그 진정성립의 추정은 깨어진다. 서증이 인장도용이나 강박에 의해 찍은 것이라는 증거항변을 하는 경우 도용이나 강박에 대한 증명책임은 이를 주장하는 쪽에게 있다. 서증이 인장도용이나 강박에 의해 위조된 것이라고 주장하는 것은 그 인영 자체를 인정하는 것이므로 도용사실이나 강박사실을 증명하지 못하면 그 진정성립이 추정된다.

(5) 위 사례에서 乙 명의의 이 사건 소유권이전등기를 함에 있어 甲과 乙 사이의 증여계약서에 A가 甲의 인감을 날인한 것임이 밝혀진 이상 비록 위 증여계약서상 甲 명의의 인영의 동일성에 대해서는 다툼이 없다 하더라도 위 증여계약서는 甲 이외의 자에 의하여 작성된 것으로 볼 수 있다.

(6) 결국 乙로서는 위 증여계약서상의 甲의 날인이 甲으로부터 위임받은 정당한 권원에 의한 것이라는 사실을 증명하지 못하는 이상 X 토지에 관한 甲 소유지분의 乙 명의로의 소유권이전등기는 원임무효로서 말소를 면치 못한다.

4. 대리권의 증명책임

(1) 대리권이 있다는 점에 대한 증명책임은 권리근거사실로서 그 효과를 주장하는 피고에게 있다. 대리권의 존재를 권리발생의 근거사실로 보기 때문에 대리행위를 주장하는 자는 대리행위(본인을 위한

---

89) 대법원 2003. 4. 8. 선고 2002다69686 판결; 대법원 2004. 1. 27. 선고 2003다49634 판결 등 참조.

의사표시가 있는 사실)와 대리권(그 의사표시가 대리인의 권한 내의 사항에 속하는 사실)의 증명책임이 있다.

(2) 위 사례에서 乙은 甲이 A에게 X 토지 중 甲지분의 소유권이전에 관한 대리권 또는 재산의 관리처분권을 부여한 사실을 증명하지 못하는 이상 乙의 실체관계부합의 항변은 받아들여질 수 없다.

5. 일상가사대리권의 증명책임

(1) 민법 제832조에서 말하는 일상의 가사에 관한 법률행위라 함은 부부의 공동생활에서 필요로 하는 통상의 사무에 관한 법률행위를 말하는 것으로, 그 구체적인 범위는 부부공동체의 사회적 지위·직업·재산·수입 능력 등 현실적 생활 상태뿐만 아니라 그 부부의 생활 장소인 지역 사회의 관습 등에 의하여 정하여지나, 당해 구체적인 법률행위가 일상의 가사에 관한 법률행위인지를 판단함에 있어서는 그 법률행위를 한 부부공동체의 내부 사정이나 그 행위의 개별적인 목적만을 중시할 것이 아니라, 그 법률행위의 객관적인 종류나 성질 등도 충분히 고려하여 판단하여야 한다.[90]

(2) 일반적으로 상대방 배우자 소유의 부동산을 처분하는 것은 일상가사의 범위에 들어가지 않으므로 위 사례에서 A가 甲 소유의 지분을 乙 앞으로 이전한 것은 일상가사대리권 중에 그와 같은 처분권한이 들어 있다고 볼 수 없다.

(3) 일상가사대리권을 기본대리권으로 하여 민법 제126조의 表見代理가 성립한다고 하여도 권한을 넘은 表見代理에 있어서 본인에게 대리인이 한 행위의 책임을 지우게 하려면 제3자인 상대편이 선의였다는 점과 아울러 그가 대리인에게 대리할 권한이 있다고 믿을 만한 정당한 이유가 있었다는 점을 증명하여야 한다.

(4) 위 사례에서 乙이 A에게 이 사건 X 토지에 관한 甲 소유의 지분처분에 관한 권한이 있다고 믿을 만한 정당한 사유가 있다는 점을 증명하지 못하는 이상 乙의 항변은 배척될 것이다.

6. 無權代理 및 무효행위의 추인의 증명책임

(1) 무권대리행위나 무효행위의 추인은 무권대리행위 등이 있음을 알고 그 행위의 효과를 자기에게 귀속시키도록 하는 단독행위로서 그 의사표시의 방법에 관하여 일정한 방식이 요구되는 것이 아니므로 명시적이든 묵시적이든 묻지 않는다.[91]

(2) 그러나 묵시적 추인을 인정하기 위해서는 본인이 그 행위로 처하게 된 법적 지위를 충분히 이해하고 그럼에도 진의에 기하여 그 행위의 결과가 자기에게 귀속된다는 것을 승인한 것으로 볼 만한 사정이 있어야 할 것이므로 이를 판단함에 있어서는 관계되는 여러 사정을 종합적으로 검토하여 신중하게 하여야 할 것이다.[92]

---

90) 대법원 2000. 4. 25. 선고 2000다8267 판결 등.
91) 대법원 2002. 12. 10. 선고 2002다36488 판결 등 참조.
92) 대법원 2002. 10. 11. 선고 2001다59217 판결 등 참조.

(3) 위 사례에서 乙로서는 甲이 명시적이나 묵시적으로 A의 무권대리행위나 무효행위를 추인하였다는 점을 증명해야 하고, 이를 증명하지 못하면 乙 명의의 이 사건 무효의 소유권이전등기 또는 그에 관한 A의 무권대리행위를 甲이 추인한 것으로는 볼 수 없다.

7. 서면에 의하지 아니한 증여계약의 해제

(1) 민법 제555조에서 서면에 의한 증여에 한하여 증여자의 해제권을 제한하고 있는 입법취지는 증여자가 경솔하게 증여하는 것을 방지함과 동시에 증여자의 의사를 명확히 하여 후일에 분쟁이 생기는 것을 피하려는 데 있다.[93]

(2) 이러한 서면에 의한 증여란 증여계약 당사자 사이에 있어서 증여자가 자기의 재산을 상대방에게 준다는 취지의 증여의사가 문서를 통하여 확실히 알 수 있는 정도로 서면에 나타난 것을 말하는 것으로, 이는 수증자에 대하여 서면으로 표시되어야 한다.[94]

(3) 위 사례에서 乙이 甲의 이 사건 증여가 서면에 의하여 이루어진 근거로서 들고 있는 증여계약서가 문서의 진정성립이 인정되지 아니하는 이상 이를 위 증여의 의사표시가 담긴 서면이라고 할 수 없다.

(4) 한편 서면에 의하지 아니한 증여의 경우에도 그 이행을 완료한 경우에는 해제로서 수증자에게 대항할 수 없으나, 토지에 대한 증여는 증여자의 의사에 기하여 그 소유권이전등기에 필요한 서류가 제공되고 수증자 명의로 소유권이전등기가 경료됨으로써 이행이 완료되는 것이므로, 증여자가 그러한 이행 후 증여계약을 해제하였다고 하더라도 증여계약이나 그에 의한 소유권이전등기의 효력에 영향을 미치지 아니한다.[95]

(5) 그러나 이와는 달리 증여자의 의사에 기하지 아니한 원인무효의 등기가 경료된 경우에는 증여계약의 적법한 이행이 있다고 볼 수 없으므로 서면에 의하지 아니한 증여자의 증여계약의 해제에 대해 수증자가 실체관계에 부합한다는 주장으로 대항할 수 없다.

(6) 그렇다면 위 사례에서 甲이 서면에 의한 증여가 아닌 이 사건 증여계약의 해제를 원인으로 乙 명의의 소유권이전등기의 말소를 구함에 대하여, 원인무효의 방법에 의한 乙 명의의 위 소유권이전등기의 경료사실을 들어 실체관계에 부합하여 유효하다고 하는 乙의 주장은 받아들여질 수 없다.

(7) 아울러 민법 제555조에서 말하는 증여계약의 해제는 민법 제543조 이하에서 규정한 본래 의미의 해제와는 달리 형성권의 제척기간의 적용을 받지 않는 특수한 철회로서, 10년이 경과한 후에 이루어졌다 하더라도 원칙적으로 적법하다.[96]

(8) 비록 이 사건 증여계약의 해제가 최초 증여약정일 혹은 원인무효의 이전등기가 마쳐진 날부터 10년 또는 그 이상 경과한 후에 이루어진 것이라는 이유만으로 특별한 사정이 없는 한 이 사건 X 토지의

---

93) 대법원 1988. 9. 27. 선고 86다카2634 판결 등 참조.
94) 대법원 1998. 9. 25. 선고 98다22543 판결 등 참조.
95) 대법원 2005. 5. 12. 선고 2004다63484 판결 등 참조.
96) 대법원 2003. 4. 11. 선고 2003다1755 판결 참조.

증여자인 甲 부부 중 처인 A의 증여분은 그대로 유지하면서 甲이 자신의 증여분에 한하여 사정변화를 이유로 위 증여계약을 해제하는 것이 신의성실의 원칙에 반하는 권리남용에 해당한다고 볼 수도 없다.

IV. 시효취득을 원인으로 한 소유권이전등기청구

토지소유권에 기한 토지인도청구에 대하여 피고 측에서 취득시효완성의 항변을 하거나 반소로 취득시효완성을 원인으로 한 소유권이전등기청구의 소를 제기하는 경우도 있으나, 여기서는 시효완성자가 원고가 되어 본소로 소유권이전등기청구를 하는 경우의 요건사실을 중심으로 살펴보기로 한다.[97]

1. 점유취득시효의 요건사실: 20년간 자주 · 평온 · 공연하게 부동산을 점유한 사실[98]

가. 자주점유

(1) 민법 제197조 제1항에 의하면 물건의 점유자는 소유의 의사로 점유한 것으로 추정되므로 점유자가 취득시효를 주장하는 경우에 있어서 스스로 소유의 의사를 입증할 책임은 없고, 오히려 그 점유자의 점유가 소유의 의사가 없는 점유(타주점유)임을 주장하여 점유자의 취득시효의 성립을 부정하는 자에게 그 입증책임이 있다.[99]

(2) 취득시효를 부정하는 피고 측은 임대차에 의한 점유, 토지매도 후 매도인의 점유, 명의수탁자의 점유, 매매대상 대지 실제 면적이 등기부상 면적을 상당히 초과하는 경우 그 초과 부분에 대한 매수인의 점유,[100] 악의의 무단점유 등을 들어 타주점유의 **항변**을 할 수 있다. 强暴 · 隱秘의 점유, 점유중단, 취득시효중단,[101] 취득시효완성 후의 소유명의 변경, 시효이익 포기,[102] 이행불능,[103] 시효소

---

97) 청구취지 기본형: *피고는 원고에게 별지목록 기재 부동산에 관하여 2010. 4. 1. 취득시효완성을 원인으로 한 소유권이전등기절차를 이행하라.*

98) 자주(↔他主) · 평온(↔强暴) · 공연(↔隱秘)한 점유는 민법 제197조에 제1항에 의해 추정되므로 시효취득을 주장하기 위해서는 당해 부동산을 20년간 점유한 사실만 주장 · 증명하면 된다.

99) 대법원 2009. 3. 26. 선고 2006다38109 판결. 점유자가 스스로 매매 또는 증여와 같은 자주점유의 권원을 주장하였으나 이것이 인정되지 않는 경우에도, 원래 자주점유에 관한 입증책임이 점유자에게 있지 아니한 이상 그 주장의 점유권원이 인정되지 않는다는 사유만으로 자주점유의 추정이 번복된다거나 또는 점유권원의 성질상 타주점유라고 볼 수 없다.

100) 자신의 대지 위에 건물을 건축하면서 통상 있을 수 있는 시공상의 착오의 정도를 넘어 상당한 정도로 인접한 토지를 침범한 경우도 이에 해당할 것이다.

101) 대법원 1997. 4. 25. 선고 96다46484 판결: 취득시효의 중단사유가 되는 재판상 청구에는 시효취득의 대상인 목적물의 인도 내지는 소유권존부 확인이나 소유권에 관한 등기청구소송은 말할 것도 없고, 소유권침해의 경우에 그 소유권을 기초로 하는 방해배제 및 손해배상 혹은 부당이득반환청구소송도 이에 포함된다.

102) 시효취득자가 취득시효완성을 알고 소유자를 상대로 시효이익을 받지 않겠다는 의사표시를 한 경우를 말한다. 국 · 공유재산에 관하여 국가나 지방자치단체와 대부계약을 체결한 경우에 많이 문제 된다.

103) 취득시효완성 후 소유자가 제3자에게 소유권이전등기를 마쳐 주면 소유자의 시효취득자에 대한 소유권이전등기의무는 특별한 사정이 없는 한 이행불능이 된다.

멸104) 등의 항변도 할 수 있다.

(3) 점유자의 점유가 소유의 의사 있는 자주점유인지 아니면 소유의 의사 없는 타주점유인지는 점유자의 내심의 의사에 의하여 결정되는 것이 아니라 점유 취득의 원인이 된 권원의 성질이나 점유와 관계가 있는 모든 사정에 의하여 외형적·객관적으로 결정되어야 하는 것이기 때문에 점유자가 성질상 소유의 의사가 없는 것으로 보이는 권원에 바탕을 두고 점유를 취득한 사실105)이 증명되었거나, 점유자가 타인의 소유권을 배제하여 자기의 소유물처럼 배타적 지배를 행사하는 의사를 가지고 점유하는 것으로 볼 수 없는 객관적 사정, 즉 점유자가 진정한 소유자라면 통상 취하지 아니할 태도를 나타내거나 소유자라면 당연히 취했을 것으로 보이는 행동을 취하지 아니한 경우 등 외형적·객관적으로 보아 점유자가 타인의 소유권을 배척하고 점유할 의사를 갖고 있지 아니하였던 것이라고 볼 만한 사정이 증명된 경우에는 그 추정은 깨어지고, 점유자가 점유 개시 당시에 소유권 취득의 원인이 될 수 있는 법률행위, 기타 법률요건이 없이 그와 같은 법률요건이 없다는 사실을 잘 알면서 타인 소유의 부동산을 무단점유한 것임이 입증되었다면, 특별한 사정이 없는 한 점유자는 타인의 소유권을 배척하고 점유할 의사를 갖고 있지 않다고 보아야 하므로 그 경우에도 소유의 의사가 있는 점유라는 추정은 깨어진다.106)

(4) 부동산의 점유권원의 성질이 분명하지 않을 때에는 민법 제197조 제1항에 의하여 점유자는 소유의 의사로 선의, 평온 및 공연하게 점유한 것으로 추정되는 것이며, 이러한 추정은 지적공부 등의 관리주체인 국가나 지방자치단체가 점유하는 경우에도 마찬가지로 적용된다. 한편 국가나 지방자치단체가 취득시효의 완성을 주장하는 토지의 취득절차에 관한 서류를 제출하지 못하고 있다고 하더라도, 그 토지에 관한 지적공부 등이 6·25 전란으로 소실되었거나 기타의 사유로 존재하지 아니함으로 인하여 국가나 지방자치단체가 지적공부 등에 소유자로 등재된 자가 따로 있음을 알면서 그 토지를 점유하여 온 것이라고 단정할 수 없고, 그 점유의 경위와 용도 등을 감안할 때 국가나 지방자치단체가 점유 개시 당시 공공용 재산의 취득절차를 거쳐서 소유권을 적법하게 취득하였을 가능성도 배제할 수 없다고 보이는 경우에는, 국가나 지방자치단체가 소유권 취득의 법률요건이 없이 그러한 사정을 잘 알면서 토지를 무단점유한 것임이 입증되었다고 보기 어려우므로, 위와 같이 토지의 취득절차에 관한 서류를 제출하지 못하고 있다는 사정만으로 그 토지에 관한 국가나 지방자치단체의 자주점유의 추정이 번복된다고 할 수는 없다.107)

(5) 소유의 의사는 점유개시 당시 존재하여야 한다.

---

104) 점유취득시효완성을 원인으로 한 소유권이전등기청구권도 10년의 소멸시효에 걸리나 점유자가 점유를 계속하고 있는 동안은 시효가 진행하지 않는다. 다만 그 점유를 상실한 때(제3자에게 처분한 경우)에는 시효이익의 포기로 볼 수 있는 것이 아닌 한 점유를 상실한 때로부터 10년간 등기청구권을 행사하지 아니하면 소멸시효가 완성된다. 매수인이 제3자에게 처분한 경우와 비교할 것.

105) 예컨대, 공유부동산의 단독점유, 귀속재산에 대한 점유 등 성질상 타주점유로 보이는 권원에 기하여 점유를 취득한 사실이 증명되면 자주점유의 추정이 깨어진다.

106) 대법원 2011. 1. 13. 선고 2010다66699 판결; 대법원 1997. 8. 21. 선고 95다28625 판결 등.

107) 대법원 2010. 10. 14. 선고 2008다92268 판결.

나. 시효기간(20년)의 경과 및 기산점

(1) 취득시효의 기산점은 점유 개시 시점이다. 취득시효의 요건인 소유의 의사, 평온·공연 및 선의·무과실은 점유 개시 시점을 기준으로 하여 판단하고, 취득시효의 효과는 점유 개시 시에 소급하여 발생하기 때문에 점유 개시 시점을 확정해야 한다.

(2) 소멸시효의 기산점은 주요 사실이나, 취득시효의 기산점은 간접사실이다. 따라서 법원은 당사자의 주장에 구속되지 않고 소송자료에 의해 진정한 점유개시 시점을 판단하여야 한다. 다만, 소유자에 변동이 없는 경우에는(상속 포함) 현재로부터 역산하여 20년 이상 점유한 사실만 인정되면 족하다.[108]

(3) 판례는 취득시효 대상 부동산에 관하여 <u>소유명의자가 동일하고 그 변동이 없는 경우</u>에는 시효취득자가 임의로 그 기산점을 선택할 수 있으나, <u>소유명의자가 변동된 경우</u>에는 원칙적으로 시효취득의 기초가 되는 점유가 개시된 시점이 기산점이 되고, 당사자가 임의로 기산점을 선택할 수 없다고 한다(취득시효에 관한 판례법의 5원칙 참조).

(4) 취득시효완성을 원인으로 한 소유권이전등기청구는 '**시효완성 당시의 점유자**'(원고)가 '**시효완성 당시의 소유자**'(피고)를 상대로 제기하여야 한다. 점유취득시효완성 후 점유자가 변경된 경우에는 현재의 점유자가 아니라 취득시효완성 당시의 점유자에게 원고적격이 있다. 따라서 원고가 자신이 직접 토지를 점유하기 전에 이미 취득시효가 완성되었다고 주장하면서 **직접** 자기에게 취득시효완성을 원인으로 한 소유권이전등기청구를 하면 주장 자체로 이유 없는 것이 된다(청구기각).[109] 피고적격자는 시효완성 당시의 소유자이다.[110] 따라서 점유취득시효가 완성된 후 취득시효완성을 원인으로 한 소유권이전등기를 하지 않고 있는 사이에 그 부동산에 관하여 제3장 명의로 소유권이전등기가 마쳐진 경우 피고는 '취득시효완성 당시의 소유자'가 되어야 한다.

---

108) 판례는 원칙적으로 고정시설을 따르면서 예외적으로 역산설을 취한다.

109) 대법원 1995. 11. 28. 선고 95다22078, 22085 판결: 전 점유자의 점유를 승계한 자는 그 점유 자체와 하자만을 승계할 뿐 그 점유로 인한 법률효과까지 승계하는 것은 아니어서 취득시효의 완성으로 인하여 부동산의 소유명의자에 대한 소유권이전등기청구권을 시효취득하는 자는 시효완성 당시의 점유자에 한하므로, 그로부터 부동산의 점유를 승계한 현 점유자로서는 <u>자신의 전 점유자에 대한 소유권이전등기청구권을 보전하기 위하여 시효완성 당시의 전 점유자가 소유명의자에 대하여 가지는 소유권이전등기청구권을 대위행사할 수 있을 뿐이지, 전 점유자의 취득시효완성의 효과를 주장하여 직접 자기에게 소유권이전등기를 청구할 권리는 없다.</u> 점유자가 소유명의자에 대하여 직접 취득시효완성으로 인한 소유권이전등기청구권을 갖는다는 것과 점유자가 전 점유자를 대위하여 그가 소유명의자에 대하여 가지는 소유권이전등기청구권을 대위행사한다는 것은 그 청구원인이 다르므로, <u>점유자가 소유명의자를 상대로 직접 취득시효완성을 원인으로 한 소유권이전등기 청구를 하고 있음이 명백한 경우,</u> 그 점유자에 대하여 전 점유자를 대위하여 소유명의자에게 취득시효완성을 원인으로 한 소유권이전등기 청구를 하는 것인지에 관하여 심리하지 않았다 하여 석명권 불행사의 위법이 있다고 할 수 없다.

110) 대법원 2007. 7. 26. 선고 2006다64573 판결: 점유취득시효완성을 원인으로 한 소유권이전등기청구는 시효완성 당시의 소유자를 상대로 하여야 하므로 <u>시효완성 당시의 소유권보존등기 또는 이전등기가 무효라면 원칙적으로 그 등기명의인은 시효취득을 원인으로 한 소유권이전등기청구의 상대방이 될 수 없고,</u> 이 경우 시효취득자는 소유자를 대위하여 위 무효등기의 말소를 구하고 다시 위 소유자를 상대로 취득시효완성을 이유로 한 소유권이전등기를 구하여야 한다.

다. 등기

(1) 취득시효에 의한 소유권취득은 법률의 규정에 의한 물권변동이지만 민법 제187조의 유일한 예외로 등기를 하여야 소유권을 취득할 수 있다(제245조 제1항).[111]

(2) 점유취득시효의 완성에 의한 권리의 취득은 원시취득이다. 그러나 보존등기가 아닌 이전등기의 형식을 취한다.

2. 등기부취득시효의 요건

가. 점유

(1) 점유취득시효의 요건인 소유의 의사로 평온·공연한 점유에 더하여 점유자의 선의·무과실이 요구된다. 점유개시 시에 선의·무과실이면 되고 전 점유기간을 통하여 선의·무과실이 계속되어야 하는 것은 아니다.

(2) 점유자의 선의는 추정되나(민법 제197조 제1항), 무과실은 추정되지 않으므로 선의취득을 주장하는 점유자가 무과실을 증명하여야 한다.[112]

(3) 일반적으로 등기부상의 명의인을 소유자로 믿고 부동산을 매수하여 점유하는 자는 특별한 사정이 없는 과실 없는 점유자로 볼 것이다.[113]

---

111) 대법원 2006. 5. 12. 선고 2005다75910 판결: 타인의 토지를 20년간 소유의 의사로 평온·공연하게 점유한 자는 등기를 함으로써 비로소 그 소유권을 취득하게 되므로 점유자가 원소유자에 대하여 점유로 인한 취득시효기간이 만료되었음을 원인으로 소유권이전등기청구를 하는 등 그 권리행사를 하거나 원소유자가 취득시효완성 사실을 알고 점유자의 권리취득을 방해하려고 하는 등의 특별한 사정이 없는 한 <u>원소유자는 점유자 명의로 소유권이전등기가 마쳐지기까지는 소유자로서 그 토지에 관한 적법한 권리를 행사할 수 있다.</u> 그와 같은 경우로 <u>원소유자가 취득시효의 완성 이후 그 등기가 있기 전에 그 토지를 제3자에게 처분하거나 제한물권의 설정, 토지의 현상 변경 등 소유자로서의 권리를 행사하였다 하여 시효취득자에 대한 관계에서 불법행위가 성립하는 것이 아님은 물론 위 처분행위를 통하여 그 토지의 소유권이나 제한물권 등을 취득한 제3자에 대하여 취득시효의 완성 및 그 권리취득의 소급효를 들어 대항할 수도 없다</u> 할 것이니, 이 경우 시효취득자로서는 원소유자의 적법한 권리행사로 인한 현상의 변경이나 제한물권의 설정 등이 이루어진 그 토지의 사실상 혹은 법률상 현상 그대로의 상태에서 등기에 의하여 그 소유권을 취득하게 된다. 따라서 시효취득자가 원소유자에 의하여 그 토지에 설정된 근저당권의 피담보채무를 변제하는 것은 시효취득자가 용인하여야 할 그 토지상의 부담을 제거하여 완전한 소유권을 확보하기 위한 것으로서 그 자신의 이익을 위한 행위라 할 것이니, 위 변제액 상당에 대하여 원소유자에게 대위변제를 이유로 구상권을 행사하거나 부당이득을 이유로 그 반환청구권을 행사할 수는 없다 할 것이다.

112) 대법원 2005. 6. 23. 선고 2005다12704 판결: 등기부취득시효에 있어서는 <u>점유의 개시에 과실이 없었음을 필요로 하고, 그 입증책임은 주장자에게 있으며</u>, 여기서 무과실이라 함은 점유자가 자기의 소유라고 믿은 데에 과실이 없음을 말한다.

113) 대법원 2004. 6. 25. 선고 2004다13052 판결: 등기부취득시효에서 선의·무과실은 등기에 관한 것이 아니고 점유 취득에 관한 것으로서 그 무과실에 관한 입증책임은 시효취득을 주장하는 쪽에 있고, <u>부동산을 취득한 자는 부동산을 양도하는 자가 처분할 권한이 있는지를 조사하여야 할 것이며, 이를 조사하였더라면 양도인에게 처분권한이 없음을 알 수 있었음에도 불구하고 이러한 조사를 하지 아니하고 양수하였다면 그 부동산의 점유에 대하여 과실이 있다고 하지 않을 수 없는 것이며</u>(대법원 1997. 8. 22. 선고 97다2665 판결 참조), 매도인이 등기부상의 소유명의자와 동일인인 경우에는 일반적으로는 등기부의 기재가 유효한 것으로 믿고 매수한 사람에게 과실이 있다고 할 수 없을 것이나, 만일 <u>그 등기부의 기재나 다른 사정에 의하여 매도인의 권한에 대하여 의심할 만한 사정이 있다면 매도인 명의로 된 등기를 믿고 매수하였다 하여 그것만 가지고 과실이 없</u>

나. 등기

(1) 등기부취득시효의 요건으로서의 소유자로 등기한 자라 함은 적법·유효한 등기를 마친 자일 필요는 없고 무효의 등기를 마친 자라도 상관없다.[114]

(2) 상속인도 피상속인의 등기를 승계하여 등기부취득시효를 할 수 있다.[115]

다. 점유와 등기의 계속

(1) 등기기간과 점유기간은 각각 10년이어야 한다.

(2) 점유의 승계뿐만 아니라 등기의 승계도 인정된다.[116]

3. 취득시효에 관한 판례법의 5원칙

가. 점유취득자와 제3자의 우열

부동산의 원소유자를 甲(소유명의자)으로, 취득시효의 요건을 갖추고 있는 점유자를 乙(시효취득자)로, 甲으로부터 그 부동산을 양도받은 자를 丙(제3취득자)으로 하면 다음과 같이 취득시효에 관한 판례법의 5원칙을 추출할 수 있다.[117] 판례는 제3자의 취득이 점유자의 시효완성 전이냐에 의해서 제3자와 점유자 사이에서 그 우열을 가린다.[118]

다고 할 수 없다.

114) 대법원 1998. 1. 20. 선고 96다48527 판결.

115) 대법원 1989. 12. 26. 선고 89다카6140 판결: 상속인은 상속의 개시 즉 피상속인의 사망이라는 법률요건의 성립에 의하여 피상속인의 재산에 관한 포괄적 권리의무를 승계하고, 권리의 득실변경에 등기를 요건으로 하는 경우에도 상속인은 등기를 하지 아니하고도 상속에 의하여 곧바로 그 권리를 취득하는 것이므로 부동산에 관하여 피상속인 명의로 소유권이전등기가 10년 이상 경료되어 있는 이상 상속인은 부동산등기부 시효취득의 요건인 '부동산의 소유자로 등기한 자'에 해당한다고 할 것이어서, 이 경우 피상속인과 상속인의 점유기간을 합산하여 10년을 넘을 때에 등기부취득시효기간이 완성된다 할 것이다.

116) 대법원 1989. 12. 26. 선고 87다카2176 전원합의체 판결: 등기부취득시효에 관한 민법 제245조 제2항의 규정에 의하여 소유권을 취득하는 자는 10년간 반드시 그의 명의로 등기되어 있어야 하는 것은 아니고 앞 사람의 등기까지 아울러 그 기간 동안 부동산의 소유자로 등기되어 있으면 된다고 할 것이다. 대법원 2001. 1. 16. 선고 98다20110 판결: 등기부취득시효에 관하여 민법 제245조 제2항은 "부동산의 소유자로 등기한 자가 10년간 소유의 의사로 평온, 공연하게 선의이며 과실 없이 그 부동산을 점유한 때에는 소유권을 취득한다"고 규정하고 있는데, 위 규정에 의하여 소유권을 취득하는 자는 <u>10년간 반드시 그의 명의로 등기되어 있어야 하는 것은 아니고 앞 사람의 등기까지 아울러 그 기간 동안 부동산의 소유자로 등기되어 있으면 된다</u>고 할 것이고, 등기는 물권의 효력발생요건이고 효력존속요건이 아니므로 물권에 관한 등기가 원인 없이 말소된 경우에 그 물권의 효력에는 아무런 영향을 미치지 않는 것이므로, <u>등기부취득시효가 완성된 후에 그 부동산에 관한 점유자 명의의 등기가 말소되거나 적법한 원인 없이 다른 사람 앞으로 소유권이전등기가 경료되었다 하더라도, 그 점유자는 등기부취득시효의 완성에 의하여 취득한 소유권을 상실하는 것은 아니다.</u>

117) 등기와 취득시효에 관한 판례법의 5원칙은 일본 판례의 5원칙을 그대로 수용한 것이다. 다만 시효취득을 주장할 수 있는 제3자 여부를 결정하는 기준시점이 '원소유자와 제3취득자 사이의 양도약정일'이 아닌 '제3취득자의 등기일'인 점에서 다르다. 상세는 진상범, "2차 점유취득시효기간 중 등기부상 소유명의자가 변경된 경우, 2차 시효완성자의 법적 지위", 「사법」, 사법발전재단, 2010, p.269 이하 참조.

나. 취득시효에 관한 판례법의 5원칙

(1) **제1원칙**: 甲의 부동산을 乙이 시효취득한 경우 <u>甲・乙은 물권변동의 당사자이므로 乙은 등기 없이</u> <u>甲에 대하여 시효취득을 주장할 수 있다.</u> 이 경우 소유자에 변동이 없는 경우 현재로부터 역산하여 20년 이상 점유한 사실만 인정되면 족하다(역산설). 甲은 乙에 대하여 자기의 소유권을 주장하여 부동산의 인도나 지상건물의 철거 등 물권적 청구권을 행사할 수 없고, 부당이득, 손해배상청구도 할 수 없으며, 소유권확인의 소를 제기해도 승소할 수 없다.

(2) **제2원칙**: <u>乙의 취득시효가 진행되는 중에 그 부동산이 甲으로부터 丙에게 양도되어 그 후에 乙의</u> <u>시효가 완성된 경우에도, 丙은 乙의 시효취득에 의해 소유권을 상실하게 된다는 의미에서 시효취득</u> 의 당사자라고 볼 수 있으므로 <u>乙은 등기 없이 丙에게 시효취득을 주장할 수 있다.</u> 등기로서 시효의 진행이 중단되는 것은 아니다. 따라서 丙에게의 양도가 시효완성 전이면 乙은 丙에게 시효취득을 주장할 수 있으나, 시효완성 후이면 乙은 丙에게 시효취득을 주장할 수 없다(점유자의 입장).

(3) **제3원칙**: <u>乙의 시효기간이 만료된 후에 그 부동산이 甲으로부터 丙에게 양도된 경우에는 甲으로부터</u> <u>乙, 丙에게 이중 양도된 경우와 같이 다루어 乙은 등기를 하지 아니하면 丙에 대하여 시효취득을 주장</u> <u>할 수 없다.</u> 시효완성 후에 소유권의 변동이 있는 경우에는 제3취득자는 선의, 악의 여부에 불문하고 점유자에 우선한다. 따라서 시효완성이라는 우연한 사정에 따라 제3취득자의 보호를 달리하게 된다.

(4) **제4원칙**: 시효의 기산점은 시효의 기초되는 사실이 개시되는 때로 하여야 하는 것으로서 점유가 시효기간을 초과하는 경우에 있어서도 <u>점유자는 기산점을 임의로 선택할 수 없는 것이므로(고정시설)</u> 제3원칙의 적용에 있어 乙이 시효기간의 기산점을 뒤로 하여 丙에게 양도된 후에 취득시효가 완성된 것으로 주장하는 것은 허용되지 않는다.

(5) **제5원칙**: 제3원칙의 적용을 받는 경우에 있어서도 <u>丙의 이전등기 후 乙이 다시 시효취득에 필요한</u> <u>기간에 걸쳐 점유를 계속한다면 丙에 대하여 시효취득을 주장할 수 있다.</u>

다. 판례에 대한 평가

(1) 위 제5원칙은 제3취득자(丙) 명의의 변동이 없는 경우에 적용되는 원칙이나, 2차의 시효기간 중 등기명의자의 변동이 있는 경우 판례는 2차의 시효기간 중에는 등기명의자가 동일하고 소유자의 변동이 없는 경우에 한정된다고 보았다.[119]

(2) 학설은 취득시효와 등기에 관한 판례법의 5원칙을 지지하는 입장과 비판하는 입장으로 나누어져

---

118) 상세는 이범주, "점유취득시효에 있어 소유자가 제3자로 변경된 시점을 새로운 취득시효의 기산일로 삼을 수 있는지 여부", 「우당 박우동선생 화갑기념 민사재판의제문제(제8권)」, 한국사법행정학회, 1994, p.113 이하 참조.
119) 대법원 1999. 2. 12. 선고 92다40688 판결 등.

있으나, 아래 <사례 7>의 대법원 전원합의체 판결은 부동산에 대한 1차의 점유취득시효가 완성된 후 그로 인한 소유권이전등기를 하지 않고 있는 사이에 그 부동산에 관하여 제3자 명의의 소유권이전등기가 마쳐진 경우, 제3자 앞으로의 소유권변동 시를 2차의 점유취득시효의 기산점으로 삼아 취득시효완성을 주장할 수 있지만 그 경우 그 취득시효기간 중 등기명의자가 동일하고 소유자의 변동이 없을 것을 요구하였던 종전의 판례를 변경하고, 2차의 취득시효기간 중에 등기명의자가 변경되더라도 점유자는 그 등기명의자에 대하여 시효취득을 주장할 수 있음을 밝히고 있다.[120]

(3) 문제는 2차 점유취득시효를 독립한 새로운 법률관계로 볼 수 있을 것인지 의문이 있으나, 취득시효에 관한 판례법의 체계와 다수의견에 대한 보충의견에서 보는 바와 같이 2차 점유취득시효의 요건을 1차 점유취득시효와 차별적으로 엄격하게 취급할 만한 근거도 없으므로 다수의견을 수긍할 수밖에 없다.[121]

사례 7

A는 1982. 2. 12. B로부터 밀양시 삼문동 245 – 3 대 155㎡를 매수한 다음 1982. 2. 15. 자신 명의로 소유권이전등기를 마쳤다. 위 대지는 1987. 9. 26. 같은 동 3필지의 대지와 합병되어 같은 동 245 – 3 대 360㎡(이하, '이 사건 대지')가 되었고, 그 후 이 사건 대지에 관하여 1988. 3. 25. C 명의로, 1988. 9. 10. 甲 명의로 소유권이전등기가 순차로 마쳐졌다. 乙은 이 사건 대지와 연접한 밀양시 삼문동 244 – 20 대 79㎡를 소유하면서 이 사건 대지 중 별지 도면 표시 21, 22, 23, 5, 6, 7, 8, 20, 21의 각 점을 순차적으로 연결한 선내 (나)부분 54㎡(이하, '이 사건 계쟁토지')를 텃밭으로 점유 · 사용하고 있다. 甲은 乙이 점유하고 있는 계쟁토지의 인도를 구하고, 乙은 반소로 甲이 점유한 계쟁토지에 관하여 취득시효완성을 이유로 甲에 대하여 소유권이전등기절차의 이행을 구한다.

(1) 청구취지

　　본소: 피고(반소원고, 이하 피고라고 한다)는 원고(반소피고, 이하 원고라고 한다)에게 밀양시 삼문동 245 – 3 대 360㎡ 중 별지 도면 표시 21, 22, 23, 5, 6, 7, 8, 20, 21의 각 점을 순차적으로 연결한 선내 (나)부분 54㎡를 인도하라.

　　반소: 원고는 피고에게 밀양시 삼문동 245 – 3 대 360㎡ 중 별지 도면 표시 21, 22, 23, 5, 6, 7, 8, 20, 21의 각 점을 순차적으로 연결한 선내 (나)부분 54㎡에 관하여 2002. 2. 15. 취득시효완성을 원인으로 한 소유권이전등기절차를 이행하라.

(2) 본소청구원인: 피고는 이 사건 계쟁토지의 점유권원에 대한 주장 · 입증이 없는 한, 이 사건 대지의 소유자인 원고에게 이 사건 계쟁토지를 인도할 의무가 있다.

(3) 반소청구원인: D가 1960. 2. 27. 위 244 – 20 대지를 국으로부터 불하받으면서 이 사건 계쟁토지도 포함된 것으로 알고 텃밭으로 점유 · 사용한 것을 1961. 1.경 D로부터 매수함으로써 이 사건 계쟁토

---

120) 진상범, 앞의 논문, pp.280~281, pp.285~286면 참조.

121) 판례에 비판적인 입장으로는 양진수, "부동산점유취득시효완성 후 부동산의 소유권을 취득한 제3자와 시효완성점유자의 관계", 「민사판례연구[ⅩⅩ]」, 225면 이하 참조.

지를 소유의 의사로 평온·공연하게 점유를 계속하여 왔으므로 그로부터 20년이 경과한 1981. 1.경 이 사건 계쟁토지에 관한 점유취득시효가 완성되었고, 그 후 이 사건 대지에 관하여 A 명의로 1982. 2. 15. 소유권이전등기를 마쳐졌으나, 위 등기일을 새로운 기산점으로 하여 20년이 경과한 2002. 2. 15. 이 사건 계쟁토지에 관한 점유취득시효가 다시 완성되었으므로, 원고에게 이 사건 계쟁토지에 관하여 2002. 2. 15. 취득시효완성을 원인으로 한 소유권이전등기절차의 이행을 구한다.

〈원심의 판단〉[122]

취득시효가 완성된 후에 제3취득자가 소유권이전등기를 마친 경우에도 당초의 점유자가 계속 점유하고 있고, 또 소유자가 변동된 시점을 새로운 기산점으로 삼아도 다시 취득시효의 점유기간이 완성되는 경우에는 취득시효를 주장하는 점유자로서는 소유권 변동시를 새로운 취득시효의 기산점으로 삼아 취득시효의 완성을 주장할 수 있지만, 이 경우에도 그 점유기간 중에는 등기명의자가 동일하고 소유자의 변동이 없어야만 하는 바, 증거를 종합하면, D가 1960. 2. 27. 국으로부터 위 244-20 대지를 불하받으면서 이 사건 계쟁토지를 텃밭으로 점유·사용한 사실, 피고(乙)가 1961. 1.경 D로부터 위 244-20 대지를 매수하면서 텃밭으로 점유·사용하던 이 사건 계쟁토지의 점유를 승계한 사실을 인정할 수 있으나, 피고 주장과 같이 A 명의로 이 사건 대지의 소유권이전등기가 마쳐진 시점을 새로운 취득시효의 기산점으로 삼으려면 위 새로운 기산점 이후 이 사건 대지에 관하여 등기명의자가 동일하고 소유자의 변동이 없어야만 함에도 불구하고, 이 사건 대지에 관하여 1988. 3. 25. C 명의로, 1988. 9. 10. 원고(甲) 명의로 소유권이전등기가 순차로 마쳐진 사실은 앞서 본 바와 같으므로, 피고의 주장은 더 나아가 살펴볼 필요 없이 이유 없다(원고 명의로 소유권이 이전된 1988. 9. 10.부터 20년이 경과되지 아니하였음은 역수상 명백하다)(본소청구 인용, 반소청구 기각).

[대법원 2009. 7. 16. 선고 2007다15172, 15189 전원합의체 판결][123]

1. 부동산에 대한 점유취득시효가 완성된 후 취득시효완성을 원인으로 한 소유권이전등기를 하지 않고 있는 사이에 그 부동산에 관하여 제3자 명의의 소유권이전등기가 경료된 경우라 하더라도 당초의 점유자가 계속 점유하고 있고 소유자가 변동된 시점을 기산점으로 삼아도 다시 취득시효의 점유기간이 경과한 경우에는 점유자로서는 제3자 앞으로의 소유권 변동 시를 새로운 점유취득시효의 기산점으로 삼아 2차의 취득시효의 완성을 주장할 수 있다.

2. 취득시효기간이 경과하기 전에 등기부상의 소유명의자가 변경된다고 하더라도 그 사유만으로는 점유자의 종래의 사실상태의 계속을 파괴한 것이라고 볼 수 없어 취득시효를 중단할 사유가 되지 못하므로, 새로운 소유명의자는 취득시효완성 당시 권리의무 변동의 당사자로서 취득시효완성으로 인한 불이익을 받게 된다 할 것이어서 시효완성자는 그 소유명의자에게 시효취득을 주장할 수 있는바, 이러한 법리는 새로이 2차의 취득시효가 개시되어 그 취득시효기간이 경과하기 전에 등기부상의 소유명의자가 다시 변경된 경우에도 마찬가지로 적용된다고 봄이 상당하다(원심판결 파기환송).[124][125]

---

122) 창원지방법원 2007. 1. 25. 선고 2006나6052(본소), 2006나6069(반소) 판결.

V. 부동산 명의신탁 관련 소송

1. 부동산실명법에 의한 명의신탁의 규제

가. 부동산실명법과 명의신탁의 금지

(1) 부동산 실권리자 명의 등기에 관한 법률(이하「부동산실명법」)이 1995. 7. 1. 시행된 지 16년이 지났지만 아직도 차명으로 부동산을 보유하는 사람들이 많다. 판례는 지금까지 남의 이름으로 부동산등기를 했던 사람들이 명의자를 상대로 제기한 부동산소유권이전등기소송에서 전적으로 원고 측 손을 들어 주고 있다.[126] 판례의 기조는 명의신탁이 그 자체로 선량한 풍속, 기타 사회질서에 위반하는 경우에 해당한다고 단정할 수 없을 뿐만 아니라 명의신탁자에 대해 과징금 등 행정적 제재나 형벌을 부과할 수 있다는 이유로 궁극적으로는 명의신탁의 사법적 효력을 부인할 수 없고 명목상 소유자(명의자)보다는 실제 소유주(차명 보유자)의 재산권을 보호하고 있다.[127]

---

123) 오창수, "2009년 민사소송법 판례 연구−1",「법과정책(제16권 제2호)」, 제주대학교 법과정책연구소(2010), pp.160~163 참조.

124) 종래 이와 달리 부동산의 취득시효가 완성된 후 토지소유자가 변동된 시점을 새로운 취득시효의 기산점으로 삼아 2차의 취득시효의 완성을 주장하려면 그 새로운 취득시효기간 중에는 등기명의자가 동일하고 소유자의 변동이 없어야만 한다는 취지로 판시한 대법원 1994. 3. 22. 선고 93다46360 전원합의체 판결, 대법원 1994. 4. 12. 선고 92다41054 판결, 대법원 1995. 2. 28. 선고 94다18577 판결, 대법원 1999. 2. 12. 선고 98다40688 판결, 대법원 2001. 12. 27. 선고 2000다43963 판결은 모두 이 판결의 견해에 배치되는 범위 내에서 변경되었다.

125) [대법관 박일환, 김능환, 신영철의 반대의견] (가) 우리 민법은 법률행위로 인한 물권변동은 등기하여야 한다는 이른바 형식주의를 취하고 부동산의 점유취득시효에 관해서도 등기함으로써 소유권을 취득한다고 규정하고 있으므로, 등기가 아니라 점유에 기하여 법률관계가 정해지도록 하는 것은 예외적으로 제한된 범위 내에서만 허용된다고 보는 것이 바람직하다.
   (나) 다수의견은 이른바 형식주의를 채택한 우리 민법 아래에서 거래의 안전을 심각하게 침해하는 결과를 초래할 수 있다. 우리 민법의 점유취득시효제도가 어떻게 운용되어야 할 것인지에 관하여 이미 종전 대법원 판결이 "무릇 점유취득시효제도란 권리 위에 잠자는 자를 배제하고 점유사용의 현실적 상황을 존중하자는 제도이기는 하지만, 이는 극히 예외적인 상황하에서만 인정되어야 할 것이고, 이를 지나치게 넓게 인정하는 것은 타인의 재산권을 부당히 침해할 요소가 큰 것이므로, 법이 진정한 재산권을 보호하지 못하는 결과가 되어 온당치 않다고 보이고, 따라서 그 취득요건은 극히 엄격히 해석하여야 할 것"이라는 판시를 한 바 있고, 이는 현재에도 유효하다.
   (다) 다수의견은 1차 점유취득시효가 완성된 후에 등기부상의 소유명의자가 변경된 경우에 그 등기부상의 명의 변경 시점을 새로이 점유취득시효의 기산점으로 볼 수 있는 근거 내지 이유에 대한 설명이 없다. 만일 1차 점유취득시효가 완성된 후에 등기부상의 소유명의자가 변경된 경우, 만일 당초의 점유자가 그와 같은 등기부상 소유자의 변경 사실을 잘 알면서도 감히 점유를 개시한 것이라면 이는 타주점유에 해당하는 것으로 보아야 하고, 그렇지 아니하고 당초의 점유자가 등기부상 소유자의 변경 사실을 알지 못한 채 점유를 계속한 것이라면 그 등기부상 소유자의 변경 시점을 새로운 점유의 기산점으로 볼 아무런 이유가 없다.

126) 부동산실명법에 관한 상세는 오창수, "부동산실명법과 명의신탁 재론−계약명의신탁과 부당이득반환을 중심으로−",「판례연구 제18집(1)」, 서울지방변호사회(2004), p.157 이하 참조.

127) 대법원 2003. 11. 27. 선고 2003다41722 판결: 부동산실명법이 규정하는 명의신탁약정은 부동산에 관한 물권의 실권리자가 타인과의 사이에서 대내적으로는 실권리자가 부동산에 관한 물권을 보유하거나 보유하기로 하고 그에 관한 등기는 그 타인의 명의로 하기로 하는 약정을 말하는 것일 뿐이므로, 그 자체로 선량한 풍속, 기타 사회질서에 위반하는 경우에 해당한다고 단정할 수 없을 뿐만 아니라, 위 법률은 <u>원칙적으로 명의신탁약정과 그 등기에 기한 물권변동만을 무효로 하고 명의신탁자가 다른 법률관계에 기하여 등기회복 등의 권리행사를 하는 것까지 금지하지는 않는</u> 대신, 명의신탁자에 대하여 행정적 제재나 형벌을 부과함으로써 사적자치 및 재산권보장의 본질을 침해하지 않도록 규정하고 있으므로, 위 법률이 비록 부동산등기제도를 악용한 투기·탈세·탈법행위 등 반사회적 행위를 방지하는 것 등을 목적으로 제정되었다고 하더라도, <u>무효인 명의신탁약</u>

(2) 부동산실명법에 의해 금지되는 명의신탁약정은 부동산에 관한 소유권, 기타 물권을 보유한 자 또는 사실상 취득하거나 취득하려고 하는 자(실권리자＝명의신탁자)가 타인(명의수탁자)과의 사이에서 대내적으로는 실권리자가 부동산에 관한 물권을 보유하거나 보유하기로 하는 약정(위임·위탁매매의 형식에 의하거나 추인에 의한 경우 포함)을 말하고, 다음의 경우에는 명의신탁약정에서 제외된다(동법 제2조 제1호).

① 채무의 변제를 담보하기 위하여 채권자가 부동산에 관한 물권을 이전받거나(양도담보) 가등기하는 경우

② 부동산의 위치와 면적을 특정하여 2인 이상이 구분소유하기로 하는 약정을 하고 그 구분소유자의 공유로 등기하는 경우(상호명의신탁)

③ 신탁법 또는 신탁업법에 의한 신탁재산인 사실을 등기한 경우(신탁등기)

④ 종중재산의 명의신탁과 부부간의 명의신탁에 있어서는 그것이 조세포탈·강제집행면탈 또는 법령상의 제한의 회피를 목적으로 하지 않는 경우에는 동법 제4조 내지 제7조 및 동법 제12조의 규정을 적용하지 아니한다(동법 제8조).

나. 명의신탁의 유형

(1) **양자 간(兩者間) 등기명의신탁:** 신탁자가 타인(수탁자)에게 등기명의를 신탁하기로 약정하고 수탁자 앞으로 등기명의를 이전하는 경우, 이 경우의 명의신탁약정은 부동산실명법 제4조 제1항에 따라 무효이고, 신탁자는 수탁자를 상대로 위 약정이 유효임을 전제로 명의신탁해지를 원인으로 한 소유권이전등기청구나 말소청구를 할 수 없다. 또한 수탁자로서는 신탁자는 물론 제3자에 대한 관계에서도 수탁된 부동산에 대한 소유권자임을 주장할 수 없고, 소유권에 기한 물권적청구권을 행사할 수도 없다.[128] 그러나 수탁자명의의 등기는 원인무효의 등기가 되므로 원칙적으로 신탁자는 수탁자를 상대로 원인무효를 이유로 그 등기의 말소를 구할 수도 있고, 명의신탁대상 부동산에 관하여 자기 명의로 소유권이전등기를 경료한 적이 있었던 신탁자로서는 수탁자를 상대로 진정명의회복을 원인으로 한 이전등기를 구할 수도 있다. 이를 강행법규에 위반하여 명의신탁약정을 한 신탁자의 청구라 하여 신의칙에 반한 것으로 볼 것은 아니다.[129]

(2) **제3자 간 등기명의신탁(중간생략등기형 명의신탁):** 신탁자 자신이 매도인과 사이에 매매계약을 체결하고 등기명의만은 신탁자와 수탁자의 명의신탁약정에 따라 수탁자 앞으로 이전하는 경우, 이 경우에도 신탁자와 수탁자 사이의 명의신탁약정은 무효이고, 수탁자 명의의 등기도 명의신탁약정에

정에 기하여 타인 명의의 등기가 마쳐졌다는 이유만으로 그것이 당연히 불법원인급여에 해당한다고 볼 수는 없다.

128) 대법원 2006. 8. 24. 선고 2006다18402, 18419 판결.

129) 판례는 부동산을 소유자로부터 명의수탁받은 자가 이를 임의로 처분하였다면 명의신탁자에 대한 횡령죄가 성립한다고 한다.

따른 것으로서 부동산실명법 제4조 제2항 단서에 해당되지 않아 무효이다. 그러나 명의신탁약정과 그에 의한 등기가 무효로 되면 명의신탁 부동산은 매도인 소유로 복귀하므로 매도인은 명의수탁자에게 무효인 명의수탁자 명의의 등기의 말소를 구할 수 있게 되고, 한편 부동산실명법은 매도인과 명의신탁자 사이의 매매계약의 효력을 부정하는 규정을 두고 있지 아니하여 매도인과 명의신탁자 사이의 매매계약은 여전히 유효하므로, 명의신탁자는 위 매매계약에 기한 매도인에 대한 소유권이전등기청구권을 보전하기 위하여 매도인을 대위하여 명의수탁자에게 무효인 명의수탁자 명의의 등기의 말소를 구할 수 있고, 매도인에게는 위 매매계약을 원인으로 한 소유권이전등기청구를 할 수 있다.130) 판례는 이른바 3자 간 등기명의신탁의 경우 부동산실명법에서 정한 유예기간 경과에 의하여 그 명의신탁약정과 그에 의한 등기가 무효로 되더라도 명의신탁자는 매도인에 대하여 매매계약에 기한 소유권이전등기청구권을 보유하고 있어 그 유예기간의 경과로 그 등기 명의를 보유하지 못하는 손해를 입었다고 볼 수 없고, 또한 명의신탁 부동산의 소유권이 매도인에게 복귀된 마당에 명의신탁자가 무효의 등기명의인인 명의수탁자를 상대로 그 이전등기를 구할 수도 없다고 보아야 하므로, 결국 3자간 등기명의신탁에 있어서 명의신탁자는 명의수탁자를 상대로 부당이득반환을 원인으로 한 소유권이전등기를 구할 수 없다고 본다.131)

[참고판례] 대법원 2011. 9. 8. 선고 2009다49193, 49209 판결

부동산 실권리자 명의 등기에 관한 법률(이하 '법'이라 한다)에 의하면, 이른바 3자 간 등기명의신탁의 경우 법에서 정한 유예기간의 경과에 의하여 기존 명의신탁약정과 그에 의한 등기가 무효로 되고 그 결과 명의신탁된 부동산은 매도인 소유로 복귀하므로, 매도인은 명의수탁자에게 무효인 그 명의 등기의 말소를 구할 수 있고, 한편 법에서 정한 유예기간 경과 후에도 매도인과 명의신탁자 사이의 매매계약은 여전히 유효하므로, 명의신탁자는 매도인에 대하여 매매계약에 기한 소유권이전등기를 청구할 수 있고, 그 소유권이전등기청구권을 보전하기 위하여 매도인을 대위하여 명의수탁자에게 무효인 그 명의 등기의 말소를 구할 수 있다. 그런데 법에서 정한 유예기간이 경과한 후에 명의수탁자가 신탁부동산을 임의로 처분하거나 강제수용이나 공공용지 협의취득 등을 원인으로 제3취득자 명의로 이전등기가 마쳐진 경우, 특별한 사정이 없는 한 그 제3취득자는 유효하게 소유권을 취득하게 되므로(법 제4조 제3항), 그로 인하여 매도인의 명의신탁자에 대한 소유권이전등기의무는 이행불능으로 되고 그 결과 명의신탁자는 신탁부동산의 소유권을 이전받을 권리를 상실하는 손해를 입게 되는 반면, 명의수탁자는 신탁부동산의 처분대금이나 보상금을 취득하는 이익을 얻게 되므로, 명의수탁자는 명의신탁자에게 그 이익을 부당이득으로 반환할 의무가 있다.132)

---

130) 판례는 부동산을 그 소유자로부터 매수한 자가 그의 명의로 소유권이전등기를 하지 아니하고 제3자와 맺은 명의신탁약정에 따라 매도인으로부터 바로 그 제3자에게 중간생략의 소유권이전등기를 경료한 경우, 그 제3자가 그와 같은 명의신탁 약정에 따라 그 명의로 신탁된 부동산을 임의로 처분하였다면 신탁자에 대한 횡령죄가 성립한다고 한다.

131) 대법원 2008. 11. 27. 선고 2008다55290, 55306 판결.

132) 원심은, 피고와 원고 사이의 명의 차용관계는 이른바 3자간 등기명의신탁으로서 명의수탁자인 원고가 수탁부동산인 이 사건 도로 지분에 관하여 공공용지 협의취득을 원인으로 고양시에 이전등기를 경료하여 줌으로써 원고의 소외 매도인에 대한 말소등기의무가 이행불능으로 되었으므로, 소외 매도인은 원고에 대하여 위 지분에 상당한 토지보상금의 지급을 구하는 대상청구를 할 수 있고, 명의신탁자인 피고는 위 지분의 매수인으로서 소외 매도인에 대한 지분이전등기청구권의 이행불능으로 인하여 발생한 권리를 보전하기 위하여 소외 매도인을 대위하여 원고에게 위 토지보상금의 지급을 구할 수 있다고 판단하였으나, 원

(3) **계약명의신탁**: 신탁자와 수탁자가 명의신탁약정을 체결하고 수탁자가 매매계약의 당사자가 되어 매도인과 매매계약을 체결하고 수탁자 앞으로 등기명의를 이전하는 경우, 계약명의신탁이 제3자 간 등기명의신탁과 다른 점은 계약명의신탁의 경우 매매계약이 매도인과 수탁자 사이에 체결되므로 매도인과 신탁자 사이에 별도의 매매계약이 존재하지 않는 점에 있다. 즉 계약명의신탁에 있어서는 매매계약 등 원인행위의 당사자가 매도인과 수탁자이고, 제3자 간 등기명의신탁에 있어서는 매도인과 신탁자가 당사자가 된다. 계약명의신탁의 경우에는 양자 간 등기명의신탁이나 제3자 간 등기명의신탁과 달리 수탁자는 신탁재산에 대한 소유권을 유효하게 취득하게 되고, 수탁자가 신탁재산을 처분하더라도 형사상 횡령죄나 배임죄로 처벌할 수 없다. 계약명의신탁의 경우 신탁자와 수탁자의 법률관계는 매매계약의 당사자인 매도인이 명의신탁약정의 존재를 알았는지에 따라 달라진다. 매도인이 명의신탁약정의 존재를 알았다면 수탁자명의 등기에 의한 물권변동은 무효로 되고(부동산실명법 제4조 제2항 본문), 몰랐다면 매도인과 수탁자 사이의 소유권이전등기는 유효가 된다(제4조 제2항 단서). 매도인의 선의·악의 판단시점은 계약체결 시를 기준으로 하고, 매도인의 악의에 대한 입증책임은 악의를 주장하는 자가 부담한다.

[참고] 3자 간 등기명의신탁과 계약명의신탁의 구별 기준

[사건의 개요]

이 사건 토지는 원래 피고 A의 소유였고, 그 위에 원·피고들의 모친인 B와 원고 등이 거주하는 무허가주택이 건립되어 있었다. 이 사건 토지에 관하여 임의경매절차가 개시되어 1996. 4. 1. K 신용협동조합(이하 'K 신협')이 소유권을 취득하였다. K 신협은 1998. 9. 2. 원고, B 등을 상대로 토지인도청구의 소를 제기하였고, 위 소송 중 원고와 B 등으로부터 이 사건 토지를 매수하거나 주택을 명도하겠다는 각서를 작성받고서 같은 달 11. 위 소를 취하하였다.

원고는 1999. 3. 12. K 신협으로부터 이 사건 토지를 대금 3,370만 원에 매수하기로 하였는데, 그 대금 지급을 위하여 1999. 3. 2. 보훈지청으로부터 1,000만 원을 대출받고, 같은 달 12. 이 사건 토지를 담보로 K 신협으로부터 2,500만 원을 대출받아 같은 날 K 신협에 매매대금을 모두 지급하였고, 그 후 위 대출금을 자신의 연금으로 대부분 변제하였다. 그런데 K 신협은 국가유공자 1급 장애인으로 지능이 낮은 원고의 단독 명의로 매매계약 체결 시 의사능력 흠결로 인한 법적 문제 등이 발생할 것을 우려하여 공동매수인의 추가를 요청하였고, 이에 따라 매매계약서상 원고 및 피고 C를 공동매수인으로 기재하고 그들 공유로 소유권이전등기를 마쳤다. 이 사건 토지 중 1/2 지분(이하 '이 사건 지분')에 관하여 2002. 4. 27. 피고 A 앞으로 2002. 4. 1. 자 매매를 원인으로 하여 소유권이전등기가 마쳐졌다.

심이 위와 같이 피고가 소외 매도인을 대위하여 원고에게 위 토지보상금의 지급을 구할 수 있다고 판시한 것은 적절하지 아니하나, 앞서 본 법리에 의하면 원고는 피고에게 위 토지보상금을 부당이득으로 반환할 의무가 있다고 할 것이므로, 원심이 위 토지보상금의 지급을 명한 결론은 정당하다고 판시한 사례.

원고는 피고 C와 사이의 명의신탁약정은 무효이고, 그에 기한 피고 C 명의의 이 사건 지분에 관한 소유권이전등기 역시 무효이며, 한편, 피고 A 명의의 이 사건 지분에 관한 소유권이전등기는 피고 C의 배임행위에 피고 A가 적극 가담하여 이루어진 것으로서 반사회적 법률행위에 해당하여 무효라고 주장하면서 K 신협을 대위하여 피고들 명의의 각 소유권이전등기의 말소를 구하는 이 사건 소송을 제기하였다.

[소송의 경과]

(1) 제1심: 원고와 피고 C 사이의 명의신탁약정은 <u>3자 간 등기명의신탁</u>으로서 무효이고, 피고 A 명의의 이 사건 소유권이전등기는 피고 A가 피고 C의 배임행위에 적극 가담하여 이루어진 것으로 반사회적 법률행위에 기한 것으로 무효라고 봄이 상당하다는 이유로 원고의 청구를 모두 인용(피고들은 진정한 명의신탁자가 피고 A이라고 주장하였으나 위 주장은 받아들여지지 않았다).

(2) 제2심: 이 사건 명의신탁약정은 <u>계약명의신탁</u>인데, 매도인이 명의신탁약정이 있다는 사실을 알지 못하는 경우 명의신탁약정의 무효에도 불구하고 그 명의수탁자는 당해 부동산의 완전한 소유권을 취득하게 되고, 설령 매도인이 악의라고 하더라도 신탁자와 수탁자 사이의 명의신탁약정이 무효인 것은 마찬가지이고, 수탁자 명의의 소유권이전등기는 무효가 되어 부동산의 소유권은 매도인에게 귀속하며 신탁자는 매도인과는 아무런 계약관계가 없어 매도인에 대하여 당해 부동산에 관한 소유권이전등기를 청구할 수 없으므로 원고에게 K 신협을 대위할 아무런 권원이 없다는 이유로 원고의 소가 부적법하다고 보아 이를 각하.

[대법원 2010. 10. 28. 선고 2010다52799 판결]

(1) 관련 법리: 명의신탁약정이 3자 간 등기명의신탁인지 아니면 계약명의신탁인지의 구별은 계약당사자가 누구인가를 확정하는 문제로 귀결되는바, <u>계약명의자가 명의수탁자로 되어 있다 하더라도 계약당사자를 명의신탁자로 볼 수 있다면 이는 3자 간 등기명의신탁이 된다. 따라서 계약명의자인 명의수탁자가 아니라 명의신탁자에게 계약에 따른 법률효과를 직접 귀속시킬 의도로 계약을 체결한 사정이 인정된다면 명의신탁자가 계약당사자라고 할 것이므로, 이 경우의 명의신탁관계는 3자 간 등기명의신탁으로 보아야 한다.</u>

(2) 판단: 앞서 본 법리에 위와 같은 사실관계를 비추어 보면, 원고가 이 사건 매매계약의 당사자로서 ○○신협으로부터 이 사건 토지를 매수하면서 그중 1/2 지분에 관한 등기명의만을 피고 박△△으로 하기로 한 것으로, <u>위 매매계약에 따른 법률효과는 명의신탁자인 원고에게 직접 귀속시킬 의도였던 사정이 인정되므로, 원고와 피고 박△△ 사이의 명의신탁약정은 3자 간 등기명의신탁에 해당한다고 봄이 상당하다.</u>

2. 명의신탁 약정의 효과

가. 명의신탁약정에 의한 물권변동의 무효

(1) 명의신탁약정은 무효로 하고, 명의신탁약정에 따라 행하여진 등기에 의한 부동산물권변동은 무효로 하며(다만 계약명의신탁의 경우 매도인이 명의신탁약정의 존재를 알지 못한 경우에는 유효하다), 명의신탁약정의 무효와 등기의 무효는 제3자에게 대항하지 못한다(동법 제4조).

(2) 부동산실명법의 핵심은 사법적으로도 바로 명의신탁약정을 무효로 하고, 명의신탁약정에 따라 행하여진 등기에 의한 물권변동도 무효로 보는 제4조에 있다. 이와 같이 강행규정인 부동산실명법에 따라 명의신탁약정을 무효로 보고, 명의신탁약정에 따라 행하여진 등기에 의한 물권변동까지 무효로 보는 경우 신탁대상 부동산의 소유권을 신탁자와 수탁자 중 누구에게 귀속시킬 것인지, 명의신탁자와 명의수탁자 사이의 법률관계는 어떻게 되는가 하는 것이 문제 된다.

(3) 판례는 계약명의신탁에서 수탁자는 신탁자에 대하여 부당이득반환의무를 부담하는데 부동산실명법 시행 전에 계약명의신탁을 한 경우에는 당해 부동산 자체를 부당이득으로 반환하여야 하고, 부동산실명법 시행 후에 계약명의신탁을 한 경우에는 명의수탁자는 당해 부동산 자체가 아니라 명의신탁자로부터 제공받은 매수자금을 부당이득한 것으로 보고 있다.

(4) 다만, 부동산실명법 시행 전의 명의신탁의 경우에도 명의신탁자가 그 부동산을 취득할 수 없는 사유가 있는 경우에는 아래의 대법원 2000다21123 판결의 법리가 그대로 적용되는 것은 아니다. 판례는 부동산실명법 시행 전에 명의신탁자와 명의수탁자가 이른바 계약명의신탁약정을 맺고 명의수탁자가 당사자가 되어 명의신탁약정이 있다는 사실을 알지 못하는 소유자와 부동산에 관한 매매계약을 체결한 후 그 매매계약에 따라 당해 부동산의 소유권이전등기를 수탁자 명의로 마쳤으나 위 법률 제11조에서 정한 유예기간이 경과하기까지 명의신탁자가 그 명의로 당해 부동산을 등기이전하는 데 법률상 장애가 있었던 경우에는, 명의신탁자는 당해 부동산의 소유권을 취득할 수 없었으므로, 위 명의신탁약정의 무효로 인하여 명의신탁자가 입은 손해는 당해 부동산 자체가 아니라 명의수탁자에게 제공한 매수자금이고, 따라서 명의수탁자는 당해 부동산 자체가 아니라 명의신탁자로부터 제공받은 매수자금을 부당이득하였다고 할 것이라고 한다.[133]

(5) 또한 판례는 부동산실명법 시행 전에 명의수탁자가 명의신탁 약정에 따라 부동산에 관한 소유명의를 취득하였으나 실명화 등의 조치 없이 유예기간이 경과함으로써 명의신탁 약정은 무효로 되는 경우 명의신탁자가 당해 부동산의 회복을 위해 명의수탁자에 대해 가지는 소유권이전등기청구권은 그 성질상 법률의 규정에 의한 부당이득반환청구권으로서 민법 제162조 제1항에 따라 10년의 기간이

---

133) 대법원 2008. 5. 15. 선고 2007다74690 판결 참조.

경과함으로써 시효로 소멸한다고 한다.[134] 따라서 부동산실명법 시행(1995. 7. 1.) 전에 명의신탁을 한 경우에는 시효중단조치가 없는 한 유예기간이 경과한 1996. 7. 1.부터 10년이 경과한 2006. 7. 1. 이후에는 명의수탁자에 대한 소유권이전등기청구권을 행사할 수 없는 결과가 된다.

나. 부동산실명법 시행 전에 계약명의신탁을 한 경우

부동산실명법 제4조 제1항, 제2항의 규정에 의하면, 명의신탁자와 명의수탁자가 명의신탁약정을 맺고, 이에 따라 명의수탁자가 당사자가 되어 명의신탁약정이 있다는 사실을 알지 못하는 소유자와의 사이에 부동산에 관한 매매계약을 체결한 후 그 매매계약에 기하여 당해 부동산의 소유권이전등기를 수탁자 명의로 마친 경우에는 명의신탁자와 명의수탁자 사이의 명의신탁약정의 무효에도 불구하고 그 소유권이전등기에 의한 당해 부동산에 관한 물권변동 자체는 유효한 것으로 취급되어 명의수탁자는 당해 부동산의 완전한 소유권을 취득하게 되고, 부동산실명법 시행 전에 위와 같은 명의신탁약정과 그에 기한 물권변동이 이루어진 다음 부동산실명법 제11조에서 정한 유예기간 내에 실명등기 등을 하지 않고 그 기간을 경과한 때에도 같은 법 제12조 제1항에 의하여 제4항의 적용을 받게 되어 위 법리가 그대로 적용되는 것인바, 이 경우 명의수탁자는 명의신탁약정에 따라 명의신탁자가 제공한 비용을 매매대금으로 지급하고 당해 부동산에 관한 소유명의를 취득한 것이고, 위 유예기간이 경과하기 전까지는 명의신탁자는 언제라도 명의신탁약정을 해지하고 당해 부동산에 관한 소유권을 취득할 수 있었던 것이므로, 명의수탁자는 부동산실명법 시행에 따라 당해 부동산에 관한 완전한 소유권을 취득함으로써 당해 부동산 자체를 부당이득하였다고 보아야 할 것이고, 부동산실명법 제3조 제4조가 명의신탁자에게 소유권이 귀속되는 것을 막는 취지의 규정은 아니므로 명의수탁자는 명의신탁자에게 자신이 취득한 당해 부동산을 부당이득으로 반환할 의무가 있다.[135]

다. 부동산실명법 시행 후에 계약명의신탁을 한 경우

부동산실명법 제4조 제1항, 제2항에 의하면, 명의신탁자와 명의수탁자가 이른바 계약명의신탁약정을 맺고 명의수탁자가 당사자가 되어 명의신탁약정이 있다는 사실을 알지 못하는 소유자와의 사이에 부동산에 관한 매매계약을 체결한 후 그 매매계약에 따라 당해 부동산의 소유권이전등기를 수탁자 명의로 마친 경우에는 명의신탁자와 명의수탁자 사이의 명의신탁약정의 무효에도 불구하고 그 명의수탁자는 당해 부동산의 완전한 소유권을 취득하게 되고, 다만 명의수탁자는 명의신탁자에 대하여 부당이득반환의무를 부담하게 될 뿐이라 할 것인데, 그 계약명의신탁약정이 부동산실명법 시행 후인 경우에는 명의신탁자는 애

---

134) 대법원 2009. 7. 9. 선고 2009다23313 판결 참조.
135) 대법원 2002. 12. 26. 선고 2000다21123 판결; 대법원 2008. 11. 27. 선고 2008다62687 판결.

초부터 당해 부동산의 소유권을 취득할 수 없었으므로 위 명의신탁약정의 무효로 인하여 명의신탁자가 입은 손해는 당해 부동산 자체가 아니라 명의수탁자에게 제공한 매수자금이라 할 것이고, 따라서 명의수탁자는 당해 부동산 자체가 아니라 명의신탁자로부터 제공받은 매수자금을 부당이득하였다고 할 것이다.[136]

사례 8

피고는 언니인 원고의 소개로 원고 및 A와 함께 각 3,000만 원 합계 9,000만 원을 B에게 대여하고, 위 채권에 대한 담보로 1991. 9. 6. B 소유의 이 사건 토지에 관하여 채권최고액을 1억 3,500만 원으로 하는 근저당권을 설정받았는데, 다만 그 근저당권자는 피고와 A 두 사람 으로 하였다. B가 위 차용금채무의 이행을 지체하자, 피고와 A가 위 근저당권에 기하여 이 사건 토지에 관하여 임의경매 신청을 함에 따라 1993. 3. 22. 부동산임의경매절차가 개시되었다. 그 절차에서 피고가 1993. 6. 7. 경락허가결정을 받고 그 경락대금 4,275만 원을 완납하여 이 사건 토지의 소유권을 취득하였는데, 그 경락대금은 원·피고가 1/2씩 부담하였다.

피고는 1993. 5. 23. 원고에게 "1993. 5. 23. 낙찰 당시 대금 42,750,000원 중 귀하께서 대금 21,375,000원을 출자하였으므로 본인은 위 부동산 지분 2분의 1을 귀하께 대물변제키로 약정하고 후일 이를 증하기 위하여 본 약정서를 작성 날인하고 각 1통씩 소지 보유한다. 단, 위 부동산 소유권 이전등기 시 권리증은 매수인 원고가 소지한다"라는 내용의 대물변제약정서를 작성하여 주었다. 피고는 1996. 1. 4. 이 사건 토지에 관하여 위 경락허가결정을 원인으로 한 소유권이전등기를 마쳤는데, 같은 날 원고에게 "동 부동산은 1993. 5. 23. 대물변제계약에 의거 동 부동산 지분 2분의 1은 원고 소유이므로 원고가 동 소유 지분에 대하여 소유권이전등기를 요할 시는 피고는 항시라도 동 등기절차를 이행하겠음을 각서합니다"라는 내용의 이행각서를 작성하여 주었다. 원고는 이 사건 토지에 대하여 부과된 세금에 대하여 피고와 함께 이를 납부하기도 하였고, 1997. 10. 29. 및 1998. 1. 20.경 이 사건 토지에 대한 종합토지세를 납부하고 그 영수증을 소지하고 있다. 원고는 2006. 6.경 피고를 상대로 서울북부지방법원에 이 사건 토지의 1/2 지분에 대한 1993. 5. 23. 자 대물변제계약을 원인으로 한 소유권이전등기청구권을 피보전채권으로 한 부동산처분금지가처분신청을 처분등기가 경료되었다. 원고와 피고는 이 사건 토지 매각대금의 1/2씩 부담함에 따라 피고는 이 사건 토지의 1/2 지분을 부당이득한 것이므로 원고는 피고에게 이 사건 토지 중 1/2 지분에 관하여 부당이득반환을 원인으로 한 소유권이전등기절차의 이행을 구한다.하여 2006. 6. 15. 가처분결정을 받고, 2006. 6. 19. 이 사건 토지의 1/2 지분에 대하여 가

(1) 청구취지: 선택적으로, 피고는 원고에게 별지목록 기재 부동산 중 1/2 지분에 관하여 부당이득반환을 원인으로 한 소유권이전등기절차를 이행하라 또는 피고는 원고에게 별지목록 기재 부동산 중 1/2 지분에 관하여 1996. 1. 4. 약정을 원인으로 한 소유권이전등기절차를 이행하라. 예비적으로 피고는 원고에게 21,375,000원과 이에 대하여 1996. 7. 2.부터 2008. 5. 20.까지 연 5%, 2008. 5. 21.부터 다 갚는 날까지 연 20%의 각 비율로 계산한 돈을 지급하라.

---

136) 대법원 2005. 1. 28. 선고 2002다66922 판결; 대법원 2008. 2. 14. 선고 2007다69148, 69155 판결; 대법원 2007. 6. 14. 선고 2007다17284 판결 등.

(2) 청구원인

(가) 부당이득반환을 원인으로 한 소유권이전등기 청구(주위적 청구 중 제1 선택적 청구): 이 사건 부동산에 대한 경락허가결정을 받을 당시 원·피고 사이에는 원·피고가 경락대금 중 1/2씩 부담하여 이 사건 토지 중 1/2 지분씩 경락받되, 다만 근저당권 명의가 피고와 A 두 사람으로 되어 있으므로 편의상 피고 단독 명의로 경락을 받기로 하는 합의가 있었다. 따라서 원고는 피고에게 이 사건 토지 중 1/2 지분을 명의신탁하였다고 할 것이다. 그런데 위 명의신탁약정은 부동산실명법이 1995. 7. 1. 시행되어 같은 법 제11조에 정한 유예기간이 경과함에 따라 1996. 7. 1. 같은 법 제12조 제1항에 의하여 무효가 되었다. 그렇다면, 피고는 이 사건 토지의 1/2 지분을 부당이득하였다고 할 것이다. 따라서 피고는 원고에게 이 사건 토지 중 1/2 지분에 관하여 부당이득반환을 원인으로 한 소유권이전등기절차를 이행할 의무가 있다.

(나) 1996. 1. 4. 자 약정을 원인으로 한 소유권이전등기청구(주위적 청구 중 제2 선택적 청구): 가사 원고와 피고 사이에 이 사건 토지에 대한 명의신탁약정이 없었다고 하더라도, 피고는 1996. 1. 4. 이 사건 이행각서 작성 당시 이 사건 토지의 1/2 지분이 원고의 소유임을 확인하며 항시라도 등기절차를 이행할 것을 각서하였으므로, 위 약정을 원인으로 하여 원고에게 이 사건 토지의 1/2 지분에 관하여 소유권이전등기절차를 이행할 의무가 있다.

(다) 부당이득반환 금원 청구(제1 예비적 청구): 원고와 피고 사이에 1993.경 명의신탁약정을 하였고, 그 후 이 사건 토지에 대한 소유권이전등기는 부동산실명법 시행 후인 1996. 1. 4. 이루어졌는데, 이를 부동산실명법 시행 후에 명의신탁약정이 있었던 것과 동일하게 보아 명의신탁 약정의 무효로 인한 부당이득반환의 대상이 토지 지분이 아닌 매수자금이라고 본다면, 피고는 원고가 부담한 경락대금인 21,375,000원과 이에 대한 위 법의 유예기간 경과일인 1996. 7. 2.부터 발생한 지연손해금을 지급할 의무가 있다.

(라) 대여금 청구(제2 예비적 청구): 가사 원고가 1993. 5. 23.경 피고에게 21,375,000원을 대여하고 피고가 이를 갚지 못할 경우 이 사건 토지의 1/2 지분을 원고에게 이전하기로 대물변제약정을 하였다고 하더라도, 피고는 위 대여금과 지연손해금을 지급할 의무가 있다.

(3) 피고의 항변: 가사 원고와 피고 사이에 명의신탁약정이 있었다 하더라도 이는 무효로서 부당이득 반환청구권만 발생할 뿐인데, 이는 약정이 있은 때로부터 10년의 시효가 경과하여 소멸하였다.

(4) 원고의 재항변: 원고가 이 사건 토지에 대한 세금을 2002년경까지 납부하여왔으므로 피고는 원고에 대한 부당이득반환채무를 승인한 것이거나, 이 사건 가처분에 의하여 시효가 중단되었을 뿐 아니라 피고의 소멸시효완성 주장은 신의칙에 반하여 허용될 수 없다.

〈원심의 판단〉[137]

1. 원고와 피고 사이의 약정 해석

(1) 원고는 이 사건 부동산의 1/2 지분에 관한 명의신탁을 주장함에 대하여, 피고는 피고가 경락대금 중 1/2에 해당하는 21,375,000원을 원고로부터 빌리는 것으로 하는 준소비대차계약을 체결하고, 위

---

137) 서울북부지방법원 2008. 7. 23. 선고 2008나1499 판결.

차용금에 대한 대물변제약정으로 이 사건 대물변제약정서와 이 사건 이행각서를 작성한 것일 뿐 원고와 피고 사이에 명의신탁 약정은 존재하지 않는다고 주장하므로, 이 사건 부동산의 경락 당시 원고와 피고 사이에 이루어진 약정의 성질에 관하여 본다.

(2) 부동산경매절차에서 그 대금을 부담하는 사람이 다른 사람의 이름을 빌려 부동산을 매수한 뒤 그 앞으로 소유권이전등기를 마친 경우 대금을 부담한 사람과 이름을 빌려 준 사람 사이에는 명의신탁관계가 성립한다고 할 것인데,[138] 위에서 본 사실관계와 위에서 든 증거들에 변론 전체의 취지를 종합하여 본 다음과 같은 사정들, 즉 ① 원고와 피고는 B에 대한 대여금을 피담보채권으로 한 근저당권 실행과정에서 이 사건 토지를 함께 경락받기로 하고 이 사건 토지의 경락대금과 토지 취득세를 1/2씩 부담하였던 점, ② 원고와 피고가 경락대금의 1/2씩을 부담하기로 한 것 외에 피고가 임의경매로 인하여 받을 배당금과 원고가 피고에게 빌려 준 돈을 합하여 위 경락대금의 1/2에 해당하는 돈에 대하여 변제기를 정하지 않은 준소비대차계약을 체결하였다고 인정할 만한 증거가 부족한 점, ③ 이 사건 대물변제약정서에도 원고와 피고 사이의 대여관계는 나타나 있지 아니하고, 원고가 낙찰대금의 1/2인 21,375,000원을 출자한 매수인인 것으로 기재되어 있는 점, ④ 차용금에 대한 대물변제 예약이라면 이에 대한 근저당권을 설정하거나 가등기를 경료하는 것이 통상적인 절차일 텐데, 원고는 이러한 절차를 취하지 아니하였을 뿐 아니라 이 사건 토지의 등기권리증을 소지하고 있었던 점, ⑤ 원고는 이 사건 부동산에 관한 종합토지세 등의 세금을 일부 부담하여 온 것으로 보이는 점, ⑥ 이 사건 이행각서에는 차용금이나 차용일자가 특정되어 있지 아니하고, 다만 1/2 지분이 원고의 소유임을 표시하고, 원고가 이전등기를 원할 시는 항시라도 그 등기절차를 이행하도록 각서를 작성한 점, ⑦ 따라서 이 사건 이행각서 작성 당시 이 사건 토지의 1/2 지분에 대한 소유 명의를 원고에게 이전하기로 한 약정이 있다고 하더라도 이는 결국 명의신탁약정이 유효함을 전제로 한 명의신탁 부동산 자체의 반환을 구하는 범주에 속하는 것으로 볼 것인 점, ⑧ 그 후 이 사건 가처분 당시까지 원고는 피고에게 대여금을 갚거나 대물변제에 기한 소유권이전등기절차를 이행할 것을 요구한 적이 없는 점 등을 종합하여 보면, 원고와 피고 사이에 이루어진 1993. 5. 23. 자 약정 및 1996. 1. 4. 자 이행각서는 이 사건 대물변제약정서와 이 사건 이행각서에 기재된 '대물변제'라는 문구에도 불구하고, 당사자들의 실질적인 의사를 이 사건 토지의 1/2 지분에 관한 명의신탁 약정으로 해석함이 상당하다.

2. 명의신탁으로 인한 법률관계

(1) 명의신탁약정의 무효: 원고와 피고는 위에서 본 바와 같이 이 사건 토지에 대한 경락 무렵인 1993. 5. 23. 이 사건 대물변제약정서 작성 당시 이 사건 토지의 1/2 지분에 관하여 피고 명의로 명의신탁을 하고 등기권리증을 원고가 소지하기로 하는 명의신탁약정을 하였고, 그 후 부동산실명법이 제정,

---

138) 대법원 2005. 4. 29. 선고 2005다664 판결 등 참조.

시행된 이후인 1996. 1. 4. 이 사건 토지에 관하여 피고 명의의 소유권이전등기가 이루어졌는데, 부동산실명법은 명의신탁약정을 무효로 정하고 있고(위 법 제4조), 이는 부동산실명법 시행 전에 약정을 하고 시행 후 등기를 한 경우에도 적용되며(위 법 부칙 제4944호), 이 법 시행 전에 명의신탁약정에 의하여 부동산에 관한 물권을 명의수탁자의 명의로 등기하거나 하도록 한 명의신탁자는 이 법 시행일부터 1년의 기간 내에 실명등기하여야 하고(위 법 제11조 제1항), 위 기간 이내에 실명등기 또는 매각처분 등을 하지 아니한 경우 그 기간이 경과한 날 이후의 명의신탁약정 등의 효력에 관해서는 제4조의 규정을 적용하도록 하고 있으므로(위 법 제12조 제1항), 위 유예기간 내에 실명등기를 하지 아니한 이상 원고와 피고 사이의 명의신탁약정은 무효이다.

(2) 명의신탁약정의 무효로 인한 법률관계: 부동산실명법 제4조 제1항, 제2항에 의하면, 명의신탁자와 명의수탁자가 이른바 계약명의신탁 약정을 맺고 명의수탁자가 당사자가 되어 명의신탁약정이 있다는 사실을 알지 못하는 소유자와의 사이에 부동산에 관한 매매계약을 체결한 후 그 매매계약에 따라 당해 부동산의 소유권이전등기를 수탁자 명의로 마친 경우에는 명의신탁자와 명의수탁자 사이의 명의신탁약정의 무효에도 불구하고 그 명의수탁자는 당해 부동산의 완전한 소유권을 취득하게 되고, 다만 명의수탁자는 명의신탁자에 대하여 부당이득반환의무를 부담하게 될 뿐이라 할 것인데, 그 계약명의신탁약정이 부동산실명법 시행 후에 이루어진 경우에는 명의신탁자는 애초부터 당해 부동산의 소유권을 취득할 수 없었으므로 위 명의신탁약정의 무효로 인하여 명의신탁자가 입은 손해는 당해 부동산 자체가 아니라 명의수탁자에게 제공한 매수자금이라 할 것이고, 따라서 명의수탁자는 당해 부동산 자체가 아니라 명의신탁자로부터 제공받은 매수자금만을 부당이득한다고 할 것이다.[139] 따라서 이 사건 토지를 경락으로 취득한 이 사건의 경우, 명의수탁자가 그 일방 당사자가 되고 그 타방당사자는 명의신탁약정이 있다는 사실을 알지 못한 경우에 해당한다고 볼 것이어서 물권변동은 유효하므로 피고는 원고에게 이 사건 토지의 1/2 지분에 대한 원물반환을 구할 수는 없고, 위 지분에 대한 매수대금 상당인 21,375,000원을 부당이득으로 반환하여야 할 것이다.

(3) 소결: 따라서 ① 명의신탁의 무효로 인한 원물반환을 구하는 원고의 주위적 청구 중 제1 선택적 청구는 이유 없고, ② 원고와 피고 사이의 명의신탁약정이 인정되는 이상 1996. 1. 4. 이 사건 이행각서 작성 당시 이 사건 토지의 1/2 지분에 대한 소유 명의를 원고에게 이전하기로 한 약정이 있다고 하더라도 이는 결국 명의신탁약정이 유효함을 전제로 이 사건 토지의 1/2 지분인 명의신탁부동산의 반환을 확인한 약정에 불과하여, 이를 별도의 양도약정으로 볼 것은 아니므로 주위적 청구 중 제2 선택적 청구도 나머지 점에 관하여 살펴볼 필요 없이 이유 없으며,[140] ③ 원고의 예비적 청구원인인 명의신탁의 무효로 인한 매수대금 상당의 부당이득반환청구만이 성립될 수 있다.

---

139) 대법원 2008. 2. 14. 선고 2007다69148, 69155 판결 등.
140) 대법원 2006. 11. 9. 선고 2006다35117 판결 참조.

3. 피고의 소멸시효 주장에 대한 판단

(1) 시효의 경과: 위에서 본 바와 같이 부동산실명법은 명의신탁약정을 무효로 규정하면서 부동산실명법 시행 전에 약정을 하고 시행 후 등기를 한 경우에도 마찬가지로 무효라고 규정하고 있으므로, 이 법 시행 전에 명의신탁약정에 의하여 부동산에 관한 물권을 명의수탁자의 명의로 등기하거나 하도록 한 명의신탁자는 이 법 시행일부터 1년의 기간 내에 실명등기하여야 하고, 위 기간 이내에 실명등기 또는 매각처분 등을 하지 아니한 경우 그 기간이 경과한 날 이후의 명의신탁약정을 무효로 하도록 규정한 유예기간에 관한 조항은 물권변동이 부동산실명법 시행 이후에 이루어진 이 사건에 있어서는 적용되지 않는다 할 것이다. 따라서 이 사건 토지의 1/2 지분에 관한 명의신탁약정은 1년의 유예기간을 기다리지 않고 곧바로 무효가 된다고 할 것이고, 명의신탁약정의 무효로 인하여 발생한 부당이득반환청구권은 이 사건 토지의 1/2 지분에 관한 이전등기가 이루어진 1996. 1. 4. 발생하였다고 할 것이다. 따라서 이 사건 가처분 및 이 사건 소송은 이로부터 10년이 경과한 이후에 이루어진 것이 명백하므로, 위 부당이득반환청구권은 시효로 인하여 소멸하였다.

(2) 시효중단 여부: 소멸시효중단사유로서의 승인은 시효이익을 받을 당사자인 채무자가 소멸시효의 완성으로 권리를 상실하게 될 자 또는 그 대리인에 대하여 그 권리가 존재함을 인식하고 있다는 뜻을 표시함으로써 성립하는 것인바, 그 표시의 방법은 아무런 형식을 요구하지 아니하고, 또한 명시적이건 묵시적이건 불문하며, 묵시적인 승인의 표시는 채무자가 그 채무의 존재 및 액수에 대하여 인식하고 있음을 전제로 하여 그 표시를 대하는 상대방으로 하여금 채무자가 그 채무를 인식하고 있음을 그 표시를 통해 추단하게 할 수 있는 방법으로 행해지면 족하다고 할 것이다.[141] 위에서 본 바와 같이 원고는 이 사건 토지에 대한 종합토지세 등 세금을 일부 납부하여 왔고, 피고는 적어도 1998. 1. 20.경 이 사건 토지에 대한 종합토지세를 원고가 납부하도록 함으로써 원고와 피고 사이의 명의신탁 약정과 그로 인한 원고의 권리가 존재함을 인식하고 있다는 뜻을 표시하였다고 볼 것이므로, 이로써 명의신탁의 무효로 인하여 발생한 부당이득반환청구권의 시효는 중단되었다 할 것이다.

덧붙여 보건대, 채무자의 소멸시효에 기한 항변권의 행사도 우리 민법의 대원칙인 신의성실의 원칙과 권리남용금지의 원칙의 지배를 받는 것이어서 채무자가 시효완성 전에 채권자의 권리행사나 시효중단을 불가능 또는 현저히 곤란하게 하였거나 그러한 조치가 불필요하다고 믿게 하는 행동을 하였거나 객관적으로 채권자가 권리를 행사할 수 없는 장애사유가 있었거나 또는 일단 시효완성 후에 채무자가 시효를 원용하지 아니할 것 같은 태도를 보여 권리자로 하여금 그와 같이 신뢰하게 하였거나, 채권자보호의 필요성이 크고, 같은 조건의 다른 채권자가 채무의 변제를 수령하는 등의 사정이 있어 채무이행의 거절을 인정함이 현저히 부당하거나 불공평하게 되는 등의 특별한 사정이 있는 경우에는 채무자가 소멸시효의 완성을 주장하는 것이 신의성실의 원칙에 반하여 권리남용으로서 허용될 수 없는바,[142] 위에서 본 사실관계

---

141) 대법원 2006. 9. 22. 선고 2006다22852, 22869 판결 등 참조.

와 위에서 든 증거들에 비추어 본 다음과 같은 사정, 즉 원고와 피고는 자매 사이로 오랜 기간 동안 가까이 거주하면서 2003.경 자녀들의 동업문제로 사이가 나빠지기 전까지는 좋은 사이로 지내왔던 점, 피고 명의로 이전등기를 해 둔 뒤에도 피고는 이 사건 토지에 대한 취득세나 종합토지세 등의 세금문제를 비롯한 이 사건 토지의 관리문제에 대하여 원고로 하여금 처리하게 하거나 함께 처리하여 왔던 점, 원고와 피고는 이 사건 이행각서를 작성하면서 원고가 원할 때 항시라도 이 사건 토지의 1/2 지분에 대한 소유권이전등기를 하여 주기로 약정한 이래, 이 사건 토지를 팔아 그 대금을 1/2씩 나누는 문제에 관해서도 논의를 하는 등 원고로서는 시효중단을 위한 조치가 불필요하다고 믿었을 것으로 보이는 점 등 제반 정황을 종합하여 보면, 피고의 원고에 대한 이 사건 부당이득금 반환 채무이행의 거절을 인정하는 것은 현저히 부당하거나 불공평하게 되어 피고가 소멸시효의 완성을 주장하는 것이 신의성실의 원칙에 반한다고 인정되므로, 이 점에서도 피고의 시효소멸 주장은 받아들일 수 없다.

4. 결론

그렇다면 이 사건 토지의 1/2 지분에 관한 명의신탁 약정의 무효로 인하여 피고는 원고에게 이 사건 토지의 1/2 지분에 관한 매수대금 상당인 21,375,000원을 반환할 의무가 있다 할 것이고, 피고는 악의의 수익자로, 위 돈에 대하여 부당이득반환채권 발생일 이후로써 원고가 구하는 바에 따라 1996. 7. 2.부터 이 사건 2008. 5. 20. 자 청구취지 및 청구원인 변경신청서 송달일인 2008. 5. 20.까지 민법이 정한 연 5%, 그다음 날부터 다 갚는 날까지 소송촉진 등에 관한 특례법이 정한 연 20%의 각 비율로 계산한 이자 또는 지연손해금을 지급할 의무가 있다.

[대법원 2008. 11. 27. 선고 2008다62687 판결]

1. 명의신탁 여부에 대한 판단
부동산경매절차에서 부동산을 매수하려는 사람이 매수대금을 자신이 부담하면서 다른 사람의 명의로 매각허가결정을 받기로 그 다른 사람과 약정함에 따라 매각허가가 이루어진 경우 그 경매절차에서 매수인의 지위에 서게 되는 사람은 어디까지나 그 명의인이므로 경매 목적 부동산의 소유권은 매수대금을 실질적으로 부담한 사람이 누구인가와 상관없이 그 명의인이 취득한다고 할 것이고, 이 경우 매수대금을 부담한 사람과 이름을 빌려 준 사람 사이에는 명의신탁관계가 성립한다.

2. 부당이득 반환의 대상에 대한 판단
부동산실명법 시행 전에 명의수탁자가 명의신탁 약정에 따라 부동산에 관한 소유명의를 취득한 경우 부동산실명법의 시행 후 같은 법 제11조 소정의 유예기간이 경과하기 전까지는 명의신탁자는 언제라도 명의신탁 약정을 해지하고 당해 부동산에 관한 소유권을 취득할 수 있었던 것인데 실명화 등의 조치 없이 위 유예기간이 경과함으로써 같은 법 제12조 제1항, 제4조에 의해 명의신탁 약정은 무효로 되는 한편, 명의수탁자가

---

142) 대법원 2005. 5. 13. 선고 2004다71881 판결 등 참조.

당해 부동산에 관한 완전한 소유권을 취득하게 되어 결국 명의수탁자는 당해 부동산 자체를 부당이득하게 된다고 보아야 할 것이고, 같은 법 제3조 및 제4조가 명의신탁자에게 소유권이 귀속되는 것을 막는 취지의 규정은 아니므로 <u>명의수탁자는 명의신탁자에게 자신이 취득한 당해 부동산을 부당이득으로 반환할 의무가 있다.</u> 이 사건에서 원심이 인정한 바와 같이 피고가 원고와의 명의신탁 약정에 따라 경매절차에서 1993. 6. 7. 피고 단독 명의로 매각허가결정을 받고 그 무렵 매각대금을 모두 납입하였다면 그로써 부동산실명법 시행 전에 이미 전 소유자로부터 명의수탁자인 피고 앞으로 이 사건 토지의 소유권이 이전되었다 할 것이므로, 이 사건에 있어서도 명의신탁자인 원고는 부동산실명법의 시행 후 그 제11조에서 정한 유예기간이 경과하기 전까지는 언제라도 위 명의신탁 약정을 해지하고 위 1/2 지분의 소유권을 취득할 수 있었던 것인데 위 유예기간의 경과로 명의신탁 약정은 무효로 되고 명의수탁자인 피고가 위 토지 지분에 관한 완전한 소유권을 취득하게 된 것이니, 결국 위 법리에 의하여 피고는 위 부동산지분 자체를 부당이득하였다고 보아야 할 것이다 (원심판결 파기환송).[143]

VI. 가등기에 기한 본등기청구

1. 가등기에 기한 본등기절차이행청구

가. 가등기 시에 순위보전의 효력이 있다.

나. 원고는 가등기에 기한 본등기청구 시의 가등기명의인이고, 피고는 가등기 후 소유권이전등기가 경료된 경우에도 가등기를 할 때의 소유자(가등기의무자)이다.

2. 요건사실

가. 돈을 대여한 사실

나. 변제하지 아니하면 부동산을 대물로 변제받기로 약정(대물변제예약)한 사실

다. 그 약정에 따라 가등기한 사실

라. 변제기가 지나서 위 대물변제예약을 완결하는 의사표시를 하여 도달시킨 사실

마. 위 예약 당시를 기준으로 볼 때 부동산 가액이 위 대여원리금을 초과하는 경우 원고가 변제기 후 청산금평가액을 피고에게 도달시킨 사실

바. 그 도달일로부터 2개월(청산기간)이 경과한 사실

---

143) 환송 후 원심은 원고의 주위적 청구 중 제1 선택적 청구를 인용하였다(서울북부지방법원 2008나8780 판결).

3. 항변

가. 청산금지급과의 동시이행의 항변

나. 대물변제예약의 무효·취소 항변

다. 대물변제예약 해제 항변

사례 9

A, B는 아파트를 신축하여 이를 분양하는 사업을 하기로 하고 그 건축허가는 B의 조카인 乙 명의로 받았다. 위 아파트가 완공된 후 위 아파트에 관하여 건축허가자인 乙 명의로 소유권보존등기가 마쳐졌는데, 이 사건 아파트(301호)도 역시 2003. 10. 8. 乙 명의로 소유권보존등기가 마쳐진 후 농협중앙회 앞으로 채권최고액 9,600만 원의 근저당권설정등기가 마쳐졌다. 한편, A와 B는 위 신축공사대금을 마련하기 위해 2002. 11. 18. C로부터 5억 원을 차용하면서 2003. 11. 18.까지 이자를 포함한 7억 원을 변제하기로 약정하였는데, 위 차용금 중 일부를 변제하지 못하였고, 2004. 11. 9. C와의 사이에 C가 이 사건 아파트를 타에 매도하여 그 매매대금으로 위 차용금 채무 중 1억 1,000만 원의 변제에 충당하기로 약정하고, 乙의 협조를 받아 이 사건 부동산에 관하여 C 앞으로 같은 날 매매예약을 원인으로 한 이 사건 소유권이전청구권가등기를 마쳐 주었다.

C와 A는 위 약정에 따라 2006. 1. 24. 甲과의 사이에 이 사건 아파트에 관하여 매도인 乙(대리인 A), 매수인 甲, 대금 1억 6,000만 원(다만 甲이 이 사건 아파트에 설정된 근저당권의 피담보채무 8,000만 원을 인수하고 이를 위 매매대금에서 공제하기로 하였다)으로 하는 매매계약을 체결하였다. 乙은 이 사건 가등기 당시 C와 사이에 매매예약서를 작성하면서 C가 매수인을 구하여 매매가 이루어질 때에는 C에게 이 사건 아파트의 소유권이전에 필요한 제반서류를 제공하기로 약정하였음에도 이 사건 아파트의 소유권이전에 필요한 서류를 교부하지 않았고, 이에 C는 A, B의 승낙을 받아 2007. 3. 29. 甲에게 이 사건 가등기상의 권리를 양도하고, 2007. 4. 4. 이 사건 가등기의 이전등기를 마쳐 주었으며, 2007. 5. 1. A, B, 乙에게 위 양도사실과 이 사건 아파트의 시가에서 위 근저당권의 피담보채무액과 C의 위 채권액을 공제하면 A 등에게 지급할 청산금이 없음을 통지하였다.

甲은 C에게 6,500만 원을, A에게 1,500만 원을 지급하고 A로부터 이 사건 아파트를 인도받았으며, 2008. 3. 19. 농협중앙회에게 위 근저당권의 피담보채무를 모두 변제하였다. 甲은 乙에 대하여 C로부터 양도받은 가등기에 기한 소유권이전등기절차의 이행을 구한다.[144]

(1) 청구취지: 피고는 원고에게 별지 목록 기재 부동산에 관하여 대구지방법원 2004. 11. 9. 접수 제56074호로 마친 가등기에 기한 본등기절차를 이행하라.

(2) 원고의 주장: ① 피고가 별지 목록 기재 부동산(이하 이 사건 아파트라 한다)의 실질 소유자인 A, B와 사이에 위 부동산에 관하여 명의신탁약정을 체결하고 그에 기하여 피고 명의의 소유권보존등기를 경료하였고, ② 한편 C는 A, B와 사이에 그들에 대하여 가지는 110,000,000원 상당

---

144) 서울중앙지방법원, 민사재판 업무편람, pp.206~207 참조.

의 채권에 대한 대물변제조로 이 사건 아파트를 넘겨받기로 약정하고, 위와 같은 소유권이전청구권을 담보하기 위하여 피고와 사이에 형식상 매매예약을 체결하여 위 매매예약을 원인으로 이 사건 소유권이전청구권가등기를 경료하였으며, ③ 원고는 A와 사이에 매매대금을 1억 6,000만 원으로 정하여 이 사건 아파트를 매수하기로 약정하고, 다만 매매대금의 지급 및 소유권 이전에 관하여 원고가 이 사건 아파트에 설정된 근저당권채무 8,000만 원을 인수하고, 나머지 8,000만 원은 C 및 A에게 지급하고 C로부터 그가 A, B에 대하여 가지는 위 채권 및 이 사건 가등기를 양수받기로 하였는바, 이 사건 아파트에 관하여 피고 명의로 경료한 소유권보존등기는 A, B 사이에 체결된 명의신탁약정에 기한 등기로서 무효이나 A, B와 사이의 명의신탁약정 및 피고 앞으로 마쳐진 소유권보존등기의 무효는 부동산실권리자 명의 등기에 관한 법률 제4조 제3항의 제3자에 해당하는 C 및 원고에게는 대항하지 못한다고 할 것이므로, 피고는 C로부터 이 사건 부동산에 관하여 이 사건 가등기를 양수받은 원고에게 이 사건 소유권이전청구권가등기에 기한 본등기 절차를 이행할 의무가 있다.

〈원심의 판단〉[145]

부동산실권리자 명의 등기에 관한 법률 제4조 제3항의 입법취지 등을 고려해 볼 때, 여기에서 말하는 제3자라 함은 명의수탁자가 물권자임을 기초로 그와의 사이에 새로운 이해관계를 맺은 사람을 말한다고 할 것이고, 이와 달리 오로지 명의신탁자와 부동산에 관한 물권을 취득하기 위한 계약을 맺고 단지 등기 명의만을 명의수탁자로부터 경료받은 것과 같은 외관을 갖춘 자는 위 법률조항의 제3자에 해당하지 아니한다 할 것이므로 이러한 자로서는 자신의 등기가 실체관계에 부합하여 유효라는 것은 별론으로 하더라도 같은 법 제4조 제3항의 규정을 들어 무효인 명의신탁등기에 터 잡아 경료된 자신의 등기의 유효를 주장할 수는 없다 할 것이고, 나아가 명의신탁자가 제3자와 사이에 처분계약을 체결한 다음, 자신의 처분행위를 성립시키기 위하여 명의수탁자에 대하여 처분의 상대방 앞으로 등기를 경료할 것을 요구하여 이에 따라 명의수탁자가 등기이전행위를 주도한 경우에도 명의신탁자와 제3자가 거래를 하고 명의신탁자의 의사에 따라 명의수탁자가 등기 경료에만 협력하였다고 볼 것이어서 위 법률조항의 제3자에 해당한다고 볼 수 없다 할 것이다. 돌이켜 이 사건에 관하여 보건대, 원고의 주장은 C나 원고는 명의신탁자인 A 등과 계약을 체결하고 단지 명의수탁자인 피고로부터 그 등기 경료에 관한 것만을 협력받았다는 것이므로 그 주장 자체로 위 법률 규정 상의 제3자에 해당한다고 볼 수 없는바, C나 원고가 위 법률 규정상의 제3자에 해당한다고 주장하면서 위 피고 명의의 소유권보존등기의 유효를 전제로 이 사건 소유권이전청구권가등기에 기하여 본등기 절차의 이행을 구하는 것은 원고의 주장 자체로 이유 없다.

---

145) 대구지방법원 2008. 5. 29. 선고 2008나3389 판결.

[대법원 2008. 12. 11. 선고 2008다45187 판결]

부동산 실권리자 명의 등기에 관한 법률(이하 「부동산실명법」) 제4조 제3항에서 말하는 제3자라 함은 명의수탁자가 물권자임을 기초로 그와의 사이에 새로운 이해관계를 맺은 사람을 말한다고 할 것이고, 이와 달리 오로지 명의신탁자와 부동산에 관한 물권을 취득하기 위한 계약을 맺고 단지 등기명의만을 명의수탁자로부터 경료받은 것 같은 외관을 갖춘 자는 위 법률조항의 제3자에 해당되지 아니한다고 할 것이므로 같은 법 제4조 제3항의 규정을 들어 무효인 명의신탁등기에 터 잡아 경료된 자신의 등기의 유효를 주장할 수는 없으나, 이러한 자도 자신의 등기가 실체관계에 부합하는 등기로서 유효하다는 주장은 할 수 있다. 한편, 당사자가 부주의 또는 오해로 인하여 명백히 간과한 법률상의 사항이 있거나 당사자의 주장이 법률상의 관점에서 보아 불명료 또는 불완전하거나 모순이 있는 경우, 법원은 적극적으로 석명권을 행사하여 당사자에게 의견진술의 기회를 부여하여야 하고, 만일 이를 게을리한 채 당사자가 전혀 예상하지 못하였던 법률적 관점에 기한 재판으로 당사자 일방에게 불의의 타격을 가하였다면 석명 또는 지적의무를 다하지 아니하여 심리를 제대로 하지 아니한 것으로서 위법하다.

원고는 이 사건 가등기에 기한 소유권이전등기절차의 이행을 구하면서, 이 사건 소장 및 2008. 4. 23. 자 준비서면 등에서 "A와 B(이하 'A 등')가 이 사건 건물을 신축하여 2003. 10. 초순경 원시취득한 후 피고 명의로 소유권보존등기를 경료함으로써 피고에게 명의신탁하였고, C는 2004. 11. 9. A 등으로부터 대여금채권의 변제에 갈음하여 이 사건 건물을 양도받기로 약정하고 같은 날 그 소유권이전등기청구권을 보전하기 위하여 가등기를 마쳤으며, 원고는 C로부터 위 소유권이전등기청구권을 양도받고 2007. 4. 4. 위 가등기에 관한 부기등기를 마쳤다"고 주장하고 있으므로, 이러한 원고의 주장에는 C의 가등기 및 원고의 가등기 부기등기가 실체관계에 부합한다는 주장도 포함되어 있다고 볼 수 있고, 비록 C가 명의신탁자인 A 등과 이 사건 건물을 양도받는 계약을 맺고 단지 명의수탁자인 피고로부터 소유권이전청구권 보전을 위한 가등기를 경료받은 것 같은 외관을 갖춘 자에 해당하여 부동산실명법 제4조 제3항의 제3자에 해당하지 않는다고 하더라도 C의 가등기가 실체관계에 부합한다면 원고로서는 C의 가등기와 이를 기초로 한 원고의 가등기 부기등기가 유효하다는 주장을 할 수 있는 것이므로, 원심으로서는 원고에게 이러한 법률사항에 관하여 의견을 진술할 기회를 주었어야 할 것이다. 그럼에도 불구하고, 원심은 이에 이르지 아니한 채 C나 원고는 명의신탁자인 A 등과 계약을 체결하고 단지 명의수탁자인 피고로부터 그 등기 경료에 관한 것만을 협력받았으므로 부동산실명법 제4조 제3항에서 말하는 제3자에 해당한다고 볼 수 없다는 이유로 원고의 청구를 기각하고 말았으니, 이러한 원심의 조치에는 석명권을 적절하게 행사하지 아니하고 당사자에게 법률사항에 관한 의견 진술의 기회를 주지 아니한 위법이 있다고 할 것이고, 이는 판결 결과에 영향을 미쳤음이 분명하다(원심판결 파기환송).

Ⅶ. 소유권보존(이전)등기말소청구

기존 등기에 대응하는 실체관계가 없는 경우에 그 등기사항 전부를 법률적으로 소멸시킬 목적으로 행하여지는 등기가 말소등기이다. 등기원인서류가 위조되었거나 등기원인인 매매가 무효·취소·해제된 사실을 요건으로 하여 등기의무자가 말소등기의 신청에 협력하지 않는 경우 말소등기신청 의사의 진술을 명하는 이행판결을 받아 등기권리자 단독으로 말소등기를 신청할 수 있다.[146]

---

146) 종래에는 등기원인의 무효 또는 취소로 인한 등기의 말소 또는 말소회복의 소가 제기된 경우 예고등기를 촉탁하나, 그 무효 또는 취소로써 선의의 제3자에게 대항할 수 있는 경우에는 그러하지 아니하였으나, 2011. 4. 12. 부동산등기법 개정법률(법률

1. 기초적인 사실관계를 토대로 한 본안의 신청과 공격방어방법

〈기초사실〉

X 토지에 관하여 2005. 5. 1. 甲 명의로 소유권이전등기가 마쳐져 있다가 2010. 3. 15. 乙 명의로 소유권이전등기가 마쳐져 있다. 그런데 乙 앞으로 소유권이전등기가 마쳐지게 된 것은 A가 甲으로부터 주민등록증과 인감증명을 받아 일시 보관하게 됨을 기화로 X 토지에 관한 매도권한을 부여받은 바 없음에도 불구하고 2010. 1. 15. 甲 명의의 위임장을 위조하여 甲의 대리인으로 행세하면서 직접 甲 명의로 乙에게 X 토지를 매도한 후 甲과 乙 사이의 매매계약서, 甲 명의의 위임장 등 소유권이전등기에 필요한 서류를 위조하여 2010. 3. 15. 乙 명의로 위와 같은 소유권이전등기를 마쳐 준 것이다.

[본안의 신청]

(1) **원고(甲)의 청구취지:** 피고는 원고에게 별지목록 기재 부동산에 관하여 제주지방법원 2010. 3. 15. 접수 제12345호로 마친 소유권이전등기의 말소등기절차를 이행하라.[147]

(2) **피고(乙)의 소송상 신청:** 원고의 소를 각하한다.
원고의 청구를 기각한다.

[공격방어방법]

(1) **甲의 사실상의 주장:** X 토지에 관하여 2005. 5. 1. 원고 甲 명의로 소유권이전등기가 마쳐져 있다가 2008. 3. 15. 피고 乙 명의로 소유권이전등기가 마쳐져 있다. 그런데 피고 乙 앞으로 소유권이전등기가 마쳐지게 된 것은 A가 원고 甲으로부터 주민등록증과 인감증명을 받아 일시 보관하게 됨을 기화로 X 토지에 관한 매도권한을 부여받은 바 없음에도 불구하고 2010. 1. 15. 원고 甲 명의의 위임장을 위조하여 원고 甲의 대리인으로 행세하면서 직접 원고 甲 명의로 피고 乙에게 X 토지를 매도한 후 원고 甲과 피고 乙 사이의 매매계약서, 원고 甲 명의의 위임장 등 소유권이전등기에 필요한 서류를 위조하여 2010. 3. 15. 피고 乙 명의로 위와 같은 소유권이전등기를 마쳐 준 것이다.

(2) **甲의 법률상의 주장(권리주장):** 그렇다면 피고 乙 명의의 소유권이전등기는 적법한 원인이 없거나 적법한 절차를 거치지 아니한 무효의 등기라 할 것이고, 이 사건 토지는 원고 甲의 소유로 추정되므로 피고 乙은 원고 甲에게 위 소유권이전등기의 말소등기절차를 이행할 의무가 있다.

(3) **乙의 항변(본안의 항변) 등:**

① **실체관계부합(매수)항변:** 피고는 비록 불법하게 등기를 하기는 하였지만 실제로 원고로부터 매수하고 그 대금을 전부 지급하였으므로 실체관계에 부합하는 유효한 등기이다.

제10580호)은 예고등기는 본래 등기의 공신력이 인정되지 아니하는 법제에서 거래의 안전을 보호하기 위하여 인정되는 제도이나, 예고등기로 인하여 등기명의인이 거래상 받는 불이익이 크고 집행방해의 목적으로 소를 제기하여 예고등기가 행하여지는 사례가 있는 등 그 폐해가 크므로 이를 폐지하였다(2011. 10. 13. 시행).

147) 소유권보존등기말소의 경우: 피고는 원고에게 별지목록 기재 부동산에 관하여 제주지방법원 2010. 3. 15. 접수 제1234호로 마친 소유권보존등기의 말소등기절차를 이행하라.

② **무효등기의 유용항변**: 피고는 비록 원인무효의 등기이지만 이를 원고에 대한 채권양도담보등기로 유용하기로 합의하였다.

③ **취득시효항변**: 피고는 원고 소유의 토지를 20년간 소유의 의사로 점유해 왔다거나(점유취득시효), 10년간 등기부상 소유자로 등재되어 있으면서 같은 기간 자주·평온·공연·선의·무과실로 점유해 왔으므로[148] 실체관계에 부합하는 등기이다.

2. 소송물

가. 부동산소유자가 타인 명의로 마쳐진 소유권이전등기가 원인무효임을 주장하며 그 말소를 구할 경우 그 소송물은 <u>소유권이전등기의 말소등기청구권</u>으로서 소유권에 기한 방해배제청구권으로서의 성격을 갖는다.

나. 말소등기청구사건의 소송물은 당해 등기의 말소등기청구권이고, 그 동일성 식별의 표준이 되는 청구원인, 즉 <u>말소등기청구권의 발생원인은 당해 '등기원인의 무효'</u>라고 할 것이며, 등기원인의 무효를 뒷받침하는 개개의 사유는 독립된 공격방어방법에 불과하여 별개의 청구원인을 구성하는 것으로 볼 수 없다.[149]

다. 말소등기란 어떤 등기의 등기사항 전부가 원시적 또는 후발적으로 실체관계와 불일치하게 된 경우 당해 등기 전부를 법률적으로 소멸시킬 목적으로 행하여지는 등기를 말하므로, 이미 말소되어 있는 등기에 대해서는 그 말소를 구할 법률상 이익이 없다.[150]

라. 말소등기절차이행청구의 소는 <u>그 등기명의자를 상대로 제기하여야 하고</u>, 등기명의자가 아닌 자는 그러한 소의 피고적격이 없다.

3. 청구원인: 요건사실

☞ **소유권보존등기말소: 원고의 소유 + 피고의 소유권보존등기의 경료**[151]

---

148) 자주·평온·공연·선의는 민법 제197조에 의하여 법률상 추정된다.

149) 대법원 2009. 1. 15. 선고 2007다51703 판결. 따라서 전소에서 원고가 주장한 사유나 후소에서 주장하는 사유들은 모두 등기의 원인무효를 뒷받침하는 공격방법에 불과할 것일 뿐 그 주장들이 자체로서 별개의 청구원인을 구성한다고 볼 수 없고 모두 전소의 변론종결 전에 발생한 사유라면 전소와 후소는 그 소송물이 동일하여 후소에서의 주장사유들은 전소의 확정판결의 기판력에 저촉되어 허용될 수 없는 것이다(대법원 1993. 6. 29. 선고 93다11050 판결).

150) 대법원 2009. 2. 26. 선고 2006다72802 판결; 대법원 2005. 9. 28. 선고 2004다50044 판결: 소유권이전등기의 말소등기절차의 이행을 구하는 소송 도중에 그 소유권이전등기가 다른 사유에 기하여 이미 말소된 경우에는 더 이상 말소를 구할 법률상 이익이 없다(소각하).

151) 소유권보존등기의 추정력은 소유권이전등기의 그것보다 약하여 권리변동에 대해서는 미치지 않는다. 따라서 원시취득자(예컨대 사정을 받은 자)가 따로 있음을 원고가 주장·증명하거나 피고가 스스로 원시취득한 것이 아니라 원시취득자로부터 매수한 것이라고 자인하고 원시취득자가 양도사실을 부인하는 경우에도 추정력을 깨어진다.

☞ **소유권이전등기말소: 원고의 소유 + 피고의 소유권이전등기의 경료 + 등기의 원인무효**[152]

가. 원고가 부동산의 소유권에 기한 물권적 방해배제청구권 행사의 일환으로서 위 부동산에 관하여 피고들 명의로 마쳐진 소유권이전등기의 말소를 구하려면 먼저 원고에게 그 말소를 청구할 수 있는 권원이 있음을 적극적으로 주장·입증하여야 하며,[153] 만일 원고에게 그러한 권원이 있음이 인정되지 않는다면 설사 피고들 명의의 소유권이전등기가 말소되어야 할 무효의 등기라고 하더라도 원고의 청구를 인용할 수는 없다[154] 할 것이고, 이러한 법리는 피고들 명의의 소유권이전등기가 원고 명의의 소유권이전등기로부터 전전하여 경료된 것으로서 선행하는 원고 명의의 소유권이전등기의 유효함을 전제로 하여야만 그 효력을 주장할 수 있는 경우라 하여 달리 볼 것은 아니다.[155]

사례 10

甲과 乙의 종중조부이자 자손이 없는 망 A가 1979. 6. 19.경 이 사건 임야를 매수한 후 자신의 봉양 및 사후 봉제사 등을 부탁하면서 甲의 부친과 乙의 부친에게 각 1/3 지분을 증여하여 그 무렵 망인 및 甲과 乙의 형 등 3인 명의로 위 임야에 관한 각 1/3 지분이전등기가 이루어졌다. 망인이 1985. 10. 19.경 사망한 다음인 2006. 12. 22.경 乙이 망인 소유의 1/3 지분을 1984. 10. 1. 증여받아 사실상 소유하고 있다는 내용의 보증서와 확인서를 발급받아 위 1/3 지분에 관하여 당시 시행 중이던 부동산소유권 이전등기 등에 관한 특별조치법(법률 제7500호, 실효)에 따라 증여를 원인으로 한 乙 명의의 이 사건 소유권이전등기를 마쳤다. 甲은 乙 명의의 소유권이전등기는 허위의 보증서 등에 기하여 이루어진 원인무효의 등기이므로 이 사건 임야의 1/3 지분권자의 자격으로 공유물의 보존행위로서 그 말소를 구할 수 있는가?[156]

---

152) 등기원인서류가 위조되었거나 등기원인인 매매가 무효, 취소, 해제된 사실 등. 소유권이전등기의 추정력은 권리변동(등기원인)에 대해서도 미치므로 그 등기원인이 처음부터 없었다거나 처음에는 있었지만 나중에 소급하여 소멸되었다는 사정을 증명하여야만 추정력이 깨어진다.

153) 대법원 1995. 3. 3. 선고 94다7348 판결: 선등기명의자의 소유권이전등기가 원인무효라고 하더라도 그 이후의 최종 등기명의자가 등기부시효취득의 항변을 제출하여 법원에서 그것이 받아들여진 경우, 그 전의 등기명의자들이 최종 등기명의자의 시효취득 사실을 원용하여 원소유자의 소유권 상실을 주장하고 있다면 원소유자의 소유권에 기한 등기말소청구는 배척될 수밖에 없다.

154) 대법원 2010. 1. 14. 선고 2009다67429 판결: 원고가 피고에 대하여 피고 명의로 마쳐진 소유권보존등기의 말소를 구하려면 먼저 원고에게 그 말소를 청구할 수 있는 권원이 있음을 적극적으로 주장·증명하여야 하며, 만일 원고에게 이러한 권원이 있음이 인정되지 않는다면 설사 피고 명의의 소유권보존등기가 말소되어야 할 무효의 등기라고 하더라도 원고의 청구를 인용할 수 없다 할 것인바, 부동산의 공유자의 1인은 당해 부동산에 관하여 제3자 명의로 원인무효의 소유권이전등기가 경료되어 있는 경우 공유물에 관한 보존행위로서 제3자에 대하여 그 등기 전부의 말소를 구할 수 있으나, 공유자가 다른 공유자의 지분권을 대외적으로 주장하는 것을 공유물의 멸실·훼손을 방지하고 공유물의 현상을 유지하는 사실적·법률적 행위인 공유물의 보존행위에 속한다고 할 수 없으므로, 자신의 소유지분을 침해하는 지분 범위를 초과하는 부분에 대하여 공유물에 관한 보존행위로서 무효라고 주장하면서 그 부분 등기의 말소를 구할 수는 없다.

155) 대법원 2005. 9. 28. 선고 2004다50044 판결.

156) 대법원 2010. 1. 14. 선고 2009다67429 판결: 원고로서는 처음부터 그 청구의 권원으로 주장하였던 이 사건 임야의 1/3 지분에 기한 공유물의 보존행위로서 망인 소유의 1/3 지분에 관하여 이루어진 원인무효등기의 말소를 구할 수 있어야만 더 나아가 이 사건 소유권이전등기가 허위의 보증서에 기한 원인무효인지에 따라 그 청구가 인용될 수 있을 것인데, 원고로서는 자신의 공유지분이 아닌 다른 공유자인 망인의 공유지분을 침해하는 원인무효의 등기가 이루어졌다는 이유로 공유물에 관한 보존행

나. <u>원고의 소유사실</u>[157]에 대해서는 소유자로서 등기된 사실을 주장·증명함으로써 소유사실을 법률상 추정 받거나,[158] 법률의 규정에 의하여 당해 토지의 소유권을 취득한 사실을 주장·증명하여야 한다. 피상속인의 등기사실 및 원고의 상속사실로도 원고의 소유사실을 증명할 수도 있다.

다. <u>일단 피고 명의의 소유권이전등기가 마쳐진 이상</u> 적법한 원인(등기원인의 적법추정) 및 절차에 의하여 이루어진 것(등기절차의 적법추정)으로서 적법한 권리자로 법률상 추정되므로(권리의 적법추정) 원고는 그 반대사실 즉 등기원인의 무효사실 또는 등기절차의 위법사실까지 주장·증명하여야 한다.[159]

라. 특별조치법(특조법)에 의한 등기는 추정력이 더욱 강력하여 보존등기이든 이전등기이든 가리지 않고 그 등기원인서류인 보증서와 확인서가 허위, 위조되었다거나 그 밖에 적법하게 등기된 것이 아니라는 점이 주장·증명되어야만 권리보유의 추정력이 깨어진다.[160]

마. 부동산등기에는 공신력이 인정되지 아니하므로, 부동산의 소유권이전등기가 불실등기인 경우 그 불실등기를 믿고 부동산을 매수하여 소유권이전등기를 경료하였다 하더라도 그 소유권을 취득한 것으로 될 수 없고, <u>부동산에 관한 소유권이전등기가 무효라면</u> 이에 터 잡아 이루어진 근저당권설정등기는 특별한 사정이 없는 한 무효이며, 무효인 근저당권에 기하여 진행된 임의경매절차에서 부동산을 경락받았다 하더라도 그 소유권을 취득할 수 없다.[161]

바. 부동산에 관한 소유권이전등기의 말소를 명한 판결이 확정되고, 형식적으로라도 그 집행으로 소유권이전등기가 말소된 경우, 그 말소등기의 원인은 위 확정판결이라고 할 것인바, 그 뒤에 위 형식적으로 확정된 판결이 추완상소 등에 의하여 취소되고 말소등기 청구가 기각되어 그 판결이 확정되었다면 위 말소등기의 등기원인인 확정판결은 소급하여 취소됨과 동시에, 그 말소등기 청구권은 처음부터 없었던 것으로 된다고 할 것이므로, 위 소유권이전등기가 말소된 것은 그 등기원인 없이 이루어진 것이 되어, 위 말소등기를 한 사람은 소유권이전등기를 가지고 있던 사람에 대하여 그 말소등기의 회복등기 절차를 이행할 의무를 지게 되는 것이고, 위 말소등기가 원인 없이 이루어진 것으로 확정된 이상, 실체적으로는 위 소유권이전등기를 가지고 있던 사람이 그 등기 내용대로 소유권을 가지고 있는 것이 되어, 위 말소등기를 한 사람은 아무런 권리도 취득할 수 없는 것으로서 다른 사람이 그로부터 위 부동산에 관한 소유권이전등기를 넘겨받았다고 하더라도, 이는 권리 없는 사람으로부터 취득한 무효인 것이 되고, 그 사람은 위 회복등기를 하게 되는 사람에 대하여 그 말소등기절차를 이행할 의무를 지게 된다.[162]

<u>위로서 그 말소를 구할 수는 없는 터이므로</u>, 결국 이 사건 청구는 그 청구의 권원에 대한 증명이 없어 받아들일 수 없다.

157) 원고의 소유사실은 재판상 자백의 대상이 되므로 피고가 일단 원고의 소유사실을 인정하면 자유로운 철회가 허용되지 않는다.

158) 등기사실로써 원고의 소유사실을 법률상 추정 받는 경우에는 개개의 등기원인이나 구체적인 등기경위를 따질 필요가 없다.

159) 대법원 2005. 9. 29. 선고 2003다40651 판결: 부동산등기는 현재의 진실한 권리상태를 공시하면 그에 이른 과정이나 태양을 그대로 반영하지 아니하였어도 유효한 것으로서, 등기명의자가 전 소유자로부터 부동산을 취득함에 있어 등기부상 기재된 등기원인에 의하지 아니하고 다른 원인으로 적법하게 취득하였다고 하면서 등기원인 행위의 태양이나 과정을 다소 다르게 주장한다고 하여 이러한 주장만 가지고 그 등기의 추정력이 깨어진다고 할 수는 없다.

160) 부동산소유권 이전등기 등에 관한 특별조치법, 일반농지의 소유권이전등기 등에 관한 특별조치법, 임야소유권이전등기 등에 관한 특별조치법에 의하여 소유권보존등기나 소유권이전등기가 경료된 경우에 그 등기는 그 법에 규정된 절차에 따라 적법하게 마쳐진 것으로서 실체적 권리관계에도 부합하는 등기로 추정되는 것이므로, 이와 같은 추정을 번복하기 위해서는 그 등기의 기초가 된 위 특별조치법 소정의 보증서나 확인서가 위조되었거나 허위로 작성된 것이라든지 그 밖의 사유로 적법하게 등기된 것이 아니라는 것을 주장·입증하여야 한다(대법원 1997. 10. 10. 선고 97다19571 판결).

161) 대법원 2009. 2. 26. 선고 2006다72802 판결.

162) 대법원 1979. 10. 10. 선고 79다1447 판결.

甲은 1995. 6. 14. A에게 X 토지를 연 임료 금 2,000,000원, 임대기간 2000. 6. 30.까지로 정하여 임대하였고, A는 위 토지 상에 Y건물을 신축하였다. 甲이 2000. 6. 13. A에게 Y건물을 철거하고 X 토지를 인도할 것을 요구하자, A는 2000. 7. 3. Y건물에 대하여 소유권보존등기를 하고 바로 甲에게 증여를 원인으로 한 소유권이전등기를 하여 주었다.

B는 甲을 상대로, 甲과 A 사이의 위 증여계약은 사해행위라고 주장하면서 甲 명의의 위 소유권이전등기의 말소를 구하는 소를 제기하여 2002. 5. 29. 제1심에서 甲(그 소송의 피고)에게 공시송달된 채로 승소판결(이하 '사해행위취소판결'이라 한다)을 받았고 그 판결은 그 무렵 확정되었으며, 甲 명의의 이전등기는 그 판결에 기하여 2002. 7. 8. 말소되었다.

B는 2002. 7. 11. A에 대한 금 10,000,000원의 전세보증금반환채권이 확정된 집행력 있는 '조정에 갈음하는 결정조서' 정본에 기하여 Y건물에 대한 강제경매를 신청하였고, 경매법원은 2002. 7. 12. 강제경매개시결정을 하였으며, 乙은 그 경매절차(이하 '이 사건 경매절차'라 한다)에서 Y건물을 매수하여 2002. 12. 11. 매각대금을 완납하고, 법원의 소유권이전등기촉탁에 의하여 2002. 12. 14. 소유권이전등기를 받았다.

甲은 2002. 7. 23. 이 사건 경매절차가 진행 중인 것을 알고, 2002. 9. 13. 법원에 강제집행정지신청을 하였다가 같은 달 19일 그 신청을 취하하였다. 한편, 甲은 이 사건 경매절차가 진행 중이던 2002. 7. 24. 사해행위취소판결에 대하여 추완항소를 제기하였고, 항소심은 2003. 1. 9. 제1심판결을 취소하고 B의 청구를 기각하는 판결을 선고하였으며, 그 판결은 그 무렵 확정되었다. 甲은 甲과 B 사이의 2000. 7. 3. 자 증여계약을 사해행위에 해당한다고 하여 이를 취소하고 원고 명의의 소유권이전등기의 말소를 명한 사해행위취소판결에 대하여 甲이 추완항소를 제기한 결과 그 판결을 취소하고 B의 청구를 기각하는 판결이 확정되었으므로, Y건물은 甲의 소유로 확정되었고, 그러한 이상 제3자인 甲의 소유물에 대하여 이루어진 이 사건 경매절차는 무효이며, 무효인 경매절차에 기하여 乙 앞으로 경료된 소유권이전등기는 아무런 원인 없이 경료된 무효의 등기이므로 甲은 乙 명의의 소유권이전등기의 말소등기를 구할 수 있는가?

(1) 청구취지: 피고는 원고에게 별지 표시 건물에 대하여 울산지방법원 중부등기소 2002. 12. 14. 접수 제93527호로 한 소유권이전등기의 말소등기절차를 이행하라.

(2) 청구원인: 원고와 A 사이의 2000. 7. 3. 자 증여계약을 사해행위에 해당한다고 하여 이를 취소하고 원고 명의의 소유권이전등기의 말소를 명한 울산지방법원 2002. 5. 29. 선고 2001가단27769호 판결에 대하여 원고가 추완항소를 제기한 결과 그 판결을 취소하고 B의 청구를 기각하는 항소심 판결이 확정되었으므로, 이 사건 건물은 원고의 소유로 확정되었고, 그러한 이상 제3자인 원고의 소유물에 대하여 이루어진 이 사건 경매절차는 무효이며, 무효인 경매절차에 기하여 피고 앞으로 경료된 소유권이전등기는 아무런 원인 없이 경료된 무효의 등기이므로 피고는 원고에게 피고 명의의 소유권이전등기의 말소등기절차를 이행할 의무가 있다.

소송이 공시송달에 의하여 진행되었다 하더라도 확정된 판결은 추완항소에 의하여 취소되기 전까지는 형식적 확정력을 가지는 것이므로, 원고 명의의 소유권이전등기가 사해행위취소의 확정판결에 의하여 말소되어 건물 소유권이 A 명의로 복귀된 상태에서 경매절차가 개시되고 매각허가결정이 확정되어 매수인인 피고가 대금을 완납하고 법원의 촉탁에 의하여 피고 앞으로 소유권이전등기가 완료된 이상, 이 사건 경매절차의 경매개시결정 당시부터 피고가 이를 매수하여 매각대금을 납부할 때까지 이 사건 건물의 소유권은 경매절차 내내 채무자인 A가 적법하게 보유하고 있었고, 경매개시부터 종결까지 어떠한 법률적 하자도 없다. 그런즉 이 사건 경매는 제3자 소유물에 대한 경매라고 할 수 없어, 경매개시결정 당초부터 제3자의 소유물에 대하여 경매가 이루어진 경우와 달리 무효라고 할 수 없고, 설사 그 후에 이르러 위 사해행위취소판결이 원고의 추완항소에 의하여 취소되었다고 하더라도 그 이전에 확정판결에 의하여 이미 행하여진 집행행위는 그로 인하여 당연히 그 효력을 상실하는 것이 아니라 할 것이다(하자 없이 진행된 경매에 대하여, 사후에 재심이나 가집행선고부 판결의 번복에 의하여 집행권원이 취소되었다 하더라도 경매의 효력에는 영향이 없다는 취지의 대법원 1991. 2. 8. 선고 90다16177 판결이나 1996. 12. 20. 선고 96다42628 판결 등은 이와 궤를 같이 하는 것으로 이해된다). 매수인은 매각허가결정의 효력으로서 경매부동산의 소유권을 취득하는 것이므로 그 매각허가결정이 효력을 상실하지 아니하는 한 매수인인 피고의 소유권취득에는 하등의 영향이 없다.

> **[대법원 2006. 12. 21. 선고 2005다58137 판결]**
> 사해행위취소판결이 추완항소에 의하여 최소된 이상 위 경매 당시 이 사건 건물의 실체적인 소유자는 원고라고 보는 것이 위 법리에 맞는 해석이라고 할 것이므로, 결국 이 사건 경매는 제3자의 소유물에 대한 경매로서, 비록 피고가 그 경매절차를 통해 소유권이전등기를 받았다 하더라도 이는 무권리자로부터 이전받은 등기에 불과하여 원고에 대하여 이를 말소할 의무가 있다고 할 것이니, 원심은 이 점에서 법리를 오해한 위법을 범하였다(원심판결 파기환송).164)

4. 항변 등

가. 실체관계부합 항변

(1) 부동산소유권을 이전하는 계약에 기해 양도인이 사실상 그 목적 부동산에 대한 전면적인 지배를 양수인에게 취득케 한 이상 양수인 명의의 등기는 그것이 설사 등기의무자의 신청에 의하지 아니한

---

163) 울산지법 2005. 9. 1. 선고 2005나268 판결.
164) 환송 후 원심인 울산지방법원 2007. 8. 16. 선고 2007나729 판결은 피고의 항소를 기각하였다.

하자가 있다고 해도 실체관계에 부합되는 등기로서 유효하다.[165] 실체관계부합이라 함은 당사자 사이에 사실상 물권변동이 생긴 것과 같은 상태에 있는 것을 말한다.

(2) 실체관계부합 항변의 사례

① 당사자 사이에 적법한 원인행위가 성립되어 중간생략등기가 이루어진 이상, 중간생략등기에 관한 합의가 없었다는 사유만으로는 그 소유권이전등기를 무효라고 할 수 없다는 항변.[166]

② 미등기부동산이 전전양도된 경우 최후의 양수인이 소유권보존등기를 한 경우에도 그 등기가 결과적으로 실질적 법률관계에 부합된다면 그 등기는 무효라고 볼 수 없다는 항변.[167]

③ 등기부상 등기원인과 다른 실제의 등기원인이 있었다는 항변.[168]

④ 취득시효가 완성되었다는 항변.

(3) 피고 명의의 소유권이전등기가 위조된 등기신청서류에 의하여 이루어졌다 하더라도 피고가 원고의 대리인으로부터 이 사건 임야를 적법하게 매수한 이상 위 등기는 실체적 권리관계에 부합하게 되어 유효하다.[169]

(4) 등기가 실체관계에 부합한다고 하는 것은 그 등기절차에 어떤 하자가 있다고 하더라도 진실한 권리관계와 합치한다는 것을 말하며, 그 등기원인이 매매로서 매매대금이 전부 지급되지 아니하였다면, 그 대금완불 전에 미리 소유권이전등기를 하기로 하는 특약이 없는 한, 그 등기로써 실체관계에 부합한다고 할 수는 없다.[170]

(5) 명의신탁자가 소유자로부터 부동산을 양도받으면서 명의수탁자와 사이에 명의신탁약정을 하여 소유자로부터 바로 명의수탁자 명의로 소유권이전등기를 하는 이른바 3자 간 등기명의신탁에 있어서, 명의수탁자가 부동산실권리자 명의 등기에 관한 법률에서 정한 유예기간 경과 후에 자의로 명의신

---

165) 대법원 1978. 8. 22. 선고 76다343 판결: 양도인에 대한 관계에 있어서는 양수인은 소유권의 개념으로서 통합되어 그의 실질적인 내용을 이루고 있는 것으로 되어 있는 사용, 수익, 처분 등의 모든 권능을 취득하였다고 할 수 있는 상태에 이르렀다면 특별한 사정이 없는 한 법적으로도 양도인과 양수인과의 이와 같은 실질적인 관계를 외면할 수 없는 것이라고 할 것이니 위와 같은 상태에서 양 당사자 간의 관계를 상대적으로 다투는 데 있어서는 등기 전이라고 하더라도 소유권은 실질적으로 양수인에게 옮겨져 있는 것으로 해도 무방하다 할 것이며 등기가 위와 같은 양 당사자의 실질적인 관계에 상응하는 것이라면 동 등기가 등기의무자의 신청에 의하지 아니한 하자가 있다고 해서 이를 반드시 무효로 하지 않으면 안 될 이유가 있다고도 할 것이 아니므로 등기가 실체관계에 부합하여 유효하다고 할 때 위와 같은 경우까지를 이에 포함시켜 무방하다 할 것이다(등기가 양 당사자의 위와 같은 실질적인 관계에 부응하는 것이라면 그 등기는 의당 있어야 마땅한 등기라고 할 것이고 이와 같은 등기는 일반적으로 등기의무자의 의사에 터 잡고 있는 것이라고 할 수 있다).

166) 대법원 1980. 2. 12. 선고 79다2104 판결.

167) 대법원 1984. 1. 24. 선고 83다카1152 판결.

168) 부동산등기는 현실의 권리 관계에 부합하는 한 그 권리취득의 경위나 방법 등이 사실과 다르다고 하더라도 그 등기의 효력에는 아무런 영향이 없는 것이므로 증여에 의하여 부동산을 취득하였지만 등기원인을 매매로 기재하였다고 하더라도 그 등기의 효력에는 아무런 하자가 없다. 대법원 1980. 7. 22. 선고 80다791 판결.

169) 법률행위로 인한 부동산물권의 득실변경은 등기를 하여야만 그 효력이 생기는 것이므로 부동산을 매수한 자라고 할지라도 그 등기가 이루어지기 전에는 그 소유권을 취득한 것이라고 할 수 없고 또 위조문서를 이용하여 한 등기는 그 절차에 있어서 부적법한 것임은 소론과 같으나 등기가 부동산물권변동의 효력발생요건이 되었다고 할지라도 원래부터 그것이 부동산물권의 공시방법으로 채택되어 왔다는 점에는 다름이 없는 이상 그 절차보다는 그 공시된 외형을 중시하여야 할 것이고 따라서 설사 그 절차에 있어서 하자가 있었다고 할지라도 그 공시된 외형과 같은 권리관계가 실재하고 있다면 그 공시 방법으로서의 등기의 효력을 부정할 것이 아니라고 함이 상당하다. 대법원 1972. 8. 22. 선고 72다1059 판결.

170) 대법원 1994. 6. 28. 선고 93다55777 판결.

탁자에게 바로 소유권이전등기를 경료해 준 경우, 같은 법에서 정한 유예기간의 경과로 기존 명의신탁약정과 그에 의한 명의수탁자 명의의 등기가 모두 무효로 되고, 명의신탁자는 명의신탁약정의 당사자로서 같은 법 제4조 제3항의 제3자에 해당하지 아니하므로 명의신탁자 명의의 소유권이전등기도 무효가 된다 할 것이지만, 한편 같은 법은 매도인과 명의신탁자 사이의 매매계약의 효력을 부정하는 규정을 두고 있지 아니하여 <u>유예기간 경과 후로도 매도인과 명의신탁자 사이의 매매계약은 여전히 유효하므로, 명의신탁자는 매도인에 대하여 매매계약에 기한 소유권이전등기를 청구할 수 있고, 그 소유권이전등기청구권을 보전하기 위하여 매도인을 대위하여 명의수탁자에게 무효인 그 명의 등기의 말소를 구할 수도 있으므로, 명의수탁자가 명의신탁자 앞으로 바로 경료해 준 소유권이전등기는 결국 실체관계에 부합하는 등기로서 유효하다.</u>[171]

나. 등기부상 등기원인의 유효

(1) 피고는 원고가 주장하는 등기원인의 무효사실과 양립하는 별개의 사유를 들어 등기원인의 유효를 주장할 수 있다.

(2) 피고가 무권대리인 또는 무권리자로부터 매수한 것이라는 이유로 그 등기원인의 무효를 주장하는 경우 피고로서는 표현대리가 성립한다거나 원고가 그 매매계약을 추인하였다고 항변할 수 있다.

다. 무효등기의 유용(流用) 항변

(1) 실질관계의 소멸로 무효로 된 등기의 유용은 그 등기를 유용하기로 하는 합의가 이루어지기 전에 등기상 이해관계가 있는 제3자가 생기지 않은 경우에 한하여 허용된다.[172]

(2) 무효등기의 유용에 관한 합의 내지 추인은 묵시적으로도 이루어질 수 있으나, 위와 같은 묵시적 합의 내지 추인을 인정하려면 무효등기 사실을 알면서 장기간 이의를 제기하지 아니하고 방치한 것만으로는 부족하고 그 등기가 무효임을 알면서도 유효함을 전제로 기대되는 행위를 하거나 용태를 보이는 등 무효등기를 유용할 의사에서 비롯되어 장기간 방치된 것이라고 볼 수 있는 특별한 사정이 있어야 한다.[173]

---

171) 대법원 2004. 6. 25. 선고 2004다6764 판결.
172) 대법원 2009. 2. 26. 선고 2006다72802 판결; 대법원 2002. 12. 6. 선고 2001다2846 판결 등 참조.
173) 대법원 2007. 1. 11. 선고 2006다50055 판결.

라. 취득시효항변

(1) 점유취득시효
(2) 등기부취득시효

사례 12

망 A가 2001. 12. 10. 사망하여 그의 자녀 4인이 각 1/4 지분씩 상속하였다. 그런데 A의 장남인 甲이 2002. 3. 4. 이 사건 부동산에 관하여 2001. 12. 10. 협의분할에 의한 상속을 원인으로 甲 앞으로 소유권이전등기를 마쳤다. 甲은 이 사건 등기신청 시 제출한 상속재산분할협의서를 위조하였다는 이유로 벌금 500만 원을 선고받고 항소 중이다. A의 다른 상속인들이 이 사건 부동산에 관한 피고(甲) 명의의 등기는 위조문서에 의한 등기로써 원인 없는 부적법한 등기라는 이유로 그 말소를 구한다.

(1) 청구취지: 피고는 원고들에게 이 사건 부동산에 관하여 창원지방법원 2002. 3. 4. 접수 제21982 호로서 경료한 소유권이전등기의 말소등기절차를 이행하라.

(2) 청구원인: 이 사건 부동산에 관하여 A의 상속인들 사이에 상속재산분할협의가 없었음에도 불구하고 피고가 상속재산분할협의서를 마음대로 작성하여 이 사건 등기를 마쳤으므로 피고가 원고들에게 법률상 원인 없이 이루어진 이 사건 등기를 말소할 의무가 있다.

(3) 피고의 항변:

  ① 원고들과 상속재산분할협의를 한 후 원고들로부터 인감증명서와 인감도장을 교부받아 적법하게 이 사건 등기를 마친 것이다.

  ② 1987. 태풍으로 인하여 구건물이 파손되었는데, 당시 피고가 비용을 부담하여 구건물을 철거한 후 이 사건 부동산을 신축함으로써 이를 원시취득하였으나, 편의상 아버지인 망 A의 이름으로 등기한 것이어서 A로부터 자신 이름으로 한 이 사건 등기가 실체적 권리관계에 부합하는 유효한 등기이다.

〈원심의 판단〉[174]

피고는 2001. 12.경 원고 1, 2에게는 '망 A가 운영하던 K산업사의 사업자등록을 이전받기 위한 것이다'라는 이유로, 원고 3에게는 '이 사건 부동산 재개발로 인한 이주비를 수령하기 위한 것이다'라는 이유로 원고들에게 인감증명서, 인감도장 등을 요구한 사실, 피고는 원고들로부터 인감증명서 등을 교부받자 K산업사의 사업자등록을 이전한 이외에도 이 사건 부동산 전부를 피고가 상속한다는 내용의 상속재산분할협의서를 원고들의 동의 없이 작성하고, 원고들의 인감증명서를 첨부하여 이를 창원지방법원에 제출함으로써 이 사건 등기를 경료한 사실을 알 수 있으므로 피고 명의의 이 사건 소유권이전등기 중 원고들의 상속 지분인 4분의 3 지분은 원인 없이 경료된 부적법한 등기이므로 그 부분에 관한 말소등기절차를 이행

---

174) 창원지법 2007. 10. 26. 선고 2006나10549 판결.

할 의무가 있다.

[대법원 2008. 11. 13. 선고 2007다82158 판결]

문서에 찍혀진 작성명의인의 인영이 그 인장에 의하여 현출된 인영임이 인정되는 경우에는 특단의 사정이 없는 한 그 인영의 성립 즉 그 작성명의인에 의하여 날인된 것으로 추정되고 일단 그것이 추정되면 민사소송법 제358조에 의하여 그 문서 전체의 진정성립이 추정되는 것이므로, 그 문서가 작성명의인의 의사에 반하여 혹은 작성명의인의 의사에 기하지 않고 작성된 것이라는 것은 그것을 주장하는 자가 적극적으로 입증하여야 하고 이 항변사실을 입증하는 증거의 증명력은 개연성만으로는 부족하다.175)

이 사건 부동산의 신축비용은 피고가 부담한 것으로 보이고, 이 사건 부동산에 관하여 피고 명의로 소유권이전등기가 경료된 2002. 3. 4.경부터 원고 3이 피고를 고소한 2005. 9. 12.경까지 꽤 오랫동안 원고들이 이 사건 부동산의 상속에 관하여 문제를 제기하지 않았으며, 원고 1, 2는 형사재판에서 "상속 재산이 이 사건 부동산 밖에 없었고, 장남인 피고가 망인을 계속 모셨으며, 다른 형제들은 밖에 나가 살고 있어서 피고가 이 사건 부동산을 가져가는 게 당연하다고 생각하여 상속문제에 대해서는 다툼이 없었다"는 취지로 진술한 점 등에 비추어 보면, 오히려 이 사건 부동산을 피고가 단독 상속받는 것에 관하여 원고들이 동의하였을 가능성이 더 높은 것으로 보인다. 결국, 원심이 채택한 증거들만으로는 이 사건 상속재산분할협의서의 진정성립의 추정이 번복되었다고 볼 수는 없음에도 원심은 위 증거들만으로 이 사건 상속재산분할협의서가 피고에 의하여 위조된 것이라고 판단하였으니, 원심판결에는 문서의 진정성립의 추정에 관한 법리오해나 채증법칙 위배로 인한 사실오인으로 인하여 판결 결과에 영향을 미친 위법이 있다(원심판결 파기환송).

---

5. 진정명의회복을 원인으로 한 소유권이전등기청구

가. 소송물

(1) 진정한 등기명의의 회복을 위한 소유권이전등기청구는 이미 자기 앞으로 소유권을 표상하는 등기가 되어 있었거나 법률에 의하여 소유권을 취득한 자가 진정한 등기명의를 회복하기 위한 방법으로 현재의 등기명의인을 상대로 그 등기의 말소를 구하는 것에 갈음하여 허용되는 것인데, 말소등기에 갈음하여 허용되는 진정명의회복을 원인으로 한 소유권이전등기청구권과 무효등기의 말소청구권은 어느 것이나 진정한 소유자의 등기명의를 회복하기 위한 것으로서 실질적으로 그 목적이 동일하고 두 청구권 모두 소유권에 기한 방해배제청구권으로서 그 법적근거와 성질이 동일하므로 그 소송물은 실질상 동일한 것으로 보아야 한다.176)

(2) 소유권이전등기말소청구소송에서 패소확정판결을 받았다면 그 기판력은 그 후 제기된 진정명의회복을 원인으로 한 소유권이전등기청구소송에도 미친다.

---

175) 대법원 1987. 12. 22. 선고 87다카707 판결, 대법원 1997. 6. 13. 선고 96재다462 판결 등 참조.
176) 대법원 2003. 3. 28. 선고 2000다24856 판결.

나. 청구원인

☞ **요건사실: 원고의 소유 + 피고의 소유권이전등기 경료 + 등기의 원인무효**

(1) 원고는 자기 앞으로 소유권을 표상하는 등기가 되어 있었거나, 법률의 규정에 의하여 소유권을 취득한 사실을 주장·증명하여야 한다.

(2) 명의신탁자는 대외적으로 소유자가 아니므로 명의수탁자를 대위함이 없이 직접 현재의 등기명의인을 상대로 진정명의회복을 원인으로 한 소유권이전등기청구를 할 수 없다. 그러나 양자 간 명의신탁에서 명의신탁약정이 무효가 되고, 명의신탁약정에 따라 행하여진 등기에 의한 물권변동도 무효가 된 경우 수탁자명의의 등기는 원인무효의 등기가 되므로 원칙적으로 신탁자는 수탁자를 상대로 원인무효를 이유로 그 등기의 말소를 구할 수도 있고, 명의신탁대상 부동산에 관하여 자기 명의로 소유권이전등기를 경료한 적이 있었던 신탁자로서는 수탁자를 상대로 진정명의회복을 원인으로 한 이전등기를 구할 수도 있다.

(3) 부동산의 공유자 중 한 사람은 공유물에 대한 보존행위로서 그 공유물에 관한 원인무효의 등기 전부의 말소를 구할 수 있고, 진정명의회복을 원인으로 한 소유권이전등기청구권과 무효등기의 말소청구권은 어느 것이나 진정한 소유자의 등기명의를 회복하기 위한 것으로서 실질적으로 그 목적이 동일하고 두 청구권 모두 소유권에 기한 방해배제청구권으로서 그 법적 근거와 성질이 동일하므로, 공유자 중 한 사람은 공유물에 경료된 원인무효의 등기에 관하여 각 공유자에게 해당 지분별로 진정명의회복을 원인으로 한 소유권이전등기를 이행할 것을 단독으로 청구할 수 있다.[177]

(4) 원고는 피고 명의의 소유권이전등기가 원인무효임을 주장·증명하여야 한다. 진정명의회복을 원인으로 한 소유권이전등기의 등기의무자는 현재의 등기명의인이므로 피고가 현재의 등기의무자이거나 또는 그의 포괄승계인인 사실이 나타나야 한다.

다. 공격방어방법

(1) 소유권이전등기말소청구에서의 공격방어방법이 그대로 적용된다.

(2) 피고는 원고의 진정명의회복을 원인으로 한 소유권이전등기청구가 소유권이전등기말소판결의 기판력을 받는다는 항변을 할 수 있다.

(3) 소유권이전등기말소소송의 승소 확정판결에 기하여 소유권이전등기가 말소된 후 순차 제3자 명의로 소유권이전등기 및 근저당권설정등기 등이 마쳐졌는데 위 말소된 등기의 명의자가 현재의 등기명의인을 상대로 진정한 등기명의의 회복을 위한 소유권이전등기청구와 근저당권자 등을 상대로 그

---

177) 대법원 2005. 9. 29. 선고 2003다40651 판결.

근저당권설정등기 등의 말소등기청구 등을 하는 경우 현재의 등기명의인 및 근저당권자 등은 모두 위 확정된 전 소송의 사실심 변론종결 후의 승계인으로서 위 확정판결의 기판력은 그와 실질적으로 동일한 소송물인 진정한 등기명의의 회복을 위한 소유권이전등기청구 및 위 확정된 전소의 말소등기 청구권의 존재 여부를 선결문제로 하는 근저당권설정등기 등의 말소등기청구에 모두 미친다.[178]

VIII. (근)저당권설정등기 말소청구

1. 청구취지

가. 원인무효에 의한 말소청구

피고는 원고에게 별지목록 기재 부동산에 관하여 제주지방법원 2010. 4. 7. 접수 제1234호로 마친 근저당권설정등기의 말소등기절차를 이행하라.

나. 후발적 실효사유에 의한 말소청구

피고는 원고에게 별지목록 기재 부동산에 관하여 제주지방법원 2010. 4. 7. 접수 제1234호로 마친 근저당권설정등기에 대하여 2011. 4. 30. 해지(변제)를 원인으로 한 말소등기절차를 이행하라.[179]

2. 청구원인: 요건사실

가. 원인무효: 원고 소유인 사실 + 피고 명의의 근저당권설정등기가 마쳐진 사실 + 등기원인서류가 위조되었거나 등기원인인 (근)저당권설정계약이 무효, 취소, 해제된 사실

(1) 소유자가 소유권에 기한 방해배제청구로서 근저당권설정등기의 말소를 구하는 소의 소송물은 물권적 말소등기청구권이다.[180]

(2) 원·피고 간의 근저당권설정계약의 체결사실은 요건사실이 아니며, 원고가 목적 부동산을 소유하고 있는 사실이 이를 대체하게 된다.[181]

---

178) 대법원 2003. 3. 28. 선고 2000다24856 판결.
179) 말소등기의 원인을 기재하여야 하고, 다만 선이행이나 동시이행으로 말소청구하는 경우에는 원인기재를 하지 못한다.
180) 따라서 소유권에 기한 방해배제청구권의 행사로서 말소등기청구를 한 전소의 확정판결의 기판력이 계약해제에 따른 원상회복으로 말소등기청구를 하는 후소에 미치지 않는다. 대법원 1993. 9. 14. 선고 92다353 판결.
181) 다만 후순위근저당권에 기하여 무효인 선순위 근저당권설정등기의 말소를 구하는 경우에는 원고가 후순위근저당권자라라는 사실이 요건사실이 된다.

(3) 이 경우 피담보채무가 확정되어 전부 소멸한 경우도 있으나, 근저당권설정계약 자체가 무효·취소되거나 피고 명의의 근저당권설정등기가 원인무효의 소유권이전등기에 터 잡고 있는 경우에도 가능하다.[182]

나. 후발적 실효사유: 근저당권설정계약의 사실 + 피고 명의의 근저당권설정등기가 마쳐진 사실 + (근)저당권의 피담보채무가 소멸(변제)된 사실

(1) 근저당권설정자는 소유권에 기한 근저당권설정등기말소청구와는 별개로 근저당권설정계약에 기하여[183] 근저당권설정등기의 말소를 구할 수 있다. 이 경우 소송물이 되는 말소등기청구권은 근저당권설정계약에 근거를 두는 채권적 청구권이다.

(2) 근저당권설정계약에 기하여 근저당권설정등기의 말소를 구하는 것이므로 원고와 피고 사이에 근저당권설정계약을 체결한 사실이 요건사실이 되고, 목적물이 원고 소유인 사실은 요건사실이 아니다.

(3) 근저당권의 소멸원인으로는 변제, 상계, 공탁, 면제 등 피담보채무의 후발적 실효사유이나, <u>피담보채무를 발생시키는 법률행위가 성립하지 않았거나 무효·취소된 경우와 같이 원시적으로 발생하지 않은 경우도 포함한다</u>(근저당권설정계약 자체가 무효·취소된 경우에는 소유권에 기한 말소청구만 가능하다).

(4) 원고는 결산기의 합의 및 도래사실, 근저당설정자가 해지의 의사표시를 한 사실 또는 근저당권자가 경매를 신청한 사실[184] 등 피담보채무의 확정사유를 주장·증명하여야 한다.

(5) 피담보채무의 확정과 관련하여 기본계약에 결산기가 정하여져 있으면 그 결산기의 도래 시에, 그 결산기가 없는 경우에는 피담보채무의 확정방법에 관한 다른 약정이 있으면 그에 따르고 이러한 약정이 없는 경우에는 근저당권설정자가 언제든지 해지의 의사표시를 함으로써 피담보채무를 확정시킬 수 있다.[185]

---

182) 이 경우에는 근저당권설정계약의 무효·취소사실 또는 피고의 근저당권설정등기가 원인무효의 소유권이전등기에 터 잡고 있는 사실 등이 피담보채무의 확정 및 소멸사실을 대체하게 된다.

183) 원래 근저당권설정계약에는 피담보채무가 확정되어 소멸되면 근저당권설정등기를 말소하여 주기로 하는 내용의 합의가 포함되어 있다.

184) 근저당권자가 스스로 경매를 신청한 때에는 채무자와 더 이상의 거래관계를 유지하지 아니하겠다는 취지의 의사를 표시하였다고 봄이 상당하므로 경매신청 시에 피담보채무가 확정되나, 경매개시결정 전에 경매신청이 각하되거나 취하된 경우에는 확정되지 아니한다.

185) 대법원 2002. 5. 24. 선고 2002다7176 판결: 근저당권이라 함은 그 담보할 채권의 최고액만을 정하고 채무의 확정을 장래에 유보하여 설정하는 저당권을 말하고, 이 경우 그 피담보채무가 확정될 때까지의 채무의 소멸 또는 이전은 근저당권에 영향을 미치지 아니하므로, 근저당부동산에 대하여 소유권을 취득한 제3자는 피담보채무가 확정된 이후에 그 확정된 피담보채무를 채권최고액의 범위 내에서 변제하고 근저당권의 소멸을 청구할 수 있다고 할 것이며, <u>피담보채무는 근저당권설정계약에서 근저당권의 존속기간을 정하거나 근저당권으로 담보되는 기본적인 거래계약에서 결산기를 정한 경우에는 원칙적으로 존속기간이나 결산기가 도래한 때에 확정되지만</u>, 이 경우에도 근저당권에 의하여 담보되는 채권이 전부 소멸하고 채무자가 채권자로부터 새로이 금원을 차용하는 등 거래를 계속할 의사가 없는 경우에는, <u>그 존속기간 또는 결산기가 경과하기 전이라 하더라도 근저당권설정자는 계약을 해지하고 근저당권설정등기의 말소를 구할 수 있고, 한편 존속기간이나 결산기의 정함이 없는 때에는 근저당권의 피담보채무의 확정방법에 관한 다른 약정이 있으면 그에 따르되 이러한 약정이 없는 경우라면 근저당권설정자가 근저당권자를 상대로 언제든지 해지의 의사표시를 함으로써 피담보채무를 확정시킬 수 있다.</u>

3. 항변 등

가. 등기유용합의 항변: 피고는 비록 피담보채무가 소멸하였지만 다른 채무의 담보로 (근)저당권을 유용하기로 원고와 합의하였다.

나. 실체관계부합 항변: 등기가 실체적 권리관계에 부합한다고 하는 것은 그 등기절차에 어떤 하자가 있더라도 진실한 권리관계와 합치되는 것을 의미하는바, 채권자가 채무자와 사이에 근저당권설정계약을 체결하였으나 그 계약에 기한 근저당권설정등기가 채권자가 아닌 제3자의 명의로 경료되고 그 후 다시 채권자가 위 근저당권설정등기에 대한 부기등기의 방법으로 위 근저당권을 이전받았다면 특별한 사정이 없는 한 그때부터 위 근저당권설정등기는 실체관계에 부합하는 유효한 등기로 볼 수 있다.[186)]

4. 참고 사항

가. (근)저당권이전의 부기등기

사례 13

甲 명의로 소유권이전등기가 마쳐진 X 부동산에 관하여 甲을 채무자로 하고 A를 근저당권자로 하는 1995. 10. 23. 자 근저당권설정등기가 마쳐졌다가, 乙이 A의 甲에 대한 근저당권부 채권에 관하여 1998. 2. 8. 자 압류 및 전부명령을 받아 확정됨에 따라 이를 원인으로 한 乙 명의의 1998. 2. 19. 자 근저당권이전의 부기등기가 마쳐졌다.

甲은 위 근저당권으로 담보되는 채무가 존재하지 아니한다는 이유로 乙을 상대로 위 근저당권설정등기의 말소등기절차의 이행을 구할 수 있는가?

(1) 근저당권 이전의 부기등기는 기존의 주등기인 근저당권설정등기에 종속되어 주등기와 일체를 이루는 것이어서, 피담보채무가 소멸된 경우 또는 근저당권설정등기가 당초 원인무효인 경우 <u>주등기인 근저당권설정등기의 말소만 구하면 되고 그 부기등기는 별도로 말소를 구하지 않더라도 주등기의 말소에 따라 직권으로 말소되는 것</u>이며, 근저당권 양도의 부기등기는 기존의 근저당권설정등기에 의한 권리의 승계를 등기부상 명시하는 것뿐으로, 그 등기에 의하여 새로운 권리가 생기는 것이 아닌 만큼 근저당권설정등기의 말소등기청구는 양수인만을 상대로 하면 족하고 양도인은 그 말소등기청구에 있어서 피고 적격이 없으며, 근저당권의 이전이 전부명령 확정에 따라

---

186) 대법원 2007. 1. 11. 선고 2006다50055 판결: 채권자 아닌 제3자 명의의 근저당권설정등기가 경료된 부동산에 소유권이전청구권 가등기가 경료되고 그 후 다시 채권자 명의의 위 근저당권이전의 부기등기가 경료된 사안에서, 채권자는 위 부기등기가 경료된 시점에 비로소 근저당권을 취득하는데, 부기등기의 순위가 주등기의 순위에 의하도록 되어 있는 부동산등기법 제6조 제1항에 따라 등기부상으로는 채권자가 위 제3자 명의의 근저당권설정등기가 경료된 시점에 근저당권을 취득한 것이 되어 위 가등기보다 그 순위가 앞서게 되므로, 결국 위 근저당권설정등기는 실체관계에 부합하는 유효한 등기라고 볼 수 없다고 한 사례.

이루어졌다고 하여 이와 달리 보아야 하는 것은 아니다.[187]

(2) 근저당권 이전의 부기등기는 기존의 주등기인 근저당권설정등기에 종속되어 주등기와 일체를 이루는 것으로서 기존의 근저당권설정등기에 의한 권리의 승계를 등기부상 명시하는 것일 뿐 그 등기에 의하여 새로운 권리가 생기는 것이 아니므로, 근저당권설정자 또는 그로부터 소유권을 이전받은 제3취득자는 피담보채무가 소멸된 경우 또는 근저당권설정등기가 당초부터 원인무효인 경우 등에 근저당권의 현재의 명의인인 양수인을 상대로 주등기인 근저당권설정등기의 말소를 구할 수 있으나, 근저당권자로부터 양수인 앞으로의 근저당권 이전이 무효라는 사유를 내세워 양수인을 상대로 근저당권설정등기의 말소를 구할 수는 없다.[188]

나. 종전 소유자의 말소청구

(1) 근저당권이 설정된 후에 그 부동산의 소유권이 제3자에게 이전된 경우에는 현재의 소유자가 자신의 소유권에 기하여 피담보채무의 소멸을 원인으로 그 근저당권설정등기의 말소를 청구할 수 있음은 물론이지만, 근저당권설정자인 종전의 소유자도 근저당권설정계약의 당사자로서 근저당권 소멸에 따른 원상회복으로 근저당권자에게 근저당권설정등기의 말소를 구할 수 있는 계약상 권리가 있다.

(2) 종전 소유자도 이러한 계약상 권리에 터 잡아 근저당권자에게 피담보채무의 소멸을 이유로 하여 그 근저당권설정등기의 말소를 청구할 수 있고, 목적물의 소유권을 상실하였다는 이유만으로 그러한 권리를 행사할 수 없다고 볼 것은 아니다.[189]

다. 후순위근저당권자의 말소청구

(1) 민법 제364조는 "저당부동산에 대하여 소유권, 지상권 또는 전세권을 취득한 제3자는 저당권자에게 그 부동산으로 담보된 채권을 변제하고 저당권의 소멸을 청구할 수 있다"고 규정하고 있다. 그러므로 근저당부동산에 대하여 민법 제364조의 규정에 의한 권리를 취득한 제3자는 피담보채무가 확정된 이후에 채권최고액의 범위 내에서 그 확정된 피담보채무를 변제하고 근저당권의 소멸을 청구할 수 있다.[190]

(2) 그러나 근저당부동산에 대하여 후순위근저당권을 취득한 자는 민법 제364조에서 정한 권리를 행사

---

187) 대법원 2000. 4. 11. 선고 2000다5640 판결: 확인의 소는 원고의 권리 또는 법률상 지위에 현존하는 불안·위험이 있고 확인 판결을 받는 것이 그 분쟁을 근본적으로 해결하는 가장 유효·적절한 수단일 때 허용되는바, 근저당권설정자가 근저당권설정계약에 기한 피담보채무가 존재하지 아니함의 확인을 구함과 함께 그 근저당권설정등기의 말소를 구하는 경우에 근저당권설정자로서는 피담보채무가 존재하지 않음을 이유로 근저당권설정등기의 말소를 구하는 것이 분쟁을 유효·적절하게 해결하는 직접적인 수단이 될 것이므로 별도로 근저당권설정계약에 기한 피담보채무가 존재하지 아니함의 확인을 구하는 것은 확인의 이익이 있다고 할 수 없다.

188) 대법원 2003. 4. 11. 선고 2003다5016 판결.

189) 대법원 1994. 1. 25. 선고 93다16338 판결. 다만 원인무효로 인한 말소청구는 소유자만이 할 수 있고, 전 소유자는 할 수 없다.

190) 대법원 1971. 4. 6. 선고 71다26 판결; 대법원 2002. 5. 24. 선고 2002다7176 판결 등 참조.

할 수 있는 제3취득자에 해당하지 아니한다. 따라서 이러한 후순위근저당권자가 선순위근저당권의 피담보채무가 확정된 이후에 그 확정된 피담보채무를 변제한 것은 민법 제469조의 규정에 의한 이해관계 있는 제3자의 변제로서 유효한 것인지 따져 볼 수는 있을지언정 민법 제364조의 규정에 따라 선순위근저당권의 소멸을 청구할 수 있는 사유로는 삼을 수 없다.[191]

라. 물상보증인의 말소청구

근저당권의 물상보증인은 민법 제357조에서 말하는 채권의 최고액만을 변제하면 근저당권설정등기의 말소청구를 할 수 있고 채권최고액을 초과하는 부분의 채권액까지 변제할 의무가 있는 것이 아니다.[192]

IX. 말소등기회복청구

1. 청구취지

피고는 원고에게 별지목록 기재 부동산에 관하여 제주지방법원 2011. 4. 7. 접수 제1234호로 말소된 제주지방법원 2010. 1. 10. 접수 제2341호 소유권이전등기의 회복등기절차를 이행하라.

2. 청구원인: 요건사실

☞ 요건사실＝원고 명의의 등기가 말소된 사실＋말소원인이 없었거나 무효·취소된 사실

가. 피고는 회복등기의 등기의무자(등기가 말소됨으로써 등기부상 이익을 본 사람)가 되어야 하고, 제3자에 의하여 불법 말소되었다고 해서 그 제3자를 피고로 하면 피고적격이 없다.
나. 말소등기 후에 등기부상 이해관계 있는 제3자가 생긴 경우 그 제3자도 함께 피고로 하여 회복등기에 대한 승낙의 의사표시를 하라는 내용의 청구를 하여야만 회복등기의 목적을 달성할 수 있다.

3. 항변 등

☐ 실체관계부합 항변: 말소된 상태가 다른 실체적 원인에 의하여 실체관계에 부합하게 되었다.

---

191) 대법원 2006. 1. 26. 선고 2005다17341 판결.
192) 대법원 1974. 12. 10. 선고 74다998 판결.

X. 〈사례 1, 2〉의 해설

〈사례 1〉

1. 원심의 판단[193]

(1) 민법 제565조에 의한 매매계약해제 항변에 관하여

피고는 2005. 9. 2. 계약금의 배액을 반환한다는 명목으로 원고를 피공탁자로 하여 2,000만 원을 공탁한 사실을 인정할 수 있다. 그러나 해약금에 의한 해제는 당사자의 일방이 '이행에 착수하기 전'에만 가능한 것이고, 한편, 토지거래허가를 받지 않은 매매계약은 물권적 효력은 물론 채권적 효력도 발생하지 아니하는 유동적 무효의 상태에 있어 거래당사자들은 매매계약의 주된 채무(소유권이전등기 또는 대금지급의무)를 이행할 의무가 없이 단지 토지거래허가신청에 협력할 의무만을 부담하는 것이므로, 해약금에 의한 해제권 행사를 제한하는 '이행의 착수'라 함은 통상의 매매계약과 같이 중도금의 지급이나 소유권이전등기에 필요한 서류의 교부 행위가 아니라 객관적으로 보아 외부에서 토지거래허가신청에 협력할 의무의 이행이라고 인식할 수 있을 정도의 행위가 있거나, 그 이행에 필요한 전제행위를 하는 것을 의미한다고 보아야 할 것인바, 앞서 인정한 사실에 의하면, 원고는 2004. 4. 27. 이 사건 매매계약에 대한 토지거래허가를 받음으로써 이 사건 매매계약의 이행에 착수하였다고 봄이 상당하므로, 피고는 해약금에 의한 계약의 해제를 주장할 수 없어 이 부분 주장은 이유 없다.

(2) 매매계약의 합의해제 항변에 관하여

계약이 합의해제되었다고 인정하기 위해서는 계약의 효력을 소멸시키기로 하는 내용의 청약과 승낙이라는 서로 대립하는 의사표시가 합치될 것을 그 요건으로 하는 것이고, 이러한 합의가 성립하기 위해서는 쌍방 당사자의 표시행위에 나타난 의사의 내용이 서로 객관적으로 일치하여야 하는 것인바, 피고는 이 사건 토지에 관한 A 명의의 가처분등기가 2005. 7. 6. 말소된 후에도 원고 등에게 이 사건 토지에 관한 소유권이전등기를 마쳐 주지 않고 있다가, 2005. 8. 30.경 원고 등에게 "매도인 측의 귀책사유로 인하여 계약을 해지하니 양지하시고, 약정대로 계약금의 배액을 변상하겠으니 직접 수령하거나 금융기관의 계좌번호를 통보해 주면 송금해 주고, 만약 수령하지 않으면 공탁하겠습니다"라는 내용의 내용증명을 보냈고, 이에 대하여 원고 등은 2005. 9. 5.경 피고에게 "1. 계약 내용대로 조속히 소유권이전등기에 필요한 서류를 갖추

193) 대전지방법원 2008. 7. 18. 선고 2007나6893 판결.

어 달라. 2. 1항이 관철되지 않을 경우 위약금을 지급해 달라. 3. 귀하께서 부동산 소유권이전등기 절차의 지연에 따른 잔금 수령을 하지 않고 있다가 부동산 가격이 오르자 당초 가격보다 인상된 가격으로 매매대금을 인상하여 요청함은 신의성실의 원칙을 위배한 공정한 거래라 볼 수 없을 것입니다"라는 내용의 내용증명을 보낸 사실을 인정할 수 있는바, 위 인정사실에 의하면 원고는 피고의 이 사건 매매계약을 해제한다는 의사표시에 동의하였다고 볼수 없고, 오히려 이 사건 토지를 매수하겠다는 새로운 청약을 한 것으로 봄이 상당하므로 피고의 이부분 주장도 이유 없다.

(3) 원고의 잔금지급채무 불이행을 이유로 매매계약 해제한 항변에 관하여 원고가 잔금의 지급을 이행하지 않았다고 하더라도 피고의 소유권이전등기의무와 원고의 잔금지급의무는 그 계약내용에 비추어 동시이행관계에 있다고 할 것인바, 자동해제 등의 특약이 없는 통상의 매매계약에 있어 매수인의 잔금지급채무가 이행지체에 빠져 매도인이 이를 이유로 계약을 해제하기 위해서는 그 이전등기에 필요한 일체의 서류를 갖추고 그 사실을 통지하여 수령을 최고할 것을 요한다고 할 것인바, 피고가 이 사건 토지에 관한 소유권이전등기의무의 이행에 필요한 일체의 서류를 갖추고 그 사실을 통지하여 수령을 최고하였음을 인정할 아무런 증거가 없으므로, 피고의 이 부분 주장도 역시 이유 없다.

2. 대법원 판결[194]

민법 제565조에 의하면 매매의 당사자 일방이 계약 당시에 계약금을 상대방에게 교부한 때에는 당사자 간에 다른 약정이 없는 한 당사자의 일방이 '이행'에 착수할 때까지 교부자는 이를 포기하고 수령자는 그 배액을 상환하여 매매계약을 해제할 수 있는바, 여기서의 '이행'의 개념을 이행지체와 해제에 관한 민법 제544조 소정의 '이행'의 개념과 달리 볼 아무런 근거가 없고, 한편 국토이용법소정의 토지거래계약에 관한 허가구역으로 지정된 구역 안에 위치한 토지에 관하여 매매계약이 체결된 경우 당사자 사이에는 그 매매계약이 효력이 있는 것으로 완성될 수 있도록 서로 협력할 의무가 있는 것이지만, 이러한 의무는 그 매매계약의 효력으로서 발생하는 매도인의 재산권이전의무나 매수인의 대금지급의무와는 달리 신의칙상의 의무에 해당하는 것이어서 당사자 쌍방이 위 협력의무에 기초해 토지거래허가신청을 하고 이에 따라 관할관청으로부터 그 허가를 받았다 하더라도, 아직 그 단계에서는 당사자 쌍방 모두 매매계약의 효력으로서 발생하는 의무를 이행하였거나 이행에 착수하였다고 할 수 없을 뿐만 아니라, 그 단계에서 매매계약에 대한 이행의 착수가 있다고 보아 민법 제565조의 규정에 의한 해제권 행사를 부정하게 되면 당사자 쌍방 모두에게 해제권의 행사 기한을 부당하게 단축시키는 결과를 가져올 수도 있으므로, 국토이용법 소정의 토지거래계약에 관한 허가구역으로 지정된 구역 안의 토지에 관하여 매매계약이 체결된 후 계약금

---

194) 대법원 2009. 4. 23. 선고 2008다62427 판결.

만 수수된 상태에서 당사자가 토지거래허가신청을 하고 이에 따라 관할관청으로부터 그 허가를 받았다 하더라도 그러한 사정만으로는 아직 이행의 착수가 있다고 볼 수 없어 매도인으로서는 민법 제565조에 의하여 계약금의 배액을 상환하여 매매계약을 해제할 수 있다.

국토이용법 소정의 토지거래계약에 관한 허가구역으로 지정된 구역 안에 위치한 이 사건 토지에 관하여 이 사건 매매계약이 체결되고 계약금만 수수된 상태에서 매수인인 원고가 거래허가신청을 하고 이에 따라 관할관청으로부터 토지거래허가를 받은 다음 이 사건 매매계약상의 채무에 대한 별다른 이행이 없는 상태에서 매도인인 피고가 이 사건 매매계약의 해제 통지를 하고 이어 계약금의 배액 이상을 공탁하였다는 것이므로, 앞서 본 법리에 비추어 피고가 이 사건 매매계약을 해제할 당시에는 아직 이행의 착수가 있었다고 볼 수 없고, 따라서 이 사건 매매계약은 피고의 해제 의사표시에 따라 적법하게 해제되었다 할 것임에도 불구하고, 원심은 피고의 해제 의사표시에 앞서 원고가 토지거래허가를 받음으로써 이 사건 매매계약의 이행에 착수하였다고 보아 이 사건 매매계약이 위 해제 의사표시에 의하여 해제되지 않고 여전히 유효하게 존속한다는 취지로 판단하였으니, 원심판결에는 토지거래허가를 전제로 하는 매매계약의 해약금에 의한 해제에 있어 이행의 착수에 관한 법리를 오해한 위법이 있다(원심판결 파기환송).

3. 토지거래허가에 관한 판례의 기본 법리

(1) 국토이용관리법[195]상의 규제구역 내의 '토지 등의 거래계약' 허가에 관한 관계규정의 내용과 그 입법 취지에 비추어 볼 때 토지의 소유권 등 권리를 이전 또는 설정하는 내용의 거래계약은 관할 관청의 허가를 받아야만 그 효력이 발생하고 허가를 받기 전에는 물권적 효력은 물론 채권적 효력도 발생하지 아니하여 무효라고 보아야 할 것인바, 다만 허가를 받기 전의 거래계약이 처음부터 허가를 배제하거나 잠탈하는 내용의 계약일 경우에는 확정적으로 무효로서 유효화될 여지가 없으나 이와 달리 허가받을 것을 전제로 한 거래계약(허가를 배제하거나 잠탈하는 내용의 계약이 아닌 계약은 여기에 해당하는 것으로 본다)일 경우에는 허가를 받을 때까지는 법률상 미완성의 법률행위로서 소유권 등 권리의 이전 또는 설정에 관한 거래의 효력이 전혀 발생하지 않음은 위의 확정적 무효의 경우와 다를 바 없지만, 일단 허가를 받으면 그 계약은 소급하여 유효한 계약이 되고 이와 달리 불허가가 된 때에는 무효로 확정되므로 허가를 받기까지는 유동적 무효의 상태에 있다고 보는 것이 타당하므로 허가받을 것을 전제로 한 거래계약은 허가받기 전의 상태에서는 거래계약의 채권적 효력도 전혀 발생하지 않으므로 권리의 이전 또는 설정에 관한 어떠한 내용의 이행청구도 할 수 없으나 일단 허가를 받으면 그 계약은 소급해서 유효화되므로 허가 후에 새로이 거래계약을 체결할 필요는 없다.[196]

---

195) 현재의 법명은 「국토의 계획 및 이용에 관한 법률」이다.
196) 대법원 1991. 12. 24. 선고 90다12243 전원합의체 판결: 규제지역 내에 있는 토지에 대하여 체결된 매매계약이 처음부터 허가를 배제하거나 잠탈하는 내용의 계약이 아니라 허가를 전제로 한 계약이라고 보이므로 원심이 원고의 청구 중 피고에 대하여 토지거래허가신청절차의 이행을 구하는 부분을 인용한 것은 정당하지만, 허가가 있을 것을 조건으로 하여 소유권이전등기

(2) 유동적 무효 상태에 있는, 토지거래허가구역 내 토지에 관한 매매계약에서 계약의 쌍방 당사자는 공동허가신청절차에 협력할 의무가 있고, 이러한 의무에 위배하여 허가신청절차에 협력하지 않는 당사자에 대하여 상대방은 협력의무의 이행을 소구할 수도 있다. 그러므로 매매계약 체결 당시 일정한 기간 안에 토지거래허가를 받기로 약정하였다고 하더라도, 그 약정된 기간 내에 토지거래허가를 받지 못할 경우 계약해제 등의 절차 없이 곧바로 매매계약을 무효로 하기로 약정한 취지라는 등의 특별한 사정이 없는 한, 이를 쌍무계약에서 이행기를 정한 것과 달리 볼 것이 아니므로 위 약정기간이 경과하였다는 사정만으로 곧바로 매매계약이 확정적으로 무효가 된다고 할 수 없다.197)

(3) 국토의 계획 및 이용에 관한 법률상의 토지거래허가를 받지 않아 거래계약이 유동적 무효의 상태에 있는 경우 그와 같은 유동적 무효 상태의 계약은 관할 관청의 불허가처분이 있을 때뿐만 아니라 당사자 쌍방이 허가신청협력의무의 이행거절 의사를 명백히 표시한 경우에는 허가 전 거래계약관계, 즉 계약의 유동적 무효 상태가 더 이상 지속된다고 볼 수 없고 그 계약관계는 확정적으로 무효가 된다고 할 것이고, 그와 같은 법리는 거래계약상 일방의 채무가 이행불능임이 명백하고 나아가 그 상대방이 거래계약의 존속을 더 이상 바라지 않고 있는 경우에도 마찬가지이다.198)

(4) 국토의 계획 및 이용에 관한 법률상의 토지거래허가를 받지 않아 유동적 무효상태인 매매계약에 있어서는 그 계약 내용대로의 효력이 있을 수 없는 것이어서 매수인으로서는 아직 그 계약 내용에 따른 대금지급의무가 있다고 할 수 없어 매도인이 매수인의 대금지급의무 불이행을 이유로 매매계약을 해제할 수 없으나, 당사자 사이에 별개의 약정으로 매매 잔금이 그 지급기일에 지급되지 아니하는 경우 매매계약을 자동적으로 해제하기로 약정하는 것은 가능하다.199) 한편, 부동산 매매계약에 있어서 매수인이 잔대금 지급기일까지 그 대금을 지급하지 못하면 그 계약이 자동적으로 해제된다는 취지의 약정이 있더라도 매도인이 이행의 제공을 하여 매수인을 이행지체에 빠뜨리지 않는 한 그 약정기일의 도과 사실만으로는 매매계약이 자동해제된 것으로 볼 수 없으나, 매수인이 수회에 걸친 채무불이행에 대하여 책임을 느끼고 잔금 지급기일의 연기를 요청하면서 새로운 약정기일까지는 반드시 계약을 이행할 것을 확약하고 불이행 시에는 매매계약이 자동적으로 해제되는 것을 감수하겠다는 내용의 약정을 한 특별한 사정이 있다면, 매수인이 잔금 지급기일까지 잔금을 지급하지 아니함으로써 그 매매계약은 자동적으로 실효된다.200)

절차의 이행을 구하는 부분에 있어서는 허가받기 전의 상태에서는 아무런 효력이 없어 권리의 이전 또는 설정에 관한 어떠한 이행청구도 할 수 없는 것이므로 원심이 이 부분 청구까지도 인용한 것은 같은 법상의 토지거래허가와 거래계약의 효력에 관한 법리를 오해하여 판결에 영향을 미친 위법을 저지른 것이라 하여 이를 파기한 사례.

197) 대법원 2009. 4. 23. 선고 2008다50615 판결.
198) 대법원 2010. 8. 19. 선고 2010다31860, 31877 판결. 대법원 2010. 6. 10. 선고 2009다96328 판결: 국토의 계획 및 이용에 관한 법률상 토지거래계약 허가구역 내의 토지에 관하여 허가를 배제하거나 잠탈하는 내용으로 매매계약이 체결된 경우에는 같은 법 제118조 제6항에 따라 그 계약은 체결된 때부터 확정적으로 무효이다. 그리고 이러한 허가의 배제·잠탈행위에는 토지거래허가가 필요한 계약을 허가가 필요하지 않은 것에 해당하도록 계약서를 허위로 작성하는 행위뿐만 아니라, 정상적으로는 토지거래허가를 받을 수 없는 계약을 허가를 받을 수 있도록 계약서를 허위로 작성하는 행위도 포함된다(토지거래계약 허가구역 내의 토지에 관한 매매계약을 체결하면서 허가요건을 갖추지 못한 매수인이 허가요건을 갖춘 사람의 명의를 도용하여 매매계약서에 그를 매수인으로 기재한 것은 매매계약을 체결하면서 처음부터 토지거래허가를 잠탈한 경우에 해당하므로 위 매매계약은 처음 체결된 때부터 확정적으로 무효라고 한 사례).
199) 대법원 2008. 3. 13. 선고 2007다74393, 74409 판결 참조.

(5) 토지거래허가구역 내의 토지에 관한 매매계약은 관할 관청으로부터 허가받기 전의 상태에서는 법률상 미완성의 법률행위로서 이른바 유동적 무효의 상태에 있어 그 계약 내용에 따른 본래적효력은 발생하지 아니하므로, 관할 관청의 거래허가를 받아 매매계약이 소급하여 유효한 계약이 되기 전까지 양쪽 당사자는 서로 소유권의 이전이나 대금의 지급과 관련하여 어떠한 내용의 이행청구를 할 수 없으며, 일방당사자는 상대방의 매매계약내용에 따른 채무불이행을 이유로 하여 계약을 해제할 수도 없다.[201]

(6) 토지거래허가 규제지역 내에 있는 토지에 관한 매매계약 체결일이 같은 법상의 규제지역으로 지정고시되기 전인 때에는 그 매매계약에 관하여 관할 관청의 허가를 받을 필요가 없고, 한편 토지거래허가구역 지정기간 중에 허가구역 안의 토지에 대하여 토지거래허가를 받지 아니하고 토지거래계약을 체결한 후 허가구역 지정이 해제되거나 허가구역 지정기간이 만료되었음에도 재지정을 하지 아니한 때에는 그 토지거래계약이 허가구역 지정이 해제되기 전에 확정적으로 무효로된 경우를 제외하고는, 더 이상 관할 행정청으로부터 토지거래허가를 받을 필요가 없이 확정적으로 유효로 되어 거래 당사자는 그 계약에 기하여 바로 토지의 소유권 등 권리의 이전 또는 설정에 관한 이행청구를 할 수 있고, 상대방도 반대급부의 청구를 할 수 있다고 보아야 할 것이지, 여전히 그 계약이 유동적 무효상태에 있다고 볼 것은 아니다.[202]

(7) 토지거래허가를 받지 않아 유동적 무효의 상태에 있는 계약을 체결한 당사자는 쌍방이 그 계약이 효력이 있는 것으로 완성될 수 있도록 서로 협력할 의무가 있으므로, 이러한 매매계약을 체결할 당시 당사자 사이에 그 일방이 토지거래허가를 받기 위한 협력 자체를 이행하지 아니하거나 허가신청에 이르기 전에 매매계약을 철회하는 경우 상대방에게 일정한 손해액을 배상하기로 하는 약정을 유효하게 할 수 있으며, 토지거래허가 구역 내의 토지에 관한 매매계약을 체결함에 있어서 토지거래허가를 받을 수 없는 경우 이외에 당사자 일방의 계약 위반으로 인한 손해배상액의 약정에 있어서 계약 위반이라 함은 당사자 일방이 그 협력의무를 이행하지 아니하거나 매매계약을 일방적으로 철회하여 그 매매계약이 확정적으로 무효가 되는 경우를 포함하는 것이다.[203]

(8) 토지거래허가를 취득하기 이전의 유동적 무효상태인 토지거래계약에 기하여서는 아직 거래계약상의 매매대금 지급의무가 발생하지 아니하므로 원고가 이 사건 중도금 지급기일을 도과하였음에도 이를 지급하지 아니하고 오히려 정당한 사유 없이 대금의 감액을 주장한다고 하여도 이를 이유로 피고들이 이 사건 매매계약을 일방적으로 해제할 수는 없고, 또한 이러한 유동적 무효상태인 토지거래계약의 당사자는 상대방이 그 토지거래허가 신청절차에 협력하지 아니한다 하더라도 소로써 이를 구할 수 있음은 별론,

---

200) 대법원 2010. 7. 22. 선고 2010다1456 판결: 원고가 2007. 10. 19. 피고와 사이에 토지거래허가구역 내에 위치한 이 사건 토지와 지상 건물을 매수하기로 하는 계약을 체결한 후 잔금지급기일에 잔금을 지급하지 못하게 되자 피고와 사이에 잔금지급일을 2008. 2. 1. 16:00까지로 연기하되, 그때까지도 잔금을 지급하지 못할 경우 이 사건 매매계약은 해제된 것으로 처리하고 기지급된 계약금의 반환청구권은 포기하기로 합의한 사실을 인정한 다음, 이 사건 매매계약이 이 사건 토지에 대한 토지거래허가를 받지 않아 유동적 무효인 상태에서도 이 사건 합의는 유효하고, 그 합의에 따라 원고가 연장된 잔금지급기일까지 잔금을 지급하지 아니하는 경우 이 사건 매매계약은 자동적으로 해제된다는 취지로 판단한 사례.

201) 대법원 2010. 5. 13. 선고 2009다92685 판결.

202) 대법원 2010. 3. 25. 선고 2009다41465 판결; 대법원 1999. 6. 17. 선고 98다40459 전원합의체 판결.

203) 대법원 2008. 7. 10. 선고 2008다15377 판결.

그러한 사유만으로 거래계약 자체를 일방적으로 해제할 수 없다.[204)

(9) 국토의 계획 및 이용에 관한 법률상의 토지거래계약 허가구역 내의 토지에 관하여 관할관청의 허가를 받을 것을 전제로 한 매매계약은 법률상 미완성의 법률행위로서 허가받기 전의 상태에서는아무런 효력이 없어, 그 매수인이 매도인을 상대로 하여 권리의 이전 또는 설정에 관한 어떠한 이행청구도 할 수 없고, 이행청구를 허용하지 않는 취지에 비추어 볼 때 그 매매계약에 기한 소유권이전등기청구권 또는 토지거래계약에 관한 허가를 받을 것을 조건으로 한 소유권이전등기청구권을 피보전권리로 한 부동산처분금지가처분신청 또한 허용되지 않는다.[205)

〈사례 2〉

1. 원심의 판단[206)

(1) 원고의 주장에 대한 판단: 이 사건 각 토지에 관하여 원소유자들이 해방 직후인 1945. 8. 31.에 소유권이전등기를 마친 사실, 이 사건 토지와 같은 리에 있는 다른 토지들도 원소유자들 명의로 같은 날 소유권이전등기가 되었다가 소재확인이 되지 않은 6명을 제외한 나머지 4명이 한국인임이 밝혀짐에 따라 위 4명의 공유지분에 관하여 1995. 4. 7. 소외 B 앞으로 부동산소유권이전 등기에 관한 특별조치법(법률 제4502호)에 의한 소유권이전등기가 된 사실을 인정할 수 있다. 따라서 이 사건 각 토지가 일본인의 소유로서 재조선미국육군사령부군정청법령 제2호, 제33호, 대한민국정부와 미국정부 간의 재정 및 재산에 관한 최초협정 제5조의 귀속재산에 해당한다 할 수 없어 이를 전제로 이 사건 각 토지에 관하여 1993. 5. 27. 마쳐진 피고 명의의 소유권이전등기는 원인무효의 등기라고 할 것이므로, 특별한 사정이 없는 한 피고는 원소유자들에게 이 사건 각 토지에 관하여 마친 각 소유권이전등기의 말소등기절차를 이행할 의무가 있다.

(2) 피고의 항변에 대한 판단: 등기부취득시효의 요건으로서의 소유자로 등기한 자라 함은 적법·유효한 등기를 마친 자일 필요는 없고 무효의 등기를 마친 자라도 상관없다고 할 것이며,[207) 선의·무과실은 등기에 관한 것이 아니고 점유 취득에 관한 것이며 여기에서의 점유는 간접점유를 포함한 다고 할 것이다. 피고가 1992. 5.경 일본인 명의로 등기되어 있는 이 사건 각 토지를 국가귀속대상재산으로 지정한 후, 대상재산에 관하여 정당한 권리가 있는 자가 공고기간 내에 권리를 신고하지 않을 경우 국유재산법에 의하여 국가가 소유권을 취득한다는 내용의 공고를 양산군청 및 관할 읍·면 사무소에 1993. 4. 15.부터 같은 달 21.까지 게시하고, 1992. 12. 30. 자 경상일보에 1992. 12. 25.부터 1993. 6. 25.까지를 공고기간으로

204) 대법원 2006. 1. 27. 선고 2005다52047 판결.
205) 대법원 2010. 8. 26. 자 2010마818 결정.
206) 울산지방법원 2008. 5. 29. 선고 2007나3070 판결.
207) 대법원 1994. 2. 8. 선고 93다23367 판결 참조.

하여 게재하였으며, 1993. 4. 16. 자 관보에 1993. 4. 16.부터 같은 해 10. 16.까지를 공고기간으로 하여 게재한 사실을 인정할 수 있고, 피고가 이 사건 각 토지에 관하여 권리귀속을 원인으로 하여 1993. 5. 27. 소유권이전등기를 마친 후 1993. 9. 27. 원고와 대부계약을 체결한 사실은 앞에서 본 바와 같다. 그렇다면 피고는 늦어도 원고와 이 사건 각 토지에 관한 대부계약을 체결한 1993. 9. 27.부터 이 사건 각 토지의 점유를 개시하였다고 할 것이고, 피고가 공고 및 게시 등을 거쳐 권리주장자가 없음을 확인한 점, 그때까지 이 사건 각 토지를 점유하고 있던 원고가 피고와 대부계약을 체결하고 이를 10년 이상 갱신하면서 지속하여 온 점, 이 사건 각 토지의 원소유자들이 소유하고 있던 다른 토지 중 원소유자 4명의 공유지분에 관하여 B 앞으로 소유권이전등기가 된 시기가 피고 앞으로 소유권이전등기가 마쳐진 후 약 2년이 지난 1995. 4. 7.인 점 등을 볼 때 이 사건 각 토지에 대한 피고점유의 개시에 과실이 있다고 할 수 없다. 따라서 피고는 이 사건 각 토지에 관한 소유권이전등기 이후 그 점유를 개시한 1993. 9. 27.부터 10년이 지난 2003. 9. 27. 등기부취득시효가 완성되었다고 할 것인바, 결국 피고의 이 사건 각 토지에 관한 소유권이전등기는 실체관계에 부합하는 유효한 등기이므로 피고의 위 항변은 이유 있다.

2. 대법원 판결208)

등기부취득시효에 있어서는 점유의 개시에 과실이 없었음을 필요로 하고, 그 입증책임은 주장자에게 있으며, 여기서 무과실이라 함은 점유자가 자기의 소유라고 믿은 데에 과실이 없음을 말한다. 한편, 부동산의 소유자가 행방불명되어 생사를 알 수 없다 하더라도 그가 사망하고 상속인도 없다는 점이 입증되거나 그 부동산에 대하여 민법 제1053조 내지 제1058조에 의한 국가귀속 절차가 이루어지지 아니한 이상 그 부동산이 바로 무주부동산이 되어 국가 소유로 귀속되는 것은 아니고, 무주부동산이 아닌 한 국유재산법 제8조에 의한 무주부동산 공고절차를 밟아 국유재산으로 등록되었다 하여 국가 소유로 되는 것도 아니며,209) 국유재산법 제8조에서 무주의 부동산을 국유재산으로 취득하는 절차를 규정하고 있으나 이는 단순히 지적공부상의 등록절차에 불과하고 이로써 권리의 실체관계에 영향을 주는 것은 아니다.210)

따라서 부동산에 등기부상 소유자가 존재하는 등 그 부동산의 소유자가 따로 있음을 알 수 있는 경우에는 비록 그 소유자가 행방불명되어 생사를 알 수 없다 하더라도 그 부동산이 바로 무주부동산에 해당하는 것은 아니므로, 이와 같이 소유자가 따로 있음을 알 수 있는 부동산에 대하여 국가가 국유재산법 제8조에 의한 무주부동산 공고절차를 거쳐 국유재산으로 등기를 마치고 점유를 개시하였다면, 특별한 사정이 없는 한 그 점유의 개시에 있어서 자기의 소유라고 믿은 데에 과실이 있다고 할 것이다.

이 사건 토지에 관해서는 1945. 8. 31. A 등 10인 명의로 1944. 12. 24. 자 매매를 원인으로 소유권이전등

---

208) 대법원 2008. 10. 23. 선고 2008다45057 판결.
209) 대법원 1999. 2. 23. 선고 98다59132 판결, 대법원 2005. 5. 26. 선고 2002다43417 판결, 대법원 2006. 4. 28. 선고 2006다 4632 판결 등 참조.
210) 대법원 1999. 3. 9. 선고 98다41759 판결 참조.

기가 마쳐진 사실, 피고는 1992. 5.경 이 사건 토지가 귀속재산이라고 오인하여 국유재산법에 의한 무주부동산 공고절차를 거쳐 1993. 5. 27. 권리귀속(1948. 9. 11. 자)을 원인으로 피고 명의로 소유권이전등기를 마친 사실, 그러나 이 사건 토지는 귀속재산에 해당하지 아니하여 피고 명의 소유권이전등기는 원인무효인 사실, 원고가 원인무효인 위 소유권이전등기의 말소를 청구함에 대하여 피고는 등기부취득시효의 완성으로 인하여 위 등기가 실체관계에 부합하다는 항변을 하고 있는 사실을 알 수 있다.

위와 같은 사정을 앞서 본 법리에 비추어 보면, 피고는 이 사건 토지의 등기부상 소유자가 따로 있음을 알고 있으면서도 이 사건 토지가 무주부동산에 해당한다고 속단하여 무주부동산 공고절차를 거쳐 국유재산으로 등기하고 점유를 개시하였으므로, 피고의 이 사건 토지에 대한 점유 개시에 있어서 자기의 소유라고 믿은 데에 과실이 있다고 할 것이다. 그럼에도 불구하고, 원심은 피고가 국유재산법상 무주부동산 공고절차를 거쳤다는 사정을 주된 이유로 이 사건 토지에 대한 피고의 점유 개시에 과실이 없다고 판단하여 피고의 등기부취득시효의 항변을 받아들여 원고의 청구를 기각하였는바, 이러한 원심의 판단에는 등기부취득시효의 요건에 관한 법리를 오해하여 판결에 영향을 미친 위법이 있다(원심판결 파기환송).[211]

---

211) 환송 후 원심인 울산지방법원 2009. 8. 20. 선고 2008나6014 판결은 원고의 청구를 인용하였고, 이 판결이 확정되었다.

제13장 부동산 인도·철거·퇴거 등 소송의 쟁점

I. 요약

1. 기본 사례

가. 원고 소유의 건물을 피고가 불법점유하고 있음을 들어 그 회복을 구하는 소 → 건물인도청구

나. 원고 소유의 토지에 피고가 건물을 소유하면서 점유하고 있어 건물의 철거와 토지의 인도를 구하는 소 → 건물철거·토지인도청구

다. 원고 소유의 토지에 피고가 건물을 임차하여 점유하고 있어 그 점유의 회복을 구하는 소 → 건물퇴거청구

라. 부대청구: 원고가 점유자를 상대로 불법점유 이후 인도완료일까지 차임 상당의 사용이익반환을 구하는 소 → 차임 상당의 손해배상 또는 부당이득반환청구

2. 소송물

가. 부동산(토지, 건물)인도청구는 방해배제청구권(민법 제214조)이나 소유물반환청구권(민법 제213조) 등 소유권에 기한 반환청구와 임대차계약 종료 등 약정에 기한 반환청구가 있다. 여기서는 계약관계가 없는 피고의 불법점유 사안을 중심으로 소유권에 기한 부동산인도·철거·퇴거소송의 청구취지와 청구원인 및 항변사항 등을 살펴보기로 한다.

나. 소유권에 기한 부동산인도·철거·퇴거청구의 소송물은 소유권에 기한 방해배제청구권이다.[1] 상대방이 철거를 구하는 지상건물의 소유자라든지 점유자라는 주장은 소송물과 관계없이 철거청구권의 행사를 이유 있게 하기 위한 공격방어방법에 불과하다.[2]

---

[1] 타인의 토지에 건물을 짓는 건축행위가 이미 완료되었다 하더라도 건물이 토지상에 존속하는 한 이는 토지소유권의 행사를 방해하는 것이고, 따라서 토지소유자는 민법 제214조 전단에 기초한 소유권방해배제청구권을 행사함으로써 건물의 철거를 청구할 수 있다.

[2] 임대차계약이 종료된 후 부동산인도의 권원은 소유권에 기한 경우와 임대차계약종료를 원인으로 하는 경우가 있을 수 있고, 구

3. 기본적인 청구취지 및 청구원인

가. 건물철거 · 토지인도 · 퇴거 · 부대청구

청구취지

1. 원고에게

가. 피고 김민수는 별지 제2목록 기재 건물을 철거하고, 별지 제1목록 기재 토지를 인도하고, 2010. 4. 1.부터 위 토지인도 완료일까지 월 1,000,000원의 비율로 계산한 돈을 지급하라.

나. 피고 이민영은 별지 제1목록 기재 건물에서 퇴거하라.

2. 소송비용은 피고들이 부담한다.

3. 제1항은 가집행할 수 있다.

라는 판결을 구합니다.

청구원인

1. 원고는 별지 제1목록 기재 토지(이하 '이 사건 토지'라 함)에 관하여 2004. 6. 1. 소유권이전등기를 마친 이 사건 토지의 소유자입니다.

2. 피고 김민수는 2009. 8. 1.부터 원고 소유의 이 사건 토지 상에 별지 제2목록 기재 건물을 소유하면서 이 사건 토지를 점유하고 있습니다.

3. 피고 이민영은 이 사건 건물을 피고 김민수로부터 임차하여 식당을 운영하고 있습니다.

4. 그렇다면 이 사건 토지의 소유자인 원고에게 피고 김민수는 이 사건 건물을 철거하고, 이 사건 토지를 인도하고, 2009. 8. 1.부터 위 인도완료일까지 월 1,000,000원의 상당의 부당이득을 반환할 의무가 있으며, 피고 이민영은 자신이 점유하고 있는 이 사건 건물에서 퇴거할 의무가 있습니다.

나. 건물철거 · 토지인도청구의 본소 및 소유권이전등기청구의 반소

(1) 본소

청구취지

1. 피고는 원고에게

가. 제주시 아라동 235 전 654㎡ 중 별지 도면 표시 '나' 부분 지상 벽돌 슬래브주택 45㎡, 별지 도면 표시 '다' 부분 지상 철골함석지붕 창고 25㎡, 별지 도면 표시 '라' 부분 지상 시멘트 정화조 5㎡를 각 철거하고,

나. 별지 도면 표시 '가' 부분 대지 300㎡를 인도하라.

2. 소송비용은 피고가 부담한다.

3. 제1항은 가집행할 수 있다.

라는 판결을 구합니다.

소송물이론에 의하면 이는 별개의 소송물이다.

청구원인

1. 김지만은 제주시 아라동 235 전 654㎡(이하 '이 사건 토지'라 함)를 소유하고 있었고, 피고는 2000. 4. 1.부터 이 사건 토지상에 별지 도면 표시 '나', '다', '라' 부분에 벽돌슬래브 주택 및 철골함석지붕 창고를 신축하고, 정화조를 설치하여 이 사건 토지의 부지 등으로 점유하고 있습니다.
2. 김지만은 2010. 5. 1. 사망하고 그 자녀인 원고 등이 공동상속인이 되었습니다.
3. 원고는 이 사건 토지의 공유자 중의 한 사람으로서 그 공유물의 보존을 위하여 이 사건 토지를 점유하고 있는 피고에게 소유권에 기한 방해배제청구권으로 위 벽돌슬래브 주택, 창고 및 정화조를 각 철거하고 이 사건 토지 중 별지 도면 표시 '가' 부분의 인도를 구하기 위하여 이 사건 청구에 이르렀습니다.

(2) 반소

반소청구취지

1. 원고(반소피고)는 피고(반소원고)에게 제주시 아라동 235 전 654㎡ 중 별지 도면 표시 '가' 부분 대지 300㎡에 관하여 2010. 4. 1. 자 취득시효완성을 원인으로 한 소유권이전등기절차를 이행하라.
2. 소송비용은 원고(반소피고)가 부담한다.
   라는 판결을 구합니다.

반소청구원인

1. 피고(반소원고, 이하 '피고'라 함)는 김지만으로부터 반소청구취지 기재 토지(이하 '이 사건 토지'라 함)를 매수하여 2000. 4. 1.경부터 이를 점유하기 시작하여 그로부터 20년이 경과한 2010. 4. 1. 이를 시효취득하였습니다.
2. 그렇다면 원고(반소피고)는 피고에게 이 사건 토지에 관하여 2010. 4. 1. 자 취득시효완성을 원인으로 한 소유권이전등기절차를 이행할 의무가 있습니다.

II. 부동산인도청구

1. 부동산인도청구소송

가. 원고 소유의 부동산을 다른 사람이 점유하고 있는 경우 원고가 소유권에 기한 방해배제청구권의 행사로서 그 부동산을 점유하고 있는 사람을 상대로 그 부동산의 인도를 구하는 소송이다.

나. 소유권에 기한 부동산인도청구는 물권적 청구권인 소유권에 기한 방해배제청구권을 근거로 한다.[3]

---

[3] 소유권에 기한 토지인도청구 등에서 피고가 원고 주장의 소유권을 시인하는 경우 이는 소유권의 내용을 이루는 사실에 관한 진술로 볼 수 있으므로 자백으로서의 효력이 인정된다.

2. 요건사실: 원고의 부동산 소유 + 피고의 부동산 점유

가. 원고의 부동산 소유

(1) 원고의 목적물 소유사실은 목적물의 소유권이 원고에게 귀속된 권리관계가 아니라 원고가 목적물의 소유권을 취득한 구체적 사실을 말한다. 목적물이 부동산인 경우 이에 관한 소유권이전등기를 마친 사실을 증명함으로써 등기의 추정력을 이용하여 원고의 소유사실을 추정 받을 수도 있다(법률상의 추정).[4]

(2) 원고의 소유 여부를 판단하는 기준시점은 사실심의 변론종결 시이다. 따라서 소제기 후 변론종결 전에 부동산의 소유권을 제3자에게 이전한 경우에는 불법점유자를 상대로 토지인도를 구할 수 없다.[5]

(3) 부동산의 공유자는 공유물의 보존행위의 일환으로 점유자를 상대로 공유물 전체의 반환을 구할 수 있다. 다만 소수지분의 공유자는 과반수 지분을 가지고 있거나 과반수 지분을 가지고 있는 다른 공유자로부터 사용·수익을 허락받은 자에 대해서는 인도를 구할 수 없다.[6]

(4) 민법 제245조 제1항의 취득시효기간의 완성만으로는 소유권취득의 효력이 바로 생기는 것이 아니라, 다만 이를 원인으로 하여 소유권취득을 위한 등기청구권이 발생할 뿐이고, 미등기 부동산의 경우라고 하여 취득시효기간의 완성만으로 등기 없이도 점유자가 소유권을 취득한다고 볼 수 없다.[7]

(5) 미등기 건물의 양수인이라도 그 소유권이전등기를 경료받지 않는 한 그 건물에 대한 소유권을 취득할 수 없고, 현행법상 사실상의 소유권이라거나 소유권에 준하는 사용·수익·처분권이라는 어떤 포괄적인 권리 또는 법률상의 지위를 인정하기도 어렵다.[8] 따라서 건물을 신축하여 그 소유권을 원시취득한 자로부터 그 건물을 매수하였으나 아직 소유권이전등기를 갖추지 못한 자는 그 건물의 불법점거자에 대하여 직접 자신의 소유권 등에 기하여 명도를 청구할 수는 없다.[9]

---

4) 이 경우 피고는 항변으로 등기원인의 무효를 주장하여 원고의 소유사실을 다툴 수 있다.

5) 소유권에 기한 물상청구권을 소유권과 분리하여 이를 소유권 없는 전 소유자에게 유보하여 행사시킬 수는 없는 것이므로 소유권을 상실한 전 소유자는 제3자인 불법점유자에 대하여 소유권에 기한 물권적 청구권에 의한 방해배제를 구할 수 없다(대법원 1980. 9. 9. 선고 80다7 판결).

6) 대법원 2009. 6. 25. 선고 2009다22235 판결: 과반수 지분의 공유자가 그 공유물의 특정 부분을 배타적으로 사용·수익하기로 정하는 것은 공유물의 관리방법으로서 적법하다고 할 것이므로, 과반수 지분의 공유자로부터 사용·수익을 허락받은 점유자에 대하여 소수 지분의 공유자는 점유자가 사용·수익하는 건물의 철거나 퇴거 등 그 점유의 배제를 구할 수 없다.

7) 대법원 2006. 9. 28. 선고 2006다22074, 22081 판결. 다만, 취득시효가 완성된 점유자는 점유권에 기하여 등기부상의 명의인을 상대로 점유방해의 배제를 청구할 수 있다 할 것인데, 시효취득자가 점유취득시효의 완성을 원인으로 하여 소유권이전등기를 청구하면서, 그와 동시에 시효완성 후에 토지소유자가 멋대로 설치한 담장 등의 철거를 구하고 있을 뿐, 소유권에 기한 방해배제청구권에 기하여 위 담장 등의 철거를 구한 바 없고, 오히려 "토지소유자가 기존의 담장을 허물고 새로운 담장을 쌓은 것은 시효취득자의 점유를 침탈한 행위에 해당한다"고 주장하였으며, 원심의 변론종결 직전에는 소유권에 기한 주장은 하지 아니하고 담장 등 철거 청구도 시효취득에 의하여서만 구하는 것이라고 진술하였는바, 그렇다면 시효취득자는 점유권에 기한 방해배제청구권의 행사로서 토지소유자를 상대로 담장 등의 철거를 청구하고 있는 것으로 보아야 한다(대법원 2005. 3. 25. 선고 2004다23899, 23905 판결).

8) 대법원 2008. 7. 10. 선고 2005다41153 판결; 대법원 2006. 10. 27. 선고 2006다49000 판결 등.

9) 그럼에도 불구하고, 원고가 매도인인 소외인을 대위하여 명도를 청구한 것도 아닌 이 사건에서, 만연히 "피고들은 원고에게 이

(6) 토지인도청구의 경우 토지소유자가 인도청구만을 구하여 승소한 경우에도 토지의 인도를 명한 집 행권원의 효력은 그 지상에 건립된 건물이나 식재된 수목 등의 인도에까지 미치지 아니하므로[10] 그 지상에 건립된 건물의 철거나 수목의 수거 등까지 추가로 구하여야 한다.[11]

나. 피고의 부동산 점유

(1) 피고의 점유사실은 원고의 소유권을 현실적으로 방해하는 직접 점유사실을 의미한다.

(2) 점유권원이 없다는 사실(불법점유사실)은 요건사실이 아니고 피고에게 정당한 점유권원이 있다는 사실이 항변사실이 된다.

(3) 불법점유를 이유로 한 건물인도청구를 하려면 현실적으로 불법점유하고 있는 사람을 상대로 하여야 하고, 불법점유자가 제3자에게 그 부동산을 임대하여 간접 점유하는 자에 대한 인도청구는 그 주장 자체로서 이유 없다.[12] 다만 임대차종료를 이유로 계약에 기한 인도청구를 하는 경우에는 간접점유 자를 상대로 인도청구를 할 수 있다.[13]

(4) 사회통념상 건물은 그 부지를 떠나서는 존재할 수 없으므로 건물의 부지가 된 토지는 건물의 소유 자가 점유하는 것이고, 이 경우 건물의 소유자가 현실적으로 건물이나 그 부지를 점거하고 있지 않 다 하더라도 건물의 소유를 위하여 그 부지를 점유한다고 보아야 한다. 한편 미등기건물을 양수하 여 건물에 관한 사실상의 처분권을 보유하게 됨으로써 건물부지 역시 아울러 점유하고 있다고 볼 수 있는 등의 특별한 사정이 없는 한 건물의 소유명의자가 아닌 자는 실제 건물을 점유하고 있다 하더라도 그 부지를 점유하는 자로 볼 수 없다.[14]

사건 각 건물을 명도할 의무가 있다"고 판단한 원심판결에는 미등기 건물 양수인의 법적 지위에 관한 법리를 오해하여 판결에 영향을 미친 위법이 있다(대법원 2007. 6. 15. 선고 2007다11347 판결).

10) 대법원 1986. 11. 18. 자 86마902 결정: 토지의 인도를 명한 채무명의의 효력은 그 지상에 건립된 건물이나 식재된 수목의 인 도에 까지 미치는 것이 아니고 또한 위와 같은 건물이나 수목을 그대로 둔 채 토지에 대한 점유만을 풀어 채권자에게 인도할 수도 없는 것이니, 집달관으로서는 지상에 건물이 건축되어 있거나 수목이 식재되어 있는 토지에 대해서는 그 지상물의 인도, 철거 등을 명하는 채무명의가 따로 없는 이상 토지를 인도하라는 채무명의만으로는 그 인도집행을 실시할 수 없다.

11) 통상 '인도(引渡)'는 강제집행에 있어 현상 그대로의 점유이전을 의미하고, 현상변경을 수반하는 경우, 즉 토지의 정착물이 건 물인 경우에는 '철거', 수목 등에 대해서는 '수거(收去)', 분묘에 대해서는 '굴이(掘移)', 비정착물의 제거를 구할 때는 '취거 (取去)'를 사용한다. '퇴거(退去)'는 건물점유자의 점유를 풀어 그 건물로부터 점유자를 쫓아내고 그 건물 내에 있는 점유자의 살림 등 물품을 반출하는 것을 의미한다. 인도와 비슷하나, 점유의 해제만으로 집행이 종료되고 점유의 이전까지 나아가지 아 니한다는 점에서 구별된다. 「민사재판업무편람」, p.315 참조.

12) 대법원 1999. 7. 9. 선고 98다9045 판결: 불법점유를 이유로 하여 그 명도 또는 인도를 청구하려면 현실적으로 그 목적물을 점유하고 있는 자를 상대로 하여야 하고 불법점유자라 하여도 그 물건을 다른 사람에게 인도하여 현실적으로 점유를 하고 있 지 않은 이상, 그 자를 상대로 한 인도 또는 명도청구는 부당하다.

13) 대법원 1983. 5. 10. 선고 81다187 판결: 불법점유를 이유로 한 건물명도청구에 있어서는 현실적으로 불법점유하고 있는 사람 을 상대로 하여야 함은 소론과 같으나 원심판결 이유에 의하면 원심은 원·피고 사이에 이 사건 토지임대차계약을 체결함에 있어서 피고는 임차 토지 위에 정구장시설 및 그 부대시설인 가건물 등을 피고의 비용으로 설치, 건축하여 정구장을 운영하되 임대차가 종료되었을 때에는 피고가 시설한 주위시설물 및 가건물을 원고에게 증여하기로 약정한 사실을 확정하고 임대차 종 료를 이유로 위 계약에 따른 가건물 등의 명도를 구하는 원고의 청구를 인용하고 있는 것이니 이 사건에 있어서는 소론의 경우 와는 그 전제사실을 달리하고 있어 원심판결이 피고가 간접점유 하고 있는 건물부분의 명도를 명하였다 하여 소론과 같은 위 법이 있다고 할 수 없다.

Ⅲ. 건물철거청구

1. 건물철거소송

가. 원고 소유의 토지 위에 다른 사람이 지상건물을 소유하면서 그 대지를 점유하고 있는 경우 원고가 토지소유권의 방해배제청구권의 행사로서 지상건물의 소유자를 상대로 건물의 철거를 구하는 소송이다.

나. 소송물은 소유권에 기한 방해배제청구권이다.

다. 토지인도를 구하기 위해 그 지상건물의 철거를 동시에 청구하는 경우 건물철거청구는 토지인도청구의 수단에 해당하므로 그 가액은 소송목적의 값에 산입하지 않는다.[15]

2. 요건사실: 원고의 토지소유 + 피고의 지상건물 소유

가. 원고의 토지 소유
위 부동산인도청구소송과 같이 원고가 토지를 소유하고 있는 사실을 주장·증명하여야 한다.

나. 피고의 지상건물 소유 - 그 지상에 건물을 소유하면서 토지를 점유하고 있는 사실

(1) 토지인도를 명하는 판결의 효력은 건물철거에 미치지 않고, 건물철거의 집행권원을 얻기 전에는 토지의 인도집행이 불가능하므로 토지상에 타인 소유의 건물이 있는 경우 토지인도를 받기 위해서는 지상건물의 철거를 먼저 구해야 한다.

(2) 건물철거처분권은 건물의 소유자에게 있으므로 건물철거소송의 피고는 지상건물의 소유자가 된다.[16]

(3) 지상건물의 소유자는 지상건물의 소유를 통하여 그 부지를 점유하는 것이므로 원고는 <u>피고가 지상건물을 소유한 사실을 증명하면</u> 피고의 대지점유사실까지 증명하는 셈이 된다. 이 경우 건물의 소유자가 건물을 점유하고 있는지는 건물철거소송의 결과에 영향을 미치지 않는다.

(4) 건물철거는 그 소유권의 종국적 처분에 해당되는 사실행위이므로 원칙으로는 그 소유자(민법상 원칙적으로는 <u>등기명의자</u>)에게만 그 철거처분권이 있다 할 것이고, 예외적으로 건물을 전 소유자로부

---

14) 대법원 2010. 1. 28. 선고 2009다61193 판결; 대법원 2009. 9. 10. 선고 2009다28462 판결; 대법원 2003. 11. 13. 선고 2002다57935 판결; 대법원 2008. 7. 10. 선고 2006다39157 판결 등 참조. 따라서 건물에 관한 소유권보존등기가 제3자에 대한 채권을 담보하기 위하여 한 것이라고 하여도 건물이 서 있는 토지의 소유자에 대한 관계에 있어서는 보존등기명의인이 건물의 소유권자이고 그 부지의 점유자라고 할 것이고, 위 제3자가 그 건물에 거주하고 있다고 하여도 마찬가지이다(대법원 1991. 6. 25. 선고 91다10329 판결).

15) 다만 수단인 건물철거청구의 가액이 주된 토지인도청구의 가액보다 다액인 경우에는 그 다액을 소송목적의 값으로 한다(인지규칙 제21조 단서).

16) 건물철거소송에서 피고가 건물의 소유자가 아니라 단순한 점유자임이 밝혀진 경우에는 '건물철거'에서 '퇴거'로 청구취지를 변경하여야 한다.

터 매수하여 점유하고 있는 등 그 권리의 범위 내에서 그 점유 중인 건물에 대하여 법률상 또는 사실상 처분을 할 수 있는 지위에 있는 자에게도 그 철거처분권이 있다.[17]

(5) 무허가 또는 미등기건물을 그 소유권의 원시취득자로부터 양도받아 점유 중에 있는 자는 비록 소유권취득등기를 하지 못하였다고 하더라도 그 권리의 범위 내에서는 점유 중인 건물을 법률상 또는 사실상 처분할 수 있는 지위에 있으므로 그 건물의 존재로 불법점유를 당하고 있는 토지소유자는 위와 같은 건물점유자에게 그 철거를 구할 수 있다.[18]

(6) 건물이 공유인 경우 공유자 전원을 피고로 삼지 않고 그중 일부만을 피고로 삼아 건물 전체의 철거를 구할 수 있다.[19][20] 다만 일부 공유자만을 상대로 한 경우에는 다른 공유자에 대한 별도의 집행권원이 추가되지 않는 한 그 판결만으로는 철거집행을 할 수 없다.

IV. 퇴거청구

1. 건물퇴거소송

가. 토지의 소유자가 그 토지상에 건축된 건물의 점유자(소유자 이외의 점유자)를 상대로 건물에서의 퇴거를 구하는 소송이다.

나. 이 역시 소송물은 소유권에 기한 방해배제청구권이다.

2. 요건사실: 원고의 토지소유 + 피고의 제3자 소유인 건물의 점유

가. 원고의 토지소유

토지인도, 건물철거소송에서와 같이 원고가 토지를 소유하고 있음을 주장·증명하여야 한다.

---

17) 대법원 2003. 1. 24. 선고 2002다61521 판결: 미등기건물에 대한 양도담보계약상의 채권자의 지위를 승계하여 건물을 관리하고 있는 자는 건물의 소유자가 아님은 물론 건물에 대하여 법률상 또는 사실상 처분권을 가지고 있는 자라고 할 수도 없다 할 것이어서 건물에 대한 철거처분권을 가지고 있는 자라고 할 수 없다고 한 사례.

18) 대법원 1989. 2. 14. 선고 87다카3073 판결: 甲이 건물을 신축하여 미등기인 채로 소유하여 오다가 사망 전에 장남인 乙에게 증여하고, 乙은 그때부터 계속하여 건물의 일부는 자신이 직접 점유하고 나머지 부분은 다른 사람에게 임대하는 등 단독으로 이를 점유·관리해 온 것이라면, 乙은 건물의 양수·점유자로서 이를 법률상 또는 사실상 처분할 수 있는 지위에 있어 동 건물로 인하여 대지 소유자의 소유권이 침해되는 경우 건물철거의무를 지고, 위 건물에 관하여 뒤늦게 甲의 상속인들인 乙과 병의 공동명의로 재산상속을 원인으로 하는 소유권보존등기가 경료되었다 하여 달리 볼 것은 아니다(대법원 1993. 1. 26. 선고 92다48963 판결).

19) 대법원 1980. 6. 24. 선고 80다756 판결: 공동상속인들의 건물철거의무는 그 성질상 불가분채무라고 할 것이고 각자 그 지분의 한도 내에서 건물 전체에 대한 철거의무를 지는 것이다.

20) 공유자 일부만을 상대로 한 철거청구를 인용하는 경우에는 주문에 공유자의 지분을 표시하여야 한다.

나. 피고의 제3자 소유인 건물의 점유

(1) 지상건물의 소유자 이외의 자가 지상건물을 점유하고 있는 때에는 지상건물에 대한 점유사용으로 인하여 대지인 토지의 소유권이 방해되고 있는 것이므로 토지소유자는 방해배제로서 건물의 점유자에 대하여 건물퇴거를 청구할 수 있다.[21]

(2) 건물의 소유자에 대해서는 그가 건물을 직접 점유하고 있다고 하더라도 토지소유자로서는 그 건물의 철거와 토지의 인도를 구할 수 있을 뿐, 그 건물에서 퇴거할 것을 청구할 수 없다.[22][23] 건물의 소유자 및 그 점유보조자(세대를 같이 하는 가족)의 경우에는 별도의 집행권원 없이도 집행이 가능하므로 건물철거청구로 족하고 퇴거청구는 불필요하다.

(3) 건물퇴거소송에서 피고가 건물의 소유자로 밝혀진 경우 청구취지를 '건물퇴거'에서 '건물철거'로 변경하여야 한다.

V. 부대(병합)청구: 사용이익반환청구

1. 불법점유를 원인으로 한 손해배상청구

가. 토지인도·건물철거 등의 소송을 제기하면서 부대청구로 불법점유 이후 인도완료일까지 차임 상당의 사용이익반환청구를 하는 예가 많다.

나. 이 경우 원고는 차임 상당의 손해가 발생했다는 점을 들어 불법점유를 원인으로 한 손해배상청구를 병합하는 경우에는 손해가 차임 상당액으로 추정되므로 차임이 요건사실이 된다.

2. 부당이득반환청구

가. 차임 상당의 부당이득반환청구

(1) 피고(점유자)가 건물을 계속 사용·수익하고 있음을 들어 차임 상당의 부당이득반환청구를 하는 경우이다.

(2) 요건사실은 피고의 수익 + 원고의 손해 + 인과관계의 존재 + 이득액(+ 법률상 원인의 흠결)이 된다.

---

21) 이 경우에는 피고가 변론종결 당시 건물을 점유하고 있는 사실이 요건사실이 된다.
22) 건물의 소유자가 아닌 건물의 단순한 점유자의 건물부지에 대한 지배는 건물지배의 내용을 이루거나 건물점유의 반사적 효과에 불과한 것이므로(비점유설) 건물점유자에 대해서는 토지인도를 구할 수 없다.
23) 대법원 1999. 7. 9. 선고 98다57457, 57464 판결: 건물의 소유자가 그 건물의 소유를 통하여 타인 소유의 토지를 점유하고 있다고 하더라도 그 토지 소유자로서는 그 건물의 철거와 그 대지 부분의 인도를 청구할 수 있을 뿐, 자기 소유의 건물을 점유하고 있는 자에 대하여 그 건물에서 퇴거할 것을 청구할 수는 없다.

나. 부당이득반환청구권의 발생

(1) 피고의 수익: 실질적 이익을 말한다.[24]

(2) 원고의 손해: 원고가 목적물에 관하여 가지는 사용·수익권이 침해당하는 것을 말한다.

(3) 인과관계: 손해 및 이득사실이 인정되면 인과관계는 사실상 추정된다. 건물소유자는 토지를 점유함으로써 사용이익 상당의 이익을 얻고 이로 인해 토지 소유자는 같은 액수 상당의 손해가 발생한다. 수익액과 손해액이 불일치하는 경우 적은 금액을 기준으로 한다.

(4) 법률상 원인의 흠결: 수익자인 피고가 항변으로 법률상 원인 있음을 주장, 증명하여야 한다.

다. 부당이득반환청구권의 범위

(1) 타인 소유의 토지 위에 소재하는 건물의 소유자가 법률상 원인 없이 토지를 점유함으로 인하여 토지의 소유자에게 반환하여야 할 토지의 차임에 상당하는 부당이득 금액을 산정하는 경우에, 특별한 사정이 없는 한 토지 위에 건물이 소재함으로써 토지의 사용권이 제한을 받는 사정은 참작할 필요가 없다.[25]

(2) 피고가 악의수익자인 경우에는 법정이자 상당액 및 이자의 이행지체로 인한 지연손해금도 가산한다(민법 제748조 제2항)

(3) 공동으로 타인의 소유물을 점유·사용함으로써 얻은 부당이득의 반환채무는 불가분채무이므로 각 공유자는 그 부당이득채무 전부를 이행할 의무가 있다.[26]

VI. 피고의 항변

1. 정당한 점유권원의 존재

가. 임대차계약체결의 항변

(1) 피고는 임대차계약을 체결하여 적법한 점유권원에 기하여 점유하고 있다고 항변할 수 있다.

---

24) 타인 소유의 토지 위에 권한 없이 건물을 소유하고 있는 자는 그 자체로써 특별한 사정이 없는 한 법률상 원인 없이 타인의 재산으로 인하여 토지의 차임에 상당하는 이익을 얻고 이로 인하여 타인에게 동액 상당의 손해를 주고 있다고 보아야 한다(대법원 1998. 5. 8. 선고 98다2389 판결). 따라서 상대방의 지상건물 소유사실 외에 별도의 사용·수익사실을 입증할 필요가 없다.

25) 대법원 1995. 9. 15. 선고 94다61144 판결. 나대지로서의 차임을 감정한다.

26) 대법원 2001. 12. 11. 선고 2000다13948 판결: 여러 사람이 공동으로 법률상 원인 없이 타인의 재산을 사용한 경우의 부당이득 반환채무는 특별한 사정이 없는 한 불가분적 이득의 반환으로서 불가분채무이고, 불가분채무는 각 채무자가 채무 전부를 이행할 의무가 있으며, 1인의 채무이행으로 다른 채무자도 그 의무를 면하게 된다.

(2) 원고는 재항변으로 임대차가 종료되었다고 주장할 수 있다. 이 경우에는 임대차종료를 원인으로 한 건물인도청구로 청구원인을 정리하게 된다.

나. 유치권 항변

(1) 피고는 필요비나 유익비를 상환받을 때까지 유치권 항변을 할 수 있다. 민법 제203조 제2항의 유익비상환청구권의 요건사실은 ① 목적물에 관하여 비용을 지출한 사실, ② 위 비용이 목적물의 객관적 가치를 증가시킨 사실, ③ 가격의 증가가 현존하고 있는 사실, ④ 점유자가 회복자로부터 점유물의 반환을 청구받거나 회복자에게 점유물을 반환한 사실 등이다.

(2) 민법 제320조 제1항에서 '그 물건에 관하여 생긴 채권'은 유치권 제도 본래의 취지인 공평의 원칙에 특별히 반하지 않는 한 채권이 목적물 자체로부터 발생한 경우는 물론이고 채권이 목적물의 반환청구권과 동일한 법률관계나 사실관계로부터 발생한 경우도 포함하고, 한편 민법 제321조는 "유치권자는 채권 전부의 변제를 받을 때까지 유치물 전부에 대하여 그 권리를 행사할 수 있다"고 규정하고 있으므로, 유치물은 그 각 부분으로써 피담보채권의 전부를 담보하며, 이와 같은 유치권의 불가분성은 그 목적물이 분할 가능하거나 수 개의 물건인 경우에도 적용된다.[27]

(3) 원고는 피고가 선의의 점유자로서 과실취득권을 가지고 과실을 취득하였으니, 통상의 필요비 부분에 관해서는 상환청구권이 없다는 재항변을 할 수 있다.

다. 매각되어 인도된 물건의 항변

(1) 부동산을 매수하여 인도받아 점유하고 있는 매수인의 점유는 불법점유가 아니므로 당해 부동산을 매수하였다는 피고의 항변은 유효한 항변이 된다.[28]

(2) 건물의 소유지분권을 매도한 사람은 그 매매의 이행으로서 매수인에 대하여 그 매도 부분에 관한 점유이전의 의무를 지므로 특단의 사정이 없는 한 매도인이 점유·사용 중인 매수인에 대하여 그 매매 부분을 명도하라고 청구하는 것은 신의성실의 원칙에 위배된다.[29]

(3) 원고로서는 재항변으로 매매계약해제사실을 주장할 수 있다(매매계약이 적법하게 해제되면 매수인은 그 목적물을 점유할 권한을 상실한다).

---

27) 대법원 2007. 9. 7. 선고 2005다16942 판결: 다세대주택의 창호 등의 공사를 완성한 하수급인이 공사대금채권 잔액을 변제받기 위하여 위 다세대주택 중 한 세대를 점유하여 유치권을 행사하는 경우, 그 유치권은 위 한 세대에 대하여 시행한 공사대금만이 아니라 다세대주택 전체에 대하여 시행한 공사대금채권의 잔액 전부를 피담보채권으로 하여 성립한다고 본 사례.

28) 부동산을 매수하여 이를 인도받아 점유하고 있는 매수인은 등기부상 아직 소유자로서 등기명의가 없다고 하더라도 그 권리의 범위 내에서는 그 점유 중인 부동산에 대하여 법률상 또는 사실상 이를 점유하고 처분할 권한이 있으므로 오직 그 등기명의를 넘겨줄 의무만 지고 있는 매도인으로서는 그 등기명의가 자기에게 남아 있다는 사실만으로 매수인의 점거를 불법점거라 할 수 없다(대법원 1977. 3. 8. 선고 76다2641 판결).

29) 대법원 1999. 1. 15. 선고 98다43953 판결.

라. 취득시효 항변

    (1) 부동산을 시효취득한 사람은 부동산 소유자를 상대로 소유권이전등기청구권을 가지고 있으므로 부동산 소유자의 인도청구를 거부할 권능이 있다.[30]

    (2) 원고는 재항변으로 취득시효중단사실이나 점유자의 시효이익 포기사실을 주장할 수 있다.

마. 법정지상권[31] 항변

(1) 법정지상권자의 점유사용 권원

    ① 법정지상권을 가진 건물소유자로부터 건물을 양수하면서 법정지상권까지 양도받기로 한 자는 채권자대위의 법리에 따라 전 건물소유자 및 대지소유자에 대하여 차례로 지상권의 설정등기 및 이전등기 절차이행을 구할 수 있다 할 것이므로 이러한 법정지상권을 취득할 지위에 있는 자에 대하여 대지소유자가 소유권에 기하여 건물철거를 구함은 지상권의 부담을 용인하고 그 설정등기절차를 이행할 의무 있는 자가 그 권리자를 상대로 한 청구라 할 것이어서 신의성실의 원칙상 허용될 수 없다.[32]

    ② 법정지상권자가 건물을 제3자에게 양도하는 경우에는 특별한 사정이 없는 한 건물과 함께 법정지상권도 양도하기로 하는 채권적 계약이 있었다고 할 것이며, 양수인은 양도인을 순차 대위하여 토지소유자 및 건물의 전 소유자에 대하여 법정지상권의 설정등기 및 이전등기절차이행을 구할 수 있고, 토지소유자는 건물소유자에 대하여 법정지상권의 부담을 용인하고 그 설정등기절차를 이행할 의무가 있다 할 것이므로, 법정지상권이 붙은 건물의 양수인은 법정지상권에 대한 등기를 하지 않았다 하더라도 토지소유자에 대한 관계에서 적법하게 토지를 점유사용하고 있는 자라 할 것이고, 따라서 건물을 양도한 자라고 하더라도 지상권갱신청구권이 있고 건물의 양수인은 법정지상권자인 양도인의 갱신청구권을 대위행사할 수 있다고 보아야 할 것이다.

    ③ 법정지상권을 취득할 지위에 있는 자에 대하여 토지 소유자가 소유권에 기하여 건물의 철거를 구함은 신의성실의 원칙상 허용될 수 없다.[33]

    ④ 경락(매각)에 의하여 건물의 소유자와 그 토지의 소유자가 달라져 경매 당시의 건물의 소유자가 그 건물의 이용을 위한 법정지상권을 취득한 경우, 토지 소유자는 건물을 점유하는 자에 대하여 그 건

---

30) 乙이 甲 소유의 대지 일부를 소유의 의사로 평온, 공연하게 20년간 점유하였다면 乙은 甲에게 소유권이전등기절차의 이행을 청구할 수 있고 甲은 이에 응할 의무가 있으므로 乙이 위 대지에 관하여 소유권이전등기를 경료하지 못한 상태에 있다고 해서 甲이 乙에 대하여 그 대지에 대한 불법점유임을 이유로 그 지상건물의 철거와 대지의 인도를 청구할 수는 없다(대법원 1988. 5. 10. 선고 87다카1979 판결).

31) 현행법상 인정되는 법정지상권은 민법 제305, 가등기담보 등에 관한 법률 제10조, 입목에 관한 법률 제6조 등이 있으나, 주로 문제 되는 것이 민법 제366조에 의한 법정지상권과 관습상의 법정지상권이다.

32) 대법원 1985. 4. 9. 선고 84다카131, 1132 전원합의체 판결.

33) 대법원 1992. 6. 12. 선고 92다7221 판결.

물로부터의 퇴거를 구할 수 없다.[34]

(2) 민법 제366조의 법정지상권

(가) 저당권 설정 당시 토지상에 건물의 존재

① 토지에 관하여 저당권이 설정될 당시 그 지상에 토지소유자에 의한 건물의 건축이 개시되기 이전인 경우[35]

② 토지에 관하여 저당권이 설정될 당시 토지 소유자에 의하여 그 지상에 건물이 건축 중이었던 경우[36]

(나) 저당권 설정 당시 토지와 건물의 소유자 동일성

① 토지와 그 위의 건물의 소유자를 각기 달리하고 있는 경우에는 법정지상권이 성립하지 않는다.[37]

② 미등기건물을 그 대지와 함께 매수한 사람이 그 대지에 관해서만 소유권이전등기를 넘겨받고 건물에 대해서는 그 등기를 이전 받지 못한 경우[38]

③ 건물의 등기부상 소유명의를 타인에게 신탁한 경우에 신탁자는 제3자에게 그 건물이 자기의 소유임을 주장할 수 없고, 따라서 그 건물과 부지인 토지가 동일인의 소유임을 전제로 한 법정지상권을 취득할 수 없다.[39]

---

34) 대법원 1997. 9. 26. 선고 97다10314 판결.
35) 대법원 2003. 9. 5. 선고 2003다26051 판결: 민법 제366조의 법정지상권은 저당권 설정 당시부터 저당권의 목적되는 토지 위에 건물이 존재할 경우에 한하여 인정되며, 토지에 관하여 저당권이 설정될 당시 그 지상에 토지소유자에 의한 건물의 건축이 개시되기 이전이었다면, 건물이 없는 토지에 관하여 저당권이 설정될 당시 근저당권자가 토지소유자에 의한 건물의 건축에 동의하였다고 하더라도 그러한 사정은 주관적 사항이고 공시할 수도 없는 것이어서 토지를 낙찰받는 제3자로서는 알 수 없는 것이므로 그와 같은 사정을 들어 법정지상권의 성립을 인정한다면 토지 소유권을 취득하려는 제3자의 법적 안정성을 해하는 등 법률관계가 매우 불명확하게 되므로 법정지상권이 성립되지 않는다.
36) 대법원 2011. 1. 13. 선고 2010다67159 판결: 민법 제366조의 법정지상권은 저당권설정 당시 동일인의 소유에 속하던 토지와 건물이 경매로 인하여 양자의 소유자가 다르게 된 때에 건물의 소유자를 위하여 발생하는 것으로서, 토지에 관하여 저당권이 설정될 당시 토지 소유자에 의하여 그 지상에 건물이 건축 중이었던 경우 그것이 사회관념상 독립된 건물로 볼 수 있는 정도에 이르지 않았다 하더라도 건물의 규모, 종류가 외형상 예상할 수 있는 정도까지 건축이 진전되어 있었고, 그 후 경매절차에서 매수인이 매각대금을 다 낸 때까지 최소한의 기둥과 지붕 그리고 주벽이 이루어지는 등 독립된 부동산으로서 건물의 요건을 갖춘 경우에는 법정지상권이 성립한다.
37) 대법원 1988. 9. 27. 선고 88다카4017 판결: 민법 제366조에 의한 법정지상권 또는 관습에 의한 법정지상권이 인정되려면 동일인의 소유에 속하는 토지와 그 위에 있는 가옥이 경매, 기타 적법한 원인행위로 인하여 각기 그 소유자를 달리하는 경우에 발생하는 것이고 토지와 그 위의 가옥의 소유자가 각기 달리하고 있던 중 토지 또는 가옥만이 경매, 기타 원인으로 다시 다른 사람에게 소유권이 이전된 경우에는 인정할 수 없다.
38) 대법원 2002. 6. 20. 선고 2002다9660 전원합의체 판결: 민법 제366조의 법정지상권은 저당권 설정 당시에 동일인의 소유에 속하는 토지와 건물이 저당권의 실행에 의한 경매로 인하여 각기 다른 사람의 소유에 속하게 된 경우에 건물의 소유를 위하여 인정되는 것이므로, 미등기건물을 그 대지와 함께 매수한 사람이 그 대지에 관해서만 소유권이전등기를 넘겨받고 건물에 대해서는 그 등기를 이전 받지 못하고 있다가, 대지에 대하여 저당권을 설정하고 그 저당권의 실행으로 대지가 경매되어 다른 사람의 소유로 된 경우에는, 그 저당권의 설정 당시에 이미 대지와 건물이 각각 다른 사람의 소유에 속하고 있었으므로 법정지상권이 성립될 여지가 없다.
39) 대법원 2004. 2. 13. 선고 2003다29043 판결.

(다) 토지와 건물 어느 하나에 저당권설정

(라) 토지 또는 건물에 설정된 저당권의 실행으로 토지와 건물의 소유권 분리

(마) 민법 제366조 법정지상권 포기약정의 효력[40]

(3) 관습상의 법정지상권

(가) 토지와 건물이 동일인 소유에 속하였을 것[41]

(나) 매매, 기타 적법한 원인(증여, 강제경매로 인한 매각 등)으로 토지와 건물의 소유자가 달라질 것

(다) 당사자 사이에 건물을 철거한다는 특약이 없을 것[42]

사례

1. 甲은 乙 은행으로부터 금원을 대출받으면서 甲 소유의 대지에 관하여 근저당권을 설정하여 주었다. 그 후 甲은 그 대지 위에 건물을 신축하였다. 甲이 대출금 연체로 乙 은행이 위 대지에 관하여 임의경매를 신청하여 丙이 그 경매절차에서 위 대지를 매각 받아 매각대금을 완납하였다. 丙의 위 건물철거청구에 대하여 甲은 법정지상권을 주장할 수 있는가?

2. 甲은 乙로부터 금원을 차용하면서 甲 소유의 대지에 관하여 근저당권을 설정하여 주었는데 근저당권설정 당시 乙은 토지소유자인 甲에게 건물신축에 동의하였다. 그 후 위 대지에 관하여 근저당권이 실행되어 丙이 위 대지를 매각 받아 매각대금을 완납하였다. 甲은 신축건물에 대한 법정지상권을 주장할 수 있는가?

3. 甲은 그 소유의 대지 위에 건물을 신축하던 중 乙로부터 금원을 차용하면서 위 대지에 관하여 근저당권을 설정하여 주었는데 그 후 위 대지에 관하여 근저당권이 실행되어 丙이 위 대지를 매각 받아 매각대금을 완납하였다. 이 경우 위 신축 중인 건물이 근저당권설정 당시와 丙이 매각대금을 다 낸 때와 각 어느 정도의 형태를 갖추어야 위 신축 중인 건물을 위한 법정지상권을 취득하는가?

4. 甲은 그 소유의 대지 위에 건물을 신축하여 거주하고 있었는데 그 건물은 무허가 건물로 건축물대장이나 등기부에 등재되어 있지 않다. 甲은 乙로부터 금원을 차용하면서 위 대지에 관하여 근

---

40) 대법원 1988. 10. 25. 선고 87다카1564 판결: 민법 제366조는 가치권과 이용권의 조절을 위한 공익상의 이유로 지상권의 설정을 강제하는 것이므로 저당권설정 당사자 간의 특약으로 저당목적물인 토지에 대하여 법정지상권을 배제하는 약정을 하더라도 그 특약은 효력이 없다.

41) 대법원 2002. 6. 20. 선고 2002다9660 전원합의체 판결: 관습상의 법정지상권은 동일인의 소유이던 토지와 그 지상건물이 매매, 기타 원인으로 인하여 각각 소유자를 달리하게 되었으나 그 건물을 철거한다는 등의 특약이 없으면 건물 소유자로 하여금 토지를 계속 사용하게 하려는 것이 당사자의 의사라고 보아 인정되는 것이므로 토지의 점유·사용에 관하여 당사자 사이에 약정이 있는 것으로 볼 수 있거나 토지 소유자가 건물의 처분권까지 함께 취득한 경우에는 관습상의 법정지상권을 인정할 까닭이 없다 할 것이어서, <u>미등기건물을 그 대지와 함께 매도하였다면 비록 매수인에게 그 대지에 관해서만 소유권이전등기가 경료되고 건물에 관해서는 등기가 경료되지 아니하여 형식적으로 대지와 건물이 그 소유 명의자를 달리하게 되었다 하더라도 매도인에게 관습상의 법정지상권을 인정할 이유가 없다.</u>

42) 대법원 2008. 2. 15. 선고 2005다41771, 41788 판결: 관습상의 법정지상권은 동일인의 소유이던 토지와 그 지상 건물이 매매, 기타 원인으로 인하여 각각 소유자를 달리하게 되었으나 그 건물을 철거한다는 등의 특약이 없으면 건물 소유자로 하여금 토지를 계속 사용하게 하려는 것이 당사자의 의사라고 보아 인정되는 것이므로 이와 달리 <u>토지의 점유·사용에 관하여 당사자 사이에 약정이 있는 것으로 볼 수 있는 경우에는 관습상의 법정지상권을 인정할 까닭이 없다.</u>

저당권을 설정하여 주었는데, 그 후 근저당권이 실행되어 丙이 위 대지를 매각 받아 그 대금을 완납하였다. 이 경우 甲이 거주하고 있는 무허가건물에 대한 법정지상권을 취득하는가?

5. 甲은 그 소유의 대지 위에 건평 20평의 주택 1동을 소유하고 있다가 乙에게 그 대지에 관해서만 근저당권을 설정하여 주었다. 그 후 위 주택을 철거하고 그곳에 동일성이 없는 새 건물을 신축하여 그 보존등기를 마쳤다. 그 후 위 대지에 관하여 근저당권이 실행되어 丙이 그 대지를 매각 받아 그 대금을 완납하였다. 이 경우 甲은 새 건물을 위한 법정지상권을 취득하는가? 취득한다면 그 존속기간 및 범위는?

6. 甲은 그 소유의 대지와 지상의 구 건물에 관하여 乙에게 공동저당권을 설정하여 주었는데 甲은 구 건물을 철거하고 새 건물을 신축하였다. 그 후 새 건물에 관하여 乙 명의의 근저당권이 추가로 설정되지 않는 상태에서 위 대지에 관하여 근저당권이 실행되어 丙이 대지를 매각 받아 그 대금을 완납하였다. 이 경우 甲은 새 건물에 대하여 법정지상권을 취득하는가?

7. 甲은 乙로부터 乙 소유의 대지와 乙이 신축한 후 소유권보존등기를 경료하지 아니한 건물을 함께 매수한 다음 대지에 관해서만 소유권이전등기를 마치고 건물에 대해서는 등기를 마치지 아니하였다. 그 후 甲은 丙으로부터 금원을 차용하면서 위 대지에 관해서만 근저당을 설정하여 주었는데 丙이 근저당권을 실행하여 丁이 위 대지를 매각 받아 그 대금을 완납하였다. 甲은 위 건물에 대하여 법정지상권을 취득하는가?

8. 甲은 그 소유의 대지 위에 건물을 소유하고 있던 중 乙에게 대지에 관해서만 근저당권을 설정하여 준 후 丙에게 건물만을 매도하여 위 건물에 관하여 丙 명의의 소유권이전등기가 마쳐졌다. 그 후 위 대지에 관하여 근저당권이 실행되어 丁이 그 대지를 매각 받아 그 대금을 완납하였다. 이 경우 丙은 법정지상권을 취득하는가?

9. 甲은 乙로부터 乙 소유의 저당권이 설정되어 있던 대지와 저당권설정 당시 존재하고 있던 乙이 신축한 미등기건물을 함께 매수하고 그 대지에 관하여서만 소유권이전등기를 마쳤는데 얼마 후 위 저당권이 실행되어 丙이 그 대지를 매각 받아 그 대금을 완납하였다. 그 후 甲은 위 건물에 대하여 乙을 대위하여 소유권보존등기 및 甲 앞으로의 소유권이전등기를 마쳤다. 한편, 위 미등기 건물 매매 당시 甲은 乙로부터 법정지상권을 양도받기로 하였다. 이 경우 법정지상권은 누구에게 있는가? 丙은 甲에 대하여 건물철거를 구할 수 있는가?

10. 甲 소유이던 대지에 관하여 乙에게 소유권이전등기가 마쳐진 후 乙이 그 대지 위에 건물을 신축하여 소유권보존등기를 마쳤다. 그 후 丙이 乙로부터 위 대지와 건물을 함께 매수하여 이에 관하여 각 소유권이전등기를 마쳤다. 후에 乙과 丙 명의의 각 소유권이전등기가 원인무효임이 밝혀져 각 말소된 경우 丙은 甲에 대하여 관습상의 법정지상권을 취득하는가?

11. 甲은 그 소유의 대지와 지상건물 중 대지만을 乙에게 증여하면서 그 지상건물을 철거하되 그 지상에 甲이 건물을 새로 짓는다는 내용의 약정을 맺었다. 乙은 대지에 관하여 소유권이전등기를 마친 후 甲에게 대지사용승낙서를 작성하여 주었다. 甲은 위 지상건물을 철거하고 새 건물을 신축하였다. 이 경우 甲은 새 건물을 위한 관습상의 법정지상권을 취득하는가?

(4) 재항변

① 건물 소유를 위한 임대차계약 체결 사실[43]

② 건물철거 합의[44]

2. 신의칙, 권리남용 항변

가. 토지소유자에게 별 이익도 없이 건물철거를 청구하는 경우 신의칙 또는 권리남용 항변을 할 수 있다.

나. 대지에 관하여 매매계약을 체결하면서 매수인들에게 한 대지사용승낙은 그들 간에 매매계약이 유효하게 존속하고 있음을 전제로 이에 터 잡은 부수적인 사용대차계약이라고 보아 주된 계약인 매매계약이 적법하게 해제된 이상 부수적인 사용대차계약인 대지사용승낙의 약정도 그와 함께 실효되었다고 볼 것이나, 이 경우 대지소유자가 건물을 신축하게 한 원인행위자라면 그와 같은 대지사용승낙을 신뢰하여 대지매수인과 건물의 신축에 관한 도급계약을 체결하고 적법하게 건축한 제3자 소유의 견고한 건물을, 그것이 적법하게 준공된 후에 대지에 대한 매수인과의 매매계약이 해제되었음을 이유로 하여 철거를 요구하는 것은, 비록 그것이 대지의 소유권에 기한 것이라고 하더라도 사회적, 경제적 측면에서는 물론이고, 신의성실의 원칙에 비추어서도 용인할 만한 것이 못 된다.[45]

다. 甲이 그 소유의 토지에 관하여 乙로 하여금 건물을 신축하는 데 사용하도록 승낙하였고 乙이 이에 따라 건물을 신축하여 丙 등에게 분양하였다면 甲은 위 건물을 신축하게 한 원인을 제공하였다 할 것이므로 이를 신뢰하고 136세대에 이르는 규모로 견고하게 신축한 건물 중 각 부분을 분양받은 丙 등에게 위 토지에 대한 乙과의 매매계약이 해제되었음을 이유로 하여 그 철거를 요구하는 것은 비록 그것이 위 토지에 대한 소유권에 기한 것이라 하더라도 신의성실의 원칙에 비추어 용인될 수 없다.[46]

---

43) 대법원 1992. 10. 27. 선고 92다3984 판결: 동일인 소유의 토지와 그 토지상에 건립되어 있는 건물 중 어느 하나만이 타에 처분되어 토지와 건물의 소유자를 각 달리하게 된 경우에는 관습상의 법정지상권이 성립한다고 할 것이나, 건물 소유자가 토지 소유자와 사이에 건물의 소유를 목적으로 하는 토지 임대차계약을 체결한 경우에는 관습상의 법정지상권을 포기한 것으로 봄이 상당하다.

44) 대법원 1999. 12. 10. 선고 98다58467 판결: 토지와 건물이 동일한 소유자에게 속하였다가 건물 또는 토지가 매매, 기타 원인으로 인하여 양자의 소유자가 다르게 되었더라도, 당사자 사이에 그 건물을 철거하기로 하는 합의가 있었던 경우에는 건물 소유자는 토지 소유자에 대하여 그 건물을 위한 관습상의 법정지상권을 취득할 수 없다. 이와 같이 건물 철거의 합의가 관습상의 법정지상권 발생의 소극적 요건이 되는 이유는 그러한 합의가 없을 때라야 토지와 건물의 소유자가 달라진 후에도 건물 소유자로 하여금 그 건물의 소유를 위하여 토지를 계속 사용케 하려는 묵시적 합의가 있는 것으로 볼 수 있다는 데 있고, 한편 관습상의 법정지상권은 타인의 토지 위에 건물을 소유하는 것을 본질적 내용으로 하는 권리가 아니라, 건물의 소유를 위하여 타인의 토지를 사용하는 것을 본질적 내용으로 하는 권리여서, 위에서 말하는 '묵시적 합의'라는 당사자의 추정 의사는 건물의 소유를 위하여 '토지를 계속 사용한다'는 데 중점이 있는 의사라 할 것이므로, 건물 철거의 합의에 위와 같은 묵시적 합의를 깨뜨리는 효력, 즉 관습상의 법정지상권의 발생을 배제하는 효력을 인정할 수 있기 위하여서는, 단지 형식적으로 건물을 철거한다는 내용만이 아니라 건물을 철거함으로써 토지의 계속 사용을 그만두고자 하는 당사자의 의사가 그 합의에 의하여 인정될 수 있어야 할 것이다.

45) 대법원 1991. 9. 24. 선고 91다9756, 9763(반소) 판결.

46) 대법원 1993. 7. 27. 선고 93다20986, 20993(병합) 판결.

3. 부당이득반환청구에 대한 항변

가. 법률상 원인의 존재

(1) 수익자인 피고가 항변으로 법률상 원인 있음을 주장, 증명하여야 한다.

(2) 법정지상권이 있는 건물의 양수인으로서 장차 법정지상권을 취득할 지위에 있어 대지소유자의 건물철거나 대지인도 청구를 거부할 수 있는 지위에 있는 자라고 할지라도, 그 대지의 점거사용으로 얻은 실질적 이득은 이로 인하여 대지소유자에게 손해를 끼치는 한에 있어서는 부당이득으로서 이를 대지소유자에게 반환할 의무가 있다.[47)]

나. 선의 점유자

(1) 선의의 점유자는 이익의 현존 여부와 상관없이 점유사용으로 인한 이득을 반환할 필요가 없다.

(2) 여기서 선의라 함은 과실수취권을 포함하는 권원이 있다고 오신하였을 뿐만 아니라 오신할 만한 정당한 근거가 있는 경우를 말한다.

다. 사용 · 수익권의 포기

원고가 사용 · 수익권을 포기한 경우는 애초부터 손해가 없는 경우에 해당되고, 이는 특별한 사정이 있는 경우 예외적으로 인정된다.

VII. 사례 연습

다음의 사례에서 피고 乙의 항변에 대하여 판단하시오.

> **사례**
>
> 甲(대한민국)의 소유 토지 일부 지상에 甲의 허락 없이 무허가건물이 축조되어 있었는데 이를 소유하던 A가 1993. 8. 28. B에게 위 무허가건물을 매도하면서 그 대지에 관해서는 그 점유권과 甲에 대한 대지매수권 등의 권리만을 양도하였고, 乙은 그 후 B로부터 위 무허가건물을 매수하였으나, 당시 그 대지는 국유재산이라는 사실을 알고 있었다. 乙은 위 건물을 매수한 후 이 중 일부씩을 C, D, E에게 임대하는 방법으로 위 무허가건물이 축조되어 있는 대지 부분을 점유, 사용하고 있다.

---

47) 대법원 1995. 9. 15. 선고 94다61144 판결.

〈청구취지〉

1. 피고 乙은 원고에게
가. 별지 목록 기재 부동산 중 별지 도면 표시 (가) 부분 지상 블록 슬래브지붕 단층주택 30㎡, 별지 도면 표시 (나) 부분 지상 경량철골조 함석지붕 단층 공장 25㎡, 별지 도면 표시 (다) 부분 지상 벽돌 슬래브 주택 40㎡를 각 철거하고,
나. 별지 목록 기재 부동산을 인도하고,
다. 2001. 9. 1.부터 별지 목록 기재 부동산의 인도완료일까지 월 1,000,000원의 비율로 계산한 돈을 지급하라.
2. 피고 C는 별지 목록 기재 부동산 중 별지 도면 표시 (가) 부분 단층주택에서, 피고 D는 별지 도면 표시 (나) 부분 단층공장에서, 피고 E는 별지 도면 표시 (다) 부분 주택에서 각 퇴거하라.
3. 소송비용은 피고들이 부담한다.
4. 제1, 2항은 가집행할 수 있다.

〈원고의 주장〉

이 사건 토지는 원고의 소유이고, 피고 乙이 이 사건 토지상에 청구취지 기재의 각 건물 등을 소유 및 점유하고 있는 이상, 피고 乙은 원고에게 위 각 건물 등을 철거하고, 이 사건 토지를 인도하여 줄 의무가 있다. 또한 피고 乙이 이 사건 토지를 불법적으로 점유사용함으로 인하여 원고가 입은 손해의 배상으로 불법점유일인 2001. 9. 1.부터 이 사건 토지의 인도완료일까지 월 임료액인 1,000,000원의 비율로 계산한 돈을 지급할 의무가 있다. 그리고 피고 C, D, E에게는 소유권에 기한 방해배제청구권의 행사로서 위 각 건물에서의 퇴거를 구한다.

〈피고 乙의 항변〉

피고는 오래전부터 이 사건 토지 위에 있는 건물을 A, B 등으로부터 그 점유를 이어받아 지금까지 계속하여 소유의 의사로 평온·공연하게 20년 이상 이를 점유하여 그 취득시효가 완성되었으므로 원고의 피고에 대한 이 사건 건물철거청구 등은 부당하다.
또한 피고는 민법 제643조에 기하여 원고에게 이 사건 토지 위에 있는 지상물에 대한 매수청구권을 행사하고, 만약 위 매수청구권이 인정되지 아니하는 경우에는 민법 제203조에 기하여 비용상환청구권을 행사하는 것이므로 원고의 이 사건 청구에 응할 수 없다.

〈원고의 재항변〉

피고 등은 이 사건 토지가 원고의 소유임을 알면서 잠시 이를 이용만 하려 했던 것이므로 타주점유라 할 것이고, 시효취득을 할 수 없다.

[요점]

(1) 민법 제197조 제1항에 의하면 물건의 점유자는 소유의 의사로 점유한 것으로 추정되므로 점유자가 취득시효를 주장하는 경우에 있어서 스스로 소유의 의사를 입증할 책임은 없고, 오히려 그 점유자의 점유가 소유의 의사가 없는 점유임을 주장하여 점유자의 취득시효의 성립을 부정하는 자에게 그 입증책임이 있다.

(2) 점유자의 점유가 소유의 의사 있는 자주점유인지 아니면 소유의 의사 없는 타주점유인지는 점유자의 내심의 의사에 의하여 결정되는 것이 아니라 점유 취득의 원인이 된 권원의 성질이나 점유와 관계가 있는 모든 사정에 의하여 외형적·객관적으로 결정되어야 하는 것이기 때문에 점유자가 성질상 소유의 의사가 없는 것으로 보이는 권원에 바탕을 두고 점유를 취득한 사실이 증명되었거나, 점유자가 타인의 소유권을 배제하여 자기의 소유물처럼 배타적 지배를 행사하는 의사를 가지고 점유하는 것으로 볼 수 없는 객관적 사정, 즉 점유자가 진정한 소유자라면 통상 취하지 아니할 태도를 나타내거나 소유자라면 당연히 취했을 것으로 보이는 행동을 취하지 아니한 경우 등 외형적·객관적으로 보아 점유자가 타인의 소유권을 배척하고 점유할 의사를 갖고 있지 아니하였던 것이라고 볼 만한 사정이 증명된 경우에도 그 추정은 깨어진다.

(3) 점유자가 점유 개시 당시에 소유권 취득의 원인이 될 수 있는 법률행위, 기타 법률요건이 없이 그와 같은 법률요건이 없다는 사실을 잘 알면서 타인 소유의 부동산을 무단점유한 것임이 입증된 경우, 특별한 사정이 없는 한 점유자는 타인의 소유권을 배척하고 점유할 의사를 갖고 있지 않다고 보아야 할 것이므로 이로써 소유의 의사가 있는 점유라는 추정은 깨어졌다고 할 것이다.[48]

(4) 국유토지 상의 주택이 전전매도되고 매수인이 그 토지가 국유임을 알고 있는 경우에는 특별한 사정이 없는 한 매수인은 그 주택의 부지에 대하여 점용권만을 매수하는 것으로 보아야 할 것이므로, 이러한 경우 그 토지 점유는 소유자를 배제하여 자기의 소유물처럼 배타적 지배를 행사하려는 것이 아니고 권원의 성질상 타인 소유임을 용인한 타주점유로 봄이 상당하다.[49]

(5) 이 사건 무허가 건물을 1993. 8. 28. A로부터 매수한 B는 당시 이 사건 토지가 원고 소유라는 사실을 알고서 그 지상 무허가 건물만을 매수하면서 이 사건 토지에 대해서는 그 점유권과 원고에 대한 대지매수권 등의 권리만 양수하였고, B로부터 위 건물을 매수한 피고(乙)도 매수 당시 이러한 사실을 알고 위 건물만을 매수하였다면 B나 피고는 당초부터 이 사건 토지가 원고의 소유임을 인정하면서 나중에 원고로부터 이를 불하받을 수 있다는 기대감을 가지고 이 사건 토지를 점유하기 시작하였다고 보는 것이 타당하므로, 이 사건 토지를 자신의 소유물처럼 배타적으로 지배할 의사를 가지고 점유한 것으로 볼 수는 없어 그 점유는 권원의 성질상 타주점유에 해당한다.

(6) 민법 제643조에 기한 지상물매수청구권은 건물, 기타 공작물의 소유를 목적으로 한 토지임대차의

---

48) 대법원 1997. 8. 21. 선고 95다28625 전원합의체 판결.
49) 대법원 1998. 3. 13. 선고 97다50169 판결.

기간이 만료한 경우에 건물 등이 현존하는데도 임대인이 그 계약의 갱신을 원하지 아니하는 때에 임차인이 건물, 기타 공작물의 매수를 청구할 수 있는 권리이다. 사례에서 원고와 피고 사이에 이 사건 토지에 대한 임대차계약이 존재한다는 사정이 없으므로 피고의 지상물매수청구권은 더 이상 이유가 없다.

(7) 피고의 비용상환청구권 주장에 관해서도 피고가 이 사건 토지의 보존을 위하여 필요한 비용을 지출하였다거나 이 사건 토지의 개량을 위한 유익비를 지출하고 그 가액의 증가가 현존한 사실을 인정할 증거가 없으므로 피고의 위 주장도 이유 없다.

(8) 그렇다면 피고 乙은 원고에게 이 사건 건물을 각 철거하고, 이 사건 토지를 인도하며, 이 사건 토지의 점유일부터 인도완료일까지 월 1,000,000원의 비율로 계산한 돈을 지급할 의무가 있고, 피고 C, D, E는 각 점유 부분에서 각 퇴거할 의무가 있다.

제14장 임대차 관련 소송의 쟁점

[요점] 임대차 관련 분쟁의 주된 유형

☞ **임대차보증금반환청구: 임차인** ⇒ **임대인(소유자, 양수인)**

          임대차계약의 체결   묵시적 갱신

          +임대차보증금의 지급   공제

          +임대차의 종료   동시이행

☞ **임차목적물반환청구: 소유자(양수인)** ⇒ **임차인**

          임대차계약의 체결   매수청구권 행사

          +임차목적물의 인도   동시이행

          +임대차의 종료   유치권

☞ **배당이의:** 임대인, 임대인의 채권자 등 ↔ 임차인

          주택의 현금화 절차에서 매각대금 배분의 우선순위에 관한 다툼[1]

Ⅰ. 임대차보증금반환청구

1. 기초적인 사실관계를 토대로 한 본안의 신청과 공격방어방법

〈사실관계〉

甲은 乙과 2009. 9. 1. 乙 소유의 별지목록 기재 아파트에 관하여 임대보증금 1억 원, 계약기간 2년으로 하는 부동산전세계약을 체결하고 위 보증금을 지급하여 위 아파트에 거주하여 왔는데 乙은 임대차가 종료되8음에도 불구하고 임대보증금을 반환하지 않고 있으므로 위 임대보증금의 반환을 구한다.

---

1) 상세한 내용은 오창수, 「로스쿨 민사집행법-이론과 실무-」, 한국학술정보(주), 2011, p.341 이하 참조.

[본안의 신청]

(1) 원고(甲)의 청구취지: 피고는 원고에게 금 100,000,000원 및 이에 대한 2011. 11. 1.부터 이 사건 소장부본 송달일까지는 연 5%, 그다음 날부터 다 갚는 날까지는 연 20%의 각 비율에 의한 금원을 지급하라.[2]

※ 임대인들이 여러 명인 경우: 피고들은 각자 원고에게 금 100,000,000원 및 이에 대한 2011. 11. 1.부터 이 사건 소장부본 송달일까지는 연 5%, 그다음 날부터 다 갚는 날까지는 연 20%의 각 비율에 의한 금원을 지급하라.[3]

(2) 피고(乙)의 소송상 신청
　원고의 소를 각하한다.
　원고의 청구를 기각한다.

[공격방어방법]

(1) 甲의 사실상의 주장
　甲은 乙과 2009. 9. 1. 乙 소유의 별지목록 기재 아파트에 관하여 임대보증금 1억 원, 계약기간 2년으로 하는 부동산전세계약을 체결하고 위 보증금을 지급하여 위 아파트에 거주하여 왔는데 乙은 임대차기간 만료로 임대차가 종료되었음에도 불구하고 임대보증금을 반환하지 않고 있다. 甲은 2011. 10. 31. 위 아파트를 乙에게 인도하였다.

(2) 甲의 법률상의 주장(권리주장)
　그렇다면 피고는 원고에게 금 100,000,000원 및 이에 대한 2011. 11. 1.부터[4] 이 사건 소장부본 송달일까지는 민법 소정의 연 5%, 그다음 날부터 완제일까지는 소송촉진 등에 관한 특례법 소정의 연 20%의 각 비율에 의한 지연손해금을 지급할 의무가 있다.

(3) 乙의 본안 전 항변
▶ 보증금반환채권의 압류·추심항변: 원고의 피고에 대한 임대차보증금반환채권에 관하여 채권압류 및 추심명령이 피고에게 송달되었으므로 원고는 임차보증금반환청구소송을 제기할 당사자적격을 상실하였으므로 원고의 이 사건 소는 각하되어야 한다.[5]

(4) 乙의 항변(본안의 항변)
　① 묵시의 갱신항변
　② 공제항변
　③ 동시이행의 항변
　④ 임대인지위양도 항변
　⑤ 보증금반환채권이 양도·전부되었다는 항변

---

2) 2011. 10. 31.까지 임대목적물을 반환한 경우의 지연손해금의 지급을 구하는 경우.
3) 불가분채무이므로 '각자'에게 전액 청구를 한다.
4) 지연손해금 기산일은 임대목적물을 반환하여 동시이행관계를 소멸시킨 다음 날부터 기산된다.
5) 대법원 2000. 4. 11. 선고 99다23888 판결: 채권에 대한 압류 및 추심명령이 있으면 제3채무자에 대한 이행의 소는 추심채권자

2. 당사자와 관련된 문제

가. 당사자의 확정

> **사례 1**
>
> A가 乙로부터 주택을 임차한 후 乙이 보증금을 증액하여 줄 것을 요청하였으나, A는 당시 건축업을 하다가 사업이 부진하여 자금난을 겪고 있었으므로 乙에게 증액요구한 보증금 중 일부만을 지급하면서 임차인 명의를 자신의 처인 B 명의로 변경하여 줄 것을 요청하여 乙과 임차인이 B로 된 임대차계약서를 작성하였다. 그 후 A에 대한 채권자인 甲이 A의 乙에 대한 보증금반환채권을 가압류하자, B는 乙에게 보증금반환채권을 C에게 양도하였음을 통지하였다. 甲은 A의 乙에 대한 보증금반환채권에 대하여 가압류로부터 본압류로 전이하는 채권압류 및 추심명령을 받아 乙을 상대로 임차기간이 만료되었음을 이유로 보증금반환청구를 할 수 있는가? 위 주택의 임차인은 A인가, B인가?

(1) 행위자가 타인명의로 계약을 체결한 경우 계약 당사자의 확정방법

계약을 체결하는 행위자가 타인의 이름으로 법률행위를 한 경우에 행위자 또는 명의인 가운데 누구를 계약의 당사자로 볼 것인가에 관해서는, 우선 <u>행위자와 상대방의 의사가 일치하는 경우</u>에는 그 일치한 의사대로 행위자 또는 명의인을 계약의 당사자로 확정하여야 하고, <u>행위자와 상대방의 의사가 일치하지 아니하는 경우</u>에는 그 계약의 성질·내용·목적·체결 경위 등 그 계약 체결 전후의 구체적인 제반 사정을 토대로 상대방이 합리적인 사람이라면 행위자와 명의자 중 누구를 계약의 당사자로 이해할 것인가에 의하여 당사자를 결정하여야 한다.[6]

(2) 임대차계약의 존속 중에 임대차계약서상의 임차인 명의가 변경된 경우의 임차인 확정방법

임차인과 임대인이 제3자와의 합의에 의하여 임대차계약서상의 임차인 명의를 제3자로 변경한 경우에는 제3자에게 임차인의 지위가 승계되었거나 보증금반환채권의 양도가 이루어진 것으로 볼 수 있을 것이나, 특별한 사정이 있는 경우[7]에는 임차인 명의가 변경되었다는 사정만으로 제3자에게 임차인지위가 승계되었거나 보증금반환채권의 양도가 이루어진 것으로 볼 수 없을 것이다.

만이 제기할 수 있고 채무자는 피압류채권에 대한 이행소송을 제기할 당사자적격을 상실한다.

6) 대법원 1998. 5. 12. 선고 97다36989 판결.

7) 예컨대, 임대차계약서를 채권담보로 제공하기 위하여 임대차계약서상의 임차인 명의가 남편에서 처로 변경되었는데, 이에 대하여 남편인 임차인의 관여가 없었던 경우, 임차인인 남편이 채권자의 강제집행에 대비하기 위하여 형식적으로 임대차계약서상의 임차인 명의를 처로 변경한 경우 등.

나. 임대인과 임차인이 수인인 경우 보증금반환청구

사례 2

甲은 乙, 丙으로부터 그들 공유의 점포를 임차하였는데, 乙, 丙을 상대로 위 임대차계약이 채무불이행으로 해지되었음을 이유로 보증금반환과 손해배상청구를 하면서 乙에게 보증금 전액의 반환을 구할 수 있는가?[8]

사례 3

임대차계약서에 부부인 A와 B가 임차인으로 기재되어 있었는데, 남편인 A가 보증금 전액을 甲에게 양도하고, 임대인인 乙에게 그 양도사실을 통지하였다.
甲이 乙을 상대로 임대차기간이 만료되었음을 이유로 보증금 전액의 반환청구를 할 수 있는가? A와 B가 乙에게 월 100만 원의 차임지급의무를 부담하는 경우 A와 B의 채무는 분할채무인가, 불가분(연대)채무인가?[9]

다. 임대인이 사망한 경우 공동상속인의 보증금반환의무

사례 4

甲이 A로부터 건물을 임차하였는데, 그 임차기간이 만료된 이후 A가 사망하여 乙, 丙이 재산상속인이 된 경우, 甲이 乙, 丙을 상대로 임차기간이 만료되었음을 이유로 보증금 전액의 반환청구를 할 수 있는가?[10] A가 사망한 이후 임대차계약이 종료된 경우에는 어떠한가?
임대차계약의 존속 중에 A가 사망하여 乙과 丙이 재산상속인이 된 경우는 어떠한가?[11]

---

8) 대법원 1998. 12. 8. 선고 98다43137 판결: 건물의 공유자가 공동으로 건물을 임대하고 보증금을 수령한 경우, 특별한 사정이 없는 한 그 임대는 각자 공유지분을 임대한 것이 아니고 임대목적물을 다수의 당사자로서 공동으로 임대한 것이고 그 보증금 반환채무는 성질상 불가분채무에 해당된다고 보아야 할 것이다. 따라서 임차인은 공동임대인인 공유자 모두에 대하여 그 지분에 상관없이 임차인의 권리를 주장할 수 있다.

9) 민법 제654조, 제616조 참조. 단 이 규정은 임의규정임.

10) 대법원 1997. 6. 24. 선고 97다8809 판결: 금전채무와 같이 급부의 내용이 가분인 채무가 공동상속된 경우, 이는 상속 개시와 동시에 당연히 법정상속분에 따라 공동상속인에게 분할되어 귀속되는 것이므로, 상속재산 분할의 대상이 될 여지가 없다.

11) 대법원 1980. 6. 24. 선고 80다756 판결: 공동상속인들의 건물철거의무는 그 성질상 불가분채무라고 할 것이고 각자 그 지분의 한도 내에서 건물 전체에 대한 철거의무를 지는 것이다.

라. 공동상속인 사이에 협의분할약정이 있는 경우

> **사례 5**
>
> 임차인 甲이 임대차계약의 존속 중에 임대인의 지위를 공동승계한 공동상속인 乙, 丙을 상대로 임대차기간 만료를 이유로 보증금 전액의 반환청구를 하였다.
> 이 경우 乙은 임대인 사망 이후 丙과의 사이에 임대차목적물을 포함한 모든 상속재산에 관하여 협의분할이 이루어짐으로써 임대차목적물 및 이에 수반하는 제반채무는 상속개시일에 소급하여 丙의 몫으로 확정되었으므로 자신은 보증금에 대하여 아무런 책임이 없다고 항변할 수 있는가?

마. 임대인으로부터 목적물을 양수한 제3자에게 보증금을 청구하는 경우

(1) 원고의 임차권이 대항력이 있어야 한다.
(2) 민법상 임차권등기를 한 경우이거나 또는 주택임대차보호법 또는 상가건물임대차보호법상 요건을 갖춘 경우

바. 해지, 해제의 불가분의 원칙

> **사례 6**
>
> 甲이 乙, 丙으로부터 점포를 임차하였는데, 본소로써 乙과 丙을 상대로 위 임대차계약이 채무불이행으로 해지되었음을 이유로 보증금반환과 손해배상청구를 하였다.
> 乙이 반소로써 甲을 상대로 위 임대차계약이 차임연체로 인하여 해지되었다고 주장하면서 위 점포의 명도를 구할 수 있는가?[12]

3. 청구원인

☞ **요건사실: 임대차계약의 체결 + 임대차보증금의 지급 + 임대차의 종료[13]**

---

12) 민법 제547조 제1항 참조.
13) 지연손해금을 청구하는 경우에는 임대목적물을 인도한 사실이 추가된다.

가. 임대차계약의 체결

(1) 임대차계약은 임대인이 임차인에게 목적물을 사용·수익하게 하고, 그 대가로 임차인이 차임을 지급하는 것을 합의함으로써 성립하고, 이러한 합의에 의하여 임대차계약의 중심적 효과인 임대인의 차임청구권과 임차인의 목적물에 대한 사용·수익청구권이 발생한다. 따라서 임대차계약의 체결사실에는 임차목적물과 차임(임료)이 구체적으로 특정되어 있어야 한다.[14]

(2) 매매형 계약과는 달리 임대차와 같은 대차형 계약에 있어서는 반환시기의 약정은 계약의 불가결한 요소에 해당하고, 임대차계약의 성립을 주장하는 자는 임대차기간에 관한 사실까지도 주장·증명하여야 한다.

나. 임대차보증금의 지급

(1) 보증금은 임대차계약의 본질적 요소(목적물, 차임)는 아니나, 현실적으로 수수되고 있다.

(2) 임차인이 목적물을 반환한 사실은 임대차보증금반환청구의 요건사실이 아니고, 임대인이 동시이행의 항변을 할 경우 그에 대한 재항변으로 주장할 사실이다.

다. 임대차의 종료[15]

(1) 임대기간의 만료

① 임대차기간의 정함이 있는 경우: 그 기간이 만료된 사실은 법원에 현저한 사실이므로 따로 증거에 의하여 증명할 필요는 없다.

② 임대차기간의 정함이 없는 경우: 임대인에게 계약해지를 통고하여 그 의사표시가 임대인에게 도달한 사실 및 그때로부터 민법 제635조 소정의 일정한 기간이 도과한 사실을 주장·증명하여야 한다.

---

14) 대법원 2009. 12. 24. 선고 2009다40738, 40745 판결: 민법 제651조 제1항은 그 입법취지가 너무 오랜 기간에 걸쳐 임차인에게 임차물의 이용을 맡겨 놓으면 임차물의 관리가 소홀하여지고 임차물의 개량이 잘 이루어지지 않아 발생할 수 있는 사회경제적인 손실을 방지하는 데에 있는 점 및 약정기간이 20년을 넘을 때는 그 기간을 20년으로 단축한다는 규정 형식에 비추어 볼 때, 위 규정은 개인의 의사에 의하여 그 적용을 배제할 수 없는 강행규정이라고 봄이 상당하다(대법원 2003. 8. 22. 선고 2003다19961 판결 참조). 제출된 증거에 의하면, 이 사건 임대차계약 제4조 제4항은 이 사건 임대차계약 후 30년 임대차기간 종료 전에 원고가 계약기간을 단축시키기 위하여 20년 이상의 임대차기간을 인정하지 않는 대법원판례를 근거로 삼아 해약을 요구할 경우에는 피고는 일시불 임대료의 반환을 책임을 지지 않는다는 취지로 규정하고 있음을 알 수 있는바, 이러한 임대료 반환책임 면제약정은 강행규정인 민법 제651조 제1항에서 정하고 있는 규정의 취지에 반하는 임대차기간 약정의 무효를 주장할 수 없게 함으로써 위 조항의 적용을 배제하는 결과를 가져오게 되므로 이를 무효라고 보아야 한다.

15) 임대차는 목적물을 일정기간 사용·수익하게 하는 것을 본질로 하는 계속적 계약관계이고, 임대보증금은 그에 수반하여 연체차임 등 목적물 반환시기까지 임대차에 관한 일체의 채권을 담보하기 위해 수수되는 것이므로 임대차가 종료되지 않고서는 임대보증금의 반환을 구할 수 없다. 따라서 임대차종료의 원인사실은 임대보증금반환청구에서 청구원인사실이 된다. 계약기간의 만료, 임대차계약의 해지 등 종료원인에 따라 소송물이 달라지는지에 관하여 논란이 있으나, 하나의 소송물로 파악하는 것이 실무례이다.

(2) 이행불능을 이유로 한 해제

① 원고로서는 이행불능의 사실과 이를 이유로 한 해지사실을 주장·증명하여 임대보증금반환을 구할 수 있다.[16]

② 임대차는 당사자 일방이 상대방에게 목적물을 사용·수익하게 할 것을 약정하고 상대방이 이에 대하여 차임을 지급할 것을 약정함으로써 성립하는 것으로서(민법 제618조 참조), 임대인이 그 목적물에 대한 소유권, 기타 이를 임대할 권한이 없다고 하더라도 임대차계약은 유효하게 성립한다. 따라서 임대인은 임차인으로 하여금 그 목적물을 완전하게 사용·수익하게 할 의무가 있고, 또한 임차인은 이러한 임대인의 의무가 이행불능으로 되지 아니하는 한 그 사용·수익의 대가로 차임을 지급할 의무가 있으며, 그 임대차관계가 종료되면 임차인은 임차목적물을 임대인에게 반환하여야 할 계약상의 의무가 있다. 다만 이러한 경우 임차인이 진실한 소유자로부터 목적물의 반환청구나 임료 내지 그 해당액의 지급요구를 받는 등의 이유로 임대인이 임차인으로 하여금 사용·수익하게 할 수가 없게 되면 임대인의 채무는 이행불능으로 되고 임차인은 이행불능으로 인한 임대차의 종료를 이유로 그때 이후의 임대인의 차임지급 청구를 거절할 수 있다.[17]

사례 7

A 주식회사는 1984. 7. 12. B와 사이에 '고속버스터미널 지하철 정거장 건설공사 협약'을 체결하면서 A 주식회사는 지하철 3호선 고속버스터미널역 건설공사 비용 일부를 부담하고, 건설된 지하철 정거장, 기타 일체의 시설물의 소유권은 서울특별시에 귀속되며, 서울특별시는 귀속된 시설물을 B에 출자하고, 이 사건 점포가 포함된 지하상가의 설치 및 운영에 따른 사항은 관계 법령에 의거 상호 협의하여 추후 결정하기로 약정하였다. A 주식회사는 위 협약에 기하여 1986. 8. 22. B와 사이에 A 주식회사가 이 사건 점포가 포함된 지하 1층 상가(이하 '이 사건 지하상가'라고 한다)의 일부를 최초 점포 사용일 1985. 11. 11.부터 20년간 무상사용하기로 내용의 '고속버스터미널역 상가 사용 및 관리계약'을 체결하였다.

원고(甲)는 2002. 1. 18. A 주식회사로부터 이 사건 점포를 포함하여 별지 목록 기재 건물 부분 중 9.24㎡를 임대차기간 2002. 1. 18.부터 2005. 8. 22.까지, 차임 2,800만 원으로 정하여 임차하였고, 2005. 9. 12. 다시 임대차기간을 2005. 8. 23.부터 2006. 8. 22.까지, 차임 1,000만 원으로 정하여 임차하였으며, 2007. 12. 13. 다시 임대차기간을 2006. 8. 23.부터 2008. 8. 22.까지, 차임 20,991,000원(부가세 별도)로 정하여 임차하였다. 피고(乙)는 2004. 8. 20. 甲으로부터 이 사건 점포를 보증금 2,000만 원, 월차임 600,000원, 기간은 입주일로부터 1년으로 정하여 전차하였고, 2005. 8. 15. 다시 보증금 2,000만 원, 월차임 700,000원, 차임지급일 매달 23일, 기간은 2006. 8. 15.까지로 정하여 전차하였으며(이하 '이 사건 전대차계약'이라고 한다), 그 전대차보증금으로 2,000만 원을 지급한 후,

---

16) 해지의 의사표시는 소장부본의 송달로도 할 수 있고, 소장 송달 이전의 시기부터 임대보증금에 대한 지연손해금을 청구하기 위해서는 해지의 시점을 증명하여야 한다.
17) 대법원 2009. 9. 24. 선고 2008다38325 판결.

현재까지 'K'라는 상호로 구두판매점을 운영하면서 이 사건 점포를 점유·사용하고 있다. 그런데 乙은 2005. 10. 23.까지의 차임만을 지급하고 그 이후의 차임을 지급하지 아니하였고, 이에 甲은 이 사건 소장 부본으로 乙에게 차임연체를 이유로 이 사건 전대차계약의 해지를 통고하였으며, 이 사건 소장 부본은 2006. 3. 23. 乙에게 도달하였다.

甲은 이 사건 전대차계약은 특별한 사정이 없는 한 2기 이상의 차임 연체를 이유로 한 甲의 위 해지 통고에 의하여 2006. 3. 23. 적법하게 해지되었다는 이유로 乙에게 이 사건 점포를 인도하고, 2005. 10. 24.부터 이 사건 점포의 인도완료일까지 월 700,000원의 비율에 의한 차임 내지 동액 상당의 부당이득금의 지급을 구하는 소를 제기하였다. 乙은 이 사건 점포의 진정한 소유자인 B가 乙을 상대로 이 사건 점포의 인도 및 부당이득반환을 청구하고 있고, 乙을 상대로 이 사건 점포에 대한 점유이전금지가 처분결정을 받아 이를 집행함으로써, 乙로 하여금 이 사건 점포를 사용·수익하게 할 전대인으로서의 甲의 채무가 이행불능이 되었으므로 甲의 이 사건 청구에 응할 수 없다고 주장할 수 있는가?[18]

[대법원 2009. 9. 24. 선고 2008다38325 판결]

원심판결과 기록에 의하면, 원고는 A 주식회사로부터 이 사건 점포를 임차하여 2004. 8. 20. 피고에게 전대한 이래 매년 그 전대차계약을 갱신하여 온 사실, 그런데 B가 이 사건 점포의 권리를 주장하면서 2006. 1. 25. 피고를 상대로 서울중앙지방법원에 이 사건 점포의 명도 및 임료 상당의 부당이득반환을 구하는 소를 제기하는 한편, 같은 해 2. 17.에는 피고를 상대로 이 사건 점포에 관한 점유이전금지가처분결정을 집행한 사실, 이에 피고는 2005. 11. 11.부터 2006. 11. 10.까지의 기간에 해당하는 이 사건 점포의 임료 상당액을 B에 납입한 사실, 한편 이 사건 점포는 지하철 3호선 고속버스터미널역의 지하도에 설치된 건축물의 일부인 사실, 위 지하 건축물은 그 건축물이 축조된 토지의 소유자인 A 주식회사가 1984. 7. 12. B와 도시계획사업의 일환으로 고속버스터미널 지하철 정거장 건설공사 협약을 체결하여 건축한 것인데, 그 협약에서는 지하철 정거장, 기타 시설물은 준공과 동시에 이를 서울특별시에 기부채납하여 그 소유권을 귀속시키고, 서울특별시는 그 시설물을 B에 출자하며, B는 그 시설물이 존속하는 기간 동안 지하철 정거장 부지의 지하에 대한 사용권을 가지고, 지하시설물에 대해서는 A 주식회사가 일정기간 동안 무상 사용권을 가지기로 약정한 사실, 이에 따라 이 사건 건축물이 완공된 후 B와 A 주식회사 사이에서는 이 사건 점포를 비롯한 그 일대의 점포를 A 주식회사가 1985. 11. 11.부터 20년간 무상 사용하기로 하는 내용의 고속버스터미널역 상가사용 및 관리계약을 체결한 사실, 다른 한편 구 지하철도건설촉진법(1990. 12. 31. 법률 제4308호로 개정되기 전의 것)에 의하면,

---

18) 서울중앙지방법원 2008. 5. 1. 선고 2007나21237 판결: 임차인이 진실한 소유자로부터 목적물의 반환청구나 임료 내지 그 해당액의 지급요구가 있기만 하면 곧바로 임대인의 채무가 이행불능이 되어 임차인이 임대인에 대하여 차임지급 청구를 거절할 수 있는 것이 아니라 그와 같은 사정 등을 이유로 임대인이 임차인으로 하여금 목적물을 사용·수익하게 할 수 없게 되었을 때 비로소 임대인의 채무는 이행불능으로 되고 임차인은 이행불능으로 인한 임대차의 종료를 이유로 임대인의 차임지급 청구를 거절할 수 있을 뿐이라 할 것인바, 이 사건에 관하여 살펴건대, 우선 A 주식회사와 B 사이에 체결된 위 '고속버스터미널 지하철 정거장 건설공사 협약'에 의하면 서울특별시는 이 사건 점포의 소유권을 원시취득하였다 할 것이지만, 이에 더 나아가 위 협약에 따른 서울특별시의 B에 대한 출자의 이행으로써 이 사건 점포에 관하여 B명의의 소유권이전등기가 마쳐지지 아니한 이상 B를 이 사건 점포의 소유자로 볼 수 없고, 뿐만 아니라 B가 피고를 상대로 점포명도 및 부당이득반환 청구소송을 제기하였다거나 점유이전금지가처분결정을 집행하였다는 사정만으로 전대인인 원고가 전차인인 피고로 하여금 이 사건 점포를 사용·수익하게 할 수 없게 되었다고 볼 수도 없으며, 오히려 피고는 B가 피고를 상대로 점포명도 및 부당이득반환 청구소송을 제기한 후 2년여가 경과한 이 사건 변론종결일까지도 이 사건 점포를 점유하면서 사용·수익하고 있음은 앞서 인정한 바와 같으므로, 피고의 위 주장은 이유 없다.

지하철도의 시설은 도시계획법에 의하여 도시계획으로 결정하고(제4조 제1항), 지방자치단체인 지하철도 건설자는 교통부장관의 승인을 얻어 지하철도의 건설과 운영을 법인에게 위탁할 수 있고(제15조 제1항), 이 경우 수탁자가 건설한 지하철도의 시설물은 위탁한 지방자치단체에 귀속한다(제15조 제3항)고 규정하고 있음을 알 수 있다.

이러한 사실관계를 앞서 본 법리에 비추어 살펴보면, B는 적어도 이 사건 점포를 비롯한 지하시설물을 원시취득한 서울특별시로부터 이 사건 점포의 관리, 운영을 위임받았다고 할 것이므로, B가 피고에게 이 사건 점포의 명도와 2005. 11. 11. 이후의 임료 상당의 부당이득반환을 청구하고 점유이전금지가처분까지 집행함으로써 이 사건 점포를 사용·수익하게 할 원고의 전대인으로서의 채무는 이행불능으로 되었고, 따라서 전차인인 피고는 그 이행불능으로 인한 전대차계약의 종료를 이유로 원고에 대한 전차임의 지급을 거절할 수 있다고 봄이 상당하다.

그럼에도 불구하고 원심은 B가 이 사건 점포의 소유자가 아니라는 이유만으로 이 사건 점포를 사용·수익하게 할 원고의 채무가 이행불능에 이르지 않았다고 단정하여 원고의 이 사건 차임 내지 부당이득반환청구를 인용하고 말았으니, 원심판결에는 임대인의 목적물 사용·수익에 관한 채무의 이행불능에 관한 법리를 오해하여 판결에 영향을 미친 위법이 있다고 할 것이다. 이 점에 관한 상고이유의 주장은 이유 있다.

③ 임대차는 당사자 일방이 상대방에게 목적물을 사용·수익하게 할 것을 약정하고 상대방이 이에 대하여 차임을 지급할 것을 약정함으로써 그 효력이 생기는 것이므로, 임차인은 임대차계약이 종료된 경우 특별한 사정이 없는 한 임대인에게 그 목적물을 명도하고 임대차 종료일까지의 연체차임을 지급할 의무가 있음은 물론, 임대차 종료일 이후부터 목적물 명도 완료일까지 그 부동산을 점유·사용함에 따른 차임 상당의 부당이득금을 반환할 의무도 있다고 할 것인데, 이와 같은 법리는 임차인이 임차물을 전대하였다가 임대차 및 전대차가 모두 종료된 경우의 전차인에 대해서도 특별한 사정이 없는 한 그대로 적용된다.[19]

④ 임대차계약이 성립된 후 그 존속기간 중에 임대인이 임대차 목적물에 대한 소유권을 상실한 사실 그 자체만으로 바로 임대차에 직접적인 영향을 미친다고 볼 수는 없지만, 임대인이 임대차 목적물의 소유권을 제3자에게 양도하고 그 소유권을 취득한 제3자가 임차인에게 그 임대차 목적물의 인도를 요구하여 이를 인도하였다면 임대인이 임차인에게 임대차 목적물을 사용·수익게 할 의무는 이행불능이 되었다고 할 것이고, 이러한 이행불능이 일시적이라고 볼 만한 특별한 사정이 없다면 임대차는 당사자의 해지 의사표시를 기다릴 필요 없이 당연히 종료되었다고 볼 것이지, 임대인의 채무가 손해배상 채무로 변환된 상태로 채권·채무관계가 존속한다고 볼 수 없다.[20]

⑤ 대항력을 갖춘 주택임대차나 상가건물임대차의 경우

▷ 임차주택이나 상가건물이 소유권이 신소유자에게 이전되면 그가 임대인의 지위를 승계하는 것이므로 새로이 소유권을 취득한 제3자로부터 인도청구가 있다 하더라도 계약해지를 할 여지는 없다.[21]

---

19) 대법원 2007. 8. 23. 선고 2007다21856, 21863 판결.
20) 대법원 1996. 3. 8. 선고 95다15087 판결.
21) 이 경우 임대보증금반환채무도 부동산의 소유권과 결합하여 일체로서 이전하는 것이므로 양도인인 임대인으로서의 지위나 보

▷ 주택임대차보호법 제3조 제1항의 대항요건을 갖춘 임차인의 임대차보증금반환채권에 대한 압류 및 전부명령이 확정되어 임차인의 임대차보증금반환채권이 집행채권자에게 이전된 경우 제3채무자인 임대인으로서는 임차인에 대하여 부담하고 있던 채무를 집행채권자에 대하여 부담하게 될 뿐 그가 임대차목적물인 주택의 소유자로서 이를 제3자에게 매도할 권능은 그대로 보유하는 것이며, 위와 같이 소유자인 임대인이 당해 주택을 매도한 경우 주택임대차보호법 제3조 제2항에 따라 전부채권자에 대한 보증금지급의무를 면하게 되므로, 결국 임대인은 전부금지급의무를 부담하지 않는다.[22]

▷ 임차인이 임대인의 지위승계를 원하지 않는 경우에는 임차인이 임차주택의 양도사실을 안 때로부터 상당한 기간 내에 이의를 제기함으로써 승계되는 임대차관계의 구속으로부터 벗어날 수 있다.[23]

☞ **임차인이 양수인에게 임대보증금의 반환을 구하기 위해서는**

양수인이 임대인의 지위를 승계하였거나 보증금반환채무를 인수하였을 것이 요구되므로 원고는 주택 (상가건물)임대차보호법상의 대항요건을 갖춘 사실을 주장·증명하면 되고,

☞ **임차인이 양도인에게 임대보증금의 반환을 구하기 위해서는**

임차주택의 양도가 임대차가 종료된 후 이루어진 사실과 원고가 임대인에게 목적물의 양도에 대하여 상당기간 내에 이의를 제기한 사실을 주장·증명하여야 한다.

(3) 차임연체 등을 이유로 한 해지

임대인과 임차인 사이에 임대차계약의 기간·목적물 등에 관하여 분쟁이 있었고, 그 분쟁 중에 임대인이 임대차계약의 성립을 일시 부인한 사실이 있었다고 하더라도 그 사실만으로 <u>2기 이상의 차임연체를 이유로 한 임대차계약 해지</u>의 의사표시가 금반언의 원칙에 위배된다고 할 수 없다. 임차인이 임대차계약을 체결할 당시 임대인에게 지급한 임대차보증금으로 연체차임 등 임대차관계에서 발생하는 임차인의 모든 채무가 담보된다 하여 <u>임차인이 그 보증금의 존재를 이유로 차임의 지급을 거절하거나 그 연체에 따른 채무불이행 책임을 면할 수는 없다</u>.[24]

증금반환채무도 소멸한다.

22) 대법원 2005. 9. 9. 선고 2005다23773 판결.

23) 대법원 2002. 9. 4. 선고 2001다64615 판결: 대항력 있는 주택임대차에 있어 기간 만료나 당사자의 합의 등으로 임대차가 종료된 경우에도 주택임대차보호법 제4조 제2항에 의하여 임차인은 보증금을 반환받을 때까지 임대차관계가 존속하는 것으로 의제되므로 그러한 상태에서 임차목적물인 부동산이 양도되는 경우에는 같은 법 제3조 제2항에 의하여 양수인에게 임대차가 종료된 상태에서의 임대인으로서의 지위가 당연히 승계되고, 양수인이 임대인의 지위를 승계하는 경우에는 임대차보증금 반환채무도 부동산의 소유권과 결합하여 일체로서 이전하는 것이므로 양도인의 임대인으로서의 지위나 보증금 반환채무는 소멸하는 것이지만, 임차인의 보호를 위한 임대차보호법의 입법 취지에 비추어 임차인이 임대인의 지위승계를 원하지 않는 경우에는 임차인이 임차주택의 양도사실을 안 때로부터 상당한 기간 내에 이의를 제기함으로써 승계되는 임대차관계의 구속으로부터 벗어날 수 있다고 봄이 상당하고, 그와 같은 경우에는 양도인의 임차인에 대한 보증금 반환채무는 소멸하지 않는다.

24) 대법원 1994. 9. 9. 선고 94다4417 판결.

(4) 임대인의 수선의무 위반을 이유로 한 해지

① 임차인은 임대인의 수선의무위반을 이유로 임대차계약을 해지할 수 있고, 이러한 수선의무는 임대인의 귀책사유로 수선이 필요하게 되었을 것을 요구하지 아니하므로 피고는 불가항력을 항변사유로 주장할 수 없다.

② <u>수선이 필요한 상태라 함은 목적물의 파손의 정도가 적은 비용으로 손쉽게 고칠 수 있는 사소한 것을 넘어 그것을 수선하지 않으면 임차인이 계약에서 정한 용법에 따라 사용·수익하는 것이 불가능한 경우를 말한다.</u>

라. 주택 및 상가건물임대차보호법 관련

> **사례 8**
>
> 甲은 1994. 3. 23. A에게 甲 소유의 X 토지를 매매대금 6억 원에 매도하면서, 계약 당일 A로부터 계약금 1억 원을 지급받고, 잔대금 5억 원은 A가 X 토지 지상에 연립주택을 신축하여 분양한 대금에서 우선 변제받기로 약정하였다. A는 甲 명의로 건축허가를 받아 주택을 건축하여 분양하면, 사업소득세만 부과되고, 양도소득세는 부과되지 않는 점을 고려하여, 甲과의 합의 아래 甲의 명의로 건축허가를 받은 다음, 자신의 노력과 비용으로 X 토지 지상에 연립주택 15세대를 건축하고, 1995. 2. 18. 위 연립주택 15세대 중 1세대인 Y건물에 관하여 건축허가 명의자인 甲 명의의 소유권보존등기를 마쳤다.
> 乙은 1996. 1. 29. A로부터 Y건물을 임대차보증금 70,000,000원, 임대기간 1996. 1. 20.부터 1998. 1. 19.까지(24개월)로 정하여 임차하고, 그 보증금 전액을 A에게 지급한 후, 같은 해 3. 31.부터 이 사건 건물을 점유 사용하고 있다. A와 甲 사이에 1998. 6. 9. A는 甲 명의로 등기되어 있는 이 사건 건물 및 그 대지권이 甲의 소유임을 확인하고, 이에 대한 모든 권리를 포기하며, 甲에게 금 1,000만 원을 지급하기로 하는 내용의 조정이 성립되었다.
> 甲이 乙을 상대로 Y건물의 명도를 구할 수 있는가?[25)]

> **사례 9**
>
> A는 2002. 9. 18. 甲(주택공사)과 사이에 X 아파트에 관하여 분양계약을 체결하였는데, 위 분양계약에 의하면 이 사건 아파트의 분양대금은 89,515,000원으로서 그중 '입주금' 59,515,000원은 A가 甲에게 4회에 걸쳐 분할지급(계약금, 1차 중도금, 2차 중도금, 입주잔금)하고, 나머지 3천만 원은 甲이 국민주택기금으로부터 융자를 받은 후 甲의 이 사건 아파트에 관한 소유권보존등기일 또는 위 등기일 이후 입주잔금을 납부하는 경우에는 입주잔금 납부일부터 60일 이내에 A가 그 차주 명의를 A로 변경하거나 甲에게 위 융자금 전액을 일시에 납부하도록 되어 있다.

---

25) 대법원 1999. 4. 23. 선고 98다49753 판결 참조.

B는 2004. 2. 26. 甲의 승인하에 A로부터 그가 이 사건 분양계약에 따라 甲에게 가지는 권리의무를 승계받았다. 甲은 2005. 4.경 B에게, 2005. 4. 26.부터 2005. 5. 25.까지 甲에게 입주잔금을 납부하고 열쇠를 수령하여 이 사건 아파트에 입주하라는 내용의 입주안내서를 보냈는데, B는 지정된 기간까지 입주잔금을 납부하지 못하다가 2005. 9. 29. 입주잔금을 납부함으로써 입주금을 완납하였다. 한편, B는 2005. 8. 27.경 乙과 사이에 이 사건 아파트에 관하여 임대차기간을 2005. 9. 29.부터 2007. 9. 29.까지로 하여 임대차계약을 체결하였는바, 乙은 2005. 9. 29.경 B로부터 이 사건 아파트를 인도받아 거주해 오면서 2005. 10. 19. 전입신고를 마쳤다.

甲은 2005. 6. 2. 이 사건 아파트에 관하여 그 명의로 소유권보존등기를 마친 바 있고, B는 위와 같이 입주잔금을 납부하였음에도 위 융자금 3천만 원에 대하여 그 차주 명의를 B로 변경하거나 甲에게 납부하지 아니하였다. 이에 甲은 2007. 3. 27.경 B를 상대로 법원에 위 융자금에 관한 차주 명의 변경 또는 납부의무 위반을 이유로 이 사건 분양계약을 해제하고 X 아파트의 명도를 구하는 소를 제기하여 2007. 9. 21. 승소판결을 받았으며, 위 판결은 그 무렵 확정되었다.

甲은 B의 채무불이행을 이유로 이 사건 분양계약을 해제하였음을 이유로 乙을 상대로 X 아파트의 명도를 구할 수 있는가?[26)]

사례 10

甲이 A 소유의 X 주택을 임차하여 입주하고 전입신고까지 한 상태에서, A는 乙과의 동업계약상의 채무를 담보하기 위하여 X 주택에 관하여 乙 앞으로 소유권이전등기를 마쳤다. 그 후 X 주택에 대하여 임의경매절차가 진행되어 근저당권자인 B은행이 이를 매각취득하였다.

甲은 乙을 상대로 보증금의 반환을 구할 수 있는가?[27)]

이 경우 乙이 귀속정산의 방식으로 확정적으로 소유권을 취득한 경우는 어떻게 되는가?

甲이 乙에게 X 주택을 담보목적으로 신탁법에 따라 신탁한 경우에는 어떻게 되는가?[28)]

---

4. 항변 등

가. 묵시적 갱신

(1) 임대인인 피고는 임차인의 기간 만료를 이유로 임대차종료 주장에 대하여 임차인인 원고가 기간 만료 후에도 목적물을 계속 사용·수익한 사실과 피고가 상당한 기간 내에 이의를 하지 않은 사실을 주장·증명하여 임대차종료사실을 다툴 수 있다.[29)]

---

26) 대법원 2009. 1. 30. 선고 2008다65617 판결.
27) 대법원 1993. 11. 23. 선고 93다4083 판결.
28) 대법원 2002. 4. 12. 선고 2000다70460 판결.
29) 대법원 2005. 4. 14. 선고 2004다63293 판결: 민법 제639조 제1항의 묵시의 갱신은 임차인의 신뢰를 보호하기 위하여 인정되

(2) 주택 및 상가건물임대차보호법 적용대상 임대차에 있어서 법정기간 내에 적법한 갱신거절통지를 하지 아니하였다는 항변을 할 수 있다.

(3) 갱신된 임대차는 기간의 정함이 없는 임대차로서 원고는 재항변으로 민법 제635조에 따른 계약해지의 통고에 의한 임대차 종료를 주장할 수 있다.[30]

(4) 다만 임차인은 묵시의 갱신 이후 언제든지 해지통고를 할 수 있고 그로부터 1월(주택 및 상가건물임대차보호법이 적용되는 상가의 경우에는 3월)이 경과하면 임대차가 종료됨을 들어 임대차의 종료를 주장할 수 있다.

사례 11

乙은 2007. 5. 1. 甲 소유의 건물에 관하여 보증금 1억 원, 임대차기간 2년의 임대차계약을 체결한 후 묵시의 갱신에 의하여 임대차가 계속 중에 있던 2010. 4. 1. 甲에 대한 임대차보증금반환채권을 丙에게 양도하였고 甲에 대한 양도통지절차도 마쳤다.

丙이 2011. 5. 20. 甲을 상대로 임대차보증금의 반환을 청구한 경우 甲은 乙과의 사이에서 임대차계약이 묵시적으로 갱신되었다는 항변을 할 수 있는가?

甲은 乙이 건물을 명도하지 않은 이상 보증금반환에 응할 수 없다고 항변하는 경우는 어떠한가?[31]

나. 공제 항변

(1) 임대차는 당사자 일방이 상대방에게 목적물을 사용·수익하게 할 것을 약정하고 상대방이 이에 대하여 차임을 지급할 것을 약정함으로써 그 효력이 생기는 것이므로, 임차인은 임대차계약이 종료된 경우 특별한 사정이 없는 한 임대인에게 그 목적물을 명도하고 임대차 종료일까지의 연체차임을 지급할 의무가 있음은 물론, 임대차 종료일 이후부터 목적물 명도 완료일까지 그 부동산을 점유·사용함에 따른 차임 상당의 부당이득금을 반환할 의무도 있다.[32]

(2) 임대차보증금 반환채권은 임대차 종료 후 목적물을 임대인에게 인도할 때까지 발생한 연체차임, 관리비 내지 부당이득, 손해배상금 등 임차인의 모든 채무를 공제한 잔액이 있을 것을 조건으로 그 잔액에 관하여 발생하는 정지조건부 권리이다. 임대차보증금 반환채권은 임대차 종료 시에 발생하고 바로 이행기에 도달하지만 그 구체적인 반환액수는 목적물 인도 시에 확정된다.[33]

는 것이고, 이 경우 같은 조 제2항에 의하여 제3자가 제공한 담보는 소멸한다고 규정한 것은 담보를 제공한 자의 예상하지 못한 불이익을 방지하기 위한 것이라 할 것이므로, 민법 제639조 제2항은 당사자들의 합의에 따른 임대차 기간연장의 경우에는 적용되지 않는다.

30) 주택임대차의 경우에는 특칙이 있다. 주택임대차보호법 제6조 제1항, 제6조의 2 참조.
31) 대법원 1989. 4. 25. 선고 88다카4253, 4260 판결.
32) 대법원 2007. 8. 23. 선고 2007다21856, 21863 판결.
33) 임대차보증금은 임대차관계에 따른 임차인의 모든 채무를 담보하는 담보적 효력을 가지며, 그 결과 임대인은 임대차와 관련된

(3) 임차보증금을 피전부채권으로 하여 전부명령이 있을 경우에도 제3채무자인 임대인은 임차인에게 대항할 수 있는 사유로서 전부채권자에게 대항할 수 있는 것이어서 건물임대차보증금의 반환채권에 대한 전부명령의 효력이 그 송달에 의하여 발생한다고 하여도 위 보증금반환채권은 임대인의 채권이 발생하는 것을 해제조건으로 하는 것이므로 임대인의 채권을 공제한 잔액에 관하여서만 전부명령이 유효하다.[34]

(4) 임대차계약에 있어 임대차보증금은 임대차계약 종료 후 목적물을 임대인에게 명도할 때까지 발생하는, 임대차에 따른 임차인의 모든 채무를 담보하는 것으로서, 그 피담보채무 상당액은 임대차관계의 종료 후 목적물이 반환될 때에, 특별한 사정이 없는 한, 별도의 의사표시 없이 <u>보증금에서 당연히 공제되는</u> 것이므로, 임대인은 임대차보증금에서 그 피담보채무를 공제한 나머지만을 임차인에게 반환할 의무가 있다.[35] 따라서 임대보증금이 수수된 임대차계약에서 차임채권에 관하여 압류 및 추심명령이 있었다 하더라도, 당해 임대차계약이 종료되어 목적물이 반환될 때에는 그때까지 추심되지 아니한 채 잔존하는 차임채권 상당액도 임대보증금에서 당연히 공제된다.[36]

(5) 특별한 사정이 없는 한 임대차계약이 종료되었다 하더라도 목적물이 명도되지 않았다면 임차인은 임대차보증금이 있음을 이유로 연체차임의 지급을 거절할 수 없는 것이고, 또한 임대차보증금액보다도 임차인의 채무액이 많은 경우에는 민법 제477조에서 정하고 있는 법정충당순서에 따라야 하는 것이다.[37]

(6) 임차인이 임대차계약 종료 이후에도 동시이행의 항변권을 행사하는 방법으로 목적물의 반환을 거부하기 위하여 임대차건물 부분을 계속 점유하기는 하였으나 이를 <u>본래의 임대차계약상의 목적에 따라 사용·수익하지 아니하여 실질적인 이득을 얻은 바 없는 경우</u>에는 그로 인하여 임대인에게 손해가 발생하였다고 하더라도 임차인의 부당이득반환의무는 성립되지 아니한다.[38]

(7) 임차인은 임차건물의 보존에 관하여 선량한 관리자의 주의의무를 다하여야 하고, 임차인의 목적물 반환의무가 이행불능이 됨으로 인한 손해배상책임을 면하려면 그 이행불능이 임차인의 귀책사유로 인한 것이 아님을 입증할 책임이 있다. 그러나 그 이행불능이 임대차목적물을 임차인이 사용·수익하기에 필요한 상태로 유지하여야 할 임대인의 의무 위반에 원인이 있음이 밝혀진 경우에까지 임차인이 별도로 목적물보존의무를 다하였음을 주장·입증하여야만 그 책임을 면할 수 있는 것은 아니다.[39]

자신의 채권을 우선변제 받을 수 있고, 이러한 임대인의 우선변제권의 행사를 실무상 통상 '공제'라고 하지만 그 법적 성질은 상계의 의사표시와 상계적상을 요구하는 상계와 다르다.

34) 대법원 1988. 1. 19. 선고 87다카1315 판결.
35) 대법원 2005. 9. 28. 선고 2005다8323, 8330 판결: 임대차계약의 경우 임대차보증금에서 그 피담보채무 등을 공제하려면 <u>임대인으로서는 그 피담보채무인 연체차임, 연체관리비 등을 임대차보증금에서 공제하여야 한다는 주장을 하여야 하고 나아가 그 임대차보증금에서 공제될 차임채권, 관리비채권 등의 발생원인에 관하여 주장·입증을 하여야 하는 것이며, 다만 그 발생한 채권이 변제 등의 이유로 소멸하였는지에 관해서는 임차인이 주장·입증책임을 부담한다.</u>
36) 대법원 2004. 12. 23. 선고 2004다56554 등 판결.
37) 대법원 2007. 8. 23. 선고 2007다21856, 21863 판결.
38) 대법원 2008. 4. 10. 선고 2007다76986, 76993 판결. 따라서 피고로서는 원고가 임차목적물을 점유하고 있다는 사실을 주장·증명하는 것만으로는 부족하고, 원고가 목적물을 본래의 용법대로 사용·수익하고 있는 사실까지 주장·증명하여야 한다.
39) 대법원 2009. 5. 28. 선고 2009다13170 판결: 주택, 기타 건물 또는 그 일부의 임차인이 임대인으로부터 목적물을 인도받아 점유·용익하고 있는 동안에 목적물이 화재로 멸실된 경우, 그 화재가 건물소유자 측이 설치하여 건물구조의 일부를 이루는

다. 동시이행항변

(1) 임대차계약의 종료에 의하여 발생된 <u>임차인의 임차목적물 반환의무와 임대인의 연체차임 등을 공제한 나머지 임대차보증금의 반환의무는 동시이행관계에 있으므로,</u> 임대인이 나머지 임대차보증금의 반환의무를 이행하거나 적법한 이행제공을 하여 임차인의 동시이행항변권을 상실시키지 아니한 이상, 임차인이 임차목적물반환의무를 이행하지 아니하고 임차목적물을 계속 점유하고 있다고 하더라도, 임차인은 임대인에 대하여 임차목적물반환의무의 이행지체로 인한 손해배상책임을 지지 아니한다.[40)]

(2) 법률상의 원인 없이 이득하였음을 이유로 한 부당이득의 반환에 있어 이득이라 함은 실질적인 이익을 의미하므로, <u>임차인이 임대차계약관계가 소멸된 이후에도 임차목적물을 계속 점유하기는 하였으나 이를 본래의 임대차계약상의 목적에 따라 사용·수익하지 아니하여 실질적인 이득을 얻은 바 없는 경우에는</u> 그로 인하여 임대인에게 손해가 발생하였다 하더라도 임차인의 부당이득반환의무는 성립되지 않는다.[41)]

라. 임대인지위 양도 항변

(1) 피고는 원고가 대항력 있는 주택 또는 상가건물임차인이라는 점과 임대차목적물을 타에 양도하여 신 소유자가 임대인의 지위를 승계하였다는 항변을 할 수 있다.

(2) 원고는 그 양도사실을 알고 상당한 기간 내에 이의를 제기하였음을 주장, 증명하여 여전히 구 소유자에게 임대인지위가 남아 있다는 재항변을 할 수 있다.

II. 소송상 나타나는 임차인의 기타 청구권

1. 건물임차인의 부속물매수청구권

> **사례 12**
>
> 乙은 용도가 목욕탕인 X 건물을 甲으로부터 임차하여 목욕탕 영업을 하기 위하여 신발장, 미장원 붙박이, 미용실 화장대, 양변기, 자력육각수발생기, 샤워기, 이발소 의자, 세면도구장, 이용권발매기 등을 설치하였다.

전기배선과 같이 임대인이 지배·관리하는 영역에 존재하는 하자로 인하여 발생한 것으로 추단된다면, 그 하자를 보수·제거하는 것은 임대차 목적물을 사용·수익하기에 필요한 상태로 유지할 의무를 부담하는 임대인의 의무에 속하는 것이므로, 그 화재로 인한 목적물반환의무의 이행불능 등에 관한 손해배상책임을 임차인에게 물을 수 없다.

40) 대법원 2006. 10. 13. 선고 2006다39720 판결.
41) 대법원 1998. 5. 29. 선고 98다6497 판결.

甲은 乙이 2회 이상 차임 및 관리비의 지급을 연체하였다는 이유로 위 임대차계약을 해지하면서 乙에게 X 건물의 명도를 구하였다. 乙은 이에 대하여 자신이 설치한 신발장 등은 부속물에 해당함을 전제로 그 매수청구권을 행사하면서 이에 기하여 X 건물 부분에 대한 유치권이 있다고 항변할 수 있는가?

2. 임차인의 비용상환청구권

사례 13

乙은 용도가 목욕탕인 X 건물 부분을 甲으로부터 임차하였는데 당시 乙은 이 사건 임대차계약이 종료된 때에 甲의 승낙하에 변경한 임차목적물, 공작물 및 설비 등을 甲이 요구하면 원상으로 복구하고, 어떠한 명목으로도 임차목적물, 공작물 및 설비 등에 관하여 지출한 금액, 기타 이전료, 수거료 등을 甲에게 청구하지 아니하기로 약정하였다. 乙은 목욕탕 영업을 하기 위하여 로커, 이발소 의자, 세면도구함, 휴면실 의자, 에어컨, 정수기, 이용권발매기 등을 설치하였고, 천장 도배공사를 하고 X 건물 부분에 대한 보수공사를 하였다.

甲은 乙이 2회 이상 차임 및 관리비의 지급을 연체하였다는 이유로 위 임대차계약을 해지하면서 乙에게 X 건물의 명도를 구하였다. 乙은 이에 대하여 자신이 신발장 등을 설치하면서 지출한 비용과 위 도배공사 및 보수공사를 위하여 지출한 비용은 필요비 또는 유익비에 해당한다고 하면서 그 상환을 구할 수 있는가?

[요점]

(1) 임대차계약을 체결하면서 원상회복의 약정이 있는 경우에는 필요비·유익비의 상환이 면제되나, 그렇지 않은 경우에는 필요비와 현존하는 유익비는 상환되어야 한다.

(2) 건물 임차인이 자신의 비용을 들여 증축한 부분을 임대인 소유로 귀속시키기로 하는 약정은 임차인이 원상회복의무를 면하는 대신 투입비용의 변상이나 권리주장을 포기하는 내용이 포함된 것으로서 특별한 사정이 없는 한 유효하므로, 그 약정이 부속물매수청구권을 포기하는 약정으로서 강행규정에 반하여 무효라고 할 수 없고 또한 그 증축 부분의 원상회복이 불가능하다고 해서 유익비의 상환을 청구할 수도 없다.[42]

(3) 임차인이 건물을 임차하여 상당한 부분을 증·개축하였다 하여도 특별한 사정이 없는 한 건물 자체의 구성부분을 이루고 독립된 건물이 아니므로, 임차인이 건물을 임차하여 상당한 부분을 수선 내지 증·개축하였다 하더라도 특별한 사정이 없는 한 그 사실만으로는 건물의 소유권이 임차인에게 귀속된다고 볼 수 없고,[43] 부합의 법리에 따라 건물 자체의 구성부분을 이루어 임대인 소유로 되므

---

42) 대법원 1996. 8. 20. 선고 94다44705, 44712 판결.

로 그것이 현존하는 한 유익비상환청구의 대상이 된다.

3. 토지임차인의 지상물매수청구권

> **사례 14**
>
> 甲이 1998. 4. 1. 乙에게 X 토지를 보증금 2,000만 원, 월차임 270만 원, 기간 1998. 4. 1.부터 2002. 3. 31.까지로 정하여 임대하면서, 乙은 X 토지 위에 건물을 건축하여 사용하다가 기간이 만료되면 원상으로 회복하여 甲에게 X 토지를 인도하고, 원상복구가 되지 아니할 때에는 지상 건축물과 시설물을 甲에게 귀속시키며 원상복구비는 보증금에서 공제하기로 하고, 乙은 X 토지와 그 지상에 신축될 건물에 관한 권리를 甲의 동의 없이 제3자에게 양도할 수 없으며, 위 약정에 위배할 경우에 甲은 乙에게 임차기간 중이라도 바로 인도를 요구할 수 있고 乙은 보증금을 포기하기로 약정하였다. 그런데 乙은 甲으로부터 X 토지를 인도받아 그 위에 Y건물을 신축하여 사용하던 중 甲의 동의 없이 그 일부씩을 A, B, C에게 전대하고, 甲에게 1999. 4. 1. 이후의 차임을 지급하지 아니하였다. 甲이 乙의 위와 같은 채무불이행을 이유로 이 사건 임대차계약을 해지하고 이 사건 건물의 소유권 또는 약정에 따른 명도청구권을 행사하여 이 사건 건물의 명도를 구한다는 주장에 대하여, 乙은 지상물매수청구권을 행사할 수 있는가?[44]

4. 권리금(또는 상가개발비, 시설홍보비) 청구

> **사례 15**
>
> 甲이 A 명의로 乙과 점포에 대한 임대차계약을 체결하면서 보증금 이외에 권리금을 지급하였는데, 乙이 위 임대차계약을 체결할 당시 위 점포가 영업이 전혀 되지 않는 곳인데도 불구하고 잘된다고 기망하였으므로 이를 이유로 위 임대차계약을 합의해제 하였다고 주장하면서 乙을 상대로 보증금과 권리금의 반환을 구할 수 있는가?

---

43) 대법원 1983. 2. 22. 선고 80다589 판결.
44) 대법원 2003. 4. 22. 선고 2003다7685 판결.

III. 임차목적물반환청구

1. 기초적인 사실관계를 토대로 한 본안의 신청과 공격방어방법

〈사실관계〉

甲은 乙과 2010. 5. 1. 甲 소유의 별지목록 기재 상가에 관하여 임대보증금 1억 원, 월세 100만 원, 계약기간 1년으로 하는 부동산임대차계약을 체결하였으나, 임대차기간의 종료되었으므로 임차목적물의 반환을 구한다. 아울러 인도완료 시까지 차임 상당의 부당이득의 반환을 구한다.

[본안의 신청]

(1) 원고(甲)의 청구취지

　[주청구] 피고는 원고에게 별지목록 기재 건물을 인도하라.[45]

　[부대청구] 피고는 원고에게 2011. 5. 1.부터 인도완료일까지 월 금 1,000,000원의 비율에 의한 금원을 지급하라.

(2) 피고(乙)의 소송상 신청

　원고의 소를 각하한다.

　원고의 청구를 기각한다.

[공격방어방법]

(1) 甲의 사실상의 주장

　甲은 乙과 2010. 5. 1. 甲 소유의 별지목록 기재 상가에 관하여 임대보증금 1억 원, 월세 100만 원, 계약기간 1년으로 하는 부동산임대차계약을 체결하고 乙이 위 상가에서 식료품점을 운영하다가 임대차기간이 종료되었다. 乙은 임대차기간 종료 후에도 위 상가를 계속 점유하고 있으면서 차임상당의 부당이득을 얻고 있다.

(2) 甲의 법률상의 주장(권리주장)

　그렇다면 피고는 원고에게 별지목록 기재 건물을 인도하고, 2011. 5. 1.부터 인도완료일까지 월 금 1,000,0000원의 비율에 의한 부당이득금을 지급할 의무가 있다.

(3) 乙의 항변(본안의 항변)

　① 묵시의 갱신 항변

　② 부속물매수청구권의 행사

　③ 지상물매수청구권의 행사

　④ 임대차보증금과의 동시이행의 항변

　⑤ 유치권 항변

---

45) 건물 일부만의 인도를 구하는 경우: 피고는 원고에게 별지목록 기재 건물 1층 변지도면 표시 1, 2, 3, 4, 5, 1의 각 점을 순차로 연결한 선내 (가)부분 50㎡를 인도하라.

2. 청구원인: 요건사실

☞ **요건사실: 임대차계약의 체결 + 목적물의 인도(피고가 점유 중인 사실) + 임대차의 종료[46]**

(1) 이 청구에서는 임대차보증금반환청구에서의 임대차보증금의 지급사실 대신 목적물의 인도사실을 요건사실로 한다. 타인 소유의 물건에 대한 임대차계약도 유효하게 성립하므로 임대인은 목적물이 자신의 소유인 점을 주장·증명할 필요는 없다.

(2) 목적물 인도사실은 약정에 기해 목적물반환의무를 부담하는 것이므로 부대청구가 없는 경우 임차인이 현재 점유하고 있다는 점은 인도청구의 요건사실에 포함되지 않는다.

(3) 목적물의 반환과 함께 연체차임이나 부당이득반환을 청구하는 경우에는 각각의 청구권 발생에 관한 요건사실을 추가로 주장·증명하면 된다.

(4) 임대인이 임차인과의 임대차종료를 이유로 전차인에 대하여 직접 목적물의 반환을 청구하는 경우 그 청구원인사실로서
① 임대인이 임차인과 임대차계약을 체결한 사실
② 임대인이 임차인에게 목적물을 인도한 사실
③ 임차인이 임대인의 동의를 얻어 전차인과 임대차 또는 사용대차계약을 체결한 사실
④ 임차인이 전차인에게 목적물을 인도한 사실
⑤ 임대차가 종료한 사실[47]을
주장·증명하여야 한다.

(5) 공동임차인 상호 간의 관계는 불가분채무이므로 '각자' 인도하라고 청구해야 한다.

(6) 임차인의 이행보조자, 임대인의 동의를 얻지 아니한 전차인이나 임차권의 양수인에 대해서는 위 청구를 할 수 없고, 퇴거청구를 하여야 한다.

3. 항변 등

가. 묵시의 갱신 항변

(1) 기간 만료로 임대차가 종료되었다는 원고의 주장에 대하여 피고는 피고가 기간 종료 후에도 목적물을 계속 사용·수익하였고, 종료 후 상당한 기간 내에 이의를 제기하지 않았다는 묵시의 갱신 항변

---

46) 임대차 종료 후에 피고가 건물을 계속 사용·수익하고 있음을 들어 차임 상당의 부당이득반환청구(부대청구)를 병합하는 경우에는 피고가 임대목적물을 계속 사용·수익한 사실을 요건사실로 추가하여야 한다.
47) 전차인의 권리를 임대인과 임차인의 의사만으로 해하는 것은 허용되지 아니하므로(민법 제631조) 임대차 종료원인으로서 합의해지를 주장하거나 임차인이 임차권을 포기하였다는 주장은 전차인의 권리를 소멸케 하는 사유가 되지 못하므로 주장 자체로 이유 없게 된다.

을 할 수 있다.

(2) 원고는 주택임대차의 경우 기간 만료 전 6월에서 1월 사이에 갱신거절의 통지를 하였다는 재항변을 할 수 있다.

(3) 원고는 피고의 차임 2기 연체로 해지통지를 하였다는 재항변을 할 수 있지만, 곧바로 그 해지를 청구원인으로 하여 건물인도청구를 할 수 있다.

나. 부속물매수청구권의 행사

(1) 임대인이 임대한 물건의 인도와 함께 임차인이 시설한 부속물의 철거를 구할 경우 임차인이 민법 제646조에 의한 부속물매수청구권을 행사하는 것은 임대인의 부속물철거청구에 대해서는 철거청구권의 소멸사유로, 건물인도청구에 대해서는 부속물매수대금의 지급과의 동시이행이라는 인도청구권의 행사저지사유로 기능하는 유효한 항변이다.

(2) 부속물매수청구권의 행사를 주장하는 피고로서는

① 임대인의 동의를 얻어 부속물을 설치하였거나 그 부속물이 임대인으로부터 매수한 것인 사실

② 그 부속물이 현존하는 사실

③ 매수청구권을 행사한 사실은 물론

④ 동시이행의 범위를 정하기 위하여 매수청구권 행사 당시 부속물의 시가까지

주장·증명하여야 한다.

(3) 원고는 재항변으로 부속물매수청구권 포기의 특약사실과 그 특약이 임차인에게 일방적으로 불리한 것이 아니라는 사정에 관한 사실을 주장할 수 있다.[48]

(4) 민법 제646조가 규정하는 매수청구의 대상이 되는 부속물이란 건물에 부속된 물건으로서 임차인의 소유에 속하고, 건물의 구성부분으로는 되지 아니한 것으로서 건물의 사용에 객관적인 편익을 가져오게 하는 물건이라고 할 것이므로, 부속된 물건이 오로지 임차인의 특수목적에 사용하기 위하여 부속된 것일 때에는 이에 해당하지 않으며, 당해 건물의 객관적인 사용목적은 그 건물 자체의 구조와 임대차계약 당시 당사자 사이에 합의된 사용목적, 기타 건물의 위치, 주위환경 등 제반 사정을 참작하여 정하여지는 것이다.[49]

---

48) 대법원 1992. 9. 8. 선고 92다24998, 92다25007 판결: 갑이 을에게 건물부분을 임대할 때 그 임차보증금과 임료를 시가보다 저렴하게 해 주고 그 대신 을은 임대차가 종료될 때 그가 설치한 부속물에 대한 시설비나 필요비, 유익비, 권리금 등을 일절 청구하지 아니하기로 약정하였고 병 등이 을로부터 위 임차권을 양수할 때에도 갑에게 위 시설비 등을 일체 청구하지 아니하기로 약정하였다면 을이나 병 등은 매수청구권을 포기하였다 할 것이고 또 위와 같은 약정이 임차인에게 일방적으로 불리한 것이라고 볼 수도 없다고 한 사례.

49) 대법원 1993. 10. 8. 선고 93다25738, 93다25745(반소) 판결.

> **사례 16**
>
> 乙이 甲으로부터 근린생활시설인 X 건물을 임차한 후 그곳에서 삼계탕집을 경영하기 위하여 합계 금 1억 원을 들여 보일러, 온돌방, 방문틀, 주방내부, 합판을 이용한 점포장식, 가스, 실내전등, 계단 전기 등을 설치하고 페인트 도색을 하는 등 공사를 하였고, 그로 인하여 현재에도 금 5,000만 원 정도의 가치가 남아 있다. 甲의 임대차기간 만료를 이유로 한 건물명도청구에 대하여 乙은 부속물반환 청구권을 행사할 수 있는가?

> **사례 17**
>
> 乙은 甲으로부터 지하 1층, 지상 5층 건물 중 1, 2층을 임차하여 이곳에서 갈비집을 운영하고 있다. 위 건물 중 1, 2층뿐만 아니라 지하층도 그 용도가 음식점으로 되어 있고, 甲・乙 간의 임대차계약 서에도 그 용도가 대중음식점으로 되어 있으며, 乙이 임차한 이 사건 건물부분은 당초 상・하수도, 화장실, 전기배선 등 기본시설만 되어 있는 것을 乙이 임차 후 이를 식당으로 사용하기 위하여 각종 시설을 하였다. 甲의 건물명도청구에 대하여 乙은 甲의 동의를 얻어 이 사건 건물 부분에 설치한 실내장식, 주방, 화장실, 전기시설, 기타 각종 시설은 건물의 객관적 편익을 위한 것이라는 이유로 그 에 대하여 부속물매수청구권을 행사할 수 있는가?[50]

> **사례 18**
>
> 甲은 2008. 4. 1. 乙과 사이에 X 건물 3층 부분에 관하여 乙이 자신의 비용으로 증・개축허가와 용도변경허가를 받아 볼링장 시설을 하여 그 소유권을 甲에게 귀속시키고 이를 임차 사용하기로 하 는 임대차계약을 체결하였다. 이에 따라 乙은 기존의 3층 건물 2,128.83㎡ 중 745.2㎡만 남긴 채 나머지를 철거하고 그 철거 부분과 기존의 옥상 부분에 새로 3,144㎡를 증축하여 2009. 3.경에 완공 하였다. 한편 乙은 2008. 12. 26. 丙 주식회사를 설립하여 丙회사로 하여금 위 증축 부분을 볼링장으 로 점유・사용케 하여 이를 공동점유하고 있으며, 丙회사는 2009. 2. 9. 甲으로부터 남아 있는 기존 의 3층 건물 중 93.4㎡도 임차하여 볼링장의 별도 라커룸으로 사용하고 있다. 甲의 임차기간 만료를 이유한 한 건물명도청구에 대하여 乙은 부속물매수청구권을 행사할 수 있는가?[51]

(5) 임대차계약이 <u>임차인의 채무불이행으로 인하여 해지된 경우</u>에는 임차인은 민법 제646조에 의한 부 속물매수청구권이 없다.[52]

---

50) 대법원 1993. 2. 26. 선고 92다41627 판결.
51) 대법원 1996. 8. 20. 선고 94다44705, 44712 판결.
52) 대법원 1990. 1. 23. 선고 88다카7245, 88다카7252 판결.

다. 지상물매수청구권의 행사

(1) 임대인이 임대한 토지의 인도와 함께 임차인이 건축한 지상물의 철거를 구할 경우 임차인이 민법 제643조에 의한 지상물매수청구권을 행사하는 것은[53] 임대인의 지상물철거청구권뿐만 아니라 토지인도청구에 대해서도 각 권리소멸사유로 기능하는 유효한 항변이다.

(2) 지상물매수청구권을 행사하는 피고로서는

① 지상물 소유의 목적으로 토지임대차계약을 체결한 사실

② 임차인이 지상물을 건축하여 현존하고 있는 사실[54]

③ 계약갱신을 청구하였으나 임대인이 이를 거절한 사실[55]

④ 매수청구권을 행사한 사실을

주장·증명하면 되고, 그 매매대금의 지급을 반소로 구하지 않는 한 매수청구권 행사 당시 지상물의 시가까지 주장·증명할 필요는 없다.[56]

사례 19

A가 乙에게 X 토지를 기간의 약정 없이 임대하였고, A가 사망한 후에는 그 상속인들 중 한 명인 甲이 나머지 상속인들로부터 이 사건 토지의 관리를 위임받아 乙로부터 임료를 지급받아 왔다. 그러던 중 甲은 기간의 약정이 없는 임대차라는 이유를 들어 이 사건 소장의 송달로써 이 사건 임대차의 해지를 통고하였다. 한편 乙은 이 사건 토지에 건축된 주택·화장실·창고·축사 등(이하 '이 사건 건물'이라 한다)을 소유하고 있다.

제1심법원이 '乙은 甲으로부터 400만 원을 지급받음과 동시에 甲에게 이 사건 건물을 인도한다'는 내용의 화해권고결정을 하였는데, 乙은 이를 받아들였으나 甲이 이의를 신청하였다. 이후 乙은 제1심

---

53) 대법원 1997. 12. 23. 선고 97다37753 판결: 민법 제643조가 정하는 건물 소유를 목적으로 하는 토지 임대차에 있어서 임차인이 가지는 건물매수청구권은 건물의 소유를 목적으로 하는 토지 임대차계약이 종료되었음에도 그 지상 건물이 현존하는 경우에 임대차계약을 성실하게 지켜 온 임차인이 임대인에게 상당한 가액으로 그 지상 건물의 매수를 청구할 수 있는 권리로서 국민경제적 관점에서 지상 건물의 잔존 가치를 보존하고, 토지 소유자의 배타적 소유권 행사로 인하여 희생당하기 쉬운 임차인을 보호하기 위한 제도이므로, <u>임대차계약 종료 시에 경제적 가치가 잔존하고 있는 건물은 그것이 토지의 임대 목적에 반하여 축조되고 임대인이 예상할 수 없을 정도의 고가의 것이라는 등의 특별한 사정이 없는 한, 비록 행정관청의 허가를 받은 적법한 건물이 아니더라도 임차인의 건물매수청구권의 대상이 될 수 있다.</u>

54) 대법원 1993. 11. 12. 선고 93다34589 판결: 임차인의 지상물매수청구권은 건물, 기타 공작물의 소유 등을 목적으로 한 토지임대차의 기간이 만료되었음에도 그 지상시설 등이 현존하고, 또한 임대인이 계약의 갱신에 불응하는 경우에 임차인이 임대인에게 상당한 가액으로 그 지상시설의 매수를 청구할 수 있는 권리라는 점에서 보면, 위 매수청구권의 대상이 되는 건물은 그것이 토지의 임대목적에 반하여 축조되고, 임대인이 예상할 수 없을 정도의 고가의 것이라는 특별한 사정이 없는 한 임대차기간 중에 축조되었다고 하더라도 그 만료 시에 그 가치가 잔존하고 있으면 그 범위에 포함되는 것이고, 반드시 임대차계약 당시의 기존건물이거나 임대인의 동의를 얻어 신축한 것에 한정된다고는 할 수 없다.

55) 대법원 1995. 12. 26. 선고 95다42195 판결: 건물의 소유를 목적으로 하는 토지 임대차에 있어서, 토지 임차인의 지상물매수청구권은 기간의 정함이 없는 임대차에 있어서 임대인에 의한 해지통고에 의하여 그 임차권이 소멸된 경우에도, 임차인의 계약갱신 청구의 유무에 불구하고 인정된다.

56) 다만, 원고가 피고의 지상물매수청구권 행사의 항변이 받아들여질 것에 대비하여 예비적으로 지상물의 인도 및 소유권이전등기 청구를 하고 있는 경우에는 피고로서는 이와 동시이행의 관계에 있는 지상물매매대금의 범위를 정하기 위하여 지상물의 시가를 주장·증명하여야 한다.

에서 준비서면을 통해 '피고는 이 사건 소가 제기되기 전에 이 사건 건물을 500만 원에 매수하겠다는 원고의 제의를 거절한 바도 있어 화해권고결정의 대금 400만 원이 불만족스러웠지만 소송계속으로 인한 불편과 손해를 감안하여 그 결정에 응하였는데, 오히려 위와 같이 매수제의를 하였던 원고가 그에 대하여 이의를 신청한 것은 납득할 수 없다'는 취지로 주장하였고, 항소심에서 제출·진술한 답변서에서도 "원고가 제1심법원의 화해권고결정에 응하지 않고 있어 재판이 진행되어 왔다"고 주장해 왔다. 항소심법원은 이 사건 임대차는 피고가 위 해지통고를 받은 날로부터 6개월이 지난 시점에 해지되었다고 판단하여, 이 사건 건물의 철거 및 이 사건 토지의 인도를 구하는 원고의 청구를 인용하였다. 이 판결의 당부를 논하라.[57)]

(3) 토지임차인의 차임연체 등 <u>채무불이행을 이유로 임대차계약이 해지되는 경우</u> 토지임차인으로서는 토지임대인에 대하여 지상건물의 매수를 청구할 수 없다.[58)]

사례 20

甲이 1998. 4. 1. 乙에게 이 사건 토지를 보증금 2,000만 원, 월차임 270만 원, 기간 1998. 4. 1.부터 2002. 3. 31.까지로 정하여 임대하면서, 乙은 이 사건 토지 위에 흙으로 초가를 건축하여 사용하다가 기간이 만료되면 원상으로 회복하여 甲에게 이 사건 토지를 인도하고, 원상복구가 되지 아니할 때에는 지상 건축물과 시설물을 甲에게 귀속시키며 원상복구비는 보증금에서 공제하기로 하고, 乙은 이 사건 토지와 그 지상에 신축될 건물에 관한 권리를 甲의 동의 없이 제3자에게 양도할 수 없으며, 위 약정에 위배할 경우에 甲은 乙에게 임차기간 중이라도 바로 인도를 요구할 수 있고 乙은 보증금을 포기하기로 약정하였다.

그런데 乙은 甲으로부터 이 사건 토지를 인도받아 그 위에 이 사건 건물을 신축하여 사용하던 중 甲의 동의 없이 그 일부씩을 A, B, C에게 전대하고, 甲에게 1999. 4. 1. 이후의 차임을 지급하지 아니하였다. 甲이 乙의 위와 같은 채무불이행을 이유로 이 사건 임대차계약을 해지하고 이 사건 건물의 소유권 또는 약정에 따른 명도청구권을 행사하여 이 사건 건물의 명도를 구한다는 주장에 대하여, 건물의 소유를 목적으로 한 토지임대차의 기간이 만료한 경우에 임차인이 지상건물을 양도하거나 이를 철거하기로 하는 약정은 특별한 사정이 없는 한 민법 제643조에 정하여진 임차인의 지상물매수청구권을 배제하기로 하는 약정으로서 임차인에게 불리한 것이므로 민법 제652조에 의하여 그 효력이 없고,

---

57) 대법원 2009. 11. 26. 선고 2009다70012 판결: 위 소송의 경과에 비추어, 피고는 화해권고결정 이후 원고에 대하여 사실상 이 사건 건물의 매수를 주장해 왔다고 볼 여지가 많다. 그런데 원심판결의 이유와 기록에 비추어 건물의 소유를 목적으로 하였다고 보이는 이 사건 임대차가 앞서 본 바와 같이 해지됨으로써 피고가 원고에게 이 사건 토지를 인도하여야 하는 법률관계에 있다면, <u>피고는 원고에게 계약갱신청구를 하지 않더라도 건물매수청구권을 행사하여 건물대금의 지급을 구할 수 있고, 나아가 만약 피고가 건물 매수청구권을 행사하는 것이어서 심리 결과 그 권리가 인정된다면 원고의 이 사건 청구는 그 대금지급과 상환으로 건물인도를 구하지 않으면 기각될 수밖에 없다</u>(대법원 1995. 2. 3. 선고 94다51178, 51185 판결 참조). 사정이 이와 같다면, 원심은 피고의 위 주장이 건물매수청구권을 행사하는 취지인지에 대하여 석명을 구하고 그러한 취지로 밝혀질 경우에는 이를 심리하여 종국적으로 원고의 청구가 인정되는지를 판단하였어야 하는데도 이에 이르지 아니하였으니, 건물매수청구권에 관한 법리를 오해하고 그에 관한 석명의무를 다하지 아니하여 필요한 심리를 미진함으로써 판결에 영향을 미친 위법이 있다.
58) 대법원 1997. 4. 8. 선고 96다54249, 54256 판결.

따라서 이 사건 임대차계약의 지상물 양도약정은 무효이므로 이 사건 건물의 명도와 차임 등의 지급을 구하는 甲의 청구를 받아들일 수 없는 것인가?59)

(4) 임차인으로부터 지상건물을 양수한 자는 적법한 토지임차권의 양수인 또는 전차인으로서의 요건을 갖추지 않는 한 양도인인 임차인을 대위하여 매수청구권을 행사할 수 없다.

사례 21

제주시 이도동 1257의 4 대 706㎡는 원고들의 공유이고, 같은 동 1257의 8 대 165㎡, 같은 동 1257의 9 대 330㎡는 원고 甲의 단독 소유이다. 원고들의 피상속인 망 A(1995. 8. 4. 사망하였다)는 1968. 12. 30. B, C에게 그의 소유이던 위 각 토지의 분할 전 토지인 제주시 이도동 1257의 4 대 363평을 임대기간은 1968. 12. 30.부터 1974. 12. 30.까지로 정하여 목조슬레이트즙 평가옥 5동의 소유를 목적으로 임대하였다. 이에 따라 B, C는 위 종전 토지 위에 건물을 지어 사용하다가 그 건물들을 다른 사람들에게 매도하는 등 전전매도된 결과 현재 피고들이 각 건물을 등기하여 소유하면서 이 사건 각 토지 중 각 점유 부분을 점유·사용하고 있다. 한편, 망 A는 최초의 임대차기간이 만료한 후에도 건물의 철거나 이 사건 각 토지의 인도를 요구하지 않은 채 이 사건 각 건물을 전전매수한 매수인들과 임대차기간을 매해 1월 말부터 다음 해 1월 말까지로 정하여 계속하여 임대차계약을 갱신하면서 차임을 징수하여 왔고, 피고들은 1999년도분(1999. 2. 1.부터 2000. 1. 31.까지)의 차임까지 지급하였다.

그런데 원고들은 1997. 1. 22. 내용증명 우편으로 피고들에게 1998. 1. 말에 임대기간이 만료되면 임대차계약을 해지한다는 통고를 하여 그 무렵 위 통고가 피고들에게 도달되었다. 피고들은 1심에서 매수청구권을 행사하였다가 철회하고, 원심에서 다시 이 사건 건물에 대한 매수청구권을 행사하여 2000. 10. 16. 그 의사표시가 원고들에게 도달하였다.

1. 피고들이 제1심에서 매수청구권을 행사하였다가 철회하였으므로 원심에서 다시 매수청구권을 행사할 수 없는가?
2. 원고는 피고들이 지은 지 30년이 경과하여 경제적 가치가 거의 없는 이 사건 각 건물의 매수청구는 신의칙 위반 또는 권리남용이라고 주장할 수 있는가?
3. 피고들이 원고들에게 각 건물의 철거를 약정한 경우 피고들은 지상물매수청구권을 행사할 수 없는가?
4. 원고들이 피고들을 상대로 차임 상당의 손해배상을 구하고 있음에도 법원이 차임 상당의 부당이득의 반환을 명할 수 있는가?
5. 피고들이 2000년도분 차임을 공탁하였다는 취지의 을 제3호증(공탁서)을 제출하였을 뿐 그에 기재된 금액 상당에 대한 변제주장을 명시적으로 하지 않은 경우 법원의 조치는?

---

59) 대법원 2003. 4. 22. 선고 2003다7685 판결: 이 사건 토지임대차는 이 사건 건물의 소유를 목적으로 하는 것인데, 피고가 이 사건 토지 위에 이 사건 건물을 신축하여 제3자에게 무단으로 전대하고 1999. 4. 1.부터 차임을 2기 이상 연체함으로써 이러한 피고의 채무불이행을 이유로 그 계약을 해지하는 원고의 의사표시에 따라 종료되었으므로, 피고로서는 원고에게 지상물매수청구권을 행사할 수 없고, 따라서 피고가 원고에게 이 사건 건물을 양도하기로 하는 약정은 특별한 사정이 없는 한 민법 제643조에 위반되지 아니하여 그 효력이 있다. 그렇다면 위 약정에 따라 피고는 원고에게 이 사건 건물을 명도하고, 1999. 4. 1.부터 그 명도에 이르기까지 임료 내지는 부당이득액을 지급할 의무가 있다.

[대법원 2002. 5. 31. 선고 2001다42080 판결]

1. 매수청구권 및 그 철회에 대한 법리오해, 신의칙 위반 및 권리남용의 점

건물의 소유를 목적으로 한 토지 임대차가 종료한 경우에 임차인이 그 지상의 현존하는 건물에 대하여 가지는 매수청구권은 그 행사에 특정의 방식을 요하지 않는 것으로서 재판상으로뿐만 아니라 재판 외에서도 행사할 수 있는 것이고 그 행사의 시기에 대해서도 제한이 없는 것이므로, 피고들이 자신들의 건물매수청구권을 제1심에서 행사하였다가 철회한 후 원심에서 다시 행사하였다고 하여 그 매수청구권의 행사가 허용되지 아니할 이유는 없는 것이다.[60] 그리고 민법 제643조, 제283조에 규정된 임차인의 매수청구권은, 건물의 소유를 목적으로 한 토지 임대차의 기간이 만료되어 그 지상에 건물이 현존하고 임대인이 계약의 갱신을 원하지 아니하는 경우에 임차인에게 부여된 권리로서 그 지상 건물이 객관적으로 경제적 가치가 있는지나 임대인에게 소용이 있는지가 그 행사요건이라고 볼 수 없는 것이고, 기록을 살펴보아도 달리 피고들의 이 사건 매수청구권행사가 신의칙 위반이나 권리남용이라고 볼 아무런 자료가 없으니, 이 점에 관한 상고이유의 주장도 그 이유 없다.

2. 판단유탈의 점

기록을 살펴보아도 원고들이 원심 변론종결 시까지 피고들이 1997. 3.경 원고들에게 이 사건 각 건물의 철거를 약정하였으니 매수청구권을 행사할 수 없다는 주장을 하였다고 볼 자료가 없을 뿐만 아니라, 건물의 소유를 목적으로 한 토지의 임차인이 임대차가 종료하기 전에 임대인과 간에 건물, 기타 지상 시설 일체를 포기하기로 약정을 하였다고 하더라도 임대차계약의 조건이나 계약이 체결된 경위 등 제반 사정을 종합적으로 고려하여 실질적으로 임차인에게 불리하다고 볼 수 없는 특별한 사정이 인정되지 아니하는 한 위와 같은 약정은 임차인에게 불리한 것으로서 민법 제652조에 의하여 효력이 없는 것인바,[61] 이 사건에 있어서 원고들 주장과 같은 약정이 있었다고 하더라도 기록상 위에서 본 특별한 사정에 대한 자료를 찾아볼 수 없어 원고들의 위와 같은 주장에 대한 판단 여부는 판결 결과에 이떠한 영향을 주는 것도 아니므로, 이 점에 관한 상고이유의 주장은 결국 이유 없다 할 것이다.

3. 처분권주의 위반의 점

원고들의 이 사건 청구는 원고들 소유인 이 사건 각 토지에 대한 임대차기간이 만료되었음에도 피고들이 이를 계속 점유·사용하고 있음을 그 원인으로 하고 있음이 명백하고, 원고들의 위와 같은 주장 속에는 소유자로서 권원 없는 점유자에 대한 차임 상당 손해배상을 구하는 취지뿐만 아니라 임대인으로서 임대차종료 이후에도 임차 목적물을 계속 점유·사용하고 있는 임차인에 대한 차임 상당 부당이득을 구하는 취지도 포함되어 있다고 할 것이므로, 원심이 원고들의 이 사건 청구를 부당이득청구로 보아 판단한 것은 정당한 것으로 수긍이 가고, 거기에 상고이유로 주장하는 바와 같은 처분권주의를 위반한 위법이 있다고 할 수 없다.

4. 판단유탈, 석명권불행사로 인한 심리미진의 점

기록에 의하면, 피고들은 이 사건 토지에 대한 1998년도분(1998. 2. 1.부터 1999. 1. 31.까지)과 1999년도분(1999. 2. 1.부터 2000. 1. 31.까지)의 차임 상당 금원을 변제공탁하였다는 취지의 을 제2호증(공탁서)을 제출하였을 뿐만 아니라, 2000년도분(2000. 2. 1.부터 2001. 1. 31.까지)의 차임 상당 금원을 변제공탁하였다는 취지의 을 제3호증(공탁서)을 제출하고 있음에도, 원심은 피고들이 1999년도분(1999. 2. 1.부터 2000. 1. 31.까지)의 차임 상당 금원만을 지급한 것으로 사실인정을 한 다음, 피고들에 대하여 2000. 2. 1.부터의 차임 상당 부당이득금의 지급을 명하고 있음을 알 수 있다.

비록 피고들이 을 제3호증을 제출하였을 뿐 그에 기재된 금액 상당에 대한 변제주장을 명시적으로 하지 않았다고 하더라도, 피고들이 을 제3호증을 제출한 것은 그 금액에 해당하는 만큼 변제되었음을 주장하는 취지임이 명백하므로, 원심으로서는 그와 같은 주장이 있는 것으로 보고 그 당부를 판단하거나 아니면 그렇게 주장하는 취지인지 석명을 구하여 피고들의 진의를 밝히고 그에 대한 판단을 하였어야 할 것이므로, 이에 이르지 아니한 원심판결에는 판단유탈 또는 석명권불행사로 인한 심리미진의 위법이 있다고 할 것이다.

(5) 지상물매수청구권은 이른바 형성권으로서 그 행사로 임대인·임차인 사이에 지상물에 관한 매매가 성립하게 되며, 임차인이 지상물의 매수청구권을 행사한 경우에는 임대인은 그 매수를 거절하지 못하고, 이 규정은 강행규정이므로 이에 위반하는 것으로서 임차인에게 불리한 약정은 그 효력이 없다. 토지임대인이 그 임차인에 대하여 지상물철거 및 그 부지의 인도를 청구한 데 대하여 임차인이 적법한 지상물매수청구권을 행사하게 되면 임대인과 임차인 사이에는 그 지상물에 관한 매매가 성립하게 되므로 임대인의 청구는 이를 그대로 받아들일 수 없게 된다. 이 경우에 법원으로서는 임대인이 종전의 청구를 계속 유지할 것인지, 아니면 대금지급과 상환으로 지상물의 명도를 청구할 의사가 있는 것인지(예비적으로라도)를 석명하고 임대인이 그 석명에 응하여 소를 변경한 때에는 지상물명도의 판결을 함으로써 분쟁의 1회적 해결을 꾀하여야 한다고 봄이 상당하다.62)

(6) 건물의 소유를 목적으로 하는 토지 임대차에 있어서, 임대차가 종료함에 따라 토지의 임차인이 임대인에 대하여 건물매수청구권을 행사할 수 있음에도 불구하고 이를 행사하지 아니한 채, 토지의 임대인이 임차인에 대하여 제기한 토지인도 및 건물철거청구 소송에서 패소하여 그 패소판결이 확정되었다고 하더라도, 그 확정판결에 의하여 건물철거가 집행되지 아니한 이상 토지의 임차인으로서는 건물매수청구권을 행사하여 별소로써 임대인에 대하여 건물매매대금의 지급을 구할 수 있다.63)

라. 임대차보증금과의 동시이행

(1) 피고는 임대차보증금의 반환을 받을 때까지 인도를 거절한다는 동시이행의 항변을 할 수 있다. 이

---

60) 매수청구권 행사의 효력으로 매매가 성립하면 그 후 일방의 의사만으로 매수청구를 철회할 수는 없는 것이나, 변론의 전취지에 의하면, 이 사건에서 원고들은 피고들의 제1심에서의 매수청구의 철회를 용인하였던 것으로 보인다. 상고이유는 임차인의 건물매수청구권의 행사가 소송행위임을 전제로 소송행위의 철회 후 재행사는 허용되지 아니한다는 것이라거나, 매수청구권의 행사는 반소에 준하는 것으로서 항소심에서의 행사에는 상대방의 동의를 요한다는 것이나, 그와 같은 주장은 독자적인 견해에 불과하여 받아들일 수 없고, 원심판결에 상고이유로 주장하는 바와 같은 매수청구권 및 그 철회에 관한 법리를 오해함으로써 판결 결과에 영향을 미친 위법이 있다고 할 수 없다.

61) 대법원 1993. 6. 22. 선고 93다16130 판결 참조.

62) 대법원 1995. 7. 11. 선고 94다34265 전원합의체 판결: 왜냐하면 이처럼 제소 당시에는 임대인의 청구가 이유 있는 것이었으나 제소 후에 임차인의 매수청구권 행사라는 사정변화가 생겨 임대인의 청구가 받아들여질 수 없게 된 경우에는 임대인으로서는 통상 지상물철거 등의 청구에서 전부 패소하는 것보다는 대금지급과 상환으로 지상물명도를 명하는 판결이라도 받겠다는 의사를 가질 수도 있다고 봄이 합리적이라 할 것이고, 또 임차인의 처지에서도 이러한 법원의 석명은 임차인의 항변에 기초한 것으로서 그에 의하여 논리상 예기되는 범위 내에 있는 것이므로 그러한 법원의 석명에 의하여 임차인이 특별히 불리하게 되는 것도 아니고, 오히려 법원의 석명에 의하여 지상물명도와 상환으로 대금지급의 판결을 받게 되는 것이 매수청구권을 행사한 임차인의 진의에도 부합한다고 할 수 있기 때문이다. 또한 위와 같은 경우에 법원이 이러한 점을 석명하지 아니한 채 토지임대인의 청구를 기각하고 만다면, 또다시 지상물명도 청구의 소를 제기하지 않으면 안 되게 되어 쌍방 당사자에게 다 같이 불리한 결과를 안겨 줄 수밖에 없으므로 소송경제상으로도 매우 불리하다고 하지 않을 수 없다.

63) 대법원 1995. 12. 26. 선고 95다42195 판결.

경우 피고는 임대차보증금 지급사실만 주장·증명하면 되고, 이에 대하여 원고는 재항변으로서 공제대상 채권의 발생사실을 주장·증명하여 그 공제를 주장할 수 있다.

(2) 임대인이 전차인에 대하여 목적물의 직접 반환을 구한 경우 적법하게 전차한 전차인이라도 임대인에게 직접 전대차보증금반환채권을 취득하는 것은 아니므로 전대차보증금의 반환과 동시이행의 항변을 주장할 수는 없으나, 임차인의 임대차보증금반환채권에 기한 동시이행항변권을 원용할 수 있다.

(3) 피고는 부속물매수청구권을 행사하여 그 부속물대금을 지급받기까지는 건물을 인도해 줄 수 없다는 동시이행의 항변을 할 수도 있다.

마. 유치권 항변

(1) 피고는 점유 중에 얼마의 돈을 들여 화장실 등을 보수하였거나 개축하였고 개축으로 인하여 현재 그 지출액 이상으로 건물의 가치가 증가된 사실을 주장·증명하면서 그 필요비나 유익비를 상환받기까지는 건물을 인도해줄 수 없다는 유치권항변을 할 수 있다.

(2) 이 경우 피고는 목적물에 관하여 일정 비용을 지출한 사실 및 그 비용이 목적물의 보존에 필요한 사실을 주장·증명하면 되고, 가액의 현존 여부는 따질 필요가 없다.

(3) 이에 대하여 원고는 임대차가 종료되면 원상복구하여 인도하기로 하는 유익비 포기약정이 있다는 재항변을 할 수 있다.[64]

[참고 판례]

유익비상환청구에 관하여 민법 제203조 제2항은 점유자가 점유물을 개량하기 위하여 지출한 금액, 기타 유익비에 관해서는 그 가액의 증가가 현존한 경우에 한하여 회복자의 선택에 좇아 그 지출금액이나 증가액의 상환을 청구할 수 있다고 규정하고 있고, 민법 제626조 제2항은 임차인이 유익비를 지출한 경우에는 임대인은 임대차종료 시에 그 가액의 증가가 현존한 때에 한하여 임차인의 지출한 금액이나 그 증가액을 상환하여야 한다고 규정하고 있으므로, 유익비의 상환범위는 점유자 또는 임차인이 유익비로 지출한 비용과 현존하는 증가액 중 회복자 또는 임대인이 선택하는 바에 따라 정하여진다고 할 것이고, 따라서 유익비상환의무자인 회복자 또는 임대인의 선택권을 위하여 그 유익비는 실제로 지출한 비용과 현존하는 증가액을 모두 산정하여야 할 것이다.[65]

---

64) 필요비, 유익비 등 비용상환청구권에 관한 민법 제626조는 강행규정이 아니므로 당사자의 특약으로 유익비상환청구권을 포기하거나 제한하는 것이 가능하다.

65) 대법원 2002. 11. 22. 선고 2001다40381 판결.

甲은 2008. 7. 1. 乙에게 별지목록 기재 점포를 임차보증금 2억 원, 차임 월 금300만 원, 임대차기간 2년으로 정하여 임대하고 계약 당일 위 점포를 乙에게 인도하였다. 乙이 2009. 10. 1. 이후의 차임을 지급하지 아니하여 甲은 2010. 2. 1. 乙에게 차임 연체액이 3기의 차임액에 달함을 이유로 임대차계약을 해지한다는 의사를 표시하고 그 의사표시가 2010. 2. 5. 乙에게 도달하였다.

甲은 乙과의 위 임대차계약이 2010. 2. 5. 해지되어 종료되었음을 이유로 乙에게 이 사건 점포의 명도를 구한다. 다음과 같은 乙의 항변에 대한 판단을 설시하시오.

1. 乙은 A에게 이 사건 점포를 인도하여 현재 이를 직접 점유하고 있지 아니하므로 甲의 청구에 응할 수 없다.

2. 乙은 甲으로부터 위 임대차보증금을 반환받을 때까지는 甲의 청구에 응할 수 없다.

3. 甲은 위 임대보증금에서 2009. 10. 1. 이후의 차임 또는 같은 금액 상당의 부당이득을 공제하여야 한다고 재항변한다.

4. 乙은 B가 이 사건 점포에 대한 임대보증금반환채권에 관하여 압류 및 추심명령을 받아 그 정본이 乙에게 송달되었으므로 甲에게 반환할 보증금이 없다.

바. 권리금 반환 항변

(1) 원칙적으로 임차인은 임대인에 대하여 권리금반환 주장을 하지 못한다.

(2) 다만 일정한 기간 임차권보장을 약속받고 원고인 임대인에게 권리금을 지급하였는데 원고의 사정으로 임대차계약이 중도 해지됨으로써 당초 보장된 기간 동안의 이용이 불가능하였다는 등의 특별한 사정이 있는 경우에만 예외적으로 권리금 항변을 할 수 있다.

[참고] 요건사실론 사례연습[66]

甲은 乙을 상대로 서울 서초구 서초동 192-6 지상 건물 중 별지 목록 기재 상가(이하 '이 사건 상가'라 한다)인도청구의 소를 제기하였다. 위 소송에서 甲과 乙의 주장내용은 다음과 같다.

[원고 甲의 주장]

(1) 甲은 2009. 10. 1. 그 소유의 이 사건 상가를 乙에게 임대차보증금 2억 원, 월차임 200만 원, 임대차기간 2년으로 정하여 임대하면서 같은 날 임대차보증금을 수령함과 동시에 위 상가를 인도하였다.

(2) 乙은 2010. 9월까지의 차임만 지급하고 그 이후의 차임은 연체하였고, 이에 甲은 2010. 11. 1. 차임연체를 이유로 위 임대차계약을 해지한다는 내용을 담은 내용증명 우편을 발송하였으며, 그 우편은

---

66) 서울중앙지방법원, 「민사 집중심리재판부 사건유형별 업무매뉴얼(참여관)」, 242면 이하 참조.

2011. 11. 3. 乙에게 도착하였다.

(3) 그럼에도 불구하고 乙은 임대차계약이 종료된 이후에도 위 상가를 甲에게 인도하지 아니하고 계속 점유사용하였고, 이에 甲은 부득이 2011. 4. 1. 법원에 위 상가의 인도를 구하는 소를 제기하였다.

(4) 乙이 동시이행을 구하는 위 임대차보증금에서 연체된 날인 2010. 10. 1.부터 이 사건 상가의 인도완료일까지 약정에 따른 월 200만 원의 차임 내지 부당이득금은 공제되어야 한다. 또한 乙이 교체하였다는 실내 난방 파이프 및 화장실 문짝 공사는 위 상가의 가치증대에 기여한 바가 없으므로 이에 관한 유익비 주장은 배척되어야 하고, 가사 인정된다고 하더라도 乙이 지출한 비용이 아닌 그 해당 가치 증가액만이 인정되어야 한다.

[피고 乙의 주장]

(1) 乙은 이 사건 상가를 인도받아 식당을 운영해 왔는데, 현재까지 위 상가를 식당으로 계속 점유사용하고 있는 것은 임대차가 종료되었음에도 甲이 임대차보증금을 반환하지 아니한 탓일 뿐 乙이 위 점포를 점유하고 싶어서 한 것이 아니므로 임대차 종료일 이후에는 부당이득금을 지급할 의무가 없고, 무엇보다도 乙의 입장에서는 임대차보증금 2억 원을 반환받을 때까지는 위 상가를 인도할 수 없다.

(2) 또한 乙은 위 임대차계약의 해지통고서를 받기 전에 이미 2011. 11. 3.까지 차임을 모두 甲에게 지급하였다.

(3) 나아가, 乙은 임대차가 존속 중이던 2010. 8. 15.부터 같은 달 20.까지 사이에 노후한 위 상가의 난방효율을 높이기 위하여 실내 바닥 난방파이프를 바꾸고 화장실 문짝을 새것으로 교체하였고, 그 공사를 하면서 합계 500만 원의 공사비를 지출하였는데, 현재 이로 인한 가치 증대분 400만 원 상당이 존재하고 있는 만큼 乙이 지출한 500만 원을 유익비로 상환받을 때까지 위 상가를 인도할 수 없다.

〈문제〉

1. 원고의 청구원인에 관한 요건사실 중 불필요한 부분을 삭제하고 밑줄 친 부분을 보충하시오.

(1) 소유권에 기한 청구인 경우: 이 사건 상가가 ①_____인 사실 및 피고가 현재
②_____있는 사실,

(2) 임대차계약에 기한 청구인 경우: 원고가 2009. 10. 1. 피고에게 원고 소유의 이 사건 상가를
③_____로 정하여 임대한 사실, 원고가
같은 날 피고에게 ④_____ 사실, 피고가 ⑤_____하지 아니하였고, 이에
원고가 2011. 11. 1. 피고에게 내용증명으로 우편으로 ⑥_____를 이유로 위 임대차계약을
해지한다는 의사표시를 하여, 위 의사표시가 2011. 11. 3. 피고에게 도달한 사실

2. 피고의 동시이행항변에 관한 요건사실 중 밑줄 친 부분을 보충하시오.
피고가 2009. 10. 1. 원고로부터 이 사건 상가를 ⑦_____정하여 임차한 사실, 피고가
같은 날 원고에게 ⑧_____한 사실, 위 임대차가 (위 임대차계약에 기한 청구와
같이) ⑨_____된 점.

3. 원고의 공제 재항변에 관한 요건사실 중 밑줄 친 부분에 적합한 말을 보충하시오.

(위 임대차계약에 기한 청구)와 같은 임대차의 차임 약정 사실 및 (위 임대차계약에 기한 청구)와 같이 임대차가 해지된 점, 위 임대차가 해지된 후에도 피고는 ⑩_____이 사건 상가를
⑪ _____하여 온 사실

4. 피고의 차임지급 재재항변에 관한 요건사실

피고가 원고에게 2011. 11. 3.까지 위 (위 임대차계약에 기한 청구)와 같이 약정된 차임 전액을 지급한 사실

5. 공사비 지출금액 및 가치 증가액이 피고 주장대로 인정되는 것으로 전제하여, 피고의 유치권항변에 관한 아래의 법원의 판결이유를 보충하시오.

피고는 이 사건 상가의 유익비 5,000,000원을 지출하였으므로 이를 상환받을 때까지 위 상가를 유치할 권리가 있다고 항변하므로 살피건대, (증거를)종합하면, 피고가 위 임대차기간 중인 2010. 8. 15.부터 같은 달 20.까지 사이에 위 상가의 난방효율을 높이기 위한 실내 바닥 난방파이프와 화장실 문짝을 모두 새것으로 교체하는 공사를 하면서 그 공사비용으로 합계 6,000,000원을 지출하였고, 이로 인하여 ⑫_____한 사실을 인정할 수 있으므로, 원고는 피고에게 ⑬_____위 4,000,000원을 유익비로 상환할 의무가 있고, 피고는 위 금원을 상환받을 때까지 위 상가를 ⑭_____가 있다 할 것이므로, 피고의 위 항변은 ⑮_____이유 있다.

IV. 주택임대차보호법[67]의 주요 쟁점

1. 적용범위

가. 인적 적용범위

(1) **법인**은 애당초 같은 법 제3조 제1항 소정의 대항요건의 하나인 주민등록을 구비할 수 없으므로 법인의 직원이 주민등록을 마쳤다 하여 이를 법인의 주민등록으로 볼 수는 없고, 법인이 임차 주택을 인도받고 임대차계약서상의 확정일자를 구비하였다 하더라도 우선변제권을 주장할 수는 없다.[68][69]

---

[67] 주거용 건물의 임대차에 관하여 민법에 대한 특례를 규정함으로써 국민 주거생활의 안정을 보장함을 목적으로 하여 「주택임대차보호법」은 1981. 3. 5. 제정되고, 여러 차례의 개정을 거쳐 주택임차인의 지위를 보다 강화하였고, 그 후 민사집행법의 제정과 개정에 따른 조문 정리가 있었으며, 2008. 3. 21. 법률 제8923호로 전문 개정되었고, 그 후 2009. 5. 8. 일부개정을 거쳐 2011. 4. 12. 법률 제10580호로 현행법이 시행되고 있다(이하 본 절에서 조문을 인용 시 주택임대차보호법을 '법'이라 약칭한다).

[68] 대법원 1997. 7. 11. 선고 96다7236 판결. 다만, LH공사와 주택사업을 목적으로 설립된 지방공사와 같이 국민주택기금을 재원으로 하여 저소득층 무주택자에게 주거생활 안정을 목적으로 전세임대주택을 지원하는 법인이 주택을 임차한 후 지방자치단체의 장 또는 그 법인이 선정한 입주자가 그 주택을 인도받고 주민등록을 마쳤을 때에는 대항력이 생기도록 하고 있다(법 제3조 제2항 참조).

[69] 대법원 2003. 7. 25. 선고 2003다2918 판결: 법인에게 주택을 임대한 경우에는 법인은 주택임대차보호법 제3조 제1항 소정의 대항요건의 하나인 주민등록을 구비할 수 없으므로 임대인이 위 임대주택을 양도하더라도 그 양수인이 주택임대차보호법에 의하여 임대인의 지위를 당연히 승계하는 것이 아니고 따라서 임대인의 임차보증금반환채무를 면책시키기로 하는 당사자들 사이

(2) **외국인**이 임차인일 경우 외국인등록 및 체류지변경신고를 함으로써 주민등록 및 전입신고에 갈음할 수 있다(출입국관리법 제88조의 2 제2항).[70]

(3) **재외국민**[71]과 재외동포체류자격으로 입국한 **외국국적동포**[72]는 이 법을 적용받기 위하여 필요한 경우에는 대한민국 안에 거소를 정하여 그 거소를 관할하는 출입국관리사무소장 또는 출입국관리사무소출장소장에게 국내거소신고를 할 수 있도록 하고 있으므로(재외동포의 출입국과 법적 지위에 관한 법률 제6조 제1항, 제9조) 위 법의 적용을 받는 사람들에 한해서는 주민등록 전입신고의 요건을 충족할 수 있고, 따라서 주택임대차보호법의 보호를 받을 수 있다.

나. 적용대상 건물: 주거용 건물(주택)

(1) 주거용 건물[73]인 이상 무허가, 미등기주택도 이 법의 적용을 받고, 공부(公簿) 등재 여부에 불구하고(사용승인 여부 불문) '**사실상**' **주거용**으로 사용하고 있으면 주택임대차보호법이 적용된다.

(2) **겸용주택** 즉 건물의 일부가 임대차의 목적이 되어 주거용과 비주거용으로 겸용되는 경우에는 구체적인 경우에 따라 그 임대차의 목적, 전체 건물과 임대차목적물의 구조와 형태 및 임차인의 임대차목적물의 이용관계 그리고 임차인이 그곳에서 일상생활을 영위하는지 등을 아울러 고려하여 합목적적으로 결정하여야 한다.[74]

(3) 주거용 건물의 판단 기준시기는 **임대차계약체결 시**를 기준으로 한다. 따라서 임대기간 중에 비주거용 건물을 주거용으로 개조한 경우에는 이 법이 적용되지 않는다.[75]

의 특약이 있다는 등의 특별한 사정이 없는 한 임대인의 법인에 대한 임차보증금반환채무는 소멸하지 아니한다.

70) 서울민사지법 1993. 12. 16. 선고 93가합73367 판결: 주민등록법에서 위임된 사항과 그 시행에 필요한 사항을 규정함을 목적으로 하여 제정된 주민등록법시행령 제6조에서 외국인의 주민등록에 관한 신고는 출입국관리법에 의한 거류신고로서 갈음하며, 외국인의 주민등록표는 출입국관리법에 의한 외국인등록표로서 갈음한다고 규정하고 있으므로, 외국인인 원고로서는 위와 같이 출입국관리법에 의한 거류지변경신고를 함으로써 거래의 안전을 위하여 임차권의 존재를 제3자가 명백히 인식할 수 있는 공시의 방법으로 마련된 주택임대차보호법 제3조의 2, 제3조 제1항 소정의 주민등록을 마쳤다고 볼 것이다.

71) 대한민국의 국민으로서 외국의 영주권을 취득한 자 또는 영주할 목적으로 외국에 거주하고 있는 자.

72) 대한민국의 국적을 보유하였던 자(대한민국정부 수립 전에 국외로 이주한 동포를 포함한다) 또는 그 직계비속으로서 외국국적을 취득한 자 중 대통령령으로 정하는 자(예컨대, 중국국적의 조선족).

73) 주거용 건물에는 건물 및 이와 일체 불가분의 관계에 있는 대지부분을 포함한다(대법원 2007. 6. 21. 선고 2004다26133 전원합의체 판결 참조). 단독주택은 대지, 공동주택은 소유권인 대지권에 대하여 각 우선변제권을 취득한다.

74) 판례는 방 2개와 주방이 딸린 다방이 영업용으로서 비주거용 건물이라고 보이고, 설사 그중 방 및 다방의 주방을 주거목적에 사용한다고 하더라도 이는 어디까지나 다방의 영업에 부수적인 것으로서 그러한 주거목적 사용은 비주거용 건물의 일부가 주거목적으로 사용되는 것일 뿐, 주택임대차보호법 제2조 후문에서 말하는 '주거용 건물의 일부가 주거 외의 목적으로 사용되는 경우'에 해당한다고 볼 수 없다고 한 예(대법원 1996. 3. 12. 선고 95다51953)와 건물이 공부상으로는 단층 작업소 및 근린생활시설로 표시되어 있으나 실제로 甲은 주거 및 인쇄소 경영 목적으로, 乙은 주거 및 슈퍼마켓 경영을 목적으로 임차하여 가족들과 함께 입주하여 그 곳에서 일상생활을 영위하는 한편 인쇄소 또는 슈퍼마켓을 경영하고 있으며, 甲의 경우는 주거용으로 사용되는 부분이 비주거용으로 사용되는 부분보다 넓고, 乙의 경우는 비주거용으로 사용되는 부분이 더 넓기는 하지만 주거용으로 사용되는 부분도 상당한 면적이고, 위 각 부분이 甲·乙의 유일한 주거인 경우 주택임대차보호법 제2조 후문에서 정한 주거용 건물에 해당한다고 한 예(대법원 1995. 3. 10. 선고 94다52522 판결)가 있다.

75) 다만 임차인이 임대인의 동의나 승낙을 얻어 주거용으로 개조하거나 증축한 경우에는 그 개조한 시점이나 증축한 시점을 기준으로 이 법의 적용을 받는다.

다. 적용대상 계약: 임대차계약(미등기전세계약)

(1) 임대인은 주택의 소유권, 주택에 대한 처분권한 내지 적법한 임대권한을 가져야 한다.

(2) 명의신탁자와 체결된 임대차계약도 본 법의 적용대상이다.[76]

(3) 미등기건물에 관하여 사실상 소유자로서 권리를 행사고 있는 자는 전 소유자로부터 건물의 일부를 임차한 자에 대한 관계에서 임대인의 지위를 승계한 것으로 본다.

(4) 사실상의 소유[77]자 또는 처분권자, 예컨대 매매계약의 이행으로 매매목적물을 인도받은 매수인은 그 물건을 사용·수익할 수 있는 지위에서 그 물건을 타인에게 적법하게 임대할 수 있다.[78]

(5) 건물의 원시취득자인 건축주로부터 건물을 임차한 임차인도 임대차보호법의 보호를 받는다.

(6) 매매계약의 이행으로 매매목적물인 주택을 인도받은 매수인이 매도인으로부터 그 주택의 임대권한을 명시적 또는 묵시적으로 부여받은 경우 그 소유권을 취득하였다가 계약해제로 인하여 소유권을 상실하게 된 임대인으로부터 그 계약이 해제되기 전에 주택을 임차받아 주택의 인도와 주민등록을 마침으로써 같은 법 소정의 대항요건을 갖춘 임차인은 임대인의 임대권원의 바탕이 되는 계약의 해제에도 불구하고 자신의 임차권을 새로운 소유자에게 대항할 수 있다.[79]

(7) 매도인으로부터 매매계약의 해제를 해제조건부로 전세권한을 부여받은 매수인이 주택을 임대한 후 매도인과 매수인 사이의 매매계약이 해제됨으로써 해제조건이 성취되어 그때부터 매수인이 주택을 전세 놓을 권한을 상실하게 되었다면, 임차인은 전세계약을 체결할 권한이 없는 자와 사이에 전세 계약을 체결한 임차인과 마찬가지로 매도인에 대한 관계에서 그 주택에 대한 사용·수익권을 주장

---

76) 대법원 1995. 10. 12. 선고 95다22283 판결: 주택임대차보호법이 적용되는 임대차로서는 반드시 임차인과 주택의 소유자인 임대인 사이에 임대차계약이 체결된 경우에 한정된다고 할 수는 없고, 나아가 주택의 소유자는 아니지만 주택에 관하여 적법하게 임대차계약을 체결할 수 있는 권한(적법한 임대권한)을 가진 임대인과 사이에 임대차계약이 체결된 경우도 포함된다고 할 것이므로, 임대차계약상의 임대인이 비록 주택의 소유자가 아니라고 하더라도 주택의 명의신탁자로서 사실상 이를 제3자에게 임대할 권한을 가지는 이상, 임차인은 등기부상 주택의 소유자인 명의수탁자에 대한 관계에서도 적법한 임대차임을 주장할 수 있다고 할 것이고, 그리하여 임차인이 주택의 인도와 주민등록을 마쳤다면 주택임대차보호법 제3조 제1항 소정의 대항력을 취득하였다고 할 것이다.

77) 대법원 1996. 6. 28. 선고 96다9218 판결: 건축주가 타인의 대지를 매수하여 연립주택을 신축하면서 대지 소유자와의 합의에 따라 대지 매매대금 채무의 담보를 위하여 그 연립주택에 관한 건축허가 및 그 소유권보존등기를 대지 소유자의 명의로 하여 두었다면, 완성된 연립주택은 일단 이를 건축한 건축주가 원시적으로 취득한 후 대지 소유자 명의로 소유권보존등기를 마침으로써 담보 목적의 범위 내에서 대지 소유자에게 그 소유권이 이전되었다고 보아야 하고, 이러한 경우 원시취득인 건축주로부터 연립주택을 적법하게 임차하여 입주하고 있는 임차인에 대하여 대지 소유자가 그 소유자임을 내세워 명도를 구할 수는 없다.

78) 대법원 2008. 4. 10. 선고 2007다38908, 38915 판결: 아파트 수분양자가 분양자로부터 열쇠를 교부받아 임차인을 입주케 하고 임차인이 주택임대차보호법상 대항력을 갖춘 후, 수분양자가 분양계약상 아파트 입주를 위하여 요구되는 의무를 다하지 못하여 분양계약이 해제되어 수분양자가 주택의 소유권을 취득하지 못한 사안에서, 임차인은 아파트 소유자인 분양자에 대하여 임차권으로 대항할 수 있다고 한 사례.

79) 대법원 2009. 1. 30. 선고 2008다65617 판결: 민법 제548조 제1항 단서의 규정에 따라 계약해제로 인하여 권리를 침해받지 않는 제3자라 함은 계약목적물에 관하여 권리를 취득한 자 중 계약당사자에게 권리취득에 관한 대항요건을 구비한 자를 말한다 할 것인바, 임대목적물이 주택임대차보호법 소정의 주택인 경우 같은 법 제3조 제1항이 임대주택의 인도와 주민등록이라는 대항요건을 갖춘 자에게 등기된 임차권과 같은 대항력을 부여하고 있는 점에 비추어 보면, 소유권을 취득하였다가 계약해제로 인하여 소유권을 상실하게 된 임대인으로부터 그 계약이 해제되기 전에 주택을 임차받아 주택의 인도와 주민등록을 마침으로써 같은 법 소정의 대항요건을 갖춘 임차인은 등기된 임차권자와 마찬가지로 민법 제548조 제1항 단서 소정의 제3자에 해당된다.

할 수 없게 되어 매도인의 명도 청구에 대항할 수 없다.[80]

2. 대항력

가. 의의

(1) 대항력이란 임차인이 임차주택의 양수인이나 임차주택의 임대권을 승계한 사람, 기타 임차주택에 대하여 이해관계가 있는 제3자에 대하여 임차권, 즉 임차주택의 점유 및 사용·수익권이 있음을 주장할 수 있는 권리를 가지고 있다는 것을 의미한다.

(2) 주택임차인이 대항력을 갖는지는, 법 제3조 제1항에서 정한 요건, 즉 임대차계약의 성립, 주택의 인도, 주민등록의 요건을 갖추었는지에 의하여 결정되는 것이므로, 당해 임대차계약이 통정허위표시에 의한 계약이어서 무효라는 등의 특별한 사정이 있는 경우는 별론으로 하고 <u>임대차계약 당사자가 기존 채권을 임대차보증금으로 전환하여 임대차계약을 체결하였다는 사정만으로 임차인이 같은 법 제3조 제1항 소정의 대항력을 갖지 못한다고 볼 수는 없다.</u>[81]

(3) 채권자가 채무자 소유의 주택에 관하여 채무자와 임대차계약을 체결하고 전입신고를 마친 다음 그곳에 거주하여 형식적으로 주택임대차로서의 대항력을 취득한 외관을 갖추었다고 하더라도 <u>임대차계약의 주된 목적이 주택을 사용·수익하려는 것에 있는 것이 아니고, 실제적으로는 대항력 있는 임차인으로 보호받아 후순위권리자, 기타 채권자보다 우선하여 채권을 회수하려는 것에 있었던 경우에는 그러한 임차인에게 주택임대차보호법이 정하고 있는 대항력을 부여할 수 없다.</u>[82]

나. 발생요건: 주택의 인도 + 주민등록(전입신고)

(1) 우선 주택의 인도는 주택에의 입주를 말하고, 현실인도, 간이인도, 반환청구권의 양도에 의한 인도, 점유개정을 모두 포함한다.[83]

---

80) 대법원 1995. 12. 12. 선고 95다32037 판결. 이러한 법리는 임차인이 그 주택에 입주하고 주민등록까지 마쳐 주택임대차보호법상의 대항요건을 구비하였거나 전세계약서에 확정일자를 부여받았다고 하더라도 마찬가지이다.
81) 대법원 2002. 1. 8. 선고 2001다47535 판결.
82) 대법원 2007. 12. 13. 선고 2007다55088 판결. 대법원 2002. 3. 12. 선고 2000다24184, 24191 판결: 채권자가 주택임대차보호법상의 대항력을 취득하는 방법으로 기존 채권을 우선변제 받을 목적으로 주택임대차계약의 형식을 빌려 기존 채권을 임대차보증금으로 하기로 하고 주택의 인도와 주민등록을 마침으로써 주택임대차로서의 대항력을 취득한 것처럼 외관을 만들었을 뿐 <u>실제 주택을 주거용으로 사용·수익할 목적을 갖지 아니한 계약은 주택임대차계약으로서는 통정허위표시에 해당되어 무효</u>라고 할 것이므로 이에 주택임대차보호법이 정하고 있는 대항력을 부여할 수는 없다.
83) 대법원 2001. 1. 19. 선고 2000다55645 판결: 간접점유자에 불과한 임차인 자신의 주민등록으로는 대항력의 요건을 적법하게 갖추었다고 할 수 없으며, 임차인과의 점유매개관계에 기하여 당해 주택에 실제로 거주하는 <u>직접점유자가 자신의 주민등록을 마친 경우에 한하여</u> 비로소 그 임차인의 임대차가 제3자에 대하여 적법하게 대항력을 취득할 수 있다.

(2) 전입신고를 한 때 주민등록이 된 것으로 본다.[84] 독립세대 구성을 불문한다. 주민등록이 어떤 임대차를 공시하는 효력이 있는가는 그 주민등록으로 제3자가 임차권의 존재를 인식할 수 있는가에 따라 결정된다고 할 것이므로, 주민등록이 대항력의 요건을 충족시킬 수 있는 공시방법이 되려면 단순히 형식적으로 주민등록이 되어 있다는 것만으로는 부족하고, 주민등록에 의하여 표상되는 점유관계가 임차권을 매개로 하는 점유임을 제3자가 인식할 수 있는 정도는 되어야 한다.[85][86]

(3) 주민등록은 임차인 본인뿐만 아니라 배우자나 가족의 주민등록을 포함한다. 아파트, 연립주택, 다세대주택 등 공동주택[87]의 경우 건축물대장 내지 등기부상의 소재지와 지번 외에 공동주택의 명칭과 동·호수도 기재되어야 하고, 다가구 주택[88]의 경우에는 지번만 기재하면 족하다.[89] 공동주택은 현관문에 표시된 호수가 아닌 등기부상의 표시에 맞추어 주민등록을 이전하여야 한다.[90]

---

84) 대법원 2009. 1. 30. 선고 2006다9255 판결: 주민등록은 단순히 주민의 거주관계를 파악하고 인구의 동태를 명확히 하는 것 외에도 공법관계상의 여러 가지 법률효과를 발생시키는 것으로서, 주민등록의 신고는 행정청에 도달함으로써 바로 신고로서의 효력이 발생하는 것이 아니라 행정청이 수리한 경우에 비로소 그 효력이 발생한다고 보아야 하고, 따라서 신고인이 전입신고서를 행정청에 제출하였다가 행정청이 이를 수리하기 전에 그 전입신고서의 내용을 수정함으로써 그 수정된 전입신고서가 행정청에 의하여 수리되었다면 수정된 사항에 따라서 그 전입신고가 이루어졌다고 봄이 타당하고, 신고인이 담당공무원의 요구에 의하여 전입신고서를 수정하였다 하더라도 마찬가지로 보아야 한다.

85) 대법원 2000. 2. 11. 선고 99다59306 판결: 갑이 주택에 관하여 소유권이전등기를 경료하고 주민등록 전입신고까지 마친 다음 처와 함께 거주하다가 을에게 매도함과 동시에 그로부터 이를 다시 임차하여 계속 거주하기로 약정하고 임차인을 갑의 처로 하는 임대차계약을 체결한 후에야 을 명의의 소유권이전등기가 경료된 경우, 제3자로서는 주택에 관하여 갑으로부터 을 앞으로 소유권이전등기가 경료되기 전에는 갑의 처의 주민등록이 소유권 아닌 임차권을 매개로 하는 점유라는 것을 인식하기 어려웠다 할 것이므로, 갑의 처의 주민등록은 주택에 관하여 을 명의의 소유권이전등기가 경료되기 전에는 주택임대차의 대항력 인정의 요건이 되는 적법한 공시방법으로서의 효력이 없고 을 명의의 소유권이전등기가 경료된 날에야 비로소 갑의 처와 을 사이의 임대차를 공시하는 유효한 공시방법이 된다고 할 것이며, 주택임대차보호법 제3조 제1항에 의하여 유효한 공시방법을 갖춘 다음 날인 을 명의의 소유권이전등기일 익일부터 임차인으로서 대항력을 갖는다.

86) 대법원 2001. 1. 30. 선고 2000다58026, 58033 판결: 갑이 병 회사 소유 임대아파트의 임차인 을로부터 아파트를 임차하여 전입신고를 마치고 거주하던 중, 을이 병 회사로부터 위 아파트를 분양받아 자기 명의로 소유권이전등기를 경료한 후 근저당권을 설정한 사안에서, 비록 임대인 을이 갑과 위 임대차계약을 체결한 이후에, 그리고 갑이 위 전입신고를 한 이후에 위 아파트에 대한 소유권을 취득하였다고 하더라도, 주민등록상 전입신고를 한 날로부터 소유자 아닌 갑이 거주하는 것으로 나타나 있어서 제3자들이 보기에 갑의 주민등록이 소유권 아닌 임차권을 매개로 하는 점유라는 것을 인식할 수 있었으므로 위 주민등록은 갑이 전입신고를 마친 날로부터 임대차를 공시하는 기능을 수행하고 있었다고 할 것이고, 따라서 갑은 을 명의의 소유권이전등기가 경료되는 즉시 임차권의 대항력을 취득하였다고 본 사례.

87) 주택은 크게 공동주택과 단독주택으로 나누어지고, 공동주택은 아파트, 연립주택, 다세대주택으로, 단독주택은 일가구용 단독주택과 다가구용 단독주택으로 구분된다. 아파트는 주택으로 쓰는 층수가 5개 층 이상인 주택을, 연립주택은 주택으로 쓰는 1개 동의 바닥면적(지하 주차장 제외)의 합계가 660㎡ 초과하고 층수가 4개 층 이하인 주택을 말한다. 다세대주택은 아파트, 연립주택과 같이 여러 가구가 거주할 수 있는 건물로 각 호실마다 구분등기를 할 수 있는 주택으로 동당 건축면적이 660㎡ 이하인 4층 이하의 건축물을 말하고, 다가구주택은 1동의 주택에 출입문을 별도로 설치하는 등 2가구 이상이 독립된 생활을 할 수 있도록 건축되었으나 아파트처럼 각 호실마다 구분등기를 할 수 없는 주택을 말한다.

88) 주택으로 쓰는 층수(지하층 제외)가 3개 층 이하이고, 1개 동의 주택으로 쓰이는 바닥면적(지하 주차장 면적 제외)의 합계가 660㎡ 이하이며, 19세대가 거주할 수 있을 주택으로 공동주택에 해당하지 않는다(건축법 시행령 별표 1).

89) 대법원 2007. 2. 8. 선고 2006다70516 판결: 처음에 다가구용 단독주택으로 소유권보존등기가 경료된 건물의 일부를 임차한 임차인은 이를 인도받고 임차 건물의 지번을 정확히 기재하여 전입신고를 하면 주택임대차보호법 소정의 대항력을 적법하게 취득하고, 나중에 다가구용 단독주택이 다세대 주택으로 변경되었다는 사정만으로 임차인이 이미 취득한 대항력을 상실하게 되는 것은 아니다.

90) 대법원 2003. 5. 16. 선고 2003다10940 판결: 건축 중인 주택에 대한 소유권보존등기가 경료되기 전에 그 일부를 임차하여 주민등록을 마친 임차인의 주민등록상의 주소 기재가 그 당시의 주택의 현황과 일치한다고 하더라도 그 후 사정변경으로 등기부 등의 주택의 표시가 달라졌다면 특별한 사정이 없는 한 달라진 주택의 표시를 전제로 등기부상 이해관계를 가지게 된 제3자로서는 당초의 주민등록에 의하여 당해 주택에 임차인이 주소 또는 거소를 가진 자로 등록되어 있다고 인식하기 어렵다고 할 것이므로 그 주민등록은 그 제3자에 대한 관계에서 유효한 임대차의 공시방법이 될 수 없다.

(4) 주택임차인이 임차주택을 직접 점유하여 거주하지 않고 그곳에 주민등록을 하지 아니한 경우라 하더라도, 임대인의 승낙을 받아 적법하게 임차주택을 전대하고 그 전차인이 주택을 인도받아 자신의 주민등록을 마친 때에는, 이로써 당해 주택이 임대차의 목적이 되어 있다는 사실이 충분히 공시될 수 있으므로, 임차인은 위 법에 정한 대항요건을 적법하게 갖추었다고 볼 것이다.[91]

다. 대항력의 발생시기

(1) 대항력은 주택의 <u>인도와 주민등록 전입신고를 모두 마친 다음 날 오전 0시</u>에 발생한다.
(2) 임차주택의 인도, 전입신고 및 확정일자를 모두 갖춘 날짜와 근저당권설정등기가 같은 날에 이루어진 경우에는 근저당권자가 임차인보다 선순위권자가 된다.[92]
(3) 대항요건을 갖춘 다음 날에 제3자 명의의 근저당권설정등기가 마쳐진 경우 대항력은 다음 날 00:00에 발생하므로 근저당권설정등기보다 우선하므로 임차인은 위 근저당권에 기한 경매절차의 매수인에게 대항할 수 없다.[93]
(4) 주민등록 정정의 경우 올바른 주소로 정정했을 때 대항력이 발생하고, 담당공무원의 실수에 기인하여 정정되었을 때에는 원래의 전입신고 시에 소급하여 대항력이 발생한다.[94]
(5) 주택의 인도와 주민등록은 대항력의 취득요건일 뿐만 아니라 대항력의 존속요건이다. 따라서 주택의 점유를 상실하거나 주민등록을 전출하게 되면 그때부터 대항력은 소멸한다.[95] 다만, 주민등록이 직권말소된 후 주민등록법 소정의 이의절차에 따라 말소된 주민등록이 회복되거나 재등록되는 경우에는 소급하여 그 대항력이 유지된다.

라. 대항력의 범위(제3자의 범위): 대항력이 문제 되는 상대방

(1) 대항력은 대항력 발생 후 소유권이전등기를 마친 양수인에게 미친다. 신소유자(양수인)가 그 소유권을 취득한 원인은 매매, 증여 등의 법률행위에 의한 경우는 물론 경매, 국세징수법에 의한 공매처분 등의 법률의 규정에 의하여 소유권을 취득하는 경우도 포함된다. 미등기 주택의 사실상의 양수

---

91) 대법원 2007. 11. 29. 선고 2005다64255 판결: 임차인이 비록 임대인으로부터 별도의 승낙을 얻지 아니하고 제3자에게 임차물을 사용·수익하도록 한 경우에 있어서도, 임차인의 당해 행위가 임대인에 대한 배신적 행위라고 할 수 없는 특별한 사정이 인정되는 경우에는, 임대인은 자신의 동의 없이 전대차가 이루어졌다는 것만을 이유로 임대차계약을 해지할 수 없으며, 전차인은 그 전대차나 그에 따른 사용·수익을 임대인에게 주장할 수 있다. 이 경우 임차인의 대항요건은 전차인의 직접 점유 및 주민등록으로써 적법 유효하게 유지 존속한다.
92) 대법원 1997. 12. 12. 선고 97다22393 판결: 법 제3조의 2 제1항에 규정된 확정일자를 입주 및 주민등록일과 같은 날 또는 그 이전에 갖춘 경우에는 우선변제적 효력은 대항력과 마찬가지로 인도와 주민등록을 마친 다음 날을 기준으로 발생한다.
93) 근저당권자와 임차인을 동순위(평등배당)로 볼 수도 있으나, 근저당권설정등기는 빨라야 09:00에 경료되기 때문에 00:00에 발생하는 대항력보다 뒤진다.
94) 대법원 1991. 8. 13. 선고 91다18118 판결.
95) 다만 임차권등기명령제도를 이용하여 임차권등기를 마치면 대항력과 우변제권을 계속 유지한다(법 제3조의 3).

인도 이에 해당한다.

(2) 주택임차인이 대항력 구비시기와 저당권취득(등기)시기와의 선후에 따라 그 우열이 결정된다.[96]

(3) 가압류등기가 된 후에 설정된 임대차는 가압류 집행으로 인한 처분금지의 효력에 의하여 가압류 사건의 본안 판결의 집행으로 그 임차주택을 취득한 매수인에 대하여 대항력이 없다. 마찬가지로 가등기가 된 후 대항력을 취득한 임차인이 있는 경우에 가등기에 기한 본등기가 마쳐지면 그 가등기와 저촉되는 일체의 중간 처분이 실효되므로 위 임차권은 본 등기명의자에게 우선하지 못한다.[97]

(4) A가 원고들을 대리한 B로부터 이 사건 대지를 매수하여 대지 매매대금을 완불하기 전에 그 인도를 받아 그 위에 자신의 노력과 비용을 들여 이 사건 각 건물을 포함한 연립주택 9세대를 건축하였는데 당사자 사이의 합의에 따라 위 대지 매매대금 채무의 담보를 위하여 위 연립주택에 관한 건축허가 및 그 소유권보존등기를 원고들의 명의로 하여 두었다면, 완성된 연립주택은 일단 이를 건축한 A가 원시적으로 취득한 후 원고들 명의로 소유권보존등기를 마침으로써 담보목적의 범위 내에서 원고들에게 그 소유권이 이전되었다고 보아야 할 것이고, 이러한 경우 원시취득자인 A로부터 이 사건 각 건물을 적법하게 임차하여 입주하고 있는 피고들에 대하여 원고들이 그 소유자임을 내세워 명도를 구할 수는 없다.[98]

3. 임차주택양수인의 임대인지위승계

가. 지위승계의 의의

(1) 법 제3조 제2항은 "임차주택의 양수인(기타 임대할 권리를 승계한 자를 포함한다)은 임대인의 지위를 승계한 것으로 본다"라고 규정하여 종전 임대인과 임차인 간에 존재한 임대차계약관계가 그대로 임차주택의 양수인과 임차인 간에 이행되고 종전 임대인은 그 임대차계약관계에서 완전히 이탈하게 된다. 여기서 '임차주택의 양수인'이란 임차권의 대항력을 받는 임차주택의 양수인을 의미한다.

---

96) 대법원 1990. 1. 23. 선고 89다카33043 판결: 후순위저당권의 실행으로 목적부동산이 경락되어 그 선순위저당권이 함께 소멸한 경우 비록 후순위 저당권자에게는 대항할 수 있는 임차권이더라도 소멸된 선순위저당권보다 뒤에 등기되었거나 대항력을 갖춘 임차권은 함께 소멸하므로 이와 같은 경우의 경락인은 주택임대차보호법 제3조에서 말하는 임차주택의 양수인 중에 포함되지 않는다고 할 것이고, 따라서 임차인은 경락인에 대하여 그 임차권의 효력을 주장할 수 없다.

97) 가등기가 채권담보의 목적으로 경료된 이른바 '담보가등기'인 경우에는 특칙이 있다. 즉 "담보가등기 후에 대항력 있는 임차권을 취득한 자에게는 청산금의 범위 안에서 민법 제536조의 규정을 준용"하도록 되어 있다(가등기담보 등에 관한 법률 제5조 제5항).

98) 대법원 1996. 6. 28. 선고 96다9218 판결.

甲은 2005. 8. 17. 乙로부터 S오피스텔을 보증금 45,000,000원, 기간 2005. 8. 31.부터 2006. 8. 30. 까지 12개월로 정하여 임차하고, 피고에게 계약 당일 보증금 중 계약금 4,000,000원을, 2005. 8. 31. 보증금 중 잔금 41,000,000원을 각 지급하고 나서 위 2005. 8. 31.부터 2006. 11. 7.까지 이 사건 오피스텔에 거주하였다. 乙은 위 임대차계약 체결 직전인 2005. 8. 13. A에게 S오피스텔을 매도하면서 그 매매대금의 지급에 갈음하여 乙이 S오피스텔을 임대하여 임차인으로부터 임대차보증금을 지급받고 A가 S오피스텔에 관한 임대인의 지위를 승계하기로 약정하고, 2005. 9. 27. S오피스텔에 관하여 A 명의의 소유권이전등기를 마쳐 주었다. 甲은 S오피스텔에 관하여 A 명의의 소유권이전등기가 경료된 이후인 2005. 11. 17. S오피스텔의 매도사실 및 임대인 지위승계 약정사실을 알면서도 주민등록을 마치고 임대차계약서에 확정일자를 받은 다음, 2006. 2. 16. S오피스텔에 대한 임의경매절차가 개시되자 그 경매법원에 임차인으로서 배당요구를 하였다. A는 S오피스텔을 乙로부터 4,500만 원에 매수하여 2005. 9. 27. 소유권이전등기를 마친 후 2005. 10. 5. B에게 채권최고액을 6,000만 원으로 하는 근저당권을 설정하여 주었으나 그 근저당권 피담보채무를 변제하지 못하여 2006. 2. 16. S오피스텔에 대하여 임의경매절차가 개시되어 C에게 S오피스텔이 매각되었다. 위 사례에서 A나 C가 임대인의 지위를 승계하는가? 甲은 누구로부터 보증금을 반환받을 수 있는가?

부동산의 매수인이 매매목적물에 관한 임대차보증금 반환채무 등을 인수하는 한편 그 채무액을 매매대금에서 공제하기로 약정한 경우, 그 인수는 특별한 사정이 없는 이상 매도인을 면책시키는 면책적 채무인수가 아니라 이행인수로 보아야 하고, 면책적 채무인수로 보기 위해서는 이에 대한 채권자 즉 임차인의 승낙이 있어야 한다.[99] 이 경우 임차인의 승낙은 반드시 명시적 의사표시에 의하여야 하는 것은 아니고 묵시적 의사표시에 의하여서도 가능하다고 할 것이나, <u>주택의 임차인이 제3자에 대한 대항력을 갖추기 전에 임차주택의 소유권이 양도되어 당연히 양수인이 임대차보증금 반환채무를 면책적으로 인수한 것으로 볼 수 없는 경우</u> 주택임차인의 어떠한 행위를 임대차보증금 반환채무의 면책적 인수에 대한 묵시적 승낙의 의사표시에 해당한다고 볼 것인지는 그 행위 당시 임대차보증금의 객관적 회수가능성 등 제반 사정을 고려하여 신중하게 판단하여야 한다.[100]

위 사례에서 S오피스텔의 소유권이 A에게 이전된 후 근저당권이 설정된 상태에서 甲이 S오피스텔에 주민등록을 하고 임대차계약서(임대인은 乙로 되어 있다)에 확정일자를 받고 2006. 11. 7.까지 거주하였다고 하더라도 이는 주택임차인으로서 통상 취하는 조치에 불과하다고 보이고, S오피스텔의 매매대금과 근저당권 채권최고액을 비교해 볼 때 임대차보증금 반환채권의 객관적 회수가능성이 의문시되는 상황이었으므로 이를 매도인인 乙을 면책시키는 임대차보증금 반환채무의 면책적 인수에 대한 승낙이나 추인으로 볼 수는 없고, 또한 A가 S오피스텔을 매수한 후 설정한 근저당권 피담보채무의 불이행으로 인해 S오피스텔에 대해

---

99) 대법원 2006. 9. 22. 선고 2006다135 판결 등 참조.
100) 대법원 2008. 9. 11. 선고 2008다39663 판결.

임의경매절차가 개시됨으로써 위 근저당권 설정 이후에 대항력을 취득하고 임대차계약서에 확정일자를 받은 甲의 임대차보증금 반환채권의 경매절차에서의 회수가능성이 의문시되는 상황이라면 甲이 임차인으로서 그 경매절차에서 배당요구를 하였다고 하더라도 이를 보증금 반환채무의 면책적 인수에 대한 묵시적 승낙이나 추인으로 볼 수는 없다. 따라서 이 경우 甲은 乙을 상대로 S오피스텔 보증금의 반환을 구할 수 있다.

(2) 양수인이 임대인의 지위를 승계하는 경우에는 임대차보증금 반환채무도 부동산의 소유권과 결합하여 일체로서 이전하는 것이므로 양도인의 임대인으로서의 지위나 보증금 반환채무는 소멸하는 것이지만, 임차인이 임대인의 지위승계를 원하지 않는 경우에는 임차인이 임차주택의 양도사실을 안 때로부터 상당한 기간 내에 이의를 제기함으로써 승계되는 임대차관계의 구속으로부터 벗어날 수 있다고 봄이 상당하고, 그와 같은 경우에는 양도인의 임차인에 대한 보증금 반환채무는 소멸하지 않는다.[101]

나. 지위승계의 시기

(1) 매매, 교환 등 법률행위에 의하여 임차주택의 소유권을 취득하는 경우에는 소유권이전등기를 마친 때 임대인의 지위승계가 있게 된다.
(2) 상속, 공용징수, 판결, 경매, 등 법률의 규정에 의하여 소유권을 취득하는 경우에는 소유권 변동사유가 발생한 때 임대인의 지위가 승계된다.
(3) 부동산임대업을 목적으로 하는 甲 회사가 임대할 권리를 乙에게 양도한 경우에 민법 제450조를 유추하여 양수인인 乙이 임차인에게 그 사실을 통지하여야 하고 그 통지가 임차인에게 도달된 때 임대인의 지위가 승계된다.

다. 지위승계의 효과

(1) 대항력을 갖춘 임차주택의 소유권이 이전되어 양수인이 임대인의 지위를 승계하는 경우에는 임대차 보증금반환채무도 소유권과 결합하여 '일체로서' 이전하는 것이며, 이에 따라 종전 임대인의 보증금반환채무는 소멸한다.[102] 따라서 임대인의 지위승계가 있는 경우 임차인은 종전 임대인이 아닌 양수인으로부터 보증금을 반환받을 수 있다.
(2) 주택의 임차인이 제3자에 대한 대항력을 구비한 후 임차주택의 소유권이 양도된 경우에는 그 양수인이 임대인의 지위를 승계하게 되고, 임차보증금반환채무도 주택의 소유권과 결합하여 일체로서 이전하며, 이에 따라 양도인의 위 채무는 소멸한다 할 것이므로, 양수인이 임차인에게 임대차보증금

---

101) 대법원 2002. 9. 4. 선고 2001다64615 판결.
102) 양수인은 이른바 면책적 채무인수를 하는 것이 된다(대법원 1996. 2. 27. 선고 95다35616 판결 등).

을 반환하였다 하더라도, 이는 양수인 자신의 채무를 변제한 것에 불과할 뿐, 임대인의 채무를 대위 변제한 것이라거나, 임대인이 위 금액 상당의 반환채무를 면함으로써 법률상 원인 없이 이익을 얻고 양수인이 그로 인하여 위 금액 상당의 손해를 입었다고 할 수 없다.[103]

(3) 주택임대차보호법 제3조 제1항의 대항요건을 갖춘 임차인의 임대차보증금반환채권에 대한 압류 및 전부명령이 확정되어 임차인의 임대차보증금반환채권이 집행채권자에게 이전된 경우 제3채무자인 임대인으로서는 임차인에 대하여 부담하고 있던 채무를 집행채권자에 대하여 부담하게 될 뿐 그가 임대차목적물인 주택의 소유자로서 이를 제3자에게 매도할 권능은 그대로 보유하는 것이며, 위와 같이 소유자인 임대인이 당해 주택을 매도한 경우 주택임대차보호법 제3조 제2항에 따라 전부채권자에 대한 보증금지급의무를 면하게 되므로, 결국 임대인은 전부금 지급의무를 부담하지 않는다.[104]

4. 주택임차권의 존속보장

가. 임대차기간의 최단기간(2년) 보장

(1) 기간을 정하지 아니하거나 2년 미만으로 정한 임대차는 그 기간을 2년으로 본다(법 제4조 제1항). 따라서 임차인의 의사에 반하여 1년으로 임대차기간을 정했다 하더라도 2년간의 임대차기간을 보장받을 수 있다(강행규정). 임대차기간을 2년 미만으로 정한 임대차의 임차인이 스스로 그 약정 임대차기간이 만료되었음을 이유로 임차보증금의 반환을 구하는 경우에는 그 약정이 임차인에게 불리하다고 할 수 없다.[105] 따라서 임대차기간을 2년 미만으로 정한 임대차의 임차인이 스스로 그 약정 임대차기간이 만료되었음을 이유로 임차보증금의 반환을 구할 수도 있다.

(2) 최소한 2년간의 임대차기간을 보장한 것은 임차인의 보호를 위한 것으로 임대차기간을 2년 미만으로 약정하는 경우 임대인은 2년 이하의 약정기간을 주장할 수 없으나, 임차인은 이를 주장할 수 있다(법 제4조 제1항 단서).[106]

(3) 임대차기간을 2년으로 정하여 임차인을 보호한다고 하여 임차인이 자신의 의무를 다하지 않았을 때도 무조건적으로 보호해 준다는 취지는 아니다.[107]

(4) 임대인은 1년을 기준으로 보증금이나 차임의 인상을 청구할 수 있으나, 보증금 등의 증액청구는 약정한 보증금 등의 20분의 1(5%)을 초과하지 못한다(법 시행령 제2조 제1항).[108] 보증금의 증액청구

---

103) 대법원 1993. 7. 16. 선고 93다17324 판결.
104) 대법원 2005. 9. 9. 선고 2005다23773 판결.
105) 대법원 1995. 10. 12. 선고 95다22283 판결.
106) 임대차기간의 정함이 없다면 임차인 측에서 언제든지 해지통지가 가능하고 그 효력은 그 통고가 임대인에게 도달된 날로부터 1개월이 경과하면 발생된다(민법 제635조 제2항 제2호).
107) 임차인이 2기의 차임을 연체하거나 그 밖에 임차인으로서의 의무를 현저히 위반할 때에는 보호받지 못한다.
108) 위 규정은 임대차계약의 존속 중 당사자 일방이 약정한 차임 등의 증감을 청구한 때에 한하여 적용되고, 임대차계약이 종료된

원은 이른바 '형성권'으로서 임대인의 일방적 의사표시만으로 법률효과가 발생한다.[109]

 (5) 임대차기간이 끝난 경우에도 임차인이 보증금을 반환받을 때까지는 임대차관계는 존속되는 것으로 본다(법 제4조 제2항). 주택의 명도와 보증금의 반환은 동시이행의 관계에 있다.

나. 주택임대차의 자동갱신

 (1) 민법상 묵시의 갱신의 효과 발생을 저지하려면 임대차기간이 끝나기 전 6개월로부터 1개월 전까지의 기간에 임대인이 임차인에게 갱신거절 등의 통지를 하거나 계약조건을 변경하지 아니하면 갱신하지 아니한다는 뜻의 통지를 하여야 하고, 이 통지가 없으면 전 임대차와 동일한 조건으로 다시 임대차한 것으로 간주한다(법 제6조 제1항). 이 경우 묵시적으로 갱신된 임대차의 존속기간은 2년이 된다(동 조 제2항). 임차인이 임대차기간이 끝나기 1개월 전까지 통지하지 아니한 경우에도 같다.

 (2) 주택임대차보호법은 묵시의 갱신의 경우 임차인은 언제든지 임대인에 대하여 계약해지의 통고를 할 수 있고, 이 해지는 임대인이 그 통고를 받은 날부터 3월이 경과하면 그 효력이 생긴다고 규정하고 있다(법 제6조의 2). 묵시의 갱신의 경우 임대인은 2년의 기간 동안 해지를 주장할 수 없으나 임차인은 자유롭게 해지할 수 있도록 하되, 그 효력은 3개월이 지나면 발생하도록 함으로써 임대임과 임차인의 권리관계에 균형을 도모하고 있다. 주택은 상가건물의 경우와는 달리 임차인의 계약갱신 청구권은 인정되지 않는다.

 (3) 그러나 임차인이 2기의 차임액에 달하도록 차임을 연체하거나 그 밖에 임차인으로서 의무를 현저히 위반할 때(예컨대, 임차인이 임차목적물을 파손하거나 주거용 주택을 비밀요정으로 사용하는 등)에는 위와 같은 자동갱신이 이루어지지 않는다(법 제6조 제2항).

다. 임차권의 승계

 (1) 임차인이 상속인 없이 사망하면 동거하던 사실혼 배우자가 임차인의 지위를 승계한다. 임차인의 사망 당시 상속인이 있는 경우에도 동거하던 사실혼 배우자와 2촌 이내의 친족(부모나 자, 형제)이 공동으로 임차인의 지위를 승계한다(법 제9조 제1항, 제2항). 상속인이 있고 임차주택에 같이 거주하는 경우에는 상속인만 승계한다.[110]

후 재계약을 하거나 또는 임대차계약 종료 전이라도 당사자의 합의로 차임 등이 증액된 경우에는 적용되지 않는다(대법원 2002. 6. 28. 선고 2002다23482 판결).

109) 보증금의 전부 또는 일부를 월 단위의 차임으로 전환하는 경우에는 그 전환되는 금액에 은행법에 의한 금융기관에서 적용하는 대출금리 및 당해 지역의 경제여건 등을 감안하여 대통령령이 정하는 비율을 곱한 월차임의 범위를 초과할 수 없고(법 제7조의 2), 법 시행령은 월차임 전환 시 산정률을 연 1할 4푼으로 규정하고 있다. 따라서 보증금 1억 원을 월세로 전환할 경우 매월 1,166,666원(1억 원×0.14×1/12)이 된다.

110) 예컨대, 甲이 본처인 乙과 뜻이 맞지 않아 별거 중에 첩 丙과 같이 전세방을 얻어 생활하던 중 교통사고로 사망한 경우에

(2) 임차인이 사망한 후 1개월 이내에 승계권자가 임대인에게 승계하지 않겠다는 의사표시를 하면 승계되지 않는다(법 제9조 제3항). 따라서 아무 말 없으면 자동승계되고, 승계권 발생 사실을 몰랐어도 1개월이 지나면 자동승계된다.

5. 확정일자를 갖춘 임차인의 순위에 의한 우선변제권

가. 의의

(1) 임차인이 임차인의 입주보다 후에 설정된 담보물권자 등보다 우선하여 보증금을 변제받을 수 있는 권리를 임차인의 순위에 의한 우선변제권이라 한다. 임차인이 입주하고 주민등록전입신고를 마치고 임대차계약서에 '확정일자'를 갖추면 순위에 의한 우선변제권이 인정된다.

(2) 확정일자란 당사자가 후에 변경하지 못하는 확정한 일자로서(민법 부칙 제3조) 그 날짜 현재에 그 문서가 존재하고 있었다는 것을 증명하기 위하여 공증인 또는 법원서기가 임대차계약서상에 확정일자부의 번호를 써넣거나 일자인을 찍는 것을 말한다.[111]

(3) 주택의 임차인이 주택의 인도와 주민등록을 마친 당일 또는 그 이전에 임대차계약증서상에 확정일자를 갖춘 경우 같은 법 제3조의 2 제1항에 의한 우선변제권은 같은 법 제3조 제1항에 의한 대항력과 마찬가지로 주택의 인도와 주민등록을 마친 다음 날을 기준으로 발생한다.[112]

나. 우선변제권의 요건

(1) **법 제3조 제1항의 대항요건과 임대차계약서상의 확정일자를 갖출 것**: 대항요건을 배당요구의 종기까지 계속 갖추고 있어야 하기 때문에 확정일자부 임차인이라고 하더라도 배당요구 후 매각기일 전에 주민등록을 이전한 경우에는 우선변제를 받을 수 없다.

(2) **임차주택이 경매 또는 체납처분에 의하여 매각되었을 것**: 경매나 체납처분에 의하지 아니하고 단순히 매매, 교환 등의 법률행위에 의하여 임차주택이 양도된 경우에는 대항력의 여부만이 문제 되고 우선변제권은 인정되지 않는다.

(3) **배당요구의 종기까지 배당요구를 하였을 것**: 적법한 배당요구를 하지 아니한 경우에는 실체법상 우선변제청구권이 있는 채권자라 하더라도 매각대금으로부터 배당을 받을 수 없다.[113]

丙은 사실혼관계의 배우자가(중혼적 사실혼은 보호받지 못한다) 아니므로 甲이 사망하더라도 임대차에 관한 권리의무를 승계할 권한이 없다.

111) 그러나 임대차계약서를 공적으로 공개하는 것도 아니고, 확정일자부에는 청구인의 주소, 성명, 문서명 확정일자 부여일 등만 기재할 뿐 보증금액 등과 같은 계약내용을 기재하는 것이 아니므로 제3자로서는 임차인이 확정일자를 받았는지, 보증금이 얼마인지를 알 수 없다.

112) 대법원 1999. 3. 23. 선고 98다46938 판결.

다. 대항력 있는 임차인의 임대차기간 만료 전 우선변제청구

(1) 대항력 있는 임차인의 임대차기간 만료 전 임대차계약 해지

① 대항요건과 임대차계약증서상의 확정일자를 갖춘 임차인으로서는 그 주택에 관한 저당권자의 신청에 의한 임의경매 절차에서 2년 미만의 임대차가 종료되었음을 이유로 그 임차보증금에 관하여 우선변제를 청구할 수 있다.[114)

② 임차주택의 양수인에게 대항할 수 있는 임차권자라도 스스로 임대차관계의 승계를 원하지 아니할 때에는 승계되는 임대차관계의 구속을 면할 수 있다고 보아야 하므로, 임차주택이 임대차기간 만료 전에 경매되는 경우 임대차계약을 해지함으로써 종료시키고 우선변제를 청구할 수 있다.[115)

(2) 임차인이 배당요구를 해지의 의사표시로 볼 수 있는가? 또한 해지의 의사표시는 임대인에게 도달해야 하는가?

① 임대차의 목적물인 주택이 경매되는 경우 대항력을 갖춘 임차인이 임대차기간이 종료되지 아니하였음에도 경매법원에 배당요구를 하는 것은 스스로 더 이상 임대차관계의 존속을 원하지 아니함을 명백히 표명하는 것이어서 다른 특별한 사정이 없는 한 이를 임대차 해지의 의사표시로 볼 수 있다. 따라서 임차주택에 임대기간 만료 전에 경매되는 경우에 대항력 있는 임차인이 배당요구를 하고, 그 배당요구의 통지가 임대인에게 도달하였다면 임대차관계는 이로써 종료되어 임차인에게 우선변제권을 인정하여야 한다.[116)

② 임대차관계는 그 배당요구사실이 통지된 때에 해지로 종료되는 것이고, 임차인이 경매법원에 배당요구를 하였다는 사실만으로 곧바로 임대차관계가 종료된다고 볼 수는 없다.[117)

(3) 배당요구는 언제까지 철회할 수 있는가?

절차의 안정 및 다른 배당요구채권자 등 이해관계인의 이익을 위하여 배당요구의 철회는 매각기일까지만 허용된다.

---

113) 대법원 2008. 12. 24. 선고 2008다65242 판결: 집행력 있는 정본을 가진 채권자, 경매개시결정이 등기된 뒤에 가압류를 한 채권자, 민법·상법, 그 밖의 법률에 의하여 우선변제청구권이 있는 채권자는 배당요구의 종기까지 배당요구를 한 경우에 한하여 비로소 배당을 받을 수 있고, 적법한 배당요구를 하지 아니한 경우에는 실체법상 우선변제청구권이 있는 채권자라 하더라도 매각대금으로부터 배당을 받을 수 없으며, 배당요구의 종기까지 배당요구한 채권자라 할지라도 채권의 일부 금액만을 배당요구한 경우 배당요구의 종기 이후에는 배당요구하지 아니한 채권을 추가하거나 확장할 수 없다.

114) 대법원 1995. 5. 26. 선고 95다13258 판결.

115) 이 경우 임차인에게 인정되는 해지권은 임차인의 사전 동의 없이 임대차목적물인 주택이 경락으로 양도됨에 따라 임차인이 임대차의 승계를 원하지 아니할 경우에는 스스로 임대차를 종료시킬 수 있어야 한다는 공평의 원칙 및 신의성실의 원칙에 근거한 것이므로 해지통고 즉시 효력이 생긴다(대법원 1996. 7. 12. 선고 94다37646 판결).

116) 대법원 1996. 7. 12. 선고 94다37646 판결.

117) 대법원 1998. 9. 8. 선고 97다28407 판결.

라. 우선변제의 내용

(1) 임차인은 임차주택의 환가대금으로부터 후순위권리자, 기타 채권자보다 우선하여 보증금을 변제받을 권리가 있다. 임차인의 우선변제권은 저당권과 동일한 취급을 받는 것으로 이해한다.[118]

(2) 임차인의 임차주택의 환가대금 전부로부터 우선변제를 받고 주택가액의 1/2에 한한다는 제한이 없다.

(3) 임차인이 임차주택의 환가대금에서 우선 배당된 보증금을 수령하기 위해서는 임차주택을 양수인에게 인도하여야 한다.[119]

(4) 대항요건 및 확정일자를 갖춘 임차인과 소액임차인은 임차주택과 그 대지가 함께 경매될 경우뿐만 아니라 임차주택과 별도로 그 대지만이 경매될 경우에도 그 대지의 환가대금에 대하여 우선변제권을 행사할 수 있고, 이와 같은 우선변제권은 이른바 법정담보물권의 성격을 갖는 것으로서 임대차 성립 시의 임차 목적물인 임차주택 및 대지의 가액을 기초로 임차인을 보호하고자 인정되는 것이므로, 임대차 성립 당시 임대인의 소유였던 대지가 타인에게 양도되어 임차주택과 대지의 소유자가 서로 달라진 경우에도 마찬가지라 할 것이다.[120]

마. 이의제도

(1) 임차인의 우선변제의 순위와 보증금에 대하여 이의가 있는 이해관계인은 경매법원 또는 체납처분청에 이의를 신청할 수 있다(법 제3조의 2 제3항).

(2) 여기서 '이의'란 보증금의 우선변제의 순위와 보증금의 변제를 청구하는 임차인, 저당권자, 전세권자, 가등기담보권자, 기타 채권자의 행위에 대한 이해관계인 반대 또는 불복의 의사표시를 말한다.

6. 소액임차인(보증금 중 일정액)의 최우선변제권

가. 의의

(1) 임차인에게 채권자, 후순위 담보권자보다는 물론이고 자신보다 먼저 담보권을 설정한 담보권자(임대차계약의 대항요건을 갖추기 이전에 설정된 담보권자)보다도 우선하여 보증금 중 일정액을 변제받을 수 있는 권리.

---

118) 임차인의 우선변제권도 최종 3개월분의 임금 및 퇴직금채권(근로기준법)이나 당해세인 국세, 지방세보다는 후순위이다.
119) 경매실무상 임차물의 인도를 조건으로 배당액을 공탁하고, 우선변제된 보증금 상당의 배당금을 수령하고자 하는 임차인은 매수인(낙찰자)의 '명도사실확인서'를 제출하여 배당금을 지급받고 있다.
120) 대법원 2007. 6. 21. 선고 2004다26133 전원합의체 판결.

(2) 채권자가 채무자 소유의 주택에 관하여 채무자와 임대차계약을 체결하고 전입신고를 마친 다음 그 곳에 거주하였다고 하더라도 실제 임대차계약의 주된 목적이 주택을 사용·수익하려는 것에 있는 것이 아니고, 실제적으로는 소액임차인으로 보호받아 선순위 담보권자에 우선하여 채권을 회수하려는 것에 주된 목적이 있었던 경우에는 그러한 임차인을 주택임대차보호법상 소액임차인으로 보호할 수 없다.[121]

나. 최우선변제를 받을 수 있는 임차인 및 보증금의 범위

(1) 모든 담보권자보다 우선하여 변제받을 수 있는 <u>임차인의 범위</u>는 2010. 7. 26.부터 서울특별시는 7,500만 원 이하, 수도권정비계획법에 따른 과밀억제권역(서울특별시 제외)은 6,500만 원 이하, 광역시(수도권정비계획법에 따른 과밀억제권역에 포함된 지역과 군지역은 제외)는 5,500만 원 이하, 그 밖의 지역은 4,000만 원 이하인 임차인이다(법시행령 제4조).[122]

(2) 최우선변제권이 인정되는 <u>보증금의 범위</u>는 2010. 7. 26.부터 서울특별시 2,500만 원, 수도권정비계획법에 따른 과밀억제권역(서울특별시 제외)은 2,200만 원, 광역시(수도권정비계획법에 따른 과밀억제권역에 포함된 지역과 군지역은 제외)는 1,900만 원, 그 밖의 지역은 1,400만 원 이하로 한다(법시행령 제3조 제1항).[123]

(3) 최우선변제권이 인정되는 금액의 합계가 그 주택가액의 1/2을 초과하는 경우에는 1/2의 범위에서 최우선변제권이 인정된다.

(4) 하나의 주택에 임차인이 2명 이상인 경우에는,

① 이들이 그 주택에서 가정공동생활을 하는 경우에는 이들을 1명의 임차인으로 보아 이들의 보증금을 합산하고,

② 이들이 가정공동생활을 하지 않고 이들의 보증금의 합산액이 주택가액의 1/2을 초과하는 경우에는 그 각 보증금 중 일정액의 비율로 그 주택가액의 1/2에 해당하는 금액을 분할한 금액을 각 임차인의 보증금 중 일정액으로 본다(법시행령 제3조 제2항, 제3항, 제4항).[124]

---

121) 대법원 2001. 5. 8. 선고 2001다14733 판결.
122) 위 7,500만 원, 6,500만 원이나 5,500만 원, 4,000만 원을 초과하는 임차인에 대해서는 최우선변제권이 전혀 인정되지 않는다.
123) 예컨대, 제주에서 4,000만 원의 전세금으로 임차하고 있는 임차인은 임대차계약 전에 저당권이 설정되어 있더라도 1,400만 원까지는 선순위 저당권자보다 우선하여 변제받는다.
124) 예컨대, 제주에서 주택가격이 3,000만 원인 주택을 2,000만 원에 세 들어 살고 있는 경우에는 주택가액의 1/2인 1,500만 원까지 최우선변제권이 있다. 그리고 제주에서 주택가격이 6,000만 원인 주택을 甲과 乙이 각 2,500만 원에 세 들어 있으며 이들이 가정공동생활을 하는 경우에는 보증금 합산액이 5,000만 원이 되어 다른 담보권자보다 우선하여 변제받을 수 없다(합산액이 4,000만 원 이하인 경우에만 1,400만 원까지 최우선변제권이 있다). 또한 제주에서 주택가격이 6,000만 원인 주택을 甲과 乙이 각 2,500만 원에 세 들어 있으며 이들이 독립한 가정생활을 하는 경우에는 甲과 乙은 각 1,400만 원까지 최우선변제권이 있다. 이 경우 주택가격이 4,000만 원이라면 보증금 중 일정액의 합산액(2,800만 원)이 주택가격의 1/2을 초과하므로 甲과 乙은 각 1,000만 원까지만 최우선변제권이 있다.

다. 최우선변제를 받기 위한 요건

(1) 임차인이 경매신청 전까지 그 주택에 입주하고 있어야 하며, 또한 주민등록의 전입신고가 되어 있어야 한다. 확정일자인이 있어야 최우선변제권이 인정되는 것은 아니다.

(2) 대항요건은 매각기일(경락기일)까지 존속하고 있어야 한다. 공시방법이 없는 주택임대차에 있어서 주택의 인도와 주민등록이라는 요건은 그 우선변제권 취득 시에만 구비하면 족한 것이 아니고, 배당요구의 종기인 경락기일까지 계속 존속하고 있어야 한다.[125] 따라서 경매신청등기 전에 대항요건을 갖추어도 낙찰허가결정이 선고되기 전에 전출한 경우에는 우선변제권이 없다.

(3) 개정법 시행령의 시행 이전(2008. 8. 21.~2010. 7. 25.)에 담보권을 설정한 담보권자에게는 종전 규정이 그대로 적용되어 수도권 중 과밀억제권역에서는 6,000만 원 이하, 광역시에서는 5,000만 원 이하, 기타 지역에서는 4,000만 원 이하의 보증금으로 전세 사는 임차인만이 2,000만 원, 1,700만 원, 1,400만 원의 범위까지만 담보권자보다도 우선하여 최우선변제권이 인정된다.

7. 우선변제권과 최우선변제권의 행사(우선변제를 받는 방법)

가. 배당요구

(1) 임차인 자신이 집행권원을 얻어 강제경매를 신청한 경우에는 별문제 될 것이 없고, 입주주택에 대하여 다른 채권자의 신청으로 경매절차가 진행 중인 때에는 임차인은 자기가 임차인이라는 사실을 경매법원에 신고하는 권리신고를 하여야 하고, 배당금 지급을 받기 위하여 배당요구를 하여야 한다.[126]

(2) 이러한 배당요구는 첫 매각기일 이전으로서 집행법원이 정한 때까지 하면 된다(민사집행법 제84조 제1항). 경매법원은 임차인에 대한 배당금을 임차물의 인도를 조건으로 하여 공탁하고, 임차인은 목적물을 인도하였음을 증명하여 이를 지급받을 수 있다.

(3) 최우선변제를 받을 수 있는 소액임차인이라도 배당요구의 종기까지 배당요구를 하지 않으면 우선변제를 받을 수 없고, 경매절차에서 보증금을 지급받지 못한 이상 매수인에 대하여 보증금의 우선변제를 요구할 수 없다.[127]

(4) 만일 대항요건과 확정일자를 갖춘 임차인들이 주택임대차보호법 제8조 제1항에 의하여 보증금 중 일정액의 보호를 받는 소액임차인의 지위를 겸하는 경우, 먼저 소액임차인으로서 보호받는 일정액

---

125) 대법원 1997. 10. 10. 선고 95다44597 판결.
126) 대법원 2004. 2. 13. 자 2003마44 결정.
127) 다만, 소액임차인이 배당요구를 하지 아니하여 근저당권자가 소액임차인이 배당받아야 할 임차보증금 상당의 금원까지 배당받았다면 이에 의하여 실체법상의 권리가 확정되는 것은 아니므로 소액임차인은 근저당권자에 대하여 소액보증금 상당의 부당이득반환청구를 할 수 있다(대법원 1990. 3. 27. 선고 90다카315 판결).

을 우선 배당하고 난 후의 나머지 임차보증금채권액에 대해서는 대항요건과 확정일자를 갖춘 임차인으로서의 순위에 따라 배당을 하여야 하는 것이다.[128]

나. 대항력과 우선변제권을 겸유하고 있는 임차인의 배당요구

(1) 대항력과 확정일자를 갖춘 임차인은 임차주택의 양수인에게 보증금을 받을 때까지 임대차관계의 존속을 주장할 수 있는 권리와 임차주택의 가액으로부터 우선변제를 받을 수 있는 권리를 겸유하고 있다고 해석되고 이 두 가지 권리 중 하나를 선택하여 행사할 수 있고, 임차인이 경매절차에서 배당요구신청을 하였다가 이를 취하하였다 하여 이를 그 권리의 포기라고 볼 수 없으며, 임차인이 임차주택의 경매 당시 우선변제권을 행사하지 아니하였다 하더라도 그 보증금에 기한 대항력 행사에 어떤 장애가 있다고 할 수 없다.

(2) 이 두 가지 권리를 겸유하고 있는 임차인이 먼저 우선변제권을 선택하여 임차주택에 대하여 진행되고 있는 경매절차에서 보증금 전액에 대하여 배당요구를 하였다고 하더라도 그 순위에 따른 배당이 실시될 경우 보증금 전액을 배당받을 수 없었던 때에는 그 보증금 중 경매절차에서 배당받을 수 있었던 금액을 공제한 잔액에 관하여 매수인에 대항하여 이를 반환받을 때까지 임대차관계의 존속을 주장할 수 있다.[129]

(3) 주택임대차보호법 제3조 제3조의 2, 제4조의 규정에서 임차인에게 대항력과 우선변제권의 두 가지 권리를 인정하고 있는 취지가 보증금을 반환받을 수 있도록 보장하기 위한 데에 있는 점, 경매절차의 안정성, 경매 이해관계인들의 예측가능성 등을 아울러 고려하여 볼 때, 두 가지 권리를 겸유하고 있는 임차인이 우선변제권을 선택하여 임차주택에 대하여 진행되고 있는 경매절차에서 보증금에 대하여 배당요구를 하였다고 하더라도, 순위에 따른 배당이 실시될 경우 보증금 전액을 배당받을 수 없는 때에는 보증금 중 경매절차에서 배당받을 수 있는 금액을 공제한 잔액에 관하여 경락인에게 대항하여 이를 반환받을 때까지 임대차관계의 존속을 주장할 수 있고, 보증금 전액을 배당받을 수 있는 때에는 경락인에게 대항하여 보증금을 반환받을 때까지 임대차관계의 존속을 주장할 수는 없다고 하더라도 다른 특별한 사정이 없는 한 임차인이 경매절차에서 보증금 상당의 배당금을 지급받을 수 있는 때, 즉 임차인에 대한 배당표가 확정될 때까지는 경락인에 대하여 임차주택의 명도를 거절할 수 있는바, 경락인의 임차주택의 명도청구에 대하여 임차인이 동시이행의 항변을 한 경우 동시이행의 항변 속에는 임차인에 대한 배당표가 확정될 때까지 경락인의 명도청구에 응할 수 없다는 주장이 포함되어 있는 것으로 볼 수 있다.[130]

---

128) 대법원 2007. 11. 15. 선고 2007다45562 판결.
129) 대법원 1997. 8. 22. 선고 96다53628 판결.
130) 대법원 1997. 8. 29. 선고 97다11195 판결.

(4) 대항력과 우선변제권을 겸유하고 있는 임차인이 배당요구를 하였으나 보증금을 전액을 배당받지 못하였다면 임차인은 임차보증금 중 배당받지 못한 금액을 반환받을 때까지 그 부분에 관해서는 임대차관계의 존속을 주장할 수 있으나, 그 나머지 보증금 부분에 대해서는 이를 주장할 수 없으므로, 임차인이 그의 배당요구로 임대차계약이 해지되어 종료된 다음에도 계쟁 임대부분의 적정한 임료 상당액 중 임대차관계가 존속되는 것으로 보는 배당받지 못하는 부분을 제외한 나머지 보증금에 해당하는 부분에 대해서는 부당이득을 얻고 있다고 할 것이어서 이를 반환하여야 한다.[131]

다. 전세권과의 관계

주택임차인으로서 우선변제를 받을 수 있는 권리와 전세권자로서 우선변제를 받을 수 있는 권리는 근거 규정 및 성립요건을 달리하는 별개의 것이므로 법상 대항력을 갖춘 임차인이 임차주택에 관하여 전세권설정등기를 경료하였다거나 전세권자로서 배당절차에 참가하여 전세금의 일부에 대하여 우선변제를 받은 사유만으로는 변제받지 못한 나머지 보증금에 기한 대항력 행사에 어떤 장애가 있다고 볼 수 없다.[132]

라. 경매청구권

임차인이 임차주택에 대하여 보증금반환청구소송의 확정판결이나 그 밖의 집행권원에 기한 경매를 신청하는 경우에는 집행 개시요건에 관한 민사집행법 제41조에도 불구하고 반대의무의 이행 또는 이행의 제공을 집행 개시의 요건으로 하지 아니한다.

마. 가압류와 우선변제권과의 관계

(1) 부동산 담보권자보다 선순위의 가압류채권자가 있는 경우에 그 담보권자가 선순위의 가압류채권자와 채권액에 비례한 평등배당을 받을 수 있는 것과 마찬가지로 위 규정에 의하여 우선변제권을 갖게 되는 임차보증금채권자도 선순위의 가압류채권자와는 평등배당의 관계에 있게 된다.

(2) 가압류채권자가 주택임차인보다 선순위인지는, 임대차계약증서상의 확정일자 부여일을 기준으로 삼는 것으로 해석함이 타당하므로, 대항요건을 미리 갖추었다고 하더라도 확정일자를 부여받은 날짜가 가압류일자보다 늦은 경우에는 가압류채권자가 선순위라고 볼 수밖에 없다.[133]

---

131) 대법원 1998. 7. 10. 선고 98다15545 판결.
132) 대법원 1993. 12. 24. 선고 93다39676 판결.
133) 대법원 1992. 10. 13. 선고 92다30597 판결.

V. 상가건물임대차보호법[134]의 주요 쟁점

1. 적용범위

가. 상가건물의 임대차

(1) 상가건물이란 부가가치세법 제5조, 소득세법 제168조 또는 법인세법 제111조의 규정에 의한 사업자 등록의 대상이 되는 건물을 말한다. 사업자등록은 신규로 사업을 개시하는 경우에 하는 것이므로 상가건물 임대차보호법의 적용대상이 되는 건물은 사업용 내지 영업용 건물이어야 하고, 비사업용 내지 비영업용 건물이어서는 안 된다. 사업 내지 영업의 종류는 묻지 않는다.

(2) 사업자등록을 요하지 않는 공익재단, 종중이나 동창회 사무실, 교회 등 비영리단체의 건물임대차에는 상가건물임대차보호법(이하 '법'이라 한다)이 적용되지 않는다. 임차한 부분 전체를 영업용으로 사용하는 경우는 물론 주된 부분을 영업용으로 사용하는 경우에도 그 적용이 있다.

(3) 이 법은 상가건물의 등기하지 아니한 전세계약에 관해서도 적용되나(법 제17조), 일시사용을 위한 임대차임이 명백한 경우에는 적용되지 아니한다(법 제16조).

나. 일정액의 보증금

(1) 상가건물 임대차보호법의 적용범위는 차임이 없는 경우에는 보증금액만을 기준으로 하지만, 보증금 이 외에 차임이 있는 경우의 차임액은 월 단위의 차임액으로 하며, 그 경우에는 그 차임액에 1분의 100을 곱하여 환산한 금액을 말한다.

(2) 차임이 있는 경우 [보증금＋월차임×100]으로 환산한 금액이 법 적용 여부의 기준이 되는 금액이 된다. 예컨대 보증금이 1억 원이고 월차임이 100만 원이면 환산보증금{1억 원＋(100만 원×100)}은 2억 원이 된다.

(3) 보증금액이 시행령 제2조에 정해진 금액을 조금이라도 넘는 경우에는 상가건물 임대차보호법의 적용대상이 아니므로 이 법에 의한 보호를 받지 못한다. 보증금을 인상한 결과 인상된 보증금이 위 정해진 금액을 넘는 경우에도 이 법의 적용대상에서 제외된다. 이른바 권리금은 보증금이 아니므로

---

134) 상가건물 임대차에 관하여 민법에 관한 특례를 규정함으로써 국민 경제생활의 안정을 보장함을 목적으로 상가건물임대차보호법이 제정되어 2002. 11. 1.부터 시행되고 있다. 2001. 12. 29. 위 법 제정 당시에는 위 법의 시행시기가 2003. 1. 1.로 되어 있었으나, 위 법 제정 후 차임이 과도하게 인상되고, 계약해지권이 남발되는 등 문제점이 발생하여 위 법을 시행하기도 전에 2002. 8. 26. 법률 제6718호로 위 법의 시행시기를 2002. 11. 1.로 앞당기는 이례적인 개정입법을 단행한 바 있다. 그 후 몇 차례의 개정을 거쳐 현재 2011. 4. 12. 법률 제10580호 개정법이 시행되고 있다.(이하 본 절에서 조문 인용 시 상가건물 임대차보호법을 '법'이라 약칭한다)

법 적용 여부를 결정하는 기준이 될 수 없다. 관리비나 전기·수도의 사용요금 등도 보증금의 산정에 포함되지 않는다. 부가가치세 포함 여부에 대해서는 논란이 있다.

(4) 임차건물의 일부는 주거로, 일부는 상가로 사용하면서 주민등록과 사업자등록이 모두 되어 있는 경우 주택임대차인지, 상가건물임대차인지 논란이 있다.

(5) 상가건물 임대차보호법은 임차권의 공시방법으로 사업자등록을 요구하고, 임차인의 계약갱신요구권 등을 제외하고, 주택임대차보호법을 본 따 제정한 것이므로 주택임대차보호법의 해석이 그대로 상가건물임대차에도 원용된다.

[주택임대차와 상가건물임대차의 비교]

	주택임대차	상가건물임대차
적용범위 (보증금)	제한 없음	**서울특별시** 3억 원 이하 **수도권과밀억제권역(서울 제외)** 2억 5,000만 원 이하 **광역시(수도권과밀억제권역과 군, 제외)** 1억 8,000만 원 이하 **기타 지역** 1억 5,000만 원 이하
대항력 요건	주택의 인도와 주민등록 전입신고 다음 날부터 효력	건물의 인도와 사업자등록 다음 날부터 효력
임대차기간	최소 2년	최소 1년 5년 존속 보장
계약의 갱신	묵시의 갱신(기간 2년)	갱신요구에 의한 갱신 (기간은 전 임대차와 동일) 묵시의 갱신(기간 1년)
차임증액 청구	1/20(5%) 이내	9/100(9%) 이내
보증금의 월차임 전환 시 산정률	연 14% 이내	연 15% 이내
소액보증금 우선변제권	**서울특별시** 7,500만 원 이하(A) - 2,500만 원 이하(B) **수도권과밀억제권역** 6,500만 원 이하(A) - 2,200만 원 이하(B) **광역시(군, 인천 제외)** 5,500만 원 이하(A) - 1,900만 원 이하(B) **기타 지역** 4,000만 원 이하(A) - 1,400만 원 이하(B)	**서울특별시** 5,000만 원 이하(A) - 1,500만 원 이하(B) **수도권과밀억제권역(서울 제외)** 4,500만 원 이하(A) - 1,350만 원 이하(B) **광역시(군, 인천 제외)** 3,000만 원 이하(A) - 900만 원 이하(B) **기타 지역** 2,500만 원 이하(A) - 750만 원 이하(B)

A = 우선변제를 받을 수 있는 소액임차인의 범위
B = 우선변제를 받을 소액보증금의 범위

2. 대항력

가. 대항력의 의미

(1) 법 제3조 제1항은 건물의 인도와 사업자등록의 신청을 대항력의 발생요건으로 규정하고 있다. 임차인이 건물의 인도와 사업자등록신청을 하기 전에 그 상가에 이미 저당권등기나 가압류, 가등기 등이 마쳐진 경우 임차인은 그들에 대하여 대항력을 주장하지 못하므로, 그러한 저당권, 가압류에 따른 경매나 가등기에 의한 본등기로 소유권자가 새로이 변경된 경우 임차권은 소멸한다.

(2) 대항력이 생기려면 임대차계약서상 내용이 사업자등록사항과 일치하고 임대차계약서상 임대차 목적물이 등기부등본 등 공적장부와 일치하여야 대항력이 인정되므로 이를 반드시 일치시켜야 한다. 임대인의 인적사항, 보증금, 차임, 임대차기간, 면적, 임대차 목적물, 건물 일부 임차 시 해당 도면 등이 변경되는 경우 임차인은 반드시 사업자등록 정정신고를 하여야 한다.

나. 상가건물의 인도

(1) 임차인이 임대인으로부터 상가건물의 점유(사실상의 지배)를 이전받는 것을 말한다. 현실인도는 물론 간이인도, 점유개정에 의한 인도, 목적물반환청구권의 양도 등도 포함한다.

(2) 주택의 경우에는 외관상으로 입주 등에 의하여 그 점유의 이전이 비교적 뚜렷하나, 상가건물의 경우 특히 건물의 일부에 대한 임대차의 경우 점유의 이전 여부가 외관상 뚜렷하지 않은 경우가 있을 수 있다.

다. 사업자등록

(1) 사업자와 사업자등록

사업자라 함은 영리목적의 유무에 불구하고 사업상 독립적으로 재화 또는 용역을 공급하는 자를 말하고, 개인사업자뿐만 아니라 법인 및 비법인사단·재단, 기타 단체도 포함된다(부가가치세법 제2조 제1항, 제2항). 사업자등록이 대항력을 취득하기 위하여 적법한 것인지는 세법상의 사업자등록의 개념에 따라 판단할 것이 아니라 이해관계인인 제3자의 지위에서 해당 상가건물을 임차한 자가 사업자등록을 마친 자임을 확인할 수 있는지에 따라 판단하여야 한다.

(2) 사업자등록신청절차

신규로 사업을 개시하는 사업자는 사업장마다 사업개시일부터 20일 이내 사업장 관할 세무서장에게 필요한 서류를 첨부하여 사업자등록신청서를 제출하여야 하고, 사업자등록을 신청받은 세무서장은 필요한 요건이 갖추어져 있으면 사업자등록부에 등재하고 등록번호가 부여된 사업자등록증을 신청일로부터 7일 내에 신청자에게 교부하여야 한다.

(3) 사업자등록의 유효 여부

① **적법한 사업자등록신청의 경우**: 사업자가 사업자등록에 필요한 요건을 갖추어 사업자등록을 신청하였으나, 관할 세무서장이 이를 수리하지 아니한 경우에는 관할 세무서장을 상대로 사업자등록거부처분의 취소 내지 사업자등록신청 반려처분의 취소를 구하는 행정소송을 제기할 수 있고, 이 소송에서 승소판결을 받은 경우 최초 신청 시에 사업자등록신청이 있었던 것으로 보아야 할 것이다.

② **부적법한 사업자등록신청의 경우**: 사업자가 사업자등록에 필요한 요건을 갖추지 못하여 관할 세무서장이 그 신청을 거부 또는 반려하거나 보완을 명하는 경우 요건을 갖추어 재신청을 하거나 보완을 한 때 사업자등록신청이 있는 것으로 볼 것이다.

③ **사업자등록이 정정된 경우**: 사업장 소재지, 상호, 대표자 등 변경사항이 있는 때에는 사업자등록사항을 정정할 수 있고, 사업자등록정정일은 사업자등록정정신청서가 관할 세무서장에게 접수된 때를 말하므로 사업자등록정정신청을 한 때에는 그때부터 변경사항에 관한 사업자등록이 사업자등록으로서의 효력을 가진다.

④ **사업자등록이 말소되는 경우**: 사업자등록이 말소되는 경우는 사업자가 폐업신청을 하거나 관할 세무서장이 직권으로 말소하는 경우가 있다. 폐업신청의 경우 폐업일은 사업장별로 그 사업을 실질적으로 폐업하는 날로 하되 폐업한 때가 명백하지 아니한 경우에는 휴업(폐업)신고서의 접수일을 폐업일로 본다(부가가치세법 시행령 제6조 제1항, 제2항, 제10조). 사업자가 폐업신고를 하여 사업자등록이 말소된 경우에는 그때부터 사업자등록이 효력을 상실한다. 사업자가 사업개시일 전에 사업자등록 후 사실상 사업을 개시하지 아니하여 관할 세무서장이 직권으로 사업자등록을 말소하는 경우에는 직권말소된 때부터 사업자등록이 효력을 상실한다. 사업자등록신청이 요건을 갖추지 못하여 부적법하였으나 수리하여 등록신청이 된 경우 후에 이 등록이 말소되더라도 말소 시까지는 대항력을 갖춘 것으로 본다.

라. 대항력의 발생시기

(1) 상가건물임대차보호법상의 대항력은 건물의 인도와 사업자등록을 신청한 다음 날부터 효력을 발생한다. 사업개시일 이전에 사업자등록을 한 경우에도 사업자등록을 신청한 다음 날부터 효력을 발생

한다. 폐업신고 후 다시 사업자등록신청을 한 경우 폐업신고로 인하여 대항력이 소멸하고 새로이 사업자등록을 신청한 다음 날부터 대항력이 생긴다.

(2) 사업자등록을 신청하였으나 요건의 흠결로 등록이 거부된 때에는 사업자등록이라는 요건을 충족한 사실이 없으므로 등록신청일 다음 날부터 잠정적으로 생긴 대항력은 소급적으로 소멸하는 것으로 본다.

(3) 상가건물임대차의 공시방법인 사업자등록은 주택임대차의 공시방법인 주민등록과 마찬가지로 대항력의 취득요건일 뿐만 아니라 존속요건이기도 하므로, 경매절차에서 배당요구의 종기까지 존속하고 있어야 한다. 따라서 사업자등록이 말소, 변경되는 경우 종전에 취득하고 있던 대항력은 상실하게 된다.

마. 사업자등록의 열람

(1) 상가건물 임대차보호법은 등록사항의 열람 및 제공을 요청할 수 있는 자의 범위를 '건물의 임대차에 관하여 이해관계가 있는 자'로 정하고 있고, 임대인이나 임차인 등 임대차계약의 당사자, 소유자 외에 상가건물에 대한 권리를 취득하려고 하는 자와 경매절차의 이해관계인도 상가건물의 임대차에 관하여 이해관계 있는 자에 해당한다.

(2) 이해관계인이 열람을 통하여 상가건물에 사업장을 임차한 사업자가 존재하는지를 명백히 인식할 수 있는 경우에만 공시방법을 갖춘 것으로 볼 것이다. 상가건물의 등기부상 지번과 임대차계약서상의 임차목적물의 지번이 일치하여야 적법한 사업자등록이 될 것이다.

(3) 사업자등록을 신청한 자와 임차인이 다를 경우에는 대항력을 인정하기 어렵다. 사업자등록신청단계에서 임차인 명의와 다른 타인 명의의 사업자등록은 불허될 것이나, 임차인인 사업자가 타인 명의로 사업자등록을 한 경우에는 공시방법을 갖추지 못한 것으로 될 것이다.

3. 상가건물임차권의 존속보장

가. 임대차기간

기간의 정함이 없거나 기간을 1년 미만으로 정한 임대차는 그 기간을 1년으로 본다.

나. 임차인의 계약갱신요구권

(1) 임차인이 거액의 시설비를 투자하고 계약기간 만료를 이유로 단기간에 명도당하는 불이익을 배제

하기 위하여 임차인에게 최초의 임대차 기간을 포함한 전체 임대차 기간이 5년을 초과하지 않는 범위 내에서 임대인에 대해 갱신요구권을 행사할 수 있다.[135] 이에 대해 임대인은 정당한 사유 없이는 이를 거절하지 못한다.

그러나 다음과 같은 경우에는 임대인은 임차인의 갱신요구를 거절할 수 있다.

① 임차인이 3기의 차임액에 달하도록 차임을 연체한 사실이 있는 경우,

② 임차인이 거짓 그 밖의 부정한 방법으로 임차한 경우,

③ 쌍방 합의하에 임대인이 임차인에게 상당한 보상을 제공한 경우,

④ 임차인이 임대인의 동의 없이 목적 건물의 전부 또는 일부를 재차 임대한 경우,

⑤ 임차한 건물을 고의 또는 중대한 과실로 파손한 경우,

⑥ 임차한 건물의 전부 또는 일부가 멸실되어 임대차의 목적을 달성하지 못하는 경우,

⑦ 임대인이 목적 건물의 전부 또는 대부분을 철거하거나 재건축하기 위하여 목적 건물의 점유회복이 필요한 경우,

⑧ 그 밖에 임차인이 임차인으로서의 의무를 현저히 위반하거나 임대차를 존속하기 어려운 중대한 사유가 있는 경우

(2) 상가건물의 재건축을 위하여 건물주가 그 점유회복의 필요성이 있는 경우에는 계약갱신권이 제한되기 때문에 건물주가 상가의 재건축을 위하여 계약 갱신을 거절한 경우 임차인은 상가건물임대차보호법상 보호를 받는 것을 이유로 계약의 갱신을 주장할 수 없다.

(3) 이처럼 임차인의 계약갱신요구권은 최초의 임대차 기간을 포함한 전체 임대차 기간이 5년을 초과하지 않는 범위 내에서만 행사할 수 있다. 그리고 임차인은 재계약을 원할 경우 임대차기간 만료 전 6월부터 1월까지 사이에 내용증명 등을 발송하여 임대차계약의 갱신을 요구할 수 있다.

(4) 임대인이 위 기간 이내에 임차인에 대하여 갱신거절의 통지 또는 조건의 변경에 대한 통지를 하지 아니한 경우에는 그 기간이 만료된 때에 전임대차와 동일한 조건으로 다시 임대차한 것으로 보고 결국 기간이 없는 임대차로 되어 임대차기간은 1년이 된다. 다만, 차임과 보증금은 상가건물임대차보호법 제11조의 규정에 의한 범위 안에서 증감할 수 있다. 이 경우에 임대차의 존속기간은 정함이 없는 것으로 보고, 이러한 경우 임차인은 언제든지 임대인에 대하여 계약해지의 통고를 할 수 있고, 임대인이 그 통고를 받은 날부터 3월이 경과하면 그 효력이 발생한다(법 제11조).

---

135) 상가건물 임대차보호법 제10조 제2항은 "임차인의 계약갱신요구권은 최초의 임대차 기간을 포함한 전체 임대차 기간이 5년을 초과하지 않는 범위 내에서만 행사할 수 있다"라고 규정하고 있는바, 위 법률규정의 문언 및 임차인의 계약갱신요구권을 전체 임대차 기간 5년의 범위 내에서 인정하게 된 입법 취지에 비추어 볼 때 '최초의 임대차 기간'이라 함은 위 법 시행 이후에 체결된 임대차계약에 있어서나 위 법 시행 이전에 체결되었다가 위 법 시행 이후에 갱신된 임대차계약에 있어서 모두 당해 상가건물에 관하여 최초로 체결된 임대차계약의 기간을 의미한다고 할 것이다[대법원 2006. 3. 23. 선고 2005다74320 판결]. - 피고가 이 사건 부동산을 1993.경 최초로 임차하여 계속 점유·사용하여 오고 있으므로 위 최초 임차일로부터 5년이 이미 경과한 시점에서 피고는 더 이상 원고에게 계약갱신을 요구할 수 없다고 판단한 사례-

다. 보증금의 월세전환

(1) 보증금의 전부 또는 일부를 월 단위의 차임으로 전환하는 경우에는 그 전환되는 금액에 은행법에 의한 금융기관에서 적용하는 대출금리 및 당해 지역의 경제여건 등을 감안하여 지금 현재 대통령령이 정하는 비율인 연 15%를 곱한 월차임의 범위를 초과할 수 없다.

(2) 이와 같이 보증금 등을 인상한 결과 보증금액이 위와 같은 상가건물 임대차보호법시행령 제2조가 정하고 있는 범위를 초과하는 경우에는 상가건물임대차보호법의 적용대상에서 제외된다는 점에 유의하여야 한다.

라. 차임 등의 증감청구권

(1) 차임 또는 보증금이 임차건물에 관한 조세, 공과금 그 밖의 부담의 증감이나 경제사정의 변동으로 인하여 상당하지 아니하게 된 때에는 당사자는 장래에 대하여 그 증감을 청구할 수 있다.

(2) 그러나 증액의 경우에는 증액을 청구할 당시 약정 보증금, 차임의 연 9%를 초과하지 못한다. 2008. 8. 21. 시행령 개정 전에는 연 12%였다. 그리고 이러한 증액청구는 임대차계약 또는 약정한 차임 등의 증액이 있은 후 1년 이내에는 이를 하지 못한다(법 제11조).

4. 보증금반환청구권의 보장

가. 순위에 의한 우선변제권

(1) 상가건물임차인이 대항요건을 갖추고 관할 세무서장으로부터 임대차계약서상의 확정일자를 받은 경우 경매나 공매 시 임차한 대지를 포함한 상가건물의 환가대금에서 확정일자를 기준으로 후순위권리자 그 밖의 채권자보다 우선하여 변제받을 수 있다.

(2) 상가건물임차인이 건물인도를 받고 사업자등록신청을 한 그다음 날부터 대항력이 발생하나 저당권은 설정등기를 마친 날에 우선변제권이 발생하기 때문에 상가임차인이 사업자등록신청과 확정일자를 상가에 입주하는 당일에 하였더라도 같은 날 저당권이 설정될 경우 저당권이 임차권에 우선한다.

(3) 상가건물의 임차인이 임대차보증금 반환채권에 대하여 상가건물 임대차보호법상 대항력 또는 우선변제권을 가지기 위한 인도 및 사업자등록의 요건은 배당요구의 종기까지 갖추고 있어야 하므로 사업자등록을 마친 사업자가 폐업신고를 한 후에 다시 같은 상호 및 등록번호로 사업자등록을 한 경우, 상가건물 임대차보호법상의 대항력 및 우선변제권이 그대로 존속한다고 볼 수 없다.[136]

(4) 사업자등록신청 시 사업장 주소지 등을 잘못 기재하여 사실과 다르게 사업자등록이 된 경우에는 보호를 받을 수 없으므로 등기부등본 등에 의하여 주소지와 지번 등을 철저히 확인할 필요가 있다.

나. 최우선변제권

(1) 일정한 경우 소액의 상가건물임차인은 임차건물이 경매 또는 공매절차를 통해 환가되는 경우에도 임차인이 경락대금 등의 환가대금에서 보증금 중 일정액을 최우선하여 변제받을 수 있는 권리를 가진다.

(2) 소액임차인이 갖는 최우선변제권은 임차목적물에 대한 경매신청의 등기 전에 대항력을 갖추면 성립하고 확정일자를 구비하지 않은 경우에도 이 권리가 보장된다. 소액임차인의 최우선변제권은 임대건물가액의 3분의 1의 범위 안에서 보증금 중 일정액의 범위 내에서 인정된다.

(3) 2010. 7. 26. 이후 서울특별시의 경우에는 5,000만 원 이하의 보증금으로 입주하고 있는 임차인에 한해서만 1,500만 원까지, 수도권정비계획법에 따른 과밀억제권역(서울특별시 제외)은 4,500만 원 이하의 보증금으로 입주하고 있는 임차인에 한해서만 1,350만 원까지, 광역시는 3,000만 원 이하의 보증금으로 입주하고 있는 임차인에 한해서만 900만 원까지, 그 밖의 지역은 2,500만 원 이하의 보증금으로 입주하고 있는 임차인에 한해서만 750만 원까지 최우선변제권이 인정된다(각 그 상가건물가액 1/3의 범위 안에서).[137]

---

136) 상가건물의 임차인이 임대차보증금 반환채권에 대하여 상가건물임대차보호법 제3조 제1항 소정의 대항력 또는 같은 법 제5조 제2항 소정의 우선변제권을 가지려면 임대차의 목적인 상가건물의 인도 및 부가가치세법 등에 의한 사업자등록을 구비하고, 관할세무서장으로부터 확정일자를 받아야 하며, 그중 사업자등록은 대항력 또는 우선변제권의 취득요건일 뿐만 아니라 존속요건이기도 하므로, 배당요구의 종기까지 존속하고 있어야 한다. 그런데 신규로 사업을 개시한 자가 휴업 또는 폐업하거나 사업개시일 전에 등록한 자가 사실상 사업을 개시하지 아니하게 되는 때에는 지체 없이 관할세무서장에게 신고하여야 하고, 사업자가 폐업하거나 사업개시일 전에 등록한 자가 그 후 사실상 사업을 개시하지 아니하게 되는 때에는 사업장 관할세무서장은 지체 없이 그 등록을 말소하여야 한다고 규정하고 있는 부가가치세법 제5조 제4항, 제5항의 규정 취지에 비추어 보면, 상가건물을 임차하고 사업자등록을 마친 사업자가 임차 건물의 전대차 등으로 당해 사업을 개시하지 않거나 사실상 폐업한 경우에는 그 사업자등록은 부가가치세법 및 상가건물 임대차보호법이 상가임대차의 공시방법으로 요구하는 적법한 사업자등록이라고 볼 수 없고, 이 경우 임차인이 상가건물 임대차보호법상의 대항력 및 우선변제권을 유지하기 위해서는 건물을 직접 점유하면서 사업을 운영하는 전차인이 그 명의로 사업자등록을 하여야 할 것이다[대법원 2006. 10. 13. 선고 2006다56299 판결; 대법원 2006. 1. 13. 선고 2005다64002 판결]. - 점포의 임차인인 피고가 사업자등록 후인 2003. 5. 27. A에게 이 사건 점포를 전대하고, 그 무렵 스낵코너 영업을 그만두어 사실상 스낵코너 영업을 폐업함으로써 사업자등록은 부가가치세법 및 상가건물 임대차보호법이 상가건물임대차의 공시방법으로 요구하는 적법한 사업자등록으로 볼 수 없게 되었고, 한편 위 점포를 전차하여 스낵코너 영업을 한 A는 그 명의로 이 사건 점포에 대하여 사업자등록을 한 바 없으므로, 피고는 이 사건 점포에 대하여 대항력 및 우선변제권을 상실하였다고 판단한 사례-

137) 예컨대 서울특별시에 소재하고 있는 상가건물에 보증금 4,000만 원으로 입주하고 있는 임차인은 1,500만 원까지 최우선변제권을 주장할 수 있을 뿐이므로, 나머지 부분에 대해서는 확정일자를 구비하여야 순위에 의한 우선변제권이 인정된다.

VI. 주택 및 상가건물 임대차보호법 사례 연습

1. 다음 사례의 경우 주택임대차보호법 및 상가건물임대차보호법이 적용되는가?

(1) 甲은 乙로부터 방 2개(7㎡짜리 1개, 9㎡짜리 1개)와 주방 1개(9㎡)가 포함되어 있는 근린생활시설 100㎡를 임차하여 PC방을 경영하고 있다. 甲은 별도의 거주지로 다세대주택이 있으나, 임차목적물의 방과 주방을 주거목적으로 사용하고 있다.

(2) 甲은 2010. 10. 1. 음식점을 경영할 목적으로 乙과 乙 소유의 서울 강북구 미아동 482 소재 건물 중 500㎡를 임대보증금 2억 원, 월차임 100만 원, 임대차기간 1년으로 정하여 임대차계약을 체결하고 그 무렵 乙에게 위 임대보증금을 지급한 후 위 건물에서 음식점 영업을 하고 있다.

2. 다음 사례의 경우 甲은 주택임대차보호법이 정하는 대항력을 구비하고 있는가?

(1) 甲은 2009. 4. 1. 乙로부터 서울 강남구 수서동 123 살고파아파트 1동 101호를 임차한 다음 2009. 4. 15. 가족과 함께 위 아파트로 전입신고를 하였는데, 2009. 12. 1. 여전히 위 아파트에 거주하고 있으면서 은행 대출관계로 주민등록만을 일시적으로 서울 송파구 삼전동 234로 이전하였다.

(2) 甲은 2008. 7. 1. 서울 송파구 소재의 단독주택을 구입하여 부인 명의로 소유권이전등기를 마치고 2008. 7. 15. 전입신고를 마치고 거주하다가 사업자금을 조달하기 위하여 2009. 2. 1. 그 주택을 乙에게 매도함과 동시에 乙로부터 다시 이를 임차하여 임차인으로 계속하여 거주하고 있는데, 위 매매계약에 따른 乙 명의 소유권이전등기는 2010. 4. 1.에 마쳤다.

(3) 甲은 임대인 乙로부터 주택을 임차하였으나, 자신이 직접 거주하지 않을뿐더러 전입신고도 하지 않은 상태에서 乙의 승낙을 받아 丙에게 임차주택을 전대하였고, 전차인인 丙이 주택을 인도받아 자신의 전입신고를 마쳤다. 甲이 乙로부터 별도의 승낙을 얻지 아니하고 丙에게 임차물을 사용·수익하도록 한 경우에는 어떻게 되는가?

(4) 甲 주식회사는 직원용 기숙사로 제공하기 위하여 乙 소유의 제주시 아라동 123 백록아파트 101동 501호를 임차하여 그 임대차계약서에 확정일자를 갖춘 후 실제 거주하고 있는 직원 A 명의로 전입신고를 마쳤다.

(5) 乙은 단독주택으로 건축허가를 받아 제주시 오라동 123 지상에 6가구로 구성된 다가구용 3층 단독주택을 준공(건축물대장에는 구분소유가 불가능한 단독주택으로 등재됨)한 후 위 주택의 각 가구를 1층 101호, 102호, 2층 201호, 202호, 3층 301호, 302호로 구분한 다음 임대를 하였다. 甲은 2009. 3. 1. 위 주택 중 1층 102호 부분을 임차하여 입주하고 전입신고를 하면서 위 주택의 지번인 '제주시 오라동 123'으로만 기재하여 전입신고를 하였는데, 그 후 위 주택에 관하여 소유권보존등기가 될

때 각 가구를 구분건물로 하여 구분등기가 마쳐졌다. 그러나 관할인 제주시청에서는 종전에 단독주택으로 등록한 일반건축물대장을 그대로 두고 집합건축물대장을 작성하지는 아니하였다.

(6) 甲은 2008. 4. 1. 乙이 제주시 아라동 543에 신축하고 있는 다세대주택 한라빌라 3동(당시 위 빌라는 사용 가능한 정도로 완성되어 있었는데, 각 동 입구에 '가', '나', '다'동으로 표시되어 있었다) 중 '다동 301호'(이하 '이 사건 건물'이라 함)를 임차하여 입주한 후 2008. 4. 15. "제주시 아라동 543 '다' – 301"로 전입신고를 하였다. 그 후 이 사건 건물을 포함한 위 다세대주택들이 준공되고, 이에 관한 집합건축물대장이 작성되면서 이 사건 건물은 그 건축물대장에 "제주시 아라동 543 'B동' – 301호"로 등재되었고, 2008. 5. 15. 이 사건 건물에 관한 소유권보존등기가 될 때 그 표제부에 "제주시 아라동 543 '비(B)동' 제3층 301호"로 등재되었다. 甲은 이 사건 건물에 관한 건축물대장 및 등기부의 표시와 주민등록상의 표시가 위와 같이 일치하지 않음을 알게 되자 2008. 10. 1. "제주시 아라동 543 '비'동 3층 301호"로 주민등록상의 주소정정신고를 하였다. 한편, 이 사건 건물에 관하여 2008. 6. 21. A 은행을 근저당권자로 한 근저당권설정등기가 마쳐졌고, 그 후 A 은행의 위 근저당권에 기한 임의경매신청에 의하여 개시된 경매절차에서 丙이 이 사건 건물을 매각 받고 2009. 8. 20. 그 소유권이전등기를 마쳤다. 위 사례에서 경매절차 중 근저당권자인 A 은행이나 매각 받은 丙이 甲의 주민등록상의 주소인 '다동 301호'가 등기부 등의 주소인 '비(B)동 301호'를 지칭하는 것으로 알고 있었다거나 알 수 있었다고 가정한다면 어떠한가?

3. 다음의 사례에서 임차인 甲은 현재의 소유자(양수인)에게 주택임대차보호법상의 대항력을 주장할 수 있는가?

(1) 甲은 2008. 12. 27. 乙로부터 미등기상태인 서울 강남구 수서동 123 – 4 지상 철근콘크리트조 슁글지붕 5층 사랑아파트 303호를 임차하여 2009. 2. 17. 수서동사무소에 주민등록전입신고를 하면서 전입신고서의 신거주지 주소란에 '서울 강남구 수서동 123 사랑아파트 303호'로 기재한 전입신고서를 담당공무원에게 제출하였다. 한편, 2008. 8. 27. 서울 강남구 수서동 123 – 3 토지로부터 같은 동 123 – 4 토지가 분할되었는데 甲으로부터 전입신고를 받은 수서동 주민등록 담당공무원은 위 123 – 3으로부터 123 – 4가 분할된 것을 알지 못하고 甲이 전입신고서에 기재한 아파트의 지번 123 – 4를 123 – 3으로 수정할 것을 요구하고, 위 아파트는 아직 사용승인을 받지 못하여 집합건축물대장이 작성되지 아니한 관계로 주민등록에 관한 전산프로그램상 특수주소가 등록되어 있지 않아 주민등록표에 아파트의 호수를 기재할 수 없다고 하면서 전입신고서에 표시된 호수 표시를 삭제하라고 요구하여, 甲은 담당공무원의 요구에 따라 지번을 123 – 3으로 수정하고 호수 표시를 삭제한 후 전입신고서를 다시 제출하여 결국 甲의 주민등록표상 주소는 '서울 강남구 수서동 123 – 3'으로만 등록되었다. 그후 2009. 4. 17. 위 아파트의 전유 부분에 관하여 소유권보존등기가 경료되었고, 같은 날 A금고 명의

로 근저당권설정등기가 경료되었으며, 甲은 2009. 4. 18. 특수주소변경신청을 하여 甲의 주민등록상 주소가 서울 강남구 수서동 123 - 4 사랑아파트 303호로 수정되었는데, 乙이 대출금을 변제하지 못하자 A금고의 신청으로 경매절차가 진행되어 丙이 2010. 5. 20. 매각 받아 그 소유권을 취득하였다.

(2) A는 2006. 2. 7. B회사로부터 X임대아파트를 임차하면서 2년의 임대차기간이 만료되면 X 아파트를 분양받기로 약정하였다. A는 임대차기간이 만료된 후인 2008. 4. 15. 甲에게 보증금 5,000만 원, 임대차기간 2년으로 정하여 전대하였고, 甲은 2008. 4. 15. X 아파트에 입주한 후 2008. 4. 17. 전입신고를 하였다. 한편, A는 2009. 5. 10. B회사로부터 X 아파트를 분양받아 2008. 5. 20. 서울중앙지방법원 집수 12345호로 소유권이전등기를 마친 다음, 같은 날 C저축은행으로부터 5,000만 원을 대출받고 X 아파트에 관하여 같은 법원 접수 제12346호로 근저당권설정등기를 마쳐 주었다. 그 후 A가 위 대출금을 갚지 못하여 C저축은행의 신청에 따라 개시된 임의경매절차에서 乙이 X 아파트를 매각 받았다.

(3) 甲은 2008. 4. 13. 다가구용 단독주택으로 건축되어 소유권보존등기가 마쳐진 제주시 오라동 321 지상 3층 주택 중 2층의 일부분을 그 소유자인 乙로부터 임차한 후 같은 날 '제주시 오라동 321'로 전입신고를 하고 인도 및 확정일자를 받아 위 주택에서 계속하여 거주하여 왔다. 그 후 이 사건 주택을 포함한 당해 건물 전체의 소유권을 취득한 丙은 다가구용 단독주택인 위 건물을 다세대주택으로 변경하는 것으로 제주시청에 신청하여 그에 따라 2009. 9. 15. 이를 다세대주택으로 각 층·호마다 구분한 후 그 명의로 소유권이전등기를 마쳤고, 제주시청은 이 사건 건물에 관하여 집합건축물대장을 작성하였다. 이에 종전 다가구용 단독주택에 관한 등기부는 폐쇄되고, 2009. 9. 28. 다세대주택으로 변경된 등기부가 새로 작성되었으며, 2009. 9. 30. 이 사건 주택에 관한 근저당권설정등기가 마쳐졌다. 甲은 2010. 1. 10. 이 사건 주택이 다세대 주택으로 변경됨에 따라 '제주시 오라동 321 다세대주택 201호로 특수주소변경을 하였고, 그 후 위 근저당권에 기초한 임의경매절차에서 丁이 2010. 5. 20. 이 사건 주택을 매각 받아 그 소유권을 취득하였다.

(4) 甲은 2006. 5. 1. 乙로부터 X 주택을 1년간 임차하여 전입신고를 하였는데, 위 임대차기간이 만료된 후 乙이 임대보증금을 반환하지 않으므로 임대보증금반환청구의 소를 제기하여 승소판결을 받은 후 그 판결이 확정되자 그에 터 잡아 X 주택에 대하여 강제경매신청을 하였다. 2009. 8. 1. 경매개시결정이 내려졌고, 그 경매절차에서 丙이 2010. 3. 2. 매각허가결정을 받아 2010. 3. 15. 매각대금을 납부하였다. 한편, 관할 동사무소는 2010. 3. 10. 甲이 X 주택에 거주하지 않는 것으로 알고 甲을 무단전출자로 인정하여 甲의 주민등록을 직권말소하였다. 甲은 뒤늦게 자신의 주민등록이 위와 같이 직권말소된 것을 알고 주민등록법상 이의신청기간이 지난 후에 이의를 제기하여 관할 동사무소가 2010. 5. 1. 직권재등록의 방법으로 甲의 주민등록을 회복하였다.

(5) 甲은 乙 소유의 X 주택을 임차하고 전입신고까지 한 상태에서 乙이 丙에게 부담하고 있던 차용금채무를 담보하기 위하여 X 주택에 관하여 丙 앞으로 소유권이전등기를 마쳐 주었다. 甲은 丙이 X 주택의 양수인임을 전제로 한 대항력(임대보증금반환청구 등)을 주장할 수 있는가?

(6) 甲은 소유권이전등기청구권 보전을 위한 丙 명의의 가등기가 마쳐진 乙 소유의 주택을 임차하여 입주하고 전입신고를 마친 후 丙이 그 가등기에 기하여 본등기를 마쳤다. 甲이 丙에게 대항력을 주장할 수 있는가?

(7) X 주택에 관하여 ① 2008. 5. 1. A 명의로 제1순위 근저당권설정등기가 경료되고, ② 임차인 甲이 2008. 6. 9. 전입신고를 마쳤으며, ③ 2008. 10. 5. B명의로 제2순위 근저당권설정등기 경료, ④ B의 신청으로 개시된 경매절차에서 2009. 12. 1. 乙에게 매각허가결정(매각대금납부기일: 2009. 12. 14), ⑤ 乙이 2009. 12. 14. 매각대금납부하고 2010. 1. 5. 그 명의로 소유권이전등기를 한 후 甲을 상대로 X 주택의 인도를 청구하였다. 甲은 대항력을 주장할 수 있는가? 위 사례에서 매각허가결정 후인 2009. 12. 10. 채무자의 변제로 A 명의의 근저당권설정등기가 말소된 경우는 어떠한가? 위 사례에서 X 주택이 위와 같이 경매절차에서 매각된 것이 아니라 2009. 12. 11. 乙과의 매매계약에 의해 제1순위 및 제2순위 근저당권설정등기가 그대로 존속한 채로 乙 명의의 소유권이전등기가 마쳐진 경우에는 어떠한가?

(8) A는 2009. 2. 18. B로부터 C가 분양한 X 아파트의 수분양자의 지위를 양수하면서 C의 연대보증하에 D은행으로부터 중도금 대출을 받고 같은 날 甲에게 X 아파트를 임대하였다. 이 사건 분양계약상 중도금 지급을 위한 대출을 받은 수분양자가 분양받은 아파트에 입주하기 위해서는 그 대출금을 상환하거나 분양받은 아파트를 담보로 하는 담보대출로의 전환을 위한 제반 서류 및 비용을 대출은행 등에 제출 또는 완납하여야만 하였다. A는 위 대출금채무를 상환하거나 이를 담보대출로 전환하지도 아니한 채 2009. 2. 26. X 아파트의 관리사무실로부터 정상적으로 열쇠를 교부받아 甲을 X 아파트에 입주케 하였고, 같은 날 갑은 주민등록전입신고를 마쳤다. 그 후 C는 A가 위 대출금채무를 상환하지 아니하여 은행으로부터 그 상환을 요구받자 그 연체이자를 대위변제하고 이 사건 분양계약상의 특약에 따라 분양계약을 해제하였다. 甲은 자신의 임차권을 C에게 대항할 수 있는가?

4. 甲은 2008. 3. 2. 乙로부터 乙 소유인 서울 강북구 미아동 123 E아파트 101동 201호를 임차보증금 1억원, 임차기간 2년으로 정하여 임차하고 그날 입주하면서 전입신고를 하였는데, 위 아파트는 2010. 2. 1. 甲이 모르는 사이에 丙 앞으로 소유권이전등기가 되었다. 甲은 임차기간이 끝날 무렵인 2010. 3. 1. 이러한 사실을 알고 乙과 丙에게 누구든 임차보증금을 돌려줄 것을 요구하였으나 乙과 丙은 서로 책임을 미루며 반환을 거부하였다. 그 후 甲은 직장에서의 인사발령에 따라 어쩔 수 없이 임차보증금을 받지 못한 채 우선 다른 곳으로 이사하고 주민등록도 신주소지로 이전하였으나, 위 아파트에 자물쇠를 채운 채 그 열쇠를 갖고 있다.

(1) 甲은 누구로부터 임차보증금을 돌려받을 수 있는가?
(2) 위 사례에서 만약 임차기간이 2010. 3. 2. 만료되고 乙이 그 후에 丙에게 위 아파트에 관한 소유권이

전등기를 마쳐 주고 나서 바로 甲에게 이를 알리면서 "집이 팔렸으니 임대차관계는 새 주인인 丙과 해결하라"고 통보하자, 甲은 곧바로 乙에게 "위 아파트의 가격이 하락하여 위 보증금에도 미치지 못하고, 丙에게는 위 아파트 외에 별다른 재산이 없으니, 당신이 내 임차보증금을 책임져라"라고 통보한 후 2010. 3. 20. 위 보증금 1억 원의 반환채권을 피보전권리로 하여 乙 소유의 다른 부동산을 가압류한 경우 甲은 乙을 상대로 위 보증금의 반환을 청구할 수 있는가?

5. 다음의 사례에서 임차인 甲은 우선변제를 받을 수 있는가?

(1) 甲은 乙에 대하여 2,000만 원의 대여금채권을 가지고 있는데 소액임차인으로 보호받아 선순위 담보권자에 우선하여 채권을 회수하려는 목적으로 乙 소유의 주택에 관하여 乙과 위 금액 상당을 보증금으로 하는 임대차계약을 체결하고 전입신고를 한 후 거주하여 왔다.

(2) 甲은 2008. 3. 2. 乙로부터 X 대지에 신축되는 다세대주택 중 3층 301호를 건물의 마무리공사를 제외한 대부분의 공사는 마쳤으나 아직 사용승인을 받지 않은 상태에서 보증금 5,000만 원에 임차한 후 2008. 3. 15. 입주하여 같은 달 3. 20. 그곳으로 전입신고를 하고 같은 달 3. 25. 위 임대차계약서에 확정일자를 받았다. 한편, 乙은 2009. 2. 25. X 대지와 다세대주택을 그의 처에게 증여하여 X 대지에 관해서는 2009. 2. 25. 증여를 원인으로 한 소유권이전등기를 마쳤고, 다세대주택에 관해서도 그 무렵 위 건축주 명의를 처로 변경시켰는데, 처는 2009. 10. 2. X 대지에 관하여 丙을 근저당권자로 하는 채권최고액 2억 원의 근저당권설정등기를 마쳤다. 그 후 위 피담보채무가 변제되지 아니하자 丙은 X 대지에 관하여 임의경매신청을 하여 2010. 4. 15. 丁에게 매각되었고, 甲은 위 경매절차에서 적법하게 배당요구서를 제출하였다. 위 다세대주택은 준공 전의 입주 및 공사미비 등으로 사용승인을 받지 못하여 현재까지도 미등기상태로 남아 있다.

6. A는 2004. 9. 1.경 자신의 소유인 고양시 덕양구 화정동 101 S아파트에 관하여 B은행과 근저당권설정계약을 체결하고 B은행으로부터 1억 원을 대출받았다. 甲은 2007. 2. 1. A로부터 위 아파트를 임대보증금 2,000만 원, 임대차기간을 2007. 2. 20.부터 2년으로 정하여 임차하고 2007. 2. 25. 그 등기부상 주소지인 '3층 2호'로 전입신고를 마치고 확정일자를 받았다. 그런데 근저당권자인 B은행의 신청으로 2007. 5. 25. 위 아파트에 관한 임의경매가 개시되어 집행관 C가 경매법원의 명령에 따라 2007. 6. 1. 및 6. 10. 두 차례에 걸쳐 위 아파트의 현황조사를 하면서 관할 동사무소에서 위 아파트의 등기부상 호수인 '3층 2호'가 아닌 실제 관리 호수인 '302호'에 대하여 세대열람을 한 결과 전입된 세대주가 없고 임대차서류가 제출되지도 아니하였다는 내용의 부동산현황조사보고서를 작성, 제출하였다. 甲은 위 경매 진행사실을 알지 못한 채 2007. 8. 25. 위 아파트에서 전출하여 서울 강남구 수서동 345로 전입신고를 하였고, 그로부터 2일 후인 2007. 8. 27. 甲의 모친 D가 위 아파트로 전입신고를 하였

다. 경매법원은 그 배당요구의 종기를 2007. 8. 26.까지로 정하였는데, 위 아파트는 2007. 12. 26. E에게 매각되어 2008. 2. 15. 배당기일에 고양시장에게 1순위로 50,000원, B은행에게 2순위로 40,000,000원을 각 배당하는 내용의 배당표가 작성되자 甲은 소액임차인의 우선변제권을 주장하면서 B은행 배당액 중 2,000만 원에 대하여 이의를 제기하고 배당이의의 소까지 제기하였으나, 甲이 배당요구 종기일 전에 전출함으로써 주택임대차보호법상의 대항력을 상실하여 우선변제권이 없다는 이유로 패소판결이 선고되고 이 판결은 확정되었다. 위와 같은 경우 甲은 집행관이 직무상의 주의의무를 위반하고 경매법원이 경매절차의 진행에 관한 통지의무를 위반하였음을 이유로 대한민국을 상대로 손해배상청구를 할 수 있는가?

7. 甲은 2007. 1. 20. 乙로부터 乙 소유의 서울 송파구 삼전동 124 K연립주택 A동 201호를 임차보증금 1억 원, 임대차기간 2007. 1. 25.부터 2년으로 정하여 임차하고 2007. 1. 24.까지 위 보증금을 전부 지급한 다음 위 주택을 인도받은 후 2007. 2. 25. 전입신고를 하고 임대차계약서에 확정일자를 받았다. 한편, 위 주택에 관해서는 2007. 4. 1. 丙 명의의 채권최고액 2억 원의 근저당권설정등기가 마쳐졌다. 甲은 위 임대차기간이 만료된 후에도 임차보증금을 돌려받지 못하고 있던 중 2009. 2. 5. 서울동부지방법원에 임차권등기명령신청을 한 다음 아직 임차권등기명령과 그에 따른 임차권등기가 되지 않은 상태에서 2009. 2. 7. 가족과 함께 서울 성동구 옥수동 147로 이사 및 전입신고를 하였고, 임차권등기는 2009. 2. 9. 마쳐졌다. 그 후 2009. 3. 6. 丙의 신청에 따라 개시된 담보권실행을 위한 경매절차에서 丁이 위 주택을 매각 받아 2009. 7. 1. 매각대금을 완납하였다.

(1) 위 사례에서 甲은 대항력 및 우선변제권을 그대로 유지하는가?
(2) 위 사례에서 甲이 임차권등기 후인 2009. 2. 15. 새로운 주소로 이사 및 전입신고를 하였는데, 위 경매절차에서 미처 집행법원이 정한 배당요구 종기까지 배당요구를 하지 못했지만 배당받기를 원한다고 가정하면 甲은 丙에 우선하여 배당받을 수 있는가?

8. 甲은 2008. 9. 20. 乙로부터 성남시 단대동 211 소재 X 주택을 1억 5,000만 원에 임대차기간 2년으로 정하여 전세를 얻어 입주하면서 2008. 10. 20. 위 주소로 전입신고를 하고 확정일자를 받았다가 2008. 11. 5. 그 전세권설정등기를 마치고, 2009. 4. 20. 서울 강남구 일원동 567로 주민등록을 이전하였으나, 그 이후에도 X 주택에 계속 거주하였다. 한편, 丙은행이 2008. 11. 1. X 주택에 관하여 채권최고액 1억 원으로 설정받은 근저당권에 기초하여 신청한 부동산임의경매절차가 개시, 진행되어 丁이 2009. 12. 1. 이를 매각 받았다. 이 경우 甲은 대항력 및 우선변제권을 주장할 수 있는가?

9. 甲은 집합건물로서 서울 송파구 마천동 124 남한산성프라자 '3층 301호' 등 3층 301호 내지 305호,

4층 401호 내지 405호, 5층 501호 내지 505호로 구분등기되어 사우나시설로 사용 중인 이 사건 각 부동산에서 음료 등의 판매업을 할 목적으로 2009. 8. 4. A와 임대차계약서상 임대차목적물을 '위 남한산성프라자(라마다사우나) 3~5층, 8.3평', 임대차보증금을 1억 원, 월차임을 100만 원으로 표시하여 임대차계약을 체결하고, 2009. 9. 10. 해당 부분의 도면 첨부는 생략한 채 위 임대차계약서만을 첨부하여 부가가치세법상의 사업자등록을 한 뒤(사업자등록증상 사업장 소재지도 '위 남한산성프라자 3~5층'으로 기재되어 있다) 2009. 11. 15.경 A에게 임대보증금 1억 원의 지급을 완료하고 이 사건 각 부동산 중 3 내지 5층의 각 일부 면적 합계 8.3평을 음료 자동판매기 설치장소로 점유하면서 음료 등의 판매업을 영위하였다. 그 후 A는 2010. 30. 30. B에게 이 사건 각 부동산을 공동담보로 하여 채권최고액 50억 원인 근저당권설정등기를 마쳐 주었는데, 근저당권자인 B의 신청에 의하여 2010. 7. 1. 서울동부지방법원 2010타경7658호로 이 사건 각 부동산에 관한 임의경매절차가 개시되었다. 甲은 위 경매절차에서 보증금의 우선변제를 받을 수 있는가?

VII. 사례연습 참고판례

1. (1) 대법원 1996. 3. 12. 선고 95다51953 판결

주택임대차보호법 제2조 소정의 주거용 건물에 해당하는지는 임대차목적물의 공부상의 표시만을 기준으로 할 것이 아니라 그 실지용도에 따라서 정하여야 하고 건물의 일부가 임대차의 목적이 되어 주거용과 비주거용으로 겸용되는 경우에는 구체적인 경우에 따라 그 임대차의 목적, 전체 건물과 임대차목적물의 구조와 형태 및 임차인의 임대차목적물의 이용관계 그리고 임차인이 그곳에서 일상생활을 영위하는지 등을 아울러 고려하여 합목적적으로 결정하여야 한다.[138]

1. (2) 상가건물임대차보호법 제2조 제1항, 제2항, 시행령 제2조 제1항 단서 참조.

대법원 2008. 6. 12. 선고 2008다13555 판결

---

138) 방 2개와 주방이 딸린 다방이 영업용으로서 비주거용 건물이라고 보이고, 설사 그중 방 및 다방의 주방을 주거목적에 사용한다고 하더라도 이는 어디까지나 다방의 영업에 부수적인 것으로서 그러한 주거목적 사용은 비주거용 건물의 일부가 주거목적으로 사용되는 것일 뿐, 주택임대차보호법 제2조 후문에서 말하는 '주거용 건물의 일부가 주거 외의 목적으로 사용되는 경우'에 해당한다고 볼 수 없다고 한 원심의 판단을 수긍한 사례. 임대차목적물의 주된 부분을 영업용으로 사용하는 경우에는 그 건물이 상가건물임대차보호법 제2조 제1항 소정의 상가건물에 해당하므로 그 보증금이 동법 제2조, 동법 시행령 제2조 제1항이 정한 보증금액 이하라면 위 법의 적용대상이 된다.

2. (1) 대법원 1996. 1. 26. 선고 95다30338 판결

주택임대차보호법 제3조 제1항에서 규정하고 있는 주민등록이라는 대항요건은 임차인 본인뿐만 아니라 그 배우자나 자녀 등 가족의 주민등록을 포함한다고 할 것이고(대법원 1995. 6. 5. 자 94마2134 결정 참조), 또한 임차인이 그 가족과 함께 그 주택에 대한 점유를 계속하고 있으면서 그 가족의 주민등록을 그대로 둔 채 임차인만 주민등록을 일시 다른 곳으로 옮긴 경우라면 전체적으로나 종국적으로 주민등록의 이탈이라고 볼 수 없는 만큼 임대차의 제3자에 대한 대항력을 상실하지 아니한다고 할 것이다(대법원 1989. 1. 17. 자 88다카143 결정 참조).

2. (2) 대법원 2000. 2. 11. 선고 99다59306 판결

주택임대차보호법 제3조 제1항에서 주택의 인도와 더불어 대항력의 요건으로 규정하고 있는 주민등록은 거래의 안전을 위하여 임차권의 존재를 제3자가 명백히 인식할 수 있게 하는 공시방법으로 마련된 것으로서, 주민등록이 어떤 임대차를 공시하는 효력이 있는가는 그 주민등록으로 제3자가 임차권의 존재를 인식할 수 있는가에 따라 결정된다고 할 것이므로, 주민등록이 대항력의 요건을 충족시킬 수 있는 공시방법이 되려면 단순히 형식적으로 주민등록이 되어 있다는 것만으로는 부족하고, 주민등록에 의하여 표상되는 점유관계가 임차권을 매개로 하는 점유임을 제3자가 인식할 수 있는 정도는 되어야 한다.

갑이 주택에 관하여 소유권이전등기를 경료하고 주민등록 전입신고까지 마친 다음 처와 함께 거주하다가 을에게 매도함과 동시에 그로부터 이를 다시 임차하여 계속 거주하기로 약정하고 임차인을 갑의 처로 하는 임대차계약을 체결한 후에야 을 명의의 소유권이전등기가 경료된 경우, 제3자로서는 주택에 관하여 갑으로부터 을 앞으로 소유권이전등기가 경료되기 전에는 갑의 처의 주민등록이 소유권 아닌 임차권을 매개로 하는 점유라는 것을 인식하기 어려웠다 할 것이므로, 갑의 처의 주민등록은 주택에 관하여 을 명의의 소유권이전등기가 경료되기 전에는 주택임대차의 대항력 인정의 요건이 되는 적법한 공시방법으로서의 효력이 없고 을 명의의 소유권이전등기가 경료된 날에야 비로소 갑의 처와 을 사이의 임대차를 공시하는 유효한 공시방법이 된다고 할 것이며, 주택임대차보호법 제3조 제1항에 의하여 유효한 공시방법을 갖춘 다음 날인 을 명의의 소유권이전등기일 익일부터 임차인으로서 대항력을 갖는다.

2. (3) 대법원 1994. 6. 24. 선고 94다3155 판결

주택임차인이 임차주택을 직접 점유하여 거주하지 않고, 간접 점유하여 자신의 주민등록을 이전하지 아니한 경우라 하더라도 임대인의 승낙을 받아 임차주택을 전대하고 그 전차인이 주택을 인도받아 자신의 주민등록을 마친 때에는 그때로부터 임차인은 제3자에 대하여 대항력을 취득한다.

[대법원 2007. 11. 29. 선고 2005다64255 판결]

임차인이 비록 임대인으로부터 별도의 승낙을 얻지 아니하고 제3자에게 임차물을 사용·수익하도록 한 경우에 있어서도, 임차인의 당해 행위가 임대인에 대한 배신적 행위라고 할 수 없는 특별한 사정이 인정되는 경우에는, 임대인은 자신의 동의 없이 전대차가 이루어졌다는 것만을 이유로 임대차계약을 해지할 수 없으며, 전차인은 그 전대차나 그에 따른 사용·수익을 임대인에게 주장할 수 있다 할 것이다. 주택의 전대차가 그 당사자 사이뿐 아니라 임대인에 대해서도 주장할 수 있는 적법, 유효한 것이라고 평가되는 경우에는, 전차인이 임차인으로부터 주택을 인도받아 자신의 주민등록을 마치고 있다면 이로써 주택이 임대차의 목적이 되어 있다는 사실은 충분히 공시될 수 있고 또 이러한 경우 다른 공시방법도 있을 수 없으므로, 결국 임차인의 대항요건은 전차인의 직접 점유 및 주민등록으로써 적법, 유효하게 유지, 존속한다고 보아야 한다. 이와 같이 해석하는 것이 임차인의 주거생활의 안정과 임차보증금의 회수확보 등 주택임대차보호법의 취지에 부합함은 물론이고, 또 그와 같이 해석한다고 해서 이미 원래의 임대차에 의하여 대항을 받고 있었던 제3자에게 불측의 손해를 준다거나 형평에 어긋나는 결과가 되는 것도 아니다.

2. (4) 대법원 2003. 7. 25. 선고 2003다2918 판결

주택임대차보호법 제3조 제1항, 제2항의 규정에 의하면, 주택의 임차인은 건물에 입주하고 주민등록을 함으로써 제3자에 대하여 대항력을 갖추게 되고, 대항력이 구비된 후에 임차 건물이 양도된 경우 양수인은 임대인의 지위를 승계한 것으로 본다고 하고 있으며, 이 경우 임차보증금반환채무는 임대인의 지위를 승계한 양수인에게 이전되고 양도인의 채무는 소멸하는 것으로 해석할 것이나, 법인에게 주택을 임대한 경우에는 법인은 주택임대차보호법 제3조 제1항 소정의 대항요건의 하나인 주민등록을 구비할 수 없으므로 임대인이 위 임대주택을 양도하더라도 그 양수인이 주택임대차보호법에 의하여 임대인의 지위를 당연히 승계하는 것이 아니고 따라서 임대인의 임차보증금반환채무를 면책시키기로 하는 당사자들 사이의 특약이 있다는 등의 특별한 사정이 없는 한 임대인의 법인에 대한 임차보증금반환채무는 소멸하지 아니한다.

2. (5) 대법원 2002. 3. 15. 선고 2001다80204 판결

원래 단독주택으로 건축허가를 받아 건축되고, 건축물관리대장에도 구분소유가 불가능한 건물로 등재된 이른바 다가구용 단독주택에 관하여 나중에 집합건물의 소유 및 관리에 관한 법률에 의하여 구분건물로의 구분등기가 경료되었음에도 불구하고, 소관청이 종전에 단독주택으로 등록한 일반건축물관리대장을 그대로 둔 채 집합건축물관리대장을 작성하지 않은 경우에는, 주민등록법시행령 제9조 제3항에 따라 임차인이 위 건물의 일부나 전부를 임차하여 전입신고를 하는 경우 지번만 기재하는 것으로 충분하고, 나아가 그 전유 부분의 표시까지 기재할 의무나 필요가 있다고 할 수 없으며, 임차인이 실제로 위 건물의 어느 부분을 임차하여 거주하고 있는지의 조사는 단독주택의 경우와 마찬가지로 위 건물에 담보권 등을 설정하려는 이해관계인의 책임하에 이루어져야 할 것이므로, 임차인이 위 건물의 지번으로 전입신고를 한 이상 일반사회 통념상 그 주민등록으로도 위 건물에 위 임차인이 주소 또는 거소를 가진 자로 등록되어 있는지를 인식할 수 있는 경우에 해당된다 할 것이고, 따라서 임대차의 공시방법으로 유효하다.[139]

2. (6) 대법원 2003. 5. 16. 선고 2003다10940 판결

건축 중인 주택에 대한 소유권보존등기가 경료되기 전에 그 일부를 임차하여 주민등록을 마친 임차인의 주민등록상의 주소 기재가 그 당시의 주택의 현황과 일치한다고 하더라도 그 후 <u>사정변경으로 등기부 등의 주택의 표시가 달라졌다면 특별한 사정이 없는 한 달라진 주택의 표시를 전제로 등기부상 이해관계를 가지게 된 제3자로서는 당초의 주민등록에 의하여 당해 주택에 임차인이 주소 또는 거소를 가진 자로 등록되어 있다고 인식하기 어렵다고 할 것이므로 그 주민등록은 그 제3자에 대한 관계에서 유효한 임대차의 공시방법이 될 수 없다고 할 것이며, 이러한 이치는 입찰절차에서의 이해관계인 등이 잘못된 임차인의 주민등록상의 주소가 건축물관리대장 및 등기부상의 주소를 지칭하는 것을 알고 있었다고 하더라도 마찬가지이다.</u>

[참고 1] 대법원 2008. 2. 14. 선고 2007다33224 판결

근저당권자가 임차인의 주민등록상 주소가 등기부상 표시와 다르다는 이유로 임대차의 대항력을 부정하는 주장이 신의칙에 비추어 용납될 수 없는 경우에는 예외적으로 그 주장을 배척할 수 있으나, 이는 주택임대차보호법에 의하여 인정되는 법률관계를 신의칙과 같은 일반원칙에 의하여 제한하는 것이어서 법적 안정성을 해할 수 있으므로 그 적용에 신중을 기하여야 한다. 그러므로 근저당권자가 근저당권 설정에 앞서 임차인의 주민등록상 주소가 등기부상 표시와 다르다는 사정을 알았거나 알 수 있었다는 사정만으로는 임대차의 대항력을 부정하는 근저당권자의 주장이 신의칙에 위배된다고 할 수 없고, 임차인의 주민등록이 잘못되었다는 사실을 알면서 그 임차인을 선순위의 권리로 인정하고 그만큼 감액한 상태의 담보가치를 취득하겠다는 전제에서 근저당권을 설정하였으면서도 부당한 이익을 얻으려는 의도로 사후에 임차인의 손해는 전혀 고려함이 없이 그 주민등록의 잘못에 따른 임대차의 대항력 결여를 주장하는 경우와 같이, 근저당권자의 권리행사가 상대방의 신의에 반하고 정의관념에 비추어 용인될 수 없는 정도의 상태에 이른다는 사정이 구체적으로 인정되어야 한다.[140]

---

139) 대법원 1997. 11. 14. 선고 97다29530 판결: 이른바 다가구용 단독주택의 경우 건축법이나 주택건설촉진법상 이를 공동주택으로 볼 근거가 없어 단독주택으로 보는 이상 주민등록법시행령 제5조 제5항에 따라 임차인이 위 건물의 일부나 전부를 임차하고, 전입신고를 하는 경우 지번만 기재하는 것으로 충분하고, 나아가 위 건물 거주자의 편의상 구분하여 놓은 호수까지 기재할 의무나 필요가 있다고 할 수 없고, 등기부의 갑구란의 각 지분 표시 뒤에 각 그 호수가 기재되어 있으나 이는 법령상의 근거가 없이 소유자들의 편의를 위하여 등기공무원이 임의적으로 기재하는 것에 불과하며, 임차인이 실제로 위 건물의 어느 부분을 임차하여 거주하고 있는지의 조사는 단독주택의 경우와 마찬가지로 위 건물에 담보권 등을 설정하려는 이해관계인의 책임하에 이루어져야 할 것이므로 임차인이 전입신고로 지번을 정확히 기재하여 전입신고를 한 이상 일반 사회통념상 그 주민등록으로 위 건물에 임차인이 주소 또는 거소를 가진 자로 등록되어 있는지를 인식할 수 있어 임대차의 공시방법으로 유효하다고 할 것이고, 설사 위 임차인이 위 건물의 소유자나 거주자 등이 부르는 대로 지층 1호를 1층 1호로 잘못 알고, 이에 따라 전입신고를 '연립－101'로 하였다고 하더라도 달리 볼 것은 아니다.

3. (1) 대법원 2009. 1. 30. 선고 2006다17850 판결

주민등록은 단순히 주민의 거주관계를 파악하고 인구의 동태를 명확히 하는 것 외에도 주민등록에 따라 공법관계상의 여러 가지 법률상 효과가 나타나게 되는 것으로서, 주민등록의 신고는 행정청에 도달하기만 하면 신고로서의 효력이 발생하는 것이 아니라 행정청이 수리한 경우에 비로소 신고의 효력이 발생한다. 따라서 주민등록 신고서를 행정청에 제출하였다가 행정청이 이를 수리하기 전에 신고서의 내용을 수정하여 위와 같이 수정된 전입신고서가 수리되었다면 수정된 사항에 따라서 주민등록 신고가 이루어진 것으로 보는 것이 타당하다.[141)

3. (2) 대법원 2001. 1. 30. 선고 2000다58026, 58033 판결

갑이 병 회사 소유 임대아파트의 임차인인 을로부터 아파트를 임차하여 전입신고를 마치고 거주하던 중, 을이 병 회사로부터 위 아파트를 분양받아 자기 명의로 소유권이전등기를 경료한 후 근저당권을 설정한 사안에서, 비록 임대인인 을이 갑과 위 임대차계약을 체결한 이후에, 그리고 갑이 위 전입신고를 한 이후에 위 아파트에 대한 소유권을 취득하였다고 하더라도, 주민등록상 전입신고를 한 날로부터 소유자 아닌 갑이 거주하는 것으로 나타나 있어서 제3자들이 보기에 갑의 주민등록이 소유권 아닌 임차권을 매개로 하는 점유라는 것을 인식할 수 있었으므로 위 주민등록은 갑이 전입신고를 마친 날로부터 임대차를 공시하는 기능을 수행하고 있었다고 할 것이고, 따라서 갑은 을 명의의 소유권이전등기가 경료되는 즉시

---

140) 건축 중인 주택을 임차하여 주민등록을 마친 임차인의 주민등록상의 주소가 그 후 건축물관리대장 및 등기부상 표시된 실제 호수와 일치하지 않은 경우, 그러한 임대차의 대항력을 부정하는 근저당권자의 주장에 대하여 근저당권자의 임대차관계 조사 여부와 그 내역, 대출의 경위와 담보가치의 평가방법, 근저당권자의 이의를 받아들일 때 임차인에게 발생하게 될 결과 등을 심리하지 아니한 채 위 주장이 신의칙에 반한다고 단정한 원심판결을 심리미진을 이유로 파기한 사례.

141) 정확한 지번과 동, 호수로 주민등록 전입신고서를 작성·제출하였는데 담당공무원이 착오로 수정을 요구하여, 잘못된 지번으로 수정하고 동, 호수 기재를 삭제한 주민등록 전입신고서를 다시 작성·제출하여 그대로 주민등록이 된 사안에서, 그 주민등록이 임대차의 공시방법으로서 유효하지 않고 이것이 담당공무원의 요구에 기인한 것이라 하더라도 마찬가지라고 판단한 사례.

임차권의 대항력을 취득하였다고 본 사례.

3. (3) 대법원 2007. 2. 8. 선고 2006다70516 판결

통상의 경우 등기부상 이해관계를 가지려는 제3자는 등기부를 통해 당해 주택의 표시에 관한 사항과 주택에 관한 권리에 관한 사항을 파악할 수 있으므로, 처음에는 다가구용 단독주택으로 소유권보존등기가 경료되었다가 나중에 다세대 주택으로 변경된 경우 당해 주택에 관해 등기부상 이해관계를 가지려는 제3자는 위와 같이 다가구용 단독주택이 다세대 주택으로 변경되었다는 사정을 등기부상 확인할 수 있고, 따라서 지번의 기재만으로 당해 다세대 주택에 주소 또는 거소를 가진 자로 등록된 자가 존재할 가능성을 인식할 수 있다 할 것이므로, 처음에 다가구용 단독주택으로 소유권보존등기가 경료된 건물의 일부를 임차한 임차인은 이를 인도받고 임차 건물의 지번을 정확히 기재하여 전입신고를 하면 주택임대차보호법 소정의 대항력을 적법하게 취득하고, 나중에 다가구용 단독주택이 다세대 주택으로 변경되었다는 사정만으로 임차인이 이미 취득한 대항력을 상실하게 되는 것은 아니라 할 것이다.

3. (4) 대법원 2008. 3. 13. 선고 2007다54023 판결

주택임대차보호법이 제3조 제1항에서 주택임차인에게 주택의 인도와 주민등록을 요건으로 명시하여 등기된 물권에 버금가는 강력한 대항력을 부여하고 있는 취지에 비추어 볼 때 달리 공시방법이 없는 주택임대차에 있어서 주택의 인도 및 주민등록이라는 대항요건은 그 대항력 취득 시에만 구비하면 족한 것이 아니고 그 대항력을 유지하기 위하여서도 계속 존속하고 있어야 한다고 할 것이고(대법원 1998. 1. 23. 선고 97다43468 판결 참조), 위와 같이 주민등록이 대항력의 존속요건이라고 보는 이상, 주택임차인의 의사에 의하지 아니하고 구 주민등록법(2007. 5. 11. 법률 제8422호로 전문 개정되기 전의 것) 및 동법 시행령에 따라 시장 군수 또는 구청장에 의하여 직권조치로 주민등록이 말소된 경우에도 원칙적으로 그 대항력은 상실된다고 할 것이지만, 구 주민등록법상의 직권말소제도는 거주관계 등 인구의 동태를 상시로 명확히 파악하여 주민생활의 편익을 증진시키고 행정사무의 적정한 처리를 도모하기 위한 것이고, 주택임대차보호법에서 주민등록을 대항력의 요건으로 규정하고 있는 것은 거래의 안전을 위하여 임대차의 존재를 제3자가 명백히 인식할 수 있게 하기 위한 것으로서 그 취지가 다르므로, 직권말소 후 동법 소정의 이의절차에 따라 그 말소된 주민등록이 회복되거나 동법 시행령 제29조에 의하여 재등록이 이루어짐으로써 주택임차인에게 주민등록을 유지할 의사가 있었다는 것이 명백히 드러난 경우에는 소급하여 그 대항력이 유지된다고 할 것이고, 다만 그 직권말소가 구 주민등록법 소정의 이의절차에 의하여 회복된 것이 아닌 경우에는 직권말소 후 재등록이 이루어지기 이전에 주민등록이 없는 것으로 믿고 임차주택에 관하여 새로운 이해관계를 맺은 선의의 제3자에 대해서는 임차인은 대항력의 유지를 주장할 수 없다고 봄이 상당하다 할 것이다(대법원 2002. 10. 11. 선고 2002다20957 판결 참조).

3. (5) 대법원 1993. 11. 23. 선고 93다4083 판결

주택임대차보호법 제3조 제2항의 규정에 의하여 임대인의 지위를 승계한 것으로 보게 되는 임차주택의 양수인이 될 수 있는 경우는 주택을 임대할 권리나 이를 수반하는 권리를 종국적, 확정적으로 이전받게 되는 경우라야 하므로 매매, 증여, 경매, 상속, 공용징수 등에 의하여 임차주택의 소유권을 취득한 자 등은 위 조항에서 말하는 임차주택의 양수인에 해당 된다고 할 것이나, 이른바 주택의 양도담보의 경우는 채권담보를 위하여 신탁적으로 양도담보권자에게 주택의 소유권이 이전될 뿐이어서, 특별한 사정이 없는 한, 양도담보권자가 주택의 사용·수익권을 갖게 되는 것이 아니고 또 주택의 소유권이 양도담보권자에게 확정적·종국적으로 이전되는 것도 아니므로 <u>양도담보권자는 이 법 조항에서 말하는 '양수인'에 해당되지 아니한다</u>고 보는 것이 상당하다.

> **[참고] 대법원 2002. 4. 12. 선고 2000다70460 판결**
> 신탁법상의 신탁은 위탁자가 수탁자에게 특정의 재산권을 이전하거나 기타의 처분을 하여 수탁자로 하여금 신탁 목적을 위하여 그 재산권을 관리·처분하게 하는 것이므로(신탁법 제1조 제2항), 부동산의 신탁에 있어서 수탁자 앞으로 소유권이전등기를 마치게 되면 대내외적으로 소유권이 수탁자에게 완전히 이전되고, 위탁자와의 내부관계에 있어서 소유권이 위탁자에게 유보되어 있는 것은 아니라 할 것이며, 이와 같이 신탁의 효력으로서 신탁재산의 소유권이 수탁자에게 이전되는 결과 수탁자는 대내외적으로 신탁재산에 대한 관리권을 갖는 것이고, 다만, 수탁자는 신탁의 목적 범위 내에서 신탁계약에 정하여진 바에 따라 신탁재산을 관리하여야 하는 제한을 부담함에 불과하다.[142]

3. (6) 대법원 2007. 6. 28. 선고 2007다25599 판결

소유권이전등기청구권을 보전하기 위하여 가등기를 경료한 자가 그 가등기에 기하여 본등기를 경료한 경우에 가등기의 순위보전의 효력에 의하여 중간처분이 실효되는 효과를 가져 오므로, 가등기가 경료된 후 비로소 상가건물 임대차보호법 소정의 대항력을 취득한 상가건물의 임차인으로서는 그 가등기에 기하여 본등기를 경료한 자에 대하여 임대차의 효력으로써 대항할 수 없다.

---

142) 임대차의 목적이 된 주택을 담보목적으로 신탁법에 따라 신탁한 경우에도 수탁자는 주택임대차보호법 제3조 제2항에 의하여 임대인의 지위를 승계한다고 한 사례.

3. (7) 대법원 2000. 2. 11. 선고 99다59306 판결

경매목적 부동산이 경락된 경우에는 소멸된 선순위 저당권보다 뒤에 등기되었거나 대항력을 갖춘 임차권은 함께 소멸하는 것이고, 따라서 그 경락인은 주택임대차보호법 제3조에서 말하는 임차주택의 양수인 중에 포함된다고 할 수 없을 것이므로 경락인에 대하여 그 임차권의 효력을 주장할 수 없다.

[참고 1] 대법원 1998. 8. 24. 자 98마1031 결정
담보권의 실행을 위한 부동산의 입찰절차에 있어서, 주택임대차보호법 제3조에 정한 대항요건을 갖춘 임차권보다 선순위의 근저당권이 있는 경우에는, 낙찰로 인하여 선순위 근저당권이 소멸하면 그보다 후순위의 임차권도 선순위 근저당권이 확보한 담보가치의 보장을 위하여 그 대항력을 상실하는 것이지만, 낙찰로 인하여 근저당권이 소멸하고 낙찰인이 소유권을 취득하게 되는 시점인 낙찰대금지급기일 이전에 선순위 근저당권이 다른 사유로 소멸한 경우에는, 대항력 있는 임차권의 존재로 인하여 담보가치의 손상을 받을 선순위 근저당권이 없게 되므로 임차권의 대항력이 소멸하지 아니한다고 할 것이다. 한편 이와 같이 선순위 근저당권의 존재로 후순위 임차권의 대항력이 소멸하는 것으로 알고 부동산을 낙찰받았으나, 그 이후 선순위 근저당권의 소멸로 인하여 임차권의 대항력이 존속하는 것으로 변경됨으로써 낙찰부동산의 부담이 현저히 증가한 경우에는, 낙찰인으로서는 민사소송법 제639조 제1항의 유추적용에 의하여 낙찰허가결정의 취소신청을 할 수 있다고 보아야 할 것이다.[143]

[참고 2] 대법원 1996. 2. 27. 선고 95다35616 판결
주택임대차보호법 제3조 제1항 및 제2항에 의하면, 임차인이 주택의 양수인에 대하여 대항력이 있는 임차인인 이상 양수인에게 임대인으로서의 지위가 당연히 승계된다 할 것이고, 그 주택에 대하여 임차인에 우선하는 다른 권리자가 있다고 하여 양수인의 임대인으로서의 지위의 승계에 임차인의 동의가 필요한 것은 아니다. 주택의 임차인이 제3자에 대한 대항력을 갖춘 후 임차주택의 소유권이 양도되어 그 양수인이 임대인의 지위를 승계하는 경우에는, 임대차보증금의 반환채무도 부동산의 소유권과 결합하여 일체로서 이전하는 것이므로 양도인의 임대인으로서의 지위나 보증금반환 채무는 소멸한다.

3. (8) 대법원 2009. 1. 30. 선고 2008다65617 판결

아파트 수분양자가 입주 잔금을 지급할 무렵 분양계약에 따라 분양자로부터 아파트를 인도받고 나아가 그 임대권한을 묵시적으로 부여받았다고 보아, 수분양자로부터 아파트를 임차하여 주택임대차보호법 제3

---

143) 대법원 2003. 4. 25. 선고 2002다70075 판결: 선순위 근저당권의 존재로 후순위 임차권이 소멸하는 것으로 알고 부동산을 낙찰받았으나, 그 후 채무자가 후순위 임차권의 대항력을 존속시킬 목적으로 선순위 근저당권의 피담보채무를 모두 변제하고 그 근저당권을 소멸시키고도 이 점에 대하여 낙찰자에게 아무런 고지도 하지 않아 낙찰자가 대항력 있는 임차권이 존속하게 된다는 사정을 알지 못한 채 대금지급기일에 낙찰대금을 지급하였다면, 채무자는 민법 제578조 제3항의 규정에 의하여 낙찰자가 입게 된 손해를 배상할 책임이 있다.

조 제1항에 정한 대항요건을 갖춘 임차인이 분양계약의 해제에도 불구하고 자신의 임차권으로 분양자의 명도청구에 대항할 수 있다고 한 사례

[참고] 대법원 2008. 4. 10. 선고 2007다38908, 38915 판결

주택임대차보호법이 적용되는 임대차로서는 반드시 임차인과 주택의 소유자인 임대인 사이에 임대차계약이 체결된 경우에 한정된다고 할 수는 없고, 주택의 소유자는 아니지만 주택에 관하여 적법하게 임대차계약을 체결할 수 있는 권한(적법한 임대권한)을 가진 임대인과 사이에 임대차계약이 체결된 경우도 포함되고(대법원 1995. 10. 12. 선고 95다22283 판결 등 참조), 매매계약의 이행으로 매매목적물을 인도받은 매수인은 그 물건을 사용·수익할 수 있는 지위에서 그 물건을 타인에게 적법하게 임대할 수 있으며(대법원 1971. 3. 31. 선고 71다309, 310 판결 참조), 이러한 지위에 있는 매수인으로부터 매매계약이 해제되기 전에 매매목적물인 주택을 임차받아 주택의 인도와 주민등록을 마침으로써 주택임대차보호법 제3조 제1항에 의한 대항요건을 갖춘 임차인은 민법 제548조 제1항 단서의 규정에 따라 계약해제로 인하여 권리를 침해받지 않는 제3자에 해당하므로 임대인의 임대권원의 바탕이 되는 계약의 해제에도 불구하고 자신의 임차권을 새로운 소유자에게 대항할 수 있다(대법원 2003. 8. 22. 선고 2003다12717 판결 등 참조).[144]

4. (1) 대법원 1993. 12. 7. 선고 93다36615 판결

주택의 임차인이 제3자에 대하여 대항력을 구비한 후에 임대주택의 소유권이 양도된 경우에는 그 양수인이 임대인의 지위를 승계하게 되므로, 임대인의 임차보증금반환채무도 양수인에게 이전되는 것이고, 이와 같이 양수인이 임차보증금반환채무를 부담하게 된 이후에 임차인이 주민등록을 다른 곳으로 옮겼다 하여 이미 발생한 임차보증금반환채무가 소멸하는 것은 아니다.

4. (2) 대법원 2002. 9. 4. 선고 2001다64615 판결

대항력 있는 주택임대차에 있어 기간 만료나 당사자의 합의 등으로 임대차가 종료된 경우에도 주택임대차보호법 제4조 제2항에 의하여 임차인은 보증금을 반환받을 때까지 임대차관계가 존속하는 것으로 의제되므로 그러한 상태에서 임차목적물인 부동산이 양도되는 경우에는 같은 법 제3조 제2항에 의하여 양수인에게 임대차가 종료된 상태에서의 임대인으로서의 지위가 당연히 승계되고, 양수인이 임대인의 지위를 승계하는 경우에는 임대차보증금 반환채무도 부동산의 소유권과 결합하여 일체로서 이전하는 것이므로 양도인의 임대인으로서의 지위나 보증금 반환채무는 소멸하는 것이지만, 임차인의 보호를 위한 임대차보호법의 입법 취지에 비추어 임차인이 임대인의 지위승계를 원하지 않는 경우에는 임차인이 임차주택

---

144) 아파트 수분양자가 분양자로부터 열쇠를 교부받아 임차인을 입주케 하고 임차인이 주택임대차보호법상 대항력을 갖춘 후, 수분양자가 분양계약상 아파트 입주를 위하여 요구되는 의무를 다하지 못하여 분양계약이 해제되어 수분양자가 주택의 소유권을 취득하지 못한 사안에서, 임차인은 아파트 소유자인 분양자에 대하여 임차권으로 대항할 수 있다고 한 사례.

의 양도사실을 안 때로부터 상당한 기간 내에 이의를 제기함으로써 승계되는 임대차관계의 구속으로부터 벗어날 수 있다고 봄이 상당하고, 그와 같은 경우에는 양도인의 임차인에 대한 보증금 반환채무는 소멸하지 않는다.[145)

5. (1) 대법원 2001. 5. 8. 선고 2001다14733 판결

주택임대차보호법의 입법목적은 주거용 건물에 관하여 민법에 대한 특례를 규정함으로써 국민의 주거생활의 안정을 보장하려는 것이고(제1조), 주택임대차보호법 제8조 제1항에서 임차인이 보증금 중 일정액을 다른 담보물권자보다 우선하여 변제받을 수 있도록 한 것은, 소액임차인의 경우 그 임차보증금이 비록 소액이라고 하더라도 그에게는 큰 재산이므로 적어도 소액임차인의 경우에는 다른 담보권자의 지위를 해하게 되더라도 그 보증금의 회수를 보장하는 것이 타당하다는 사회보장적 고려에서 나온 것으로서 민법의 일반규정에 대한 예외규정인바, 그러한 입법목적과 제도의 취지 등을 고려할 때, 채권자가 채무자 소유의 주택에 관하여 채무자와 임대차계약을 체결하고 전입신고를 마친 다음 그곳에 거주하였다고 하더라도 실제 임대차계약의 주된 목적이 주택을 사용·수익하려는 것에 있는 것이 아니고, 실제적으로는 소액임차인으로 보호받아 선순위 담보권자에 우선하여 채권을 회수하려는 것에 주된 목적이 있었던 경우에는 그러한 임차인을 주택임대차보호법상 소액임차인으로 보호할 수 없다.[146)

[참고] 대법원 2008. 5. 15. 선고 2007다23203 판결
채권자가 채무자 소유의 주택에 관하여 채무자와 임대차계약을 체결하고 전입신고를 마친 다음 그곳에 거주하였다고 하더라도 임대차계약의 주된 목적이 주택을 사용·수익하려는 것에 있는 것이 아니고, 실제적으로는 소액임차인으로 보호받아 선순위 담보권자에 우선하여 채권을 회수하려는 것에 주된 목적이 있었던 경우에는 그러한 임차인을 주택임대차보호법상 소액임차인으로 보호할 수 없다고 할 것이나(대법원 2001. 5. 8. 선고 2001다14733 판결 등 참조), 실제 임대차계약의 주된 목적이 주택을 사용·수익하려는 것인 이상, 처음 임대차계약을 체결할 당시에는 보증금액이 많아 소액임차인에 해당하지 않았지만 그 후 새로운 임대차계약에 의하여 임대인과의 사이에 정당하게 보증금을 감액하여 소액임차인에 해당하게 되었다면, 그 임대차계약이 통정허위표시에 의한 계약이어서 무효라는 등의 특별한 사정이 없는 한 그러한 임차인이 같은 법상 소액임차인으로 보호받을 수 없다고 볼 수는 없다.

---

145) 제반 사정에 비추어 임차인이 주택임대차보호법에 의하여 임차주택의 양수인이 임대인의 지위를 승계하는 것을 전제로 행동하였다고 봄이 상당하고 임대인의 지위승계에 대하여 이의를 제기한 것으로 단정하기는 어렵다고 한 사례.
146) 대법원 2007. 12. 13. 선고 2007다55088 판결: 부모가 삼촌에 대하여 가지는 대여금채권을 임대차보증금으로 대체하기로 하고 삼촌이 건축한 빌라에 관하여 임대차계약을 체결한 사안에서, 그 주된 목적이 대항력 있는 임차인으로 보호받아 부모의 대여금채권을 우선변제받으려는 것인지에 관하여 더 심리해야 한다는 이유로 원심판결을 파기한 사례.

5. (2) 대법원 2007. 6. 21. 선고 2004다26133 전원합의체 판결

대항요건 및 확정일자를 갖춘 임차인과 소액임차인은 임차주택과 그 대지가 함께 경매될 경우뿐만 아니라 임차주택과 별도로 그 대지만이 경매될 경우에도 그 대지의 환가대금에 대하여 우선변제권을 행사할 수 있고(대법원 1996. 6. 14. 선고 96다7595 판결, 1999. 7. 23. 선고 99다25532 판결 등 참조), 이와 같은 우선변제권은 이른바 법정담보물권의 성격을 갖는 것으로서 임대차 성립시의 임차 목적물인 임차주택 및 대지의 가액을 기초로 임차인을 보호하고자 인정되는 것이므로, 임대차 성립 당시 임대인의 소유였던 대지가 타인에게 양도되어 임차주택과 대지의 소유자가 서로 달라진 경우에도 마찬가지라 할 것이다.

같은 법은 주택의 임대차에 관하여 민법에 대한 특례를 규정함으로써 국민의 주거생활의 안정을 보장함을 목적으로 하고 있고(제1조), 주택의 전부 또는 일부의 임대차에 관하여 적용된다고 규정하고 있을 뿐 임차주택이 관할관청의 허가를 받은 건물인지, 등기를 마친 건물인지 아닌지를 구별하고 있지 아니하므로(제2조), 어느 건물이 국민의 주거생활의 용도로 사용되는 주택에 해당하는 이상 비록 그 건물에 관하여 아직 등기를 마치지 아니하였거나 등기가 이루어질 수 없는 사정이 있다고 하더라도 다른 특별한 규정이 없는 한 같은 법의 적용대상이 된다고 해석함이 상당하다(미등기무허가 건물의 양수인에 대한 대항력을 인정한 대법원 1987. 3. 24. 선고 86다카164 판결 참조). 그런데 대항요건 및 확정일자를 갖춘 임차인과 소액임차인에게 우선변제권을 인정한 같은 법 제3조의 2 및 제8조가 미등기 주택을 달리 취급하는 특별한 규정을 두고 있지 아니하므로, 위에서 본 대항요건 및 확정일자를 갖춘 임차인과 소액임차인의 임차주택 대지에 대한 우선변제권에 관한 법리는 임차주택이 미등기인 경우에도 그대로 적용된다고 보아야 할 것이다. 이와 달리 임차주택의 등기 여부에 따라 그 우선변제권의 인정 여부를 달리 해석하는 것은 합리적 이유나 근거 없이 그 적용대상을 축소하거나 제한하는 것이 되어 부당하고, 민법과 달리 임차권의 등기 없이도 대항력과 우선변제권을 인정하는 같은 법의 취지에 비추어 타당하지 아니하다.

다만, 소액임차인의 우선변제권에 관한 같은 법 제8조 제1항이 그 후문에서 '이 경우 임차인은 주택에 대한 경매신청의 등기 전에' 대항요건을 갖추어야 한다고 규정하고 있으나, 이는 소액보증금을 배당받을 목적으로 배당절차에 임박하여 가장 임차인을 급조하는 등의 폐단을 방지하기 위하여 소액임차인의 대항요건의 구비시기를 제한하는 취지이지, 반드시 임차주택과 대지를 함께 경매하여 임차주택 자체에 경매신청의 등기가 되어야 한다거나 임차주택에 경매신청의 등기가 가능한 경우로 제한하는 취지는 아니라 할 것이다. 대지에 대한 경매신청의 등기 전에 위 대항요건을 갖추도록 하면 입법 취지를 충분히 달성할 수 있으므로, 위 규정이 미등기 주택의 경우에 소액임차인의 대지에 관한 우선변제권을 배제하는 규정에 해당한다고 볼 수 없다.147)

---

147) 본 전원합의체 판결에 의하여 종전에 미등기 주택 대지의 환가대금에 대한 소액임차인의 우선변제권에 관하여 이와 견해를 달리한 대법원 2001. 10. 30. 선고 2001다39657 판결은 이를 변경되었다.

6. 대법원 2008. 11. 13. 선고 2008다43976 판결

경매절차에 있어서 부동산현황조사는 매각대상 부동산의 현황을 정확히 파악하여 일반인에게 그 부동산의 현황과 권리관계를 공시함으로써 매수 희망자가 필요한 정보를 쉽게 얻을 수 있게 하여 예상 밖의 손해를 입는 것을 방지하고자 함에 있는 것이고, 매각절차의 법령상 이해관계인에게는 매각기일에 출석하여 의견진술을 할 수 있는 권리의 행사를 위해 매각기일 등 절차의 진행을 통지하여 주도록 되어 있는 반면, 주택임대차보호법상의 대항요건을 갖춘 임차인이라고 하더라도 매각허가결정 이전에 경매법원에 스스로 그 권리를 증명하여 신고하지 않는 한 집행관의 현황조사결과 임차인으로 조사·보고되어 있는지와 관계없이 이해관계인이 될 수 없으며, 대법원예규에 따른 경매절차 진행사실의 주택임차인에 대한 통지는 법률상 규정된 의무가 아니라 당사자의 편의를 위하여 경매절차와 배당제도에 관한 내용을 안내하여 주는 것에 불과하므로, 이해관계인 아닌 임차인이 위와 같은 통지를 받지 못하였다고 하여 경매절차에 위법이 있다고 다툴 수 없다는 것이 대법원의 판례(대법원 1999. 8. 26. 자 99마3792 결정, 대법원 2004. 11. 9. 자 2004마94 결정 등 참조)이다.

위와 같은 판례의 해석에 따르면, 비록 경매법원의 명령에 따른 집행관의 현황조사과정에 직무상 과실의 위법이 있고, 그 때문에 임차인인 원고가 경매절차의 진행에 관한 통지를 경매법원으로부터 받지 못하여 그 결과 우선변제권의 행사에 필요한 조치를 취하지 못해 손해를 입게 되었다 하더라도 그러한 사정만으로는 민사집행법 제90조에 따른 권리신고절차를 취하지 아니하여 경매절차상 이해관계인이 아닌 원고에 대한 관계에서 불법행위를 구성한다거나 그 스스로 우선변제권의 행사에 필요한 법령상 조치를 취하지 아니함으로써 발생한 원고의 손해와 사이에 상당인과관계가 있다고 할 수는 없을 것이다.

7. (1), (2) 대법원 2005. 9. 15. 선고 2005다33039 판결

임차권등기명령에 의하여 임차권등기를 한 임차인은 우선변제권을 가지며, 위 임차권등기는 임차인으로 하여금 기왕의 대항력이나 우선변제권을 유지하도록 해 주는 담보적 기능을 주목적으로 하고 있으므로, 위 임차권등기가 첫 경매개시결정등기 전에 등기된 경우, 배당받을 채권자의 범위에 관하여 규정하고 있는 민사집행법 제148조 제4호의 "저당권·전세권, 그 밖의 우선변제청구권으로서 첫 경매개시결정 등기 전에 등기되었고 매각으로 소멸하는 것을 가진 채권자"에 준하여, 그 임차인은 별도로 배당요구를 하지 않아도 당연히 배당받을 채권자에 속하는 것으로 보아야 한다.

8. 대법원 2007. 6. 28. 선고 2004다69741 판결

전세권은 전세금을 지급하고 타인의 부동산을 점유하여 그 부동산의 용도에 좇아 사용·수익하며 그 부동산 전부에 대하여 후순위권리자, 기타 채권자보다 전세금의 우선변제를 받을 권리를 내용으로 하는 물권이지만, 임대차는 당사자 일방이 상대방에게 목적물을 사용, 수익하게 할 것을 약정하고 상대방이 이에 대하여 차임을 지급할 것을 약정함으로써 그 효력이 발생하는 채권계약으로서, 주택임차인이 주택임대차보호법 제3조 제1항의 대항요건을 갖추거나 민법 제621조의 규정에 의한 주택임대차등기를 마치더라도 채권계약이라는 기본인 성질에 변함이 없다. 이러한 차이와 더불어, 주택임차인이 그 지위를 강화하고자 별도로 전세권설정등기를 마치더라도 주택임대차보호법상 주택임차인으로서의 우선변제를 받을 수 있는 권리와 전세권자로서 우선변제를 받을 수 있는 권리는 근거 규정 및 성립요건을 달리하는 별개의 것이라는 점(대법원 1993. 12. 24. 선고 93다39676 판결 참조), 주택임대차보호법 제3조의 3 제1항에서 규정한 임차권등기명령에 의한 임차권등기와 동법 제3조의 4 제2항에서 규정한 주택임대차등기는 공통적으로 주택임대차보호법상의 대항요건인 '주민등록일자', '점유개시일자' 및 '확정일자'를 등기사항으로 기재하여 이를 공시하지만 전세권설정등기에는 이러한 대항요건을 공시하는 기능이 없는 점, 주택임대차보호법 제3조의 4 제1항에서 임차권등기명령에 의한 임차권등기의 효력에 관한 동법 제3조의 3 제5항의 규정은 민법 제621조에 의한 주택임대차등기의 효력에 관하여 이를 준용한다고 규정하고 있을 뿐 주택임대차보호법 제3조의 3 제5항의 규정을 전세권설정등기의 효력에 관하여 준용할 법적 근거가 없는 점 등을 종합하면, 주택임차인이 그 지위를 강화하고자 별도로 전세권설정등기를 마쳤더라도 주택임차인이 주택임대차보호법 제3조 제1항의 대항요건을 상실하면 이미 취득한 주택임대차보호법상의 대항력 및 우선변제권을 상실한다고 봄이 상당하다.

9. 대법원 2008. 9. 25. 선고 2008다44238 판결

상가건물임대차보호법 제3조 제1항에서 건물의 인도와 더불어 대항력의 요건으로 규정하고 있는 사업자등록은 거래의 안전을 위하여 임차권의 존재를 제3자가 명백히 인식할 수 있게 하는 공시방법으로서 마련된 것이므로, 사업자등록이 어떤 임대차를 공시하는 효력이 있는지는 일반 사회통념상 그 사업자등록으로 당해 임대차건물에 사업장을 임차한 사업자가 존재하고 있다고 인식할 수 있는지에 따라 판단하여야 한다.

한편, 상가건물임대차보호법 제4조와 그 시행령 제3조 및 부가가치세법 제5조와 그 시행령 제7조(소득세법 및 법인세법상의 사업자등록에 준용)에 의하면, 건물의 임대차에 이해관계가 있는 자는 건물의 소재지 관할 세무서장에게 임대차와 사업자등록에 관한 사항의 열람 또는 제공을 요청할 수 있고, 사업자가 사업장을 임차한 경우에는 사업자등록신청서에 임대차계약서 사본을 첨부하도록 하여 임대차에 관한 사항의 열람 또는 제공은 첨부한 임대차계약서의 기재에 의하도록 하고 있으므로, 사업자등록신청서에 첨부한 임대차계약서상의 임대차목적물 소재지가 당해 상가건물에 대한 등기부상의 표시와 불일치하는 경우에는 특별한 사정이 없는 한 그 사업자등록은 제3자에 대한 관계에서 유효한 임대차의 공시방법이 될 수 없고, 또한 위 각 법령의 위 각 규정에 의하면, 사업자가 상가건물의 일부분을 임차하는 경우에는 사업자등록신청서에 해당 부분의 도면을 첨부하여야 하고, 이해관계인은 임대차의 목적이 건물의 일부분인 경우 그 부분 도면의 열람 또는 제공을 요청할 수 있도록 하고 있으므로, 건물의 일부분을 임차한 경우 그 사업자등록이 제3자에 대한 관계에서 유효한 임대차의 공시방법이 되기 위해서는 사업자등록신청 시 그 임차 부분을 표시한 도면을 첨부하여야 할 것이다.

제15장 매매계약 관련 소송의 쟁점

I. 매매계약의 성립과 이행

1. 민사거래의 기초: 계약

가. 계약의 의의

(1) 우리 사회의 거의 모든 거래는 계약이라는 형식으로 이루어지고 있다. 계약은 재화의 이전을 매개하는 중요한 기능을 한다. 예컨대 부동산거래는 부동산매매계약을 통하여 이루어진다. 부동산매매계약은 매도인이 어떤 부동산을 매수인에게 이전할 것을 약정하고, 매수인은 이에 대하여 그 대금을 지급할 것을 약정함으로써 성립하는 계약을 말한다.

(2) 민사거래는 대부분 계약에서 출발한다. 계약이 성립하고 이행되는 과정에서 발생하는 문제들이 민사거래의 주요 쟁점들이다. 행위무능력, 강행법규위반, 사회질서위반, 불공정한 법률행위, 비진의표시, 허위표시, 사기·강박, 착오, 법률행위의 무효와 취소 등 계약의 하자는 계약의 성립과정의 장애로 인한 것들이고, 계약의 해제, 해지, 위험부담 등은 계약의 이행과정에서 생기는 문제들이다. 채무자가 채무의 내용에 좇은 이행을 하지 않을 경우 이행지체, 이행불능, 불완전이행, 이행거절 등의 채무불이행의 문제가 발생하며, 채무불이행에 대해 강제이행을 구하거나 손해배상청구를 할 수 있게 된다.

(3) 계약이 하자 없이 성립되고 제대로 이행되어 당사자의 의무가 소멸되면 더 이상 법적 관심의 대상이 될 수 없다. 계약의 성립 및 이행과정에서 생기는 위와 같은 계약의 병리현상이야말로 법적인 관심이 대상이 된다. 의사가 환자의 질병을 치료하는 것처럼 법률가는 사회의 병리현상을 치료하는 case manager 또는 社會醫(Sozialarzt)가 되어야 한다.

(4) 계약의 법리는 매매를 중심으로 전개된다. 매매는 諾成, 雙務, 有償, 不要式 계약의 전형이다. 매매계약은 당사자의 합의만으로 성립하는 낙성계약이고, 매매계약 당사자 채무는 서로 목적적 의존관계에 있기 때문에 쌍무계약이며, 매매계약은 쌍방 당사자의 의무가 대가관계에 있으므로 유상계약이고, 매매계약을 체결하는 데 일정한 방식을 요하지 않기 때문에 불요식계약이다.

나. 사적자치와 계약자유의 원칙

(1) 민사법의 대원칙인 '私的自治'는 법질서에 先在하면서 법질서에 의해 실현된다. 개인의사와 법질서 양자가 불가분적으로 사적자치 내지 계약의 효력근거가 된다. '신분에서 계약으로(from status to contract)' 사적 자치에 의하여 지배되는 법이 바로 사법이다. Pacta sunt servanda(약속은 지켜져야 한다)! 사적 자치의 정당성은 '개인의 자기결정을 관철시키는 힘'에 있다. 私的自治의 원칙(Privatautonomie)은 바로 개인은 자기결정에 의하여 자기의사에 따라서 자기 법률관계를 스스로 형성할 수 있다는 원칙을 말한다.[1] 민법상의 인간상은 나약하고 타율적인 인간이 아니라 스스로 결정하고 스스로 책임지는 주체적이며 자율적인 인간을 전제로 한다.

(2) 계약자유의 원칙(또는 사적자치의 원칙)은 소유권 절대의 원칙, 과실책임의 원칙과 더불어 근대민법의 3대원칙을 구성한다.[2] 계약은 사적자치를 구현하는 중요한 법적 형태로서 계약 당사자들은 그들의 계약내용을 그들의 의사와 필요에 따라 자유롭게 정할 수 있고 계약의 체결을 강제당하지 않으며(계약자유의 원칙), 개인들의 생활의 물질적 기초인 소유권을 절대적으로 보호해 주고(사소유권 절대의 원칙), 개인은 고의 또는 과실로 위법하게 타인에게 가한 손해에 대해서만 손해배상책임을 진다(과실책임의 원칙).

(3) 국가가 전체 사회의 질서유지와 공공복리의 목적을 위하여 개인 간의 계약도 부득이 규제하지 않을 수 없다고 하더라도 개인의 존엄과 가치를 존중하는 자유민주주의 기본가치는 고수하여야 하기 때문에 예외적으로 법률에 의해서만 제한될 수 있는 것임을 유의하여야 한다. 법원도 계약의 해석자일 뿐 당사자를 위하여 계약을 재구성할 권한은 없다. 형평과 정의, 신의칙이라는 이름으로 무분별하게 개인 간의 계약내용에 간섭하는 경우 사적자치의 원칙은 공허해지고 만다.

2. 계약의 성립과 장애

가. 계약의 성립

(1) 계약이 성립하기 위해서는 당사자 사이에 의사의 합치가 있을 것이 요구되고 이러한 의사의 합치는 당해 계약의 내용을 이루는 모든 사항에 관하여 있어야 하는 것은 아니나 그 본질적 사항이나 중요

---

1) 인간은 생활을 위하여 의식주 등 재화와 이성과의 결합을 필요로 하는데 각 개인은 자기 일을 自己決定(Selbstbestimmung)에 의하여 自己責任(Selbstverwertung)하에 自己支配(Selbstherrshaft)하도록 하는 것은 하나의 당위이다. 민법개정 작업을 하면서 민법 제1조에 "사람은 인간으로서의 존엄과 가치를 바탕으로 자신의 자유로운 의사에 좇아 법률관계를 형성한다"는 내용으로 사적자치의 원칙을 천명하는 것을 제안하고 있다.
2) 사회주의체제와 구별되는 자본주의체제를 떠받치는 두 기둥은 사적 소유권과 시장경제이다. 민법은 이러한 자본주의체제를 뒷받침하는 법이다. 사적 소유권을 보장하는 법이 물권법이고, 시장경제질서를 보장하는 법이 바로 계약법(채권법)이다.

사항에 관해서는 구체적으로 의사의 합치가 있거나 적어도 장래 구체적으로 특정할 수 있는 기준과 방법 등에 관한 합의는 있어야 한다.[3]

(2) 매매계약은 당사자 일방이 재산권을 상대방에게 이전할 것을 약정하고 상대방이 그 대금을 지급할 것을 약정하는 계약으로 매도인이 재산권을 이전하는 것과 매수인이 그 대가로서 금원을 지급하는 것에 관하여 쌍방 당사자의 합의가 이루어짐으로써 성립하는 것이다.[4]

(3) 정식의 본계약을 체결하기 전에 가계약을 체결하는 경우에도 가계약에서 본계약의 중요 부분에 대한 합의가 이루어진 경우에는 양 당사자는 임의로 본계약체결을 파기할 수 없다.[5]

나. 계약의 성립과정에서의 장애: 계약의 하자

(1) 계약이 성립되면 그 내용에 따라 효력이 발생한다. 그러나 예외적으로 계약이 무효 또는 취소되는 경우가 있다. 계약의 성립과정에 미성년자 등 행위무능력자의 법률행위, 강행법규 위반, 반사회질서 법률행위, 불공정한 법률행위, 비진의표시, 허위표시, 사기·강박에 의한 의사표시, 착오에 의한 표시 등 하자가 있는 경우 계약관계를 해소할 수 있는 방안이 마련되어 있다. 계약의 성립과정이나 내용상으로 흠이 있는 경우 계약의 내용에 따른 법률효과가 발생하지 않는다.

(2) 계약의 무효

(가) 반사회질서의 계약, 폭리행위, 상대방이 알거나 알 수 있는 비진의표시에 의한 계약, 가장행위 등과 같이 계약이 성립한 당초부터 확정적으로 효력이 발생하지 않는 계약은 무효의 계약이다. 이러한 계약의 경우 원칙적으로 추인이 불가능하다.[6]

(나) 부동산매매계약이 무효이면 매도인의 소유권이전채무나 매수인의 대금지급채무는 발생하지 아니한다. 따라서 당사자는 상대방에 대하여 그 이행을 청구할 수 없고, 채무가 이미 이행되었더라도

---

3) 대법원 2001. 3. 23. 선고 2000다51650 판결 참조.

4) 대법원 2006. 11. 24. 선고 2005다39594 판결: 비록 이 사건 가계약서에 잔금 지급시기가 기재되지 않았고 후에 그 정식계약서가 작성되지 않았다 하더라도, 위 가계약서 작성 당시 매매계약의 중요 사항인 매매목적물과 매매대금 등이 특정되고 중도금 지급방법에 관한 합의가 있었으므로 원·피고 사이에 이 사건 부동산에 관한 매매계약은 성립되었다고 판단한 사례.

5) 실거래계에 있어서는 정식의 계약체결에 이르기 전에 당사자들의 다양한 이해관계를 반영하는 합의들이 흔히 '가계약'으로 이루어지는 경우가 많다. 그러나 가계약의 내용은 구속력의 정도나 규정하는 내용에 있어 매우 다양한 모습을 나타내고 있어 그 법적 성질과 효과를 파악하기가 쉽지 않으나, 우선적으로 고려되어야 할 것은 의사표시의 해석을 통하여 나타나는 당사자들의 의사라 할 것인데, 당사자들이 장차 계속되는 교섭의 기초로서 작성한 것이고 장래의 교섭에 의하여 수정될 것이 예정되어 있다면 법적 구속력을 인정하기 힘들 것이지만, 주된 급부에 관하여 대략의 합의가 성립하여 있는 경우라면 그 부수적인 내용이 상세하게 확정되어 있지 않다고 하더라도 위 합의에 관해서는 독자적인 구속력 및 책임의 근거로서 인정해야 할 경우가 많이 있다. 따라서 가계약은 본계약 주요 급부의 중요 부분이 확정되어 있는 경우는 예약 또는 조건부 계약으로 볼 수 있고 그것이 확정되어 있지 않는 경우는 준비단계의 계약으로 볼 것이다. 가계약의 구속력으로서 본계약체결의무를 인정하여 그 이행이익의 배상을 구하기 위해서는 가계약에서 본계약 주된 급부의 중요 부분에 대해 합의가 이루어져 당사자가 임의로 본계약체결을 파기할 수 없는 상태에 있어야 한다(부산지법 2007. 7. 26. 선고 2003가합10578 판결).

6) 다만, 당사자가 그 무효임을 알고 추인한 때에는 새로운 법률행위로 본다(민법 제139조 단서).

그 급부는 부당이득으로 반환되어야 한다. 무효인 매매계약에 기하여 당사자 쌍방이 채무를 이행하였으면 서로 부담하는 부당이득반환채무도 동시이행의 관계에 있다.

(다) 무권대리, 처분권한 없는 자의 처분행위, 토지거래허가를 받지 아니하고 체결한 토지거래계약과 같이 처음부터 무효인 계약이 후에 추인에 의하여 유효하게 될 수 있는 경우가 있다(유동적 무효).

(라) 계약이 무효라고 해서 다른 효력불발생사유를 주장할 수 없는 것은 아니다. 의사무능력자의 계약을 행위무능력을 이유로 취소하는 것도 가능하고, 허위표시로서 무효인 계약도 그것이 사해행위에 해당하면 채권자취소권을 행사할 수 있다.

(3) 계약의 취소

(가) 일단 유효하게 성립한 계약을 그 성립과정상의 하자를 이유로 하여 소급적으로 무효로 하는 일방적 의사표시를 말한다. 취소권 발생사유는 행위무능력, 사기·강박, 착오가 있다.

(나) 취소할 수 있는 계약은 취소가 행하여지기까지는 유효하나, 취소에 의하여 소급적으로 무효가 된다(확정적 무효). 하자 있는 의사표시를 한 본인뿐만 아니라 대리인, 승계인도 취소할 수 있다.

(다) 계약이 취소되면 처음부터 무효인 것으로 보고(민법 제141조 본문), 계약상의 채권채무는 처음부터 발생하지 아니한 것으로 된다. 따라서 아직 이행하지 않은 채무는 이행하지 않아도 되고, 이미 채무가 이행된 경우에는 그 급부는 부당이득으로 반환되어야 한다.[7] 다만 무능력자의 보호를 위하여 무능력자는 그 행위로 인하여 받은 이익이 현존하는 한도에서 상환할 책임이 있다(민법 제141조 단서). 쌍무계약이 취소된 경우 당사자 쌍방이 부담하는 원상회복의무는 동시이행의 관계에 있다.

(라) 취소권은 추인이나 취소권의 포기 또는 권리행사기간의 도과 등에 의하여 소멸한다.

3. 계약의 이행

가. 계약의 준수: 강제이행

(1) 계약의 원활한 기능은 '계약의 준수(stare pactis)'를 전제로 한다. 우리들의 거래생활은 각자가 그의 약속을 지키고 그 약속에 대하여 타인이 가지고 있는 신뢰(믿음)를 배반하지 않는 데서부터 출발한다. 매도인과 매수인 사이에 부동산매매계약이 유효하게 성립되면 매도인은 매수인에게 부동산의 소유권을 이전할 채무를 부담하고, 매수인은 매도인에게 대금을 지급할 채무를 부담하게 되며, 그들 각자가 그들의 채무를 이행하여야만 매매계약은 소기의 목적을 달성하고 종료하게 된다.

---

7) 예컨대 甲이 乙에게 사기로 부동산을 매도하고 乙 앞으로 소유권이전등기가 마쳐진 경우 甲이 후에 매매계약을 취소하면 乙 명의로 소유권이전등기가 그대로 남아 있어도 乙로의 소유권이전은 처음부터 무효가 되어(물권행위의 유인성) 甲은 소유권을 상실한 일이 없는 것이 된다. 이때 甲은 乙을 상대로 물권적 청구권에 기해 소유권이전등기의 말소를 구할 수 있다.

(2) 계약의 이행과정에서 채무자가 자신의 채무를 이행하지 아니하거나 또 이행의사가 없음을 분명히 한다거나 계약의 목적달성이 불가능해진 경우에도 그러한 계약관계를 유지하는 것은 의미가 없으므로 일방에게 계약의 해제권을 부여하여 계약의 구속력에서 해방될 수 있는 퇴로를 마련해 주고 있다. 그러나 계약관계에 기초하여 이미 전부나 일부의 이행이 있었던 경우에는 이를 원상으로 회복해야 하는 절차가 뒤따른다.

나. 계약의 이행과정에서의 장애: 채무불이행

(1) 통상 계약은 채무자의 변제 등 이행에 의하여 만족을 얻고 소멸한다. 그러나 채무가 원래의 내용대로 실현되지 않는 채무불이행이란 장애가 생길 수 있다. 채무불이행책임의 발생하기 위해서는 객관적인 채무불이행사실이 있어야 하고, 채무자에게 그 채무불이행에 대하여 '책임 있는 사유(귀책사유)'가 있어야 한다.

(2) 채무불이행의 유형으로는 이행지체, 이행불능, 불완전이행, 이행거절, 채권자지체 등이 있다.

(3) 채무불이행에 대한 구제수단으로는 원칙적으로 강제이행청구가 허용되며, 손해배상청구도 할 수 있다. 또한 그 채무가 계약으로부터 발생한 것인 경우에는 채권자는 일정한 요건 아래 채무불이행을 이유로 그 계약을 해제할 수 있다.

다. 해제

(1) 계약의 해제란 유효하게 성립하고 있는 계약의 효력을 당사자 일방의 의사표시에 의하여 그 계약이 처음부터 없었던 것과 같은 상태로 복귀시키는 것을 말하며, 이러한 일방적 의사표시에 의하여 계약을 해제시키는 권리를 '해제권'이라 한다.[8]

(2) 당사자가 서로 합의하여 계약을 해제하는 것은 얼마든지 자유지만(이른바 약정해제) 당사자가 일방적으로 해제할 수 있는 경우는 엄격히 제한되어 있다(법정해제). 민법이 정한 해제 원인으로는 계약의 상대방이 계약 내용에 따른 채무를 이행하지 않을 경우(물론 그에 대한 귀책사유가 있어야 한다)에 한정하고 있다. 이를 '채무불이행에 의한 해제'라고 한다(민법 제544조). 예컨대, 부동산을 매수한 자가 대금을 제 기일에 지급하지 않거나 매도한 자가 소유권이전등기절차에 협력하지 않는 것과 같은 경우에는 계약을 제대로 이행한 것이 되지 않았으므로 계약해제 사유가 된다.

---

[8] 해제와 같은 소급효과가 인정되는 것으로 '취소(取消)'가 있으나, 취소는 계약이 미성년자 등과 같은 무능력자에 의하여 체결되었다든가 사기 또는 착오가 있었다든가 하는 등으로 계약의 '성립' 과정에서 장애가 있는 경우에 그를 이유로 계약의 효력을 소급하여 없애 버리는 것임에 반하여, 해제는 일단 유효하게 성립한 계약이 '이행'되어 가는 과정에서 일방 당사자가 그 채무를 이행하지 아니함으로 인하여 상대방이 계약의 효력을 소급적으로 해소시켜 버리는 것이므로 양자는 구별할 필요가 있다. 해제는 계속적 계약관계(예컨대, 임대차, 고용 등)에 있어서 계약의 효력을 '장래에 향하여' 소멸케 하는 '해지'와도 구별된다. 그리고 철회는 의사표시의 효력 발생 전에 장래를 향하여 그 효력을 상실시키는 것으로 해제나 취소와 구별된다.

(3) 민법은 해제권의 발생요건을 채무불이행이 이행불능인가 아니면 이행지체 등 기타의 채무불이행인가에 따라 달리 정하고 있다. 이행불능의 경우에는 채무자에게 상당한 기간을 정하여 그 이행을 최고할 필요 없이 바로 해제권이 발생하고(민법 제546조), 이행지체 등 기타의 경우에는 채무자에게 "상당한 기간을 정하여 그 이행을 최고하고", 또, "그 기간 내에 이행하지 아니한 때"에 비로소 해제권이 발생한다(민법 제544조).[9)][10)]

(4) 이행의 최고를 하면서 최고와 동시에 최고기간 내에 이행하지 않으면 다시 해제의 의사표시를 하지 않더라도 당연히 해제된다고 하는 <u>최고기간 내의 불이행을 정지조건으로 하는 해제의 의사표시를 하는 경우</u>에는 위 기간 내에 이행이 없을 때에는 위 기간경과로 인하여 그 계약은 해제된 것으로 해석한다. 당사자 일방이 채무를 이행할 의사가 없음이 명백한 경우에는 상대방은 채무불이행 후 상당한 기간이 경과한 경우에는 최고를 하지 아니하고 곧바로 계약을 해제할 수 있다(민법 제544조 단서).

(5) 부동산매매계약의 경우에 이행기일에 매수인이 잔금을 지급하지 아니한 사실만으로는 부족하고 매도인이 소유권이전등기신청에 필요한 일체의 서류(등기권리증, 위임장 및 부동산매도용 인감증명 등 등기신청 행위에 필요한 모든 구비서류)를 수리할 수 있을 정도로 준비하여 그 뜻을 상대방에게 통지하여 수령을 최고함으로써 이를 제공하고, 또 상당한 기간을 정하여 상대방의 잔금채무이행을 최고한 후 매수인이 이에 응하지 아니한 사실이 있어야 한다.[11)]

(6) 계약의 합의해제는 명시적으로 이루어진 경우뿐만 아니라 묵시적으로 이루어질 수도 있는 것으로, 계약의 성립 후에 당사자 쌍방의 계약실현 의사의 결여 또는 포기로 인하여 쌍방 모두 이행의 제공이나 최고에 이름이 없이 장기간 이를 방치하였다면, 그 계약은 당사자 쌍방이 계약을 실현하지 아니할 의사가 일치함으로써 묵시적으로 합의해제되었다고 해석함이 상당하다.[12)]

(7) 계약이 해제되면 그 계약은 소급적으로 효력을 상실하게 된다. 계약의 해제권은 일종의 형성권으로서 당사자 일방에 의한 계약해제의 의사표시가 있으면 그 효과로서 새로운 법률관계가 발생하고 각

---

9) 당사자 일방이 그 채무를 이행하지 아니한다고 하여 즉시 계약을 해제할 수 있는 것이 아니다. 즉 계약의 해제는 해제의 원인을 제공한 자에게 이를 만회할 수 있는 기회를 부여하여 적법한 최고를 하고 상당한 기간 내에 채무자가 자신의 채무를 이행하지 아니하는 경우에 행사되는 최후수단적 성격을 갖는다.

10) 대법원 2007. 12. 27. 선고 2007도5030 판결: 부동산 매매계약에 있어서 매수인이 잔대금 지급기일까지 그 대금을 지급하지 못하면 그 계약이 자동적으로 해제된다는 취지의 약정이 있더라도 매도인이 이행의 제공을 하여 매수인을 이행지체에 빠뜨리지 않는 한 그 약정기일의 도과 사실만으로는 매매계약이 자동해제된 것으로 볼 수 없으나, <u>매수인이 수회에 걸친 채무불이행에 대하여 책임을 느끼고 잔금 지급기일의 연기를 요청하면서 새로운 약정기일까지는 반드시 계약을 이행할 것을 확약하고 불이행 시에는 매매계약이 자동적으로 해제되는 것을 감수하겠다는 내용의 약정을 한 특별한 사정이 있다면, 매수인이 잔금 지급기일까지 잔금을 지급하지 아니함으로써 그 매매계약은 자동적으로 실효된다.</u>

11) 대법원 2007. 6. 15. 선고 2007다4196 판결: 쌍무계약인 부동산 매매계약에서 매도인이 매수인에게 지체의 책임을 지워 매매계약을 해제하려면 매수인이 이행기일에 잔대금을 지급하지 아니한 사실만으로는 부족하고, <u>매도인이 소유권이전등기신청에 필요한 일체의 서류를 상대방이 수리할 수 있을 정도로 준비하여 그 뜻을 상대방에게 통지하여 수령을 최고함으로써 이를 제공하여야 하는 것이 원칙이고, 또 상당한 기간을 정하여 상대방의 잔대금채무이행을 최고한 후 매수인이 이에 응하지 아니한 사실이 있어야 하는 것인데,</u> 매수인이 계약의 이행에 비협조적인 태도를 취하면서 잔대금의 지급을 미루는 등 소유권이전등기 서류를 수령할 준비를 아니 한 경우에는 매도인으로서도 부동산매도용 인감증명서를 발급받아 놓고 인감도장과 등기권리증 등을 준비하여 잔대금수령과 동시에 법무사 등에게 위임하여 소유권이전등기신청행위에 필요한 서류를 작성할 수 있도록 준비하였다면 이행의 제공은 이로써 충분하다고 할 것이다.

12) 대법원 2007. 6. 15. 선고 2004다37904, 37911 판결.

당사자는 그에 구속된다. 채권자는 상대방에 대하여 이행청구를 하지 못하는 대신 상대방에 대하여 부담하는 반대이행채무를 더 이상 부담하지 않게 된다. 계약당사자가 계약의 이행으로 상대방에게 이행한 것이 있으면 이는 부당이득으로 반환되어야 한다. 즉 계약이 적법하게 해제되면 계약당사자는 상대방에 대하여 '원상회복의 의무'가 있다(민법 제548조 제1항 본문). 계약이 해제되면 그 효력이 소급적으로 소멸함에 따라 그 계약상 의무에 기하여 이행된 급부는 원상회복을 위하여 부당이득으로 반환되어야 하는 것이다. 매도인은 매수인에게 대금을 돌려주어야 하고, 매수인은 부동산 그 자체를 돌려주어야 하며 이미 등기를 마친 경우라면 등기를 말소해 주어야 한다(이 경우에도 동시이행의 관계에 있다).

(8) 계약해제로 인한 원상회복의무는 받은 이익을 그대로 반환해 주는 것이다. 계약의 이행으로서 토지·건물 등 물건이 제공된 경우에 그것이 그대로 남아 있으면 그 물건 자체를 반환하고(원물반환의 원칙), 받은 물건이 멸실되어 없어지거나 파손되거나 또는 소비되어 원물반환이 불가능하게 되면 이때는 예외적으로 가격으로 반환하여야 한다. 또한 금전을 반환할 경우에는 그 받은 날로부터 이자를 붙여 주어야 하고(법정이자 연 5푼), 계약이 해제되더라도 선의의 제3자의 권리는 해하지 못한다(민법 제548조 제1항 단서). 계약해제 이전에 계약목적물에 관하여 이해관계를 갖고 있던 선의의 제3자에게는 계약당사자가 해제의 효과를 주장하지 못하게 된다. 또한 계약을 해제하더라도 이미 발생한 손해배상청구권에는 영향을 미치지 않는다(민법 제551조). 계약해제는 계약관계를 종료시키고 원상회복의무만을 남기므로 해제권자는 원상회복으로 전보되지 않는 손해에 대해서는 별도로 손해배상을 청구할 수 있다.

라. 담보책임

(1) 매매계약이 이루어지면 매도인은 매수인에게 매매목적물인 재산권을 이전해야 할 의무를 가지게 되는데, 그 매매목적물인 재산권에 하자(흠)가 있고 이로 말미암아 그 재산권이 전부나 일부를 이전할 수 없거나, 그 재산권의 객체인 물건에 하자가 있는 것을 인도한 경우에 민법은 매도인에게 일정한 책임을 인정하고, 민법 제570조에서 제584조까지 이에 관하여 자세히 규정하고 있다. 이를 매도인의 담보책임이라고 한다.

(2) 매매목적물의 전부 또는 일부가 타인에게 속하는 경우, 수량을 지정한 매매에서 목적물의 수량이 부족한 경우, 목적물에 타인의 제한적 권리가 설정되어 있는 경우 등 주로 부동산의 매매와 관련하여 발생하는 권리의 하자의 경우 매수인은 목적물을 취득하지 못하거나 타인의 담보물권이 실현되어 재산권을 상실하는 경우 등이 발생하고 이 경우 매도인은 과실과 관계없이 일정한 책임을 부담한다.

(3) 매매목적물인 부동산이 매매계약 당시 매도인에게 속하지 않는 경우에도 매매계약은 유효하게 성

립한다. 이와 같이 타인의 권리를 매매하는 경우에 매도인은 그 권리를 취득하여 매수인에게 이전할 의무가 있다(민법 제569조). 그러나 매도인이 그 권리를 취득할 수 없는 경우에 매수인은 선의·악의를 불문하고 계약을 해제할 수 있으나 손해배상은 선의의 매수인(그 권리가 매도인에게 속하지 않는다는 사실을 계약체결 당시에 알지 못한 매수인)만이 청구할 수 있다(민법 제570조). 악의의 매수인은 매도인의 귀책사유로 인한 이행불능임을 입증하여 일반채무불이행책임을 물을 수 있다. 매매목적물의 수량이 부족한 경우에는 매수인은 부족한 수량에 해당하는 매매대금의 감액을 청구할 수 있고, 하자의 정도가 너무 심해서 매수인이 계약의 목적을 달성할 수 없는 경우에는 계약 전체를 해제할 수도 있고, 그 하자로 인해서 손해가 생겼으면 손해배상도 청구할 수 있다.

(4) 매도인은 매매목적물이 하자가 없는 물건임을 전제로 대금을 받고 목적물을 매수인에게 이전하였다가 후에 그 물건에 하자가 있는 것으로 밝혀진 경우 매도인이 그 물건에 대해 하자담보책임을 진다. 하자담보책임의 내용으로 일반적으로

① 완전물급부청구권(매수인은 그 물건이 종류물이어서 대체물이 있는 경우 다른 하자 없는 물건으로 바꾸어줄 것을 청구할 수 있다),

② 보수(補修)청구권(매수인은 매도인에게 하자를 사후적으로 제거해 줄 것을 청구할 수 있다),

③ 대금감액청구권(매수인은 하자로 인한 물건의 가치감소분에 해당하는 금액을 본래의 대금에서 감해줄 것을 청구할 수 있다),

④ 계약해제권(하자 있는 물건을 반환하고 매도인도 받은 대금을 도로 반환하여 원상으로 회복하는 것이다)이 인정된다.

(5) 고가의 물건의 경우 사소한 하자로 인해 바로 매수인에게 완전물급부청구권이라고 하는 교환청구권이 인정되는 것은 아니고 신의칙상 보수(補修)청구를 먼저 거치고 수리를 통하여 해결되지 않는 경우에 완전물의 급부를 청구할 수 있다. 계약의 해제는 계약목적의 달성불능이라는 조건이 붙는 최후적 수단이고, 손해배상 내지 대금감액이 적절한 구제가 되지 못하는 경우에는 매수인은 완전물로의 교환을 청구할 수 있다.

(6) 이러한 매도인의 하자담보책임은 매수인의 선의·무과실이기만 하면 인정되는 매도인의 무과실책임이다. 특정물 매매뿐만 아니라 종류물 매매의 경우에도 하자담보책임이 문제 되며(민법 제581조) 사안의 성질상 하자담보책임이 문제 되어야 할 사안들이 실무상은 주로 제조물책임 등 불법행위책임의 영역에서 다루어지고 있다.

II. 매매대금·물품대금 청구소송

1. 기초적인 사실관계를 토대로 한 본안의 신청과 공격방어방법

〈사실관계〉

甲은 2010. 5. 1. 乙과 별지목록 기재 기계에 관하여 매매대금 1,000만 원으로 하는 매매계약을 체결하고 계약금으로 100만 원을 지급받으면서 그 잔금은 같은 해 5. 15. 지급받기로 약정하였다. 甲은 위 기계대금을 받지 못한 상태에서 乙의 요청에 따라 같은 해 5. 31. 위 기계를 乙에게 인도하여 주었음에도 乙이 기계대금을 지급하지 아니하여 2011. 2. 1. 위 매매대금의 지급을 구하는 소를 제기하였다.

[본안의 신청]

(1) **원고(甲)의 청구취지**: 피고는 원고에게 9,000,000원 및 이에 대한 2010. 6. 1.부터 이 사건 소장부본 송달일까지는 연 5%, 그다음 날부터 다 갚는 날까지는 연 20%의 각 비율에 의한 돈을 지급하라.

(2) **피고(乙)의 소송상 신청**
  원고의 소를 각하한다.
  원고의 청구를 기각한다.

[공격방어방법]

(1) **甲의 사실상의 주장:** 원고는 2010. 5. 1. 피고에게 이 사건 기계를 1,000만 원에 매도하면서 계약금 100만 원을 지급받고, 그 매매잔금을 2010. 5. 15. 지급받기로 약정하였다. 원고는 2010. 5. 31. 피고에게 위 기계를 인도하였다.

(2) **甲의 법률상의 주장(권리주장):** 그렇다면 피고는 원고에게 위 매매잔금 9,000,000원 및 이에 위 기계인도일 다음 날인 2010. 6. 1.부터 이 사건 소장부본 송달일까지는 민법 소정의 연 5%, 그다음 날부터 다 갚는 날까지는 소송촉진 등에 관한 특례법 소정의 연 20%의 각 비율에 의한 지연손해금을 지급할 의무가 있다.

(3) **乙의 항변**
  ① 동시이행항변
  ② 계약해제항변
  ③ 시효항변
  ④ 하자담보책임 항변

2. 요건사실

가. 매매대금만을 청구하는 경우

☞ **매매계약 · 물품공급계약의 체결사실**

(1) 원고는 청구원인으로 매매계약 · 물품공급계약의 체결사실만 주장 · 증명하면 되고, 대금지급기한 및 그 도래, 목적물이 원고 소유인 사실, 매도인이 자신의 반대채무를 이행한 사실은 매수인의 동시이행의 항변에 대한 재항변의 요건사실이므로 이를 청구원인 단계에서 주장 · 증명할 사항은 아니다.

(2) 매매계약의 특정을 위해서는 당사자, 계약일시, 목적물, 매매대금의 4가지가 적시되어야 한다.

나. 매매대금+이자를 함께 청구하는 경우

☞ **매매계약 · 물품공급계약의 체결사실+목적물의 인도 및 인도시기**

(1) 원고가 매도인으로서 매매대금에 대한 이자를 청구하기 위해서는 피고에게 목적물을 매각한 사실과 일정시점에서 피고에게 목적물을 현실로 인도한 사실을 주장 · 증명하여야 한다.[13]

(2) 민법 제587조에 의하면, 매매계약 있은 후에도 인도하지 아니한 목적물로부터 생긴 과실은 매도인에게 속하고, 매수인은 목적물의 인도를 받은 날로부터 대금의 이자를 지급하여야 한다고 규정하고 있는바, 이는 매매당사자 사이의 형평을 꾀하기 위하여 매매목적물이 인도되지 아니하더라도 매수인이 대금을 완제한 때에는 그 시점 이후의 과실은 매수인에게 귀속되지만, 매매목적물이 인도되지 아니하고 또한 매수인이 대금을 완제하지 아니한 때에는 매도인의 이행지체가 있더라도 과실은 매도인에게 귀속되는 것이므로 매수인은 인도의무의 지체로 인한 손해배상금의 지급을 구할 수 없다.[14]

다. 매매대금+지연손해금을 함께 청구하는 경우

☞ **매매계약 · 물품공급계약의 체결사실+대금지급기한의 도래+소유권이전(등기)의무의 이행 또는 이행제공+목적물의 인도+손해의 발생 및 범위**

---

13) 민법 제587조(과실의 귀속, 대금의 이자) 매매계약 있은 후에도 인도하지 아니한 목적물로부터 생긴 과실은 매도인에게 속한다. 매수인은 목적물의 인도를 받은 날로부터 대금의 이자를 지급하여야 한다. 그러나 대금의 지급에 대하여 기한이 있는 때에는 그러하지 아니하다.

14) 대법원 2004. 4. 23. 선고 2004다8210 판결.

(1) 원고가 <u>매매계약의 체결사실</u> 이외에 자신의 채무인 <u>소유권이전(등기)의무의 이행 또는 이행의 제공</u><u>사실</u>을 주장·증명하여야[15] 매수인의 대금지급의무가 이행지체에 빠지게 된다(매수인의 동시이행항변권의 존재효과인 이행지체 저지효를 없애기 위해). 따라서 지연손해금도 함께 청구하는 경우에는 매매목적물에 대한 소유권이전·인도를 마친 사실도 요건사실에 포함된다.

(2) <u>대금지급기한이 도래한 사실과 목적물을 인도한 사실</u>을 주장·증명하여야 매수인의 대금지급채무의 이행지체를 이유로 한 손해배상청구를 할 수 있다.

(3) <u>손해의 발생 및 그 범위</u>를 주장·증명하여야 한다.[16]

(4) 지연손해금의 기산일은 지급일 약정이 있으면 약정지급일 다음 날, 지급일 약정이 없다면 물건 인도일 또는 공급일이다.

(5) 원고가 약정에 의한 지연손해금의 지급을 구하는 경우 지연손해금 약정사실을 주장·증명하여야 한다.

3. 항변

가. 동시이행의 항변

(1) 피고는 매매목적물의 소유권이전·인도의무와의 동시이행항변을 할 수 있고, 동시이행약정이 없어도 쌍무계약의 법리상 동시이행관계가 인정된다.

(2) 원고는 피고의 동시이행항변에 대하여 매매목적물의 소유권이전·인도의무를 이행 또는 이행제공하였음을 재항변할 수 있다.

나. 매매계약의 무효·취소 항변

(1) 피고는 반사회질서, 불공정한 계약 등의 매매계약의 무효사유나 무능력, 사기, 강박, 착오 등의 취소사유를 들어 항변할 수 있다.

(2) 미성년자를 이유로 한 계약취소 항변에 대하여 원고는 다음과 같은 사실을 들어 재항변할 수 있다.

① 피고의 법정대리인이 위 매매에 동의한 사실

② 이미 법정대리인에 의하여 처분이 허락된 범위 내의 재산을 매수한 사실

③ 피고나 그 법정대리인에게 1월 이상의 기간을 정해 추인 여부의 확답을 최고하였는데도 그 기간이 경과한 사실

---

15) 부동산매매의 경우에는 소유권이전등기의 이행 또는 이행의 제공을 한 사실을 주장·증명하여야 하고, 동산매매의 경우에는 목적물 인도사실을 주장·증명하여야 한다. 매매목적물에 가압류등기, 근저당권설정등기 등이 마쳐져 있는 경우에는 원고는 소유권이전에 필요한 서류뿐만 아니라 이들 등기의 말소에 필요한 서류까지 교부 또는 제공한 사실을 주장·증명하여야 한다.

16) 금전채무 이행지체의 경우 민법 제397조(민사법정이율 연 5%) 또는 상법 제54조(상사법정이율 연 6%)의 특칙이 있다.

④ 사술로써 능력자로 믿게 하였거나 법정대리인의 동의가 있는 것으로 믿게 한 사실

⑤ 법정대리인으로부터 허락을 얻은 특정한 영업에 해당한다는 사실

다. 시효항변[17]

(1) 매매대금채권: 10년

(2) 상인과의 매매대금채권: 5년

(3) 물품(상품)대금채권: 3년[18]

라. 매매계약 해제항변

피고가 원고의 매매목적물 이전인도의무 불이행을 이유로 계약해제 항변을 하는 경우 다음 사실을 주장·증명하여야 한다.

① 동시이행관계에 있는 자기의 대금지급의무[19]를 이행 또는 이행제공한 사실

② 상당한 기간을 정하여 원고에게 이행최고를 한 사실

③ 피고가 해제의 의사표시를 할 때까지 원고가 이행의무를 이행하지 아니한 사실

④ 해제권을 행사한 사실

마. 하자담보책임 항변

(1) 매매목적물 또는 공급된 물품에 중대한 하자가 있는 경우 매매계약해제를 이유로 대금지급의무가 없다는 항변을 할 수 있고, 하자가 중대하지 않은 경우 대금감액항변을 할 수 있다.

(2) 매매가 상인 간의 매매일 경우 매매목적물을 수령한 즉시 검사하여 발견된 하자를 원고에게 통지하였거나 즉시 발견할 수 없는 하자의 경우 6개월 내에 통지하였다는 사실도 주장하여야 한다(상법 제69조 제1항).

(3) 원고는 피고의 하자담보책임 항변에 대하여 피고가 악의라는 재항변을 할 수 있다(상법 제69조 제1항).[20]

---

17) 상세는 본서 제8장 각종 항변의 소송상 취급 중 소멸시효항변 참조.

18) 상인이 판매한 물품대금채권도 3년의 단기소멸시효가 적용된다. 민법 제163조 제6호 및 상법 제64조 참조.

19) 선이행의무였던 중도금지급의무도 잔금지급기일까지 지체하면 그때부터 잔금과 함께 동시이행관계에 있다.

20) 6개월의 제척기간을 도과하였다는 주장은 재항변이 아니고 법원의 직권조사사항에 대한 촉구의무일 뿐이다.

III. 계약금 반환

1. 기초적인 사실관계를 토대로 한 본안의 신청과 공격방어방법

〈사실관계〉

甲은 2011. 10. 1. 乙과 별지목록 기재 건물을 매매대금 1억 원에 매수하기로 하는 매매계약을 체결하고 계약금 1,000만 원을 지급하였는데 乙은 부동산가격의 급등을 이유로 소유권이전에 협조하지 않고 있다. 甲은 乙의 채무불이행을 이유로 위 계약을 해제하고 이미 지급한 계약금의 반환을 구한다.

[본안의 신청]

(1) **원고(甲)의 청구취지:** 피고는 원고에게 10,000,000원 및 이에 대한 2011. 10. 1.부터 이 사건 소장부본 송달일까지는 연 5%, 그다음 날부터 다 갚는 날까지는 연 20%의 각 비율로 계산한 돈을 지급하라.

(2) **피고(乙)의 소송상 신청**

　　원고의 소를 각하한다.

　　원고의 청구를 기각한다.

[공격방어방법]

(1) **甲의 사실상의 주장:** 원고는 2011. 10. 1. 피고와 별지목록 기재 건물에 관하여 매매대금 1억 원으로 정하고 계약금 1,000만 원은 계약 당일, 잔금 9,000만 원은 2011. 10. 15. 지급하기로 하는 부동산매매계약을 체결하고 위 계약금을 지급하였다. 원고가 위 잔금지급기일에 잔금 9,000만 원을 준비하고 피고에게 소유권이전등기절차의 이행을 최고하였으나, 이를 이행하지 아니하여 2011. 12. 1. 피고에게 위 매매계약 해제의 의사표시를 하였다.

(2) **甲의 법률상의 주장(권리주장):** 그렇다면 피고는 원고에게 이 사건 매매계약의 해제에 따른 원상회복으로 원고가 기 지급한 계약금 1,000만 원 및 이에 대한 지연손해금을 지급할 의무가 있다.

(3) **乙의 항변**

① 계약금몰취 항변

② 계약해제가 효력이 없다는 항변

---

2. 요건사실과 항변

가. 요건사실

☞ **매매계약을 체결한 사실 + 계약금을 지급한 사실 + 매매계약이 취소·해제 등으로 소멸한 사실**

(1) 청구원인은 매매계약체결사실, 계약금 지급사실이 공통된 요건사실이고, 다음 사항들은 개별적 요건사실이다.

　① 매매계약이 반사회질서행위인 사실(계약의 무효)이나 기망에 의해 체결된 것이어서 취소한 사실

　② 매도인이 계약상 채무를 불이행하여 해제한 사실[21]

　③ 매매계약을 합의해제한 사실

(2) 지급한 계약금의 배액상환을 구하는 경우에는 단순히 해약금약정이 있었다는 점만으로는 부족하고, 계약금 상당의 위약금약정(계약위반 시 계약금 몰취약정이 있었던 경우)이 있었다는 점에 대한 주장·입증까지 필요하다.

(3) 법정지연손해금의 기산일은 매매계약의 해제일이 아니고 계약금을 지급받은 날(당일)이다(민법 제548조 제2항).[22]

나. 항변

(1) 계약금 몰취항변: 계약해제를 원인으로 한 계약금반환청구에 대하여 피고는 원고가 오히려 채무를 불이행하였고 그 경우 계약금을 몰취하기로 하는 위약금약정을 하였으므로 계약금을 반환할 수 없다는 항변을 할 수 있다.

(2) 계약해제가 효력이 없다는 항변

(3) 원고의 계약상 채무불이행 항변

(4) 기한유예의 항변: 이행지체로 인한 해제를 원인으로 한 계약금반환청구에 대하여 원고로부터 당초의 인도일을 유예(연기)받았기 때문에 해제가 부적법하다는 항변을 할 수 있다.

---

21) 이행지체를 이유로 한 해제의 경우 특정한 채무를 이행하지 아니한 사실만으로는 부족하고 원고가 상당한 기간을 정하여 피고에게 이행을 최고하였는데도 이행하지 아니하여 해제의 의사표시를 한 사실까지 요건사실이 된다.
22) 처분권주의에 따라 지연이자 기산일을 위 계약금 수령일보다 늦게 잡는 것은 상관없다.

원고 A와 B는 제주시 아라동에서 제대로 상가건물을 신축분양하고 있는 피고 회사와 다음과 같은 내용의 상가건물분양계약을 체결하고 그 대금 중 일부인 계약금과 1차 중도금을 지급하였다.

매수인	계약 체결일	목적물	매매대금	계약금	1차 중도금	2차 중도금	잔금
A	2011.2.1	101호	2억 원	2,000만 원	2011.4.1. 3,000만 원	2011.5.1 5,000만 원	2011.12.1 1억 원
B	2011.3.1	201호	1억 원	1,000만 원	2011.5.1. 2,000만 원	2011.6.1. 2,000만 원	2011.12.1 5,000만 원

원고 A는 2011. 12. 1. 피고에게 101호에 대한 분양계약을 해제하겠다고 통보하였고, 피고는 2012. 2. 1. 101호를 C에게 매도하였다.

원고 A는 101호에 대한 분양계약 해제를 전제로 피고에 대하여 계약금 및 1차 중도금의 지급을 구하고, 피고는 101호를 매도한 이유에 대하여 당시 원고의 해제 의사표시를 받아들였기 때문이라고 진술하면서 원고 A가 2차 중도금 및 잔금의 지급을 지체하였으므로 이 사건 분양계약서에 따라 총 분양대금의 10%에 상응하는 2,000만 원이 위약금으로 피고에게 귀속되어야 하고, 원고 A가 잔금 등의 지급을 지체하여 피고도 제3자에게 공사비 지급을 지체하였고 이로 인해 지연이자채무를 부담하는 손해를 입었으므로 이를 공제하여야 한다고 주장하고 있다.

원고 B는 원고 B가 분양받은 이 사건 상가 201호에 대한민국의 압류등기, D의 가압류등기, E상호저축은행의 근저당권설정등기가 마쳐져 있어 피고의 소유권이전등기의무가 이행불능이 되었다고 주장하며 이를 이유로 2012. 3. 2. 이 사건 소장의 송달로 분양계약을 해제하고 원상회복으로 이미 지급한 계약금 및 1차 중도금의 반환을 구한다. 다시 원고 B는 피고가 입점일인 2011. 12. 1.까지 실내장식공사 등을 완료하여 분양목적물을 인도하여 주기로 약정하였음에도 아직 이를 이행하지 않고 있으므로 그 이행지체를 이유로 위 소장의 송달로 분양계약을 해제하였다고 주장한다.

이 사건 소장부본 송달일은 2012. 3. 7.이고, 2012. 7. 1. 변론을 종결하면서 판결선고일은 2012. 7. 14.로 지정되었다. 판결주문과 이유의 요지를 설시하시오.

[주문]

1. 피고는 원고 A에게 80,000,000원 및 이에 대하여 2012. 3. 8.부터 2012. 7. 14.까지 연 6%의, 그다음 날부터 다 갚는 날까지 연 20%의 비율로 계산한 돈을 지급하라.

2. 원고 B의 청구를 기각한다.

3. 소송비용 중 원고 A와 피고 사이에 생긴 부분은 피고가 부담하고, 원고 B와 피고 사이에 생긴 부분은 원고 A가 부담한다.

4. 제1항은 가집행할 수 있다.

[이유]

1. 원고와 피고 사이의 이 사건 상가 101호에 대한 분양계약은 합의해제되었다고 할 것이므로 피고는 원고 A에게 계약금과 1차 중도금 합계 8,000만 원 및 이에 대한 지연손해금을 지급할 의무가 있다. 계약이 합의해제된 경우에는 그 해제 시에 당사자 쌍방에게 손해배상을 하기로 특약하거나 손해배상청구를 유보하는 의사표시를 하는 등 다른 사정이 없는 한 채무불이행으로 인한 손해배상을 청구하지 못한다. 위 101호에 대한 합의해제 시 위 원고와 피고 사이에 손해배상을 하기로 특약하였다거나 손해배상청구를 유보하는 의사표시를 하였다는 점에 관하여 주장이나 증거가 없으므로, 공제주장은 이유 없다.

2. 매매목적물인 부동산에 근저당권설정등기나 가압류등기가 있는 경우에 매도인으로서는 위 근저당권설정등기나 가압류등기를 말소하여 완전한 소유권이전등기를 해 주어야 할 의무를 부담한다고 할 것이지만, 매매목적물인 부동산에 대한 근저당권설정등기나 가압류등기가 말소되지 아니하였다고 하여 바로 매도인의 소유권이전등기의무가 이행불능으로 되었다고 할 수 없으므로[23] 이를 이유로 계약을 해제할 수 없다.

3. 매수인이 선이행하여야 할 중도금지급을 하지 아니한 채 잔대금지급일을 경과한 경우에는 매수인의 중도금 및 이에 대한 지급일 다음 날부터 잔대금지급일까지의 지연손해금과 잔대금의 지급채무는 매도인의 소유권이전등기의무와 특별한 사정이 없는 한 동시이행관계에 있다.[24] 또한 동시이행의 관계에 있는 쌍무계약에 있어서 상대방의 채무불이행을 이유로 계약을 해제하려고 하는 자는 동시이행관계에 있는 자기 채무의 이행을 제공하여야 하고, 그 채무를 이행함에 있어 상대방의 행위를 필요로 할 때에는 언제든지 현실로 이행을 할 수 있는 준비를 완료하고 그 뜻을 상대방에게 통지하여 그 수령을 최고하여야만 상대방으로 하여금 이행지체에 빠지게 할 수 있다.[25] 그런데 이 사건 분양계약상 2차 중도금은 2011. 6. 1.에 잔금은 2011. 12. 1.에 지급하기로 약정하였고, 위 잔금지급기일이 경과함으로써 원고 B의 2차 중도금 및 잔금납부의무와 피고의 목적물인도의무는 동시이행관계에 놓였는데 원고 B가 피고에게 2차 중도금 및 잔금을 이행 또는 이행제공하여 피고를 이행지체에 빠뜨렸음을 인정할 주장이나 증거가 없다. 위 원고의 위 해제주장도 이유 없다.

4. 그렇다면 상법상의 회사인 피고는 원고 A에게 80,000,000원 및 이에 대하여 이 사건 소장부본 송달일 다음 날인 2012. 3. 8.부터 피고가 그 이행의무의 존재 여부 및 범위에 관하여 다툼이 타당하다고 인정되는 이 판결 선고일인 2012. 7. 14.까지는 상법에서 정한 연 6%의, 그다음 날부터 다 갚는 날까지는 소송촉진 등에 관한 특례법에서 정한 연 20%의 비율로 계산한 지연손해금을 지급할 의무가 있다.

---

23) 대법원 2003. 5. 13. 선고 2000다50688 판결.
24) 대법원 1991. 3. 27. 선고 90다19930 판결.
25) 대법원 2008. 4. 24. 선고 2008다3053, 3060 판결.

3. 계약금의 개념

가. 계약금의 개념

(1) 계약금은 계약체결과 동시에 당사자의 일방이 상대방에게 교부하는 금전을 말한다. 계약금이라는 용어 이외에도 계약보증금, 계약이행보증금, 선금, 선급금, 보증금, 증거금, 전도금, 예약금, 약정금, 착수금 등 다양한 용어가 쓰이고 있다. 오늘날의 거래에서 계약금이 수수되지 않는 경우는 거의 없다. 계약을 체결하는 당사자들도 계약금이라고 하는 금전의 수수가 있어야 계약의 구속력을 인식하는 것이 거래관행이라고 할 수 있다. 그런데 이 계약금의 사후처리를 둘러싸고 당사자들 사이에 법적 분쟁이 빈번하게 발생하고 있다.

(2) 계약금은 다음과 같은 형태와 성질을 갖는다.

① 증거(약)계약금(증약금): 계약금이 어떤 명목으로 교부되었건 간에 계약금은 최소한 계약이 유효하게 성립하였다는 증거로서의 의미를 갖는다.

② 위약계약금(위약금): 위약벌로서의 성질을 갖는 계약금과 손해배상의 예정으로서의 성질을 갖는 계약금이 있다(민법 제398조 제4항). 위약벌 약정의 경우에는 계약금몰수·배액상환과는 별도로 손해배상을 청구할 수 있으나, 손해배상액 예정의 경우에는 계약금몰수·배액상환에 그친다.

③ 해약계약금(해약금): 계약해제권 유보로 기능하는 계약금으로 이 계약금을 교부한 자는 이를 포기함으로써, 이 계약금을 수령한 자는 그 배액을 상환함으로써 계약을 해제할 수 있는 계약금이다.

(3) 계약금은 계약체결 시에 현실적으로 교부되어야 하는 要物性을 갖고 있으나, 교부자가 일정 기일까지 계약금을 교부하기로 약정하는 경우도 있다.[26]

(4) 공사도급계약에서와 같이 제3자(공제조합 또는 보증보험회사)가 수급인의 보증금의 지급을 보증하는 보증서를 발행하고 수급인은 이를 도급인에게 교부함으로써 보증금의 지급에 갈음하는 경우가 많다.[27]

---

26) 대법원 1999. 10. 26. 선고 99다48160 판결: 매매계약에 있어서 매수인이 계약금을 지급하되 매도인이 계약을 위반하였을 때에는 그 배액을 배상받고, 매수인이 계약을 위반하였을 때에는 계약금을 포기하여 반환을 청구하지 않기로 약정하였으나, 매수인이 당시 계약금을 미처 준비하지 못하였던 관계로 일단 계약금을 지급하였다가 되돌려 받아 보관하고 있는 것으로 처리하기로 하여 계약금 상당액의 현금보관증을 작성하여 매도인에게 교부한 경우, 매도인과 매수인 사이에는 계약금 상당액의 위약금 약정이 있었다고 볼 것이므로, 매수인이 계약을 위반하였다면 실제로 계약금을 지급하지 않았다 하더라도 약정한 위약금을 지급할 의무가 있다.

27) 대법원 2000. 10. 27. 선고 99다17357 판결: 도급계약에 그 도급계약을 계약보증한 보증서의 보증금액을 위약벌 내지 제재금이나 손해배상액의 예정으로 하는 특약이 없는 경우, 수급인의 채무불이행으로 인하여 도급계약이 해제되었다고 하여 곧 보증서의 계약보증금을 위약벌이나 손해배상예정액으로 보아 계약보증을 한 건설공제조합에 대하여 곧바로 그 보증금액의 전액을 청구할 수는 없고, 도급인은 수급인의 구체적인 손해배상채무의 존재와 그 채무액을 입증하여 그 범위 안에서 위 보증서의 보증금액을 청구할 수 있을 뿐이다.

나. 계약금의 해석

(1) 계약은 장래 상대방의 의무이행에 대한 약속이다. 계약은 준수되고 이행되어야 본래의 목적을 달성하는 것이지만 미래의 불확실한 상황에서 계약의 구속력을 강제하지 못할 경우도 생길 수밖에 없다. 계약에서는 위험이라는 요소가 상존하고, 당사자들은 계약에 내재하는 위험상황에 대비하여 계약금, 위약금, 해약금 등의 안전장치를 마련하고자 한다.

(2) 증약계약금과 위약벌로서의 계약금은 계약의 이행을 확보하기 위한 것이고, 해약계약금은 유효하게 성립한 계약을 파기할 수 있음을 전제로 한 것이므로 개개의 계약에 있어 당사자의 의사해석에 따라 계약의 준수 및 실손해의 배상과 결부되는 위약계약금이 되거나, 계약해제 및 계약금액 한도의 배상과 결부되는 해약계약금이 될 수 있다.[28]

4. 계약금의 기능

가. 해약금으로 기능하는 경우

(1) 별도의 약정 없이 교부된 계약금은 해약금으로 추정된다(민법 제565조 제1항). 해약금은 상대방의 계약위반이 없더라도 계약이행에 착수하기 전에 계약금을 교부한 자는 그것을 포기하고, 교부받은 자는 그 배액을 상환함으로써 계약을 해제할 수 있는 권리를 유보하는 뜻으로 교부된 계약금을 말한다.

(2) 매도인이 민법 제565조에 의하여 계약금의 배액을 상환하고 계약을 해제하려면 매수인이 이행에 착수할 때까지 하여야 할 것인바, 여기에서 <u>이행에 착수한다는 것</u>은 객관적으로 외부에서 인식할 수 있는 정도로 채무의 이행행위의 일부를 하거나 또는 이행을 하기 위하여 필요한 전제행위를 하는 경우를 말한다.[29] 채무자는 이행기 전에도 이행에 착수할 수 있다(민법 제468조).

(3) 민법 제565조 제1항에서 말하는 당사자의 일방이라는 것은 매매 쌍방 중 어느 일방을 지칭하는 것이고, 상대방이라 국한하여 해석할 것이 아니므로, 비록 상대방인 매도인이 매매계약의 이행에는 전혀 착수한 바가 없다 하더라도 <u>매수인이 중도금을 지급하여 이미 이행에 착수한 이상</u> 매수인은 민법 제565조에 의하여 계약금을 포기하고 매매계약을 해제할 수 없다.[30] 다만 이행의 착수는 착수

---

28) 김병재, "「계약금몰수·배액상환」약정의 해석", 「민사판례연구[XI]」, 박영사(1989), p.203 이하 참조.
29) 대법원 2006. 11. 24. 선고 2005다39594 판결: 피고가 원고에게 이 사건 매매계약의 계약금 배액을 상환하고 위 매매계약을 적법하게 해제하였다는 피고의 주장에 대하여, 이 사건 매매계약 당시 원고가 중도금 일부의 지급에 갈음하여 원고의 A에 대한 대여원리금채권을 피고에게 양도하기로 약정함으로써 위 계약 성립과 함께 위 채권은 양도되었고, 그 채무자인 A도 위 계약에 참석하였기 때문에 위 채권양도의 통지도 그 자리에서 이루어졌다고 봄이 상당하므로, 원고는 위 매매계약과 함께 그 채무의 일부 이행에 착수한 것이고, 따라서 계약금의 배액상환을 원인으로 한 피고의 해제 의사표시는 원고가 이미 이행에 착수한 이후에 이루어진 것으로서 그 효력이 없다고 판단한 사례.
30) 대법원 2000. 2. 11. 선고 99다62074 판결.

자 자신의 계약상 채무에 대하여 행하여져야 하므로 상대방에 대하여 채무이행을 촉구하였거나 이행청구소송을 제기하여 승소판결을 받는 것은 이에 해당하지 않는다.[31]

(4) 해약금에 관한 약정해제권을 행사하는 경우 해제의 의사표시를 하여야 한다. 계약금의 교부자는 해제의 의사표시에 계약금 포기의 뜻을 밝힘으로써 계약을 해제할 수 있고, 수령자는 계약금의 배액을 지급하거나 그 이행을 제공한 후 또는 그와 동시에 해제의 의사표시를 하여야 한다.[32][33]

(5) "대금불입 불이행 시 계약은 자동 무효가 되고 이미 불입된 금액은 일절 반환하지 않는다"고 되어 있는 매매계약에 기하여 계약금이 지급되었으나, 매수인이 중도금을 지급기일에 지급하지 아니한 채 이미 지급한 계약금 중 과다한 손해배상의 예정으로 감액되어야 할 부분을 제외한 나머지 금액을 포기하고 해약금으로서의 성질에 기하여 계약을 해제한다는 의사표시를 하면서 감액되어야 할 금액에 해당하는 금원의 반환을 구한 경우, 그 계약금은 <u>해약금으로서의 성질과 손해배상 예정으로서의 성질을 겸하고 있고</u>, 매수인의 주장취지에는 매수인의 채무불이행을 이유로 매도인이 몰취한 계약금은 손해배상 예정액으로서는 부당히 과다하므로 감액되어야 하고 그 감액 부분은 부당이득으로서 반환하여야 한다는 취지도 포함되어 있다고 해석함이 상당하며 계약금이 손해배상 예정액으로서 과다하다면 감액 부분은 반환되어야 한다는 이유로, 계약금이 해약금으로서의 성질과 손해배상 예정으로서의 성질을 겸하고 있더라도 해약금에 기한 해제권 주장 시에는 계약불이행에 따른 손해배상이 논의될 여지가 없어 손해배상 예정액의 감액이 불가능하다고 본 원심판결을 파기한 사례.[34]

나. 위약금으로 기능하는 경우

(1) 위약금약정은 장차 일방이 채무를 불이행한 경우에 상대방에게 일정 금액을 지불하기로 한 약속을 말하고, 계약금은 계약체결 시 일정 금원을 교부하면서 그가 채무를 불이행하는 경우 자동적으로 수령자에게 귀속되도록 약정하는 경우가 많다.

(2) 유상계약을 체결함에 있어서 계약금 등 금원이 수수되었다고 하더라도 <u>이를 위약금으로 하기로 하는 특약이 있는 경우에 한하여 민법 제398조 제4항에 의하여 손해배상액의 예정으로서의 성질을 가진 것으로 볼 수 있을 뿐이고</u>, 그와 같은 특약이 없는 경우에는 그 계약금 등을 손해배상액의 예정

---

31) 대법원 1997. 6. 27. 선고 97다9369 판결: 매수인이 매도인의 의무이행을 촉구하였거나 매도인이 그 의무 이행을 거절함에 대하여 의무이행을 구하는 소송을 제기하여 1심에서 승소판결을 받은 것만으로는 매수인이 그 계약의 이행에 착수하였다고 할 수 없고, 또한 매도인이 계약금의 배액을 상환하고 매매계약을 해제하는 것을 신의칙에 반하는 것이라고 할 수 없다.

32) 대법원 1992. 7. 28. 선고 91다33612 판결: 매수인이 계약의 이행에 착수하기 전에는 매도인이 계약금의 배액을 상환하고 계약을 해제할 수 있으나, 이 해제는 통고로써 즉시 효력을 발생하고 나중에 계약금 배액의 상환의무만 지는 것이 아니라 <u>매도인이 수령한 계약금의 배액을 매수인에게 상환하거나 적어도 그 이행제공을 하지 않으면 계약을 해제할 수 없다.</u>

33) 대법원 1992. 5. 12. 선고 91다2151 판결: 매매당사자 간에 계약금을 수수하고 계약해제권을 유보한 경우에 매도인이 계약금의 배액을 상환하고 계약을 해제하려면 계약해제 의사표시 이외에 계약금 배액 이행의 제공이 있으면 족하고 상대방이 이를 수령하지 아니한다 하여 이를 공탁하여야 유효한 것은 아니다.

34) 대법원 1996. 10. 25. 선고 95다33726 판결.

으로 볼 수 없다.35)

(3) 매매당사자 사이에 수수된 계약금에 대하여 매수인이 위약하였을 때에는 이를 무효로 하고 매도인이 위약하였을 때에는 그 배액을 상환할 뜻의 약정이 있는 경우에는 특별한 사정이 없는 한 그 계약금은 민법 제398조 제1항 소정의 손해배상액의 예정의 성질을 가질 뿐 아니라 민법 제565조 소정의 해약금의 성질도 가진 것으로 볼 것이다.36)

(4) 유상계약을 체결함에 있어서 계약금이 수수된 경우 계약금은 해약금의 성질을 가지고 있어서, 이를 위약금으로 하기로 하는 특약이 없는 이상 계약이 당사자 일방의 귀책사유로 인하여 해제되었다 하더라도 상대방은 계약불이행으로 입은 실제 손해만을 배상받을 수 있을 뿐 계약금이 위약금으로서 상대방에게 당연히 귀속되는 것은 아니다.37)

(5) 도급계약서 및 그 계약내용에 편입된 약관에 수급인의 귀책사유로 인하여 계약이 해제된 경우에는 계약이행보증금이 도급인에게 귀속한다는 조항이 있을 때 이 계약이행보증금이 손해배상액의 예정인지 위약벌인지는 도급계약서 및 약관 등을 종합하여 구체적 사건에서 개별적으로 결정할 의사해석의 문제이고, 위약금은 민법 제398조 제4항에 의하여 손해배상액의 예정으로 추정되므로, 위약금이 위약벌로 해석되기 위해서는 특별한 사정이 주장·입증되어야 한다.38)

(6) 하도급계약에서 하수급인의 귀책사유로 계약이 해제 또는 해지될 경우 그로 인하여 하도급인이 입은 손해 중 계약보증금 범위 내의 손해는 계약보증금의 몰취로써 그 배상에 갈음하고 이를 초과하는 손해가 있으면 그에 대하여 하수급인이 손해배상책임을 진다는 약정이 있는 경우, 계약보증금은 손해배상액의 예정으로서의 성질을 가지되, 다만 하수급인이 배상할 손해액이 이를 초과하는 경우에는 단순한 손해담보로서의 성질을 갖는다고 보아야 할 것이므로, 하도급계약서에 계약보증금 외에 지체상금이 규정되어 있다고 하더라도 그 계약보증금을 위약벌로 보기는 어렵다고 한 사례.39)

(7) 계약서에 명문으로 위약 시의 법정해제권의 포기 또는 배제를 규정하지 않은 이상 계약당사자 중 어느 일방에 대한 약정해제권의 유보 또는 위약벌에 관한 특약의 유무 등은 채무불이행으로 인한 법정해제권의 성립에 아무런 영향을 미칠 수 없다.40)

다. 계약금의 일방적 沒取약정

(1) 수수된 계약금에 관하여 당사자들이 명시적으로 위약 시 포기 및 배액상환약정을 두는 경우 이를 위약금약정으로 해석할 수 있다.

35) 대법원 1996. 6. 14. 선고 95다11429 판결.
36) 대법원 1992. 5. 12. 선고 91다2151 판결.
37) 대법원 2010. 4. 29. 선고 2007다24930 판결.
38) 대법원 2009. 7. 9. 선고 2009다9034 판결.
39) 대법원 2001. 1. 19. 선고 2000다42632 판결.
40) 대법원 1990. 3. 27. 자 89다카4110 결정.

(2) 계약금 몰취약정을 하면서 교부자가 불이행한 경우에는 수령자가 이를 몰취하는 것으로 하지만 수령자가 불이행하는 경우에는 아무런 약정이 없는 경우에도 위약금약정으로 볼 수 있는가?

사례 2

甲은 1993. 4. 19. 乙로부터 그 소유의 R쇼핑센터 건물 4, 5층 약 300평을 음식점으로 사용하기 위해 임차하면서 기간은 같은 해 9. 1.부터 2년간, 임차보증금은 10억 원, 관리비는 월 180만 원으로 하되, 임차보증금은 계약금으로 1억 5,000만 원, 중도금으로 같은 해 4. 30. 1억 5,000원 및 같은 해 6. 30. 4억 원, 잔금으로 같은 해 7. 31. 3억 원을 각 지급하기로 하고, 임차인 甲이 계약금조로 보증금을 지급한 후 약정일까지 보증금 잔액을 지급하지 않을 때에는 계약을 해제하며 계약금은 일절 반환하지 아니하기로 약정하고 계약 당일 계약금 1억 5,000만 원을 乙에게 지급하였다.

乙은 계약 체결 다음 날 乙의 사무실에서 甲에게 위 음식점을 금 12억 원에 임차하려는 사람이 있는데 위약금 2,000만 원을 받고 위 계약을 해제하여 달라고 요구하였으나 甲이 거절하자 다시 같은 달 23.경 甲에게 乙의 처가 직접 위 음식점을 경영하려고 하니 계약을 해제하여 달라고 요구하였다. 甲이 이를 거절하고 약정된 중도금 지급기일인 같은 달 30. 1억 5,000만 원을 준비하여 乙에게 지급하려 하자 乙은 위 중도금의 수령을 거절하고 같은 해 5. 1. 위 임대차계약은 적법하게 해제되었다면서 이미 지급받은 계약금 1억 5,000만 원을 같은 달 10.까지 수령하여 갈 것을 통보하고 해약사유는 별도로 소명하겠다고 하였다가 같은 달 11. 재차 위 계약금의 수령을 최고하였다.

〈원심의 판단〉

이 사건 임대차계약 시 임차인인 원고가 약정일까지 보증금 잔액을 지급하지 않을 때에는 임대인인 피고가 계약을 해제하고 계약금은 일체 반환하지 아니하기로 약정한 것은 계약서에 표시된 임차인에 대한 관계에서만이 아니라 임대인에 대한 관계에서도 위 임대차계약에 따른 어느 일방의 채무불이행에 대한 위약금의 약정을 한 것이라고 할 것인데, 피고는 약정된 중도금 지급기일에 원고가 이행제공한 중도금의 수령을 거절하여 채무를 이행하지 아니함으로써 위 임대차계약을 위약하였다고 할 것이므로, 피고는 원고에게 위 계약금 상당의 위약금을 지급할 의무가 있다고 판단하고, 원고가 이 사건 청구로서 위 계약금 상당의 위약금의 지급을 구함에 대하여 위와 같은 위약금은 특별한 사정이 없는 한 손해배상액의 예정의 성질을 가지는 것이고 이 사건 변론에 나타난 제반 사정을 참작하면 이 사건 손해배상액의 예정으로 약정한 위 계약금 1억 5,000원은 부당히 과다하다고 보인다 하여 이를 금 1억 원으로 감액한 다음, 피고에게 그 감액된 금원 및 이에 대한 지연손해금의 지급을 명하여 원고의 청구를 일부 인용하였다.

> **[대법원 1996. 6. 14. 선고 95다11429 판결]**
>
> 유상계약을 체결함에 있어서 계약금 등 금원이 수수되었다고 하더라도 이를 위약금으로 하기로 하는 특약이 있는 경우에 한하여 민법 제398조 제4항에 의하여 손해배상액의 예정으로서의 성질을 가진 것으로 볼 수 있을 뿐이고, 그와 같은 특약이 없는 경우에는 그 계약금 등을 손해배상액의 예정으로 볼 수 없으며, 처분문서는 그 진정성립이 인정되는 이상 법원은 그 기재내용을 부인할 만한 분명하고도 수긍할 수 있는 반증이 없는 한 그 기재내용대로의 의사표시의 존재 및 내용을 인정하여야 하는 것이다.
>
> 그런데 원·피고 간에 작성된 것으로서 진정성립에 다툼이 없는 처분문서인 갑 제1호증(임대차계약서)의 기재에 의하면, 임차인이 보증금의 잔액을 지정된 기일까지 납부하지 않을 때에는 임대인은 계약을 해제하고 계약금조로 1차 불입한 보증금을 반환하지 아니한다고 기재되어 있을 뿐, 임대인이 계약을 위반할 경우에 관해서는 아무런 기재가 없음이 분명하므로, 앞서 본 법리와 위 문언의 객관적 의미에 비추어 볼 때 임대인의 채무불이행이 있는 경우에는, 임차인이 그로 인한 손해를 구체적으로 입증하여 배상받을 수 있음은 별론으로 하고, 특별히 손해배상액의 예정으로서의 위약금 약정은 두지 않은 것이라고 인정하여야 할 것이지, 임차인에 대한 위약금 약정이 있다는 이유만으로 달리 특별한 사정에 대한 설시도 없이 임대인에게도 위약금의 약정이 있는 것이라고 단정할 수는 없는 것이다.

[평개]

(1) 판례는 일방이 위약하였을 때 위약금약정을 하였다고 하여 거꾸로 상대방이 위약하였을 때에도 당연히 위약금약정이 적용되는 것은 아님을 밝히고 있다. 즉 이때는 계약금의 수수만 있는 것이고 계약금은 특약이 없는 한 위약금으로 해석될 수 없으므로 결국 위약금에 관한 약정이 없는 것이며, 일반원칙에 따라 실손해를 입증하여 배상받을 수 있을 뿐이라는 것이다. 위 사례에서 갑은 계약금은 계약해제의 효과로서 당연히 돌려받을 수 있으나, 피고의 위약으로 인한 손해는 스스로 그 액을 입증하여 배상받을 수 있을 뿐이다.[41]

(2) 판례의 태도에 대해서는 조리의 법원성을 근거로 일방적 위약금약정을 확장해석해서 양 당사자의 채무불이행에 위약금약정이 있는 것으로 즉 쌍방적 위약금약정으로 해석해야 한다는 비판이 있으나,[42] 법원이 이러한 위약금약정을 문언에 반하여 해석하는 것은 당사자 간에 합의된 위험분배를 교란시키는 것이고, 법원은 당사자의 계약의 해석자일 뿐이고 당사자를 위하여 계약을 재구성할 권한은 없다는 점에서 판례의 태도를 옹호하는 견해가 있다.[43]

(3) 그러나 일방적 위약금약정 그 자체가 민법 제103조나 제104조 또는 신의칙 등의 일반조항 또는 약관규제법에 의하여 무효로 판정될 가능성은 있다.[44] 이 경우에도 일방적 위약금 조항 자체가 무효가 되는 것에 그치고 상대방이 위약한 경우에 그에 대해 위약금의 지급을 주장할 수 있는 근거는

41) 김동훈, 「채권법 연구」, 국민대학교 출판부(2005), pp.174~175 참조.
42) 이은영, "일방적 위약금의 해석", 「판례월보(1997. 2.)」, p.13.
43) 김동훈, 앞의 책, p.176 이하 참조.
44) 대법원 2000. 9. 22. 선고 99다53759, 53766 판결: 약관상 매매계약 해제 시 매도인을 위한 손해배상액의 예정조항은 있는 반면 매수인을 위한 손해배상액의 예정조항은 없는 경우, 매도인 일방만을 위한 손해배상액의 예정조항을 두었다고 하여 곧 그 조항이 약관의 규제에 관한 법률에 위배되어 무효라 할 수는 없다.

되지 못하며 일방은 실손해를 입증하여 배상을 청구할 수 있을 뿐이다.45)

Ⅳ. 위약금

1. 거래의 실제와 위약금

가. 거래의 실제

(1) 부동산거래를 하면서 계약당사자 사이에 계약금몰수(몰취)·배액상환 등의 특별한 위약금약정 없이 단순히 계약금이 수수되는 경우에도 이 계약금이 해약금의 성질을 갖는 것은 틀림없지만 위약금의 성질도 갖는 것인지 문제 된다.

(2) 판례는 이 경우 계약금은 해약금으로서의 성질을 가지지만 당사자 사이에 특별한 약정이 없는 한 위약금의 성질을 갖는 것은 아니라고 본다.46) 따라서 이 경우 채무불이행을 이유로 해제권을 행사하는 경우 그 손해배상액은 계약금의 액과 상관없이 채무불이행에 의하여 입은 실손해액에 따라서 결정된다.

나. 위약금

(1) 부동산거래를 하면서 작성하는 매매계약서에는 계약금 수수 관행과 함께 부동문자로 다음과 같은 '계약금포기 및 배액상환' 약정이 들어 있는 경우가 많다.

"본 계약을 매도인이 위약했을 때에는 계약금의 배액을 매수인에게 배상하고, 매수인이 위약했을 때에는 계약금은 무효가 되고 반환청구를 할 수 없다."
"본 계약을 매도인이 위약했을 때에는 계약금의 배액을 매수인에게 배상하고, 매수인이 위약했을 때에는 계약금을 매도인에게 포기키로 하고, 본 계약은 하등의 통지 없이 해약되는 것으로 한다."

(2) 위약금이란 채무불이행의 경우에 채무자가 채권자에게 지급하기로 약속한 금전을 말한다. 이러한

---

45) 대법원 1999. 7. 27. 선고 99다13621 판결: 이 사건 분양계약서에는 매수인에게 책임 있는 사유로 계약이 해제되는 경우에는 계약금 전액이 매도인에게 귀속되는 것으로 규정하였을 뿐 매도인이 위약하였을 경우에 관해서는 아무런 위약금 약정이 없는 바, 위와 같은 일방 당사자만을 위하여 위약금을 인정하는 약정이 설사 소론과 같이 신의칙 및 형평의 원칙이나 약관의 규제에 관한 법률에 위배되어 무효라고 본다고 하더라도 그와 같은 경우에는 그 일방 당사자가 위약금 약정을 주장할 수 없음에 그칠 뿐 타방 당사자가 위약금의 지급을 주장할 수 있게 되는 것은 아니다.

46) 대법원 1987. 2. 24. 선고 86누438 판결: 매매계약에 있어서 계약금은 당사자 일방이 이행에 착수할 때까지 매수인은 이를 포기하고 매도인은 그 배액을 상환하여 계약을 해제할 수 있는 해약금의 성질을 가지고 다만 당사자의 일방이 위약한 경우 그 계약금을 위약금으로 하기로 하는 특약이 있는 경우에만 손해배상액의 예정으로서의 성질을 갖는 것이다.

위약금은 위약벌로서의 성질(이행강제기능)을 가지는 것과 손해배상액의 예정으로서의 성질(배상처리기능)을 가진 것이 있다. 당사자의 의사가 명확하지 않은 경우 위약금은 손해배상액의 예정으로 추정하고(민법 제389조 제4항), 위약금이 위약벌로 해석되기 위해서는 특별한 사정이 주장·입증되어야 한다. 위약벌의 성질을 갖는 위약금약정이 되려면 채무불이행의 경우에는 계약금포기·배액상환 약정 이외에 별도의 청구를 할 수 있다는 취지의 특약이 있어야 한다.

(3) 손해배상액의 예정에는 지연배상액의 예정, 전보배상액의 예정, 쌍무계약관계를 청산하기 위한 배상액의 예정 등이 있다.

(4) 위약금청구권의 발생요건으로는 유효한 위약금 약정이 존재해야 하고, 채무불이행이 있어야 한다. 손해의 발생은 위약금청구의 요건이 아니나,[47] 손해배상액의 감액 여부를 판단할 때 고려된다.[48]

사례 3

甲은 1985. 11. 7. 乙로부터 乙 소유의 X 부동산을 대금 2,800만 원에 매수하기로 하되, 계약금 400만 원을 계약 당일에, 잔대금 2,400만 원을 같은 해 12. 17. 소유권이전등기소요서류와 상환하여 지급하기로 하는 내용의 매매계약을 체결하고 위 계약당일 계약금 400만 원을 乙에게 지급하였다. 그런데 위 계약 이후 부동산의 가격이 급등하여 乙이 위 매매대금의 증액을 요구하면서 계약금의 배액상환에 의한 계약해제의 의사를 밝히는 등 분쟁이 생기게 되어 쌍방의 채무가 모두 이행되지 아니한 채 위 잔대금기일을 경과하게 되자 甲은 1985. 12. 20. 乙을 상대로 이 사건 부동산에 대한 처분금지가처분신청을 하고 1985. 12. 23. 이 사건 부동산에 대한 소유권이전등기절차이행청구의 소를 제기하였으나 제1심법원은 당사자 간에 위 매매대금을 증액하기로 합의하였는데 원고가 이를 위반하였으므로 위 매매계약을 해제하였다는 乙의 주장을 받아들여 1986. 7. 10. 원고(甲)패소판결 및 가집행선고부 가처분취소판결을 선고하였고 이에 甲이 항소를 제기하였다.

이에 乙은 위 항소심계속 중인 1986. 11. 8. 위 가집행선고부 가처분취소판결에 기하여 가처분등기를 말소한 후 A에게 이 사건 부동산에 대한 소유권이전청구권보전의 가등기를 경료하였고, 1987. 3. 19. 항소심법원에서 위 제1심판결을 취소하고 원고승소판결을 선고(위 항소심판결은 1987. 6. 2. 乙의 상고허가신청이 기각됨으로써 확정되었다)하자 乙은 1987. 3. 23. 이 사건 부동산에 관하여 위 가등기에 기한 소유권이전의 본등기를 A 앞으로 경료해 줌으로써 乙의 甲에 대한 위 소유권이전등기절차이행의무가 이행불능으로 되었다.

그리하여, 甲은 乙의 위와 같은 책임 있는 사유로 인한 이행불능을 이유로 그 이행불능당시에 있어서의 이 사건 부동산의 시가상당액 6,200만 원에서 매수인의 미지급잔금 2,400만 원을 공제한 나머지

---

47) 대법원 2007. 8. 23. 선고 2006다15755 판결: 채무불이행으로 인한 손해배상액의 예정이 있는 경우에는 채권자는 채무불이행 사실만 증명하면 손해의 발생 및 그 액을 증명하지 아니하고 예정배상액을 청구할 수 있다.

48) 대법원 2009. 2. 26. 선고 2007다19051 판결: 손해배상 예정액이 부당하게 과다한 경우에는 법원은 당사자의 주장이 없더라도 직권으로 이를 감액할 수 있으며, 여기서 '부당히 과다한 경우'라고 함은 채권자와 채무자의 각 지위, 계약의 목적 및 내용, 손해배상액을 예정한 동기, 채무액에 대한 예정액의 비율, 예상 손해액의 크기, 그 당시의 거래관행 등 모든 사정을 참작하여 일반 사회관념에 비추어 그 예정액의 지급이 채무자에게 부당한 압박을 가하여 공정성을 잃는 결과를 초래한다고 인정되는 경우를 뜻하는 것으로 보아야 한다.

3,800만 원의 손해배상을 구하는 이 사건 소송을 제기하였는바, 이에 대하여 乙은 이 사건 매매계약 서상의 "매도인이 위약 시는 매수인으로부터 영수한 계약금액에 대하여 배액을 매수인에게 지불하고 매수인이 위약 시는 매도인에게 지불한 계약금을 무효로 하는 동시에 계약은 해약되는 것으로 한다"는 조항을 들어 이는 계약금 상당액을 손해배상액으로 예정한 것이므로 이 사건 이행불능으로 인한 손해배상에 관해서는 그 예정배상액에 따라야 한다고 주장하였다.

원심판결은 위 계약금몰수·배액상환 조항은 일방 당사자의 채무불이행 시 계약금 상당액을 손해배상액으로 예정한 것이라고 인정하여 乙이 甲으로부터 영수한 계약금 400만 원의 배액인 800만 원을 인용하고 위 예정액을 초과하는 원고의 손해배상청구 부분을 기각하였다.

甲은 위 계약금몰수·배액상환 조항은 단순한 해약금에 관한 조항이거나 위약벌에 관한 조항일 뿐 손해배상액의 예정에 관한 조항이 아니고, 그렇지 않다고 하더라도 위 조항은 계약을 해제하지 않고 전보배상을 청구하는 경우에는 적용되지 아니하는 것이라고 주장하여 대법원에 상고하였다.

[대법원 1988. 5. 10. 선고 87다카3101 판결]

매매당사자가 계약금으로 수수한 금액에 관하여 매수인이 위약하면 이를 무효로 하고 매도인이 위약하면 그 배액을 상환하기로 하는 뜻의 약정을 한 경우에 있어서 그 위약금의 약정은 민법 제398조 제4항이 정한 손해배상의 예정으로 추정되는 것이고 또 이와 같은 약정이 있는 경우에는 채무자에게 채무불이행이 있으면 채권자는 실제손해액을 증명할 필요 없이 그 예정액을 청구할 수 있는 반면에 실제손해액이 예정액을 초과하더라도 그 초과액을 청구할 수 없게 된다. 따라서 원심이 원·피고 사이에 이 사건 매매계약에 즈음하여 수수된 계약금에 관하여 "매도인이 위약 시에는 매수인으로부터 영수한 계약금에 대하여 배액을 매수인에게 지불하고 매수인이 위약 시에는 매도인에게 지불한 계약금을 무효로 하는 동시에 계약은 해약되는 것"으로 하는 위약금의 약정을 한 사실을 확정하고 같은 취지에서 이를 손해배상의 예정으로 추정한 다음 채무불이행(이행불능)을 이유로 위 예정액을 초과하여 구하는 이 사건 손해배상청구를 배척한 것은 정당하고 거기에 주장하는 바와 같은 계약금의 성질과 손해배상의 예정 또는 이행불능으로 인한 전보배상 등에 관한 법리오해의 위법이 없다.

[평가]

1. 매매당사자 사이에 수수된 계약금에 대하여 매수인이 위약하였을 때에는 이를 무효로 하고 매도인이 위약하였을 때에는 그 배액을 상환할 뜻의 약정이 있는 경우에는 특별한 사정이 없는 한 그 계약금은 민법 제398조 제1항 소정의 손해배상액의 예정의 성질을 가질 뿐 아니라 민법 제565조 소정의 해약금의 성질도 가진 것으로 볼 것이다.[49]

2. 그런데 실제 손해액이 위 약정 위약금액을 초과하는 사안, 특히, 이중매매에 의한 이행불능시의 전보배상이나 특별손해가 문제 되는 경우에도 예정된 배상액을 청구할 수 있는가에 관하여 판례는 손해액이 예정액을 초과하더라도 그 초과액을 청구할 수 없는 것으로 보고 있다.

---

49) 대법원 1992. 5. 12. 선고 91다2151 판결.

3. 위와 같은 판례의 입장에 대해서는 긍정적인 견해[50]와 비판적인 견해[51]가 있다.[52]

2. 손해배상액의 예정과 위약벌

가. 양자의 구별표지

(1) 일반적으로 위약금이 손해배상의 문제를 간편하게 처리하는 데 중점을 둔 경우라면 손해배상의 예정으로 보고, 채무자로 하여금 이행에 나아가도록 압박을 가하기 위하여 채무불이행에 대한 사적인 제재로서 정한 것이면 위약벌로 본다.

(2) 손해배상의 예정인 경우에는 손해배상으로서 위약금을 지급하면 되고, 위약벌 약정인 경우에는 채무자의 채무불이행이 있으면 채권자는 위약금의 지급은 물론 실제로 발생한 손해의 배상을 구할 수 있다.

(3) 손해배상액의 예정의 경우에만 민법 제398조 제2항의 감액이 허용되고, 위약벌의 경우에는 감액이 허용되지 않는다.[53]

(4) 위약금은 손해배상액의 예정으로 추정되기 때문에 위약벌이라고 주장하는 자가 이를 증명하여야 한다.

(5) 손해의 발생은 위약금청구권의 발생요건이 아니며, 위약벌도 채무불이행에 대한 사적 제재이므로 손해의 발생과는 무관하다.

(6) 위약벌 약정이 채무자를 부당하게 억압하는 등 불리한 내용이면 민법 제103조 내지 제104조에 의하여 무효로 될 수 있다.[54]

나. 손해배상액의 예정으로 본 사례

(1) 도급계약서 및 그 계약내용에 편입된 약관에 수급인의 귀책사유로 인하여 계약이 해제된 경우에는 계약보증금이 도급인에게 귀속한다는 조항이 있을 때 이 계약보증금이 손해배상액의 예정인지 위약벌인지는 도급계약서 및 위 약관 등을 종합하여 구체적 사건에서 개별적으로 결정할 의사해석의 문제

---

50) 김병재, 앞의 논문, p.200 이하 참조.

51) 곽윤직 편(양창수 집필부분), 「민법주해(Ⅸ) 채권(2)」, 박영사(1995), pp.664~665 참조. 우리나라의 부동산거래의 일반통념상 이행불능이 된 때도 계약금배상만의 손해배상예정약정을 하는 사례는 이례에 속한다(대법원 1978. 7. 11. 선고 78다733 판결)고 하여야 할 것이고, 그렇다면 일반적으로는 계약금배상약정을 함에 있어서 이행불능의 경우에 대해서까지 그러한 '쌍무계약 청산을 위한 배상액약정'을 하는 것은 아니라 본다.

52) 상세한 논의는 이동신, "손해배상액의 예정과 위약벌에 관한 판례 연구(제11권)", 「민사재판의 제문제: 변재승선생 권광중선생 화갑기념」, 민사실무연구회(2002년), p.268 이하 참조.

53) 양창수·김재형, 앞의 책, p.462는 위약벌과 손해배상액의 예정 사이에 명확한 한계를 긋는 것이 어려운 경우가 대부분이므로 민법 제398조 제2항의 규정은 위약벌의 경우에는 유추적용되어야 할 것이라고 한다.

54) 약관규제법은 고객에게 부당하게 과중한 지연손해금 등의 손해배상의무를 부담시키는 약관조항은 무효로 규정하고 있다(약관의 규제에 관한 법률 제8조).

이고, 위약금은 민법 제398조 제4항에 의하여 손해배상액의 예정으로 추정되므로 <u>위약금이 위약벌로 해석되기 위해서는 특별한 사정이 주장·입증되어야 하는바</u>, 당사자 사이의 도급계약서에 계약보증금 외에 지체상금도 규정되어 있다는 점만을 이유로 하여 계약보증금을 위약벌로 보기는 어렵다.[55]

(2) 지방자치11단체가 택지를 공급하면서 작성한 택지공급협약서에 "<u>매수인의 귀책사유로 계약이 해지된 경우 매매대금의 10%에 해당하는 선수금을 지방자치단체에 귀속하되 이로 인하여 매수인의 손해배상의무가 면제되는 것은 아니다</u>"라고 규정한 경우, 위 조항에는 매수인의 손해배상의무만 규정되어 있을 뿐 매수인이 배상할 손해의 범위나 위 위약금 조항과의 관계가 구체적으로 명시되어 있지는 아니하고, 약관의 해석에 관한 일반원칙에 바탕을 두고, 또한 지방자치단체에게 위 선수금이 귀속되면 그가 입은 손해는 그만큼 전보되어 그에 상응하는 손해는 없게 되고 지방자치단체도 실제로 그 배상을 구하고 있지 아니하는 등 사건에 나타난 제반 사정을 종합하여 참작하여 보면 위 조항을 둔 합리적인 의도는 매수인의 귀책사유로 위 토지공급협약이 해제될 경우 그로 인하여 지방자치단체가 입은 손해 중 <u>위 위약금 범위 내의 손해는 위약금의 몰취로써 그 배상에 갈음하고 이를 초과하는 손해가 있으면 그에 대하여 매수인이 배상책임을 진다는 취지이지</u>, 위 위약금은 위약벌로서 몰취하고 그로써 전보되는 손해에 대해서도 매수인이 따로 손해배상책임을 진다는 취지는 아니라고 보이므로, 위 협약 중 전체 매매대금의 10%에 해당하는 금액의 귀속조항은 일종의 손해배상의 예정으로 봄이 상당하다고 한 사례.[56]

(3) "매수인이 매매계약상의 채무를 불이행할 경우 이미 지급한 계약금을 반환하지 않을 뿐만 아니라 매수인 소유 토지의 소유권을 매도인들에게 이전한다"는 내용의 약정을 민법 제398조 제4항에 의해 손해배상액의 예정으로 추정되는 위약금 약정으로 보고, 그 손해배상 예정액이 부당하게 과다하다고 한 사례.[57]

다. 위약벌로 본 사례

(1) 매매계약의 목적물이 성질상 매도인 측에서 생산, 공급하는 전량을 매수인이 그때그때 인수하지 않으면 안 되는 물품이어서 매수인은 계약기간 동안 매도인 측에서 생산하는 물품을 전량 인수하기로 하고 계약체결과 동시에 계약금액의 100분의 10 이상의 계약보증금을 납부하고 매수인이 정당한 이유 없이 인수를 거부하거나 지체할 때 또는 기일 내에 대금을 불입하지 않거나 계약의 각 조항을 위배할 때에는 매도인은 사전 권고나 통보 없이 일방적으로 해약을 할 수 있고 이 경우 보증금은 매도인에게 귀속하고 또 매수인이 계약을 이행하지 아니하였을 때에는 그 연대보증인이 채무이행

---

55) 대법원 2010. 6. 24. 선고 2007다63997 판결; 대법원 2000. 12. 8. 선고 2000다35771 판결.
56) 대법원 2000. 12. 22. 선고 99다4634 판결.
57) 대법원 2009. 12. 24. 선고 2009다60169, 60176 판결.

은 물론 배상책임을 진다고 약정하였으며 매수인은 별도로 채무이행을 위하여 계약금액의 100분의 20 이상의 현금이나 지급이행보증보험증서를 제공하기로 약정하였다면 이 계약에 있어서의 계약보증금은 단순히 매수인이 매도인에게 지게 될 물품대금채무 등을 담보한다거나 손해배상액의 예정으로 추정되는 위약금이라기보다는 매수인의 계약이행을 간접적으로 강제하는 작용을 하고 매수인이 위약하였을 때에는 이를 매도인의 소유로 귀속하게 하여 제재를 가하는 위약벌 또는 제재금의 성질을 가지는 것으로 봄이 타당하다.58)

(2) 토지분양계약이 해제되었을 때에는 수분양자가 지급한 계약보증금이 분양자에게 귀속될 뿐만 아니라, <u>수분양자는 계약해제로 인하여 분양자가 입은 손해에 대해서도 배상의무를 면하지 못하는 것으로 약정한 경우</u>, 위 계약보증금의 몰취는 계약해제로 인한 손해배상과는 별도의 성격을 가지는 것이라 할 것이고, 따라서 위 계약보증금 몰취 규정을 단순히 통상 매매계약에 있어서의 손해배상의 예정으로 보기는 어려우며, 수분양자가 계약 위반 시 분양자에게 손해배상책임을 지는 것과는 별도로 이를 분양자에게 귀속시킴으로써 수분양자에게 제재를 가함과 동시에 수분양자의 계약이행을 간접적으로 강제하는 작용을 하는 이른바 위약벌의 성질을 가진 것이라고 봄이 상당하다.59)

(3) 건설회사가 지방자치단체와 체결한 공사도급계약에서 약정한 하자보수보증금은 위 도급계약상의 수급인의 하자보수책임의 이행을 간접적으로 강제하고 수급인이 동 책임을 이행하지 아니하는 경우에는 그에 대한 제재로서 동 금원을 지방자치단체의 소유로 귀속시키기로 하는 이른바 위약벌 내지 제재금에 해당하므로, 수급인의 하자보증금 반환채권은 하자담보책임기간 내에 하자가 발생하지 아니하거나 혹은 그 기간 내에 하자가 발생한 경우에도 수급인이 위 계약에 따른 하자보수의무를 이행하는 조건으로 하여 발생한다.60)

(4) 입찰보증금이 계약체결을 담보하는 동시에 계약체결 불이행에 대한 위약벌 또는 제재금의 성질을 가진 경우에는 채무불이행으로 인한 보증금의 귀속에 관하여 손해의 발생이 필요한 것이 아니며, 그와 같은 규정이 공서양속에 반하여 무효라고 할 수도 없다.61)

(5) 위약벌의 약정은 채무의 이행을 확보하기 위하여 정해지는 것으로서 손해배상의 예정과는 그 내용이 다르므로 손해배상의 예정에 관한 <u>민법 제398조 제2항을 유추 적용하여 그 액을 감액할 수는 없는 법리이고</u> 다만 그 의무의 강제에 의하여 얻어지는 채권자의 이익에 비하여 약정된 벌이 과도하게 무거울 때에는 그 일부 또는 전부가 공서양속에 반하여 무효로 된다.62)

---

58) 대법원 1989. 10. 10. 선고 88다카25601 판결.
59) 대법원 1999. 3. 26. 선고 98다33260 판결.
60) 대법원 1998. 1. 23. 선고 97다38329 판결.
61) 대법원 1979. 9. 11. 선고 79다1270 판결.
62) 대법원 2005. 10. 13. 선고 2005다26277 판결.

甲은 2011. 5. 1. X 부동산을 乙에게 1억 원에 매도하기로 하는 매매계약을 체결하면서 계약금 1,000만 원은 계약당일, 중도금 4,000만 원은 5. 15. 잔금 5,000만 원은 5. 31.에 각 지급받기로 하고 계약 당일 계약금을 지급받았다. 위 매매계약서에는 甲이 계약을 위반하면 甲은 수령한 계약금의 배액을 乙에게 지급하고, 乙이 위약하면 乙은 계약금을 포기하기로 하는 내용도 들어 있다.

그런데 甲은 乙로부터 중도금 중 일부인 2,000만 원을 지급받은 상태에서 丙이 위 부동산을 1억 5,000만 원에 매수하기를 원하여 丙과 위 부동산을 1억 5,000만 원에 매도하고 계약금 2,000만 원을 받았다. 甲은 乙로부터 받은 계약금의 배액 2,000만 원과 중도금 일부 2,000만 원을 乙에게 제공하고 해제의 의사표시를 하였다.

(1) 甲의 해제는 정당한가?

(2) 乙은 어떠한 조치를 취할 수 있는가?

[요점]

1. 이 사례는 甲과 을이 매매계약을 체결하면서 계약금을 수수하고 위약금 약정을 한 사안이다. 이러한 경우의 계약금은 민법 제398조 제1항의 손해배상액의 예정의 성질을 가질 뿐만 아니라 민법 제565조 소정의 해약금의 성질도 가진다. 그런데 손해배상액의 예정은 이행의 청구나 계약의 해제에 영향을 미치지 않는다(민법 제398조 제3항). 계약금이 위약금으로서의 성질 이외에 해약금의 성질을 갖는 경우에도 乙이 계약의 이행을 원할 경우에는 甲이 먼저 계약을 해제할 수 없다. 그리고 민법 제565조에 의한 계약해제권은 당사자의 일방이 이행에 착수하기 전에만 행사할 수 있는데, 乙이 중도금 중 일부를 지급한 경우에도 이행에 착수한 것으로 보기 때문에 甲으로서는 계약금의 배액과 이미 수령한 중도금 일부를 반환하더라도 계약을 해제할 수 없다. 결국의 甲의 해제는 정당성이 없다.

2. 위 사례에서 乙이 계약의 이행을 원하나 甲이 계약의 이행을 하지 않는 경우 이는 甲의 계약위반이다. 乙은 甲으로부터 이미 지급한 계약금 및 중도금 중 일부와 위약금을 지급받고 계약관계를 청산할 수 있다. 또 乙은 甲이 제공하는 계약금의 배액과 중도금 일부의 수령을 거절하고 甲에게 이행을 청구하는 경우에는 자신이 부담하는 중도금 잔액 및 잔금채무의 이행 또는 이행의 제공을 하여야 하고 甲이 수령을 거절하면 (공탁절차를 거치거나 잔금지급과의 동시이행으로) 법원에 매매를 원인으로 한 소유권이전등기청구를 할 수 있다(물론 이 경우 甲을 상대로 X 부동산에 대한 처분금지가처분집행을 마쳐두어야 한다). 乙이 강제이행을 청구하는 경우에도 손해배상의 청구에는 영향을 미치지 아니한다. 甲이 채무를 이행하지 않을 의사를 명백히 표명한다면 乙은 자기 채무의 이행이나 甲의 채무이행을 최고함이 없이도 계약을 해제할 수 있다. 계약을 해제하는 경우에도 손해배상청구에는 영향이 없다. 乙은 계약을 해제하고 민법 제548조에 따라 원상회복(계약금과 중도금 일부의 반환)을 청구할 수 있고, 동시에 손해배상청구도 할 수 있는데 이 경우의 배상액은 계약상의 위약금액수와 동일하게 될 것이다.

V. 대리의 법률문제

1. 대리사건의 쟁점

가. 대리제도의 핵심

(1) 대리에 있어서는 [본인 →<대리권>→ 대리인 → <대리행위> → 상대방 → <대리행위의 효과귀속> → 본인]의 3면관계가 존재한다.

(2) 대리인이 본인으로부터 수여받은 대리권의 범위 내에서 상대방과 대리행위를 하면 그 대리행위의 효과가 본인에게 귀속되는 정상적인 대리관계보다 대리제도의 병리현상인 무권대리 내지 표현대리 제도가 법적인 관심의 대상으로 부각된다.

나. 대리와 주장책임

(1) 대리행위는 법률효과를 발생시키는 실체법상의 구성요건 해당 사실에 속하므로 법원은 변론에서 당사자가 주장하지 않은 이상 이를 인정할 수 없으나, 이와 같은 주장은 반드시 명시적인 것이어야 하는 것은 아니고 당사자의 주장 취지에 비추어 이러한 주장이 포함되어 있는 것으로 볼 수 있다면, 당연히 재판의 기초로 삼을 수 있다.[63]

(2) 변론주의는 주요 사실에 대해서만 적용되고 그 경위, 내력 등 간접사실에 대해서는 적용이 없는 것 이므로 甲이 중도금을 乙에게 직접 지급하였느냐 또는 그 수령권한 수임자로 인정되는 자를 통하여 지급하였느냐는 결국 변제사실에 대한 간접사실에 지나지 않는 것이어서 반드시 당사자의 구체적 인 주장을 요하는 것은 아니다.[64]

다. 無權代理와 表見代理, 無權代理의 추인 주장

(1) 甲 소유의 부동산에 관하여 A의 무권대리행위에 의한 절차상의 부적법한 乙 명의의 소유권이전등 기가 마쳐졌음을 이유로 甲이 乙을 상대로 소유권이전등기말소청구를 한 경우 乙이 A의 유권대리

---

63) 대법원 1996. 2. 9. 선고 95다27998 판결.
64) 대법원 1993. 9. 14. 선고 93다28379 판결. 대법원 1971. 4. 20. 선고 71다278 판결: 원·피고 간의 본건 연대보증계약에 있 어 주 채무자인 소외인이 본건 약속어음이나 약정서(갑 1, 2호증)의 피고 이름 밑에다 피고의 도장을 찍을 때에 피고를 대신해 서 찍었다고 인정한 것이 설사 당사자가 주장하지 않은 사실을 인정한 것이 되었다 하더라도 이러한 사실은 연대보증계약의 성립경위에 관한 사실에 지나지 않을뿐더러 원심은 연대보증이란 청구원인사실을 토대로 하여 사실을 확정하고 있는 것이므로, 원판결에는 소론과 같이 당사자가 주장하지 않은 사실을 판단한 위법이 있다고도 할 수 없다.

를 주장하는 것은 항변이 아니라 부인에 불과하나, A의 표현대리의 성립 또는 甲의 무권대리의 추인을 주장하는 것은 항변이 된다.

(2) 대리권에 기한 대리의 경우나 표현대리의 경우나 모두 제3자가 행한 대리행위의 효과가 본인에게 귀속된다는 점에서는 차이가 없으나 유권대리에 있어서는 본인이 대리인에게 수여한 대리권의 효력에 의하여 위와 같은 법률효과가 발생하는 반면 표현대리에 있어서는 대리권이 없음에도 불구하고 법률이 특히 거래상대방 보호와 거래안전 유지를 위하여 본래 무효인 무권대리행위의 효과를 본인에게 미치게 한 것으로서 표현대리가 성립된다고 하여 무권대리의 성질이 유권대리로 전환되는 것은 아니므로, 양자의 구성요건 해당사실 즉 주요 사실은 서로 다르다고 볼 수밖에 없다. 그러므로 유권대리에 관한 주장 가운데 무권대리에 속하는 표현대리의 주장이 포함되어 있다고 볼 수 없으며, 따로 표현대리에 관한 주장이 없는 한 법원은 나아가 표현대리의 성립 여부를 심리판단할 필요가 없다.[65]

라. 유권대리(적법한 대리)의 요건사실

☞ **대리인에 의하여 본인을 위한 매매계약을 체결한 사실 + 대리권의 존재사실**[66]

(1) 대리인이 그 권한 내에서 본인을 위한 것임을 표시한 의사표시는 직접 본인에게 대하여 효력이 생긴다(민법 제114조 제1항).

(2) 매매의 경우 적법한 대리행위가 있었다는 주장의 요건사실은 피고가 2010. 4. 1. A로부터 이 사건 토지를 대금 1,000만 원에 매수한 사실, 당시 A가 원고를 위하여 매도한 것임을 표시(顯名)한 사실, 원고가 A에게 위 토지의 매도권한을 수여한 사실이 된다.

(3) 본인을 위한 것임을 표시하지 아니하였다 하더라도 상대방이 대리인으로 한 것임을 알았거나 알 수 있었을 때에는 본인에 대하여 그 효력이 있다(민법 제115조).[67]

---

65) 대법원 1983. 12. 13. 선고 83다카1489 전원합의체 판결; 대법원 1990. 3. 27. 선고 88다카181 판결.
66) 대법원 2008. 1. 31. 선고 2007다74713 판결: 어떠한 계약의 체결에 관한 대리권을 수여받은 대리인이 수권된 법률행위를 하게 되면 그것으로 대리권의 원인 된 법률관계(기초적 내부관계)는 원칙적으로 목적을 달성하여 종료되는 것이고, 법률행위에 의하여 수여된 대리권은 그 원인 된 법률관계의 종료에 의하여 소멸하는 것이므로(민법 제128조), 그 계약을 대리하여 체결하였다 하여 곧바로 그 사람이 체결된 계약의 해제 등 일체의 처분권과 상대방의 의사를 수령할 권한까지 가지고 있다고 볼 수는 없다.
67) 상행위인 경우 대리인이 본인을 위한 것임을 표시하지 아니하여도 본인에 대하여 그 효력이 있다(상법 제48조).

2. 表見代理

가. 민법 제125조(대리권 수여 표시에 의한 표현대리)68)

(1) 본인이 대리인에게 대리권을 수여한 것을 상대방에게 표시한 사실(수권의 표시)69): 수권표시의 방법에는 제한이 없고, 묵시적인 방법에 의한 수권표시도 가능하다.70) 판례는 인감증명서만의 교부는 어떤 대리권을 부여하기 위한 행위로 볼 수 없고,71) 등기부상 명의자가 소유권이전등기에 필요한 매도증서, 인감증명서, 위임장 등을 타인에게 교부한 행위는 대리권 수여의 표시에 해당하는 것으로 본다.

(2) 대리인으로 표시된 자가 본인을 위한 것임을 표시하고 법률행위를 한 사실

(3) 위 법률행위가 대리권의 범위 내에 속하는 사실

(4) 제3자의 선의·무과실:72) 선의란 대리권이 없음을 알지 못하는 것을 말하고, 본인이 상대방의 악의·과실을 증명하여야 한다.73)

나. 민법 제126조(권한을 넘은 표현대리, 越權代理)74)

(1) 기본대리권의 존재: 대리인에게 일정한 범위의 기본대리권이 있는 사실75)

---

68) 법정대리에서는 적용할 수 없고(통설), 명의대여자의 책임, 표현지배인, 표현대표이사 등 상법상의 특별규정이 있다.

69) 대법원 2007. 8. 23. 선고 2007다23425 판결: 민법 제125조가 규정하는 대리권 수여의 표시에 의한 표현대리는 본인과 대리행위를 한 자 사이의 기본적인 법률관계의 성질이나 그 효력의 유무와는 관계없이 <u>어떤 자가 본인을 대리하여 제3자와 법률행위를 함에 있어 본인이 그 자에게 대리권을 수여하였다는 표시를 제3자에게 한 경우</u>에 성립한다.

70) 대법원 1998. 6. 12. 선고 97다53762 판결: 본인에 의한 대리권 수여의 표시는 반드시 대리권 또는 대리인이라는 말을 사용하여야 하는 것이 아니라 사회통념상 <u>대리권을 추단할 수 있는 직함이나 명칭 등의 사용을 승낙 또는 묵인한 경우</u>에도 대리권 수여의 표시가 있은 것으로 볼 수 있다.

71) 대법원 1978. 10. 10. 선고 78다75 판결: 인감증명서는 인장사용에 부수해서 그 확인방법으로 사용되며 인장사용과 분리해서 그것만으로는 어떤 증명방법으로 사용되는 것이 아니므로 인감증명서만의 교부는 일반적으로 어떤 대리권을 부여하기 위한 행위라고 볼 수 없다.

72) 대법원 2009. 5. 28. 선고 2008다56392 판결: 민법 제125조의 표견대리에 해당하여 본인에게 대리행위의 직접의 효과가 귀속하기 위해서는 대리행위의 상대방이 대리인으로 행위한 사람에게 실제로는 대리권이 없다는 점에 대하여 선의일 뿐만 아니라 무과실이어야 함은 같은 조 단서에서 명백하고, 이는 민법 제126조 또는 제129조에서 정하는 표견대리에 있어서도 다를 바 없다(부동산 매매계약을 체결하면서 본인에게 대리권의 존부를 확인하는 등의 주의를 다하지 못한 상대방의 과실을 이유로 표현대리의 성립을 부정한 사례).

73) 대법원 1996. 7. 12. 선고 95다49554 판결: 표현대리행위가 성립하는 경우에 그 본인은 표현대리행위에 의하여 전적인 책임을 져야 하고, 상대방에게 과실이 있다고 하더라도 과실상계의 법리를 유추적용하여 본인의 책임을 경감할 수 없다.

74) 법정대리에도 적용되고, 현명할 것이 요구된다. 대법원 2002. 6. 28. 선고 2001다49814 판결: 민법 제126조의 표현대리는 대리인이 본인을 위한다는 의사를 명시 혹은 묵시적으로 표시하거나 대리의사를 가지고 권한 외의 행위를 하는 경우에 성립하고, <u>사술을 써서 위와 같은 대리행위의 표시를 하지 아니하고 단지 본인의 성명을 모용하여 자기가 마치 본인인 것처럼 기망하여 본인 명의로 직접 법률행위를 한 경우</u>에는 특별한 사정이 없는 한 위 법조 소정의 표현대리는 성립될 수 없다(처가 제3자를 남편으로 가장시켜 관련 서류를 위조하여 남편 소유의 부동산을 담보로 금원을 대출받은 경우, 남편에 대한 민법 제126조 소정의 표현대리책임을 부정한 사례).

75) 대법원 2008. 1. 31. 선고 2007다74713 판결: 민법 제126조에서 말하는 권한을 넘은 표현대리는 <u>현재에 대리권을 가진 자가</u>

(2) 권한을 넘은 대리행위가 있을 것: 대리인이 기본대리권을 넘어 상대방과 법률행위를 한 사실

(3) 정당한 이유: 상대방이 대리인에게 기본대리권을 넘은 법률행위를 할 권한이 있다고 믿을 만한 정당한 이유가 있다는 사실.[76] 정당한 이유에 관해서는 상대방이 증명하여야 한다.

(4) 부동산등기신청을 위임하는 경우[77]와 같이 공법상 행위의 대리권이나 부부간의 일상가사대리권도 기본대리권이 될 수 있다.[78]

다. 민법 제129조(대리권 소멸 후의 표현대리)[79]

(1) 존재하였던 대리권이 소멸할 것[80]: 처음부터 대리권이 존재하지 않은 경우에는 적용이 없다.[81]

(2) 상대방(원고)의 선의·무과실: 본인(피고)이 상대방(원고)의 악의·과실을 증명하여야 한다.

<u>그 권한을 넘은 경우에 성립하는 것이지, 현재에 아무런 대리권도 가지지 아니한 자가 본인을 위하여 한 어떤 대리행위가 과거에 이미 가졌던 대리권을 넘은 경우에까지 성립하는 것은 아니라고 할 것이고</u>, 한편 과거에 가졌던 대리권이 소멸되어 민법 제129조에 의하여 표현대리로 인정되는 경우에 그 표현대리의 권한을 넘는 대리행위가 있을 때에는 민법 제126조에 의한 표현대리가 성립할 수 있다.

76) 대법원 2009. 11. 12. 선고 2009다46828 판결: 민법 제126조에서 말하는 권한을 넘은 표현대리의 효과를 주장하려면 <u>자칭 대리인이 본인을 위한다는 의사를 명시 또는 묵시적으로 표시하거나 대리의사를 가지고 권한 외의 행위를 하는 경우에 상대방이 자칭 대리인에게 대리권이 있다고 믿고 그와 같이 믿는 데 정당한 이유가 있을 것을 요건으로 하는 것인바, 여기서 정당한 이유의 존부는 자칭 대리인의 대리행위가 행하여질 때에 존재하는 모든 사정을 객관적으로 관찰하여 판단하여야 한다.</u>
대법원 2007. 8. 23. 선고 2007다23425 판결: A는 피고 강남지사의 영업2팀에서 과장으로 불리며 근무하던 3급사원으로서, 피고의 거래처를 정기적으로 방문하여 거래처의 새로운 통신수요를 파악하고 이에 맞는 통신서비스를 제안하여, 그에 따라 거래처가 새로운 통신서비스의 제공을 원하는 경우 이에 관한 사항을 사업추진보고서로 작성하여 영업2팀장인 B에게 보고하는 업무를 담당하였을 뿐, 스스로 피고를 대리하여 영업과 관련된 계약을 체결할 권한을 가지지는 않았던 점을 알 수 있으므로, 이러한 A에게 피고를 대리할 기본대리권이 있었다고 할 수 없고, 따라서 원고가 A에게 이 사건 계약체결에 관한 대리권이 있다고 믿었던 것에 정당한 이유가 있는지에 나아가 판단할 필요 없이, A의 이 사건 계약체결행위가 민법 제126조의 표현대리에 해당한다는 원고의 주장은 받아들일 수 없다.

77) 대법원 1978. 3. 28. 선고 78다282, 283 판결: 기본대리권이 등기신청행위라 할지라도 표현대리인이 그 권한을 유월하여 대물변제라는 사법행위를 한 경우에는 표현대리의 법리가 적용된다.

78) 대법원 1997. 4. 8. 선고 96다54942 판결: 부부간에 서로 일상가사대리권이 있다고 하더라도, 일반적으로 처가 남편이 부담하는 사업상의 채무를 남편과 연대하여 부담하기 위하여 남편에게 채권자와의 채무부담약정에 관한 대리권을 수여한다는 것은 극히 이례적인 일이라 할 것이고, 채무자가 남편으로서 처의 도장을 쉽사리 입수할 수 있었으며 채권자도 이러한 사정을 쉽게 알 수 있었던 점에 비추어 보면, 채무자가 채권자를 자신의 집 부근으로 오게 한 후 처로부터 위임을 받았다고 하여 처 명의의 채무부담약정을 한 사실만으로는 채권자가 남편에게 처를 대리하여 채무부담약정을 할 대리권이 있다고 믿은 점을 정당화할 수 있는 객관적인 사정이 있다고 할 수 없다고 하여 민법 제126조의 표현대리의 성립을 인정한 원심판결을 표현대리에 관한 법리오해라는 이유로 파기한 사례.

79) 법정대리에도 적용된다.

80) 대리권 소멸사유로는 위임, 고용의 기간 만료 등 원인 된 법률관계의 종료, 수권행위의 철회, 본인의 사망, 대리인의 사망·금치산·파산 등이 있다.

81) 대법원 1998. 5. 29. 선고 97다55317 판결; 대리인이 대리권 소멸 후 직접 상대방과 사이에 대리행위를 하는 경우는 물론 대리인이 대리권 소멸 후 복대리인을 선임하여 복대리인으로 하여금 상대방과 사이에 대리행위를 하도록 한 경우에도, 상대방이 대리권 소멸 사실을 알지 못하여 복대리인에게 적법한 대리권이 있는 것으로 믿었고 그와 같이 믿은 데 과실이 없다면 민법 제129조에 의한 표현대리가 성립할 수 있다.

3. 무권대리의 추인

가. 무권대리와 추인

(1) 무권대리행위는 그 효력이 불확정 상태에 있다가 본인의 추인 유무에 따라 본인에 대한 효력발생 여부가 결정되는 것인바, 그 추인은 무권대리행위가 있음을 알고 그 행위의 효과를 자기에게 귀속시키도록 하는 단독행위로서, 그 의사표시에 특별한 방식이 요구되는 것은 아니므로 명시적인 방법만이 아니라 묵시적인 방법으로도 할 수 있고, 무권대리인이나 무권대리행위의 상대방에 대해서도 할 수 있다.82)

(2) 묵시적 추인을 인정하기 위해서는 본인이 그 행위로 처하게 된 법적 지위를 충분히 이해하고 그럼에도 진의에 기하여 그 행위의 결과가 자기에게 귀속된다는 것을 승인한 것으로 볼 만한 사정이 있어야 할 것이므로 이를 판단함에 있어서는 관계되는 여러 사정을 종합적으로 검토하여 신중하게 하여야 할 것이다.83)

(3) 甲이 대리권 없이 乙 소유 부동산을 丙에게 매도하여 부동산소유권이전등기 등에 관한 특별조치법에 의하여 소유권이전등기를 마쳐 주었다면 그 매매계약은 무효이고 이에 터 잡은 이전등기 역시 무효가 되나, 甲은 乙의 무권대리인으로서 민법 제135조 제1항의 규정에 의하여 매수인인 丙에게 부동산에 대한 소유권이전등기를 이행할 의무가 있으므로 그러한 지위에 있는 甲이 乙로부터 부동산을 상속받아 그 소유자가 되어 소유권이전등기이행의무를 이행하는 것이 가능하게 된 시점에서 자신이 소유자라고 하여 자신으로부터 부동산을 전전매수한 丁에게 원래 자신의 매매행위가 무권대리행위여서 무효였다는 이유로 丁 앞으로 경료된 소유권이전등기가 무효의 등기라고 주장하여 그 등기의 말소를 청구하거나 부동산의 점유로 인한 부당이득금의 반환을 구하는 것은 금반언의 원칙이나 신의성실의 원칙에 반하여 허용될 수 없다.84)

나. 주장 및 증명책임

(1) 유권대리나 표현대리에 이은 예비적 주장으로 무권대리의 추인 주장을 하는 경우가 많고 추인사실이 요건사실이 된다.

(2) 추인사실은 원고가 주장, 증명하여야 한다.

---

82) 대법원 2009. 11. 12. 선고 2009다46828 판결.
83) 대법원 2009. 9. 24. 선고 2009다37831 판결. 대법원 1991. 3. 8. 선고 90다17088 판결: 처가 남편의 인감과 관계서류를 위조하여 남편 소유의 부동산을 매도한 데 대하여 남편이 처의 제3자에 대한 채권 등을 양도받고 처와 이혼하는 한편 처의 위 처분행위와 이에 따른 사문서위조행위를 불문에 붙이기로 합의하였다면 남편은 처의 위 무권대리행위를 추인한 것으로 보아야 한다.
84) 대법원 1994. 9. 27. 선고 94다20617 판결.

부록

[부록 1] 이행지체 및 법정이자의 발생시기

I. 기한의 종류에 따른 이행지체의 시기

1. 확정기한이 있는 경우

가. 원칙: 확정기한의 다음 날부터 지체책임

※ 민법 제387조 제1항: '기한이 도래한 때로부터' → 기한이 도과함으로써 지체책임을 진다.[1]

나. 기한의 이익을 상실한 경우: 채권자로부터 이행청구를 받은 다음 날부터 지체책임

(1) **정지조건부 기한이익 상실 특약이 있는 경우**: 특약에서 정한 기한이익 상실사유가 발생한 때부터 지체책임[2]

(2) **동시이행관계에 있는 경우**: 상대방으로부터 이행제공을 받았음에도 자기의 채무를 이행하지 않을 때 지체책임[3]

예컨대, 매수인의 잔금지급기한이 2011. 8. 31.로 정해진 경우 매수인의 이행지체책임이 2011. 8. 31.부터 바로 발생하는 것이 아니라 매도인이 위 기한 이전에 매수인에게 소유권이전등기의무의 이행제공을 하지 아니하였다면 비록 매수인이 2011. 8. 31.까지 잔금지급의무를 게을리하였다 하더라도 매수인은 지체책임을 부담하지 않는다. 매도인이 2011. 9. 10. 에 자신의 의무에 관한 이행제공을

---

1) 대법원 1988. 11. 8. 선고 88다3253 판결: 채무이행의 확정기한이 있는 경우에는 <u>그 기한이 도래한 다음 날부터</u> 이행지체의 책임을 지고 기한의 정함이 없는 경우에는 <u>그 이행의 청구를 받은 다음 날로부터</u> 이행지체의 책임을 진다.

2) 대법원 1999. 7. 9. 선고 99다15184 판결: 채권자의 별도의 의사표시가 없더라도 바로 이행기가 도래한 것과 같은 효과를 발생케 하는 이른바 정지조건부 기한이익 상실의 특약을 하였을 경우에는 그 특약에 정한 기한의 이익 상실사유가 발생함과 동시에 기한의 이익을 상실케 하는 채권자의 의사표시가 없더라도 이행기 도래의 효과가 발생하고, 채무자는 특별한 사정이 없는 한 그때부터 이행지체의 상태에 놓이게 된다.

3) 대법원 2007. 6. 15. 선고 2007다4196 판결: 쌍무계약인 부동산 매매계약에서 매도인이 매수인에게 지체의 책임을 지워 매매계약을 해제하려면 매수인이 이행기일에 잔대금을 지급하지 아니한 사실만으로는 부족하고, <u>매도인이 소유권이전등기신청에 필요한 일체의 서류를 상대방이 수리할 수 있을 정도로 준비하여 그 뜻을 상대방에게 통지하여 수령을 최고함으로써 이를 제공하여야 하는 것이 원칙이고, 또 상당한 기간을 정하여 상대방의 잔대금채무이행을 최고한 후 매수인이 이에 응하지 아니한 사실이 있어야 하는 것인데</u>, 매수인이 계약의 이행에 비협조적인 태도를 취하면서 잔대금의 지급을 미루는 등 소유권이전등기 서류를 수령할 준비를 아니한 경우에는 <u>매도인으로서도 부동산매도용 인감증명서를 발급받아 놓고 인감도장과 등기권리증 등을 준비하여 잔대금수령과 동시에 법무사 등에게 위임하여 소유권이전등기신청행위에 필요한 서류를 작성할 수 있도록 준비하였다면 이행의 제공은 이로써 충분하다고 할 것이다.</u>

하면서 잔금의 지급기한을 2011. 9. 17.로 정하여 통지하였음에도 불구하고 매수인이 잔금지급의무를 게을리하였다면 매수인은 2011. 9. 18.부터 이행지체책임을 진다.

(3) **원인채무와 어음수표의 반환채무**: 원인채무의 이행기가 도래하면 지체책임 발생[4]

(4) **지시채권, 무기명채권, 면책증권의 경우**: 이행기 도래 후 소지인이 그 증서를 제시하여 이행을 청구하여야 지체책임 발생.

2. 불확정기한이 있는 경우

가. **원칙**: 채무자가 그 기한이 도래하였음을 안 다음 날부터 지체책임(민법 제387조 제1항 후단). 채무자가 기한의 도래를 알지 못한 경우에도 채권자로부터 이행의 최고를 받았다면 그 최고수령일 다음 날부터 지체책임을 진다.

나. **당사자가 불확정한 사실이 발생한 때를 이행기로 정한 경우**: 그 사실이 발생한 때는 물론 그 사실의 발생이 불가능하게 된 때에도 이행기는 도래한 것으로 본다.[5]

다. **불확정기한과 정지조건의 구별**: 법률행위에 부관이 붙은 경우, 부관에 표시된 사실이 발생하지 아니하면 채무를 이행하지 아니하여도 된다고 보아야 하는 때에는 정지조건으로 정한 것으로 보아야 하고, 표시된 사실이 발생한 때는 물론이고 반대로 발생하지 아니하는 것이 확정된 때에도 그 채무를 이행하여야 한다고 보는 것이 타당한 경우에는 표시된 사실의 발생 여부가 확정되는 것을 불확정기한으로 정한 것으로 보아야 한다.[6][7]

---

4) 대법원 1999. 7. 9. 선고 98다47542, 47559 판결: 채무자가 어음의 반환이 없음을 이유로 원인채무의 변제를 거절할 수 있는 것은 채무자로 하여금 무조건적인 원인채무의 이행으로 인한 이중지급의 위험을 면하게 하려는 데에 그 목적이 있는 것이지, 기존의 원인채권에 터 잡은 이행청구권과 상대방의 어음 반환청구권이 민법 제536조에 정하는 쌍무계약상의 채권채무관계나 그와 유사한 대가관계가 있어서 그러는 것은 아니므로, 원인채무 이행의무와 어음 반환의무가 동시이행의 관계에 있다 하더라도 이는 어음의 반환과 상환으로 하지 아니하면 지급을 할 필요가 없으므로 이를 거절할 수 있다는 것을 의미하는 것에 지나지 아니하는 것이며, 따라서 채무자가 어음의 반환이 없음을 이유로 원인채무의 변제를 거절할 수 있는 권능을 가진다고 하여 채권자가 어음의 반환을 제공하지 아니하면 채무자에게 적법한 이행의 최고를 할 수 없다고 할 수는 없고, 채무자는 원인채무의 이행기를 도과하면 원칙적으로 이행지체의 책임을 진다.

5) 대법원 2006. 9. 28. 선고 2006다24353 판결.

6) 대법원 2011. 4. 28. 선고 2010다89036 판결: 아파트 신축·분양 사업의 분양수입금 인출배분에 관하여 공사도급변경약정에서 시행사의 선투입비 및 일반관리비 채권을 2순위로 지급하기로 하면서, 위 선투입비는 아파트 분양 실계약률에 따라 계약률 50% 시 45억 원, 최초 계약일로부터 6개월 이내에 계약률 75% 시 35억 원, 12개월 이내에 계약률 95% 시 10억 원을 각각 지급하기로 한 사안에서, 선투입비는 위 사업이 실패하게 되면 시행사가 위험을 부담하여야 하는 것이었던 점 등에 비추어 위 시행사의 선투입비 채권은 일정 기간 내에 일정 분양률이 충족되는 것을 정지조건으로 최대 90억 원까지 2순위로 지급받기로 약정된 것으로 보아야 한다고 한 사례.

7) 대법원 2003. 8. 19. 선고 2003다24215 판결: 정리회사 동아건설 주식회사의 관리인 김동윤이 원고에 대하여 2000. 12. 4.부터 2000. 12. 8.까지 희망퇴직신청을 하는 경우에는 회사정리계획 인가결정일로부터 1개월 이내에 평균임금 3개월분의 퇴직위로금을 지급하겠다는 의사표시는 회사정리계획인가를 조건으로 정한 것이 아니라 불확정한 사실의 도래를 변제기로 정한 것이고, 따라서 회사정리절차가 폐지되어 정리계획인가를 받을 수 없는 것으로 확정되었으므로 그때에 기한이 도래하였다고 판단한 사례.

3. 기한의 정함이 없는 경우

가. **원칙**: 채권자로부터 이행청구를 받은 다음 날부터 지체책임(민법 제387조 제2항)

나. **반환시기의 약정이 없는 소비대차**: 최고를 받은 때로부터 상당한 기간이 경과한 다음 날부터 지체책임(민법 제603조 제2항).

다. **연대채무자가 공동피고인 경우 소장부본 송달일이 다른 경우**: 먼저 소장부본이 송달된 연대채무자를 기준으로 그다음 날부터 다른 연대채무자도 지체책임을 진다(민법 제416조, 이행청구의 절대적 효력).[8]

II. 사건유형별 이행지체의 시기 및 법정이자의 발생시기

1. 물품대금 청구

가. **원칙**: 목적물을 인도받은 날부터 법정이자(지연손해금)를 지급할 의무가 있음(민법 제587조 3문)

나. **예외**: 인도일 이후 대금지급기한이 정해져 있는 경우 인도일부터 그 기한이 도래할 때까지는 법정이자가 발생하지 않는다.

다. **지속적인 거래관계의 경우**: 수차례에 걸쳐 물품을 지속적으로 공급하고 월말에 종전 대금을 한꺼번에 결제하는 경우의 이행기

2. 구상금 청구

가. **불가분채무자, 연대채무자, 보증인, 물상보증인, 공동불법행위자의 구상권**: 기한의 정함이 없는 채무로 이행최고를 받은 다음 날부터 지체책임.

나. **구상액**: 공동면책일 이후의 법정이자와 피할 수 없는 비용, 기타 손해배상도 포함(민법 제425조 제2항).[9] 구상권자는 면책일부터 피고가 구상금채무의 이행최고를 받은 날까지는 법정이자, 그다음 날부터 완제일까지는 지연손해금을 청구할 수 있다.

---

8) 실무상 소장부본 최종송달 익일로 지연손해금의 기산일을 정리하는 경우가 많다.

9) 대법원 1995. 10. 12. 선고 94다48257 판결: 공동불법행위자 중의 1인이 피해자로부터 손해배상 청구 소송을 제기당함에 따라 응소하여 적극적으로 다투었으나 패소함에 따라 그 판결에서 인정된 금원을 손해배상금으로 지급함으로써 다른 공동불법행위자가 공동면책된 때에는, 그것이 부당 응소라는 등의 특별한 사정이 없는 한, 공동면책된 금액 중 다른 공동불법행위자의 과실 비율에 상당하는 금액은 물론이고 그에 대한 공동면책일 이후의 법정이자 및 피할 수 없는 비용 기타의 손해배상을 구상할 수 있다 할 것인바, 여기서의 피할 수 없는 비용, 기타 손해배상에는 공동불법행위자가 소송을 수행하는 과정에서 지출한 소송비용도 포함되고, 그가 지출한 변호사비용 중에서 변호사보수의 소송비용산입에 관한 규칙에 의한 보수 기준, 소속 변호사회의 규약, 소송물 가액, 사건의 난이도, 소송 진행 과정, 판결 결과 등 여러 가지 사정을 참작하여 합리적으로 판단하여 상당하다고 인정되는 범위 내의 금원은 피할 수 없는 비용, 기타 손해로서 구상할 수 있다.

3. 임료 및 임차보증금반환청구

　가. **임료지급채무**: 매월 말일 다음 날부터 지체책임
　나. **임차보증금반환채무**: 임차목적물 반환채무와의 동시이행항변을 할 수 있는 한 지체책임을 지지 않는다.

4. 고용계약 보수(임금) 및 퇴직금 청구

　가. **보수(임금)청구**: 약정지급일 다음 날 또는 노무종료일 다음 날부터 지체책임
　나. **퇴직금청구**: 퇴직한 다음 날부터 지체책임
　※ 근로기준법 내지 근로자퇴직급여보장법이 적용되는 경우에는 임금 내지 퇴직금 지급사유 발생일(퇴직금의 경우 퇴직일)로부터 14일이 경과한 다음 날(15일째 날)부터 연 20%의 법정지연손해금 지급의무가 있다.

5. 공사대금(도급계약의 보수) 청구

　가. 목적물을 인도한 다음 날 또는 일을 완성한 다음 날부터 지체책임
　나. 다만 하자보수에 갈음한 손해배상청구액에 상응하는 공사대금채무에 대해서는 지체책임이 발생하지 않는다.

6. 중개료, 수임료, 진료비 등 청구

　특약이 없으면 위임사무 완료 다음 날부터 지체책임.

7. 예금반환청구

　반환청구 받은 다음 날부터 지체책임.

8. 부당이득반환청구

가. 원칙: 기한의 정함이 없는 채무로서 이행최고를 받은 다음 날부터 지체책임

나. 악의의 수익자의 법정이자 반환: 그 받은 이익에 법정이자를 붙여 반환책임(민법 제748조 제2항).[10] 수익자는 이행청구를 받은 때부터 법정이자에 대한 지체책임.

다. 계약해제에 따른 원상회복의무

(1) **원금:** 이행최고를 받은 다음 날부터 지체책임. 다만 동시이행항변을 할 수 있는 경우 지체책임을 지지 않는다.

(2) **법정이자:** 계약이 해제된 경우 금전이 급부되었다면 받은 날부터 법정이자를 가산하여 반환하여야 한다(민법 제548조 제2항) – 민법 제748조의 특칙. 따라서 자기 채무의 이행을 제공하고 이행을 최고하여 지체에 빠뜨리면 금전을 받은 날부터 최고도달일까지는 법정이자를, 최고도달일 다음 날부터 완제일까지는 지연손해금을 지급할 의무가 있다.

계약이 해제된 경우가 아니라 계약이 무효이거나 취소된 경우 매도인의 매매대금반환의무는 성질상 부당이득반환의무로서 그 반환범위에 관해서는 민법 제749조가 적용되고 명문의 규정이 없는 이상 그에 관한 특칙인 민법 제548조 제2항이 당연히 유추적용 또는 준용되는 것으로 볼 수 없다.[11]

9. 불법행위로 인한 손해배상청구

가. 원칙: 불법행위 시부터 지체책임

나. 위조어음(수표) 할인의 경우: 할인금 상당의 손해배상채무는 할인일부터 지체책임

다. 신원보증인의 채무: 채권자로부터 이행청구를 받은 다음 날부터 지체책임

10. 약속어음금 및 수표금 청구

가. 지급제시기간 내에 적법한 지급제시가 있었던 경우

(1) **원칙:** 만기일(당일 포함) 이후의 법정이자(어음), 지급제시일(당일) 이후의 법정이자(수표) 연 6%

---

10) 악의 점유자는 소유자에게 그 점유로 인한 과실 및 이에 대하여 악의가 된 때부터 법정이자를 반환하여야 한다(민법 제201조).

11) 대법원 1997. 9. 26. 선고 96다54997 판결: 매매계약이 무효인 때의 매도인의 매매대금 반환의무는 성질상 부당이득 반환의무로서 그 반환범위에 관해서는 민법 제748조가 적용된다 할 것이고, 명문의 규정이 없는 이상 그에 관한 특칙인 민법 제548조 제2항이 당연히 유추적용 또는 준용된다고 할 수 없다(토지거래허가를 받지 못해 매매계약이 무효로 된 사안에서, 민법 제548조 제2항을 준용하여 매도인은 매매대금을 받은 날로부터 이자를 가산하여 지급하여야 한다는 매수인의 주장을 배척한 사례).

(2) **소구권 행사 시:** 지급일(지급당일 포함) 이후 연 6%의 법정이자

나. 지급제시기간 내에 적법한 지급제시가 없거나 지급제시가 부적법한 경우

(1) **약속어음:** 배서인에 대한 소구권 상실, 발행인은 지급제시일 다음 날 또는 소장부본 송달 다음 날부터 지체책임.

(2) **수표:** 소구권 상실

(3) **지급제시 이후 백지가 보충된 경우:** 백지보충 이전에는 지체책임 불발생.

[부록 2] 민법 주요 조문별 증명책임

- 총칙 편 -

Ⅰ. 신의성실의 원칙

□ **제2조(신의성실)**

① 권리의 행사와 의무의 이행은 신의에 좇아 성실히 하여야 한다.

② 권리는 남용하지 못한다.

■ 신의성실의 원칙에 반하는 것은 강행규적에 위배되는 것으로서 당사자의 주장이 없더라도 법원이 직권으로 판단할 수 있다.[1][2]

Ⅱ. 동시사망의 추정

□ **제30조(동시사망)**

2인 이상이 동일한 위난으로 사망한 경우에는 동시에 사망한 것으로 추정한다.

■ 민법 제30조에 의하면, 2인 이상이 동일한 위난으로 사망한 경우에는 동시에 사망한 것으로 추정하도록 규정하고 있는바, 이 추정은 법률상 추정으로서 이를 번복하기 위해서는 동일한 위난으로 사망

---

1) 대법원 1995. 12. 22. 선고 94다42129 판결; 대법원 1989. 9. 29. 선고 88다카7181 판결; 대법원 1998. 8. 21. 선고 97다 37821 판결 등.

2) 신의칙위반이나 권리남용으로 권리발생의 장애나 소멸의 효과를 초래하는 케이스에서는 원칙적으로 그 주장을 필요로 한다고 보아야 하고 다만 간접적 주장의 인정이나 적극적인 석명권의 행사 등으로 구체적인 타당성을 꾀해야 할 것이라는 주장은 최진수, "판례에 나타난 민법 주요 조문별 주장입증책임", 「사법연수원논문집(제3집)」, 사법연수원(2006), p.9 참조. 신의칙위반과 권리남용은 정당한 권리행사나 의무이행에 의하여 생기는 법률효과의 발생을 방해하는 사실(권리장애사실)에 해당하므로 신의 칙위반과 권리남용을 주장하는 자가 그 사실을 증명할 책임이 있다는 견해로는 오석락, 입증책임론[신판], 박영사(1996), p.371 참조.

하였다는 전제사실에 대하여 법원의 확신을 흔들리게 하는 반증을 제출하거나 또는 각자 다른 시각에 사망하였다는 점에 대하여 법원에 확신을 줄 수 있는 본증을 제출하여야 하는데, 이 경우 사망의 선후에 의하여 관계인들의 법적 지위에 중대한 영향을 미치는 점을 감안할 때 충분하고도 명백한 입증이 없는 한 위 추정은 깨어지지 아니한다고 보아야 한다.3)

III. 이사의 대표권에 대한 제한

☐ 제60조(이사의 대표권에 대한 제한의 대항요건)

이사의 대표권에 대한 제한은 등기하지 아니하면 제3자에게 대항하지 못한다.

■ 법인의 대표자가 법인의 채무를 부담하는 계약을 함에 있어서 이사회의 결의를 거쳐 노회와 설립자의 승인을 얻고 주무관청의 인가를 받도록 정관에 규정되어 있다면 그와 같은 규정은 <u>법인대표권의 제한에 관한 규정</u>으로서 이러한 제한은 등기하지 아니하면 제3자에게 대항할 수 없다고 할 것인바(당원 1975. 4. 22. 선고 74다410 판결; 1987. 11. 24. 선고 86다카 2484 판결 각 참조), 피고 법인의 정관 제10조에 그와 같은 취지의 법인 대표권의 제한에 관한 규정이 있음은 소론과 같으나 <u>그와 같은 취지가 등기되어 있다는 주장 입증이 없는 이 사건에서 피고 법인은 원고가 그와 같은 정관의 규정에 대하여 선의냐 악의냐에 관계없이 제3자인 원고에 대하여 이러한 절차의 흠결을 들어 이 사건 보증계약의 효력을 부인할 수 없다.</u>4)

■ 비법인사단의 경우에는 대표자의 대표권 제한에 관하여 등기할 방법이 없어 민법 제60조의 규정을 준용할 수 없고, <u>비법인사단의 대표자가 정관에서 사원총회의 결의를 거쳐야 하도록 규정한 대외적 거래행위에 관하여 이를 거치지 아니한 경우라도, 이와 같은 사원총회 결의사항은 비법인사단의 내부적 의사결정에 불과하다 할 것이므로, 그 거래 상대방이 그와 같은 대표권 제한 사실을 알았거나 알 수 있었을 경우가 아니라면 그 거래행위는 유효하다</u>고 봄이 상당하고, 이 경우 <u>거래의 상대방이 대표권 제한 사실을 알았거나 알 수 있었음은 이를 주장하는 비법인사단측이 주장·입증하여야 한다.</u>5)

IV. 반사회질서 법률행위

☐ 제103조(반사회질서의 법률행위)

선량한 풍속, 기타 사회질서에 위반한 사항을 내용으로 하는 법률행위는 무효로 한다.

---

3) 대법원 1998. 8. 21. 선고 98다8974 판결.
4) 대법원 1992. 2. 14. 선고 91다24564 판결.
5) 대법원 2008. 10. 23. 선고 2006다2476 판결; 대법원 2003. 7. 22. 선고 2002다64780 판결.

■ 선량한 풍속, 기타 사회질서 위반 법률행위로서 무효인 점은 권리발생의 장애사유이므로 그로 인하여 이익을 받는 자가 주장, 증명하여야 한다.[6]

■ 민법 제103조에 의하여 무효로 되는 반사회질서 행위는 법률행위의 목적인 권리의무의 내용이 선량한 풍속, 기타 사회질서에 위반되는 경우뿐만 아니라, 그 내용 자체는 반사회질서적인 것이 아니라고 하여도 법률적으로 이를 강제하거나 법률행위에 반사회질서적인 조건 또는 금전적인 대가가 결부됨으로써 반사회질서적 성질을 띠게 되는 경우 및 표시되거나 상대방에게 알려진 법률행위의 동기가 반사회질서적인 경우를 포함하고,[7] 보험계약자가 다수의 보험계약을 통하여 보험금을 부정취득할 목적으로 보험계약을 체결한 경우, 이러한 목적으로 체결된 보험계약에 의하여 보험금을 지급하게 하는 것은 보험계약을 악용하여 부정한 이득을 얻고자 하는 사행심을 조장함으로써 사회적 상당성을 일탈하게 될 뿐만 아니라, 또한 합리적인 위험의 분산이라는 보험제도의 목적을 해치고 위험발생의 우발성을 파괴하며 다수의 선량한 보험가입자들의 희생을 초래하여 보험제도의 근간을 해치게 되므로, 이와 같은 보험계약은 민법 제103조 소정의 선량한 풍속, 기타 사회질서에 반하여 무효라고 할 것이다.[8]

V. 불공정한 법률행위

□ 제104조(불공정한 법률행위)
당사자의 궁박함, 경솔 또는 무경험으로 인하여 현저하게 공정을 잃은 법률행위는 무효로 한다.

■ 매도인 측에서 매매계약이 불공정한 법률행위로서 무효라고 하려면 객관적으로 매매가격이 실제가격에 비하여 현저하게 헐값이고 주관적으로 매도인이 궁박함, 경솔, 무경험 등의 상태에 있었으며 매수인 측에서 위와 같은 사실을 인식하고 있었다는 점을 주장, 입증하여야 할 것이다.[9][10]

---

6) 최진수(주.2), p.12는 판례 중에는 반사회질서 법률행위로서 무효라는 점에 관하여 적극적인 석명권 행사를 요구한 것이 있고, 선량한 풍속, 기타 사회질서위반의 경우도 법원이 직권으로 판단할 수 있음을 전제로 한 것이라 해석할 여지가 있는 것도 있으므로 당사자의 주장이 없더라도 변론에 현출된 증거들에 의해 사회질서위반 법률행위로 인정될 경우 법원으로서는 적극적인 석명권행사를 통하여 공익적 요청과 구체적 타당성을 도모함이 옳다고 한다.

7) 대법원 2000. 2. 11. 선고 99다56833 판결; 대법원 2001. 11. 27. 선고 99다33311 판결 등 참조.

8) 대법원 2000. 2. 11. 선고 99다49064 판결; 대법원 2005. 7. 28. 선고 2005다23858 판결.

9) 대법원 1991. 5. 28. 선고 90다19770 판결; 대법원 1964. 8. 31. 선고 63다681 판결; 대법원 1981. 12. 22. 선고 80다2012 판결; 대법원 1988. 9. 13. 선고 86다카563 판결 등 참조.

10) 민법 제104조의 불공정한 법률행위가 성립하기 위해서는 법률행위의 당사자 일방이 궁박함, 경솔 또는 무경험의 상태에 있고, 상대방이 이러한 사정을 알고서 이를 이용하려는 의사가 있어야 하며, 나아가 급부와 반대급부 사이에 현저한 불균형이 있어야 하는바, 위 당사자 일방의 궁박함, 경솔, 무경험은 모두 구비하여야 하는 요건이 아니고 그중 어느 하나만 갖추어져도 충분하고 (대법원 1994. 6. 24. 선고 94다10900 판결) 불공정한 법률행위로서 무효라고 주장하는 자가 위 각 요건들을 주장, 증명하여야 하고 당사자가 주장하지 않는데도 법원이 이를 인정할 수는 없다.

VI. 비진의표시

☐ **제107조(진의 아닌 의사표시)**

① 의사표시는 표의자가 진의 아님을 알고한 것이라도 그 효력이 있다. 그러나 상대방이 표의자의 진의 아님을 알았거나 이를 알 수 있었을 경우에는 무효로 한다.

② 전항의 의사표시의 무효는 선의의 제3자에게 대항하지 못한다.

■ 어떠한 의사표시가 비진의 의사표시로서 무효라고 주장하는 경우에 그 입증책임은 그 주장자에게 있다.[11][12]

VII. 통정허위표시

☐ **제108조(통정한 허위의 의사표시)**

① 상대방과 통정한 허위의 의사표시는 무효로 한다.[13]

② 전항의 의사표시의 무효는 선의의 제3자에게 대항하지 못한다.

■ 민법 제108조 제1항에서 상대방과 통정한 허위의 의사표시를 무효로 규정하고, 제2항에서 그 의사표시의 무효는 선의의 제3자에게 대항하지 못한다고 규정하고 있는데, 여기에서 <u>제3자는 특별한 사정이 없는 한 선의로 추정할 것이므로, 제3자가 악의라는 사실에 관한 주장·입증책임은 그 허위표시의 무효를 주장하는 자에게 있다.</u>[14] 그리고 민법 제108조 제2항에 규정된 통정허위표시에 있어서의 제3자는 그 선의 여부가 문제이지 이에 관한 과실 유무를 따질 것이 아니다.[15]

■ 파산자가 파산선고 시에 가진 모든 재산은 파산재단을 구성하고, 그 파산재단을 관리 및 처분할 권리는 파산관재인에게 속하므로, 파산관재인은 파산자의 포괄승계인과 같은 지위를 가지게 되지만, 파산이 선고되면 파산채권자는 파산절차에 의하지 아니하고는 파산채권을 행사할 수 없고, 파산관재인이 파산채권자 전체의 공동의 이익을 위하여 선량한 관리자의 주의로써 그 직무를 행하므로,

---

11) 대법원 1992. 5. 22. 선고 92다2295 판결.
12) 비진의표시의 무효를 주장하는 자는 그 의사표시가 진의가 아닌 사실, 상대방이 진의 아님을 알았거나 알 수 있었던 사실을 증명할 책임이 있다. 상대방의 악의 또는 과실도 무효를 주장하는 자가 증명하여야 한다.
13) 통정허위표시는 권리발생을 방해하는 사실에 해당하므로 그 무효를 주장하는 자가 그 의사표시가 진의가 아닌 사실, 이에 관하여 상대방과 통모가 있는 사실을 증명하여야 한다.
14) 대법원 1970. 9. 29. 선고 70다466 판결; 대법원 1978. 12. 26. 선고 77다907 판결; 대법원 2003. 12. 26. 선고 2003다50078, 50085 판결 등 참조.
15) 대법원 2007. 11. 29. 선고 2007다53013 판결; 대법원 2004. 5. 28. 선고 2003다70041 판결; 대법원 2006. 3. 10. 선고 2002다1321 판결.

파산관재인은 파산선고에 따라 파산자와 독립하여 그 재산에 관하여 이해관계를 가지게 된 제3자로 서의 지위도 가지게 되며, 따라서 파산자가 상대방과 통정한 허위의 의사표시를 통하여 가장채권을 보유하고 있다가 파산이 선고된 경우 그 가장채권도 일단 파산재단에 속하게 되고, 파산선고에 따라 파산자와는 독립한 지위에서 파산채권자 전체의 공동의 이익을 위하여 직무를 행하게 된 파산관재 인은 그 허위표시에 따라 외형상 형성된 법률관계를 토대로 실질적으로 새로운 법률상 이해관계를 가지게 된 민법 제108조 제2항의 제3자에 해당한다.[16]

■ 파산관재인이 민법 제108조 제2항의 경우 등에 있어 제3자에 해당된다고 한 것[17]은, 파산관재인은 파산채권자 전체의 공동의 이익을 위하여 선량한 관리자의 주의로써 그 직무를 행하여야 하는 지위 에 있기 때문에 인정되는 것이므로, 그 선의·악의도 파산관재인 개인의 선의·악의를 기준으로 할 수는 없고, 총파산채권자를 기준으로 하여 파산채권자 모두가 악의로 되지 않는 한 파산관재인은 선의의 제3자라고 할 수밖에 없다.[18]

■ 실제로는 전세권설정계약이 없으면서도 임대차계약에 기한 임차보증금반환채권을 담보할 목적 또 는 금융기관으로부터 자금을 융통할 목적으로 임차인과 임대인 사이의 합의에 따라 임차인 명의로 전세권설정등기를 경료한 후 그 전세권에 대하여 근저당권이 설정된 경우, 가사 위 전세권설정계약 만 놓고 보아 그것이 통정허위표시에 해당하여 무효라 하더라도 이로써 위 전세권설정계약에 의하 여 형성된 법률관계를 토대로 별개의 법률원인에 의하여 새로운 법률상 이해관계를 갖게 된 근저당 권자에 대해서는 그와 같은 사정을 알고 있었던 경우에만 그 무효를 주장할 수 있다.[19] 위 법리에 비추어 원심이 적법하게 확정한 사실들을 살펴보면, 원고들과 소외인은 소외인이 금융기관으로부터 금원을 대출받기 위한 방편으로 전세권설정계약을 체결하고 그에 따라 전세권설정등기를 경료하였 음을 알 수 있으나, 피고가 위 전세권에 대하여 근저당권을 설정받을 당시 그러한 사정을 알고 있었 다고 볼 아무런 주장·입증이 없으므로, 원고들은 소외인에 대해서는 그 전세권설정계약이 허위표 시에 해당하여 무효라고 주장할 수 있더라도, 피고에 대해서는 위 전세권설정계약의 무효를 주장할 수 없고, 따라서 원고들은 물상대위권의 행사로서 소외인의 원고들에 대한 판시 전세금반환채권을 전부받은 피고에 대하여 위 전세권설정계약과 양립할 수 없는 위 임대차계약 상의 임대차보증금의 수액이나, 위 임대차계약에 의하여 발생한 원고들의 소외인에 대한 연체차임, 관리비 등의 채권을 주장할 수 없다고 봄이 상당하다.[20]

---

16) 대법원 2003. 6. 24. 선고 2002다48214 판결.
17) 대법원 2003. 6. 24. 선고 2002다48214 판결; 대법원 2005. 7. 22. 선고 2005다4383 판결 등 참조.
18) 대법원 2006. 11. 10. 선고 2004다10299 판결; 대법원 2007. 10. 26. 선고 2005다42545 판결.
19) 대법원 1998. 9. 4. 선고 98다20981 판결; 대법원 2006. 2. 9. 선고 2005다59864 판결 참조.
20) 대법원 2008. 3. 13. 선고 2006다58912 판결.

VIII. 착오

☐ **제109조(착오로 인한 의사표시)**

① 의사표시는 법률행위의 내용의 중요 부분에 착오가 있는 때에는 취소할 수 있다.[21] 그러나 그 착오가 표의자의 중대한 과실로 인한 때에는 취소하지 못한다.

② 전항의 의사표시의 취소는 선의의 제3자에게 대항하지 못한다.

■ 민법 제109조 제1항 단서에서 규정하는 착오한 표의자의 중대한 과실[22] 유무에 관한 주장과 입증책임은 착오자가 아니라 의사표시를 취소하게 하지 않으려는 상대방에게 있다.[23]

IX. 사기, 강박에 의한 의사표시

☐ **제110조(사기, 강박에 의한 의사표시)**

① 사기나 강박에 의한 의사표시는 취소할 수 있다.

② 상대방 있는 의사표시에 관하여 제3자가 사기나 강박을 행한 경우에는 상대방이 그 사실을 알았거나 알 수 있었을 경우에 한하여 그 의사표시를 취소할 수 있다.

③ 전2항의 의사표시의 취소는 선의의 제3자에게 대항하지 못한다.

■ 사기의 의사표시로 인한 매수인으로부터 부동산의 권리를 취득한 제3자는 특별한 사정이 없는 한 선의로 추정할 것이므로 <u>사기로 인하여 의사표시를 한 부동산의 양도인이 제3자에 대하여 사기에 의한 의사표시의 취소를 주장하려면 제3자의 악의를 입증할 필요가 있다.</u>[24]

X. 의사표시의 도달

☐ **제111조(의사표시의 효력발생시기)**

① 상대방 있는 의사표시는 그 통지가 상대방에 도달한 때로부터 그 효력이 생긴다.

---

21) 착오로 인한 의사표시를 주장하는 자는 의사표시에 착오가 있는 사실, 그 착오가 법률행위의 내용의 중요 부분에 있는 사실을 증명하여야 한다.

22) 착오로 인한 의사표시에 관한 민법 제109조에서 말하는 취소 제한사유로서의 '중대한 과실'이라 함은 표의자의 직업, 행위의 종류, 목적 등에 비추어 보통 요구되는 주의를 현저히 결여한 것을 의미한다. 대법원 2007. 8. 23. 선고 2006다52815 판결.

23) 대법원 2005. 5. 12. 선고 2005다6228 판결.

24) 대법원 1970. 11. 24. 선고 70다2155 판결.

■ 내용증명 우편이나 등기우편과는 달리, 보통우편의 방법으로 발송되었다는 사실만으로는 그 우편물이 상당기간 내에 도달하였다고 추정할 수 없고 송달의 효력을 주장하는 측에서 증거에 의하여 도달사실을 입증하여야 할 것이다.[25]

■ 우편물이 등기취급의 방법으로 발송된 경우에는 반송되는 등의 특별한 사정이 없는 한 그 무렵 수취인에게 배달되었다고 보아야 한다.[26]

■ 내용증명 우편물이 발송되고 달리 반송되지 아니하였다면 특별한 사정이 없는 한 이는 그 무렵에 송달되었다고 봄이 상당하다고 할 것이다.[27]

■ 우편물이 수취인 가구의 우편함에 투입되었다고 하더라도 분실 등을 이유로 그 우편물이 수취인의 수중에 들어가지 않을 가능성이 적지 않게 존재하는 현실에 비추어, 우편함의 구조를 비롯하여 수취인이 우편물을 수취하였음을 추인할 만한 특별한 사정에 대하여 심리를 다하지 아니한 채 아파트 경비원이 집배원으로부터 우편물을 수령한 후 이를 우편함에 넣어 둔 사실만으로 수취인이 그 우편물을 수취하였다고 추단한 원심판결을 파기한 사례.[28]

XI. 대리행위와 대리권

□ 제114조(대리행위의 효력)

① 대리인이 그 권한 내에서 본인을 위한 것임을 표시한 의사표시는 직접본인에게 대하여 효력이 생긴다.

② 전항의 규정은 대리인에게 대한 제3자의 의사표시에 준용한다.

■ 대리행위는 법률효과를 발생시키는 실체법상의 구성요건 해당 사실에 속하므로 법원은 변론에서 당사자가 주장하지 않은 이상 이를 인정할 수 없으나,[29] 이와 같은 주장은 반드시 명시적인 것이어야 하는 것은 아니고 당사자의 주장 취지에 비추어 이러한 주장이 포함되어 있는 것으로 볼 수 있다면,

---

25) 대법원 1977. 2. 22. 선고 76누263 전원합의체 판결; 대법원 1993. 5. 11. 선고 92다2530 판결; 대법원 2002. 7. 26. 선고 2000다25002 판결.

26) 대법원 2007. 12. 27. 선고 2007다51758 판결.

27) 대법원 1980. 1. 15. 선고 79다1498 판결; 대법원 1997. 2. 25. 선고 96다38322 판결; 대법원 2000. 10. 27. 선고 2000다20052 판결.

28) 대법원 2006. 3. 24. 선고 2005다66411 판결.

29) 법률행위가 본인에 의하여 이루어진 것인가 대리인에 의하여 이루어진 것인가 하는 것은 간접사실에 불과하여 법원은 당사자의 주장에 구애받지 않는다는 취지의 판례도 있다. 예컨대 대법원 1971. 4. 20. 선고 71다278 판결은 판결의 기초가 되는 권리의 발생, 소멸 등 법률효과의 존부의 판단에 직접 필요한 요건사실은 당사자가 주장하는 사실관계를 그 토대로 삼아야 할 것이나 그 기본사실의 경위 내력 등에 관해서는 당사자의 주장 유무 여하에 불구하고 법원이 증거에 의하여 자유로이 사실을 인정할 수 있다 할 것이므로 원심이 원·피고 간의 본건 연대보증계약에 있어 주 채무자인 소외인이 본건 약속어음이나 약정서(갑 1, 2호증)의 피고 이름 밑에다 피고의 도장을 찍을 때에 피고를 대신해서 찍었다고 인정한 것이 설사 당사자가 주장하지 않은 사실을 인정한 것이 되었다 하더라도 이러한 사실은 연대보증계약의 성립경위에 관한 사실에 지나지 않을뿐더러 원심은 연대보증이란 청구원인사실을 토대로 하여 사실을 확정하고 있는 것이므로, 원판결에는 소론과 같이 당사자가 주장하지 않은 사실을 판단한 위법이 있다고도 할 수 없다고 한다.

당연히 재판의 기초로 삼을 수 있다.[30][31]

■ 원고 명의의 인감증명발급위임장과 인감증명은 대리권을 인정할 수 있는 하나의 자료에 지나지 아니하고 이 자료에 의하여 당연히 A에게 원고를 대리하여 이 사건 어음을 발행하거나 이 어음에 대한 공정증서 작성을 촉탁할 대리권이 인정되는 것은 아니며 <u>대리권이 있다는 점에 대한 입증책임은 그 효과를 주장하는 피고에게 있다.</u>[32][33]

■ 부동산의 소유자로부터 <u>매매계약을 체결할 대리권을 수여받은 대리인은 특별한 다른 사정이 없는 한 그 매매계약에서 약정한 바에 따라 중도금이나 잔금을 수령할 수도 있다</u>고 보아야 할 것이고(당원 1991. 1. 29. 선고 90다9247 판결 참조), <u>매매계약의 체결과 이행에 관하여 포괄적으로 대리권을 수여받은 대리인은 특별한 다른 사정이 없는 한 상대방에 대하여 약정된 매매대금 지급기일을 연기하여 줄 권한도 가진다</u>고 보아야 할 것이다.[34][35]

XII. 表見代理

□ **제125조(대리권수여의 표시에 의한 表見代理)**

제3자에 대하여 타인에게 대리권을 수여함을 표시한 자는 그 대리권의 범위 내에서 행한 그 타인과 그 제3자 간의 법률행위에 대하여 책임이 있다. 그러나 제3자가 대리권 없음을 알았거나 알 수 있었을 때에는 그러하지 아니하다.

□ **제126조(권한을 넘은 表見代理)**

대리인이 그 권한 외의 법률행위를 한 경우에 제3자가 그 권한이 있다고 믿을 만한 정당한 이유가 있는 때에는 본인은 그 행위에 대하여 책임이 있다.

□ **제129조(대리권소멸 후의 表見代理)**

대리권의 소멸은 선의의 제3자에게 대항하지 못한다. 그러나 제3자가 과실로 인하여 그 사실을 알지

---

30) 대법원 1996. 2. 9. 선고 95다27998 판결.
31) 異趣旨의 판례: 상고이유로 주장하는 바는 원·피고 아무도 위 이동석이 위 안부환의 대리인이라고 주장한 바 없음에도 원심이 이동석을 안부환의 대리인으로 인정하였다는 것이나, 이 사건에서 요건사실은 보험계약의 체결 사실이고 그 <u>계약이 본인에 의하여 체결되었는가 또는 대리인에 의하여 체결되었는가는 간접사실에 불과하다</u>고 할 것이므로 원심이 <u>당사자의 주장과 달리 대리인 이동석에 의하여 보험계약이 체결되었다고 사실인정하였다고 하여 그것이 위법하다고 볼 수는 없다.</u> 대법원 1998. 4. 14. 선고 97다39308 판결.
32) 대법원 2008. 9. 25. 선고 2008다42195 판결; 대법원 1994. 2. 22. 선고 93다42047 판결.
33) 대리권의 존재를 권리발생의 근거사실로 보기 때문이다. 대리행위를 주장하는 자는 대리행위(본인을 위한 의사표시가 있는 사실)와 대리권(그 의사표시가 대리인의 권한 내의 사항에 속하는 사실)의 증명책임이 있다.
34) 대법원 1992. 4. 14. 선고 91다43107 판결.
35) 따라서 부동산의 매도에 관하여 포괄적인 대리권을 수여받은 대리인이 중도금 및 잔금지급기일의 연기에 관한 대리권을 가지고 있지 않았다는 점에 관한 증명책임은 본인에게 있다.

못한 때에는 그러하지 아니하다.

■ 변론에서 당사자가 주장한 주요 사실만이 심판의 대상이 되는 것으로서 여기에서 주요 사실이라 함은 법률효과를 발생시키는 실체법상의 구성요건 해당 사실을 말하는 것인바, 대리권에 기한 대리의 경우나 표현대리의 경우나 모두 제3자가 행한 대리행위의 효과가 본인에게 귀속된다는 점에서는 차이가 없으나 유권대리에 있어서는 본인이 대리인에게 수여한 대리권의 효력에 의하여 위와 같은 법률효과가 발생하는 반면 표현대리에 있어서는 대리권이 없음에도 불구하고 법률이 특히 거래상대방 보호와 거래안전 유지를 위하여 본래 무효인 무권대리행위의 효과를 본인에게 미치게 한 것으로서 표현대리가 성립된다고 하여 무권대리의 성질이 유권대리로 전환되는 것은 아니므로, 양자의 구성요건 해당사실 즉 주요 사실은 서로 다르다고 볼 수밖에 없다. 그러므로 유권대리에 관한 주장 가운데 무권대리에 속하는 표현대리의 주장이 포함되어 있다고 볼 수 없으며, 따로이 표현대리에 관한 주장이 없는 한 법원은 나아가 표현대리의 성립 여부를 심리판단할 필요가 없다.36)37)

■ 표현대리 제도는 대리인이라고 자칭하고 법률행위를 한 사람에게 대리권이 없음에도 불구하고 마치 대리권이 있는 것 같은 외관이 있고 그러한 외관이 생긴데 본인이 민법 제125조, 제126조 및 제129조 소정의 원인을 주고 있는 경우에 그러한 외관을 신뢰한 선의무과실의 제3자를 보호하기 위하여 그 무권대리행위에 대하여 본인이 책임을 지게 하려는 것이므로 이와 같은 문제는 무권대리인과, 본인과의 관계, 무권대리인의 행위 당시의 여러 가지 사정 등에 따라 결정되어야 할 것이므로 당사자가 표현대리를 주장함에는 무권대리인과 표현대리에 해당하는 무권대리행위를 특정하여 주장하여야 한다 할 것이고 따라서 당사자의 표현대리의 항변에 의하여 특정된 무권대리인의 행위에만 미치고 그 밖의 무권대리인이나 무권대리행위에는 미치지 아니한다.38)

■ 권한을 넘은 표현대리에 있어서 본인에게 대리인이 한 책임을 지우게 하려면 제3자인 상대편이 선의였다는 점과 아울러 그가 대리인에게 대리할 권한이 있다고 믿을 만한 정당한 이유가 있었다는 점만을 판정하면 되는 것이지 그 상대편이 제3자가 무과실이었다는 점은 판단할 필요가 없다 할 것이다. 왜냐하면 제3자의 선의와 제3자가 대리인에게 그 권한이 있다고 믿을 만한 정당한 이유가 있다 함은 한편으로 제3자에게 과실이 없었다는 것까지도 나타내는 것이기 때문이다.39)40)

---

36) 대법원 1983. 12. 13. 선고 83다카1489 전원합의체 판결.
37) 대리권이 있다는 것과 표현대리가 성립한다는 것은 그 요건사실이 다르므로 유권대리의 주장이 있으면 표현대리의 주장이 당연히 포함되는 것은 아니고 이 경우 법원이 표현대리의 성립 여부까지 판단해야 하는 것은 아니다. 대법원 1990. 3. 27. 선고 88다카181 판결.
38) 대법원 1984. 7. 24. 선고 83다카1819 판결.
39) 대법원 1963. 9. 12. 선고 63다428 판결.
40) 정당한 이유의 증명책임은 표현대리의 효력을 주장하는 자, 즉 상대방에게 있다.

ⅩⅢ. 무권대리

□ **제135조(무권대리인의 상대방에 대한 책임)**

① 타인의 대리인으로 계약을 한 자가 그 대리권을 증명하지 못하고 또 본인의 추인을 얻지 못한 때에는 상대방의 선택에 좇아 계약의 이행 또는 손해배상의 책임이 있다.

② 상대방이 대리권 없음을 알았거나 알 수 있었을 때 또는 대리인으로 계약한 자가 행위능력이 없는 때에는 전항의 규정을 적용하지 아니한다.

■ 대리권의 유무는 대리인과 본인과의 내부적 관계에 불과하고 제3자로서는 그 대리권의 존부에 대하여 용이하게 알 수 없으므로 대리권이 있다고 믿었던 상대방을 보호함으로써 거래의 동적 안전을 기하기 위하여 민법은 여러 가지의 규정을 두었으나 그 중의 하나로서 민법 제135조에서 규정하는 무권대리인의 무과실 책임에 관한 규정이라 할 것이다. 즉 다른 사람의 대리인이라고 칭하여 계약을 체결한 자가 그 대리권이 있음을 증명하지 못하거나 또는 본인의 추인을 얻지 못하였을 때에는 그 무권대리인에 있어서의 과실유무를 불구하고 상대방의 선택에 따라 계약의 이행 또는 손해를 배상하지 아니하면 아니 되는 것이다. 그러나 위와 같은 원칙에 의하여 무권대리인에게 무과실 책임이 있다고 하더라도 이와 같은 규정은 선의의 상대방을 보호하자는 데 있으므로 상대방이 대리권이 없음을 알았다거나 알 수 있었음에도 불구하고 알지 못하였던 상대방까지를 보호할 필요는 없는 것이다. 그러나 민법 제135조 제2항의 규정은 무권대리인의 무과실책임 원칙에 관한 규정인 제1항의 예외적 규정이라고 할 것이므로 상대방이 대리권이 없음을 알았다는 사실 또는 알 수 있었음에도 불구하고 알지 못하였다는 사실에 관한 입증책임은 무권대리인 자신에게 있다고 해석하여야 할 것이다.[41]

ⅩⅣ. 미성년자가 신용카드거래 후 신용카드 이용계약을 취소한 경우 현존이익의 증명책임

□ **제141조(취소의 효과)**

취소한 법률행위는 처음부터 무효인 것으로 본다. 그러나 무능력자는 그 행위로 인하여 받은 이익이 현존하는 한도에서 상환할 책임이 있다.

■ 미성년자가 신용카드발행인과 사이에 신용카드 이용계약을 체결하여 신용카드거래를 하다가 신용카드 이용계약을 취소하는 경우 미성년자는 그 행위로 인하여 받은 이익이 현존하는 한도에서 상환

---

41) 대법원 1962. 4. 12. 선고 4294민상1021 판결.

할 책임이 있는바, 신용카드 이용계약이 취소됨에도 불구하고 신용카드회원과 해당 가맹점 사이에 체결된 개별적인 매매계약은 특별한 사정이 없는 한 신용카드 이용계약취소와 무관하게 유효하게 존속한다 할 것이고, 신용카드발행인이 가맹점들에 대하여 그 신용카드사용대금을 지급한 것은 신용카드 이용계약과는 별개로 신용카드발행인과 가맹점 사이에 체결된 가맹점 계약에 따른 것으로서 유효하므로, 신용카드발행인의 가맹점에 대한 신용카드이용대금의 지급으로써 신용카드회원은 자신의 가맹점에 대한 매매대금 지급채무를 법률상 원인 없이 면제받는 이익을 얻었으며, 이러한 이익은 금전상의 이득으로서 특별한 사정이 없는 한 현존하는 것으로 추정된다.[42][43]

■ 민법 제141조는 "취소한 법률행위는 처음부터 무효인 것으로 본다. 그러나 무능력자는 그 행위로 인하여 받은 이익이 현존하는 한도에서 상환할 책임이 있다"고 규정하고 있는데, 무능력자의 책임을 제한한 위 조항의 단서는 부당이득에 있어 수익자의 반환범위를 정한 민법 제748조의 특칙으로서 무능력자의 보호를 위해 그 선의·악의를 묻지 아니하고 반환범위를 현존 이익에 한정시키려는 데 그 취지가 있으므로, 의사능력의 흠결을 이유로 법률행위가 무효가 되는 경우에도 유추적용되어야 할 것이나, 법률상 원인 없이 타인의 재산 또는 노무로 인하여 이익을 얻고 그로 인하여 타인에게 손해를 가한 경우, 그 취득한 것이 금전상의 이득인 때에는 그 금전은 이를 취득한 자가 소비하였는가를 불문하고 현존하는 것으로 추정되므로(대법원 1996. 12. 10. 선고 96다32881 판결 참조), 위 이익이 현존하지 아니함은 이를 주장하는 자, 즉 의사무능력자 측에 입증책임이 있다.[44]

ⅩⅤ. 조건

□ 제147조(조건성취의 효과)
① 정지조건 있는 법률행위는 조건이 성취한 때로부터 그 효력이 생긴다.
② 해제조건 있는 법률행위는 조건이 성취한 때로부터 그 효력을 잃는다.
③ 당사자가 조건성취의 효력을 그 성취 전에 소급하게 할 의사를 표시한 때에는 그 의사에 의한다.

■ 조건은 법률행위의 당사자가 그 의사표시에 의하여 그 법률행위와 동시에 그 법률행위의 내용으로서 부가시켜 그 법률행위의 효력을 제한하는 법률행위의 부관이므로 구체적인 사실관계가 어느 법률행위에 붙은 조건의 성취에 해당하는지는 의사표시의 해석에 속하는 경우도 있다고 할 수 있지만,

---

42) 대법원 2005. 4. 15. 선고 2003다60297, 60303, 60310, 60327 판결.
43) 결국 미성년자 측에서 이익이 현존하지 않음을 증명하여야 한다. 대법원 2007. 11. 16. 선고 2005다71659, 71666, 71673 판결은 미성년자가 법률행위를 함에 있어서 요구되는 법정대리인의 동의는 언제나 명시적이어야 하는 것은 아니고 묵시적으로도 가능한 것이며, 미성년자의 행위가 위와 같이 법정대리인의 묵시적 동의가 인정되거나 처분허락이 있는 재산의 처분 등에 해당하는 경우라면, 미성년자로서는 더 이상 행위무능력을 이유로 그 법률행위를 취소할 수 없다고 한다.
44) 대법원 2009. 1. 15. 선고 2008다58367 판결.

어느 법률행위에 어떤 조건이 붙어 있었는지 아닌지는 사실인정의 문제로서 그 조건의 존재를 주장하는 자가 이를 입증하여야 한다.[45)

■ 어떠한 법률행위가 조건의 성취 시 법률행위의 효력이 발생하는 소위 정지조건부 법률행위에 해당한다는 사실은 그 법률행위로 인한 법률효과의 발생을 저지하는 사유로서 그 법률효과의 발생을 다투려는 자에게 주장입증책임이 있다.[46)[47)

ⅩⅥ. 소멸시효

■ 소멸시효기간 만료에 인한 권리소멸에 관한 것은 소멸시효의 이익을 받는 자가 소멸시효 완성의 항변을 하지 않으면 그 의사에 반하여 재판할 수 없는 것이라고 할 것인 바, 기록에 의하면 피고들은 원고가 본건 부동사에 관하여 민법부칙 제10조 1항에 의한 등기 즉 현행 민법 시행일 (1960. 1. 1)로부터 6년내에 소유권이전등기를 경료하지 않으므로 인하여 원고가 본건 부동산에 관하여 취득하였던 소유권을 상실하였다는 항변만을 하였을 뿐이고, 원고 주장의 채권적인 소유권이전등기청구권에 관하여 피고들이 소멸시효 완성의 항변을 한 흔적이 없다. 그렇다면 원심이 본건 부동산에 관한 원고의 소유권이전등기청구권이 소멸시효기간 만료로 인하여 소멸되었다고 판단한 부분은 변론주의 원칙 위배 내지는 소멸시효에 관한 법리오해의 위법을 범한 것이라고 할 것이다.[48)

■ 민법 제1117조의 규정 내용 및 형식에 비추어 볼 때 같은 법조 전단의 1년의 기간은 물론 같은 법조 후단의 10년의 기간도 그 성질을 소멸시효기간이라고 보아야 할 것이고, 한편 소멸시효기간 만료에 인한 권리소멸에 관한 것은 소멸시효의 이익을 받는 자가 항변을 하지 아니하면 그 의사에 반하여 재판할 수 없는 것인데, 기록에 의하면 피고가 사실심에서 시효소멸의 항변을 한 적이 전혀 없음을 알 수 있는 바, 그렇다면 결국 원심은 위 10년 기간의 법적 성질에 관한 법리를 오해한 나머지 당사자가 주장하지도 아니한 사실을 판단함으로써 판결에 영향을 미친 위법이 있다.[49)

■ 소멸시효에 있어서 그 시효기간이 만료되면 권리를 당연히 소멸하지만 그 시효의 이익을 받는 자가 소송에서 소멸시효의 주장을 하지 아니하면 그 의사에 반하여 재판할 수 없고, 그 시효이익을 받는 자는 시효기간 만료로 인하여 소멸하는 권리의 의무자를 말한다.[50)

■ 채권자가 채권자대위권을 행사하여 제3자에 대하여 하는 청구에 있어서, 제3채무자는 채무자가 채권자에 대하여 가지는 항변으로 대항할 수 없고, 채권의 소멸시효가 완성된 경우 이를 원용할 수

---

45) 대법원 2006. 11. 24. 선고 2006다35766 판결.
46) 대법원 1993. 9. 28. 선고 93다20832 판결.
47) 그 정지조건이 성취되었다는 사실은 이에 의하여 권리를 취득하고자 하는 측에 증명책임이 있고, 해제조건부 법률행위의 경우 해제조건의 존재 및 성취사실은 모두 법률행위의 효력의 소멸을 주장하는 자에게 증명책임이 있다.
48) 대법원 1980. 1. 29. 선고 79다1863 판결
49) 대법원 1993. 4. 13. 선고 92다3595 판결
50) 대법원 1991. 7. 26. 선고 91다5631 판결

있는 자는 원칙적으로는 시효이익을 직접 받는 자뿐이고, 채권자대위소송의 제3채무자는 이를 행사할 수 없다고 할 것이나.[51] 채권자가 채무자에 대한 채권을 보전하기 위하여 제3채무자를 상대로 채무자의 제3채무자에 대한 채권에 기한 이행청구의 소를 제기하는 한편, 채무자를 상대로 피보전채권에 기한 이행청구의 소를 제기한 경우, 채무자가 그 소송절차에서 소멸시효를 원용하는 항변을 하였고, 그러한 사유가 현출된 채권자대위소송에서 심리를 한 결과, 실제로 피보전채권의 소멸시효가 적법하게 완성된 것으로 판단되면, 채권자는 더 이상 채무자를 대위할 권한이 없게 된다고 할 것이다.[52]

■ 소멸시효가 완성된 경우 이를 주장할 수 있는 사람은 시효로 인하여 채무가 소멸되는 결과 직접적인 이익을 받는 사람에 한정되므로, 채무자에 대한 일반 채권자는 자기의 채권을 보전하기 위하여 필요한 한도 내에서 채무자를 대위하여 소멸시효 주장을 할 수 있을 뿐 채권자의 지위에서 독자적으로 소멸시효의 주장을 할 수 없다.[53]

■ 소멸시효의 기산일은 채무의 소멸이라고 하는 법률효과 발생의 요건에 해당하는 소멸시효 기간 계산의 시발점으로서 소멸시효 항변의 법률요건을 구성하는 구체적인 사실에 해당하므로 이는 변론주의의 적용 대상이고, 따라서 본래의 소멸시효 기산일과 당사자가 주장하는 기산일이 서로 다른 경우에는 변론주의의 원칙상 법원은 당사자가 주장하는 기산일을 기준으로 소멸시효를 계산하여야 하는데, 이는 당사자가 본래의 기산일보다 뒤의 날짜를 기산일로 하여 주장하는 경우는 물론이고 특별한 사정이 없는 한 그 반대의 경우에 있어서도 마찬가지이다.[54]

■ 당사자가 원용하지 않은 시효를 법원에서 재판의 기초로 삼을 수 없고 또 당사자의 한편이 취득시효로 어떤 권리를 취득한 것 같이 보이는 사실관계가 소송상 나타난 경우라 할지라도 법원은 그 당사자에게 시효를 원용할 의사의 유무를 묻는다거나 또는 원용을 촉구할 의무는 없는 것이다.[55]

---

51) 대법원 2004. 2. 12. 선고 2001다10151 판결 등 참조

52) 대법원 2000. 5. 26. 선고 98다40695 판결 ; 대법원 2008. 1. 31. 선고 2007다64471 판결. 대법원은 이 경우 원고의 채권자대위소송은 부적법하여 각하할 수밖에 없으므로, 원심으로서는 우선 양수금채권의 소멸시효가 적법하게 완성되었는지에 대하여 심리·판단하였어야 할 것이라고 한다.

53) 대법원 1997. 12. 26.선고 97다22676 판결

54) 대법원 1995. 8. 25.선고 94다35886 판결 참조. 왜냐하면 본래의 기산일이 당사자가 주장하는 기산일보다 뒤의 날짜라 하여 법원이 본래의 기산일에 따라 소멸시효 기간을 인정하게 되면 그 기간 가운데에는 당사자가 주장한 기간 속에 들어 있지 아니한 부분이 있어 위 양자 사이에 전체가 부분을 포함하는 관계가 있다고는 할 수 없으므로 법원의 인정 사실은 당사자의 주장 사실과 전혀 별개의 것으로서 양자 사이에는 동일성이 없다 할 것이고, 나아가 당사자가 주장하는 기산일을 기준으로 심리·판단하여야만 상대방으로서도 법원이 임의의 날을 기산일로 인정하는 것에 의하여 예측하지 못한 불이익을 받음이 없이 이에 맞추어 권리를 행사할 수 있는 때에 해당하는지의 여부 및 소멸시효의 중단 사유가 있었는지의 여부 등에 관한 공격방어방법을 집중시킬 수 있을 것이기 때문이다.

55) 대법원 1969. 1. 28.선고 68다1467 판결.

- 물권 편 -

Ⅰ. 등기의 추정력

■ 부동산에 관하여 소유권이전등기가 마쳐져 있는 경우 그 등기명의자는 제3자에 대하여서뿐만 아니라 그 전 소유자에 대하여서도 적법한 절차 및 원인에 의하여 소유권을 취득한 것으로 추정되므로, 그 절차 및 원인이 부당하여 그 등기가 무효라는 사실은 이를 주장하는 자에게 입증책임이 있으나, 등기절차가 적법하게 진행되지 아니한 것으로 볼 만한 의심스러운 사정이 있음이 입증되는 경우에는 그 추정력은 깨어진다.[56]

■ 소유권이전등기가 전 등기명의인의 직접적인 처분행위에 의한 것이 아니라 제3자가 개입된 처분행위에 의하여 이루어진 경우에, 현 등기명의인이 그 제3자가 전 등기명의인으로부터 대리권을 수여받았거나 당해 부동산에 관한 명의신탁자 등 실질적인 처분권한을 보유한 자의 허락을 받고 처분행위를 하였다고 주장하는 경우에는 현 등기명의인의 등기가 적법하게 이루어진 것으로 추정된다 할 것이므로, 위 등기가 원인무효임을 이유로 그 말소를 구하는 전 등기명의인으로서는 그 반대사실, 즉 그 제3자에게 전 등기명의인을 대리할 권한이나 실질적인 권리자의 동의가 없었다거나 또는 그 제3자가 전 등기명의인의 등기서류를 위조하였다는 등의 무효사실에 대한 증명책임을 진다.[57]

■ 소유권보존등기의 명의인은 소유자로 추정받으나 그 토지를 사정받은 사람이 따로 있고 그가 양도사실을 부인할 경우에는 그 등기가 임야소유권 이전등기 등에 관한 특별조치법이나 부동산소유권이전등기 등에 관한 특별조치법에 의하여 경료된 것이 아닌 한 그 추정력은 깨어지는 것이므로 등기명의인이 구체적으로 실체관계에 부합한다거나 그 승계취득 사실을 주장·입증하지 못하는 한 그 등기는 원인무효이고, 이러한 법리는 그 소유권보존의 등기가 등기부 멸실 후의 회복등기절차에 의하여 이루어진 경우에도 다를 바 없다.[58]

■ 부동산소유권이전등기 등에 관한 특별조치법에 의하여 마쳐진 등기는 그 법 소정의 적법한 절차에 따라 마쳐진 것으로서 실체적 권리관계에 부합하는 등기로 일응 추정된다고 할 것이므로, 특별조치법에 의하여 경료된 소유권이전등기의 말소를 구하려는 자는 위 법 소정의 보증서나 확인서가 허위작성 내지 위조되었다든가 그 밖에 다른 사유로 인하여 그 이전등기가 적법하게 이루어진 것이 아니라는 주장과 입증을 하여야 하는 것이고, 나아가 허위의 보증서나 확인서라 함은 권리변동의 원인에 관한 실체적 기재 내용이 진실에 부합하지 않는 것을 의미하며, 위 법에 의한 소유권이전등기는 소유 명의인으로부터 직접 양수한 경우뿐만 아니라 제3자를 거쳐 양수한 경우에도 허용된다.[59]

56) 대법원 2010. 7. 22. 선고 2010다21702 판결.
57) 대법원 2009. 6. 25. 선고 2009다10386 판결.
58) 대법원 2009. 4. 9. 선고 2006다30921 판결.

■ 토지조사부에 소유자로 등재되어 있는 자는 재결에 의하여 사정 내용이 변경되었다는 등 반증이 없는 이상 토지 소유자로 사정받아 그 사정이 확정된 것으로 추정되어 토지를 원시적으로 취득하게 되고, 소유권보존등기 추정력은 보존등기 명의인 이외의 자가 당해 토지를 사정받은 것으로 밝혀지면 깨지는 것이나, 한편 부동산 소유권에 기한 물권적 방해배제청구권 행사의 일환으로서 부동산에 관하여 마쳐진 타인 명의의 소유권보존등기 말소를 구하려면 먼저 자신에게 말소를 청구할 수 있는 권원이 있음을 적극적으로 주장·증명하여야 하며, 만일 그러한 권원이 있음이 인정되지 않는다면 설사 타인 명의의 소유권보존등기가 말소되어야 할 무효의 등기라고 하더라도 청구를 인용할 수 없다. 따라서 사정 이후에 사정명의인이 토지를 다른 사람에게 처분한 사실이 인정된다면 사정명의인 또는 상속인들에게는 소유권보존등기 명의인을 상대로 등기의 말소를 청구할 권원이 없게 되므로, 그 청구를 인용할 수 없다.[60]

■ 부동산에 관하여 그 소유자로 등기되어 있는 자는 적법한 절차와 원인에 의하여 소유권을 취득한 것으로 추정되므로 그 등기가 명의신탁에 기한 것이라는 사실은 이를 주장하는 자에게 입증책임이 있다.[61]

II. 자주점유의 추정

□ 제197조(점유의 태양)

① 점유자는 소유의 의사로 선의, 평온 및 공연하게 점유한 것으로 추정한다.

② 선의의 점유자라도 본권에 관한 소에 패소한 때에는 그 소가 제기된 때로부터 악의의 점유자로 본다.

■ 취득시효의 요건이 되는 자주점유의 내용인 소유의 의사는 점유권원의 성질에 따라 가려져야 하나 점유권원의 성질이 분명하지 아니한 때에는 민법 제197조 제1항에 의하여 점유자는 소유의 의사로 평온·공연하게 점유한 것으로 추정되므로 점유자에게 적극적으로 그 점유권원이 자주점유임을 주장·입증할 책임이 없고 점유자의 점유가 타주점유임을 주장하는 상대방에게 이를 입증할 책임이 있으며(대법원 1998. 6. 23. 선고 98다10618 판결 등 참조), 토지의 매수인이 매매계약에 의하여 목적 토지의 점유를 취득한 경우 설사 그것이 타인의 토지의 매매에 해당하여 그에 의하여 곧바로 소유권을 취득할 수 없다고 하더라도 그것만으로 매수인이 점유권원의 성질상 소유의 의사가 없는 것으로 보이는 권원에 바탕을 두고 점유를 취득한 사실이 증명되었다고 단정할 수 없을 뿐만 아니라, 매도인에게 처분권한이 없다는 것을 잘 알면서 이를 매수하였다는 등의 다른 특별한 사정이 입증되

59) 대법원 2011. 2. 24. 선고 2010다88477 판결.
60) 대법원 2011. 5. 13. 선고 2009다94384,94391,94407 판결.
61) 대법원 2008. 4. 24. 선고 2007다90883 판결.

지 않는 한, 그 사실만으로 바로 그 매수인의 점유가 소유의 의사가 있는 점유라는 추정이 깨어지는 것이라고 할 수 없고, 민법 제197조 제1항이 규정하고 있는 점유자에게 추정되는 소유의 의사는 사실상 소유할 의사가 있는 것으로 충분한 것이지 반드시 등기를 수반하여야 하는 것은 아니므로 등기를 수반하지 아니한 점유임이 밝혀졌다고 하여 이 사실만 가지고 바로 점유권원의 성질상 소유의 의사가 결여된 타주점유라고 할 수 없다.[62]

■ 민법 제197조 제1항에 의하면, 물건의 점유자는 소유의 의사로 점유한 것으로 추정되므로, 점유자가 취득시효를 주장하는 경우 스스로 소유의 의사를 입증할 책임은 없고, 그 점유자의 점유가 소유의 의사가 없는 점유임을 주장하여 취득시효의 성립을 부정하는 자에게 그 입증책임이 있으며, 점유자의 점유가 소유의 의사 있는 자주점유인지 아니면 소유의 의사 없는 타주점유인지는 점유자의 내심의 의사에 의하여 결정되는 것이 아니라 점유 취득의 원인이 된 권원의 성질이나 점유와 관계가 있는 모든 사정에 의하여 외형적·객관적으로 결정되어야 하기 때문에 점유자가 성질상 소유의 의사가 없는 것으로 보이는 권원에 바탕을 두고 점유를 취득한 사실이 증명되었거나, 점유자가 타인의 소유권을 배제하여 자기의 소유물처럼 배타적 지배를 하려는 의사를 가지고 점유하는 것으로 볼 수 없는 객관적 사정, 즉 점유자가 진정한 소유자라면 통상 취하지 아니할 태도를 나타내거나 소유자라면 당연히 취했을 것으로 보이는 행동을 취하지 아니한 경우 등 외형적·객관적으로 보아 점유자가 타인의 소유권을 배척하고 점유할 의사를 갖고 있지 아니하였던 것이라고 볼 만한 사정이 증명된 경우에 한하여 그 추정은 깨어지는 것이다. 점유자가 스스로 매매 또는 증여와 같이 자주점유의 권원을 주장하였으나 이것이 인정되지 않는 경우에도, 원래 자주점유의 권원에 관한 입증책임이 점유자에게 있지 아니한 이상 그 주장의 점유권원이 인정되지 않는다는 사유만으로 자주점유의 추정이 번복된다거나 또는 점유권원의 성질상 타주점유라고 볼 수 없다.[63]

■ 점유자가 점유 개시 당시에 소유권 취득의 원인이 될 수 있는 법률행위, 기타 법률요건이 없이 그와 같은 법률요건이 없다는 사실을 잘 알면서 타인 소유의 부동산을 무단점유한 것임이 입증된 경우, 특별한 사정이 없는 한 점유자는 타인의 소유권을 배척하고 점유할 의사를 갖고 있지 않다고 보아야 할 것이므로 이로써 소유의 의사가 있는 점유라는 추정은 깨어졌다고 할 것이다.[64]

■ 현행 우리 민법은 법률행위로 인한 부동산 물권의 득실변경에 관하여 등기라는 공시방법을 갖추어야만 비로소 그 효력이 생긴다는 형식주의를 채택하고 있음에도 불구하고 등기에 공신력이 인정되지 아니하고, 또 현행 민법의 시행 이후에도 법생활의 실태에 있어서는 상당기간 동안 의사주의를 채택한 구민법에 따른 부동산 거래의 관행이 잔존하고 있었던 점 등에 비추어 보면, 토지의 매수인이 매매계약에 의하여 목적 토지의 점유를 취득한 경우 설사 그것이 타인의 토지의 매매에 해당하

---

62) 대법원 2008. 5. 8. 선고 2007다77279 판결; 대법원 2000. 3. 16. 선고 97다37661 전원합의체 판결 등 참조.
63) 대법원 2002. 2. 26. 선고 99다72743 판결; 대법원 2009. 9. 10. 선고 2006다609 판결; 대법원 2008. 7. 10. 선고 2007다12364 판결.
64) 대법원 1997. 8. 21. 선고 95다28625 전원합의체 판결의 다수의견.

여 그에 의하여 곧바로 소유권을 취득할 수 없다고 하더라도 그것만으로 매수인이 점유권원의 성질상 소유의 의사가 없는 것으로 보이는 권원에 바탕을 두고 점유를 취득한 사실이 증명되었다고 단정할 수 없을 뿐만 아니라, 매도인에게 처분권한이 없다는 것을 잘 알면서 이를 매수하였다는 등의 다른 특별한 사정이 입증되지 않는 한, 그 사실만으로 바로 그 매수인의 점유가 소유의 의사가 있는 점유라는 추정이 깨어지는 것이라고 할 수 없다.[65] 그리고 민법 제197조 제1항이 규정하고 있는 점유자에게 추정되는 소유의 의사는 사실상 소유할 의사가 있는 것으로 충분한 것이지 반드시 등기를 수반하여야 하는 것은 아니므로 등기를 수반하지 아니한 점유임이 밝혀졌다고 하여 이 사실만 가지고 바로 점유권원의 성질상 소유의 의사가 결여된 타주점유라고 할 수도 없을 것이다.[66]

III. 점유자의 과실수취권

□ **제201조(점유자와 과실)**

① 선의의 점유자는 점유물의 과실을 취득한다.

② 악의의 점유자는 수취한 과실을 반환하여야 하며 소비하였거나 과실로 인하여 훼손 또는 수취하지 못한 경우에는 그 과실의 대가를 보상하여야 한다.

③ 전항의 규정은 폭력 또는 은비에 의한 점유자에 준용한다.

■ 민법 제201조 제1항은 "선의의 점유자는 점유물의 과실을 취득한다"라고 규정하고 있는바, 여기서 선의의 점유자라 함은 과실수취권을 포함하는 권원이 있다고 오신한 점유자를 말하고, 다만 그와 같은 오신을 함에는 오신할 만한 정당한 근거가 있어야 한다(대법원 1995. 8. 25. 선고 94다27069 판결, 1996. 12. 10. 선고 95다32969 판결 등 참조). 그리고 민법 제197조에 의하여 점유자는 선의로 점유한 것으로 추정되고, 권원 없는 점유였음이 밝혀졌다고 하여 곧 그동안의 점유에 대한 선의의 추정이 깨어졌다고 볼 것은 아니다.[67]

IV. 점유취득시효

□ **제245조(점유로 인한 부동산소유권의 취득기간)**

① 20년간 소유의 의사로 평온, 공연하게 부동산을 점유하는 자는 등기함으로써 그 소유권을 취득한다.

---

65) 대법원 1993. 10. 12. 선고 93다1886 판결; 대법원 1996. 3. 22. 선고 95다53768 판결 등 참조.
66) 대법원 2000. 3. 16. 선고 97다37661 전원합의체 판결.
67) 대법원 2000. 3. 10. 선고 99다63350 판결. 오신에 대한 '무과실' 요건은 과실수취권자가 주장, 증명하여야 한다.

■ 취득시효를 주장하는 자는 그 점유사실을 입증하여야 하고 이를 입증하지 못하면 패소할 수밖에 없는 것이며 이를 법원에서 석명하여 심리할 의무가 있는 것은 아니다.[68]

■ 취득시효기간의 계산에 있어 점유기간 중에 당해 부동산의 소유권자의 변동이 있는 경우에는 취득시효를 주장하는 자가 임의로 기산점을 선택하거나 소급하여 20년 이상 점유한 사실만 내세워 시효완성을 주장할 수 없고, 이와 같은 경우에는 법원이 당사자의 주장에 구애됨이 없이 소송자료에 의하여 인정되는 바에 따라 진정한 점유의 개시시기를 인정하고, 그에 터 잡아 취득시효주장의 당부를 판단하여야 한다.[69]

■ 부동산의 시효취득에 있어서 점유기간의 산정기준이 되는 점유개시의 시기는 취득시효의 요건사실인 점유기간을 판단하는 데 간접적이고 수단적인 구실을 하는 간접사실에 불과하므로, 이에 대한 자백은 법원이나 당사자를 구속하지 않는다.[70]

■ 취득시효제도는 법률관계의 안정을 기하기 위하여 일정한 사실상태가 상당기간 계속된 경우에 그 사실상태가 진실한 권리관계와 일치하느냐를 따지지 아니하고 그 사실상태를 존중하여 이를 진실한 권리관계로 인정하려는 제도로서 민법 제197조 제1항이 점유자는 소유의 의사로 선의, 평온 및 공연하게 점유하는 것으로 추정한다고 규정하고 있는 터이므로 점유자의 시효취득을 막으려는 자에게 이와 같은 점을 증명할 거증책임이 돌아간다.[71]

■ 타인의 토지에 관하여 공작물의 소유를 위한 지상권의 점유취득시효가 인정되려면 그 토지의 점유사실 외에도 그것이 임대차나 사용대차관계에 기한 것이 아니라 지상권자로서의 점유에 해당함이 객관적으로 표시되어 계속되어야 하고, 그 입증책임은 시효취득을 주장하는 자에게 있으며, 그와 같은 요건이 존재하는가는 개별사건에서 문제 된 점유개시와 공작물의 설치 경위, 대가관계, 공작물의 종류와 구조, 그 후의 당사자 간의 관계, 토지의 이용상태 등을 종합하여 그 점유가 지상권자로서의 점유에 해당한다고 볼 만한 실질이 있는지에 의하여 판단하여야 한다.[72]

V. 등기부취득시효

☐ **제245조(점유로 인한 부동산소유권의 취득기간)**

② 부동산의 소유자로 등기한 자가 10년간 소유의 의사로 평온, 공연하게 선의이며 과실 없이 그 부동산을 점유한 때에는 소유권을 취득한다.

---

68) 대법원 1996. 9. 24. 선고 96다11334 판결.
69) 대법원 2005. 6. 23. 선고 2005다14229, 14236 판결.
70) 대법원 2007. 2. 8. 선고 2006다28065 판결; 대법원 1994. 11. 4. 선고 94다37868 판결 등 참조.
71) 대법원 1986. 2. 25. 선고 85다카1891 판결.
72) 대법원 1996. 12. 23. 선고 96다7984 판결.

■ 등기부취득시효에 있어서는 점유의 개시에 과실이 없었음을 필요로 하고 위와 같은 무과실에 대해서는 그 주장자에게 입증책임이 있는 것이며,[73] 한편 부동산 매매에 있어서 등기부상 명의인이 매도인 아닌 제3자인 경우에는 거래관념상 매도인의 권한에 대하여 의심할 만한 사정이 있다고 할 것이므로, 매수인은 등기부상 소유명의자에 대하여 그 진부를 확인하거나 매도인에게 처분권한이 있는지에 관하여 확인하지 아니하는 한 그 부동산을 인도받아 선의로 점유하였다고 하여도 과실없이 점유를 개시하였다고 볼 수는 없는 것이고,[74] 또한 위와 같은 과실이 부동산을 매수하여 점유를 취득할 당시에 존재하였다면 그 후 매도인이 등기명의를 취득하였다고 하더라도 무과실로 전환된다고도 할 수 없는 것이다.[75]

■ 민법 제245조 제2항의 등기부 취득시효의 요건인 점유란 사회관념상 어떤 사람의 사실적 지배에 있다고 보이는 객관적 관계를 말하는 것으로서, 사실상의 지배가 있다고 하기 위해서는 반드시 물건을 물리적·현실적으로 지배하는 것만을 의미하는 것이 아니고, 물건과 사람과의 시간적·공간적 관계와 본권 관계, 타인 지배의 배제 가능성 등을 고려하여 사회관념에 따라 합목적적으로 판단하여야 할 것이며, 특히 임야에 대한 점유의 이전이나 점유의 계속은 반드시 물리적이고 현실적인 지배를 요한다고 볼 것은 아니고 관리나 이용의 이전이 있으면 인도가 있었다고 보아야 하고, 임야에 대한 소유권을 양도하는 경우라면 그에 대한 지배권도 넘겨지는 것이 거래에 있어서 통상적인 형태라고 할 것이며, 점유의 계속은 추정되는 것이다.[76] 양도인이 등기부상의 명의인과 동일인인 경우에는 등기부상 양도인 명의를 의심할 만한 특별한 사정이 없는 한 그 부동산을 양수한 자는 과실 없는 점유자라고 할 것이다.[77]

■ 등기부취득시효의 요건으로서 점유자의 무과실에 관해서는 그 주장자에게 입증책임이 있으나 등기부상 소유명의인과 매도인이 동일인인 경우에는 그를 소유자로 믿고 그 부동산을 매수한 자는 특별한 사정이 없는 한 과실 없는 점유자로 보아야 하는바, 부동산에 대한 임의경매절차에서 등기부상의 기재를 신뢰하여 경매 목적 부동산이 등기명의인의 소유라고 믿고 그 부동산의 매수신고를 하여 경매법원으로부터 경락을 허가받아 부동산을 점유하게 된 경우에는, 경락인이 그 부동산의 점유를 개시하게 된 데에는 과실이 없다.[78]

■ 등기부취득시효에서 선의·무과실은 등기에 관한 것이 아니고 점유 취득에 관한 것으로서 그 무과실에 관한 입증책임은 시효취득을 주장하는 쪽에 있고, 부동산을 취득한 자는 부동산을 양도하는 자가 처분할 권한이 있는지를 조사하여야 할 것이며, 이를 조사하였더라면 양도인에게 처분권한이

---

73) 대법원 1991. 11. 12. 선고 91다 27082 판결 참조.
74) 대법원 1986. 2. 25. 선고 85다카771 판결 참조.
75) 대법원 1992. 11. 13. 선고 92다30245 판결.
76) 대법원 1992. 6. 23. 선고 91다38266 판결; 대법원 1996. 9. 10. 선고 96다19512 판결; 대법원 1997. 4. 25. 선고 97다4838 판결 등 참조.
77) 대법원 1998. 2. 24. 선고 96다8888 판결.
78) 대법원 1998. 1. 23. 선고 96다14326 판결.

없음을 알 수 있었음에도 불구하고 이러한 조사를 하지 아니하고 양수하였다면 그 부동산의 점유에 대하여 과실이 있다고 하지 않을 수 없다.[79]

VI. 선의취득

☐ **제249조(선의취득)**
평온, 공연하게 동산을 양수한 자가 선의이며 과실 없이 그 동산을 점유한 경우에는 양도인이 정당한 소유자가 아닌 때에도 즉시 그 동산의 소유권을 취득한다.[80]

■ 동산질권을 선의취득하기 위해서는 질권자가 평온, 공연하게 선의이며 과실 없이 질권의 목적동산을 취득하여야 하고, <u>그 취득자의 선의, 무과실은 동산질권자가 입증하여야 한다.</u>[81]

VII. 지역권

☐ **제291조(지역권의 내용)**
지역권자는 일정한 목적을 위하여 타인의 토지를 자기 토지의 편익에 이용하는 권리가 있다.

■ 지역권은 일정한 목적을 위하여 타인의 토지를 자기 토지의 편익에 이용하는 용익물권으로서 요역지와 승역지 사이의 권리관계에 터 잡은 것이므로 피고가 이 사건 토지들에 대하여 통행지역권을 주장하려면 위 토지들의 통행으로 편익을 얻는 요역지가 있음을 주장, 입증하여야 할 것이다.[82]

VIII. 법정지상권

■ 토지 또는 건물이 동일한 소유자에게 속하였다가 건물 또는 토지가 매매, 기타 원인으로 인하여 양자의 소유자가 다르게 된 때에 그 건물을 철거하기로 하는 합의가 있었다는 등 특별한 사정이 없는 한 건물소유자는 토지소유자에 대하여 그 건물을 위한 관습상의 지상권을 취득하게 되고, 건물을 철거하기로 하는 합의가 있었다는 등의 특별한 사정의 존재에 관한 주장·입증책임은 그러한 사정

---

79) 대법원 1992. 11. 13. 선고 92다30245 판결; 대법원 1990. 10. 16. 선고 90다카6792 판결; 대법원 1995. 2. 10. 선고 94다22651 판결; 대법원 1996. 7. 12. 선고 96다16889 판결 등 참조.
80) 민법 제343조는 민법 제249조를 동산질권에도 준용하고 있다.
81) 대법원 1981. 12. 22. 선고 80다2910 판결 참조. 민법 제197조 제1항에 의해 선의, 평온, 공연은 추정을 받는다. 따라서 이를 다투는 자가 평온, 공연한 점유가 아님을 증명하여야 한다.
82) 대법원 1993. 8. 24. 선고 92다19804 판결.

의 존재를 주장하는 쪽에 있다.[83]

- 채권 편 -

Ⅰ. 채무불이행

□ **제390조(채무불이행과 손해배상)**

채무자가 채무의 내용에 좇은 이행을 하지 아니한 때에는 채권자는 손해배상을 청구할 수 있다. 그러나 채무자의 고의나 과실 없이 이행할 수 없게 된 때에는 그러하지 아니하다.

■ 일반적으로 채무불이행으로 인한 손해배상청구에 있어서 그 불이행의 귀책사유에 관한 입증책임은 채무자에게 있다.[84]

■ 이행불능에 관한 주장은 법률적 효과에 관한 진술을 한 것에 불과하고 사실에 관한 진술을 한 것이라고는 볼 수 없으므로 그 진술은 자유로이 철회할 수 있고 법원도 이에 구속되지 않는다고 할 것인바, 따라서 자백의 취소에 관한 규정이 적용될 여지가 없다.[85][86]

■ 부동산의 명의수탁자가 명의신탁이 해제된 후 그 명의신탁자 명의로 신탁해제에 따른 등기의 회복이 있기 전에 제3자에게 매도하여 그에 따른 소유권이전등기가 제3자 명의로 경료된 경우에는 특별한 사정이 없는 한, 위와 같은 제3자는 명의신탁자에 앞서 보호되어야 할 것이므로 위 <u>명의신탁해지에 따른 이전등기가 있기 전에 제3자 명의로 매매에 인한 소유권이전등기가 경료되어 있는 경우에는 명의수탁자가 명의신탁자에 대하여 부담하고 있는 소유권이전등기의무는 이행불능상태에 있는 것이라고 보아야 할 것이고, 이러한 경우 이행불능으로 보지 않을 수 있는 특수사정의 유무에 관해서는 변론주의의 원칙상 당사자의 주장이 있어야 비로소 심판의 대상이 되는 것이다.</u>[87][88]

---

83) 대법원 1988. 9. 27. 선고 87다카279 판결.
84) 대법원 2010. 8. 19. 선고 2010다26745, 26752 판결.
85) 대법원 1990. 12. 11. 선고 90다7104 판결.
86) 채무의 이행이 불능이라는 것은 단순히 절대적·물리적으로 불능인 경우가 아니라 사회생활에 있어서의 경험법칙 또는 거래상의 관념에 비추어 볼 때 채권자가 채무자의 이행의 실현을 기대할 수 없는 경우를 말한다(대법원 2003. 1. 24. 선고 2000다22850 판결). 이행불능으로 인한 손해배상청구의 경우 채권자가 이행불능사실을 증명하여야 할 것이나, 통상 채권자가 주위적으로 본래 급부의 이행을 소구하면, 채무자가 이행불능으로 인한 본래 급부 이행청구권의 소멸을 항변으로 주장하여 이행불능 사실을 증명할 것이므로 채권자로서는 예비적 청구인 전보배상청구의 요건사실은 이행불능사실의 증명부담을 덜 수 있다. 최진수(주.2), p.34 참조.
87) 대법원 1982. 12. 28. 선고 82다카984 판결.
88) 부동산 이중양도로 제3자(제2매수인)에게 소유권이전등기를 마친 경우 제1매수인에 대한 매도인의 소유권이전등기의무는 특별한 사정이 없는 한 이행불능이 된다. 따라서 이행불능 항변에 대한 재항변으로 제3자 명의의 소유권이전등기가 이행불능으로 보지 못할 특별사정이 있다는 점에 관하여 주장, 증명할 책임이 있다.

■ 채무불이행으로 인한 손해배상액의 청구에 있어서 손해의 발생 사실과 그 손해를 금전적으로 평가한 배상액에 관해서는 손해배상을 구하는 채권자가 주장·입증하여야 하는 것이므로, 채권자가 손해배상책임의 발생원인 사실에 관해서는 주장·입증을 하였더라도 손해의 발생 사실에 관한 주장·입증을 하지 아니하였다면 변론주의의 원칙상 법원은 당사자가 주장하지 아니한 손해의 발생 사실을 기초로 하여 손해액을 산정할 수는 없다고 할 것이다.[89]

■ 채무불이행에 있어서 확정된 채무의 내용에 좇은 이행이 행하여지지 아니하였다면 그 자체가 바로 <u>위법한 것으로 평가되는 것이고</u>, 다만 그 이행하지 아니한 것이 위법성을 조각할 만한 행위에 해당하게 되는 특별한 사정이 있는 때에는 채무불이행이 성립하지 않는 경우도 있을 수 있다.[90]

■ 일반적으로 채무불이행으로 인한 손해배상청구에 있어서 그 불이행의 귀책사유에 관한 증명책임은 <u>채무자에게 있으므로</u>, 건물의 위탁관리계약에서 위임의 본지에 따라 선량한 관리자의 주의로써 위탁관리사무를 처리하여야 하는 위탁관리인의 관리사무처리에 있어 위탁관리계약의 내용에 좇은 이행이 행하여지지 아니하여 위임인에게 손해가 발생한 경우 <u>위탁관리계약에 따른 관리사무 처리불이행의 귀책사유에 관한 증명책임은 위탁관리인에게 있다.</u>[91]

II. 금전채무 불이행에 관한 특칙

□ **제397조(금전채무불이행에 대한 특칙)**

① 금전채무불이행의 손해배상액은 법정이율에 의한다. 그러나 법령의 제한에 위반하지 아니한 약정이율이 있으면 그 이율에 의한다.

② 전항의 손해배상에 관해서는 채권자는 손해의 증명을 요하지 아니하고 채무자는 과실 없음을 항변하지 못한다.

■ 금전채무 불이행에 관한 특칙을 규정한 민법 제397조는 그 이행지체가 있으면 지연이자 부분만큼의 손해가 있는 것으로 의제하려는 데에 그 취지가 있는 것이므로 <u>지연이자를 청구하는 채권자는 그만큼의 손해가 있었다는 것을 증명할 필요가 없는 것이나</u>, 그렇다고 하더라도 <u>채권자가 금전채무의 불이행을 원인으로 손해배상을 구할 때에 지연이자 상당의 손해가 발생하였다는 취지의 주장은 하여</u>

---

89) 대법원 2000. 2. 11. 선고 99다49644 판결. 이행불능 이외의 채무불이행의 경우 채권자가 채무자의 채무이행이 없는 점(불이행)을 증명하여야 함은 민법 제390조 전단(채무자가 채무의 내용에 좇은 이행을 하지 아니한 때에는 채권자는 손해배상을 청구할 수 있다)의 문면상 명백하다(통설).

90) 대법원 2002. 12. 27. 선고 2000다47361 판결.

91) 대법원 2008. 4. 10. 선고 2007다83755, 83762 판결. 동업계약에 따라 서로 업무를 분담하여 동 업체를 운영하여 오다가 동업자 중 1인이 그 맡은 업무를 수행하지 아니하기 때문에 부득이 제3자를 고용하여 그 업무를 대행케 함으로써 손해가 발생한 경우에 있어서 동업계약에 따른 업무수행의무불이행의 귀책사유에 관한 입증책임은 업무를 수행하지 않은 그 의무자에게 있다고 보아야 한다. 대법원 1985. 3. 26. 선고 84다카1864 판결; 대법원 2010. 8. 19. 선고 2010다26745, 26752 판결.

야 하는 것이지 주장조차 하지 아니하여 그 손해를 청구하고 있다고 볼 수 없는 경우까지 지연이자 부분만큼의 손해를 인용해 줄 수는 없는 것이다.[92]

III. 손해배상액의 예정

☐ **제398조(배상액의 예정)**

① 당사자는 채무불이행에 관한 손해배상액을 예정할 수 있다.

② 손해배상의 예정액이 부당히 과다한 경우에는 법원은 적당히 감액할 수 있다.

③ 손해배상액의 예정은 이행의 청구나 계약의 해제에 영향을 미치지 아니한다.

④ 위약금의 약정은 손해배상액의 예정으로 추정한다.

⑤ 당사자가 금전이 아닌 것으로써 손해의 배상에 충당할 것을 예정한 경우에도 전4항의 규정을 준용한다.

■ 채무불이행으로 인한 손해배상액의 예정이 있는 경우에는 채권자는 채무불이행 사실만 증명하면 손해의 발생 및 그 액을 증명하지 아니하고 예정배상액을 청구할 수 있는 것이므로,[93] 계약보증금을 손해배상액의 예정으로 약정한 이 사건에 있어 원고는 자신이 입은 손해액 및 그 손해액과 소외 회사의 채무불이행 사이의 인과관계를 입증할 책임이 없다.[94]

■ 채무불이행으로 인한 손해배상액이 예정되어 있는 경우에는 채권자는 채무불이행 사실만 증명하면 손해의 발생 및 그 액을 증명하지 아니하고 예정배상액을 청구할 수 있고, 채무자는 채권자와 채무불이행에 있어 채무자의 귀책사유를 묻지 아니한다는 약정을 하지 아니한 이상 자신의 귀책사유가 없음을 주장·입증함으로써 예정배상액의 지급책임을 면할 수 있다.[95] 그리고 채무자의 귀책사유를 묻지 아니한다는 약정의 존재 여부는 근본적으로 당사자 사이의 의사해석의 문제로서, 당사자 사이의 약정 내용과 그 약정이 이루어지게 된 동기 및 경위, 당사자가 그 약정에 의하여 달성하려고 하는 목적과 진정한 의사, 거래의 관행 등을 종합적으로 고찰하여 합리적으로 해석하여야 하지만, 당사자의 통상의 의사는 채무자의 귀책사유로 인한 채무불이행에 대해서만 손해배상액을 예정한 것으로 봄이 상당하므로, 채무자의 귀책사유를 묻지 않기로 하는 약정의 존재는 엄격하게 제한하여 인정

---

92) 대법원 2000. 2. 11. 선고 99다49644 판결. 약정이율에 의한 금원의 손해배상을 구하는 주장에는 법정이율에 의한 지연손해금의 지급을 구하는 주장이 포함된 것으로 본다.

93) 대법원 2007. 8. 23. 선고 2006다15755 판결; 대법원 1975. 3. 25. 선고 74다296 판결; 대법원 1991. 1. 11. 선고 90다8053 판결 등 참조.

94) 대법원 2000. 12. 8. 선고 2000다50350 판결. 법원이 민법 제398조 소정의 '손해배상의 예정액'을 부당히 과다하다 하여 감액하려면 채권자와 채무자의 경제적 지위, 계약의 목적과 내용, 손해배상액을 예정한 경위(동기), 채무액에 대한 예정액의 비율, 예상 손해액의 크기, 당시의 거래 관행과 경제 상태 등을 참작한 결과 손해배상 예정액의 지급이 경제적 약자의 지위에 있는 채무자에게 부당한 압박을 가하여 공정을 잃는 결과를 초래한다고 인정되는 경우라야 한다.

95) 대법원 2010. 2. 25. 선고 2009다83797 판결.

하여야 한다.[96]

■ 채무불이행으로 인한 손해배상 예정액의 청구와 채무불이행으로 인한 손해배상액의 청구는 그 청구 원인을 달리 하는 별개의 청구이므로 손해배상 예정액의 청구 가운데 채무불이행으로 인한 손해배 상액의 청구가 포함되어 있다고 볼 수 없다.[97]

■ 물품제조·납품 계약에 있어서 지체상금 약정을 한 경우, 민법 제398조 제4항에 의하여 손해배상의 예정으로 추정되므로, 이를 위약벌로 해석하기 위해서는 특별한 사정이 주장·입증되어야 한다.[98]

Ⅳ. 채권자대위권

□ **제404조(채권자대위권)**

① 채권자는 자기의 채권을 보전하기 위하여 채무자의 권리를 행사할 수 있다. 그러나 일신에 전속한 권리는 그러하지 아니하다.

② 채권자는 그 채권의 기한이 도래하기 전에는 법원의 허가 없이 전항의 권리를 행사하지 못한다. 그러나 보전행위는 그러하지 아니하다.

■ 채권자대위소송에 있어서 대위에 의하여 보전될 채권자의 채무자에 대한 권리가 인정되지 아니할 경우에는 채권자가 스스로 원고가 되어 채무자의 제3채무자에 대한 권리를 행사할 당사자적격이 없 게 되므로 그 대위소송은 부적법하여 각하할 수밖에 없다.[99]

■ 일반적으로 원고가 내세우는 피고나 피대위자 등이 실존인물임이 인정되고 그러한 연령의 사람이 생존한다는 것이 매우 이례적이라고 보이는 고령에 해당되지 않는 이상 특별한 사정이 없는 한 그 들은 생존한 것으로 추정함이 상당하므로, 채권자대위소송에서 원고가 내세우는 피대위자가 실존인 물이고, 오늘날 그 나이가 될 때까지 생존한다는 것이 매우 희귀한 예에 속한다고도 할 수 없는 것 이어서 생존하였을 가능성이 극히 희박하다고 할 정도는 아닌 것으로 인정되는 이상 특별한 사정이 없는 한 그 피대위자는 현재 생존하고 있는 것으로 추정되고, 오히려 그가 사망하였다는 점을 피고

---

96) 대법원 2007. 12. 27. 선고 2006다9408 판결. 회사의 대주주이자 핵심 기술인력인 사람이 회사에 대한 투자자와 근무기간 보 장 약정을 맺고도 조기에 퇴사하여 예정 손해배상액의 지급이 문제 된 사안에서, 퇴사 경위 등에 비추어 퇴사가 자신의 귀책사 유로 인한 것이라고 단정하기 어렵다고 한 사례.

97) 대법원 2000. 2. 11. 선고 99다49644 판결.

98) 대법원 2002. 1. 25. 선고 99다57126 판결. 도급계약서 및 그 계약내용에 편입된 약관에 수급인의 귀책사유로 인하여 계약이 해제된 경우에는 계약보증금이 도급인에게 귀속한다는 조항이 있을 때 이 계약보증금이 손해배상액의 예정인지 위약벌인지는 도급계약서 및 위 약관 등을 종합하여 구체적 사건에서 개별적으로 결정할 의사해석의 문제이고, 위약금은 민법 제398조 제4 항에 의하여 손해배상액의 예정으로 추정되므로 위약금이 위약벌로 해석되기 위해서는 특별한 사정이 주장·입증되어야 하는 바, 당사자 사이의 도급계약서에 계약보증금 외에 지체상금도 규정되어 있다는 점만을 이유로 하여 계약보증금을 위약벌로 보 기는 어렵다. 대법원 2000. 12. 8. 선고 2000다35771 판결.

99) 대법원 2005. 9. 29. 선고 2005다27188 판결; 대법원 2004. 2. 13. 선고 2003다46475 판결 등 참조. 채권자대위소송에 있어서 피보전채권에 대한 주장, 증명책임은 채권자대위권을 행사하려는 자에게 있다.

가 적극적으로 입증하여야 하겠지만, 사람이 110세까지 생존한다는 것은 매우 희귀한 예에 속하므로 위와 같은 사실에 제반 사정을 종합하여 피대위자 또는 피고가 소제기 이전에 이미 사망하였을 것으로 쉽게 짐작되는 경우에는 그 사망 사실을 추인할 수 있다.[100]

V. 채권자취소권

□ 406조(채권자취소권)

① 채무자가 채권자를 해함을 알고 재산권을 목적으로 한 법률행위를 한 때에는 채권자는 그 취소 및 원상회복을 법원에 청구할 수 있다. 그러나 그 행위로 인하여 이익을 받은 자나 전득한 자가 그 행위 또는 전득 당시에 채권자를 해함을 알지 못한 경우에는 그러하지 아니하다.

② 전항의 소는 채권자가 취소원인을 안 날로부터 1년, 법률행위 있은 날로부터 5년 내에 제기하여야 한다.

[참고] 제839조의 3(재산분할청구권 보전을 위한 사해행위취소권)

① 부부의 일방이 다른 일방의 재산분할청구권 행사를 해함을 알면서도 재산권을 목적으로 하는 법률행위를 한 때에는 다른 일방은 제406조 제1항을 준용하여 그 취소 및 원상회복을 가정법원에 청구할 수 있다.

② 제1항의 소는 제406조 제2항의 기간 내에 제기하여야 한다[본조신설 2007. 12. 21.].

■ 채무자가 다른 재산을 처분하는 법률행위를 하더라도, 채무자 소유의 부동산에 대하여 채권자 앞으로 근저당권이 설정되어 있고 그 부동산의 가액 및 채권최고액이 당해 채권액을 초과하여 채권자에게 채권 전액에 대한 우선변제권이 확보되어 있다면 그와 같은 재산처분행위는 채권자를 해하지 아니하므로 채권자에 대하여 사해행위가 성립한다고 볼 수 없으나, 당해 채권액이 그 부동산의 가액 및 채권최고액을 초과하는 경우에는 그 담보물에 대한 우선변제권 있는 채권액을 공제한 나머지 채권액에 대하여 채권자를 해하는 사해행위가 될 것이므로 그에 대한 채권자취소권이 인정된다. 그리고 피보전채권의 존재와 그 범위는 채권자취소권 행사의 요건이 되므로, 채권자취소권을 행사하는 채권자로서는 그 담보권의 존재에도 불구하고 자신의 피보전채권이 그 우선변제권 범위 밖에 있다는 점을 주장·입증하여야 한다.[101] 이때, 채무자의 재산처분행위가 사해행위가 되는지는 처분행위 당시를 기준으로 판단하여야 하므로, 담보로 제공된 부동산에 대하여 임의경매 등의 환가절차가 개

---

100) 대법원 2002. 4. 26. 선고 2002다5873 판결.
101) 대법원 2010. 1. 28. 선고 2009다30823 판결. 원고가 채권자취소권을 행사하기 위한 피보전채권의 존재에 관한 사항은 원고가 이를 증명할 책임이 있다.

시되어 진행되는 도중에 재산처분행위가 이루어졌다고 하더라도 그 재산처분행위의 사해성을 판단하기 위한 부동산 가액의 평가는 부동산 가액의 하락이 예상되는 등의 특별한 사정이 인정되지 아니하는 한 사후에 환가된 가액을 기준으로 할 것이 아니라 사해성이 문제 되는 재산처분행위 당시의 시가를 기준으로 하여야 할 것이다.102)

■ 처분행위 당시에는 채권자를 해하는 것이었다고 하더라도 그 후 채무자가 자력을 회복하여 사해행위취소권을 행사하는 사실심의 변론종결 시에는 채권자를 해하지 않게 된 경우에는 책임재산 보전의 필요성이 없어지게 되어 채권자취소권이 소멸하는 것으로 보아야 할 것이나, 그러한 사정변경이 있다는 사실은 채권자취소소송의 상대방이 입증하여야 한다.103)

■ 채권자가 채무의 변제를 구하는 것은 그의 당연한 권리행사로서 다른 채권자가 존재한다는 이유로 이것이 방해받아서는 아니 되고 채무자도 채무의 본지에 따라 채무를 이행할 의무를 부담하고 있어 다른 채권자가 있다는 이유로 그 채무이행을 거절하지는 못하므로, 채무자가 채무초과의 상태에서 특정채권자에게 채무의 본지에 따른 변제를 함으로써 다른 채권자의 공동담보가 감소하는 결과가 되는 경우에도 그 변제는 채무자가 특히 일부의 채권자와 통모하여 다른 채권자를 해할 의사를 가지고 변제를 한 경우가 아닌 한 원칙적으로 사해행위가 되는 것은 아니고, 채무자가 특히 일부의 채권자와 통모하여 다른 채권자를 해할 의사를 가지고 변제를 하였는지는 사해행위임을 주장하는 사람이 입증하여야 하며, 이는 수익자의 채무자에 대한 채권이 실제로 존재하는지, 수익자가 채무자로부터 변제를 받은 액수, 채무자와 수익자와의 관계, 채무자의 변제능력 및 이에 대한 수익자의 인식, 변제 전후의 수익자의 행위, 그 당시의 채무자 및 수익자의 사정 및 변제의 경위 등 제반 사정을 종합적으로 참작하여 판단하여야 한다.104)

■ 채무자의 재산이 채무의 전부를 변제하기에 부족한 경우에 채무자가 그의 재산을 어느 특정 채권자에게 대물변제나 담보조로 제공하였다면 특별한 사정이 없는 한 이는 곧 다른 채권자의 이익을 해하는 것으로서 다른 채권자들에 대한 관계에서 사해행위가 되는 것이고,105) 위와 같이 대물변제나 담보조로 제공된 재산이 채무자의 유일한 재산이 아니라거나 그 가치가 채권액에 미달한다고 하여도 마찬가지라고 할 것이다.106) 사해행위취소소송에 있어서 채무자가 악의라는 점에 대해서는 그 취소를 주장하는 채권자에게 입증책임이 있으나 수익자 또는 전득자가 악의라는 점에 관해서는 채권자에게 입증책임이 있는 것이 아니라 수익자 또는 전득자 자신에게 선의라는 사실을 입증할 책임이 있다고 할 것이다.107)

---

102) 대법원 2002. 11. 8. 선고 2002다41589 판결; 대법원 2003. 1. 24. 선고 2002다56567 판결; 대법원 2008. 5. 15. 선고 2005다60338 판결 등 참조.
103) 대법원 2007. 11. 29. 선고 2007다54849 판결.
104) 대법원 2004. 5. 28. 선고 2003다60822 판결; 대법원 2005. 3. 25. 선고 2004다10985, 10992 판결.
105) 대법원 2005. 11. 10. 선고 2004다7873 판결; 대법원 2006. 6. 15. 선고 2006다12046 판결; 대법원 2007. 2. 23. 선고 2006다47301 판결 등 참조.
106) 대법원 1990. 11. 23. 선고 90다카27198 판결 참조.
107) 대법원 2010. 7. 22. 선고 2009다60466 판결; 대법원 1991. 2. 12. 선고 90다16276 판결; 대법원 1997. 5. 23. 선고 95다

민법 제406조 제1항에 따라 채권자의 사해행위취소 및 원상회복청구가 인정되면, 수익자는 원상회복으로서 사해행위의 목적물을 채무자에게 반환할 의무를 지게 되고, 만일 원물반환이 불가능하거나 현저히 곤란한 경우에는 원상회복의무의 이행으로서 사해행위 목적물의 가액 상당을 배상하여야 하며, 여기에서 원물반환이 불가능하거나 현저히 곤란한 경우라 함은 원물반환이 단순히 절대적·물리적으로 불능인 경우가 아니라 사회생활상의 경험법칙 또는 거래상의 관념에 비추어 그 이행의 실현을 기대할 수 없는 경우를 말하는 것이다.108)

■ 사해행위취소소송에 있어서 수익자가 사해행위임을 몰랐다는 사실은 그 수익자 자신에게 입증책임이 있는 것이고, 이때 그 사해행위 당시 수익자가 선의였음을 인정함에 있어서는 객관적이고도 납득할 만한 증거자료 등이 뒷받침되어야 할 것이고, 채무자의 일방적인 진술이나 제3자의 추측에 불과한 진술 등에만 터 잡아 그 사해행위 당시 수익자가 선의였다고 선뜻 단정하여서는 안 된다.109)

■ 채권자취소권 행사에 있어서 채권자가 취소원인을 알았다고 하기 위하여서는 단순히 채무자가 재산의 처분행위를 하였다는 사실을 아는 것만으로는 부족하고 구체적인 사해행위의 존재를 알고 나아가 채무자에게 사해의 의사가 있었다는 사실까지 알 것을 요하나, 나아가 채권자가 수익자나 전득자의 악의까지 알아야 하는 것은 아니며, 또한 채무자가 자기의 유일한 재산인 부동산을 매각하여 소비하기 쉬운 금전으로 바꾸는 행위는 특별한 사정이 없는 한 채권자에 대하여 사해행위가 되어 채무자의 사해의 의사가 추정되는 것이므로, 이와 같이 채무자가 유일한 재산인 부동산을 처분하였다는 사실을 채권자가 알았다면 특별한 사정이 없는 한 채무자의 사해의사도 채권자가 알았다고 봄이 상당하다.110)

■ 이혼에 따른 재산분할은 혼인 중 부부 쌍방의 협력으로 이룩한 공동재산의 청산이라는 성격에 경제적으로 곤궁한 상대방에 대한 부양적 성격이 가미된 제도로서, 이미 채무초과 상태에 있는 채무자가 이혼을 하면서 그 배우자에게 재산분할로 일정한 재산을 양도함으로써 일반 채권자에 대한 공동담보를 감소시키는 결과가 된다고 하더라도, 이러한 재산분할이 민법 제839조의 2 제2항의 규정 취지에 따른 상당한 정도를 벗어나는 과대한 것이라고 인정할 만한 특별한 사정이 없는 한 사해행위로서 채권자에 의한 취소의 대상으로 되는 것은 아니고, 다만 상당한 정도를 벗어나는 초과 부분에 관한 한 적법한 재산분할이라고 할 수 없어 취소의 대상으로 될 수 있을 것이나, 이처럼 상당한 정도를 벗어나는 과대한 재산분할이라고 볼 특별한 사정이 있다는 점에 관한 입증책임은 채권자에게 있다고 보아야 할 것이다.111)

51908 판결; 대법원 2006. 9. 28. 선고 2004다35465 판결 등 참조.

108) 대법원 2006. 12. 7. 선고 2004다54978 판결; 대법원 2006. 12. 7. 선고 2006다43620 판결; 대법원 2007. 7. 12. 선고 2007다18218 판결 등.

109) 대법원 2010. 7. 22. 선고 2009다60466 판결; 대법원 2006. 4. 14. 선고 2006다5710 판결; 대법원 2006. 7. 4. 선고 2004다61280 판결 등 참조.

110) 대법원 2000. 9. 29. 선고 2000다3262 판결; 대법원 2005. 3. 25. 선고 2004다66490 판결; 대법원 2005. 6. 24. 선고 2005다19859 판결.

111) 대법원 2000. 7. 28. 선고 2000다14101 판결; 대법원 2001. 2. 23. 선고 2000다57757 판결; 대법원 2006. 9. 14. 선고 2006

VI. 보증채무의 범위

☐ **제429조(보증채무의 범위)**

① 보증채무는 주 채무의 이자, 위약금, 손해배상, 기타 주 채무에 종속한 채무를 포함한다.

② 보증인은 그 보증채무에 관한 위약금, 기타 손해배상액을 예정할 수 있다.

■ 보증채무가 주 채무에 종속한 채무를 포함한다고 규정하고 있는 위 조항은 보증계약의 당사자 사이에 보증채무의 범위가 주 채무의 종속채무에까지 미치는지에 관한 명시적 또는 묵시적 특약이 없고 이를 결정할 수 있는 특별한 사정도 없는 경우에 적용되는 보충적인 의사해석규정이라고 보아야 할 것이므로, 위와 같은 명시적 또는 묵시적 특약이나 특별한 사정이 있는 경우에는 위 규정은 적용되지 않는다.[112)

VII. 근보증

■ 계속적인 신용거래 관계로부터 장래 발생할 불특정 채무를 보증하기 위해 이른바 보증한도액을 정하여 근보증을 하고 아울러 그 불특정 채무를 담보하기 위하여 동일인이 근저당권설정등기를 하여 물상보증도 한 경우에, 근보증약정과 근저당권설정계약은 별개의 계약으로서 원칙적으로 그 성립과 소멸이 따로 다루어져야 할 것이나, 근보증의 주 채무와 근저당권의 피담보채무가 동일한 채무인 이상 근보증과 근저당권은 특별한 사정이 없는 한 동일한 채무를 담보하기 위한 중첩적인 담보로서 근저당권의 실행으로 변제를 받은 금액은 근보증의 보증한도액에서 공제되어야 한다.[113)

VIII. 채권양도금지특약

☐ **제449조(채권의 양도성)**

① 채권은 양도할 수 있다. 그러나 채권의 성질이 양도를 허용하지 아니하는 때에는 그러하지 아니하다.

② 채권은 당사자가 반대의 의사를 표시한 경우에는 양도하지 못한다. 그러나 그 의사표시로써 선의의 제3자에게 대항하지 못한다.

다33258 판결.

112) 대법원 1997. 8. 29. 선고 96다37879 판결. 따라서 보증채무자가 위와 같은 특약 또는 특별사정의 존재를 주장, 증명하여야 한다.

113) 대법원 2004. 7. 9. 선고 2003다27160 판결. 따라서 중첩적 담보가 아닌 누적적 담보라는 특별한 사정에 대해서는 채권자가 증명하여야 한다.

■ 채권양도금지특약에 반하여 채권양도가 이루어진 경우, 그 양수인이 양도금지특약이 있음을 알았거나 중대한 과실로 알지 못하였던 경우에는 채권양도는 효력이 없게 되고,[114] 반대로 양수인이 중대한 과실 없이 양도금지특약의 존재를 알지 못하였다면 채권양도는 유효하게 되어 채무자로서는 양수인에게 양도금지특약을 가지고 그 채무이행을 거절할 수 없게 되어, 양수인의 선의, 악의 등에 따라 양수채권의 채권자가 결정되는바, 이와 같이 양도금지의 특약이 붙은 채권이 양도된 경우에 양수인의 악의 또는 중과실에 관한 입증책임을 채무자가 부담한다.[115]

■ 채무자는 제3자가 채권자로부터 채권을 양수한 경우 채권양도금지 특약의 존재를 알고 있는 양수인이나 그 특약의 존재를 알지 못함에 중대한 과실이 있는 양수인에게 그 특약으로써 대항할 수 있고, 여기서 말하는 중과실이란 통상인에게 요구되는 정도의 상당한 주의를 하지 않더라도 약간의 주의를 한다면 손쉽게 그 특약의 존재를 알 수 있음에도 불구하고 그러한 주의조차 기울이지 아니하여 특약의 존재를 알지 못한 것을 말하며, 제3자의 악의 내지 중과실은 채권양도금지의 특약으로 양수인에게 대항하려는 자가 이를 주장·입증하여야 한다.[116]

■ 일반적으로 지명채권의 양도거래에 있어 양도 대상인 지명채권의 행사 등에 그 채권증서(계약서 등)의 소지·제시가 필수적인 것은 아닌 만큼 양도·양수 당사자 간에 그 채권증서를 수수하지 않는 경우도 적지 아니한 실정이고(특히 양수인이 채권양도 거래의 경험이 없는 개인이라면 더욱 그렇다), 또한 수수하더라도 양수인이 그 채권증서의 내용에 대한 검토를 아예 하지 아니하거나 혹은 통상의 주된 관심사인 채권금액, 채권의 행사시기 등에만 치중한 채 전반적·세부적 검토를 소홀히 하는 경우가 있을 수 있으며, 그 밖에 전체 계약조항의 수, 양도금지 특약조항의 위치나 형상 등에 따라서는 채권증서의 내용을 일일이 그리고 꼼꼼하게 검토하지 않은 채 간단히 훑어보는 정도만으로는 손쉽게 그 특약의 존재를 알 수 없는 경우도 있을 수 있음에 비추어, 나아가 양도금지 특약이 기재된 채권증서가 양도인으로부터 양수인에게 수수되어 양수인이 그 특약의 존재를 알 수 있는 상태에 있었고 그 특약도 쉽게 눈에 띄는 곳에 알아보기 좋은 형태로 기재되어 있어 간단한 검토만으로 쉽게 그 존재와 내용을 알아차릴 수 있었다는 등의 특별한 사정이 인정된다면 모르되, 그렇지 아니하는 한 양도금지 특약이 기재된 채권증서의 존재만으로 곧바로 그 특약의 존재에 관한 양수인의 악의나 중과실을 추단할 수는 없다.[117]

■ 채무자가 채권자에게 채무변제와 관련하여 다른 채권을 양도하는 것은 특단의 사정이 없는 한 채무변제를 위한 담보 또는 변제의 방법으로 양도되는 것으로 추정할 것이지 채무변제에 갈음한 것으로

---

114) 당사자의 의사표시에 의한 채권의 양도금지는 채권 양수인인 제3자가 악의인 경우이거나 악의가 아니라도 그 제3자에게 채권양도 금지를 알지 못한 데에 중대한 과실이 있는 경우 채무자가 위 채권양도 금지로써 그 제3자에 대하여 대항할 수 있음은 물론이다(대법원 1999. 2. 12. 선고 98다49937 판결 등 참조)[대법원 2000. 4. 25. 선고 99다67482 판결].

115) 대법원 2000. 12. 22. 선고 2000다55904 판결. 이 경우에도 채무자로서는 양수인의 선의 등의 여부를 알 수 없어 과연 채권이 적법하게 양도된 것인지에 관하여 의문이 제기될 여지가 충분히 있으므로 특별한 사정이 없는 한 민법 제487조 후단의 채권자 불확지를 원인으로 하여 변제공탁을 할 수 있다.

116) 대법원 2010. 5. 13. 선고 2010다8310 판결; 대법원 2003. 1. 24. 선고 2000다5336, 5343 판결 참조.

117) 대법원 2000. 4. 25. 선고 99다67482 판결.

볼 것은 아니어서, 채권양도만 있으면 바로 원래의 채권이 소멸한다고 볼 수는 없는 것이고 <u>채권자가 양도받은 채권을 변제받음으로써 그 범위 내에서 채무자가 면책되는 것이므로, 양도 채권의 변제에 관해서는 기존채무의 채무자에게 주장·입증책임이 있다.</u>[118]

IX. 채권양도의 대항요건

□ **제450조(지명채권양도의 대항요건)**

① 지명채권의 양도는 양도인이 채무자에게 통지하거나 채무자가 승낙하지 아니하면 채무자, 기타 제3자에게 대항하지 못한다.

② 전항의 통지나 승낙은 확정일자 있는 증서에 의하지 아니하면 채무자 이외의 제3자에게 대항하지 못한다.

■ 채권양수인으로서는 양도인이 채무자에게 채권양도통지를 하거나 채무자가 이를 승낙하여야 채무자에게 채권양수를 주장(대항)할 수 있는 것이며, <u>그 입증은 양수인이 사실심에서 하여야 할 책임이 있다.</u>[119]

X. 채무인수

■ 부동산의 매수인이 매매목적물에 관한 가등기담보부채무, 임대차보증금반환채무를 인수하는 한편 그 채무액을 매매대금에서 공제하기로 약정한 경우, 다른 특별한 약정이 없는 이상 이는 이행인수로서, 매수인은 매매대금에서 그 채무를 공제한 나머지를 지급함으로써 잔대금지급의무를 다한 것으로 된다 할 것이며, 이러한 경우 <u>매도인이 매수인의 인수채무불이행으로 말미암아 또는 임의로 매수인을 대신하여 위 매수인의 인수채무를 변제하였다면 매도인은 매수인에 대하여 그로 인한 손해배상채권 또는 구상채권을 갖게 된다</u> 할 것이므로,[120] 매도인이 위 채무를 변제하고 매수인에 대하여 그 변제액만큼의 매매대금의 지급을 구하는 경우 이는 위와 같은 손해배상채무 또는 구상채무를 청구하는 경우에 해당되어 <u>그 인수채무를 변제한 여부에 관한 입증책임은 매도인 측에 있다.</u>[121]

■ 채무인수가 면책적인가 중첩적인가 하는 것은 채무인수계약에 나타난 당사자 의사의 해석에 관한 문제이고, 채무인수에 있어서 면책적 인수인지, 중첩적 인수인지가 분명하지 아니한 때에는 이를 중

---

118) 대법원 1995. 12. 22. 선고 95다16660 판결.
119) 대법원 1990. 11. 27. 선고 90다카27662 판결.
120) 대법원 1957. 6. 29. 선고 4290민상18 판결; 대법원 1990. 1. 25. 선고 88다카29467 판결; 대법원 1993. 2. 12. 선고 92다 23193 판결; 대법원 1993. 6. 29. 선고 93다19108 판결 참조.
121) 대법원 1994. 5. 13. 선고 94다2190 판결.

첩적으로 인수한 것으로 볼 것이다.[122]

XI. 변제

☐ **제460조(변제제공의 방법)**

변제는 채무내용에 좇은 현실제공으로 이를 하여야 한다. 그러나 채권자가 미리 변제받기를 거절하거나 채무의 이행에 채권자의 행위를 요하는 경우에는 변제준비의 완료를 통지하고 그 수령을 최고하면 된다.

☐ **제461조(변제제공의 효과)**

변제의 제공은 그때로부터 채무불이행의 책임을 면하게 한다.

■ 甲이 동업관계에서 탈퇴하는 乙에게 청산 금원을 지급하면서 乙로부터 을 자신이 제3자로부터 금원을 차용하여 동업자금으로 투자한 후 그 제3자에게 설정해 준 바 있는 근저당권설정계약을 해제하기 위한 금액이라는 취지가 명시된 영수증을 교부받은 경우, 그 근저당권의 피담보채무가 동업관계의 탈퇴로 인한 합의금 채무 속에 포함된 것이라는 점에 관한 주장·입증 책임은 피담보채무의 변제로 인하여 합의금 채무도 아울러 그 범위 내에서 이행되었다고 주장하는 甲에게 있다.[123]

■ 채무자가 채권자에게 기존 채무의 이행에 관하여 어음이나 수표를 교부하는 경우 당사자 사이에 특약이 없는 한 '지급을 위하여' 또는 '지급 확보를 위하여' 교부하는 것으로 추정할 것이고, 따라서 특별한 사정이 없는 한 기존의 원인채무는 소멸하지 아니하고 어음, 수표상의 채무와 병존한다. 기존의 원인채권과 어음, 수표 채권이 병존하는 경우 채권자가 기존의 원인채권을 행사함에 있어서는 어음이나 수표를 채무자에게 반환하여야 하므로, 채권자가 기존 채무의 이행에 관하여 채무자로부터 어음을 교부받은 후 이를 다시 채무자에게 반환하였다면 특단의 사정이 없는 한 채무자로부터 기존의 원인채권을 변제받은 사실을 추정할 수 있다. 채권자가 기존 채무의 이행에 관하여 교부받은 어음을 그 지급기일이 장기라는 이유로 채무자에게 반환한 경우, 이는 기존의 원인채무의 변제와 상환으로 이루어진 것이 아니라 오히려 그 어음을 기존의 원인채무의 '지급을 위하여' 또는 '지급 확보를 위하여' 교부받기를 거부하는 채권자의 의사에 기하여 이루어진 것이므로, 채권자가 어음을 교부받으면서 채무자에게 작성하여 준 어음 액면 합계액의 입금표를 회수하지 아니하였다거나 채무자가 채권자에게 그 어음 대신 같은 액면의 다른 어음을 교부하였다는 증거가 없다는 점을 들어 채무자가 원인채무를 변제한 사실을 곧바로 추정할 수는 없고, 그 기존 원인채무의 변제 사실은 여전히

---

122) 대법원 2002. 9. 24. 선고 2002다36228 판결. 따라서 면책적 채무인수라고 보아야 할 특별한 사정이 있다는 점에 관한 증명 책임은 이를 주장하는 자에게 있다.

123) 대법원 1997. 6. 13. 선고 97다11072 판결. 금전채무의 변제에 갈음하여 교부한 자기앞수표가 특정된 수표 3매 중의 1매라는 사실은 변제사실에 속하므로 변제자에게 그 입증책임이 있다. 대법원 1984. 6. 12. 선고 83다카2014 판결.

이를 주장하는 채무자가 입증하여야 한다.[124]

■ 채무자가 채권자에게 채무변제와 관련하여 다른 채권을 양도하는 것은 특단의 사정이 없는 한 채무변제를 위한 담보 또는 변제의 방법으로 양도되는 것으로 추정할 것이지 채무변제에 갈음한 것으로 볼 것은 아니어서, 채권양도만 있으면 바로 원래의 채권이 소멸한다고 볼 수는 없는 것이고 채권자가 양도받은 채권을 변제받음으로써 그 범위 내에서 채무자가 면책되는 것이므로, 양도 채권의 변제에 관해서는 기존채무의 채무자에게 주장·입증책임이 있다.[125]

XII. 변제충당

□ **제476조(지정변제충당)**

① 채무자가 동일한 채권자에 대하여 같은 종류를 목적으로 한 수 개의 채무를 부담한 경우에 변제의 제공이 그 채무전부를 소멸하게 하지 못하는 때에는 변제자는 그 당시 어느 채무를 지정하여 그 변제에 충당할 수 있다.

② 변제자가 전항의 지정을 하지 아니할 때에는 변제받는 자는 그 당시 어느 채무를 지정하여 변제에 충당할 수 있다. 그러나 변제자가 그 충당에 대하여 즉시이의를 한 때에는 그러하지 아니하다.

③ 전2항의 변제충당은 상대방에 대한 의사표시로써 한다.

□ **제477조(법정변제충당)**

당사자가 변제에 충당할 채무를 지정하지 아니한 때에는 다음 각 호의 규정에 의한다.

1. 채무 중에 이행기가 도래한 것과 도래하지 아니한 것이 있으면 이행기가 도래한 채무의 변제에 충당한다.

2. 채무전부의 이행기가 도래하였거나 도래하지 아니한 때에는 채무자에게 변제이익이 많은 채무의 변제에 충당한다.

3. 채무자에게 변제이익이 같으면 이행기가 먼저 도래한 채무나 먼저 도래할 채무의 변제에 충당한다.

4. 전 2호의 사항이 같은 때에는 그 채무액에 비례하여 각 채무의 변제에 충당한다.

■ 민법 제476조 내지 제479조에서 규정하고 있는 변제충당은 채무자가 동일한 채권자에게 수 개의 채무를 부담하는 경우에 발생하는 것이나, 채권자가 채무자의 다른 채권자에 대하여 대리권을 갖는 등의 사정으로 어느 채권자에 대한 급부가 동시에 다른 채권자에 대한 변제가 될 수도 있는 경우에는 어느 채권자의 채권이 변제된 것인지를 가리는 문제도 변제충당에 준하여 판단하여야 할 것이다.

---

124) 대법원 1996. 12. 20. 선고 96다41588 판결.
125) 대법원 1995. 12. 22. 선고 95다16660 판결.

또 채무자가 동일한 채권자에 대하여 같은 종류를 목적으로 한 수 개의 채무를 부담한 경우에 변제의 제공에 있어서 당사자가 변제에 충당할 채무를 지정하지 아니한 때에는 민법 제477조 의 규정에 따라 법정변제충당되는 것이고 특히 민법 제477조 제4호 에 의하면 법정변제충당의 순위가 동일한 경우에는 각 채무액에 안분비례하여 각 채무의 변제에 충당되는 것이므로, 위 안분비례에 의한 법정변제충당과는 달리, 그 법정변제충당에 의하여 부여되는 법률효과 이상으로 자신에게 유리한 변제충당의 지정, 당사자 사이의 변제충당의 합의가 있다거나 또는 당해 채무가 법정변제충당에 있어 우선순위에 있어서 당해 채무에 전액 변제충당되었다고 주장하는 자는 그 사실을 주장·입증할 책임을 부담한다.126)

XIII. 이해관계 없는 제3자의 변제

□ 제469조(제3자의 변제)

① 채무의 변제는 제3자도 할 수 있다. 그러나 채무의 성질 또는 당사자의 의사표시로 제3자의 변제를 허용하지 아니하는 때에는 그러하지 아니하다.

② 이해관계 없는 제3자는 채무자의 의사에 반하여 변제하지 못한다.

■ 이해관계 없는 제3자의 대위변제가 채무자의 의사에 반하는지를 가림에 있어서 채무자의 의사는 제3자가 변제할 당시의 객관적인 제반사정에 비추어 명확하게 인식될 수 있는 것이어야 하며 함부로 채무자의 반대의사를 추정함으로써 제3자의 변제효과를 무효화시키는 일은 피하여야 한다.127)

XIV. 채권의 준점유자에 대한 변제

□ 제470조(채권의 준점유자에 대한 변제)

채권의 준점유자에 대한 변제는 변제자가 선의이며 과실 없는 때에 한하여 효력이 있다.

■ 보험금을 지급한 보험자가 피보험자를 상대로 보험자대위권 침해를 이유로 부당이득반환 또는 손해배상청구를 하기 위해서는 보험자가 피보험자에게 보험금을 지급한 사실, 피보험자가 보험금을 수

---

126) 대법원 1984. 1. 31. 선고 83다카1560 판결; 대법원 1994. 2. 22. 선고 93다49338 판결; 대법원 2004. 2. 27. 선고 2001다38067 판결 등. 결국 이러한 사실의 증명을 다하지 못한 경우 법정변제충당의 규정은 임의규정이므로 당연히 각 채무액에 의하여 법정충당이 행해진다.

127) 대법원 1988. 10. 24. 선고 87다카1644 판결. 판례의 취지로 미루어 이해관계 없는 제3자의 변제가 채무자의 의사에 반하는지의 증명책임은 변제의 효과를 다투는 상대방이 채무자의 의사에 반한 사실의 증명책임을 지는 것으로 본다.

령한 후 무권한자임에도 불구하고 제3자로부터 손해배상을 받은 사실(피보험자가 보험자로부터 받은 보험금이 실제 발생된 손해액에 미치지 못한 경우에는 피보험자는 그 차액 부분에 관해서는 여전히 제3자에 대하여 자신의 권리를 가지고 있으므로 피보험자가 이를 초과하여 제3자로부터 손해배상을 받은 사실), 제3자의 피보험자에 대한 손해배상이 채권의 준점유자에 대한 변제로서 유효한 사실을 주장, 입증하여야 할 것이고, 이 경우에 채권의 준점유자에 대한 변제가 유효하기 위한 요건으로서의 선의라 함은 준점유자에게 변제수령의 권한이 없음을 알지 못하는 것뿐만 아니라 적극적으로 진정한 권리자라고 믿었음을 요하는 것이고, 무과실이란 그렇게 믿는 데에 과실이 없음을 의미하므로, 제3자가 피보험자가 보험에 가입하여 보험금을 수령한 사실을 전혀 모르고 이 점에 대하여 과실이 없이 피보험자에게 손해배상을 한 경우 또는 제3자가 피보험자가 보험에 가입하여 이미 보험금을 수령한 사실을 알고 있었던 경우에는 피보험자가 입은 손해액과 피보험자가 보험자로부터 보험금을 수령함으로써 보험자대위권(상해보험의 경우에는 대위 약정에 따라)의 대상이 된 금액을 살펴, 피보험자에게 아직도 자신에 대한 손해배상청구권이 남아 있다고 믿고 손해배상을 한 경우에만 선의, 무과실에 해당된다고 할 수 있을 것이고, 위 요건의 주장, 입증책임도 보험자에게 있다.[128]

XV. 제3자의 변제와 구상권

□ 제482조(변제자대위의 효과, 대위자 간의 관계)
① 전 2조의 규정에 의하여 채권자를 대위한 자는 자기의 권리에 의하여 구상할 수 있는 범위에서 채권 및 그 담보에 관한 권리를 행사할 수 있다.

■ 제3자가 자신의 출연으로 인하여 채무자의 채무가 소멸하였음을 주장하면서 채무자를 상대로 구상권을 행사하거나 부당이득의 반환을 구하는 경우, 제3자로서는 채무자의 채무가 존재한 사실에 대한 입증책임을 부담하고, 그 채무가 외국에 대한 조세납부 의무라 하여 이와 달리 볼 것은 아니다.[129]

XVI. 항변권이 부착된 자동채권의 상계

□ 제492조(상계의 요건)
① 쌍방이 서로 같은 종류를 목적으로 한 채무를 부담한 경우에 그 쌍방의 채무의 이행기가 도래한 때에는 각 채무자는 대등액에 관하여 상계할 수 있다. 그러나 채무의 성질이 상계를 허용하지 아니할

---

128) 대법원 1999. 4. 27. 선고 98다61593 판결. 채권의 준점유자에 대한 변제에서 선의, 무과실의 증명책임은 채무자에게 있다.
129) 대법원 1995. 8. 22. 선고 94다32054 판결.

때에는 그러하지 아니하다.

② 전항의 규정은 당사자가 다른 의사를 표시한 경우에는 적용하지 아니한다. 그러나 그 의사표시로써 선의의 제3자에게 대항하지 못한다.

■ 항변권이 붙어 있는 채권을 자동채권으로 하여 다른 채무(수동채권)와의 상계를 허용한다면 상계자 일방의 의사표시에 의하여 상대방의 항변권 행사의 기회를 상실시키는 결과가 되므로 그러한 상계는 허용될 수 없고, 특히 수탁보증인이 주 채무자에 대하여 가지는 민법 제442조의 사전구상권에는 민법 제443조의 담보제공청구권이 항변권으로 부착되어 있는 만큼 이를 자동채권으로 하는 상계는 허용될 수 없으며, 다만 민법 제443조는 임의규정으로서 주 채무자가 사전에 담보제공청구권의 항변권을 포기한 경우에는 보증인은 사전구상권을 자동채권으로 하여 주 채무자에 대한 채무와 상계할 수 있다.[130]

XVII. 동시이행의 항변권

□ 제536조(동시이행의 항변권)

① 쌍무계약의 당사자 일방은 상대방이 그 채무이행을 제공할 때까지 자기의 채무이행을 거절할 수 있다. 그러나 상대방의 채무가 변제기에 있지 아니하는 때에는 그러하지 아니하다.

② 당사자 일방이 상대방에게 먼저 이행하여야 할 경우에 상대방의 이행이 곤란할 현저한 사유가 있는 때에는 전항 본문과 같다.

■ 동시이행의 항변권은 당사자가 이를 원용하여야 그 인정 여부에 대하여 심리할 수 있는 것이다.[131][132] 부동산매매계약에서 발생하는 매도인의 소유권이전등기의무와 매수인의 매매잔대금지급의무는 동시이행관계에 있고,[133] 동시이행의 항변권은 상대방의 채무이행이 있기까지 자신의 채무이행을 거절할 수 있는 권리이므로, 매수인이 매도인을 상대로 매매목적 부동산 중 일부에 대해서만 소유권이전등기의무의 이행을 구하고 있는 경우에도 매도인은 특별한 사정이 없는 한 그 매매잔대금 전부에 대하여 동시이행의 항변권을 행사할 수 있다고 할 것이다.[134]

---

130) 대법원 2004. 5. 28. 선고 2001다81245 판결. 민법 제492조의 조문형식상 상계주장자는 본문에 따라 쌍방이 서로 같은 종류를 목적으로 한 채무를 부담한 경우로서 그 쌍방의 채무의 이행기가 도래한 사실을 주장, 증명하여야 하고, 그 상대방이 단서에 따라 채무의 성질이 상계를 허용하지 아니한다는 점을 주장, 증명하여야 하는 것으로 본다. 최진수(주2), p.48 참조.

131) 대법원 1990. 11. 27. 선고 90다카25222 판결 참조.

132) 임차인의 임차보증금 반환청구에 대하여 임대인은 임차건물의 명도와 동시에 이행되어야 한다는 항변을 사실심에서 하여야 법원은 그 인정 여부에 대하여 심리·판단할 수 있다. 대법원 2008. 4. 10. 선고 2007다76986, 76993 판결 참조.

133) 대법원 1992. 2. 14. 선고 91다12349 판결 참조.

134) 대법원 2006. 2. 23. 선고 2005다53187 판결.

■ 매매를 원인으로 한 소유권이전등기청구에 있어서 매수인이 매매계약 사실을 주장, 입증하면, 특단의 사정이 없는 한, 매도인은 소유권이전등기의무가 있게 되는 것이며, 매도인이 매매잔대금을 수령한 바 없다면 동시이행의 항변을 제기하여야 하는 것이고 법원은 매도인의 이와 같은 항변이 있을 때에 비로소 매수인의 매매잔대금지급 사실의 유무를 심리하여 매수인이 매매잔대금을 지급하지 않았다면 매도인에 대하여 매수인으로부터 매매잔대금을 지급받음과 동시에 소유권이전등기절차를 이행하라는 판결을 할 수 있는 것이다.135)

■ 쌍무계약에서 쌍방의 채무가 동시이행관계에 있는 경우 일방의 채무의 이행기가 도래하더라도 상대방 채무의 이행제공이 있을 때까지는 그 채무를 이행하지 않아도 이행지체의 책임을 지지 않는 것이고,136) 이와 같은 효과는 이행지체의 책임이 없다고 주장하는 자가 반드시 동시이행의 항변권을 행사하여야만 발생하는 것은 아니라고 할 것인바,137) 기록에 비추어 보면, 원고가 구하는 이 사건 잔대금 채권은 쌍무계약인 매매에 의하여 발생하는 것으로서 피고에 대하여 소유권이전등기절차를 이행할 채무와 동시이행의 관계에 있음이 분명하므로, 같은 취지에서 원심이 매도인인 원고가 매수인인 피고에게 소유권이전등기에 필요한 서류를 제공하였음을 인정할 아무런 자료가 없다는 이유로 잔대금 지급기일의 경과로 바로 피고가 이행지체에 빠진다고 할 수는 없다고 판단한 것은 정당하다.138)

■ 매매계약이 취소된 경우에 당사자 쌍방의 원상회복의무는 동시이행의 관계에 있다고 할 것이고,139) 쌍무계약에서 쌍방의 채무가 동시이행관계에 있는 경우 일방의 채무의 이행기가 도래하더라도 상대방 채무의 이행제공이 있을 때까지는 그 채무를 이행하지 않아도 이행지체의 책임을 지지 않는 것이며,140) 이와 같은 효과는 이행지체의 책임이 없다고 주장하는 자가 반드시 동시이행의 항변권을 행사하여야만 발생하는 것은 아니다.141) 따라서 동시이행관계에 있는 쌍무계약상 자기채무의 이행을 제공하는 경우 그 채무를 이행함에 있어 상대방의 행위를 필요로 할 때에는 언제든지 현실로 이

---

135) 대법원 1990. 11. 27. 선고 90다카25222 판결; 대법원 1993. 12. 28. 선고 93다777 판결.
136) 대법원 1992. 7. 24. 선고 91다38723, 38730 판결; 대법원 1997. 8. 22. 선고 96다40851, 40868 판결 참조.
137) 대법원 1997. 8. 22. 선고 96다40851, 40868 판결 참조.
138) 대법원 1998. 3. 13. 선고 97다54604, 54611 판결. 원래 동시이행의 항변권은 공평의 관념과 신의칙에 입각하여 각 당사자가 부담하는 채무가 서로 대가적 의미를 가지고 관련되어 있을 때 그 이행에 있어서 견련관계를 인정하여, 당사자 일방은 상대방이 채무를 이행하거나 이행 제공을 하지 아니한 채 당사자 일방의 채무의 이행을 청구할 때에는 자기의 채무이행을 거절할 수 있도록 하는 제도이므로(대법원 1992. 8. 18. 선고 91다30927 판결, 1999. 4. 23. 선고 98다53899 판결 등 참조), 동시이행관계에 있는 반대급부의무를 지고 있는 채권자는 채무자의 변제의 제공이 없음을 이유로 채무자에게 채무불이행의 책임을 묻거나 혹은 계약해제를 하기 위해서는 스스로의 채무의 변제제공을 하여야 한다. 대법원 2004. 12. 9. 선고 2004다49525 판결은 원심이 매수인이 잔금 지급기일이 지나 매도인에게 채무를 이행할 것을 최고하면서 지급하여야 할 중도금 및 잔금 액수를 초과하는 금원이 예치되어 있는 예금통장의 사본을 제시한 사실만으로는 이는 중도금 및 잔금의 준비에 불과할 뿐 매수인이 중도금 및 잔금의 지급에 관하여 적법하게 이행제공을 한 것이 아니므로 위와 같은 제시가 적법한 이행 제공임을 전제로 하는 매수인의 계약해제의 주장을 배척한 것은 옳다고 한다.
139) 대법원 1976. 4. 27. 선고 75다1241 판결; 대법원 1993. 5. 14. 선고 92다45025 판결; 대법원 1993. 8. 13. 선고 93다5871 판결; 대법원 1993. 9. 10. 선고 93다16222 판결 등 참조. 쌍무계약이 무효로 되어 각 당사자가 서로 취득한 것을 반환하여야 할 경우, 어느 일방의 당사자에게만 먼저 그 반환의무의 이행이 강제된다면 공평과 신의칙에 위배되는 결과가 되므로 각 당사자의 반환의무는 동시이행관계에 있다. 대법원 2007. 12. 28. 선고 2005다38843 판결 참조.
140) 대법원 1992. 7. 24. 선고 91다38723, 38730 판결; 대법원 1997. 8. 22. 선고 96다40851, 40868 판결 등 참조.
141) 대법원 1997. 8. 22. 선고 96다40851, 40868 판결; 대법원 1998. 3. 13. 선고 97다54604, 54611 판결 등 참조.

행을 할 수 있는 준비를 완료하고 그 뜻을 상대방에게 통지하여 그 수령을 최고하여야만 상대방으로 하여금 이행지체에 빠지게 할 수 있는 것이다.[142)]

XVIII. 이행지체와 해제

☐ **제544조(이행지체와 해제)**

당사자 일방이 그 채무를 이행하지 아니하는 때에는 상대방은 상당한 기간을 정하여 그 이행을 최고하고 그 기간 내에 이행하지 아니한 때에는 계약을 해제할 수 있다. 그러나 채무자가 미리 이행하지 아니할 의사를 표시한 경우에는 최고를 요하지 아니한다.

■ 쌍무계약에서 당사자 일방이 그 채무를 이행하지 아니할 의사를 명백히 표시한 경우에 있어서 계약해제 주장에 필요한 주요 사실은 상대방이 이행지체한 사실, 채무자가 미리 이행하지 아니할 의사를 명백히 표시한 사실 및 계약해제의 의사를 표시한 사실이라고 할 것이므로, 당사자가 계약의 해제를 주장하면서 상당한 기간을 정하여 계약이행을 최고하였으나 그 기간 내에 채무를 불이행하였다고만 주장하는 경우에 당사자가 주장하지도 아니한 채무자가 미리 이행하지 아니할 의사를 명백히 표시하였다는 사실을 인정하여 계약해제가 적법하다고 판단하는 것은 변론주의에 위배된다고 할 것이나, 당사자의 이러한 주장은 직접적으로 명백히 한 경우뿐만 아니라 당사자의 변론을 전체적으로 관찰하여 간접적으로 주장한 것으로 볼 수 있는 경우에도 주장이 있는 것으로 보아[143)] 적법한 계약해제가 있었다고 판단하여도 무방하다.[144)]

■ 계약이 일단 성립한 후 그 해제원인의 존부에 대한 다툼이 있는 경우에는 그 계약해제권을 주장하는 자가 이를 증명하여야 하나,[145)] 이미 발생한 계약해제권이 다른 사유로 소멸되었거나 그 행사가 저지되는지에 대해 다툼이 있는 경우에는 이를 주장하는 상대방이 이를 증명하여야 한다.[146)]

XIX. 해제의 효과

☐ **제548조(해제의 효과, 원상회복의무)**

---

142) 대법원 1987. 1. 20. 선고 85다카2197 판결; 대법원 1992. 12. 24. 선고 92다3311 판결; 대법원 2001. 7. 10. 선고 2001다3764 판결.
143) 대법원 1969. 9. 30. 선고 69다1326 판결; 1987. 5. 26. 선고 85다카1046 판결; 1987. 9. 8. 선고 87다카982 판결 등 참조.
144) 대법원 1995. 4. 28. 선고 94다16083 판결. 계약상의 채무불이행에 관한 권리를 주장하는 해제권자가 해제원인에 관하여 주장, 증명책임을 지고, 상대방인 채무자는 민법 제390조 단서에 따라 귀책사유(고의·과실)의 부존재에 대한 주장, 증명책임을 진다.
145) 대법원 1977. 3. 8. 선고 76다2461 판결.
146) 대법원 2009. 7. 9. 선고 2006다67602, 67619 판결.

① 당사자 일방이 계약을 해제한 때에는 각 당사자는 그 상대방에 대하여 원상회복의 의무가 있다. 그러나 제3자의 권리를 해하지 못한다.

② 전항의 경우에 반환할 금전에는 그 받은 날로부터 이자를 가하여야 한다.

■ 민법 제548조 제1항 단서에서 말하는 제3자란 일반적으로 그 해제된 계약으로부터 생긴 법률효과를 기초로 하여 해제 전에 새로운 이해관계를 가졌을 뿐 아니라 등기, 인도 등으로 완전한 권리를 취득한 자를 말한다.[147]

■ 계약의 합의해제에 있어서도 민법 제548조의 계약해제의 경우와 같이 이로써 제3자의 권리를 해할 수 없고,[148] 계약은 소급하여 소멸하게 되어 해약당사자는 각 원상회복의 의무를 부담하게 되나 이 경우 계약해제로 인한 원상회복등기 등이 이루어지기 이전에 해약당사자와 양립되지 아니하는 법률관계를 가지게 되었고 계약해제 사실을 몰랐던 제3자에 대해서는 계약해제를 주장할 수 없고,[149] 이 경우 제3자가 악의라는 사실의 주장·입증책임은 계약해제를 주장하는 자에게 있다.[150]

XX. 매수인의 대금지급채무의 이행지체와 목적물의 인도

□ 제587조(과실의 귀속, 대금의 이자)

매매계약 있은 후에도 인도하지 아니한 목적물로부터 생긴 과실은 매도인에게 속한다. 매수인은 목적물의 인도를 받은 날로부터 대금의 이자를 지급하여야 한다. 그러나 대금의 지급에 대하여 기한이 있는 때에는 그러하지 아니하다.

■ 민법 제587조에 의하면, 매매계약 있은 후에도 인도하지 아니한 목적물로부터 생긴 과실은 매도인에게 속하고, 매수인은 목적물의 인도를 받은 날로부터 대금의 이자를 지급하여야 한다고 규정하고 있는바, 이는 매매당사자 사이의 형평을 꾀하기 위하여 매매목적물이 인도되지 아니하더라도 매수인이 대금을 완제한 때에는 그 시점 이후의 과실은 매수인에게 귀속되지만, 매매목적물이 인도되지 아니하고 또한 매수인이 대금을 완제하지 아니한 때에는 매도인의 이행지체가 있더라도 과실은 매도인에게 귀속되는 것이므로[151] 매수인은 인도의무의 지체로 인한 손해배상금의 지급을 구할 수 없다.[152]

---

147) 대법원 2007. 12. 27. 선고 2006다60229 판결.
148) 대법원 1991. 4. 12. 선고 91다2601 판결 등 참조.
149) 대법원 1985. 4. 9. 선고 84다카130, 131 판결; 대법원 1996. 11. 15. 선고 94다35343 판결; 대법원 2000. 4. 21. 선고 2000다584 판결 등 참조.
150) 대법원 2005. 6. 9. 선고 2005다6341 판결.
151) 대법원 1992. 4. 28. 선고 91다32527 판결 참조.
152) 대법원 2004. 4. 23. 선고 2004다8210 판결. 피고들이 2002. 4. 30.까지 원고에게 이 사건 토지와 건물을 명도하여 주기로 약정하였음에도 불구하고, 이를 이행하지 아니하였다고 하더라도 원고가 피고들에게 매매잔대금을 전부 지급하였다는 주장과 입증이 없는 이 사건에서 특별한 사정이 없는 한 매수인인 원고는 매도인인 피고들에 대하여 매매목적물의 인도의무의 이행

■ 분양 아파트의 잔금에 대하여 수분양자들이 분양자의 책임 아래 그 아파트를 담보로 은행대출을 받아 그 대출금으로 이를 대체하기로 약정한 것이라면, 잔금의 기한은 분양자가 수분양자들에게 소유권 이전 및 대출을 위한 준비를 완료하고 대출 절차의 이행을 최고하였음에도 불구하고 수분양자들이 소유권 이전이나 대출에 필요한 서류의 준비 등 절차를 지연하여 대출이 늦어지는 바람에 잔금의 수령이 지연되는 등 수분양자들에게 대출 지연에 대한 책임이 있다고 볼 수 있는 특별한 사유가 있는 경우를 제외하고는, 은행 대출을 받을 수 있는 때까지로 봄이 상당하다.[153]

XXI. 대물반환의 예약

□ **제607조(대물반환의 예약)**
차용물의 반환에 관하여 차주가 차용물에 가름하여 다른 재산권을 이전할 것을 예약한 경우에는 그 재산의 예약 당시의 가액이 차용액 및 이에 붙인 이자의 합산액을 넘지 못한다.

■ 채무와 관련하여 채무자 소유의 부동산이 채권자 앞으로 소유권이전등기가 경료된 경우, 그것이 대물변제조로 이전된 것인가, 아니면 종전채무의 담보를 위하여 이전된 것인가의 문제는 소유권이전 당시의 당사자 의사해석에 관한 문제인 것이고, 이 점에 관하여 명확한 증명이 없는 경우에는(담보목적임을 주장하는 측에 그 입증책임이 있다) 소유권이전 당시의 채무액과 부동산의 가액, 채무를 지게 된 경위와 그 후의 과정(가등기의 경료관계), 소유권이전 당시의 상황, 그 이후에 있어서의 부동산의 지배 및 처분관계 등 제반 사정을 종합하여 담보목적인지를 가려야 할 것이다.[154]
■ 기존의 채무를 정리하는 방법으로 다른 재산권을 이전하기로 하면서 일정 기간 내에 채무 원리금을 변제할 때에는 그 재산을 반환받기로 하는 약정이 이루어졌다면, 다른 특별한 사정이 없는 한 당사자 간에는 그 재산을 담보의 목적으로 이전하고 변제기 내에 변제가 이루어지지 않으면 담보권 행사에

지체를 원인으로 한 손해배상을 청구할 수는 없다고 판시한 사례.
153) 대법원 1995. 12. 26. 선고 95다33962 판결. 왜냐하면 은행대출의 책임이 원고에게 있다는 의미 속에는 만약 은행대출을 받지 못하여 잔금을 지급하지 못하더라도 그것이 피고들의 귀책사유에 의한 것이 아닌 한, 피고들에게 잔금의 미지급에 따른 지체책임을 지게 하지 않는다는 뜻이 들어 있다고 볼 수 있기 때문이다. 대법원은 이 사건 분양 아파트에 관하여 원고(분양자) 명의로 소유권보존등기를 한 날이 1992. 10. 8.이고, 피고(수분양자)들 명의로 소유권이전등기를 한 날이 1992. 11. 24.에서 1992. 12. 10.까지의 사이이며, 근저당권설정등기를 한 날은 대부분 위 소유권이전등기일과 같다는 것이므로 적어도 원고 명의로 소유권보존등기를 한 날인 1992. 10. 8.까지는 잔금의 지급기한이 유예되어 있는 것으로서 그 기간 동안은 피고들에게 미지급 잔금에 대한 이자의 지급의무가 있다고 보기 어렵고, 원고 명의의 위 보존등기가 경료된 후 1, 2개월이 지나서야 피고들 명의로 소유권이전등기 및 근저당권설정등기가 경료되고 대출이 이루어지게 된 사유가 피고들 측의 귀책사유에 의한 것이 아니라면, 잔금의 기한은 실제로 대출을 받은 때로서, 피고들은 민법 제587조 단서에 따라 미지급 잔금에 대한 이자의 지급의 무가 없다 할 것이고, 그 지연사유가 피고들 측의 귀책사유에 의한 것인 경우에 비로소 그 귀책사유로 인한 지연기간에 대한 이자의 지급의무가 있다고 한다. 민법 제587조는 매매목적물이 인도되면 매수인은 인도일로부터 매매대금에 대한 이자를 지급할 것을 규정하고 있다고 하여 곧바로 피고들은 원고에게 입주일로부터 대출일까지의 잔금에 대한 이자를 지급할 의무가 있다고 판시한 원심은 민법 제587조에 관한 법리를 오해한 위법이 있다고 판시한 사례.
154) 대법원 1993. 6. 8. 선고 92다19880 판결.

부록 701

의한 정산절차를 거쳐 원리금을 변제받기로 하는 약정이 이루어진 것으로 해석하여야 한다.155)

XXII. 임대차

☐ **제618조(임대차의 의의)**

임대차는 당사자 일방이 상대방에게 목적물을 사용, 수익하게 할 것을 약정하고 상대방이 이에 대하여 차임을 지급할 것을 약정함으로써 그 효력이 생긴다.

■ 임대차계약에서 보증금을 지급하였다는 입증책임은 보증금의 반환을 구하는 임차인이 부담하고, 임대차계약이 성립하였다면 임대인에게 임대차계약에 기한 임료 채권이 발생하였다 할 것이므로 <u>임료를 지급하였다는 입증책임도 임차인이 부담한다.</u>156)

■ 임대차계약의 종료에 의하여 발생된 <u>임</u>차인의 임차목적물반환 의무와 임대인의 연체차임을 공제한 나머지 보증금의 반환의무는 동시이행의 관계에 있는 것이므로,157) 임대차계약 종료 후에도 임차인이 동시이행의 항변권을 행사하여 임차건물을 계속 점유하여 온 것이라면, 임대인이 임차인에게 위 보증금반환 의무를 이행하였다거나 그 현실적인 이행의 제공을 하여 임차인의 건물명도 의무가 지체에 빠지는 등의 사유로 동시이행항변권을 상실하게 되었다는 점에 관하여 임대인의 주장·입증이 없는 이상, 임차인의 그 건물에 대한 점유는 불법점유라고 할 수 없으며, 따라서 임차인으로서는 이에 대한 손해배상의무도 없다. 임대차계약에 있어 임대차보증금은 임대차계약 종료 후에 발생하는 임료 상당의 부당이득반환 채권뿐만 아니라 훼손된 건물 부분의 원상복구비용 상당의 손해배상 채권 등도 담보하는 것이므로, 임대인으로서는 임대차보증금에서 그 피담보채무를 공제한 나머지만을 임차인에게 반환할 의무가 있다고 할 것인데, <u>임대인으로서는 그 임대차보증금에 의하여 담보되는 부당이득 반환채권 및 손해배상 채권의 발생에 관하여 주장·입증책임을 부담하는 것이고, 다만 그 발생한 채권이 변제 등의 이유로 소멸하였는지에 관해서는 임차인이 주장·입증책임을 부담한다.</u>158)

---

155) 대법원 1998. 4. 10. 선고 97다4005 판결. 부동산에 관하여 정산절차를 예정한 약한 의미의 양도담보 약정이 이루어졌다면 채권자는 채무의 변제기 후 반드시 담보권 실행을 위한 정산절차를 거쳐야만 하는 것이고, 채무자로서는 채권자가 담보권을 실행하여 정산절차를 마치기 전에는 채무를 변제하고 부동산에 대한 채권자 명의의 소유권이전등기의 말소를 구할 수 있다고 할 것인바, 이는 양도담보 약정 당시 당해 부동산의 시가가 채권 원리금에 미달한다 하더라도 마찬가지이다.

156) 대법원 2001. 8. 24. 선고 2001다28176 판결; 대법원 2005. 1. 13. 선고 2004다19647 판결.

157) 가옥의 전세나 임대차계약에 있어서의 전세보증금은 특별한 사정이 없는 한 임차인의 임차가옥 명도와 동시 또는 그 후에 반환하는 것이 통례이므로, 임차인이 임차가옥을 명도하지 아니하고 거주하고 있었다면 전세금반환채권이 존재하고 있었다는 점은 추정을 받는다고 할 것이므로 그 명도이전에 전세보증금을 반환하였다는 점은 임대인이 이를 주장 입증하여야 한다. 대법원 1984. 12. 26. 선고 84다카1255 판결.

158) 대법원 1995. 7. 25. 선고 95다14664, 14671(반소) 판결.

XXIII. 임차권의 양도

☐ **제629조(임차권의 양도, 전대의 제한)**

① 임차인은 임대인의 동의 없이 그 권리를 양도하거나 임차물을 전대하지 못한다.

② 임차인이 전항의 규정에 위반한 때에는 임대인은 계약을 해지할 수 있다.

■ 민법상 임차인은 임대인의 동의 없이 임차물을 전대하지 못하고 임차인이 이에 위반한 때에는 임대인은 계약을 해지할 수 있으나(민법 제629조), 이는 임대차계약이 원래 당사자의 개인적 신뢰를 기초로 하는 계속적 법률관계임을 고려하여 임대인의 인적 신뢰나 경제적 이익을 보호하여 이를 해치지 않게 하고자 함에 있고, 임차인이 임대인의 동의 없이 제3자에게 임차물을 사용·수익시키는 것은 임대인에게 임대차관계를 계속시키기 어려운 배신적 행위가 될 수 있는 것이기 때문에 임대인에게 일방적으로 임대차관계를 종료시킬 수 있도록 하고자 함에 있다. 따라서 <u>임차인이 비록 임대인으로부터 별도의 승낙을 얻지 아니하고 제3자에게 임차물을 사용·수익하도록 한 경우에 있어서도, 임차인의 당해 행위가 임대인에 대한 배신적 행위라고 할 수 없는 특별한 사정이 인정되는 경우에는, 임대인은 자신의 동의 없이 전대차가 이루어졌다는 것만을 이유로 임대차계약을 해지할 수 없으며,</u> 전차인은 그 전대차나 그에 따른 사용·수익을 임대인에게 주장할 수 있다 할 것이다(대법원 1993. 4. 13. 선고 92다24950 판결, 대법원 1993. 4. 27. 선고 92다45308 판결)[대법원 2007. 11. 29. 선고 2005다64255 판결].[159]

XXIV. 임대차계약 해지

☐ **제635조(기간의 약정 없는 임대차의 해지통고)**

① 임대차기간의 약정이 없는 때에는 당사자는 언제든지 계약해지의 통고를 할 수 있다.

② 상대방이 전항의 통고를 받은 날로부터 다음 각 호의 기간이 경과하면 해지의 효력이 생긴다.

1. 토지, 건물, 기타 공작물에 대해서는 임대인이 해지를 통고한 경우에는 6월, 임차인이 해지를 통고한 경우에는 1월

2. 동산에 대해서는 5일

☐ **제640조(차임연체와 해지)**

---

159) 위와 같은 특별한 사정이 있는 점은 임차인이 증명하여야 한다. 대법원 1993. 4. 27. 선고 92다45308 판결은 임차권의 양수인이 임차인과 부부로서 임차건물에 동거하면서 함께 가구점을 경영하고 있는 등의 사정이 있다면 위 '특별한 사정'에 해당한다고 본다.

건물, 기타 공작물의 임대차에는 임차인의 차임연체액이 2기의 차임액에 달하는 때에는 임대인은 계약을 해지할 수 있다.

■ 임대인이 <u>임차인의 차임연체액이 2기의 차임액에 달한다는 이유로 임대차계약을 해지하고 임차목적물의 반환을 청구한다는 주장</u>과 <u>임대차기간의 약정이 없어서 바로 계약해지의 통고를 하고 임차목적물의 반환을 청구한다는 주장</u>은 양립할 수 있는 별개의 독립한 공격방어방법이므로, 임대인이 그중 어느 한쪽만을 주장한 경우 법원은 처분권주의의 원칙상 그 주장에 대해서만 판단하여야지 당사자가 주장하지도 아니한 사항에 관해서까지 주장을 촉구하거나 판단하지 못한다.[160]

XXV. 임차물반환채무의 이행불능과 귀책사유

□ 제615조(차주의 원상회복의무와 철거권)
차주가 차용물을 반환하는 때에는 이를 원상에 회복하여야 한다. 이에 부속시킨 물건은 철거할 수 있다.

□ 제654조(준용규정)
제610조 제1항, 제615조 내지 제617조의 규정은 임대차에 이를 준용한다.

■ 임차인은 임차건물의 보존에 관하여 선량한 관리자의 주의의무를 다하여야 하고, <u>임차인의 임차물반환채무가 이행불능이 된 경우, 임차인이 그 이행불능으로 인한 손해배상책임을 면하려면 그 이행불능이 임차인의 귀책사유로 말미암은 것이 아님을 입증할 책임이 있는바</u>, 임차건물이 건물구조의 일부인 전기배선의 이상으로 인한 화재로 소훼되어 임차인의 임차목적물반환채무가 이행불능이 되었다고 하더라도, 당해 임대차가 장기간 계속되었고 화재의 원인이 된 전기배선을 임차인이 직접 하였으며 임차인이 전기배선의 이상을 미리 알았거나 알 수 있었던 경우에는, 당해 전기배선에 대한 관리는 임차인의 지배관리 영역 내에 있었다 할 것이므로, 위와 같은 전기배선의 하자로 인한 화재는 특별한 사정이 없는 한 임차인이 임차목적물의 보존에 관한 선량한 관리자의 주의의무를 다하지 아니한 결과 발생한 것으로 보아야 한다.[161]

---

160) 대법원 1993. 4. 27. 선고 93다1688 판결.
161) 대법원 2006. 1. 13. 선고 2005다51013, 51020 판결.

XXVI. 도급

☐ **제664조(도급의 의의)**

도급은 당사자 일방이 어느 일을 완성할 것을 약정하고 상대방이 그 일의 결과에 대하여 보수를 지급할 것을 약정함으로써 그 효력이 생긴다.

☐ **제665조(보수의 지급시기)**

① 보수는 그 완성된 목적물의 인도와 동시에 지급하여야 한다. 그러나 목적물의 인도를 요하지 아니하는 경우에는 그 일을 완성한 후 지체 없이 지급하여야 한다.

② 전항의 보수에 관해서는 제656조 제2항의 규정을 준용한다.

■ 도급계약에 있어 일의 완성에 관한 주장·입증책임은 일의 결과에 대한 보수의 지급을 청구하는 수급인에게 있고,[162] 제작물공급계약에서 일이 완성되었다고 하려면 당초 예정된 최후의 공정까지 일단 종료하였다는 점만으로는 부족하고 목적물의 주요구조 부분이 약정된 대로 시공되어 사회통념상 일반적으로 요구되는 성능을 갖추고 있어야 하므로, 제작물공급에 대한 보수의 지급을 청구하는 수급인으로서는 그 목적물 제작에 관하여 계약에서 정해진 최후 공정을 일단 종료하였다는 점뿐만 아니라 그 목적물의 주요구조 부분이 약정된 대로 시공되어 사회통념상 일반적으로 요구되는 성능을 갖추고 있다는 점까지 주장·입증하여야 한다[대법원 2006. 10. 13. 선고 2004다21862 판결].[163]

XXVII. 조합의 업무집행조합원의 대리권

☐ **제709조(업무집행자의 대리권추정)**

조합의 업무를 집행하는 조합원은 그 업무집행의 대리권 있는 것으로 추정한다.

■ 민법 제709조에 의하면, 조합계약으로 업무집행자를 정하였거나 또는 선임한 때에는 그 업무집행조합원은 조합의 목적을 달성하는 데 필요한 범위에서 조합을 위하여 모든 행위를 할 대리권이 있는 것으로 추정되지만, 위 규정은 임의규정이라고 할 것이므로 당사자 사이의 약정에 의하여 조합의 업

---

162) 따라서 도급인이 도급계약상의 공사 중 미시공 부분이 있다고 주장한 바가 없다고 하더라도 그 공사의 완성에 따른 보수금의 지급을 구하는 수급인으로서는 공사의 완성에 관한 주장·입증을 하여야 한다. 대법원 1994. 11. 22. 선고 94다26684, 94다26691 판결.

163) 일반적으로 건축공사도급계약에서 공사대금의 지급의무와 공사의 완공의무가 반드시 동시이행관계에 있는 것은 아니지만, 도급인이 계약상 의무를 부담하는 공사 기성 부분에 대한 공사대금 지급의무를 지체하고 있고, 수급인이 공사를 완공하더라도 도급인이 공사대금의 지급채무를 이행하기 곤란한 현저한 사유가 있는 경우에는 수급인은 그러한 사유가 해소될 때까지 자신의 공사 완공의무를 거절할 수 있다. 대법원 2005. 11. 25. 선고 2003다60136 판결.

무집행에 관하여 조합원 전원의 동의를 요하도록 하는 등 그 내용을 달리 정할 수 있고, 그와 같은 약정이 있는 경우에는 조합의 업무집행은 조합원 전원의 동의가 있는 때에만 유효하다 할 것이어서 (대법원 1998. 3. 13. 선고 95다30345 판결 참조), 조합의 구성원이 위와 같은 약정의 존재를 주장·입증하면 조합의 업무집행자가 조합원을 대리할 권한이 있다는 추정은 깨어지고 업무집행자와 사이에 법률행위를 한 상대방이 나머지 조합원에게 그 법률행위의 효력을 주장하기 위해서는 그와 같은 약정에 따른 조합원 전원의 동의가 있었다는 점을 주장·입증할 필요가 있다.[164]

XXVIII. 부당이득

□ **제741조(부당이득의 내용)**

법률상 원인 없이 타인의 재산 또는 노무로 인하여 이익을 얻고 이로 인하여 타인에게 손해를 가한 자는 그 이익을 반환하여야 한다.

■ 부당이득반환에 있어서 손해의 발생에 대한 입증책임이 부당이득반환을 청구하는 자에게 있다.[165]

■ 토지의 불법 점유가 있으면 불법 점유라는 사실이 발생하지 않았더라도 부동산 소유자에게 임료 상당 이익이나 기타 소득이 발생할 여지가 없다는 등의 특별한 사정이 없는 한 토지 소유자는 그로 인한 손실을 입고 있다고 보아야 할 것이고,[166] 이때에 그와 같은 특별한 사정에 관해서는 손실이 발생하지 아니하였음을 주장하는 쪽에서 입증책임을 진다.[167]

■ 임대차보증금은 임대차계약이 종료된 후 임차인이 목적물을 인도할 때까지 발생하는 차임 및 기타 임차인의 채무를 담보하는 것으로서 그 피담보채무액은 임대차관계의 종료 후 목적물이 반환될 때에 특별한 사정이 없는 한 별도의 의사표시 없이 임대차보증금에서 당연히 공제되는 것이므로,[168] 특별한 사정이 없는 한 임대차계약이 종료되었다 하더라도 목적물이 명도되지 않았다면 임차인은 임대차보증금이 있음을 이유로 연체차임의 지급을 거절할 수 없는 것이고,[169] 또한 임대차보증금액보다도 임차인의 채무액이 많은 경우에는 민법 제477조에서 정하고 있는 법정충당순서에 따라야 하는 것이다. 임대차는 당사자 일방이 상대방에게 목적물을 사용·수익하게 할 것을 약정하고 상대방이 이에 대하여 차임을 지급할 것을 약정함으로써 그 효력이 생기는 것이므로, 임차인은 임대차계약

---

164) 대법원 2002. 1. 25. 선고 99다62838 판결.
165) 대법원 1996. 5. 14. 선고 94다54283 판결. 타인의 토지를 점유함으로 인한 부당이득반환채무는 이행의 기한이 없는 채무로서 이행청구를 받은 때로부터 지체책임이 있다. 대법원 2008. 2. 1. 선고 2007다8914 판결.
166) 대법원 1985. 10. 22. 선고 85다카689 판결 참조.
167) 대법원 1997. 7. 22. 선고 96다14227 판결. 불법 점유라는 사실이 발생하지 않았더라도 원고에게 임료 상당 이익이나 기타 소득이 발생할 여지가 없다는 등의 특별한 사정을 피고가 주장·입증하지 못하는 한 원고는 그로 인하여 상응하는 손실을 입고 있다고 보아야 할 것이다.
168) 대법원 2005. 9. 28. 선고 2005다8323, 8330 판결 참조.
169) 대법원 1999. 7. 27. 선고 99다24881 판결 참조.

이 종료된 경우 특별한 사정이 없는 한 임대인에게 그 목적물을 명도하고 임대차 종료일까지의 연체차임을 지급할 의무가 있음은 물론, 임대차 종료일 이후부터 목적물 명도 완료일까지 그 부동산을 점유·사용함에 따른 차임 상당의 부당이득금을 반환할 의무도 있다고 할 것인바,[170] 이와 같은 법리는 임차인이 임차물을 전대하였다가 임대차 및 전대차가 모두 종료된 경우의 전차인에 대해서도 특별한 사정이 없는 한 그대로 적용된다.[171] 한편, 타인 소유의 토지 위에 권한 없이 건물을 소유하고 있는 자는 그 자체로서 특별한 사정이 없는 한 법률상 원인 없이 타인의 재산으로 토지의 차임에 상당하는 이익을 얻고 이로 인하여 타인에게 동액 상당의 손해를 주고 있다고 보아야 할 것인바,[172] 건물 이외의 공작물의 소유를 목적으로 한 토지 전대차의 경우에도 이와 마찬가지로 풀이하여야 할 것이다.[173]

XXIX. 非債辨濟

□ 제742조(비채변제)
채무 없음을 알고 이를 변제한 때에는 그 반환을 청구하지 못한다.

■ 민법 제742조 소정의 비채변제에 관한 규정은 변제자가 채무 없음을 알면서도 변제를 한 경우에 적용되는 것이고, 채무 없음을 알지 못한 경우에는 그 과실 유무를 불문하고 적용되지 아니한다.[174]
■ 민법 제742조 소정의 비채변제에 관한 규정은 변제자가 채무 없음을 알면서도 변제를 한 경우에 적

---

170) 대법원 1996. 9. 6. 선고 94다54641 판결; 대법원 2000. 11. 24. 선고 2000다37777, 37784 판결 등 참조. 법률상의 원인 없이 이득하였음을 이유로 한 부당이득의 반환에 있어 이득이라 함은 실질적인 이익을 의미하므로, 임차인이 임대차계약 관계가 소멸된 이후에도 임차건물 부분을 계속 점유하기는 하였으나 이를 본래의 임대차계약상의 목적에 따라 사용·수익하지 아니하여 실질적인 이득을 얻은 바 없는 경우에는, 그로 인하여 임대인에게 손해가 발생하였다 하더라도 임차인의 부당이득반환의무는 성립되지 아니한다. 대법원 1995. 7. 25. 선고 95다14664, 14671(반소) 판결.
171) 대법원 2001. 6. 29. 선고 2000다68290 판결 참조.
172) 대법원 1995. 9. 15. 선고 94다61144 판결; 대법원 1998. 5. 8. 선고 98다2389 판결 등 참조. 사회통념상 건물은 그 부지를 떠나서는 존재할 수 없는 것이므로 건물의 부지가 된 토지는 그 건물의 소유자가 점유하는 것으로 볼 것이고, 이 경우 건물의 소유자가 현실적으로 건물이나 그 부지를 점거하고 있지 아니하고 있더라도 그 건물의 소유를 위하여 그 부지를 점유한다고 보아야 한다. 대법원 2003. 11. 13. 선고 2002다57935 판결.
173) 대법원 2007. 8. 23. 선고 2007다21856, 21863 판결. 카센터 운영을 목적으로 한 토지 전대차계약이 2004. 10.경 적법하게 해지된 이후에도 피고(전차인)가 이 사건 토지에서 계속 영업을 하다가 2005. 5. 21. 이후로는 영업을 하지 아니하였으나, 그 지상에는 피고 소유의 주벽이 설치되어 있지 아니한 철구조물에 천막을 씌운 카센터건물과 콘테이너박스가 잔존한 사실이 인정되는바, 이 사건 전대차가 적법하게 해지되었다면 피고는 위 공작물의 소유를 위하여 그 부지가 된 이 사건 토지를 점유한다고 보아야 할 것이므로, 특별한 사정이 없는 한 이 사건 토지 인도 완료일까지 그 토지를 점유·사용함에 따른 차임 상당의 부당이득금을 반환할 의무가 있다고 할 것임에도 불구하고 피고가 이 사건 토지 위의 공작물을 철거하여 토지를 인도하였는지 또는 원고(전대인)와 소외인(임대인) 사이의 임대차계약이 종료되어 피고가 임대인으로부터 이 사건 토지의 인도청구나 차임 상당 부당이득금 반환청구를 받았다는 등의 특별한 사정이 있는지에 관하여 심리를 하지 아니한 채 단지 피고가 2005. 5. 21. 이후 이 사건 토지상에서 운영하던 카센터 영업을 중단하였다는 이유만으로 원고의 2005. 5. 21. 이후의 부당이득반환청구를 배척한 원심판결에는 부당이득에 관한 법리를 오해하여 판결에 영향을 미친 위법이 있다고 판시한 사례.
174) 대법원 1998. 11. 13. 선고 97다58453 판결. 따라서 비채변제를 원인으로 부당이득반환을 청구하는 자는 채무가 존재하지 아니한 사실만 주장, 증명하면 되고, 그 채무가 존재하지 아니함을 알지 못하고 지급하였음을 주장, 증명할 책임은 없다.

용되는 것이고, 채무 없음을 알지 못한 경우에는 그 과실 유무를 불문하고 적용되지 아니하며, 변제자가 채무 없음을 알았다는 점에 대한 입증책임은 반환청구권을 부인하는 측에 있다.[175]

■ 민법 제742조 소정의 비채변제는 지급자가 채무 없음을 알면서도 임의로 지급한 경우에만 성립하고 채무 없음을 알고1 있었다 하더라도 변제를 강제 당한 경우나 변제거절로 인한 사실상의 손해를 피하기 위하여 부득이 변제하게 된 경우 등 그 변제가 자기의 자유로운 의사에 반하여 이루어진 것으로 볼 수 있는 사정이 있는 때에는 지급자가 그 반환청구권을 상실하지 않는다고 할 것이다.[176]

XXX. 불법원인급여

☐ **제746조(불법원인급여)**
불법의 원인으로 인하여 재산을 급여하거나 노무를 제공한 때에는 그 이익의 반환을 청구하지 못한다. 그러나 그 불법원인이 수익자에게만 있는 때에는 그러하지 아니하다.

■ 불법원인급여 후 급부를 이행받은 자가 급부의 원인행위와 별도의 약정으로 급부 그 자체 또는 그에 갈음한 대가물의 반환을 특약하는 것은 불법원인급여를 한 자가 그 부당이득의 반환을 청구하는 경우와는 달리 그 반환약정 자체가 사회질서에 반하여 무효가 되지 않는 한 유효하다고 할 것이고, 여기서 반환약정 자체의 무효 여부는 반환약정 그 자체의 목적뿐만 아니라 당초의 불법원인급여가 이루어진 경위, 쌍방 당사자의 불법성의 정도, 반환약정의 체결과정 등 민법 제103조 위반 여부를 판단하기 위한 제반 요소를 종합적으로 고려하여 결정하여야 하고, 한편 반환약정이 사회질서에 반하여 무효라는 점은 수익자가 이를 입증하여야 한다.[177]

XXXI. 수익자의 반환범위

☐ **제748조(수익자의 반환범위)**
① 선의의 수익자는 그 받은 이익이 현존한 한도에서 전조의 책임이 있다.
② 악의의 수익자는 그 받은 이익에 이자를 붙여 반환하고 손해가 있으면 이를 배상하여야 한다.

■ 선의의 수익자에 대한 부당이득반환청구에 있어서 그 이익이 현존하고 있는 사실에 관해서는 그 반환청구권자에게 입증책임이 있다.[178]

---

175) 대법원 2010. 5. 13. 선고 2009다96847 판결; 대법원 2006. 9. 28. 선고 2006다40171 판결 참조.
176) 대법원 2006. 7. 28. 선고 2004다54633 판결; 대법원 2007. 11. 16. 선고 2007다11316 판결.
177) 대법원 2010. 5. 27. 선고 2009다12580 판결.

■ 법률상 원인 없이 타인의 재산 또는 노무로 인하여 이익을 얻고 그로 인하여 타인에게 손해를 가한 경우, 그 취득한 것이 금전상의 이득인 때에는 그 금전은 이를 취득한 자가 소비하였는가를 불문하고 현존하는 것으로 추정된다.[179]

XXXII. 불법행위

□ 제750조(불법행위의 내용)
고의 또는 과실로 인한 위법행위로 타인에게 손해를 가한 자는 그 손해를 배상할 책임이 있다.

■ 가해자 측이 피해자 주장의 후유장해가 기왕증에 의한 것이라고 다투는 경우, 가해자 측의 그 주장은 소송법상의 인과관계의 부인이고 따라서 피해자가 적극적으로 그 인과관계의 존재 즉 당해 사고와 상해 사이에 인과관계가 있다거나 소극적으로 기왕증에 의한 후유장해가 없었음을 입증하여야 한다.[180]

■ 도서・잡지에 의하여 사실을 적시하여 개인의 명예를 훼손하는 행위를 한 경우에도 그 목적이 오로지 공공의 이익을 위한 것일 때에는 적시된 사실이 진실이라는 증명이 있거나 그 증명이 없다 하더라도 행위자가 그것을 진실이라고 믿었고 또 그렇게 믿을 상당한 이유가 있으면 위법성이 없다고 보아야 할 것이나, 그에 대한 입증책임은 어디까지나 명예훼손 행위를 한 도서・잡지의 집필자 또는 발행인에게 있고, 피해자가 종교단체라 하여 입증책임이 바뀌는 것은 아니다.[181]

■ 법원은 불법행위로 인하여 배상할 손해의 범위를 정함에 있어서 상대방의 과실상계 항변이 없더라도 피해자의 과실을 참작하여야 하는 것이다.[182]

■ 언론・출판을 통해 사실을 적시함으로써 타인의 명예를 훼손한 경우, 원고가 청구원인으로 그 적시된 사실이 허위사실이거나 허위평가라고 주장하며 손해배상을 구하는 때에는 그 허위성에 대한 입증책임은 원고에게 있고, 다만 피고가 그 적시된 사실이 진실한 사실로서 오로지 공공의 이익에 관한 것이므로 위법성이 없다고 항변할 경우 그 위법성을 조각시키는 사유에 대한 증명책임은 피고에게 있다.[183]

---

178) 대법원 1970. 2. 10. 선고 69다2171 판결.
179) 대법원 1996. 12. 10. 선고 96다32881 판결.
180) 대법원 1999. 5. 11. 선고 99다2171 판결; 대법원 2002. 9. 4. 선고 2001다80778 판결. 불법행위로 인한 손해배상청구권을 주장하는 자는 가해행위가 고의, 과실에 기한 사실, 권리 또는 이익의 침해가 있는 사실, 손해가 발생한 사실, 가해행위와 손해 사이의 인과관계 및 손해액에 대하여 증명책임을 부담한다. 그러나 민법 제755조, 제756조, 제758조 등 특수불법행위의 법률효과를 주장하는 자는 각각 그 법조에 규정된 적극적 요건사실만 증명할 책임이 있고, 무과실 등의 증명책임은 그 불법행위의 성립을 다투는 상대방이 부담한다.
181) 대법원 1999. 4. 27. 선고 98다16203 판결.
182) 대법원 2008. 2. 28. 선고 2005다60369 판결.
183) 대법원 2008. 1. 24. 선고 2005다58823 판결.

XXXIII. 미성년자의 감독자의 책임

□ 제755조(책임무능력자의 감독자의 책임)

① 전2조의 규정에 의하여 무능력자에게 책임 없는 경우에는 이를 감독할 법정의무 있는 자가 그 무능력자의 제3자에게 가한 손해를 배상할 책임이 있다. 그러나 감독의무를 해태하지 아니한 때에는 그러하지 아니하다.

② 감독의무자에 갈음하여 무능력자를 감독하는 자도 전항의 책임이 있다.

■ 민법 제750조에 대한 특별규정인 민법 제755조 제1항에 의하여 책임능력 없는 미성년자를 감독할 법정의 의무 있는 자가 지는 손해배상책임은 그 미성년자에게 책임이 없음을 전제로 하여 이를 보충하는 책임이고, 그 경우에 감독의무자 자신이 감독의무를 해태하지 아니하였음을 입증하지 아니하는 한 책임을 면할 수 없는 것이나, 반면에 <u>미성년자가 책임능력이 있어 그 스스로 불법행위책임을 지는 경우에도 그 손해가 당해 미성년자의 감독의무자의 의무위반과 상당인과관계가 있으면 감독의무자는 일반불법행위자로서 손해배상책임이 있다 할 것이므로,</u>[184] <u>이 경우에 그러한 감독의무 위반사실 및 손해발생과의 상당인과관계의 존재는 이를 주장하는 자가 입증하여야 할 것이다.</u>[185]

XXXIV. 사용자책임

□ 제756조(사용자의 배상책임)

① 타인을 사용하여 어느 사무에 종사하게 한 자는 피용자가 그 사무집행에 관하여 제3자에게 가한 손해를 배상할 책임이 있다. 그러나 사용자가 피용자의 선임 및 그 사무감독에 상당한 주의를 한 때 또는 상당한 주의를 하여도 손해가 있을 경우에는 그러하지 아니하다.

② 사용자에 갈음하여 그 사무를 감독하는 자도 전항의 책임이 있다.

③ 전2항의 경우에 사용자 또는 감독자는 피용자에 대하여 구상권을 행사할 수 있다.

■ 민법 제756조 제1항 및 제2항의 책임에 있어서 사용자나 그에 갈음하여 사무를 감독하는 자는 그 피용자의 선임과 사무감독에 상당한 주의를 하였거나 상당한 주의를 하여도 손해가 있을 경우에는 손해배상의 책임이 없으나, <u>이러한 사정은 사용자 등이 주장 및 입증을 하여야 하는 것이다.</u>[186]

---

184) 대법원 1991. 11. 8. 선고 91다32473 판결; 대법원 1992. 5. 22. 선고 91다37690 판결; 대법원 1993. 8. 27. 선고 93다22357 판결 각·참조.
185) 대법원 1994. 2. 8. 선고 93다13605 전원합의체 판결.
186) 대법원 1969. 1. 28. 선고 68다578 판결; 대법원 1998. 5. 15. 선고 97다58538 판결.

XXXV. 공동불법행위

☐ **제760조(공동불법행위자의 책임)**

① 수인이 공동의 불법행위로 타인에게 손해를 가한 때에는 연대하여 그 손해를 배상할 책임이 있다.

② 공동 아닌 수인의 행위 중 어느 자의 행위가 그 손해를 가한 것인지를 알 수 없는 때에도 전항과 같다.

③ 교사자나 방조자는 공동행위자로 본다.

■ 민법 제760조 제2항은 여러 사람의 행위가 경합하여 손해가 생긴 경우 중 같은 조 제1항에서 말하는 공동의 불법행위로 보기에 부족할 때, 입증책임을 덜어줌으로써 피해자를 보호하려는 입법정책상의 고려에 따라 각각의 행위와 손해 발생 사이의 인과관계를 법률상 추정한 것이므로, 이러한 경우 개별 행위자가 자기의 행위와 손해 발생 사이에 인과관계가 존재하지 아니함을 증명하면 면책되고, 손해의 일부가 자신의 행위에서 비롯된 것이 아님을 증명하면 배상책임이 그 범위로 감축된다.[187]

XXXVI. 손해배상청구권의 소멸시효

☐ **제766조(손해배상청구권의 소멸시효)**

① 불법행위로 인한 손해배상의 청구권은 피해자나 그 법정대리인이 그 손해 및 가해자를 안 날로부터 3년간 이를 행사하지 아니하면 시효로 인하여 소멸한다.

② 불법행위를 한 날로부터 10년을 경과한 때에도 전항과 같다.

■ 불법행위로 인한 손해배상청구권의 단기소멸시효에 있어서 손해를 안 것이라 함은 <u>단순히 손해발생 사실을 안 것만으로는 부족하고 그 손해가 위법행위로 인하여 발생한 것까지도 알았음을 요하고, 이 같은 손해를 안 시기에 관한 입증책임은 시효의 이익을 주장하는 자에게 있으며,</u> 시효제도의 존재이유는 영속된 사실상태를 존중하고 권리 위에 잠자는 자를 보호하지 않는다는 데 있고 특히 소멸시효에 있어서는 후자의 의미가 강하므로 권리자가 재판상 그 권리를 주장하여 권리 위에 잠자는 것이 아님을 표명한 때에는 시효중단사유가 되는바, 이러한 시효중단사유로서의 재판상의 청구에는 그 권리 자체의 이행청구를 하는 경우뿐만 아니라 그 권리가 발생한 기본적 권리관계에 관한 이행

---

187) 대법원 2008. 4. 10. 선고 2007다76306 판결. 차량 등의 3중 충돌사고로 사망한 피해자가 그중 어느 충돌사고로 사망하였는지 정확히 알 수 없는 경우, 피해자가 입은 손해는 민법 제760조 제2항에서 말하는 가해자 불명의 공동불법행위로 인한 손해에 해당하여 위 충돌사고 관련자들의 각각의 행위와 위 손해 발생 사이의 상당인과관계가 법률상 추정되므로, 그중 1인이 위 법조항에 따른 공동불법행위자로서의 책임을 면하려면 자기의 행위와 위 손해 발생 사이에 상당인과관계가 존재하지 아니함을 적극적으로 주장·입증하여야 한다고 한 사례.

청구나 확인청구를 하는 경우에도 그 기본적 권리관계의 이행청구나 확인청구가 그로부터 발생한 권리의 실현 수단이 될 수 있어 권리 위에 잠자는 것이 아님을 표명한 것으로 볼 수 있는 때에는 그 기본적 권리관계에 관한 이행청구나 확인청구도 시효중단사유로서의 재판상 청구에 포함된다.[188)]

■ 불법행위로 인한 손해배상청구권은 피해자나 그 법정대리인이 그 손해 및 가해자를 안 날로부터 3년간 행사하지 아니하면 시효로 인하여 소멸하는 것인바, 여기에서 '손해를 안 날'이라 함은 피해자나 그 법정대리인이 손해를 현실적이고도 구체적으로 인식하는 것을 뜻하고 손해발생의 추정이나 의문만으로는 충분하지 않으며, 통상의 경우 상해의 피해자는 상해를 입었을 때 그 손해를 알았다고 볼 수가 있지만, 그 후 후유증 등으로 인하여 불법행위 당시에는 전혀 예견할 수 없었던 새로운 손해가 발생하였다거나 예상 외로 손해가 확대된 경우에는 그러한 사유가 판명된 때에 새로이 발생 또는 확대된 손해를 알았다고 보아야 하고, 이와 같이 새로이 발생 또는 확대된 손해 부분에 대해서는 그러한 사유가 판명된 때로부터 시효소멸기간이 진행된다. 그리고 권리자인 피해자의 위와 같은 주관적 용태, 즉 손해를 안 시기는 시효의 이익을 주장하는 자에게 이를 입증할 책임이 있다.[189)]

---

188) 대법원 1995. 6. 30. 선고 94다13435 판결.
189) 대법원 2008. 7. 10. 선고 2008다21518 판결; 대법원 1982. 3. 9. 선고 81다977, 81다카500 판결; 대법원 1991. 3. 22. 선고 90다8152 판결; 대법원 2001. 9. 14. 선고 99다42797 판결 등 참조.

오창수 ——

경희대학교 법과대학 및 동 대학원 졸업(법학석사)
경희대학교 대학원 박사과정 수료
제25회 사법시험 합격
제16기 사법연수원 수료
서울지방변호사회 소속 변호사(동아합동법률사무소)
대한변호사협회 법제위원
서울지방경찰청 행정심판위원
경희대학교 법과대학 강사
숙명여자대학교 강사
한국소비자원 소비자분쟁조정위원회 전문위원
제주지방검찰청 수사심의위원
제주지방법원 소송구조변호사 지정위원회 위원
제주특별자치도 인재개발원 강사
한국금융연수원 강사
현) 제주대학교 법학전문대학원 교수
   제주특별자치도 행정심판위원
   제주도 선거관리위원회 선거방송토론위원회 위원
   제주일보 논설위원
   제주도청 자문교수
   『법조』 편집위원

〈저서〉
『로스쿨 민사소송법 – 사례와 판례 –』
『로스쿨 민사집행법 – 이론과 실무 –』
『금융거래와 법』
『각종사고와 손해배상』
『민사거래와 법』
『가족생활과 법』
『시민생활의 법률지식』
『민사분쟁해결의 법률지식』
『소비자피해구제의 법률지식』
외 논문 다수

민사실무의
주요 쟁점

초판인쇄 | 2012년 5월 18일
초판발행 | 2012년 5월 18일

지 은 이 | 오창수
펴 낸 이 | 채종준
펴 낸 곳 | 한국학술정보㈜
주   소 | 경기도 파주시 문발동 파주출판문화정보산업단지 513-5
전   화 | 031) 908-3181(대표)
팩   스 | 031) 908-3189
홈페이지 | http://ebook.kstudy.com
E-mail | 출판사업부 publish@kstudy.com
등   록 | 제일산-115호(2000. 6. 19)

ISBN   978-89-268-3283-7 93360 (Paper Book)
        978-89-268-3284-4 98360 (e-Book)